Großkommentare der Praxis

Löwe-Rosenberg

Die Strafprozeßordnung und das Gerichtsverfassungsgesetz

Großkommentar

28., neu bearbeitete Auflage

herausgegeben von
Volker Erb, Robert Esser †, Kirsten Graalmann-Scheerer,
Alexander Ignor, Matthias Korte, Andreas Mosbacher

Zweiter Band
Teilband 1
§§ 48–71

bearbeitet von
Alexander Ignor/Camilla Bertheau
Sachregister: Christian Klie

DE GRUYTER

ISBN 978-3-11-073779-0
ISBN 978-3-11-074126-1 (PDF)
ISBN 978-3-11-074145-2 (EPUB)
DOI https://doi.org/10.1515/9783110741261

Library of Congress Control Number: 2026934830

Bibliografische Information der Deutschen Nationalbibliothek
Die Deutsche Nationalbibliothek verzeichnet diese Publikation in der Deutschen Nationalbibliografie; detaillierte bibliografische Daten sind im Internet über http://dnb.dnb.de abrufbar.

De Gruyter und Walter de Gruyter GmbH sind Teil von De Gruyter Brill.
www.degruyterbrill.com

Fragen zur allgemeinen Produktsicherheit: productsafety@degruyterbrill.com

Druck: CPI books GmbH, Leck

FSC www.fsc.org MIX Papier | Fördert gute Waldnutzung FSC® C083411

Die Bearbeiterinnen und Bearbeiter der 28. Auflage

Dr. *Camilla Bertheau*, Rechtsanwältin in Berlin, Richterin am Anwaltsgericht Berlin
Dr. *Tillmann Böß*, Richter am Landgericht, Bundesanwaltschaft, Karlsruhe
Gabriele Cirener, Vorsitzende Richterin am Bundesgerichtshof, Leipzig
Dr. *Susanne Claus*, Regierungsdirektorin im Bundesministerium der Justiz und für Verbraucherschutz, Berlin
Dr. *Volker Erb*, Professor an der Johannes Gutenberg-Universität Mainz
Dr. *Robert Esser* †, Professor an der Universität Passau
Dr. *Karsten Gaede*, Professor an der Bucerius Law School, Hamburg
Kerstin Gärtner, Richterin am Kammergericht, Berlin
Dr. *Julia Geneuss*, Professorin an der Universität Potsdam
Dr. *Oliver Harry Gerson*, Privatdozent an der Universität Passau
Dr. *Dirk Gittermann*, Richter am Oberlandesgericht Celle
Dr. *Sabine Gleß*, Professorin an der Universität Basel
Dr. *Kirsten Graalmann-Scheerer*, Generalstaatsanwältin a.D. in Bremen, Honorarprofessorin an der Hochschule für öffentliche Verwaltung in Bremen
Dr. *Georg-Friedrich Güntge*, Leitender Oberstaatsanwalt bei der Generalstaatsanwaltschaft in Schleswig, Honorarprofessor an der Christian-Albrechts-Universität zu Kiel
Klaus-Peter Hanschke, Richter am Kammergericht a.D., Berlin
Dr. *Pierre Hauck*, Professor an der Justus-Liebig-Universität Gießen
Dr. Dr. *Alexander Ignor*, Rechtsanwalt in Berlin, Apl. Professor an der Humboldt-Universität zu Berlin
Dr. *Christian Jäger*, Professor an der Friedrich-Alexander-Universität Erlangen-Nürnberg
Dr. *Matthias Jahn*, Professor an der Goethe-Universität Frankfurt am Main, Richter am Oberlandesgericht Frankfurt a.M.
Dr. *Björn Jesse*, Vorsitzender Richter am Landgericht Frankfurt (Oder)
Dr. *Pascal Johann*, Rechtsanwalt in Wiesbaden
Dr. *Daniel M. Krause*, Rechtsanwalt in Berlin
Dr. *Matthias Krauß*, Bundesanwalt beim Bundesgerichtshof, Karlsruhe
Claudia Kurtze, Vorsitzende Richterin am Landgericht Landau in der Pfalz
Detlef Lind, Richter am Kammergericht a.D., Berlin
Dr. *Beatrix Lindner*, Referatsleiterin Opferschutz und Datenschutz im Strafverfahren; Gerichtsverfassung im Bundesministerium der Justiz und für Verbraucherschutz, Berlin
Dr. *Holger Mann*, Richter am Kammergericht, Berlin
Dr. *Markus Mavany*, Richter am Landgericht Trier
Dr. *Eva Menges*, Vorsitzende Richterin am Bundesgerichtshof, Karlsruhe
Dr. *Malte Merz*, Oberstaatsanwalt beim Bundesgerichtshof, Karlsruhe
Dr. *Andreas Mosbacher*, Richter am Bundesgerichtshof, Leipzig, Honorarprofessor an der Universität Leipzig
Dr. *Bernhard Nicknig*, Richter am Oberlandesgericht Köln
Dr. *Ali B. Norouzi*, Rechtsanwalt in Berlin, Honorarprofessor an der Humboldt-Universität zu Berlin
Dr. *Günther M. Sander*, Vorsitzender Richter am Bundesgerichtshof a.D., Leipzig, Honorarprofessor an der Humboldt-Universität zu Berlin
Dr. *Charlotte Schmitt-Leonardy*, Professorin an der Universität Bielefeld
Dr. *Frank Peter Schuster*, Professor an der Julius-Maximilians-Universität Würzburg
Dr. *Eric Simon*, Oberstaatsanwalt beim Bundesgerichtshof, Karlsruhe
Dr. *Carl-Friedrich Stuckenberg*, Professor an der Rheinischen Friedrich-Wilhelms-Universität Bonn
Dr. *Michael Tsambikakis*, Rechtsanwalt in Köln, Honorarprofessor an der Universität Passau
Dr. *Brian Valerius*, Professor an der Universität Passau
Marc Wenske, Richter am Bundesgerichtshof, Leipzig
Dr. *Raik Werner*, Richter am Bundesgerichtshof, Leipzig, Honorarprofessor an der Ludwig-Maximilians-Universität München

 | https://doi.org/10.1515/9783110741261-201

Vorwort

Der LÖWE-ROSENBERG feierte 2024 seinen 145. Geburtstag und ist damit das älteste aktuelle Erläuterungswerk zur Strafprozessordnung und der mit ihr verbundenen Gesetze. Als Großkommentar hat er die Aufgabe, die Rechtslage und die rechtlichen Probleme des Strafverfahrensrechts möglichst vollständig darzustellen und Wege zur Lösung auch entlegener Fragen aufzuzeigen. In einem an Praxis und Wissenschaft gleichermaßen gerichteten Werk müssen dabei der Praxisbezug theoretischer Streitfragen und die historische Entwicklung des geltenden Rechts deutlich werden. Die Entstehungsgeschichte der Strafprozessordnung und der Strafgerichtsverfassung seit dem Inkrafttreten der Reichsjustizgesetze nebst dem Recht der Vereinigung Deutschlands sowie die Entstehungsgeschichte der einzelnen Vorschriften sind dabei sorgfältig darzustellen.

Die über 145-jährige Entwicklung des Strafprozessrechts in Deutschland seit Inkrafttreten der RStPO am 1.10.1879, die ständigen Änderungen sowie eine sich zunehmend verfeinernde und immer stärker ausdifferenzierende Auslegung der Normen in der Rechtsprechung und in der Strafrechtswissenschaft stellen vor dem Hintergrund des gesellschaftlichen und wissenschaftlich-technischen Wandels eine stetige Herausforderung dar. Zur Aufgabe eines Großkommentars gehört es, sowohl den Rückgriff auf die Grundprinzipien zu ermöglichen als auch die Ausdifferenzierung zu dokumentieren und, soweit erforderlich, zu bewerten und zu systematisieren.

Inhaltlich wird die Konzeption des LÖWE-ROSENBERG auch in der 28. Auflage im Wesentlichen beibehalten. Der Einfluss der Menschenrechte, des Rechts der Europäischen Union und der Rechtsprechung europäischer und internationaler Gerichte sowie das Recht der Strafgerichtsverfassung und die Rechtsprechung nationaler Gerichte werden eingehend berücksichtigt.

Auf der Grundlage dieser Konzeption ist jeder Autor/jede Autorin für den Inhalt seiner bzw. ihrer Kommentierung verantwortlich.

Die zunehmende Flut der Veröffentlichungen hat inzwischen einen Umfang erreicht, der es nicht mehr in allen Bereichen möglich macht, den Grundsatz der vollständigen Dokumentation des Materials uneingeschränkt zu erfüllen. Es bleibt daher der Verantwortung eines jeden Autors/einer jeden Autorin überlassen, ob und in welchem Umfang er bzw. sie eine Auswahl trifft.

Für die 28. Auflage sind derzeit 20 Bände mit etwa 15.000 Seiten geplant, wobei zurzeit für Band 1 und Band 2 jeweils zwei Teilbände vorgesehen sind. Das Werk erscheint wie bisher bandweise. Vier Herausgeber und eine Herausgeberin betreuen den Kommentar derzeit insgesamt, regelmäßig sind jeweils zwei von ihnen für einen Band verantwortlich. Der Mitherausgeber Prof. Dr. Robert Esser ist im November 2025 völlig unerwartet und viel zu früh gestorben. Mit ihm haben der Verlag und die Herausgeber/in einen bewundernswert tatkräftigen, hilfsbereiten und engagierten Mitstreiter verloren, der seit der 26. Auflage den Kommentar maßgeblich mitgeprägt hat. Die Autoren und Autorinnen sind im Autorenverzeichnis eines jeden Bandes aufgeführt.

Verlag, Herausgeber/in sowie alle Autorinnen und Autoren sind stets bemüht, die hohen Erwartungen zu erfüllen, die sich mit dem LÖWE-ROSENBERG seit jeher verbinden.

Der hiermit vorgelegte Band 2/1 hat weitgehend den Bearbeitungsstand Januar 2026. Teilweise wurden bei der Kommentierung einzelner Vorschriften auch noch später erschienene Rechtsprechung und Schrifttum berücksichtigt. Die für die Praxis besonders wichtigen Regelungen des Sechsten Abschnitts des Ersten Buches der Strafprozessordnung über Zeugen (§§ 48 bis 71 StPO) haben wie in der 26. und 27. Auflage Rechtsanwältin Dr. Camilla Bertheau sowie Rechtsanwalt Prof. Dr. Dr. Alexander Ignor bearbeitet.

Berlin, im März 2026 Die Herausgeber/in

Hinweise für die Benutzung des Löwe-Rosenberg

1. Inhalt der Kommentierung

Der LÖWE-ROSENBERG kommentiert die StPO, das EGStPO, das GVG und das EGGVG (mit Ausnahme der nur den Zivilprozess betreffenden Teile) sowie die EMRK und den IPBPR (mit Schwerpunkt auf den strafverfahrensrechtlich besonders bedeutsamen Regelungen). Wenig bekannte oder schwer auffindbare strafverfahrensrechtliche Nebengesetze, deren Wortlaut für die Kommentierung erforderlich ist, werden bei den einschlägigen Erläuterungen im Kleindruck wiedergegeben.

2. Erscheinungsweise und Stand der Bearbeitung

Die 28. Auflage des LÖWE-ROSENBERG erscheint in **Bänden**, deren Erscheinungsreihenfolge von der des Gesetzes abweichen kann. Die Bände werden in der vom Gesetz vorgegebenen Reihenfolge durchnummeriert.

Der **Stand der Bearbeitung** ist dem Vorwort jedes Bandes zu entnehmen. Die Autoren/Autorinnen sind bemüht, besonders wichtige Änderungen und Entwicklungen auch noch nach diesem Stichtag bis zur Drucklegung des Bandes zu berücksichtigen.

3. Bearbeiter/in

Jede/r Bearbeiter/in (in der Fußzeile angegeben) trägt für seinen bzw. ihren Teil die alleinige inhaltliche Verantwortung. Die Stellungnahmen zu Rechtsfragen, die an mehreren Stellen des Kommentars behandelt werden, können daher voneinander abweichen. Auf solche Abweichungen wird nach Möglichkeit hingewiesen.

4. Aufbau der Kommentierung

Neben der umfassenden Einleitung zum Gesamtwerk sind den Untereinheiten der kommentierten Gesetze (Bücher, Abschnitte, Titel), soweit erforderlich, **Vorbemerkungen** vorangestellt, die das für die jeweilige Untereinheit Gemeinsame erläutern.

Der den Vorbemerkungen und den Kommentierungen der einzelnen Vorschriften erforderlichenfalls vorangestellte Abschnitt **Geltungsbereich** enthält Hinweise auf zeitliche und örtliche Besonderheiten. Der Abschnitt **Entstehungsgeschichte** gibt, abgesehen von ganz unwesentlichen Änderungen, die Entwicklung der geltenden Fassung der Vorschrift vom Erlass des jeweiligen Gesetzes an wieder. Fehlt er, so kann davon ausgegangen werden, dass die Vorschrift unverändert ist. Der Hinweis auf **geplante Änderungen** verzeichnet Änderungsvorschläge, die sich zum Redaktionsschluss im parlamentarischen Gesetzgebungsverfahren befinden.

Die Erläuterungen sind nach systematischen Gesichtspunkten gegliedert, die durch Überschriften oder Stichworte hervorgehoben sind. In der Regel ist den Erläuterungen eine **systematische Übersicht** vorangestellt. Soweit angebracht, wird sie bei besonders umfangreichen Erläuterungen durch eine **alphabetische Übersicht** ergänzt. Bei den Erläuterungen selbst werden für jede Vorschrift (zur Erleichterung des Zitierens) durchlaufende Randnummern verwendet.

5. Schrifttum

Der Kommentar enthält am Anfang jedes Bandes ein allgemeines Literaturverzeichnis, das nur die häufiger verwendete oder allgemeine Literatur enthält. Den Vorbemerkungen und den Kommentierungen der einzelnen Vorschriften sind Schrifttumsverzeichnisse vorangestellt, die einen Überblick über das wesentliche Schrifttum zu dem jeweils behandelten Thema geben.

6. Zitierweise

Literatur, die in diesen Schrifttumsverzeichnissen enthalten ist, wird im laufenden Text im Allgemeinen nur mit dem Namen des Verfassers/der Verfasserin oder der sonstigen im Schrifttumsverzeichnis angegebenen Kurzbezeichnung zitiert, doch wird bei Veröffentlichungen in Zeitschriften vielfach auch die genaue Fundstelle nachgewiesen. Sonst sind selbständige Werke mit (gelegentlich verkürztem) Titel und Jahreszahl, unselbständige Veröffentlichungen (auch Beiträge in Festschriften u.ä.) mit der Fundstelle angegeben. **Auflagen** sind durch hochgestellte Zahlen gekennzeichnet; fehlt eine solche Angabe, so wird aus der Auflage zitiert, die im allgemeinen Schrifttumsverzeichnis angegeben ist. Hat ein Werk Randnummern, so wird nach diesen, sonst nach Seitenzahl oder Gliederungspunkten zitiert.

Befindet sich beim Zitat anderer **Kommentare** die in Bezug genommene Stelle in demselben Paragraphen, so wird nur die Randnummer oder (bei deren Fehlen) der Gliederungspunkt angegeben; wird auf die Erläuterungen in einem anderen Paragraphen Bezug genommen, so wird dieser genannt. Entsprechend wird auch im LÖWE-ROSENBERG selbst verwiesen. Verweise innerhalb des Werks beziehen sich auf die aktuelle Auflage, sofern nicht anders angegeben. Ist der Band mit den Erläuterungen, auf die verwiesen werden soll, noch nicht erschienen, so ist, soweit dies sachdienlich erschien, in Klammern ergänzend die genaue Fundstelle in der 27. Auflage angegeben.

Zeitschriften werden regelmäßig mit dem Jahrgang zitiert. Ausnahmen (Bandangabe) bilden namentlich ZStW, GA (bis 1933) und VRS; hier ist regelmäßig die Jahreszahl zusätzlich angegeben. Bei der Angabe der Fundstelle eines amtlichen Verkündungsblattes wird die Jahreszahl nur angegeben, wenn sie von der Jahreszahl der Rechtsvorschrift abweicht.

Entscheidungen werden im Allgemeinen nur mit einer Fundstelle angegeben. Dabei hat die amtliche Sammlung eines obersten Bundesgerichtes den Vorrang, sonst die Fundstelle, die die Entscheidung mit Anmerkung oder am ausführlichsten wiedergibt.

7. Abkürzungen

Die verwendeten Abkürzungen, namentlich von Gesetzen, Verwaltungsvorschriften, Entscheidungssammlungen, Zeitschriften usw. sind im Abkürzungsverzeichnis nachgewiesen.

Inhaltsverzeichnis

Abkürzungsverzeichnis

AA	Auswärtiges Amt
a.A.	anderer Ansicht
a.a.O.	am angegebenen Ort
Abg.	Abgeordneter
AbgG	Gesetz über die Rechtsverhältnisse der Mitglieder des Deutschen Bundestages (Abgeordnetengesetz – AbgG) vom 18.2.1977 i.d.F. der Bek. vom 21.2.1996 (BGBl. I S. 326)
abl.	ablehnend
ABl.	Amtsblatt
ABlEG	Amtsblatt der Europäischen Gemeinschaften; Ausgabe C: Mitteilungen und Bekanntmachungen; Ausgabe L: Rechtsvorschriften (zit.: ABlEG Nr. L ... /(Seite) vom ...)
ABlEU	Amtsblatt der Europäischen Union (ab 2003); Ausgabe C: Mitteilungen und Bekanntmachungen; Ausgabe L: Rechtsvorschriften (zit.: ABlEU Nr. L .../(Seite) vom ...)
ABMG	Autobahnmautgesetz für schwere Nutzfahrzeuge vom 5.4.2002 (BGBl. I S. 1234) aufgehoben durch Art. 6 Nr. 1 des Gesetzes vom 12.7.2011 (BGBl. I S. 1378)
Abs.	Absatz
Abschn.	Abschnitt
abw.	abweichend
ACHR	Arab Charter on Human Rights
AChRMV	Afrikanische Charta der Rechte der Menschen und Völker vom 26.6.1981, deutsche Übersetzung EuGRZ 1990, 348
AcP	Archiv für die civilistische Praxis
AdG	Adoptionsgesetz vom 2.7.1976 (BGBl. I S. 1749)
AdVermiG	Adoptionsvermittlungsgesetz vom 27.11.1989 (BGBl. I S. 2014) neugefasst durch Bek. vom 21.6.2021 (BGBl. I S. 2010)
a.E.	am Ende
AEPC	Association of European Police Colleges
ÄndG	Änderungsgesetz
ÄndVO	Änderungsverordnung
a.F.	alte Fassung
AfkKR	Archiv für katholisches Kirchenrecht
AfP	Archiv für Presserecht, Zeitschrift für Medien- und Kommunikationsrecht
AG	Amtsgericht; in Verbindung mit einem Gesetz: Ausführungsgesetz
AGB	Allgemeine Geschäftsbedingungen
AGH	Anwaltsgerichtshof
AGIS	Beschluss des Rates der Europäischen Union vom 22.7.2002 über ein Rahmenprogramm für die polizeiliche und justitielle Zusammenarbeit in Strafsachen – AGIS (ABlEG Nr. C 203 vom 1.8.2002, S. 5)
AGGewVerbrG	Ausführungsgesetz zum Gesetz gegen gefährliche Gewohnheitsverbrecher und über Maßregeln der Sicherung und Besserung vom 24.11.1933 (RGBl. I S. 1000)
AGGVG	Gesetz zur Ausführung des Gerichtsverfassungsgesetzes (Landesrecht)
AGS	Zeitschrift für das gesamte Gebührenrecht und Anwaltsmanagement
AGStPO	Ausführungsgesetz zur Strafprozessordnung (Landesrecht)
AHK	Alliierte Hohe Kommission
AI	Amnesty International
AIDP	Association Internationale de Droit Pénal
AJIL	American Journal of International Law
AK	Arbeitskreis
AKLS	Automatisches Kennzeichenlesesystem
AktG	Gesetz über Aktiengesellschaften und Kommanditgesellschaften auf Aktien (Aktiengesetz) vom 6.9.1965 (BGBl. I S. 1089)
AktO	Anweisung für die Verwaltung des Schriftguts bei den Geschäftsstellen der Gerichte und der Staatsanwaltschaften (Aktenordnung)
allg. M.	allgemeine Meinung

 | https://doi.org/10.1515/9783110741261-205

Alsb.E	Die strafprozessualen Entscheidungen der Oberlandesgerichte, herausgegeben von Alsberg und Friedrich (1927), 3 Bände
Alt.	Alternative
a.M.	anderer Meinung
AMRK	Amerikanische Menschenrechtskonvention vom 22.11.1969 (Pact of San José), deutsche Übersetzung EuGRZ 1980, 435
amtl.	amtlich
amtl. Begr.	amtliche Begründung
Anh.	Anhang
AnhRügG	Gesetz über die Rechtsbehelfe bei Verletzung des Anspruchs auf rechtliches Gehör (Anhörungsrügengesetz) vom 9.12.2004 (BGBl. I S. 3220)
Anl.	Anlage
Anm.	Anmerkung
AnwBl.	Anwaltsblatt
AöR	Archiv des öffentlichen Rechts
AO	Abgabenordnung vom 16.3.1976 (BGBl. I S. 613) i.d.F. der Bek. vom 1.10.2002 (BGBl. I S. 3866)
AOStrÄndG	Gesetz zur Änderung strafrechtlicher Vorschriften der Reichsabgabenordnung und anderer Gesetze vom 10.8.1967 (BGBl. I S. 877)
apf	Ausbildung Prüfung Praxis – Zeitschrift für die staatliche und kommunale Verwaltung
APR	Allgemeines Persönlichkeitsrecht
APuZ	Aus Politik und Zeitgeschichte (Zeitschrift)
ArbGG	Arbeitsgerichtsgesetz vom 3.9.1953 i.d.F. der Bek. vom 2.7.1979 (BGBl. I S. 853)
ArbRB	Der Arbeits-Rechtsberater
ArchKrim.	Archiv für Kriminologie
ArchPF	Archiv für das Post- und Fernmeldewesen
ArchPT	Archiv für Post und Telekommunikation (bis 1991: Archiv für Post und Fernmeldewesen – ArchPF)
ArchVR	Archiv des Völkerrechts
arg.	argumentum
Art.	Artikel
ASIL	The American Society of International Law
AsylG	Asylgesetz i.d.F. der Bek. vom 2.9.2008 (BGBl. I S. 1798)
ATDG	Gesetz zur Errichtung einer standardisierten zentralen Antiterrordatei von Polizeibehörden und Nachrichtendiensten von Bund und Ländern (Antiterrordateigesetz – ATDG) vom 22.12.2006 (BGBl. I S. 3409)
AtG	Gesetz über die friedliche Verwendung der Kernenergie und den Schutz gegen ihre Gefahren (Atomgesetz) vom 31.10.1976 (BGBl. I S. 3053) i.d.F. der Bek. vom 15.7.1985 (BGBl. I S. 1565)
AufenthG	Gesetz über den Aufenthalt, die Erwerbstätigkeit und die Integration von Ausländern im Bundesgebiet (Aufenthaltsgesetz – AufenthG), neugefasst durch Bek. vom 25.2.2008 (BGBl. I S. 162)
aufg.	aufgehoben
Aufl.	Auflage
AUILR	American University International Law Review
AUR	Agrar- und Umweltrecht
AuR	Arbeit und Recht (Zeitschrift)
ausf.	ausführlich
AuslG	Gesetz über die Einreise und den Aufenthalt von Ausländern im Bundesgebiet (Ausländergesetz) vom 9.7.1990 (BGBl. I S. 1354), außer Kraft getreten am 31.12.2004
AusnVO	Ausnahme-(Not-)Verordnung (1) VO zur Sicherung von Wirtschaft und Finanzen vom 1.12.1930 (RGBl. I S. 517) (2) VO zur Sicherung von Wirtschaft und Finanzen vom 6.10.1931 (RGBl. I S. 537, 563) (3) VO zur Sicherung von Wirtschaft und Finanzen und zum Schutz des inneren Friedens vom 8.12.1931 (RGBl. I S. 743)

	(4) VO über Maßnahmen auf dem Gebiet der Rechtspflege und Verwaltung vom 14.6.1932 (RGBl. I S. 285)
AV	Allgemeine Verfügung
AVG	Allgemeines Verwaltungsverfahrensgesetz (Österreich)
AVR	Archiv des Völkerrechts
AWG	Außenwirtschaftsgesetz vom 28.4.1961 (BGBl. I S. 481)
Az	Aktenzeichen
AZR-Gesetz	Gesetz über das Ausländerzentralregister (AZR-Gesetz) vom 2.9.1994 (BGBl. I S. 2265) i.d.F. der Bek. vom 23.12.2003 (BGBl. I S. 2848)
BACDJ	Bundesarbeitskreis Christlich Demokratischer Juristen
BAFin	Bundesanstalt für Finanzdienstleistungsaufsicht
BAG	Bundesarbeitsgericht
BAGE	Sammlung der Entscheidungen des Bundesarbeitsgerichts
BÄO	Bundesärzteordnung, neugefasst durch Bek. vom 16.4.1987 (BGBl. I S. 1218)
BAK	Blutalkoholkonzentration
BMAS	Bundesministerium für Arbeit und Soziales
BMFSFJ	Bundesministerium für Familie, Senioren, Frauen und Jugend
BAMF	Bundesamt für Migration und Flüchtlinge
BAnz.	Bundesanzeiger
BaWü.	Baden-Württemberg
Bay.	Bayern, bayerisch
BayAGGVG	Bayerisches Gesetz zur Ausführung des Gerichtsverfassungsgesetzes und von Verfahrensgesetzen des Bundes vom 23.6.1981 (BayGVBl. S. 188)
BayBS	Bereinigte Sammlung des Bayerischen Landesrechts (1802 bis 1956)
BayObLG	Bayerisches Oberstes Landesgericht
BayObLGSt	Sammlung von Entscheidungen des Bayerischen Obersten Landesgerichts in Strafsachen
BayPAG	Gesetz über die Aufgaben und Befugnisse der Bayerischen Staatlichen Polizei (Polizeiaufgabengesetz – PAG) i.d.F. d. Bek. vom 14.9.1990 (GVBl. S. 397)
BayRS	Bayerische Rechtssammlung (ab 1.1.1983)
BayStVollzG	Bayerisches Strafvollzugsgesetz vom 10.9.2007 (BayGVBl. S. 866)
BayVerf.	Verfassung des Freistaates Bayern vom 2.12.1946 (BayBS. I 3)
BayVerfGH	Bayerischer Verfassungsgerichtshof
BayVerfGHE	s. BayVGHE
BayVerwBl.	Bayerische Verwaltungsblätter
BayVGH	Bayerischer Verwaltungsgerichtshof
BayVGHE	Sammlung von Entscheidungen des Bayerischen Verwaltungsgerichtshofs mit Entscheidungen des Bayerischen Verfassungsgerichtshofes, des Bayerischen Dienststrafhofs und des Bayerischen Gerichtshofs für Kompetenzkonflikte
BayZ	Zeitschrift für Rechtspflege in Bayern (1905–34)
BB	Betriebs-Berater (Zeitschrift)
BBG	Bundesbeamtengesetz vom 14.7.1953 (BGBl. I S. 551) i.d.F. der Bek. vom 31.3.1999 (BGBl. I S. 675)
Bbg.	Brandenburg
BbgVerfG	Brandenburgisches Verfassungsgericht
BC	Business Compliance (Zeitschrift)
Bd.	Band
BDBOSG	Gesetz über die Errichtung einer Bundesanstalt für den Digitalfunk der Behörden und Organisationen mit Sicherheitsaufgaben (BDBOS-Gesetz – BDBOSG)
BDG	Bundesdisziplinargesetz vom 9.7.2001 (BGBl. I S. 1510)
BDH	Bundesdisziplinarhof (jetzt Bundesverwaltungsgericht)
BDSG	Bundesdatenschutzgesetz i.d.F. der Bek. vom 14.1.2003 (BGBl. I S. 66)
beA	besonderes elektronisches Anwaltspostfach
BeamtStG	Gesetz zur Regelung des Statusrechts der Beamtinnen und Beamten in den Ländern (Beamtenstatusgesetz – BeamtStG) vom 17.6.2008 (BGBl. I S. 1010)

Begr.	Begründung
BegrenzungsVO	Verordnung über die Begrenzung der Geschäfte des Rechtspflegers bei der Vollstreckung in Straf- und Bußgeldsachen vom 26.6.1970 (BGBl. I S. 992) i.d.F. der Bek. vom 16.2.1982 (BGBl. I S. 188)
BEG-SchlußG	Zweites Gesetz zur Änderung des Bundesentschädigungsgesetzes vom 14.9.1965 (BGBl. I S. 1315)
Bek.	Bekanntmachung
Bek. 1924	Strafprozeßordnung i.d.F. der Bek. vom 22.3.1924 (RGBl. I S. 299, 322)
Bek. 1950	Strafprozeßordnung i.d.F. der Bek. vom 12.9.1950 (BGBl. I S. 629)
Bek. 1965	Strafprozeßordnung i.d.F. der Bek. vom 17.9.1965 (BGBl. I S. 1373)
Bek. 1975	Strafprozeßordnung i.d.F. der Bek. vom 7.1.1975 (BGBl. I S. 129)
Bek. 1987	Strafprozeßordnung i.d.F. der Bek. vom 7.4.1987 (BGBl. I S. 1074)
beN	besonderes elektronisches Notarpostfach
ber.	berichtigt
BerHG	Gesetz über Rechtsberatung und Vertretung für Bürger mit geringem Einkommen (Beratungshilfegesetz) vom 18.6.1980 (BGBl. I S. 689)
BerlPVG	Berliner Polizeiverwaltungsgesetz
BerlVerf	Verfassung von Berlin
BerlVerfGH	Berliner Verfassungsgerichtshof
BerRehaG	Gesetz über den Ausgleich beruflicher Benachteiligungen für Opfer politischer Verfolgung im Beitrittsgebiet (Berufliches Rehabilitierungsgesetz – BerRehaG) vom 23.6.1994 (BGBl. I S. 1314)
Beschl.	Beschluss
Bespr.	Besprechung
beSt	besonderes elektronisches Steuerberaterpostfach
betr.	betreffend
BeurkG	Beurkundungsgesetz vom 28.8.1969 (BGBl. I S. 1513)
BewHi.	Bewährungshilfe (Zeitschrift)
BezG	Bezirksgericht
Bf.	Beschwerdeführer
BFH	Bundesfinanzhof
BFHE	Sammlung der Entscheidungen des Bundesfinanzhofs (BFH)
BfJG	Gesetz über die Errichtung des Bundesamtes für Justiz = Art. 1 des Gesetzes zur Errichtung und zur Regelung der Aufgaben des Bundesamtes für Justiz vom 17.12.2006 (BGBl. I S. 3171)
BGB	Bürgerliches Gesetzbuch vom 18.8.1896 (RGBl. S. 195) i.d.F. der Bek. vom 2.1.2002 (BGBl. I S. 42, ber. S. 2909 und BGBl. 2003 I S. 738)
BGBl. I, II, III	Bundesgesetzblatt Teil I, II und III
BGer	Schweizerisches Bundesgericht
BGH	Bundesgerichtshof
BGH-DAT	Datenbank der Rechtsprechung des Bundesgerichtshofs auf CD-ROM, herausgegeben von Werner Theune
BGH (ER)	Ermittlungsrichter beim Bundesgerichtshof
BGHE Strafs.	Rechtsprechung des Bundesgerichtshofes in Strafsachen auf CD-ROM, herausgegeben von Mitgliedern des Gerichts
BGHGrS	Bundesgerichtshof, Großer Senat (hier in Strafsachen)
BGHR	BGH-Rechtsprechung in Strafsachen (Loseblattsammlung)
BGHRZ	BGH-Rechtsprechung in Zivilsachen (Loseblattsammlung)
BGHSt	Entscheidungen des Bundesgerichtshofs in Strafsachen
BGHZ	Entscheidungen des Bundesgerichtshofs in Zivilsachen
BGSG	Gesetz über den Bundesgrenzschutz (Bundesgrenzschutzgesetz – BGSG) vom 19.10.1994 (BGBl. I S. 2978)
BGSNeuRegG	Gesetz zur Neuregelung der Vorschriften über den Bundesgrenzschutz (Bundesgrenzschutzneuregelungsgesetz – BGSNeuRegG) vom 19.10.1994 (BGBl. I S. 2978)

BHRJ	Business and Human Rights Journal
BinSchG	Gesetz betr. die privatrechtlichen Verhältnisse der Binnenschiffahrt (Binnenschifffahrtsgesetz) vom 15.6.1895 i.d.F. der Bek. vom 15.6.1898 (RGBl. S. 868)
BinSchGerG	Gesetz über das gerichtliche Verfahren in Binnenschiffahrtssachen vom 27.9.1952 (BGBl. I S. 641)
BJM	Basler Juristische Mitteilungen
BJOG	An International Journal of Obstetrics and Gynaecology
BKA	Bundeskriminalamt
BKAG	Gesetz über das Bundeskriminalamt und die Zusammenarbeit des Bundes und der Länder in kriminalpolizeilichen Angelegenheiten (Bundeskriminalamtgesetz – BKAG) vom 1.6.2017 (BGBl. I S. 1354)
Bln.	Berlin
Bln.GVBl.Sb.	Sammlung des bereinigten Berliner Landesrechts, Sonderband I (1806 bis 1945) und II (1945 bis 1967)
Blutalkohol	Blutalkohol, Wissenschaftliche Zeitschrift für die medizinische und juristische Praxis
BMI	Bundesminister(-ium) des Innern und für Heimat
BMinG	Gesetz über die Rechtsverhältnisse der Mitglieder der Bundesregierung (Bundesministergesetz) vom 17.6.1953 (BGBl. I S. 407) i.d.F. der Bek. vom 27.7.1971 (BGBl. I S. 1166)
BMJ	Bundesminister(-ium) für Justiz
BMJV	Bundesminister(-ium) der Justiz und für Verbraucherschutz
BNDG	Gesetz über den Bundesnachrichtendienst vom 20.12.1990 (BGBl. I S. 2979) i.d.F. der Bek. vom 9.1.2002 (BGBl. I S. 361 ff.)
Bonn.Komm.	Kommentar zum Bonner Grundgesetz (Loseblattausgabe)
BORA	Berufsordnung für Rechtsanwälte i.d.F. der Bek. vom 1.11.2001
BPolBG	Bundespolizeibeamtengesetz i.d.F. der Bek. vom 3.6.1976 (BGBl. I S. 1357)
BR	s. BRat
BRAGO	Bundesgebührenordnung für Rechtsanwälte vom 26.7.1957 (BGBl. I S. 907); ersetzt durch das Rechtsanwaltsvergütungsgesetz (RVG) aufgehoben durch Art. 6 Nr. 4 des Gesetzes vom 5.5.2004 (BGBl. I S. 718, 850)
BRAK	Bundesrechtsanwaltskammer
BRAK-Mitt.	Mitteilungen der Bundesrechtsanwaltskammer
BranntWMonG	Branntweinmonopolgesetz vom 8.4.1922 (RGBl. I S. 405; BGBl. III 612-7)
BRAO	Bundesrechtsanwaltsordnung vom 1.8.1959 (BGBl. I S. 565)
BRat	Bundesrat
BRDrucks.	Drucksachen des Bundesrats
BReg.	Bundesregierung
Brem.	Bremen
BRJ	Bonner Rechtsjournal
BRProt.	Protokolle des Bundesrates
BS	Sammlung des bereinigten Landesrechts
BSG	Bundessozialgericht
Bsp.	Beispiel
BT	Bundestag
BTDrucks.	Drucksachen des Bundestags
BtG	Gesetz zur Reform des Rechts der Vormundschaft und Pflegschaft für Volljährige (Betreuungsgesetz – BtG) vom 12.9.1990 (BGBl. I S. 2002) aufgehoben durch Art. 9 und 10 des Gesetzes vom 19.4.2006 (BGBl. I S. 866)
BtMG	Gesetz über den Verkehr mit Betäubungsmitteln (Betäubungsmittelgesetz) vom 28.7.1981 (BGBl. I S. 681) i.d.F. der Bek. vom 1.3.1994 (BGBl. I S. 358)
BTProt.	s. BTVerh.
BTRAussch.	Rechtsausschuss des Deutschen Bundestags
BTVerh.	Verhandlungen des Deutschen Bundestags
BVerfG	Bundesverfassungsgericht

BVerfGE	Entscheidungen des Bundesverfassungsgerichts
BVerfGG	Gesetz über das Bundesverfassungsgericht vom 12.3.1951 i.d.F. der Bek. vom 11.8.1993 (BGBl. I S. 1473)
BVerfGK	Kammerentscheidungen des Bundesverfassungsgerichts
BVerfSchG	Gesetz über die Zusammenarbeit des Bundes und der Länder in Angelegenheiten des Verfassungsschutzes und über das Bundesamt für Verfassungsschutz (Bundesverfassungsschutzgesetz) vom 20.12.1990 (BGBl. I S. 2954)
BVerwG	Bundesverwaltungsgericht
BVerwGE	Entscheidungen des Bundesverwaltungsgerichts
BV-G	Bundesverfassungsgesetz (österreichische Verfassung)
BVGer	Schweizerisches Bundesverwaltungsgericht (BVGer), St. Gallen
BW	Baden-Württemberg
BWahlG	Bundeswahlgesetz neugefasst durch Bek. vom 23.7.1993 (BGBl. I S. 1288, 1594)
bzgl.	bezüglich
BZR	Bundeszentralregister
BZRG	Gesetz über das Zentralregister und das Erziehungsregister (Bundeszentralregistergesetz), neugefasst durch Bek. vom 21.9.1984 (BGBl. I S. 1229, 1985 I S. 195);
2. BZRÄndG	Zweites Gesetz zur Änderung des Bundeszentralregistergesetzes (2. BZRÄndG) vom 17.7.1984 (BGBl. I S. 990)
bzw.	beziehungsweise
CAT	s. UN-CAT
Causa Sport	Die Sport-Zeitschrift für nationales und internationales Recht sowie für Wirtschaft
CB	Compliance Berater (Zeitschrift)
CCBE	Council of the Bars and Law Societies of the European Union
CCC	Constitutio Criminalis Carolina
CCJE	Consultative Council of European Judges
CCPR	s. HRC
CCZ	Corporate Compliance Zeitschrift
CD	Collection of Decisions Bd. 1 bis 46 (1960 bis 1974), Entscheidungen der Europäischen Kommission für Menschenrechte über die Zulässigkeit von Beschwerden
CDDH	Steering Committee for Human Rights (Europarat)
CDE	Cahiers de droit européen (Zeitschrift)
CDPC	European Committee on Crime Problems
CEAS	Common European Asylum System
CELJ	China-EU Law Journal
CEPEJ	European Commission on the Efficiency of Justice
CEPOL	European Police College (Budapest)
CERD	Internationales Übereinkommen zur Beseitigung von jeder Form von Rassendiskriminierung (CERD) vom 7.3.1966
CERT	Computer Emergency Response Team
CETS	(vgl. CTS)
ChE	Chiemsee-Entwurf (Verfassungsausschuß der Ministerpräsidentenkonferenz der Westlichen Besatzungszonen. Bericht über den Verfassungskonvent auf Herrenchiemsee vom 10. bis 23.8.1948) (1948)
ChemG	Chemikaliengesetz i.d.F. der Bek. vom 20.6.2002 (BGBl. I S. 2090)
CJ	Corpus Juris
CJEL	Columbia Journal of European Law
CMLRev	Common Market Law Review
COSI	Ständiger Ausschuss für die operative Zusammenarbeit im Bereich der inneren Sicherheit (EU)
COVuR	COVID-19 und Recht (Zeitschrift)
CPP	Code de procédure pénale
CPS	Crown Prosecution Service

CPT	Committee for the Prevention of Torture – Europäischer Ausschuss zur Verhütung von Folter und unmenschlicher oder erniedrigender Behandlung oder Strafe (Europarat)
CR	Computer und Recht (Zeitschrift)
CRC	Übereinkommen über die Rechte des Kindes vom 20.11.1989 (BGBl. 1992 II S. 122)
Crim.L.R.	Criminal Law Review
CrimeLawSoc-Change	Crime, Law and Social Change (Zeitschrift)
CSW	Cross-Border Surveillance Working Group
CWÜAG	Ausführungsgesetz zum Chemiewaffenübereinkommen vom 2.8.1994 (BGBl. I S. 1954)
DA	Dienstanweisung
DAG	Deutsches Auslieferungsgesetz vom 23.12.1929 (BGBl. I S. 239), aufgehoben durch IRG vom 23.12.1982 (BGBl. I S. 2071)
DAJV-Newsletter	Zeitschrift der Deutsch-Amerikanischen Juristen-Vereinigung e.V.
DAR	Deutsches Autorecht (Zeitschrift)
DAV	DeutscherAnwaltVerein
DB	Der Betrieb (Zeitschrift)
DDevR	Deutsche Devisen-Rundschau (1951–59)
DDR	Deutsche Demokratische Republik
ders.	derselbe
DERechtsmittelG	Diskussionsentwurf für ein Gesetz über die Rechtsmittel in Strafsachen, im Auftrag der JMK vorgelegt von der Bund-Länder-Arbeitsgruppe Strafverfahrensreform (1975)
DG	Disziplinargesetz (der Länder)
Die Justiz	Die Justiz, Amtsblatt des Justizministeriums Baden-Württemberg
Die Polizei	Die Polizei (seit 1955: Die Polizei – Polizeipraxis)
dies.	dieselbe
Diss.	Dissertation
DiszO	Disziplinarordnung (der Länder)
DJ	Deutsche Justiz, Rechtspflege und Rechtspolitik (1933–45)
DJT	Deutscher Juristentag (s. auch VerhDJT)
DJZ	Deutsche Juristenzeitung (1896–1936)
DNA-AnalyseG	Gesetz zur Novellierung der forensischen DNA-Analyse vom 12.8.2005 (BGBl. I S. 2360)
DNA-IFG	DNA-Identitätsfeststellungsgesetz vom 7.9.1998 (BGBl. I S. 2646; 1999 I S. 1242) aufgehoben durch Art. 4 des Gesetzes vom 12.8.2005 (BGBl. I S. 2360, 2362)
DNP	Die Neue Polizei
DNutzG	Gesetz zur effektiveren Nutzung von Dateien im Bereich der Staatsanwaltschaften vom 10.9.2004 (BGBl. I S. 2318)
DÖD	Der Öffentliche Dienst
DÖV	Die Öffentliche Verwaltung
DOGE	Entscheidungen des Deutschen Obergerichts für das Vereinigte Wirtschaftsgebiet
DPA	Deutsches Patentamt
DR	Deutsches Recht (1931 bis 1945) Decisions and Reports (ab 1975): Entscheidungen über die Zulässigkeit von Beschwerden; Berichte der Europäischen Kommission für Menschenrechte; Resolutionen des Ministerkomitees des Europarates
DRechtsw.	Deutsche Rechtswissenschaft (1936–43)
DRiG	Deutsches Richtergesetz, neugefasst durch Bek. vom 19.4.1972 (BGBl. I S. 713);
DRiZ	Deutsche Richterzeitung
DRpfl.	Deutsche Rechtspflege (1936–1939)
DRsp.	Deutsche Rechtsprechung, herausgegeben von Feuerhake (Loseblattsammlung)
Drucks.	Drucksache
DRZ	Deutsche Rechts-Zeitschrift (1946 bis 1950)
DSB	Datenschutz-Berater
DSGVO	Datenschutzgrundverordnung
DSteuerR	Deutsches Steuerrecht (Zeitschrift)

DStR	Deutsches Strafrecht (1934 bis 1944)
DStRE	Deutsches Steuerrecht Entscheidungsdienst (Zeitschrift)
DStrZ	Deutsche Strafrechts-Zeitung (1914 bis 1922)
DStZ	Deutsche Steuer-Zeitung
dt.	deutsch
DtBR	Das Deutsche Bundesrecht, Gesetzessammlung mit Erläuterungen (Loseblattausgabe)
DtZ	Deutsch-Deutsche Rechts-Zeitschrift
DuD	Datenschutz und Datensicherheit (Zeitschrift)
DuR	Demokratie und Recht (Zeitschrift)
DVBl.	Deutsches Verwaltungsblatt (Zeitschrift)
DVO	Durchführungsverordnung
DVollzO	Dienst- und Vollzugsordnung
DVOVereinf.VO	Verordnung zur Durchführung der Verordnung über Maßnahmen auf dem Gebiete der Gerichtsverfassung und der Rechtspflege vom 8.9.1939 (RGBl. I S. 1703)
DVOZust.VO	Verordnung zur Durchführung der Verordnung über die Zuständigkeit der Strafgerichte, die Sonderstrafgerichte sowie sonstige strafverfahrensrechtliche Vorschriften vom 13.3.1940 (RGBl. I S. 489)
DVP	Deutsche Verwaltungspraxis – Fachzeitschrift für die öffentliche Verwaltung
DVR	Datenverarbeitung im Recht (Zeitschrift)
DWiR	Deutsche Zeitschrift für Wirtschaftsrecht
E	Entwurf
e^2A	ergonomischer elektronischer Arbeitsplatz
E. & P.	International Journal of Evidence & Proof
EA	Vertrag über Gründung der Europäischen Atomgemeinschaft i.d.F. nach dem 1.5.1999
EAG	Europäische Atomgemeinschaft
EAGV	Vertrag zur Gründung der Europäischen Atomgemeinschaft vom 25.3.1957, Ges. vom 27.7.1957 (BGBl. II S. 753), Bek. vom 27.12. 1957 (BGBl. 1958 II S. 1)
EAJLG	European-Asian Journal of Law and Governance
E-Akte	Elektronische Akte
EAkteJEG	Gesetz zur Einführung der elektronischen Akte in der Justiz und zur weiteren Förderung des elektronischen Rechtsverkehrs vom 5.7.2017 (BGBl. I S. 2208)
eaS	E-Akte als Service
EAW	European Arrest Warrant, s. EuHb
EB	Ergänzungsband
EBA	Europäische Beweisanordnung
EBAO	Einforderungs- und Beitreibungsanordnung i.d.F. der Bek. vom 1.4.2001
ebda.	Ebenda
eBO	elektronisches Bürger- und Organisationenpostfach
ECBA	European Criminal Bar Association
ECG	European Cooperation Group on Undercover Activities (ECG)
ECJ	s. EuGH (European Court of Justice)
ECLAN	European Criminal Law Academic Network
ECOSOC	Wirtschafts- und Sozialrat (UN)
ECPI	European Criminal Policy Initiative
ECPT	Europäisches Übereinkommen zur Verhütung von Folter und unmenschlicher oder erniedrigender Behandlung oder Strafe vom 26.11.1987 (ETS 126; BGBl. 1989 II S. 946)
ECRI	European Commission against Racism and Intolerance/Europäische Kommission gegen Rassismus und Intoleranz
ECRIS	European Criminal Records Information System
EDS/EDU	Europäische Drogeneinheit (Vorläufer von Europol)/European Drug Unit
EDV	Elektronische Datenverarbeitung
EEA	Europäische Ermittlungsanordnung/European Investigation Order (EIO)

EFG	Entscheidungen der Finanzgerichte (Zeitschrift)
EG	Vertrag zur Gründung einer Europäischen Gemeinschaft i.d.F. nach dem 1.5.1999 (vor dem 1.5.1999: EGV); Europäische Gemeinschaft
EGBGB	Einführungsgesetz zum Bürgerlichen Gesetzbuch vom 18.8.1896 (RGBl. S. 604) i.d.F. der Bek. vom 21.9.1994 (BGBl. I S. 2494)
EGFaxÜbk	Abkommen vom 26.5.1989 zwischen den Mitgliedstaaten der Europäischen Gemeinschaften über die Vereinfachung und Modernisierung der Verfahren zur Übermittlung von Auslieferungsersuchen (BGBl. 1995 II S. 969)
EGFinSchÜbk	Übereinkommen vom 26.7.1995 über den Schutz der finanziellen Interessen der Europäischen Gemeinschaften (PIF-Übereinkommen; ABlEG Nr. C 316 vom 27.11.1995, S. 49)
EGFinSchG	Gesetz zu dem Übereinkommen vom 26. Juli 1995 über den Schutz der finanziellen Interessen der Europäischen Gemeinschaften (EG-Finanzschutzgesetz – EGFinSchG) vom 10.9.1998 (BGBl. II S. 2322)
EGG	Gesetz über rechtliche Rahmenbedingungen für den elektronischen Geschäftsverkehr (Elektronischer Geschäftsverkehr-Gesetz – EGG) vom 14.12.2001 (BGBl. I S. 3721)
EGGVG	Einführungsgesetz zum Gerichtsverfassungsgesetz vom 27.1.1877 (RGBl. S. 77) zuletzt geändert durch Art. 3 des Gesetzes vom 25.6.2021 (BGBl. I S. 2099)
EGH	Ehrengerichtshof in Anwaltssachen
EGInsO	Einführungsgesetz zur Insolvenzordnung vom 5.10.1994 (BGBl. I S. 2911) zuletzt geändert durch Art. 36 des Gesetzes vom 10.8.2021 (BGBl. I S. 3436)
EGKS	Europäische Gemeinschaft für Kohle und Stahl
EGKSV	Vertrag über die Gründung der EGKS vom 18.4.1951 (BGBl. II S. 447)
EGMR	Europäischer Gerichtshof für Menschenrechte
EGMR (GK)	Europäischer Gerichtshof für Menschenrechte (Große Kammer)
EGMR (K)	Europäischer Gerichtshof für Menschenrechte (Kammer)
EGMRVerfO	Verfahrensordnung des Europäischen Gerichtshofs für Menschenrechte (Rules of Court) i.d.F. der Bek. vom 28.3.2024 (www.echr.coe.int)
EG-ne bis in idem-Übk	Übereinkommen vom 25.5.1987 zwischen den Mitgliedstaaten der Europäischen Gemeinschaften über das Verbot der doppelten Strafverfolgung – EG-ne bis in idem-Übk (BGBl. 1998 II S. 2227)
EGOWiG	Einführungsgesetz zum Gesetz über Ordnungswidrigkeiten vom 24.5.1968 (BGBl. I S. 503)
EGStGB 1870	Einführungsgesetz zum Strafgesetzbuch vom 31.5.1870 (RGBl. S.195)
EGStGB 1974	Einführungsgesetz zum Strafgesetzbuch vom 2.3.1974 (BGBl. I S.469)
EGStPO	Einführungsgesetz zur Strafprozeßordnung vom 1.2.1877
EGV	Vertrag zur Gründung einer Europäischen Gemeinschaft i.d.F. vor dem 1.5.1999 (nach dem 1.5.1999: EG)
EGVollstrÜbk	Übereinkommen vom 13.11.1991 zwischen den Mitgliedstaaten der Europäischen Gemeinschaft über die Vollstreckung ausländischer strafrechtlicher Verurteilungen
EGVP	Elektronisches Gerichts- und Verwaltungspostfach
EGWStrG	Einführungsgesetz zum Wehrstrafgesetz vom 30.4.1957 (BGBl. I S. 393)
EGZPO	Einführungsgesetz zur Zivilprozeßordnung vom 30.1.1877 (RGBl. S. 244)
EhrenGHE	Ehrengerichtliche Entscheidungen (der Ehrengerichtshöfe der Rechtsanwaltschaft des Bundesgebietes und des Landes Berlin)
EHRLR	European Human Rights Law Review
EhrRiVG	Gesetz zur Vereinfachung und Vereinheitlichung der Verfahrensvorschriften zur Wahl und Berufung ehrenamtlicher Richter vom 21.12.2004 (BGBl. I S. 3599)
eIDKG	eID-Karte-Gesetz vom 21. Juni 2019 (BGBl. I S. 846)
Einf.	Einführung
EinigungsV	Vertrag zwischen der Bundesrepublik Deutschland und der Deutschen Demokratischen Republik über die Herstellung der Einheit Deutschlands vom 31.8.1990 (BGBl. II S. 889)
EinigungsVG	Gesetz zu dem Vertrag vom 31.8.1990 zwischen der Bundesrepublik Deutschland und der Deutschen Demokratischen Republik über die Herstellung der Einheit Deutsch-

	lands – Einigungsvertragsgesetz – und der Vereinbarung vom 18.9.1990 vom 23.9.1990 (BGBl. II S. 885)
Einl.	Einleitung
EIO	s. EEA
eIP	elektronisches Integrationsportal
EIS	Europol-Informationssystem
EJB	Beschluss des Rates (2002/187/JI) vom 28.2.2002 über die Errichtung von Eurojust zur Verstärkung der Bekämpfung der schweren Kriminalität (ABlEG Nr. L 63 vom 6.3.2002, S. 1), geändert durch Beschluss 2003/659/JI des Rates vom 18.6.2003 (ABlEU Nr. L 245 vom 23.9.2003, S. 44) und den Beschluss 2009/426/JI des Rates vom 16.12.2008 zur Stärkung von Eurojust (ABlEU Nr. L 138 vom 4.6.2009, S. 14)
EJF	Entscheidungen aus dem Jugend- und Familienrecht (1951–1969)
EJG	Gesetz zur Umsetzung des Beschlusses (2002/187/JI) des Rates vom 28. Februar 2002 über die Errichtung von Eurojust zur Verstärkung der Bekämpfung der schweren Kriminalität (Eurojust-Gesetz – EJG) vom 12.5.2004 (BGBl. I S. 902)
EJKoV	Verordnung über die Koordinierung der Zusammenarbeit mit Eurojust (Eurojust-Koordinierungs-Verordnung –) vom 26.9.2012 (BGBl. I S. 2093)
EJN	Europäisches Justitielles Netz/European Judicial Network
EJTAnV	Verordnung über die Benennung und Einrichtung der nationalen Eurojust-Anlaufstelle für Terrorismusfragen (Eurojust-Anlaufstellen-Verordnung – EJTAnV) vom 17.12.2004 (BGBl. I S. 3520)
EJTN	European Judicial Training Network
EKMR	Europäische Kommission für Menschenrechte
EKMRVerfO	Verfahrensordnung der Europäischen Kommission für Menschenrechte i.d.F. der Bek. vom 29.5.1991 (BGBl. II S. 838)
EL	Ergänzungslieferung
eIDAS	elektronische Identifizierung und Vertrauensdienste für elektronische Transaktionen im Binnenmarkt
eIDASDG	Gesetz zur Durchführung der Verordnung (EU) Nr. 910/2014 des Europäischen Parlaments und des Rates vom 23. Juli 2014 über und zur Aufhebung der Richtlinie 1999/93/EG (eIDAS-Durchführungsgesetz) vom 18.7.2017 (BGBl. I S. 2745)
ELJ	European Law Journal
ELRev	European Law Review
EMCDDA	European Monitoring Centre for Drugs and Drug Addiction
EmmingerVO	Verordnung über Gerichtsverfassung und Strafrechtspflege vom 4.1.1924 (RGBl. I S. 23)
EMöGG	Gesetz zur Erweiterung der Medienöffentlichkeit in Gerichtsverfahren und zur Verbesserung der Kommunikationshilfen für Menschen mit Sprach- und Hörbehinderungen (Gesetz über die Erweiterung der Medienöffentlichkeit in Gerichtsverfahren – EMöGG) vom 8.10.2017 (BGBl. I S. 3546)
EMRK	Konvention zum Schutze der Menschenrechte und Grundfreiheiten vom 4.11.1950 (BGBl. II S. 685, 953) i.d.F. der Bek. vom 22.10.2010 (BGBl. II S. 1198) 1. ZP-EMRK vom 20.3.1952 (BGBl. 1956 II S. 1880) 2. P-EMRK vom 6.5.1963 (BGBl. 1968 II S. 1112) 3. P-EMRK vom 6.5.1963 (BGBl. 1968 II S. 1116) 4. ZP-EMRK vom 16.9.1963 (BGBl. 1968 II S. 423) 5. P-EMRK vom 20.1.1966 (BGBl. 1968 II S. 1120) 6. ZP-EMRK vom 28.4.1983 (BGBl. 1988 II S. 662) 7. ZP-EMRK vom 22.11.1984 8. P-EMRK vom 19.3.1985 (BGBl. 1989 II S. 547) 9. P-EMRK vom 6.11.1990 (BGBl. 1994 II S. 490) 10. P-EMRK vom 25.3.1992 (BGBl. 1994 II S. 490) 11. P-EMRK vom 11.5.1994 (BGBl. 1995 II S. 578) 12. ZP-EMRK vom 4.11.2000 13. ZP-EMRK vom 3.5.2002 (BGBl. 2004 II S. 982)

	14. P-EMRK vom 13.5.2004 (BGBl. 2006 II S. 138) 14bis P-EMRK vom 27.5.2009 15. P-EMRK vom 24.6.2013 (BGBl. 2014 II S. 1034) 16. P-EMRK vom 2.10.2013
ENeuOG	Gesetz zur Neuordnung des Eisenbahnwesens (Eisenbahnneuordnungsgesetz – ENeuOG) vom 27.12.1993 (BGBl. I S. 2378) zuletzt geändert durch Art. 107 des Gesetzes vom 8.7.2016 (BGBl. I S. 1594)
ENFSI	European Network of Forensic Institute
EntlG	Gesetz zur Entlastung der Gerichte vom 11.3.1921 (RGBl. S. 229)
Entsch.	Entscheidung
entspr.	entsprechend
Entw.	Entwurf
Entw. 1908	Entwurf einer Strafprozeßordnung und Novelle zum Gerichtsverfassungsgesetz nebst Begründung (1908), E 1908, MatStrRRef. Bd. 11
Entw. 1909	Entwürfe 1. eines Gesetzes, betreffend Änderungen des Gerichtsverfassungsgesetzes, 2. der Strafprozeßordnung (1909), E 1909 RT-Verhandl. Bd. 254 Drucks. Nr. 1310 = MatStrRRef. Bd. 12; Bericht der 7. Kommission des Reichstags 1909 bis 1911 zur Vorbereitung der Entwürfe 1. eines Gesetzes betreffend die Änderung des Gerichtsverfassungsgesetzes, 2. einer Strafprozeßordnung, 3. eines zu beiden Gesetzen gehörenden Einführungsgesetzes = MatStrRRef. Bd. 13
Entw. 1919/1920	Entwürfe 1. eines Gesetzes zur Änderung des Gerichtsverfassungsgesetzes (1919), 2. eines Gesetzes über den Rechtsgang in Strafsachen (1920), E 1919/1920, MatStrRRef. Bd. 14
Entw. 1930	Entwurf eines Einführungsgesetzes zum Allgemeinen Deutschen Strafgesetzbuch und zum Strafvollzugsgesetz 1930, EGStGB-Entw. 1930, RTDrucks. Nr. 2070 = MatStrRRef. Bd. 7
Entw. 1939	Entwurf einer Strafverfahrensordnung und einer Friedens- und Schiedsmannsordnung (1939), StPO-Entw. 1939, Nachdruck 1954
EP	Europäisches Parlament
EPA	Europäisches Patentamt
EPO	s. ESA
EPPO	European Public Prosecutor's Office / Europäische Staatsanwaltschaft
EPZ	Europäische Politische Zusammenarbeit
ERA	Europäische Rechtsakademie (Trier)
ERA-Forum	ERA-Forum (Zeitschrift)
ErbR	Zeitschrift für die gesamte erbrechtliche Praxis
erg.	ergänzend
Erg.	Ergänzung; Ergebnis
ErgBd.	Ergänzungsband
Erl.	Erlass; Erläuterung(en)
ERVV	Verordnung über die technischen Rahmenbedingungen des elektronischen Rechtsverkehrs und über das besondere elektronische Behördenpostfach (Elektronischer-Rechtsverkehr-Verordnung) vom 24.11.2017 (BGBl. I S. 3803), zuletzt geändert durch Art. 43 des Gesetzes vom 12.7.2024 (BGBl. 2024 I Nr. 234)
ErwG	Erwägungsgrund
ESA	Europäische Schutzanordnung/European Protection Order (EPO)
EStG	Einkommensteuergesetz
ETS	European Treaty Series; Übereinkommen des Europarates (fortlaufend nummeriert; www.coe.int; ab 1949)
EU	Vertrag über die Europäische Union
EU-RHÜ	Europäisches Übereinkommen über die Rechtshilfe in Strafsachen vom 20. April 1959 (BGBl. 1964 II S. 1369, 1386)
EuAbgG	Europaabgeordnetengesetz vom 6.4.1979 (BGBl. I S. 413) zuletzt geändert durch Art. 2 des Gesetzes vom 11.7.2014 (BGBl. I S. 906)
EuAlÜbk	Europäisches Auslieferungsübereinkommen vom 13.12.1957 (ETS 024; BGBl. 1964 II S. 1369); 2. ZP EuAlÜbk vom 17.3.1978 (ETS 098; BGBl. 1990 II S. 118; 1991 II S. 874)

EUAlÜbk	Übereinkommen vom 27.9.1996 aufgrund von Artikel K.3 des Vertrags über die Europäische Union über die Auslieferung zwischen den Mitgliedstaaten der Europäischen Union (ABlEG Nr. C 313 vom 23.10.1996, S. 11; BGBl. 1998 II S. 2253)
EuArch	Europa-Archiv
EUBestG	Gesetz zu dem Protokoll vom 27. September 1996 zum Übereinkommen über den Schutz der finanziellen Interessen der Europäischen Gemeinschaften (EU-Bestechungsgesetz – EUBestG) vom 10.9.1998 (BGBl. II S. 2340)
EUC	Charta der Grundrechte der Europäischen Union
EUCARIS	Vertrag über ein Europäisches Fahrzeug- und Führerscheininformationssystem
EuCLR	European Criminal Law Review (Zeitschrift)
eucrim	Journal for the Protection of the Financial Interests of the European Communities
EuDrogenÜbk	Übereinkommen vom 31.1.1995 über den unerlaubten Verkehr mit Drogen auf hoher See zur Durchführung des Art. 17 des Übereinkommens der Vereinten Nationen vom 20.12.1988 gegen den unerlaubten Verkehr mit Suchtstoffen und psychotropen Stoffen (ETS 156; BGBl. 2000 II S. 1313)
EuG	Europäisches Gericht erster Instanz (Luxemburg)
EuGeldwÜbk	Übereinkommen vom 8.11.1990 über Geldwäsche sowie Ermittlung, Beschlagnahme und Einziehung von Erträgen aus Straftaten (ETS 141; BGBl. 1998 II S. 519)
EuGH	Gerichtshof der Europäischen Union
EuGH Slg.	Entscheidungen des Gerichtshofs der Europäischen Union (EuGH) – Amtliche Sammlung
EuGHG	Gesetz vom 6.8.1998 betreffend die Anrufung des Gerichtshofs der Europäischen Gemeinschaften im Wege des Vorabentscheidungsverfahrens auf dem Gebiet der polizeilichen Zusammenarbeit und der justitiellen Zusammenarbeit in Strafsachen nach Art. 35 des EU-Vertrages – EuGHG (BGBl. 1998 I S. 2035; 1999 II S. 728)
EuGRAG	Gesetz zur Durchführung der Richtlinie des Rates der EG vom 22.3.1977 zur Erleichterung der tatsächlichen Ausübung des freien Dienstleistungsverkehrs der Rechtsanwälte vom 16.8.1980 (BGBl. I S. 1453)
EuGRZ	Europäische Grundrechte-Zeitschrift
EuHb	Europäischer Haftbefehl/European Arrest Warrant (EAW)
EuHbG	Gesetz zur Umsetzung des Rahmenbeschlusses über den Europäischen Haftbefehl und die Übergabeverfahren zwischen den Mitgliedstaaten der Europäischen Union (Europäisches Haftbefehlsgesetz – EuHbG) vom 21.7.2004 (BGBl. I S. 1748) und vom 20.7.2006 (BGBl. I S. 1721)
EuJCCCJ	European Journal of Crime, Criminal Law and Criminal Justice (Zeitschrift)
EuKonv	Europäischer Konvent
EUMC	s. ECRI
EuOEÜbk	Europäisches Übereinkommen vom 24.11.1983 über die Entschädigung für Opfer von Gewalttaten (ETS 116; BGBl. 2000 II S. 1209)
EuR	Europarecht (Zeitschrift)
EuRAG	Gesetz über die Tätigkeit europäischer Rechtsanwälte in Deutschland vom 9.3.2000 (BGBl. I S. 182) zuletzt geändert durch Art. 24 des Gesetzes vom 5.10.2021 (BGBl. I S. 4607)
EuRhÜbk	Europäisches Übereinkommen über die Rechtshilfe in Strafsachen vom 20.4.1959 (ETS 30; BGBl. 1964 II S. 1369; 1976 II S. 1799); ZP EuRhÜbk vom 17.3.1978 (ETS 99; BGBl. 1990 II S. 124; 1991 II S. 909); 2. ZP EuRHÜbk vom 8.11.2001 (ETS 182)
EURhÜbk	Rechtshilfeübereinkommen der Mitgliedstaaten der Europäischen Union vom 29.5.2000, ABlEG Nr. C 197 vom 12.7.2000, S. 1; ZP EURHÜbk vom 16.10.2001 (ABlEG Nr. C 326 vom 21.11.2001, S. 1)
EurJCrimeCrLJ	European Journal of Crime, Criminal Law and Criminal Justice
EURODAC	Daktyloskopische Datenbank im Rahmen von Asylantragsverfahren
Eurojust	Europäische Justitielle Clearing- und Dokumentationsstelle (Den Haag)
Europol	Europäisches Polizeiamt (Den Haag)
EuropolG	Europolgesetz vom 16.12.1997 (BGBl. II S. 2150)
EuropolÜbk	Übereinkommen vom 26.7.1995 auf Grund von Artikel K.3 des EUV über die Errichtung eines Europäischen Polizeiamtes, ABlEG Nr. C 316 vom 27.11.1995, S. 1

EuropolVO	Verordnung (EU) 2016/794 des Europäischen Parlaments und des Rates vom 11. Mai 2016 über die Agentur der Europäischen Union für die Zusammenarbeit auf dem Gebiet der Strafverfolgung (Europol) und zur Ersetzung und Aufhebung der Beschlüsse 2009/371/JI, 2009/934/JI, 2009/935/JI, 2009/936/JI und 2009/968/JI des Rates, ABlEU Nr. L 135 vom 23.5.2016, S. 53
EuroPris	European Organisation of Prison and Correctional Services
EUStA	Europäische Staatsanwaltschaft
EUStAVO	Verordnung (EU) 2017/1939 des Rates vom 12.10.2017 zur Durchführung einer Verstärkten Zusammenarbeit zur Errichtung der Europäischen Staatsanwaltschaft (EUStA)
EuTerrÜbk	Übereinkommen zur Bekämpfung des Terrorismus vom 27.1.1977 (ETS 90; BGBl. 1978 II S. 321, 907)
EUV	Vertrag über die Europäische Union
EUV-Entw.	Entwurf einer Europäischen Verfassung i.d.F des am 18.6.2004 zwischen den Staats- und Regierungschefs erzielten Konsenses (Dokument der Regierungskonferenz CIG 86/04 vom 25.6.2004)
EUVereinfAlÜbk	Übereinkommen vom 10.3.1995 aufgrund von Artikel K.3 des Vertrags über die Europäische Union über das vereinfachte Auslieferungsverfahren zwischen den Mitgliedstaaten der Europäischen Union (ABlEG Nr. C 78 vom 30.3.1995, S. 1; BGBl. 1998 II S. 2229)
EuVKonv	Entwurf eines Vertrags über eine Verfassung für Europa – vom Europäischen Konvent im Konsensverfahren angenommen am 13.6. und 10.7.2003 – dem Präsidenten des Europäischen Rates in Rom überreicht am 18.7.2003
EuZ	Zeitschrift für Europarecht (Schweiz)
EuZA	Europäische Zeitschrift für Arbeitsrecht
EuZW	Europäische Zeitschrift für Wirtschaftsrecht
evt.	eventuell
EWG	Europäische Wirtschaftsgemeinschaft
EWGV	Vertrag zur Gründung der Europäischen Wirtschaftsgemeinschaft vom 25.3.1957 (BGBl. II S. 766)
EWiR	Entscheidungen zum Wirtschaftsrecht
EWR-Abk.	Gesetz zu dem Abkommen vom 2.5.1992 über den Europäischen Wirtschaftsraum
EYHR	European Yearbook on Human Rights
EZAR	Entscheidungssammlung zum Zuwanderungs-, Asyl- und Freizügigkeitsrecht
EzSt	Entscheidungssammlung zum Straf- und Ordnungswidrigkeitenrecht, 1983 bis 1990 (Loseblattausgabe)
f., ff.	folgende
FAG	Gesetz über Fernmeldeanlagen vom 6.4.1892 i.d.F. der Bek. vom 3.7.1989 (BGBl. I S. 1455); ersetzt durch das TKG
FAGO	Geschäftsordnung für die Finanzämter
FamFG	Gesetz über das Verfahren in Familiensachen und in den Angelegenheiten der freiwilligen Gerichtsbarkeit (FamFG), Art. 1 des Gesetzes vom 17.12.2008 (BGBl. I S. 2586, 2009 I S. 1102)
FamPLG	Gesetz über Aufklärung, Verhütung, Familienplanung und Beratung vom 27.7.1992 (BGBl. I S. 1398) nun Schwangerschaftskonfliktgesetz (SchKG)
FamRZ	Zeitschrift für das gesamte Familienrecht
FAO	Fachanwaltsordnung i.d.F. vom 1.1.2020
FG	Finanzgericht/Festgabe
FGG	Gesetz über die Angelegenheiten der freiwilligen Gerichtsbarkeit vom 17.5.1898 i.d.F. der Bek. vom 20.5.1898 (RGBl. S. 771) aufgehoben durch Art. 112 Abs. 1 des Gesetzes vom 17.12.2008 (BGBl. I S. 2586)
FGO	Finanzgerichtsordnung, neugefasst durch Bek. vom 28.3.2001 (BGBl. I S. 442, 2262, 2002 I S. 679)
FGPrax	Praxis der freiwilligen Gerichtsbarkeit

1. FiMaNoG	Erstes Gesetz zur Novellierung von Finanzmarktvorschriften auf Grund europäischer Rechtsakte (Erstes Finanzmarktnovellierungsgesetz) vom 30.6.2016 (BGBl. I S. 1514)
2. FiMaNoG	Zweites Gesetz zur Novellierung von Finanzmarktvorschriften auf Grund europäischer Rechtsakte (Zweites Finanzmarktnovellierungsgesetz) vom 23.6.2017 (BGBl. I S. 1693)
FinB	Finanzbehörde
FinVerwG	Gesetz über die Finanzverwaltung vom 6.9.1950 (BGBl. I S. 448) i.d.F. der Bek. vom 30.8.1971 (BGBl. I S. 1426)
FLF	Finanzierung Leasing Factoring (Zeitschrift)
FlRG	Gesetz über das Flaggenrecht der Seeschiffe und die Flaggenführung der Binnenschiffe (Flaggenrechtsgesetz) vom 8.2.1951 i.d.F. der Bek. vom 29.10.1994 (BGBl. I S. 3140)
FIU	Financial Intelligence Unit
Fn.	Fußnote
FN A	Fundstellennachweis des Deutschen Bundesrechts, Bundesrecht ohne völkerrechtliche Vereinbarungen und Verträge mit der DDR
FN B	Fundstellennachweis des Deutschen Bundesrechts, Völkerrechtliche Vereinbarungen und Verträge mit der DDR
FO	Fernmeldeordnung i.d.F. der Bek. vom 5.5.1971 (BGBl. I S. 541)
FoR	Forum Recht (Zeitschrift)
FP-IPBPR	1. Fakultativprotokoll zum Internationalen Pakt über bürgerliche und politische Rechte vom 19.12.1966 (BGBl. 1992 II S. 1247)
2. FP-IPBPR	2. Fakultativprotokoll zu dem Internationalen Pakt über bürgerliche und politische Rechte zur Abschaffung der Todesstrafe vom 15.12.1989 (BGBl. 1992 II S. 390)
FPR	Familie Partnerschaft Recht
FRA	Agentur der Europäischen Union für Grundrechte/Agency for Fundamental Rights
FRONTEX	Europäische Grenzschutzagentur
FS	Forum Strafvollzug – Zeitschrift für Strafvollzug und Straffälligenhilfe (früher ZfStrV)
FS (Name)	Festschrift, auch Festgabe usw. (angefügt Name des Geehrten)
FuR	Familie und Recht
G 10	Gesetz zur Beschränkung des Brief-, Post- und Fernmeldegeheimnisses vom 26.6.2001 (BGBl. I S. 1254)
GA	Goltdammer's Archiv für Strafrecht, zitiert nach Jahr und Seite (bis 1933: Archiv für Strafrecht und Strafpolitik, zitiert nach Band und Seite)
GASP	Gemeinsame Außen- und Sicherheitspolitik
GBA	Generalbundesanwalt
GBl.	Gesetzblatt
GBl./DDR I, II	Gesetzblatt der Deutschen Demokratischen Republik, Teil I und II (1949 bis 1990)
GDolmG	Gesetz über die allgemeine Beeidigung von gerichtlichen Dolmetschern (Gerichtsdolmetschergesetz) vom 10.12.2019 (BGBl. I S. 2121, 2124)
GedS	Gedächtnisschrift (angefügt Name des Geehrten)
gem.	gemäß
GemDatG	Gesetz zur Errichtung gemeinsamer Dateien von Polizeibehörden und Nachrichtendiensten des Bundes und der Länder vom 22.12.2006 (Gemeinsame-Dateien-Gesetz) (BGBl. I S. 3409)
GemProt.	Gemeinsames Protokoll
GenG	Gesetz betreffend die Erwerbs- und Wirtschaftsgenossenschaften vom 1.5.1889, neugefasst durch Bek. vom 16.10.2006 (BGBl. I S. 2230)
GenStA	Generalstaatsanwaltschaft
GerS	Der Gerichtssaal (1849–1942)
Ges.	Gesetz
GeschlkrG	Gesetz zur Bekämpfung der Geschlechtskrankheiten vom 23.7.1953 (BGBl. I S. 700)
GeschO	Geschäftsordnung
GETZ	Gemeinsames Extremismus- und Terrorismusabwehrzentrum
GewO	Gewerbeordnung vom 21.6.1869, neugefasst durch Bek. vom 22.2.1999 (BGBl. I S. 202)

GewSchG	Gesetz vom 11.12.2001 zur Verbesserung des zivilgerichtlichen Schutzes bei Gewalttaten und Nachstellungen sowie zur Erleichterung der Überlassung der Ehewohnung bei Trennung (Gewaltschutzgesetz – GewSchG; BGBl. I S. 3513)
GewVerbrG	Gesetz gegen gefährliche Gewohnheitsverbrecher und über Maßregeln der Sicherung und Besserung vom 24.11.1933 (RGBl. I S. 995)
GG	Grundgesetz für die Bundesrepublik Deutschland vom 23.5.1949 (BGBl. S. 1)
ggf.	gegebenenfalls
GKG	Gerichtskostengesetz vom 5.5.2004 (BGBl. I S. 718)
GKI	Gemeinsame Kontrollinstanz (jeweils eingerichtet bei Europol und Eurojust)
GKÖD	Gesamtkommentar Öffentliches Dienstrecht
GLY	German Law Journal (Internet-Zeitschrift; www.germanlawjournal.de)
GmbH	Gesellschaft mit beschränkter Haftung
GmbHG	Gesetz betreffend die Gesellschaften mit beschränkter Haftung vom 20.4.1892 (RGBl. S. 477)
GMBl.	Gemeinsames Ministerialblatt
GmS-OGB	Gemeinsamer Senat der obersten Gerichtshöfe des Bundes
GnO	Gnadenordnung
GNotKG	Gesetz über Kosten der freiwilligen Gerichtsbarkeit für Gerichte und Notare (Gerichts- und Notarkostengesetz) vom 23.7.2013
GoJIL	Göttingen Journal of International Law (Online-Zeitschrift)
GoltdA	s. GA
G&R	Geldwäsche & Recht (Zeitschrift)
GRC	Europäische Grundrechtecharta
grds.	grundsätzlich
GRECO	Group of States against Corruption
GreifRecht	Greifswalder Halbjahresschrift für Rechtswissenschaft
GRETA	Group of Experts on Action against Trafficking in Human Beings
GREVIO	Expertengruppe zur Überwachung des Übereinkommens zum Schutz von Frauen vor Gewalt und häuslicher Gewalt (CETS 210)
GrSSt	Großer Senat in Strafsachen
Gruchot	Beiträge zur Erläuterung des deutschen Rechts, begründet von Gruchot
GRUR	Gewerblicher Rechtsschutz und Urheberrecht (Zeitschrift)
GRURInt	Gewerblicher Rechtsschutz und Urheberrecht International (Zeitschrift)
GS	Gesetzessammlung
GSNW	Sammlung des bereinigten Landesrechts Nordrhein-Westfalen (1945–56)
GSSchlH	Sammlung des schleswig-holsteinischen Landesrechts, 2 Bände (1963)
GStA	Generalstaatsanwalt
GSZ	Zeitschrift für das Gesamte Sicherheitsrecht
GÜG	Gesetz zur Überwachung des Verkehrs mit Grundstoffen, die für die unerlaubte Herstellung von Betäubungsmitteln mißbraucht werden können (Grundstoffüberwachungsgesetz – GÜG) vom 7.10.1994 (BGBl. I S. 2835)
GuP	Gesundheit und Pflege (Zeitschrift)
GÜV	Gesetz zur Überwachung strafrechtlicher und anderer Verbringungsverbote vom 24.5.1961 (BGBl. I S. 607)
GV	Gemeinsame Verfügung (mehrerer Ministerien)
GVBl.	Gesetz- und Verordnungsblatt
GVBl. II	Sammlung des bereinigten Hessischen Landesrechts
GVG	Gerichtsverfassungsgesetz vom 27.1.1877 i.d.F. der Bek. vom 9.5.1975 (BGBl. I S. 1077)
GVGA	Geschäftsanweisung für Gerichtsvollzieher
GVGÄG 1971	Gesetz zur Änderung des Gerichtsverfassungsgesetzes vom 8.9.1971 (BGBl. I S. 1513)
GVGÄG 1974	Gesetz zur Änderung des Gerichtsverfassungsgesetzes vom 25.3.1974 (BGBl. I S. 761)
GVG/DDR	Gesetz über die Verfassung der Gerichte der Deutschen Demokratischen Republik – Gerichtsverfassungsgesetz – vom 27.9.1974 (GBl. I S. 457)
GV.NRW.	Gesetz- und Verordnungsblatt Nordrhein-Westfalen
GVO	Gerichtsvollzieherordnung

GVRZ	Zeitschrift für das gesamte Verfahrensrecht
GVVG-ÄndG	Gesetz zur Änderung der Verfolgung der Vorbereitung von schweren staatsgefährdenden Gewalttaten vom 12.6.2015 (BGBl. I S. 926)
GVVO	Verordnung zur einheitlichen Regelung der Gerichtsverfassung vom 20.3.1935 (RGBl. I S. 403) in der im BGBl. III Gliederungsnummer 300-5 veröffentlichten bereinigten Fassung
GWB	Gesetz gegen Wettbewerbsbeschränkungen vom 27.7.1957 i.d.F. der Bek. vom 26.8.1998 (BGBl. I S. 2546)
GwG	Gesetz über das Aufspüren von Gewinnen aus schweren Straftaten (Geldwäschegesetz – GwG) vom 25.10.1993 (BGBl. I S. 1770)
GWR	Gesellschafts- und Wirtschaftsrecht (Zeitschrift)
GWuR	Geldwäsche & Recht (Zeitschrift)
GYIL	German Yearbook of International Law (Zeitschrift)
Haager Abk.	Haager Abkommen über den Zivilprozeß vom 17.7.1905 (RGBl. 1909 S. 409)
HalbleiterschutzG	Gesetz über den Schutz der Topographien von mikroelektronischen Halbleitererzeugnissen (Halbleiterschutzgesetz) vom 22.10.1987 (BGBl. I S. 2294)
Hamb.	Hamburg
HambJVBl.	Hamburgisches Justizverwaltungsblatt
Hans.	Hanseatisch
HansGZ	Hanseatische Gerichtszeitung (1880 bis 1927)
HansJVBl.	Hanseatisches Justizverwaltungsblatt (bis 1946/47)
HansOLGSt	Entscheidungen des Hanseatischen Oberlandesgerichts in Strafsachen (1879 bis 1932/33)
HansRGZ	Hanseatische Rechts- und Gerichtszeitschrift (1928–43), vorher: HansGZ (1880–1927)
HansRZ	Hanseatische Rechtszeitschrift für Handel, Schiff-Fahrt und Versicherung, Kolonial- und Auslandsbeziehungen sowie für Hansestädtisches Recht (1918 bis 1927)
HbStrVf/*Verfasser*	Heghmanns/Scheffler (Hrsg.), Handbuch zum Strafverfahren
HdR	Stier-Somlo/Elster (Hrsg.), Handwörterbuch der Rechtswissenschaft (1926 bis 1937)
Hess.	Hessen
HESt	Höchstrichterliche Entscheidungen, Sammlung von Entscheidungen der Oberlandesgerichte und der Obersten Gerichte in Strafsachen (1948–49)
HGB	Handelsgesetzbuch vom 10.5.1897 (RGBl. S. 219)
HKÜ	Haager Übereinkommen über die zivilrechtlichen Aspekte internationaler Kindesentführung vom 25.10.1980
h.M.	herrschende Meinung
HmbStVollzG	Hamburgisches Strafvollzugsgesetz
HRC	Human Rights Committee – UN-Menschenrechtsausschuss
HRLJ	Human Rights Law Journal
HRLR	Human Rights Law Review
HRN	Hamburger Rechtsnotizen (Zeitschrift)
HRR	Höchstrichterliche Rechtsprechung (1928 bis 1942)
HRRS	Online-Zeitschrift für Höchstrichterliche Rechtsprechung im Strafrecht (www.hrr-strafrecht.de)
Hrsg.	Herausgeber
HRSt	Entscheidungen zum Strafrecht, Strafverfahrensrecht und zu den Nebengebieten (Höchstrichterliche Rechtsprechung) (ab 1996)
Hs.	Halbsatz
HSOG	Hessisches Gesetz über die öffentliche Sicherheit und Ordnung
HStVollzG	Hessisches Strafvollzugsgesetz
HUDOC	Human Rights Documentation des Europarates
HuV-I	Humanitäres Völkerrecht – Informationsschriften
HV	Hauptverhandlung
IAGMR	Interamerikanischer Gerichtshof für Menschenrechte
ICC	s. IStGH

ICC-Statut	s. IStGH-Statut
ICJ	s. IGH
ICLQ	The International and Cooperative Law Quarterly
ICLR	International Criminal Law Review
ICPA	International Corrections and Prisons Association
ICTR	Internationaler Strafgerichtshof für Ruanda
ICTY	Internationaler Strafgerichtshof für das ehemalige Jugoslawien
i.d.F.	in der Fassung
i.d.R.	in der Regel
i.E.	im Ergebnis
i.e.S.	im engeren Sinne
IFCCLGE	International Forum on Crime and Criminal Law in the Global Era (Peking)
IGH	Internationaler Gerichtshof ICJ (Den Haag)
i.H.v.	in Höhe von
IKV	Internationale Kriminalistische Vereinigung
ILEA	International Law Enforcement Academy
ILO	International Labour Organization (Internationale Arbeitsorganisation)
InfAuslR	Informationsbrief Ausländerrecht
INPOL	Informationssystem der Polizei
InsO	Insolvenzordnung vom 5.10.1994 (BGBl. I S. 2866); zuletzt geändert durch Art. 34 Abs. 13 des Gesetzes vom 22.12.2023 (BGBl. I Nr. 411)
INTERPA	International Association of Police Academies
IntJLegalMed	International Journal of Legal Medicine
IPBPR	Internationaler Pakt über bürgerliche und politische Rechte vom 19.12.1966 (BGBl. 1973 II S. 1534)
IPBPRG	Zustimmungsgesetz zu dem Internationalen Pakt über bürgerliche und politische Rechte vom 15.11.1973 (BGBl. II S. 1533)
IPWSKR	Internationaler Pakt über die wirtschaftlichen, sozialen und kulturellen Rechte vom 19.12.1966 (BGBl. 1973 II S. 1570)
IRG	Gesetz über die internationale Rechtshilfe in Strafsachen i.d.F. der Bek. vom 27.6.1994 (BGBl. I S. 1537)
i.S.	im Sinne
i.S.d.	im Sinne des/der
IStR	Internationales Steuerrecht – Zeitschrift für europäische und internationale Wirtschaftsberatung
i.S.v.	im Sinne von
IStGH	Internationaler Strafgerichtshof ICC (Den Haag)
IStGHG	Gesetz über die Zusammenarbeit mit dem Internationalen Strafgerichtshof vom 21.6.2002 (BGBl. I S. 2144)
IStGHSt	Gesetz vom 4.12.2000 zum Römischen Statut des Internationalen Strafgerichtshofs vom 17. Juli 1998 – IStGH-Statutgesetz (BGBl. II S. 1393)
ITRB	IT-Rechts-Berater
Iurratio	Zeitschrift für Stud. iur und junge Juristen
i.V.m.	in Verbindung mit
IWG	International Working Group on Police Undercover Activities
i.w.S.	im weiteren Sinne
JA	Juristische Arbeitsblätter für Ausbildung und Examen
JahrbÖR	Jahrbuch des öffentlichen Rechts der Gegenwart
JahrbPostw.	Jahrbuch des Postwesens (1937 bis 1941/42)
JAVollzO	Jugendarrestvollzugsordnung vom 12.8.1966 i.d.F. der Bek. vom 30.11.1976 (BGBl. I S. 3270)
JBeitrG	Justizbeitreiungsgesetz vom 27.6.2017 (BGBl. I S. 1926)
JBeitrO	Justizbeitreibungsordnung vom 11.3.1937 (RGBl. I S. 298)
JBl.	Justizblatt/Juristische Blätter (Österreich)

JBlRhPf.	Justizblatt Rheinland-Pfalz
JBlSaar	Justizblatt des Saarlandes
JGG	Jugendgerichtsgesetz vom 4.8.1953 i.d.F. der Bek. vom 11.12.1974 (BGBl. I S. 3427)
JICJ	Journal of International Criminal Justice
JIR	Jahrbuch für internationales Recht
JK	Jura-Kartei
JKassO	Justizkassenordnung
JKomG	Gesetz über die Verwendung elektronischer Kommunikationsformen in der Justiz (Justizkommunikationsgesetz – JKomG) vom 22.3.2005 (BGBl. I S. 832)
JKostG	Justizkostengesetz (Landesrecht)
JLCJ	Journal of Law and Criminal Justice
jM	juris – Die Monatsschrift
JMBl.	Justizministerialblatt
JMBlNRW, JMBlNW	Justizministerialblatt für das Land Nordrhein-Westfalen
JMK	Justizministerkonferenz (Konferenz der Landesjustizministerinnen und -minister)
JoJZG	Journal der Juristischen Zeitgeschichte
JOR	Jahrbuch für Ostrecht
JöR	Jahrbuch des öffentlichen Rechts
JP	Juristische Person
JR	Juristische Rundschau
JRP	Journal für Rechtspolitik
JSt	Journal für Strafrecht
JStVollzG (NRW)	Gesetz zur Regelung des Vollzuges der Freiheitsstrafe in Nordrhein-Westfalen (Strafvollzugsgesetz Nordrhein-Westfalen – StVollzG NRW) vom 27.1.2015 (GVNRW S. 76)
JStVollzG (Saarland)	Gesetz über den Vollzug der Freiheitsstrafe im Saarland (Saarländisches Strafvollzugsgesetz – SLStVollzG) vom 24.4.2013 (ABl. I S. 116)
JugG	Jugendgericht
JugK	Jugendkammer
JugSchG	Jugendschöffengericht
JugStrafgG	Gesetz über die Zusammenarbeit mit dem Internationalen Strafgerichtshof für das ehemalige Jugoslawien (Jugoslawien-Strafgerichtshof-Gesetz) vom 10.4.1995 (BGBl. I S. 485)
Jura	Juristische Ausbildung (Zeitschrift)
JUFIL	Journal on the Use of Force and International Law
JurBüro	Das juristische Büro (Zeitschrift)
JurJahrb.	Juristen-Jahrbuch
JuS	Juristische Schulung (Zeitschrift)
JustG NRW	Gesetz über die Justiz im Land Nordrhein-Westfalen (Justizgesetz Nordrhein-Westfalen – JustG NRW) vom 1.1.2011 (GVNRW S. 30)
Justiz	Die Justiz, Amtsblatt des Justizministeriums Baden-Württemberg
JV	Justizverwaltung
JVA	Justizvollzugsanstalt
JVBl.	Justizverwaltungsblatt
JVEG	Gesetz über die Vergütung von Sachverständigen, Dolmetscherinnen, Dolmetschern, Übersetzerinnen und Übersetzern sowie die Entschädigung von ehrenamtlichen Richterinnen, ehrenamtlichen Richtern, Zeuginnen, Zeugen und Dritten (Justizvergütungs- und -entschädigungsgesetz) vom 5.5.2004 (BGBl. I S. 718)
JVerwA	Justizverwaltungsakt
JVerwB	Justizverwaltungsbehörde
JVKostG	Gesetz über Kosten in Angelegenheiten der Justizverwaltung vom 23.7.2013 (BGBl. I S. 2586)
JVKostO	Verordnung über Kosten im Bereich der Justizverwaltung vom 14.2.1940 (RGBl. I S. 357) – ersetzt durch das JVKostG mit Wirkung zum 1.8.2013 (BGBl. I S. 2586)
JVollz.	Jugendstrafvollzugsordnung: s. auch JAVollzO
JVollzGB	Gesetzbuch über den Justizvollzug in Baden-Württemberg
JW	Juristische Wochenschrift

JZ	Juristen-Zeitung
1. JuMoG	Erstes Gesetz zur Modernisierung der Justiz (1. Justizmodernisierungsgesetz) vom 24.8.2004 (BGBl. I S. 2198)
2. JuMoG	Zweites Gesetz zur Modernisierung der Justiz (2. Justizmodernisierungsgesetz) vom 22.10.2006 (BGBl. I S. 3416)
Kap.	Kapitel
KAS	Konrad-Adenauer-Stiftung
kes	Zeitschrift für Informations-Sicherheit
KFZ	Kraftfahrzeug
KG	Kammergericht/Kommanditgesellschaft
KGJ	Jahrbuch der Entscheidungen des Kammergerichts in Sachen der freiwilligen Gerichtsbarkeit, in Kosten-, Stempel- und Strafsachen (1881–1922)
KJ	Kritische Justiz (Zeitschrift)
KO	Konkursordnung vom 10.2.1877 i.d.F. der Bek. vom 20.5.1898 (RGBl. S. 612)
KoDD	Koordinierungsdauerdienst (Eurojust)
KOM	Dokument(e) der Europäischen Kommission
KonsG	Gesetz über die Konsularbeamten, ihre Aufgaben und Befugnisse (Konsulargesetz) vom 1.9.1974 (BGBl. I S. 2317)
KostÄndG	Gesetz zur Änderung und Ergänzung kostenrechtlicher Vorschriften vom 26.7.1957 (BGBl. I S. 861)
KostRMoG	Gesetz zur Modernisierung des Kostenrechts vom 5.5.2004 – Kostenrechtsmodernisierungsgesetz (BGBl. I S. 718)
2. KostRMoG	Zweites Gesetz zur Modernisierung des Kostenrechts vom 23.7.2013 – 2. Kostenrechtsmodernisierungsgesetz (BGBl. I S. 2586)
KostMaßnG	Gesetz über Maßnahmen auf dem Gebiet des Kostenrechts vom 7.8.1952 (BGBl. I S. 401)
KostO	Gesetz über die Kosten in Angelegenheiten der freiwilligen Gerichtsbarkeit i.d.F. der Bek. vom 26.7.1957 (BGBl. I S. 861) – ersetzt durch das GNotKG mit Wirkung zum 1.8.2013
KostRÄndG 1994	Gesetz zur Änderung von Kostengesetzen und anderen Gesetzen (Kostenrechtsänderungsgesetz 1994 – KostRÄndG 1994) vom 24.6.1994 (BGBl. I S. 1325)
KostRspr.	Kostenrechtsprechung (Loseblattsammlung)
KostVfg.	Kostenverfügung, Durchführungsbestimmungen zu den Kostengesetzen
K&R	Kommunikation und Recht (Zeitschrift)
KrG	Kreisgericht
Krim. Forens. Wiss	Kriminalistik und forensische Wissenschaften
Kriminalist	Der Kriminalist (Zeitschrift)
Kriminalistik	Kriminalistik, Zeitschrift für die gesamte kriminalistische Wissenschaft und Praxis
KrimJ	Kriminologisches Journal
KrimOJ	Kriminologie – Das Online-Journal
KrimPäd.	Kriminalpädagogische Praxis (Zeitschrift)
KriPoZ	Kriminalpolitische Zeitschrift
krit.	kritisch
KritV/CritQ/RCrit	Kritische Vierteljahresschrift für Gesetzgebung und Rechtswissenschaft/Critical Quarterly for Legislation and Law/Revue critique trimestrielle de jurisprudence et de législation
KronzG	Gesetz zur Einführung einer Kronzeugenregelung bei terroristischen Straftaten (Art. 4 des StGBÄndG 1989) vom 9.6.1989 (BGBl. I S. 1059)
KronzVerlG	Gesetz zur Änderung des Gesetzes zur Änderung des Strafgesetzbuches, der Strafprozeßordnung und des Versammlungsgesetzes und zur Einführung einer Kronzeugenregelung bei terroristischen Straftaten (Kronzeugen-Verlängerungs-Gesetz) vom 16.2.1993 (BGBl. I S. 238)
2. KronzVerlG	Zweites Gesetz zur Änderung des Gesetzes zur Änderung des Strafgesetzbuches, der Strafprozeßordnung und des Versammlungsgesetzes und zur Einführung einer Kronzeugenregelung bei terroristischen Straftaten (2. Kronzeugen-Verlängerungs-Gesetz) vom 19.1.1996 (BGBl. I S. 58)
KSI	Krisen-, Sanierungs- und Insolvenzberatung (Zeitschrift)

KSZE	Konferenz für Sicherheit und Zusammenarbeit in Europa
KSzW	Kölner Schrift zum Wirtschaftsrecht
KUG	Gesetz über das Urheberrecht an Werken der bildenden Künste und der Fotografie vom 9.1.1907 (RGBl. S. 7)
KUP	Kriminologie und Praxis (Schriftenreihe der Kriminologischen Zentralstelle)
KuR	Kirche und Recht (Zeitschrift)
KUR	Kunst und Recht (Zeitschrift)
k + v	Kraftfahrt und Verkehrsrecht, Zeitschrift der Akademie für Verkehrswissenschaft
KVGKG	Kostenverzeichnis (Anlage 1 zum GKG)
KWKG	Gesetz über die Kontrolle von Kriegswaffen i.d.F. der Bek. vom 22.11.1990 (BGBl. I S. 2506)
LDÜJG RP	Landesgesetz über Dolmetscherinnen und Dolmetscher und Übersetzerinnen und Übersetzer in der Justiz (LDÜJG) vom 10.9.2008 (GVBl. 358)
LegPer.	Legislaturperiode
Lfg.	Lieferung
LFGB	Lebensmittel-, Bedarfsgegenstände- und Futtermittelgesetzbuch
LG	Landgericht
LJV	Landesjustizverwaltung
LKA	Landeskriminalamt
LKV	Landes- und Kommunalverwaltung (Zeitschrift)
LM	Lindenmaier/Möhring u.a. (Hrsg.), Nachschlagewerk des Bundesgerichtshofs (Loseblattsammlung)
LMBG	Gesetz über den Verkehr mit Lebensmitteln, Tabakerzeugnissen, kosmetischen Mitteln und sonstigen Bedarfsgegenständen (Lebensmittel- und Bedarfsgegenständegesetz) i.d.F. der Bek. vom 9.9.1997 (BGBl. I S. 2297) aufgehoben durch Art. 8 des Gesetzes vom 4.4.2016 (BGBl. I S. 569)
LMG (1936)	Gesetz über den Verkehr mit Lebensmitteln und Bedarfsgegenständen (Lebensmittelgesetz) vom 5.7.1927 i.d.F. der Bek. vom 17.1.1936 (RGBl. I S. 17)
LPartG	Gesetz über die Eingetragene Lebenspartnerschaft (Lebenspartnerschaftsgesetz) vom 16.2.2001 (BGBl. I S. 266)
LPG	Landespressegesetz
LRE	Sammlung lebensmittelrechtlicher Entscheidungen
Ls.	Leitsatz
LuftFzgG	Gesetz über Rechte an Luftfahrzeugen vom 26.2.1959 (BGBl. I 57)
LuftVG	Luftverkehrsgesetz i.d.F. der Bek. vom 27.3.1999 (BGBl. I S. 550)
LuftVO	Luftverkehrs-Ordnung i.d.F. der Bek. vom 27.3.1999 (BGBl. I S. 580)
LV	Literaturverzeichnis, Schrifttumsverzeichnis
LVerf.	Landesverfassung
LVG	Landesverwaltungsgericht
LZ	Leipziger Zeitschrift für Deutsches Recht (1907 bis 1933)
m. Anm.	mit Anmerkung
MABl.	Ministerialamtsblatt
MarkenG	Gesetz über den Schutz von Marken und sonstigen Kennzeichen (Markengesetz – MarkenG) vom 25.10.1994 (BGBl. I S. 3082, 1995 I S. 156, 1996 I S. 682)
Mat.	s. Hahn
MatStrRRef.	Materialien zur Strafrechtsreform, herausgegeben vom BMJ, Bd. 1–15 (1954–1960) (s. auch Entw.)
MBl.	Ministerialblatt
MdL	Mitglied des Landtags
MDR	Monatsschrift für Deutsches Recht
MedR	Medizinrecht (Zeitschrift)
medstra	Zeitschrift für Medizinstrafrecht
MEPA	Mitteleuropäische Polizeiakademie
MHfS	Mannheimer Hefte für Schriftvergleichung

MiStra.	Anordnung über Mitteilungen in Strafsachen vom 15.3.1985 i.d.F. der Bek. vom 29.4.1998, bundeseinheitlich
MittKV	Mitteilungen der Internationalen Kriminalistischen Vereinigung (1889 bis 1914; 1926 bis 1933)
MMR	MultiMedia und Recht (Zeitschrift)
MOG	Gesetz zur Durchführung der Gemeinsamen Marktorganisation vom 31.8.1972 (BGBl. I S. 1617)
MONEYVAL	Committee of Experts on the Evaluation of Anti-Money Laundering Measures and the Financing of Terrorism
Mot.	Begründung zur Strafprozeßordnung bei Hahn (s. dort)
MR	Medien und Recht (Österreich)
MRG	Militärregierungsgesetz
MSchrKrim.	Monatsschrift für Kriminologie und Strafrechtsreform
MSchrKrimPsych.	Monatsschrift für Kriminalpsychologie und Strafrechtsreform (1904/05 bis 1936)
MStGO	Militärstrafgerichtsordnung i.d.F. der Bek. vom 29.9.1936 (RGBl. I S. 755)
Muster-Entw.	Muster-Entwurf eines einheitlichen Polizeigesetzes, verabschiedet von der JMK am 10./11.6.1976, geändert durch Beschluss der JMK vom 25.11.1977
MV	Mecklenburg-Vorpommern
m.w.B.	mit weiteren Beispielen
m.w.N.	mit weiteren Nachweisen
NachtrSichVG	Gesetz zur Einführung einer nachträglichen Sicherungsverwahrung vom 23.7.2004 (BGBl. I S. 1838)
NATO-Truppenstatut	Abkommen zwischen den Parteien des Nordatlantikvertrags vom 19.6.1951 über die Rechtsstellung ihrer Truppen (BGBl. 1961 II S. 1183, 1190), Bek. vom 16.6.1963 (BGBl. II S. 745)
Nds.	Niedersachsen
NdsAGGVG	Niedersächsisches Ausführungsgesetz zum Gerichtsverfassungsgesetz vom 5.4.1963 (GVBl. S. 225)
NdsRpfl.	Niedersächsische Rechtspflege
NdsVBl.	Niedersächsische Verwaltungsblätter
n.F.	neue Fassung
N.F.	Neue Folge
Nieders. GVBl. Sb. I, II	Niedersächsisches Gesetz- und Verordnungsblatt, Sonderband I und II, Sammlung des bereinigten niedersächsischen Rechts
NJ	Neue Justiz (bis 1990 DDR)
NJECL	New Journal of European Criminal Law
NJOZ	Neue Juristische Online-Zeitschrift (nur über beck-online abrufbar)
NJVollzG	Niedersächsisches Justizvollzugsgesetz
NJW	Neue Juristische Wochenschrift
NKrimpol.	Neue Kriminalpolitik (Zeitschrift)
NLMR	Newsletter Menschenrechte
noeP	Nicht offen ermittelnder Polizeibeamter
NordÖR	Zeitschrift für Öffentliches Recht in Norddeutschland
NotVO	s. Ausn. VO
NPA	Neues Polizei-Archiv
NRO	Nichtregierungsorganisation
NRW	Nordrhein-Westfalen
NRWO	(österreichisches) Bundesgesetz über die Wahl des Nationalrates (Nationalrats-Wahlordnung 1992)
NStE	Neue Entscheidungssammlung für Strafrecht
NStZ	Neue Zeitschrift für Strafrecht
NStZ-RR	NStZ – Rechtsprechungs-Report (Zeitschrift, ab 1996)
NSW	Neue Strafrechtswissenschaft (Zeitschrift)
NuR	Natur und Recht (Zeitschrift)

NVwZ	Neue Zeitschrift für Verwaltungsrecht
NWB	NWB Steuer- und Wirtschaftsrecht (Zeitschrift)
NWVBl.	Nordrheinwestfälische Verwaltungsblätter
NZA	Neue Zeitschrift für Arbeitsrecht
NZA-RR	NZA-Rechtsprechungs-Report Arbeitsrecht
NZI	Neue Zeitschrift für Insolvenzrecht
NZM	Neue Zeitschrift für Miet- und Wohnungsrecht
NZS	Neue Zeitschrift für Sozialrecht
NZV	Neue Zeitschrift für Verkehrsrecht
NZWehrr	Neue Zeitschrift für Wehrrecht
NZWiSt	Neue Zeitschrift für Wirtschafts-, Steuer- und Unternehmensstrafrecht
OASG	Gesetz zur Sicherung der zivilrechtlichen Ansprüche der Opfer von Straftaten (Opferanspruchsicherungsgesetz) vom 8.5.1998 (BGBl. I S. 905)
OBLG	Oberstes Landesgericht
OECD	Organisation für Wirtschaftliche Zusammenarbeit und Entwicklung
OEG	Gesetz über die Entschädigung für Opfer von Gewalttaten vom 11.5.1976 (BGBl. I S. 1181) i.d.F. der Bek. vom 7.1.1985 (BGBl. I S. 1)
OER	Osteuropa-Recht
OG	Oberstes Gericht der DDR
OGH	Oberster Gerichtshof (Österreich)
OGHSt	Entscheidungen des Obersten Gerichtshofes für die Britische Zone in Strafsachen (1949/50)
ÖJZ	Österreichische Juristen-Zeitung
OLAF	Europäisches Amt für Betrugsbekämpfung (Office Européen de Lutte Anti-Fraude)
OLG	Oberlandesgericht
OLG-NL	OLG-Report Neue Länder
OLGR	OLG-Report
OLGSt	Entscheidungen der Oberlandesgerichte zum Straf- und Strafverfahrensrecht (Loseblattausgabe, bis 1983)
OLGSt N.F.	Entscheidungen der Oberlandesgerichte zum Straf- und Strafverfahrensrecht, Neue Folge (Loseblattausgabe, ab 1983)
OLGVertrÄndG	Gesetz zur Änderung des Rechts der Vertretung durch Rechtsanwälte vor den Oberlandesgerichten vom 23.7.2002 (BGBl. I S. 2850)
OPCAT	s. UNCAT
OpferRRG	Gesetz zur Verbesserung der Rechte von Verletzten im Strafverfahren (Opferrechtsreformgesetz – OpferRRG) vom 24.6.2004 (BGBl. I S. 1354)
2. OpferRRG	Gesetz zur Stärkung der Rechte von Verletzten und Zeugen im Strafverfahren (2. Opferrechtsreformgesetz) vom 29.7.2009 (BGBl. I S. 2280)
3. OpferRRG	Gesetz zur Stärkung der Opferrechte im Strafverfahren (3. Opferrechtsreformgesetz) vom 21.12.2015 (BGBl. I S. 2525)
OpferschutzG	Erstes Gesetz zur Verbesserung der Stellung des Verletzten im Strafverfahren (Opferschutzgesetz) vom 18.12.1986 (BGBl. I S. 2496) aufgehoben durch Art. 68 des Gesetzes vom 19.4.2006 (BGBl. I S. 866)
OrgKG	Gesetz zur Bekämpfung des illegalen Rauschgifthandels und anderer Erscheinungsformen der Organisierten Kriminalität (OrgKG) vom 15.7.1992 (BGBl. I S. 1302)
OrgStA	Anordnung über Organisation und Dienstbetrieb der Staatsanwaltschaften
ÖRiZ	Österreichische Richterzeitung
ÖRZ	Österreichische Raiffeisen-Zeitung
OStA	Oberstaatsanwalt
ÖstAnwBl.	Österreichisches Anwaltsblatt
öStVG	Österreichisches Strafvollzugsgesetz
ÖStZ	Österreichische Steuerzeitung
OSZE	Organisation für Sicherheit und Zusammenarbeit in Europa
OSCI	Online Services Computer Interface

ÖVerfG	Österreichischer Verfassungsgerichtshof
OVG	Oberverwaltungsgericht
OWG/DDR	Gesetz zur Bekämpfung von Ordnungswidrigkeiten (der Deutschen Demokratischen Republik) vom 12.1.1968 (GBl. I S. 101)
OWiG	Gesetz über Ordnungswidrigkeiten, neugefasst durch Bek. vom 19.2.1987 (BGBl. I S. 602)
OWiGÄndG	Gesetz zur Änderung des Gesetzes über Ordnungswidrigkeiten, des Straßenverkehrsgesetzes und anderer Gesetze vom 7.7.1986 (BGBl. I S. 977)
PAO	Patentanwaltsordnung vom 7.9.1966 (BGBl. I S. 557)
ParlStG	Gesetz über die Rechtsverhältnisse der parlamentarischen Staatssekretäre vom 24.7.1974 (BGBl. I S. 1538)
PartG	Gesetz über die politischen Parteien (Parteiengesetz) neugefasst durch Bek. vom 31.1.1994, (BGBl. I S. 149)
PaßG	Paßgesetz vom 19.4.1986 (BGBl. I S. 537)
PatG	Patentgesetz, neugefasst durch Bek. vom 16.12.1980 (BGBl. 1981 I S. 1)
PAuswG	Gesetz über Personalausweise vom 19.12.1950 (BGBl. I S. 807) i.d.F. der Bek. vom 21.4.1986 (BGBl. I S. 548)
PD-Art. 43	Practice Direction – Requests under Article 43 of the Convention
PD-EF	Practice Direction – Electronic filing by applicants
PD-I	Practice Direction – Institution of proceedings (EGMR)
PD-IM	Practice Direction – Request for interim measures (Rule 39) (EGMR)
PD-JS	Practice Direction – Just satisfaction claims (Art. 41 ECHR) (EGMR)
PD-MI	Practice Direction – Processing of applications in the event of a mass influx
PD-RfA	Practice Direction – Request for anonymity (EGMR)
PD-RoJ	Practice Direction – Recusal of judges (Rule 28)
PD-SEF	Practice Direction – Secured electronic filing (EGMR)
PD-TPI	Practice Direction – Third-party intervention (Art. 36 § 2 of the Convention or Art. 3, second sentence, of Protocol No. 16)
PD-WP	Practice Direction – Written pleadings (EGMR)
PdR	Praxis der Rechtspsychologie (Zeitschrift)
PflVG	Gesetz über die Pflichtversicherung für Kraftfahrzeughalter i.d.F. der Bek. vom 5.4.1965 (BGBl. I S. 213)
PinG	Privacy in Germany
PJZS	Polizeiliche und Justizielle Zusammenarbeit in Strafsachen
PKH	Prozesskostenhilfe
PKHÄndG	Gesetz zur Änderung von Vorschriften über die Prozeßkostenhilfe (Prozeßkostenhilfeänderungsgesetz – PKHÄndG) vom 10.10.1994 (BGBl. I S. 2954) aufgehoben durch Art. 64 des Gesetzes vom 19.4.2006 (BGBl. I S. 866)
PlenProt.	Plenarprotokoll, Stenographische Berichte der Sitzungen des Deutschen Bundestages
PNR	Passenger Name Record
POGNRW	Polizeiorganisationsgesetz (des Landes NRW) i.d.F. der Bek. vom 22.10.1994 (GVNRW S. 852)
PolGBW	Polizeigesetz (des Landes BW) i.d.F. der Bek. vom 13.1.1992 (GBl. S. 1)
Polizei	s. Die Polizei
PostG	Gesetz über das Postwesen i.d.F. der Bek. vom 22.12.1997 (BGBl. I S. 3294)
PostO	Postordnung vom 16.5.1963 (BGBl. I S. 341)
PostStruktG	Gesetz zur Neustrukturierung des Post- und Fernmeldewesens und der Deutschen Bundespost (Poststrukturgesetz – PoststruktG) vom 8.6.1989 (BGBl. I S. 1026)
Pr.	Preußen
prALR	Allgemeines Landrecht für die Preußischen Staaten
PräsLG	Präsident des Landgerichts
PräsOLG	Präsident des Oberlandesgerichts
PräsVerfG	Gesetz über die Änderung der Bezeichnungen der Richter und ehrenamtlichen Richter und der Präsidialverfassungen der Gerichte vom 26.5.1972 (BGBl. I S. 841)
PrG	Pressegesetz (Landesrecht)

PrGS	Preußische Gesetzessammlung (1810–1945)
Prot.	Protokoll
ProzeßkostenhG	Gesetz über die Prozeßkostenhilfe vom 13.6.1980 (BGBl. I S. 677) aufgelöst durch Art. 62 des Gesetzes vom 19.4.2006 (BGBl. I S. 866)
Pro-Eurojust	Vorgänger- und Gründungseinheit von Eurojust
PrPG	Gesetz zur Stärkung des Schutzes des geistigen Eigentums und zur Bekämpfung der Produktpiraterie (PrPG) vom 7.3.1990 (BGBl. I S. 422)
PrZeugnVerwG	Gesetz über das Zeugnisverweigerungsrecht der Mitarbeiter von Presse und Rundfunk vom 25.7.1975 (BGBl. I S. 1973)
PStR	Praxis Steuerstrafrecht
PsychPbG	Gesetz über die psychosoziale Prozessbegleitung im Strafverfahren, Art. 4 des Gesetzes vom 21.12.2015, BGBl. I S. 2525, 2529 (Nr. 55).
PTNeuOG	Gesetz zur Neuordnung des Postwesens und der Telekommunikation (Postneuordnungsgesetz – PTNeuOG) vom 14.9.1994 (BGBl. I S. 2325)
PUAG	Gesetz zur Regelung des Rechts der Untersuchungsausschüsse des Deutschen Bundestages (Untersuchungsausschussgesetz – PUAG) vom 19.6.2001 (BGBl. I S. 1142)
PV	Personenvereinigung
PVG	Polizeiverwaltungsgesetz
PVR	Praxis Verkehrsrecht
RA	Rechtsanwalt
RabelsZ	Rabels-Zeitschrift für ausländisches und internationales Privatrecht
RAG/DDR	Rechtsanwaltsgesetz der Deutschen Demokratischen Republik vom 13.9.1990 (GBl. I S. 1504)
RAHG	s. RHG
RANotz.PrG	Gesetz zur Prüfung von Rechtsanwaltszulassungen, Notarbestellungen und Berufungen ehrenamtlicher Richter vom 24.6.1992 (BGBl. I S. 1386)
RAO	Reichsabgabenordnung vom 13.12.1919, aufgehoben durch AO vom 16.3.1976
RAussch.	Rechtsausschuss
RAVPV	Verordnung über die Rechtsanwaltsverzeichnisse und die besonderen elektronischen Anwaltspostfächer (Rechtsanwaltsverzeichnis- und -postfachverordnung – RAVPV) vom 23.9.2016 (BGBl. I S. 2167)
RAW	Recht Automobil Wirtschaft
RB	Rahmenbeschluss (Art. 34 EU)
RBerG	Gesetz zur Verhütung von Mißbrauch auf dem Gebiet der Rechtsberatung vom 13.12.1935 (RGBl. I S. 1478); aufgehoben durch Art. 20 des Gesetzes vom 12.12.2007 (BGBl. I S. 2840)
RBEuHb	Rahmenbeschluss des Rates (2002/584/JI) vom 13.6.2002 über den Europäischen Haftbefehl und die Übergabeverfahren zwischen den Mitgliedstaaten (ABlEU Nr. L 190 vom 18.7.2002, S. 1)
RdA	Recht der Arbeit
RdErl.	Runderlass
RDG	Gesetz über außergerichtliche Rechtsdienstleistungen (Rechtsdienstleistungsgesetz – RDG) vom 12.12.2007 (BGBl. I S. 2840)
RDH	Revue des Droits de l'Homme
Rdi	Recht Digital
RDIDC	Revue de droit international et de droit comparé
RdJB	Recht der Jugend und des Bildungswesens (Zeitschrift)
RdK	Das Recht des Kraftfahrers (1926–43, 1949–55)
RdM	Recht der Medizin
RDStH	Entscheidungen des Reichsdienststrafhofs (1939–41)
RDStO	Reichsdienststrafordnung vom 26.1.1937 (RGBl. I S. 71)
RDV	Recht der Datenverarbeitung
Recht	Das Recht, begründet von Soergel (1897 bis 1944)
recht	Information des Bundesministers der Justiz

RefE	Referentenentwurf
Reg.	Regierung
RegBl.	Regierungsblatt
RegE	Regierungsentwurf
RegE TKÜ	Entwurf der Bundesregierung eines Gesetzes zur Neuregelung der Telekommunikationsüberwachung und anderer verdeckter Ermittlungsmaßnahmen sowie zur Umsetzung der Richtlinie 2006/EG vom 18.4.2007
RehabG	Rehabilitierungsgesetz (der Deutschen Demokratischen Republik) vom 6.9.1990 (GBl. I S. 1459), aufgehoben durch StrRehaG
Res.	Resolution
RevMC	Revue du Marché commun et de l'Union européenne
Rev.trim.dr.h.	Revue trimestrielle des droits de l'homme
RG	Reichsgericht
RGBl., RGBl. I, II	Reichsgesetzblatt, von 1922 bis 1945 Teil I und II
RGRspr.	Rechtsprechung des Reichsgerichts in Strafsachen (1879 bis 1888)
RGSt	Entscheidungen des Reichsgerichts in Strafsachen
RGZ	Entscheidungen des Reichsgerichts in Zivilsachen
RheinSchA	Revidierte Rheinschiffahrtsakte (Mannheimer Akte) i.d.F. der Bek. vom 11.3.1969 (BGBl. II S. 597)
RHG	Gesetz über die innerdeutsche Rechts- und Amtshilfe in Strafsachen vom 2.5.1953 (BGBl. I S. 161)
RHGDVO	Verordnung zur Durchführung des Gesetzes über die innerdeutsche Rechts- und Amtshilfe in Strafsachen vom 23.12.1953 (BGBl. I S. 1569)
RhPf.	Rheinland-Pfalz
RiA	Recht im Amt
RichtlRA	Grundsätze des anwaltlichen Standesrechts – Richtlinien gem. § 177 Abs. 2 Satz 2 BRAO vom 21.6.1973
RiG/DDR	Richtergesetz der Deutschen Demokratischen Republik vom 5.7.1990 (GBl. I S. 637)
RiJGG	Richtlinien zum Jugendgerichtsgesetz
RiStBV	Richtlinien für das Strafverfahren und das Bußgeldverfahren vom 1.12.1970 (BAnz. Nr. 17/1971), i.d.F. der Bek. vom 1.2.1997 mit spät. Änderungen, bundeseinheitlich
RiVASt	Richtlinien für den Rechtshilfeverkehr mit dem Ausland in strafrechtlichen Angelegenheiten
RIW	Recht der Internationalen Wirtschaft (Zeitschrift)
RKG(E)	Reichskriegsgericht (Entscheidungen des RKG)
RL	Richtlinie
RMBl.	Reichsministerialblatt, Zentralblatt für das Deutsche Reich (1923–45)
RMilGE	Entscheidungen des Reichsmilitärgerichts
Rn.	Randnummer
ROW	Recht in Ost und West (Zeitschrift)
RpflAnpG	Gesetz zur Anpassung der Rechtspflege im Beitrittsgebiet (Rechtspflege-Anpassungsgesetz – RpflAnpG) vom 26.6.1992 (BGBl. I S. 1147)
RpflAnpÄndG	Gesetz zur Änderung des Rechtspflege-Anpassungsgesetzes – RpflAnpG vom 7.12.1995 (BGBl. I S. 1590)
Rpfleger	Der Deutsche Rechtspfleger
RpflEntlG	Gesetz zur Entlastung der Rechtspflege vom 11.1.1993 (BGBl. I S. 50) aufgehoben durch Art. 5 des Gesetzes vom 6.12.2011 (BGBl. S. 2554)
RPflG	Rechtspflegergesetz vom 5.11.1969 (BGBl. I S. 2065)
RpflVereinfG	Rechtspflege-Vereinfachungsgesetz vom 17.12.1990 (BGBl. I S. 2847)
RPsych	Rechtspsychologie (Zeitschrift)
Rs.	Rechtssache
Rspr.	Rechtsprechung
RT	Reichstag
RTDE	Revue trimestrielle de droit européen
RTDrucks.	Drucksachen des Reichstags

RTh	Zeitschrift für Logik und Juristische Methodenlehre, Rechtsinformatik, Kommunikationsforschung, Normen- und Handlungstheorie, Soziologie und Philosophie des Rechts – eJournal
RTVerh.	Verhandlungen des Reichstags
RuP	Recht und Politik (Zeitschrift)
RVerf.	s. WeimVerf.
RVG	Gesetz über die Vergütung der Rechtsanwältinnen und Rechtsanwälte – Rechtsanwaltsvergütungsgesetz vom 5.5.2004 (BGBl. I S. 718)
RVO	Reichsversicherungsordnung vom 19.7.1911 i.d.F. der Bek. vom 15.12.1924 (RGBl. I S. 779)
RW	Rechtswissenschaft – Zeitschrift für rechtswissenschaftliche Forschung
RZ	s. ÖRiZ
R&P	Recht und Psychiatrie (Zeitschrift)
r+s	Recht und Schaden (Zeitschrift)
s.	siehe
s.a.	siehe auch
s.o.	s. oben / siehe oben
s.u.	s. unten / siehe unten
S.	Satz, Seite
Sa.	Sachsen
SaAnh.	Sachsen-Anhalt
SaBremR	Sammlung des bremischen Rechts (1964)
SächsArch.	Sächsisches Archiv für Rechtspflege, seit 1924 (bis 1941/42) Archiv für Rechtspflege in Sachsen, Thüringen und Anhalt
SächsOLG	Annalen des Sächsischen Oberlandesgerichts zu Dresden (1880 bis 1920)
SächsVBl.	Sächsische Verwaltungsblätter
SAM	Steueranwaltsmagazin
SchAZtg	Schiedsamtszeitung
SchiedsmZ	Schiedsmannszeitung (1926 bis 1945), seit 1950 Der Schiedsmann
SchiedsstG	Gesetz (der Deutschen Demokratischen Republik) über die Schiedsstellen in den Gemeinden vom 13.9.1990 (GBl. I S. 1527)
SchlH	Schleswig-Holstein
SchlHA	Schleswig-Holsteinische Anzeigen
SchrR	Schriftenreihe
SchrRAGStrafR	Schriftenreihe der Arbeitsgemeinschaft Strafrecht im Deutschen Anwaltverein
SchRG	Gesetz über Rechte an eingetragenen Schiffen und Schiffsbauwerken vom 15.11.1940 (RGBl. I S. 1499)
SchrRBRAK	Schriftenreihe der Bundesrechtsanwaltskammer
SchwarzArbG	Gesetz zur Bekämpfung der Schwarzarbeit und illegalen Beschäftigung vom 23.7.2004 (Schwarzarbeitsbekämpfungsgesetz – SchwarzArbG) (BGBl. I S. 1842)
SchwGBG	Gesetz zur Verbesserung der Bekämpfung der Geldwäsche und Steuerhinterziehung vom 28.4.2011 (Schwarzgeldbekämpfungsgesetz) (BGBl. I S. 676)
SchwJZ	Schweizerische Juristenzeitung
SchwZStr	Schweizer Zeitschrift für Strafrecht
SDÜ	Übereinkommen vom 19.6.1990 zwischen dem Königreich Belgien, der Bundesrepublik Deutschland, der Französischen Republik, dem Großherzogtum Luxemburg und dem Königreich der Niederlande zur Durchführung des am 14.6.1985 in Schengen unterzeichneten Übereinkommens betreffend den schrittweisen Abbau der Kontrollen an den gemeinsamen Grenzen (Schengener Durchführungsübereinkommen; ABlEG Nr. L 239 vom 22.9.2000, S. 19)
1. SED-UnberG	Erstes Gesetz zur Bereinigung von SED-Unrecht (Erstes SED-Unrechtsbereinigungsgesetz – 1. SED-UnberG) vom 29.10.1992 (BGBl. I S. 1814)
2. SED-UnberG	Zweites Gesetz zur Bereinigung von SED-Unrecht (Zweites SED-Unrechtsbereinigungsgesetz – 2. SED–UnBerG) vom 23.6.1994 (BGBl. I S. 1311)

SeeAufgG	Gesetz über die Aufgaben des Bundes auf dem Gebiet der Seeschiffahrt (Seeaufgabengesetz – SeeAufgG) vom 24.5.1965 i.d.F. der Bek. vom 27.9.1994 (BGBl. I S. 2802)
SeemG	Seemannsgesetz vom 26.7.1957 (BGBl. II S. 713) aufgehoben durch Art. 7 des Gesetzes vom 20.4.2013 (BGBl. I S. 868)
SeuffBl.	Seufferts Blätter für Rechtsanwendung (1836–1913)
SFHÄndG	Schwangeren- und Familienhilfeänderungsgesetz (SFHÄndG) vom 21.8.1995 (BGBl. I S. 1050)
SFHG	Gesetz zum Schutz des vorgeburtlichen/werdenden Lebens, zur Förderung einer kinderfreundlicheren Gesellschaft, für Hilfe im Schwangerschaftskonflikt und zur Regelung des Schwangerschaftsabbruchs (Schwangeren- und Familienhilfegesetz) vom 27.7.1992 (BGBl. I S. 1398)
SGb	Die Sozialgerichtsbarkeit (Zeitschrift)
SGB	Sozialgesetzbuch
	SGB I – Sozialgesetzbuch, Allgemeiner Teil (1. Buch), vom 27.12. 2003 (BGBl. I S. 3022)
	SGB II – Sozialgesetzbuch, Grundsicherung für Arbeitsuchende (2. Buch), vom 24.12.2003 (BGBl. I S. 2954)
	SGB III – Sozialgesetzbuch, Arbeitsförderung (3. Buch), vom 27.12. 2003 (BGBl. I S. 3022)
	SGB IV – Sozialgesetzbuch, Gemeinsame Vorschriften für die Sozialversicherung (4. Buch) vom 24.7.2003 (BGBl. I S. 1526)
	SGB V – Sozialgesetzbuch, Gesetzliche Krankenversicherung (5. Buch) vom 27.12.2003 (BGBl. I S. 3022)
	SGB VI – Sozialgesetzbuch, Gesetzliche Rentenversicherung (6. Buch) vom 29.4.2004 (BGBl. I S. 678)
	SGB VII – Sozialgesetzbuch, Gesetzliche Unfallversicherung (7. Buch) vom 27.12.2003 (BGBl. I S. 3019)
	SGB VIII – Sozialgesetzbuch, Kinder- und Jugendhilfe (8. Buch) vom 27.12.2003 (BGBl. I S. 3022)
	SGB IX – Sozialgesetzbuch, Rehabilitation und Teilhabe behinderter Menschen (9. Buch) vom 23.4.2004 (BGBl. I S. 606)
	SGB X – Sozialgesetzbuch, Verwaltungsverfahren (10. Buch) vom 5.4.2004 (BGBl. I S. 718)
	SGB XI – Sozialgesetzbuch, Soziale Pflegeversicherung (11. Buch) vom 27.12.2003 (BGBl. I S. 3022)
	SGB XII – Sozialgesetzbuch, Sozialhilfe (12. Buch) vom 27.12.2003 (BGBl. I S. 3022)
SGG	Sozialgerichtsgesetz, neugefasst durch Bek. vom 23.9.1975 (BGBl. I S. 2535)
SGV.NW	Sammlung des bereinigten Gesetz- und Verordnungsblatts für das Land Nordrhein-Westfalen (Loseblattsammlung)
SIAK	Zeitschrift für Polizeiwissenschaft und polizeiliche Praxis (Österreich)
SichVG	Gesetz zur Rechtsvereinheitlichung der Sicherungsverwahrung (SichVG) vom 16.6.1995 (BGBl. I S. 818)
SIRENE	Supplementary Information Request at the National Entry (nationale Kontaktstelle des SIS)
SIS	Schengener Informationssystem
SJIR	Schweizerisches Jahrbuch für internationales Recht
SJZ	Schweizerische Juristen-Zeitung/Süddeutsche Juristenzeitung (1946–50), dann Juristenzeitung
SkAufG	Gesetz über die Rechtsstellung ausländischer Streitkräfte bei vorübergehenden Aufenthalten in der Bundesrepublik Deutschland (Streitkräfteaufenthaltsgesetz – SkAufG) vom 20.7.1995 (BGBl. II S. 554)
s.o.	siehe oben
SortSchG	Gesetz über den Schutz von Pflanzensorten (Sortenschutzgesetz) vom 20.5.1968 i.d.F. der Bek. vom 4.1.1977 (BGBl. I S. 105)
SozVw	Die Sozialverwaltung (Zeitschrift)
SprengG	Gesetz über explosionsgefährliche Stoffe (Sprengstoffgesetz – SprengG) vom 13.9.1976 (BGBl. I S. 2737) i.d.F. der Bek. vom 17.4. 1986 (BGBl. I S. 577)

SprengstG	Gesetz über explosionsgefährliche Stoffe (Sprengstoffgesetz) vom 25.8.1969 (BGBl. I S. 1358, ber. BGBl. 1970 I S. 224), aufgehoben durch SprengG vom 13.9.1976
SpuRt	Sport und Recht (Zeitschrift)
SR	Soziales Recht (Zeitschrift)
SRÜ	Seerechtsübereinkommen der Vereinten Nationen vom 10.12.1982 (BGBl. 1994 II S. 1799)
StA	Staatsanwalt, Staatsanwaltschaft
StaatsGH	Staatsgerichtshof
StaatsschStrafsG	Gesetz zur allgemeinen Einführung eines zweiten Rechtszuges in Staatsschutz-Strafsachen vom 8.9.1969 (BGBl. I S. 1582)
StAG/DDR	Gesetz über die Staatsanwaltschaft der Deutschen Demokratischen Republik vom 7.4.1977 (GBl. I S. 93)
StAZ	Das Standesamt (Zeitschrift)
StBerG	Steuerberatungsgesetz, neugefasst durch Bek. vom 4.11.1975 (BGBl. I S. 2735)
StGB	Strafgesetzbuch, neugefasst durch Bek. vom 13.11.1998 (BGBl. I S. 3322)
StGB/DDR	Strafgesetzbuch der Deutschen Demokratischen Republik vom 12.1.1968 in der Neufassung vom 14.12.1988 (GBl. I S. 93)
StGBÄndG 1976	Gesetz zur Änderung des Strafgesetzbuches, der Strafprozeßordnung, des Gerichtsverfassungsgesetzes, der Bundesrechtsanwaltsordnung und des Strafvollzugsgesetzes vom 18.8.1976 (BGBl. I S. 2181)
StGBÄndG 1989	Gesetz zur Änderung des Strafgesetzbuches, der Strafprozeßordnung und des Versammlungsgesetzes und zur Einführung einer Kronzeugenregelung bei terroristischen Straftaten vom 9.6.1989 (BGBl. I S. 1059)
StORMG	Gesetz zur Stärkung der Rechte von Opfern sexuellen Missbrauchs vom 26.6.2013 (BGBl. I S. 1805)
StPÄG 1964	Gesetz zur Änderung der Strafprozeßordnung und des Gerichtsverfassungsgesetzes vom 19.12.1964 (BGBl. I S. 1067)
StPÄG 1972	Gesetz zur Änderung der Strafprozeßordnung vom 7.8.1972 (BGBl. I S. 1361)
StPÄG 1978	Gesetz zur Änderung der Strafprozeßordnung vom 14.4.1978 (BGBl. I S. 497)
StPÄG 1986	Paßgesetz und Gesetz zur Änderung der Strafprozeßordnung vom 19.4.1986 (BGBl. I S. 537)
StPÄG 1988	Gesetz zur Änderung der Strafprozeßordnung vom 17.5.1988 (BGBl. I S. 606)
StPO	Strafprozeßordnung vom 1.2.1877 i.d.F. der Bek. vom 7.4.1987 (BGBl. I S. 1074)
StPO/DDR	Strafprozeßordnung der Deutschen Demokratischen Republik vom 12.1.1968 in der Neufassung vom 19.12.1974 (GBl. 1975 I S. 61)
str.	streitig/strittig
StraFo	Strafverteidiger Forum (Zeitschrift)
StrafrAbh.	Strafrechtliche Abhandlungen, herausgegeben von Bennecke, dann von Beling, v. Lilienthal und Schoetensack
StraftVVG	Gesetz zur Verfolgung der Vorbereitung von schweren staatsgefährdenden Gewalttaten vom 30.7.2009 (BGBl. I S. 2437)
StRÄndG	Strafrechtsänderungsgesetz 1. ~ vom 30.8.1951 (BGBl. I S. 739) 2. ~ vom 6.3.1953 (BGBl. I S. 42) 3. ~ vom 4.8.1953 (BGBl. I S. 735) 4. ~ vom 11.6.1957 (BGBl. I S. 597) 5. ~ vom 24.6.1960 (BGBl. I S. 477) 6. ~ vom 30.6.1960 (BGBl. I S. 478) 7. ~ vom 1.6.1964 (BGBl. I S. 337) 8. ~ vom 25.6.1968 (BGBl. I S. 741) 9. ~ vom 4.8.1969 (BGBl. I S. 1065) 10. ~ vom 7.4.1970 (BGBl. I S. 313) 11. ~ vom 16.12.1971 (BGBl. I S. 1977) 12. ~ vom 16.12.1971 (BGBl. I S. 1779) 13. ~ vom 13.6.1975 (BGBl. I S. 1349) 14. ~ vom 22.4.1976 (BGBl. I S. 1056)

15. ~ vom 18.5.1976 (BGBl. I S. 1213)
16. ~ vom 16.7.1979 (BGBl. I S. 1078)
17. ~ vom 21.12.1979 (BGBl. I S. 2324)
18. ~ vom 28.3.1980 (BGBl. I S. 379) – Gesetz zur Bekämpfung der Umweltkriminalität
19. ~ vom 7.8.1981 (BGBl. I S. 808)
20. ~ vom 8.12.1981 (BGBl. I S. 1329)
21. ~ vom 13.6.1985 (BGBl. I S. 963)
22. ~ vom 18.7.1985 (BGBl. I S. 1510)
23. ~ vom 13.4.1986 (BGBl. I S. 1986)
24. ~ vom 13.1.1987 (BGBl. I S. 141)
25. ~ vom 20.8.1990 – § 201 StG – (BGBl. I S. 1764)
26. ~ vom 24.7.1992 – Menschenhandel – (BGBl. I S. 1255)
27. ~ vom 23.7.1993 – Kinderpornographie – (BGBl. I S. 1346)
28. ~ vom 13.1.1994 – Abgeordnetenbestechung – (BGBl. I S. 84)
29. ~ vom 31.5.1994 – §§ 175, 182 StGB – (BGBl. I S. 1168)
30. ~ vom 23.6.1994 – Verjährung von Sexualstraftaten an Kindern und Jugendlichen – BGBl. I S. 1310)
31. ~ vom 27.6.1994 – 2. Gesetz zur Bekämpfung der Umweltkriminalität – (BGBl. I S. 1440)
32. ~ vom 1.6.1995 – §§ 44, 69b StGB – (BGBl. I S. 747)
33. ~ vom 1.7.1997 – §§ 177, 178 StGB (BGBl. I S. 1607)
34. ~ vom 22.8.2002 – § 129b StGB (BGBl. I S. 3390)
35. ~ vom 22.12.2003 – Betrug und Fälschung im Zusammenhang mit unbaren Zahlungsmitteln (BGBl. I S. 2838)
36. ~ vom 30.7.2004 – § 201a StGB (BGBl. I S. 2012)
37. ~ vom 18.2.2005 – §§ 180b, 181 StGB (BGBl. I S. 239)
38. ~ vom 4.8.2005 – § 78b StGB (BGBl. I S. 2272)
39. ~ vom 1.9.2005 – §§ 303, 304 StGB (BGBl. I S. 2674)
40. ~ vom 22.3.2007 – Strafbarkeit beharrlicher Nachstellungen (Anti-Stalking-Gesetz) (BGBl. I S. 354)
41. ~ vom 7.8.2007 – Bekämpfung der Computerkriminalität (BGBl. I S. 1786)
42. ~ vom 29.6.2009 – Anhebung der Höchstgrenze des Tagessatzes bei Geldstrafen (BGBl. I S. 1658)
43. ~ vom 29.7.2009 – Strafzumessung bei Aufklärungs- und Präventionshilfe (BGBl. I S. 2288)
44. ~ vom 1.11.2011 – Widerstand gegen Vollstreckungsbeamte (BGBl. I S. 2130)
45. ~ vom 6.12.2011 – Umsetzung der Richtlinie des Europäischen Parlaments und des Rates zum strafrechtlichen Schutz der Umwelt (BGBl. I S. 2557)
46. ~ vom 10.6.2013 – Beschränkung der Möglichkeit zur Strafmilderung bei Aufklärungs- und Präventionshilfe (BGBl. I S. 1497)
47. ~vom 24.9.2013 – Strafbarkeit der Verstümmelung weiblicher Genitalien (BGBl. I S. 3671)
48. ~ vom 23.4.2014 – Erweiterung des Straftatbestandes der Abgeordnetenbestechung (BGBl. I S. 410)
49. ~ vom 21.1.2015 – Umsetzung europäischer Vorgaben zum Sexualstrafrecht (BGBl. I S. 10)
50. ~ vom 4.11.2016 – Verbesserung des Schutzes der sexuellen Selbstbestimmung (BGBl. I S. 2460)
51. ~ vom 11.4.2017 – Strafbarkeit von Sportwettbetrug und der Manipulation von berufssportlichen Wettbewerben (BGBl. I S. 815)
52. ~ vom 23.5.2017 – Stärkung des Schutzes von Vollstreckungsbeamten und Rettungskräften (BGBl. I S. 1226)
53. ~ vom 11.6.2017 – Ausweitung des Maßregelrechts bei extremistischen Straftätern (BGBl. I S. 1612)
54. ~ vom 17.7.2017 – Umsetzung des Rahmenbeschlusses 2008/841/JI des Rates vom 24. Oktober 2008 zur Bekämpfung der organisierten Kriminalität (BGBl. I S. 2440)

	55. ~ vom 17.7.2017 – Wohnungseinbruchdiebstahl (BGBl. I S. 2442)
	56. ~ vom 30.9.2017 – Strafbarkeit nicht genehmigter Kraftfahrzeugrennen im Straßenverkehr (BGBl. I S. 3532)
	57. ~ vom 3.3.2020 – Versuchsstrafbarkeit des Cybergroomings (BGBl. I S. 431)
	58. ~ vom 12.6.2020 – Strafrechtlicher Schutz bei Verunglimpfung der Europäischen Union und ihrer Symbole (BGBl. I S. 1247)
	59. ~ vom 9.10.2020 – Verbesserung des Persönlichkeitsschutzes bei Bildaufnahmen (BGBl. I S. 2075)
	60. ~ vom 30.11.2020 – Modernisierung des Schriftenbegriffs und anderer Begriffe sowie Erweiterung der Strafbarkeit nach den §§ 86, 86a, 111 und 130 des Strafgesetzbuches bei Handlungen im Ausland (BGBl. I S. 2600)
	61. ~ vom 10.3.2021 – Umsetzung der Richtlinie (EU) 2019/713 des Europäischen Parlaments und des Rates vom 17. April 2019 zur Bekämpfung von Betrug und Fälschung im Zusammenhang mit unbaren Zahlungsmitteln und zur Ersetzung des Rahmenbeschlusses 2001/413/JI des Rates (BGBl. I S. 333)
StraßenVSichG	1. Gesetz zur Sicherung des Straßenverkehrs (Straßenverkehrssicherungsgesetz) vom 19.12.1952 (BGBl. I S. 832)
	2. Zweites ~ vom 26.11.1964 (BGBl. I S. 921)
StREG	Gesetz über ergänzende Maßnahmen zum 5. StrRG (Strafrechtsreformergänzungsgesetz) vom 28.8.1975 (BGBl. I S. 2289)
StrEG	Gesetz über die Entschädigung für Strafverfolgungsmaßnahmen vom 8.3.1971 (BGBl. I S. 157)
STREIT	Feministische Rechtszeitschrift
StrFG	Straffreiheitsgesetz
	– 1949 vom 31.12.1949 (BGBl. I S. 37)
	– 1954 vom 17.7.1954 (BGBl. I S. 203)
	– 1968 vom 9.7.1968 (BGBl. I S. 773)
	– 1970 vom 20.5.1970 (BGBl. I S. 509)
StRR	StrafRechtsReport – Arbeitszeitschrift für das gesamte Strafrecht
StrRehaG	Gesetz über die Rehabilitierung und Entschädigung von Opfern rechtsstaatswidriger Strafverfolgungsmaßnahmen im Beitrittsgebiet (Strafrechtliches Rehabilitierungsgesetz – StrRehaG) vom 29.10.1992 (BGBl. I S. 1814) i.d.F. der Bek. vom 17.12.1999 (BGBl. I S. 2664)
StrRG	Gesetz zur Reform des Strafrechts
	1. ~ vom 25.6.1969 (BGBl. I S. 645)
	2. ~ vom 4.7.1969 (BGBl. I S. 717)
	3. ~ vom 20.5.1970 (BGBl. I S. 505)
	4. ~ vom 23.11.1973 (BGBl. I S. 1725)
	5. ~ vom 18.6.1974 (BGBl. I S. 1297)
	6. ~ vom 26.1.1998 (BGBl. I S. 164)
StVÄG 1987	Strafverfahrensänderungsgesetz 1987 vom 27.1.1987 (BGBl. I S. 475)
StVÄG 1999	Strafverfahrensänderungsgesetz 1999 vom 2.8.2000 (BGBl. I S. 1253)
StVG	Straßenverkehrsgesetz vom 3.5.1909 i.d.F. der Bek. vom 19.12.1952 (BGBl. I S. 837)
StVO	Straßenverkehrsordnung vom 16.11.1970 (BGBl. I S. 1565, ber. 1971, S. 38)
StVollstrO	Strafvollstreckungsordnung vom 1.4.2001 (BAnz. Nr. 87) bundeseinheitlich
StVollzG	Gesetz über den Vollzug der Freiheitsstrafe und der freiheitsentziehenden Maßregeln der Besserung und Sicherung – Strafvollzugsgesetz – vom 16.3.1976 (BGBl. I S. 581)
StVollzGK	Strafvollzugsgesetz-Kommissionsentwurf, herausgegeben vom Bundesministerium der Justiz
StVollzK	Blätter für Strafvollzugskunde (Beilage zur Zeitschrift „Der Vollzugsdienst")
1. StVRErgG	Gesetz zur Ergänzung des 1. StVRG vom 20.12.1974 (BGBl. I S. 3686)
1. StVRG	Erstes Gesetz zur Reform des Strafverfahrensrechts vom 9.12.1974 (BGBl. I S. 3393)
StVZO	Straßenverkehrs-Zulassungs-Ordnung vom 13.11.1937 i.d.F. der Bek. vom 28.9.1988 (BGBl. I S. 1793)

s.u.	siehe unten
SubvG	Subventionsgesetz vom 29.7.1976 (BGBl. I S. 2034)
SVR	Straßenverkehrsrecht (Zeitschrift)
SZ	Süddeutsche Zeitung
SZIER	Schweizerische Zeitschrift für internationales und europäisches Recht
TDDDG	Telekommunikations-Digitale-Dienste-Datenschutz-Gesetz vom 23.6.2021 (BGBl. I S. 1982)
TerrorismusG	Gesetz zur Bekämpfung des Terrorismus vom 19.12.1986 (BGBl. I S. 2566)
TerrorBekämpfG	Gesetz vom 9.1.2002 zur Bekämpfung des internationalen Terrorismus (Terrorismusbekämpfungsgesetz) (BGBl. I S. 361)
TerrorBekErgG	Gesetz zur Ergänzung des Terrorismusbekämpfungsgesetzes (Terrorismusbekämpfungsergänzungsgesetz) vom 5.1.2007 (BGBl. I S. 2)
TFTP	Terrorist Finance Tracking Program
ThUG	Gesetz zur Therapierung und Unterbringung psychisch gestörter Gewalttäter (Therapieunterbringungsgesetz) vom 22.12.2010 (BGBl. I S. 2300, 2305)
Thür.	Thüringen
ThürVBl.	Thüringer Verwaltungsblätter
TiefseebergbauG	Gesetz zur vorläufigen Regelung des Tiefseebergbaus vom 16.8.1980 (BGBl. I S. 1457)
TierSchG	Tierschutzgesetz vom 24.7.1972 (BGBl. I S. 1277)
TKG	Telekommunikationsgesetz (TKG) vom 25.7.1996 (BGBl. I S. 1120) i.d.F. vom 22.6.2004 (BGBl. I S. 1190)
TKÜG	Gesetz zur Neuregelung der Telekommunikationsüberwachung und anderer Ermittlungsmaßnahmen sowie zur Umsetzung der Richtlinie 2006/24/EG vom 21.12.2007 (BGBl. I S. 3198)
TKO	Telekommunikationsordnung vom 16.7.1987 (BGBl. I S. 1761)
TMG	Telemediengesetz vom 26.2.2007 (BGBl. I S. 179)
TR-RESISCAN	Technische Richtlinie 03138 Ersetzendes Scannen
TREVI	Terrorisme, Radicalisme, Extremisme et Violence Internationale (1975) – Koordinierungsgruppe
TVöD	Tarifvertrag für den öffentlichen Dienst
TV/L	Tarifvertrag für den öffentlichen Dienst der Länder
Tz.	Teilziffer
UCLAF	Unité de Coordination de la Lutte Anti-Fraude
UdG	Urkundsbeamter der Geschäftsstelle
ÜAG	Gesetz vom 26.9.1991 zur Ausführung des Übereinkommens über die Überstellung verurteilter Personen vom 21.3.1983 – Überstellungsausführungsgesetz (BGBl. 1991 I S. 1954)
ÜberlG	Gesetz zur Überleitung von Bundesrecht nach Berlin (West) (Sechstes Überleitungsgesetz) vom 25.9.1990 (BGBl. I S. 2106)
ÜberstÜbk	Übereinkommen über die Überstellung verurteilter Personen vom 21.3.1983 (ETS 112; BGBl. 1991 II S. 1006; 1992 II S. 98); ZP ÜberstÜbk vom 18.12.1997 (ETS 167)
Übk	Übereinkommen
ÜF	Übergangsfassung
UFITA	Archiv für Medienrecht und Medienwissenschaft
UHaftVollzG	Untersuchungshaftvollzugsgesetz
UHaftÄndG	Gesetz zur Abänderung der Untersuchungshaft vom 27.12.1926 (RGBl. I S. 529)
UN	Vereinte Nationen
UNCAT	Übereinkommen (der Vereinten Nationen) gegen Folter und andere grausame, unmenschliche oder erniedrigende Behandlung oder Strafe vom 10.12.1984 (BGBl. 1990 II S. 246) OPCAT – Fakultativprotokoll vom 18.12.2002 zum Übereinkommen gegen Folter und andere grausame, unmenschliche oder erniedrigende Behandlung oder Strafe; Gesetz vom 26.8.2008 (BGBl. 2008 II S. 854)

UN-CAT	United Nations Committee against Torture – UN-Anti-Folter-Ausschuss
UN-FoltKonv.	s. UNCAT
UNHCR	United Nations High Commissioner for Refugees – Hoher Flüchtlingskommissar der Vereinten Nationen
UNO-Pakt	s. IPBPR
UnterbrSichG	Gesetz zur Reform des Rechts der Unterbringung in einem psychiatrischen Krankenhaus und in einer Entziehungsanstalt vom 16.7.2007 (BGBl. I S. 1327)
UrhG	Gesetz über Urheberrecht und verwandte Schutzrechte (Urheberrechtsgesetz) vom 9.9.1965 (BGBl. I S. 1273)
UVollzO	Untersuchungshaftvollzugsordnung vom 12.2.1953 i.d.F. der Bek. vom 15.12.1976, bundeseinheitlich
UZwG	Gesetz über den unmittelbaren Zwang bei Ausübung öffentlicher Gewalt durch Vollzugsbeamte des Bundes vom 10.3.1961 (BGBl. I S. 165)
UZwGBw	Gesetz über die Anwendung unmittelbaren Zwanges und die Ausübung besonderer Befugnisse durch Soldaten der Bundeswehr und verbündeter Streitkräfte sowie zivile Wachpersonen vom 12.8.1965 (BGBl. I S. 796)
VA	Verwaltungsakt/Verkehrsrecht aktuell
V.A.	Vorzeitige Anwendung (internationaler Übereinkommen)
VBlBW	Verwaltungsblätter für Baden-Württemberg (Zeitschrift)
VDA	Vergleichende Darstellung des deutschen und ausländischen Strafrechts, Allgemeiner Teil, Bd. 1 bis 6 (1908)
VDB	Vergleichende Darstellung des deutschen und ausländischen Strafrechts, Besonderer Teil, Bd. 1 bis 9 (1906)
VerbrbekG	Gesetz zur Änderung des Strafgesetzbuches, der Strafprozeßordnung und anderer Gesetze (Verbrechensbekämpfungsgesetz) vom 28.10.1994 (BGBl. I S. 3186)
VerbringungsverbG	Gesetz zur Überwachung strafrechtlicher und anderer Verbringungsverbote vom 24.5.1961 (BGBl. I S. 607)
VereinfVO	Vereinfachungsverordnung 1. ~, VO über Maßnahmen auf dem Gebiet der Gerichtsverfassung und Rechtspflege vom 1.9.1939 (RGBl. I S. 1658) 2. ~, VO zur weiteren Vereinfachung der Strafrechtspflege vom 13.8.1942 (RGBl. I S. 508) 3. ~, Dritte VO zur Vereinfachung der Strafrechtspflege vom 29.5.1943 (RGBl. I S. 342) 4. ~, Vierte VO zur Vereinfachung der Strafrechtspflege vom 13.12.1944 (RGBl. I S. 339)
VereinhG	Gesetz zur Wiederherstellung der Rechtseinheit auf dem Gebiete der Gerichtsverfassung, der bürgerlichen Rechtspflege, des Strafverfahrens und des Kostenrechts vom 12.9.1950 (BGBl. I S. 455)
VereinsG	Gesetz zur Regelung des öffentlichen Vereinsrechts (Vereinsgesetz) vom 5.8.1964 (BGBl. I S. 593) zuletzt geändert durch Art. 5 des Gesetzes vom 30.11.2020 (BGBl. I S. 2600)
VerfGH	Verfassungsgerichtshof
VerfO	Verfahrensordnung (s. EGMRVerfO)
Verh.	Verhandlungen des Deutschen Bundestages (BT), des Deutschen Juristentages (DJT) usw.
1. VerjährungsG	Gesetz über das Ruhen der Verjährung bei SED-Unrechtstaten vom 26.3.1993 (BGBl. I S. 392)
2. VerjährungsG	Gesetz zur Verlängerung strafrechtlicher Verjährungsfristen vom 27.9.1993 (BGBl. I S. 1657)
VerkA	Der Verkehrsanwalt
VerkMitt.	Verkehrsrechtliche Mitteilungen
VerpflG	Gesetz über die förmliche Verpflichtung nichtbeamteter Personen (Verpflichtungsgesetz) vom 2.3.1974 (BGBl. I S. 469) zuletzt geändert durch § 1 Nr. 4 des Gesetzes vom 15.8.1974 (BGBl. I S. 1942)
VerschG	Verschollenheitsgesetz vom 15.1.1951 (BGBl. I S. 59) zuletzt geändert durch Art. 182 der Verordnung vom 31.8.2015 (BGBl. I S. 1474)

VersMed	Die Versicherungsmedizin
VersR	Versicherungsrecht, Juristische Rundschau für die Individualversicherung
VerständigungsG	Gesetz zur Regelung der Verständigung im Strafverfahren vom 29.7.2009 (BGBl. I S. 2353)
VerwArch	Verwaltungsarchiv
VG	Verwaltungsgericht
VGH	Verfassungsgerichtshof; Verwaltungsgerichtshof
vgl.	vergleiche
Vhdlgen	s. Verh.
VideokonfIntensG	Gesetz zur Intensivierung des Einsatzes von Videokonferenztechnik in gerichtlichen und staatsanwaltschaftlichen Verfahren v. 25.4.2013 (BGBl. I S. 935)
VIS	Visa-Informations-System
VIZ	Vermögens- und Immobilienrecht (Zeitschrift)
VO	Verordnung; s. auch AusnVO
VOBl.	Verordnungsblatt
Vor	Vorbemerkung/en
VOR	Zeitschrift für Verkehrs- und Ordnungswidrigkeitenrecht
VR	Verwaltungsrundschau
VRR	VerkehrsRechtsReport
VRS	Verkehrsrechts-Sammlung
VRÜ	Verfassung und Recht in Übersee
VStGB	Völkerstrafgesetzbuch vom 26.6.2002 (BGBl. I 2254), zuletzt geändert durch Art. 1 des Gesetzes vom 22.12.2016 (BGBl. I 3150)
VStGBG	Gesetz vom 26.6.2002 zur Einführung des Völkerstrafgesetzbuches (BGBl. I S. 2254)
VVDStRL	Veröffentlichungen der Vereinigung der Deutschen Staatsrechtslehrer
VVStVollzG	Verwaltungsvorschriften zum Strafvollzugsgesetz (bundeseinheitlich) vom 1.7.1976
VwGO	Verwaltungsgerichtsordnung, neugefasst durch Bek. vom 19.3.1991 (BGBl. I S. 686); zuletzt geändert durch Art. 11 des Gesetzes vom 22.12.2023 (BGBl. I Nr. 409)
VwRehaG	Gesetz über die Aufhebung rechtsstaatswidriger Verwaltungsentscheidungen im Beitrittsgebiet und die daran anknüpfenden Folgeansprüche (Verwaltungsrechtliches Rehabilitierungsgesetz – VwRehaG) vom 23.6.1994 (BGBl. I S. 1311) zuletzt geändert durch Art. 13 des Gesetzes vom 12.12.2019 (BGBl. I S. 2652)
VwVfG	Verwaltungsverfahrensgesetz vom 25.5.1976 (BGBl. I S. 1253) zuletzt geändert durch Art. 1 des Gesetzes vom 4.12.2023 (BGBl. I Nr. 344)
VwZG	Verwaltungszustellungsgesetz vom 3.7.1952 (BGBl. I S. 379)
WDO	Wehrdisziplinarordnung vom 15.3.1957 i.d.F. der Bek. vom 9.6.1961 (BGBl. I S. 697)
WbeauftrG	Gesetz über den Wehrbeauftragten des Deutschen Bundestages i.d.F. der Bek. vom 16.6.1982 (BGBl. I S. 673) zuletzt geändert durch Art. 17 des Gesetzes vom 22.12.2023 (BGBl. I Nr. 414)
WeinG	Gesetz über Wein, Likörwein, Schaumwein, weinhaltige Getränke und Branntwein aus Wein (Weingesetz) vom 14.1.1971 (BGBl. I S. 893)
Wiener Übereinkommen	1. Wiener Übereinkommen über diplomatische Beziehungen vom 18.4.1961 (Zustimmungsgesetz vom 6.8.1964, BGBl. II S. 957) 2. Wiener Übereinkommen über konsularische Beziehungen vom 24.4.1963 (Zustimmungsgesetz vom 26.8.1969, BGBl. II S. 1585)
WiJ	Journal der Wirtschaftsstrafrechtlichen Vereinigung e.V.
1. WiKG	Erstes Gesetz zur Bekämpfung der Wirtschaftskriminalität vom 29.7.1976 (BGBl. I S. 2034)
2. WiKG	Zweites Gesetz zur Bekämpfung der Wirtschaftskriminalität vom 15.5.1986 (BGBl. I S. 721)
WisteV	Wirtschaftsstrafrechtliche Vereinigung e.V.
WiStG	Gesetz zur weiteren Vereinfachung des Wirtschaftsstrafrechts (Wirtschaftsstrafgesetz 1954) vom 9.7.1954 i.d.F. der Bek. vom 3.6.1975 (BGBl. I S. 1313)
wistra	Zeitschrift für Wirtschafts- und Steuerstrafrecht
WLR	Weekly Law Reports (Zeitschrift)
WoÜbG	Gesetz zur Umsetzung des Urteils des Bundesverfassungsgerichts vom 3. März 2004 (akustische Wohnraumüberwachung) vom 24.6.2005 (BGBl. I S. 1841)

WPO	Wirtschaftsprüferordnung i.d.F. der Bek. vom 5.11.1975 (BGBl. I S. 2803), zuletzt geändert durch Art. 33 des Gesetzes vom 4.2.2026 (BGBl. I Nr. 33)
WRV	Weimarer Verfassung, Verfassung des Deutschen Reichs vom 11.8.1919 (RGBl. S. 1383)
WStG	Wehrstrafgesetz vom 30.3.1957 i.d.F. der Bek. vom 24.5.1974 (BGBl. I S. 1213)
WM	Wertpapiermitteilungen (Zeitschrift)
WuV	Wirtschaft und Verwaltung (Zeitschrift)
WuW	Entscheidungssammlung der Zeitschrift Wirtschaft und Wettbewerb
WÜD	s. 1. Wiener Übereinkommen
WÜK	s. 2. Wiener Übereinkommen
WVK	Wiener Vertragsrechtskonvention vom 23.5.1969 (BGBl. 1985 II S. 926)
WWSUV	Vertrag über die Schaffung einer Währungs-, Wirtschafts- und Sozialunion zwischen der Bundesrepublik Deutschland und der Deutschen Demokratischen Republik vom 18.5.1990 (BGBl. II S. 537)
WWSUVG	Gesetz zu dem Vertrag vom 18.5.1990 über die Schaffung einer Währungs-, Wirtschafts- und Sozialunion ... vom 25.6.1990 (BGBl. II S. 518)
WZG	Warenzeichengesetz vom 5.5.1936 i.d.F. der Bek. vom 2.1.1968 (BGBl. I S. 29)
WzS	Wege zur Sozialversicherung (Zeitschrift)
YB	Europarat (Hrsg.), Yearbook of the European Convention of the Human Rights, the European Commission and the European Court of Human Rights/Annuaire de la Convention Européenne des Droits de l'Homme; Commission et Cour Européenne des Droits de l'Homme
YEL	Yearbook of European Law
ZAG	Zahlungsdiensteaufsichtsgesetz
ZahlVGJG	Gesetz über den Zahlungsverkehr mit Gerichten und Justizbehörden vom 22.12.2006 = Art. 2 des 2. Justizmodernisierungsgesetzes (BGBl. 2006 I S. 3416)
ZAkDR	Zeitschrift der Akademie für Deutsches Recht (1934–44)
ZaöRV	Zeitschrift für ausländisches öffentliches Recht und Völkerrecht
ZAP	Zeitschrift für die Anwaltspraxis
ZAR	Zeitschrift für Ausländerrecht und Ausländerpolitik
ZBJV	Zeitschrift des Bernischen Juristenvereins
ZBlJugR	Zentralblatt für Jugendrecht und Jugendwohlfahrt
ZBR	Zeitschrift für Beamtenrecht
ZCG	Zeitschrift für Corporate Governance
ZD	Zeitschrift für Datenschutz
ZDRW	Zeitschrift für Didaktik der Rechtswissenschaft
ZER	Zeitschrift für Europarecht (Österreich)
ZERP	Zentrum für europäische Rechtspolitik (Universität Bremen)
ZESAR	Zeitschrift für europäisches Sozial- und Arbeitsrecht
ZEUP	Zeitschrift für europäisches Privatrecht
ZEuS	Zeitschrift für Europarechtliche Studien
ZEV	Zeitschrift für Erbrecht und Vermögensnachfolge
ZfBR	Zeitschrift für deutsches und internationales Bau- und Vergaberecht
ZfC	Zeitschrift für Compliance
ZFdG	Gesetz über das Zollkriminalamt und die Zollfahndungsämter (Zollfahndungsdienstgesetz) vom 16.8.2002 (BGBl. I S. 3202) aufgehoben durch Art. 3 des Gesetzes vom 30.3.2021 (BGBl. I S. 402)
ZfDR	Zeitschrift für Digitalisierung und Recht (ZfDR)
ZfIStw	Zeitschrift für Internationale Strafrechtswissenschaft
ZfJ	Zentralblatt für Jugendrecht
ZfL	Zeitschrift für Lebensrecht
ZfRV	Zeitschrift für Europarecht, Internationales Privatrecht und Rechtsvergleichung
ZfS	Zeitschrift für Schadensrecht

ZFSH/SGB	Zeitschrift für die sozialrechtliche Praxis
ZfStrVo	Zeitschrift für Strafvollzug und Straffälligenhilfe (jetzt: FS – Forum Strafvollzug)
ZfWG	Zeitschrift für Wett- und Glücksspielrecht
ZfZ	Zeitschrift für Zölle und Verbrauchssteuern
ZG	Zeitschrift für Gesetzgebung
ZInsO	Zeitschrift für das gesamte Insolvenzrecht
ZIP	Zeitschrift für Wirtschaftsrecht
ZIR	Zeitschrift für Interne Revision
ZIS	Zeitschrift für Internationale Strafrechtsdogmatik (Online-Zeitschrift)
ZJJ	Zeitschrift für Jugendkriminalrecht und Jugendhilfe
ZJS	Zeitschrift für das Juristische Studium (Online-Zeitschrift)
ZKA	Zollkriminalamt
ZKJ	Zeitschrift für Kindschaftsrecht und Jugendhilfe
ZLR	Zeitschrift für Lebensmittelrecht
ZOV	Zeitschrift für offene Vermögensfragen
ZÖR	Zeitschrift für öffentliches Recht
ZollG.	Zollgesetz vom 14.6.1961 i.d.F. der Bek. vom 18.5.1970 (BGBl. I S. 529) mit der Vollendung des EU-Binnenmarktes aufgehoben
ZP	Zusatzprotokoll
ZPO	Zivilprozeßordnung vom 30.1.1877 i.d.F. der Bek. vom 12.9.1950 (BGBl. I S. 533)
ZRFC	Zeitschrift für Risk, Fraud & Compliance
ZRP	Zeitschrift für Rechtspolitik
ZSchG	Gesetz vom 30.4.1998 zum Schutz von Zeugen bei Vernehmungen im Strafverfahren und zur Verbesserung des Opferschutzes (Zeugenschutzgesetz – ZSchG) (BGBl. I S. 820)
ZSE	Zeitschrift für Staats- und Europawissenschaften
ZSEG	Gesetz über die Entschädigung von Zeugen und Sachverständigen vom 26.7.1957 i.d.F. der Bek. vom 1.10.1969 (BGBl. I S. 1756); abgelöst durch das JVEG vom 5.5.2004
ZSHG	Gesetz zur Harmonisierung des Schutzes gefährdeter Zeugen (Zeugenschutz-Harmonisierungsgesetz) vom 11.12.2001 (BGBl. I S. 3510)
ZSR	Zeitschrift für Schweizerisches Recht
ZST	Zeitschrift für Schweizer Recht
ZSteu	Zeitschrift für Steuern und Recht
ZStW	Zeitschrift für die gesamte Strafrechtswissenschaft
ZStV	Zentrales staatsanwaltschaftliches Verfahrensregister
ZTR	Zeitschrift für Tarif-, Arbeits- und Sozialrecht des öffentlichen Dienstes
ZUM	Zeitschrift für Urheber- und Medienrecht
ZUM-RD	Zeitschrift für Urheber- und Medienrecht – Rechtsprechungsdienst
ZUR	Zeitschrift für Umweltrecht
ZusatzAbk.	Zusatzabkommen zum NATO-Truppenstatut vom 3.8.1959 (BGBl. 1961 II S. 1183, 1218)
Zusatzvereinb.	Vereinbarung zwischen der Bundesrepublik Deutschland und der Deutschen Demokratischen Republik zur Durchführung und Auslegung des am 31.8.1990 in Berlin unterzeichneten Vertrages zwischen der Bundesrepublik Deutschland und der Deutschen Demokratischen Republik über die Herstellung der Einheit Deutschlands vom 18.9.1990 (BGBl. II S. 1239)
zust.	zustimmend
ZustErgG	Gesetz zur Ergänzung von Zuständigkeiten auf den Gebieten des Bürgerlichen Rechts, des Handelsrechts und des Strafrechts (Zuständigkeitsergänzungsgesetz) vom 7.8.1952 (BGBl. I S. 407)
ZustG	Gesetz über die Zuständigkeit der Gerichte bei Änderung der Gerichtseinteilung vom 6.12.1933 (RGBl. I S. 1037)
ZustRG	Gesetz zur Reform des Verfahrens bei Zustellung im gerichtlichen Verfahren (Zustellungsreformgesetz – ZustRG) vom 25.6.2001 (BGBl. I S. 1206)
ZustVO	Verordnung über die Zuständigkeit der Strafgerichte, die Sondergerichte und sonstige strafverfahrensrechtliche Vorschriften vom 21.2.1940 (RGBl. I S. 405)

Zuwanderungsgesetz	Gesetz zur Steuerung und Begrenzung der Zuwanderung und zur Regelung des Aufenthalts und der Integration von Unionsbürgern und Ausländern vom 30.7.2004 (BGBl. I S. 1950)
ZVG	Gesetz über die Zwangsversteigerung und die Zwangsverwaltung (Zwangsversteigerungsgesetz) vom 24.3.1897 i.d.F. der Bek. vom 20.5.1898 (RGBl. S. 369, 713)
ZWehrR	Zeitschrift für Wehrrecht (1936/37–44)
ZWF	Zeitschrift für Wirtschafts- und Finanzstrafrecht (Österreich)
ZWH	Zeitschrift für Wirtschaftsstrafrecht und Haftung im Unternehmen
ZwHeiratBekG	Gesetz zur Bekämpfung der Zwangsheirat und zum besseren Schutz der Opfer von Zwangsheirat sowie zur Änderung weiterer aufenthalts- und asylrechtlicher Vorschriften vom 23.6.2011 (BGBl. I S. 1266)
ZZP	Zeitschrift für Zivilprozeß

Literaturverzeichnis

Achenbach/Ransiek/Rönnau	Achenbach/Ransiek/Rönnau, Handbuch Wirtschaftsstrafrecht, 6. Aufl. (2023)
AE-EV	Alternativ-Entwurf Reform des Ermittlungsverfahrens (AE-EV); Entwurf eines Arbeitskreises deutscher, österreichischer und schweizerischer Strafrechtslehrer (2001)
AE-EuStV	Schünemann (Hrsg.), Alternativentwurf Europäische Strafverfolgung (2004)
AE-StuM	Alternativ-Entwurf Strafjustiz und Medien (AE-StuM: Entwurf eines Arbeitskreises deutscher, österreichischer und schweizerischer Strafrechtslehrer (2004)
Ahlbrecht/Böhm/Esser/ Eckelmans	Ahlbrecht/Böhm/Esser/Eckelmans, Internationales Strafrecht, 2. Aufl. (2017)
Ahlmann/Kapischke/Pankatz/ Rech/Schneider/Schütz	Ahlmann/Kapischke/Pankatz/Rech/Schneider/Schütz (vormals Riedel/ Sußbauer), Rechtsanwaltsvergütungsgesetz, 11. Aufl. (2024)
AK	Alternativkommentar zur Strafprozessordnung, Bd. I (§§ 1 bis 93; 1988), Bd. II 1 (§§ 94 bis 212b; 1992), Bd. II 2 (§§ 213 bis 275; 1993), Bd. III (§§ 276 bis 477; 1996)
AK-GG	Alternativkommentar zum Grundgesetz, 2. Aufl., Bd. I (Art. 1 bis 37; 1989), Bd. II (Art. 38 bis 146; 1989)
AK-StGB	Alternativkommentar zum Strafgesetzbuch, Bd. I (§§ 1 bis 21; 1990), Bd. III (§§ 80 bis 145d; 1986)
AnwK	Krekeler/Löffelmann/Sommer, AnwaltKommentar zur Strafprozessordnung, 2. Aufl. (2009)
AnwK-StGB	Leipold/Tsambikakis/Zöller (Hrsg.), AnwaltKommentar StGB, 4. Aufl. (2026)
AnwK-UHaft	König (Hrsg.), AnwaltKommentar Untersuchungshaft (2011)
Albrecht	Albrecht, Jugendstrafrecht, 3. Aufl. (2000)
Albrecht (Krim.)	Albrecht, Kriminologie, 4. Aufl. (2010)
Alsberg	Alsberg, Der Beweisantrag im Strafprozess, 8. Aufl. (2021)
Ambos	Ambos, Internationales Strafrecht, 5. Aufl. (2018)
Ambos/König/Rackow	Ambos/König/Rackow (Hrsg.), Rechtshilferecht in Strafsachen, 2. Aufl. (2020)
Anders/Gehle	Anders/Gehle (vormals Baumbach/Lauterbach/Hartmann/Anders/Gehle), Zivilprozessordnung, Kurz-Kommentar, 84. Aufl. (2026)
Arloth	Arloth, Strafprozeßrecht (1995)
Arloth/Krä	Arloth/Krä, Strafvollzugsgesetz, 5. Aufl. (2021)
Aschrott	Aschrott (Hrsg.), Reform des Strafprozesses, kritische Besprechung der von der Kommission für die Reform des Strafprozesses gemachten Vorschläge (1906)
Artkämper/Weise	Artkämper/Weise Die „gestörte" Hauptverhandlung, 7. Aufl. (2026)
Artkämper/Esders/Jakobs/ Sotelsek	Artkämper/Esders/Jakobs/Sotelsek, Praxiswissen Strafverfahren bei Tötungsdelikten (2012)
Aubert	Aubert, Fernmelderecht I, 3. Aufl. (1976)
Barczak	Barczak (Hrsg.), BKAG – Gesetz über das Bundeskriminalamt (2023)
Barton	Barton, Mindeststandards der Strafverteidigung (1994)
Barton (Verfahrensg.)	Barton, Verfahrensgerechtigkeit und Zeugenbeweis (2002)
Barton (Strafverteidigung)	Barton, Einführung in die Strafverteidigung, 2. Aufl. (2013)
Baumann	Baumann, Grundbegriffe und Verfahrensprinzipien des Strafprozeßrechts, 3. Aufl. (1979)
Baumann/Weber/Mitsch/ Eisele	Baumann/Weber/Mitsch/Eisele, Strafrecht, Allgemeiner Teil, Lehrbuch, 13. Aufl. (2021)
Beck/Berr/Schäpe	Beck/Berr/Schäpe, OWi-Sachen im Straßenverkehrsrecht, 8. Aufl. (2022)
Beck/Müller	Beck/Müller, Fälle und Lösungen zur StPO, 6. Aufl. (2020)
Beck'sches Formularbuch	Hamm/Leipold (Hrsg.), Beck'sches Formularbuch für den Strafverteidiger, 7. Aufl. (2026)
Beling	Beling, Deutsches Reichsstrafprozeßrecht (1928)
Bender/Nack/Treuer	Bender/Nack/Treuer, Tatsachenfeststellung vor Gericht, 6. Aufl. (2025)

 | https://doi.org/10.1515/9783110741261-206

Benfer/Bialon	Benfer/Bialon, Rechtseingriffe von Polizei und Staatsanwaltschaft, 4. Aufl. (2010)
Bernsmann/Gatzweiler	Bernsmann/Gatzweiler, Verteidigung bei Korruptionsfällen, 2. Aufl. (2014)
Berz/Burmann	Berz/Burmann, Handbuch des Straßenverkehrsrechts, Loseblattausgabe, 2 Bände, 48. Aufl. (2023)
Beulke/Swoboda	Beulke, Strafprozessrecht, 17. Aufl. (2025)
Beulke/Swoboda (JugStr)	Beulke/Swoboda, Jugendstrafrecht, 16. Aufl. (2020)
Beulke/Ruhmannseder	Beulke/Ruhmannseder, Die Strafbarkeit des Verteidigers, 2. Aufl. (2010)
Binding	Binding, Grundriss des Deutschen Strafprozessrechts, 5. Aufl. (1904)
Birkenstock	Birkenstock, Verfahrensrügen im Strafprozess – Rechtsprechungssammlung, 2 Bände (2004)
Birkmeyer	Birkmeyer, Deutsches Strafprozeßrecht (1898)
Bittmann/Köhler/Seeger/Tschakert/Rettke	Bittmann/Köhler/Seeger/Tschakert/Rettke, Handbuch der strafrechtlichen Vermögensabschöpfung: Sicherstellung – Einziehung – Opferentschädigung, 2. Aufl. (2025)
Bock	Bock, Criminal Compliance, 2. Aufl. (2013)
Bockemühl	Bockemühl (Hrsg.), Handbuch Strafrecht, 9. Aufl. (2024)
Böhm (Strafvollzug)	Böhm, Strafvollzug, 3. Aufl. (2002)
Böhm/Feuerhelm	Böhm/Feuerhelm, Einführung in das Jugendstrafrecht, 4. Aufl. (2004)
Bohnert	Bohnert, Beschränkungen der strafprozessualen Revision durch Zwischenverfahren (1983)
Bonn.Komm.	Kommentar zum Bonner Grundgesetz, Loseblattausgabe (ab 1950)
Booß	Booß, Straßenverkehrsordnung, Kommentar, 3. Aufl. (1980)
Bosbach/Ackermann/Caba	Bosbach/Ackermann/Caba, Verteidigung im Ermittlungsverfahren, 9. Aufl. (2022)
Böse	Böse (Hrsg.), Europäisches Strafrecht, Enzyklopädie Europarecht, 2. Aufl. Band 9 (2021)
Böttger	Böttger (Hrsg.), Wirtschaftsstrafrecht in der Praxis, 3. Aufl. (2022)
Bouska/Laeverenz	Bouska/Laeverenz, Fahrerlaubnisrecht, 3. Aufl. (2004)
Brandstetter	Brandstetter, Straffreiheitsgesetz, Kommentar (1956)
Brenner	Brenner, Ordnungswidrigkeitenrecht (1996)
Brettel/Schneider	Brettel/Schneider, Wirtschaftsstrafrecht, 4. Aufl. (2020)
Breyer/Mehle/Osnabrügge/Schaefer	Breyer/Mehle/Osnabrügge/Schaefer, Strafprozessrecht (2005)
von Briel/Ehlscheid	von Briel/Ehlscheid, Steuerstrafrecht, 2. Aufl. (2000)
Bringewat	Bringewat, Strafvollstreckung, Kommentar zu den §§ 449 bis 463d StPO (1993)
Brodag	Brodag, Strafverfahrensrecht, 13. Aufl. (2014)
Brunner	Brunner, Abschlussverfügung der Staatsanwaltschaft, 16. Aufl. (2025)
Brunner/Dölling	Brunner/Dölling, Jugendgerichtsgesetz, Kommentar, 14. Aufl. (2023)
Bruns/Schröder/Tappert	Bruns/Schröder/Tappert, Kommentar zum strafrechtlichen Rehabilitierungsgesetz (1993)
Brüssow/Gatzweiler/Krekeler/Mehle	Brüssow/Gatzweiler/Krekeler/Mehle, Strafverteidigung in der Praxis, 4. Aufl. (2007)
Buddendiek/Rutkowski	Buddendiek/Rutkowski, Lexikon des Nebenstrafrechts, Stichwortband zu Erbs/Kohlhaas, Strafrechtliche Nebengesetze, 48. Aufl. (2025)
Bülte/Krumm	Bülte/Krumm, Ordnungswidrigkeitenrecht, 7. Aufl. (2024)
Burchardi/Klempahn/Wetterich	Burchardi/Klempahn/Wetterich, Der Staatsanwalt und sein Arbeitsgebiet, 5. Aufl. (1982)
Burhoff (Ermittlungsv.)	Burhoff, Handbuch für das strafrechtliche Ermittlungsverfahren, 10. Aufl. (2024)
Burhoff (Hauptv.)	Burhoff, Handbuch für die strafrechtliche Hauptverhandlung, 11. Aufl. (2024)
Burhoff (StrV-OWi)	Burhoff, Handbuch für das straßenverkehrsrechtliche OWi-Verfahren, 7. Aufl. (2024)
Burhoff/Stephan	Burhoff/Stephan, Strafvereitelung durch Strafverteidiger (2008)

Burhoff/Kotz	Burhoff/Kotz, Handbuch für strafrechtliche Rechtsmittel und Rechtsbehelfe, 3. Aufl. (2024)
Burhoff/Volpert	Burhoff/Volpert, RVG Straf- und Bußgeldsachen, 7. Aufl. (2025)
Burmann/Heß/Hühnermann/Jahnke	Burmann/Heß/Hühnermann/Jahnke, Straßenverkehrsrecht, 29. Aufl. (2026)
Ciolek-Krepold	Ciolek-Krepold, Durchsuchung und Beschlagnahme in Wirtschaftsstrafsachen (2000)
Cirener/Jahn/Radtke	Cirener/Jahn/Radtke (Hrsg.), Bild-Ton-Dokumentation und »Konkurrenzlehre 2.0« (2020)
Corstens/Pradel	Corstens/Pradel, European Criminal Law (2002)
Cramer	Cramer, Straßenverkehrsrecht StVO – StGB, Kommentar, 2. Aufl. (1977)
Cramer/Bürgle	Cramer/Bürgle, Die strafprozessualen Beweisverwertungsverbote, 2. Aufl. (2004)
Cramer/Cramer	Cramer/Cramer, Anwalts-Handbuch Strafrecht (2002)
Cryer/Friman/Robinson/Wilmshurst	Cryer/Friman/Robinson/Wilmshurst, An Introduction to International Criminal Law and Procedure, 4th ed. (2019)
Cullen/Jund	Cullen/Jund, Strafrechtliche Zusammenarbeit in der Europäischen Union nach Tampere (2002)
Dahs (Hdb.)	Dahs, Handbuch des Strafverteidigers, 8. Aufl. (2015)
Dahs (Rechtl. Gehör)	Dahs, Rechtliches Gehör im Strafverfahren (1963)
Dahs	Dahs, Die Revision im Strafprozess, 9. Aufl. (2017)
Daimagüler	Daimagüler, Der Verletzte im Strafverfahren – Handbuch für die Praxis (2016)
Dalcke/Fuhrmann/Schäfer	Dalcke/Fuhrmann/Schäfer, Strafrecht und Strafverfahren, Kommentar, 37. Aufl. (1961) (Reprint 2020)
Dallinger/Lackner	Dallinger/Lackner, Jugendgerichtsgesetz und ergänzende Vorschriften, Kommentar, 2. Aufl. (1965)
Dannecker/Knierim	Dannecker/Knierim, Insolvenzstrafrecht, 3. Aufl. (2018)
Deckers	Deckers, Der strafprozessuale Beweisantrag, 3. Aufl. (2013)
Delmas-Marty	Delmas-Marty, Corpus Juris der strafrechtlichen Regelungen zum Schutz der finanziellen Interessen der Europäischen Union (1998)
Delmas-Marty/Vervaele	Delmas-Marty/Vervaele, The Implementation of the Corpus Juris in the Member States, 4 Bände (2001)
Detter	Detter, Revision im Strafverfahren (2011)
Diemer/Schatz/Sonnen	Diemer/Schatz/Sonnen, Jugendgerichtsgesetz, Kommentar, 8. Aufl. (2020)
Dölling/Duttge/König/Rössner	Dölling/Duttge/König/Rössner, Gesamtes Strafrecht – Handkommentar, 5. Aufl. (2022) (zit.: HK-GS/*Verfasser*)
Dörndorfer	Dörndorfer, Rechtspflegergesetz, Kommentar, 4. Aufl. (2023)
Dörr/Grote/Marauhn	Dörr/Grote/Marauhn, EMRK/GG, Konkordanzkommentar zum europäischen und deutschen Grundrechtsschutz, 3. Aufl. (2022)
Doswald-Beck/Kolb	Doswald-Beck/Kolb, Judicial Process and Human Rights – United Nations, European, American and African Systems – Texts and summaries of international case law (2004)
Dürig/Herzog/Scholz	Dürig/Herzog/Scholz, Grundgesetz, Kommentar, Loseblattausgabe, 108. Aufl. (2025)
Eb. Schmidt	Eberhard Schmidt, Lehrkommentar zur Strafprozeßordnung und zum Gerichtsverfassungsgesetz, Teil I: Die rechtstheoretischen und die rechtspolitischen Grundlagen des Strafverfahrensrechts, 2. Aufl. (1964); Teil II: Erläuterungen zur Strafprozeßordnung und zum Einführungsgesetz (1957); Teil III: Erläuterungen zum Gerichtsverfassungsgesetz und zum Einführungsgesetz (1960), Nachtrag I: Nachträge und Ergänzungen zu Teil II (1967), Nachtrag II: Nachtragsband II (1970)
Eb. Schmidt (Geschichte)	Eberhard Schmidt, Einführung in die Geschichte der deutschen Strafrechtspflege, 3. Aufl. (1965)
Eb. Schmidt (Kolleg)	Eberhard Schmidt, Deutsches Strafprozeßrecht, ein Kolleg (1967)

Eberth/Müller/Schütrumpf/ Just	Eberth/Müller/Schütrumpf/Just (vormals Eberth/Müller/Schütrumpf), Verteidigung in Betäubungsmittelsachen, 8. Aufl. (2025)
Eidam	Eidam, Unternehmen und Strafe, 5. Aufl. (2018)
Eisenberg/Kölbel (JGG)	Eisenberg/Kölbel, Jugendgerichtsgesetz, Kommentar, 27. Aufl. (2026)
Eisenberg/Kölbel (Kriminologie)	Eisenberg/Kölbel, Kriminologie, 8. Aufl. (2024)
Eisenberg (Beweismittel)	Eisenberg, Persönliche Beweismittel in der StPO, 2. Aufl. (1996)
Eisenberg (Beweisrecht)	Eisenberg, Beweisrecht der StPO, Spezialkommentar, 10. Aufl. (2017)
Endriß (BtM-Verfahren)	Endriß, Verteidigung in Betäubungsmittelverfahren (1998)
Engländer	Engländer, Examensrepetitorium Strafprozessrecht, 12. Aufl. (2024)
Erbs/Kohlhaas	Erbs/Kohlhaas, Strafrechtliche Nebengesetze, Kurzkommentar, Loseblattausgabe, 259. Aufl. (2026)
Erhardt	Erhardt, Strafrecht für Polizeibeamte, 8. Aufl. (2023)
ERST	Esser/Rübenstahl/Saliger/Tsambikakis (Hrsg.), Wirtschaftsstrafrecht (2017)
Eser	Eser, Einführung in das Strafprozeßrecht (1983)
Eser/Hassemer/Burkhardt	Eser/Hassemer/Burkhardt, Die deutsche Strafrechtswissenschaft vor der Jahrtausendwende (2000)
Esser	Esser, Auf dem Weg zu einem europäischen Strafverfahrensrecht (2002)
Esser, EuStR	Esser, Europäisches und Internationales Strafrecht, 3. Aufl. (2023)
Esser/Ida	Esser/Ida (Hrsg.), Menschenrechtsschutz und Zusammenarbeit im Strafrecht als globale Herausforderung (2018)
Esser/Tsambikakis	Esser/Tsambikakis (Hrsg.), Pandemiestrafrecht (2020)
Fahl	Fahl, Rechtsmißbrauch im Strafprozeß (2004)
Fahrner	Fahrner, Handbuch Internationale Ermittlungen (2020)
Feest/Lesting/Lindemann	Feest/Lesting/Lindemann (Hrsg.), Strafvollzugsgesetze, 8. Aufl. (2021)
Fehn/Wamers	Fehn/Wamers, ZFdG – Zollfahndungsdienstgesetz – Handkommentar (2003)
Feisenberger	Feisenberger, Strafprozeßordnung und Gerichtsverfassungsgesetz (1926)
Ferner	Ferner, Strafzumessung (2005)
Fezer	Fezer, Strafprozeßrecht, 2. Aufl. (1995)
FG Beulke	Strafverteidigung – Grundlagen und Stolpersteine: Symposion für Werner Beulke (2012)
FG Kempf	Freundesgabe für Eberhard Kempf zum 80. Geburtstag (2023)
Fischer	Fischer, Strafgesetzbuch und Nebengesetze, Kommentar, 73. Aufl. (2025)
Flore/Tsambikakis	Flore/Tsambikakis (Hrsg.), Steuerstrafrecht, 3. Aufl. (2024)
Franke/Wienroeder	Franke/Wienroeder, BtMG, 3. Aufl. (2007)
Freyschmidt/Krumm	Freyschmidt/Krumm, Verteidigung in Straßenverkehrssachen, 12. Aufl. (2024)
Fromm	Fromm, Verteidigung in Straßenverkehrs- und Ordnungswidrigkeitenverfahren, 2. Aufl. (2015)
Frowein/Peukert	Frowein/Peukert, Europäische Menschenrechtskonvention, EMRK-Kommentar, 4. Aufl. (2023)
FS 45. DJT	Festschrift für den 45. Deutschen Juristentag (1964)
FS 50 Jahre DStV	Strafverteidigung im Wandel der Zeit – Festschrift 50 Jahre Deutsche Strafverteidiger e.V. (2024)
FS Achenbach	Festschrift für Hans Achenbach zum 70. Geburtstag (2011)
FS Adamovich	Staatsrecht und Staatswissenschaften in Zeiten des Wandels – Festschrift für Ludwig Adamovich zum 60. Geburtstag (1992)
FS AG Strafrecht DAV	Strafverteidigung im Rechtsstaat – 25 Jahre Arbeitsgemeinschaft Strafrecht des Deutschen Anwaltvereins (2009)
FS Albrecht	Unterwegs in Kriminologie und Strafrecht – Exploring the World of Crime and Criminology, Festschrift für Hans-Jörg Albrecht zum 70. Geburtstag (2021)
FS Amelung	Grundlagen des Straf- und Strafverfahrensrechts – Festschrift für Knut Amelung zum 70. Geburtstag (2009)
FS Androulakis	Festschrift für Nikolaos Androulakis zum 70. Geburtstag (2003)

FS Augsburg	Recht in Europa – Festgabe zum 30-jährigen Bestehen der Juristischen Fakultät Augsburg (2002)
FS Barton	Festschrift für Stefan Barton zum 70. Geburtstag (2023)
FS Baudenbacher	Economic law and justice in times of globalisation – Festschrift für Carl Baudenbacher (2007)
FS Baumann	Festschrift für Jürgen Baumann zum 70. Geburtstag (1992)
FS Baumgärtel	Festschrift für Gottfried Baumgärtel zum 70. Geburtstag (1990)
FS BayVerfGH	Festschrift zum 50-jährigen Bestehen des Bayerischen Verfassungsgerichtshofs (1997)
FS Bemmann	Festschrift für Günther Bemmann zum 70. Geburtstag (1997)
FS Bernhardt	Recht zwischen Umbruch und Bewahrung – Festschrift für Rudolf Bernhardt (1995)
FS Beulke	Ein menschengerechtes Strafrecht als Lebensaufgabe – Festschrift für Werner Beulke zum 70. Geburtstag (2015)
FS Binding	Festschrift für Karl Binding zum 4. Juni 1911
FS BGH	Festschrift aus Anlass des 50-jährigen Bestehens von Bundesgerichtshof, Bundesanwaltschaft und Rechtsanwaltschaft beim Bundesgerichtshof (2000)
FS II BGH	Roxin/Widmaier (Hrsg.), 50 Jahre Bundesgerichtshof, Festgabe aus der Wissenschaft, Bd. IV: Strafrecht (2000)
FS Blau	Festschrift für Günter Blau zum 70. Geburtstag (1985)
FS Bockelmann	Festschrift für Paul Bockelmann zum 70. Geburtstag (1979)
FS Böhm	Festschrift für Alexander Böhm zum 70. Geburtstag (1999)
FS Böttcher	Recht gestalten – dem Recht dienen, Festschrift für Reinhard Böttcher zum 70. Geburtstag (2007)
FS Boujong	Verantwortung und Gestaltung – Festschrift für Karlheinz Boujong zum 65. Geburtstag (1996)
FS BRAK	Festschrift zu Ehren des Strafrechtsausschusses der Bundesrechtsanwaltskammer (2006)
FS Brauneck	Ehrengabe für Anne-Eva Brauneck (1999)
FS Breidling	Festschrift für Ottmar Breidling zum 70. Geburtstag (2017)
FS v. Brünneck	Festschrift für Alexander von Brünneck zum 70. Geburtstag (2011)
FS Bruns	Festschrift für Hans-Jürgen Bruns zum 70. Geburtstag (1978)
FS Burgstaller	Festschrift für Manfred Burgstaller zum 65. Geburtstag (2004)
FS Burhoff	Festschrift für Detlef Burhoff zum 70. Geburtstag (2020)
FS Carstens	Einigkeit und Recht und Freiheit – Festschrift für Karl Carstens zum 70. Geburtstag (1984)
FS Dahs	Festschrift für Hans Dahs zum 70. Geburtstag (2005)
FS Damaska	Festschrift for Mirjan Damaska (2008)
FS Dannecker	Strafrecht in Deutschland und Europa – Festschrift für Gerhard Dannecker zum 70. Geburtstag (2023)
FS Delbrück	Liber Amicorum Jost Delbrück (2005)
FS Dencker	Festschrift für Friedrich Dencker zum 70. Geburtstag (2012)
FS Doehring	Staat und Völkerrechtsordnung – Festschrift für Karl Doehring; Beiträge zum ausländischen Recht und Völkerrecht Bd. 98 (1989)
FS Dölling	Die Kriminalwissenschaften als Teil der Humanwissenschaften, Festschrift für Dieter Dölling zum 70. Geburtstag (2022)
FS Dreher	Festschrift für Eduard Dreher zum 70. Geburtstag (1977)
FS Dünnebier	Festschrift für Hanns Dünnebier zum 75. Geburtstag (1982)
FS Eide	Human rights and criminal justice for the downtrodden – Essays in honour of Asbjørn Eide (2003)
FS Eisenberg	Festschrift für Ulrich Eisenberg zum 70. Geburtstag (2009)
FS Eisenberg II	Für die Sache – Kriminalwissenschaften aus unabhängiger Perspektive – Festschrift für Ulrich Eisenberg zum 80. Geburtstag (2019)

FS Engisch	Festschrift für Karl Engisch zum 70. Geburtstag (1969)
FS Ermacora	Fortschritt im Bewußtsein der Grund- und Menschenrechte – Festschrift für Felix Ermacora zum 65. Geburtstag (1988)
FS Eser	Menschengerechtes Strafrecht – Festschrift für Albin Eser zum 70. Geburtstag (2005)
FS Eser II	Scripta amicitiae – Freundschaftsgabe für Albin Eser zum 80. Geburtstag (2015)
FS Europa-Institut	Europäische Integration und Globalisierung – Festschrift zum 60-jährigen Bestehen des Europa-Instituts (2011)
FS Everling	Festschrift für Ulrich Everling (1993)
FS Faller	Festschrift für Hans Joachim Faller (1984)
FS Feltes	Auf neuen Wegen. Kriminologie, Kriminalpolitik und Polizeiwissenschaft aus interdisziplinärer Perspektive – Festschrift für Thomas Feltes zum 70. Geburtstag (2021)
FS Fezer	Festschrift für Gerhard Fezer zum 70. Geburtstag (2008)
FS Fiedler	Verfassung – Völkerrecht – Kulturgüterschutz, Festschrift für Wilfried Fiedler zum 70. Geburtstag (2011)
FS Fischer	Festschrift für Thomas Fischer (2018)
FS Flume	Festgabe für Werner Flume zum 90. Geburtstag (1998)
FS Friauf	Festschrift für Karl Heinrich Friauf (1996)
FS Friebertshäuser	Festgabe für den Strafverteidiger Dr. Heino Friebertshäuser (1997)
FS Frisch	Grundlagen und Dogmatik des gesamten Strafrechtssystems – Festschrift für Wolfgang Frisch zum 70. Geburtstag (2013)
FS Fuchs	Festschrift für Helmut Fuchs zum 65. Geburtstag (2014)
FS Gallas	Festschrift für Wilhelm Gallas zum 70. Geburtstag (1973)
FS Geerds	Kriminalistik und Strafrecht – Festschrift für Friedrich Geerds zum 70. Geburtstag (1995)
FS Geiger	Verantwortlichkeit und Freiheit. Die Verfassung als wertbestimmende Ordnung; Festschrift für Willi Geiger zum 80. Geburtstag (1989)
FS Geiß	Festschrift für Karlmann Geiß zum 65. Geburtstag (2000)
FS Geppert	Festschrift für Klaus Geppert zum 70. Geburtstag (2011)
FS Gollwitzer	Verfassungsrecht – Menschenrechte – Strafrecht, Kolloquium für Dr. Walter Gollwitzer zum 80. Geburtstag (2004)
FS Gössel	Festschrift für Karl Heinz Gössel zum 70. Geburtstag (2002)
FS Graf-Schlicker	Festschrift zu Ehren von Marie Luise Graf-Schlicker (2018)
FS Graßhoff	Der verfasste Rechtsstaat – Festgabe für Karin Graßhoff (1998)
FS Graulich	Sicherheitsverfassung – Sicherheitsrecht, Festgabe für Kurt Graulich zum 70. Geburtstag (2019)
FS Grünwald	Festschrift für Gerald Grünwald zum 70. Geburtstag (1999)
FS Grützner	Aktuelle Probleme des Internationalen Strafrechts – Festschrift für Heinrich Grützner zum 65. Geburtstag (1970)
FS Hacker	Wandel durch Beständigkeit – Festschrift für Jens Hacker (1998)
FS Haffke	Das Dilemma des rechtsstaatlichen Strafrechts – Symposium für Bernhard Haffke zum 65. Geburtstag (2009)
FS Hamm	Festschrift für Rainer Hamm zum 65. Geburtstag (2008)
FS Hanack	Festschrift für Ernst-Walter Hanack zum 70. Geburtstag (1999)
FS Hassemer	Festschrift für Winfried Hassemer zum 70. Geburtstag (2010)
FS Heinitz	Festschrift für Ernst Heinitz zum 70. Geburtstag (1972)
FS Heintschel-Heinegg	Festschrift für Bernd von Heintschel-Heinegg zum 70. Geburtstag (2015)
FS Heinz	Festschrift für Wolfgang Heinz zum 70. Geburtstag (2012)
FS Heldrich	Festschrift für Andreas Heldrich zum 70. Geburtstag (2005)
FS Helmrich	Für Staat und Recht – Festschrift für Herbert Helmrich zum 60. Geburtstag (1994)

FS Henkel	Grundfragen der gesamten Strafrechtswissenschaft – Festschrift für Heinrich Henkel zum 70. Geburtstag (1974)
FS Herzberg	Strafrecht zwischen System und Telos – Festschrift für Rolf Dietrich Herzberg zum 70. Geburtstag (2008)
FS Heusinger	Ehrengabe für Bruno Heusinger (1968)
FS Hilger	Datenübermittlungen und Vorermittlungen – Festgabe für Hans Hilger (2003)
FS Hirsch	Berliner Festschrift für Ernst E. Hirsch (1968)
FS B. Hirsch	Mit Recht für Menschenwürde und Verfassungsstaat – Festgabe für Burkhard Hirsch (2007)
FS H. J. Hirsch	Festschrift Hans Joachim Hirsch zum 70. Geburtstag (1999)
FS Höpfel	Vielfalt des Strafrechts im internationalen Kontext – Festschrift für Frank Höpfel zum 65. Geburtstag (2018)
FS HU Berlin	Festschrift 200 Jahre Juristische Fakultät der Humboldt-Universität zu Berlin (2010)
FS Hubmann	Beiträge zum Schutz der Persönlichkeit und ihrer schöpferischen Leistung – Festschrift für Heinrich Hubmann zum 70. Geburtstag (1985)
FS Huber	Recht als Prozess und Gefüge – Festschrift für Hans Huber zum 80. Geburtstag (1981)
FS Ignor	Strafrecht und Strafverteidigung in Geschichte, Praxis und Politik – Festschrift für Alexander Ignor zum 70. Geburtstag (2023)
FS Imme Roxin	Festschrift für Imme Roxin zum 75. Geburtstag (2012)
FS Ismayr	Analyse demokratischer Regierungssysteme – Festschrift für Wolfgang Ismayr zum 65. Geburtstag (2010)
FS Jahrreiß	Festschrift für Hermann Jahrreiß zum 70. Geburtstag (1964)
FS II Jahrreiß	Festschrift für Hermann Jahrreiß zum 80. Geburtstag (1974)
FS Renate Jäger	Grundrechte und Solidarität: Durchsetzung und Verfahren – Festschrift für Renate Jäger zum 70. Geburtstag (2011)
FS Jakobs	Festschrift für Günther Jakobs zum 70. Geburtstag (2007)
FS Jescheck	Festschrift für Hans-Heinrich Jescheck zum 70. Geburtstag (1985)
FS Joerden	Liberalität und Verantwortung – Festschrift für Jan Joerden zum 70. Geburtstag (2023)
FS Jung	Festschrift für Heike Jung zum 65. Geburtstag (2007)
FS JurGes. Berlin	Festschrift zum 125jährigen Bestehen der Juristischen Gesellschaft zu Berlin (1984)
FS Kaiser	Internationale Perspektiven in Kriminologie und Strafrecht – Festschrift für Günther Kaiser zum 70. Geburtstag (1998)
FS Kargl	Festschrift für Walter Kargl zum 70. Geburtstag (2015)
FS Katoh	Blick über den Tellerrand – Festschrift für Hisao Katoh (2008)
FS Arthur Kaufmann	Strafgerechtigkeit – Festschrift für Arthur Kaufmann zum 70. Geburtstag (1993)
FS Kern	Tübinger Festschrift für Eduard Kern (1968)
FS Kerner	Kriminologie – Kriminalpolitik – Strafrecht, Festschrift für Hans-Jürgen Kerner zum 70. Geburtstag (2013)
FS Kielwein	Dogmatik und Praxis des Strafverfahrens – Beiträge anläßlich des Colloquiums zum 65. Geburtstag von Gerhard Kielwein (1989)
FS Kindhäuser	Festschrift für Urs Kindhäuser zum 70. Geburtstag (2019)
FS Kirchberg	Festschrift für Christian Kirchberg zum 70. Geburtstag (2017)
FS Klecatsky	Auf dem Weg zur Menschenwürde und Gerechtigkeit – Festschrift für Hans Klecatsky zum 60. Geburtstag (1980)
FS Klein	Festschrift für Franz Klein zum 60. Geburtstag (1914)
FS Kleinheyer	Festschrift für Gerd Kleinheyer zum 70. Geburtstag (2001)
FS Kleinknecht	Strafverfahren im Rechtsstaat – Festschrift für Theodor Kleinknecht zum 75. Geburtstag (1985)

FS Klug	Festschrift für Ulrich Klug zum 70. Geburtstag (1983)
FS Koch	Strafverteidigung und Strafprozeß – Festgabe für Ludwig Koch (1989)
FS Kohlmann	Festschrift für Günter Kohlmann zum 70. Geburtstag (2003)
FS Kralik	Festschrift für Winfried Kralik zum 65. Geburtstag (1986)
FS Krause	Festschrift für Friedrich-Wihelm Krause zum 70. Geburtstag (1990)
FS Krauss	Prozessuales Denken als Innovationsanreiz für das materielle Strafrecht – Kolloquium zum 70. Geburtstag von Detlef Krauss (2006)
FS Kreuzer	Mittler zwischen Recht und Wirklichkeit – Festschrift für Arthur Kreuzer zum 80. Geburtstag (2018)
FS Kriele	Staatsphilosophie und Rechtspolitik – Festschrift für Martin Kriele zum 65. Geburtstag (1997)
FS Krey	Festschrift für Volker Krey zum 70. Geburtstag (2010)
FS Kroeschell	Wirkungen europäischer Rechtskultur – Festschrift für Karl Kroeschll zum 70. Geburtstag (1997)
FS Kühl	Festschrift für Kristian Kühl zum 70. Geburtstag (2014)
FS Kühne	Festschrift für Hans-Heiner Kühne zum 70. Geburtstag (2013)
FS Kunert	Freiheit, Gesetz und Toleranz – Symposium zum 75. Geburtstag von Karl Heinz Kunert (2006)
FS Küper	Festschrift für Wilfried Küper zum 70. Geburtstag (2007)
FS Lackner	Festschrift für Karl Lackner zum 70. Geburtstag (1987)
FS Lampe	Jus humanum: Grundlagen des Rechts und Strafrechts – Festschrift für Ernst-Joachim Lampe zum 70. Geburtstag (2003)
FS Landau	Grundgesetz und Europa – Liber Amicorum für Herbert Landau zum Ausscheiden aus dem Bundesverfassungsgericht (2016)
FS Lange	Festschrift für Richard Lange zum 70. Geburtstag (1976)
FS Leferenz	Kriminologie – Psychiatrie – Strafrecht, Festschrift für Heinz Leferenz zum 70. Geburtstag (1983)
FS Leitner	Verteidigung und Vielfalt – Festschrift für Werner Leitner zum 70. Geburtstag (2025)
FS Lenckner	Festschrift für Theodor Lenckner zum 70. Geburtstag (1998)
FS Lerche	Wege und Verfahren des Verfassungslebens – Festschrift für Peter Lerche zum 65. Geburtstag (1993)
FS Loebenstein	Der Rechtsstaat in der Krise – Festschrift für Edwin Loebenstein zum 80. Geburtstag (1991)
FS Loewenstein	Festschrift für Karl Loewenstein zum 80. Geburtstag (1971)
FS von Lübtow	De iustitia et iure – Festschrift für Ulrich von Lübtow zum 80. Geburtstag (1980)
FS Lüderssen	Festschrift für Klaus Lüderssen zum 70. Geburtstag (2002)
FS Machacek und Matscher	Rechtsschutz gestern – heute – morgen, Festgabe zum 80. Geburtstag für Rudolf Machacek und Franz Matscher (2008)
FS Maelicke	Wertschöpfung durch Wertschätzung – Festschrift für Bernd Maelicke zum 70. Geburtstag (2011)
FS Maihofer	Festschrift für Werner Maihofer zum 70. Geburtstag (1988)
FS Maiwald	Fragmentarisches Strafrecht – Für Manfred Maiwald aus Anlass seiner Emeritierung (2003)
FS Maiwald II	Gerechte Strafe und legitimes Strafen – Festschrift für Manfred Maiwald zum 75. Geburtstag (2010)
FS Mangakis	Festschrift für Georgios Mangakis (1999)
FS Manoledakis	Festschrift für Ioannis Manoledakis (2005)
FS Maurach	Festschrift für Reinhard Maurach zum 70. Geburtstag (1972)
FS Mayer	Beiträge zur gesamten Strafrechtswissenschaft – Festschrift für Hellmuth Mayer zum 70. Geburtstag (1966)
FS Mehle	Festschrift für Volkmar Mehle zum 65. Geburtstag (2009)
FS Merkel	Recht – Philosophie – Literatur, Festschrift für Reinhard Merkel zum 70. Geburtstag (2020)

FS Meyer-Goßner	Festschrift für Lutz Meyer-Goßner zum 65. Geburtstag (2001)
FS Mezger	Festschrift für Edmund Mezger zum 70. Geburtstag (1954)
FS Middendorf	Festschrift für Wolf Middendorf zum 70. Geburtstag (1986)
FS Miebach	NStZ-Sonderheft – Zum Eintritt in den Ruhestand für Klaus Miebach (2009)
FS Miklau	Strafprozessrecht im Wandel – Festschrift für Roland Miklau zum 65. Geburtstag (2006)
FS Miyazawa	Festschrift für Koichi Miyazawa (1995)
FS Möhring	Festschrift für Philipp Möhring zum 65. Geburtstag (1965)
FS Mosler	Völkerrecht als Rechtsordnung, Internationale Gerichtsbarkeit, Menschenrechte – Festschrift für Hermann Mosler zum 70. Geburtstag (1983)
FS E. Müller	Opuscula Honoraria – Egon Müller zum 65. Geburtstag (2003)
FS E. Müller II	Festschrift für Egon Müller zum 70. Geburtstag (2008)
FS Müller-Dietz	Grundlagen staatlichen Strafens – Festschrift für Heinz Müller-Dietz zum 70. Geburtstag (2001)
FS Nehm	Strafrecht und Justizgewährung – Festschrift für Kay Nehm zum 65. Geburtstag (2006)
FS Neumann	Rechtsstaatliches Strafrecht – Festschrift für Ulfrid Neumann zum 70. Geburtstag (2017)
FS Nishihara	Festschrift für Harua Nishihara zum 70. Geburtstag (1998)
FS Odersky	Festschrift für Walter Odersky zum 65. Geburtstag (1996)
FS Oehler	Festschrift für Dietrich Oehler zum 70. Geburtstag (1985)
FS Ostendorf	Strafrecht – Jugendstrafrecht – Kriminalprävention in Wissenschaft und Praxis – Festschrift für Heribert Ostendorf zum 70. Geburtstag (2015)
FS Otto	Festschrift für Harro Otto zum 70. Geburtstag (2007)
FS Paarhammer	In mandatis meditari – Festschrift für Hans Paarhammer zum 65. Geburtstag (2012)
FS Paeffgen	Strafe und Prozess im freiheitlichen Rechtsstaat – Festschrift für Hans-Ullrich Paeffgen zum 70. Geburtstag (2015)
FS Partsch	Des Menschen Recht zwischen Freiheit und Verantwortung – Festschrift für Karl Josef Partsch zum 75. Geburtstag (1989)
FS Paulus	Festgabe des Instituts für Strafrecht und Kriminologie der Juristischen Fakultät der Julius-Maximilians-Universität Würzburg für Rainer Paulus zum 70. Geburtstag (2009)
FS Pavisic	Kazneno Pravo, Kazneno Postupovno I Kriminalistika – Festschrift für Berislav Pavisic zum 70. Geburtstag (2014)
FS Peters	Einheit und Vielfalt des Strafrechts – Festschrift für Karl Peters zum 70. Geburtstag (1974)
FS Peters II	Wahrheit und Gerechtigkeit im Strafverfahren – Festgabe für Karl Peters zum 80. Geburtstag (1984)
FS Chr. Pfeiffer	Kriminologie ist Gesellschaftswissenschaft – Festschrift für Christian Pfeiffer zum 70. Geburtstag (2014)
FS Pfeiffer	Strafrecht, Unternehmensrecht, Anwaltsrecht – Festschrift für Gerd Pfeiffer zum Abschied aus dem Amt als Präsident des Bundesgerichtshofes (1988)
FS Pfenniger	Strafprozeß und Rechtsstaat – Festschrift zum 70. Geburtstag von H. F. Pfenniger (1976)
FS Platzgummer	Festschrift für Winfried Platzgummer zum 65. Geburtstag (1995)
FS Posser	Anwalt des Rechtsstaats – Festschrift für Diether Posser zum 75. Geburtstag (1997)
FS Pöttering	Processus Criminalis Europeus – Festschrift für Hans-Gert Pöttering (2008)
FS Prittwitz	Risikostrafrecht und Strafrecht als Risiko – Festschrift für Cornelius Prittwitz zum 70. Geburtstag (2023)
FS Puppe	Strafrechtswissenschaft als Analyse und Konstruktion – Festschrift für Ingeborg Puppe zum 70. Geburtstag (2011)

FS RAV	40 Jahre RAV – Im Kampf um die freie Advokatur und um ein demokratisches Recht (2019)
FS Rebmann	Festschrift für Kurt Rebmann zum 65. Geburtstag (1989)
FS Reichsgericht	Die Reichsgerichtspraxis im deutschen Rechtsleben – Festgabe der juristischen Fakultäten zum 50jährigen Bestehen des Reichsgerichts, Bd. 5, Strafrecht und Strafprozeß (1929)
FS Reichsjustizamt	Vom Reichsjustizamt zum Bundesministerium der Justiz – Festschrift zum 100jährigen Gründungstag des Reichsjustizamtes am 1.1.1877 (1977)
FS Remmers	Vertrauen in den Rechtsstaat, Beiträge zur deutschen Einheit im Recht – Festschrift für Walter Remmers (1995)
FS Rengier	Festschrift für Rudolf Rengier zum 70. Geburtstag (2018)
FS Ress	Internationale Gemeinschaft und Menschenrechte – Festschrift für Georg Ress zum 70. Geburtstag (2005)
FS Richter	Verstehen und Widerstehen – Festschrift für Christian Richter II zum 65. Geburtstag (2006)
FS Rieß	Festschrift für Peter Rieß zum 70. Geburtstag (2002)
FS Rill	Grundfragen und aktuelle Probleme des öffentlichen Rechts – Festschrift für Heinz Peter Rill zum 60. Geburtstag (1995)
FS Rissing-van Saan	Festschrift für Ruth Rissing-van Saan zum 65. Geburtstag (2011)
FS Rittler	Festschrift für Theodor Rittler zu seinem achtzigsten Geburtstag (1957)
FS Rogall	Systematik in Strafrechtswissenschaft und Gesetzgebung – Festschrift für Klaus Rogall zum 70. Geburtstag (2018)
FS Rolinski	Festschrift für Klaus Rolinski zum 70. Geburtstag (2002)
FS Rosenfeld	Festschrift für Ernst Heinrich Rosenfeld zu seinem 80. Geburtstag (1949)
FS Rössner	Über allem: Menschlichkeit – Festschrift für Dieter Rössner zum 70. Geburtstag (2015)
FS Rowedder	Festschrift für Heinz Rowedder zum 75. Geburtstag (1994)
FS Roxin	Festschrift für Claus Roxin zum 70. Geburtstag (2001)
FS Roxin II	Festschrift für Claus Roxin zum 80. Geburtstag (2011)
Rudolphi-Symp.	Zur Theorie und Systematik des Strafprozeßrechts – Symposium zu Ehren von Hans-Joachim Rudolphi zum 60. Geburtstag (1995)
FS Rudolphi	Festschrift für Hans-Joachim Rudolphi zum 70. Geburtstag (2004)
FS Rüping	Recht und Macht: zur Theorie und Praxis von Strafe – Festschrift für Hinrich Rüping zum 65. Geburtstag (2008)
FS Rüter	Festschrift für C. F. Rüter zum 65. Geburtstag (2003)
FS Salger	Straf- und Strafverfahrensrecht, Recht und Verkehr, Recht und Medizin – Festschrift für Hannskarl Salger zum Abschied aus dem Amt als Vizepräsident des Bundesgerichtshofes (1995)
FS Samson	Festschrift für Erich Samson zum 70. Geburtstag (2010)
FS Sarstedt	Festschrift für Werner Sarstedt zum 70. Geburtstag (1981)
FS Sauer	Festschrift für Wilhelm Sauer zu seinem 70. Geburtstag (1949)
FS G. Schäfer	NJW-Sonderheft für Gerhard Schäfer zum 65. Geburtstag (2002)
FS Schäfer	Festschrift für Karl Schäfer zum 80. Geburtstag (1980)
FS Scharf	Festschrift für Ulrich Scharf zum 70. Geburtstag (2008)
FS W. Schiller	Festschrift für Wolf Schiller zum 65. Geburtstag (2014)
FS Schindler	Im Dienst an der Gemeinschaft – Festschrift für Dietrich Schindler zum 65. Geburtstag (1989)
FS Schlochauer	Staatsrecht – Völkerrecht – Europarecht, Festschrift für Hans Jürgen Schlochauer (1981)
FS Schlothauer	Festschrift für Reinhold Schlothauer zum 70. Geburtstag (2018)
FS Schlüchter	Freiheit und Verantwortung in schwieriger Zeit – Kritische Studien aus vorwiegend straf(prozess-)rechtlicher Sicht zum 60. Geburtstag von Ellen Schlüchter (1998)
FS Schmidt	Festschrift für Eberhard Schmidt zum 70. Geburtstag (1961)

FS H. Schmidt	Kostenerstattung und Streitwert – Festschrift für Herbert Schmidt (1981)
FS Schmidt-Leichner	Festschrift für Erich Schmidt-Leichner zum 65. Geburtstag (1975)
FS Schmitt-Glaeser	Recht im Pluralismus – Festschrift für Walter Schmitt-Glaeser zum 70. Geburtstag (2003)
FS Schneider	Kriminologie an der Schwelle zum 21. Jahrhundert – Festschrift für Hans Joachim Schneider zum 70. Geburtstag (1998)
FS Schomburg	Justice Without Borders – Essays in Honour of Wolfgang Schomburg (2018)
FS Schöch	Festschrift für Heinz Schöch zum 70. Geburtstag (2010)
FS Schreiber	Strafrecht, Biorecht, Rechtsphilosophie – Festschrift für Hans-Ludwig Schreiber zum 70. Geburtstag (2003)
FS Schroeder	Festschrift für Friedrich-Christian Schroeder zum 70. Geburtstag (2006)
FS Schüler-Springorum	Festschrift für Horst Schüler-Springorum zum 65. Geburtstag (1993)
FS Schultz	Lebendiges Strafrecht – Festgabe zum 65. Geburtstag von Hans Schultz (1977)
FS Schünemann	Festschrift für Bernd Schünemann zum 70. Geburtstag (2014)
FS Schwenn	Verteidigung – Festschrift für Johann Schwenn (2024)
FS Schwind	Kriminalpolitik und ihre wissenschaftlichen Grundlagen – Festschrift für Hans-Dieter Schwind zum 70. Geburtstag (2006)
FS Seebode	Festschrift für Manfred Seebode zum 70. Geburtstag (2008)
FS Seidl-Hohenveldern	Völkerrecht, Recht der Internationalen Organisationen, Weltwirtschaftsrecht – Festschrift für Ignaz Seidl-Hohenveldern zum 70. Geburtstag (1988)
FS Sellert	Zur Erhaltung guter Ordnung – Beiträge zur Geschichte von Recht und Justiz, Festschrift für Wolfgang Sellert zum 65. Geburtstag (2000)
FS Sellner	Verfassung – Umwelt – Wirtschaft, Festschrift für Dieter Sellner zum 75. Geburtstag (2010)
FS Sendler	Bürger-Richter-Staat – Festschrift für Horst Sendler zum Abschied aus seinem Amt (1991)
FS Sieber	Digitalisierung, Globalisierung und Risikoprävention – Festschrift für Ulrich Sieber zum 70. Geburtstag (2021)
FS von Simson	Grundrechtsschutz im nationalen und internationalen Recht – Festschrift für Werner von Simson zum 75. Geburtstag (1983)
FS Spendel	Festschrift für Günter Spendel zum 70. Geburtstag (1992)
FS Spinellis	Festschrift für Dionysios Spinellis zum 70. Geburtstag (1999–2003)
FS StA Schleswig-Holstein	Strafverfolgung und Strafverzicht – Festschrift zum 125jährigen Bestehen der Staatsanwaltschaft Schleswig-Holstein (1992)
FS Steinberger	Tradition und Weltoffenheit des Rechts – Festschrift für Helmut Steinberger (2002)
FS Steinhilper	Kriminologie und Medizinrecht – Festschrift für Gernot Steinhilper zum 70. Geburtstag (2013)
FS Stober	Wirtschaft – Verwaltung – Recht, Festschrift für Rolf Stober zum 65. Geburtstag (2008)
FS Stock	Studien zur Strafrechtswissenschaft – Festgabe für Ulrich Stock zum 70. Geburtstag (1966)
FS Stöckel	Strafrechtspraxis und Reform – Festschrift für Heinz Stöckel zum 70. Geburtstag (2010)
FS Strauda	Festschrift zu Ehren des Strafrechtsausschusses der Bundesrechtsanwaltskammer anlässlich seiner 196. Tagung vom 13.–15.10.2006 in Münster (2006)
FS Stree/Wessels	Beiträge zur Rechtswissenschaft – Festschrift für Walter Stree und Johannes Wessels zum 70. Geburtstag (1993)
FS Streng	Festschrift für Franz Streng zum 70. Geburtstag (2017)
FS Szwarc	Vergleichende Strafrechtswissenschaft – Frankfurter Festschrift für Andrzej J. Szwarc zum 70. Geburtstag (2009)
FS Tepperwien	NJW-Festheft zum 65. Geburtstag von Ingeborg Tepperwien (2010)

FS Tiedemann	Strafrecht und Wirtschaftsstrafrecht – Festschrift für Klaus Tiedemann zum 70. Geburtstag (2008)
FS Tondorf	Festschrift für Günter Tondorf zum 70. Geburtstag (2004)
FS Trechsel	Strafrecht, Strafprozessrecht und Menschenrechte – Festschrift für Stefan Trechsel zum 65. Geburtstag (2002)
FS Triffterer	Festschrift für Otto Triffterer zum 65. Geburtstag (1996)
FS Tröndle	Festschrift für Herbert Tröndle zum 70. Geburtstag (1989)
FS Trusen	Festschrift für Winfried Trusen zum 70. Geburtstag (1994)
FS Verdross	Völkerrecht und zeitliches Weltbild – Festschrift für Alfred Verdross zum 70. Geburtstag (1960)
FS Verdross II	Ius humanitas – Festschrift für Alfred Verdross zum 90. Geburtstag (1980)
FS Verosta	Völkerrecht und Rechtsphilosophie – Internationale Festschrift für Stephan Verosta zum 70. Geburtstag (1980)
FS Volk	In dubio pro libertate – Festschrift für Klaus Volk zum 65. Geburtstag (2009)
FS Vormbaum	Strafrecht und Juristische Zeitgeschichte – Symposium anlässlich des 70. Geburtstages von Thomas Vormbaum
FS Wassermann	Festschrift für Rudolf Wassermann zum 60. Geburtstag (1985)
FS v. Weber	Festschrift für Hellmuth von Weber zum 70. Geburtstag (1963)
FS Weber	Festschrift für Ulrich Weber zum 70. Geburtstag (2004)
FS Weißauer	Ärztliches Handeln – Verrechtlichung eines Berufsstandes, Festschrift für Walther Weißauer zum 65. Geburtstag (1986)
FS Welp	Strafverteidigung in Forschung und Praxis – Kriminalwissenschaftliches Kolloquium aus Anlaß des 70. Geburtstages von Jürgen Welp (2006)
FS Welzel	Festschrift für Hans Welzel zum 70. Geburtstag (1974)
FS Werle	Strafrecht und Systemunrecht – Festschrift für Gerhard Werle zum 70. Geburtstag (2022)
FS Wessing	Unternehmensstrafrecht – Festschrift für Jürgen Wessing zum 65. Geburtstag (2015)
FS Wiarda	Festschrift für Gerard J. Wiarda zum 70. Geburtstag (1990)
FS Widmaier	Strafverteidigung, Revision und die gesamten Strafrechtswissenschaften – Festschrift für Gunter Widmaier zum 70. Geburtstag (2008)
FS Wildhaber	Liber Amicorum Luzius Wildhaber – Human Rights – Strasbourg Views (2007)
FS Winkler	Beiträge zum Verfassungs- und Wirtschaftsrecht – Festschrift für Günther Winkler (1989)
FS Wolff	Festschrift für Ernst Amadeus Wolff zum 70. Geburtstag (1998)
FS Wolter	Festschrift für Jürgen Wolter zum 70. Geburtstag (2013)
FS Würtenberger	Kultur, Kriminalität, Strafrecht – Festschrift für Thomas Würtenberger zum 70. Geburtstag (1977)
FS Würtenberger II	Verfassungsstaatlichkeit im Wandel – Festschrift für Thomas Würtenberger zum 70. Geburtstag (2013)
FS Würzburger Juristenfakultät	Raum und Recht – Festschrift 600 Jahre Würzburger Juristenfakultät (2002)
FS Yamanaka	Rechtsstaatliches Strafen – Festschrift für Keiichi Yamanaka zum 70. Geburtstag (2017)
FS Zeidler	Festschrift für Wolfgang Zeidler (1987)
FS Zoll	Rechtsstaat und Strafrecht – Festschrift für Andrzej Zoll zum 70. Geburtstag (2012)
Gaede	Gaede, Fairness als Teilhabe – Das Recht auf konkrete und wirksame Teilhabe durch Verteidigung gemäß Art. 6 EMRK (2007)
Gaier/Wolf/Göcken	Gaier/Wolf/Göcken, Anwaltliches Berufsrecht, 3. Aufl. (2019)
Ganter/Jöbges/Stollenwerk	Ganter/Jöbges/Stollenwerk, Das strafrichterliche Dezernat, 2. Aufl. (2023)
GedS Bleckmann	Rechtsstaatliche Ordnung Europas – Gedächtnisschrift für Albert Bleckmann (2007)
GedS Blomeyer	Recht der Wirtschaft und Arbeit in Europa. Gedächtnisschrift für Wolfgang Blomeyer (2004)

GedS Blumenwitz	Iustitia et Pax, Gedächtnisschrift für Dieter Blumenwitz (2008)
GedS Bruns	Gedächtnisschrift für Rudolf Bruns (1980)
GedS Eckert	Gedächtnisschrift für Jörn Eckert (2008)
GedS Geck	Verfassungsrecht und Völkerrecht – Gedächtnisschrift für Wilhelm Karl Geck (1989)
GedS Heine	Strafrecht als ultima ratio – Gießener Gedächtnisschrift für Günter Heine (2015)
GedS Joecks	Strafrecht – Wirtschaftsstrafrecht – Steuerrecht, Gedächtnisschrift für Wolfgang Joecks (2018)
GedS A. Kaufmann	Gedächtnisschrift für Armin Kaufmann (1986)
GedS H. Kaufmann	Gedächtnisschrift für Hilde Kaufmann (1986)
GedS Keller	Gedächtnisschrift für Rolf Keller (2003)
GedS Küchenhoff	Recht und Rechtsbesinnung – Gedächtnisschrift für Günter Küchenhoff (1987)
GedS Lisken	Lauschen im Rechtsstaat – Zu den Konsequenzen des Urteils des Bundesverfassungsgerichts zum großen Lauschangriff, Gedächtnisschrift für Hans Lisken (2004)
GedS Lüderssen	Gedächtnisschrift für Klaus Lüderssen (2023)
GedS Meurer	Gedächtnisschrift für Dieter Meurer (2002)
GedS Meyer	Gedächtnisschrift für Karlheinz Meyer (1990)
GedS Noll	Gedächtnisschrift für Peter Noll (1984)
GedS H. Peters	Gedächtnisschrift für Hans Peters (1967)
GedS Ryssdal	Protection des droits de l'homme: la perspective européenne/Protecting Human Rights: The European Perspective – Gedächtnisschrift für Rolv Ryssdal (2000)
GedS Schlüchter	Gedächtnisschrift für Ellen Schlüchter (2002)
GedS Schröder	Gedächtnisschrift für Horst Schröder (1978)
GedS Seebode	Im Zweifel für die Freiheit – Gedächtnisschrift für Manfred Seebode (2015)
GedS Tröndle	Gedächtnisschrift für Herbert Tröndle (2020)
GedS Trzaskalik	Gedächtnisschrift für Christoph Trzaskalik (2005)
GedS Walter	Kriminologie – Jugendkriminalrecht – Strafvollzug, Gedächtnisschrift für Michael Walter (2014)
GedS Weßlau	Rechtsstaatlicher Strafprozess und Bürgerrechte – Gedächtnisschrift für Edda Weßlau (2016)
GedS Vogler	Gedächtnisschrift für Theo Vogler (2004)
GedS Zipf	Gedächtnisschrift für Heinz Zipf (1999)
Geerds	Handbuch der Kriminalistik, begr. von H. Groß, neubearbeitet von Geerds, 10. Aufl. (Bd. I 1977, Bd. II 1978)
Geiger/Khan/Kotzur/Kirchmair	Geiger/Khan/Kotzur/Kirchmair, EUV/AEUV, Kommentar, 7. Aufl. (2023)
Geipel	Geipel, Handbuch der Beweiswürdigung, 3. Aufl. (2017)
Geppert/Schütz	Geppert/Schütz, Beck'scher Kommentar zum TKG, 5. Aufl. (2023)
Gercke/Leimenstoll/Stirner	Gercke/Leimenstoll/Stirner, Handbuch Medizinstrafrecht (2020)
Gercke/Temming/Zöller	Gercke/Temming/Zöller, Strafprozessordnung, 7. Aufl. (2023)
Gerland	Gerland, Der Deutsche Strafprozeß (1927)
Gerold/Schmidt	Gerold/Schmidt, Rechtsanwaltsvergütungsgesetz, Kommentar, 27. Aufl. (2025)
Gerson	Gerson, Das Recht auf Beschuldigung (2016)
Gerst	Gerst (Hrsg.), Zeugen in der Hauptverhandlung, 2. Aufl. (2020)
Glaser	Glaser, Handbuch des Strafprozesses, in Binding, Systematisches Handbuch der Deutschen Rechtswissenschaft (Bd. I 1883, Bd. II 1885)
Gleß	Gleß, Internationales Strafrecht: Grundriss für Studium und Praxis, 3. Aufl. (2021)
Göbel/Schuster	Göbel/Schuster, Strafprozess, 9. Aufl. (2023)
Göhler	Göhler, Ordnungswidrigkeitengesetz, Kurzkommentar erläutert von Erich Göhler, fortgef. von Peter König und Helmut Seitz, 19. Aufl. (2024)

Goldschmidt	Goldschmidt, Der Prozeß als Rechtslage (1925)
Gössel	Gössel, Strafverfahrensrecht, Studienbuch (1977)
Gössel/Dölling	Gössel/Dölling, Strafrecht, Besonderer Teil 1, 2. Aufl. (2004)
Grabenwarter/Pabel	Grabenwarter/Pabel, Europäische Menschenrechtskonvention, 7. Aufl. (2021)
Grabitz/Hilf/Nettesheim	Grabitz/Hilf/Nettesheim, Das Recht der Europäischen Union, begr. von Grabitz, Loseblattausgabe, 86. Aufl. (2025)
Graf	Graf, Strafprozessordnung, 5. Aufl. (2025)
Graf/Goers (BGH Jahr)	Graf, BGH-Rechtsprechung Strafrecht 2010 (2011); 2011 (2012); 2012/2013 (2013); 2014 (2014); 2015 (2015); 2016 (2016); 2017 (2017); 2018 (2018); 2020 (2020)
Graf/Jäger/Wittig	Graf/Jäger/Wittig, Wirtschafts- und Steuerstrafrecht, 3. Aufl. (2024)
Graf zu Dohna	Graf zu Dohna, Das Strafprozeßrecht, 3. Aufl. (1929)
Greeve/Leipold	Greeve/Leipold, Handbuch des Baustrafrechts (2004)
Grunau/Tiesler	Grunau/Tiesler, Strafvollzugsgesetz, Kommentar, 2. Aufl. (1982)
von der Grün	von der Grün, Verdeckte Ermittlungen (2018)
Grüneberg	Grüneberg (vormals Palandt), Bürgerliches Gesetzbuch, 85. Aufl. (2026)
Grützner/Pötz/Kreß/Gazeas	Grützner/Pötz/Kreß/Gazeas, Internationaler Rechtshilfeverkehr in Strafsachen, Loseblattausgabe, Stand 2024
Guradze	Guradze, Die Europäische Menschenrechtskonvention (1968)
Gürtner	Gürtner (Hrsg.), Das kommende deutsche Strafverfahren, Bericht der amtlichen Strafprozeßkommission (1938)
Habschick	Habschick, Erfolgreich Vernehmen, 4. Aufl. (2016)
Hackner/Schierholt	Hackner/Schierholt, Internationale Rechtshilfe in Strafsachen, 4. Aufl. (2023)
Hahn	Hahn, Die gesammten Materialien zu dem Gerichtsverfassungsgesetz und dem Einführungsgesetz zum demselben vom 27. Januar 1877, 2 Bände (1879)
Haller/Conzen	Haller/Conzen, Das Strafverfahren, 10. Aufl. (2025)
Hamm/Hassemer/Pauly	Hamm/Hassemer/Pauly, Beweisantragsrecht, 3. Aufl. (2019)
Hamm/Pauly	Hamm/Pauly, Die Revision in Strafsachen, 8. Aufl. (2020)
Hanack-Symp.	Aktuelle Probleme der Strafrechtspflege – Beiträge eines Symposions anläßlich des 60. Geburtstags von Ernst Walter Hanack (1991)
Hansens	Hansens, RVG, Rechtsanwaltsvergütungsgesetz, 8. Aufl. (2018)
Hartung/Schons/Enders	Hartung/Schons/Enders, Rechtsanwaltsvergütungsgesetz (RVG), Kommentar, 3. Aufl. (2017)
Hauck	Heimliche Strafverfolgung und Schutz der Privatheit (2014)
Haupt/Weber/Bürner/Frankfurth/Luxemburger/Marth	Haupt/Weber/Bürner/Frankfurth/Luxemburger/Marth, Handbuch Opferschutz und Opferhilfe, 2. Aufl. (2003)
HdbGR	Merten/Papier (Hrsg.), Handbuch der Grundrechte in Deutschland und Europa (ab 2004)
HdbStR	Hilgendorf/Kudlich/Valerius (Hrsg.), Handbuch des Strafrechts (ab 2018)
HdbVerfR	Benda/Maihofer/Vogel (Hrsg.), Handbuch des Verfassungsrechts, 2. Aufl. (1994)
Hecker	Hecker, Europäisches Strafrecht, 7. Aufl. (2024)
Heghmanns/Herrmann	Heghmanns/Herrmann, Das Arbeitsgebiet des Staatsanwalts, 6. Aufl. (2021)
Heghmanns, Verteidigung	Heghmanns, Verteidigung in Strafvollstreckung und Strafvollzug, 2. Aufl. (2012)
Heghmanns/Scheffler	Heghmanns/Scheffler, Handbuch zum Strafverfahren (2008) (zit.: HbStrVf/Verfasser)
Held/Legner	Held/Legner, Digitale-Dienste-Gesetz: DDG (2025)
Hellebrand	Hellebrand, Die Staatsanwaltschaft (1999)
Hellmann	Hellmann, Strafprozessrecht, 2. Aufl. (2005)
Henkel	Henkel, Strafverfahrensrecht, Lehrbuch, 2. Aufl. (1968)
Henneke/Hofmann	Henneke/Hofmann (vormals Schmidt-Bleibtreu/Hofmann/Henneke), Kommentar zum Grundgesetz, 16. Aufl. (2025)

Henssler/Prütting	Henssler/Prütting (Hrsg.), Bundesrechtsanwaltsordnung, Kommentar, 6. Aufl. (2024)
Hentschel	Hentschel, Trunkenheit, Fahrerlaubnisentziehung, Fahrverbot im Straf- und Ordnungswidrigkeitenrecht, 10. Aufl. (2006)
Hentschel/König	Hentschel/König (vormals Hentschel/König/Dauer), Straßenverkehrsrecht, 48. Aufl. (2025)
Herdegen	Herdegen, Völkerrecht, 23. Aufl. (2024)
Herdegen, EuR	Herdegen, Europarecht, 25. Aufl. (2025)
Herrmann	Herrmann, Untersuchungshaft (2007)
Herrnfeld/Brodowski/ Burchard	Herrnfeld/Brodowski/Burchard, European Public Prosecutor's Office (2021)
Herrnfeld/Esser	Herrnfeld/Esser (Hrsg.), Europäische Staatsanwaltschaft (2022)
Heselhaus/Nowak	Heselhaus/Nowak, Handbuch der Europäischen Grundrechte, 2. Aufl. (2020)
Herzog/Mülhausen	Herzog/Mülhausen, Geldwäschebekämpfung und Gewinnabschöpfung (2006)
von Hippel	von Hippel, Der deutsche Strafprozeß, Lehrbuch (1941)
HK	Heidelberger Kommentar zur Strafprozessordnung, 7. Aufl. (2023)
HK-GS	s. Dölling/Duttge/König/Rössner
HK-JGG	Meier/Rössner/Trüg/Wulf/Bannenberg/Bartsch (Hrsg.), Jugendgerichtsgesetz, 3. Aufl. (2024)
Höflich/Schriever/Bartmeier	Höflich/Schriever/Bartmeier, Grundriss Vollzugsrecht, 4. Aufl. (2014)
Hofmann	Hofmann, IPBPR Erläuterung, in: Das Deutsche Bundesrecht I A 10c (1986)
Hömig/Wolff	Hömig/Wolff, Grundgesetz für die Bundesrepublik Deutschland, 14. Aufl. (2025)
von Holtzendorff	von Holtzendorff, Handbuch des deutschen Strafprozesses (1879)
HRRS-FG Fezer	HRRS-Festgabe für Gerald Fezer zum 70. Geburtstag (2008)
Huber/Voßkuhle	Huber/Voßkuhle (Hrsg.; vormals von Mangoldt/Klein/Starck), Das Bonner Grundgesetz, 8. Aufl. (2024), 3. Bd.
Ignor/Mosbacher	Ignor/Mosbacher, Handbuch Arbeitsstrafrecht, 3. Aufl. (2016)
IK-EMRK	Pabel/Schmahl (Hrsg.), Internationaler Kommentar zur Europäischen Menschenrechtskonvention, Loseblattausgabe, 21. Lfg., Kommentar, 8. Aufl. (2015)
Ipsen	Ipsen, Völkerrecht, 8. Aufl. (2024)
Isele	Isele, Bundesrechtsanwaltsordnung, Kommentar (1976)
Jacobs/White/Ovey	Jacobs/White/Ovey, The European Convention on Human Rights, 8th ed. (2020)
Jahn/Krehl/Löffelmann/ Güntge	Jahn/Krehl/Löffelmann/Güntge, Die Verfassungsbeschwerde in Strafsachen, 3. Aufl. (2025)
Jahn/Nack (I)	Jahn/Nack (Hrsg.), Strafprozessrechtspraxis und Rechtswissenschaft, 1. Karlsruher Strafrechtsdialog (2007)
Jahn/Nack (II)	Jahn/Nack (Hrsg.), Rechtsprechung, Gesetzgebung, Lehre: Wer regelt das Strafrecht? 2. Karlsruher Strafrechtsdialog (2009)
Jahn/Nack (III)	Jahn/Nack (Hrsg.), Gegenwartsfragen des europäischen und deutschen Strafrechts, 3. Karlsruher Strafrechtsdialog (2011)
Jahn/Nack (IV)	Jahn/Nack (Hrsg.), Rechtsprechung in Strafsachen zwischen Theorie und Praxis – zwei Seiten einer Medaille? 4. Karlsruher Strafrechtsdialog (2013)
Jahn/Radtke (V)	Deutsche Strafprozessreform und Europäische Grundrechte – Herausforderungen auch für die Rechtsprechung des BGH in Strafsachen? – Referate und Diskussionen auf dem 5. Karlsruher Strafrechtsdialog (2015)
Jahn/Radtke (VI)	Der Bundesgerichtshof im Spiegel der Öffentlichkeit – Referate und Diskussionen auf dem 6. Karlsruher Strafrechtsdialog (2017)
Jakobs	Jakobs, Strafrecht Allg. Teil, Lehrbuch, 2. Aufl. (1991)
Janiszewski	Janiszewski, Verkehrsstrafrecht, 5. Aufl. (2004)
Jansen	Jansen, Zeuge und Aussagepsychologie, 3. Aufl. (2021)

Janssen	Janssen, Gewinnabschöpfung im Strafverfahren (2007)
Jarass	Jarass, Charta der Grundrechte der Europäischen Union, 4. Aufl. (2021)
Jarass/Pieroth	Jarass/Pieroth, Grundgesetz für die Bundesrepublik Deutschland, 19. Aufl. (2026)
Jescheck/Weigend	Jescheck/Weigend, Lehrbuch des Strafrechts, Allgemeiner Teil, 5. Aufl. (1996)
Joachimski/Haumer	Joachimski/Haumer, Strafverfahrensrecht, 7. Aufl. (2015)
Joecks/Jäger	Joecks/Jäger, Studienkommentar StPO, 5. Aufl. (2022)
Joecks/Jäger/Randt	Joecks/Jäger/Randt, Steuerstrafrecht mit Zoll- und Verbrauchsteuerstrafrecht, 9. Aufl. (2023)
Johann	Johann, Möglichkeiten und Grenzen des neuen Vermögensabschöpfungsrechts (2019)
John	John, Strafprozeßordnung, Kommentar, Bd. I (1884), Bd. II (1888), Bd. III Lfg. 1 (1889)
Joseph/Castan	The International Covenant on Civil and Political Rights, 3. Aufl. (2013)
Jung	Jung, Praxiswissen Strafverteidigung von Ausländern (2009)
Junker	Junker, Beweisantragsrecht im Strafprozess, 3. Aufl. (2019)
Junker/Armatage	Junker/Armatage, Praxiswissen Strafverteidigung (2009)
Kaiser	Kaiser, Kriminologie, Lehrbuch, 3. Aufl. (1996)
Kaiser/Schöch/Kinzig	Kaiser/Schöch/Kinzig, Kriminologie, Jugendstrafrecht, Strafvollzug, Lehrbuch, 8. Aufl. (2015)
Kamann	Kamann, Handbuch für die Strafvollstreckung und den Strafvollzug, 2. Aufl. (2008)
Kammeier/Pollähne	Kammeier/Pollähne (Hrsg.), Kommentar zum Maßregelvollzugsrecht, 4. Aufl. (2018)
Kämmerer/Eidenmüller	Kämmerer/Eidenmüller, Post- und Fernmeldewesen (1971)
Karpenstein/Mayer	Karpenstein/Mayer (Hrsg.), EMRK – Konvention zum Schutz der Menschenrechte und Grundfreiheiten, 3. Aufl. (2022)
Katholnigg	Katholnigg, Strafgerichtsverfassungsrecht, 3. Aufl. (1999)
Kindhäuser/Hilgendorf	Kindhäuser/Hilgendorf, Strafgesetzbuch, Lehr- und Praxiskommentar, 10. Aufl. (2025)
Kindhäuser/Schumann	Kindhäuser/Schumann, Strafprozessrecht, 8. Aufl. (2025)
Kinzig	Kinzig, Die rechtliche Bewältigung von Erscheinungsformen organisierter Kriminalität (2004)
Kirsch	Kirsch (Hrsg.), Internationale Strafgerichtshöfe (2005)
Kissel/Mayer	Kissel/Mayer, Gerichtsverfassungsgesetz (GVG), 11. Aufl. (2025)
KK	Barthe/Gericke (Hrsg.), Karlsruher Kommentar zur Strafprozeßordnung, 9. Aufl. (2023)
KK-OWiG	Mitsch (Hrsg.), Karlsruher Kommentar zum Ordnungswidrigkeitengesetz, 6. Aufl. (2025)
Klein/(Orlopp)	Klein, Abgabenordnung, Kommentar, 19. Aufl. (2025)
Kleine-Cosack	Bundesrechtsanwaltsordnung, 9. Aufl. (2022)
Klemke/Elbs	Klemke/Elbs, Einführung in die Praxis der Strafverteidigung, 4. Aufl. (2019)
Klesczewski	Klesczewski, Strafprozessrecht, 2. Aufl. (2013)
KMR	Heintschel-Heinegg/Bockemühl (Hrsg.), Kommentar zur Strafprozeßordnung und zum Gerichtsverfassungsgesetz, Loseblattausgabe (Stand November 2024)
Knierim/Rübenstahl/Tsambikakis	Knierim/Rübenstahl/Tsambikakis (Hrsg.), Internal Investigations, 2. Aufl. (2016)
Koch/Scholtz	Koch/Scholtz, Abgabenordnung, Kommentar, 5. Aufl. (1996)
Koeniger	Koeniger, Die Hauptverhandlung in Strafsachen (1966)
Kohlmann	Kohlmann, Steuerstrafrecht mit Ordnungswidrigkeitenrecht und Verfahrensrecht, Loseblattausgabe, Stand Dezember 2025
Kohlrausch	Kohlrausch, Strafprozeßordnung und Gerichtsverfassungsgesetz, Kommentar, 24. Aufl. (1936)
Kraatz	Kraatz, Ordnungswidrigkeitenrecht (2023)

Krack	Krack, Die Rehabilitierung des Beschuldigten im Strafverfahren (2002)
Kramer	Kramer, Grundlagen des Strafverfahrensrechts, 9. Aufl. (2021)
Krause/Nehring	Krause/Nehring, Strafverfahrensrecht in der Polizeipraxis (1978)
Krekeler/Werner	Krekeler/Werner, Verteidigung in Wirtschaftsstrafsachen, 2. Aufl. (2013)
Krenberger/Krumm	Krenberger/Krumm, Ordnungswidrigkeitengesetz, 8. Aufl. (2024)
Krey	Krey, Deutsches Strafverfahrensrecht, Bd. I (2006), Bd. II (2007)
Krey/Esser	Krey/Esser, Strafrecht, Allgemeiner Teil, 7. Aufl. (2022)
Krey/Heinrich	Krey/Heinrich, Deutsches Strafverfahrensrecht, 2. Aufl. (2018)
von Kries	von Kries, Lehrbuch des Deutschen Strafprozeßrechts (1892)
Kühling/Buchner	Kühling/Buchner, DS-GVO/BDSG, 4. Aufl. (2024)
Kühne	Kühne, Strafprozessrecht, 9. Aufl. (2015)
Kunz	Kunz, StrEG – Gesetz über die Entschädigung für Strafverfolgungsmaßnahmen, 4. Aufl. (2010)
Kunz/Zellner/Gelhausen/ Weiner	Kunz/Zellner/Gelhausen/Weiner, Opferentschädigungsgesetz, 6. Aufl. (2015)
Lackner/Kühl	Lackner/Kühl, Strafgesetzbuch, Kommentar, 31. Aufl. (2025)
Laubenthal	Laubenthal, Strafvollzug, 8. Aufl. (2019)
Laubenthal/Baier/Nestler	Laubenthal/Baier/Nestler, Jugendstrafrecht, 3. Aufl. (2015)
Laubenthal/Nestler	Laubenthal/Nestler, Strafvollstreckung, 2. Aufl. (2018)
Laubenthal/Nestler/ Neubacher/Verrel	Laubenthal/Nestler/Neubacher/Verrel, Strafvollzugsgesetze, Kommentar, 13. Aufl. (2024)
Lemke/Mosbacher	Lemke/Mosbacher, Ordnungswidrigkeitengesetz, 2. Aufl. (2005)
Lesch	Lesch, Strafprozeßrecht, 2. Aufl. (2002)
von Lilienthal	von Lilienthal, Strafprozeßrecht, Lehrbuch (1923)
Lindemann	Lindemann, Voraussetzungen und Grenzen legitimen Wirtschaftsstrafrechts (2012)
Lingens/Korte	Lingens/Korte, Wehrstrafgesetz, 6. Aufl. (2023)
Lisken/Denninger/Bäcker	Bäcker (Hrsg.) (vormals Lisken/Denninger), Handbuch Polizei- und Sicherheitsrecht, 8. Aufl. (2026)
LK	Cirener/Radtke/Rissing-van Saan/Rönnau/Schluckebier (Hrsg.), Leipziger Kommentar zum Strafgesetzbuch, 13. Aufl. (2019 bis 2024); Cirener/Greco/ Radtke/Rönnau/Schluckebier (Hrsg.), 14. Aufl. (ab 2024)
Löffler	Löffler, Presserecht, 7. Aufl. (2023)
LR	Becker/Erb/Esser/Graalmann-Scheerer/Hilger/Ignor (Hrsg.), Die Strafprozeßordnung und das Gerichtsverfassungsgesetz, 27. Aufl. (ab 2016); Erb/Esser/Graalmann-Scheerer/Ignor/Korte/Mosbacher (Hrsg.), 28. Aufl. (ab 2024)
MAH	Müller/Schlothauer/Knauer (Hrsg.), Münchener Anwaltshandbuch Strafverteidigung, 3. Aufl. (2022)
MAH (WSSt)	Volk/Beukelmann (Hrsg.), Münchener Anwaltshandbuch Verteidigung in Wirtschafts- und Steuerstrafsachen, 3. Aufl. (2020)
Malek	Malek, Verteidigung in der Hauptverhandlung, 5. Aufl. (2017)
Malek (BtMG)	Malek, Betäubungsmittelstrafrecht, 4. Aufl. (2014)
Malek/Popp (Internet)	Malek/Popp, Strafsachen im Internet, 3. Aufl. (2024)
Malek/Wohlers	Malek/Wohlers, Zwangsmaßnahmen und Grundrechtseingriffe im Ermittlungsverfahren, 6. Aufl. (2026)
Marberth-Kubicki	Marberth-Kubicki, Computer- und Internetstrafrecht, 2. Aufl. (2010)
Marschner/Lesting/Stahmann	Marschner/Lesting/Stahmann, Freiheitsentziehung und Unterbringung, 7. Aufl. (2024)
Marx/Roderfeld	Marx/Roderfeld, Rechtsschutz bei überlangen Gerichts- und Ermittlungsverfahren (2013)
Marxen/Tiemann	Marxen/Tiemann, Die Wiederaufnahme in Strafsachen, 3. Aufl. (2014)
Matt/Renzikowski	Matt/Renzikowski, StGB, Kommentar, 2. Aufl. (2020)
Maurach/Zipf	Maurach/Zipf, Strafrecht, Allgemeiner Teil, Teilbd. 1, 8. Aufl. (1992)
Maurach/Gössel/Zipf	Maurach/Gössel/Zipf, Strafrecht, Allgemeiner Teil, Teilbd. 2, 8. Aufl. (2014)

Maurach/Schroeder/Maiwald	Maurach/Schroeder/Maiwald, Strafrecht, Besonderer Teil, Teilbd. 1, 11. Aufl. (2019), Teilbd. 2, 10. Aufl. (2013)
Mayer/Kroiß	Mayer/Kroiß, Rechtsanwaltsvergütungsgesetz, 9. Aufl. (2025)
Meier (Kriminologie)	Meier, Kriminologie, 6. Aufl. (2021)
Meier (Sanktionen)	Meier, Strafrechtliche Sanktionen, 6. Aufl. (2025)
Meier/Rössner/Trüg/Wulf/ Bannenberg/Bartsch	Meier/Rössner/Trüg/Wulf/Bannenberg/Bartsch (Hrsg.), Jugendgerichtsgesetz, 3. Aufl. (2024)
Meißner/Schütrumpf	Meißner/Schütrumpf, Vermögensabschöpfung, 2. Aufl. (2022)
Mellinghoff	Mellinghoff, Fragestellung, Abstimmungsverfahren und Abstimmungsgeheimnis im Strafverfahren (1988)
Mende	Mende, Grenzen privater Ermittlungen durch den Verletzten einer Straftat (2001)
Merten/Papier	Merten/Papier, Handbuch der Grundrechte in Deutschland und Europa (ab 2004)
Mertens/Stuff/Mück	Mertens/Stuff/Mück, Verteidigervergütung, 2. Aufl. (2016)
Meyer D.	Meyer D., Strafrechtsentschädigung, 11. Aufl. (2020)
Meyer D. (GKG)	Meyer D., GKG/FamGKG, Kommentar, 17. Aufl. (2020)
Meyer/Höver/Bach/Oberlack	Meyer/Höver/Bach/Oberlack, Die Vergütung und Entschädigung von Sachverständigen, Zeugen, Dritten und von ehrenamtlichen Richtern nach dem JVEG, 28. Aufl. (2021)
Meyer-Goßner (Prozess)	Meyer-Goßner, Prozessvoraussetzungen und Prozesshindernisse (2011)
Meyer-Goßner/Appl	Meyer-Goßner/Appl, Die Urteile in Strafsachen sowie Beschlüsse und Protokoll der Hauptverhandlung, 30. Aufl. (2021)
Meyer-Ladewig/Nettesheim/v. Raumer	Meyer-Ladewig/Nettesheim/v. Raumer, Handkommentar zur EMRK, 5. Aufl. (2023)
Michalke	Michalke, Strafprozessuale Zwangsmaßnahmen, 2. Aufl. (2022)
Minkoff/Sahan/Wittig	Minkoff/Sahan/Wittig, Konzernstrafrecht (2020)
Minoggio	Minoggio, Unternehmensverteidigung, 3. Aufl. (2016)
Mitsch	Mitsch, Recht der Ordnungswidrigkeiten, Lehrbuch, 2. Aufl. (2005)
Möller/Warg	Möller/Warg, Allgemeines Polizei- und Ordnungsrecht, 6. Aufl. (2011)
Momsen/Grützner	Momsen/Grützner, Wirtschafts- und Steuerstrafrecht, 2. Aufl. (2020)
Möthrath/Rüther/Bahr	Möthrath/Rüther/Bahr, Verteidigung ausländischer Beschuldigter (2012)
Müller	Müller, Der Sachverständige im gerichtlichen Verfahren, Handbuch des Sachverständigenbeweises, 3. Aufl. (1988)
MüKo	Knauer/Kudlich/Schneider (Hrsg., ab 2014), Münchener Kommentar zur Strafprozessordnung, 2. Aufl. (ab 2023)
MüKo-BGB	Rixecker/Säcker/Limperg/Oetker (Hrsg.), Münchener Kommentar zum Bürgerlichen Gesetzbuch, 9. Aufl. (ab 2021), 10. Aufl. (ab 2025)
MüKo-StGB	Erb/Schäfer (Hrsg.), Münchener Kommentar zum Strafgesetzbuch; 4. Aufl. (ab 2020), 5. Aufl. (ab 2024)
MüKo-ZPO	Krüger/Rauscher (Hrsg.), Münchener Kommentar zur Zivilprozessordnung, 6. Aufl. (ab 2020), 7. Aufl. (ab 2025)
Müller (Beiträge)	Müller, Beiträge zum Strafprozessrecht 1969–2001 (2003)
Müller-Gugenberger	Müller-Gugenberger, Wirtschaftsstrafrecht, 8. Aufl. (2024)
von Münch/Kunig	von Münch/Kunig, Grundgesetz, Kommentar, 2 Bände, 8. Aufl. (2025)
Münchhalffen/Gatzweiler	Münchhalffen/Gatzweiler, Das Recht der Untersuchungshaft, 3. Aufl. (2009)
Murmann	Murmann, Prüfungswissen Strafprozessrecht, 5. Aufl. (2022)
Niese	Niese, Doppelfunktionelle Prozeßhandlungen (1950)
Nipperdey/Scheuner	Nipperdey/Scheuner, Die Grundrechte, 4 Bände (ab 1954)
NK-StGB	Kindhäuser/Neumann/Paeffgen/Saliger (Hrsg.), Nomos-Kommentar zum Strafgesetzbuch, 6. Aufl. (2023)
NK	Rotsch/Saliger/Tsambikakis (Hrsg.), Nomos-Kommentar zur Strafprozessordnung (2025)
Nobis	Nobis, Strafverteidigung vor dem Amtsgericht, 2. Aufl. (2018)
Nöding	Nöding, Verteidigung in Jugendstrafsachen, 8. Aufl. (2023)

Nowak	Nowak, CCPR – Commentary – Commentary on the U.N. Covenant on Civil and Political Rights, 2nd Edition (2005)
Oetjen/Endriß	Oetjen/Endriß, Leitfaden Untersuchungshaft (1999)
OK	Beck-Online-Kommentar zur StPO
OK-GG	Beck-Online-Kommentar zum GG
OK-InfoMedienR	Beck-Online-Kommentar zum Informations- und Medienrecht
OK-StGB	Beck-Online-Kommentar zum StGB
Ory/Weth	Ory/Weth, juris PraxisKommentar Elektronischer Rechtsverkehr, Band 4 – Strafverfahren, 2. Aufl. (2022)
Ostendorf/Brüning	Ostendorf/Brüning, Strafprozessrecht, 5. Aufl. (2024)
Ostendorf (U-Haft)	Ostendorf, Untersuchungshaft und Abschiebehaft (2012)
Ostendorf (JStVollzR)	Ostendorf (Hrsg.), Jugendstrafvollzugsrecht, 4. Aufl. (2022)
Ostendorf (JGG)	Ostendorf, Jugendgerichtsgesetz, 12. Aufl. (2026)
Ostendorf/Drenkhahn	Ostendorf/Drenkhahn, Jugendstrafrecht, 12. Aufl. (2026)
Paal/Pauly	Paal/Pauly, DS-GVO/BDSG, 4. Aufl. (2026)
Park	Park, Handbuch Durchsuchung und Beschlagnahme, 5. Aufl. (2022)
Park (Kapitalmarkt)	Park, Kapitalmarktstrafrecht, Handkommentar, 6. Aufl. (2024)
Partsch	Partsch, Die Rechte und Freiheiten der Europäischen Menschenrechtskonvention, 1966 (Sonderdruck aus Bettermann/Neumann/Nipperdey (Hrsg.), Die Grundrechte der Welt Bd. I 1)
Patzak/Fabricius	Patzak/Fabricius, Betäubungsmittelgesetz, Kommentar, 11. Aufl. (2024)
Peter	Peter, Das 1x1 der Hauptverhandlung, 3. Aufl. (2017)
Peter (Opferanwalt)	Peter, Das 1x1 des Opferanwalts, 3. Aufl. (2017)
Peters/Altwicker (EMRK)	Peters/Altwicker, Europäische Menschenrechtskonvention, 2. Aufl. (2012)
Peters	Peters, Strafprozeß, Lehrbuch, 4. Aufl. (1985)
Peters (Fehlerquellen)	Peters, Fehlerquellen im Strafprozeß, Band I (1970), Band II (1972), Band III (1974)
Pfeiffer	Pfeiffer, Strafprozessordnung, Kommentar, 5. Aufl. (2005)
Pfordte/Degenhard	Pfordte/Degenhard, Der Anwalt im Strafrecht (2005)
Piller/Hermann	Piller/Hermann, Justizverwaltungsvorschriften, Loseblattsammlung
Plötz (Fürsorgepflicht)	Plötz, Die gerichtliche Fürsorgepflicht im Strafverfahren (1980)
Poller/Teubel/Köpf	Poller/Teubel/Köpf, Gesamtes Kostenhilferecht, 3. Aufl. (2018)
Popp	Popp, Grundzüge der internationalen Rechtshilfe in Strafsachen (2001)
Potrykus	Potrykus, Kommentar zum Jugendgerichtsgesetz, 4. Aufl. (1955)
Protokolle	Protokolle der Kommission für die Reform des Strafprozesses (1905)
Püschel/Bartmeier/Mertens	Püschel/Bartmeier/Mertens, Untersuchungshaft in der anwaltlichen Praxis (2011)
Putzke/Scheinfeld/Putzke	Putzke/Scheinfeld/Putzke, Strafprozessrecht, 9. Aufl. (2022)
Quedenfeld/Füllsack	Quedenfeld/Füllsack, Verteidigung in Steuerstrafsachen, 6. Aufl. (2024)
Quellen	Schubert/Regge/Rieß/Schmid (Hrsg.), Quellen zur Reform des Straf und Strafprozeßrechts, I. Abt. – Weimarer Republik, II. Abt. NS-Zeit – Strafgesetzbuch, III. Abt. NS-Zeit – Strafverfahrensrecht (ab 1988)
Radtke/Hohmann	Radtke/Hohmann, Strafprozessordnung, Kommentar, 2. Aufl. (2025)
Randt	Randt, Der Steuerfahndungsfall (2004)
Ranft	Ranft, Strafprozeßrecht, (2005)
Rebmann/Roth/Hermann	Rebmann/Roth/Hermann, Gesetz über Ordnungswidrigkeiten, Kommentar, Loseblattausgabe, Stand 2024
Rebmann/Uhlig/Pieper	Rebmann/Uhlig/Pieper, Bundeszentralregistergesetz, Kommentar (1985)
Reisert	Reisert, Anwaltsgebühren im Straf- und Bußgeldrecht, 3. Aufl. (2021)
Ricker/Weberling	Ricker/Weberling, Handbuch des Presserechts, 7. Aufl. (2021)
Rieß	Rieß, Beiträge zur Entwicklung der deutschen Strafprozessordnung (2012)
Rode/Legnaro	Rode/Legnaro, Psychiatrische Sachverständige im Strafverfahren (1994)
Rolletschke	Rolletschke, Steuerstrafrecht, 5. Aufl. (2021)
Rolletschke/Kemper	Rolletschke/Kemper, Steuerstrafrecht – Kommentar zum Steuerstrafrecht, Loseblattausgabe (2018)

Rönnau	Rönnau, Vermögensabschöpfung in der Praxis, 2. Aufl. (2015)
Rösch (Jugendrichter)	Rösch, Handbuch für den Jugendrichter (2001)
Rosenberg/Schwab/Gottwald	Rosenberg/Schwab/Gottwald, Zivilprozessrecht, 18. Aufl. (2018)
Rosenfeld	Rosenfeld, Deutsches Strafprozeßrecht, 2 Bände (1926)
Rostek	Rostek, Verteidigung in Kapitalstrafsachen, 2. Aufl. (2012)
Rotberg	Rotberg, Gesetz über Ordnungswidrigkeiten, Kommentar, 5. Aufl., bearbeitet von Kleinwefers, Boujong und Wilts (1975)
Rotsch	Rotsch (Hrsg.), Criminal Compliance (2015)
Röttle/Wagner/Theurer	Röttle/Wagner/Theurer, Strafvollstreckung, 9. Aufl. (2023)
Roxin/Greco	Roxin/Greco, Strafrecht, Allgemeiner Teil, Bd. I, 5. Aufl. (2020), Bd. II (2003)
Roxin/Schünemann	Roxin/Schünemann, Strafverfahrensrecht, 30. Aufl. (2022)
Roxin-Symp.	Schünemann/de Figueiredo Dias (Hrsg.), Bausteine des Europäischen Strafrechts, Coimbra-Symposium für Claus Roxin (1995)
Roxin (I.)	Roxin, I., Die Rechtsfolgen schwerwiegender Rechtsstaatsverstöße in der Strafrechtspflege, 5. Aufl. (2022)
Rüping	Rüping, Das Strafverfahren, 3. Aufl. (1997)
Rüth/Berr/Berz	Rüth/Berr/Berz, Straßenverkehrsrecht, 2. Aufl. (1988)
Sachs	Sachs, Grundgesetz, Kommentar, 10. Aufl. (2024)
Sack	Sack, Umweltschutz-Strafrecht, Erläuterungen der Straf- und Bußgeldvorschriften, Loseblattausgabe (ab 2003)
Saliger/Tsambikakis	Saliger/Tsambikakis (Hrsg.), Strafrecht der Medizin (2022)
Satzger	Satzger, Die Europäisierung des Strafrechts (2001)
Satzger (Intern. Strafrecht)	Satzger, Internationales und Europäisches Strafrecht, 11. Aufl. (2025)
Sauer	Sauer, Allgemeine Prozeßrechtslehre (1951)
Sauer/Münkel (Absprachen)	Sauer/Münkel, Absprachen im Strafprozess, 2. Aufl. (2014)
Schäfer/Fresemann/Hinrichs	Schäfer/Fresemann/Hinrichs, Die Praxis des Strafverfahrens, 7. Aufl. (2024)
Schäfer/Sander/van Gemmeren	Schäfer/Sander/van Gemmeren, Praxis der Strafzumessung, 7. Aufl. (2024)
Schellenberg	Schellenberg, Die Hauptverhandlung im Strafverfahren, 2. Aufl. (2000)
Schenke	Schenke, Polizei- und Ordnungsrecht, 13. Aufl. (2026)
Schenke/Graulich/Ruthig	Schenke/Graulich/Ruthig, Sicherheitsrecht des Bundes, 2. Aufl. (2019)
Schilken	Schilken, Gerichtsverfassungsrecht, Lehrbuch, 4. Aufl. (2007)
Schlothauer/Nobis/Voigt/Wolf	Schlothauer/Nobis/Voigt/Wolf, Untersuchungshaft, 6. Aufl. (2023)
Schlothauer/Wollschläger/Piel	Schlothauer/Wollschläger/Piel, Verteidigung im Revisionsverfahren, 4. Aufl. (2024)
Schlüchter	Schlüchter, Das Strafverfahren, Lehrbuch, 2. Aufl. (1983)
Schmahl	Schmahl, Kinderrechtskonvention, 2. Aufl. (2017)
Schmid	Schmid, Die Verwirkung von Verfahrensrügen im Strafprozess (1967)
Schmidt	s. Eb. Schmidt
Schmidt (Ausländer)	Schmidt, Verteidigung von Ausländern, 4. Aufl. (2016)
Schmidt/Sauter/Scheuß	Schmidt/Sauter/Scheuß, Vermögensabschöpfung, Handbuch für das Straf- und Ordnungswidrigkeitenverfahren, 3. Aufl. (2024)
Schmidt-Räntsch	Schmidt-Räntsch, Deutsches Richtergesetz, Kommentar, 6. Aufl. (2009)
Schmitt/Köhler	Schmitt/Köhler, Strafprozessordnung mit GVG, Nebengesetzen und ergänzenden Bestimmungen, Kommentar, 69. Aufl. (2026)
Schneider	Schneider, Kriminologie, Lehrbuch, 3. Aufl. (1992)
Schneider (JVEG)	Schneider, JVEG, Justizvergütungs- und -entschädigungsgesetz, 4. Aufl. (2021)
Schneider/Volpert/Fölsch	Schneider/Volpert/Fölsch (Hrsg.), Gesamtes Kostenrecht, 3. Aufl. (2021)
Schomburg/Lagodny/Gleß/Hackner	Schomburg/Lagodny/Gleß/Hackner, Internationale Rechtshilfe in Strafsachen, 6. Aufl. (2020)
Schönke/Schröder	Schönke/Schröder, Strafgesetzbuch, Kommentar, 30. Aufl. (2019)
Schorn	Schorn, Die Europäische Konvention zum Schutze der Menschenrechte und Grundfreiheiten und ihr Zusatzprotokoll in Einwirkung auf das deutsche Recht (1965)

Schorn/Stanicki	Schorn/Stanicki, Die Präsidialverfassung der Gerichte aller Rechtswege, 2. Aufl. (1975)
Schroeder/Verrel	Schroeder/Verrel, Strafprozessrecht, 8. Aufl. (2022)
Schröder	Schröder, Europäische Richtlinien und deutsches Strafrecht (2002)
Schröder (KapitalStR)	Schröder, Handbuch Kapitalmarktstrafrecht, 4. Aufl. (2020)
Schroth	Schroth, Die Rechte des Opfers im Strafprozess, 4. Aufl. (2020)
Schulz/Berke-Müller/Händel	Schulz/Berke-Müller/Händel, Strafprozeßordnung, 7. Aufl. (1983)
Schünemann-Symp.	Hefendehl (Hrsg.), Empirische und dogmatische Fundamente, kriminalpolitischer Impetus, Symposium für Bernd Schünemann zum 60. Geburtstag (2005)
Schwind	Schwind, Kriminologie und Kriminalpolitik, 24. Aufl. (2021)
Schwind/Böhm/Jehle/Laubenthal	Schwind/Böhm/Jehle/Laubenthal (Hrsg.), Strafvollzugsgesetz, Kommentar, 7. Aufl. (2024)
Schwinge	Schwinge, Grundlagen des Revisionsrechts, 2. Aufl. (1960)
Seier	Seier, Verteidigung in Straßenverkehrssachen (2012)
Sieber/Satzger/v. Heintschel-Heinegg	Sieber/Satzger/v. Heintschel-Heinegg, Europäisches Strafrecht, 2. Aufl. (2014)
Simma/Fastenrath	Simma/Fastenrath, Menschenrechte. Ihr Internationaler Schutz, Textsammlung, 7. Aufl. (2018)
Sinn/Zöller/Esser	Sinn/Zöller/Esser (Hrsg.), Reform der Vermögensabschöpfung (2019)
SK	Wolter/Deiters (Hrsg.), Systematischer Kommentar zur Strafprozeßordnung. Mit GVG und EMRK, 6. Aufl. (ab 2022)
SK-StGB	Wolter/Hoyer (Hrsg.), Systematischer Kommentar zum Strafgesetzbuch, 10. Aufl. (ab 2023)
Sommer	Sommer, Effektive Strafverteidigung, 5. Aufl. (2023)
Sowada	Sowada, Der gesetzliche Richter im Strafverfahren (2002)
Spindler/Schmitz	Spindler/Schmitz, Telemediengesetz: TMG mit Netzwerkdurchsuchungsgesetz (NetzDG), 2. Aufl. (2018)
SSW	Satzger/Schluckebier/Widmaier (Hrsg.), Strafprozessordnung, Kommentar, 6. Aufl. (2025)
SSW-StGB	Satzger/Schluckebier/Werner (Hrsg.), Strafgesetzbuch, Kommentar, 6. Aufl. (2024)
Stegbauer	Stegbauer, Das Urteil in Straf- und Bußgeldsachen, 5. Aufl. (2022)
Stein	Stein, Zivilprozessordnung, 24. Aufl. (ab 2024)
Stern	Stern, Verteidigung in Mord- und Totschlagsverfahren, 3. Aufl. (2013)
Strauda-Denkschrift	Reform der Verteidigung im Ermittlungsverfahren – Thesen mit Begründung, vorgelegt vom Strafrechtsausschuss der Bundesrechtsanwaltskammer (2004)
Strauda-Denkschrift Rechtsmittelreform	Denkschrift zur Reform des Rechtsmittelrechts und der Wiederaufnahme des Verfahrens im Strafprozess (1971)
Streinz/Ohler/Herrmann	Streinz/Ohler/Herrmann, Der Vertrag von Lissabon zur Reform der EU, 3. Aufl. (2010)
Streng	Streng, Strafrechtliche Sanktionen, 3. Aufl. (2012)
Sydow/Marsch	Sydow/Marsch, DS-GVO/BDSG, 3. Aufl. (2022)
Taegler/Gabel	Taegler/Gabel, DSGVO-BDSG-TDDDG, 5. Aufl. (2026)
Taylor	A Commentary on the International Covenant on Civil and Political Rights (2020)
Tettinger/Stern	Tettinger/Stern, Kölner Gemeinschaftskommentar zur Europäischen Grundrechte-Charta (2006)
Thomas/Putzo	Thomas/Putzo, Zivilprozessordnung, Kommentar, 46. Aufl. (2025)
TK-StGB	Tübinger Kommentar Strafgesetzbuch, 31. Aufl. (2025), vormals Schönke/Schröder (s. dort)
Tolzmann	Bundeszentralregistergesetz, Kommentar, 5. Aufl. (2015)
Tondorf/Tondorf	Tondorf, Psychologische und psychiatrische Sachverständige im Strafverfahren, 3. Aufl. (2011)

Toussaint	Toussaint, Kostenrecht, 56. Aufl. (2026)
Trechsel	Trechsel, Human Rights in Criminal Prodeedings (2005)
Tsambikakis/Rostalski	Tsambikakis/Rostalski (Hrsg.), Medizinstrafrecht (2023)
Ulrich	Ulrich, Der gerichtliche Sachverständige, Handbuch für die Praxis, 13. Aufl. (2019)
Ulsenheimer/Gaede	Ulsenheimer/Gaede, Arztstrafrecht in der Praxis, 6. Aufl. (2020)
Umbach/Clemens/Dollinger	Umbach/Clemens/Dollinger, Bundesverfassungsgerichtsgesetz: Mitarbeiterkommentar und Handbuch, 2. Aufl. (2005)
Verdross/Simma	Verdross/Simma, Universelles Völkerrecht, 3. Aufl. (1984)
Villiger	Villiger, Handbuch der Europäischen Menschenrechtskonvention (EMRK), 3. Aufl. (2020)
Vogler/Walter/Wilkitzki	Vogler/Walter/Wilkitzki, Gesetz über die internationale Rechtshilfe in Strafsachen, Kommentar (1983)
Volckart/Pollähne/Woynar	Volckart/Pollähne/Woynar, Verteidigung in der Strafvollstreckung und im Vollzug, 5. Aufl. (2014)
Volk (Prozessvoraussetzungen)	Volk, Prozeßvoraussetzungen im Strafrecht (1978)
Volk/Engländer	Volk/Engländer, Grundkurs StPO, 10. Aufl. (2021)
Vordermayer/v. Heintschel-Heinegg/Schnabl/Beckstein	Vordermayer/v. Heintschel-Heinegg/Schnabl/Beckstein (Hrsg.), Handbuch für den Staatsanwalt, 7. Aufl. (2022)
Wabnitz/Janovsky/Schmitt	Wabnitz/Janovsky/Schmitt, Handbuch des Wirtschafts- und Steuerstrafrechts, 6. Aufl. (2025)
Wagner/Kallin/Kruse	Wagner/Kallin/Kruse, Betäubungsmittelstrafrecht, 2. Aufl. (2004)
Wankel	Wankel, Zuständigkeitsfragen im Haftrecht (2002)
Wasmeier/Möhlig	Wasmeier/Möhlig, Strafrecht der Europäischen Union, 2. Aufl. (2008)
Weber/Kornprobst/Maier/Dietsch	Weber/Kornprobst/Maier/Dietsch, Betäubungsmittelgesetz: BtMG, 7. Aufl. (2025)
Weidemann/Glaser	Weidemann/Glaser (vormals Weidemann/Scherf), Die Revision im Strafrecht, 5. Aufl. (2026)
Weiner/Ferber	Weiner/Ferber, Handbuch des Adhäsionsverfahrens, 2. Aufl. (2016)
Welzel	Welzel, Das Deutsche Strafrecht, 11. Aufl. (1969)
Wendler/Hoffmann	Wendler/Hoffmann, Technik und Befragung im Gerichtsverfahren, 2. Aufl. (2015)
Werle/Jeßberger	Werle/Jeßberger, Völkerstrafrecht, 5. Aufl. (2020)
Weyland	Weyland, Bundesrechtsanwaltsordnung, Kommentar, 11. Aufl. (2024)
Wieczorek/Schütze	Wieczorek/Schütze, Zivilprozeßordnung und Nebengesetze, 4. Aufl. (ab 2012), 5. Aufl. (ab 2019)
Wiesneth	Wiesneth, Handbuch für das ermittlungsrichterliche Verfahren (2006)
Wiesneth (U-Haft)	Wiesneth, Untersuchungshaft (2010)
Wiesneth (Bereitschaftsdienst)	Wiesneth, Der amtsgerichtliche Bereitschaftsdienst, 2. Aufl. (2012)
Wolf	Wolf, Gerichtsverfassungsrecht aller Verfahrenszweige, 6. Aufl. (1987)
Wolf/Kempfer	Wolf/Kempfer, Strafvollstreckungsordnung, Kommentar, 10. Aufl. (ab 2024)
Zieschang/Hilgendorf/Laubenthal	Zieschang/Hilgendorf/Laubenthal (Hrsg.), Strafrecht und Kriminalität in Europa (2003)
Ziegert	Ziegert, Grundlagen der Strafverteidigung (2000)
Zipf	Zipf, Kriminalpolitik, 2. Aufl. (1980)
Zöller (ZPO)	Zöller, Zivilprozessordnung, Kommentar, 36. Aufl. (2026)
Zöller	Terrorismusstrafrecht (2009)
Zöller/Esser	Zöller/Esser (Hrsg.), Justizielle Medienarbeit im Strafverfahren (2019)
Zwiehoff	Zwiehoff, Der Befangenheitsantrag im Strafverfahren, 2. Aufl. (2013)

Strafprozeßordnung

Vom 1. Februar 1877 in der Fassung der Bekanntmachung vom 7. April 1987 (BGBl. I S. 1074, 1319)

ERSTES BUCH
Allgemeine Vorschriften

SECHSTER ABSCHNITT
Zeugen

Vorbemerkungen

Schrifttum

Adam Der Schutz von Zeugen in den USA, DRiZ **1978** 369; *Aengenendt* Die Aussage von Kindern in Sittlichkeitsprozessen (1955); *Aleksic* Persönliche Beweismittel im Strafverfahren (1969); *Anders* Straftheoretische Anmerkungen zur Verletztenorientierung im Strafverfahren, ZStW **124** (2012) 374; *Arntzen* Psychologie der Zeugenaussage[5] (2011); *ders.* Vernehmungspsychologie – Psychologie der Zeugenvernehmung[3] (2008); *ders.* Untere Altersgrenze der Zeugeneignung, DRiZ **1976** 20; *ders.* Video- und Tonbandaufnahmen als Ersatz für richterliche Vernehmungen von Kindern zu Sexualdelikten? ZRP **1995** 241; *Bach* Kindliche Zeuginnen in Sittlichkeitsprozessen (1957); *Baier* Strafprozessuale Zeugnisverweigerungsrechte außerhalb der Strafprozeßordnung als Ergänzung der §§ 52 ff. StPO, Diss. Erlangen/Nürnberg 1995; *ders.* Verfassungsunmittelbare Zeugnisverweigerungsrechte bestimmter Berufsgruppen als Gebot des Persönlichkeitsschutzes? JR **1999** 495; *Bärlein/Pananis/Rehmsmeier* Spannungsverhältnis zwischen der Aussagefreiheit im Strafverfahren und den Mitwirkungspflichten im Verwaltungsverfahren, NJW **2002** 1825; *Barton* Fragwürdigkeiten des Zeugenbeweises – Aussagepsychologische Erkenntnisse und strafverfahrensrechtliche Konsequenzen, in: Barton (Hrsg.) Redlich aber falsch: Die Fragwürdigkeit des Zeugenbeweises (1995) 23; *Baumann* Straffreiheit für den Kronzeugen? JuS **1975** 342; *ders.* Strafprozeßreform in Raten, ZRP **1975** 38; *ders. u.a.* Alternativentwurf Zeugnisverweigerungsrechte (1996); *Baumgarten* Die Lüge bei Kindern und Jugendlichen (1926); *Becker* Schutz kindlicher und jugendlicher Zeugen vor psychischer Schädigung durch das Strafverfahren, ZBlJugR **1975** 515; *Bender/Häcker/Schwarz* Tatsachenfeststellung vor Gericht[6] (2025); *Bialek* Das strafprozessuale Zeugnisverweigerungsrecht aus persönlichen Gründen unter besonderer Berücksichtigung von Schutzzweck und Enumerationsprinzip, Diss. Bonn 1999; *Bilinsky* Die Stellung des Zeugen im sowjetischen Strafprozeß, ROW **1976** 208; *Bittmann* Das 2. Opferrechtsreformgesetz, JuS **2010** 219; *Bockelmann* Die Unverfolgbarkeit von Abgeordneten nach deutschem Immunitätsrecht (1951); *Bosbach* Der Verteidiger als Zeuge, StraFo **2011** 172; *Böttcher* Der Schutz der Persönlichkeit des Zeugen im Strafverfahren, FS Kleinknecht (1986) 25; *ders.* Das neue Opferschutzgesetz, JR **1987** 133; *ders.* Der gefährdete Zeuge im Strafverfahren, FS Schüler-Springorum (1993) 541; *Brause* Zum Zeugenbeweis in der Rechtsprechung des BGH, NStZ **2007** 505; *ders.* Glaubhaftigkeitsprüfung und –bewertung einer Aussage im Spiegel der höchstrichterlichen Rechtsprechung, NStZ **2013** 129; *Brenner* Finanzbeamte als Zeugen vor Gericht, Steuer-Warte **1979** 145; *Bringewat* Der „Verdächtige" als schweigeberechtigte Auskunftsperson? JZ **1981** 289; *Bruns* Der „Verdächtige" als schweigeberechtigte Auskunftsperson und als selbständiger Prozeßbeteiligter neben dem Beschuldigten und Zeugen? FS Schmidt-Leichner (1977) 1; *Buchholz* Der Betroffene im parlamentarischen Untersuchungsausschuß, Diss. Kiel 1990; *Bull* Die Frage prägt die Antwort, DRiZ **1976** 53; *Bung* Zweites Opferrechtsreformgesetz: Vom Opferschutz zur Opferermächtigung, StV **2009** 430; *Butenuth* Absolute oder relative Wirkung von strafprozessualen Zeugnisverweigerungsrechten und Beschlagnahmeverboten, Diss. Münster 1998; *Büttikofer* Die falsche Zeugenaussage aus kriminologischer Sicht, Diss. Zürich 1974; *Caesar* Noch stärkerer Schutz für Zeugen und andere nicht beschuldigte Personen im Strafprozeß? NJW **1998** 2313; *Celebi* Kritische Würdigung des Opferrechtsreformgesetzes, ZRP **2009** 110; *Dahs* Zum Persönlichkeitsschutz des „Verletzten" als Zeuge im Strafprozeß, NJW **1984** 1921; *ders.* Anm. zu LG Hamburg, Beschl. v. 15.12.1982, NStZ **1983** 183; *ders.* Demontage des Zeugnisverweigerungsrechts? StV **1992** 492; *ders.* Prozeß ohne Zeugen, NJW **1996** 178; *ders./Langkeit* Das Schweigerecht des Beschuldigten und seine Auskunftsverweigerung als „verdächtiger Zeuge", NStZ **1993** 213; *Daninger* Ist der Privatkläger von der Einvernahme als Zeuge ausgeschlossen? DStR **1941** 95; *Deckers* Aussagekonstanz aus juristischer und aussagepsychologischer Sicht, StV **2017** 50; *ders.* Fehlerquellen im Sexualstrafverfahren, FS Eisenberg (2009) 473; *Deusinger/Haase* Psychologische Probleme der Personenbeschreibung. Zur Aufnahme und Beurteilung von Zeugenaussagen, BKA-Forschungsreihe Nr. 5 (1977); *Di Fabio* Rechtsschutz im parlamentarischen Untersuchungsverfahren, Diss. Bonn 1987/88; *Döhring* Die Erforschung des Sachverhalts im Prozeß (1964); *Dörinkel* Anwesenheit eines Verteidigers bei Vernehmung von Zeugen durch die Kartellbehörden. Recht des Zeugen auf eigenen Rechtsbeistand, WuW **1975** 254; *Dose* Der Sitzungsvertreter und der Wirtschaftsreferent der Staatsanwaltschaft als Zeuge in der Hauptverhandlung, NJW **1978** 349; *Effer-Uhe/Mohnert* Psycholgie für Juristen (2019); *Eisenberg* Straf(verfahrens-)rechtliche Maßnahmen gegenüber „Organisiertem Verbrechen", NJW **1993** 1033; *ders.* Referentenentwurf des BMJ „Gesetz zur Stärkung der Rechte von Opfern sexuellen Missbrauchs (StORMG)" 2010, HRRS **2011** 64; *ders./Zötsch* Der Zeugenbeweis im Strafverfahren – Tendenzen in der höchstrichterlichen Rechtsprechung, NJW **2003** 3676; *El Ghazi/Merold* die Vernehmung des Richters als Verhörsperson vor dem Hintergrund des § 252 StPO, StV **2012** 250; *Eser* Der Schutz vor Selbstbezichtigung im deutschen Strafprozeßrecht, in: Deutsche strafrechtliche Landesreferate zum IX. Internationalen Kongreß für Rechtsvergleichung, Beiheft zur ZStW **86** (1974) 136; *Fabian/Greuel/Stadler* Möglichkeiten und Grenzen aussagepsychologischer Glaubwürdigkeitsbegutachtung, StV **1996** 347; *Ferber* Das Opferrechtsreformgesetz, NJW **2004** 2562; *Feuerbach* Betrachtungen über das Geschworenen-Gericht (1813); *Fezer* Anfechtung einer Sperrerklärung des Innenministers und Aussetzung der Hauptverhandlung – BGH NStZ (1985) 464, JuS **1987** 358; *Findeisen* Der minderjährige Zeuge im Zivilprozeß (1992); *J. Fischer* Zum Rollentausch zwischen Zeugen und Angeklagten, StV **1981** 85; *Th. Fischer* Empfehlen sich gesetzliche Änderungen, um Zeugen und andere nicht beschuldigte Personen im Strafprozeß besser vor Nachteilen zu schützen? JR **1998** 816; *Fraeb* Das Problem der Vereinigung von Partei- und Zeugenstellung und der Entwurf einer Strafprozeßordnung, GerS **80** (1913) 88; *Freiberg* Der Kronzeuge, ZStW **59** (1940) 33; *Fröhner* Kritik der Aussage (1954); *Füllkrug* Hand in Hand, Polizeiliche Zeugenvernehmung nach staatsanwaltschaftlicher Ladung, Kriminalistik **1986** 186; *von Galen* Stärkung der Verletztenrolle – Gefahr für den rechtsstaatlichen Strafprozess oder grundrechtlich gebotene Emanzipation? BRAK-Mitt. **2002** 110; *Gärditz/Stuckenberg* Zu Funktion und Ratio der Zeugnisverweigerungsrechte im Strafverfahren, in: Wolter/Schenke (Hrsg.) Zeugnisverweigerungsrechte bei (verdeckten) Ermittlern (2002) 99; *Gawrilowa* Zum Einfluß der Suggestion auf Zeugenaussagen, Kriminalistik und forensische Wissenschaften **1976** 35; *Geerds* Auskunftsverweigerungsrecht oder Schweigebefugnis? FS Stock (1966) 171; *Gelber/Walter* Probeme des Opferschutzes gegenüber dem inhaftierten Täter, NStZ **2013** 75; *Geipel* Zum Umgang mit der Aussageanalyse – eine kritische Bestandsaufnahme aus der Praxis (Teil 1), ZAP **2025** 299; *Geppert* Der Zeugenbeweis (I), Jura **1991** 82; *ders.* Der Zeugenbeweis (Schluß), Jura **1991** 132; *von Gerlach* Die Vernehmung von Mitangeklagten als Zeugen, NJW **1964** 2397; *Gerst* (Hrsg.) Zeugen in der Hauptverhandlung (2016); *Gillmeister* Der Rechtsanwalt als Beistand eines Zeugen, Beck'sches Formularhandbuch für den Strafverteidiger[5] (2010) 1100; *Glaser* Zur Kritik des Zeugenbeweises im Strafprozeß, GerS **33** (1871) 1; *Gollwitzer* Die sinngemäße Anwendung der Strafprozeßordnung bei der Beweiserhebung parlamentarischer Untersuchungsausschüsse, FS Dünnebier (1982) 327; *Gommolla* Der Schutz des Zeugen im Strafprozeß (1986); *Gossrau* Unterlassen der Zeugenbelehrung als Revisionsgrund, MDR **1958** 468; *Grassberger* Psychologie des Strafverfahrens[2] (1968); *Greuel/S. Offe/A. Fabian/Wetzels/Th. Fabian/H. Offe/Stadler* Glaubhaftigkeit der Zeugenaussage – Theorie und Praxis der forensisch-psychologischen Begutachtung (1998); *Griesbaum* Der gefährdete Zeuge, NStZ **1998** 433; *Grünwald* Die Verfahrensrolle des Mitbeschuldigten, FS Klug Bd. II (1983) 493; *Günter* Einführung in das Recht des Zeugenbeweises, JA **1979** 427; *Güther/Seiler* Vereidigung von Zeugen durch parlamentarische Untersuchungsausschüsse des Deutschen Bundestages? NStZ **1993** 305; *Hammerstein* Der Anwalt als Beistand „gefährdeter Zeugen", NStZ **1981** 125; *von Harenne* Das Zeugnisverweigerungsrecht der Berufshelfer nach § 53a StPO, Diss. Münster 2002; *Hauck/Ruschemeier* Zur Legitimationswirkung der KI-VO für Lügendetektoren – Wer stellt hier die Fragen? KIR **2025** 54; *Hauf* Ist die „Rechtskreistheorie" noch zu halten? NStZ **1993** 32; *Hauser* Der Zeugenbeweis im Strafprozeß mit Berücksichtigung des Zivilprozesses (1974); *ders.* Zeuge und Beschuldigte im Strafprozeß, Kriminalistik **1978** 369; *Hecker* Über die Problematik des Zeugenbeweises, Diss. Bonn 1931; *Heinrich* Der Einfluß der Exekutive auf die Wahrheitsfindung im Strafprozeß, MDR **1980** 898; *Helgerth* Der „Verdächtige" als schweigeberechtigte Auskunftsperson und selbständiger Prozeßbeteiligter neben dem Beschuldigten und dem Zeugen, Diss. Erlangen/Nürnberg 1976; *Hellwig* Psychologie und Vernehmungstechnik bei Tatbestandsermittlungen (1951); *von Hentig* Entlastungszeuge und Entlastungstechnik (1964); *Herdegen* Beweisantragsrecht, Beweiswürdigung, strafprozessuale Revision (1995); *Herrmann* Die Entwicklung des Opferschutzes im deutschen Strafrecht und Strafprozessrecht – Eine unendliche Geschichte, ZIS **2010** 236; *Hetzer/Pfeiffer* Glaubwürdigkeit geistig behinderter Tatzeugen, NJW **1964** 441; *Hilf* Untersuchungsausschüsse vor den Gerichten, NVwZ **1987** 541; *Hirtz/Sommer* 1. Justizmodernisierungsgesetz (2004); *Hohoff* Aktuelle Fragen der aussagepsychologischen Begutachtung von Opferzeuge im Strafverfahren, NStZ **2020** 387; *Humborg* Die Rechte des Zeugen in der Hauptverhandlung, JR **1966** 448; *Hussels* Videoübertragungen von jugendlichen Zeugen in Mißbrauchsprozessen – eine Bestandsaufnahme und Überlegung de lege ferenda, ZRP **1995** 242; *Ibold* KI-basierte Lügendetektoren zur Tatsachenfeststellung im Strafprozess, StraFo **2025** 144; *Ignor* Geschichte des Strafprozesses in Deutschland 1532–1846 (2002); *Fr. Jansen* Zulässigkeit und Grenzen des schriftlichen staatsanwaltschaftlichen Erkenntnisgewinns am Beispiel des Bankauskunftsersuchens und der Provideranfrage, Diss. Konstanz 2010; *G. Jansen* Zeuge und Aussagepsychologie[3] (2021); *K. Jansen* Das Zeugnisverweigerungsrecht aus § 52 für besondere persönliche Nähe- und Vertrauensverhältnisse, Diss. Köln 2002; *Jung* Der Richter als Zeuge, in: Jung/Müller-Dietz (Hrsg.) Dogmatik und Praxis des Strafverfahren (1989); *ders.* Stellung des Verletzten im Strafprozeß, ZStW **93** (1981) 1147; *ders.* Zeugenschutz, GA **1998** 313; *Kaum* Der Beistand im Strafprozessrecht, Diss. München 1992; *Kehr* Dilemma des Zeugen bei wahrer, aber unglaubhafter Aussage, NStZ **1997** 160; *Keiser* Das Kindeswohl im Strafverfahren, Diss. Hannover 1996/97; *dies.* Der Zeuge als Herr des Verfahrens? NStZ **2000** 458; *Kilchling* Opferschutz und der Strafanspruch des Staates – Ein Widerspruch? NStZ **2002** 57; *Kintzi* Verbesserung des Opferschutzes im Strafverfahren, DRiZ **1998** 65; *Klengel/Müller* Der anwaltliche Zeugenbeistand im Strafverfahren, NJW **2011** 23; *Knauer/Wolf* Zivilprozessuale und strafprozessuale Änderungen durch das Erste Justizmodernisierungsgesetz – Teil 2: Änderungen der StPO, NJW **2004** 2932; *Knögel* Noch einmal „Tatrichter und Kinderaussagen", NJW **1953** 693; *ders.* Jugendliche und Kinder als Zeugen in Sittlichkeitsprozessen, NJW **1959** 1663; *Kohlhaas* Tatrichter und Kinderaussage, NJW **1953** 293; *König* Der Anwalt als Zeugenbeistand – Gegner oder Gehilfe der Verteidigung, FS Rieß (2002) 243; *ders.* Kronzeuge – abschaffen oder regulieren? StV **2012** 113; *ders.* Wieder da: Die „große" Kronzeugenregelung, NJW **2009** 2481; *Krause* Vorbereitungsrecht und Vorbereitungspflicht der polizeilichen Zeugen, Die Polizei **1981** 119; *ders.* Einzelfragen zum Anwesenheitsrecht des Verteidigers im Strafverfahren, StV **1984** 169; *Krehl* Der Schutz von Zeugen im Strafverfahren, GA **1990** 555 und NJW **1991** 85; *Krekeler* Der Rechtsanwalt als Beistand des Zeugen und die Sitzungspolizei, NJW **1980** 980; *Krey* Probleme des Zeugenschutzes im Strafverfahren, GedS Meyer (1990) 239; *ders.* Kriminalitätsbekämpfung um jeden Preis? – zur kontinuierlichen Ausweitung des Bereichs verdeckter Ermittlungen, FS Kohlmann (2003) 627; *Kube* Polizeibedienstete als Zeugen und Sachverständige vor Gericht, DRiZ **1979** 38 ff.; *Kühne* Der Beweiswert von Zeugenaussagen, NStZ **1985**, 252; *Lammel/Lau/Rückert/Voß/Wendt* (Hrsg.) Forensische Psychiatrie – Erfahrungswissenschaft und Menschenkunde, FS Kröber (2022), *Lenckner* Mitbeschuldigter und Zeuge, FS Peters (1974) 333; *Leonhardt* Das erdichtete Erlebnis in der eidlichen Zeugenaussage, ZStW **51** (1931) 770; *Loddenkemper* Revisibilität tatrichterlicher Zeugenbeurteilung, Diss. Berlin 2002; *Lorenz* Über die Vernehmung des Privatklägers als Zeuge, JR **1950** 106; *Lüdeke* Der Zeugenbeistand, Diss. Kiel 1995; *Maeffert* Polizeiliche Zeugenbetreuung (1980); *ders.* Polizeiliche Zeugenbetreuung – Was wissen wir heute darüber? StV **1981** 370; *Makepeace* Neues vom „Lügendetektor" – Zugleich eine Anmerkung zu AG Schwäbisch Hall, Beschl. v. 28.7.2022 – 2 F 88/21, StraFo **2023** 89; *Matt* Das verfassungsrechtlich autonome Recht des Verteidigers auf Zeugnisverweigerung und das entsprechende Beschlagnahmeverbot, FS Widmaier (2008) 851; *Matt/Dierlamm/Schmidt* Das (neue) Recht vom Zeugenbeistand und seine verfassungswidrigen Einschränkungen, StV **2009** 715; *Matthes* „Geschädigte" als Zeugen in Sittlichkeitsprozessen, Diss. Köln 1957; *Mätzler* Das Opfer – verläßlicher Zeuge, Kriminalistik **1969** 186; *Meier* Überlegungen zur Rechtsstellung von kindlichen Zeugen im Strafprozeß, JZ **1991** 628; *Meinert* Aussagefehler und Zeugenprüfung in der kriminalistischen Praxis (1948); ders. Vernehmungstechnik[4] (1956); *D. Meyer* Beiordnung eines Rechtsbeistandes für einen Zeugen in analoger Anwendung des § 140 Abs. 2 StPO? JurBüro **1991** 331; *J. Meyer* Brauchen wir den Kronzeugen? ZRP **1976** 25; *ders.* Zur prozeßrechtlichen Problematik des V-Mannes, ZStW **95** (1983) 834; *Michel* Der Richter als Zeuge im Strafverfahren, MDR **1992** 1026; *Middendorf* Der Kronzeuge, ZStW **85** (1973) 1102; *Miebach* Der Ausschluß des anonymen Zeugen aus dem Strafprozeß, ZRP **1984** 81; *ders.* Die freie Beweiswürdigung der Zeugenaussage in der neueren Rechtsprechung des BGH, NStZ-RR **2014** 233 und NStZ-RR **2016** 329; *Möhrenschläger* Das OrgKG – eine Übersicht nach amtlichen Materialien, wistra **1992** 281; *Mönkemöller* Psychologie und Psychopathologie der Aussage (1930); *Montenbruck* Entlassung aus der Zeugenrolle – Versuch einer Fortentwicklung der materiellen Beschuldigungstheorie, ZStW **89** (1977) 878; *Müller-Boysen* Die Rechtsstellung des Betroffenen vor dem parlamentarischen Untersuchungsausschuß, Diss. Kiel 1980; *Müller-Dietz* Die Stellung des Beschuldigten im Strafprozeß, ZStW **93** (1981) 1177; *Müller-Luckmann* Über die Glaubwürdigkeit kindlicher und jugendlicher Zeugen bei Sexualdelikten[2] (1963); *Nack* Das Verteidigermandat und sein Inhalt als Beweisthema, StraFo **2012** 341; *Nagel* Beweisaufnahme im Ausland (1988); *Nagler* Verteidigung gegen im Ausland gewonnene Ermittlungsergebnisse, StV **2013** 324; *Nelles* Persönlichkeitsrechte und Pflichten kindlicher Zeugen im Strafprozeß, in: Erichsen (Hrsg.) Recht der Persönlichkeit (1996) 211; *Nestler* „Wer einmal lügt, dem glaubt man nicht ..." – Falschaussage, Glaubhaftigkeit, Lügendetektor, JA **2017** 10; *Neuhaus* Das Opferrechtsreformgesetz 2004, StV **2004** 620; *ders.* Die Änderungen der StPO durch das Erste Justizmodernisierungsgesetz vom 24.8.2004, StV **2005** 47; *Neumann* Grenzen der Zeugenpflicht im Strafprozeß (1930); *Niebler* Der Zeugenbeweis im amerikanischen Strafverfahren unter besonderer Berücksichtigung des Bundesrechts und seine Hauptlehren für die Ausgestaltung des deutschen Strafprozeßrechts, Diss. München 1958; *Niederreuther* Der Privatkläger als Zeuge? DStR **1941** 160; *ders.* Zur Zeugnisfähigkeit des Privatklägers, DR **1942** 560; *Niehuus* Zur Psychologie der Zeugenaussage, SchlHA **1969** 2; *Nöldecke* Polizeibeamte als Zeugen vor Gericht, NJW **1979** 1644; *Norouzi* Die audiovisuelle Vernehmung von Auslandszeugen (2010); *Orlowsky* Die Weigerungsrechte der minderjährigen Beweisperson im Strafprozeß, Diss. Tübingen 1972; *Peglau* Neues zur „Kronzeugenregelung" – Beschränkung auf Zusammenhangstaten, NJW **2013** 1910; *Peters* Zeugenlüge und Prozeßausgang (1939); *Park* Die Vereidigung von Zeugen im Strafprozeß, JuS **1998** 1039; *Pfäffli* Das falsche Zeugnis, Diss. Bern 1962; *Plaut* Der Zeuge und seine Aussage im Strafprozeß (1931); *Prittwitz* Der Mitbeschuldigte im Strafprozeß (1984); *ders.* Der Mitbeschuldigte – ein unverzichtbarer Belastungszeuge? NStZ **1981** 463; *Probst* Kinder und Jugendliche als Zeugen[2] (1950); *Püschel* Fehlerquellen in der Sphäre von Staatsanwaltschaft und Polizei, StraFo **2015** 269; *Rebmann* Der Zeuge vom Hörensagen im Spannungsverhältnis zwischen gerichtlicher Aufklärungspflicht, Belangen der Exekutive und Verteidigerinteressen, NStZ **1982** 315; *Rebmann/Schnarr* Der Schutz des gefährdeten Zeugen im Strafverfahren, NJW **1989** 1192; *Reichling/Döring* Strafvereitelung durch Unterlassen – der Zeuge als Garant für die Strafrechtspflege? StraFo **2011** 82; *Rengier* Die Zeugnisverweigerungsrechte im geltenden und künftigen Strafverfahrensrecht, Diss. Freiburg 1977/78; *Renzikowski* Das Konfrontationsrecht im Fokus des Anspruchs auf eine faires Verfahren, FS Mehle (2009) 529; *Richter II* Immer noch einmal: Der Mitbeschuldigte als Zeuge, FS Peters II 235; *Riegel* Rechtsprobleme der Rasterfahndung, ZRP **1980** 300; *Rieß* Das Strafverfahrensänderungsgesetz 1979, NJW **1978** 2265; *ders.* Neue Gesetze zur Bekämpfung der Organisierten Kriminalität, NJ **1992** 491; ders. Zeugenschutz bei Vernehmungen im Strafverfahren, NJW **1998** 3240; *ders.* Das neue Zeugenschutzgesetz, insbesondere Video-Aufzeichnungen von Aussagen im Ermittlungsverfahren und in der Hauptverhandlung, StraFo **1999** 1; *ders.* Entwicklungstendenzen in der deutschen Strafprozessgesetzgebung seit 1950, ZIS **2009** 466; *ders./Hilger* Das neue Strafverfahrensrecht, NStZ **1987** 145; *Rogall* Der „Verdächtige" als selbständige Auskunftsperson im Strafprozeß, NJW **1978** 2535; *Rückel* Strafverteidigung und Zeugenbeweis, Diss. Passau 1986; *Schermer* Der Polizeibeamte als Zeuge im Strafverfahren, Deutsche Polizei **1977** 19; *Scheunert* Das Kind als Zeuge, DJZ **1934** 711; *Schimmack* Kinder und Jugendliche als Zeugen im Strafverfahren, JW **1924** 1667; *Schleich* Das parlamentarische Untersuchungsrecht des Bundestages (1985); *Schlüchter* Zeugenschutz im Strafprozeß, FS Schneider (2011) 445; *Schmidhäuser* Zeuge, Sachverständiger und Augenscheinsgehilfe, ZZP **1959** 365; *Eb. Schmidt* Zur Problematik der Entziehung der Verteidigungsbefugnis, NJW **1963** 1753; *G. Schmidt* Vom Wesen der Aussage, Diss. Freiburg 1951; *J. Schmidt* Das Recht des Zeugenbeistands – ein Plädoyer für eine gesetzliche (Neu-)regelung, FS Egon Müller (2008) 651; *J. R. Schmidt* Die Rechte des Zeugen im Strafverfahren, Diss. Erlangen 1986; *W. Schmidt* Mitbeschuldigten- und Zeugenrolle im Strafverfahren, Diss. Göttingen 1982; *Schmitt* Die richterliche Beweiswürdigung im Strafprozeß (1992); *Schnetz* Das Kind als klassischer Zeuge bei Sexualdelikten (1961); *Schöch* Die Rechtsstellung des Verletzten im Strafverfahren, NStZ **1984** 385; *Schöneborn* Das Problem der Rollenvertauschung und des Zeugnisverweigerungsrechts bei mehreren Mitbeschuldigten in vergleichender Betrachtung, ZStW **86** (1974) 921; *Schork/König* Das Opferrechtsreformgesetz, NJ **2004** 537; *Schorn* Verfahrensbeteiligte als Zeugen, GA 77 (1933) 251; *Schroth* 2. Opferrechtsreformgesetz – Das Strafverfahren auf dem Weg zum Parteienprozess? NJW **2009** 2916; *Schubert/Moebius* Das 1. Justizmodernisierungsgesetz, NJ **2004** 433; *Schumacher* Zur Psychologie der Zeugenaussage, DRiZ **1960** 286; *Schünemann* Zeugenbeweis auf dünnem Eis – Von seinen tatsächlichen Schwächen, seinen rechtlichen Gebrechen und seiner notwendigen Reform –, FS Meyer-Goßner (2001) 385; *ders.* „Dienstliche Äußerungen" von Polizeibeamten im Strafverfahren, DRiZ **1979** 101; *Seebode* Hörensagen ist halb gelogen – das Zeugnis vom Hörensagen im Strafprozeß, JZ **1980** 506; *Seelmann* Der anonyme Zeuge – ein erstrebenswertes Ziel der Gesetzgebung? StV **1984** 477; *Seitz* Das Zeugenschutzgesetz – ZSchG, JR **1998** 309; *Sieg* Zeugnisverweigerungsrecht über Inhalt eines Beratungsgesprächs mit Rechtsanwalt? MDR **1992** 1027; *Sommer* Moderne Strafverteidigung. Strafprozessuale Änderungen des Ersten Justizmodernisierungsgesetzes, AnwBl. **2004** 506; *Soyer/Streinz* Opferrechte in Österreich, StraFo **2014** 235; *Spelthahn* Das Zeugnisverweigerungsrecht von Angehörigen eines Mitbeschuldigten, Diss. Bochum 1997; *Stamm* Das sexuell geschädigte Kind in der Strafuntersuchung, Diss. Zürich 1967; *dies.* Befragung von Kindern in Sittlichkeitsdelikten, Kriminalistik **1968** 545; *dies.* Zur Verläßlichkeit von Kinderaussagen in Sittlichkeitsdelikten, Kriminalistik **1968** 588; *Steinke* Wirksamer Zeugenschutz de lege ferenda, ZRP **1993** 253; *ders.* Das Recht des Zeugen auf Rechtsbeistand, Kriminalistik **1975** 250; *Stern* Die Aussage als geistige Leistung und als Verhörsprodukt (1904); *ders.* Jugendliche Zeugen in Sittlichkeitsprozessen (1926); *ders.* Zur Psychologie der Aussage, ZStW **22** (1902) 315; *ders.* Leitsätze über die Bedeutung der Aussagepsychologie für das gerichtliche Verfahren, ZStW **26** (1906) 180; *Stöhr* Psychologie der Aussage (1911); *Strafrechtsausschuss der Bundesrechtsanwaltskammer* Thesen zur Strafverteidigung, 2. Aufl. (2015); *Suffa* Das Untersuchungsverweigerungsrecht aus § 81c Abs. 3 StPO als Beweiserhebungsverbot, Diss. Potsdam 2003; *ders.* Aussagen von Kleinkindern, DRiZ **1971** 177; *Thomae* Beobachtung und Beurteilung von Kindern und Jugendlichen⁴ (1962); *Thomann* Der Polizeibeamte als Zeuge, Kriminalistik **1982** 110, 156; *Thomas* Der Zeugenbeistand im Strafprozeß, NStZ **1982** 489; *ders.* Der Strafverteidiger in anderer Rolle: Nebenklage und Zeugenbeistand, FS Koch (1989) 277; *Töwe* Der Zeugenbeweis im kommenden deutschen Strafverfahren (1938); *Trankell* Der Realitätsgehalt von Zeugenaussagen (1971); *Trupp/Speer/Wächter* Der Zeuge im deutschen Strafprozeß, Rechtsmedizin **1975** 253; *Velten* Fehlentscheidungen im Strafverfahren, GA **2015** 387; *dies.* Fehlerquellen im Hauptverfahren, StraFo **2015** 354; *Wagner* Zur Stellung des Rechtsbeistandes des Zeugen im Ermittlungs- und Strafverfahren, DRiZ **1983** 21; *Wasserburg* Strafverteidigung und Zeugenschutz, FS Peters II (1984) 285; *Weber* Verhalten vor Gericht. Polizeibeamte als Zeugen und Sachverständige, Taschenbuch für Kriminalisten Bd. 26 **1976** 9; *U. Weber* Auswirkungen der Gesetzgebung zur gleichgeschlechtlichen Lebenspartnerschaft im Strafrecht, GedS Keller (2003) 325; *Weigend* Deliktsopfer und Strafverfahren (1989); *ders.* Das Opferschutzgesetz – kleine Schritte zu welchem Ziel? NJW **1987** 1170; *ders.* Empfehlen sich gesetzliche Änderungen um Zeugen und andere nicht beschuldigte Personen im Strafprozeß besser vor Nachteilen zu bewahren? Gutachten C für den 62. DJT (1998); *Welp* Zeugnisverweigerungsrechte und Beschlagnahmeverbote. Anmerkungen zum Alternativentwurf „Zeugnisverweigerungsrechte und Beschlagnahmefreiheit" (AE-ZVR), FS Bemmann (1997) 626; *Wenske* Zur Modifikation gerichtlicher Zeugenladungen unter Beachtung der Vorgaben des Opferrechtsreformgesetzes vom 24.6.2004, DRiZ **2005** 293; *Wetterich* Der Polizeibeamte als Zeuge² (1977); *Wichmann* Das Berufsgeheimnis als Grenze des Zeugenbeweises, Diss. Göttingen 2000; *Wilke* Strukturelle Vorgaben der Strafprozessordnung für die Vernehmung zur Sache (2020); *Wulf* Opferschutz im Strafprozeß, DRiZ **1981** 374; *Zacharias* Der gefährdete Zeuge im Strafverfahren, Diss. Bayreuth 1996; *Zaczyk* Prozeßsubjekte oder Störer? Die Strafprozessordnung nach dem OrgKG – dargestellt an der Regelung des Verdeckten Ermittlers, StV **1993** 490.

Entstehungsgeschichte

Der sechste Abschnitt wurde nach dem Inkrafttreten der RStPO 1877 das erste Mal durch das Gesetz betr. die Aufhebung der Militärgerichtsbarkeit vom 17.8.1920 (RGBl. S. 1579) geändert, das den Absatz 4 (Festsetzung und Vollstreckung der Strafe gegen Militärpersonen) des § 51 (damals § 50) strich. Mit der Bek. 24 (22.3.1924, RGBl. I S. 322) wurde der Abschnitt redaktionell überarbeitet und inhaltlich angepasst. Durch Abschnitt A Nr. 1 des Gesetzes zur Abänderung der Strafprozeßordnung vom 27.12.1926 (RGBl. I S. 529) wurde in § 53 Abs. 1 als Nummer 4 das Zeugnisverweigerungsrecht für Redakteure, Verleger und Drucker eingefügt (heute Nr. 5). Das Reichsministergesetz vom 27.3.1930 (RGBl. I S. 96) änderte § 50 Abs. 1 und fügte dort Absatz 4 an. Das Gesetz zur Einschränkung der Eide im Strafverfahren vom 24.11.1933 (RGBl. I S. 1008) brachte einschneidende Änderungen. Die §§ 59 bis 66 wurden neu gefasst und die §§ 66a bis 66e eingefügt; damit wurde insbesondere der bis dahin vorgeschriebene Voreid durch den Nacheid ersetzt und die Vereidigung unter bestimmten Voraussetzungen in das Ermessen des Gerichts gestellt. Der Grundsatz, dass die Zeugen im Strafverfahren zu vereidigen sind, wurde jedoch nicht aufgegeben. Das geschah erst durch Art. 4 der Verordnung zur Durchführung der Verordnung zur Angleichung des Strafrechts des Altreichs und der Alpen- und Donau-Reichsgaue vom 29.5.1943 (RGBl. I S. 341), der § 59 dahin änderte, dass die Vereidigung in allen Fällen in das Ermessen des Gerichts gestellt war. Das VereinhG vom 12.9.1950 (BGBl. I S. 455, 629) stellte im Wesentlichen die Rechtslage von 1933 wieder her. Durch Art. 4 Nr. 9 des 3. StRÄndG vom 4.8.1953 (BGBl. I S. 735) wurde § 53 neu gefasst und insbesondere dahin erweitert, dass auch Abgeordnete und Mitarbeiter der Rundfunkanstalten zur Zeugnisverweigerung berechtigt sind; ferner wurde § 53a eingefügt. Art. 10 Nr. 2 des StPÄG vom 19.12.1964 (BGBl. I S. 1067) erweiterte § 53 Abs. 1 Nr. 3 auf Steuerbevollmächtigte. Durch Art. 2 Nr. 3 des EGOWiG vom 24.5.1968 (BGBl. I S. 503) wurde § 55 Abs. 1 dahingehend ergänzt, dass auch die Gefahr, wegen einer Ordnungswidrigkeit verfolgt zu werden, zur Verweigerung der Auskunft berechtigt. Art. 9 Nr. 1 und 2 des 1. StrRG vom 25.6.1969 (BGBl. I S. 645) änderte wegen des Wegfalls der Eidesunfähigkeit nach § 161 StGB die §§ 60 und 61. Durch Art. 21 Nr. 5 bis 9 des EGStGB vom 2.3.1974 (BGBl. I S. 469, 502) wurden die §§ 51, 60, 61, 62 und 65 den Änderungen des sachlichen Strafrechts angepasst, durch Art. 6 Nr. 1 des 5. StrRG vom 18.6.1974 (BGBl. I S. 1297) in § 53 Abs. 1 die Nummer 3a eingefügt und Absatz 2 entsprechend geändert. Art. 1 Nr. 12 bis 16 des 1. StVRG vom 9.12.1974 (BGBl. I S. 3393, 3533) änderte die §§ 51, 52, 61 und 65 und hob § 66 auf. Durch das 1. StVRErgG vom 20.12.1974 (BGBl. I S. 3686) wurden § 57 Abs. 2 und § 66c neu gefasst, ein neuer § 66d eingefügt, der bis dahin geltende § 66e (sog. Sektenprivileg) aufgehoben und inhaltlich in § 66c n.F. aufgenommen; § 66d a.F. wurde mit neu gefasstem Absatz 2 § 66e n.F. (im Hinblick auf BVerfGE **33** 23). Durch Art. 1 Nr. 1 des Gesetzes über das Zeugnisverweigerungsrecht der Mitarbeiter von Presse und Rundfunk vom 25.7.1975 (BGBl. I 1973) wurde § 53 Abs. 1 Nr. 5 neu gefasst und Nr. 6 aufgehoben. Nachdem das Bundesverfassungsgericht das 5. StrRG teilweise für nichtig erklärt hatte (BVerfGE **39** 1), wurden die §§ 218 ff. StGB durch das 15. StrÄndG vom 18.5.1976 (BGBl. I S. 1213) neu gefasst. Dadurch wurde eine Änderung des § 53 Abs. 1 Nr. 3a erforderlich. Durch das AdoptG vom 2.7.1976 (BGBl. I S. 1749) wurde § 52 vereinfacht. Weitere Änderungen hat der Abschnitt durch Art. 1 Nr. 9 und 10 des StVÄG 1979 vom 5.10.1978 (BGBl. I S. 1645) erfahren, durch den § 51 Abs. 2 und § 68 betroffen wurden. Mit Verkündung des Opferschutzgesetzes vom 18.12.1986 (BGBl. I S. 2496) wurde durch dessen Art. 1 der Schutzbereich des § 68a Abs. 1 auch auf Fragen nach dem „persönlichen Lebensbereich“ erweitert. § 52 Abs. 2 wurde durch Art. 7 § 19 des Betreuungsgesetzes vom 12.9.1990 (BGBl. I S. 2002) der Terminologie dieses Gesetzes – „Betreuung“ statt „Entmündigung“ – angepasst. Durch Art. 3 des OrgKG vom 15.7.1992 (BGBl. I S. 1302) wurde § 68 insgesamt neu strukturiert und von einem auf vier Absätze erweitert. Mit Art. 1 des Gesetzes zur Einführung eines Zeugnisverweigerungsrechts für Beratung in Fragen der Betäubungsmittelabhängigkeit vom 23.7.1992 (BGBl. I S. 1366) wurde § 53 Abs. 1 Nr. 3b eingefügt. Mit Beitritt der DDR 1990 musste § 53 Abs. 1 Nr. 3a (Schwangerschaftskonfliktberatung) erneut geändert werden. Durch Art. 14 Nr. 1 des Schwangeren- und Familienhilfegesetzes (SFHG) vom 27.7.1992 (BGBl. I S. 1398) wurde in § 53 Abs. 1 Nr. 3a die Angabe „§ 218b Abs. 2 Nr. 1 des Strafgesetzbuches“ durch den Verweis auf § 3 des Gesetzes über Aufklärung, Verhütung, Familienplanung und Beratung vom 27.7.1992 ersetzt. Da das BVerfG das SFHG teilweise für nichtig erklärte (BVerfGE **86** 396; **88** 203), wurde § 53 Abs. 1 Nr. 3a durch Art. 9 Abs. 2 des SFHÄndG vom 21.8.1995 (BGBl. I S. 1050) nochmals geändert. Es wird nun auf die §§ 3 und 8 des Schwangerschaftskonfliktgesetzes (SchKG = geändertes Gesetz über Aufklärung, Verhütung, Familienplanung und Beratung) verwiesen. In § 54 wurden bereits durch Art. 4 des 17. Gesetzes zur Änderung des AbgG und des 14. Gesetzes zur Änderung des EuAbgG vom 4.11.1994 (BGBl. I S. 3346) die Absätze 2 und 4 hinsichtlich des Personenkreises konkretisiert und erweitert. Durch das ZeugenschutzG vom 8.5.1998 (BGBl. I S. 820) wurden die §§ 58a und 68b eingefügt. Durch Art. 5 Nr. 1 des Gesetzes über die Berufe der Psychologischen Psychotherapeuten und des Kinder- und Jugendlichenpsychotherapeuten zur Änderung des SGB V und anderer Gesetze vom 16.6.1998 (BGBl. I S. 2585) wurde dieser Personenkreis in § 53 Abs. 1 Nr. 3 aufgenommen. Durch Art. 10 Nr. 1 des Gesetzes zur Änderung der Bundesnotarordnung und anderer Gesetze vom 31.8.1998 (BGBl. I S. 2585) wurde das Zeugnisverweigerungsrecht der Rechtsanwälte nach § 53 Abs. 1 Nr. 3 auf andere Mitglieder einer Rechtsanwaltskammer erstreckt. Korrespondierend zum LPartG (2001) wurde mit § 52 Abs. 1 Nr. 2a das Zeugnisverweigerungsrecht des § 52 auf die Partner einer eingetragenen Lebenspartnerschaft erstreckt. Das in § 53 Abs. 1 Nr. 5 enthaltene Zeugnisverweigerungsrecht von Journalisten wurde durch das Gesetz zur Änderung der Strafprozessordnung vom 15.2.2002 (BGBl. I S. 682) auf recherchiertes Material, eigene berufsbezogene Wahrnehmungen sowie auch nichtperiodische Druckwerke und Filmberichte erstreckt; der Verweis in § 53a wurde entsprechend angepasst. Durch Art. 16 Nr. 1 des OLGVertrÄndG vom 23.7.2002 (BGBl. I S. 2850) ist § 66e a.F. (jetzt § 66) in Absatz 1 und 2 vollständig neu gefasst worden, und zwar in wörtlicher Übereinstimmung mit der Neufassung des § 483 ZPO und inhaltlich übereinstimmend mit der die Verständigung mit hör- und sprachbehinderten Personen generell regelnden Neufassung des § 186 GVG. Durch Art. 3 des Gesetzes zur Änderung der Vorschriften über die Straftaten gegen die sexuelle Selbstbestimmung und zur Änderung anderer Vorschriften vom 27.12.2003 (BGBl. I S. 3007) wurde § 68b angepasst. Das Opferrechtsreformgesetz vom 24.6.2004 (BGBl. I S. 1354) erweiterte die Hinweispflicht in der Ladung (§ 48) um „verfahrensrechtliche Bestimmungen, die dem Interesse des Zeugen dienen" und „vorhandene Möglichkeiten der Zeugenbetreuung". Außerdem wurde mit § 58 Abs. 1 Satz 2 der Verweis auf § 406g Abs. 1 Satz 1 a.F. eingefügt und die Akteneinsicht bzgl. Bild-Ton-Aufzeichnungen von Zeugenvernehmungen nach § 58a modifiziert. An § 58a wurde Absatz 3 angefügt. Grundlegende Veränderungen erfuhr der Abschnitt durch das 1. JuMoG vom 24.8.2004 (BGBl. I S. 2198), durch das die Regelvereidigung abgeschafft und durch eine optionale Vereidigung ersetzt wurde. Dazu wurden die §§ 57, 59 neu gefasst. Im Zuge dieser Gesetzesänderung wurden die bisherigen §§ 61 bis 66e grundlegend überarbeitet: § 63 a.F. wurde unverändert zu § 61, § 65 a.F. überarbeitet zu § 62, § 66b a.F. vereinfacht zu § 63, § 66c a.F. wurde zu § 64, § 66d a.F. zu § 65 und § 66e a.F. zu § 66. Die bisherigen §§ 61, 62, 64, 66a sind entfallen. Art. 5 Abs. 23 des Gesetzes zur Überarbeitung des Lebenspartnerschaftsrechts vom 15.12.2004 (BGBl. I S. 3396) stellte das Versprechen, eine Lebenspartnerschaft zu begründen, dem Verlöbnis in § 52 Abs. 1 Nr. 1 gleich. Zuletzt wurde durch Art. 2 Nr. 1 des 37. StRÄndG (Menschenhandel) vom 11.2.2005 (BGBl. I S. 239) § 68b angepasst. Das Gesetz zur Änderung der StPO vom 26.6.2009 erweiterte § 53 Abs. 1 Nr. 4 um die Mitglieder der Bundesversammlung und des Europäischen Parlaments. Durch Art. 1 Nr. 1 des 2. OpferRRG vom 29.7.2009 (BGBl. I S. 2280) wurden die Pflichten des Zeugen zu erscheinen und auszusagen als § 48 Abs. 1 gesetzlich normiert. Der bisherige § 48 wurde Absatz 2. Der bisherige § 58 Abs. 1 Satz 2 wurde gestrichen, die Altersgrenze der § 58a Abs. 1 Satz 2 Nr. 1, § 60 Nr. 1 angehoben, die §§ 68, 68a und insbesondere 68b neu gefasst und ergänzt. Mit dem VidVerfG vom 25.4.2013 (BGBl. I S. 935) wurde § 58b in die StPO eingeführt. Weitere Ergänzungen des § 58a brachte das StORMG vom 26.6.2013 (BGBl. I S. 1805), mit dem zugleich § 69 Abs. 2 Satz 2 eingefügt wurde. Durch Art. 4 des Gesetzes zur Neuordnung des Rechts der Syndikusanwälte und zur Änderung der Finanzgerichtsordnung vom 21.12.2015 (BGBl. I S. 2517) wurde § 53 Abs. 1 Satz 1 Nr. 3 2. Satz. – Beschränkung des Zeugnisverweigerungsrechts für Syndikus(patent)anwälte – eingeführt. Mit dem Gesetz zur Einführung einer Speicherpflicht und einer Höchstspeicherfrist für Verkehrsdaten vom 10.12.2015 (BGBl. I S. 2218) wurde in § 60 Nr. 2 und in § 68b Abs. 1 Satz 4 Nr. 1 der mit dem Gesetz ebenfalls geschaffene Tatbestand der Datenhehlerei nach § 202d StGB aufgenommen. Durch das 3. OpferRRG vom 21.12.2015 (BGBl. I S. 2525) wurde schließlich § 48 ein neuer Absatz 3 angefügt, der der besonderen Schutzwürdigkeit von Verletzten als Zeugen Rechnung tragen soll. Außerdem wurden Regelungen zur psychosozialen Prozessbegleitung eingeführt, die am 1.1.2017 in Kraft traten (vgl. insbesondere § 406g). Das 2. Gesetz zur Stärkung der Verfahrensrechte von Beschuldigten im Strafverfahren und zur Änderung des Schöffenrechts vom 27.8.2017 (BGBl. I S. 3295) ergänzte § 58 Abs. 2 um die die Sätze 2 bis 4. Dessen Satz 5 folgte durch das Gesetz zur Neuregelung des Rechts der notwendigen Verteidigung vom 10.12.2019 (BGBl. I S. 2128), mit dem auch § 68b geändert wurde. Weitere Änderungen (§ 58a, § 68) erfolgten durch das Gesetz zur Modernisierung des Strafverfahrens, ebenfalls vom 10.12.2019 (BGBl. I S. 2121). Art. 3 Nr. 1 des Gesetzes zur Verbesserung der strafrechtlichen Bekämpfung der Geldwäsche vom 9.3.2021 (BGBl. I S. 327) fasste § 53 Abs. 2 Satz 2 Nr. 3 neu. Mit Art. 2 des Gesetzes zur Bekämpfung sexualisierter Gewalt gegen Kinder vom 16.6.2021 (BGBl. I S. 1810) wurde u.a. § 48a eingefügt. Ebenfalls zu einer Änderung des § 58a und des § 68 führte das Gesetz zur Fortentwicklung der Strafprozessordnung und zur Änderung weiterer Vorschriften vom 25.6.2021 (BGBl. I S. 2099). Zu den Änderungen und Ergänzungen im Einzelnen siehe auch jeweils den Abschnitt Entstehungsgeschichte bei den einzelnen Vorschriften.

Übersicht

Alphabetische Übersicht

I. Allgemeines

1 **1. Inhalt und Struktur der §§ 48 ff.** Der sechste mit „Zeugen“ überschriebene Abschnitt des Ersten Buches der StPO „Allgemeine Vorschriften“ enthält ebensolche **allgemeinen Vorschriften** über den Zeugenbeweis, d.h. insbesondere solche über **das äußere Prozedere und den Gegenstand der Zeugenbeweiserhebung**. Die Vorschriften gelten, historisch bedingt, **primär für die richterliche Zeugenvernehmung**, zumeist in der Hauptverhandlung. Für Vernehmungen durch Staatsanwaltschaft und Polizei wird auf die Vorschriften dieses Abschnitts verwiesen (§ 161a Abs. 1 Satz 2, § 163 Abs. 3 Satz 2). Der Abschnitt enthält mit § 58b – Videovernehmungen – heute aber auch eine Vorschrift, die ausdrücklich nur für Vernehmungen außerhalb der Hauptverhandlung gilt (vgl. für die Hauptverhandlung § 247a). Die Systematik des Gesetzes wird damit partiell aufgehoben. Der Abschnitt enthält keine Definition des „Zeugen“, sondern basiert auf einem bestimmten Verständnis davon, was ein Zeuge bekunden soll (Rn. 3). Die Hauptpflichten des Zeugen – die Pflicht zu erscheinen, auszusagen und die Aussage ggf. zu beeiden – wurden zuvor ebenfalls vom Gesetz vorausgesetzt und sind nunmehr in § 48 Abs. 1 gesetzlich normiert.

2 Der Abschnitt beginnt mit Vorschriften über die Zeugenpflichten (§ 48 Abs. 1), die Ladung und den Vernehmungsort (§§ 48, 49, 50) sowie über die rechtlichen Folgen des Ausbleibens (§ 51). Sodann statuiert das Gesetz Ausnahmen von der generellen Aussagepflicht, nämlich spezielle Weigerungsrechte aus persönlichen (§ 52) und beruflichen Gründen (§§ 53, 53a) bzw. im Hinblick auf den Grundsatz, sich selbst oder Angehörige nicht belasten zu müssen (§ 55), sowie ferner das Erfordernis von Aussagegenehmigungen für Personen, die aufgrund öffentlich-rechtlicher Bestimmungen grundsätzlich zur Verschwiegenheit verpflichtet sind (§ 54). Die Weigerungsrechte werden z.T. durch spezielle Belehrungspflichten der Vernehmungsperson ergänzt (§ 52 Abs. 3 Satz 1, § 55 Abs. 2) sowie in § 56 durch die Pflicht des Zeugen, den Verweigerungsgrund ggf. glaubhaft zu machen. Die Vorschrift des § 57 regelt den Kernbestand der generellen richterlichen Belehrungspflichten. Die §§ 58, 58a, 58b – an dieser Stelle etwas unsystematisch vertreten – enthalten Einzelheiten der Art und Weise der Vernehmung (Gegenüberstellungen, Videoaufzeichnung; Bild- und Tonübertragung); Gang und Inhalt der Vernehmung sind im Übrigen in den § 68, § 68a und § 69 geregelt, ergänzt

um den die Beiordnung eines anwaltlichen Zeugenbeistandes regelnden § 68b. Die Vorschriften der §§ 59 bis 67 widmen sich den Voraussetzungen der Vereidigung einer Zeugenaussage sowie der Form und dem Inhalt des Eides. § 70 bestimmt die Folgen einer grundlosen Zeugnis- oder Eidesverweigerung. § 71 schließlich verweist hinsichtlich der Entschädigung des Zeugen auf das JVEG.

3 **2. OpferRRG und StORMG.** Ausgehend von der die staatlichen Organe treffenden Verpflichtung, sich schützend vor die Verletzen von Straftaten zu stellen und deren Belange zu achten, verfolgte der Gesetzgeber schon mit dem 2. OpferRRG das Ziel, „die im Strafverfahren bestehenden Rechte der Opfer und Zeugen von Straftaten sachgerecht zu erweitern sowie ihren bereits bestehenden Rechten zu einer konsequenteren Durchsetzung zu verhelfen."[1] Neben den Änderungen im Zeugenabschnitt führte das 2. OpferRRG namentlich auch zu Änderungen im Bereich der Nebenklage. Ähnliche Ziele verfolgte der Gesetzgeber mit dem StORMG. Beide Gesetze setzten die gesetzgeberischen Bemühungen der vergangenen Jahrzehnte um einen verstärkten Verletzten- und Zeugenschutz fort, deren wesentliche Bausteine zuvor das Opferschutzgesetz vom 18.12.1986 (BGBl. I S. 2496) und das 1. OpferRRG vom 24.6.2004 (BGBl. I S. 1354) waren.[2] Mit dem 3. OpferRRG vom 21.12.2015 wurden weitere Regelungen geschaffen, um den Schutzstandard für Verletzte zu erhöhen. Die hierdurch neu geschaffenen Vorschriften stehen somit ganz im Zeichen der (vermeintlichen) Stärkung von Verletztenrechten der Gesetzgebung der letzten 30 Jahre.

4 **Kritik.** Unzweifelhaft ist es eine gesamtgesellschaftliche und damit auch eine staatliche und gesetzgeberische Aufgabe, Verletzte von Straftaten zu schützen und ihre Belange zu achten. Nicht zuletzt im Interesse der Verletzten muss jedoch immer von neuem kritisch hinterfragt werden, auf welche Weise diese Ziele am besten umgesetzt werden können. Die Opferrechtsgesetzgebung der vergangenen Jahrzehnte ist wesentlich geprägt von der Annahme, dass den Belangen der Verletzten von Straftaten durch den Ausbau der prozessualen Stellung der Betroffenen im Strafverfahren gegen den Beschuldigten besser Rechnung zu tragen ist. Im Weiteren wird der Art und Weise eines solchen Ausbaus der prozessualen Stellung des Verletzten das ebenfalls berechtigte Interesse des Beschuldigten auf ein faires und rechtsstaatliches Verfahren entgegengesetzt. Aus der diesbezüglichen gesetzgeberischen (verfassungs-)rechtlichen Gewichtung und Abwägung der jeweiligen Interessen resultieren die Gesetzesreformen.

5 Die Entwicklung der Gesetzgebung ist nicht nur deshalb **besorgniserregend**, weil sie mit **Einschnitten zu Lasten der Beschuldigten** verbunden ist, sondern insbesondere auch, weil der angestrebte Schutz und die Unterstützung der durch eine Straftat Betroffenen durch eine Stärkung ihrer Position im Strafverfahren vielfach nur suggeriert, aber tatsächlich nicht in angemessener Weise erreicht wird. Es gerät aus dem Blick, dass ein rechtsstaatlichen Grundsätzen verpflichtetes Strafverfahren von seiner Grundanlage her nur bedingt dem (potentiell) Verletzten dienen kann. Das beginnt bereits damit, dass es aufgrund der Unschuldsvermutung „das Opfer" im Strafverfahren so wenig geben kann wie „den Täter".[3] Vielmehr gibt es den Beschuldigten und Zeugen, allenfalls Verletzte. Dem oder der von einer Straftat Betroffenen gebührt jedoch Unterstützung unabhängig vom Ausgang eines evt. Strafverfahrens. Dass es zu einer (möglicherweise angemessenen) Bestrafung nicht kommt, kann vielfältige Ursachen haben, so bspw. dass nicht der tatsächliche Täter angeklagt wurde, der Täter schuldunfähig ist oder der Nachweis der Täterschaft

1 BTDrucks. **16** 12098 S. 1.

2 Vgl. zur Gesetzgebungsgeschichte im Einzelnen *Rieß* ZIS **2009** 476 f., insb. Fn. 97.

3 Eine „Opfervermutung" läuft vielmehr Gefahr, die Unschuldsvermutung außer Kraft zu setzen: DAV Stellungnahme 66/**2014** 4.

nicht gelingt. Je mehr den Betroffenen vermittelt wird, das Strafverfahren sei der geeignete Ort, ihre Interessen durchzusetzen, desto größer muss die Enttäuschung und damit der Verlust des Vertrauens in die Strafverfolgungsbehörden sein, wenn dies im rechtsstaatlichen Grundsätzen verpflichteten Verfahren gegen einen mutmaßlichen Täter nicht gelingt.

Ein **Missverständnis** ist es auch, die **Interessen des Verletzten** dem Beschuldigteninteresse als **konträr** gegenüber zu stellen. Das legitime Interesse aller Verfahrensbeteiligten ist eine bestmögliche Aufklärung des Geschehenen nach rechtsstaatlichen Grundsätzen. Dies kann im Einzelfall auch dem Genugtuungsinteresse der Betroffenen Rechnung tragen, das jedoch als eigenständiges Ziel des Strafverfahrens nicht anzuerkennen ist (und das im Übrigen wohl bei den Betroffenen selbst tatsächlich weit weniger besteht, als weithin angenommen).[4] Einen Straf(verfolgungs)anspruch des Betroffenen wird man angesichts des staatlichen Straf- und Gewaltmonopols nicht anerkennen können.[5] 6

Die vermeintliche Stärkung der Interessen des Verletzten im Strafverfahren birgt zudem die **Gefahr**, dass sich die staatlichen Ermittlungsbehörden nicht offiziell aber faktisch aus dem Verfahren zurückziehen und die **Aufklärung** dem Betroffenen (und ggf. seinem Beistand) überlassen. Vor allem aber verschleiert die gesetzgeberische Aktivität auf dem Gebiet des Opferschutzes im Strafprozess, dass es an einer ausreichenden Hilfe und Unterstützung der Betroffenen außerhalb des Strafverfahrens oftmals fehlt, bzw. dass es mit zahlreichen Mühen und Hürden verbunden ist, die theoretisch bestehenden Hilfsmöglichkeiten zu erhalten. Zutreffend hält *Bung* fest, dass „mit einer Reform des staatlichen Entschädigungsrechts, des zivilgerichtlichen Schadensersatzsystems, einer Verbesserung der psychologischen Hilfsangebote sowie bestimmten informellen Arrangements zu einer Verständigung" dem Verletzten besser geholfen wäre.[6] 7

3. Zeuge. Eine **Begriffsbestimmung** des Zeugen enthält das Gesetz nicht.[7] Gültigkeit hat nach wie vor die auf einer Umschreibung der **Aussagepflicht** des Zeugen durch das RG basierende Definition, wonach ein Zeuge eine **Beweisperson** ist, **die** in einem nicht gegen sie selbst gerichteten Strafverfahren **persönliche Wahrnehmungen über (in der Regel) in der Vergangenheit liegende Vorgänge bekundet** (Rn. 10 f.).[8] Ob der Zeuge die Wahrnehmungen zufällig, aus eigenem Interesse, bei der Berufstätigkeit, als Augenscheinsgehilfe im Auftrag des Gerichts (vgl. Erl. zu § 86) oder erst im Gerichtssaal[9] gemacht hat, spielt keine Rolle. Gegenstand der Wahrnehmung können auch Mitteilungen sein, die dem Zeugen von anderen Personen gemacht worden sind; auch der „Zeuge vom Hörensagen" ist ein taugliches Beweismittel (vgl. Rn. 55 und die Erl. zu § 250). Der Zeugenbeweis erfordert immer eine **Vernehmung** des Zeugen (§ 68, 1). Wird jemand nur vor Gericht gestellt, damit die Prozessbeteiligten ihn in Augenschein nehmen können, so ist er bloßes **Augenscheinsobjekt**, nicht Zeuge (vgl. Rn. 22).[10] Die §§ 48 ff. regeln das **Verfahren**, das einzuhalten ist, wenn ein Zeuge als Beweismittel zur Schuld- und Rechtsfolgenfrage, also im **Strengbeweisverfahren**, vernommen werden soll. Erfolgt seine Vernehmung im **Freibeweis** (vgl. Erl. zu § 244) zur Feststellung von Verfahrensvoraussetzungen oder anderen Tatsachen, die nur aus verfahrensrechtlichen Gründen von Bedeutung sind,[11] so sind diese 8

---

4 Vgl. dazu *Anders* ZStW **124** (2012) 374, 393 ff. m.w.N.; *Gelber/Walter* NStZ **2011** 75 m.w.N.
5 *Bung* StV **2009** 430, 436 f.; vgl. auch *Gelber/Walter* NStZ **2011** 75 m.w.N.
6 *Bung* StV **2009** 430, 437.
7 SK/*Rogall*, 7.
8 Vgl. RGSt **47** 104; KK/*Bader* 1; MüKo/*Maier* 1; SK/*Rogall* 11; Alsberg/*Dallmeyer* 303 ff.
9 Alsberg/*Dallmeyer* 305.
10 Alsberg/*Dallmeyer* 303.
11 Vgl. BGHSt **16** 166 m.w.N.

Vorschriften jedenfalls insoweit zu beachten, als sie Schutzvorschriften für die Zeugen sind. Eine Auskunftsperson („**Informant**"), die nicht Zeuge ist, kennt die Strafprozessordnung nicht. Wer zur Sache gehört wird, muss daher, sofern er nicht Beschuldigter ist, als Zeuge vernommen werden.[12] Im Ermittlungsverfahren muss das nicht unbedingt mündlich geschehen; auch die schriftliche Anhörung ist zulässig (§ 69, 5). Es bleibt abzuwarten, inwieweit die Bild-Ton-Aufzeichnung (§ 58a) und die audio-visuelle Vernehmung (§ 58b) Bedeutung gewinnen werden. Die Vorschriften der §§ 48 ff. sind auch im Bußgeldverfahren anzuwenden (§ 46 Abs. 1 OWiG).

9 **4. Gegenstand des Zeugenbeweises** sind grundsätzlich **persönliche Wahrnehmungen** des Zeugen über Tatsachen, nicht hingegen bloße **Werturteile**,[13] auch nicht allgemeine Eindrücke, Rechtsbegriffe, reine **Schlussfolgerungen, Mutmaßungen und Meinungen** über tatsächliche Verhältnisse und ihre Bedeutung für das Verfahren.[14] Die Antworten auf derartige Fragen darf der Zeuge verweigern. Die Abgrenzung kann im Einzelfall schwierig sein und ist auch nicht selten tatsächlich umstritten.

10 Wahrnehmungen des Zeugen beziehen sich regelmäßig auf **vergangene Tatsachen**; er kann aber auch über **gegenwärtige Tatsachen** Auskunft geben, sofern sie mit vergangenen in Beziehung stehen,[15] insbesondere Tatfolgen sind.[16] Der Zeuge kann z.B. darüber vernommen werden, dass er noch jetzt als Folge der Misshandlung durch den Beschuldigten Schmerzen leidet. Bei den Tatsachen kann es sich auch um **innere Tatsachen** handeln,[17] z.B. darum, ob der Zeuge sich aufgrund der Täuschungshandlung des Beschuldigten geirrt, ob er bestimmte äußere Ereignisse gekannt, welche Absichten er mit bestimmten Handlungen verfolgt, welche Gefühle er anderen Personen entgegengebracht, welche Einstellung er zu einer bestimmten Frage gehabt hat.[18] Auch **hypothetische innere Tatsachen** können Gegenstand der Zeugenvernehmung sein, etwa die Frage, wie der Zeuge in einem bestimmten Fall gedacht oder gehandelt hätte,[19] ferner sogenannte **fremdpsychische Tatsachen**, jedoch nur insoweit, als äußerlich wahrnehmbare Tatsachen bekundet werden, die Rückschlüsse auf Vorgänge im Inneren einer anderen Person zulassen.[20] Soll aus den Wahrnehmungen des Zeugen auf ein bestimmtes weiteres Geschehen geschlossen werden, ist nicht dieses weitere Geschehen, sondern nur die Wahrnehmung des Zeugen tauglicher Gegenstand des Zeugenbeweises.[21]

11 Ohne Bedeutung ist, ob die Tatsachen Gegenstand **unmittelbarer** sinnlicher **Wahrnehmung** gewesen sind oder ob der Zeuge zu ihrer Kenntnis nur aufgrund eines eigenen Denkvorgangs gelangen konnte. Ein gewisses Maß an Bewertung ist fast jeder Zeugenaussage eigen[22] (vgl. Erl. zu § 85). Die Bewertung des Zeugen muss auf allgemein anerkannten

---

12 RGSt **42** 219; RG GA **52** (1905) 387; vgl. aber § 59, 5.

13 RGSt **57** 412; *Schmitt*/Köhler 3; MüKo/*Maier* 7; *Geppert* Jura **1991** 81.

14 BGH JZ **1951** 791 Ls.; RGSt **57** 142; RG JR Rspr. **1926** Nr. 437; Alsberg/*Dallmeyer* 336; KK/*Bader* 1; *Schmitt*/Köhler 2; MüKo/*Maier* 7; *Eb. Schmidt* 11; *von Kries* 356; umfassend zur Abgrenzung zwischen Bewertung, Schlussfolgerung und einfachem Rechtsbegriff: SK/*Rogall* 18 ff.

15 *Eb. Schmidt* 13.

16 Alsberg/*Dallmeyer* 336; SK/*Rogall* 15; MüKo/*Maier* 3.

17 *Alsberg* GA **63** (1916/17) 105; Alsberg/*Dallmeyer* 337 ff.; *Schmitt*/Köhler 2; MüKo/*Maier* 4.

18 *Eb. Schmidt* NJW **1963** 1753.

19 *Alsberg*/*Dallmeyer* 340.

20 BGH NStZ **1990** 690; bei *Pfeiffer*/*Miebach* NStZ **1984** 210; OLG Zweibrücken StV **1990** 440; *Schmitt*/Köhler 2; MüKo/*Maier* 5.

21 BGHSt **39** 251 m. zust. Anm. *Widmaier* NStZ **1993** 602 und abl. Anm. *Hamm* StV **1993** 455.

22 RG JW **1894** 109; **1930** 760 m. Anm. *Mannheim*; GA **40** (1892) 169; **41** (1893) 425; Alsberg/*Dallmeyer* 346; *Stein* JW **1923** 15; vgl. auch *Ranft* 451.

und für das Gericht wenigstens in ihren Umrissen erkennbaren Bewertungsmaßstäben beruhen.[23] Den Bekundungen des Zeugen müssen immer Wahrnehmungen tatsächlichen Inhalts zugrunde liegen.[24] Unter diesen Voraussetzungen kann z.B. die Trunkenheit einer Person Gegenstand des Zeugenbeweises sein.[25] Soll jedoch bewiesen werden, dass die Schuldfähigkeit des Angeklagten durch Trunkenheit ausgeschlossen war, so handelt es sich um ein Urteil über einen psychischen Zustand, das nicht mehr in den Bereich des Zeugenbeweises fällt, sondern ggf. ein Sachverständigengutachten erfordert.[26]

Gegenstand des Zeugenbeweises können auch die **Eigenschaften einer Person** sein, so- 12
fern der Zeuge darüber nicht reine Werturteile abgeben, sondern seine Angaben auf die von ihm wahrgenommenen Tatsachen stützen soll.[27] Das kann sich auf den Ruf einer Person[28] (Leumund, vgl. unten Rn. 53) und auf ihren Charakter beziehen,[29] insbesondere auf ihre Glaubwürdigkeit[30] (näher § 68a, 8), Lügenhaftigkeit,[31] Verdorbenheit[32] oder Schwatzhaftigkeit.[33]

5. Beweiswert von Zeugenaussagen.[34] Der Zeugenbeweis ist das gebräuchlichste, zu- 13
gleich aber auch problematischste[35] Beweismittel. Die Dominanz des Zeugenbeweises in der Praxis hat ihren Grund sicherlich darin, dass oftmals tatsächlich nur Zeugen als Beweismittel zur Verfügung stehen. Sie dürfte aber auch mit der – scheinbaren – Komfortabilität dieses Beweismittels zusammenhängen, das vermeintlich vollständige Informationen zum zu beweisenden Sachverhalt zu vermitteln verspricht.[36] Damit geht die Alltagstheorie einher, Zeugen müsse geglaubt werden, wenn nicht ganz gravierende Anhaltspunkte für eine Falschaussage hervortreten. Indessen besteht die Problematik des Zeugenbeweises in seiner erwiesenermaßen großen **Fehleranfälligkeit**, die – im Gegensatz zu den hohen Erwartungen, die oftmals an Zeugenaussagen herangetragen werden – zu einer grundlegenden Skepsis und zu **normativen Sicherungen** Anlass gibt. Die Fehlerquellen des Zeugenbeweises, die im Einzelnen Gegenstand zahlreicher spezieller Untersuchungen und Darstellungen sind,[37] seien im Folgenden kurz im Hinblick auf daraus resultierende dogmatische Folgerungen an-

---

23 OLG Oldenburg NdsRpfl. **1950** 164; Alsberg/*Dallmeyer* 347.

24 RGSt **27** 96; **37** 372; **57** 412; RG JW **1930** 759 m. Anm. *Alsberg*; GA **68** (1920) 353; HRR **1940** 53; *Alsberg* GA **63** (1916/17) 105.

25 BGH bei *Holtz* MDR **1979** 807; RGRspr. **3** 812; **7** 296; RG JW **1899** 476; BayObLG DRiZ **1929** Nr. 422; OLG Königsberg HRR **1938** 1154; KK/*Bader* 1; *Schmitt*/Köhler 4; SK/*Rogall* 19; vgl. auch *Eisenberg* (Beweisrecht) 1003 m. Rspr.-Übersicht; **a.A.** KG JW **1922** 301 m. Anm. *Alsberg*.

26 RG Recht **1922** Nr. 359; **1928** Nr. 467; SK/*Rogall* 19.

27 BGH bei *Holtz* MDR **1979** 807; Alsberg/*Dallmeyer* 351; *Schmitt*/Köhler 3; vgl. auch KG VRS **43** (1972) 200.

28 RGSt **26** 70; **57** 412; **76** 365; RGRspr. **5** 143; RG JW **1894** 109; **1927** 1160 m. Anm. *Mamroth*; GA **41** (1893) 425; Alsberg/*Dallmeyer* 358; vgl. auch *Rilk* JW **1937** 716.

29 RGSt **39** 363; **57** 412; RG JW **1937** 761; RG GA **65** (1918) 560; **68** (1920) 353; 77 (1933) 110; RG LZ **1914** 1366, **a.A.** RG JW **1929** 1474 m. Anm. *Alsberg*.

30 RG JW **1930** 760 m. Anm. *Mannheim*; **1936** 1381; **1937** 761; GA **46** (1898/99) 213; **56** (1909) 324; 77 (1933) 110.

31 RGSt **37** 371; RG JW **1922** 1034 m. Anm. *Alsberg*; JW **1928** 2253 m. Anm. *Doerr*; LZ **1914** 1366; **a.A.** RG GA **47** (1900) 442.

32 RGSt **37** 372.

33 RG HRR **1933** 1059.

34 Zu Nachfolgendem insbesondere LR/*Sander*[27] § 261 126 ff.; *Eisenberg* (Beweisrecht) 1362 ff.; *K. Jansen* 70 ff.; sowie die Monografien von *G. Jansen* und *Bender*/*Nack*/*Treuer* m.v.N.; ferner: *Arntzen* (1989); *ders.* (1993); *Barton* in: *ders.* (1995) 23 ff.; *Greuel*/*Offe* u.a.; *Kühne* NStZ **1985** 252 ff.

35 Vgl. auch *Miebach* NStZ-RR **2014** 233 m.w.N.; *Velten* GA **2015** 387, 391f.

36 *K. Jansen* 72.

37 S. i.E. die Nachweise bei *Eisenberg* (Beweisrecht) 1363 ff.; *K. Jansen* 70 ff.; ferner die o.g. Lit.

gesprochen. Generell lassen sich **drei Gruppen von Fehlerquellen** unterscheiden, die im Einzelnen ineinander übergehen oder sich überschneiden können:[38]

14 Zu nennen sind Faktoren, die zu **unbewusst unrichtigen Bekundungen** führen. Sie lassen sich ihrerseits unterscheiden in **Wahrnehmungsfehler** (z.B. aufgrund physischer oder psychischer Defizite des Zeugen, äußerer Gegebenheiten der Wahrnehmung oder innerer selektiver Aufmerksamkeitsspannen beim Zeugen), **Verarbeitungsfehler** (Vergessen, Verdrängen, Auffüllen lückenhafter Wahrnehmungen, Überlagerungen zutreffender Wahrnehmungen) und **Übermittlungsfehler** (z.B. infolge sprachlicher Mängel des Zeugen, seiner psychischen Verfassung und/oder bestimmter Befragungstechniken).[39] Insbesondere verfälschende Reproduktionsprozesse beim Zeugen gehören zu den häufigsten Ursachen einer irrtümlich fehlerhaften Aussage.[40]

15 Obwohl unbewusste Falschaussagen in der Praxis häufiger vorkommen dürften als **bewusste Falschaussagen**, konzentriert sich die Forensik traditionellerweise auf letztere. Empirischen Untersuchungen zufolge liegen gezielten Falschaussagen in der Regel Motivbündel zugrunde, wobei sich neben bewussten auch unbewusste Motive auf die Richtigkeit einer Zeugenaussage auswirken.[41] Häufigster Auslöser einer Falschaussage ist das Bedürfnis des Zeugen, sich selbst oder Personen, denen gegenüber ein Gefühl besonderer Nähe empfunden wird, bestimmte Vorteile zu verschaffen oder von sich selbst oder diesen Personen negative Konsequenzen – aufgrund staatlicher Verfolgungsansprüche, finanzieller Belastungen oder sozialer Probleme – abzuwenden.[42] Selbstverständlich zieht das Vorliegen solcher Motive nicht zwangsläufig eine falsche Aussage nach sich; es erhöht aber das Risiko einer solchen.[43]

16 Zu falschen Zeugenaussagen bzw. falschen Bewertungen von Zeugenaussagen kann es nicht zuletzt infolge von **Fehlern bei der Vernehmung** kommen. Fehlerhaftigkeit meint, dass die Art und Weise der Vernehmung die Sachverhaltsaufklärung nicht bestmöglich fördert, ggf. sogar behindert. Hierbei lassen sich insbesondere unterscheiden: **Fehler in der Vernehmungstechnik** (z.B. Bedrängen des Zeugen, suggestive [ggf. auch unbewusst allein durch die Wortwahl][44] oder auf andere Weise Informationen vermittelnde Befragungsstile, insbesondere „konfirmatorisches Hypothesentesten",[45] Wiederholungen von Fragen, Arbeitshypothesen der Vernehmungsperson, denen sich Zeugen bewusst/unbewusst anpassen), **Übermittlungsfehler** bei der Entgegennahme und Aufzeichnung einer

---

38 Vgl. die Darstellung bei *K. Jansen* 76 ff., der hier gefolgt wird.

39 Zu den verschiedenen Ursachen unbewusster Falschaussagen siehe auch *Nestler* JA **2017** 10, 11 ff. m.w.N.

40 Vgl. *Bender/Nack/Treuer* 115 ff., 148 ff., 158 ff. und 182 ff.

41 *K. Jansen* 89 unter Hinweis auf *Greuel/Offe* u.a. 172 ff.

42 *K. Jansen* 89 m.w.N.

43 Vgl. *K. Jansen* ebda.

44 Durch suggestive Prozesse kann es beim Zeugen zu komplexen Pseudoerinnerungen kommen. Vgl. hierzu bspw. BGH StV **2017** 9 (eine sichere Verneinung von Pseudoerinnerungen setzt namentlich voraus, dass entweder suggestive Einflüsse ausgeschlossen werden oder weitere Beweise angeführt werden, mit denen die Richtigkeit der Zeugenaussage belegt werden kann). Zum Einfluss der Frageformulierung auf den Inhalt der Antwort *Püschel* StraFo **2015**, 269, 273 f.

45 Dies bedeutet, dass bspw. der Richter nur noch jenes Beweismaterial prüft, das die eigene anfängliche Hypothese plausibel erscheinen lässt, anstatt sich ernsthaft mit Alternativhypothesen zu befassen, *Velten* GA **2015** 387, 397 ff. Wahrheitsverfälschendes „konfirmatorisches Hypothesentesten" findet zulasten des Angeklagten insbesondere aufgrund der Einflüsse der Verdachtshypothese in Anklage und Eröffnungsbeschluss statt. Der Erwartungshorizont aufgrund des sich aus den Akten ergebenden Verdachts bildet dann den Maßstab der Vorgewichtung und die Verdachtshypothese entwickelt eine Neigung zur Selbstbestätigung. Angebracht wäre zur Wahrung der Neutralität indes ein falsifikatorisches Hypothesentesten (wobei die Revisionsgerichte eine ausdrückliche Erwähnung der Nullhypothese nicht verlangen). Vgl. hierzu insb. *Deckers* FS Eisenberg 473; *Velten* GA **2015** 387; *dies.* StraFo **2015** 354, 360 ff.

Zeugenaussage (z.B. fehlerhafte Protokollierung infolge eines Missverständnisses, lückenhafte Wahrnehmung/Protokollierung aufgrund eines bestimmten Vorverständnisses) sowie **Beweiswürdigungs- bzw. Bewertungsfehler.**[46] Das Anliegen, Fehler bei der Vernehmung zu vermeiden, verfolgen namentlich die – nach ihrem Initiator benannten – **Méndez-Prinzipien**, mit denen in interdisziplinärer und internationaler Zusammenarbeit auf der Grundlage empirischer Erkenntnisse über Vernehmungstechniken und deren Auswirkungen auf die Qualität der durch eine Vernehmung gesammelten Informationen ein internationaler Standard sachgerechter Vernehmungen geschaffen werden soll. Dies betrifft in erster Linie Beschuldigtenvernehmungen, gilt aber für die Vernehmung von Zeugen gleichermaßen. Ausgangspunkt dieser Prinzipien ist die Erkenntnis, dass ein respektvoller Umgang mit der zu vernehmenden Person sowie eine offene Fragestellung die Chancen einer zuverlässigen Informationsgewinnung erhöhen. Dazu bedarf es insbesondere in Vernehmungstechniken geschulter **Vernehmungspersonen**, einer Vorbereitung der Vernehmung, einer freundlichen und zugewandten Vernehmungssituation, der Ergebnisoffenheit (alternative Hypothesen), einer zuverlässigen Dokumentation durch audio-visuelle Aufzeichnung, sowie einer Auswertung nicht nur der Vernehmungsinhalte sondern auch der Vernehmungsgestaltung.[47] Zur Gestaltung von Vernehmungen siehe ferner Effer-Uhe/*Mohnert* 111 ff.; *Wilke* S. 175 ff.

17 Die Beurteilung der Aussagetüchtigkeit und der Glaubhaftigkeit einer Aussage ist nach der Rechtsprechung des BGH die ureigene Aufgabe des Tatgerichts, das diese grundsätzlich aufgrund eigener Sachkunde bewältigen kann und muss.[48] Die Hinzuziehung von Sachverständigen kann ausnahmsweise dann geboten sein, wenn Besonderheiten in dem zur Aburteilung stehenden Sachverhalt bzw. in der Person des Aussagenden Zweifel daran aufkommen lassen, ob die Sachkunde des Gerichts zur Beurteilung des Wahrheitsgehalts der Angaben unter den gegebenen Umständen ausreicht.[49] Als Besonderheiten, die eine Hinzuziehung eines Sachverständigen als ausnahmsweise notwendig erscheinen lassen, werden in der höchstrichterlichen Rechtsprechung vor allem psychische Auffälligkeiten und Beeinträchtigungen der aussagenden Personen, z.B. Persönlichkeitsstörungen, Substanzabhängigkeiten, Psychosen, Epilepsien, intellektuelle Beeinträchtigungen, gravierende Entwicklungsverzögerungen und Verhaltensauffälligkeiten genannt. Die höchstrichterliche Rechtsprechung besagt, dass psychologische Sachverständige zur Einschätzung normalpsychologischer Wahrnehmungs-, Gedächtnis.- und Denkprozesse sowie bei intellektuellen Minderleistungen hinzugezogen werden sollen, psychiatrische Sachverständige bei geistiger Erkrankung sowie bei Hinweisen, dass die **Aussagetüchtigkeit** aufgrund von psychopathologischen Ursachen in Frage stehen

---

46 Dazu *K. Jansen* 93 ff. m.w.N. Vgl. BGH StV **2017** 7 (bei Annahme einer hohen Aussagekonstanz muss bei zuvor erfolgtem Vorhalt der früheren Zeugenaussage berücksichtigt werden, dass dies Einfluss auf die Erinnerung des Zeugen nimmt und praktisch jede Aktivierung des Gedächtnisinhalts zu dessen Konsolidierung führt. Deshalb hätte das Landgericht erläutern und im Urteil feststellen müssen, worin gegebenenfalls eine von dem Vorhalt unbeeinflusste Konstanz verschiedener Aussagen der Zeugin gesehen wurde und welche Bedeutung der Konfrontation mit dem Inhalt der früheren Angaben für die späteren Angaben bei der Exploration und der Zeugenvernehmung in der Hauptverhandlung zuzumessen ist).

47 Prinzipien zu effektiven Vernehmungen für Ermittlungen und Informationssammlungen, Mai 2021, https://www.apt.ch/sites/default/files/2024-05/mendez_principles_de_web.pdf – abgerufen am 4.8.2025; *May, Fashing, Milne, Gaedt, Schneider* Die untersuchende Vernehmung als (internationale)Reaktion auf falsche Geständnisse: ein forschungsbasierter und praxiserprobter Vernehmungsansatz, Praxis für Rechtspsychologie, 32(2) **(2022)**, 127.

48 BGH NStZ **2022** 372.

49 *Volbert* in: FS Kröber 281, 282 unter Hinweis auf *Pfister* Forensische Psychiatrie, Psychologie, Kriminalistik **2008** 3.

könnte (Rn. 28).[50] Bei der klassischen **Glaubhaftigkeitsbegutachtung** stehen hingegen Unterscheidungen zwischen wahren und erfundenen Aussagen sowie Identifizierungen von möglichen Scheinerinnerungen im Vordergrund.[51]

18 **6. Normative Sicherungen vor Falschaussagen.** Die Einsicht in die Problematik des Zeugenbeweises ist im Grundsatz nicht neu, sondern hat eine lange rechtshistorische Tradition, die z.B. in den Beweisregeln der Peinlichen Gerichtsordnung von 1532 und in den Beweistheorien der gemeinrechtlichen Strafrechtslehre zum Ausdruck kommt,[52] wozu u.a. die Unterscheidung zwischen sog. klassischen, guten Zeugen und verdächtigen Zeugen gehörte.[53]

19 Der reformierte Strafprozess hat mit der Tradition solcher Beweisregeln und Beweistheorien gebrochen und an ihre Stelle das **Prinzip der freien richterlichen Beweiswürdigung** (§ 261) gesetzt, basierend auf der namentlich von Savigny formulierten Prämisse, wonach „das, was wir Gewissheit einer Tatsache nennen, (...) auf so vielen einzelnen, in ihrer Zusammenwirkung nur dem einzelnen Fall angehörenden Elementen (beruht), dass sich dafür gar keine wissenschaftlichen allgemeinen Gesetze geben lassen“.[54] Diese Überlegung bildet bis heute die raison d'être des Postulats von der freien richterlichen Beweiswürdigung als ureigener Aufgabe des Tatrichters, der keinen Vorschriften darüber unterliegt, wann er eine Tatsache für bewiesen bzw. nicht bewiesen zu halten[55] bzw. einem Zeugen zu glauben oder nicht zu glauben hat. Der Grundsatz der freien Beweiswürdigung darf freilich nicht losgelöst gesehen werden von den – in steter Entwicklung begriffenen – prozessualen Geboten, die die Ermittlung (§ 244 Abs. 2) bzw. möglichst weitgehende Annäherung[56] an die Wahrheit gewährleisten sollen. Hierzu zählen namentlich die Vorschriften über die Art und Weise der Beweiserhebung im Ermittlungsverfahren einerseits und in der Hauptverhandlung andererseits (dort insbesondere im Hinblick auf den Unmittelbarkeitsgrundsatz konstituiert) sowie die jeweiligen Verteidigungs- und Mitwirkungsrechte des Beschuldigten. Auch die §§ 48 ff., die generelle Anforderungen an den Zeugenbeweis stellen, gehören dazu. Deren strikte Beachtung ist notwendige Voraussetzung der nachfolgenden freien Beweiswürdigung; Verletzungen müssen ggf. in Form von Beweisverwertungsverboten, verbindlichen Beweiswertminderungen (Rn. 19) oder als sonstige revisible Rechtsfehler berücksichtigt werden.

20 Der Bundesgerichtshof hat in seiner Rechtsprechung die gesetzlichen Anforderungen an die Erhebung des Zeugenbeweises einerseits verstärkt, andererseits gelockert. Um **Lockerungen der gesetzlichen Anforderungen** handelt es sich bei der Rechtsprechung, wonach es sich z.B. bei § 58, § 68 und § 69 Abs. 1 Satz 1 um bloße Ordnungsvorschriften handeln soll (s. § 58, 22; § 68, 24; § 69, 19), ferner bei der Rechtsprechung zur Einschränkung des § 252 (§ 52, 39) und zu den geminderten förmlichen Anforderungen an die Entscheidung über die Vereidigung bzw. Nichtvereidigung (§ 59, 18, 20, 26). Eine **Verstärkung der rechtlichen Sicherungen** vor falschen Zeugenaussagen stellt demgegenüber insbesondere die Rechtsprechung dar, wonach der Ausschluss des **Konfrontationsrechtes** des Angeklagten gem. Art. 6 Abs. 3 *lit.* d EMRK zu einem geminderten **Beweiswert** einer Zeugenaussage führt (§ 55, 25),[57] sowie die Rechtsprechung zu den Anforderungen an Identifi-

---

50 *Volbert* in: FS Kröber S. 281, 282 unter Hinweis auf BGH NStZ **2002** 490.
51 *Volbert* in: FS Kröber S. 281, 283.
52 Dazu *Ignor* 62 ff., 99 ff.
53 Dazu näher *K. Jansen* 58 f. m.w.N.
54 *Savigny* in: Archiv für preußisches Strafrecht **6** (1895) 485 f.; dazu *Ignor* 257 f.
55 Vgl. z.B. BGHSt **10** 208, 209; **29** 18; *Schmitt*/Köhler § 261, 3, 11 ff. m.w.N.
56 *Weßlau* Das Konsensprinzip im Strafverfahren – Leitidee für eine Gesamtreform? (2002) 185.
57 Vgl. BGHSt **46** 93; BGH NStZ-RR **2005** 322; NJW **2007** 237; vgl. auch BVerfG NJW **2007** 204.

zierungsgegenüberstellungen (§ 58, 11 f. m.w.N.). Insgesamt gesehen erscheint die Rechtsprechung zu den prozessualen Sicherungen vor Falschaussagen eher uneinheitlich, auf den Einzelfall bezogen und ergebnisorientiert. Das gilt auch für die höchstrichterliche Rechtsprechung zu den **Grenzen der freien richterlichen Beweiswürdigung** namentlich in Bezug auf Zeugenaussagen.[58] Einerseits hält die Rechtsprechung auch insoweit am Grundsatz fest, dass die Überzeugung des Tatrichters vom Tatgeschehen zur Verurteilung notwendig, aber auch genügend sei; dass die tatrichterlichen Feststellungen nicht zwingend, nur möglich zu sein brauchen[59] und dass die tatrichterliche Beweiswürdigung allein auf Rechtsfehler (Lückenhaftigkeit, Widersprüchlichkeit, fehlende Gesamtwürdigung) überprüft werden dürfe („subjektive Theorie"; näher Erl. § 261). Andererseits praktizieren alle Strafsenate – mehr oder weniger ausgesprochen[60] – in Einzelfällen eine „objektive Beweistheorie" dergestalt, dass sie Feststellungen von Tatgerichten letztlich im Hinblick auf ihre objektive Wahrscheinlichkeit überprüfen.[61] Dogmatisch weitergehend hat das BVerfG in einer Kammerentscheidung aus dem Jahr 2003 die generelle Voraussetzung, „dass der Schuldspruch auf einer tragfähigen Beweisgrundlage aufbaut, die die **objektiv hohe Wahrscheinlichkeit** der Richtigkeit des Beweisergebnisses ergibt", den **verfassungsrechtlichen Anforderungen** an die strafrichterliche Aufklärungspflicht und Beweiswürdigung zugeordnet, die sich aus der freiheitssichernden Funktion des Art. 2 Abs. 2 Satz 2 GG für das faire, rechtsstaatliche Verfahren ergeben.[62] Dem ist zuzustimmen.

Zur (teilweisen) Erhöhung der rechtlichen Anforderungen an die tatrichterliche **21**
Beweiswürdigung hat die – in gewissem Umfang vorgenommene – Rezeption von Erkenntnissen und Methoden der **Aussagepsychologie** durch den Bundesgerichtshof beigetragen.[63] Vereinzelt hat der BGH den Tatrichter verpflichtet, eine besonders sorgfältige Beweiswürdigung unter Berücksichtigung der aussagepsychologischen Glaubwürdigkeitskriterien vorzunehmen[64] oder sogar ein Sachverständigengutachten einzu-

---

58 Dazu ausführlich die Monografie von *Loddenkemper* (2003).

59 Vgl. BGH StV **1997** 62, 63; **1998** 116; dazu *Loddenkemper* 148 f.

60 Am deutlichsten BGH (5. Senat) StV **1995** 453; vgl. auch BGH (2. Senat) StV **1988** 190; BVerfG (Kammer) NJW **2003** 2444; sowie *Brause* NStZ **2007** 505, 506, demzufolge im Beurteilungsspielraum des Tatrichters (nur) „die unter Würdigung aller im Urteil angeführten relevanten Umstände erfolgte, für das Revisionsgericht als nachvollziehbar und plausibel zu erkennende Wertung (...), die Aussage eines Zeugen sei glaubhaft" liegt. Zur Revisionspraxis *Loddenkemper* 109 ff.

61 Dazu ausführlich die Übersicht bei *Loddenkemper* 79 ff., 110 ff., 116 f.; ferner die Darstellung und Auswertung der Rechtsprechung des BGH zum Zeugenbeweis bei *Brause* NStZ **2007** 505. Zustimmend: *Schmitt*/Köhler § 337, 26a; *Loddenkemper* 124 ff.; *Brause* a.a.O. Grundlegend zum Erfordernis einer „hohen Wahrscheinlichkeit" insb. *Herdegen* NStZ **1987**, 193 ff. Dieser und weitere einschlägige Aufsätze *Herdegens* in: *ders.* Beweisantragsrecht.

62 BVerfG Kammer NJW **2003** 2444.

63 Näher LR/*Sander*[27] § 261 129; grundlegend zu den Anforderungen an aussagepsychologische Begutachtungen BGHSt **45** 164; hierzu und zu nachfolgenden Entscheidungen des BGH*G. Jansen* 12 ff., 171 ff., 205 ff.; *Hohoff* NStZ **2020** 387; vgl. auch *Miebach* NStZ-RR **2014** 233, sowie *ders.* NStZ-RR **2016** 329 m.w.N.

64 Vgl. BGH StV **1995** 6, 7; **1997** 513 f.; dazu *Brause* NStZ **2007** 506; BGH StV **2017** 7; **2017** 9 (Verneinung von Pseudoerinnerungen setzt namentlich voraus, dass entweder suggestive Einflüsse ausgeschlossen werden oder weitere Beweise angeführt werden, mit denen die Richtigkeit der Zeugenaussage belegt werden kann). Zum Kriterium der Aussagekonstanz vgl. bspw. BGH StV **2011** 525 (die Detailarmut von Schilderungen der Tatzeugin kann Auswirkungen auf die Aussagekraft des Konstanzkriteriums für die Bewertung der Glaubhaftigkeit einer Aussage haben) und *Deckers* StV **2017** 50. Vgl. auch BGH NStZ **2010** 51 (es ist regelmäßig davon auszugehen, dass ein Berufsrichter über diejenige Sachkunde bei der Anwendung aussagepsychologischer Glaubwürdigkeitskriterien verfügt, die für die Beurteilung von Aussagen auch bei schwieriger Beweislage erforderlich ist).

holen.[65] Andererseits hat der BGH daraus bislang kaum normative Regeln abgeleitet, deren Nichtbefolgung revisible Rechtsfehler begründen.[66] Am weitesten geht der BGH insoweit in den **Aussage-gegen-Aussage-Fällen.**[67] Die Verurteilung allein auf Grundlage der vom Gericht als glaubwürdig beurteilten Aussage eines einzigen Belastungszeugen setzt hier voraus, dass das Gericht nach einer besonderen Glaubwürdigkeitsprüfung des Zeugen alle Umstände, die die Entscheidung beeinflussen können, erkennbar in seine Überlegungen miteinbezogen hat.[68] In Aussage-gegen-Aussage-Fällen muss zudem der entscheidende Teil der Aussage vollständig in das Urteil aufgenommen werden, da andernfalls eine sachlich-rechtliche Überprüfung der Beweiswürdigung durch das Revisionsgericht nicht möglich ist.[69]

22 Das BVerfG spricht in der oben angesprochenen Kammerentscheidung (Rn. 19) von den aus wissenschaftlichen, insbesondere kriminalistischen, forensischen und aussagepsychologischen Untersuchungen gewonnenen **Erfahrungsregeln.**[70] Ob es sich hierbei um sog. Erfahrungssätze[71] im Sinne der revisionsrechtlichen Dogmatik[72] handelt oder um darunter liegende bloße Einsichten, die Wahrscheinlichkeitsbewertungen ermöglichen,[73] ist offen. Im Hinblick auf die erwiesene Problematik von Zeugenaussagen einerseits und deren verführerische (scheinbare) Komfortabilität andererseits sollte der BGH den Weg **normativer Sicherungen** im Wege der Auslegung bzw. richterlichen Rechtsfortbildung weiter beschreiten; nicht im Sinne positiver Beweisregeln, die, mit *Feuerbach* zu sprechen, dem Tatrichter vorschreiben, wo er seine Überzeugung zu suchen hat, sondern im Sinne negativer Regeln, die bestimmen, wo sie nicht zu suchen ist, damit der Tatrichter „nicht auf Phantasieflügeln über das Reich der Wahrheit hinaus flattere und ein Wolkenbild mit innigster Überzeugung statt der Wahrheit umarme".[74] Modern gesprochen ist dies ein **Gebot fairen Verfahrens.**

23 7. **Aktenkenntnis.** Die Frage der Aktenkenntnis von Zeugen richtet sich, soweit sie Verletzte sind, nach § 406e. Im Hinblick auf den **Beweiswert** von Zeugenaussagen stellt sich insofern die Frage, ob das Gericht eine Aktenkenntnis des Zeugen bei seiner Beweiswürdigung in den Urteilsgründen erörtern muss[75] oder nicht.[76] Vorzugswürdig erscheint erstere Auffassung, weil nur dadurch sichergestellt ist, dass sich das Tatgericht die mögli-

---

65 Übersicht über Rspr. bei *G. Jansen* 117 ff. und *Schmitt*/Köhler § 244, 74. Zu den Anforderungen an ein Glaubwürdigkeitsgutachten BGH NStZ **2000** 100 m. zust. Anm. *Ziegert*.

66 *Loddenkemper* 133. Vgl. bspw. jüngst BGH NStZ-RR **2015** 86 (demnach die Nichteinhaltung der Nullhypothese lediglich „Bedenken" begegne).

67 Vgl. *Loddenkemper* 133 sowie die Rechtsprechungsübersicht bei *Brause* NStZ **2007** 505, 510 ff.; ferner BVerfG (Kammer) NJW **2003** 2444, 2445 m.w.N. BGH StV **2017** 4 (Anforderungen an die Beweiswürdigung und die Urteilsfeststellungen bei einer Aussage-gegen-Aussage Konstellation und festgestellter Borderline-Erkrankung des Tatopfers); NStZ-RR **2016** 87 (notwendige Auseinandersetzung mit der Möglichkeit einer bewussten Falschaussage bei mangelnder Aussagekonstanz des einzigen Belastungszeugen).

68 St. Rspr.; vgl. bspw. BGH NStZ **2015** 602 sowie *Miebach* NStZ-RR **2014** 233 m.w.N.

69 St. Rspr.; vgl. bspw. BGH NStZ-RR **2014** 152; NStZ **2015** 602; StV **2017** 6; **2017** 5.

70 BVerfG (Kammer) NJW **2003** 2444, 2445.

71 Vgl. *Eisenberg* (Beweisrecht) 1359a; § 69, 17.

72 Dazu z.B. *Schmitt*/Köhler § 337, 31 m.w.N.

73 *Brause* NStZ **2007** 506.

74 *Feuerbach* Betrachtungen über das Geschwornen-Gericht (1813) 132.

75 BGH (2. Strafsenat) StV **2017** 7, 8 f.

76 BGH (5. Strafsenat) StV **2017** 146.

che Beeinträchtigung des Aussagewerts durch eine Aktenkenntnis des Zeugen bewusst macht.[77]

II. Zeugenpflichten

1. Hauptpflichten. Der Zeuge hat die Pflicht, vor Gericht zu erscheinen, wahrheitsgemäß auszusagen und ggf. seine Aussage zu beeiden. Diese Zeugenpflichten sind staatsrechtlich begründete Pflichten, die die Strafprozessordnung zuvor voraussetzte und die nunmehr ausdrücklich in § 48 Abs. 1 geregelt sind.[78] Für staatsanwaltschaftliche Vernehmungen ergibt sich die **Erscheinens- und Aussagepflicht** aus § 161a Abs. 1 Satz 1, für die Polizei für den Fall, dass der Ladung ein Auftrag der Staatsanwaltschaft zugrunde liegt, aus § 163 Abs. 3 Satz 1. Im Übrigen gelten die allgemeinen Regeln entsprechend (§ 163 Abs. 3 Satz 2). Erscheint ein ordnungsgemäß geladener Zeuge nicht oder verweigert er unberechtigt das Zeugnis (§§ 68, 68a, 69) oder die Eidesleistung (§ 59),[79] können ihn als **Ungehorsams**folgen nach §§ 51, 70 die Auferlegung der dadurch entstanden Kosten, die Festsetzung von **Ordnungs**- und/oder **Zwangsmitteln**, ggf. die Anordnung der Vorführung treffen (Erl. zu § 51 und § 70).[80] Umstritten ist, ob es sich bei der Zeugnispflicht lediglich um eine allgemeine strafprozessuale Pflicht handelt oder zugleich um eine Garantenpflicht i.S.d. § 13 StGB mit der Folge, dass die unberechtigte Verweigerung des Zeugnisses zur Strafbarkeit wegen Strafvereitelung durch Unterlassen führen kann[81] (§ 55, 30). 24

2. Nebenpflichten. In der Zeugnispflicht ist die Pflicht inbegriffen, zur Verdeutlichung der Schilderung eine Skizze oder Zeichnung zu fertigen, die Körperhaltung eines Beteiligten zu demonstrieren, an Sachverhaltsrekonstruktionen mitzuwirken (auch außerhalb des Gerichtsgebäudes), und sich ggf. anderen Personen (Zeugen, Sachverständigen, Beschuldigten) im Rahmen einer Vernehmung gegenüberstellen zu lassen (sog. Vernehmungsgegenüberstellung, näher § 58, 10). Soll ein Zeuge z.B. zwecks Identifizierung in Augenschein genommen werden, so fungiert er selbst insoweit nicht als Zeuge, sondern als **Augenscheins„objekt“** (Rn. 8). Eine Verpflichtung des Zeugen, daran über eine passive Duldung hinaus mitzuwirken, z.B. eine bestimmte Kleidung anzulegen, erscheint angesichts des Persönlichkeitsrechts des Zeugen fraglich und ist auch im Hinblick auf die Gefahr suggestiver Einwirkungen abzulehnen (vgl. § 58, 15). Der Zeuge ist verpflichtet, an einer gerichtlichen Augenscheinseinnahme teilzunehmen[82] und hierbei erforderlichenfalls dem Richter diejenigen Örtlichkeiten, Gegenstände usw. zu bezeichnen, von denen in seiner Aussage die Rede ist. Dagegen umfasst die Zeugnispflicht in der Regel nicht die Pflicht zu irgendeiner außergerichtlichen Tätigkeit, z.B. zum (vorbereitenden) 25

---

77 In diese Richtung *Hohoff* NStZ **2020** 387, 390.

78 Zur allgemeinen Meinung vor der ausdrücklichen Normierung vgl. bspw. *Eb. Schmidt* 16a; meist (verkürzt) als staatsbürgerliche Pflicht bezeichnet: BVerfG NJW **1979** 32; **1988** 897 f.; RGSt **18** 351; OLG Stuttgart NJW **1956** 840; HK/*Gercke* 16; KK/*Bader* 2; *Schmitt*/Köhler 5; MüKo/*Maier* 32; *Pfeiffer* 1.

79 Seit dem 1. JuMoG stellt indes die Nichtvereidigung die Regel dar (§ 59). Hierzu und zur gesunkenen Bedeutung des Eides vgl. die Erl. zu § 59.

80 BVerfG NJW **1988** 897, 898: „Mit Freiheitsentzug verbundene Beugemaßnahmen zur Durchsetzung gesetzlich begründeter Pflichten gehören zum überlieferten Normenbestand (BVerfGE **43** 101 (106) = NJW 1977, 293)“.

81 Für Garantenstellung bspw. AG Karlsruhe StV **2025** 410; OLG Köln NStZ-RR **2010** 146 Ls. und LG Ravensburg NStZ-RR **2008** 177; gegen Garantenstellung bspw. LG Itzehoe NStZ-RR **2010** 10. Eine Garantenpflicht ebenfalls ablehnend *Reichling*/*Döring* StraFo **2011** 82.

82 BGH GA **1965** 108; *Schmitt*/Köhler 6; SK/*Rogall* 140; MüKo/*Maier* 34.

Studium von Akten und Unterlagen, zur Einholung von Auskünften (näher § 69, 9). Eine Vorbereitungspflicht soll nach h.M. aber Zeugen treffen können, die sich berufsmäßig mit Zeugenangaben befassen (wie z.B. Polizeibeamte oder Ermittlungsrichter). Sie sollen vor ihrer Vernehmung ggf. die entsprechenden Niederschriften einsehen müssen, um sich erforderlichenfalls Einzelheiten ins Gedächtnis zurückzurufen.[83] Dies ist problematisch, weil ein solcher Rückgriff zu einer erheblichen Beeinflussung der Aussage führen kann (näher § 69, 9). Zur Anfertigung von Schriftproben ist der Zeuge nicht verpflichtet (vgl. Erl. zu § 93).[84] Die Pflicht des Zeugen, Untersuchungen und Eingriffe zu dulden, ist in § 81c geregelt.

III. Zeugenrechte

26 **1. Allgemeines.** Der Zeuge darf ungeachtet seiner prozessualen Funktion als Beweismittel nicht zum bloßen Objekt eines Verfahrens gemacht werden.[85] Der vom Gesetz vorausgesetzten Zeugnispflicht stehen deshalb zahlreiche Rechte des Zeugen gegenüber. Zum Teil sind diese Rechte im hier behandelten sechsten Abschnitt der Strafprozessordnung geregelt. Sie können sich aber auch aus anderen Vorschriften der StPO oder sonstigen Gesetzen und aus allgemein anerkannten verfahrensrechtlichen Grundsätzen ergeben.[86] Für Zeugen gilt wie für jeden Prozessbeteiligten der Grundsatz des fairen Verfahrens.[87] Er hat Anspruch auf **rechtliches Gehör**[88] und **Belehrung** über Zeugnis-, Auskunfts- und Eidesverweigerungsrechte (§ 52 Abs. 3 Satz 1, § 55 Abs. 2, § 61 Satz 2; vgl. auch § 53, 76). Gegen ihn berührende sachleitende Anordnungen des Vorsitzenden steht ihm das Recht auf Anrufung des Gerichts zu (§ 68a, 14; Erl. zu § 238); an ihn gerichtete unzulässige Fragen kann er nach § 241 beanstanden (§ 68, 21). Er ist beschwerdebefugt, soweit er durch gerichtliche Entscheidungen betroffen ist (§ 304 Abs. 2, § 305). Für Verdienstausfall, Fahrtkosten sowie sonst notwendige Aufwendungen kann er **Entschädigung nach dem JVEG** (auf das § 71 verweist) verlangen. Im Übrigen gebietet auch die gerichtliche Fürsorgepflicht, die Rechtsposition des Zeugen sowohl gegenüber Strafverfolgungsorganen als auch gegenüber Angriffen Dritter zu schützen.[89] Die Fürsorge bzw. der verfassungsrechtlich gebotene Schutz[90] erstreckt sich zum einen auf den Schutz von Leben, körperlicher Unversehrtheit und Entschließungsfreiheit des Zeugen (vgl. etwa § 68 Abs. 2 und 3, aber auch § 1 ZSHG),[91] zum anderen auf den Schutz seines Persönlichkeits- und Ehrbereichs (vgl. § 68a).[92]

27 **2. Weigerungsrechte.** Die Zeugnis- oder Eidespflicht entfällt, wenn der Zeuge gesetzlich berechtigt ist, die Aussage ganz oder teilweise oder den Eid zu verweigern. Weigerungsrechte ergeben sich aus der **Strafprozessordnung** (§§ 52 bis 55, § 61) und sind dort

83 BGH NStZ **2012** 521; *Schmitt*/Köhler § 69, 8.
84 Vgl. *Hauser* Zeugenbeweis 118.
85 BVerfG **35** 105 m. Verweis auf BVerfGE **27** 1, 6.
86 OLG Düsseldorf NJW **1991** 2223.
87 BVerfGE **56** 37, 44; AK/*Kühne* 22; *Geppert* Jura **1991** 141; SK/*Rogall* 72.
88 SK/*Rogall* 112.
89 *Schmitt*/Köhler 10; SK/*Rogall* 73; krit. noch *Dahs* NJW **1984** 1924.
90 Vgl. BGHSt **37** 4.
91 BVerfGE **57** 250, 284; BGHSt **37** 4; *Fezer* JuS **1987** 349; *Schmitt*/Köhler 10; MüKo/*Maier* 55; *Krehl* NJW **1991** 85.
92 BVerfGE **33** 367, 374; **38** 114; *Dahs* NJW **1984** 1924; *Schmitt*/Köhler 10; SK/*Rogall* 99.

grundsätzlich abschließend geregelt, in Einzelfällen aber auch in **anderen Vorschriften**. So folgt das Recht des Richters, über Vorgänge bei der Beratung und Abstimmung die Aussage zu verweigern, aus § 43 DRiG. Das Wahlgeheimnis (Art. 38 Abs. 1 GG) berechtigt den Zeugen, die Auskunft darüber zu verweigern, wie er gewählt hat. Das Interesse des Staates an der Aufklärung von Straftaten ist nicht höher zu schätzen als das Interesse des Einzelnen an der Geheimhaltung seiner Abstimmung.[93] Ausnahmsweise und unter besonders strengen Voraussetzungen kann ein Weigerungsrecht unmittelbar aus der Verfassung (Art. 1 und 2 GG) erwachsen[94] oder Inhalt und Umfang der Zeugnispflicht begrenzen (vgl. § 53 Rn. 3; s. auch unten Rn. 46).[95]

3. Recht auf anwaltlichen Zeugenbeistand. Das Recht des Zeugen auf Zuziehung 28
anwaltlichen Beistandes folgt bereits aus dem Grundsatz des § 3 Abs. 3 BRAO, wonach sich jeder in allen Rechtsangelegenheiten durch einen Rechtsanwalt beraten lassen kann, ausdrücklich für den Zeugen in das Strafprozessrecht ein und ist nicht allein auf Vernehmungssituationen (für diese siehe zudem § 68b Abs. 1 Satz 1) begrenzt. § 68b Abs. 2 regelt die Beiordnung eines **Zeugenbeistandes** für die Dauer der Vernehmung wenn besondere Umstände vorliegen, aus denen sich ergibt, dass der Zeuge seine Befugnisse nicht selbst wahrnehmen kann. Siehe zu all dem ausführlich die Erl. zu § 68b.

IV. Zeugnisfähigkeit

1. Grundsatz. Das Gesetz kennt zwar nur einen einheitlichen Zeugenbegriff. Zeuge 29
kann danach jedermann sein, der (vermutlich) eigene Wahrnehmungen bekunden kann, die für die Sachaufklärung von Interesse sind (Rn. 8). Jedoch sind die persönlichen und sachlichen Umstände und Beziehungen, die eine Person zu einem möglichen Zeugen werden lassen, vielgestaltig. Vor und bei jeder Zeugenvernehmung ist deshalb zu prüfen, ob aufgrund der Umstände des Einzelfalls Besonderheiten zu beachten sind. So bedarf bereits die Aussage, dass jedermann Zeuge sein kann, der Einschränkung dahingehend, dass die betreffende Person zeugnistüchtig sein muss (dazu unter 2.). Des Weiteren kann sich aus einer anderweitigen Prozessbeteiligung der betreffenden Person ergeben, dass diese nicht oder nicht zugleich als Zeuge gehört werden kann (dazu unter 3.). Schließlich lassen sich die Zeugen hinsichtlich typischer Merkmale in Fallgruppen einordnen (dazu unter 4.).

2. Zeugnistüchtigkeit. Zeuge kann nur sein, wer die zu bekundende Tatsache wahr- 30
nehmen konnte, wer sie in der Erinnerung behalten hat und wer imstande ist, darüber Auskunft zu geben.[96] Diese Zeugnis- oder **Aussagetüchtigkeit** (häufig auch als Zeugnisfä-

---

93 *Eb. Schmidt* Nachtr. I Vor § 52, 18; *Gerland* 206; Alsberg/*Güntge* 845; *Karger* Recht **1913** 517; *Tiedemann* NJW **1967** 1013; **a.A.** RGSt **63** 388 = JW **1930** 1221 m. Anm. *Perels*; RGRspr. **6** 517; *von Hippel* 400 Fn. 8; *Härtel* DJZ **1930** 1579; *Hofmann* DJZ **1930** 1255; *Reichel* DJZ **1910** 985, 1225; *Werner* Recht **1913** 399; *Böckenförde* NJW **1967** 239 nimmt über das Zeugnisverweigerungsrecht hinaus ein unbedingtes Beweiserhebungsverbot an.

94 BVerfGE **33** 374 = JZ **1973** 780 m. Anm. *Würtenberger*; **33** 23 zum Recht der Eidesverweigerung unmittelbar aus Art. 4 GG; **38** 325; BVerfG NJW **1979** 1286; LG Hamburg NStZ **1983** 182 für ein Zeugnisverweigerungsrecht von Drogenberatern vor Änderung des § 53 m. Anm. *Dahs*; krit. *Rengier* 107 ff.; *Fezer* 15/40; vgl. auch BVerfGE **44** 353; *Elobied* StraFo **2024** 90.

95 BayObLG NJW **1979** 2624; vgl. auch BVerfGE **44** 354 zur Beschlagnahme von Akten einer öffentlich-rechtlich anerkannten Drogenberatungsstelle (vor Einführung des § 53 Abs. 1 Satz 1 Nr. 3b).

96 Vgl. *Hauser* Zeugenbeweis 63.

higkeit bezeichnet) hat nicht jeder Mensch.[97] Das Gesetz erklärt jedoch niemanden von vornherein für unfähig, als Zeuge vernommen zu werden.[98] Auch wer körperliche oder geistige Gebrechen hat, kann Zeuge sein. Die Frage, ob die zu vernehmende Person fähig ist, den bekundeten Vorgang richtig zu erfassen und wiederzugeben, unterliegt der freien Beweiswürdigung des Gerichts,[99] wobei ggf. ein Sachverständiger hinzuzuziehen ist (oben Rn. 17).[100] Welche Maßstäbe dabei anzulegen sind, ist stets eine Frage des Einzelfalls, wobei sowohl allgemeine Erkenntnisse zur Wahrnehmungsfähigkeit als auch die individuellen Fähigkeiten des Zeugen jeweils im Verhältnis zum Aussagegegenstand zu beurteilen sind.[101] Dabei ist darauf zu achten, dass einerseits die Grenzen der Wahrnehmungsfähigkeit beachtet werden, andererseits aber unzutreffende Abgrenzungen vermieden werden.[102] Die Frage der Aussagetüchtigkeit eines Zeugen ist grundsätzlich abzugrenzen von der Frage der **Glaubhaftigkeit** seiner Aussage (oben Rn. 17). Allerdings kann es zu Überlappungen kommen.[103] Auch Kinder können als Zeugen vernommen werden, wenn von ihnen eine verständliche Aussage zu erwarten ist. Eine bestimmte Altersgrenze besteht nicht.[104] Jedoch dürften Kinder unter 4½ Jahren selten aussagetüchtig sein.[105] Auch die Vernehmung geisteskranker Zeugen ist, selbst in der Hauptverhandlung, nicht ausgeschlossen. Sie kann immer stattfinden, wenn das Gericht sich von der Einlassung des Zeugen oder von der Art seines Auftretens vor Gericht eine Klärung der Sache verspricht.[106] Ist aus tatsächlichen Gründen, etwa bei einer gehörlosen Person, die nicht die Gebärdensprache beherrscht, eine eigentliche Aussage gem. den §§ 68, 69 nicht möglich, so kann die Person zwar nicht als Zeuge im eigentlichen Sinne vernommen werden; es ist aber nach dem Grundsatz der freien Beweiswürdigung (§ 261) nicht ausgeschlossen, in solchen Fällen die Kundgebungen, das tatsächliche Gebaren der Person als Beweishilfe zu berücksichtigen;[107] zur schriftlichen oder mittels eines Dolmetschers durchgeführten Vernehmung hör- oder sprachbehinderter Personen vgl. § 186 GVG und die Erl. zu § 66. Die Bestrafung wegen Meineids oder anderer Aussagedelikte schließt die Fähigkeit, als Zeuge vernommen zu werden, nicht aus;[108] allerdings lassen sich daraus Bedenken gegen die Glaubwürdigkeit herleiten (§ 68a, 8). Auch eine Vereidigung ist unter den allgemeinen Voraussetzungen möglich. Ein Vereidigungsverbot für wegen Meineids verurteilte Zeugen gibt es seit dem 1. JuMoG nicht mehr.

---

97 Zur Aussagetüchtigkeit s. näher *Volbert* in: FS Kröber 281; Effer-Uhe/*Mohnert* 215 ff.

98 RGSt **52** 139; RGRspr. **5** 529; SK/*Rogall* 35; MüKo/*Maier* 9; *Gössel* § 25 A I; *Roxin/Schünemann* § 26, 2; *Schlüchter* 476; *G. Schäfer* § 61 II; *Eb. Schmidt* 14; *Eisenberg* (Beweisrecht) 1001 f.; *Geppert* Jura **1991** 81.

99 BGHSt **2** 270; RGSt **58** 396.

100 SK/*Rogall* 36; MüKo/*Maier* 9.

101 Siehe dazu ausführlich *Eisenberg* (Beweisrecht) 1362 ff.

102 Informativ insoweit zu verbreiteten Vorurteilen hinsichtlich der Aussagefähigkeit alternder Personen *Eisenberg* (Beweisrecht) 1422 ff.

103 *Volbert* in: FS Kröber 281, 288.

104 RGSt **58** 396; RG GA **59** (1912) 131; *Schmitt*/Köhler 12, 13; SK/*Rogall* 37; KK/*Bader* 5; Eb. *Schmidt* 14; Göhler/*Bauer* § 59, 3; *Gerland* 197; *von Hippel* 396; Alsberg/*Dallmeyer 306*; *Eisenberg* (Beweisrecht) 1002; *Hetzer/Pfeiffer* NJW **1964** 441; *Scheunert* DJZ **1934** 711; *Schimmack* JW **1924** 1667; *Skupin* MDR **1965** 865; BGH NStZ **2015** 419: Einen Erfahrungssatz des Inhalts, dass von einem kleinen Kind (7 Jahre) drei Jahre nach dem Tatgeschehen keine sinnvolle Zeugenaussage erwartet werden könne, gibt es nicht.

105 Alsberg/*Dallmeyer* 306; *Schmitt*/Köhler 12, 13; SK/*Rogall* 37; MüKo/*Maier* 9; *Arntzen* DRiZ **1976** 20.

106 RGSt **33** 393; **54** 108; **58** 396; RGRspr. 5 529; RG JW **1895** 288; RG HRR **1932** 2329; *Schmitt*/Köhler 12, 13; MüKo/*Maier* 9; *Gerland* 197; *Gössel* § 25 A I; *Henkel* 201; Alsberg/*Dallmeyer* 306; *Schlüchter* 476; vgl. auch § 244, 281.

107 RGSt **33** 403; *Schmitt*/Köhler 12, 13; MüKo/*Maier* 9; Alsberg/*Dallmeyer* 307; vgl. Erl. zu § 66.

108 *Peters* § 42 II 1.

3. Verfahrensbeteiligte als Zeugen (alphabetisch)

a) Antragsteller im Adhäsionsverfahren nach §§ 403 ff. können als Zeugen vernommen werden.[109] Wie einem Nebenkläger wird dem Antragsteller im Adhäsionsverfahren trotz § 58 die Anwesenheit bei vorangehenden Vernehmungen anderer Zeugen zu gestatten sein, was jedoch Auswirkungen auf den Beweiswert der Aussage haben kann (siehe § 58, 3 f.). 31

b) Beistände. Der nach § 149 als Beistand zugelassene Ehegatte, Lebenspartner oder gesetzliche Vertreter kann Zeuge sein (siehe auch § 58, 44).[110] Auch der Beistand nach § 69 JGG, der in der Hauptverhandlung die Rechte eines Verteidigers hat (§ 69 Abs. 3 Satz 2 JGG), kann als Zeuge vernommen werden. Ein Konsularbeamter kann über den Inhalt eines ersten Gesprächs, das er mit einem in ausländischer Haft befindlichen Beschuldigten in Erfüllung seiner Hilfspflicht nach § 7 KonsG geführt hat, grundsätzlich ebenfalls als Zeuge vernommen werden.[111] Funktional steht er beim konsularischen Gespräch als Beistand an der Seite des betroffenen Staatsbürgers und nicht auf Seiten der Strafverfolgungsbehörden eines Staates, sodass keine Vernehmung i.S.v. §§ 136, 136a vorliegt. Allerdings kann in der Vernehmung des Konsularbeamten ein Verstoß gegen den Grundsatz des fairen Verfahrens (Art. 6 EMRK) liegen, gerade weil der Betroffene diesem Umstände in der Annahme anvertraut hat, dieser stehe ihm zur Seite.[112] 32

c) Beschuldigte. Im deutschen Strafprozess gilt der Grundsatz, dass ein Beschuldigter sich zwar zur Sache einlassen, jedoch niemals zugleich Zeuge in eigener Sache sein kann.[113] Hinsichtlich der Zeugnisfähigkeit des Mitbeschuldigten siehe unten Rn. 35 f. 33

d) Bewährungshelfer. Auch der dem Angeklagten bestellte Bewährungshelfer kann als Zeuge geladen und vernommen werden,[114] ein Zeugnisverweigerungsrecht hat er nicht (§ 53, 4). 34

e) Dolmetscher (§§ 185 ff. GVG) können Zeugen sein.[115] Dies folgt aus § 191 GVG, der auf eine entsprechende Anwendung der Vorschriften über die Ablehnung von Sachverständigen verweist. Ebenso wenig wie bei diesem ist bei einem Dolmetscher die Vernehmung als Zeuge ein Ablehnungsgrund (§ 74 Abs. 1 Satz 2). Als Zeugen dürfen Dolmetscher ihre Aussage selbst in die fremde Sprache übertragen.[116] 35

---

109 KK/*Zabeck* § 404, 9; *Schmitt*/Köhler 23; *Schlüchter* 481 Fn. 236; Alsberg/*Dallmeyer* 319; *Henkel* 204.

110 RGSt **22** 198; **59** 354; HK/*Gercke* 11; *Schmitt*/Köhler 23; KK/*Bader* 14; *Gerland* 197; *Henkel* 204; *Peters* § 42 II 2; Alsberg/*Dallmeyer* 328; *Fraeb* GerS **80** (1913) 110; *Schorn* GA 77 (1933) 258.

111 BGH NJW **2011** 1523 m. Anm. *Norouzi*. Aus diesem Grund kommt auch ein Verwertungsverbot hinsichtlich der später zulasten des Beschuldigten getätigten Zeugenaussage aufgrund Fortwirkung unzulässiger Vernehmungsmethoden nicht in Betracht.

112 Vgl. *Norouzi* NJW **2011** 1525.

113 BGHSt **10** 10; BGH NJW **1964** 1034; JR **1969** 149 m. Anm. von *Gerlach*; BGH bei *Dallinger* MDR **1971** 897; NStZ **1984** 464; RGSt **6** 280; **52** 138; OLG Schleswig SchlHA **1949** 215; AK/*Kühne* 13; HK/*Gercke* 8; *Schmitt*/Köhler 19, 20; *Gössel* § 25 A V; *Pfeiffer* 3; SK/*Rogall* 40 f.; *Eb. Schmidt* 3; *Henkel* 204; *Fezer* 13/26 f.; *Alsberg* DStrZ **1914** 244; *von Gerlach* NJW **1964** 2397; *Lenckner* FS Peters 333.

114 OLG Oldenburg MDR **1977** 775; SK/*Rogall* 70; *Eisenberg* (Beweisrecht) 1026.

115 RGSt **45** 304; RG Recht **1914** Nr. 1936; BGHR StPO § 338 Nr. 5 Dolmetscher 1; Alsberg/*Dallmeyer* 334; KK/*Bader* 14; *Schmitt*/Köhler 23; SK/*Rogall* 60.

116 RGSt **45** 304; *Schmitt*/Köhler 23; SK/*Rogall* 60; Alsberg/*Dallmeyer* 334; *Schorn* GA 77 (1933) 259.

36 **f) Einziehungsbeteiligte (§ 424)** haben von der Eröffnung des Hauptverfahrens an nach § 427 Abs. 1 alle Befugnisse, die einem Angeklagten zustehen. Wie der Beschuldigte scheiden sie daher als Zeugen aus;[117] sie sind formlos anzuhören. Etwas anderes gilt nur, soweit es um Fragen geht, an denen der Nebenbeteiligte nicht beteiligt ist,[118] und für Nebenbetroffene (§ 438), wenn ihre Verfahrensbeteiligung sich nicht auf die Schuldfrage erstreckt (vgl. § 438 Abs. 2), zu der sie vernommen werden sollen.[119] Entsprechendes gilt im selbständigen Verfahren zur Festsetzung einer Geldbuße gegen juristische Personen nach § 444. Bei juristischen Personen ist im Übrigen darauf abzustellen, ob der potentielle Zeuge vertretungsberechtigt ist. Nicht vertretungsberechtigte Personen sind als Zeugen zu hören (evt. nach Belehrung gem. § 55).[120]

37 **g) Erziehungsberechtigte und gesetzliche Vertreter.** (§ 67 JGG) können Zeugen sein.[121] Für gesetzliche Vertreter juristischer Personen siehe Rn. 33.

h) Mitbeschuldigte

38 **aa) Grundsatz.** Ob der Beschuldigte über die einem Mitbeschuldigten zur Last gelegte Tat als Zeuge vernommen werden darf, richtet sich nach h.M. ausschließlich nach dem verfahrensrechtlichen Gesichtspunkt der **prozessualen Gemeinsamkeit** bzw. nach dem **formellen Mitbeschuldigtenbegriff.**[122] Entscheidend ist, ob die Verfahren gegen die mehreren Beschuldigten in dem Zeitpunkt, in dem die Aussage gemacht wird, nach den §§ 2 ff., 237 verbunden sind. Ist das der Fall, so scheidet die Vernehmung von Mitbeschuldigten als Zeugen ausnahmslos aus.[123] Dabei spielt es keine Rolle, ob der Mitbeschuldigte über die gemeinschaftlich begangene Tat oder, wenn mehrere selbständige Straffälle Gegenstand des Verfahrens sind, über eine Tat Auskunft geben soll, bei der er selbst einer Beteiligung weder beschuldigt noch auch nur verdächtigt wird.[124] In der Literatur wird teilweise die Meinung vertreten, entscheidend sei der materielle Mitbeschuldigtenbegriff, weil es auf den verfahrensrechtlichen Zufall, ob die Verfahren gegen die mehreren Beschuldigten verbunden oder getrennt geführt werden, nicht ankommen könne.[125] Dies lässt sich jedoch mit dem Gesetz, so mit § 55 und insbesondere § 60 Nr. 2 nicht vereinbaren,

---

117 BGHSt **9** 251; RGSt **46** 88; Alsberg/*Dallmeyer* 318; HK/*Retemeyer* § 427, 1; Schmitt/*Köhler* § 427, 4; **a.A.** *Alsberg* GA **61** (1914) 484.

118 Schmitt/*Köhler* § 427, 4.

119 Schmitt/*Köhler* § 427, 4.

120 OLG Frankfurt GA **1969** 124; vgl. auch BGHSt **9** 252.

121 BGHSt **21** 289; KK/*Bader* 14; *Schmitt*/Köhler 23; Alsberg/*Dallmeyer* 329.

122 BGHSt **10** 8; **10** 188; **12** 10; **18** 240; **27** 141; BGH JR **1969** 149; StV **1984** 361 m. Anm. *Prittwitz* und *Meyer-Goßner* StV **1985** 89; BGHSt **38** 603 m. Anm. *Rogall* JR **1993** 380; HK/*Gercke* 8; SK/*Rogall* 42 ff.; *Dahs/Langkeit* NStZ **1993** 213 f.

123 RGSt **6** 279; **31** 139; BGHSt **10** 8; Alsberg/*Dallmeyer* 321; *Gössel* § 25 A V; KK/*Bader* 7; *Schmitt*/Köhler 21; *G. Schäfer* 656; *Eb. Schmidt* 4; *Schöneborn* ZStW **86** (1974) 923 ff.; vgl. auch *Grünwald* FS Klug Bd. II 498 ff.; *Grünwald* (Beweisrecht) 14 ff.; *Geppert* Jura **1991** 82 ff., 85 f.; *Pfeiffer* 3.

124 BGHSt **3** 152; **10** 11; BGH NJW **1964** 1034; RGSt **6** 281; **46** 89; RGRspr. **5** 528; **10** 343; RG JW **1893** 416; GA **39** (1891) 315; **41** (1893) 147; **43** (1895) 291; **45** (1897) 290; Alsberg/*Dallmeyer* 321; *Gössel* § 25 V; *Henkel* 204; KK/*Bader* 7; *Schmitt*/Köhler 21; *von Kries* 349; **a.A.** *Beling* 296; *Alsberg* DStrZ **1914** 244; *Fraeb* GerS **80** (1913) 120.

125 *Schäfer* § 62 I 2; *Dünnebier* JR **1975** 3; *v. Gerlach* JR **1969** 150; *Jung* (Kronzeuge) 73; *Lenckner* FS Peters § 42 II 2; *Montenbruck* ZStW **89** (1977) 873; *Müller-Dietz* ZStW **93** (1981) 1227; *Rüping* 52; *Peters* § 42 II 2; *ders.* Gutachten z. 46. DJT Bd. I A 136; *Prittwitz* (Mitbeschuldigte) 140, 153 ff.; *Schorn* GA 77 (1933) 259.

die davon ausgehen, dass mutmaßlich Tatbeteiligte oder bereits Verurteilte als Zeugen vernommen (wenn auch nicht vereidigt) werden können.[126]

bb) Manipulierter Rollentausch. Das Verbot, den Mitbeschuldigten als Zeugen zu vernehmen, besteht immer nur für denselben Verfahrensabschnitt und nur, solange die Verfahren verbunden sind.[127] Daher ist **nach Eröffnung des Hauptverfahrens** jede Auskunftsperson als Zeuge zu vernehmen, gegen die das Hauptverfahren nicht eröffnet worden ist, auch wenn sie teilnahmeverdächtig oder wenn deswegen bereits ein Verfahren gegen sie eingeleitet worden ist.[128] Ist die **Verfahrensverbindung** ausdrücklich oder stillschweigend aufgehoben worden, so muss der Mitbeschuldigte, wenn es auf seine Angaben ankommt, stets als Zeuge vernommen werden.[129] Als Zeuge kommt insbesondere der Mitbeschuldigte in Betracht, gegen den das Verfahren nach § 153,[130] § 153a, § 154 Abs. 2,,[131] §§ 154 f., nach § 205[132] oder nach §§ 206a, 206b eingestellt, oder der bereits, wenn auch noch nicht rechtskräftig, verurteilt[133] oder freigesprochen worden ist,[134] auch wenn seine Berufung nach § 329 verworfen worden ist.[135] Gesondert hiervon ist das Vorliegen eines möglichen Auskunftsverweigerungsrechts gem. § 55 zu prüfen (näher § 55, 12 ff.). Da die Verbindung und die Trennung von Verfahren im Ermessen des Gerichts stehen, ist es nicht ausgeschlossen, dass ein Mitbeschuldigter aus verfahrenstaktischen Überlegungen durch Trennung von Verfahren zum Zeugen wird.[136] Dies ist grundsätzlich zulässig. Das Gesetz geht offensichtlich davon aus, dass die Rechte des Mitbeschuldigten, der als Zeuge vernommen wird, durch die Möglichkeit der Auskunftsverweigerung nach § 55 und das Vereidigungsverbot nach § 60 Nr. 2 genügend gewahrt werden.[137] Ggf. sind jedoch besondere Anforderungen an die Beweiswürdigung zu stellen (siehe etwa die Warnfunktion des Vereidigungsverbots, § 60, 6). Unzulässig wird eine solche Trennung und/oder Verbindung dann, wenn zwingende Vorschriften der Strafprozessordnung verletzt werden. Problematisch sind insbesondere Fälle lediglich vorübergehender Verfahrenstrennung.[138] So kann ein Verstoß gegen § 230 Abs. 1, § 338 Nr. 5 darin liegen, dass während der Trennung Umstände Gegenstand der Hauptverhandlung waren, die auch den „abge- 39

---

126 Umfassend dazu *Schöneborn* ZStW **86** (1974) 929 ff.; *Geppert* Jura **1991** 85 ff.; SK/*Rogall* 42 ff.; *Grünwald* (Beweisrecht) 15.

127 BGHSt **10** 11; **10** 188; BGH NJW **1964** 1034; RGRspr. **9** 403.

128 BGHSt **10** 11; BGH NJW **1964** 1034; RGSt **16** 209; **27** 314; RG JW **1912** 943; RGRspr. **5** 528; RG GA **63** (1916/17) 430; LZ **1920** 662; *Eb. Schmidt* 4; **a.A.** RGSt **16** 232.

129 BGH NJW **1964** 1034; JR **1969** 148 m. Anm. *von Gerlach*; RGSt **52** 289; RG JW **1919** 457 m. Anm. *Alsberg*; GA **66** (1918/19) 282; KK/*Bader* 8; Alsberg/*Dallmeyer* 322; *Dahs*/*Dahs* 271.

130 OLG Hamm NJW **1968** 954.

131 BGH bei *Spiegel* DAR **1979** 187.

132 BGHSt **10** 188; **24** 259; **27** 140 f. = JR **1977** 433 m. krit. Anm. *Hanack*; BGH JR **1959** 67; StV **1984** 361 m. Anm. *Prittwitz*; *Grünwald* FS Klug Bd. II 498; **a.A.** OLG Frankfurt bei *Fischer* StV **1981** 85; dagegen *Prittwitz* NStZ **1981** 463; RGSt **52** 138.

133 RGSt **31** 139; OLG Hamm VRS **42** (1972) 208; OLG Schleswig SchlHA **1949** 215; Alsberg/*Dallmeyer* 322; zu Problemen, die sich für den rechtskräftig verurteilten Mitangeklagten bei seiner Vernehmung als Zeuge ergeben können vgl. OLG Düsseldorf StV **1982** 344 m. abl. Anm. *Prittwitz*.

134 RG Recht **1910** 3123; *Henkel* 204.

135 RG JW **1933** 447 m. abl. Anm. *Merkel;* Alsberg/*Dallmeyer* 322.

136 Bedenken hiergegen *Eisenberg* (Beweisrecht) 935 im Hinblick auf eine dadurch mögliche (willkürliche) Wahl des gesetzlichen Richters.

137 Für einen eingeschränkten Anwendungsbereich der §§ 55, 60 Nr. 2 auf der Grundlage des materiellen Mitbeschuldigtenbegriffs: *Lenckner* FS Peters 338 f.; *Roxin*/*Schünemann* § 26, 5.

138 Beachte BGH NStZ **2011** 168: Im Falle einer vorübergehenden Verfahrenstrennung kann ein Antrag auf zeugenschaftliche Einvernahme des Mitangeklagten rechtsfehlerfrei gem. § 244 Abs. 3 Satz 1 (a.F.) abgelehnt werden, wenn im Zeitpunkt der Entscheidung über den Beweisantrag die Verfahren wieder verbunden sind.

trennten" Beschuldigten betreffen und in der Entscheidung gegen ihn verwertet werden.[139] Ein Verstoß gegen § 261 kann darin liegen, dass die Einlassung eines Mitbeschuldigten während der Trennung der Verfahren im Urteil des zwischenzeitlichen Zeugen von Bedeutung ist.[140] Das Verbot der Umgehung prozessualer Verfahrensrechte ist nicht auf die Frage der Zeugenstellung des Mitbeschuldigten beschränkt. Unzulässig ist bspw. auch die Trennung von Verfahren zu dem Zweck, das hinsichtlich eines Beschuldigten bestehende aus § 53 resultierende Beschlagnahmeverbot nach § 97 Abs. 1 in dem Verfahren gegen einen Mitbeschuldigten zu umgehen.[141] In der Regel wird die Verfahrenstrennung unzulässig sein, wenn sich die beabsichtigte Zeugenvernehmung auf eine gemeinschaftliche Tat beziehen soll.[142] Steht hingegen zweifelsfrei fest, dass sich das Ergebnis des in Rede stehenden Verfahrensteils nicht auf den abwesenden Angeklagten auswirkt und dass sich die Verhandlung dann auch tatsächlich in dem damit gesteckten Rahmen hält, soll nach Ansicht des BGH selbst bei einer gemeinschaftlichen Tat eine vorübergehende Trennung der Verfahren zulässig sein.[143]

40 **i) Nebenkläger.** Der Nebenkläger kann Zeuge sein.[144] Anderenfalls müsste jeder potentielle Nebenkläger befürchten, durch die Nebenklage die Aufklärung eben der Straftat zu erschweren, deren Aufklärung zu fördern er mit der Nebenklage bezweckt. § 397 Abs. 1 Satz 1, der für den Nebenkläger eine Ausnahme von § 58 Abs. 1 (Regelfall der Zeugeneinvernahme ohne Anwesenheit später zu hörender Zeugen) begründet (dazu näher § 58, 3), setzt die Zeugenfähigkeit des Nebenklägers voraus. Das Gleiche gilt, wie sich aus § 406h Abs. 1 Satz 2 ergibt, für den Nebenklageberechtigten (s. aber auch § 58, 3f.).

41 **j) Privatkläger.** Die Verfahrensstellung des Privatklägers zeichnet sich dadurch aus, dass er als möglicher Betroffener einer Straftat das Verfahren gegen den vermeintlichen Täter nicht nur (durch Anzeige/Strafantrag) in Gang setzt oder in anderer Weise fördert (z.B. als Nebenkläger), sondern dass er zugleich auch als Vertreter der Anklage (Kläger) fungiert. Nach h.M. soll diese Parteirolle des Privatklägers zur Folge haben, dass er nicht Zeuge sein kann.[145]

Nur ausnahmsweise ist es aus Gründen der Verfahrensfairness geboten, den (während der Verfahrenstrennung gestellten) Beweisantrag zeitnah nach Anbringung zu bescheiden.

139 BGHSt **24** 257.

140 BGH StV **1984** 186.

141 BGHSt **43** 300.

142 *Schmitt*/Köhler 22; vgl. auch BGHSt **30** 74.

143 BGHSt **32** 102. Beachte aber zur Verfahrenstrennung und möglichen Ermessensfehlern BGH NStZ **2012** 519: Wenn mehrere Personen als Bandenmitglieder einer Straftat angeklagt sind, ist es im Hinblick auf § 244 Abs. 2 regelmäßig sachgerecht und erforderlich, gegen alle auf Grund einer einheitlichen Beweisaufnahme zu entscheiden. Im Hinblick darauf kann die Abtrennungsentscheidung mit der Begründung, das Verfahren hinsichtlich des einzig aussagebereiten Angeklagten sei insoweit entscheidungsreif, aus der Sicht der schweigenden Angeklagten den Eindruck erwecken, das Gericht werde auch in ihrem Verfahren von dem Tathergang ausgehen, den der aussagebereite Angeklagte geschildert hat.

144 BGH LM Nr. 1 zu § 396; BGH bei *Dallinger* MDR **1952** 532, 659; RGSt **2** 348 – VerStS; **3** 47; BayObLGSt **10** 228; **1953** 27 = MDR **1953** 377; Alsberg/*Dallmeyer* 317; *Gössel* § 25 VII; KK/*Bader* 13; *Schmitt*/Köhler 23; SK/*Rogall* 58; *Peters* § 42 II 2; **a.A.** vor Einführung des § 397 Abs. 1 Satz 1 RGRspr. **2** 174; *Beling* 295, 463; *zu Dohna* 233; *Eb. Schmidt* 6; *Henkel* 205; *Kronecker* GA **38** (1891) 140. Für grundsätzliche Erwägungen zum Verletztenschutz siehe Rn. 3 ff.

145 RGRspr. **2** 174; BayObLGSt 7 373; BayObLGSt **1953** 26 = MDR **1953** 377; **1961** 192 = NJW **1961** 2318; KK/*Allgayer* § 384, 2; HK/*Gercke* 11; *Schmitt*/Köhler 23; SK/*Rogall* 57; *Roxin*/*Schünemann* § 26, 9; *Eb. Schmidt* 6; *Peters* § 42 II 2; Alsberg/*Dallmeyer* 316; *Traeb* GerS **80** (1913) 106; *Hartung* ZStW **71** (1959) 470; *Niederreuther* DStR **1941** 160; DR **1942** 560; *Schorn* GA **77** (1933) 258; *Seibert* MDR **1952** 278; *Woesner* NJW **1959** 706; **a.A.** *Gössel* 205; vgl. auch *Daninger* DStR **1941** 95; *Lorenz* JR **1950** 106.

Es soll dem Privatkläger nicht ermöglicht werden, seine Aussage ggf. zu beeiden, weil dies dem Angeklagten auch nicht möglich sei (Stichwort Waffengleichheit). Dies soll auch für den gesetzlichen Vertreter,[146] nicht aber für den Prozessbevollmächtigten gelten.[147] Gleichwohl soll das Gericht die Aussage des Privatklägers entgegennehmen, würdigen und zur Grundlage seiner Urteilsfindung machen dürfen.[148] Diese Argumentation vermag, insbesondere im Hinblick darauf, dass der Nebenkläger unstreitig Zeuge sein kann, nicht zu überzeugen. Eine solche Differenzierung ist weder sachlich gerechtfertigt noch erforderlich.[149] Auch der sonstige (möglicherweise einzige) Zeuge, der Verletzter der mutmaßlichen Tat ist, kann vereidigt werden, ohne dass dem Beschuldigten unter dem Aspekt der Waffengleichheit Gleiches möglich wäre. Ein Vereidigungsverbot des durch die Tat verletzten Zeugen besteht insoweit grundsätzlich nicht (§ 60, 16). Im Falle einer Widerklage (§ 388) sind die Parteirollen vertauscht. Wird die Widerklage zugelassen oder werden zwei separate Privatklagen gem. § 237 miteinander verbunden, so wird der ursprüngliche Kläger zugleich Angeklagter. In diesem Falle sind, wie auch sonst im Falle von Verfahrensverbindungen, die für Mitbeschuldigte geltenden Grundsätze anzuwenden (siehe Rn. 35 ff.). Sind die Verfahren nicht verbunden, wird zu prüfen sein, ob nicht hinsichtlich beider Beteiligter die Voraussetzungen eines Vereidigungsverbots nach § 60 Nr. 2 erfüllt sind (siehe dazu § 60, 16). Problematisch erscheint allenfalls ein möglicher Konflikt mit § 58 Abs. 1.[150] Dies unterscheidet den Fall des Privatklägers jedoch nicht von dem des Nebenklägers, Staatsanwalts und Verteidigers, die ebenfalls als Zeugen in Betracht kommen. Im Übrigen wird sicherzustellen sein, dass für die Dauer der Zeugenvernehmung des Privatklägers seine formelle Parteistellung durch einen Prozessbevollmächtigten wahrgenommen wird.

k) Richter. Dass der Richter als Zeuge vernommen werden darf, ergibt sich aus § 22 42
Nr. 5[151] (für den Schöffen vgl. § 31 Abs. 1). Der Richter ist aber von der Mitwirkung als Richter ausgeschlossen, wenn er bereits als Zeuge vernommen worden ist (vgl. Erl. zu § 22). Der Regelung liegt der Gedanke zugrunde, dass derjenige, der zu einem Geschehen als Zeuge ausgesagt hat, dieses Geschehen nicht später in tatsächlicher und rechtlicher Hinsicht bewerten soll.[152] Allein die Möglichkeit, als Zeuge in Betracht zu kommen, macht den Richter nicht zum Zeugen.[153] Auch die bloße Benennung als Zeuge führt nicht zu seinem Ausschluss.[154] Erklärt er dienstlich, dass ihm die Beweistatsachen nicht bekannt sind, darf er selbst an dem sich hieraus zwangsläufig ergebenden Beschluss über die Ablehnung des Beweisantrages mitwirken.[155] Dienstliche Wahrnehmungen des erkennenden Richters, die die laufende Hauptverhandlung und das anhängige Verfahren betreffen, können in zulässiger Weise durch eine dienstliche Äußerung in die Hauptverhandlung

---

146 OLG Düsseldorf JMBlNRW **1962** 198; Alsberg/*Dallmeyer* 316.

147 Alsberg/*Dallmeyer* 316.

148 *Dürwanger/Dempewolf* 409; *Seibert* MDR **1952** 278; *Woesner* NJW **1959** 706; vgl. Erl. zu § 384.

149 Überzeugend insoweit *Eb. Schmidt* 6, der mit beachtlichen Argumenten sowohl dem Privat- als auch dem Nebenkläger die Fähigkeit abspricht, Zeuge zu sein, was allerdings nach Einführung des § 397 Abs. 1 Satz 1 mit dem Gesetz nicht mehr zu vereinbaren ist.

150 *Eb. Schmidt* 6.

151 St. Rspr. BGH NStZ **2010** 406.

152 BGHSt **31** 359.

153 BGH bei *Holtz* MDR **1977** 107.

154 *Schmitt*/Köhler 14, 15; *Michel* MDR **1992** 1026; *Geppert* Jura **1991** 87.

155 BGHSt 7 330 = JR **1955** 391 m. Anm. *Niese* = JZ **1956** 31 m. Anm. *Kleinknecht*; BGH bei *Holtz* MDR **1977** 107; RG GA **59** (1912) 126; Alsberg/*Dallmeyer* 309; *Gössel* § 25 A II 2; *Schmitt*/Köhler 14, 15; KK/*Bader* 10; zweifelnd AK/*Kühne* 14.

eingeführt werden.[156] Die dienstliche Erklärung ist keine Vernehmung im Sinne des § 22 Nr. 5.[157] Gleiches gilt, wenn der Richter nicht nur als Zeuge benannt, sondern für die Hauptverhandlung als Zeuge geladen wird. Andernfalls könnte der Angeklagte jeden ihm nicht genehmen Richter daran hindern, sein Amt auszuüben.[158] Eine dienstliche Erklärung ist jedoch nicht möglich, wenn dem Richter Beweistatsachen bekannt sind, die er nicht in dienstlicher Eigenschaft im anhängigen Verfahren wahrgenommen hat. Abgrenzungsfragen können namentlich in Fällen der Vorbefassung entstehen, die auch unter dem Blickwinkel einer möglichen Befangenheit diskutiert werden,[159] etwa wenn Beweis zu erheben ist über eine Zeugen- oder Beschuldigtenaussage in einem vorhergehenden Verfahren. Der Richter ist ausgeschlossen, wenn er in einem anderen Verfahren bereits zu derselben Sache vernommen worden ist[160] und sobald er auf die Ladung als Zeuge im Sitzungssaal erscheint; ob es zu seiner Vernehmung kommt, spielt dann keine Rolle.[161] Bekundet der Richter ungefragt Beweistatsachen, die er nicht in dienstlicher Funktion im anhängigen Verfahren gewonnen hat, so macht er sich selbst zum Zeugen und ist für das weitere Verfahren als Richter ausgeschlossen,[162] ebenso wenn er sich durch Angaben als eigene Erkenntnisquelle vom Hörensagen zur Verfügung stellt, auch wenn sich in der Folge herausstellt, dass das Wissen tatsächlich nicht relevant ist.[163] Gleiches gilt, wenn der Richter selbst seine Vernehmung für voraussichtlich unumgänglich hält.[164] Nach Abschluss seiner richterlichen Tätigkeit kann der Richter in demselben oder in einem höheren Rechtszug Zeuge sein.[165] Zur Verschwiegenheitspflicht des Richters vgl. § 54, 5.

43 **l) Sachverständige** können zusätzlich als Zeugen vernommen werden,[166] was in der Praxis häufig geschieht (vgl. auch § 74 Abs. 1 Satz 2). Grundsätzlich ist zu unterscheiden zwischen Tatsachen, die der Sachverständige als Grundlage des ihm erteilten Gutachtenauftrags feststellt (Befundtatsachen), und weiteren Tatsachen, die er außerhalb oder bei Gelegenheit der Gutachtertätigkeit wahrnimmt, sei es, dass diese Wahrnehmungen Sachkunde voraussetzen, sei es, dass eine besondere Sachkunde nicht erforderlich ist (Zusatztatsachen). Über Zusatztatsachen kann auch der Sachverständige nur als Zeuge Auskunft geben. Die Abgrenzung kann im Einzelfall schwierig sein. Näher dazu die Erl. zu § 79; zum sachverständigen Zeugen Rn. 54.

44 **m) Staatsanwälte.** Eine dem § 22 Nr. 5 entsprechende Vorschrift für Staatsanwälte enthält die Strafprozessordnung nicht. Aus dem Grundsatz des fairen Verfahrens folgt jedoch, dass ein Staatsanwalt nicht tätig werden sollte, wenn er (z.B. als Verletzter) selbst Betroffener ist. Ein Verstoß kann ggf. die Revision begründen (vgl. näher Erl. Vor § 22, 8 ff.). Unstreitig ist gleichwohl, dass ein Staatsanwalt grundsätzlich als Zeuge vernommen

---

156 BGH StV **1993** 507.

157 BGHSt 7 330 = JR **1955** 391 m. Anm. *Niese* = JZ **1956** 31 m. Anm. *Kleinknecht*; BGHSt **11** 206; RGSt **42** 4; Alsberg/*Dallmeyer* 309; *Henkel* 203; SK/*Rogall* 49; *Peters* § 42 II 2.

158 BGHSt 7 46; **14** 219 f.; RGSt **42** 2; RGRspr. **10** 196; Alsberg/*Dallmeyer* 309; KK/*Bader* 10; *Roxin/Schünemann* § 26, 6; *Grünwald* (Beweisrecht) 19; *Schorn* GA 77 (1933) 251.

159 *Schmitt*/Köhler § 24, 12 ff. m.w.N.

160 BGHSt **31** 358; SK/*Rogall* 50.

161 BGHSt 7 44; BGH bei *Holtz* **1977** 107; Alsberg/*Dallmeyer* 309; *Gössel* § 25 A II 2; *Henkel* 203; KK/*Bader* 10.

162 RGSt **26** 273; s. auch LR/*Siolek*[27] § 22, 45.

163 BGH NStZ **1998** 93.

164 AG Brandenburg StraFo **2007** 501; *Schmitt*/Köhler 14, 15.

165 BGHSt **2** 99; SK/*Rogall* 50; Alsberg/*Dallmeyer* 309.

166 RGSt **45** 304; BGH StraFo **2010** 193; Alsberg/*Dallmeyer* 330 f.; KK/*Bader* 14; SK/*Rogall* 68.

werden kann, auch wenn er zuvor an der Hauptverhandlung teilgenommen hat.[167] In der Praxis wird dies namentlich relevant, wenn ein Staatsanwalt über Erkenntnisse aus dem Ermittlungsverfahren Auskunft geben soll, etwa als Vernehmungsperson über eine Zeugenaussage im Ermittlungsverfahren. In diesem Fall kann ein Anspruch auf Erteilung einer Aussagegenehmigung bestehen.[168] Die reine Beantwortung einer sachbezogenen Frage des Verteidigers macht den Staatsanwalt aber noch nicht zum Zeugen.[169] Während seiner Vernehmung muss ein anderer Anklagevertreter seinen Platz einnehmen (vgl. § 226). Wollte man die Zeugenvernehmung des Staatsanwalts generell für unzulässig halten, wäre es in der Regel ausgeschlossen, dass der die Ermittlungen leitende Staatsanwalt später auch als Vertreter der Staatsanwaltschaft an der Hauptverhandlung teilnimmt, weil damit gerechnet werden muss, dass er als Zeuge über Wahrnehmungen im Ermittlungsverfahren Auskunft geben muss. Dies wirft die Frage auf, was vor und nach der Vernehmung des Staatsanwalts verfahrensrechtlich zu beachten ist. **Vor der Vernehmung** des Staatsanwalts ist § 58 Abs. 1 zu beachten.[170] Nach h.M. soll es sich aber bei dieser Vorschrift nur um eine Ordnungsvorschrift handeln. Ein Verstoß soll mit der Revision deshalb nur gerügt werden können, wenn zugleich andere Verfahrensvorschriften, insb. § 244 Abs. 2, verletzt sind.[171] Dies erscheint fraglich. Gerade der vom BGH entschiedene Fall, bei dem der Staatsanwalt und der zuvor gehörte Zeuge über ein und dasselbe Gespräch Auskunft geben sollten, zeigt anschaulich, dass nachtäglich nicht mehr zu klären ist, ob der Staatsanwalt seine Aussage in irgendeiner Weise an der Aussage des anderen Zeugen ausgerichtet hat. Der Fehler liegt unmittelbar in dem Verstoß gegen § 58 Abs. 1 und nicht in einer etwaig unterlassenen Aufklärung, die nachgeholt werden könnte.

Streitig ist auch die Frage, ob der Staatsanwalt **nach seiner Vernehmung** als Zeuge noch **45**
in derselben Sache als Staatsanwalt tätig sein darf.[172] Das Reichsgericht vertrat die Ansicht, dass der Staatsanwalt nach seiner Vernehmung nicht mehr als Anklagevertreter amtieren dürfe, weil die Kombination der Stellung eines Zeugen mit der des öffentlichen Anklägers nicht bloß unangemessen, sondern schlechthin ungesetzlich sei.[173] Der **Bundesgerichtshof** hat sich zunächst der Rechtsprechung des Reichsgerichts ohne Einschränkung angeschlossen,[174] dann aber zunehmend unter bestimmten Voraussetzungen die weitere Tätigkeit des Staatsanwalts zugelassen, etwa wenn der Staatsanwalt nur über einen rein technischen, mit seiner Tätigkeit als Sachbearbeiter der Staatsanwaltschaft notwendig verbundenen Vorgang vernommen und durch Zuziehung eines weiteren Beamten der Staatsanwaltschaft Vorsorge dafür getroffen wird, dass der Zeuge die von ihm bekundeten Vorgänge nicht als Vertreter der Staatsanwaltschaft würdigen muss,[175] oder wenn dessen Vernehmung sich auf Wahrnehmungen bezieht, die nicht in unlösbarem Zusammenhang mit dem im Übrigen zu erörternden Sachverhalt stehen und die Würdigung seiner Aussage im Schlussvortrag einem anderen Staatsanwalt überlassen bleibt.[176] Entsprechendes gilt, wenn sich die Vernehmung des Sitzungsstaatsanwalts nur auf einen von mehreren Angeklagten oder auf eine Tat bezieht, die

167 *Schmitt*/Köhler 17; SK/*Rogall* 51 f.; KK/*Bader* 11; *Roxin*/*Schünemann* § 26, 7.
168 VG Düsseldorf StraFo **2015** 416.
169 BGH NStZ **1986** 133.
170 BGH NJW **1987** 3090; *Schmitt*/Köhler § 58, 3.
171 BGH NJW **1987** 3090; *Schmitt*/Köhler § 58, 17; KK/*Bader* § 58, 11.
172 Zur Fragestellung und ihrer Bedeutung vgl. *Geppert* Jura **1991** 87.
173 RGSt **29** 236; RG JW **1924** 1761 m. Anm. *Alsberg*; JW **1925** 1403 m. Anm. *Alsberg*; JW **1933** 523 m. Anm. *Drucker*; GA **67** (1919) 436; **71** (1927) 92; LZ **1926** 832.
174 BGH bei *Dallinger* MDR **1957** 16.
175 BGH **14** 265, 267, aufrechterhalten von BGH NStZ **2008** 353; BGHR StPO § 24 Staatsanwalt 3; BGHR StPO § 24 Staatsanwalt 6; grds. zust. *Dahs*/*Dahs* 271; ebenso vor § 22, 15.
176 BGHSt **21** 89 = JR **1967** 228 m. krit. Anm. *Hanack*; ebenso JZ **1971** 91; **1972** 81; NStZ **1983** 135; **1994** 194.

nur einem der mehreren Angeklagten vorgeworfen wird.[177] Eindeutig für unzulässig hielt es der BGH jedoch, dass der als Zeuge gehörte Staatsanwalt seine eigene Aussage im Schlussvortrag selbst würdigt.[178] Doch auch hier werden mittlerweile Ausnahmen zugelassen. So soll es zulässig sein, dass ein Staatsanwalt seine eigene Aussage würdigt, in der er lediglich die Richtigkeit einer von ihm aufgenommenen Vernehmungsniederschrift bestätigt hat.[179] Dies erscheint bedenklich. Eine solche Verfahrensweise entspricht faktisch einer Verlesung des Protokolls, die aus guten Gründen unzulässig ist (§ 250).

46 **n) Urkundsbeamte der Geschäftsstelle.** Für sie gelten dieselben Grundsätze wie für die Richter (§ 31 Abs. 1).[180] Vgl. oben Rn. 39.

47 **o) Verletztenbeistand.** Für den **Verletztenbeistand** (§ 406f) gilt nichts anderes als für den sonstigen anwaltlichen Zeugenbeistand (vgl. Rn. 52).

p) Verteidiger

48 **aa) Umfang der Zeugnispflicht.** Aus § 53 Abs. 1 Satz 1 Nr. 2 ergibt sich, dass auch der Verteidiger als Zeuge vernommen werden darf.[181] Über das, was ihm in seiner beruflichen Eigenschaft anvertraut oder bekannt geworden ist, darf er nur aussagen, wenn er von seiner Verschwiegenheitspflicht entbunden wurde, ansonsten läuft er Gefahr, sich strafbar zu machen (§ 53 Abs. 2 Satz 1; vgl. § 203 Abs. 1 Nr. 3 StGB). Auch im letzteren Fall ist die Aussage jedoch verwertbar. Eine eigenmächtige Durchbrechung des Verschwiegenheitsgebots kommt nur in besonders gelagerten Ausnahmefällen in Betracht.[182] Umstritten ist, ob Verteidiger (und auch sonstige Anwälte) im Falle der Entbindung von der Schweigepflicht vollumfänglich über alles, was mit dem Mandatsverhältnis in Zusammenhang steht, aussagen müssen. Nach dem Wortlaut des § 53 Abs. 2 Satz 1 scheint dies eindeutig zu sein. Dem liegt das Verständnis zugrunde, die Schweigepflicht des Anwalts bestehe im Interesse des Mandanten. Verzichte dieser auf das Schweigen seines Anwalts, so entfalle das auf dem Mandatsverhältnis beruhende Zeugnisverweigerungsrecht und der Anwalt unterliege (wieder) – wie jeder andere Zeuge auch – der allgemeinen prozessualen Pflicht, Zeugnis abzulegen. Diese Folge ist nicht selbstverständlich, wie bereits die Einschränkung des § 53 Abs. 2 Satz 1 auf die Berufsgruppen nach § 53 Abs. 1 Satz 1 Nr. 2–3b zeigt. Geistliche etwa haben trotz Entbindung von der Schweigepflicht selbst zu entscheiden, ob und in welchem Umfang sie aussagen. Entsprechendes wäre für Anwälte und weitere Berufsgruppen ebenfalls denkbar.[183] Die Entbindung von der Schweigepflicht hätte in diesem Fall Bedeutung für die materiellrechtliche Prüfung eines evt. Geheimnisverrats. Tatsächlich erscheint die Vorstellung, der Verteidiger werde mit Wegfall der Schweigepflicht Zeuge wie jeder andere auch, problematisch. Der Verteidiger kann im Zuge der Mandatsbearbeitung durch eigene Recherchen und Kontakte Tatsachen erfahren haben, über die er aus anwaltlicher Sicht (möglicherweise sogar gegenüber seinem Mandanten) Still-

177 BGHSt **21** 89; KK/*Bader* 11; *Schmitt*/Köhler 17a; SK/*Rogall* 54 m.w.N.; *Dose* NJW **1978** 352; Bedenken erhebt hiergegen *Roxin/Schünemann* § 26, 8.

178 BGH NStZ **1983** 135; OLG Naumburg StraFo **2007** 64; zu den Rügevoraussetzungen BGH StraFo **2007** 205.

179 BGHR StPO § 24 Staatsanwalt 5.

180 *Schmitt*/Köhler 16; SK/*Rogall* 59; *Eb. Schmidt* 8; *Gerland* 196; *Schorn* GA 77 (1933) 251.

181 BGH NJW **1953** 1600; StV **1984** 499; *Schmitt*/Köhler 18; SK/*Rogall* 61.

182 Näher *Strafrechtsausschuss der Bundesrechtsanwaltskammer* Thesen zur Strafverteidigung, S. 36 ff. (These 18).

183 So ist z.B. die Rechtslage in Österreich, vgl. § 157 der österreichischen StPO.

schweigen zu bewahren hat und die auch nicht zur Disposition seines Mandanten stehen.[184] De lege lata kommt ein solches eigenständiges Zeugnisverweigerungsrecht des Verteidigers nur in engen Grenzen in Betracht, soweit dies aus verfassungsrechtlichen Gründen unabdingbar ist.[185] Das praktische Bedürfnis ist insoweit eingeschränkt, als der Verteidiger darauf hinwirken kann, dass sein Mandant in der Entbindungserklärung ausdrücklich bestimmt, welche Tatsachenkomplexe ausschließlich von der Entbindung umfasst sind. Des Weiteren wird der Verteidiger bei seiner Vernehmung genau darauf zu achten haben, was (zeugnistaugliche) Wahrnehmungen sind, die er bekunden kann, und wann es sich um Wertungen, Einschätzungen, Schlussfolgerungen seinerseits handelt, die nicht Gegenstand des Zeugenbeweises sind, mit der Folge, dass er sie nicht bekunden und auch entsprechende Fragen nicht beantworten muss. Davon unberührt bleibt die Möglichkeit einer Vernehmung des Verteidigers über Wahrnehmungen, die außerhalb des beruflichen Bezuges liegen, insb. über solche aus der Zeit vor der Erteilung des Mandats.

bb) Ausschluss von der Verteidigung. Streitig ist, ob der Anwalt zugleich Zeuge und 49
Verteidiger sein kann oder ob er nach seiner Vernehmung die Verteidigung entweder niederlegen muss oder von ihr auszuschließen ist. Eine Ausschließung von der Verteidigung ist nach h.M. unzulässig. Nur so kann der Gefahr begegnet werden, dass ein unbequemer Verteidiger über den Umweg einer Vernehmung von der Verteidigung ausgeschlossen wird. Durch die im Jahre 1974 eingefügten §§ 138a, 138b sind die Fälle, in denen der Verteidiger von der Mitwirkung ausgeschlossen werden darf, abschließend geregelt,[186] eine Ausschließung wegen der Unvereinbarkeit der Zeugenrolle mit der Verteidigung ist nicht vorgesehen. Der Gesetzgeber hat hiervon bewusst abgesehen: „Hat der Verteidiger für den Beschuldigten entlastend ausgesagt, so wird ihn dies in seinen Verteidigerpflichten nicht behindern. Hat er den Beschuldigten belastet und entzieht ihm der Beschuldigte nicht das Mandat, kann möglichen Konfliktsituationen durch die Beiordnung eines Pflichtverteidigers neben dem Wahlverteidiger abgeholfen werden.“[187] Zwar kann der Verteidiger, der Rechtsanwalt ist, berufswidrig handeln, wenn er das Mandat übernimmt oder fortführt, obwohl er durch seine Vernehmung als Zeuge in eine Konfliktlage gebracht wird, weil er den Angeklagten belasten oder seine eigene Zeugenaussage in einer Weise würdigen muss, die mit der Stellung als Verteidiger nicht vereinbar ist.[188] Es ist aber, wie auch in anderen Fällen berufswidrigen Verhaltens, nicht Aufgabe des Gerichts, darüber zu wachen, dass der Rechtsanwalt seine Berufspflichten beachtet.[189] Auch ist der Beschuldigte nur in einem geringeren Maße schutzbedürftig, weil er seinerseits dem Verteidiger, es sei denn, dieser ist beigeordnet, jederzeit das Mandat entziehen kann.

Das **Verbot**, den **Verteidiger** wegen seiner Zeugeneigenschaft **auszuschließen**, darf 50
das Gericht nicht dadurch umgehen, dass es ihm nach § 58 Abs. 1 vor seiner Vernehmung die Anwesenheit in dem Sitzungssaal nicht gestattet.[190] Dem Anwesenheitsrecht des Verteidigers kommt ein größeres Gewicht zu als der Pflicht, die Zeugen einzeln und in Abwesenheit der später zu hörenden Zeugen zu vernehmen. Ggf. wird der Verteidigerzeuge frühzei-

184 Ausführlich dazu und zu der damit einhergehenden verfassungsrechtlichen Problematik *Matt* in FS Widmaier 851.

185 Zur Frage eines eigenständigen Zeugnisverweigerungsrechts de lege ferenda *Nack* StraFo **2012** 341.

186 AK/*Kühne* 17; *Schmitt*/Köhler 18; SK/*Rogall* 65 f.; MüKo/*Maier* 23; *Dahs* NJW **1975** 1390.

187 BTDrucks. 7 2989 S. 5; vgl. i.E. OLG Hamm Beschl. v. 3.12.1992 – 3 Ss 235/92.

188 BVerfGE **16** 217.

189 SK/*Rogall* 62; Alsberg/*Dallmeyer* 326.

190 *Schmitt*/Köhler 18; einschränkend KK/*Bader* 12: sofern dies die Wahrheitserforschung nicht erfordert.

tig zu hören sein, um einen Verstoß gegen § 58 Abs. 1 nach Möglichkeit zu vermeiden.[191] Ebenso wenig darf das Gericht die Weiterführung der Verteidigung dadurch verhindern, dass es den Verteidiger nicht als Zeugen entlässt;[192] auch hierzu besteht kein Anlass, weil der Verteidiger anwesend bleibt und erforderlichenfalls ergänzend gehört oder anderen Zeugen gegenübergestellt werden kann. Es ist Sache des Verteidigers (und seines Mandanten), darüber zu entscheiden, ob er nach seiner Benennung als Zeuge oder nach seiner Zeugenvernehmung die Verteidigung weiterführt; das Gericht muss es ihm auf jeden Fall ermöglichen, die Verteidigung vor und nach der Vernehmung zu führen. Im Fall der notwendigen Verteidigung ist dem Angeklagten für die Zeit der Vernehmung des Verteidigers ein anderer Verteidiger beizuordnen.[193] Wird das unterlassen, so beruht das Urteil darauf nicht, wenn sich nach den Umständen des Falles die Mitwirkung eines beigeordneten Verteidigers darin erschöpft hätte, dass er während der Vernehmung des Verteidigers anwesend gewesen wäre.[194] Die Beiordnung eines zweiten Verteidigers in sonstigen Fällen aus Fürsorgegründen wird nur ausnahmsweise in Betracht kommen. Fraglich ist jedoch, ob es einen Kernbereich der Verteidigung gibt, der einer möglichen Zeugenvernehmung des Verteidigers selbst dann entzogen ist, wenn der Beschuldigte diesen auch insoweit von der Verschwiegenheit entbunden hat und die Aussage wünscht. Nach Auffassung des 5. Strafsenats kommt eine Beweisaufnahme durch Zeugenvernehmung des (Pflicht-)Verteidigers zur Verteidigungsstrategie, insbesondere wegen der Absicht des Angeklagten, das Gewicht seiner Einlassung etwa durch Darlegung einer „Aussagekonstanz" gegenüber seinem Verteidiger zu stärken, nicht in Betracht.[195] Auch Mitteilungen des Angeklagten an seinen Verteidiger vor der Hauptverhandlung gehören demnach grundsätzlich nicht zum Gegenstand der Beweisaufnahme. Der Inhalt solcher Besprechungen diene der Vorbereitung der Verteidigung; die Umstände, die zur Entscheidung über Art und Inhalt der Verteidigungsstrategie geführt haben, seien regelmäßig der Kognition durch das Gericht entzogen und gehörten zum Kernbereich der Verteidigung.[196] Demgegenüber ist der 1. Strafsenat der Auffassung, dass die vom Angeklagten mit dem Ziel seiner Entlastung gewünschte Zeugenvernehmung seines Verteidigers, deren Grundlage – Befreiung von der Schweigepflicht – im Gesetz vorgesehen sei (§ 53 Abs. 2 Satz 1), schwerlich wegen gebotenen Schutzes der Verteidigungsinteressen unzulässig sein könne.[197]

51 Die Rechtsprechung des Reichsgerichts, die die Rolle des Zeugen mit der des Verteidigers grundsätzlich für unvereinbar hielt, ist damit überholt. Sie beruhte im Wesentlichen auf der Vorstellung, dass die Zeugenpflichten mit der Verteidigerstellung unvereinbar seien und das Interesse an der Wahrheitsfindung und damit an der Zeugenaussage des Verteidigers das Interesse an der freien Wahl des Verteidigers überwiege.[198]

52 **q) Vertreter von Behörden.** In bestimmten Fällen sind Behörden kraft Gesetzes an Straf- oder Bußgeldverfahren beteiligt, z.B. die Finanzbehörde (§ 407 Abs. 1 AO), die Kartellbehörde (§ 90 Abs. 2 Satz 1 GWB), Verwaltungsbehörden (§ 76 OWiG). Ihre Vertreter

---

191 KK/*Bader* 12.
192 *Schmitt*/Köhler 18.
193 BGH NJW **1953** 1601; NStZ **1985** 514; *Schmitt*/Köhler 18; SK/*Rogall* 61; MüKo/*Maier* 23; *Ulsenheimer* GA **1975** 117 Fn. 91.
194 BGH NJW **1967** 404.
195 BGH NStZ **2008** 115.
196 BGH NStZ **2008** 115.
197 BGH StV **2010** 287; s. auch *Bosbach* StraFo **2011** 172.
198 RGSt **24** 104; **54** 175; **55** 219.

können ohne Einschränkung als Zeugen vernommen werden.[199] Gleiches gilt für die Vertreter der Jugendämter, die im Rahmen der Jugendgerichtshilfe (§ 38 JGG) an der Verhandlung teilnehmen.[200] Die Frage, ob sie nach ihrer Vernehmung weiterhin als Repräsentanten ihrer Behörde am Verfahren mitwirken können, richtet sich nach ihren Amtspflichten. Strafprozessuale Bedenken bestehen dagegen nicht, weil ihre Rechtsstellung im Verfahren der des Staatsanwalts oder Verteidigers nicht gleich ist.

r) Wirtschaftsreferent der Staatsanwaltschaft. Seine Vernehmung als Zeuge (auch 53
als sachverständiger Zeuge) ist zulässig, wenn er in die Ermittlungen der Staatsanwaltschaft eingebunden ist oder war. Die Aussagegenehmigung richtet sich entsprechend dem Status des Wirtschaftsreferenten nach den für Beamte bzw. Angestellte geltenden Vorschriften. Im Übrigen unterliegt er grundsätzlich dem allgemeinen Zeugenrecht, d.h. auch der Verpflichtung, sich vor seiner Vernehmung nicht im Sitzungssaal aufzuhalten (§ 58 Abs. 1, § 243 Abs. 2 Satz 1). Dem Staatsanwalt kann er wegen seiner völlig anderen gesetzlichen Verfahrensposition nicht gleichgestellt werden.[201] Eine Vernehmung als Zeuge kommt nicht in Betracht, wenn der Wirtschaftsreferent in dem Verfahren als Sachverständiger beauftragt ist. Zur Tätigkeit des Wirtschaftsreferenten als Sachverständiger siehe Erl. zu § 74, 7, 14.

s) Anwaltlicher Zeugenbeistand. Der **anwaltliche Zeugenbeistand** (Rn. 25) kann als 54
Zeuge vernommen werden (beachte aber § 53 Abs. 1 Satz 1 Nr. 3). Wird er gemäß § 53 Abs. 2 Satz 1 von der beruflichen Schweigepflicht entbunden, muss er auch über das aussagen, was ihm in seiner beruflichen Eigenschaft anvertraut oder bekannt geworden ist. Seine Vernehmung in demselben Verfahren, in dem er einen Zeugen beraten hat, wird allerdings nur selten in Betracht kommen. Unter denselben Voraussetzungen kann der anwaltliche Zeugenbeistand in einem Verfahren vernommen werden, das gegen den Zeugen wegen seiner Aussage geführt wird.

4. Typische Fallgruppen

a) Leumundszeugen. Mit dem alten und altertümlichen Wort Leumund wird das Anse- 55
hen oder der Ruf bezeichnet, den eine Person in ihrem Umfeld genießt. Damit verknüpft ist oftmals zugleich eine Aussage über die sittlichen/charakterlichen **Eigenschaften** dieser Person.[202] Soweit ein Zeuge Auskunft über Tatsachen gibt, die Grundlage einer Beurteilung des Leumunds einer Person sein können, ist er ein gewöhnlicher Zeuge.[203] Bewertungen hingegen sind dem Zeugenbeweis grundsätzlich nicht zugänglich (vgl. Rn. 9). Sie sind Aufgabe des Gerichts,[204] das sich im Zweifelsfall sachverständiger Hilfe bedienen kann oder muss.[205] Die Abgrenzung ist im Einzelfall schwierig (vgl. Erl. zu § 256), erfordert aber nicht, den Leumundszeugen von vornherein zum sachverständigen Zeugen zu erklären.[206]

b) Sachverständige Zeugen. Der sachverständige Zeuge (§ 85) ist seiner prozessualen 56
Stellung nach Zeuge. Anders als andere kann er jedoch auch über bestimmte Tatsachen

199 SK/*Rogall* 70; Alsberg/*Dallmeyer* 335 für das Finanzamt.
200 A.A. *Peters* 346.
201 A.A. *Dose* NJW **1978** 354.
202 KK/*Diemer* § 256, 7.
203 SK/*Rogall* 26.
204 KK/*Diemer* § 256, 7.
205 SK/*Rogall* 26.
206 So AK/*Kühne* 9.

Auskunft geben, für deren Wahrnehmung eine besondere Sachkunde erforderlich war. Anders als der Sachverständige ist er zuvor nicht vom Gericht oder der Staatsanwaltschaft beauftragt worden.[207] Zur näheren Abgrenzung des sachverständigen Zeugen vom Zeugen und Sachverständigen siehe Erl. zu § 85.

57 **c) Zeugen vom Hörensagen.** Beim sog. Zeugen vom Hörensagen handelt es sich um einen Zeugen, der nicht über eigene Beobachtungen hinsichtlich des Tatgeschehens berichtet, sondern über Wahrnehmungen Dritter, die ihm mitgeteilt worden sind.[208] Man spricht insoweit auch vom mittelbaren Zeugen.[209] Praktische Bedeutung hat die Figur des Zeugen vom Hörensagen namentlich bei der Vernehmung von V-Personen, Lockspitzeln und Polizeibeamten (vgl. die Erl. zu § 68 und § 96) sowie der Vernehmung von Vernehmungspersonen. Zur Vernehmung des Zeugen vom Hörensagen und der damit verbundenen Problematik vgl. Erl. zu § 250.

58 **d) Kronzeugen.** Der Kronzeuge ist ein gegen den Beschuldigten aussagender Zeuge, dem von Strafverfolgungsbehörden für seine Aufklärungshilfe hinsichtlich fremder Straftaten Straffreiheit oder Strafmilderung bezüglich eigener Taten zugesagt wird. Die Figur des Kronzeugen (King's witness) ist dem deutschen Strafprozessrecht grundsätzlich fremd. Ihr stehen ernst zu nehmende verfassungsrechtliche Bedenken entgegen, etwa im Hinblick auf den Gleichheitsgrundsatz oder das Schweigerecht des Beschuldigten,[210] aber auch hinsichtlich von Gefahren für die Wahrheitsfindung. Gesetzliche Regelungen finden sich in § 31 BtMG und hinsichtlich der Aufklärung oder Verhinderung von schweren Straftaten auch in § 46b StGB (2009 eingefügt durch das 43. StrÄndG BGBl. I S. 2288, geändert durch das 46. StrÄndG vom 10.6.2013 BGBl. I S. 1497).

59 **e) Kinder als Zeugen.** Kinder können, wenn von ihnen eine verständliche Aussage erwartet werden kann, als Zeugen vernommen werden (vgl. Rn. 27). Wie Erwachsene müssen auch sie über ein mögliches Zeugnisverweigerungsrecht belehrt werden. In den Fällen, in denen das Kind die Bedeutung des Zeugnisverweigerungsrechts nicht erfassen kann, ist die Zustimmung des gesetzlichen Vertreters erforderlich, § 52 Abs. 2. Die Vernehmung minderjähriger Zeugen wird möglichst vor der Vernehmung anderer Zeugen (Nr. 135 Abs. 3 RiStBV) und, soweit sie das 18. Lebensjahr nicht überschritten haben, in der Regel allein vom Vorsitzenden durchgeführt, § 241a. Zu ihrem Schutz kann nach § 247 Satz 2 der Angeklagte aus dem Sitzungssaal entfernt werden, wenn die Vernehmung des minderjährigen Zeugen „in Gegenwart des Angeklagten einen erheblichen Nachteil für das Wohl des Zeugen befürchten lässt". Bei Personen unter 18 Jahren kann zusätzlich die Öffentlichkeit ausgeschlossen werden, § 172 Nr. 4 GVG. Die Erkenntnis, dass auch diese Zeugenschutzmöglichkeiten im Einzelfall unzureichend sein können[211] einerseits und die verbesserten technischen Möglichkeiten andererseits haben dazu geführt, dass der Gesetzgeber mit dem Zeugenschutzgesetz von 1989 (reformiert durch das Opferrechtsreformgesetz 2004 und 2013 geändert durch das Gesetz zur Intensivierung des Einsatzes von Videokonferenztechnik in gerichtlichen und staatsanwaltschaftlichen Verfahren) mit § 247a unter strengen Voraussetzungen die Möglichkeit einer audiovisuellen Zeugenvernehmung geschaffen hat.

---

207 AK/*Kühne* 9; SK/*Rogall* 26; *Schmitt*/Köhler § 85, 3; *Geppert* Jura **1991** 82.

208 Zum Begriff vgl. *Geppert* Grundsatz der Unmittelbarkeit (1979) 216; *Beulke* 181, 422 ff.

209 *Roxin/Schünemann* § 46, 33; SK/*Rogall* 25.

210 Vgl. eingehend zum Kronzeugen und der Kritik hieran bspw. *König* StV **2012** 113 und *ders.* NJW **2009** 2481. Zur Beschränkung auf Zusammenhangstaten vgl. *Peglau* NJW **2013** 1910; siehe auch SK/*Rogall* 27 ff.

211 Vgl. LG Mainz StV **1995** 345.

Möglich ist auch die Aufzeichnung einer (frühen) Vernehmung des minderjährigen Zeugen (§ 58a) und ggf. deren Vorführung in der Hauptverhandlung (§ 255a).

f) Verletzte (Opferzeugen). Wird der Verletzte[212] als Zeuge vernommen, gelten auch für ihn die Zeugenvorschriften der StPO.[213] Besondere Schutzrechte sind der Ausschluss der Öffentlichkeit bei **Gefährdung** von Leib, Leben oder Freiheit (§ 172 Nr. 1a GVG), die vorübergehende Ausschließung des Angeklagten (§ 247), die durch das OrgKG neugefassten Bestimmungen über die Personalienangaben und die Namhaftmachung von Zeugen (§ 68 Abs. 1 Satz 2, Abs. 2 und 3, § 168a Abs. 1 Satz 2, § 200 Abs. 1 Satz 3 und 4, § 222 Abs. 1 Satz 3) sowie der 2015 neu eingefügte § 48 Abs. 3 (zur Kritik siehe Erl. dort). Ein über das Geheimhaltungsrecht des § 68 Abs. 3 hinausgehendes Zeugnis- oder Auskunftsverweigerungsrecht bei fortdauernder Leibes- oder Lebensgefahr kann der Verletzte grundsätzlich nicht in Anspruch nehmen.[214] Die Zeugenvernehmung ist jedoch unzulässig, wenn der Zeuge durch sein Erscheinen in Lebensgefahr geraten könnte und ausreichende Schutzmaßnahmen – z.B. die audiovisuelle Vernehmung nach § 247a (siehe Erl. dort sowie § 68, 17) – nicht ergriffen werden können.[215] Darüber hinausgehende, nur dem Verletzten zustehende Befugnisse sind in den §§ 406d ff. geregelt; hier sind insbesondere das Recht auf Akteneinsicht (§ 406e), das Recht auf Zeugenbeistand (§ 406f) und das Recht auf psychosoziale Prozessbegleitung (§ 406g) zu nennen.[216] Der Verletzte ist ggf. auch als Nebenkläger (siehe Rn. 37) oder als Privatkläger (siehe Rn. 38) an dem Verfahren beteiligt. 60

g) Zeugen vor parlamentarischen Untersuchungsausschüssen. Das Verfahren vor den Untersuchungsausschüssen des Deutschen Bundestages ist im Untersuchungsausschussgesetz vom 19.6.2001 (PUAG) geregelt. Die §§ 20 bis 27 PUAG befassen sich mit den Zeugen. Die frühere Unterscheidung von Zeugen und Betroffenen sieht das PUAG, anders als einzelne Landesgesetze, nicht mehr vor.[217] Die Vorschriften des PUAG sowie der entsprechenden Landesgesetze lehnen sich in der Struktur grundsätzlich an den 6. Abschnitt der StPO an, verweisen teilweise auf die Vorschriften dieses Abschnitts, weichen z.T. aber auch in entscheidenden Punkten von diesen ab (vgl. dazu die Erl. bei den einzelnen Vorschriften). 61

h) Zeugen vor dem Bundesverfassungsgericht. Die Vernehmung von Zeugen vor dem Bundesverfassungsgericht ist in § 28 BVerfGG geregelt, der je nach Verfahren teils auf die Vorschriften der Strafprozessordnung, teils auf die der Zivilprozessordnung verweist. Anders als das Strafverfahren kennt das BVerfGG für das Verfahren vor dem Bundesverfassungsgericht jedoch keine Beschränkung der Beweismittel, sodass in der mündlichen Verhandlung auch Auskunftspersonen als „Aufklärungshilfe“ gehört werden können, auf die die Vorschriften für Zeugen gerade nicht anwendbar sein sollen.[218] Eine solche Aufklärungshilfe kommt nicht nur in Betracht, wenn einer verfahrensbeteiligten Behörde aufgegeben wird, eine sachkundige Berichtsperson aus ihren Reihen zu benennen, die Aus- 62

212 S. § 373b „Begriff des Verletzten“, eingeführt durch das Gesetz zur Fortentwicklung der StPO vom 25.6.2021 (BGBl. I S. 2099); vgl. auch die Erl. zu § 172 und Vor § 374; ferner *Schmitt*/Köhler Vor § 406d, 2; *Weigend* 414 f.

213 *Dahs* NJW **1984** 1921.

214 Für eine „gesetzesergänzende Lückenfüllung“ mit Hilfe der §§ 34 StGB, 55 Abs. 2 StPO *Krey* GedS Meyer 1990 259 f.; für ein verfassungsunmittelbares Zeugnisverweigerungsrecht *Krehl* GA **1990** 556 f.

215 SK/*Rogall* § 51, 31.

216 Umfassend zu diesem Themenkreis *Weigend* Deliktsopfer u. Strafverfahren 414 ff.; vgl. auch *H. Jung* ZStW **93** (1981) 1145 ff.

217 Vgl. zur früheren Rechtslage LR/*Dahs*[25] 22.

218 OLG Karlsruhe NStZ **1996** 282 m. abl. Anm. *Kunert*.

kunftsperson also gewissermaßen Teil des Verfahrensbeteiligten ist, sondern auch, wenn außenstehende Dritte gehört werden sollen. Dies hat sowohl prozessuale (bspw. Entfallen der Belehrungspflichten) als auch materiell-rechtliche Folgen. So soll nach der Entscheidung des OLG Karlsruhe eine Strafbarkeit wegen Falschaussage nach § 153 StGB eine Aussagefunktion als Zeuge oder Sachverständiger voraussetzen, die eine „Berichtsperson" nicht habe.[219] Für die Verfahrensbeteiligten besteht keine Möglichkeit, die Anwendung der straf- (bzw. ggf. zivil-)prozessualen Vorschriften herbeizuführen.

§ 48
Zeugenpflichten; Ladung

(1) [1]Zeugen sind verpflichtet, zu dem zu ihrer Vernehmung bestimmten Termin vor dem Richter zu erscheinen. [2]Sie haben die Pflicht auszusagen, wenn keine im Gesetz zugelassene Ausnahme vorliegt.

(2) Die Ladung der Zeugen geschieht unter Hinweis auf verfahrensrechtliche Bestimmungen, die dem Interesse des Zeugen dienen, auf vorhandene Möglichkeiten der Zeugenbetreuung und auf die gesetzlichen Folgen des Ausbleibens.

Schrifttum

Bittmann Das 2. Opferrechtsreformgesetz, JuS **2010** 219; *Ferber* Stärkung der Opferrechte im Strafverfahren, NJW **2016** 279; *Hettich* Aussagepflicht von ausländischen Zeugen, NStZ **2019** 646; *Lüdeke* Der Zeugenbeistand, Diss. Kiel 1995; *Mehring-Zier* Aussagen und Leben riskieren? Der Zeugniszwang in Strafverfahren wegen völkerrechtlicher Verbrechen in Deutschland, StV **2025** 713; *Rose* Die Ladung von Auslandszeugen im Strafprozess, wistra **1998** 11; *Schweckendieck* Die ordnungsgemäße Ladung von jugendlichen Angeklagten und minderjährigen Zeugen zur Hauptverhandlung, NStZ **1990** 170; *Thomas* Der Zeugenbeistand im Strafprozeß, NStZ **1982** 489; *Wenske* Zur Modifikation gerichtlicher Zeugenladungen unter Beachtung der Vorgaben des Opferrechtsreformgesetzes vom 24.6.2004, DRiZ **2005** 293.

Entstehungsgeschichte

Die Vorschrift enthielt ursprünglich einen Absatz 2, der die Ladung von Soldaten als Zeugen regelte. Der durch die Bek. 1924 neu gefasste Absatz wurde 1945 gegenstandslos und daher in die 1950 verkündete Strafprozessordnung nicht aufgenommen. Die Erweiterung der Hinweispflicht um „verfahrensrechtliche Bestimmungen, die dem Interesse des Zeugen dienen" und „auf vorhandene Möglichkeiten der Zeugenbetreuung" erfolgte durch das OpferRRG (2004). Durch Art. 1 Nr. 1 des 2. OpferRRG vom 29.7.2009 (BGBl. I S. 2280) wurden in Absatz 1 die grundlegenden Pflichten des Zeugen, vor Gericht zu erscheinen und auszusagen, gesetzlich normiert. Aus dem bisherigen § 48 wurde dessen Absatz 2. Absatz 3 wurde eingefügt durch Art. 1 des 3. OpferRRG vom 21.12.2015 (BGBl. I S. 2525). Mit Art. 2 des Gesetzes zur Bekämpfung sexualisierter Gewalt gegen Kinder vom 16.6.2021 (BGBl. I S. 1810) wurde der bisherige § 48 Abs. 3 zu Absatz 1 des neu eingefügten § 48a.

Übersicht

219 OLG Karlsruhe NStZ **1996** 282 m. abl. Anm. *Kunert*.

1. Allgemeines. Die Vorschrift enthält Regelungen über die **prozessualen Pflichten (Absatz 1)** und die **Ladung (Absatz 2)** von **Zeugen.** Die Pflichten des Zeugen, vor Gericht zu erscheinen und auszusagen, wurden von der Strafprozessordnung vor der ausdrücklichen Normierung durch das 2. OpferRRG vom 29.7.2009 (BGBl. I S. 2280) vorausgesetzt, was sich insbesondere aus den auch zuvor schon ausdrücklich normierten Folgen einer entsprechenden Pflichtverletzung ergab (§§ 51 und 70 StPO). Insoweit führte die Gesetzesänderung zu keiner Änderung der materiellen Rechtslage. Da jedoch diese Pflichten Grundrechte des Zeugen berühren, hielt der Gesetzgeber im Hinblick auf den **Gesetzesvorbehalt** eine gesetzliche Regelung gegenüber einer übergesetzlichen Pflicht für vorzugswürdig.[1] § 48 Abs. 1 regelt die Pflichten des Zeugen jedoch nicht abschließend. Einzelne Pflichten sind gesondert gesetzlich geregelt wie bspw. eine mögliche Gegenüberstellung im Vorverfahren in § 58 Abs. 2. Doch sind auch **weitere Zeugenpflichten** ohne entsprechende gesetzliche Regelung anerkannt.[2] So kann das Gericht aus Gründen seiner Aufklärungspflicht auch in der Hauptverhandlung die Gegenüberstellung des Zeugen mit dem (in der Regel ohnehin anwesenden) Beschuldigten oder weiteren Zeugen anordnen.[3] Zeugen, die ihre Wahrnehmungen in amtlicher Eigenschaft gemacht haben, sollen nach h.M. eine Pflicht zur Vorbereitung auf die Vernehmung haben.[4] Auch diese Pflichten, deren Umfang und Grenzen im Übrigen anders als die nunmehr in § 48 Abs. 1 geregelten Pflichten im Einzelnen umstritten sind, können grundrechtsrelevant sein, so dass unter dem Aspekt des Gesetzesvorbehalts eine gesetzliche Regelung zu schaffen wäre.[5] 1

Die **Ladung** besteht in der Anweisung an den Zeugen, an einem bestimmten Termin und Ort zur Vernehmung vor dem zuständigen Organ zu erscheinen.[6] Die Vorschrift des § 48 regelt bestimmte Anforderungen an den Inhalt der Ladung; sie konstituiert aber **keine Ladungspflicht**; deshalb ist die Zulässigkeit der Vernehmung von der vorherigen Ladung des Zeugen nicht abhängig.[7] Ferner berühren **Ladungsmängel** deren Wirksamkeit grds. nicht, es sei denn, die Ladung wurde nicht durch einen Ladungsberechtigten (Rn. 4) angeordnet.[8] Eine den inhaltlichen Anforderungen des § 48 entsprechende ordnungsgemäße Ladung ist aber zwingende Voraussetzung für die Auferlegung von Kosten und die Anwendung von Ordnungsmitteln gem. § 51. § 48 gilt für die Ladung von **Zeugen** zu richterlichen Vernehmungen in allen Verfahrensabschnitten. Für die Ladung zur Hauptver- 2

1 BTDrucks. **16** 12098 S. 11 mit Hinweis auf eine entsprechende Beschlussfassung des 62. Deutschen Juristentages, 1998, Bd. II/1, L 64.
2 Vgl. auch *Bittmann* JuS **2010** 219 f.
3 Näher dazu unter LR/*Ignor*/*Bertheau* § 58, 9 ff.
4 Zum Streitstand LR/*Ignor*/*Bertheau* § 69, 9 m.w.N.
5 Kritisch im Hinblick auf die nicht umfassende Regelung der Zeugenpflichten auch die Stellungnahme des Deutschen Richterbundes zum Regierungsentwurf eines Gesetzes zur Stärkung der Rechte von Verletzten und Zeugen im Strafverfahren, 4/09 – www.drb.de.
6 SK/*Rogall* 8; *Schmitt*/Köhler 1a; SSW/*Güntge* 3; MüKo/*Maier* 1, 3.
7 RGSt **35** 232, 233; *Eb. Schmidt* 3.
8 SK/*Rogall* 14, 27; MüKo/*Maier* 11.

handlung besteht keine besondere Vorschrift, jedoch ist insoweit Nr. 117 Abs. 1 RiStBV zu beachten. Nach § 161a Abs. 1 Satz 2 ist § 48 auch auf Ladungen zu zeugenschaftlichen Vernehmungen durch die **Staatsanwaltschaft** anzuwenden. Unverständlich ist, warum der Gesetzgeber § 161a Abs. 1 Satz 1, der die **Pflicht zum Erscheinen bei der Staatsanwaltschaft** und zur dortigen Aussage normiert, unverändert gelassen hat. Eine derartige doppelte Regelung, die nicht der Systematik des Gesetzes entspricht, trägt zur Überfrachtung des Gesetzes und damit eher zur Verwirrung als zur Klarstellung[9] bei. Die Ladung vor die **Polizei** war früher im Gesetz nicht geregelt. Da § 163 Abs. 3 keinen Verweis auf § 48 Abs. 1 enthielt, bestand weder eine Pflicht des Zeugen, auf **Ladung der Polizei** zur Vernehmung zu erscheinen, noch eine solche, bei der Polizei auszusagen. Mit dem Gesetz zur effektiveren und praxistauglicheren Ausgestaltung des Strafverfahrens hat der Bundestag im Jahr 2017 eine Neufassung des § 163 beschlossen. Nach § 163 Abs. 3 Satz 1 sind Zeugen verpflichtet, auf Ladung von Ermittlungspersonen der Staatsanwaltschaft (Polizei/Steuerfahndung) zu erscheinen und zur Sache auszusagen, wenn der Ladung ein Auftrag der Staatsanwaltschaft zugrunde liegt. Mit der Ladung sollten Zeugen belehrt werden, ob eine solche Pflicht besteht oder nicht, weil eine Kenntnis dieser Umstände nicht vorausgesetzt werden kann.[10] In der Praxis sind missverständliche Formulierungen anzutreffen, die dem (nicht fachkundigen) Zeugen eine Pflicht suggerieren, zur Vernehmung bei der Polizei zu erscheinen und auszusagen, auch wenn diese nicht besteht.[11] Eine Pflicht des Zeugen zur Aussage bei der Polizei besteht auch dann nicht, wenn der mit dem grundsätzlich vernehmungsbereiten Zeugen erschienene Rechtsbeistand von dem vernehmenden Polizeibeamten nach § 163 Abs. 3 Satz 2 i.V.m. § 68b Abs. 1 Satz 3 und 4 ausgeschlossen wird (s. auch § 68b, 26). Zur Ladung des Rechtsbeistands Rn. 20.

3 Auch weiterhin enthält das Gesetz keine Bestimmung des Begriffs Zeuge und lässt damit die Frage, wen die normierten Pflichten treffen, ungeregelt. Insofern bleiben bisherige Auslegungskriterien relevant (Vor § 48, 8f.). Zu unterscheiden ist zwischen den Umständen, die eine Person zu einer **geeigneten Auskunftsperson** machen (persönliche Wahrnehmungen über [in der Regel] in der Vergangenheit liegende Vorgänge), und sonstigen Umständen. Die Frage, ob eine Person eine geeignete Auskunftsperson ist, lässt sich vorab nicht immer zuverlässig klären. Insoweit ist derjenige Zeuge i.S.d. § 48 Abs. 1, der zur Vernehmung geladen wird, unabhängig davon, ob er etwas zur Aufklärung beitragen kann oder nicht. Bei sonstigen Umständen kann das anders sein. Nicht jeder, der eine geeignete Auskunftsperson ist, muss vor Gericht erscheinen und aussagen. Bei der Zeugenpflicht soll es sich nach überwiegender Auffassung um eine staatsbürgerliche Pflicht handeln.[12] Das würde dafür sprechen, dass nur deutsche Staatsangehörige vor deutschen Strafgerichten der **Zeugnispflicht** unterliegen.[13] Nach allgemeiner Meinung sind jedoch auch Staatenlose und Ausländer verpflichtet, vor Ge-

---

9 So aber BTDrucks. **16** 12098 S. 11 f.

10 Vgl. zur alten Rechtslage: Stellungnahme des Strafrechtsausschusses des DAV Nr. 16/2009, S. 4.

11 Z.B.: „Als Zeuge haben Sie ein Zeugnisverweigerungsrecht gem. § 52 (3) StPO und ein Auskunftsverweigerungsrecht gem. § 55 (2) StPO. Leisten Sie als Betroffene/r einer Vorladung nach § 15 Brandenburgischem Polizeigesetz keine Folge, kann die Vorladung zwangsweise durchgesetzt werden. [...]".

12 Vgl. nur BTDrucks. **16** 12098 S. 11 unter Bezugnahme auf BVerfGE **49** 280, 284.

13 Nach OLG Stuttgart StraFo **2012** 12 dürfen einem im Ausland lebenden Ausländer bei seiner Ladung als Zeuge keine Zwangsmittel angedroht werden, da ihn weder (staatsbürgerliche) Zeugenpflichten treffen, noch § 70 gegen ihn anwendbar sei. Könne bereits das Erscheinen des sich im Ausland aufhaltenden Zeugen nicht erzwungen werden, sei es erst recht nicht möglich, nach seinem Erscheinen in der Hauptverhandlung seine Aussage zu erzwingen. Kritisch zu diesem Erst-recht-Schluss *Staudinger* Anm. zu OLG Stuttgart a.a.O., StraFo **2012** 12, 13: Ausländische Zeugen seien in der Hauptverhandlung genauso zu behandeln wie deutsche Zeugen. Erscheine der ausländische Zeuge zur Hauptverhandlung, dürfe das Gericht im Hinblick auf seine Amtsaufklärungspflicht ggf. nicht von Maßnahmen nach § 70 absehen. Sinnvollerweise sei auf diese Zwangsmöglichkeiten auch in der La-

richt zu erscheinen und auszusagen, wenn sie sich im Inland aufhalten, d.h. in Deutschland leben oder sich zumindest längere Zeit im Inland aufhalten, bzw. ihren Lebensmittelpunkt hier haben.[14] Deshalb ist es überzeugender, insoweit von einer **staatsrechtlich begründeten Pflicht** zu sprechen.[15] Eine Ausnahme besteht für **Exterritoriale**, die vor Gericht oder in ihren Dienst- oder Wohnräumen aussagen können, aber nicht müssen; vgl. §§ 18 bis 20 GVG, Nrn. 193, 197, 198 RiStBV. Zur Ladung an deutsche und nichtdeutsche Zeugen, die im Ausland leben, s. Rn. 14; zur Frage der Sanktionierung des Nichterscheinens s. § 51 bzw. der Zeugnisverweigerung im Falle des Erscheinens s. § 70.

2. Berechtigung zur Ladung. Die **Anordnung** der Ladung trifft im Vorverfahren der Ermittlungsrichter (§ 162) oder die Staatsanwaltschaft (§ 161a Abs. 1), einschließlich der Delegierten Europäischen Staatsanwälte (§ 2 EuStAG i.V.m. EU VO 2017/1939),[16] im Hauptverfahren der Vorsitzende Richter (§ 214 Abs. 1 Satz 1, § 238 Abs. 1, § 323), ggf. der beauftragte oder ersuchte Richter (§ 223 Abs. 1, § 157 Abs. 1 GVG), ferner, soweit ihnen das Recht zur unmittelbaren Ladung zusteht, die Staatsanwaltschaft (§ 214 Abs. 3, § 323 Abs. 1), der Angeklagte (§ 220 Abs. 1, § 323 Abs. 1, § 386 Abs. 2) und der Privatkläger (§ 386 Abs. 2), **nicht** hingegen – wegen des eindeutigen Wortlauts des § 397 – der Nebenkläger.[17] Die **Ausführung** erfolgt, sofern der Ladende sie nicht selbst vornimmt oder gem. § 38 der Gerichtsvollzieher damit zu beauftragen ist (Ladungen durch die Prozessbeteiligten),[18] durch die jeweilige Geschäftsstelle des Gerichts oder der Staatsanwaltschaft (§ 153 GVG), vgl. § 36 Abs. 1 Satz 2, oder durch die Ermittlungspersonen der Polizei (§ 163 Abs. 3 Satz 1). Die Ladung ist auch dann unmittelbar zu bewirken, wenn sie dem Zeugen in einem anderen Gerichtsbezirk oder in einem anderen Land der Bundesrepublik zuzustellen ist (§ 160 GVG). 4

3. Form der Ladung

a) Allgemeines. Eine besondere Form schreibt das Gesetz für die Zeugenladung, anders als für die Ladung des Beschuldigten (§ 133 Abs. 1), grds. nicht vor. Die Art und Weise steht daher im Ermessen des Ladungsberechtigten unter Berücksichtigung der RiStBV (Nr. 64 ff., 117). Es kann schriftlich, per Fax, per E-Mail, oder mündlich, insbesondere telefonisch,[19] geladen werden.[20] Auch die aufgrund formloser Ladung – auch der Staatsanwaltschaft[21] – in der Hauptverhandlung erschienenen Zeugen sind präsente Beweismittel i.S.d. § 245. Anders ist es bei **Ladungen unmittelbar durch die weiteren Prozessbeteiligten;** sie müssen nach 5

---

dung des im Ausland befindlichen Zeugen hinzuweisen, sodass dieser in Kenntnis der ihn ggf. treffenden Zwangsmittel entscheiden könne, ob er in dem deutschen Strafprozess aussagt oder nicht.

14 Näher dazu *Hettich*, NStZ **2019** 646 m.w.N.; nach OLG Frankfurt NJW **2014** 95 ändert auch das Verlassen des Bundesgebiets zwischen Ladung und Hauptverhandlungstermin nichts an der durch die Ladung begründeten Zeugenpflicht eines Zeugen mit Wohnsitz in Deutschland, sodass unabhängig von der Staatsbürgerschaft auch in diesem Fall ggf. Ordnungsmittel nach § 51 verhängt werden dürfen.

15 *Eb. Schmidt* Vor § 48, 16a.

16 Vgl. auch EuGH. v. 8.4.2025 – C-292/23.

17 Str., wie hier LR/*Hilger*[25] § 397, 10 m.w.N.; **a.A.** *Schmitt*/Köhler § 397, 5.

18 BGH NJW **1952** 836.

19 AK/*Kühne* 3; *Schmitt*/Köhler 1a; MüKo/*Maier* 3; SK/*Rogall* 28; Göhler/*Bauer* § 59, 7a.

20 Die Übermittlung per Telegramm oder Fernschreiben spielt heute keine Rolle mehr: Den Betrieb des öffentlichen Telexnetzes hat die Deutsche Telekom mit Ablauf des 31.12.2007 eingestellt. Zum Ablauf des 31.12.2022 hat die Deutsche Post AG auch den Verkehr per Telegramm mangels Nachfrage eingestellt. Für die Nutzung privater Telegrammanbieter besteht aufgrund anderweitiger Übermittlungsmöglichkeiten kein Bedürfnis.

21 LR/*Becker* § 245, 44 Fn. 164.

§ 38 durch den **Gerichtsvollzieher** bewirkt werden. Ein präsentes Beweismittel des Angeklagten i.S.d. § 245 Abs. 2 ist der Zeuge deshalb nur dann, wenn er nach § 38 geladen wurde, nicht aber wenn er lediglich mitgebracht (gestellt) wird.[22]

6 **b) Schriftliche Ladung.** Es genügt ein einfacher Brief,[23] nicht aber eine Postkarte (Nr. 64 Abs. 3 RiStBV). Da jedoch Ordnungsmittel und Vorführung nach § 51 Abs. 1 nur angeordnet werden dürfen, wenn der Zugang der Ladung nachgewiesen ist (§ 51, 2), empfiehlt sich i.d.R. die förmliche Zustellung. Zur Hauptverhandlung sollen die Zeugen grundsätzlich durch förmliche Zustellung geladen werden (Nr. 117 Abs. 1 Satz 1 RiStBV).

7 **c) Mündliche Ladung.** Mündlich kann der Zeuge unmittelbar durch den Richter, etwa bei Unterbrechung oder Aussetzung der Verhandlung,[24] aber auch durch einen Gerichtswachtmeister oder mit Hilfe der Polizei (Art. 35 GG) geladen werden.[25] Er darf, weil eine Ladungsfrist nicht besteht (Rn. 13), zum sofortigen Erscheinen vor Gericht aufgefordert werden.[26] Der Zeuge ist dann aber nicht gezwungen, den Weg zum Gericht in dem von diesen Beamten benutzten Beförderungsmittel, etwa in einem Funkstreifenwagen, zurückzulegen. Auf die persönlichen, insbesondere terminlichen Belange des Zeugen ist angemessen Rücksicht zu nehmen (vgl. § 51, 12). Unzulässig ist es, dem Zeugen bei seiner mündlichen Ladung durch einen Gerichtswachtmeister oder Polizeibeamten die sofortige Vorführung für den Fall anzudrohen, dass er dem Beamten nicht zum Gericht folgt, oder diesem einen Vorführungsbefehl mitzugeben.[27]

4. Inhalt der Ladung

8 **a) Notwendiger Inhalt.** Die Ladung muss klar erkennen lassen, dass der Geladene als Zeuge in einer bestimmten Strafsache vernommen werden soll, und den Ort und die Zeit der vorgesehenen Vernehmung angeben. Sie muss ferner einen (präzisen) Hinweis auf die gesetzlichen Folgen des Ausbleibens (Rn. 9) sowie Hinweise auf verfahrensrechtliche Bestimmungen, die dem Interesse des Zeugen dienen (Rn. 10) und auf vorhandene Möglichkeiten der Zeugenbetreuung enthalten (Rn. 11).

9 **Hinweis auf die gesetzlichen Folgen des Ausbleibens.** Den Hinweis auf die Folgen des § 51 schreibt § 48 Abs. 2 für jede Zeugenladung zwingend vor. Er muss auch erteilt werden, wenn der schon vernommene Zeuge erneut vorgeladen wird. Der Hinweis muss wiederholt werden, wenn die Hauptverhandlung vertagt und der Zeuge mündlich zu dem neuen Termin geladen wird.[28] Der Hinweis muss **klar** und **vollständig** sein. Ein Hinweis mit dem Wortlaut des § 48 Abs. 2 („gesetzliche Folgen des Ausbleibens") reicht nicht aus. Der Zeuge muss vielmehr auf die in § 51 vorgesehenen Maßnahmen so eindeutig hingewiesen werden, dass er über die Folgen eines unentschuldigten Ausbleibens nicht im Zweifel sein kann. Nur dann dürfen ggf. Ordnungs- und Zwangsmittel angeordnet werden (vgl. § 51, 2 f.). Der Hinweis **entfällt** bei inhaftierten Zeugen. An seine Stelle tritt der

---

22 LR/*Becker* § 245, 44; KK/*Krehl* § 245, 24; *Schmitt*/Köhler § 245, 15, 16.
23 RGSt **40** 138, 140; *Eb. Schmidt* 2.
24 RGSt **35** 232, 233; *Schmitt*/Köhler 1a; SSW/*Güntge* 3; *Eb. Schmidt* 2 u. Nachtr. I.
25 KK/*Bader* 3; SK/*Rogall* 28; MüKo/*Maier* 3.
26 *Eb. Schmidt* 7.
27 *Eb. Schmidt* 7.
28 OLG Hamm NJW **1957** 1330; *Schmitt*/Köhler 3; MüKo/*Maier* 6; SSW/*Güntge* 6; SK/*Rogall* 23.

Vorführungsbefehl des Richters oder die Vorführungsanordnung der Staatsanwaltschaft.[29]

Hinweis auf verfahrensrechtliche Bestimmungen, die dem Interesse des Zeugen dienen. Das Erfordernis dieses Hinweises[30] wie auch des Hinweises auf die vorhandenen Möglichkeiten der Zeugenbetreuung (Rn. 11) gelangte durch das 1. Opferrechtsreformgesetz vom 24.6.2004 in die Vorschrift. Der Gesetzgeber beabsichtigte damit, dass Zeugen nicht nur auf ihre Pflichten, sondern auch auf ihre Rechte hingewiesen werden, und es ihnen erleichtert werde, ihre Rolle im Strafverfahren aktiv wahrzunehmen. Auf eine katalogmäßige Erfassung der hinweispflichtigen Vorschriften wurde bewusst verzichtet, um zu vermeiden, dass durch formularmäßige Belehrungen, die den Gegebenheiten des konkreten Falles nicht angemessen sind, grundlos Befürchtungen oder unerfüllbare Erwartungen geweckt werden.[31] Demzufolge obliegt es dem Ladungsberechtigten, im Einzelfall nach **pflichtgemäßem Ermessen** die erforderlichen Hinweise zu veranlassen. Im Hinblick auf den damit verbundenen Aufwand wird es hierfür aber besonderer Anhaltspunkte bedürfen (vgl. § 51, 2); im Übrigen dürften Formulare mit Hinweisen auf **wesentliche Rechte** des Zeugen ausreichen. In der Gesetzesbegründung werden exemplarisch erwähnt: die Regelungen zum Schutz vor entehrenden Fragen (§ 68a), zum Ausschluss der Öffentlichkeit zum Schutz der Intimsphäre (§ 171b Abs. 1 GVG) oder zur vorübergehenden Entfernung des Angeklagten (§ 247 Satz 2). Für den Verletzten sieht § 406i bestimmte Hinweispflichten vor, die sinnvollerweise der Ladung beigefügt werden können. Nach bislang h.M. gehören Hinweise auf bzw. Belehrungen über das Zeugnisverweigerungsrecht aus persönlichen Gründen (§ 52), das Auskunftsverweigerungsrecht (§ 55) und das Recht des Zeugen auf anwaltlichen Beistand[32] grds. nicht in die Ladung,[33] sondern können allenfalls in Ausnahmefällen veranlasst sein.[34] Im Hinblick auf § 48a und darauf, dass es sich bei diesen Rechten unzweifelhaft um solche im Interesse des Zeugen handelt, denen besondere Bedeutung zukommt, ist von dieser Auffassung abzugehen und der Hinweis darauf in die Ladung aufzunehmen. Das gilt namentlich auch für § 68b und ggf. für § 406f Abs. 2 (vgl. auch Nr. 19a RiStBV) und § 406g Abs. 1.[35] 10

Hinweis auf die vorhandenen Möglichkeiten der Zeugenbetreuung. Damit sind z.B. Zeugenzimmer und Möglichkeiten der Betreuung mitgebrachter Kinder gemeint.[36] Die Hinweispflicht entfällt zwangsläufig, wenn solche Einrichtungen nicht vorhanden sind. 11

b) Fakultativer Inhalt. Wenn der Zweck der Untersuchung es nicht verbietet, ist der Name des Beschuldigten anzugeben (Nr. 64 Abs. 1 Satz 2 RiStBV). Der Gegenstand der Beschuldigung muss aber nur bezeichnet werden, wenn das zur Vorbereitung der Aussage durch den Zeugen erforderlich erscheint. Ist anzunehmen, dass der Zeuge Schriftstücke oder andere Beweismittel besitzt, die für die Untersuchung von Bedeutung sein können, so ist er in der Ladung aufzufordern, sie bei der Vernehmung vorzulegen (vgl. § 95 und Nr. 64 Abs. 2 RiStBV). 12

---

29 OLG Koblenz NStZ **1989** 93; *Schmitt*/Köhler 3; KK/*Bader* 7; MüKo/*Maier* 6; **a.A.** für die Untersuchungshaft OLG Düsseldorf NJW **1981** 2768; wohl auch SK/*Rogall* 23.

30 Generell krit. hierzu *Schmitt*/Köhler 3a; *Wenske* DRiZ **2005** 293.

31 BTDrucks. **15** 1976 S. 10.

32 BVerfGE **38** 105; näher Vor § 48, 25 und die Erl. zu § 68b.

33 *Schmitt*/Köhler 2; MüKo/*Maier* 5; SK/*Rogall* 26.

34 AK/*Kühne* 12; *Dahs* NStZ **1983** 184; *ders.* NJW **1984** 1927; *Thomas* **1982** 496; diff. *Schmitt*/Köhler, 3a.

35 So auch SK/*Rogall* 19.

36 *Schmitt*/Köhler 3a; MüKo/*Maier* 8; SK/*Rogall* 22; SSW/*Güntge* 7.

13 **5. Ladungsfrist.** Eine besondere Ladungsfrist schreibt das Gesetz nicht vor. Die ordnungsgemäße Ladung i.S. des § 51 erfordert aber in der Regel eine **angemessene Frist**,[37] damit der Zeuge sich auf den Termin einrichten und Vorbereitungen treffen kann, z.B. durch Beschaffung von Schriftstücken (Rn. 12) die Hinzuziehung eines Rechtsbeistandes, eines Arztes oder einer Vertrauensperson (Rn. 10).

6. Ladung in besonderen Fällen

14 **a) Ausland.** Absatz 2 sieht weder für die Ladung im Inland noch für die Ladung im Ausland eine besondere Form vor. Auch für die Ladung eines Zeugen im Ausland reicht daher grundsätzlich ein einfacher mit der Post versendeter Brief. Für den Bereich der EU folgt das aus Art. 5 Abs. 1 EuRhÜbk.[38] Der Begriff der Verfahrensurkunde umfasst auch Ladungsschreiben. Absatz 3 der Vorschrift sieht die Übersetzung in die Sprache oder eine der Sprachen des Mitgliedsstaats vor, in dessen Hoheitsgebiet der Empfänger sich aufhält, wenn Anhaltspunkte dafür vorliegen, dass dieser der Sprache des Ausstellungsstaates nicht mächtig ist. Für die Ladung zur Hauptverhandlung empfiehlt sich wie auch sonst (Rn. 6) eine förmliche Zustellung. Die diesbezüglichen Anforderungen ergeben sich aus § 37 i.V.m. **§ 183 ZPO** sowie **Nr. 115 f. RiVASt**. Werden Zeugen in einem Vertragsstaat des EuRhÜbk geladen, so ist je nach Lage des Falles in der Ladung auf den Strafverfolgungsschutz nach Art. 12 EuRhÜbk Abs. 1 (freies Geleit) hinzuweisen.[39]

15 **b) Kinder und Jugendliche.** Auch wenn sie alt genug sind, um die Bedeutung der Ladung zu erfassen, werden Kinder zweckmäßigerweise nicht unmittelbar, sondern zu Händen ihrer gesetzlichen Vertreter geladen.[40] Jugendliche ab 14 Jahren können hingegen persönlich geladen werden;[41] zusätzlich sollte allerdings auch den gesetzlichen Vertretern die Ladung übermittelt werden. Sollen Kinder und Jugendliche, denen möglicherweise die notwendige Verstandesreife fehlt, als Zeugen vernommen werden, so ist für ihr Erscheinen der gesetzliche Vertreter verantwortlich.[42] Dann ist dieser allein zu laden und aufzufordern, sich mit dem Kind an Gerichtsstelle einzufinden.[43] Der Hinweis auf die gesetzlichen Folgen des Ausbleibens kann allerdings nur auf den Zeugen selbst bezogen werden, nicht auf die gesetzlichen Vertreter (dazu näher § 51, 3).

16 **c) Seeleute, Binnenschiffer.** Gewohnheitsrechtlich ist die Ladung nach Seemannsart zulässig.[44] Sie erfolgt durch die Aufforderung, sich bei der nächsten Liegezeit des Schiffes auf der Geschäftsstelle des Amtsgerichts zu melden.[45] Zustellungen an Binnenschiffer können durch Vermittlung der Wasserschutzpolizei bewirkt werden.[46]

---

37 KK/*Bader* 6; MüKo/*Percic* 2.

38 BGH NStZ **2018** 740.

39 Vgl. BGHSt **32** 73 f.; SK/*Rogall* 32; näher die Kommentierung zu § 244.

40 OLG Hamm NJW **1965** 1613; *Schmitt*/Köhler 7; KK/*Bader* 10; SK/*Rogall* 35; SSW/*Güntge* 10.

41 OLG Frankfurt a.M. NStZ-RR **2005** 268; AK/*Kühne* 10; *Pfeiffer* 3; *Schmitt*/Köhler 7; MüKo/*Maier* 12; *Schweckendieck* NStZ **1990** 171.

42 OLG Hamm NJW **1965** 1613.

43 *Schmitt*/Köhler 7; SSW/*Güntge* 10; MüKo/*Maier* 12; SK/*Rogall* 35; *Skupin* MDR **1965** 866.

44 Schifffahrtsobergericht Hamm NJW **1965** 1613; *Schmitt*/Köhler 8; KK/*Bader* 12; SK/*Rogall* 33.

45 OLG Bremen Rpfleger **1965** 48; AG Bremerhaven NJW **1967** 1721.

46 OLG Hamm NJW **1965** 1613; OLG Köln NJW **1953** 1932.

d) Soldaten. Für die Ladung von Soldaten bestehen grds. keine besonderen gesetzlichen Vorschriften. Nr. 307 des Erlasses des Bundesverteidigungsministers über Zustellungen, Ladungen, Vorführungen, Zwangsvollstreckungen und Erzwingungshaft in der Bundeswehr vom 30.9.1998 (VMBl. 246) i.d.F. des Änderungserlasses vom 5.10.2016 (VMBl. 1047) weist daher darauf hin, dass Soldatinnen und Soldaten in derselben Weise wie andere Personen geladen werden. Wegen der Zustellung vgl. § 37, 65 und 72. Die Ladung von Angehörigen der **in der Bundesrepublik stationierten Streitkräfte** regelt Art. 37 des Zusatzabkommens zum Nato-Truppenstatut vom 3.8.1959[47] in der Fassung vom 29.3.1998.[48] 17

e) Nicht sesshafte Personen. Bei Personen, die keinen festen Wohnsitz haben und im Melderegister nicht verzeichnet sind, behilft sich die Praxis in geeigneten Fällen mit der Ladung über eine ggf. zu ermittelnde Kontaktperson. Wenn diese, dazu selbst als Zeuge vernommen, bestätigt, dass sie die Ladung übergeben und der Zeuge davon Kenntnis genommen hat, erscheint es vertretbar, eine gültige Ladung als freibeweislich nachgewiesen anzunehmen. Erscheint der so geladene Zeuge nicht, gelten die allgemeinen Rechtsfolgen. 18

f) Besonders gefährdete Zeugen. Zeugen, deren Identität und/oder ladungsfähige Anschrift aus Gründen persönlicher Gefährdung weder in der Anklage (§ 200 Abs. 1 Satz 4, 5) noch bei der Vernehmung (§ 68 Abs. 2, 3) angegeben werden muss, sind über ihre Dienststelle, ihren Geschäftsort oder die Zeugenschutzstelle der Kriminalpolizei zu laden. 19

g) Rechtsbeistand. In § 68b Abs. 1 Satz 1 und 2 ist für das Strafverfahren ausdrücklich das Recht des Zeugen auf Beiziehung eines Rechtsbeistandes sowie auf dessen Anwesenheit bei der Vernehmung des Zeugen normiert. Jedenfalls auf diese grundsätzliche Regelung, die ersichtlich im Interesse des Zeugen besteht, sollte in der Ladung hingewiesen werden. Unabhängig davon sollte in entsprechenden Fällen auf die Möglichkeit der Beiordnung eines Zeugenbeistandes gem. § 68b Abs. 2 hingewiesen werden.[49] Hat der Zeuge zu seiner Beratung einen zu den Akten legitimierten Rechtsanwalt als Beistand hinzugezogen, so ist es sowohl im Fall des § 406f wie auch generell ein Gebot der Fairness und gerichtlichen Fürsorgepflicht, diesen vom Termin zu **benachrichtigen**, damit der Zeuge von vorneherein in der Lage ist, seine verfassungs- und prozessrechtlichen Befugnisse sachgerecht wahrzunehmen.[50] 20

§ 48a
Besonders schutzbedürftige Zeugen; Beschleunigungsgebot

(1) [1]Ist der Zeuge zugleich der Verletzte, so sind die ihn betreffenden Verhandlungen, Vernehmungen und sonstigen Untersuchungshandlungen stets unter Berücksichtigung seiner besonderen Schutzbedürftigkeit durchzuführen. [2]Insbesondere ist zu prüfen,

1. **ob die dringende Gefahr eines schwerwiegenden Nachteils für das Wohl des Zeugen Maßnahmen nach den §§ 168e oder 247a erfordert,**

---

47 BGBl. II **1961** S. 1218.

48 BGBl. II **1994** S. 2594.

49 Zurückhaltend *Schmitt*/Köhler 3a.

50 Vgl. auch AK/*Kühne* 12; *Thomas* NStZ **1982** 489.

2. ob überwiegende schutzwürdige Interessen des Zeugen den Ausschluss der Öffentlichkeit nach § 171b Absatz 1 des Gerichtsverfassungsgesetzes erfordern und
3. inwieweit auf nicht unerlässliche Fragen zum persönlichen Lebensbereich des Zeugen nach § 68a Absatz 1 verzichtet werden kann.

[3]Dabei sind die persönlichen Verhältnisse des Zeugen sowie Art und Umstände der Straftat zu berücksichtigen.

(2) Bei Taten zum Nachteil eines minderjährigen Verletzten müssen die ihn betreffenden Verhandlungen, Vernehmungen und sonstigen Untersuchungshandlungen besonders beschleunigt durchgeführt werden, soweit dies unter Berücksichtigung der persönlichen Verhältnisse des Zeugen sowie der Art und Umstände der Straftat zu seinem Schutz oder zur Vermeidung von Beweisverlusten geboten ist.

Schrifttum

H. Artkämper/Hussels/L. Artkämper Probleme und Herausforderungen bei der Vernehmung minderjähriger Personen in der Praxis, Kriminalistik **2022** 387; *Bittmann* Das 2. Opferrechtsreformgesetz, JuS **2010** 219; *Claus* Neuigkeiten im gerichtlichen Verfahren, juris-PR-Str 4/2022 Anm. 1; *Ferber* Stärkung der Opferrechte im Strafverfahren, NJW **2016** 279; *Kett-Staub* Wieviel Opferschutz verträgt das Strafverfahren, CIS **2017** 341; *Mosbacher/Khabi* Der Schutz von Kindern im Straf- und Strafverfahrensrecht, JuS **2022** 402.

Entstehungsgeschichte

Absatz 1 der Vorschrift wurde ursprünglich durch Art. 1 des 3. OpferRRG vom 21.12.2015 (BGBl. I S. 2525) als Absatz 3 des § 48 in die StPO eingefügt. Durch das Gesetz zur Bekämpfung sexualisierter Gewalt gegen Kinder vom 16.6.2021 wurde die Vorschrift zu Absatz 1 des neu geschaffenen § 48a. Zugleich wurde Absatz 2 in die Vorschrift aufgenommen.

Übersicht

I. Allgemeines

1 Beide Absätze des im Jahre 2021 geschaffenen § 48a haben weitgehend Appellcharakter.[1] Sowohl die Verhaltensanforderungen im Hinblick auf die besondere Schutzbedürftigkeit verletzter Zeugen in Absatz 1 als auch das in Absatz 2 geregelte Beschleunigungsgebot bei Taten zum Nachteil eines minderjährigen Verletzten ergeben sich aus allgemeinen Prinzipien, die bereits in den RiStBV ihren Ausdruck finden (s. Nr. 220 ff.). Die Normierung besonderer Schutz- und Beschleunigungspflichten im Gesetz mag den vom Gesetzgeber verfolgten Anliegen Nachdruck verleihen, kann sie jedoch nicht gewährleisten.[2] Was daraus folgen soll, dass die Behörden „wirklich“ daran gebunden sind, alle gesetzliche Vorga-

1 Vgl. zu Absatz 1 *Ferber*, NJW **2016** 279.
2 So aber die Gesetzesbegründung zu Absatz 2 BTDrucks. **19** 23707 S. 44.

ben verpflichtend auszuschöpfen,[3] bleibt unklar. Zu beachten ist, dass die beschleunigte Durchführung von Verfahren mit minderjährigen Zeugen selbstverständlich nicht zu einer Vernachlässigung der sonstigen strafprozessualen Pflichten führen darf, bspw. zu einer Verletzung der Belehrungspflicht.

II. Verletzte als Zeugen (Absatz 1)

1. Funktion der Vorschrift. Absatz 1 wurde ursprünglich 2015 im Rahmen des 3. OpferRRG als Absatz 3 des § 48 in die StPO eingefügt.[4] Er soll als „zentrale Einstiegsnorm" des Opferschutzes[5] der besonderen Schutzwürdigkeit von Verletzten als Zeugen Rechnung tragen und die Ermittlungsbehörden verpflichten, in jeder Phase des Verfahrens alle diesbezüglichen Maßnahmen zu treffen und insbesondere zu prüfen, ob die in Satz 2 Nr. 1 bis 3 genannten Vorschriften anzuwenden sind. Die Vorschrift bezweckt insbesondere den Schutz vor unnötiger Mehrfachvernehmung, die Verhinderung des direkten Aufeinandertreffens von Verletzten und Beschuldigten in bestimmten Fällen und den Verzicht auf unnötige Fragen aus dem Privatleben des Zeugen.[6] Die Feststellung der Schutzbedürftigkeit hat möglichst frühzeitig zu erfolgen, in der Regel beim ersten hoheitlichen Kontakt mit dem Zeugen.[7] Dies wird als Dreh- und Angelpunkt der meisten neuen Opferschutzrechte angesehen.[8] Maßnahmen zum Schutz eines Zeugen können u.U. im Gegenzug einen Ausgleich erfordern etwa durch Beiordnung eines Verteidigers.[9] 2

2. Verletzte. Es gilt der Verletztenbegriff des § 373b.[10] 3

3. Kritik. Die als Regelbeispiele normierten Schutzrechte gelten, sobald ihre Voraussetzungen vorliegen, für alle Zeugen und nicht nur für Verletzte. Die Auswahl erscheint beliebig. So wird etwa § 68b zur Beiziehung oder Beiordnung eines anwaltlichen Zeugenbeistandes, der in besonderer Weise geeignet ist, die Berücksichtigung der Schutzbedürftigkeit eines Zeugen im Verfahren zu garantieren, ebenso wenig genannt wie die Möglichkeit, sich nach § 406g eines psychosozialen Prozessbegleiters zu bedienen. 4

III. Beschleunigungsgebot bei minderjährigen Zeugen (Absatz 2)

Mit dem Gebot der besonders beschleunigten Verfahrensdurchführung bei Taten zum Nachteil minderjähriger Verletzter wollte der Gesetzgeber zum einen dem Umstand Rechnung tragen, dass das Erinnerungsvermögen von Kindern rasch verblasst und Kinder einer Beeinflussung grundsätzlich leichter zugänglich sind als Erwachsene. Zum anderen sollen minderjährige Opferzeuginnen und Opferzeugen den Belastungen eines Strafverfahrens nicht länger als unbedingt notwendig ausgesetzt sein.[11] Diesem Zweck 5

3 *Kett-Straub*, CIS **2017** 343.
4 S. dazu *Kett-Straub*, CIS **2017** 341.
5 BTDrucks. **18** 4621 S. 23.
6 BTDrucks. **18** 4621 S. 23.
7 BTDrucks. **18** 4621 S. 23.
8 *Kett-Straub*, CIS **2017** 343.
9 AG Halle StraFo **2023** 318.
10 *Schmitt*/Köhler 2. Zur Definition des Verletzten in § 373b s. *Claus*, juris-PR-StR 4/2022 Anm. 1.
11 BTDrucks. **19** 23707 S. 44.

dient u.a. auch § 58a Abs. 1 Satz 2. Auf eine Minderung der Belastungen zielt ferner die Möglichkeit der psychosozialen Prozessbegleitung ab (§ 406g). Nach Vorstellung des Gesetzgebers haben die Ermittlungsbehörden bei der Prüfung, welche Verfahren besonders beschleunigt behandelt werden sollten, die besonderen Belange minderjähriger Opferzeugen in die Abwägung einzustellen. Die besonderen Probleme und Herausforderungen bei der Vernehmung minderjähriger Personen in der Praxis dürfen dabei nicht übersehen werden.[12]

§ 49
Vernehmung des Bundespräsidenten

[1]Der Bundespräsident ist in seiner Wohnung zu vernehmen. [2]Zur Hauptverhandlung wird er nicht geladen. [3]Das Protokoll über seine gerichtliche Vernehmung ist in der Hauptverhandlung zu verlesen.

Entstehungsgeschichte

Die Strafprozessordnung sah in ihrer ursprünglichen Fassung in § 71 Vorrechte für die Landesherren und ihre Familienmitglieder sowie der „Fürstlichen Familie Hohenzollern“ bei der Vernehmung als Zeugen vor. Die Vorschrift wurde 1918 gegenstandslos. Aufgrund der Ermächtigung des § 43 der EmmingerVO (1924) wurde in die Bek. 1924 der § 49 über die Vorrechte des Reichspräsidenten und der Präsidenten der deutschen Länder aufgenommen. Ihre jetzige Fassung erhielt die Vorschrift durch Art. 3 Nr. 16 VereinhG (1950).

Übersicht

1 **1. Allgemeines.** Der Bundespräsident ist grundsätzlich wie jeder Staatsbürger verpflichtet, als Zeuge auszusagen und seine Aussage ggf. zu beeiden. Lediglich das Recht zur Zeugnisverweigerung (§§ 52 ff.) wird durch § 54 Abs. 3 (auch nach Beendigung seiner Amtszeit, § 54 Abs. 4) erweitert (vgl. § 54, 34). Der Stellung des Bundespräsidenten entspricht es aber nicht, dass er als Zeuge vor Gericht erscheinen muss und dort vernommen wird. § 49 bestimmt daher, dass er in seiner Wohnung zu vernehmen ist. Dieses Vorrecht hat nur der Bundespräsident selbst, nicht der Präsident des Bundesrats, wenn dieser ihn nach Art. 57 GG vertritt.[1] § 49 gilt auch vor Untersuchungsausschüssen des Bundestages (Umkehrschluss aus § 20 Abs. 1 Satz 2 PUAG).

---

12 S. dazu *H. Artkämper/Hussels/L. Artkämper* Kriminalistik **2022** 387.

1 KK/*Bader* 1; *Schmitt*/Köhler 1; SSW/*Güntge* 1; MüKo/*Maier* 2; Dürig/Herzog/Scholz/*Herzog* Art. 57, 27 GG; Huber/Voßkuhle/*Fink* Art. 57, 25 GG; **a.A.** *Eb. Schmidt* 7; *Henkel* 207 Fn. 1, die das Vorrecht aus dem Amt, nicht aus der Person herleiten.

2. Vernehmung des Bundespräsidenten

a) Vernehmungsort. Nach § 49 Satz 1 ist der Bundespräsident in seiner Wohnung zu vernehmen. Wohnung ist nicht Wohnsitz i.S.d. BGB, sondern auch derjenige Ort, an dem sich der Bundespräsident – auch nur vorübergehend (z.B. Urlaub, Staatsbesuch) – aufhält.[2] Dazu gehören auch seine Amtsräume.[3] Nach überwiegender Meinung des Schrifttums ist mit Einverständnis des Bundespräsidenten oder auf seinen Antrag hin eine Vernehmung in den Räumen des Gerichts, auch in der Hauptverhandlung, zulässig.[4] Allerdings sieht die Vorschrift selbst (anders als § 50, der für den dortigen Personenkreis eine mögliche Abweichung vom grundsätzlich vorgesehenen Vernehmungsort in Absatz 3 ausdrücklich regelt) eine solche Ausnahme nicht vor. Da jede – gar noch öffentliche – Diskussion darüber, ob der Bundespräsident vor Gericht erscheinen wird oder sollte, mit der Würde seines Amtes nicht zu vereinbaren ist, sollte § 49 Satz 1 auch **nicht zur Disposition** des Bundespräsidenten selbst stehen.[5] 2

b) Vernehmungspersonen. § 49 regelt den Vernehmungsort und die sich daraus ergebenden Folgen. Im Übrigen gelten die allgemeinen Vorschriften. Dabei ist zu beachten, dass die §§ 48 ff. vom Regelfall der Zeugenvernehmung in der Hauptverhandlung ausgehen. Demnach kann der für die Hauptverhandlung zuständige Spruchkörper die Vernehmung durchführen.[6] Nach Anklageerhebung soll die Vernehmung darüber hinaus durch den beauftragten oder ersuchten Richter durchgeführt werden können.[7] § 49 wird insoweit als anders nicht zu beseitigendes Hindernis i.S. des § 223 Abs. 1 verstanden,[8] was allerdings im Hinblick darauf, dass § 49 lediglich eine Ausnahmeregelung für den Vernehmungsort treffen soll, problematisch erscheint. Ebenso kann der Bundespräsident, wenn die Voraussetzungen der § 161a Abs. 1, § 163 Abs. 3 Satz 1[9] oder § 162 Abs. 1 erfüllt sind, durch den Staatsanwalt, die Polizei oder den Ermittlungsrichter vernommen werden. Da nur das Protokoll über eine gerichtliche Vernehmung (Satz 3) in der Hauptverhandlung verlesen werden kann, bietet sich von vornherein eine richterliche Vernehmung an.[10] Der Vernehmungstermin wird mit dem Bundespräsidenten formlos vereinbart.[11] 3

c) Erzwingung der Aussage. Die Anwendung des § 51 kommt nicht in Betracht, da sie eine Ladung des Zeugen voraussetzt, an der es bei der Vernehmung des Bundespräsidenten gerade fehlt.[12] Dagegen ist § 70 anwendbar, wenn der Bundespräsident das Zeugnis oder die Eidesleistung ohne gesetzlichen Grund verweigert. Wegen Art. 60 Abs. 4 GG i.V.m. Art. 46 Abs. 3 GG ist die Vollstreckung einer Ordnungs- oder Beugehaft jedoch von der Genehmigung durch den Bundestag abhängig.[13] 4

---

2 *Schmitt*/Köhler 1; MüKo/*Maier* 3; SSW/*Güntge* 2; KK/*Senge* 2.

3 KK/*Bader* 2; MüKo/*Maier* 3; SSW/*Güntge* 2; *Schmitt*/Köhler 1.

4 LR/*Dahs*[25] 2; KK/*Bader* 1; HK/*Gercke* 1; *Schmitt*/Köhler 1; *Eb. Schmidt* 2; *Dalcke*/*Fuhrmann*/*Schäfer* 1; *Feisenberger* 4.

5 Im Ergebnis ebenso: SK/*Rogall* 5; MüKo/*Maier* 3.

6 *Schmitt*/Köhler 1; KK/*Bader* 3; SSW/*Güntge* 3; **a.A.** SK/*Rogall* 8.

7 KK/*Bader* 3; SSW/*Güntge* 3; MüKo/*Maier* 5; SK/*Rogall* 8; *Eb. Schmidt* 4.

8 *Schmitt*/Köhler § 223, 6.

9 Beachte Neufassung des § 163 durch Gesetz zur effektiveren und praxistauglicheren Ausgestaltung des Strafverfahrens – BTDrucks. **18** 12785 S. 25 f.

10 MüKo/*Maier* 5.

11 SK/*Rogall* 6; *Eb. Schmidt* 2.

12 SK/*Rogall* 5; KK/*Bader* 4; MüKo/*Maier* 7; *Eb. Schmidt* 5.

13 KK/*Bader* 4; MüKo/*Maier* 7; **a.A.** SK/*Rogall* 1, wonach Ordnungs- und Beugehaft ausscheiden; ebenso LR/*Dahs*[25] 4.

5 **d) Anwesenheit der Prozessbeteiligten.** Nach herrschender Ansicht haben die Prozessbeteiligten keinen Anspruch auf Benachrichtigung über den Vernehmungstermin und Anwesenheit bei der Vernehmung, gleichgültig, ob die Vernehmung durch das ganze Gericht, den beauftragten oder den ersuchten Richter erfolgt. Die § 168c Abs. 2, §§ 223, 224 sollen nicht anwendbar sein.[14] Aus dem Gesetzestext ergibt sich dies nicht. Ein zwingendes Bedürfnis für diese nicht unerhebliche Einschränkung der Verfahrensrechte der Prozessbeteiligten ist nicht zu erkennen. Umgekehrt kann die Einschränkung der Verfahrensrechte einen Verstoß gegen Art. 6 Abs. 3d EMRK begründen und den Beweiswert der Vernehmung mindern.[15] Die Anwesenheit des Prozessbeteiligten soll hingegen gestattet sein, wenn sich der Bundespräsident mit der Vernehmung in den Räumen des Gerichts einverstanden erklärt (dazu Rn. 2).[16]

6 **3. Verlesung des Protokolls in der Hauptverhandlung.** Zur Hauptverhandlung wird der Bundespräsident nicht geladen (§ 49 Satz 2). Das schließt auch aus, dass die Prozessbeteiligten ihn nach § 214 Abs. 3, § 220 Abs. 1 laden. Allerdings ist § 49 nicht zu entnehmen, dass durch die dortige Regelung die Rechte der Verfahrensbeteiligten eingeschränkt werden können. Insofern hat das Gericht gegebenenfalls aufgrund seiner **Aufklärungspflicht** die Vernehmung des Bundespräsidenten zu veranlassen, wenn die Staatsanwaltschaft oder der Angeklagte an der Ausübung ihrer Ladungsrechte nach § 214 Abs. 3, § 220 Abs. 1 wegen § 49 Satz 2 gehindert sind. Das Protokoll über die **gerichtliche Vernehmung** des Bundespräsidenten durch den für die Hauptverhandlung zuständigen Spruchkörper bzw. den beauftragten oder ersuchten Richter (oben Rn. 3) ist nach § 49 Satz 3 in der Hauptverhandlung zu verlesen; die Vorschrift enthält damit eine Ausnahme von § 250 Satz 2 für Protokolle über Vernehmungen durch das für die Hauptverhandlung zuständige Gericht. Die Verlesung des Vernehmungsprotokolls setzt in diesem Falle, weil sie in § 49 Satz 3 gesetzlich vorgeschrieben ist, keinen besonderen Beschluss des Gerichts nach § 251 Abs. 4 Satz 1 voraus.[17] § 251 Abs. 4 Satz 3 und 4 gelten entsprechend.[18] Die Zulässigkeit der Verlesung sonstiger (auch richterlicher) Vernehmungsprotokolle – also insbesondere solcher aus dem Ermittlungsverfahren (vgl. Rn. 3) – richtet sich nach § 251.[19]

7 Die Anwendung des § 49 Satz 2 und 3 setzt voraus, dass der Bundespräsident zur Zeit der Hauptverhandlung **noch im Amt** ist. Hat er es nicht mehr inne, so muss er zur Hauptverhandlung geladen und dort vernommen werden (vgl. aber Rn. 1 und § 54, 34).[20]

§ 50
Vernehmung von Abgeordneten und Mitgliedern einer Regierung

(1) Die Mitglieder des Bundestages, des Bundesrates, eines Landtages oder einer zweiten Kammer sind während ihres Aufenthaltes am Sitz der Versammlung dort zu vernehmen.

---

14 LR/*Dahs*[25] 5; KK/*Bader* 5; *Schmitt*/Köhler 1; SK/*Rogall* 9; *Eb. Schmidt* 4; *Dalcke/Fuhrmann/Schäfer* 1; **a.A.** *Feisenberger* 1; MüKo/*Maier* 4.

15 MüKo/*Maier* 4.

16 KK/*Bader* 5.

17 SK/*Rogall* 10; MüKo/*Maier* 8; SSW/*Güntge* 6; *Dalcke/Fuhrmann/Schäfer* 3.

18 *Schmitt*/Köhler 2; MüKo/*Maier* 8; SSW/*Güntge* 6; SK/*Rogall* 10.

19 Anders LR/*Dahs*[25] 6., der die richterlichen Vernehmungsprotokolle unmittelbar nach § 49 Satz 3 uneingeschränkt für verlesbar hält.

20 KK/*Bader* 4; *Schmitt*/Köhler 2; MüKo/*Maier* 8; *Eb. Schmidt* 6.

(2) Die Mitglieder der Bundesregierung oder einer Landesregierung sind an ihrem Amtssitz oder, wenn sie sich außerhalb ihres Amtssitzes aufhalten, an ihrem Aufenthaltsort zu vernehmen.

(3) Zu einer Abweichung von den vorstehenden Vorschriften bedarf es
für die Mitglieder eines in Absatz 1 genannten Organs der Genehmigung dieses Organs,
für die Mitglieder der Bundesregierung der Genehmigung der Bundesregierung,
für die Mitglieder einer Landesregierung der Genehmigung der Landesregierung.

(4) [1]Die Mitglieder der in Absatz 1 genannten Organe der Gesetzgebung und die Mitglieder der Bundesregierung oder einer Landesregierung werden, wenn sie außerhalb der Hauptverhandlung vernommen worden sind, zu dieser nicht geladen. [2]Das Protokoll über ihre richterliche Vernehmung ist in der Hauptverhandlung zu verlesen.

Entstehungsgeschichte

Die Vorschrift (ohne Absatz 4), die erst von der Reichstagskommission eingefügt wurde, bezog sich in ihrer ursprünglichen Fassung auf den Reichskanzler, die Minister eines Bundesstaats, die Mitglieder der Senate der freien Hansestädte und die Vorstände der obersten Reichsbehörden und Ministerien. Aufgrund der Ermächtigung des § 43 der EmmingerVO (1924) wurde § 50 durch die Bek. 1924 den veränderten staatsrechtlichen Verhältnissen angepasst; er galt nunmehr für die Mitglieder der Reichsregierung, einer Landesregierung, des Reichsrats und des Staatsrats eines deutschen Landes. Durch § 27 Abs. 5 Nr. 1 des Gesetzes über die Rechtsverhältnisse des Reichskanzlers und der Reichsminister (Reichsministergesetz – 1930) wurde Absatz 1 geändert; ferner wurde Absatz 4 eingefügt, der für die Mitglieder der Reichsregierung auf die besonderen Vorschriften des Reichsministergesetzes verwies. An seine Stelle trat § 159 Abs. 2 des Deutschen Beamtengesetzes vom 26.1.1937 (RGBl. I S. 39). Ihre jetzige Fassung erhielt die Vorschrift durch Art. 3 Nr. 16 VereinhG (1950), wobei auch die Reihenfolge der Absätze verändert wurde. Bezeichnung bis 1924: § 49.

Übersicht

1. Allgemeines. Der in § 50 genannte Personenkreis ist dadurch gekennzeichnet, dass 1
er mit der Abgeordneten- oder Regierungstätigkeit Aufgaben im Interesse des Gemeinwesens erfüllt. Anderen Personen wird zugemutet, ihrer Pflicht, als Zeuge vor Gericht zu erscheinen, Vorrang einzuräumen gegenüber sonstigen Pflichten, auch wenn dies im Einzelfall mit großem Aufwand und erheblichen Beeinträchtigungen verbunden sein mag. Der Gesetzgeber hat bei der Abwägung zwischen dem öffentlichen Interesse an der Erfül-

lung der Zeugenpflichten einerseits und dem ebenfalls öffentlichen Interesse an einer möglichst störungsfreien Parlaments- und Regierungsarbeit andererseits letzterem dadurch Rechnung getragen, dass er in § 50 Sonderregelungen für den **Vernehmungsort** von Abgeordneten und Regierungsmitgliedern geschaffen hat. Ungeachtet dessen sind Abgeordnete und Regierungsmitglieder in allen Verfahrensabschnitten verpflichtet, als Zeugen auszusagen und ihre Aussage ggf. zu beeiden. Es gelten die allgemeinen Grundsätze (s. aber § 53 Abs. 1 Satz 1 Nr. 4 und § 54 Abs. 2). Jedoch ist bei der Anwendung der allgemeinen Vorschriften über die Vernehmung von Zeugen in der Hauptverhandlung oder auch im Vorverfahren stets zu prüfen, ob diese durch die besonderen Regelungen hinsichtlich des Vernehmungsortes und der sich daraus ergebenden Folgen (insbesondere § 50 Abs. 4) modifiziert werden.

2. Vernehmung von Parlamentsmitgliedern (Absatz 1)

2 **a) Personenkreis.** § 50 Abs. 1 zählt die Mitglieder des Bundestages (Art. 38 ff. GG), des Bundesrats (Art. 51 GG), der Landtage (maßgebend sind die Vorschriften der Landesverfassungen) und einer möglichen zweiten Kammer auf Landesebene (derzeit in keinem Bundesland) auf. Zu den Landtagen gehören auch das Abgeordnetenhaus von Berlin und die Bürgerschaften in Bremen und Hamburg. In gleicher Weise dürften die Mitglieder des **Europäischen Parlaments**[1] (vgl. § 53 Abs. 1 Satz 1 Nr. 4) und der **Parlamentarischen Versammlung des Europarates** zu vernehmen sein.[2] § 50 Abs. 3 und 4 gelten entsprechend.

3 **b) Vernehmungsort.** Die Mitglieder der Parlamente sind am **Sitz der Versammlung** zu vernehmen, wenn die Vernehmung in die **Sitzungswochen**[3] fällt und der Zeuge sich am Sitz der gesetzgebenden Versammlung aufhält.[4] Für die deutschen Mitglieder des Europäischen Parlaments gilt dies nicht, weil der Sitz der Versammlung im Ausland liegt. Da das Interesse an einer störungsfreien parlamentarischen Arbeit für das Europaparlament jedoch gleichermaßen gilt, dürfte eine Vernehmung während der Sitzungswochen, soweit sich der Zeuge am Sitz der Versammlung aufhält, nicht in Betracht kommen. Außerhalb der Sitzungswochen ist das Privileg des Absatzes 1 von seinem Sinn und Zweck her (oben Rn. 1) nicht gerechtfertigt. Befindet sich der Parlamentarier nicht am Sitz des Parlaments, so soll er nach verbreiteter Ansicht in der Literatur an seinem Aufenthaltsort vernommen werden können.[5] Die Entscheidung darüber, an welchem Ort der Zeuge bei wechselndem Aufenthalt vernommen wird, soll dem BGH zufolge der Tatrichter nach pflichtgemäßem Ermessen unter Berücksichtigung der Arbeitsbelastung des Zeugen treffen.[6] § 50 Abs. 1 regelt diesen Fall, anders als § 50 Abs. 2 (Rn. 5), allerdings nicht. Deshalb ist ein Parlamentarier, wenn er sich nicht am Sitz des Parlaments aufhält, grundsätzlich wie jeder andere Zeuge auch an den sich aus den allgemeinen Vorschriften ergebenden Vernehmungsort zu laden. Hält sich der Parlamentarier nicht am Sitz des Parlaments auf, so ist er dort

1 SK/*Rogall* 4; vgl. auch Art. 9 des Protokolls über die Vorrechte und Befreiungen der Europäischen Union vom 26.10.2012, ABlEU C 326/1; entsprechende Vorgängerregelungen existierten seit 1965; **a.A.** MüKo/*Maier* 2.

2 Vgl. auch Art. 15 des Allgemeinen Abkommens über die Vorrechte und Befreiungen des Europarates vom 2.9.1949 – BGBl. II 1954 S. 494 –, Art. 4 des Zusatzprotokolls vom 6.11.1952 – BGBl. II 1954 S. 501 – und Gesetz vom 4.8.1977 – BGBl. II S. 733.

3 SK/*Rogall* 3; KK/*Bader* 3; HK/*Gercke* 3; MüKo/*Maier* 3; weitergehend für die gesamte „Sitzungsperiode" einschließlich der Parlamentsferien: LR/*Dahs*[25] 3.

4 BGH NJW **1982** 189; *Eb. Schmidt* 3.

5 *Schmitt*/Köhler 3; SSW/*Güntge* 3; SK/*Rogall* 3.

6 BGH NJW **1982** 189.

auch dann nicht zu vernehmen, wenn das Parlament am Tag seiner Vernehmung zu einer Sitzung zusammentritt.[7] Die Vernehmung erfolgt bei Aufenthalt des Abgeordneten am Sitz des Parlaments nicht in der Wohnung des Parlamentsmitglieds oder im Parlamentsgebäude, sondern in den Räumen des **Gerichts** am Sitz des Parlaments. Vor dieses Gericht muss der Zeuge geladen werden.[8]

3. Vernehmung von Regierungsmitgliedern (Absatz 2)

a) Personenkreis. Mitglieder der Bundesregierung sind nach Art. 62 GG ausschließ- 4
lich der Bundeskanzler und die Bundesminister (nicht die Staatsminister). Wer Mitglied einer Landesregierung ist, richtet sich nach den Vorschriften der jeweiligen Verfassung des Bundeslandes. Die Senate von Berlin, Bremen und Hamburg sind Landesregierungen; ihre Mitglieder sind die Bürgermeister (in Berlin der Regierende Bürgermeister) und die Senatoren. In Bayern gehören auch die Staatssekretäre zur Regierung (Art. 43 Abs. 2 BayVerf).

b) Vernehmungsort. Mitglieder der Bundes- oder einer Landesregierung sind an ih- 5
rem **Amtssitz** oder, falls sie sich dort nicht befinden, an ihrem **Aufenthaltsort** zu vernehmen. Ob der Aufenthalt außerhalb des Amtssitzes dienstliche oder private (Urlaubsreise, Kuraufenthalt) Gründe hat, spielt keine Rolle.[9] Ohne Bedeutung ist auch, wie lange er dauert. Die Vernehmung erfolgt nicht in der Wohnung oder den Amtsräumen des Regierungsmitglieds, sondern in den Räumen des für den Amtssitz oder den sonstigen Aufenthaltsort zuständigen **Gerichts**. Nicht überzeugend ist die eher zufällige Differenzierung danach, ob der Aufenthaltsort des Regierungsmitglieds selbst Sitz eines Gerichts ist oder nicht,[10] denn es gibt für jeden Aufenthaltsort ein zuständiges Gericht.

4. Vernehmungspersonen. § 50 Abs. 1 und 2 enthalten ebenso wenig wie § 49 eine 6
Aussage darüber, durch wen ein Abgeordneter oder ein Regierungsmitglied als Zeuge zu vernehmen ist. Es gelten deshalb die **allgemeinen Vorschriften** (vgl. § 49, 3). Abgeordnete und Regierungsmitglieder können also von allen zur Vernehmung von Zeugen berechtigten Personen vernommen werden, wenn die entsprechenden Voraussetzungen vorliegen (beachte aber Absatz 4 Satz 2, siehe dazu Rn. 13). Ist die Vernehmung des Zeugen wegen § 50 Abs. 1 oder 2 nicht in der Hauptverhandlung möglich, liegt darin grundsätzlich ein Hindernis i.S. des § 223.[11] In diesem Fall wird jedoch zunächst versucht werden müssen, durch eine Genehmigung nach Absatz 3 die Vernehmung in der Hauptverhandlung zu ermöglichen. Folgt man der hier vertretenen Auffassung, wonach ein Zeuge nach § 50 Abs. 1 (Parlamentarier) außerhalb der Sitzungswochen oder, wenn er sich nicht am Sitz des Parlaments aufhält, zum Gerichtssitz geladen werden kann, dann ist das Hindernis auch durch Anberaumung eines Vernehmungstermins zu einem solchen Zeitpunkt zu beseitigen. Hält man schließlich einen Verzicht des Zeugen auf § 50 Abs. 1 und 2 ohne eine Genehmigung nach Absatz 3 für zulässig (dazu Rn. 10), wird das Hindernis i.S. des § 223 Abs. 1 auch dadurch beseitigt, dass sich der Zeuge mit der Ladung zur Hauptverhandlung einverstanden erklärt.

---

7 *Eb. Schmidt* 3; *Dalcke/Fuhrmann/Schäfer* 3.
8 KK/*Bader* 4; SK/*Rogall* 5; MüKo/*Maier* 3.
9 KK/*Bader* 6; *Eb. Schmidt* 4.
10 So aber KK/*Bader* 6; SK/*Rogall* 6; im letzteren Fall sollen sich die Vernehmungspersonen zum Aufenthaltsort zu begeben haben; ebenso LR/*Dahs*[25] 6.
11 *Schmitt*/Köhler § 223, 6.

7 **5. Anwesenheit der Prozessbeteiligten.** Die Prozessbeteiligten sind von dem Vernehmungstermin nach § 168c Abs. 5 Satz 1, § 224 Abs. 1 Satz 1 zu benachrichtigen. Sie sind auch im Vorverfahren (vgl. § 168c Abs. 2) zur Anwesenheit berechtigt,[12] der Angeklagte, der nicht auf freiem Fuß ist, jedoch nur, wenn die Voraussetzungen der § 168c Abs. 4, § 224 Abs. 2 vorliegen.

8 **6. Ausnahme mit Genehmigung (Absatz 3).** Abweichungen von den Regelungen der Absätze 1 und 2 sind grundsätzlich nur statthaft, wenn eine Genehmigung der in § 50 Abs. 3 genannten Stelle vorliegt (siehe aber Rn. 10). Die Genehmigung kann von Amts wegen oder auf Antrag des Gerichts, der Staatsanwaltschaft, eines anderen Prozessbeteiligten oder auf Anregung des Zeugen selbst erteilt werden.[13] Über die Frage, ob eine Abweichung von § 50 Abs. 1 und 2 und demzufolge die Einholung einer Genehmigung angezeigt erscheint, hat das Gericht von Amts wegen oder auf Antrag zu entscheiden. Der Antrag ist im Falle des Absatzes 1 an den jeweiligen Parlamentspräsidenten zu richten (vgl. Abschnitt C S. 2 zur Anlage 6 der Geschäftsordnung des Deutschen Bundestages). Erteilung und Nachweis der Genehmigung sind an keine Form gebunden.[14]

9 Keiner Genehmigung nach § 50 Abs. 3 bedarf es, wenn ein Bundestagsabgeordneter in den sitzungsfreien Wochen des Parlaments vernommen wird (vgl. Abschnitt C Satz 3 zur Anlage 6 der Geschäftsordnung des Deutschen Bundestages). Vorrang vor den allgemeinen Zeugenpflichten hat demnach allein die Tätigkeit des Abgeordneten im Parlament selbst. Hält sich der Zeuge nicht am Parlamentssitz auf oder tagt das Parlament nicht, so hat der Parlamentarier wie jeder andere Staatsbürger auch die Pflicht, vor dem zuständigen Gericht (bzw. der zuständigen Staatsanwaltschaft/Polizei) zu erscheinen (vgl. aber Rn. 3 und 5).

10 **7. Verzicht.** Nach herrschender Ansicht in der Literatur sollen Abgeordnete und Regierungsmitglieder auf das Recht nach § 50 Abs. 1 und 2 nicht verzichten können, weil es sich um ein Privileg der Parlamente und Regierungen handele und nicht um ein persönliches Vorrecht.[15] Deshalb dürfe der Zeuge auch dann nicht vernommen werden, wenn er freiwillig zur Hauptverhandlung erschienen sei. Erfahre das Gericht aber von dem Zeugen, dass er sich zu einem bestimmten Zeitpunkt am Ort der Hauptverhandlung aufhalte und zur Vernehmung zur Verfügung stehe, dürfe es die Hauptverhandlung entsprechend anberaumen.[16] Diese Auslegung, die zu tatsächlich schwierigen Abgrenzungen und de facto doch zu einer Verzichtsmöglichkeit des Zeugen führt, überzeugt nicht. Abgeordnete und Regierungsmitglieder bestimmen grundsätzlich eigenverantwortlich unter Beachtung ihrer Aufgaben ihre beruflichen und privaten Termine. Daran ändern die Regelungen des § 50 Abs. 1 und 2 nichts. Die Vorschriften geben den genannten Personen wegen der Bedeutung der von ihnen wahrgenommenen Aufgaben lediglich das Recht, unter den genannten Voraussetzungen eine Vernehmung am Gerichtsort ablehnen zu dürfen, ohne dass dies sanktioniert werden könnte. Mit der durch die zuständigen Gremien erteilten Genehmigung nach Absatz 3 erhält die Pflicht, als Zeuge vor Gericht zu erscheinen, im Einzelfall Vorrang vor den öffentlichen Aufgaben der Parlamentarier und Regierungsmitglieder.

11 **8. Ladung zur Hauptverhandlung (Absatz 4 Satz 1).** § 50 Abs. 4 Satz 1 bestimmt zusätzlich zu den Absätzen 1 und 2, dass der Zeuge (auch dann) nicht zur Hauptverhandlung

---

12 KK/*Bader* 4; *Schmitt*/Köhler 4; *Eb. Schmidt* 1.
13 KK/*Bader* 7; *Schmitt*/Köhler 8; MüKo/*Maier* 7; SSW/*Güntge* 6; *Eb. Schmidt* 6; *Dalcke/Fuhrmann/Schäfer* 6.
14 *Schmitt*/Köhler 8; MüKo/*Maier* 7; SSW/*Güntge* 6; *Eb. Schmidt* 6.
15 KK/*Bader* 1; *Schmitt*/Köhler 1 und 8; MüKo/*Maier* 1; SSW/*Güntge* 1; SK/*Rogall* 2; ebenso LR/*Dahs*[25] 9.
16 KK/*Bader* 7; MüKo/*Maier* 7; SK/*Rogall* 8; vgl. auch BGH NJW **1982** 189; ebenso LR/*Dahs*[25] 9.

geladen wird, wenn er außerhalb der Hauptverhandlung vernommen worden ist. Da Absatz 4 Satz 2 vorsieht, dass das Protokoll über eine richterliche Vernehmung in der Hauptverhandlung zu verlesen ist, wird man den Satz 1 einschränkend dahingehend auslegen müssen, dass die Ladung zur Hauptverhandlung nur durch eine vorangehende richterliche Vernehmung ausgeschlossen wird.[17] Wird der Zeuge trotzdem geladen, so braucht er nicht zu erscheinen; § 51 gilt dann nicht. Absatz 4 Satz 1 steht einer Ladung des Zeugen zur Hauptverhandlung jedoch nicht entgegen, wenn seine erneute Vernehmung aus Gründen der Sachaufklärung (§ 244 Abs. 2) geboten ist.

Wenn eine Ladung des Zeugen zur Hauptverhandlung unzulässig ist, sollen auch die 12 **Prozessbeteiligten** nicht das Recht haben, ihn nach § 214 Abs. 3, § 220 Abs. 1 unmittelbar zu laden. Für die Ladung von Abgeordneten und Regierungsmitgliedern sollen die § 214 Abs. 3, § 220 Abs. 1 nur gelten, wenn die Hauptverhandlung vor einem Gericht stattfindet, vor das diese Personen nach § 50 geladen werden dürfen, oder wenn eine Genehmigung nach § 50 Abs. 3 bereits erteilt ist.[18] Dieser Ausschluss der Ladungsmöglichkeit des Zeugen durch die Prozessbeteiligten ist mit dem Zweck des § 50 nicht zu vereinbaren. § 50 schränkt die Zeugenpflichten von Abgeordneten und Regierungsmitgliedern inhaltlich nicht ein. Sie sind lediglich wegen ihrer Aufgaben hinsichtlich des Vernehmungsortes privilegiert. Daher muss es für die Prozessbeteiligten möglich sein, diese Zeugen wie alle anderen Zeugen selbst zur Vernehmung zu laden. Dieses Ladungsrecht darf nicht davon abhängen, dass das Gericht zufällig die Hauptverhandlung so anberaumt, dass der Zeuge dort erscheinen kann, oder dass eine Genehmigung nach Absatz 3 erteilt ist.

9. Verlesung des Protokolls in der Hauptverhandlung (Absatz 4 Satz 2). In der 13 Hauptverhandlung wird das Protokoll über die richterliche Vernehmung des Zeugen verlesen. Insoweit gelten dieselben Grundsätze wie bei § 49 (vgl. § 49, 6). Den erfolglosen Versuch, eine Sondergenehmigung nach § 50 Abs. 3 zu erhalten, setzt die Verlesung nicht voraus.[19]

10. Revision. Die Vorschrift des § 50 dient nicht den Interessen des Angeklagten, son- 14 dern dem öffentlichen Interesse an der Funktionstüchtigkeit der Parlamente und Regierungen. Der Angeklagte kann, da sein Rechtskreis insoweit nicht berührt ist, die Revision nicht darauf stützen, dass die Vernehmung des Zeugen in der Hauptverhandlung nach § 50 unzulässig gewesen sei.[20] Etwas anderes könnte gelten, wenn es dem Angeklagten/der Verteidigung mit Verweis auf § 50 verwehrt wird, den Zeugen zur Hauptverhandlung zu laden (s. Rn. 12). Die Revision kann zudem begründet sein, wenn die Voraussetzungen, unter denen nach § 50 Abs. 4 Satz 2 die Verlesung des Protokolls zulässig ist, nicht vorgelegen haben.[21]

---

17 § 161a, der die Zeugen auch verpflichtet, auf Ladung der Staatsanwaltschaft zu erscheinen, existierte zum Zeitpunkt der Einführung des Absatzes 4 noch nicht.

18 *Schmitt*/Köhler 9; ebenso LR/*Dahs*[25] 12.

19 RGSt **26** 253, 255; *Schmitt*/Köhler 10; SSW/*Güntge* 8; MüKo/*Maier* 8; SK/*Rogall* 10; *Eb. Schmidt* 5; **a.A.** *Feisenberger* 9.

20 Generell zur Rechtskreistheorie § 55, 37 f.

21 *Schmitt*/Köhler 11; MüKo/*Maier* 9; SSW/*Güntge* 9.

§ 51
Folgen des Ausbleibens eines Zeugen

(1) [1]Einem ordnungsgemäß geladenen Zeugen, der nicht erscheint, werden die durch das Ausbleiben verursachten Kosten auferlegt. [2]Zugleich wird gegen ihn ein Ordnungsgeld und für den Fall, daß dieses nicht beigetrieben werden kann, Ordnungshaft festgesetzt. [3]Auch ist die zwangsweise Vorführung des Zeugen zulässig; § 135 gilt entsprechend. [4]Im Falle wiederholten Ausbleibens kann das Ordnungsmittel noch einmal festgesetzt werden.

(2) [1]Die Auferlegung der Kosten und die Festsetzung eines Ordnungsmittels unterbleiben, wenn das Ausbleiben des Zeugen rechtzeitig genügend entschuldigt wird. [2]Erfolgt die Entschuldigung nach Satz 1 nicht rechtzeitig, so unterbleibt die Auferlegung der Kosten und die Festsetzung eines Ordnungsmittels nur dann, wenn glaubhaft gemacht wird, daß den Zeugen an der Verspätung der Entschuldigung kein Verschulden trifft. [3]Wird der Zeuge nachträglich genügend entschuldigt, so werden die getroffenen Anordnungen unter den Voraussetzungen des Satzes 2 aufgehoben.

(3) Die Befugnis zu diesen Maßregeln steht auch dem Richter im Vorverfahren sowie dem beauftragten und ersuchten Richter zu.

Schrifttum

Bockelmann Die Unverfolgbarkeit von Abgeordneten (1951); *Enzian* Das richterliche und das staatsanwaltschaftliche Vorführungsrecht, JR **1975** 277; *Fromm/Pinger* Das krankheitsbedingte Nichterscheinen des Zeugen im Strafprozess, StRR **2013** 364; *Grüneberg* Ordnungsmittel gegen einen ausgebliebenen Zeugen? MDR **1992** 326; *Kaiser* Die Zelle als Verwahrungsort für Vorgeführte, NJW **1965** 1216; *ders.* Betrunkene Beschuldigte und Zeugen im Strafverfahren, NJW **1968** 185; *Krehl* Der Schutz von Zeugen im Strafverfahren, GA **1990** 555; *Lampe* Grenzen des Festhalterechts gegenüber vorgeführten Beschuldigten und Zeugen im Ermittlungsverfahren, MDR **1974** 535; *Meier* Überlegungen zur Rechtsstellung von kindlichen Zeugen im Strafprozeß, JZ **1991** 640; *Michel* Der betrunkene Zeuge, MDR **1992** 544; *Molketin* Der nicht erschienene Zeuge und § 51 StPO, DRiZ **1981** 385; *Renner* Kann ein jugendlicher Zeuge nach § 50 StPO zu einer Strafe verurteilt werden? Recht **1917** 378; *Sander* Zur analogen Anwendung von Opportunitätsvorschriften bei geringem Verschulden des ausgebliebenen Zeugen, GA **1995** 569; *M. J. Schmid* Zustellungsvorsorge für Zeugenladungen, NJW **1981** 858; *Schoene* Wann ist ein gemäß § 51 StPO ergangener Ordnungsgeldbeschluß beschwerdefähig? GA **1980** 418; *Skupin* Die Folgen beim Ausbleiben eines kindlichen oder eines jugendlichen Zeugen im Strafverfahren, MDR **1965** 865; *Vierhaus* Zulässigkeit der Ordnungs- und Zwangsmittel des § 51 StPO gegen Kinder als Zeugen? NStZ **1994** 271; *Werny* Der Beschluß gemäß § 51 I StPO nach der Entscheidung der Hauptsache, NJW **1982** 2170.

Entstehungsgeschichte

Die Vorschrift über die Folgen für einen Zeugen, der nicht zum Vernehmungstermin erscheint, war von Anfang an Bestandteil der StPO. Absatz 4, der die Festsetzung und Vollstreckung der Strafe gegen Militärpersonen regelte, wurde durch § 14 des Gesetzes betreffend die Aufhebung der Militärgerichtsbarkeit (1920) gestrichen. Durch die Bek. 1924 wurde Absatz 1 dem Art. II der Verordnung über Vermögensstrafen und Bußen (1924) angepasst und ein neuer Absatz 4 über die Vorführung von Angehörigen der Reichswehr eingefügt. Dieser Absatz wurde durch § 14 des Einführungsgesetzes zur Militärstrafgerichtsordnung (1933) ersetzt und in die 1950 neu verkündete Strafprozessordnung nicht mehr aufgenommen. Durch Art. 21 Nr. 5 EGStGB (1974) wurden die Absätze 1 und 2 redaktionell überarbeitet und terminologisch dem neuen Art. 5 EGStGB (vgl. Anhang zu § 51, 3) angepasst. Durch Art. 1 Nr. 12 des 1. StVRG 1974 wurde in Absatz 1 Satz 3 der Halbsatz 2 eingefügt und in Absatz 3 das Wort „Untersuchungsrichter" gestrichen sowie das Wort „Amtsrichter" durch das Wort „Richter" ersetzt. Durch Art. 1 Nr. 9 StVÄG (1979) wurde Absatz 2 neu gefasst. Dabei wurden in Satz 1 die Worte „genügend entschuldigt ist" durch die Worte „rechtzeitig genügend entschuldigt wird" ersetzt, der Satz 2 eingefügt und in Satz 3 (bisher Satz 2) an die Stelle des Wortes „wieder" die Worte „unter den Voraussetzungen des Satzes 2" gesetzt. Bezeichnung bis 1924: § 50.

Übersicht

I. Allgemeines

Kommt ein **Zeuge** seiner Pflicht, zur Vernehmung zu erscheinen (§ 48 Abs. 1 Satz 1), nicht nach, so stellt sich zum einen die Frage nach möglichen Sanktionen, zum anderen die nach Maßnahmen, die den Zeugen doch noch zum Erscheinen bewegen. Dies regelt § 51. Als Zwangsmittel sind – verfassungsrechtlich unbedenklich[1] – die Auferlegung der Kosten, die Festsetzung von Ordnungsgeld und -haft und die Vorführung des Zeugen vorgesehen. Die Vorschrift wird ergänzt durch § 70, der Zwangsmittel vorsieht, die dazu dienen sollen, dass der (erschienene) Zeuge tatsächlich aussagt (seiner Zeugnispflicht nachkommt) und die Aussage ggf. beeidigt (vgl. dort). Die Vorschriften gelten sowohl für die von Amts wegen als auch für die unmittelbar von der Staatsanwaltschaft nach § 214 Abs. 3 oder dem Angeklagten nach § 220 geladenen Zeugen. Die Befugnis, die Maßregeln des § 51 (mit Ausnahme der Ordnungshaft, s. § 163 Abs. 4 Satz 1 Nr. 4) anzuordnen, steht auch der Staatsanwaltschaft zu, wenn sie den Zeugen im Ermittlungsverfahren geladen hat (§ 161a Abs. 2). Im Bußgeldverfahren gilt § 51 entsprechend (§ 46 Abs. 1 OWiG). Ordnungsmittel 1

1 BVerfGE **76** 363, 383.

des § 51 gehen denen nach § 178 GVG vor;[2] eine Doppelahndung ist nicht zulässig.[3] Wegen ausländischer Staatsbürger siehe Rn. 36 f. sowie § 48, 3, 14. Für das Verfahren vor parlamentarischen einem Untersuchungsausschüssen des Bundestages und der Länderparlamente siehe § 21 PUAG sowie die entsprechenden Ländergesetze. Auf den Ordnungsgeldbeschluss gegen einen Schöffen gemäß §§ 56 Abs. 1, 77 Abs. 1 GVG finden ggf. Grundsätze des § 51 sinngemäß Anwendung.[4]

II. Voraussetzungen der Maßnahmen des § 51

2 **1. Ordnungsgemäße Ladung.** Die Pflicht des Zeugen, zur Vernehmung zu erscheinen, wird nur durch eine ordnungsgemäße Ladung (§ 48) begründet. Die Ladung muss **Ort und Zeit des Vernehmungstermins** und den **Hinweis auf die gesetzlichen Folgen des Ausbleibens** enthalten (vgl. auch Nrn. 64 und 117 RiStBV).[5] § 48 Abs. 2 sieht darüber hinaus vor, dass die Ladung einen Hinweis auf verfahrensrechtliche Bestimmungen enthält, die dem Interesse des Zeugen dienen, sowie auf vorhandene Möglichkeiten der Zeugenbetreuung. Was hierunter alles zu verstehen ist, ist schwer vorherzusagen und von dem jeweiligen Einzelfall abhängig. Streng genommen wäre eine Ladung schon dann nicht ordnungsgemäß, wenn ihr etwa der Hinweis auf die Möglichkeit einer Kinderbetreuung fehlt. Es ist allerdings unangemessen, dass sich ein Zeuge auf das Fehlen eines solchen Hinweises berufen kann, der auf eine solche Betreuung nicht angewiesen ist. Insofern ist auch nach § 48 Abs. 2 die Ladung i.S.d. § 51 ordnungsgemäß, wenn sie Ort und Zeit des Vernehmungstermins angibt und einen Hinweis auf die gesetzlichen Folgen des Ausbleibens enthält.[6] Die weiteren Hinweispflichten nach § 48 Abs. 2 werden ggf. zu berücksichtigen sein, wenn es um die Beurteilung der genügenden Entschuldigung geht (dazu Rn. 11). Der **Zugang** der Ladung muss nachgewiesen sein;[7] eine förmliche Zustellung ist jedoch nicht Voraussetzung.[8] Bei der unmittelbaren Ladung durch den Angeklagten sind die § 220 Abs. 2, § 38 zu beachten (§ 48, 3). War die Verhandlung ausgesetzt und der Zeuge zu der neuen Verhandlung mündlich geladen worden, so muss das durch die Sitzungsniederschrift nachgewiesen sein.[9] Die (formal zu verstehenden) Voraussetzungen einer ordnungsgemäßen Ladung sind auch dann erfüllt, wenn das dem Angeklagten nach § 220 zustehende Recht der Selbstladung zu dem Zwecke missbraucht werden soll, den Zeugen in der Hauptverhandlung zu beleidigen und verächtlich zu machen. Das Strafprozessrecht kennt keinen allgemeinen Rechtssatz, wonach in der StPO vorgesehene Prozesshandlungen rechtsunwirksam sind, weil ihnen eine prozesswidrige Motivation zugrunde liegt. Soweit der Zeuge persönliche Nachteile bei der Befolgung seiner Erscheinenspflicht zu erwarten hat, ist das Gericht aufgrund seiner Fürsorgepflicht gehalten, diesen mit Maßnahmen des Hausrechts und der Sitzungspolizei entgegenzutreten; für die Beweisaufnahme müssen die Rechte aus §§ 238, 241, 245 Abs. 2 ausreichen.[10]

---

2 OLG Stuttgart MDR **1989** 763.

3 OLG Stuttgart MDR **1989** 763; SK/*Rogall* 7; *Michel* MDR **1992** 544.

4 KG Beschl. vom 20.11.2018 – 2 Ws 227/18.

5 Allg. M.: HK/*Gercke* 2; KK/*Bader* 1; *Schmitt*/Köhler 2; SK/*Rogall* 3; vgl. § 48, 6 ff.

6 **A.A.** SK/*Rogall* 3, der auch den Hinweis auf Bestimmungen, die dem Zeugenschutz dienen, für erforderlich hält.

7 KK/*Bader* 1; Göhler/*Bauer* § 59, 54 OWiG; OLG München MDR **1992** 70.

8 OLG Düsseldorf VRS **79** (1990) 20; OLG Koblenz MDR **1981** 1036; *Schmitt*/Köhler 2; *Eisenberg* (Beweisrecht) 1057.

9 OLG Hamm NJW **1957** 1330; *Eb. Schmidt* 16.

10 § 220, 9 ff.; *D. Meyer* MDR **1979** 814; *Wagner* JuS **1972** 315; **a.A.** KG JR **1971** 338 mit Anm. *Peters*; *Schmid* MDR **1980** 115.

Wer nicht als Zeuge geladen worden ist, braucht nicht zu erscheinen und unterliegt daher nicht den Maßnahmen des § 51. Das gilt z.B. für die Eltern eines Kindes, das als Zeuge aussagen soll (zu möglichen Maßnahmen, wenn das geladene Kind selbst nicht erscheint, Rn. 16). Gegen sie darf auch dann kein Ordnungsgeld festgesetzt werden, wenn sie das Kind bewusst davon abhalten, der Ladung zu folgen.[11] Um das Erscheinen des Kindes über die Eltern zu erreichen, können ggf. vormundschaftsrichterliche Maßnahmen nach § 1666 BGB getroffen werden, die der Strafrichter anregen kann.[12] Die Folgen des Ausbleibens eines **Sachverständigen** regelt § 77. Umstritten ist, ob **Vertreter der Jugendgerichtshilfe** zum Erscheinen in der Hauptverhandlung verpflichtet sind. Nach h.M. können die durch das Nichterscheinen des Vertreters entstandenen Kosten nicht analog den § 51 Abs. 1, § 77 Abs. 1 Satz 1, § 145 Abs. 4, § 467 Abs. 2 dem Jugendamt bzw. seinem Träger (z.B. Stadt, Kreis) auferlegt werden.[13] Auch eine entsprechende Anwendung der Regelungen zur Auferlegung der Kosten gegenüber dem trotz ordnungsgemäßer Ladung unentschuldigt ausgebliebenen **Dolmetscher** wird von der Rechtsprechung abgelehnt.[14] Die Verhängung von Ordnungsmitteln, die Strafcharakter haben, kommt gegenüber Dolmetschern mangels gesetzlicher Grundlage (Art. 103 Abs. 2 GG) nicht in Betracht.[15] 3

2. Nichterscheinen. Der ordnungsgemäß geladene Zeuge muss sich zu der in der Ladung festgesetzten Zeit am angegebenen Ort einfinden;[16] eine nennenswerte Wartepflicht des Vernehmenden besteht nicht. Erscheint der Zeuge mit größerer **Verspätung**, aber bevor Maßnahmen des § 51 angeordnet worden sind, so hat das nach h.M. keine Rechtsfolgen.[17] In der Regel ergibt sich dies bereits daraus, dass durch das Ausbleiben keine Kosten entstehen, wenn der Zeuge nach dem Verhandlungsplan oder Verhandlungsverlauf ohnehin erst zu einem späteren Zeitpunkt vernommen worden wäre oder die zeitliche Verschiebung problemlos möglich war. Sind jedoch durch die Verspätung schon Kosten entstanden, sind sie dem Zeugen aufzuerlegen; zugleich ist ein Ordnungsgeld festzusetzen. Diese Rechtsfolgen können nicht davon abhängen, dass der entsprechende Beschluss beim Erscheinen des Zeugen schon erlassen war.[18] Der Zeuge muss **vernehmungsfähig** sein. Wer betrunken oder unter Drogeneinwirkung erscheint und daher nicht vernommen werden kann, steht einem nicht erschienenen Zeugen gleich,[19] was eine Anwendung des § 178 GVG ausschließt.[20] Der Zeuge ist auch verpflichtet, sich zur Vernehmung außerhalb der Gerichtsstelle einzufinden, wenn er dorthin geladen war.[21] Dies kann etwa ein Ort sein, an dem ein Augenschein eingenommen werden soll[22] oder an dem eine große Anzahl von Zeugen wohnt, die aus Zweckmäßigkeitsgründen nicht am Gerichtsort vernommen werden sollen. 4

---

11 OLG Hamm NJW **1965** 1613; KMR/*Neubeck* 5; MüKo/*Maier* 3; Göhler/*Bauer* § 59, 55 OWiG; *Renner* Recht **1917** 378; *Skupin* MDR **1965** 867 ff.

12 *Skupin* MDR **1965** 867.

13 BGHSt **27** 250 ff.; LG Frankfurt NStZ **1985** 42; OLG Karlsruhe NStZ **1992** 252 mit Anm. *Schaffstein*; SK/*Rogall* 5; **a.A.** OLG Köln NStZ **1986** 569; *Schaffstein/Beulke* 155.

14 KG StraFo **2008** 89; LG Cottbus Beschl. v. 11.8.2008 – 24 jug Ax 40/08; s.a. SK/*Rogall* 4 Fn. 13.

15 OLG Karlsruhe Justiz **2003** 449; KG StraFo **2008** 89; LG Cottbus Beschluss v. 11.8.2008 – 24 jug Ax 40/08.

16 KG GA **69** (1925) 230; *Schmitt*/Köhler 3; SK/*Rogall* 6; HK/*Gercke* 3; *Eb. Schmidt* 5.

17 *Schmitt*/Köhler 3; SK/*Rogall* 6; differenzierend MüKo/*Percic* 14.

18 KK/*Bader* 3; MüKo/*Maier* 14.

19 BGHSt **23** 334; OLG Saarbrücken JBl. Saar **1962** 13; AK/*Kühne* 3; *Schmitt*/Köhler 3; KK/*Bader* 2; SSW/*Güntge* 3; *Eb. Schmidt* 7; *Michel* MDR **1992** 544; Göhler/*Bauer* § 59, 61a OWiG; *Kaiser* NJW **1968** 188; *Eisenberg* (Beweisrecht) 1063; vgl. auch OLG Stuttgart MDR **1989** 763 zur eingeschränkten Vernehmungsfähigkeit.

20 OLG Stuttgart MDR **1989** 763.

21 SK/*Rogall* 6; MüKo/*Maier* 13.

22 *Eb. Schmidt* 2.

5 Erklärt ein ordnungsgemäß geladener Zeuge schon **vor dem Termin**, dass er nicht erscheinen werde, so ist dies kein Fall des § 51. Eine Vorführung zu diesem Termin kommt nicht in Betracht; denn vorbeugende Maßnahmen lässt § 51 nicht zu.[23] Das Gericht sollte wegen einer Weigerungserklärung des Zeugen nicht den Termin aufheben, weil der Zeuge seine Einstellung immer noch ändern kann;[24] vielfach wird eine Unterbrechung (§ 229 Abs. 1) der Verhandlung mit Anordnung der Vorführung des Zeugen ausreichen. Bei entsprechender Dauer des Termins wird auch die ohne weiteres zulässige Anordnung sofortiger Vorführung des Zeugen (Absatz 1 Satz 3) zum Ziele führen. Ist jedoch der Termin wegen der erklärten Weigerung des Zeugen aufgehoben worden, so sind die präventive Vorführung zum nächsten Termin und ein Ordnungsgeldbeschluss nach dem klaren Inhalt des Gesetzes nicht zulässig.[25]

6 Die Erscheinenspflicht schließt die Pflicht ein, **anwesend zu bleiben**.[26] Der Zeuge muss sich daher, auch wenn er bereits vernommen worden ist, bis zur endgültigen Entlassung (§ 248) zur Verfügung des Gerichts halten. Bei eigenmächtiger vorzeitiger Entfernung, nicht aber bei lediglich kurzem Verlassen des Sitzungszimmers,[27] wird er wie ein nicht erschienener Zeuge behandelt.[28] Ein Zeuge, der sich ohne Genehmigung entfernen will, kann zwangsweise festgehalten werden; § 231 Abs. 1 Satz 2 gilt entsprechend.[29]

3. Fehlen rechtzeitiger und genügender Entschuldigung

7 **a) Entschuldigung.** Nach § 51 Abs. 2 genügt es nicht, dass überhaupt Entschuldigungsgründe vorliegen; der Zeuge ist vielmehr auch verpflichtet, sich **rechtzeitig** zu entschuldigen, sofern ihm dies möglich ist.[30] Dem Gericht soll damit ermöglicht werden, entweder den Zeugen doch noch zum Erscheinen zu veranlassen oder den Termin aufzuheben und die Beteiligten abzuladen (vgl. Rn. 8). Die Auferlegung der Kosten und die Festsetzung von Ordnungsmitteln unterbleiben nach § 51 Abs. 2 Satz 1 nur, wenn das Ausbleiben des Zeugen **genügend entschuldigt** wird (dazu Rn. 10 ff.). Ob der Zeuge von Amts wegen oder nach § 220 von dem Angeklagten selbst geladen worden ist, macht keinen Unterschied (vgl. auch § 220, 12). Der Zeuge muss sich nicht selbst entschuldigen. Auch Entschuldigungen, die von Dritten vorgebracht werden, sind zu berücksichtigen.[31] Hingegen soll § 51 mangels rechtzeitiger Entschuldigung auch dann Anwendung finden, wenn sich die Verhinderung des Zeugen lediglich **aus den Akten** oder sonst aus den Umständen ergibt.[32] Es ist jedoch nicht angemessen, die nicht rechtzeitig erfolgte Entschuldigung seitens des Zeugen wie sein Nichterscheinen zu sanktionieren, wenn die Ladung nur erfolgt ist, weil

---

23 OLG Stuttgart NJW **1956** 840 mit zust. Anm. *Reiff* NJW **1956** 1083; AK/*Kühne* 4; KK/*Bader* 5; SK/*Rogall* 9; *Eb. Schmidt* Nachtr. I 7a; *Schmitt*/Köhler 5.

24 *Eb. Schmidt* Nachtr. I 7a.

25 SK/*Rogall* 9, der diese Regelung nicht für praxisgerecht hält; *Eb. Schmidt* Nachtr. I 7a; *Reiff* NJW **1956** 1083; **a.A.** OLG Königsberg DStR **1935** 219; OLG Stuttgart NJW **1956** 840; HK/*Gercke* 5; KK/*Bader* 5.

26 KK/*Bader* 4; *Schmitt*/Köhler 4; SK/*Rogall* 8; *Eb. Schmidt* 1; Göhler/*Bauer* § 59, 61a OWiG.

27 KMR/*Neubeck* 6.

28 HK/*Gercke* 5; KK/*Bader* 4; *Schmitt*/Köhler 4; SSW/*Güntge* 5; Göhler/*Bauer* § 59, 61a OWiG; **a.A.** *Lampe* MDR **1974** 540, der in dem Sichentfernen eine nach § 70 zu ahndende Aussageverweigerung sieht; so auch: MüKo/*Maier* 15.

29 KK/*Bader* 4; *Schmitt*/Köhler 4; *Eb. Schmidt* 6; *Enzian* NJW **1957** 451; grundsätzlich **a.A.** *Lampe* MDR **1974** 540: Anwendung des § 70; vgl. auch SK/*Rogall* 8.

30 Vgl. BTDrucks. **8** 976 S. 36.

31 KK/*Bader* 15; *Schmitt*/Köhler 6, 7; SK/*Rogall* 25; MüKo/*Maier* 18.

32 So KK/*Bader* 15; MüKo/*Maier* 18; SSW/*Güntge* 12.

das Gericht und/oder die Staatsanwaltschaft die Akten nicht ausreichend kennen.[33] Da der Zeuge allerdings seinerseits nicht wissen kann, was dem Gericht oder der Staatsanwaltschaft bekannt ist, ist eine rechtzeitige Entschuldigung in jedem Fall zu empfehlen. Die Entschuldigungsgründe müssen nicht zur vollen Überzeugung des Gerichts erwiesen sein; es genügt, dass sie **glaubhaft** sind.[34] Vor allem im persönlichen Bereich liegende Umstände kann der Zeuge oft gar nicht erweisen, sondern nur glaubhaft machen, z.B. durch eine eigene eidesstattliche Versicherung. Das Gericht kann auch (freibeweislich) eigene Ermittlungen anstellen. Ob das Ausbleiben genügend entschuldigt ist, entscheidet das Gericht nach pflichtgemäßem Ermessen. Eine unwahre Entschuldigung ist nicht strafbar.

b) Rechtzeitig ist die Entschuldigung, wenn der Zeuge dem Gericht seine Verhinderung 8
zu einem so frühen Zeitpunkt mitteilt, dass der Termin noch aufgehoben und dies allen Beteiligten bekannt gegeben werden kann. Grundsätzlich muss verlangt werden, dass der Zeuge sich so frühzeitig entschuldigt, dass eine Abbestellung aller zu der Verhandlung geladenen Personen noch im gewöhnlichen Geschäftsbetrieb des Gerichts möglich ist.[35]

Unverschuldete Verspätung der Entschuldigung. Entschuldigt sich der Zeuge zwar 9
vor dem Termin, aber nicht so rechtzeitig, dass der Termin noch aufgehoben werden kann, so wird von dem Erlass eines Ordnungsgeldbeschlusses nur abgesehen, wenn der Zeuge **glaubhaft** macht, dass ihn an der Verspätung der Entschuldigung kein Verschulden trifft (§ 51 Abs. 2 Satz 2). Zur Glaubhaftmachung vgl. § 26, 16 ff.; § 45, 16 ff. Der Zeuge kann zur Glaubhaftmachung auch eine eigene eidesstattliche Versicherung vorlegen. Einer besonderen Glaubhaftmachung bedarf es nicht, wenn bereits das glaubhafte Entschuldigungsvorbringen eine Erklärung dafür enthält, weshalb der Zeuge sich nicht früher entschuldigen konnte (plötzliche Erkrankung, Unfall u.ä.), oder wenn der Grund der Verspätung gerichtsbekannt ist. Unverschuldet kann die verspätete Entschuldigung auch sein, wenn dem Zeugen auf ein rechtzeitiges Entschuldigungsschreiben hin von der vernehmenden Stelle so kurzfristig mitgeteilt wird, dass die Entschuldigung nicht akzeptiert werde, dass er darauf nicht mehr rechtzeitig mit ergänzendem Vortrag reagieren kann.

c) Entschuldigungsgründe

aa) Unkenntnis von der Zeugenladung. Ist der Zugang der Ladung nachgewiesen 10
(Rn. 2), hat der Zeuge aber dennoch keine Kenntnis davon erlangt, so ist er genügend entschuldigt, wenn seine Unkenntnis **unverschuldet** ist.[36] Der Zeuge ist zwar nicht verpflichtet, dafür zu sorgen, dass ihn Ladungen während der Abwesenheit von seiner Wohnung erreichen.[37] Ausnahmsweise besteht diese Pflicht aber, wenn der Zeuge Anlass hat, mit der Zeugenladung zu rechnen, etwa weil ihm ausdrücklich bekannt gegeben worden ist, dass er in Kürze vernommen werden soll.[38] Gleiches gilt, wenn der Zeuge sich nur sehr selten an seinem Hauptwohnsitz aufhält.[39] Das gilt aber z.B. nicht für den Vielreisen-

---

33 **A.A.** LR/*Dahs*[25] 8.

34 Vgl. BGHR StPO § 51 Entschuldigung 1; *Schmitt*/Köhler 10; *Eb. Schmidt* 19; KK/*Bader* 16; SK/*Rogall* 26; *Ranft* 97; differenzierend SSW/*Güntge* 15.

35 *Schmitt*/Köhler 8; KK/*Bader* 10; *Schlüchter* 482.

36 *Schmitt*/Köhler 11; MüKo/*Maier* 22.

37 KG Recht **1928** Nr. 464; *Schmitt*/Köhler 11; SK/*Rogall* 27; SSW/*Güntge* 17; MüKo/*Maier* 22; *Eisenberg* (Beweisrecht) 1068; *Dalcke*/*Fuhrmann*/*Schäfer* 7.

38 KK/*Bader* 13; SK/*Rogall* 27; MüKo/*Maier* 22; *Eb. Schmidt* 15.

39 OLG Düsseldorf NJW **1980** 2721 für den Fall jahrelanger Abwesenheit; *Schmitt*/Köhler 11; *Molketin* DRiZ **1981** 385; **a.A.** *M. J. Schmid* NJW **1981** 859.

den, der nach Wochen oder wenigen Monaten immer wieder zu seinem Hauptwohnsitz zurückkehrt. Hat der Zeuge von der Ladung infolge **Verschuldens dritter Personen** keine Kenntnis erhalten, so ist er nicht ohne weiteres entschuldigt. Das gilt insbesondere bei Verschulden von Hilfspersonen.[40] So kann ein Rechtsanwalt, dessen Büropersonal seine Unkenntnis von der Ladung verursacht hat, nur dann als entschuldigt angesehen werden, wenn er durch Umstände, die er nicht zu vertreten hat, nicht in den Besitz der Ladung gekommen ist. Hat er seine Organisations- und Überwachungspflichten nicht erfüllt, liegt Verschulden vor.[41] Ein Ehegatte, der bisher keinen Anlass hatte, an der Zuverlässigkeit des anderen Ehegatten zu zweifeln, darf sich darauf verlassen, dass dieser einen Gerichtstermin zutreffend notiert.[42] Entsprechendes gilt für die Lebenspartnerschaft, die nichteheliche Lebensgemeinschaft sowie Familienmitglieder.

11 **bb) Irrtum über die Erscheinenspflicht.** Bei einem Irrtum des Zeugen über die Pflicht zum Erscheinen können die **Grundsätze über den Verbotsirrtum** (§ 17 StGB, § 11 Abs. 2 OWiG) entsprechend angewendet werden;[43] im Allgemeinen wird die Nichtbefolgung der ordnungsgemäßen Ladung, die den Hinweis auf die gesetzlichen Folgen des Ausbleibens enthalten muss (§ 48), aber nicht auf einem unvermeidbaren Verbotsirrtum beruhen. Der Zeuge muss der Ladung auch nachkommen, wenn der Vernehmungsort von seinem Wohnort weit entfernt ist. Er kann in diesem Fall das Gericht zwar um seine kommissarische Vernehmung nach § 223 bitten, muss aber trotzdem erscheinen, wenn er nicht abbestellt wird. Die Absicht oder Erklärung, er wolle von seinem Zeugnisverweigerungsrecht Gebrauch machen, entbindet den Zeugen (anders als im Zivilprozess nach § 386 Abs. 3 ZPO) nicht von der Erscheinenspflicht; sie hindert daher auch nicht die Anwendung des § 51.[44] Das Gericht kann jedoch in diesem Fall von der Erscheinenspflicht absehen.[45] Dagegen kann die falsche Auskunft eines Rechtsanwalts oder seines Personals, der Zeuge brauche trotz der Ladung nicht zu erscheinen, ein Entschuldigungsgrund sein.[46] Wenn ein Zeuge rechtzeitig ein Entschuldigungsschreiben eingereicht hat, aber vom Gericht keinen Bescheid erhalten hat, wird er regelmäßig davon ausgehen können, dass seine Entschuldigung anerkannt worden ist und er nicht zu erscheinen braucht.[47] So auch wenn er seinen Rechtsanwalt beauftragt hat, ihn bei Gericht zu entschuldigen und dieser ihm erklärt hat, ohne anders lautende Nachricht sei der Termin für ihn erledigt.[48] Umstritten ist, ob der Zeuge eine eigene Vergewisserungspflicht hat, wenn er seinen Anwalt mit der Entschuldigung und der Weiterleitung entsprechender Unterlagen beauftragt hat.[49] Fehler, Widersprüche oder Unklarheiten in der Ladung z.B. hinsichtlich Datum, Zeitpunkt und Terminsort müssen als Entschuldigung anerkannt werden. Zur Einholung von Erkundigungen ist der Zeuge grundsätzlich nicht verpflichtet. Das Gleiche wird gelten müssen, wenn ein nach § 48 vorgesehener Hinweis unterblieben ist, der dem Zeugen das Erscheinen erleichtert hätte.

---

40 *Schmitt*/Köhler 11; SK/*Rogall* 27.

41 OLG Hamm NJW **1956** 1935; KK/*Bader* 13; SSW/*Güntge* 17; *Dalcke*/*Fuhrmann*/*Schäfer* 1.

42 OLG Düsseldorf NJW **1995** 472.

43 AK/*Kühne* 8; SK/*Rogall* 27; ohne den Begriff des „Verbotsirrtums" zu benutzen MüKo/*Maier* 29; SSW/*Güntge* 20.

44 LG Saarbrücken wistra **1995** 239; BGH Beschl. v. 21.12.1994 – StB 23/94, zit. bei *Schmidt* NStZ **1996** 482; KK/*Bader* 12; *Eb. Schmidt* 3; *Molketin* DRiZ **1981** 385.

45 BGHSt **21** 12 = NJW **1966** 742 mit Anm. *Seydel*.

46 OLG Oldenburg MDR **1976** 336; OLG Stuttgart Justiz **1973** 180; **a.A.** (für den Regelfall) *Schmitt*/Köhler 12; für Auskunft des anwaltlichen Personals anders auch KK/*Bader* 14.

47 OLG Hamm HESt **3** 8; KK/*Bader* 14; *Eb. Schmidt* 15; **a.A.** OLG Dresden NStZ-RR **2015** 191; MüKo/*Maier* 30.

48 OLG Oldenburg MDR **1976** 336.

49 In diesem Sinne OLG Frankfurt NJW **2014** 95; **a.A.** SK/*Rogall* 25; KK/*Bader* 15.

cc) Berufliche oder private Verpflichtungen. Die Pflicht des Zeugen, vor Gericht zu erscheinen, geht grundsätzlich sowohl beruflichen als auch privaten Pflichten vor.[50] Doch hat der Zeuge **Anspruch auf angemessene Behandlung** und darf nicht zum bloßen Verfahrensobjekt gemacht werden.[51] Im konkreten Fall müssen deshalb die Belange des Zeugen und die Bedeutung der öffentlich-rechtlichen Zeugnispflicht unter Berücksichtigung des Gewichts der konkreten Strafsache und des Beschleunigungsgrundsatzes gegeneinander abgewogen werden.[52] Dabei gebietet es die gerichtliche Fürsorgepflicht gegenüber dem Zeugen, nach Möglichkeit einen **Interessenausgleich** zu finden; so wird rechtzeitig mitgeteilten Verhinderungen des Zeugen oft durch eine den Verhandlungsgang nicht beeinträchtigende Verlegung des Zeitpunktes seiner Vernehmung Rechnung getragen werden können. In der Praxis wird auch allgemein so verfahren. Dringende berufliche Hinderungsgründe müssen konkret für den anberaumten Vernehmungstermin geltend gemacht werden.[53] Für private Hinderungsgründe kann nichts anderes gelten. Problematisch sind durch Zeugenladungen ausgelöste Eingriffe in die Urlaubsplanung und -durchführung. Eine Verschiebung des Urlaubsbeginns um wenige Tage bei einer bedeutsamen Strafsache erscheint zumutbar, wenn sie nicht zu finanziellen Nachteilen führt (z.B. Hotelkosten oder Rücktrittsgebühren bei gebuchter Reise).[54] Eine kurze Unterbrechung oder geringe Verkürzung einer Heilkur muss der Zeuge auf sich nehmen,[55] es sei denn, der Kurerfolg wird dadurch nach ärztlicher Beurteilung ernsthaft gefährdet. Im kaufmännischen Bereich ist dem Zeugen der Verzicht auf einen terminlich gebundenen Geschäftsabschluss nicht zumutbar, auch nicht der Verzicht auf eine vergleichbar wichtige Besprechung mit Regierungsmitgliedern o.ä.;[56] ebenso wenig einem Rechtsanwalt die Niederlegung eines Mandats wegen Terminkollision.[57] Auch bei drohendem Verlust des Arbeitsplatzes ist der Zeuge entschuldigt.[58] 12

dd) Furcht vor Nachteilen. Gewisse persönliche Nachteile muss der Zeuge in Kauf nehmen. Sein Nichterscheinen ist nicht deshalb entschuldigt, weil er Angst vor dem Angeklagten hat;[59] eine konkrete Gefahr für Leib oder Leben braucht er jedoch nicht auf sich zu nehmen.[60] Hier wird es darauf ankommen, mit Hilfe des Gerichts (Fürsorgepflicht) diese so weit zu reduzieren, dass das Erscheinen für den Zeugen zumutbar ist. Die Furcht, im Gerichtssaal aufgrund eines Haftbefehls in anderer Sache verhaftet zu werden, ist ein Grenzfall; ist die Besorgnis des Zeugen auf konkrete Tatsachen gestützt – und werden diese nicht ausgeräumt –, so wird man sein Erscheinen nicht verlangen können (Unschuldsvermutung/keine Pflicht zur „Selbststellung").[61] Anders liegt der Fall, wenn nach rechtskräftiger Verurteilung ein Vollstreckungshaftbefehl besteht. Dass es nicht strafbar ist, sich der Vollstreckung zu entziehen, führt nicht zu einem Recht, andere rechtliche 13

---

50 BGH MDR **1960** 334; OLG Hamm MDR **1974** 330 Ls.; OLG Thüringen StraFo **1997** 331; KK/*Bader* 11; *Schmitt*/Köhler 12; SK/*Rogall* 29.

51 BVerfG NJW **2002** 955.

52 OLG Koblenz OLGSt N.F. § 51 Nr. 2; KG JR **1971** 338.

53 BVerfG NJW **2002** 955.

54 Vgl. dazu OLG Stuttgart Justiz **1968** 135; SK/*Rogall* 30; Göhler/*Bauer* § 59, 56 OWiG; **a.A.** wohl *Schmitt*/Köhler 12, wobei der Bezug auf OLG Koblenz OLGSt N.F. § 51 Nr. 2 seine kategorische Aussage nicht rechtfertigt.

55 OLG Koblenz OLGSt N.F. § 51 Nr. 2.

56 KG JR **1971** 338 mit Anm. *Peters*; *Schmitt*/Köhler 12.

57 Vgl. LG Bonn NStE Nr. 6 zu § 51; SK/*Rogall* 30.

58 Vgl. BGH NJW **1980** 950: für den Fall des Ausbleibens des Angeklagten; SK/*Rogall* 30; MüKo/*Maier* 27.

59 OLG Hamm MDR **1974** 330 L; AK/*Kühne* 7; SK/*Rogall* 31; MüKo/*Maier* 25; KK/*Bader* 11.

60 SK/*Rogall* 31; MüKo/*Maier* 25; wohl auch *Molketin* DRiZ **1981** 385; vgl. auch BGH NStZ **1984** 32.

61 Strittig: wie hier OLG Hamm MDR **1974** 330; OLG Bremen JR **1963** 232; HK/*Gercke* 12; SK/*Rogall* 31; **a.A.** *Schmitt*/Köhler 12; *Molketin* DRiZ **1981** 385; differenzierend MüKo/*Maier* 24.

Pflichten zu suspendieren.[62] Ebenfalls ein Grenzfall und nach den Umständen des Einzelfalls zu beurteilen, ist die Frage, ob die Verhinderung seines Anwalts den Zeugen berechtigt, selbst nicht zur Vernehmung zu erscheinen. Kriterien können die Kurzfristigkeit der Ladung oder das – etwa wegen der Schwierigkeit der Rechtslage – besondere Interesse des Zeugen sein, von dem Anwalt seines Vertrauens auch in der Hauptverhandlung beraten zu werden[63] (vgl. auch die Kommentierung zu § 68b).

14 **ee) Unvorhersehbare Verhinderungen.** Der Zeuge ist entschuldigt, wenn er durch Naturkatastrophen, besondere Witterungsverhältnisse (z.B. Nebel, Glatteis, Wolkenbruch), Streik, Krankheit, Unfall und ähnliche unabwendbare Ereignisse am rechtzeitigen Erscheinen gehindert ist.[64] In anderen Fällen setzt die genügende Entschuldigung eines an sich erscheinungswilligen Zeugen voraus, dass er den Grund der Verzögerung nicht zu vertreten hat. Das kann bei ungewöhnlicher Verspätung des benutzten öffentlichen Verkehrsmittels und bei einer Motor- oder Reifenpanne der Fall sein, wenn der Zeuge ein Fahrzeug benutzt hat, das er für betriebssicher halten konnte,[65] nicht aber bei Behinderungen, die nicht außergewöhnlich sind, mit denen der Zeuge demnach zu rechnen hat (z.B. Stau in gewöhnlichem Umfang oder Parkplatzsuche).[66]

III. Folgen des unentschuldigten Nichterscheinens

15 **1. Grundsatz.** § 51 sieht mehrere Folgen für das unentschuldigte Ausbleiben eines Zeugen vor, die sich grundsätzlich unterscheiden. Die Auferlegung der **Kosten** ist darauf gerichtet, einen messbar entstandenen Schaden (überflüssigerweise entstandene Kosten) von demjenigen ausgleichen zu lassen, der ihn verursacht hat. Damit wird gleichzeitig derjenige, dem die Kosten sonst aufgebürdet würden – also der Angeklagte oder die Staatskasse – in diesem Umfang von der Zahlung befreit. **Ordnungsgeld** und – ersatzweise – **Ordnungshaft** dagegen sind repressive Folgen eines Fehlverhaltens mit einem präventiven Aspekt. Der Zeuge soll durch die Ahndung seines Fehlverhaltens zugleich dazu angehalten werden, seiner Erscheinenspflicht in Zukunft nachzukommen (vgl. § 51 Anh., 2). Die **Vorführung** schließlich ist ein Zwangsmittel rein präventiver Art, welches das Erscheinen des Zeugen zum Vernehmungstermin sicherstellen soll. Aus dem unterschiedlichen Charakter des unentschuldigten Nichterscheinens ergeben sich auch Unterschiede in der Anwendung.

16 **2. Schuldfähigkeit.** Mit den **Ordnungsmitteln** des § 51 wird ein Rechtsverstoß, das Nichtbefolgen gesetzlicher Vorschriften, geahndet; das setzt Vorwerfbarkeit, also Schuld im strafrechtlichen Sinne, voraus.[67] Schuldunfähig ist, wer bei Begehung der Tat noch nicht vierzehn Jahre alt ist (§ 19 StGB) oder an einer seelischen Störung i.S.d. § 20 StGB leidet. Das gilt entsprechend auch bei Verstößen gegen die Pflicht, als Zeuge vor Gericht zu erscheinen. Ordnungsgeld und Ordnungshaft dürfen daher z.B. gegen ein Kind nicht

---

62 OLG Thüringen NStZ **2004** 280.

63 LG Hildesheim StV **1985** 229; eher restriktiv BGH NStZ **1989** 484 mit Hinweis auf BVerfGE **38** 105 mit abl. Anm. *Krehl* NStZ **1990** 192 f.; *Ranft* 98; abl. *Schmitt*/Köhler 12; s. auch Vor § 48, 25.

64 AK/*Kühne* 7a; *Schmitt*/Köhler 11; SK/*Rogall* 28.

65 Bereits OLG Celle RdK **1950** 94.

66 Bereits KG Recht **1929** Nr. 1173; *Schmitt*/Köhler 11; MüKo/*Maier* 28; *Molketin* DRiZ **1981** 385; OLG Düsseldorf NStE Nr. 5 zu § 51; OLG München Alsb.E **1** Nr. 179.

67 Vgl. OLG Hamm MDR **1980** 322; OLG Düsseldorf NStE Nr. 2 zu § 51; BVerfGE **20** 331; **58** 159 zu § 890 ZPO; KK/*Bader* 22; *Schmitt*/Köhler 15; MüKo/*Maier* 33; Göhler/*Bauer* § 59, 54 OWiG.

festgesetzt werden.[68] Dagegen sind die Auferlegung der **Kosten** nach Absatz 1 Satz 1 und die **Vorführung** nach Absatz 1 Satz 3 zulässig, denn sie bezwecken nicht die Ahndung eines Verstoßes gegen einen Gesetzesbefehl, sondern dienen dazu, das Erscheinen des Zeugen vor Gericht sicherzustellen.[69] In den Fällen, in denen eine Vorführung unverhältnismäßig wäre, ist der Zeuge kommissarisch zu vernehmen.[70] Bei Jugendlichen findet § 3 JGG analoge Anwendung,[71] Heranwachsende sind wie Erwachsene zu behandeln.[72]

3. Auferlegung der Kosten. § 51 Abs. 1 Satz 1 schreibt die Auferlegung der durch das 17
Ausbleiben verursachten Kosten für jeden einzelnen Fall ohne Rücksicht auf deren Anzahl zwingend vor.[73] Die Kosten sind dem Zeugen im gerichtlichen Verfahren durch **Gerichtsbeschluss** aufzuerlegen, im Ermittlungsverfahren entscheidet darüber die **Staatsanwaltschaft** (§ 161a Abs. 1 Satz 2), nicht aber die **Polizei** (§ 163 Abs. 4 Satz 1 Nr. 4). Ebenso wenig wie bei anderen Kostenentscheidungen sind sie in dem Beschluss zu beziffern; auszusprechen ist nur die allgemeine Pflicht zum Ersatz der durch das Ausbleiben verursachten Kosten. Hierauf hat der Angeklagte, weil sich seine Kostentragungspflicht (§ 465 Abs. 1) insoweit vermindern kann, einen Rechtsanspruch.[74] Die Möglichkeit, dass der Zeuge sein Ausbleiben nachträglich entschuldigt, rechtfertigt nicht, von der Auferlegung der Kosten von vornherein abzusehen.[75] In die Kostenentscheidung des Urteils wird die Erstattungspflicht Dritter i.d.R. nicht mit aufgenommen.[76] Gerichtskosten, die dem Zeugen versehentlich nicht auferlegt worden sind, werden auch von dem Angeklagten nicht erhoben (§§ 8, 21 Abs. 1 GKG). Die Festsetzung der Kosten richtet sich nach § 464b StPO. Die Polizei ist nicht befugt, Kosten festzusetzen, wenn ihr diese aus der Vollziehung eines Vorführbefehls im Auftrag des Gerichts erwachsen. Allenfalls kann sie diese als Auslagen für die Amtshilfe geltend machen.[77]

Die Erstattungspflicht des Zeugen setzt einen **ursächlichen Zusammenhang** zwi- 18
schen seinem Nichterscheinen und der Entstehung der Kosten voraus. Fehlen mehrere unverzichtbare Zeugen, so trifft grundsätzlich jeden nicht genügend entschuldigten Zeugen (bei gesamtschuldnerischer Haftung untereinander) die volle Kostentragungspflicht der durch das Ausbleiben entstandenen Kosten.[78] Anders ist es, wenn ein Zeuge und der Angeklagte unentschuldigt nicht erscheinen. Hier verbleibt es bei der Kostentragungspflicht des Angeklagten, der in diesem Fall nicht vor ungerechtfertigten Kosten geschützt werden muss.[79] Der **Höhe** nach wird der Erstattungsanspruch der Staatskasse nach den Vorschriften der Kostenverfügung, der des Angeklagten oder eines anderen Prozessbetei-

---

68 LG Bremen NJW **1970** 1429; Göhler/*Bauer* § 59, 55 OWiG; *Brunner/Dölling* § 1, 4; *Gerland* 201; *Schmitt*/Köhler 15; MüKo/*Maier* 33; *Meier* JZ **1991** 640; *Skupin* MDR **1965** 865; vgl. auch BVerfGE **20** 332 f.; **58** 159; OLG Hamm MDR **1980** 322; **a.A.** OLG Hamm NJW **1965** 1613; *Dalcke/Fuhrmann/Schäfer* 5; *Renner* Recht **1917** 378, die Schuldfähigkeit nicht verlangen, weil es sich bei § 51 nur um Ordnungsrecht handelt.

69 Vgl. OLG Düsseldorf FamRZ **1973** 547; KK/*Bader* 22; SK/*Rogall* 10; kritisch *Eisenberg* (Beweisrecht) 1074; **a.A.** *Skupin* MDR **1965** 866, der auch die Vorführung für unzulässig hält; MüKo/*Maier* 33, der die Auferlegung der Kosten für unzulässig hält.

70 *Meier* JZ **1991** 640; *Schmitt*/Köhler 20.

71 HK/*Gercke* 7; *Schmitt*/Köhler 15; MüKo/*Maier* 33; Göhler/*Bauer* § 59, 55 OWiG.

72 BayObLG NJW **1972** 837; SK/*Rogall* 10.

73 *Schmitt*/Köhler 14; MüKo/*Maier* 34; KK/*Bader* 6; SK/*Rogall* 12.

74 BayVerfGHE **18** II 138 = JR **1966** 197; *Schmitt*/Köhler 14; KK/*Bader* 6.

75 BGHSt **10** 126; KK/*Bader* 6; SK/*Rogall* 12.

76 BGHSt **43** 146; **a.A.** noch BGHSt **10** 126; vgl. auch Erl. zu §§ 465, 467.

77 VG Dresden Urt. vom 13.5.2020 – 6 K 2649/18, Rn. 19 ff., 28.

78 LG Berlin NStZ-RR **2005** 288; *Schmitt*/Köhler 14.

79 LG Berlin NStZ **1995** 508 m. Anm. *Sander*.

ligten nach § 464b festgesetzt. Der Begriff Kosten ist in § 51 Abs. 1 umfassender als der des § 464a Abs. 1 Satz 1; auch die dem Angeklagten entstandenen Auslagen fallen darunter.[80] Die Ersatzpflicht erstreckt sich aber nur auf die notwendigen Auslagen, deren Höhe insbesondere durch § 464a Abs. 2 begrenzt wird.[81] Der Zeuge muss daher nicht ein vereinbartes Verteidigerhonorar erstatten, das den gesetzlichen Gebührenrahmen übersteigt.[82] Der mit der Kostenfolge des § 467 Abs. 1 freigesprochene Angeklagte darf nicht auf die Erstattungspflicht des Zeugen verwiesen werden. Vielmehr sind ihm seine notwendigen Auslagen in vollem Umfang aus der Staatskasse zu ersetzen.[83] Zu den Kosten, die der Zeuge zu tragen hat, gehören auch die durch die Vollstreckung des Ordnungsgeldbeschlusses entstandenen.

4. Ordnungs- und Zwangsmittel

19 **a) Allgemeines.** Des Weiteren sind in § 51 Abs. 1 Sätze 2 und 3 Ordnungs- und Zwangsmittel vorgesehen, die den Zeugen veranlassen sollen, in Zukunft seine Zeugenpflichten zu erfüllen. Die speziellen Regelungen in § 51 werden ergänzt durch die allgemeinen Bestimmungen in den Art. 5 bis 9 EGStGB, die aufgrund des engen Sachzusammenhangs im Anhang zu § 51 kommentiert werden.

b) Festsetzung von Ordnungsgeld

20 **aa) Festsetzung. Wiederholung.** Die Festsetzung von Ordnungsgeld sieht § 51 Abs. 1 Satz 2 ausnahmslos vor (siehe aber Rn. 22), auch wenn auf die Vernehmung des Zeugen verzichtet worden ist, jedoch nur für den ersten Ungehorsamsfall in ein und derselben Strafsache. Im zweiten Fall steht sie nach § 51 Abs. 1 Satz 4 im Ermessen des Gerichts. In weiteren Fällen ist sie nach allgemeiner Ansicht[84] nicht mehr zulässig, auch wenn sich dies aus dem Wortlaut der Vorschrift nicht eindeutig ergibt. Ein **Wiederholungsfall** liegt nur vor, wenn es sich um denselben Vernehmungsfall handelt.[85] Es ist daher anders als im Fall des § 70 (vgl. § 70 Abs. 4) statthaft, gegen den in der Hauptverhandlung ausgebliebenen Zeugen das Ordnungsmittel auch dann zu verhängen, wenn gegen ihn im Vorverfahren durch einen Richter oder nach § 161a Abs. 2 Satz 1 durch die Staatsanwaltschaft oder wenn in einer ausgesetzten Hauptverhandlung bereits zweimal Ordnungsgeld festgesetzt worden ist.[86]

21 **bb) Bemessung. Zahlungserleichterungen.** Da § 51 keinen Ordnungsgeldrahmen vorsieht, greift insoweit die allgemeine Vorschrift des Art. 6 Abs. 1 EGStGB ein, wonach ein Ordnungsgeld von 5 bis 1000 Euro zulässig ist (siehe aber § 21 Abs. 1 Satz 1 PUAG). Die Höhe des Ordnungsgeldes bestimmt das Gericht in diesem Rahmen nach **pflichtgemäßem Ermessen**. Maßgebend sind die Bedeutung der Sache, die Bedeutung der Aussage für die Entscheidung und die Schwere der Pflichtverletzung. Die aktuellen wirtschaftlichen

---

80 OLG Karlsruhe NJW **1980** 952; LG Itzehoe SchlHA **1966** 154; LG Mainz Rpfleger **1973** 437; HK/*Gercke* 6; KK/*Bader* 6; *Schmitt*/Köhler 14; SSW/*Güntge* 7.

81 OLG Karlsruhe NJW **1980** 952; LG Hamburg NJW **1974** 509; LG Kassel JW **1931** 2394; *Schmitt*/Köhler 14; KK/*Bader* 6; *Pfeiffer* 2; SK/*Rogall* 13; **a.A.** OLG Hamm NJW **1954** 286; *Dalcke*/*Fuhrmann*/*Schäfer* 3.

82 LG Kassel JW **1931** 2394; **a.A.** LG Flensburg AnwBl. **1973** 86.

83 LG Münster NJW **1974** 1342; AnwBl. **1975** 101; *Schmitt*/Köhler 14; vgl. auch die Erl. zu § 467.

84 KK/*Bader* 7; *Schmitt*/Köhler 19.

85 *Schmitt*/Köhler 19.

86 KK/*Bader* 7; MüKo/*Maier* 44; SK/*Rogall* 23; *Eb. Schmidt* 10.

Verhältnisse des Zeugen sind zu berücksichtigen,[87] ggf. ist Glaubhaftmachung erforderlich.[88] Die Festsetzung eines Ordnungsgeldes wegen wiederholten Ausbleibens ist ein eigenständiger Fall, so dass der Ordnungsgeldrahmen des Art. 6 Abs. 1 EGStGB unabhängig von der Festsetzung des Ordnungsgeldes wieder in vollem Umfang zur Verfügung steht. Der Umstand, dass das zuerst festgesetzte Ordnungsgeld noch nicht beigetrieben worden ist, braucht bei der Bemessung des wiederholten Ordnungsgeldes nicht mildernd berücksichtigt zu werden.[89] Wegen Zahlungserleichterungen siehe Art. 7 EGStGB (§ 51 Anh., 7 ff.).

cc) Einstellung. Geringfügigkeit. Verjährung. In entsprechender Anwendung der § 153 StPO, § 47 Abs. 2 OWiG ist es zulässig, von der Festsetzung eines Ordnungsgeldes abzusehen oder das Festsetzungsverfahren einzustellen, wenn das Verschulden des Zeugen nicht schwer wiegt und eine Ahndung seines Ausbleibens nicht geboten ist.[90] Die Zustimmung der Staatsanwaltschaft ist nicht erforderlich, weil es um eine Maßnahme im Rahmen der Leitung und Durchführung der Hauptverhandlung geht, und die Staatsanwaltschaft insoweit keine eigenständigen Befugnisse hat;[91] auch nicht die des Zeugen.[92] Eine Einstellung kommt etwa in Betracht, wenn der Zeuge zwar mit großer Verspätung erscheint, die Hauptverhandlung dadurch aber nur unwesentlich verzögert wird,[93] oder wenn der Zeuge infolge eines zwar unentschuldbaren, aber nicht schwerwiegenden Versehens nicht erscheint[94] und seine Vernehmung, z.B. bei Einstellung des Verfahrens,[95] Rechtsmittelrücknahme oder allseitigem Verzicht,[96] entbehrlich geworden ist. Auch wenn gegen einen Zeugen, an dessen Unfähigkeit, vor Gericht zu erscheinen, kein Zweifel besteht oder dessen Ausbleiben sonst genügend entschuldigt ist, lediglich wegen eines Verstoßes gegen die Pflicht der rechtzeitigen Mitteilung der Entschuldigungsgründe Ordnungsmittel festgesetzt wurden, wird vielfach auf eine Ahndung verzichtet werden können (vgl. dazu auch oben Rn. 7). Das wird insbesondere zu erwägen sein, wenn das Ausbleiben des Zeugen zu keiner Verfahrensverzögerung geführt hat, etwa weil alle Beteiligten auf seine Vernehmung verzichtet haben oder weil der Termin aus anderen Gründen ohnehin verlegt werden musste.[97] Umstritten ist die Frage, ob die Rechtsfolgen des § 51 Abs. 1 Satz 1 (Kostentragungspflicht) und § 51 Abs. 1 Satz 2 (Ordnungsgeld oder -haft) dergestalt eine untrennbare Einheit bilden, dass eine Einstellung entsprechend § 153 StPO, § 47 Abs. 2 OWiG notwendigerweise beide Aspekte zugleich erfasst. Auch wenn vorgesehen ist, dass der Ordnungsgeldbeschluss beide Maßnahmen zugleich festsetzt, handelt es sich jedoch um jeweils eigenständige Entscheidungen mit unterschiedlichen Zielrichtungen (Rn. 15). Allein das Ordnungsmittel hat Ahndungscharakter, so dass auch nur insoweit die entsprechende 22

---

87 OLG Düsseldorf NStE Nr. 8 zu § 51; OLG Koblenz OLGSt N.F. Nr. 2.

88 OLG Koblenz OLGSt N.F. Nr. 2.

89 Anders OLG Köln JMBlNRW **1968** 272.

90 OLG Dresden NStZ-RR **2015** 191; OLG Neustadt JR **1958** 310; NJW **1962** 602; OLG Hamm VRS **41** (1971) 285; LG Trier NJW **1975** 1044; OLG Koblenz MDR **1979** 424; OLG Düsseldorf MDR **1982** 600; LG Landau NStZ **1982** 129 Ls.; OLG Köln MDR **1991** 275; OLG Düsseldorf NJW **1993** 546; LG Berlin NStZ **1995** 508 mit Anm. *Sander*; OLG Düsseldorf NJW **1996** 138 f.; LG Zweibrücken JurBüro **1996** 150 f.; *Schmitt*/Köhler 17; KK/*Bader* 21; SK/*Rogall* 17; SSW/*Güntge* 8; MüKo/*Maier* 45.

91 OLG Düsseldorf MDR **1982** 600; **1990** 174; OLGSt N. F. § 51 Nr. 3; OLG Koblenz NStZ **1988** 192 zu § 77; LG Berlin NStZ **1995** 508 mit Anm. *Sander*; LG Paderborn MDR **1990** 743; LG Landau NStZ **1982** 129 Ls.

92 OLG Düsseldorf wistra **1994** 77.

93 OLG Neustadt JR **1958** 310; *Eb. Schmidt* Nachtr. I 2.

94 OLG Düsseldorf NJW **1996** 138 f.; LG Zweibrücken JurBüro **1996** 150 f.

95 OLG Koblenz MDR **1979** 424.

96 *Grüneberg* MDR **1992** 326 m.w.N.

97 LG Berlin NStZ **1995** 508 mit Anm. *Sander*.

Anwendung der Einstellungsbestimmungen passt. Die wohl h.M.[98] belässt es deshalb zu Recht auch im Falle einer Einstellung des Ordnungsgeldverfahrens grundsätzlich bei der Kostentragungspflicht des Zeugen. Die Gegenmeinung[99] wird dem berechtigten Interesse des Angeklagten und der Staatskasse, von Kosten verschont zu bleiben, die nicht von ihnen verursacht wurden, nicht gerecht. Die Verjährung richtet sich nach Art. 9 EGStGB (§ 51 Anh., 18 ff.).

23 **c) Ordnungshaft** darf nach § 51 Abs. 1 Satz 2 nicht neben oder anstelle des Ordnungsgeldes, sondern nur für den Fall angeordnet werden, dass dieses nicht beigetrieben werden kann (zur Vollstreckung Rn. 29). Wird Ordnungsgeld festgesetzt, so ist die Festsetzung der ersatzweisen Ordnungshaft aber zwingend vorgeschrieben. Ist sie versehentlich unterlassen worden, so wird das Ordnungsgeld erforderlichenfalls nach Art. 8 Abs. 1 EGStGB nachträglich in Ordnungshaft umgewandelt (§ 51 Anh., 16 ff.). Die Festsetzung von Ordnungshaft darf nur der Richter anordnen, auch wenn die Staatsanwaltschaft das Ordnungsgeld verhängt hat (§ 161a Abs. 2 Satz 2, § 163 Abs. 4 Satz 1 Nr. 4 Halbsatz 2). Die Ordnungshaft beträgt nach Art. 6 Abs. 2 EGStGB mindestens einen Tag, höchstens sechs Wochen und wird nach Tagen bemessen (siehe dazu § 51 Anh., 5 ff.). Sie darf wie das Ordnungsgeld mehrfach festgesetzt werden (Rn. 20).

24 **d) Vorführung.** Im Gegensatz zur Auferlegung der Kosten und der Festsetzung des Ordnungsgeldes ist die Vorführung des Zeugen nach § 51 Abs. 1 Satz 3 zwar zulässig, aber nicht zwingend vorgeschrieben. Das Gericht ordnet sie an, wenn Grund zu der Annahme besteht, dass der Zeuge nicht nur infolge eines, wenn auch unentschuldbaren, Versehens nicht erschienen ist, sondern die Ladung ohne triftige Gründe unbeachtet gelassen hat und auch einer erneuten Ladung nicht folgen wird. Die Vorführung kann neben der Festsetzung eines Ordnungsgeldes angeordnet werden, kommt aber auch dann in Betracht, wenn die Festsetzung von Ordnungsmitteln wegen Schuldunfähigkeit des Zeugen (vgl. Rn. 16) oder eine Wiederholung des Ordnungsmittels nach § 51 Abs. 1 Satz 4 unzulässig ist.[100] Für die Vorführung gilt nach § 51 Abs. 1 Satz 3 Hs. 2 die Vorschrift des § 135 entsprechend (§ 135, 1).

IV. Verfahren

25 **1. Zuständigkeit.** Für die Auferlegung der Kosten, Festsetzung der Ordnungsmittel und die Anordnung der Vorführung ist das **Gericht** (vgl. auch § 51 Abs. 3) zuständig, vor dem der Zeuge aussagen soll, das erkennende Gericht auch außerhalb der Hauptverhandlung, wenn die Entscheidung erst später getroffen wird. Der Vorsitzende allein ist zur Entscheidung nicht berechtigt.[101] In der Hauptverhandlung wirken die Schöffen mit (§ 30 Abs. 1, § 77 Abs. 1 GVG). Die **Staatsanwaltschaft** ist im Hinblick auf die durchgeführten Vernehmungen für die Auferlegung der Kosten, die Festsetzung von Ordnungsgeld und die Anordnung der Vorführung zuständig, auch bei Vernehmungen durch die Polizei (vgl.

---

98 OLG Dresden NStZ-RR **2015** 191 Rn. 20; OLG Hamm Beschl. vom 9.6.1992, 1 Ws 215/92 – juris; OLG Köln MDR **1991** 275; OLG Hamm VRS **41** (1971) 285; *Grüneberg* MDR **1992** 329 f.; *Schmitt*/Köhler 17; SK/*Rogall* 17; SSW/*Güntge* 8; MüKo/*Maier* 48.

99 LG Rottweil, JurBüro **2022** 585; OLG Düsseldorf VRS **81** (1991) 196; OLG Koblenz NStZ **1988** 194 zu § 77; OLG Düsseldorf NJW **1993** 546; OLG Düsseldorf wistra **1994** 77.

100 *Schmitt*/Köhler 20; KK/*Bader* 9; MüKo/*Maier* 43; SSW/*Güntge* 11; SK/*Rogall* 21.

101 KG NStZ-RR **2000** 145; AK/*Kühne* 14; *Schmitt*/Köhler 22; KK/*Bader* 19; SK/*Rogall* 36; *Fuhrmann* GA **1963** 75.

§ 163 Abs. 4 Satz 1 Nr. 4). Die Verhängung von Ordnungshaft ist dem Gericht vorbehalten, vgl. § 161a Abs. 2 Satz 2, § 163 Abs. 4 Satz 1 Nr. 4 Halbsatz 2. Die Kompetenz des Richters, die zwangsweise Vorführung des Zeugen anzuordnen, soll die Annexkompetenz beinhalten, zu diesem Zweck das Öffnen und Betreten der Wohnung des Zeugen anzuordnen.[102] Soweit es der Staatsanwaltschaft im Vorverfahren obliegt, die Aussage- und Erscheinenspflicht eines Zeugen durchzusetzen, umfasst dies auch die Anordnung und Vollstreckung der zwangsweisen Vorführung. Die damit verbundene Freiheitsbeschränkung soll nicht dem Richtervorbehalt des Art. 104 Abs. 2 GG unterfallen, sondern auch durch eine Behörde angeordnet werden können, wenn sie, wie in § 161a Abs. 1 Satz 2, gesetzlich für zulässig erklärt worden ist.[103] Dies gelte wegen Art. 13 Abs. 2 GG nicht für die Anordnung des zur Vollstreckung einer zwangsweisen Vorführung ggf. notwendige Öffnen und Betreten einer Wohnung des Zeugen; denn Art. 13 Abs. 2 GG beschränkt sich nicht auf strafprozessuale Durchsuchungen, sondern gilt auch für andere behördliche Durchsuchungen und erfasst namentlich das zweckgerichtete Aufspüren des Wohnungsinhabers.[104] Insoweit bestehe keine Annexkompetenz der Staatsanwaltschaft. Es bedürfe hierfür einer auf § 51 Abs. 1 Satz 3 gestützten richterlichen Anordnung, es sei aber darüber hinaus keine gesondert beim Ermittlungsrichter zu beantragenden Vorführungsanordnung erforderlich.[105] Das erscheint zweifelhaft, weil die Annexkompetenz ihrer Eigenart nach an die Ausübung der Anordnungskompetenz für die Vorführung anknüpft. Ungeachtet dessen, bleibt es der Staatsanwaltschaft unbenommen, eine gerichtliche Vorführungsanordnung zur richterlichen Zeugenvernehmung gemäß § 162 Abs. 1 zu beantragen.[106]

2. Gerichtsbeschluss. Die Folgen unentschuldigten Ausbleibens werden **von Amts** 26
wegen durch Beschluss ausgesprochen. Ein Antrag ist nicht erforderlich.[107] Der Beschluss kann vor und ggf. auch nach Erlass des Urteils ergehen.[108] In die Kostenentscheidung des Urteils ist die Kostentragungspflicht nicht aufzunehmen. Vielmehr tritt der Beschluss nach § 51 Abs. 1 selbständig neben die Kostenentscheidung des Urteils.[109] Der Angeklagte ist dadurch nicht beschwert, weil er den Beschluss beantragen und gegen seine Ablehnung Beschwerde einlegen kann und im Beschwerdeverfahren des Dritten zu hören ist.[110] Der Beschluss muss nach § 34 mit **Gründen** versehen werden. Vor seinem Erlass wird die Staatsanwaltschaft gehört, wenn sie bei der Vernehmung vertreten ist; nimmt sie daran nicht teil, so muss sie nicht angehört werden.[111] Der Zeuge braucht vorher nicht gehört zu werden, weil er nach § 51 Abs. 2 Satz 2 die Möglichkeit hat, sein Nichterscheinen nachträglich zu entschuldigen.[112] Auch der Vorführungsbefehl setzt eine vorherige Anhörung des Zeugen nicht voraus.[113] Der Beschluss ergeht gebührenfrei.

102 BGH (ER) NStZ **2022** 559; *Schmitt*/Köhler 20.
103 BGH (ER) NStZ **2022** 560 m.w.N.
104 BGH (ER) NStZ **2022** 559 m.w.N.
105 **A.A.** Löwe/Rosenberg/*Erb*[27] § 161a, 41; MüKo/*Kölbel*/*Ibold* **2024** § 161a, 22.
106 *Lund* Anm. zu 2 BGs 645/20 NStZ **2022** 560.
107 *Schmitt*/Köhler 23; KK/*Bader* 19; MüKo/*Maier* 50; SSW/*Güntge* 21; *Eb. Schmidt* 12.
108 LG Itzehoe SchlHA **1966** 154; *Schmitt*/Köhler 23; MüKo/*Maier* 50; *Werny* NJW **1982** 2170; **a.A.** HK/*Gercke* 18: bis zur Entscheidungsreife, wenn der Angeklagte verurteilt wird, ansonsten auch nach dem Urteil.
109 BGHSt **43** 146 unter ausdrücklicher Aufgabe von BGHSt **10** 126.
110 BGHSt **43** 148; vgl. auch Rn. 17.
111 *Schmitt*/Köhler 24; MüKo/*Maier* 51; SSW/*Güntge* 22; SK/*Rogall* 37.
112 *Schmitt*/Köhler 24; KK/*Bader* 19; KMR/*Neubeck* 21; *Eb. Schmidt* 12.
113 *Schmitt*/Köhler 24; KK/*Bader* 19; anders *Enzian* JR **1975** 277, der das Gegenteil aus dem Anspruch auf rechtliches Gehör herleitet, aber § 33 Abs. 4 Satz 1 zu eng auslegt.

27 **3. Nachträgliche Änderung. Aufhebung.** Der Ordnungsgeldbeschluss ist nicht aufzuheben, wenn die **Vernehmung des Zeugen entbehrlich** geworden ist[114] (siehe aber Rn. 22). Anderes gilt für den wegen Ausbleibens des Zeugen erlassenen Vorführungsbefehl. Wenn der Zeuge sein **Ausbleiben nachträglich genügend entschuldigt** (§ 51 Abs. 2 Satz 2), muss das Gericht den Ordnungsgeldbeschluss auch nach rechtskräftiger Erledigung des Strafverfahrens[115] und nach Beitreibung des Ordnungsgeldes[116] nach § 51 Abs. 2 Satz 3 **aufheben**. Dies kann der Zeuge beantragen. Eine (unzulässige[117]) Beschwerde gegen den Beschluss ist ggf. in einen solchen Antrag auf Aufhebung umzudeuten. Gegen den Ablehnungsbeschluss ist die Beschwerde zulässig (Rn. 33). An eine Frist ist die nachträgliche Entschuldigung nicht gebunden.[118] Die nachträgliche Entschuldigung bedarf regelmäßig der **Glaubhaftmachung**; diese ist nur entbehrlich, wenn die Entschuldigungsgründe gerichtsbekannt sind. Der Zeuge muss auch vortragen und glaubhaft machen, dass ihn an der Verspätung seines Entschuldigungsvorbringens keine Schuld trifft.[119] Andernfalls wird der Aufhebungsantrag ohne sachliche Prüfung der Entschuldigungsgründe verworfen.[120] Der Beschluss ist nach § 34 mit Gründen zu versehen. Ist der Ordnungsgeldbeschluss aufgehoben worden, so darf er nicht deshalb erneut erlassen werden, weil nunmehr neues Material vorliegt, das die Richtigkeit der Ordnungsmittelfestsetzung bestätigt.[121]

28 Fraglich ist, ob ein Zeuge, gegen den ein Ordnungsgeldbeschluss nach § 51 Abs. 1 nur deswegen ergangen ist, weil seine Entschuldigung verspätet war und er nicht glaubhaft gemacht hat, dass ihn hieran kein Verschulden trifft, die **Glaubhaftmachung** nach § 51 Abs. 2 Satz 2 **nachträglich** vornehmen darf. Das Gesetz sieht das nicht vor. Es ist jedoch widersprüchlich, zwar dem Angeklagten bei jeder schuldlosen Fristversäumung Wiedereinsetzung in den vorigen Stand zu gewähren (§ 44), dem Zeugen aber zu verwehren, nachträglich Entschuldigungsgründe glaubhaft zu machen, die zur Aufhebung des nur wegen Verspätung der Entschuldigung ergangenen Ordnungsgeldbeschlusses führen können. § 51 Abs. 2 Satz 3 ist daher entsprechend anzuwenden, wenn der Zeuge die Glaubhaftmachung nach § 51 Abs. 2 Satz 2 nachholt.[122] Die **Kosten anwaltlicher Vertretung** des Zeugen in Ordnungsgeldverfahren sind erstattungsfähig,[123] z.B. wenn die Rechtslage schwierig oder der Zeuge nicht in der Lage ist, seine Rechte wahrzunehmen (Krankheit, Alter u.ä.).

V. Vollstreckung

29 Der Beschluss wird nach § 36 Abs. 2 Satz 1 von der **Staatsanwaltschaft** vollstreckt.[124] Die Vollstreckung gehört zu den Geschäften, die dem **Rechtspfleger** übertragen sind (§ 31 Abs. 2 und 3 RPflG). Das Ordnungsgeld wird nach den Vorschriften des Justizbeitreibungsgesetzes (§ 1 Abs. 1 Nr. 3 JBeitrG) und der Einforderungs- und Beitreibungsanordnung vom

114 *Schmitt*/Köhler 25; KK/*Bader* 21.
115 BayObLGSt 7 (1907) 331; OLG Hamm NJW **1956** 1935; *Schmitt*/Köhler 25; SK/*Rogall* 34; MüKo/*Maier* 52.
116 OLG Hamm MDR **1950** 179; *Schmitt*/Köhler 25; KMR/*Neubeck* 22; SK/*Rogall* 34; MüKo/*Percic* 52.
117 Vgl. KG StraFo **2019** 373 Rn. 1.
118 OLG Hamm MDR **1950** 179; *Schmitt*/Köhler 25; *Dalcke/Fuhrmann/Schäfer* 7.
119 KG StraFo **2019** 373 Rn. 3; *Schmitt*/Köhler 25.
120 OLG Düsseldorf MDR **1986** 778; wistra **1993** 156.
121 OLG München Alsb.E **1** Nr. 182; *Eb. Schmidt* 11.
122 *Schmitt*/Köhler 25; KK/*Bader* 18; SK/*Rogall* 35.
123 LG Gießen MDR **1981** 959 mit Anm. *Herfurth*.
124 *Schmitt*/Köhler 27; SK/*Rogall* 38; MüKo/*Maier* 53; SSW/*Güntge* 25; *Wendisch* JR **1978** 445, 447.

1.8.2011 beigetrieben. Einzelheiten regelt § 88 StVollstrO. Die Kosten der Beitreibung hat der Zeuge zu tragen.[125]

VI. Anfechtung

1. Beschwerdeberechtigte. Gegen einen Beschluss nach § 51 (auch des Ermittlungsrichters nach § 161a Abs. 2 Satz 2) kann die Staatsanwaltschaft gem. § 304 Abs. 1 (beachte aber Absatz 3) Beschwerde einlegen. Das Gleiche gilt für den **Beschuldigten, soweit** er **beschwert** ist, was i.d.R. bei einem die Auferlegung des Kostenersatzes ablehnenden oder aufhebenden Beschluss der Fall ist.[126] Das Beschwerderecht steht dem Angeklagten auch zu, wenn die Auferlegung der Kosten nur stillschweigend abgelehnt worden ist.[127] Die Ablehnung der Festsetzung von Ordnungsmitteln oder des Erlasses eines Vorführungsbeschlusses kann der Angeklagte nicht anfechten; denn diese Maßnahmen betreffen nur das Verhältnis des Zeugen zum Gericht und berühren die Interessen des Angeklagten nicht. Der **Zeuge** kann den gerichtlichen Beschluss ebenfalls mit einfacher Beschwerde nach § 304 Abs. 2 anfechten. Die Beschwerde nach § 304 ist wegen § 305 Satz 2 auch zulässig gegen Beschlüsse des erkennenden Gerichts. Nach Rechtsprechung[128] und der h.M. in der Literatur[129] soll Ordnungshaft nach § 51 Abs. 1 Satz 2 ebenso wie nach § 70 Abs. 1 Satz 2 nicht unter dem Begriff der **Verhaftung** i.S.d. § 304 Abs. 4 Satz 2 Nr. 1, Abs. 5 und § 310 fallen (siehe auch § 70, 29). Deshalb sollen die Beschlüsse der Oberlandesgerichte nach § 304 Abs. 4 Satz 2 und des Ermittlungsrichters des Bundesgerichtshofs nach § 304 Abs. 5 unanfechtbar und die weitere Beschwerde (§ 310) ausgeschlossen sein.[130] Dies überzeugt angesichts des gleichermaßen schwerwiegenden Eingriffs in die persönliche Freiheit des Betroffenen nicht. Gegen **Ordnungsmittel der Staatsanwaltschaft** nach § 161a Abs. 2 Satz 1 können die Betroffenen nach § 161a Abs. 3 Satz 1 Antrag auf gerichtliche Entscheidung stellen (vgl. auch § 163 Abs. 5 Satz 1).[131] 30

Die Beschwerde kann noch **nach Vollstreckung** des Ordnungsgeldes oder der Ordnungshaft[132] und nach rechtskräftiger Erledigung des Strafverfahrens[133] eingelegt werden. Sie kann auf die Höhe des Ordnungsgeldes oder der Haft beschränkt werden. Die Vorschriften über das Verschlechterungsverbot (§§ 331, 358 Abs. 2) sind entsprechend anzuwenden; eine Verschärfung der Ordnungsmittel ist daher unzulässig.[134] 31

2. Rechtliches Gehör. Vor der Beschwerdeentscheidung ist der Zeuge zu hören, wenn nicht er das Rechtsmittel eingelegt hat und wenn die Voraussetzungen des § 308 Abs. 1 32

---

125 *Schmitt*/Köhler 27; MüKo/*Maier* 53; SSW/*Güntge* 25.

126 BayObLG DRiZ **1928** Nr. 423; OLG Hamm NJW **1956** 1935; BayVerfGHE **18** II 138 = JR **1966** 197; OLG Braunschweig NJW **1967** 1381; OLG Schleswig SchlHA **1988** 108; OLG Düsseldorf VRS **87** (1994) 437; vgl. auch LG Aachen NStE Nr. 7 zu § 465; *Schmitt*/Köhler 28; KK/*Bader* 20; SSW/*Güntge* 23; *Eb. Schmidt* 17.

127 *Schmitt*/Köhler 28.

128 BGH NJW **1998** 467; OLG Frankfurt NStZ-RR **2000** 26; NStZ-RR **2000** 382.

129 *Schmitt*/Köhler 28 und § 310, 5; KK/*Zabeck* § 310, 10; KMR/*Plöd* § 310, 4; **a.A.** SK/*Frisch* § 310, 26.

130 OLG Frankfurt NStZ-RR **2000** 382 zur Ordnungshaft nach § 70; SK/*Rogall* 39; *Schmitt*/Köhler 28.

131 KK/*Bader* 20; *Schmitt*/Köhler 29; MüKo/*Maier* 58.

132 OLG Koblenz OLGSt ZPO § 182 Nr. 1; *Schmitt*/Köhler 28; SSW/*Güntge* 23; SK/*Rogall* 40.

133 BayObLGSt 7 (1907) 331; OLG Hamm MDR **1950** 179; NJW **1956** 1935; *Schmitt*/Köhler 28; SSW/*Güntge* 23; SK/*Rogall* 40.

134 OLG Hamm MDR **1960** 946; *Schmitt*/Köhler 28; SK/*Rogall* 40; SSW/*Güntge* 23; *Eb. Schmidt* 11.

vorliegen. Der Angeklagte muss gehört werden, wenn die Auferlegung des Kostenersatzes angefochten ist und die Entscheidung zu seinem Nachteil geändert werden soll.[135]

33 **3. Zuständigkeit bei nachträglicher Entschuldigung.** Enthält die Beschwerde des Zeugen ein neues Entschuldigungsvorbringen für sein Nichterscheinen, so ist sie nach h.M. als Aufhebungsantrag gem. § 51 Abs. 2 Satz 3 zu behandeln, worüber zunächst das Gericht zu entscheiden hat, das den Ordnungsgeldbeschluss erlassen hat.[136] In diesem Fall, nicht aber, wenn andere Beschwerdegründe geltend gemacht werden, ist erst gegen den Beschluss, mit dem das Ordnungsgeld aufrechterhalten wird, die Beschwerde zulässig.[137] Auch ein nachträglich eingehendes Entschuldigungsschreiben,[138] das schon vor Erlass des Ordnungsgeldbeschlusses abgefasst worden ist, darf nicht als Beschwerde behandelt werden; zu entscheiden hat auch in diesem Fall zunächst der Richter, der den Ordnungsgeldbeschluss erlassen hat.[139] Hilft das Gericht dem Ordnungsgeldbeschluss nicht ab und legt es die Sache dem Beschwerdegericht vor, so kann dieses in der Sache entscheiden, wenn das Gericht den Antragsteller über die Nichtabhilfe unterrichtet, so dass dieser die Möglichkeit hat, Einwendungen zu erheben. Eine Rückgabe an das Tatgericht erschiene als unnötige Förmelei.[140]

34 **4. Kosten.** Die Kosten der Vollstreckung des Ordnungsgeldbeschlusses, nicht aber die Kosten einer erfolgreichen Beschwerde, wozu auch die im Beschwerdeverfahren anfallenden Rechtsanwaltskosten zählen,[141] trägt der Zeuge. Die Kosten einer erfolgreichen Beschwerde sind der Staatskasse aufzuerlegen, auch wenn es sich um ein Privatklageverfahren handelt; denn das Ordnungsgeldverfahren ist ein besonderes amtlich betriebenes Verfahren, das neben dem Privatklageverfahren läuft. In den Fällen jedoch, in denen der Angeklagte ohne Erfolg Beschwerde gegen die Aufhebung des Ordnungsgeldbeschlusses erhoben hat, trägt nicht die Staatskasse, sondern analog § 473 Abs. 1 der Angeklagte die notwendigen Auslagen des Zeugen.[142]

VII. Revision

35 Auf Rechtsverstöße in dem Verfahren, das die Folgen unentschuldigten Ausbleibens betrifft, kann die Revision nicht gestützt werden.[143] Auch das Unterlassen der Festsetzung eines Ordnungsgeldes oder der Ordnungshaft ist für den Angeklagten, da er hierdurch nicht beschwert ist, kein Revisionsgrund.[144] Die Revision kann aber darauf gestützt wer-

---

135 BayVerfGHE **18** II 139 = JR **1966** 197.

136 KG StraFo **2019** 373 Rn. 1; OLG Hamm GA **1958** 92; **1972** 88; **1983** 366; OLG Frankfurt NJW **1964** 2124; *Schmitt*/Köhler 28; *Eb. Schmidt* Nachtr. I 5; *Dalcke/Fuhrmann/Schäfer* 8; **a.A.** LG Mühlhausen NJ **2007** 38 mit zust. Anm. *Kropp;* LG Itzehoe SchlHA **1988** 36; *Schoene* GA **1980** 418; *Sander* NStZ **1995** 509.

137 KG StraFo **2019** 373 Rn. 1; OLG Frankfurt NJW **1964** 2124; OLG Hamburg MDR **1982** 165 Ls.; OLG Düsseldorf MDR **1983** 690; OLG Hamm GA **1958** 92; **1983** 366; VRS **42** (1972) 283; *Schmitt*/Köhler 28; SK/*Rogall* 41; **a.A.** LG Mühlhausen NJ **2007** 38 mit zust. Anm. *Kropp* mit der Begründung, die Notwendigkeit einer neuen Entscheidung des Ausgangsgerichts sei dem durchschnittlich gebildeten Bürger kaum zu vermitteln; HK/*Gercke* 20: „Es kommt auf das Petitum des Beschwerdeführers an"; *Schoene* GA **1980** 418.

138 OLG Hamm GA **1983** 366.

139 OLG Hamm GA **1972** 88.

140 Vgl. KG StraFo **2019** 373 Rn. 6.

141 LG Frankenthal JurBüro **1986** 1675.

142 OLG Düsseldorf wistra **1994** 77.

143 *Schmitt*/Köhler 30; SK/*Rogall* 43; KK/*Bader* 25.

144 Vgl. RGSt **57** 29, 30; **59** 248, 250; **73** 31, 34.

den, dass das Gericht die Aufklärungspflicht (§ 244 Abs. 2) verletzt hat, weil es nicht versucht hat, den ungehorsamen Zeugen zum Erscheinen zu zwingen.[145]

VIII. Abgeordnete, Exterritoriale, Ausländer

Art. 46 Abs. 2 GG und die entsprechenden Bestimmungen der Länderverfassungen verbieten nicht, Abgeordneten incl. der deutschen Mitglieder des Europäischen Parlaments (RiStBV Nr. 192b Abs. 1 Satz 1) die Kosten aufzuerlegen und gegen sie ein Ordnungsgeld festzusetzen,[146] weil auch letzteres keine Strafe ist (Art. 5 EGStGB). Das gilt auch für die Anordnung der Ordnungshaft und die der Vorführung.[147] Nur die Vollstreckung der Haft und des Vorführungsbefehls bedarf nach Art. 46 Abs. 3 GG der Genehmigung des Parlaments.[148] **36**

Exterritoriale Personen (ihnen sind ausländische Mitglieder des Europäischen Parlaments gleichgestellt, vgl. RiStBV Nr. 192b Abs. 1 Satz 2) sind den Ordnungsmaßnahmen des § 51 nicht unterworfen, weil sie nach § 18 GVG nicht der deutschen Gerichtsbarkeit unterstehen. Auf sonstige **Ausländer,** die sich im Inland aufhalten (dazu § 48, 3), findet § 51 Anwendung.[149] Dies gilt grundsätzlich auch dann, wenn der Zeuge zwischen Ladung und Hauptverhandlung das Bundesgebiet (vorübergehend) verlässt,[150] unabhängig davon, ob dies geschieht, um der Zeugenpflicht zu entgehen, oder aus sonstigen Gründen. Allerdings scheidet eine zwangsweise Vorführung aus, solange sich der Zeuge nicht auf deutschem Hoheitsgebiet befindet.[151] Dagegen dürfen gegenüber Zeugen – Deutsche wie Ausländer –, die im Ausland geladen werden, Zwangsmaßnahmen einschließlich der Festsetzung von Ordnungsmitteln nicht angedroht[152] (Nr. 116 Abs. 1 Satz 3 RiVASt) und dementsprechend auch nicht verhängt werden. **37**

Anhang zu § 51
Gemeinsame Vorschriften für Ordnungs- und Zwangsmittel (Art. 5–9 EGStGB)

Entstehungsgeschichte. Allgemeine Vorschriften über Ordnungsstrafen und Ordnungshaft wurden erstmals durch Art. II und III Abs. 1 Nr. 2 der Verordnung über Vermögensstrafen und Bußen vom 6.2.1924 (RGBl. I 44) erlassen. Diese Verordnung ist durch Art. 287 Nr. 26 EGStGB (1974) aufgehoben worden. Nunmehr enthalten die Art. 5–9 EGStGB allgemeine Bestimmungen über Ordnungs- und Zwangsmittel.

---

145 *Schmitt*/Köhler 30; KK/*Bader* 25; SSW/*Güntge* 26; MüKo/*Maier* 56.

146 *Schmitt*/Köhler 31.

147 *Eb. Schmidt* 13; Huber/Voßkuhle/*Storr* Art. 46, C III GG; Dürig/Herzog/Scholz/*Klein*/*Schwarz* Art. 46, 76 GG; *Schmitt*/Köhler 31.

148 Vgl. Anl. 6 Abschn. A Nr. 14 Buchst. c BT-GeschO; *Schmitt*/Köhler 31; Dürig/Herzog/Scholz/*Klein*/*Schwarz* Art. 46, 76 GG; *Bockelmann* 60.

149 *Schmitt*/Köhler 31; SK/*Rogall* 11, KK/*Senge* 24.

150 OLG Frankfurt NJW **2014** 95; **a.A.** OLG Düsseldorf NJW **1991** 2223; SK/*Rogall* 11; MüKo/*Maier* 4; s. auch KK/*Bader* 24; SSW/*Güntge* 24; *Schmitt*/Köhler 31: keine Maßnahmen nach § 51, es sei denn die Reise dient der Umgehung der Zeugenpflicht.

151 OLG Frankfurt NJW **2014** 95.

152 OLG Stuttgart StraFo **2012** 12 m. Anm. *Staudinger*.

Übersicht

I. Allgemeines

1 Ordnungs- und Zwangsmittel sind in zahlreichen (nicht nur in strafprozessualen) Verfahrensvorschriften vorgesehen und zumeist dort auch (teilweise) näher geregelt. Die **spezialgesetzlichen Regelungen** gehen dann den Art. 5–9 EGStGB vor und werden durch diese ggf. ergänzt. Im Strafverfahren kommen die §§ 51, 70, 77, 81c Abs. 6, § 95 Abs. 2, § 161a Abs. 1 Satz 2, § 163 Abs. 4 Satz 1 Nr. 4, § 463c Abs. 3 StPO, §§ 56, 177, 178 GVG in Betracht. Die dogmatische Einordnung dieser Maßnahmen in das System möglicher Sanktionen ist schwierig. Praktisch werden sie als Normengruppe eigener Art (neben Strafrecht, Ordnungswidrigkeitenrecht, Disziplinarrecht u.s.w.) behandelt.[1] Ordnungs- und Zwangsmittel sollen insbesondere dazu dienen, dass von den Betroffenen verfahrensrechtliche Mitwirkungspflichten erfüllt bzw. Störungen des Verfahrensablaufs unterlassen werden. Wesentlich ist damit ihre präventive Funktion. Ordnungsgeld und Ordnungshaft sind jedoch zugleich klassische Sanktionen, indem sie an einen vorhergehenden schuldhaften Ordnungsverstoß anknüpfen und auch aufrechterhalten bleiben (vollstreckt werden), wenn eine präventive Wirkung nicht mehr erforderlich ist,[2] etwa weil die verweigerte Zeugenaussage in der Zwischenzeit erfolgt ist oder weil auf den Zeugen im weiteren Verlauf des Verfahrens verzichtet wurde oder wird. Ob ein Ordnungsgeld mit einem Höchstmaß von 1.000 Euro (s. Art. 6 Abs. 1 EGStGB) in allen Fällen geeignet ist, eine spürbare Sanktion zu sein, erscheint angesichts der Bandbreite der Vermögensverhältnisse fraglich. Zwangsmittel dagegen haben keinen repressiven Charakter. Sie sind ein staatliches Mittel zur Durchsetzung eines bestimmten Verhaltens. Hat der Betroffene seine zu erzwingende Verpflichtung erfüllt, wird die Zwangsmaßnahme beendet.[3] Das Gleiche gilt, wenn die Verpflichtung nachträglich entfällt.

---

1 KK-OWiG/*Mitsch* Einleitung 3.
2 KK-OWiG/*Niehaus* § 1, 13; Göhler/*Thoma* Vor § 1, 40; *Winter* NStZ **1990** 3373.
3 KK-OWiG/*Niehaus* § 1, 14; Göhler/*Thoma* Vor § 1, 41.

II. Art. 5 EGStGB

Art. 5 EGStGB Bezeichnung der Rechtsnachteile

In Vorschriften des Bundes- und Landesrechts dürfen Rechtsnachteile, die nicht bei Straftaten angedroht werden, nicht als Freiheitsstrafe, Haftstrafe, Ordnungsstrafe oder Geldstrafe bezeichnet werden.

Mit der Einführung der Art. 5–9 wurde die Bezeichnung der Ordnungs- und Zwangs- 2
mittel vereinheitlicht. Zum einen wurden einzelne Vorschriften, die Ordnungs- und Zwangsmittel vorsehen, sprachlich angepasst (so z.B. die §§ 51 und 70 StPO). Zum anderen wurde in Art. 5 ausdrücklich geregelt, dass derartige Rechtsnachteile nicht als Strafe bezeichnet werden dürfen. Dadurch wird klargestellt, dass es sich nicht um Kriminalstrafen handelt.

III. Art. 6 EGStGB

Art. 6 EGStGB Mindest- und Höchstmaß von Ordnungs- und Zwangsmitteln

(1) [1]Droht das Bundesgesetz Ordnungsgeld oder Zwangsgeld an, ohne dessen Mindest- oder Höchstmaß zu bestimmen, so beträgt das Mindestmaß fünf, das Höchstmaß tausend Euro. [2]Droht das Landesgesetz Ordnungsgeld an, so gilt Satz 1 entsprechend.

(2) [1]Droht das Gesetz Ordnungshaft an, ohne das Mindest- oder Höchstmaß zu bestimmen, so beträgt das Mindestmaß einen Tag, das Höchstmaß sechs Wochen. [2]Die Ordnungshaft wird in diesem Fall nach Tagen bemessen.

1. Ordnungs- oder Zwangsgeld. Für die Bemessung des Ordnungs- oder Zwangsgel- 3
des setzt Art. 6 Abs. 1 Satz 1 einen Mindestbetrag und einen Höchstbetrag für den Fall fest, dass die Vorschrift, die das Ordnungsgeld androht, keine abweichende Regelung trifft. Innerhalb dieses Rahmens bestehen keine Beschränkungen. Diese Vorschrift gilt beispielsweise für die §§ 51 und 70 StPO, aber auch für § 888 ZPO. Sie gilt dagegen hinsichtlich des Höchstbetrages nicht für § 463c Abs. 3 StPO (Zwangsgeld bis zu einer Höhe von 25.000,00 Euro) oder §§ 21 Abs. 1, 27 Abs. 1 PUAG (Ordnungsgeld bis zu einer Höhe von 10.000,00 Euro; s.a. die Untersuchungsausschussgesetze der Länder). Ist die ersatzweise Festsetzung einer Haft angeordnet oder möglich, empfiehlt sich die Bemessung des Ordnungs- oder Zwangsgeldes nach einem in Tagessätze teilbaren Betrag. Die Bemessung des Ordnungsgeldes hängt im Übrigen vom Grad des Verschuldens im Einzelfall ab. Allgemeine Grundsätze lassen sich nicht aufstellen.

2. Ordnungs- oder Zwangshaft. Genannt wird in Absatz 2 allein die Ordnungs- und 4
nicht die Zwangshaft (z.B. Beugehaft gem. § 70 Abs. 2 StPO oder Zwangshaft gem. § 888 Abs. 1 ZPO). Dies hat seinen Grund wohl darin, dass in den Fällen der Zwangshaft die zulässige Dauer (zumindest deren Höchstmaß) spezialgesetzlich geregelt wird. Sachlich besteht jedoch kein Unterschied zur Regelung des Absatzes 1, so dass Art. 6 Abs. 2 als Auffangvorschrift auch bei der Zwangshaft Anwendung findet.[4] Wenn nichts anderes bestimmt ist, beträgt das Mindestmaß der Haft einen Tag und das Höchstmaß sechs Wochen (Art. 6 Abs. 2 Satz 1); sie muss dann nach Tagen bemessen werden (Art. 6 Abs. 2 Satz 2). Ordnungshaft wird im Strafverfahren für den Fall angedroht, dass das Ordnungsgeld nicht beigetrieben werden kann (Ersatzhaft; vgl. §§ 51 Abs. 1, 70 Abs. 1 StPO, § 178 GVG). Zwangshaft kann nach § 70 Abs. 2 und § 463c Abs. 3 StPO festgesetzt werden.

4 So beispielsweise auch Zöller/*Seibel* § 888, 10.

5 Es empfiehlt sich, die Ersatzhaft so zu **bemessen**, dass ein Tag Haft mindestens fünf Euro entspricht; unbedingt geboten ist das allerdings nicht.[5] In dem Ordnungsgeldbeschluss wird die Ersatzhaft üblicherweise mit ihrer gesamten Höhe bezeichnet (z.B. Ordnungsgeld von 500 Euro, ersatzweise zehn Tage Ordnungshaft), einen Umrechnungsmaßstab für die Ersatzhaft braucht der Beschluss nicht zu enthalten.[6] Ein solcher Umrechnungsmaßstab (z.B. ein Tag Ordnungshaft für jeweils 50 Euro Ordnungsgeld) ist aber zulässig, sofern die Teilung des gesamten Ordnungsgeldes durch den als Maßstab angegebenen Betrag eine ohne Rest errechenbare Zahl von ganzen Tagen ergibt.[7] Ist das Ordnungsgeld nur teilweise uneinbringlich, so muss der getilgte Teil im Verhältnis zu dem uneinbringlichen Teil quotenmäßig berechnet werden.[8] Entspricht der noch geschuldete Betrag nach dem Umrechnungsmaßstab der Ersatzhaft nicht einem Zeitraum von einem Tag, so bleibt der Bruchteil eines Tages für die Vollstreckung der Ersatzhaft außer Betracht (vgl. § 459e Abs. 3 StPO für die Vollstreckung der Ersatzfreiheitsstrafe). Die Vollstreckung der Ersatzhaft setzt voraus, dass das Ordnungsgeld nicht beigetrieben werden kann. Mehr als ein Vollstreckungsversuch braucht aber nicht unternommen zu werden.

IV. Art. 7 EGStGB

Art. 7 EGStGB Zahlungserleichterungen bei Ordnungsgeld

(1) [1]Ist dem Betroffenen nach seinen wirtschaftlichen Verhältnissen nicht zuzumuten, das Ordnungsgeld sofort zu zahlen, so wird ihm eine Zahlungsfrist bewilligt oder gestattet, das Ordnungsgeld in bestimmten Teilbeträgen zu zahlen. [2]Dabei kann angeordnet werden, daß die Vergünstigung, das Ordnungsgeld in bestimmten Teilbeträgen zu zahlen, entfällt, wenn der Betroffene einen Teilbetrag nicht rechtzeitig zahlt.

(2) [1]Nach Festsetzung des Ordnungsgeldes entscheidet über die Bewilligung von Zahlungserleichterungen nach Absatz 1 die Stelle, der die Vollstreckung des Ordnungsgeldes obliegt. [2]Sie kann eine Entscheidung über Zahlungserleichterungen nachträglich ändern oder aufheben. [3]Dabei darf sie von einer vorausgegangenen Entscheidung zum Nachteil des Betroffenen nur auf Grund neuer Tatsachen oder Beweismittel abweichen.

(3) [1]Entfällt die Vergünstigung nach Absatz 1 Satz 2, das Ordnungsgeld in bestimmten Teilbeträgen zu zahlen, so wird dies in den Akten vermerkt. [2]Dem Betroffenen kann erneut eine Zahlungserleichterung bewilligt werden.

(4) Über Einwendungen gegen Anordnungen nach den Absätzen 2 und 3 entscheidet die Stelle, die das Ordnungsgeld festgesetzt hat, wenn einer anderen Stelle die Vollstreckung obliegt.

6 **1. Allgemeines.** Art. 7 EGStGB sieht die Möglichkeit von Zahlungserleichterungen für das Ordnungsgeld vor. Die Vorschrift entspricht in Absatz 1 den §§ 42 StGB, 18 OWiG und in Absatz 2 § 459a Abs. 1 und 2 StPO, § 93 Abs. 1 und 2 OWiG. Im Gegensatz zu Geldstrafe und Bußgeld wird die Festsetzung des Ordnungsgeldes jedoch nicht notwendigerweise rechtskräftig. Dies hängt vielmehr von dem jeweils statthaften Rechtsbehelf ab. So kann z.B. die Festsetzung eines Ordnungsgeldes nach den §§ 51, 70 StPO nach § 304 StPO mit der einfachen (nicht fristgebundenen) Beschwerde angegriffen werden (keine Rechtskraft). Gegen die Festsetzung eines Ordnungsgeldes nach § 178 GVG dagegen ist die (fristgebundene) Beschwerde

5 Vgl. BGHSt **16** 300 für die Geldstrafe.
6 Vgl. OLG Hamburg HESt **1** 30 für die Geldstrafe.
7 Vgl. BayObLGSt **1959** 359.
8 Vgl. OLG Hamburg HESt **1** 31 für die Geldstrafe.

nach § 181 GVG zulässig (Rechtskraft nach Fristablauf).[9] Bei fehlender Rechtskraft kann es zu einer doppelten Zuständigkeit für die Bewilligung von Zahlungserleichterungen der festsetzenden Stelle einerseits (nach Art. 7 Abs. 2 EGStGB) und der vollstreckenden Stelle andererseits kommen (s. dazu Rn. 12). Art. 7 EGStGB gilt nicht für die den Betroffenen auferlegten Kosten.

2. Unzumutbarkeit. Ist dem Betroffenen nach seinen wirtschaftlichen Verhältnissen nicht zuzumuten, das Ordnungsgeld sofort zu zahlen, so können ihm in dem Ordnungsgeldbeschluss von Amts wegen oder auf Antrag Zahlungserleichterungen gewährt werden. Unzumutbar ist die Zahlung, wenn sie der Betroffene nach seinen wirtschaftlichen Verhältnissen selbst beim besten Willen nicht leisten könnte oder wenn er dazu zwar imstande wäre, dann aber die Erfüllung seiner Bedürfnisse oder Verpflichtungen in einer nicht zumutbaren Weise zurückstellen müsste. Wenn eine Zahlungserleichterung keinen Erfolg verspricht, weil nicht zu erwarten ist, dass der Betroffene in absehbarer Zeit überhaupt etwas zahlen wird, darf die Vergünstigung unterbleiben.[10] 7

3. Zahlungserleichterungen. Art. 7 Abs. 1 sieht als Zahlungserleichterungen für das Ordnungsgeld die Stundung (Zahlungsfrist) und die Bewilligung von Teilzahlungen vor. In beiden Fällen ist die Vergünstigung so zu wählen, dass der Betroffene voraussichtlich in der Lage sein wird, das Ordnungsgeld in der erleichterten Weise zu zahlen;[11] es muss aber als Sanktion spürbar bleiben. 8

Für die dem Betroffenen eingeräumte Zahlungsfrist besteht **keine zeitliche Grenze**. Das ergibt sich schon daraus, dass die Vollstreckungsverjährung ruht, solange die Frist läuft (Art. 9 Abs. 2 Satz 4 Nr. 3). Der Teilzahlungsklausel kann eine Verfallklausel nach Art. 7 Abs. 1 Satz 2 hinzugefügt werden; das empfiehlt sich, wenn Zweifel daran bestehen, dass der Betroffene die Ratenzahlungen einhalten wird. Die Vergünstigung entfällt dann bei Verzug, auch mit nur einer Rate, von selbst, ohne dass es einer besonderen Widerrufsentscheidung bedarf.[12] Erforderlich ist lediglich ein Aktenvermerk, dass die Vergünstigung fortgefallen ist (Art. 7 Abs. 3 Satz 1). Der Vermerk hat nach außen keine Wirkung. Er soll lediglich sicherstellen, dass die Vollstreckungsbehörde das Vorliegen der Voraussetzungen des Art. 7 Abs. 1 prüft. Die Vollstreckungsbehörde kann sie aber erneut bewilligen (Art. 7 Abs. 3 Satz 2), insbesondere wenn der Betroffene seine unpünktliche Zahlung nachträglich entschuldigt. 9

4. Bewilligung im Ordnungsgeldbeschluss. Art. 7 Abs. 1 hat nur Bedeutung für den Fall, dass bei der Bemessung des Ordnungsgeldes die wirtschaftlichen Verhältnisse des Betroffenen hinter anderen Bemessungserwägungen zurückgestellt worden sind. Regelmäßig wird dazu kein Anlass bestehen; die Bewilligung von Zahlungserleichterungen in dem Festsetzungsbeschluss selbst wird daher kaum in Betracht kommen. 10

5. Nachträgliche Bewilligung von Zahlungserleichterungen. Art. 7 Abs. 2 sieht die Bewilligung von Zahlungserleichterungen nach der Festsetzung des Ordnungsgeldes durch die Vollstreckungsbehörde vor. Vollstreckungsbehörde ist im Strafverfahren regelmäßig die Staatsanwaltschaft (§ 36 Abs. 2 Satz 1 StPO), ausnahmsweise der Vorsitzende des Ge- 11

---

9 Nach h.M. handelt es sich strafprozessual um eine sofortige Beschwerde nach § 311 StPO, s. *Schmitt*/Köhler GVG § 181, 1 m.w.N.

10 Vgl. BGHSt **13** 356; *Lackner*/*Kühl* § 42, 2; Göhler/*Thoma* § 18, 1.

11 *Fischer* § 42, 10.

12 Göhler/*Bauer* § 93 OWiG, 6 zu § 18 OWiG.

richts (§ 36 Abs. 2 Satz 2 StPO, § 179 GVG). Die Geschäfte werden i.d.R. dem Rechtspfleger übertragen (§ 31 Abs. 2 und 3 RPflG). Fraglich ist, ob für die Bewilligung von Zahlungserleichterungen diese Regelung die Zuständigkeit der festsetzenden Stelle verdrängt, wenn der Ordnungsgeldbeschluss nicht in Rechtskraft erwächst (vgl. Rn. 7). In diesem Fall bleibt die festsetzende Stelle grundsätzlich für Änderungen zuständig, etwa im Wege einer Abhilfeentscheidung. Es wäre sachwidrig, der festsetzenden Stelle dann die Möglichkeit der Bewilligung von Zahlungserleichterungen abzusprechen, auch wenn dies zur Doppelzuständigkeit von festsetzender Behörde und Vollstreckungsbehörde hinsichtlich der Bewilligung von Zahlungserleichterungen führt.

12 Die Vollstreckungsbehörde ist nicht nur berechtigt, erstmals Zahlungserleichterungen zu gewähren, sondern auch befugt, die diesbezügliche Entscheidung der das Ordnungsgeld festsetzenden Stelle (Gericht oder Staatsanwaltschaft) **nachträglich** zugunsten oder zuungunsten des Betroffenen **zu ändern** (Art. 7 Abs. 2 Satz 2). Zugunsten des Betroffenen darf von dem Ordnungsgeldbeschluss auch abgewichen werden, wenn sich seine wirtschaftlichen Verhältnisse nicht geändert haben, die Vollstreckungsbehörde Zahlungserleichterungen aber für angebracht oder vertretbar hält. Der Rechtspfleger sollte sich dabei aber keine besseren Beurteilungsmöglichkeiten zutrauen als das Gericht oder die Staatsanwaltschaft und daher nach § 31 Abs. 6 Satz 3 RPflG Weisungen einholen, wenn er von der gerichtlichen oder staatsanwaltschaftlichen Entscheidung abweichen will. Ist in einer vorausgegangenen Entscheidung des Gerichts oder der Vollstreckungsbehörde eine für den Betroffenen günstige Entscheidung getroffen worden, so darf die Vollstreckungsbehörde hiervon zu seinem Nachteil nur abweichen, wenn neue Tatsachen oder Beweismittel vorliegen (Art. 7 Abs. 2 Satz 3). Dies sind Tatsachen oder Beweismittel, die der zuvor entscheidenden Stelle noch nicht bekannt waren, die zuvor übersehen worden oder erst später entstanden sind.[13] Sie müssen allein oder in Verbindung mit den schon früher bekannten Tatsachen geeignet sein, die Grundlagen der früheren Entscheidung zu beseitigen.[14] Das wird etwa der Fall sein, wenn nachträglich bekannt wird, dass der Betroffene Nebeneinnahmen hat, wenn sich seine wirtschaftlichen Verhältnisse gebessert haben oder wenn er sich böswillig der Zahlung entzieht.[15]

13 Eine erneute **Aufforderung** an den Betroffenen **zur Zahlung** oder Offenbarung seiner wirtschaftlichen Verhältnisse setzt Art. 7 Abs. 2 vor der Entscheidung über Zahlungserleichterungen und deren Änderungen oder Wegfall nicht voraus. Praktisch wird die Entscheidung aber nicht ergehen können, bevor der Betroffene gemahnt worden ist und, falls er Zahlungserleichterungen begehrt, Gelegenheit hatte, die Gründe seiner Zahlungsunfähigkeit darzutun.

14 **6. Rechtsbehelfe.** Die Anfechtbarkeit von Ordnungsgeldbeschlüssen, die Zahlungserleichterungen gewähren oder verweigern, richtet sich nach den Vorschriften, die für das jeweilige Ordnungsmittel gelten (der StPO, der ZPO, des GVG etc.). Zusätzlich regelt Art. 7 Abs. 4, dass dann, wenn festsetzende Behörde und Vollstreckungsbehörde nicht identisch sind, über Einwendungen gegen Entscheidungen letzterer nach Art. 7 Abs. 2 und 3 die Stelle entscheidet, die das Ordnungsgeld festgesetzt hat. Gegen die Beschlüsse, die auf die Einwendungen hin ergehen, ist dann wieder der für Beschlüsse dieser Stelle vorgesehene Rechtsbehelf zulässig (z.B. ist der Beschluss eines Gerichts über Einwendungen einer Anordnung der Staatsanwaltschaft als Vollstreckungsbehörde mit der Beschwerde nach § 304 StPO angreifbar). Hinsichtlich der Tätigkeit des Rechtspflegers gelten ebenfalls die allgemeinen Vorschriften, d.h. dass über Einwendungen des Betroffenen gegen Maßnahmen des Rechtspfle-

---

13 *Schmitt*/Köhler § 459a, 5; KK/*Appl* § 459a, 6.
14 Göhler/*Bauer* § 93 OWiG, 3.
15 KK-OWiG/*Mitsch* § 93, 7.

gers im Vollstreckungsverfahren der Richter oder Staatsanwalt entscheidet, an dessen Stelle der Rechtspfleger tätig geworden ist (§ 31 Abs. 6 Satz 2 RPflG).

V. Art. 8 EGStGB

Art. 8 EGStGB Nachträgliche Entscheidungen über die Ordnungshaft

(1) [1]Kann das Ordnungsgeld nicht beigetrieben werden und ist die Festsetzung der für diesen Fall vorgesehenen Ordnungshaft unterblieben, so wandelt das Gericht das Ordnungsgeld nachträglich in Ordnungshaft um. [2]Das Gericht entscheidet nach Anhörung der Beteiligten durch Beschluß.

(2) Das Gericht ordnet an, daß die Vollstreckung der Ordnungshaft, die an Stelle eines uneinbringlichen Ordnungsgeldes festgesetzt worden ist, unterbleibt, wenn die Vollstreckung für den Betroffenen eine unbillige Härte wäre.

1. Umwandlung des Ordnungsgeldes in Ordnungshaft (Absatz 1). Die nachträgliche 15 Umwandlung ist ohne Rücksicht darauf zulässig, ob die Festsetzung der **Ersatzhaft bewusst oder nur versehentlich** unterblieben ist. Entscheidend ist, dass die Festsetzung einer Ersatzhaft grundsätzlich vorgesehen (also z.B. nicht bei § 56 Abs. 1 GVG und §§ 21 Abs. 1, 27 Abs. PUAG), aber unterblieben ist.[16] Die Entscheidung kann nur ein Gericht treffen. Dies ist bei staatsanwaltschaftlichen Ordnungsgeldverfügungen das nach § 161a Abs. 2 Satz 2 StPO zuständige Gericht (vgl. auch § 163 Abs. 4 Satz 1 Nr. 4 Halbsatz 2 StPO), sonst das Gericht, das den Ordnungsgeldbeschluss erlassen hat. Dies gilt unabhängig davon, ob das Gericht mit der Angelegenheit im Übrigen noch befasst ist, also auch dann, wenn das zugrunde liegende Strafverfahren inzwischen eingestellt worden oder die Sache in einen höheren Rechtszug gelangt ist. Es ist nicht Aufgabe des Rechtsmittelgerichts, das Versäumnis des unteren Gerichts nachzuholen. Das Gericht ist auch nach Rechtskraft des Verfahrens noch zuständig. Die Entscheidung ergeht durch Beschluss nach Anhörung der Beteiligten (Art. 8 Abs. 1 Satz 2). Nichtbeteiligter i.S. der Vorschrift ist der Beschuldigte im Strafverfahren, gegen den das Ordnungsmittel nicht festgesetzt worden ist. Beschlüsse nach Art. 8 Abs. 1 sind wiederum nach den jeweils für das zugrunde liegende Ordnungsmittel einschlägigen Vorschriften anfechtbar. Im Strafverfahren ist zu beachten, dass die Ersatzordnungshaft nach überwiegender, hier nicht vertretener Auffassung keine Haft im Sinne der §§ 304 Abs. 4 und 5, 310 StPO darstellen soll (vgl. § 51, 30). Das Rechtsmittel kann auf die Höhe der ersatzweisen Ordnungshaft beschränkt werden. Die Vorschrift findet entsprechende Anwendung, wenn die Festsetzung einer an sich vorgesehenen Ersatzzwangshaft bei Uneinbringlichkeit eines Zwangsgeldes unterblieben ist.[17]

2. Wegfall der Vollstreckung der Ordnungshaft (Absatz 2). Die Vorschrift entspricht 16 § 459f StPO. Sie schreibt zwingend vor, dass die Vollstreckung der Ersatzhaft unterbleiben muss, wenn sie für den Betroffenen eine unbillige Härte wäre. Das ist nicht schon dann der Fall, wenn er unverschuldet außerstande ist, das Ordnungsgeld, auch bei äußerster Anstrengung oder mit den in Art. 7 Abs. 1 vorgesehenen Erleichterungen, zu zahlen. Hinzukommen muss vielmehr, dass mit der Vollstreckung eine außerhalb des Sanktionszwecks liegende Härte verbunden wäre (Rechtsgedanke des § 456 Abs. 1 StPO).[18] Der Wegfall der Vollstreckung ist ausgeschlossen, wenn eine ungünstige Prognose eine nachhaltige Einwirkung auf den Betrof-

16 Vgl. BTDrucks. 7 550 S. 203.

17 Zöller/*Seibel* § 888, 9.

18 LR/*Graalmann-Scheerer* § 459f, 5 f.; HK/*Pollähne* 2; *Schmitt*/Köhler § 459f, 2.

fenen erfordert.[19] Ein Antrag ist nicht erforderlich, aber sinnvoll, weil sonst nicht beurteilt werden kann, ob die Vergünstigung geboten erscheint. Den Antrag können die jeweiligen Beteiligten (im Strafverfahren die Staatsanwaltschaft und der von dem Ordnungsmittel Betroffene) stellen. Der Betroffene muss die Umstände, die die unbillige Härte begründen, glaubhaft machen. Das Gericht kann Ermittlungen anstellen. Zuständig für die Anordnung nach Art. 8 Abs. 2 ist das Gericht, das den Ordnungsgeldbeschluss erlassen oder die Haft nach § 161a Abs. 2 Satz 2, § 163 Abs. 4 Satz 1 Nr. 4 Halbsatz 4 StPO festgesetzt hat, gleichgültig, welches Gericht zur Zeit der Entscheidung mit der zugrunde liegenden Sache befasst ist. Die Anordnung erfolgt durch Beschluss. Im Strafverfahren ist die Staatsanwaltschaft vor der Entscheidung zu hören (§ 33 Abs. 2 StPO), wenn der Antrag nicht von ihr selbst stammt. Lehnt das Gericht den Antrag ab, so ist hiergegen die Beschwerde zulässig (vgl. oben Rn. 16). Die gerichtliche Anordnung bringt das Vollstreckungsverfahren zum Abschluss. Sie führt deshalb nicht nach Art. 9 Abs. 2 zum Ruhen der Vollstreckungsverjährung. Sie ist aber kein Verzicht auf das Ordnungsgeld oder die Ordnungshaft. Innerhalb der Verjährungsfrist kann die Vollstreckung der Ordnungshaft oder des Ordnungsgeldes daher wieder aufgenommen werden, wenn entweder die Anordnung nach Art. 8 Abs. 2 vom Gericht widerrufen oder bekannt wird, dass sich die Verhältnisse des Betroffenen so gebessert haben, dass die Zahlung von ihm verlangt werden kann.[20]

VI. Art. 9 EGStGB

Art. 9 EGStGB Verjährung von Ordnungsmitteln

(1) [1]Die Verjährung schließt die Festsetzung von Ordnungsgeld und Ordnungshaft aus. [2]Die Verjährungsfrist beträgt, soweit das Gesetz nichts anderes bestimmt, zwei Jahre. [3]Die Verjährung beginnt, sobald die Handlung beendet ist. [4]Die Verjährung ruht, solange nach dem Gesetz das Verfahren zur Festsetzung des Ordnungsgeldes nicht begonnen oder nicht fortgesetzt werden kann.

(2) [1]Die Verjährung schließt auch die Vollstreckung des Ordnungsgeldes und der Ordnungshaft aus. [2]Die Verjährungsfrist beträgt zwei Jahre. [3]Die Verjährung beginnt, sobald das Ordnungsmittel vollstreckbar ist. [4]Die Verjährung ruht, solange

1. nach dem Gesetz die Vollstreckung nicht begonnen oder nicht fortgesetzt werden kann,
2. die Vollstreckung ausgesetzt ist oder
3. eine Zahlungserleichterung bewilligt ist.

17 **1. Allgemeines.** Die Verjährung der Festsetzung und Vollstreckung von Ordnungsmitteln war bis 1975 gesetzlich nicht bestimmt. (Zum früheren Rechtszustand vgl. die 23. Aufl.). Art. 9 regelt die Verjährung in Anlehnung an die §§ 78 ff. StGB, §§ 31 ff. OWiG.

2. Verjährung der Festsetzung

18 **a) Dauer der Verjährungsfrist.** Die Verjährungsfrist beträgt nach Art. 9 Abs. 1 Satz 2, soweit das Gesetz im Einzelfall nichts anderes bestimmt, zwei Jahre. Eine Unterbrechung der Verjährung sieht das Gesetz nicht vor. Für die Fristberechnung gilt nicht § 43 StPO, sondern § 187 Abs. 1, § 188 Abs. 2 BGB. Die Frist endet daher mit dem Beginn des ihrem Anfang entsprechenden Kalendertages, bei Fristbeginn am 1. April also am 31. März.[21]

19 HK/*Pollähne* 2; *Schmitt*/Köhler § 459f, 2.
20 LR/*Graalmann-Scheerer* § 459f, 8 f.; *Schmitt*/Köhler § 459f, 3.
21 Vgl. *Fischer* § 78a, 6 m.w.N.

b) Beginn der Verjährungsfrist. Die Frist beginnt wie nach § 78a Satz 1 StGB, § 31 Abs. 3 Satz 1 OWiG, sobald die Handlung beendet ist (Art. 9 Abs. 1 Satz 3). Im Fall des § 178 GVG ist daher der Verhandlungstag maßgebend, an dem die Ungebühr begangen worden ist. Bei der Weigerung, (staats-)rechtlich begründete Pflichten zu erfüllen (§§ 51, 70, 81c Abs. 6, § 95 Abs. 2, § 161a Abs. 2 Satz 1, § 163 Abs. 4 Satz 1 Nr. 4 StPO, § 56 GVG), beginnt die Frist wie bei den echten Unterlassungsdelikten des sachlichen Rechts grundsätzlich erst, wenn die Pflicht zum Handeln entfällt.[22] Beim Nichterscheinen (§ 51 StPO, § 56 GVG) und bei der Zeugnis- und Eidesverweigerung (§ 70 StPO) ist jedoch nur der Tag der Verhandlung maßgebend, in der der Zeuge ausgeblieben ist oder nicht ausgesagt oder geschworen hat; denn nur der Ungehorsam an diesem Tag wird mit den Ordnungsmitteln geahndet. In dem Fall des § 81c Abs. 6 StPO wird die Festsetzung von Ordnungsgeld nach längerem Zeitablauf nicht in Frage kommen, so dass Verjährungsfragen nicht entstehen können. Bei der Weigerung, Beweismittel herauszugeben (§ 95 Abs. 2 StPO), beginnt die Verjährung an dem Tag, an dem die Herausgabepflicht erfüllt wird oder entfällt. 19

c) Ruhen der Verjährung. Nach Art. 9 Abs. 1 Satz 4 ruht die Verjährung, solange nach dem Gesetz das Festsetzungsverfahren nicht begonnen oder nicht fortgesetzt werden kann. Die Vorschrift entspricht wörtlich den § 78b Abs. 1 Nr. 2 1. Hs. StGB, § 32 Abs. 1 Satz 1 OWiG. 20

3. Verjährung der Vollstreckung

a) Dauer und Beginn der Verjährungsfrist. Bei der Vollstreckungsverjährung beträgt die Frist nach Art. 9 Abs. 2 Satz 2 ebenfalls zwei Jahre. Wegen der Berechnung vgl. oben Rn. 19. Die Verjährung beginnt, sobald das Ordnungsmittel vollstreckbar ist (Art. 9 Abs. 2 Satz 3). Die Vollstreckbarkeit ist rechtlich nicht tatsächlich zu beurteilen. Sie liegt auch dann vor, wenn kein zugriffsfähiges Vermögen vorhanden ist oder festgestellt werden kann.[23] Vollstreckbarkeit setzt nicht notwendigerweise Rechtskraft der Entscheidung voraus. Wann ein Ordnungsmittel vollstreckbar wird, richtet sich wiederum nach den jeweiligen für die Festsetzung des Ordnungsmittels einschlägigen Vorschriften. So hat etwa die Beschwerde nach § 304 StPO keine aufschiebende Wirkung (§ 307 Abs. 1 StPO), so dass das Ordnungsmittel trotz Beschwerde vollstreckbar ist. Anders ist es dagegen bei einer Beschwerde nach § 181 GVG gegen einen Beschluss nach § 180 GVG. Diese sofortige Beschwerde hat aufschiebende Wirkung, so dass der Beschluss erst mit Rechtskraft vollstreckbar wird.[24] 21

b) Ruhen der Verjährung. Nach Art. 9 Abs. 2 Satz 4, der den § 79a Nr. 1 und 2 StGB, § 34 Abs. 4 OWiG nachgebildet ist, ruht die Verjährung nicht nur, wie bei der Festsetzung von Ordnungsmitteln (oben Rn. 21), wenn die Vollstreckung nach dem Gesetz nicht begonnen oder nicht fortgesetzt werden kann, sondern auch, wenn die Vollstreckung ausgesetzt oder eine Zahlungserleichterung nach Art. 7, also eine Zahlungsfrist oder Teilzahlungen, bewilligt worden ist. 22

---

22 Vgl. RGSt **9** 152, 157; **65** 361, 362; BayObLGSt **1956** 239; **1962** 302; OLG Hamm NJW **1968** 1249; VRS **31** (1966) 312; **36** (1969) 29; OLG Saarbrücken JBl. Saar **1964** 33; OLG Stuttgart VRS **33** (1967) 273.

23 BGH (9. Zivilsenat) MDR **2013** 711 mit abl. Anm. *Althammer/Wolber* IPRax **2016** 51.

24 Vgl. *Pohlmann/Jabel/Wolf* § 88, 3.

§ 52
Zeugnisverweigerungsrecht der Angehörigen des Beschuldigten

(1) Zur Verweigerung des Zeugnisses sind berechtigt
1. **der Verlobte des Beschuldigten;**
2. **der Ehegatte des Beschuldigten, auch wenn die Ehe nicht mehr besteht;**
2a. **der Lebenspartner des Beschuldigten, auch wenn die Lebenspartnerschaft nicht mehr besteht;**
3. **wer mit dem Beschuldigten in gerader Linie verwandt oder verschwägert, in der Seitenlinie bis zum dritten Grad verwandt oder bis zum zweiten Grad verschwägert ist oder war.**

(2) [1]Haben Minderjährige wegen mangelnder Verstandesreife oder haben Minderjährige oder Betreute wegen einer psychischen Krankheit oder einer geistigen oder seelischen Behinderung von der Bedeutung des Zeugnisverweigerungsrechts keine genügende Vorstellung, so dürfen sie nur vernommen werden, wenn sie zur Aussage bereit sind und auch ihr gesetzlicher Vertreter der Vernehmung zustimmt. [2]Ist der gesetzliche Vertreter selbst Beschuldigter, so kann er über die Ausübung des Zeugnisverweigerungsrechts nicht entscheiden; das gleiche gilt für den nicht beschuldigten Elternteil, wenn die gesetzliche Vertretung beiden Eltern zusteht.

(3) [1]Die zur Verweigerung des Zeugnisses berechtigten Personen, in den Fällen des Absatzes 2 auch deren zur Entscheidung über die Ausübung des Zeugnisverweigerungsrechts befugte Vertreter, sind vor jeder Vernehmung über ihr Recht zu belehren. [2]Sie können den Verzicht auf dieses Recht auch während der Vernehmung widerrufen.

Schrifttum

Amelung Prinzipien der strafprozessualen Verwertungsverbote, GedS Schlüchter (2002) 417; *Baier* Strafprozessuale Zeugnisverweigerungsrechte außerhalb der Strafprozeßordnung als Ergänzung der §§ 52 ff. StPO, Diss. Erlangen 1995; *Baumann u.a.* Alternativ-Entwurf Zeugnisverweigerungsrechte (1996); *Bertheau* Anm. zu BGH StV 2010, 609, StV **2010** 611; *Beulke* Der Grundsatz der Unmittelbarkeit der Hauptverhandlung – Neue Entwicklungen, Chancen und Anfechtungen, Kolloquium Gollwitzer (2004) 1; *Bialek* Das strafprozessuale Zeugnisverweigerungsrecht aus persönlichen Gründen unter besonderer Berücksichtigung von Schutzzweck und Enumerationsprinzip, Diss. Bonn 1999; *Bienwald u.a.* Betreuungsrecht[6] (2016); *Fr. Bosch* Grundfragen des Beweisrechts (1963); *N. Bosch* Qualifizierte Belehrung des angehörigen Zeugen, FS v. Heintschel-Heinegg (2015) 65; *Brenner* Versäumte Vernehmungs-Belehrung und die Folgen, Deutsche Polizei **1976** 18; *Buchwald* Die berechtigte Zeugnisverweigerung als Gegenstand freier Beweiswürdigung? SJZ **1949** 360; *Busch* Zum Zeugnis- und Untersuchungsverweigerungsrecht der Angehörigen des Beschuldigten, FS Eb. Schmidt (1971) 569; *Dahs/Langkeit* Demontage des Zeugnisverweigerungrechts? StV **1992** 492; *Danzer* Das Recht der Zeugnisverweigerung im Strafprozeß (1930); *Dencker* Verwertbarkeit von Zeugenaussagen (2002); *Ebner/Müller* Zeugnisverweigerungsrecht gemäß § 52 StPO bei in der Bundesrepublik geschlossener „Imam-Ehe"? NStZ **2010** 657; *Eckstein* Zeugnisverweigerungsrechte und Vernehmung von Verhörspersonen, JA **2002** 119; *Eisenberg* Anm. zu BGH NStZ 2012 578, NStZ **2012** 578; *ders.* Keine Glaubhaftigkeitsuntersuchung zeugnisverweigernder, als nicht verstandesreif beurteilter Kinder gegen deren Willen, NStZ **2016** 11; *ders./Zötsch* Der Zeugenbeweis im Strafverfahren – Tendenzen in der höchstrichterlichen Rechtsprechung, NJW **2003** 3676; *Fahrthofer/Rückert* Die höchstrichterliche Rechtsprechung zu § 252 StPO im Lichte eines grund- und menschenrechtskonformen Strafverfahrens, HRRS **2017** 123; *Fischer* Die Fortwirkung von Zeugnisverweigerungsrecht nach Verfahrenstrennung, JZ **1992** 570; *Foth* Anm. zu OLG Köln StraFo **2004** 382, StraFo **2004** 383; *Freund* Beweisverwertungsverbot analog § 252 StPO bei entlastenden Angaben eines Angehörigen? GedS Meurer (2002) 369; *Füllkrug* Der Verlobte im Strafprozeß, StV **1986** 37; *Fülscher* Die Anerkennung von nach islamischem Recht geschlossenen Ehen im Rahmen des Zeugnisverweigerungsrechts nach § 52 Abs. 1 Nr. 2 StPO, StraFo **2025**, 391; *Fürmann* Das Zeugnisverweigerungsrecht der StPO – Eine Übersicht, JuS **2004** 303; *Gärditz/Stuckenberg* Zu Funktion und Ratio der Zeugnisverweigerungsrechte im Strafverfahren, in: Wolter/Schenke (Hrsg.) Zeugnisverweigerungsrechte bei (verdeckten) Ermittlungsmaßnahmen (2002) 99; *Görtz-Leible* Die Beschlagnahmeverbote des § 97 Abs. 1 StPO im Lichte der Zeugnisverweigerungsrechte, Diss. Bayreuth 1999; *von Godin* Die berechtigte Zeugnisverweigerung als Gegenstand freier Beweiswürdigung? SJZ **1949** 657; *Gössel* Kritische Bemerkung zum gegenwärtigen Stand der Lehre von den Beweisverboten im Strafverfahren, NJW **1981** 649; *Gossrau* Unterlassen der Zeugenbelehrung als Revisionsgrund, MDR **1958** 468; *Hanack* Anm. zu BGH JR 1977, 433, JR **1977** 434; *H. P. Hauser* Das Zeugnisverweigerungsrecht im Strafverfahren (1957); *Hilger* Über den flankierenden Schutz von Zeugnisverweigerungsrechten – Zugleich Besprechung von BVerfG, Urt. v. 12.3.2003, GA **2003** 482; *Himmelreich* Auflage eines Fahrtenbuches unter besonderer Berücksichtigung des Aussage- und Zeugnisverweigerungsrechtes, NJW **1975** 1199; *Hinterhofer* Zeugenschutz und Zeugnisverweigerungsrechte im österreichischen Strafprozeß (2004); *Hoffmann* Zum Zeugnisverweigerungsrecht der Angehörigen eines Verstorbenen, MDR **1990** 112; *Janicki* Beweisverbote im deutschen und englischen Strafprozeß (2002); *K. Jansen* Das Zeugnisverweigerungsrecht aus § 52 für besondere persönliche Nähe- und Vertrauensverhältnisse (2002); *Karitzky* Die Geschichte der Zeugnisverweigerungsrechte (1959); *Keiser* Der Zeuge als Herr des Verfahrens? NStZ **2000** 458; *Kohlhaas* Wie weit darf bei der Verwertung des Verhaltens einer zur Verweigerung des Zeugnisses berechtigten Auskunftsperson gegangen werden? JR **1955** 43; *Köhnlein/Radtke/von Scheliha* Ausübung von Zeugnisverweigerungsrechten minderjähriger Zeugen im Strafverfahren, NStZ **2025**, 1; *Kranz* Der zukünftige eingetragene Lebenspartner als „Verlobter" i.S.v. § 52 Abs. 1 Nr. 1 StPO und § 11 Abs. 1 Nr. 1 lit a) StGB, StV **2004** 518; *Kretschmer* Die nichteheliche Lebensgemeinschaft in ihren strafrechtlichen und strafprozessualen Problemen, JR **2008** 51; *Kröpil* Zeugnisverweigerungsrecht: Verwertung früherer Aussagen, DRiZ **2016** 268; *Kroth* Die Belehrung des Beschuldigten im Strafverfahren über sein Recht, die Aussage zu verweigern, Diss. München 1976; *Kühl* Freie Beweiswürdigung des Schweigens des Angeklagten und der Untersuchungsverweigerung eines angehörigen Zeugen – BGHSt 32 140, JuS **1986** 115; *Leipold* Zulässige Einwirkung und Belehrung von Zeugen durch den Verteidiger, StraFo **1998** 79; *Lickleder/Sturm* Die Belehrungspflichten bei der Abstammungsuntersuchung nach § 81c StPO – eine Pflicht zur qualifizierten Belehrung? FS Ignor 647; *Lindenau* Die nichteheliche Lebensgemeinschaft, RpflBl. **1988** 74; *Mehner* Die Vernehmung von Verhörspersonen im deutschen Strafprozeß (1975); *Meier-Scherling* Die eheähnliche Lebensgemeinschaft, DRiZ **1979** 296; *Meuthien* Das Zeugnisverweigerungsrecht der Angehörigen im Strafprozeß, Diss. Hamburg 1954; *Meyer* Anmerkung zu BGH JR 1988 78, JR **1988** 79; *Michaelis* Zum Zeugnisverweigerungsrecht im Strafverfahren, NJW **1969** 730; *Mosbacher* Ermittlungsrichterliche Videovernehmung von Kindern und Transfer in die Hauptverhandlung, NStZ **2024**, 263; *Müssig* Beweisverbote im Legitimationszusammenhang von Strafrechtstheorie und Strafverfahren, GA **1999** 119; *Nagel* Das Zeugnisverweigerungsrecht in der DDR, JR **1977** 500; *Orlowsky* Die Weigerungsrechte der minderjährigen Beweisperson im Strafprozeß (1973); *Otto* Das Zeugnisverweigerungsrecht des Angehörigen (§ 52 StPO) im Verfahren gegen mehrere Beschuldigte, NStZ **1991** 220; *Paeffgen* Zeugnisverweigerungsrechte und Verfassung, in: Wolter/Schenke (Hrsg.) Zeugnisverweigerungsrechte bei (verdeckten) Ermittlungsmaßnahmen (2002) 215; *Wolter/Schenke* Zeugnisverweigerungsrechte und heimliche Informationserhebung, FS Rieß (2002) 413; *Pelchen* Verlöbnis und nichteheliche Lebensgemeinschaft als Zeugnisverweigerungsgründe im Strafprozeß, FS Pfeiffer (1988) 287; *ders.* Anm. zu BGH JR 1985 70, JR **1985** 71; *Peters* Anm. zu BGH JR 1968 429, JR **1968** 429; *Peters* Die Strafprozeßordnung und das Zeugnisverweigerungsrecht, das Beschlagnahme- und Durchsuchungsverbot, Strafrechtlicher Schutz der Informationsquellen (1975); *Petry* Beweisverbote im Strafprozeß (1971); *Plonka* Das Fahrtenbuch und das Zeugnisverweigerungsrecht, DNP **1979** 173; *Prittwitz* Das Zeugnisverweigerungsrecht des Angehörigen und seine Wirkung für Mitbeschuldigte, NStZ **1986** 64; *Proskauer* Die Bewertung der Zeugnisverweigerung eines Angehörigen im Strafprozeß, NJW **1953** 49; *Radtke* Bestandskraft staatsanwaltschaftlicher Einstellungsverfügungen und die Identität des wiederaufgenommenen Verfahrens, NStZ **1999** 481; *Ranft* Schutz der Zeugnisverweigerungsrechte bei Äußerungen außerhalb eines anhängigen Strafverfahrens, StV **2000** 520; *ders.* Die auf Verletzung des § 252 StPO gestützte Revisionsrüge bei Verzicht des Zeugen auf das Verwertungsverbot, Jura **2000** 628; *ders.* Ausübung des Zeugnisverweigerungsrechts in der Hauptverhandlung bei gleichzeitigem Verzicht auf das Verwertungsverbot des § 252 StPO, NJW **2001** 1305 u. 3761; *Rengier* Die Zeugnisverweigerungsrechte im geltenden und künftigen Strafverfahrensrecht (1978) (Zeugnisverweigerungsrechte); *ders.* Grundlegende Verwertungsprobleme, Jura **1981** 299; *Richter II* Aussageverweigerungsrechte von Zeugen als Bestandteil der Verteidigungsstrategie, StraFo **1990** 87; *Roestel* Das Kind als Zeuge im Strafverfahren gegen einen Angehörigen, SchlHA **1967** 161; *ders.* Das Zeugnisverweigerungsrecht des Kindes im Strafverfahren gegen einen Angehörigen, NJW **1967** 967; *Rogall* Der Beschuldigte als Beweismittel gegen sich selbst (1977); *ders.* Gegenwärtiger Stand und Entwicklungstendenzen der Lehre von den strafprozessualen Beweisverboten, ZStW **91** (1979) 36; *ders.* Das Verwendungsverbot des § 393 II AO, FS Kohlmann (2003) 465; *Roxin* Steht im Falle des § 252 StPO die Verwertbarkeit der früheren Aussage zur Disposition des Zeugen? FS Rieß (2002) 451; *Satzger* Die Fortwirkung des Zeugnisverweigerungsrechts bei Verfahren gegen mehrere Mitbeschuldigte nach Verfahrenstrennung – der Anfang vom Ende? FS Schöch (2010) 913; *Schaub* Zur Strafverfahrensproblematik bei minderjährigen Zeugen und Beschuldigten aus vormundschaftlicher Sicht, FamRZ **1966** 134; *Schimansky* Der Ausschluß des nicht beschuldigten Elternteils nach § 52 Abs. 2 Satz 2 StPO, FS Pfeiffer (1988) 297; *P. Schmitt* Die Berücksichtigung der Zeugnisverweigerungsrechte nach §§ 52, 53 StPO bei den auf Beweisgewinnung gerichteten Zwangsmaßnahmen (1993); *H.-W. Schmitz* Tatgeschehen, Zeugen und Polizei. Zur Rekonstruktion und Beschreibung des Tathergangs in polizeilichen Zeugenvernehmungen, BKA-Forschungsreihe Bd. 9 (1978); *Schneider* Beweisverwertungsverbot der Zeugnisverweigerung eines Angehörigen gegen den Angeklagten, JuS **1970** 271; *Schneider* Die strafprozessuale Beweiswürdigung des Schweigens von Beschuldigten und angehörigen Zeugen, Jura **1990** 572; *Schoene* Das Zeugnisverweigerungsrecht des Kindes und das gesetzliche Vertretungsrecht der Eltern, NJW **1972** 930; *Schöneborn* Das Problem der Rollenvertauschung und das Zeugnisverweigerungsrecht bei mehreren Beschuldigten in vergleichender Betrachtung, ZStW **86** (1974) 921; *ders.* Zeugnisverweigerung bei mehreren Mitbeschuldigten und Rechtskreistheorie, NJW **1974** 535; *ders.* Beweisverbotsproblematik der §§ 52 Abs. 2, 55 Abs. 2 StPO im Lichte des § 68 Abs. 2 StPO, MDR **1974** 457; *Schubarth* Neue Formen der Lebensgemeinschaft und ihre Auswirkungen auf das Zeugnisverweigerungsrecht, FS Hinderling (1976) 231; *Schwaben* Die Rechtsprechung des BGH zwischen Aufklärungsrüge und Verwertungsverbot, NStZ **2002** 293; *Schwan/Andrzejewski* Zur Reichweite des Zeugnisverweigerungsrechts von Angehörigen gemäß § 52 StPO bei Mitbeschuldigten. Anmerkung zum Beschluss des Bundesgerichtshofs vom 14. Dezember 2011 (BGH 5 StR 434/11) = HRRS 2012 Nr. 12, HRRS **2012** 507; *Schweckendieck* Eine Gesetzeslücke in § 52 II 2 StPO? NStZ **2008** 537; *Seelmann* Revision wegen des Unterlassens der Belehrung über das Recht zur Aussageverweigerung – BGHSt 25, 325 –, JuS **1976** 157; *Skwirblies* Nichteheliche Lebensgemeinschaft und Angehörigenbegriff im Straf- und Strafprozeßrecht (1990); *Spelthahn* Das Zeugnisverweigerungsrecht von Angehörigen eines Mitbeschuldigten (1997); *Splitt* Praxisprobleme bei der Bestellung eines Ergänzungspflegers nach § 52 Abs. 2 S. 2 StPO, FamRZ **2019** 507; *Suffa* Das Untersuchungsverweigerungsrecht aus § 81c Abs. 3 StPO als Beweiserhebungsverbot (2003); *Thien* Zeugenvernehmung im Ausland. Zur Problematik der Verwertbarkeit im deutschen Prozeß, Diss. Köln 1979; *Vetter* Probleme des Zeugnisverweigerungsrechtes, Diss. Zürich 1954; *Volk* Die „Vernehmung" durch den Verteidiger und das Verwertungsverbot des § 252 StPO – BGH, NJW 2000, 1277, JuS **2001** 130; *Wach* Das Recht der Zeugnisverweigerung, GerS **66** (1905) 1; *von Weber* Die Ausübung des Zeugnisverweigerungsrechtes im Strafprozeß durch einen Stellvertreter, MDR **1962** 169; *U. Weber* Auswirkungen der Gesetzgebung zur gleichgeschlechtlichen Lebenspartnerschaft im Strafrecht, GedS Keller (2003) 325; *Weigend* Empfehlen sich gesetzliche Änderungen, um Zeugen und andere nicht beschuldigte Personen im Strafprozeßrecht besser vor Nachteilen zu bewahren? Gutachten für den 62. Deutschen Juristentag, Bd. I (1998) C 3; *Weinmann* Die Beschlagnahme von Geschäftsunterlagen des Beschuldigten bei Zeugnisverweigerungsberechtigten – Rückschau und Ausblick, FS Dünnebier (1982) 199; *Welp* Zeugnisverweigerungsrechte und Beschlagnahmeverbote. Anmerkungen zum Alternativentwurf „Zeugnisverweigerungsrechte und Beschlagnahmefreiheit" (AE-ZVR), FS Bemmann (1997) 626; *Weßlau* Anm. zu den Kammerbeschlüssen v. 1.3.2000, 2 BvR 2017 und 2039/94 (Fall Sedlmayr) und v. 27.4.2000, 2 BvR 1990/96 (sog. Zweithörer-Fall) StV **2000** 468; *de Witt/Huffmann* Nichteheliche Lebensgemeinschaft (1983); *Wollweber* Der Griff nach der halben Wahrheit – ein fragwürdiges Experiment, NJW **2000** 1702; *ders.* Nochmals: Ausübung des Zeugnisverweigerungsrechts in der Hauptverhandlung bei gleichzeitigem Verzicht auf das Verwertungsverbot des § 252 StPO, NJW **2001** 3760; *Wolter* Beweisverbote und Umgehungsverbote zwischen Wahrheitserforschung und Ausforschung, FS II BGH (2000) 963; *ders.* Zeugnisverweigerungsrecht bei (verdeckten) Maßnahmen im Strafprozessrecht und Polizeirecht, FS Rieß (2002) 633; *Zipper* Das Phänomen des minderjährigen Zeugen, die Regelung des § 52 Abs. 2 StPO aus Sicht des Verteidigers und des Nebenklägers, StRR **2012** 293; *Zöller* Zeugnisverweigerungsrechte und heimliche Ermittlungsmaßnahmen im Strafprozeßrecht – Zur Situation de lege lata, in: Wolter/Schenke (Hrsg.) Zeugnisverweigerungsrechte bei (verdeckten) Ermittlungsmaßnahmen (2002) 325; *Zottmann* Das Zeugnisverweigerungsrecht in den deutschen Verfahrensgesetzen, Diss. Erlangen 1960.

Entstehungsgeschichte

Absatz 2 lautete ursprünglich: „Die bezeichneten Personen sind vor jeder Vernehmung über ihr Recht zur Verweigerung des Zeugnisses zu belehren. Sie können den Verzicht auf dieses Recht auch während der Vernehmung widerrufen." Durch Art. 1 Nr. 13 des 1. StVRG (1974) wurden an seiner Stelle die Absätze 2 und 3 eingefügt. Durch Art. 7 Nr. 3 AdoptG (1976) wurden in Absatz 1 Nr. 3 die Worte „oder durch Aufnahme an Kindes Statt verbunden" gestrichen und der letzte Satzteil („auch wenn die Ehe, durch welche die Schwägerschaft begründet ist, nicht mehr besteht") durch die Worte „oder war" ersetzt. Eine erneute Änderung erfuhr Absatz 2 durch Art. 7 § 19 Betreuungsgesetz (1990), wobei Satz 1 der Terminologie dieses Gesetzes – „Betreuung" statt „Entmündigung" – angepasst wurde. Die hier verwendeten Begriffe sind im Wesentlichen auf die Ausführungen der sog. Nomenklatur-Kommission der sog. Psychiatrie-Enquête (BTDrucks. 7 4201) zurückzuführen. Durch das Lebenspartnerschaftsgesetz (2001) wurde Abs. 1 Nr. 2a eingefügt, womit das Zeugnisverweigerungsrecht nach § 52 auf die Partner einer eingetragenen Lebenspartnerschaft erstreckt wurde. Art. 5 Abs. 23 des Gesetzes zur Überarbeitung des Lebenspartnerschaftsrechts (2004) stellte das Versprechen, eine Lebenspartnerschaft zu begründen, dem Verlöbnis in § 52 Abs. 1 Nr. 1 gleich. Diese Gleichstellung wurde durch Einführung des Rechts auf Eheschließung für Personen gleichen Geschlechts überflüssig und daher durch Art. 12 des Gesetzes vom 18.12.2018 (BGBl. I 2639) gestrichen. Bezeichnung bis 1924: § 51.

Übersicht

Alphabetische Übersicht

I. Allgemeines

1 **1. Zweck der Vorschrift.** Die Vorschrift des § 52 begründet für die darin genannten Personen ein umfassendes Recht, die Aussage aufgrund ihres Angehörigenverhältnisses zum Beschuldigten zu verweigern. Sie sind schlechthin von der Zeugnispflicht befreit.[1] Dieses Recht hat **tiefe historische Wurzeln**.[2] Der Gesetzgeber wollte den Kreis der Zeugnisverweigerungsberechtigten möglichst weit ziehen, indem er von der Vorstellung ausging, dass es vorzuziehen sei, lieber auf ein Beweismittel zu verzichten, als einen nahen Angehörigen des Beschuldigten der Versuchung auszusetzen, zu Gunsten des letzteren einen Meineid zu leisten.[3] Der **Zweck der Vorschrift** besteht demnach in erster Linie in einer Rücksichtnahme auf den Zeugen, dem die mit einer **Aussage** verbundene innere

1 *Hahn* Bd. I 106.
2 Ausführlich *Karitzky* 10 ff.; *K. Jansen* 38 ff.; SK/*Rogall* 2 ff.
3 *Hahn* Bd. I 106.

Belastung erspart werden soll.[4] Verfassungsrechtlich gesehen ist das Zeugnisverweigerungsrecht des § 52 **Ausdruck des allgemeinen Persönlichkeitsrechts des Zeugen** gem. Art. 2 Abs. 1 GG. Dieses umfasst nicht nur die Freiheit, ein Zeugnis in Bezug auf einen nahen, im Strafverfahren beschuldigten Angehörigen verweigern zu können, sondern auch die Option, bereits getätigte Aussagen gem. § 252 dem Strafverfahren wieder zu entziehen.[5] Nach Auffassung des Bundesgerichtshofs und weiter Teile im Schrifttum schützt § 52 darüber hinaus den **Familienfrieden,** „die schonende Rücksicht auf die Familienbande, die den Angeklagten mit dem Zeugen verbinden".[6] **Umstritten** ist insbesondere, ob die Vorschrift weitere Schutzzwecke verfolgt, etwa den Schutz der **Wahrheitsfindung**[7] oder den Schutz des Angeklagten vor der Verwertung eines „konfliktbehafteten" und daher in seinem Wert vielleicht fragwürdigen Beweismittels,[8] und ob sie auch aus dem Nemo-tenetur-Grundsatz abzuleiten ist.[9] Jedenfalls besteht das Zeugnisverweigerungsrecht **allgemein,** nicht nur für belastende Aussagen.[10] Es genügt, dass die äußere Konfliktlage besteht, in die die familiären Beziehungen den Zeugen stellen. Ob er den Widerstreit empfindet und ob er sich dadurch zur Weigerung veranlasst sieht, ist bedeutungslos.[11] Das Recht zur Zeugnisverweigerung haben daher auch die Zeugen, die wegen Fehlens der Verstandesreife oder -kraft keine genügende Vorstellung von der Bedeutung des Zeugnisverweigerungsrechts haben (§ 52 Abs. 2). Das Erfordernis der Zustimmung des gesetzlichen Vertreters tritt in diesen Fällen – aus Gründen des Schutzes der familiären Beziehungen – nur hinzu (Rn. 25). Das Zeugnisverweigerungsrecht besteht auch dann, wenn der Zeuge auf Antrag des Beschuldigten vernommen werden soll, dessen Angehöriger er ist.[12] Der Beschuldigte kann auf die Beachtung des § 52 nicht wirksam verzichten.

2. Anwendungsbereich. Das Zeugnisverweigerungsrecht des § 52 berechtigt zur Verweigerung von **Aussagen zur Sache,**[13] nicht von Angaben zur Person nach § 68 Satz 1. Es besteht – im Rahmen einer **Vernehmungssituation**[14] (s. Rn. 44) – in allen Verfahrensab- 2

---

4 BGHSt **2** 351, 354 („ Rücksicht auf den Gewissenszwiespalt des Zeugen"); **11** 213, 216 („um dem Zeugen den inneren Zwiespalt zu ersparen" – GrSSt; **17** 327; **22** 36; BGH NJW **1961** 1484; BGH bei *Dallinger* MDR **1966** 384; RGSt **12** 143, 145; **40** 46, 47; **62** 144; **68** 277; *Schmitt*/Köhler 1; *Hoffmann* MDR **1990** 112; weiter *Rengier* (Zeugnisverweigerungsrechte) 8 ff.: Schutz der ganzen Familie.

5 BVerfG NStZ-RR **2004** 18. Krit. *N. Bosch* FS v. Heintschel-Heinegg 70.

6 BGHSt **11** 216; **38** 99; LR/*Dahs*[25] 1; *Eisenberg* (Beweisrecht) 1241; weitere Nachweise bei *K. Jansen* 140; SSW/*Eschelbach* 1; **a.A.** SK/*Rogall* 10.

7 So *Rengier* (Zeugnisverweigerungsrechte) 11, 56 ff.; *Bertheau* StV **2010** 611; siehe auch AK/*Kühne* 1; *Ranft* 99; **a.A.** KK/*Bader* 1; SK/*Rogall* Vor § 48, 147. Ausdrücklich gegen den „Schutz der Wahrheitsfindung" als Zweck des § 52 und des § 55 bereits BGHSt **11** 213, 215 f., allerdings im Hinblick darauf, dass „der Gefahr, die Aussagen verdächtiger Zeugen für die Wahrheitsfindung bilden können [...] schon die Bestimmungen über die Nichtvereidigung tatverdächtiger wie verwandter Zeugen (§§ 60 Nr. 3, 61 Nr. 2 StPO)" begegnen.

8 So noch BGHSt **10** 394; *Eb. Schmidt* 1 und JZ **1958** 600; *Busch* JZ **1953** 703; *Gossrau* MDR **1958** 468; *Michaelis* NJW **1969** 730; *Niese* JZ **1953** 223; *Orlowsky* 180; *Wegner* JW **1925** 370; vgl. auch *Grünwald* JZ **1966** 497; **a.A.** BGHSt **11** 215 – GrSSt; **22** 37 f.; **27** 142; *Schöneborn* MDR **1974** 457.

9 So *Petry* 45 ff.; SK/*Rogall* Vor § 48, 148, der die ratio des § 52 nicht im Schutz der familienrechtlichen Beziehung sieht – sog. institutionelle objektiv-rechtliche Sicht – sondern von einer subjektiven Rechtsgewährung an den Zeugen ausgeht und § 52 als eine Ausformulierung des Nemo-tenetur-Prinzips versteht; **a.A.** *Rengier* (Zeugnisverweigerungsrechte) 11 f.; *Schmitt* 45 ff., 67.

10 BGHSt **38** 100; *Schmitt*/Köhler 1; MüKo/*Kreicker* 1; *R. Hauser* 180; missverständlich RGSt **55** 20.

11 BGHSt **12** 239; BGH NJW **1981** 2825; *Eb. Schmidt* Nachtr. I 5 und JR **1959** 369; *Henkel* 207, 2; *Busch* FS Schmidt 570; *Orlowsky* 46.

12 RGSt **20** 186, 187; *Schmitt*/Köhler 1; *Eb. Schmidt* 1; *G. Schäfer* § 65 II 1a; *Schlüchter* 484.

13 SK/*Rogall* 1; KK/*Bader* 1.

14 BVerfG NJW **2010** 287; SSW/*Eschelbach* 3.

schnitten, vor Gericht ebenso wie vor der **Staatsanwaltschaft** (§ 161a Abs. 1 Satz 2) und vor der **Polizei** (vgl. § 163 Abs. 3 Satz 2[15]). Solange der Zeuge die Weigerung nicht erklärt hat, ist er ein **zulässiges Beweismittel** (Rn. 38); er muss vor Gericht bzw. der Staatsanwaltschaft oder Polizei erscheinen,[16] die Prozessbeteiligten können seine Vernehmung beantragen.[17] Der Zeuge, der auf sein Recht nach § 52 verzichtet, ist gleichwohl berechtigt, die Beeidigung des Zeugnisses zu verweigern (§ 61; vgl. auch Rn. 48). **Die Vorschrift des § 52 wird durch mehrere Vorschriften ergänzt**, insbesondere durch **§ 81c Abs. 3** für **Untersuchungen** und **Blutprobenentnahmen**, durch **§ 95 Abs. 2 Satz 2** in Bezug auf die Herausgabepflicht, durch **§ 97 Abs. 1 Nr. 1** für die Beschlagnahme von schriftlichen Mitteilungen zwischen dem Beschuldigten und dem zeugnisverweigerungsberechtigten Angehörigen,[18] **§ 100d Abs. 5 Satz 2** zur Verwertbarkeit der bei einer akustischen Wohnraumüberwachung gewonnenen Erkenntnisse, sowie durch **§ 252** – Vorschriften, die insgesamt eine „rechtliche Sinneinheit" darstellen.[19] Die Vorschrift des § 52 gilt auch im **Bußgeldverfahren** (vgl. § 46 Abs. 1 OWiG), nicht aber in den Verfahren vor parlamentarischen Untersuchungsausschüssen. **§ 22 Abs. 2 PUAG** sieht lediglich entsprechend § 55 ein Auskunftsverweigerungsrecht bei Fragen vor, die dem Zeugen oder einem Angehörigen i.S.d. § 52 Abs. 1 die Gefahr zuziehen würde, einer Untersuchung nach einem gesetzlich geordneten Verfahren ausgesetzt zu werden. Zum Verhältnis zu **§ 55** siehe § 55, 3 und Rn. 53.

II. Zeugnisverweigerungsrecht

1. Berechtigte (Absatz 1)

3 **a) Allgemeines.** Zur Verweigerung des Zeugnisses sind die in § 52 aufgezählten Personen berechtigt. Die StPO enthält keine Legaldefinition der „Angehörigen" (vgl. dagegen § 11 Abs. 1 Nr. 1 StGB). Art. 51 EGBGB verweist jedoch auch für die StPO auf die Vorschriften des BGB (vgl. insbesondere §§ 1589, 1590 BGB)[20] und des LPartG. Das Zeugnisverweigerungsrecht gilt bei Ehe, Lebenspartnerschaft, Verwandtschaft oder Schwägerschaft, sofern diese bestehen oder irgendwann einmal bestanden haben, beim Verlöbnis hingegen nur dann, wenn es zum Zeitpunkt der Vernehmung besteht, wie sich bereits aus dem Vergleich von § 52 Abs. 1 Nr. 1 einerseits und den Nr. 2, Nr. 2a und Nr. 3 andererseits ergibt.[21] Der Zeitpunkt der Wahrnehmung des zu bekundenden Ereignisses ist demgegenüber nicht entscheidend.[22]

4 **b) Verlobte (Absatz 1 Nr. 1).** Der Gesetzgeber hält bislang trotz politischer Diskussion[23] daran fest, dass ein Verlöbnis ein Zeugnisverweigerungsrecht begründet. Der Begriff des Verlobten ist in der StPO ebenso wenig wie im BGB (vgl. §§ 1297 ff.) definiert. Entscheidend für ein **Verlöbnis** ist, auch mit Blick auf den Normzweck, **das ernstgemeinte und**

---

15 Vgl. Gesetz zur effektiveren und praxistauglicheren Ausgestaltung des Strafverfahrens v. 17.8.2017, BGBl. I **2017** 3202.

16 *Schmitt*/Köhler 2; MüKo/*Kreicker* 3; *Eb. Schmidt* Nachtr. I Vor § 52, 13; vgl. auch § 51, 5.

17 RGSt **40** 345, 347; *Schmitt*/Köhler 2; *Eb. Schmidt* Nachtr. I Vor 52, 15; Alsberg/*Güntge* 1196.

18 Zur Reichweite der Einwilligung in die Verwertung beschlagnahmefreier Unterlagen bei unzureichender Aufklärung über den Umfang des Zugriffs: BGH StV **2021** 141 m.w.N.

19 SK/*Rogall* 1 unter Hinweis auf KMR/*Paulus* Vor § 52, 101.

20 BGH Beschl. v. 30.11.2021 – 6 StR 421/21.

21 BGHSt **23** 16.

22 *Ranft* 507 f.

23 Die Justizministerkonferenz der Länder hat am 15.11.2018 vorgeschlagen, das Verlöbnis als Grundlage eines Zeugnisverweigerungsrechts zu streichen, LTO 15.11.2018.

wechselseitige Versprechen, die Ehe einzugehen (vgl. § 1297 Abs. 2 BGB);[24] ein bloßes **Liebesverhältnis** genügt nicht.[25] Nach wie vor gilt, dass das Verlöbnis keiner bestimmten Form,[26] auch keiner Bekanntmachung bedarf.[27] Nach h.M. muss ein Verlöbnis i.S. des § 52 Abs. 1 Nr. 1 nicht nach bürgerlich-rechtlichen Maßstäben gültig sein.[28] Es gelte ein selbständiger strafprozessualer Verlöbnisbegriff.[29] Diese Auffassung geht ursprünglich darauf zurück, dass strafprozessual ein Bedürfnis für einen weiteren Verlöbnisbegriff gesehen wurde, um etwa auch das Eheversprechen eines **Minderjährigen** ohne Einwilligung des gesetzlichen Vertreters darunter zu fassen.[30] Bedenklich erscheint dagegen eine strafprozessuale Einschränkung des Verlöbnisbegriffs. Soweit das Zivilrecht bedingte Verlöbnisse als wirksam anerkennt, ist nicht ersichtlich, warum diese nicht auch strafprozessual anerkannt werden sollten.[31]

Kein Verlöbnis begründet das Eheversprechen eines Heiratsschwindlers.[32] Generell 5
gilt, dass ein Verlöbnis nicht gegen das Gesetz oder **gegen die guten Sitten** verstoßen darf.[33] Dies meint insbesondere die Fälle eines noch bestehenden anderweitigen Verlöbnisses[34] oder der noch bestehenden Ehe.[35] In letzterer Hinsicht kann – im Hinblick auf den Normzweck (Rn. 1) – ein Eheversprechen jedenfalls dann nicht als sittenwidrig angesehen werden, wenn der noch verheiratete Partner die Scheidung seiner Ehe ernsthaft betreibt[36] und das gerichtliche Scheidungsverfahren eingeleitet ist. Eines erstinstanzlichen, gar rechtskräftigen Scheidungsbeschlusses[37] bedarf es nicht.[38] Der Einleitung eines Scheidungsverfahrens steht die Einleitung des Aufhebungsverfahrens (§ 15 LPartG) gleich.

Das Verlöbnis berechtigt zur Zeugnisverweigerung, wenn es **zur Zeit der Verneh-** 6
mung besteht; dass es zur Tatzeit bestanden hat, ist weder erforderlich noch ausreichend;[39] ob es zur Zeit einer früheren Vernehmung bestanden hat, ist unerheblich. Mit der Auflösung des Verlöbnisses entfällt das Zeugnisverweigerungsrecht.[40] Die Auflösung

---

24 BGHSt **3** 216 f.; **29** 57; BGH NStZ **1986** 84; NJW **1972** 1334; RGSt **24** 156; **35** 49; **75** 290; RG DR **1941** 1451 Ls.; RG Recht **1921** Nr. 2487a; OLG Hamburg LZ **1928** 511; OLG Koblenz NJW **1958** 2028; allg. Meinung im Schrifttum, z.B. *Schmitt*/Köhler 3,4; KK/*Bader* 10; SK/*Rogall* 22.

25 RGSt **24** 156; **35** 49; RGRspr. **2** 182; RG JW **1928** 3047.

26 RGSt **10** 117; RG JW **1893** 481; RG GA **40** (1892) 152; **56** (1909) 318.

27 BGH NJW **1972** 1334; RGRspr. **9** 130; RG JW **1928** 3047; *Eb. Schmidt* 12; *Dalcke/Fuhrmann/Schäfer* 4.

28 RGSt **10** 119; **24** 156; **35** 49; **38** 243; RGRspr. **6** 50, 54; OLG Düsseldorf DRiZ **1934** Nr. 357; *Eb. Schmidt* 12.

29 SSW/*Eschelbach* 9; MüKo/*Kreicker* 6; HK/*Gercke* 5.

30 BGH LM Nr. 25 zu § 222 StGB; RGSt **38** 242; *Eb. Schmidt* 12; *Peters* 292.

31 **A.A.** LG Frankfurt/Oder, 25.8.2021, 22 KLs 4/21; s.a. SSW/*Eschelbach* 9: unbedingtes Eheversprechen; anders noch Voraufl. Rn. 5.

32 BGHSt **3** 215; BGH wistra **1989**, 57; RG HRR **1939** 1070; OLG Düsseldorf DRiZ **1934** Nr. 357; HK/*Lemke* 11; *Schmitt*/Köhler 3, 4; KK/*Bader* 10; *Pfeiffer* 2; *Eb. Schmidt* Nachtr. I 2; **a.A.** *Bruns* MDR **1953** 458.

33 BGH VRS **36** (1969) 22; RGSt **10** 117; **38** 243; *Schmitt*/Köhler 3, 4; *Eb. Schmidt* 12.

34 RGSt **71** 154; RGZ **105** 245; *Schmitt*/Köhler 3, 4; *Dalcke/Fuhrmann/Schäfer* 4.

35 BGH NStZ **1983** 564 mit Anm. *Pelchen*; VRS **36** (1969) 22; BGH NJW **1987** 2807; RGSt **14** 7; **24** 155; **53** 215; **61** 270; 75 290; RGRspr. **6** 53; RG Recht **1921** Nr. 2471, 2487a; OLG Karlsruhe Justiz **1967** 289; *Schmitt*/Köhler 3, 4; Grüneberg/*Götz* Einf. v. § 1297,1; krit. *Beulke* 191, der nur auf die psychische Konfliktsituation der Zeugen abstellt.

36 So bereits LG Duisburg NJW **1950** 714; siehe auch LG Heidelberg StV **1981** 616.

37 Zumindest eine erstinstanzliche, die Ehe scheidende Entscheidung verlangt SK/*Rogall* 26; vgl. auch BVerfG NJW **1987** 2807, wonach es nicht von Verfassungs wegen zu beanstanden ist, wenn ein Zeugnisverweigerungsrecht verneint wird, weil die Ehe des verheirateten Partners noch nicht wirksam geschieden ist.

38 **A.A.** LR/*Dahs*[25] 6; *Schmitt*/Köhler 3, 4; KK/*Bader* 10.

39 BGHSt **23** 17; RG JW **1894** 539; RG Recht **1930** Nr. 479; OGHSt **2** 173; KK/*Bader* 12; *Eb. Schmidt* 12; *Dalcke/Fuhrmann/Schäfer* 4.

40 BGHSt **23** 17; BGH bei *Dallinger* MDR **1954** 336; RGSt **31** 142; **71** 154; *Schmitt*/Köhler 3, 4; KK/*Bader* 12; *Eb. Schmidt* 12.

tritt bereits ein, wenn einer der Verlobten den Heiratsentschluss aufgibt, auch wenn er das dem anderen nicht erkennbar macht.[41]

7 Behauptet der Zeuge, mit dem Beschuldigten verlobt zu sein, so hat der Richter nach **pflichtgemäßer Beurteilung** darüber zu befinden, ob das tatsächlich (und rechtlich) der Fall ist.[42] Der Beurteilungsspielraum, der dem Richter und nach deren Anrufung gemäß § 238 Abs. 2 StPO der Kammer zukommt, ist ebenso zu beachten, wenn die Revision einen Verstoß gegen § 252 StPO geltend macht.[43] Auf die Meinung des Zeugen kommt es nicht an.[44] Das Gericht darf von den Angaben des Zeugen als richtig ausgehen, wenn niemand widerspricht,[45] kann aber auch im Zweifelsfall[46] eine **Glaubhaftmachung** nach § 56 verlangen (näher dazu § 56, 4).[47] Behauptet der Zeuge (wahrheitswidrig), nicht mit dem Beschuldigten verlobt zu sein, so soll nach einem obiter dictum in einer Entscheidung des BGH[48] das tatsächliche Bestehen des Zeugnisverweigerungsrecht nach § 52 Abs. 1 Nr. 1 selbst dann, wenn der Zeuge dieses Verweigerungsrecht nicht kennt, an sich schon fraglich sein, weil die Verlobung lediglich ein vom Willen der Betroffenen abhängiges, nicht formgebundenes Rechtsverhältnis ist, das form- und fristlos, sogar durch bloße Aufgabe des Heiratswillens eines Betroffenen aufgelöst werden kann. Es ist jedoch zu bedenken, dass das **Verschweigen** des tatsächlich vorhandenen Verlöbnisses im Strafverfahren nicht schlechthin mit der Aufgabe des Heiratswillens einhergeht, sondern auch dazu dienen kann, sich formal und emotional – u.U. um die eigene Aussage glaubwürdiger erscheinen zu lassen – vom Beschuldigten abzugrenzen.[49] Der Grundsatz **„in dubio pro reo"** findet grds. keine Anwendung, auch nicht bei der Entscheidung, ob die ein Verlöbnis begründenden Tatsachen glaubhaft gemacht sind (§ 56, 6).[50] Ausdrücklicher Feststellungen zum Bestehen des Verlöbnisses bedarf es nicht; ihr Fehlen im Urteil begründet nicht die Revision.[51] Zur Revision im Falle der Bewertung des Vorsitzenden einer Strafkammer, eine Zeugin sei nicht mit dem Angeklagten verlobt, Rn. 59.

8 **c) Ehegatten (Absatz 1 Nr. 2) und Lebenspartner (Absatz 1 Nr. 2a).** Voraussetzung des Zeugnisverweigerungsrechts ist, dass im Zeitpunkt der Vernehmung, nicht notwendig schon bei Begehung der Tat,[52] eine – im Inland wirksam geschlossene oder im Ausland geschlossene und nach deutschem Recht als **gültig** anzuerkennende – Ehe oder Lebenspartnerschaft besteht[53] oder früher bestanden hat. Daran fehlt es z.B. bei einer Ehe nach „Sinti-Art".[54] Nach der Rspr. des BGH genügt eine allein nach islamischem Ritus vor dem

---

41 BGHSt **3** 215; RGSt **75** 290; OLG Koblenz NJW **1958** 2027; *Dalcke/Fuhrmann/Schäfer* 4; **a.A.** RGSt **71** 154; OLG Kiel DStR **1937** 62.
42 RG JW **1934** 3206 mit Anm. *Fraeb*; OGHSt **2** 173; BGHSt **55** 65, 69; BGH StRR **2014** 122.
43 BGH NStZ-RR **2023** 181 m. Anm. *Kulhanek* NStZ **2023** 698; BGHSt **55** 65, Rn. 14f.
44 RGSt **14** 7; RGRspr. **2** 182; **6** 52; RG GA **40** (1892) 152; **49** (1903) 266; vgl. auch BGH NStZ **1986** 34.
45 BGH NJW **1972** 1334; OGHSt **2** 174; *Schmitt*/Köhler 4a; KK/*Bader* 13; *Eb. Schmidt* 12.
46 BGH NJW **1972** 1334; KK/*Bader* 13.
47 BGH NJW **1972** 1334; bei *Spiegel* DAR **1977** 178; BGH bei *Pfeiffer/Miebach* NStZ **1985** 205; OGHSt **2** 173; vgl. aber BGH NStZ **1986** 84; siehe auch § 56, 2.
48 BGHSt **48** 294, 300 = NJW **2003** 2619 m. krit. Anm. *Eisenberg/Zötsch* NJW **2003** 3676.
49 *Eisenberg/Zötsch* NJW **2003** 3676.
50 BGH bei *Pfeiffer/Miebach* NStZ **1983** 354.
51 OGHSt **2** 174; *Schmitt*/Köhler 4a; MüKo/*Kreicker* 10.
52 *Schmitt*/Köhler 5.
53 KK/*Bader* 14; *Schmitt*/Köhler 5; MüKo/*Kreicker* 12; SK/*Rogall* 29.
54 Vgl. BVerfG NStZ **1993** 349 zu § 395 Abs. 2 Nr. 1; SK/*Rogall* 29.

Imam in Deutschland geschlossene Ehe grundsätzlich nicht.[55] Sie kann auch nicht ohne Weiteres in ein Verlöbnis umgedeutet werden.[56] Das bloße Vorliegen von Aufhebungsgründen ist ohne Bedeutung;[57] dies gilt auch für eine nur zum Schein geschlossene Ehe.[58] Das Zeugnisverweigerungsrecht bleibt bestehen, auch wenn die Ehe geschieden[59] oder aufgehoben[60] ist bzw. die Lebenspartnerschaft aufgehoben wurde. Nur wenn eine formgültige Ehe/Lebenspartnerschaft überhaupt nie bestanden hat,[61] besteht kein Recht zur Zeugnisverweigerung. In diesem Fall ist zu prüfen, ob ein Verlöbnis (Rn. 4 ff.), vorliegt; auch daran fehlt es, wenn der Wille, eine rechtswirksame Ehe zu schließen, nicht festgestellt werden kann (Rn. 4).[62] Zur eheähnlichen Beziehung unten Rn. 16.

d) Verwandte (Absatz 1 Nr. 3). In gerader Linie verwandt sind gemäß **§ 1589 Abs. 1** 9
Satz 1 BGB Personen, deren eine von der anderen abstammt – Eltern, Kinder, usw.; Stiefkinder sind dagegen verschwägert (vgl. Rn. 11).[63] Insoweit gilt das Zeugnisverweigerungsrecht für alle in dieser Weise Verwandten ohne Rücksicht auf den Grad ihrer Verwandtschaft. In der Seitenlinie verwandt sind nach **§ 1589 Abs. 1 Satz 2 BGB** Personen, die von derselben dritten Person abstammen, in erster Hinsicht also Geschwister. Hier besteht das Zeugnisverweigerungsrecht nur für die bis zum dritten Grad Verwandten. Der Grad der Verwandtschaft bestimmt sich nach der Zahl der sie vermittelnden Geburten (§ 1589 Abs. 1 Satz 3 BGB). Zur Verweigerung des Zeugnisses berechtigt sind in der Seitenlinie also nur voll- oder halbbürtige Geschwister[64] der Beschuldigten, Geschwisterkinder (Neffen, Nichten) und die Geschwister ihrer Eltern (Onkel, Tanten), nicht aber deren Kinder (Vettern, Basen).[65]

Für **nichteheliche** Kinder bestehen keine Besonderheiten. Nachdem ihre Verwandt- 10
schaft mit dem Vater durch das Gesetz vom 19.8.1969[66] klargestellt worden war, schaffte das Gesetz vom 16.12.1997[67] auch die terminologische Differenzierung nach der Geburt in oder außerhalb einer Ehe der Eltern gänzlich ab. Sie sind im Verfahren gegen ihren Vater und dessen Verwandte zur Zeugnisverweigerung berechtigt; dasselbe gilt im umgekehrten Fall. Die Annahme, ein Zeugnisverweigerungsrecht hinsichtlich des biologischen Vaters bestehe vor bürgerlich-rechtlicher Feststellung der – nichtehelichen – Vaterschaft nicht, soll nicht willkürlich sein.[68] Der aus dieser Entscheidung weithin gezogene Schluss, ein Zeugnisverweigerungsrecht hinsichtlich des (nur) biologischen Vaters bestehe nicht, überzeugt auch vor dem Hintergrund sich wandelnder familiärer Strukturen nicht.[69] Das BVerfG betont in seiner jüngsten Rechtsprechung, unabhängig von der fachrechtlichen

---

55 BGH StV **2018** 557; *Schmitt*/Köhler 5; **a.A.** unter Hinweis auf Art. 6 Abs. 1 GG für den Fall, dass die Ehe nach dem Recht des Heimatstaates wirksam sein sollte *Ebner*/*Müller* NStZ **2010** 657, 659; näher zu im In- und Ausland geschlossenen Imam-Ehen *Fülscher* StraFo **2025**, 391.

56 BGH StV **2018** 557.

57 BGHSt **9** 38; RGSt **18** 42; **41** 114; **56** 427; *Schmitt*/Köhler 5; KK/*Bader* 14; *Eb. Schmidt* 13; SK/*Rogall* 29 unter Hinweis auf die §§ 1313, 1314 ff. BGB.

58 BayObLG NStZ **1990** 187.

59 BGHSt **29** 1; **30** 196; **36** 199; RGSt **47** 287; RG Recht **1925** Nr. 2113; *Schmitt*/Köhler 5.

60 Vgl. BGHSt **9** 37; RGSt **47** 287; RG GA **54** (1907) 294; KK/*Bader* 14; *Schmitt*/Köhler 5; *Eb. Schmidt* Nachtr. I 3.

61 Nichtehe oder Eheschließung nach „Sinti-Art", BVerfG NStZ **1993** 349 zu § 395 Abs. 2 Nr. 1 StPO.

62 Vgl. RG HRR **1930** 1896.

63 BGHR StPO § 52 Abs. 3 Satz 1 Verletzung 2.

64 BGH StV **1988** 89.

65 Vgl. die Übersicht bei *Fürmann* JuS **2004** 303, 304.

66 BGBl. I S. 1243.

67 BGBl. I S. 2942.

68 BVerfG Urt. v. 8.2.1990 – 2 BvR 1796/89; vgl. auch BGH Beschl. v. 30.11.2021 – 6 StR 421/21.

69 *Lickleder*/*Sturm* FS Ignor 647.

Zuordnungsregel seien jedenfalls die leiblichen Eltern Eltern im verfassungsrechtlichen Sinn, und stärkt die Stellung des biologischen Vaters.[70] Dies sollte auch bei der Auslegung des § 52 Berücksichtigung finden und im Verhältnis zum biologischen Vater zur Annahme eines Zeugnisverweigerungsrechts führen. Mehrere nichteheliche Kinder derselben Mutter und desselben Vaters sind vollbürtige Geschwister.[71] Zu den durch Adoption verbundenen Personen Rn. 13.

11 **e) Verschwägerte (Absatz 1 Nr. 3).** Verschwägert sind die Verwandten eines Ehegatten/Lebenspartners mit dem anderen Ehegatten/Lebenspartner (§ 1590 Abs. 1 Satz 1 BGB, § 11 Abs. 2 LPartG). Voraussetzung ist eine gültige Eheschließung/Lebenspartnerschaft;[72] deren bloße Aufhebbarkeit lässt die Schwägerschaft nicht entfallen.[73] Das Zeugnisverweigerungsrecht besteht auch, wenn die Schwägerschaft erst nach Begehung der Tat begründet worden ist, zu der der Zeuge aussagen soll; ferner unabhängig davon, ob die die Schwägerschaft begründende Ehe/Lebenspartnerschaft noch besteht (vgl. § 1590 Abs. 2 BGB, § 11 Abs. 2 LPartG). Aus welchen Gründen sie weggefallen ist, spielt keine Rolle.[74]

12 Die Schwägerschaft begründet nach § 52 Abs. 1 Nr. 3 das Zeugnisverweigerungsrecht – anders als bei der Verwandtschaft – nur, wenn sie in **gerader Linie** oder in der **Seitenlinie bis zum zweiten Grad** besteht. Ein gegenseitiges Zeugnisverweigerungsrecht besitzen daher ein Ehe-/Lebenspartner und die Eltern, Großeltern, Urgroßeltern, Kinder, Enkel, Urenkel etc. des anderen Ehe-/Lebenspartners. In der Seitenlinie sind der eine Ehe-/Lebenspartner und nur die Geschwister des anderen Ehe-/Lebenspartners (Schwager, Schwägerin) gegenseitig verweigerungsberechtigt,[75] nicht Nichte/Neffe zur/zum angeheirateten Tante/Onkel. Das zwischen den Ehe-/Lebenspartnern zweier Geschwister oder den Geschwistern zweier Ehe-/Lebenspartner bestehende Verhältnis (sog. Schwippschwägerschaft) begründet ebenfalls keine Schwägerschaft i.S. des § 52 Abs. 1 Nr. 3.

13 **f) Durch Adoption verbundene Personen.** Aufgrund des AdoptG vom 2.7.1976 hat das angenommene minderjährige Kind die rechtliche Stellung eines leiblichen Kindes des oder der Annehmenden (§ 1754 BGB). Dasselbe gilt bei einer Stiefkindadoption durch einen Lebenspartner nach § 9 Abs. 7 LPartG. Dementsprechend besteht zwischen den als **Minderjährige** angenommenen Kindern und den Annehmenden und deren Verwandten ein gegenseitiges Zeugnisverweigerungsrecht in demselben Umfang wie bei leiblichen Kindern (Rn. 9). Sind **Volljährige** als Kinder angenommen worden, so besteht das Zeugnisverweigerungsrecht ebenfalls zwischen dem Kind und dem Annehmenden (§§ 1767 Abs. 2, 1754 BGB), nicht aber zwischen dem Kind, dessen Ehegatten oder Lebenspartner und den Angehörigen des Annehmenden (§ 1770 Abs. 1 BGB). Das einmal entstandene Zeugnisverweigerungsrecht bleibt nach Aufhebung des Annahmeverhältnisses bestehen.

14 Das zwischen den bisherigen Verwandten und dem als Kind Angenommenen bestehende gegenseitige Zeugnisverweigerungsrecht bleibt trotz der in § 1755 Abs. 1 Satz 1 BGB bestimmten **Auflösung des Verwandtschaftsverhältnisses** weiterhin bestehen, weil § 52 Abs. 1 Nr. 3 auch für frühere Verwandte gilt. Das Gleiche gilt für die bisherigen Verwandten und die Abkömmlinge des als Kind Angenommenen, die bereits bei der Begründung des Annahmeverhältnisses geboren waren. Die später geborenen Abkömmlinge waren mit

---

70 BVerfG NJW **2024** 1732, Rn. 38.
71 Vgl. Grüneberg/*Siede* § 1589, 1.
72 Vgl. RGSt **60** 248.
73 Vgl. RGSt **41** 113; BGHSt **9** 38.
74 BGHSt **9** 37; *Eb. Schmidt* Nachtr. I 3.
75 RG GA **51** (1904) 47.

den früheren Verwandten des als Kind Angenommenen niemals verwandt; zwischen ihnen besteht daher insoweit kein gegenseitiges Zeugnisverweigerungsrecht. In den Sonderfällen des § 1755 Abs. 2 BGB (Annahme des Kindes eines Ehegatten durch den anderen Ehegatten), § 1756 Abs. 1 BGB (Verwandtschaft oder Schwägerschaft zwischen Annehmenden und Kind) und § 1756 Abs. 2 BGB (Annahme des Kindes des Ehegatten, dessen frühere Ehe durch Tod aufgelöst ist, durch den anderen Ehegatten) tritt das Erlöschen des Verwandtschaftsverhältnisses nur im Verhältnis zu einem Teil der Verwandten ein. In diesem Umfang haben auch die Abkömmlinge des als Kind Angenommenen und dessen Angehörige im Rahmen des § 52 Abs. 1 Nr. 3 das gegenseitige Zeugnisverweigerungsrecht.

Das Verhältnis zwischen **Pflegekindern** und **Pflegeeltern** steht dem Adoptionsver- 15
hältnis nicht gleich. Anders als in § 11 Abs. 1 Nr. 1b) StGB fehlt in § 52 Abs. 1 eine Spezialnorm für Pflegekinder und -eltern (s. auch Rn. 16). Ein Zeugnisverweigerungsrecht besteht in diesen Fällen nicht.[76]

g) Ausdehnung des Zeugnisverweigerungsrechts auf weitere Personen. Die Be- 16
schränkung des Kreises der zeugnisverweigerungsberechtigten Personen in Absatz 1 auf nur familienrechtlich gefasste Beziehungen i.S. des BGB und des LPartG erscheint problematisch, weil auch andere personale Beziehungen vergleichbare Näheverhältnisse und entsprechende Konfliktlagen, vor denen § 52 schützen will (Rn. 1), aufweisen können, ggf. sogar intensiver als möglicherweise bloß „formale" Verwandtschaftsbeziehungen, bspw. nichteheliche Lebensgemeinschaften oder gleichgeschlechtliche Partnerschaften.[77] In besonderer Weise dürfte dies für Langzeitpflegeverhältnisse zwischen Pflegeeltern und Pflegekindern gelten, die emotional einer Adoption nahe kommen oder entsprechen können. Eine Erweiterung des Kreises der weigerungsberechtigten Personen über die in § 52 Abs. 1 genannten hinaus kommt indessen de lege lata nur dann in Betracht, wenn sie verfassungsrechtlich geboten ist.[78] Das Bundesverfassungsgericht hat dies für den Fall einer engen freundschaftlichen Beziehung (außerhalb einer noch bestehenden Ehe) verneint.[79] Eine Ausdehnung im Wege der Analogie dürfte bereits mangels Vorliegens einer planwidrigen Lücke ausscheiden.[80] Insbesondere angesichts des tatsächlich breiten Spektrums persönlicher Näheverhältnisse einerseits und des Gebots der Rechtssicherheit andererseits, das nicht zuletzt auch praktikable Verfahrensnormen verlangt, ist der h.M. zuzustimmen, die de lege lata eine Ausdehnung des Anwendungsbereichs des § 52 über den Wortlaut hinaus ablehnt.[81] De lege ferenda ist der Gesetzgeber an der Statuierung weiterer Zeugnisverweigerungsberechtigter nicht gehindert.[82]

2. Voraussetzungen des Weigerungsrechts

a) Beziehungen zu dem Beschuldigten. Ein Zeugnisverweigerungsrecht nach § 52 ha- 17
ben nur die Angehörigen des Beschuldigten. Gleichartige persönliche Beziehungen zu anderen Prozessbeteiligten wie **Privat-** oder **Nebenkläger**, sind ohne Bedeutung.[83] Wenn aller-

---

76 SSW/*Eschelbach* 17; *Schmitt*/Köhler 9; *Eb. Schmidt* 14.

77 Hierzu *Hauf* NStZ **1995** 35; *Meyer-Scherling* DRiZ **1979** 236; *Skwirblies* 182 ff.; *K. Jansen* 161 ff.

78 Vgl. *K. Jansen* 208 ff.

79 BVerfG NStZ **1999** 255 m. Anm. *Wollweber* NStZ **1999** 628.

80 *K. Jansen* 232 ff.; *Eisenberg* (Beweisrecht) 1214 m.w.N.; s. aber AG Hamburg-Barmbek NJW-Spezial **2025** 666.

81 *Pelchen* FS Pfeiffer 287, 295; *Eisenberg* (Beweisrecht) 1214; *Schmitt*/Köhler 5; SK/*Rogall* 20; SSW/*Eschelbach* 7; **a.A.** *Meyer-Scherling* DRiZ **1979** 299; *Skwirblies* 201 ff.

82 *Eisenberg* (Beweisrecht) 1214 m.w.N.

83 *Schmitt*/Köhler 10; *Eb. Schmidt* 11.

dings der Privatkläger infolge einer Widerklage zugleich Angeklagter ist, besteht das Zeugnisverweigerungsrecht auch für seine Angehörigen.[84] **Beschuldigter** i.S. des § 52 ist nur der Tatverdächtige, gegen den zur Zeit der Vernehmung des Zeugen ein Ermittlungsverfahren betrieben wird.[85] Die Beschuldigteneigenschaft wird grds. durch einen Willensakt der zuständigen **Strafverfolgungsbehörde** begründet; ein Verfolgungswille ist auch dann anzunehmen, wenn eine Strafverfolgungsbehörde einen Verdächtigen zwar nicht ausdrücklich zum Beschuldigten erklärt, aber faktisch Maßnahmen gegen ihn ergreift, die erkennbar darauf abzielen, gegen ihn wegen einer Straftat vorzugehen.[86] Liegt eine Beschuldigteneigenschaft noch nicht vor, so kommt ein Auskunftsverweigerungsrecht nach § 55 in Betracht.

b) Beziehungen zu einem von mehreren Beschuldigten

18 **aa) Übersicht.** Komplizierte Rechtsfragen können auftreten, wenn sich das Verfahren, in dem der Zeuge aussagen soll, gegen mehrere Beschuldigte richtet und der Zeuge nur zu einem (bzw. zu einigen) von ihnen in einem Angehörigenverhältnis steht. Für die Frage, ob der Zeuge in diesem Fall hinsichtlich aller Beschuldigten sein Zeugnis verweigern kann – oder nur hinsichtlich seines Angehörigen – kommt es darauf an, ob der Sachverhalt, zu dem er aussagen soll, auch seinen Angehörigen betrifft (sog. einheitliche Tat, Rn. 19) oder nicht (Rn. 20), ob es sich (wenigstens zeitweise) um ein einheitliches Verfahren handelt (Rn. 19) oder nicht (Rn. 21), und wie sich die Verfahren prozessual entwickeln (Rn. 19).

19 **bb) Einheitliche Tat.** Wenn das Verfahren gegen mehrere Beschuldigte gerichtet ist und der Zeuge nur zu einem von ihnen in einem Angehörigenverhältnis nach § 52 Abs. 1 steht, ist er grds. zur Verweigerung des Zeugnisses hinsichtlich aller Beschuldigten berechtigt, sofern der Sachverhalt, zu dem er aussagen soll, auch seinen Angehörigen betrifft.[87] Das **Zeugnisverweigerungsrecht** ist dann **nicht teilbar**, weil der Zeuge nur einheitlich aussagen kann (vgl. Rn. 21: Das Zeugnisverweigerungsrecht gründet sich auf das einheitliche Verfahren, nicht auf die Teilnahme an derselben Tat). Er soll in jedem Falle vor der Versuchung der Falschaussage geschützt werden,[88] und das familiäre Verhältnis, der **Familienfrieden**, soll gewahrt bleiben.[89] Das Zeugnisverweigerungsrecht besteht deshalb auch dann weiter, wenn das Verfahren gegen den Angehörigen abgetrennt,[90] nach § 170 Abs. 2,[91] §§ 154 f. oder § 205[92] eingestellt wird oder wenn der Angehörige auf andere Weise aus dem Verfahren ausscheidet.[93] Für den Fall der Einstellung nach §§ 153 ff. kann nichts ande-

---

84 BayObLG JW **1927** 1495 Ls.; DRiZ **1927** Nr. 77; *Schmitt*/Köhler 10; *Eb. Schmidt* 11.

85 BGHSt **38** 228; RGSt **16** 154; **27** 314; **32** 73; KK/*Bader* 5; *Schmitt*/Köhler 10; *Eb. Schmidt* 4; *Dalcke/Fuhrmann/Schäfer* 5; *Rogall* NJW **1978** 2537; vgl. § 136, 4.

86 BGH NStZ **1997** 398.

87 St. Rspr. BGH NStZ-RR **2021** 142 m.w.N.; BGHSt **7** 194; BGH NStZ **1987** 287 m. Anm. *Pelchen*; RG JW **1925** 370 m. Anm. *Wegner*; RG JW **1928** 2247 m. Anm. *Oetker*; *Schöneborn* NJW **1974** 536; KK/*Bader* 6 ff.; *Schmitt*/Köhler 11; *Pfeiffer* 5; **a.A.** *Otto* NStZ **1991** 220.

88 RGSt **12** 143.

89 RGSt **1** 207, 208; BGHSt **11** 213, 216; **38** 96.

90 BGH bei *Dallinger* MDR **1973** 902; bei *Holtz* MDR **1978** 280; **1979** 953; BGH bei *Pfeiffer/Miebach* NStZ **1988** 18; RGSt **27** 272; RG JW **1896** 493; *Schöneborn* ZStW **86** (1974) 921 und NJW **1974** 535; **a.A.** *Fischer* JZ **1992** 570; vgl. auch BGH StV **1988** 185.

91 BGH bei *Holtz* MDR **1979** 953; **1978** 280; NJW **1980** 67; NStZ **1984** 176; StV **1988** 89; **1998** 245; BGHR StPO § 52 Abs. 1 Nr. 3 Mitbeschuldigter 10 und 11; problematisch daher BGH NJW **1998** 3363 m. Bspr. *Martin* JuS **1998** 1167 und *Radtke* NStZ **1999** 481.

92 BGHSt **27** 139.

93 BGHSt **34** 138; BGH NJW **1980** 67; NStZ **1984** 176; *Schmitt*/Köhler 11.

res gelten.[94] Diese Grundsätze gelten auch dann, wenn der als Zeuge vernommene Angehörige eines früheren Mitbeschuldigten damals ebenfalls Mitbeschuldigter war.[95] Dementsprechend ist weiterhin eine **Belehrung** geboten. Entgegen der älteren Rechtsprechung nimmt die **Rechtsprechung** des Bundesgerichtshofes seit Anfang der 1990er Jahre jedoch ein **Erlöschen des Zeugnisverweigerungsrechts** an,[96] wenn nicht mehr ernsthaft mit einer Verfolgung des Angehörigen wegen der zunächst erhobenen Vorwürfe gerechnet werden könne ;[97] konkret: wenn der Mitbeschuldigte, dessen Angehöriger der Zeuge ist, rechtskräftig verurteilt[98] oder rechtskräftig freigesprochen,[99] oder bereits verstorben ist,[100] im Fall einer rechtskräftigen Verurteilung auch hinsichtlich der gemäß § 154 Abs. 1 eingestellten Verfahrensteile.[101] In seiner diesbezüglichen Grundsatzentscheidung zu dem Fall der rechtskräftigen Verurteilung des Angehörigen v. 29.10.1991 hat der BGH dies im Wesentlichen damit begründet, dass in diesem Fall das zwischen dem Angehörigen über den Zeugen geknüpfte Band zu dem nichtverwandten Beschuldigten so schwach werde, dass es den empfindlichen Eingriff, den die Zeugnisverweigerung in das Verfahren des noch anhängigen Beschuldigten bedeute, nicht mehr rechtfertige. Der Schutz des familiären Verhältnisses sei nicht absolut; er hänge wesentlich von der prozessualen Gestaltung ab.[102] Der BGH ist damit bei der Auslegung des § 52 Abs. 1 vom (materiellen) Grundsatz des Familienschutzes zum (verfahrensrechtlichen) Grundsatz des Beschuldigtenschutzes übergangen.[103] Diese Rechtsprechung erscheint **bedenklich**, weil das Interesse am Schutz des innerfamiliären Friedens auch in diesem und anderen Fällen tatsächlich nach wie vor so ausgeprägt sein kann, dass es das Interesse an der Durchführung des Strafverfahrens überwiegt.[104] Hinzu kommt die Gefahr für die **Wahrheitsfindung** (zulasten des Mitbeschuldigten) durch eine Aussage, die möglicherweise von familiären Bezügen geprägt ist.[105] Daher ist es – mit der älteren Rechtsprechung – für das Zeugnisverweigerungsrecht als ausreichend, aber auch stets erforderlich (vgl. Rn. 20) anzusehen, dass wenigstens zeitweilig früher einmal in irgendeinem Verfahrensstadium, wenn auch nur im Ermittlungsverfahren, ein gegen die mehreren Beschuldigten gerichtetes zusammenhängendes ein-

---

94 Offen gelassen von BGH NStZ **1998** 583 für den Fall einer Einstellung gem. § 153a; **a.A.** *Schmitt*/Köhler 11a.

95 BGH MDR **1979** 952; NStZ **2012** 340.

96 Seit BGHSt **38** 96 = NStZ **1992** 195 m. Dokumentation *Widmaier* = JR **1993** 213 mit im Wesentlichen zust. Anm. *Gollwitzer* = JuS **1992** 706 m. Anm. *Hassemer*, s. ferner *Fischer* JZ **1992** 570. Vgl. die Übersicht bei *Schmitt*/Köhler 11a.

97 BHSt **54** 4; *Schmitt*/Köhler 11a.

98 BGHSt **38** 96; KK/*Bader* 6. Zur früheren Rspr. BGH bei *Holtz* MDR **1978** 280; **1979** 953; BGH bei *Pfeiffer* NStZ **1982** 188; BGH NStZ **1984** 405; StV **1981** 117; RGSt **33** 350; **48** 359; RG Recht **1922** Nr. 1030; *Eb. Schmidt* 8.

99 BGH NJW **1993** 2326; NStZ **93** 500; KK/*Bader* 6. Zur früheren Rspr. RG JW **1932** 2730 m. Anm. *Jonas*; RG HRR **1933** 262; *Dalcke*/*Fuhrmann*/*Schäfer* 5.

100 BGH NStZ **1992** 291; KK/*Bader* 6. Zur früheren Rspr. BGH bei *Holtz* MDR **1978** 280; BGHSt **38** 96; RGSt **1** 207; **27** 272; RGRspr. **5** 809; **10** 59; RG JW **1925** 1001 m. abl. Anm. *Beling*; RG Recht **1930** Nr. 2139; OLG Hamm NJW **1959** 1277.

101 BGHSt **54** 1 = BGH StV **2010** 609 m. abl. Anm. *Bertheau*.

102 BGHSt **38** 96, 100 f.

103 *Fischer* JZ **1992** 570, 575.

104 Vgl. *Beulke* 192; ablehnend gegenüber der Rechtsprechung des BGH auch *Dahs*/*Langkeit* StV **1992** 492 ff.; *Eisenberg* (Beweisrecht) 1221; *Satzger* FS Schöch 913; befürwortend *Schmitt*/Köhler 12 m.w.N. Ausführliche Darstellung des Streits und der damit „untrennbar verbundenen Grundsatzfragen" bei SK/*Rogall* 45 ff., 50 ff., der im Ergebnis die Rspr. des BGH befürwortet. In einem gegen einen Dritten gerichteten Verfahren, in dem eine Bestrafung des Angehörigen nicht zu besorgen sei, bestehe kein umfassendes Zeugnisverweigerungsrecht.

105 *Bertheau* StV **2010** 611 ff.; *Satzger* FS Schöch 928.

heitliches Strafverfahren bestanden hat.[106] Dass das Verfahren gegen die anderen Beschuldigten vor verschiedenen Gerichten, insbesondere vor Gerichten verschiedener Ordnung fortgesetzt wird, spielt keine Rolle.[107] Es genügt eine **„prozessuale Gemeinsamkeit"** in dem Sinne, dass die Beschuldigten in Bezug auf das gleiche historische Ereignis nach prozessrechtlicher Betrachtungsweise förmlich Mitbeschuldigte gewesen sind;[108] eine bloß faktische Gleichzeitigkeit der Ermittlungen reicht hierfür allerdings nicht aus.[109] Die vorstehenden Bedenken gelten erst recht gegenüber Überlegungen, wonach das Zeugnisverweigerungsrecht grundsätzlich nur solange Bestand haben könne, wie das Verfahren auch gegen einen seiner Angehörigen geführt werde.[110]

20 **cc) Mehrere sachlich unabhängige Straffälle.** Umfasst das gegen mehrere Beschuldigte gerichtete Verfahren mehrere sachlich voneinander unabhängige Straffälle und soll der Zeuge auch oder nur zu einem Fall vernommen werden, an dem sein Angehöriger nicht beteiligt ist, so hat er insoweit kein Zeugnisverweigerungsrecht,[111] weil es durch eine Trennung der verbundenen Sachen ohne weiteres beseitigt werden könnte.[112] **Sachlich** voneinander **unabhängig** sind zwei Straffälle immer dann, wenn jede Beziehung der den einen Fall betreffenden Aussage auf den anderen und jede Verwertung bei der Urteilsfindung ausgeschlossen ist.[113] Entscheidend ist, ob eine einheitliche Tat im verfahrensrechtlichen Sinn des § 264 vorliegt, ob es sich also um dasselbe geschichtliche Ereignis handelt.[114] Hehlerei,[115] Begünstigung und Strafvereitelung[116] und alle Teilnahmeformen wie Beihilfe und Anstiftung[117] sind im Verhältnis zu der Haupttat unselbständig,[118] stehen also im Zusammenhang damit. Um unabhängige Verfahren soll es sich – mangels „prozessualer Gemeinsamkeit" (Rn. 19) – dann handeln, wenn gegen einen Beschuldigten, der schon früher wegen einer Tat in Verdacht geraten war, bei neuerlichem Tatverdacht und neuer Beweislage ein neues Verfahren eingeleitet wird. In diesem Fall soll daher für den Angehörigen eines im früheren Verfahren Mitbeschuldigten in dem neuen Verfahren gegen den Beschuldigten kein Zeugnisverweigerungsrecht bestehen.[119] Im Privatklageverfahren kann die Frage des Zeugnisverweigerungsrechts für Klage und Widerklage nicht getrennt behandelt werden.[120]

---

106 BGHSt **32** 29; **34** 138; BGH NStZ **1984** 176; **1985** 419; bei *Pfeiffer* NStZ **1982** 188; **1982** 389; NJW **1974** 758; **1980** 67; bei *Holtz* MDR **1978** 280; vgl. auch BGH StV **1982** 557; RGSt **32** 73; **33** 350; RG JW **1900** 709; **1925** 369 mit Anm. *Löwenstein*; RG GA **49** (1903) 281; OLG Hamm Recht **1899** Nr. 25; *Dalcke/Fuhrmann/Schäfer* 5; *von Gerlach* JR **1969** 150; **a.A.** RGSt **27** 312; RG GA **45** (1897) 366.

107 RGSt **27** 272.

108 BGHSt **34** 138, 139 f.

109 BGH NStZ **2012** 340.

110 *Schmitt*/Köhler 11a m.w.N. Vgl. dazu aus der Rspr. BGH NStZ **2012** 221; aus der Literatur: *Schwan/Andrzejewsi* HRRS **2012** 507.

111 BGHR StPO § 52 Abs. 1 Nr. 3 Mitbeschuldigter 5; KK/*Bader* 8; SSW/*Eschelbach* 22.

112 RGSt **16** 154; **27** 272; RGRspr. **5** 239; **10** 24, 59; RG GA **38** (1891) 343; **45** (1897) 286; *Schmitt*/Köhler 13; SSW/*Eschelbach* 21; *Eb. Schmidt* 9; *Dalcke/Fuhrmannn/Schäfer* 5.

113 BGH StV **1984** 1; RG GA **68** (1920) 352.

114 BGH NStZ **1984** 177; NJW **1974** 758; RG GA **45** (1897) 286; KK/*Bader* 8; *Schmitt*/Köhler 13; MüKo/*Kreicker* 22.

115 RGRspr. **5** 239; RG GA **38** (1891) 343; **68** (1920) 352; *Schmitt*/Köhler 13.

116 *Eb. Schmidt* 10; SSW/*Eschelbach* 22.

117 RG JW **1928** 2247 m. Anm. *Oetker*; *Schmitt*/Köhler 13; SSW/*Eschelbach* 22; KK/*Bader* 8.

118 KK/*Bader* 8.

119 BGH NJW **1998** 3363; *Schmitt*/Köhler 13; abl. *Radtke* NStZ **1999** 481; s. aber die Bedenken Rn. 19.

120 BayObLG JW **1927** 1495 Ls.; DRiZ **1927** Nr. 77; *Schmitt*/Köhler 13; *Eb. Schmidt* 11.

dd) Nicht verbundene Strafverfahren. Das Zeugnisverweigerungsrecht besteht nicht schon deshalb, weil der Angehörige des Zeugen die Tat gemeinschaftlich mit dem Beschuldigten begangen hat, in dessen Verfahren er als Zeuge aussagen soll. Es kommt nicht auf die Teilnahme an ein und derselben Straftat an, sondern auf die Einleitung eines einheitlichen Verfahrens gegen die mehreren Beschuldigten. Angehörige und Angeklagte müssen – und sei es nur im Ermittlungsverfahren und vorübergehend – „förmlich" Mitbeschuldigte gewesen sein (Rn. 19).[121] Im **Ermittlungsverfahren** kann der prozessuale Zusammenhang allerdings nur durch eine ausdrückliche Entscheidung der Staatsanwaltschaft begründet werden.[122] Allein die Gleichzeitigkeit der Ermittlungen vermag den prozessualen Zusammenhang nicht zu begründen.[123] Wird gegen den Angehörigen des Zeugen überhaupt kein Ermittlungsverfahren eingeleitet, hat der Zeuge in dem Verfahren gegen den Mittäter daher kein Zeugnisverweigerungsrecht nach § 52.[124] Allerdings wird in diesen Fällen ein Auskunftsverweigerungsrecht nach § 55 in Betracht kommen (§ 55, 3).[125] Ein Zeugnisverweigerungsrecht nach § 52 besteht auch dann nicht, wenn das Ermittlungsverfahren gegen den Mittäter erst eingeleitet wird, nachdem das gegen den Angehörigen schon rechtskräftig abgeschlossen war.[126] 21

3. Ausübung des Zeugnisverweigerungsrechts

a) Allgemeines. Das Recht, das Zeugnis zu verweigern, ist ein **höchstpersönliches Recht,**[127] auf dessen Ausübung die Verfahrensbeteiligten keinen Anspruch haben. Der Zeuge muss die **Erklärung** persönlich abgeben; eine Vertretung im Willen ist ausgeschlossen.[128] Das gilt auch für den Zeugen, bei dem unter den Voraussetzungen des Absatzes 2 die Zustimmung des gesetzlichen Vertreters hinzutreten muss. Der Zeuge kann die Aussage ganz oder teilweise, in jedem Verfahrensstadium, während der Vernehmung[129] und auch schon vor dem Vernehmungstermin verweigern; von seiner **Erscheinenspflicht** entbindet ihn dies nicht.[130] Wenn der Zeuge sich zur Aussage bereit erklärt, darf er nicht wahrheitswidrig aussagen, er wisse nichts,[131] und er darf keine wesentlichen Tatsachen verschweigen. Will er sich nicht der Gefahr der Bestrafung nach den §§ 153 ff. StGB aussetzen, so muss er vorher eindeutig erklären, über bestimmte Tatsachen keine Auskunft geben zu wollen.[132] 22

Über die **Gründe seiner Weigerung** braucht der Zeuge keine Auskunft zu geben.[133] Insbesondere muss er nicht erklären, ob er die Aussage zugunsten oder zuungunsten des Angeklagten verweigert.[134] Der Richter darf ihn nach seinen Beweggründen nicht fra- 23

121 BGHR StPO § 52 Abs. 1 Nr. 3 Mitbeschuldigter 8; BGHSt **32** 25 ff.; **34** 138, 215 f. = EzSt Nr. 8 m. abl. Anm. *Moschüring*; BGH wistra **1989** 308; **a.A.** *Prittwitz* NStZ **1986** 64.

122 BGHSt **34** 215; *Schmitt*/Köhler 11; SSW/*Eschelbach* 19; **a.A.** *Rengier* StV **1988** 465.

123 BGHR StPO § 52 Abs. 1 Nr. 3 Mitbeschuldigter 8; BGHSt **34** 138, 141; BGH NStZ **1985** 419; **1987** 83; krit. *Pelchen* NStZ **1987** 287.

124 RGSt **27** 312.

125 BGH StV **1982** 557; *Eb. Schmidt* 8.

126 RGSt **32** 72.

127 BGHSt **21** 305; HK/*Gercke* 21; *Schmitt*/Köhler 14; SK/*Rogall* 14; *Orlowsky* 60; *Roestel* NJW **1967** 967.

128 BGH bei *Holtz* MDR **1979** 989; SK/*Rogall* 55; SSW/*Eschelbach* 23.

129 Vgl. RGSt **48** 271; KMR/*Neubeck* 16; *Dalcke*/*Fuhrmann*/*Schäfer* 11.

130 SK/*Rogall* 55.

131 *Beling* 307.

132 BGHSt 7 127.

133 BGH NJW **1980** 794; JR **1981** 432 m. Anm. *Hanack*; StV **1983** 353; NJW **1984** 136; RG JW **1930** 926 m. Anm. *Alsberg*; *Schmitt*/Köhler 16; SK/*Rogall* 55; SSW/*Eschelbach* 25.

134 OLG Frankfurt StV **1982** 65; *Schmitt*/Köhler 16; MüKo/*Kreicker* 36.

gen.[135] Stellt ein Prozessbeteiligter solche Fragen, so sind sie nach § 241 Abs. 2 als ungeeignet zurückzuweisen.[136] Gibt der Zeuge als Begründung für die Ausübung des Zeugnisverweigerungsrechts spontan Erklärungen ab, dürfen sie nicht verwertet werden.[137] Der Richter hat sich **jeder Einwirkung** auf die Entschließungsfreiheit des Zeugen **zu enthalten**.[138] Allerdings kann die **Aufklärungspflicht** nach § 244 Abs. 2 dazu zwingen, einen Zeugen, der schriftlich erklärt hat, er mache von seinem Zeugnisverweigerungsrecht Gebrauch, vor Gericht zu laden, um ihn darüber zu belehren, dass seine Ansicht, kraft der Aussageverweigerung sei auch seine frühere Aussage vor einem Richter unverwertbar, auf Rechtsirrtum beruht.[139]

24 Die Ausübung des Zeugnisverweigerungsrechts bedeutet nur, dass der Zeuge es ablehnt, Aussagen **zur Sache** zu machen, d.h. zu dem historischen Ereignis, das Gegenstand der angeklagten Tat ist.[140] Dies soll nicht ausschließen, dass der Zeuge in anderer Weise an der Sachaufklärung mitwirkt oder gar mitzuwirken hat.[141] Die möglichen Fallgestaltungen sind vielfältig. Zulässig sein soll etwa die **Mitwirkung** durch bloße Anwesenheit bei der Vernehmung eines anderen Zeugen.[142] Dabei ist der Zeuge allerdings auch über sein insoweit bestehendes Weigerungsrecht zu belehren.[143] Zulässig sein soll nach Auffassung des BGH auch die Verwertung des äußeren Erscheinungsbildes eines Zeugen, der das Zeugnis verweigert, ohne dass es einer förmlichen Inaugenscheinnahme des Zeugen bedürfe.[144] Die Zulässigkeit derartiger (passiver) Mitwirkungspflichten ist abzulehnen, weil entsprechende rechtliche Grundlagen fehlen.[145] Dies gilt erst recht für Gegenüberstellungen nach § 58 Abs. 2, die Teil der gerade verweigerten Vernehmung sind (siehe auch § 58, 10).[146] Einigkeit besteht darüber, dass das Verhalten des Zeugen bei der Zeugnisverweigerung nicht Gegenstand einer derartigen anderweitigen Beweisaufnahme sein darf.

b) Zeugen ohne ausreichende Verstandesreife oder -kraft (Absatz 2)

25 **aa) Allgemeines.** Das Zeugnisverweigerungsrecht des § 52 steht den dort benannten Personen ohne Rücksicht darauf zu, ob sie dessen Bedeutung und Tragweite völlig erkennen. Verstandesunreife und verstandesschwache Personen sollen aber davor geschützt werden, dass sie aus Mangel an Verständnis für den Konflikt, vor dem das Gesetz schützen will, aussagen und dadurch möglicherweise für sie nicht absehbare Folgen für den Angehörigen oder den **Familienzusammenhalt** verursachen (Rn. 26).[147] Nach § 52 Abs. 2 Satz 1 dürfen daher **minderjährige** Zeugen und Zeugen mit **psychischer Krankheit** oder **geistiger oder seeli-**

---

135 BGHSt **6** 279; OLG Frankfurt StV **1982** 65 zu § 53; NStZ **1989** 440; *Schmitt*/Köhler 16; SK/*Rogall* 55; SSW/*Eschelbach* 25; *Kohlhaas* JR **1955** 43; *Proskauer* NJW **1953** 50.

136 Vgl. RG JW **1930** 926 mit Anm. *Alsberg*; SSW/*Eschelbach* 25.

137 BGHSt **6** 279; SK/*Rogall* 55.

138 BGHSt **1** 34; **9** 195, 197; BGHR StPO § 52 Abs. 3 Satz 1 Belehrung 3.

139 BGHSt **21** 12 = NJW **1966** 742 m. Anm. *Seydel*; OLG Hamm MDR **1973** 427.

140 BGH NStZ **1983** 564.

141 KK/*Bader* 44; *Schmitt*/Köhler 15, 23.

142 BGH NJW **1960** 2156; *Schmitt*/Köhler 15; zu Recht kritisch *Eb. Schmidt* Nachtrag I vor § 52, 21; diff. auch KK/*Bader* 44.

143 BGHSt **45**, 203, 207.

144 Vgl. BGH GA **1965** 108; BGH bei *Becker* NStZ-RR **2005** 257; BGH Beschl. v. 18.8.2020 – 5 StR 175/20; vgl. auch BGH Beschl. v. 26.3.2025 – 4 StR 29/25 Rn. 7 ff. Visuelle Wahrnehmung des Zeugen als Teil der Vernehmung im Falle einer Vernehmung nach § 247 Satz 2 in Abwesenheit des Angeklagten.

145 SK/*Rogall* 58.

146 SK/*Rogall* 58.

147 Vgl. BGHSt **14** 160; **19** 86.

scher Behinderung, die von der Bedeutung des Zeugnisverweigerungsrechts keine genügende Vorstellung haben, nur vernommen werden, wenn nicht nur sie selbst zur Aussage bereit sind, sondern zusätzlich auch ihr gesetzlicher Vertreter der Vernehmung zustimmt.[148] Die **Zustimmung** des gesetzlichen Vertreters ersetzt nicht, wie nach § 81c Abs. 3 Satz 2 bei der **Untersuchung** und bei der **Blutprobenentnahme**,[149] die Entscheidung des verstandesunreifen oder verstandesschwachen Zeugen; ihr kommt eine ausschließlich **negative Bedeutung** zu: Versagt der gesetzliche Vertreter seine Zustimmung, darf der Zeuge auch dann nicht vernommen werden, wenn er selbst zur Aussage bereit wäre; stimmt der gesetzliche Vertreter einer Vernehmung zu, kann der Zeuge dennoch das Zeugnis rechtswirksam verweigern.[150] Auch der verstandesunreife Zeuge entscheidet mithin autonom darüber, ob er aussagen will.[151] Dabei darf weder durch das Gericht noch durch andere Verfahrensbeteiligte auf die Entschließungsfreiheit des Zeugen eingewirkt werden.[152] Auch in diesem Fällen ist es unzulässig, die Motive des Zeugen für die Verweigerung des Zeugnisses auszuforschen.[153]

bb) Fehlende Verstandesreife. Der minderjährige Zeuge hat die notwendige Verstandesreife, wenn er den Widerstreit, in den er durch seine familiären Beziehungen zu dem Beschuldigten gestellt wird, verstandesmäßig erfassen kann. Er muss erkennen können, dass dem Beschuldigten vorgeworfen wird, etwas Unrechtes getan zu haben, dass ihm hierfür Strafe droht und dass die Zeugenaussage möglicherweise zu dieser Bestrafung – oder aber zur Entlastung des Angehörigen – beitragen kann.[154] 26

Die Frage, ob der **minderjährige Zeuge** hierfür die erforderliche Verstandesreife hat, muss der **Tatrichter** prüfen und entscheiden.[155] Nur auf seine Überzeugung kommt es an.[156] Es handelt sich laut BGH um eine – nur eingeschränkt überprüfbare – „Ermessensentscheidung" (Rn. 60). Im **Zweifelsfall** ist so zu verfahren, als fehle die Verstandesreife.[157] Der Tatrichter muss dartun, dass er die Prüfung vorgenommen hat, wenn die Umstände die Annahme fehlenden Verständnisses für die Bedeutung des Zeugnisverweigerungsrechts nahelegen.[158] Eine feste Altersgrenze, von der ab anzunehmen ist, dass die Verstandesreife vorliegt, gibt es nicht.[159] Bei einem 7-jährigen Kind wird sie in der Regel fehlen,[160] ab einem Alter von 14 Jahren wird sie meistens vorhanden sein.[161] Fehlt dem Zeugen die 27

148 Vgl. BGHSt **12** 235; **14** 159; **19** 85; **21** 303; **23** 222; BGH NJW **1967** 360; BGH GA **1962** 147; OLG Stuttgart NJW **1971** 2238; SK/*Rogall* 74; *Eb. Schmidt* Nachtr. I 5; ausführlich zu minderjährigen Zeugen *Köhnlein/Radtke/von Scheliha* NStZ **2025**, 1.

149 Vgl. BGH NStZ **1995** 198; vgl. Erl. zu § 81c.

150 BGHSt **23** 221; **49** 72, 76.

151 BGH NJW **1979** 1722; **1991** 2432; OLG Rostock NStZ **2015** 359; *Eisenberg* NStZ **2016** 11.

152 OLG Brandenburg FamRZ **2010** 843; OLG Rostock NStZ **2015** 359.

153 BGH NStZ **1989** 440; OLG Rostock NStZ **2015** 359.

154 BGHSt **14** 162; BGH NJW **1967** 360; OLG Brandenburg FamRZ **2010** 843.

155 BGHSt **13** 397; **14** 160.

156 OLG Stuttgart NJW **1971** 2238.

157 BGHSt **19** 86; **23** 222; BGH NJW **1979** 1722; NStZ **2012** 578 m. abl. Anm. *Eisenberg*.

158 BGH NJW **1967** 360.

159 *Schmitt*/Köhler 17, 18; SK/*Rogall* 76; SSW/*Eschelbach* 30; *Kohlhaas* NJW **1960** 5; **a.A.** *Bosch* 72, der die Prozesshandlungsfähigkeit mit 14 Jahren beginnen lassen will.

160 BGHSt **14** 162; vgl. OLG Hamburg FamRZ **2013** 1683 (bei einem 9-jährigen Kind); OLG Koblenz FamRZ **2014** 1719 (bei 8 und 10 Jahre alten Kindern); OLG Brandenburg Beschl. v. 27.6.2023 – 13 WF 72/23 (bei 8 Jahre altem Kind); s. aber auch die differenzierten Ausführungen bei *Eisenberg* Anm. zu BGH NStZ **2012** 578.

161 Vgl. BGHSt **20** 235 (bei 14-Jährigen); BGH VRS **36** (1969) 23 (bei 15-Jährigen); BGH bei *Pfeiffer/Miebach* NStZ **1985** 493 (bei 16-Jährigen); BGHSt **14** 24 (bei 17-Jährigen); vgl. auch *Kohlhaas* NJW **1960** 5; *Roestel* SchlHA **1967** 163.

Verstandesreife, darf das Verfahren nicht nach §§ 154 f., § 205 eingestellt werden, bis der Zeuge die Verstandesreife erlangt hat und selbst entscheiden kann.[162]

28 **cc) Psychische Beeinträchtigungen.** Durch das BtG vom 12.9.1990 (BGBl. I S. 2002) ist die Formulierung „wegen Geisteskrankheit oder Geistesschwäche entmündigte Personen" durch die Formulierung „Betreute wegen einer psychischen Krankheit oder einer geistigen oder seelischen Behinderung" ersetzt worden. Die in Absatz 2 verwendeten Begriffe entsprechen gegenwärtiger Fachterminologie, wobei die Begründung des Regierungsentwurfs[163] Folgendes darunter versteht: **Psychische Krankheiten** sind endogene (körperlich begründete) und exogene (körperlich nicht begründbare) Psychosen, seelische Störungen als Folge von Krankheiten oder Verletzungen des Gehirns, von Anfallsleiden oder von anderen Krankheiten, Abhängigkeitskrankheiten (Alkohol- und Drogenabhängigkeiten), Neurosen und Persönlichkeitsstörungen (Psychopathien). Als **geistige Behinderungen** sind angeborene oder frühzeitig erworbene Intelligenzdefekte verschiedener Schweregrade anzusehen. **Seelische Behinderungen** sind bleibende psychische Beeinträchtigungen als Folge psychischer Krankheiten.[164] Es ist Aufgabe des Tatrichters, bei behinderten Personen im Einzelfall festzustellen, ob sie das genügende Verständnis für die Bedeutung des Zeugnisverweigerungsrechts haben. Dass eine 14-jährige Zeugin an Schwachsinn leidet, schließt die Annahme eines hinreichenden Verständnisses nicht aus;[165] ggf. muss sich der Tatrichter sachverständiger Hilfe bedienen. In Fällen dieser Art muss das Urteil in der Regel Ausführungen darüber enthalten, dass die Frage, ob behinderte Zeugen die Bedeutung der Belehrung erfasst haben, geprüft und bejaht worden ist.[166]

29 **dd) Zustimmung des gesetzlichen Vertreters.** Die nach § 52 Abs. 2 Satz 1 erforderliche Zustimmung des gesetzlichen Vertreters ist **grds. vor der Vernehmung** des Zeugen einzuholen und zu erteilen. Sie kann aber auch nachgeholt werden, insbesondere wenn sich erst während oder nach der Beendigung der Vernehmung des Zeugen Bedenken gegen seine Verstandesreife oder -kraft ergeben. Jedoch muss, damit die Aussage verwertbar ist, im Zeitpunkt der nachgeholten Zustimmung des gesetzlichen Vertreters der Zeuge noch aussagebereit sein, beide Voraussetzungen müssen also kumulativ vorliegen.[167] Diese Grundsätze gelten auch hinsichtlich der **Gestattung der Verwertung** früherer Aussagen,[168] soweit eine solche grds. für zulässig erachtet wird[169] (Rn. 39).

30 Wer **gesetzlicher Vertreter** ist, bestimmt sich nach bürgerlichem Recht. Für psychisch kranke und geistig oder seelisch behinderte Volljährige ist es der für seinem Aufgabenbereich vom Betreuungsgericht bestellte Betreuer (§§ 1814, 1823 BGB) oder ein anerkannter Betreuungsverein (§ 1818 BGB). Für **Minderjährige**, die nicht unter elterlicher Sorge stehen, ist es der vom Familiengericht nach § 1773 BGB bestellte Vormund, ggf. der vorläufige Vormund nach § 1781 BGB. Sonst stehen Kinder regelmäßig unter der elterlichen Sorge beider Elternteile (§ 1626 Abs. 1 BGB). Sind die Eltern bei der Geburt des Kindes nicht miteinander verheiratet, so steht ihnen das gemeinsame Sorgerecht gem. § 1626a Abs. 1 BGB zu, wenn sie Sorgeerklärungen abgeben, einander heiraten oder das Familiengericht ihnen die elterliche Sorge

162 OLG Stuttgart OLGSt StPO § 205 Nr. 2.
163 BTDrucks. **11** 4528 S. 116.
164 Näher zur Begrifflichkeit und Entstehungsgeschichte des BtG *Bienwald* 121 f.
165 BGH NJW **1967** 360.
166 Vgl. BGHSt **14** 159.
167 BGHSt **23** 222; BGH NJW **2004** 1605; SK/*Rogall* 79.
168 BGHSt **49** 72, 76; *Schmitt*/Köhler 19a.
169 BGHSt **45** 203.

gemeinsam überträgt. Im Übrigen hat die Mutter die elterliche Sorge (§ 1626a Abs. 3 BGB). Nach **Scheidung** der Ehe kommt es darauf an, ob und ggf. welchem Elternteil nach § 1671 Abs. 1 BGB die elterliche Sorge übertragen worden ist; dieser ist dann allein vertretungsberechtigt. Ist einem Elternteil die **Personensorge**, dem anderen die **Vermögenssorge** übertragen worden, so ist derjenige vertretungsberechtigt, dem die Personensorge obliegt.[170]

Sind **mehrere gesetzliche Vertreter**, vorhanden, so ist die Einwilligung eines jeden 31
von ihnen erforderlich, wenn die Vormünder oder Betreuer ihre Aufgaben nur gemeinsam wahrnehmen dürfen. Bei Meinungsverschiedenheiten gemeinschaftlicher Vormünder oder zwischen Vormund und bestelltem Pfleger entscheidet auf Antrag das Familiengericht (§ 1793 BGB). Bei elterlichem Sorgerecht bedarf es nach § 1629 Abs. 1 Satz 2 BGB grds. der Einwilligung beider Elternteile;[171] dabei reicht es aus, wenn einer von ihnen im Einverständnis des anderen die Einwilligung erteilt und der andere zustimmt.[172] Verweigert auch nur ein Elternteil die Einwilligung, so ist die Vernehmung unzulässig, es kann aber von einem Elternteil eine gerichtliche Entscheidung nach § 1628 BGB beantragt werden. In Betracht kommt auch der Antrag auf Ausschluss eines oder beider Elternteile, sofern ein Interessenkonflikt i.S.d. § 1629 Abs. 2, § 1789 Abs. 2 BGB besteht (s. auch Rn. 32).[173] Ist in anderen Fällen der gesetzliche Vertreter aus tatsächlichen Gründen verhindert, die Entscheidung zu treffen, so muss dem Betroffenen ein Ergänzungspfleger nach § 1809 Abs. 1 BGB bestellt werden. Die Einwilligungserklärung nur eines Elternteils genügt nur, wenn die elterliche Sorge des anderen nach §§ 1673, 1674 BGB ruht oder wenn der andere Elternteil tatsächlich verhindert ist (§ 1678 BGB), die Erklärung abzugeben,[174] wenn er für tot erklärt wird (§ 1677 BGB) oder gestorben ist (§ 1680 BGB).

ee) Ausschluss des gesetzlichen Vertreters. Nach **§ 52 Abs. 2 Satz 2** darf der gesetz- 32
liche Vertreter, der in dem Ermittlungs- oder Strafverfahren, in dem die Vernehmung stattfinden soll, selbst **Beschuldigter** ist (gleichgültig, ob der Betroffene das Opfer seiner Tat ist oder ein anderer), über die Ausübung des Zeugnisverweigerungsrechts nicht entscheiden. Dies gilt auch, wenn ein Ermittlungsverfahren gegen die gesetzlichen Vertreter im Hinblick auf ein Gegenverfahren gem. § 154e StPO vorläufig eingestellt ist.[175] Wenn die gesetzliche Vertretung beiden Elternteilen zusteht, ist auch eine Entscheidung durch den nicht beschuldigten Elternteil ausgeschlossen.[176] Die analoge Anwendung der Vorschrift auf den Fall, dass der Sorgeberechtigte Geschädigter der fraglichen Straftat ist, scheidet aus.[177] **Problematisch** ist der Fall, in dem die gesetzliche Vertretung nur einem Elternteil zusteht und dessen Ehegatte (Stiefvater oder -mutter des Zeugen) der Beschuldigte ist. Die Konfliktlage des vertretungsberechtigten Elternteils zwischen dem Wohl des Kindes

---

170 BGHSt **6** 156; BGH JZ **1952** 46 Ls.; BGH bei *Dallinger* MDR **1953** 596; RG DR **1944** 767; OLG Hamm VRS **13** (1957) 212.

171 Vgl. BGH FamRZ **1960** 177; BGH bei *Dallinger* MDR **1972** 923; BayObLGSt **1956** 159 = NJW **1956** 1608 mit Nachw.; OLG Hamm FamRZ **1958** 377; OLG Stuttgart NJW **1971** 2238; *Bosch* 92 **1952** 76; HK/*Gercke* 28; *Kohlhaas* NJW **1960** 4; *ders.* JR **1972** 326; *Orlowsky* 147.

172 Vgl. BGH MDR **1957** 52; BayObLGSt **1956** 8 = NJW **1956** 521; BayObLGSt **1960** 268 = JR **1961** 73; LG Kassel NJW **1960** 62.

173 OLG Karlsruhe StraFo **2003** 310; Grüneberg/*Götz* § 1629, 18; sehr weitgehend *Schweckendieck* NStZ **2008** 541, der wohl den im Hinblick auf § 1795 BGB a.F. zu bestimmenden Anwendungsbereich des § 1796 Abs. 2 BGB a.F. überstrapaziert.

174 Vgl. BGH JR **1967** 303 m. Anm. *Schröder*; BGH bei *Dallinger* MDR **1972** 923; OLG Stuttgart NJW **1971** 2237.

175 OLG Brandenburg FuR **2024** 101.

176 OLG Frankfurt NJW-RR **2023** 918; OLG Brandenburg Rechtspfleger **2016** 228. Diese Frage war früher streitig, vgl. die Nachweise bei LR/*Dahs*[23] 32; HK/*Gercke* 31.

177 OLG Karlsruhe StraFo **2012** 225.

einerseits und der Nähebeziehung zum beschuldigten Ehegatten andererseits ist dieselbe wie in § 52 Abs. 2 Satz 2, weshalb sich die Frage nach einer analogen Anwendung der Vorschrift stellt.[178] Dagegen spricht, dass eine Nähebeziehung auch zu nahen Verwandten des vertretungsberechtigten Elternteils (Vater, Schwester usw.) bestehen kann, so dass man dann § 52 Abs. 2 Satz 2 Alt. 2 ebenso für anwendbar erklären müsste. Derart weitgehende Gesetzeskorrekturen sind grds. dem Gesetzgeber überlassen.[179] Wegen eines Interessenkonflikts ist nach §§ 1693, 1629 Abs. 2 BGB der gesetzliche Vertreter aber ausgeschlossen, wenn er zugleich gesetzlicher Vertreter des Beschuldigten ist.[180] Ist der gesetzliche Vertreter ausgeschlossen, so muss das **Vormundschafts- bzw. Familiengericht**[181] einen **Ergänzungspfleger** nach § 1809 BGB bestellen.[182] Den **Antrag** stellt der Strafrichter, wenn der Zeuge richterlich vernommen werden soll, sonst die Staatsanwaltschaft[183] (zur Revision Rn. 63). Mangels ausdrücklicher gesetzlicher Regelung ist umstritten, ob die Staatsanwaltschaft im Fall einer Abweisung des Antrags durch das Familiengericht beschwerdebefugt ist.[184] Das Strafgericht ist an die vom Vormundschafts- bzw. Familiengericht angeordnete Betreuung jedenfalls gebunden.[185] Nach neuerer Rechtsprechung von BGH und BVerfG wird die Einschätzung von Staatsanwaltschaft oder Gericht, dass dem Zeugen die genügende Verstandesreife oder -kraft fehlt, vom Vormundschafts- bzw. Familiengericht nicht überprüft, ebenso wenig die Aussagebereitschaft des Kindes.[186] Etwas anderes kann gelten, wenn die Anordnung einer Ergänzungspflegschaft im Fall der offensichtlich bestehenden Verstandesreife zwecklos ist.[187] Die Prüfung der Aussagebereitschaft findet ausschließlich im Ermittlungs- und Strafverfahren statt und muss danach vor Anordnung einer Ergänzungspflegschaft grundsätzlich noch nicht erfolgt sein.[188] Damit hat sich der frühere Streit zwischen den Oberlandesgerichten zu dieser Frage erledigt.[189] Die **Aussagebereitschaft** ist – ebenso wie die mangelnde Verstandesreife (Rn. 27) – vom Gericht und im Ermittlungs-

---

178 Vgl. *Schweckendieck* NStZ **2008** 537.

179 Gegen eine analoge Anwendung: OLG Karlsruhe StraFo **2012** 225; *Schmitt*/Köhler 20; MüKo/*Kreicker* 34; **a.A.** KK/*Bader* 29; *Schimansky* FS Pfeiffer 297, 303; *Rieß* NJW **1975** 83 Fn. 42, der eine „vorsichtige Analogie" für erwägenswert hält; wohl auch SSW/*Eschelbach* 41; offengelassen in BGH NStZ **1991** 398; NJW **1996** 206. Bereits eine Gesetzeslücke verneinen: OLG Nürnberg NJW **2010** 3041; OLG Brandenburg FamFR **2011** 528.

180 OLG Düsseldorf NStZ-RR **2001** 303; *Schmitt*/Köhler 20.

181 Umstr. vgl. *Schweckendieck* NStZ **2008** 541 m.w.N.

182 BGHSt **12** 241 – GrSSt; *Bosch* 53.

183 Vgl. dazu *Schmitt*/Köhler 20a; SSW/*Eschelbach* 42.

184 Dafür: OLG Naumburg MDR **2015** 161, weil eine Behörde keiner spezialgesetzlich geregelten Beschwerdebefugnis bedürfe, wenn sie durch die angefochtene Entscheidung in eigenen Rechten – hier: an der Pflicht zur Strafverfolgung im öffentlichen Interesse – verletzt sei. Dagegen: OLG Hamm FamRZ **2016** 566, weil eine mögliche bloße Beeinträchtigung des öffentlichen Interesses an der Strafverfolgung durch die Ablehnung des Antrags nicht unmittelbar in ein eigenes Recht der Staatsanwaltschaft eingreife; ebenso BGH (Z) FamRZ **2015** 43 m. zust. Anm. *Müther*.

185 BGH bei *Pfeiffer*/*Miebach* NStZ **1988** 17; vgl. auch BGH MDR **1987** 444; *Schmitt*/Köhler 20a.

186 Vgl. BGH FamRZ **2020**, 1197; BVerfG FamRZ **2020**, 1000 m. zust. Anm. *Zorn*; s.a. OLG Hamburg FamRZ **2020** 602; *Mosbacher* NStZ **2024** 263, 266; **a.A.** noch *Splitt* FamRZ **2019** 507.

187 BGH FamRZ **2020** 1197; OLG Karlsruhe MDR **2025** 1209.

188 BGH FamRZ **2020** 1197.

189 Vgl. dazu etwa OLG Stuttgart MDR **1986** 58; OLG Bremen NJW-RR **2011**, 154; OLG Saarbrücken NJW **2011** 2306; OLG Schleswig FamRZ **2013** 571; OLG Koblenz NZFam **2014** 716; OLG Brandenburg FamRZ **2010** 843; FamFR **2011** m. Anm. *Mach-Hour*; Rechtspfleger **2016** 228; Graf/*Huber* 25; *Schmitt*/Köhler 20a m.w.N.; wie der BGH schon zuvor BayObLG FamRZ **1989** 257; OLG Hamburg FamRZ **2013** 1683 mit ausführlicher Begründung.

verfahren von der Staatsanwaltschaft zu ermitteln[190] (zur Revision Rn. 60). Hierbei ist dem Sorgerechtsinhaber **rechtliches Gehör** zu gewähren.[191]

4. Verzicht auf das Zeugnisverweigerungsrecht. Der Begriff des Zeugnisverweigerungsrechts schließt die Möglichkeit des Verzichts darauf notwendigerweise ein. Auch insoweit muss sich das Gericht jeder Einwirkung auf den Zeugen enthalten.[192] Deshalb darf der Vorsitzende z.B. einem Zeugen, der als Bruder sein Zeugnis verweigern will und sich zur Begründung auf mangelnde Erinnerung beruft, nicht in Aussicht stellen, ihm werde seine polizeiliche Aussage vorgehalten, um seine Erinnerung aufzufrischen.[193] Nach bislang h.M. muss der Verzicht nicht ausdrücklich erklärt werden, sondern kann **stillschweigend** darin liegen, dass der Zeuge nach der Belehrung über das Zeugnisverweigerungsrecht aussagt[194] oder der gesetzliche Vertreter die Vernehmung des Zeugen widerspruchslos geschehen lässt.[195] Dies erscheint **bedenklich**, zumal nach der Rechtsprechung des BGH im Bereich **kindlicher Opferzeugen** von Sexualdelinquenz genau zu unterscheiden ist, ob der Zeuge, der zunächst auf sein Verweigerungsrecht verzichtet und später erklärt, er wolle keine Angaben mehr machen, nicht mehr aussagen will oder bei weiter bestehender Aussagebereitschaft aufgrund von Hemmungen nur nichts sagen kann. Im letzteren Fall müsse das Gericht aufgrund seiner **Aufklärungspflicht** versuchen, die Vernehmung im Rahmen der gesetzlich gegebenen Möglichkeiten (z.B. §§ 247, 247a; § 172 Nr. 4 GVG) so zu gestalten, dass Hemmungen überwunden werden.[196] Im Hinblick auf die damit geforderte Eindeutigkeit des Verzichts ist stets ein ausdrücklicher Verzicht oder eine entsprechend **eindeutige Erklärung** (z.B. „Ich will aussagen“) zu verlangen, die auch zu protokollieren ist.[197] Der Verzicht kann **beschränkt** werden, indem der Zeuge sich bereit erklärt, teilweise zur Sache auszusagen oder einzelne Fragen zu beantworten. Aus einem nur teilweisen Verzicht können allerdings evt. Rückschlüsse gezogen werden (näher dazu Rn. 42). Sagt der Zeuge in vollem Umfang aus, so kann er den Umfang der **Verwertbarkeit** seiner Bekundungen nicht bestimmen.[198] Ein Irrtum des Zeugen darüber, dass seine Aussage den Angeklagten belastet, ist ohne Bedeutung.[199] Zur Frage eines Verzichts auf das **Verwertungsverbot** des § 252 bei Zeugnisverweigerung Rn. 39. 33

5. Widerruf des Verzichts

a) Zeitpunkt des Widerrufs. Die Erklärung des Zeugen, er wolle von seinem Zeugnisverweigerungsrecht keinen Gebrauch machen, ist nicht bindend. Der Verzicht kann jederzeit, also sowohl bei jeder neuen als auch im Laufe ein und derselben Vernehmung und sogar noch in der Hauptverhandlung (vgl. § 252) bis zur Beendigung der Vernehmung (§ 52 Abs. 3 Satz 2) widerrufen werden.[200] Ist die Vernehmung nur vorläufig beendet, so ist 34

190 OLG Hamburg FamRZ **2013** 1683; OLG Koblenz NZFam **2014** 716.

191 OLG Saarbrücken NJW **2011** 2306; SSW/*Eschelbach* 42.

192 Vgl. BGHSt **1** 34; **9** 195, 197; BGHR § 52 Abs. 3 Satz 1 Belehrung 2.

193 BGH NStZ **1989** 440.

194 RGSt **3** 325; **12** 404; LR/*Dahs*[25] 34; KK/*Bader 40; Schmitt*/Köhler 21; SSW/*Eschelbach* 43; **a.A.** SK/*Rogall* 60.

195 BGH NStZ **1997** 145.

196 BGH NStZ **1999** 94.

197 SK/*Rogall* 60; **a.A.** SSW/*Eschelbach* 43: kann auch konkludent geschehen.

198 BGHSt **17** 328; KG JR **1967** 347.

199 KG JR **1967** 347.

200 Zum Widerruf der Aussagebereitschaft bei kindlichen Opferzeugen von Sexualdelikten BGH NStZ **1999** 94; Rn. 33.

der Widerruf ebenfalls noch möglich. Ein in der Hauptverhandlung nach vollständiger Beendigung der Vernehmung erklärter Widerruf ist aber wirkungslos.[201] Zum Widerruf bei aussagebereiten kindlichen Opferzeugen Rn. 33.

35 **b) Wirkung des Widerrufs.** Der Widerruf auf den Verzicht des Zeugnisverweigerungsrechts bewirkt, dass die Vernehmung nicht durch- bzw. nicht weitergeführt werden darf. Erfolgt der Widerruf in der Hauptverhandlung, so sind die vor der Hauptverhandlung getätigten Aussagen nach Maßgabe des § 252 unverwertbar (vgl. Rn. 39 und Erl. zu § 252). Hat der Zeuge aber in der Hauptverhandlung zunächst ausgesagt und erst im Laufe der Vernehmung den Verzicht auf das Zeugnisverweigerungsrecht widerrufen, so soll nach h.M.[202] die in der Hauptverhandlung vor dem Widerruf geleistete Aussage verwertbar bleiben, weil der Widerruf keine rückwirkende Kraft habe. Sinn und Zweck des Zeugnisverweigerungsrechts gebieten jedoch ein Verwertungsverbot auch insoweit. Es ist dem Zeugen nur schwer zu vermitteln, warum seine Aussage vor der Hauptverhandlung gem. § 252 unverwertbar, seine inhaltsgleiche Aussage in der Hauptverhandlung aber verwertbar sein soll. Das Recht, jederzeit die Aussagebereitschaft zu widerrufen, würde seinen Sinn verlieren, wenn die bis dahin geleisteten Aussagen verwertbar blieben.[203]

36 Auch der gesetzliche Vertreter kann die nach der erforderlichen Belehrung erteilte Zustimmung widerrufen, solange die Vernehmung noch nicht beendet ist (§ 52 Abs. 3 Satz 2). Die zuvor geleistete Zeugenaussage wird dann ebenfalls unverwertbar.

37 **6. Widerruf der Zeugnisverweigerung.** Nach allgemeiner Ansicht kann auch die Erklärung des Zeugen, er wolle nicht aussagen, jederzeit, auch in einem späteren Verfahrensabschnitt, widerrufen werden.[204]

7. Folgen der Zeugnisverweigerung

38 **a) Wegfall des Beweismittels.** Zeugen, die nach § 52 die Aussage verweigert haben, können nicht vernommen werden. Sie sind ein ungeeignetes Beweismittel i.S. des § 244 Abs. 3 Satz 2, sofern sie dem Gericht eindeutig und definitiv erklärt haben, dass sie von ihrem Zeugnisverweigerungsrecht Gebrauch machen.[205] Die **Aufklärungspflicht** nach § 244 Abs. 2 ist nicht verletzt, wenn der Zeuge zur Hauptverhandlung nicht geladen wird.[206] Der Antrag eines Verfahrensbeteiligten, ihn zu vernehmen, darf nach § 244 Abs. 3 Satz 2 als ungeeignet abgelehnt werden.[207] Das gilt aber nur, wenn die Sachlage, derentwe-

201 Vgl. auch BGH bei *Pfeiffer/Miebach* NStZ **1985** 13; *Gössel* § 25 IIb 2.

202 BGHSt **2** 107; BGH – GrSSt – NJW **1959** 445 zu § 81 Abs. 2; BGH NJW **1988** 716; NJW **2004** 1466, 1467; BGH NStZ **2015** 656; KK/*Bader* 42; *Schmitt*/Köhler 22; MüKo/*Kreicker* 47; SK/*Rogall* 64; *Grünwald*, Beweisrecht 23; *G. Schäfer* § 65 II 1e.

203 LR/*Dahs*[25] 36; *Eisenberg* (Beweisrecht) 1227; *Rengier* NStZ **1998** 48; *Geppert* Jura **1991** 134 f.; im Ergebnis auch *Eb. Schmidt* 26.

204 BGH NJW **1961** 1484; RGSt **2** 53; **38** 256; **40** 346; **63** 302; RGRspr. **6** 210; RG JW **1931** 1596 m. Anm. *Alsberg*; AK/*Kühne* 12; *Schmitt*/Köhler 22; SK/*Rogall* 63; *Roxin/Schünemann* § 26, 17; *Eb. Schmidt* Nachtr. I Vor § 52, 14; *Dalcke/Fuhrmann/Schäfer* 2.

205 KK/*Krehl* § 244, 160.

206 OLG Hamm JMBlNRW **1953** 165.

207 BGHSt **21** 13 = NJW **1966** 742 m. Anm. *Seydel*; BGH NStZ **1982** 126; RG HRR **1937** 615; *Hanack* JZ **1972** 115; vgl. § 244, 270, 290; offengelassen in BayObLGSt **1967** 49 = JR **1967** 346; **a.A.** unzulässig nach § 244 Abs. 3 Satz 1: RGSt **38** 256; **41** 32; RG JW **1890** 431; **1931** 949 m. Anm. *Alsberg*; RG JW **1937** 553; RG HRR **1937** 615; **1939** 1566; RG Recht **1930** Nr. 2139; SK/*Rogall* 57; SSW/*Eschelbach* 52; *Eb. Schmidt* § 244, 34; *Alsberg/Güntge* 1196.

gen sich der Zeuge zur Verweigerung der Aussage entschlossen hatte, unverändert fortbesteht,[208] also nicht, wenn der Angeklagte im ersten Rechtszug, in dem der Zeuge die Aussage verweigert hatte, verurteilt worden ist und der Zeuge nunmehr im Berufungsrechtszug vernommen werden soll.[209] Der **Beweisantrag** darf auch dann nicht wegen der früheren Zeugnisverweigerung abgelehnt werden, wenn vorgetragen wird, der Zeuge wolle nunmehr aussagen[210] oder seine frühere Verweigerung sei durch Irrtum beeinflusst gewesen.[211] Dabei genügt jedoch nicht die bloße Behauptung, sondern es muss dargetan werden, welche Kenntnis der Antragsteller von dem Sinneswandel des Zeugen hat.[212] **Ordnungsmittel** und **Beugemaßnahmen** zur Erzwingung des Zeugnisses nach § 70 dürfen nicht angewendet werden. Zur Frage, ob der Zeuge trotz Zeugnisverweigerung in anderer Weise an der Sachaufklärung beteiligt sein kann, siehe Rn. 24.

b) Verwertung früherer Aussagen. Macht der Zeuge von seinem Verweigerungs- 39
recht gemäß § 52 Gebrauch, so sind seine früheren Aussagen **als Zeuge** nur nach Maßgabe des **§ 252** verwertbar. Das bedeutet, dass die früheren Aussagen **grds. unverwertbar** sind,[213] es sei denn, die frühere Aussage erfolgte im Rahmen einer richterlichen Vernehmung, bei welcher der Zeuge ordnungsgemäß belehrt wurde[214] (näher dazu Erl. zu § 252 und Rn. 48). Einen Sonderfall bildet die Ton-Bild-Aufzeichnung nach § 255a Abs. 2 StPO, deren Verwertung auch ohne vorherige Klärung, ob der Zeuge in der Hauptverhandlung von seinem Zeugnisverweigerungsrecht Gebrauch machen wolle, zulässig sein soll.[215] Nach der **Rechtsprechung** des BGH soll darüber hinaus die Geltendmachung des Zeugnisverweigerungsrechts den Zeugen nicht hindern, die **Verwertung** seiner bei einer nichtrichterlichen Vernehmung gemachten Aussage – auch durch Verlesung gemäß § 251 Abs. 1 – zu **gestatten** und damit auf das in § 252 enthaltene Verwertungsverbot zu verzichten,[216] sofern die Erklärung eindeutig ist.[217] Diese – offensichtlich kriminalpolitisch motivierte – Auffassung erscheint bedenklich (vgl. Erl. zu § 252); sie kann jedenfalls nicht für frühere Vernehmungen gelten, bei denen der Zeuge nicht ordnungsgemäß über sein Zeugnisverweigerungsrecht belehrt wurde. Auch sonst führt sie nicht dazu, dass das Gericht verpflichtet ist, einen Zeugen, der von seinem Zeugnisverweigerungsrecht Gebrauch macht, zu befragen, ob er gleichwohl in die Verwertung früherer Aussagen einwilligt, sofern nicht im Einzelfall besondere Hinweise auf eine solche Bereitschaft gegeben sind.[218] Jedenfalls kommt eine solche Einwilligung allenfalls in der mündlichen Hauptverhandlung nach ausdrücklicher **qualifizierter Belehrung** in Betracht, die auch zu protokollieren ist,[219] und ist ihrerseits zu **protokollieren** (Rn. 51). Abzulehnen ist die neuere Rechtsprechung

---

208 BGHSt **21** 12; RG JW **1935** 3110 m. Anm. *Siegert*; RG HRR **1939** 1566; *Schmitt*/Köhler 24.

209 RG JW **1931** 1815 m. Anm. *Alsberg*; RG JW **1932** 3100 mit Anm. *Hirsch*; BayObLGSt **1962** 49 = JR **1967** 346; vgl. Erl. zu § 244.

210 Vgl. RGRspr. **6** 337; *Schmitt*/Köhler 24; *Eb. Schmidt* Nachtr. I Vor § 52, 15.

211 BGHSt **21** 12; BGH NStZ **1982** 126.

212 Alsberg/Güntge 849.

213 BGH NStZ **2007** 353; BGHSt **2** 99; 7 194; **29** 230, 232; **32** 25, 29; *Schmitt*/Köhler § 252, 12; SSW/*Eschelbach* 26.

214 St. Rspr.: BGHSt **61** 221; BGHSt **45** 342, 345; **46** 189, 195; **49** 72; *Schmitt*/Köhler § 252, 14.

215 BGH NJW **2020** 860.

216 St. Rspr. BGH NJW **2021** 2375; BGH NStZ **2020** 432; BGHSt **57** 257; **45** 203, 206; vgl. hierzu die Wechselrede zwischen *Wollweber* NJW **2000** 1702 und *Ranft* NJW **2001** 1305, daraufhin *Wollweber* NJW **2001** 3760 und nochmals *Ranft* NJW **2001** 3761; *Amelung* GedS Schlüchter 430.

217 BGH NStZ **2007** 652.

218 BGH NStZ **2003** 498.

219 St.Rspr. BGH NStZ-RR **2021** 315 m.w.N.; BGH StV **2007** 23; *Schmitt*/Köhler § 252, 16a.

des BGH,[220] der zufolge es zulässig sein soll, dass sowohl die Erklärung der Zeugnisverweigerung als auch die Erklärung des Einverständnisses mit der Verwertung früherer Angaben außerhalb der Hauptverhandlung erfolgen dürfe. Das Gericht kann in diesem Fall nicht überprüfen, ob der Zeuge seine Entscheidung in Kenntnis seiner prozessualen Rechte getroffen hat; dem Angeklagten wird das Recht auf eine Konfrontation mit dem Zeugen zumindest in der minimalen Weise, dass der Zeuge in Anwesenheit des Angeklagten bestätigt, seine möglicherweise belastenden Angaben dürften verwertet werden, genommen. Für den Zeugen selbst wird seine Aussage damit letztlich unverbindlich. Dies führt zu einer Aushöhlung des Grundsatzes, dass die Beweisaufnahme vollständig in der Hauptverhandlung stattzufinden hat. Offengelassen hatte der BGH bislang, ob ein Teilverzicht auf das Verwertungsverbot nach § 252 StPO zulässig ist.[221] In einem solchen Fall war aber jedenfalls die Verwertung der Aussage, deren Verwertung der Zeuge nicht zugestimmt hatte, unzulässig.[222] Nunmehr hat der 1. Strafsenat entschieden, dass ein derartiger Teilverzicht unzulässig sei. Der Zeuge könne entscheiden, ob er sich als Beweismittel zur Verfügung stellen will oder nicht. Darüber hinaus habe er kein schützenswertes Interesse daran, den Umfang der Verwertbarkeit der von ihm bereits vorliegenden Angaben zu bestimmen. Bei einem solchen Teilverzicht sei die Verwertung der früheren Vernehmungen insgesamt mit Ausnahme richterlicher Vernehmungen unzulässig.[223] Die Entscheidung des BGH steht in einem Spannungsverhältnis zu der Möglichkeit des Zeugen zu einem Teilverzicht auf sein Zeugnisverweigerungsrecht in der Hauptverhandlung (s. Rn. 33, 42). Verweigert ein Zeugnisverweigerungsberechtigter in der Hauptverhandlung das Zeugnis, so darf auch seine **Einlassung als Beschuldigter** aus einem früheren, gegen ihn gerichteten Verfahren nicht gegen den nunmehr angeklagten Angehörigen verwendet werden.[224] **Angaben**, die der Zeuge außerhalb des Strafverfahrens **Dritten gegenüber** gemacht hat, dürfen grds. durch deren Vernehmung in das Verfahren eingeführt werden; **fraglich** ist dies allerdings insbesondere **bei Äußerungen gegenüber V-Personen**.[225] In entsprechender Anwendung der vom BGH aufgestellten Grundsätze zur unzulässigen Ausforschung des Beschuldigten durch V-Leute[226] ist ein Verwertungsverbot jedenfalls dann anzunehmen, wenn die **V-Person** den nach § 52 verweigerungsberechtigten Zeugen unter Ausnutzung eines geschaffenen Vertrauensverhältnisses in einer vernehmungsähnlichen Situation zu Angaben veranlasst, die ohne die **Täuschung** nicht zu erlangen gewesen wären.[227] Der durch **Telefonüberwachung** bekannt gewordene Inhalt eines Gesprächs des Beschuldigten mit einem Angehörigen ist nicht deshalb unverwertbar, weil der Angehörige in der Hauptverhandlung die Aussage gem. § 52 verweigert.[228] Zur Frage der Verwertung von früheren Aussagen bei einem Widerruf des Verzichts auf das Zeugnisverweigerungsrecht im Laufe der Hauptverhandlung Rn. 35.

40 **c) Beweiswürdigung.** Rechtsprechung und Schrifttum hielten es lange Zeit für zulässig, aus der berechtigten Weigerung eines Zeugen, zur Sache auszusagen, bei der Beweis-

---

220 BGH NStZ-RR **2006** 181, 183; NStZ **2007** 712.

221 S. dazu LR/*Cirener/Sander*[27] § 252, 25 m.w.N.

222 BGH NJW **2020** 3537.

223 BGH NStZ **2024** 173, Rn. 6ff., Rn. 10f.

224 BGH NStZ **2003** 217; NStZ-RR **2005** 268; vgl. Erl. zu § 252.

225 Vgl. BGHSt **40** 211; BVerfG StV **2000** 466 – Fall Sedelmayr; BVerfG StV **2000** 467 – sog. Zweithörerfall; *Weßlau* StV **2000** 468; *Ranft* 503 m.w.N.; *ders.* StV **2000** 520; vgl. die Erl. zu § 252.

226 BGH StV **2007** 509.

227 Vgl. zu durch Täuschung erlangten Erkenntnissen § 58, 19.

228 BGH NStZ **1999** 416.

würdigung **Schlüsse zum Nachteil des Angeklagten** zu ziehen.[229] Die jetzt herrschende Ansicht lehnt das mit Recht als **unzulässig** ab.[230] Aus der Zeugnisverweigerung ließen sich Schlüsse gegen den Angeklagten nur ziehen, wenn als Beweggrund für das Verhalten des Zeugen angenommen würde, dass er bei wahrheitsgemäßen Angaben seinen Angehörigen zu belasten fürchtete. Das wird zwar oft, jedoch keinesfalls immer so sein. Genauso wenig wie der Richter die Beweggründe des Zeugen erforschen darf (Rn. 23), darf er aus der Zeugnisverweigerung nachteilige Schlüsse ziehen.[231] Das Zeugnisverweigerungsrecht würde entwertet werden, wenn jeder Angehörige damit rechnen müsste, dass das Gericht seine Aussageverweigerung zum Nachteil des Beschuldigten berücksichtigt. Der Zeuge könnte dann von seinem Recht nicht frei und unbefangen Gebrauch machen.[232] Ebenfalls dürfen keine nachteiligen Schlüsse gezogen werden, wenn der Zeuge seine Aussage auf bestimmte Themen hätte beschränken können[233] oder nur Angaben macht, die für die Tatfrage ohne Bedeutung sind, und sich im Übrigen auf sein Zeugnisverweigerungsrecht beruft.[234] Das Verbot, aus einer berechtigten Aussageverweigerung nach § 52 bei der Beweiswürdigung Schlüsse zu ziehen, gilt nur für solche zum Nachteil, nicht auch für solche zum Vorteil des Angeklagten.[235]

aa) Zeitweises Schweigen. Das Verbot, aus der Zeugnisverweigerung Schlüsse gegen 41
den Angeklagten zu ziehen, gilt auch beim zeitweisen Schweigen,[236] also dann, wenn der Zeuge im ersten Rechtszug aussagt und erst vor dem Berufungsgericht das Zeugnis verweigert[237] oder wenn er vor dem Ermittlungsrichter eine belastende Aussage macht und erst in der Hauptverhandlung das Zeugnis verweigert[238] **(nachträgliches Schweigen)**; ebenso wenn der Angehörige nach anfänglicher Zeugnisverweigerung in einem späteren Verfahrensstadium doch noch aussagt[239] oder vor seiner entlastenden Sachaussage in der Hauptverhandlung keine Angaben zur Sache macht, d.h. geschwiegen hat[240] **(anfängliches Schweigen)**. Letzterem steht es gleich, wenn es ein zur Zeugnisverweigerung Berechtigter zunächst unterlässt, von sich aus Angaben zu machen,[241] oder erkennbar zögert, bevor er

---

229 BGHSt **2** 351; **6** 280; RGSt **55** 20; RGRspr. **8** 502; RG JW **1931** 1596 m. abl. Anm. *Alsberg*; RG HRR **1939** 729; OLG Hamm JMBlNRW **1950** 62; JMBlNRW **1953** 165; vgl. auch die Nachw. bei *Dalcke/Fuhrmann/Schäfer* 2.

230 BGHSt **22** 113; BGH StV **1985** 485; **1990** 450; **1992** 97; **2002** 4; **2016** 419; KK/*Bader* 45; *Schmitt*/Köhler § 261, 20; MüKo/*Kreicker* 74; SSW/*Eschelbach* 2.

231 BGHSt **22** 113; **32** 141; BGH NJW **1980** 794; JR **1981** 157 m. Anm. *Hanack*; KG NJW **1966** 605 m. Anm. *Arndt* NJW **1966** 869; OLG Karlsruhe GA **1975** 182; *Schmitt*/Köhler § 261, 20; KK/*Bader* 45; *Eb. Schmidt* Nachtr. I 20; *Buchwald* SJZ **1949** 360; *Kohlhaas* JR **1955** 43; *Niese* JZ **1953** 223; *Nüse* JR **1966** 283; *Proskauer* NJW **1953** 49; vgl. auch Erl. bei § 261.

232 BGHSt **22** 113 m. abl. Anm. *Ostermeyer* NJW **1968** 1789 und krit. Stellungnahme *Schneider* JuS **1970** 271; OLG Hamm MDR **1970** 162; VRS **46** (1974) 364; *Eb. Schmidt* Nachtr. I Vor § 52, 20; *Henkel* 211 Fn. 6; *Ditzen* Dreierlei Beweis 53 ff.; *von Godin* SJZ **1949** 657; *Goldschmidt* DJZ **1925** 329; *R. Hauser* 158 ff.

233 BGH StV **1997** 171.

234 BGH JR **1981** 432 m. Anm. *Hanack*; dazu *Dencker* NStZ **1982** 460; *Schmitt*/Köhler § 261, 20.

235 BGHR StPO § 52 Abs. 1 Nr. 2 Weigerung 1; vgl. BGHSt **22** 113; BGH StV **1987** 118.

236 SK/*Rogall* 59.

237 BayObLGSt **1968** 83 = NJW **1969** 200; *Schmitt*/Köhler § 261, 21; **a.A.** *R. Hauser* 160; zum Verwertungsverbot für frühere Beschuldigtenaussagen eines das Zeugnis verweigernden Angehörigen vgl. BGH StV **1992** 308; **1992** 500; **2002** 3; auch **1990** 145 u. Erl. zu § 252.

238 BGH StV **1991** 459; vgl. BGH StV **2002** 4.

239 BGH NStZ **2023** 115; BGH MDR **1979** 1040; NJW **1980** 794; NStZ **1985** 87; **1989** 281; **2003** 443; **2010** 101; **2016** 301; NStZ-RR **2016** 117; BGHR StPO § 261 Aussageverhalten 10; KK/*Bader* 45; MüKo/*Kreicker* 74; SK/*Rogall* 59.

240 St. Rspr. BGH StV **2022** 369 m.w.N.

241 BGH NStZ **1987** 182; **2014** 415; NStZ-RR **2016** 117; vgl. BGH NStZ **2010** 101.

beginnt auszusagen. Der Würdigung des Gerichts unterliegt es jedoch, wenn der Zeuge bereits früher ausgesagt hat, ein wichtiges den Angeklagten entlastendes Detail aber erst in der Hauptverhandlung mitteilt.[242] Zur Frage der Vernehmung von Verhörspersonen bei nachträglichem Schweigen s. § 252 und Rn. 39.

42 **bb) Teilweises Schweigen.** Nach überwiegender Meinung dürfen bei einem Zeugen – wie bei dem Beschuldigten (§ 136, 38) – aus der Verweigerung der Antwort auf einzelne Fragen oder aus der Erklärung, zu bestimmten Tatsachen nicht aussagen zu wollen, im Rahmen der freien Beweiswürdigung Schlussfolgerungen gezogen werden, wobei umstritten ist, ob dies auch zulasten des Angeklagten geschehen darf[243] oder nur zu seinen Gunsten.[244] Der BGH hat zugunsten eines Angeklagten berücksichtigt, dass sich ein Zeuge der Überprüfung der Richtigkeit seiner Angaben entzog, indem er eine **Untersuchung** nach § 81c Abs. 3 Satz 1 verweigerte.[245] Gegen die Würdigung teilweisen Schweigens des Zeugen zulasten des Angeklagten – i.S. einer Erschütterung der **Glaubhaftigkeit** der Aussage des Zeugen – spricht, dass sie dem Zeugen die Entscheidungsfreiheit über die Ausübung seines Zeugnisverweigerungsrechtes nimmt. Zugunsten des Angeklagten kann dagegen ein zwiespältiges Zeugenverhalten gewürdigt werden, weil anderenfalls der Zeuge durch geschicktes Prozessverhalten zur Verurteilung des Angeklagten beitragen könnte.[246]

43 **d) Folgen unberechtigter Zeugnisverweigerung.** Verweigert der Zeuge die Aussage ohne rechtlichen Grund, so darf dies – mit der gebotenen Vorsicht – bei der Beweiswürdigung berücksichtigt werden,[247] ohne dass der Tatrichter zuerst versuchen muss, den Zeugen mit Beugemaßnahmen nach § 70 zu einer Aussage zu veranlassen[248] (vgl. aber § 70, 30).

III. Belehrung (Absatz 3)

44 **1. Anwendungsbereich.** § 52 Abs. 3 Satz 1 schreibt vor, dass die Zeugnisverweigerungsberechtigten vor jeder **Vernehmung**[249] über ihr Recht zu belehren sind. Die Bestimmung gilt bei **staatsanwaltschaftlichen** (§ 161a Abs. 1 Satz 2) und **polizeilichen Vernehmungen** (§ 163 Abs. 3 Satz 2) entsprechend. Umstritten ist die (entsprechende) Geltung der Belehrungsvorschriften über die Zeugnisverweigerungsrechte bei sog. Internal Investigations.[250] Wird eine (mit Belehrung) begonnene Vernehmung in demselben Verfahrensabschnitt fortgesetzt oder ergänzt, so ist eine erneute Belehrung grundsätzlich nicht erforderlich (s. zur Frage der Wiederholung der Belehrung Rn. 50). Andererseits kann ein Zeuge, der bei seiner früheren Vernehmung noch nicht Angehöriger war, es bei einer

---

242 BGH StV **2017** 710.

243 So wohl LR/*Dahs*[25] 43; AK/*Kühne* 20; *Schmitt*/Köhler § 261, 21; *Petry* Beweisverbote 49; **a.A.** *Schneider* Jura **1990** 572, der jegliches Schweigen mit einem Beweisverwertungsverbot belegen will.

244 SK/*Rogall* 59; *Kühl* JuS **1986** 115, 122.

245 BGHSt **32** 140, 142 f.; dazu *Pelchen* JR **1985** 73; *Kühl* JuS **1986** 115; vgl. aber BGHSt **34** 324 für den Fall widersprüchlichen Zeugenverhaltens.

246 *Kühl* JuS **1986** 115, 122; *Eisenberg* (Beweisrecht) 1229; SK/*Rogall* 59.

247 BGH NJW **1966** 211; *Schmitt*/Köhler § 261, 19; MüKo/*Kreicker* 76.

248 *Schmitt*/Köhler § 261, 19; MüKo/*Kreicker* 76.

249 Zur Abgrenzung zwischen spontaner Zeugenäußerung und förmlicher Vernehmung vgl. OLG Hamburg StV **1990** 535; OLG Frankfurt StV **1994** 391; BGH NJW **1998**, 2229 m.w.N.

250 Näher dazu *Berndt/Theile* Unternehmensstrafrecht und Unternehmensverteidigung (2016) Rn. 662 ff., 675 in Auseinandersetzung mit den Thesen zum Unternehmensanwalt im Strafrecht, Stellungnahme der BRAK 2010/35; s. dazu *Ignor* CCZ **2011** 143.

späteren Vernehmung sein. Er muss dann nochmals nach Belehrung vernommen werden.[251] Die Anwendung der Bestimmung setzt voraus, dass das Zeugnisverweigerungsrecht nach § 52 Abs. 1 feststeht; u.a. dieser Feststellung dient die Befragung nach § 68a Abs. 2. Hat der Zeuge ein Aussageverweigerungsrecht gegenüber mehreren Beschuldigten, so muss er über alle Verweigerungsrechte belehrt werden.[252] Steht ihm sowohl ein Zeugnisverweigerungsrecht als auch ein Auskunftsverweigerungsrecht nach § 55 Abs. 1 zu, muss ihn das Gericht – von besonderem Verfahrensgang abgesehen – über beide Verweigerungsrechte jeweils gesondert belehren (Rn. 53).[253] Die Belehrungspflicht gilt, soweit die Einheitlichkeit des Verfahrens reicht.[254] Die Belehrung ist auch erforderlich, wenn der Zeuge nur uneidlich vernommen werden soll;[255] sie kann unterbleiben, wenn er von sich aus erklärt, dass er sein Recht auf Zeugnisverweigerung kennt.[256] Auf die Möglichkeit, die getroffene Entscheidung zu widerrufen, braucht sie sich nicht zu erstrecken.[257]

2. Zu belehrende Personen. Zu belehren ist grundsätzlich derjenige, dem das Weigerungsrecht zusteht, also nur der **Zeuge**. Nur unter den Voraussetzungen des § 52 Abs. 2, muss auch der **gesetzliche Vertreter** belehrt werden (§ 52 Abs. 3 Satz 1). Sind mehrere gesetzliche Vertreter vorhanden, so müssen alle belehrt werden (oben Rn. 31 ff.). Daneben ist aber stets die Belehrung des Zeugen selbst erforderlich, auch wenn er wegen Verstandesunreife oder -schwäche nicht imstande ist, den Sinn der Belehrung wirklich zu begreifen. Das ergibt sich klar aus dem Wortlaut der Vorschrift („auch") und entspricht ständiger Rechtsprechung.[258] Die Belehrung darf sich in diesen Fällen nicht darauf beschränken, dass der Zeuge nicht auszusagen braucht; er muss, weil darüber sonst Missverständnisse entstehen können, auch darauf hingewiesen werden, dass ihn die Zustimmung seines Vertreters nicht zur Aussage verpflichtet.[259] Hat der Vertreter bereits die Zustimmung verweigert, bedarf es einer Belehrung des Zeugen nicht, weil seine Vernehmung dann nicht zulässig ist.[260] 45

3. Person des Belehrenden. Die Belehrung ist Aufgabe des **Richters**, bei Kollegialgerichten des Vorsitzenden; er darf sie nicht durch einen anderen erteilen oder vervollständigen lassen.[261] Bei Vernehmungen durch die **Staatsanwaltschaft** hat diese die Belehrung zu erteilen (§ 161a Abs. 1 Satz 2), bei polizeilichen Vernehmungen der **Polizeibeamte** (§ 163 Abs. 3 Satz 2). Die Belehrung nach § 52 Abs. 3 Satz 1 kann **nicht** einem **Sachverständigen** übertragen werden.[262] Stellt der Sachverständige vor der Exploration fest, dass die gesetzlich gebotene Belehrung unterblieben ist, so hat er diese durch die zuständige Stelle zu 46

---

251 Vgl. BGHSt **22** 220; **27** 231; BGH NJW **1972** 1334; **1977** 2365; **1980** 68; BayObLGSt **1965** 81 = NJW **1966** 117 m. Anm. *Michaelis*; *Schmitt*/Köhler 10; *R. Hauser* 183; vgl. auch die Erl. zu § 252.

252 RG JW **1936** 3009; KK/*Bader* 31; *Schmitt*/Köhler 26; *R. Hauser* 141; SK/*Rogall* 72.

253 BGH NStZ **1988** 561; *Schmitt*/Köhler 26; MüKo/*Kreicker* 59; SK/*Rogall* 72.

254 BGH bei *Pfeiffer*/*Miebach* NStZ **1988** 18.

255 RGSt **2** 228; *Dalcke*/*Fuhrmann*/*Schäfer* 9.

256 RG Recht **1902** Nr. 1651; *Dalcke*/*Fuhrmann*/*Schäfer* 10.

257 BGHSt **32** 31; BGH bei *Dallinger* MDR **1969** 194; RG JW **1936** 3548 m. Anm. *Rilk*; RG LZ **1921** 421; KK/*Bader* 33; MüKo/*Kreicker* 59; *Dalcke*/*Fuhrmann*/*Schäfer* 9; **a.A.** offenbar RGSt **62** 144.

258 RGSt **4** 398; BGHSt **21** 306; BGH NStZ **1991** 295; StV **1995** 563.

259 BGHSt **21** 306; **23** 223.

260 Vgl. SK/*Rogall* 68; KK/*Bader* 32.

261 BGHSt **9** 195; BGH StV **1984** 405; KK/*Bader* 30; *Schmitt*/Köhler 27; MüKo/*Kreicker* 49; SSW/*Eschelbach* 61; *Eb. Schmidt* Nachtr. I 6.

262 BGH NStZ **1991** 295; vgl. auch BGH NStZ **1989** 485; JZ **1990** 47 mit Anm. *Weigend*; vgl. BGH StV **1995** 563.

veranlassen.[263] Das schließt nicht den Hinweis an den Zeugen aus, er möge sich vor seiner Entscheidung von einem Dritten, etwa einem **Beistand**, beraten lassen (Vor § 48, 20 ff.).

47 **4. Zeitpunkt.** Ob die Belehrung vor oder nach der Vernehmung zur Person (§ 68 Abs. 1 S. 1) erteilt wird, ist gleichgültig;[264] i.d.R. wird sich Letzteres anbieten, weil sich häufig aus den persönlichen Daten das Bestehen eines Zeugnisverweigerungsrechts erst ergibt.[265] Jedenfalls muss sie vor der Vernehmung zur Sache erfolgen.[266] Die Vernehmung muss der Belehrung nicht unmittelbar nachfolgen.[267]

48 **5. Form und Inhalt der Belehrung.** Die Belehrung muss **mündlich** erteilt werden.[268] Der Hinweis auf das Zeugnisverweigerungsrecht in der Ladung (§ 48, 10) macht sie nicht entbehrlich. Es ist dem Belehrenden (Rn. 46) überlassen, wie er die Belehrung vornimmt.[269] Sie muss für den juristisch nicht vorgebildeten Zeugen **verständlich, eindeutig und eindringlich** sein.[270] Dem Zeugen muss die Bedeutung des Zeugnisverweigerungsrechts so begreiflich gemacht werden, dass er das Für und Wider seiner Entscheidung abwägen kann.[271] Die Frage an den Zeugen, ob er aussagen wolle, genügt dazu nicht;[272] ebenso wenig die Frage nach dem Vorliegen eines Angehörigenverhältnisses.[273] Die Zeugen sind **inhaltlich** über das ihnen zustehende **Zeugnisverweigerungsrecht** zu belehren. Für die Belehrung kann es ausreichen, dass ein Zeuge darauf hingewiesen wird, dass er ein Zeugnisverweigerungsrecht habe, „falls" er zu den in § 52 Abs. 1 bezeichneten Angehörigen des Angeklagten gehöre.[274] Erhält der Zeuge eine solche Belehrung für den – wie er weiß – auf ihn zutreffenden Fall, dass er Angehöriger des Angeklagten ist, steht es der Ordnungsmäßigkeit der Belehrung nicht entgegen, dass der Zeuge seine Zugehörigkeit zu den Angehörigen in § 52 Abs. 1 dem Vernehmenden gegenüber verschweigt oder gar verneint und daraufhin aussagt.[275] **Umstritten** war, ob bzw. inwiefern ein weigerungsberechtigter Zeuge anlässlich einer Vernehmung über mögliche **Verwertungsfolgen** seiner Aussage zu belehren ist,[276] insbesondere im Fall einer ermittlungsrichterlichen Vernehmung über die – nach der Rspr. mögliche – spätere Vernehmung des Richters in der Hauptverhandlung über den Inhalt der Vernehmung (Rn. 39) – **„qualifizierte Beleh-**

---

263 BGHR StPO § 52 Abs. 3 Satz 1 Belehrung 4; BGH StV **1997** 231; KK/*Hadamitzky* § 81c, 12; anders anscheinend BGH StV **1988** 419, wonach er selbst belehren kann; im Übrigen vgl. die Erl. zu § 81c.

264 BGH StV **1984** 405 m. zust. Anm. *Peters*; vgl. auch *Schmitt*/Köhler 29, der aber eine Belehrung vor einer Vernehmung zur Person für unzweckmäßig erachtet; MüKo/*Kreicker* 51; **a.A.** RGRspr. **10** 516; RG GA **39** (1891) 419; KK/*Bader* 31; *Sieg* StV **1985** 130.

265 BGH NStZ **2006** 648.

266 RGSt **25** 262.

267 RGRspr. **5** 99; *Dalcke/Fuhrmann/Schäfer* 10.

268 Für grundsätzliche Formfreiheit AK/*Kühne* 16.

269 BGHSt **6** 280; BGH StV **1984** 405 m. Anm. *Peters*.

270 KK/*Bader* 33; SK/*Rogall* 72; SSW/*Eschelbach* 57; *Seibert* NJW **1956** 1082.

271 BGHSt **9** 197; BGH StV **1984** 405; NStZ **1990** 188; KMR/*Neubeck* 33; KK/*Bader* 33; *Dalcke/Fuhrmann/Schäfer* 10; **a.A.** SK/*Rogall* 72, der eine solch klare Belehrung für zu weitgehend hält.

272 RG JW **1924** 1609; **1935** 958; RG DJ **1935** 940; KK/*Bader* 33; MüKo/*Kreicker* 53; *Eb. Schmidt* Nachtr. I 6; *Feisenberger* 13.

273 *Eisenberg/Zötsch* NJW **2003** 3676.

274 Vgl. BGHSt **32** 25, 30 f.; BGH StV **1984** 405.

275 BGH St **32** 25, 31; BGH NStZ **2006** 648.

276 Für eine solche Belehrung bei allen Vernehmungen wegen des Fairnessgebots *N. Bosch* (FS v. Heintschel-Heinegg 76 ff.), der in § 252 allerdings kein allgemeines Verwertungsverbot erblickt.

rung".[277] Dafür spricht, dass sich dem Zeugen ohne eine solche Belehrung die Tragweite seiner Aussage in der Regel nicht erschließen wird, mithin als Ausprägung der Fairnessgebots; zumal eine Aussage vor dem Richter quasi einen Verzicht auf § 252 darstellt, der nach h.M. ein allgemeines Verwertungsverbot beinhaltet (dazu ebf. Rn. 39). Mit der h.M. hat der Große Senat für Strafsachen allerdings entschieden, dass eine solche qualifizierte Belehrung nicht Voraussetzung der späteren Verwertung sei.[278] Zum Erfordernis einer „qualifizierten Belehrung" bei **Gestattung der Verwertung einer bei einer nichtrichterlichen Vernehmung gemachten Aussage im Fall späteren Schweigens** s. oben Rn. 39. In Fällen des **Absatzes 2** ist der Zeuge darauf hinzuweisen, dass es ihm trotz der positiven Entscheidung des gesetzlichen Vertreters freisteht, nicht auszusagen (Rn. 25, 32).[279] Darüber hinaus muss er nicht belehrt werden.[280] Der Belehrende hat sich jeder Einwirkung auf die **Entschließungsfreiheit des Zeugen** zu enthalten.[281] Keine unzulässige Einwirkung stellt es dar, wenn der Richter den Zeugen über Rechtstatsachen (etwa über die Verwertbarkeit seiner früheren richterlichen Aussage durch Vernehmung der Verhörsperson) unterrichtet, die für die Entscheidung des Zeugen von Bedeutung sein können; dies kann durch die **Aufklärungspflicht** sogar geboten sein (Rn. 23).[282] Erkennt das Gericht, dass der Zeuge irrtümlich davon ausgeht, nicht Angehöriger i.S.d. § 52 zu sein, so hat sich die Belehrung auf das Vorliegen des Angehörigenverhältnisses zu erstrecken.[283] Seitens dritter (privater) Personen wird die Entschließungsfreiheit des Zeugen nur dann unzulässig beeinträchtigt, wenn Mittel angewendet werden, die nach § 69 Abs. 3, § 136a verboten sind.[284] Im Hinblick auf das – auch bei Verzicht auf das Zeugnisverweigerungsrecht gleichwohl bestehende – **Recht zur Eidesverweigerung** (§ 61) ist fraglich, ob die Belehrung des Zeugen vor der Vernehmung (Rn. 47) bereits die Belehrung über die möglichen Folgen einer Eidesverweigerung beinhalten muss. Das ist im Sinne des Fairnessgebots dann zu bejahen, wenn man der Auffassung[285] folgt, dass aus der Eidesverweigerung des Angehörigen nachteilige Schlüsse gezogen werden dürfen (vgl. § 61, 3).

Die **Prozessbeteiligten** haben kein Recht, auf die Art der Belehrung Einfluss zu nehmen. 49
Sie können sie aber als Maßnahme der Sachleitung nach **§ 238 Abs. 2** beanstanden, wenn sie den rechtlichen Anforderungen nicht entspricht oder z.B. in einer Form erfolgt, die der Zeuge als Druck empfinden muss. Der Richter darf Verfahrensbeteiligten Vorhaltungen an den Zeugen zur Belehrung über Gegenstand und Bedeutung der Aussage gestatten.[286]

6. Wiederholung. § 52 Abs. 3 Satz 1 schreibt eine Belehrung **vor jeder Vernehmung** 50
vor, um dem Zeugen zu verdeutlichen, dass er sein Recht zur Zeugnisverweigerung jeder-

---

277 Verneinend die h.M.: BGHSt **32** 25; BGH NStZ **1985** 36; StV **1984** 326; *Schmitt*/Köhler 26. Dafür der 2. Strafsenat des BGH in seinem Anfragebeschluss NStZ **2014** 596; abl. der 4. Strafsenat NStZ-RR **2015** 48; der 1. Strafsenat, Beschl. v. 14.1.2015 – 1 ARs 21/14, BeckRS **2015** 02348 und wohl auch der 3. Strafsenat, Beschl. v. 8.1.2015 – ARs 20/14, BeckRS **2015** 02351.

278 BGH (GrSSt) NJW **2017** 94 m. Anm. *Brand*.

279 BGHSt **21** 303; BGH StV **1981** 4.

280 BGHSt **32** 25, 31 f.; SK/*Rogall* 72.

281 BGHSt **1** 37; **9** 197; **10** 394; **21** 13 = NJW **1966** 742 m. Anm. *Seydel*; BGHSt **45** 203, 209; BGH NStZ **1989** 440; KK/*Bader* 34; MüKo/*Kreicker* 54; SK/*Rogall* 72; vgl. auch AK/*Kühne* 18.

282 BGHSt **21** 13 = NJW **1966** 742 mit Anm. *Seydel*; BGHSt **45** 203, 209; BGH bei *Spiegel* DAR **1979** 189; BGH NStZ **1988** 561; **1999** 94; OLG Hamm MDR **1973** 427.

283 BGH StV **2006** 507; vgl. dazu aber auch den anschaulichen Fall, den *Lickleder/Sturm* in FS Ignor 647 behandeln.

284 BGHSt **10** 394.

285 BGHR StPO § 63 (a.F.) Verletzung 2; KK/*Slawik* § 61, 4.

286 *Feisenberger* 13.

zeit, also auch bei einer späteren Vernehmung ausüben darf.[287] Ob der Zeuge bei einer früheren Vernehmung bereits belehrt worden ist oder ob er in einer früheren Vernehmung auf sein Weigerungsrecht verzichtet hatte, ist unerheblich.[288] **Im Laufe ein- und derselben Vernehmung** bedarf es einer mehrfachen Belehrung dagegen **nicht**, auch wenn sie sich über mehrere Sitzungstage erstreckt.[289] Die Rechtsprechung hat hierzu folgende Grundsätze entwickelt: In den verschiedenen Verfahrensabschnitten finden jeweils eigenständige Vernehmungen statt, so dass jeweils neu belehrt werden muss.[290] Auch innerhalb desselben Verfahrensabschnitts kann eine neue Vernehmung vorliegen, wenn eine ausgesetzte oder über die Fristen des § 229 unterbrochene Hauptverhandlung erneuert werden muss.[291] Das Ende einer Vernehmung ist i.d.R. mit der Entlassung des Zeugen gegeben, so dass seine erneute **Ladung** in derselben Hauptverhandlung eine eigenständige Vernehmung darstellt.[292] Wenn der Zeuge aber nach seiner förmlichen Entlassung weiter der Hauptverhandlung beiwohnt und am selben oder an einem weiteren Tag „ergänzend befragt" wird, soll eine erneute Belehrung entbehrlich sein.[293] Ist die Belehrung bei einer nochmaligen Vernehmung unterlassen und der Mangel nicht geheilt worden (Rn. 52), so ist zwar deren Inhalt unverwertbar, nicht aber die nach ordnungsgemäßer Belehrung erfolgte frühere Aussage.

51 **7. Protokoll.** Die Belehrung ist eine **wesentliche Förmlichkeit** im Sinne der § 168a Abs. 1, § 273 Abs. 1. Sie muss daher im Protokoll beurkundet werden.[294] Der Vermerk: „Zum Zeugnis bereit", lässt nicht erkennen, ob der Zeuge ordnungsgemäß belehrt worden ist.[295] Zu vermerken ist auch die auf die Belehrung abgegebene Erklärung des Zeugen: „Ich will aussagen", oder: „Ich verweigere die Aussage" (Rn. 33). Entsprechendes gilt für die Belehrung des gesetzlichen Vertreters und für seine zustimmende oder die Zustimmung verweigernde Erklärung. Hat der Vertreter außerhalb der Hauptverhandlung oder schriftlich zugestimmt, so empfiehlt sich ein Hinweis hierauf in der Sitzungsniederschrift. Auch eine ggf. erforderliche **qualifizierte Belehrung**, z.B. im Falle des nach der Rspr. möglichen Verzichts auf das Verwertungsverbot aus § 252 bei nichtrichterlichen Vernehmungen (Rn. 39), bedarf – ebenso wie der Verzicht – als wesentliche Förmlichkeit der Protokollierung; das Schweigen des Protokolls beweist, dass diese nicht stattgefunden haben.[296] Für die nach hiesiger Ansicht gebotene Belehrung über die Folgen einer Aussage bei einer richterlichen Vernehmung im Vor- und Zwischenverfahren (Rn. 48) kann nichts anderes gelten.

52 **8. Heilung des Unterlassens.** Bemerkt das Gericht in der Hauptverhandlung, dass der Angehörige ohne die nach § 52 Abs. 3 Satz 1 erforderliche Belehrung vernommen worden ist, so muss es den Verfahrensmangel noch während der Hauptverhandlung heilen.[297] Dazu reicht weder die bloße Nachholung der Belehrung noch ggf. die nachträgliche Beleh-

---

287 SK/*Rogall* 69.

288 BGHSt **13** 399; *Schmitt*/Köhler 29; KK/*Bader* 35; MüKo/*Kreicker* 52; SSW/*Eschelbach* 59.

289 BGH StV **1984** 319; RGSt **12** 406.

290 RGSt **2** 192; **12** 405; KK/*Bader* 35; MüKo/*Kreicker* 52; SK/*Rogall* 69.

291 RGSt **12** 405; KK/*Bader* 35.

292 BGH NStZ **1984** 418.

293 So BGH NStZ **1987** 373; BGH bei *Miebach* NStZ **1990** 25; KK/*Senge* 35; *Schmitt*/Köhler 29; SSW/*Eschelbach* 59; wegen Abgrenzungsschwierigkeiten zu Recht krit. BGH NStZ **1984** 418.

294 RGRspr. **2** 217; AK/*Kühne* 15; KK/*Bader* 38; *Schmitt*/Köhler 30; *Eb. Schmidt* 18; vgl. aber BGH StraFo **2006** 492: Annahme, dass gesetzlicher Vertreter auch bei ordnungsgemäßer Belehrung zugestimmt hätte.

295 RG JW **1935** 958.

296 BGHSt **57** 254.

297 BGH NStZ **1989** 484.

rung über das Recht zur Eidesverweigerung nach § 61 aus.[298] Die Belehrung muss vielmehr zusätzlich den Hinweis enthalten, dass das bisher Ausgesagte bei Ausübung des Zeugnisverweigerungsrechts unverwertbar wird (**qualifizierte Belehrung**). Erklärt der Zeuge daraufhin, dass er trotz Belehrung ausgesagt hätte, (weiter) aussagen will und an der bisherigen Aussage festhält, so ist der Mangel geheilt.[299] Für die nach § 52 Abs. 2 erforderliche Zustimmung des gesetzlichen Vertreters gilt das entsprechend.[300] Sie kann daher noch nach der Vernehmung des Zeugen eingeholt werden. Eine Wiederholung der Zeugenaussage ist nicht erforderlich, weil der Zeuge durch seine Erklärung über die Aussagebereitschaft den Inhalt des zuvor Ausgesagten bestätigt.[301] Erklärt der Zeuge, er hätte bei ordnungsmäßiger Belehrung nicht ausgesagt, oder ist eine Erklärung nicht mehr zu erlangen (etwa weil der Zeuge inzwischen gestorben oder weil er nicht mehr auffindbar ist), so kann der Mangel nur dadurch behoben werden, dass die Aussage bei der Beweiswürdigung unberücksichtigt bleibt und dies in dem Urteil ausdrücklich festgestellt wird (Rn. 53).[302] Den Verfahrensbeteiligten muss die Nichtberücksichtigung der Aussage so rechtzeitig mitgeteilt werden, dass sie sich auf die neue Beweislage einrichten und ggf. weitere Anträge stellen können. Die Belehrung nach § 55 Abs. 2 ersetzt die Belehrung nach § 52 nicht.[303]

IV. Verwertungsverbot bei unterlassener Belehrung

Nach allgemeiner Ansicht besteht **grds.** ein **Verwertungsverbot** hinsichtlich der **Aussage**[304] eines Zeugen, wenn die Belehrung nach § 52 Abs. 3 Satz 1 unterblieben ist.[305] Das Gleiche gilt, wenn die nach § 52 Abs. 2 erforderliche Zustimmung des gesetzlichen Vertreters nicht eingeholt worden ist. Der Bundesgerichtshof begründet die Nichtverwertbarkeit der Aussage mit der von ihm entwickelten **Rechtskreistheorie**, wonach das Zeugnisverweigerungsrecht nicht nur dazu dient, dem Zeugen einen Gewissenskonflikt zu ersparen, sondern auch der schonenden Rücksicht auf **Familienbande**, die den Angeklagten mit dem Zeugen verknüpft.[306] Weil der Grund für das Verwertungsverbot mithin nicht ein Verschulden der vernehmenden Person ist,[307] spielt es grds. keine Rolle, ob sie das Angehörigenverhältnis kannte.[308] Fraglich ist dies nur für den Fall, dass der Zeuge das **Angehöri-** 53

298 RG JW **1916** 1539.

299 Vgl. BGHSt **12** 242 – GrSSt; BGHSt **20** 234; vgl. auch BGH NJW **1985** 1470; NStZ **1989** 484; RGSt **25** 262; RG JW **1928** 1306; *Schmitt*/Köhler 31; KK/*Bader* 36; SSW/*Eschelbach* 63; *Eb. Schmidt* 21; *von Kries* 358; *Hamm*/*Pauly* 1019; problematisch BGH NStZ **1999** 91.

300 *Schmitt*/Köhler 31; KK/*Bader* 36; SK/*Rogall* 71.

301 BGHSt **45** 208; MüKo/*Kreicker* 61; SK/*Rogall* 71; SSW/*Eschelbach* 63; **a.A.** *R. Hauser* 154 ff.; vgl. auch RGSt **25** 264, das die erneute Vernehmung für empfehlenswert hält.

302 BGHSt **13** 399; RGSt **29** 351; RG JW **1902** 575; *Schmitt*/Köhler 31; *Eb. Schmidt* 21; *W. Schmid* JZ **1969** 761.

303 BGH NJW **1980** 68; NStZ **1982** 389; **1984** 176; bei *Miebach* NStZ **1988** 210.

304 Nicht hinsichtlich sog. Spontanbekundungen, BGH NStZ **2012** 369. Krit. *N. Bosch* FS v. Heintschel-Heinegg 72 f. Vgl. auch die Kommentierung zu § 252.

305 BGHSt **14** 160; **23** 223; BGH StV **1981** 4; bei *Miebach* NStZ **1990** 25; StV **1992** 308; NStZ-RR **1996** 106; bei *Rüth* DAR **1969** 236; HK/*Gercke* 40; KK/*Bader* 39; *Schmitt*/Köhler 32; MüKo/*Kreicker* 63; *Kleinknecht* NJW **1966** 1537; *Rogall* ZStW **91** (1979) 36; *Hamm*/*Pauly* 1019; *Grünwald* JZ **1966** 497.

306 BGHSt **11** 213 – GrSSt; dazu näher § 55, 37.

307 Anders könnte es sein, wenn die Vernehmungsperson ein Angehörigenverhältnis für möglich hält, von dem der Zeuge erkennbar keine Kenntnis hat, s. *Lickleder*/*Sturm* FS Ignor 647.

308 BGH StV **1988** 90; **2002** 35; SK/*Rogall* 85.

genverhältnis bewusst **verschweigt**.[309] Im Hinblick auf den Schutzzweck des § 52, von dem auch der Beschuldigte umfasst ist, sollte ein Verwertungsverbot nur für den Fall verneint werden, dass der Zeuge das Angehörigenverhältnis im Bewusstsein des daraus resultierenden Zeugnisverweigerungsrechts verneint und der Beschuldigte von der **Täuschung** Kenntnis hat.[310] Zu beachten ist in diesem Zusammenhang ein obiter dictum des BGH, wonach, wenn der Zeuge auf Nachfrage ein bestehendes Verlöbnis mit dem Beschuldigten verneint, bereits das Bestehen des Zeugnisverweigerungsrechts an sich fraglich sein soll; auf eine Belehrung nach § 52 Abs. 3 käme es demnach nicht an (näher Rn. 7).[311] Dem Verwertungsverbot steht nicht entgegen, dass der Zeuge nach § 55 Abs. 2 belehrt wurde, weil dies nicht die Belehrung nach § 52 ersetzt (Rn. 52). Das **Verwertungsverbot entfällt** jedoch, wenn feststeht, dass der Zeuge seine Rechte gekannt hat und auch nach entsprechender Belehrung ausgesagt hätte.[312] Das Gleiche gilt hinsichtlich des Zustimmungsrechts des gesetzlichen Vertreters und des Untersuchungsverweigerungsrechts des § 81c Abs. 3.[313] Der Umstand allein, dass der Zeuge bei der Polizei nach ordnungsgemäßer Belehrung ausgesagt hat, lässt aber weder den Schluss zu, dass ihm sein Zeugnisverweigerungsrecht auch in der Hauptverhandlung bekannt war, noch dass er nach einer Belehrung erneut zur Aussage bereit gewesen wäre.[314]

54 Im Übrigen hängt die Zulässigkeit der (späteren) Verwertung früherer Aussagen, die unter Verletzung der Belehrungspflicht zustande gekommen sind, vom **Verhalten des Zeugen in der Hauptverhandlung nach ordnungsgemäßer Belehrung** ab. Erscheint der Zeuge in der Hauptverhandlung und verzichtet er nach entsprechender Belehrung auf sein Zeugnisverweigerungsrecht, so dürfen ihm aus einer früheren Vernehmung Vorhalte gemacht werden.[315] Die Vernehmungsniederschrift darf nach § 253 verlesen werden. Verweigert der Zeuge jedoch in der Hauptverhandlung die Aussage, so darf der Inhalt seiner früheren Aussage, die ohne die notwendige Belehrung zustande gekommen ist, auch nicht durch die Vernehmung der richterlichen **Verhörsperson** in die Hauptverhandlung eingeführt werden.[316] Problematisch ist in diesem Zusammenhang die Rechtsprechung, wonach in dem Fall, in dem der Zeuge nach erfolgter Belehrung zunächst die Aussage verweigert und später gleichwohl zur Sache aussagt, er die früheren ohne ordnungsgemäße Belehrung zustande gekommenen Vernehmungsinhalte zum verwertbaren Gegenstand seiner unter bewusstem Verzicht auf sein Zeugnisverweigerungsrecht erfolgten Aussage in der Hauptverhandlung mache, selbst wenn diese die frühere (richterliche) Vernehmung entkräften sollte.[317] Bei Verschiedenheit der Aussagen besteht so die Gefahr, dass der von § 52 angestrebte Schutz des Zeugen und seiner **familiären Verbundenheit** leer läuft.[318]

---

309 BGHSt **48** 294; OLG Oldenburg NJW **1967** 1875.

310 SK/*Rogall* 85.

311 BGHSt **48** 294, 300 = NJW **2003** 2619 m. krit. Anm. *Eisenberg/Zötsch* NJW **2003** 3676.

312 BGH NStZ **1990** 549; weitere Rechtsprechungsnachweise bei *N. Bosch* 67.

313 BGHSt **40** 336 m. abl. Anm. *Eisenberg* StV **1995** 625.

314 BGH StraFo **2004** 238; StV **2004** 297; KK/*Bader* 39; *Schmitt*/Köhler 32; SSW/*Eschelbach* 66.

315 BGH StraFo **2006** 492.

316 Zur Verwertbarkeit einer früheren polizeilichen Beschuldigtenvernehmung des Zeugen BGHR StPO § 252 Verwertungsverbot 9; einer früheren richterlichen Vernehmung eines das Zeugnis verweigernden Zeugen BGH MDR **1994** 764; NStZ **1993** 294; einer früheren Vernehmung durch einen Sachverständigen BGHR StPO § 252 Verwertungsverbote 2; BGH NStZ **1990** 349 m. Anm. *Hassemer* JuS **1990** 1023; einer früheren Aussage gegenüber einem V-Mann BGH NStZ **1994** 593 m. Anm. *Schlüchter/Radbruch* NStZ **1995** 354; ausführlich dazu die Erl. zu § 252.

317 BGHSt **48** 294 = NJW **2003** 2619 m. krit. Anm. *Eisenberg/Zötsch* NJW **2003** 3676.

318 *Eisenberg/Zötsch* NJW **2003** 3637.

Sehr **umstritten** ist die Verwertbarkeit, wenn der Zeuge vor der Hauptverhandlung **verstorben** ist. Insbesondere nach Meinung der Rechtsprechung darf in diesem Fall eine ohne vorherige Belehrung gemachte Aussage grds. verlesen werden,[319] es sei denn, dass der Zeuge im weiteren Verlauf des Strafverfahrens die Aussageverweigerung erklärt hat.[320] Das Gleiche soll gelten, wenn der **Aufenthalt** des Zeugen **nicht ermittelt werden kann.**[321] Weitergehend ist die Verwertung solcher Aussagen grds. zu verneinen, weil entgegen der Ansicht des BGH der Verstoß gegen die Belehrungspflicht mit dem Tod oder dem Verschwinden des Zeugen nicht unerheblich, sondern irreparabel wird.[322] Anders verhält es sich in dem einen wie dem anderen Fall bei ordnungsgemäßer Belehrung.[323] Auch wenn der Zeuge aus anderen Gründen in der Hauptverhandlung nicht vernommen werden kann, so ist die Verlesung der Niederschrift einer ohne vorherige Belehrung gemachten Aussagen unzulässig (vgl. Erl. zu § 251). 55

Fraglich ist, ob eine **Fernwirkung** des Verwertungsverbotes anzunehmen ist, wenn aufgrund der Angaben des nicht belehrten Zeugen weitere Ermittlungen angestellt und andere Beweise aufgefunden werden.[324] 56

V. Revision

1. Allgemeines. Der **Angeklagte** kann als Familienangehöriger des Zeugen Verstöße gegen § 52 (Rn. 3 ff.) mit der Revision rügen, weil der Schutzzweck der Norm nicht allein in der Rücksicht auf den Zeugen, sondern auch in der **Rücksicht auf die Familie** besteht (Rn. 1).[325] Nach h.M. können auch **Mitangeklagte** Gesetzesverstöße bei der Anwendung des § 52 rügen, soweit die Zeugenaussage ihnen gegenüber verwertet wurde und sich das Zeugnisverweigerungsrecht auch auf sie betreffende Sachverhalte erstreckte, also unteilbar war (Rn. 18 f.).[326] 57

2. Unrichtige Annahme eines Zeugnisverweigerungsrechts. Die Revision kann darauf gestützt werden, dass das Gericht den Zeugen irrtümlich für weigerungsberechtigt gehalten und entsprechend belehrt hat und der Zeuge daraufhin die Aussage verweigert hat.[327] War der seine Aussage verweigernde Zeuge bei der Hauptverhandlung anwesend, 58

---

319 BGHSt **22** 35 = JR **1968** 429 m. abl. Anm. *Peters*; BGH bei *Dallinger* MDR **1966** 384; OLG Nürnberg HESt **3** 40; LR/*Dahs*[25] 54; *Dahs/Dahs* 272; **a.A.** *Roxin/Schünemann* § 24, 43; *Gössel* § 25 II b 2; *Michaelis* NJW **1969** 730; *Fezer* JuS **1978** 330.

320 OLG Celle NJW **1968** 415; KK/*Bader* 39; *Schmitt*/Köhler § 252, 2; *Foth* StraFo **2004** 383.

321 BGHSt **25** 176; KK/*Diemer* § 252, 12; *Schmitt*/Köhler § 252, 17; *Hanack* JR **1977** 433.

322 Vgl. *Peters* JR **1968** 429; *Fezer* JuS **1978** 330.

323 *Schmitt*/Köhler § 252, 17; *Hanack* JR **1977** 433; in den Entscheidungen BGHSt **25** 176 und **27** 139 hat der BGH die Frage der Verwertbarkeit bei fehlerhafter Belehrung offengelassen; Vgl. auch KK/*Diemer* § 252, 12: der Zeuge soll nicht durch Verheimlichen seines Aufenthalts das Verfahren beeinflussen können.

324 Dagegen OLG Köln NZV **2001** 137; KK/*Bader* 39; *Schmitt*/Köhler 32; SSW/*Eschelbach* 68; Alsberg/*Güntge* 930; *Nüse* JR **1966** 283; **a.A.** SK/*Rogall* 88; *Henkel* 271 Fn. 41; *Schwarze* GerS **21** (1869) 71; zum Problem der „Fernwirkung" vgl. Erl. zu § 136.

325 Vgl. SK/*Rogall* 96; SSW/Eschelbach 69.

326 BGHSt 7 196; **27** 141; BGH bei *Dallinger* MDR **1973** 902; **1979** 953; bei *Pfeiffer/Miebach* NStZ **1983** 354; NJW **1984** 136; StV **1988** 89; RGSt **16** 154; RG JW **1936** 3009; RG HRR **1933** 262; *Schmitt*/Köhler 34; KK/*Bader* 49; SK/*Rogall* 97; SSW/*Eschelbach* 69; *Gössel* § 25 IIb 2; *Schöneborn* NJW **1974** 535.

327 RGSt **32** 157; RG Recht **1928** Nr. 213; OGHSt **2** 174; BGH bei *Pfeiffer/Miebach* NStZ **1983** 354; KK/*Bader* 47; SSW/*Eschelbach* 74; *Eb. Schmidt* 22; *Hamm* 832; *Schlüchter* 487; *Dahs/Dahs* 272.

ist § 245 verletzt,[328] war er dies nicht, § 244 Abs. 2. Die Entscheidung, ob das Urteil auf einer Verletzung des § 245 Abs. 1 beruht, kann nur aufgrund aller im Einzelfall in Betracht kommenden Umstände getroffen werden; eine allgemeine Rechtsregel derart, dass das Beruhen bei der Nichtvernehmung eines Zeugen kaum jemals auszuschließen sei, gibt es nicht.[329] Sagt der Zeuge trotz der falschen Belehrung aus, so wird das Urteil i.d.R. nicht auf dem Verfahrensverstoß beruhen.[330] Ein Irrtum des Gerichts über die Grundlagen des Zeugnisverweigerungsrechts (etwa Verwandtschaft statt Schwägerschaft) ist unschädlich, wenn die Belehrung beide Verweigerungsgründe deckt.[331] In den Fällen der falschen Belehrung ist die Revision auch dann möglich, wenn der Beschwerdeführer gegen die Belehrung durch den Vorsitzenden nicht nach § 238 Abs. 2 das Gericht angerufen hat,[332] weil der Vorsitzende bei der Prüfung, ob ein Zeugnisverweigerungsrecht vorliegt, grds. keinen Beurteilungs- und keinen Ermessensspielraum hat; dies kommt allenfalls beim Verlöbnis in Betracht (Rn. 7 und 59 a.E.).[333]

59 **3. Unrichtige Verneinung eines Zeugnisverweigerungsrechts.** Verneint der Richter irrig ein Weigerungsrecht des Zeugen und sagt der Zeuge aus, so kann dies ebenso gerügt werden wie das Unterlassen der Belehrung (Rn. 61). Einer Beanstandung gem. **§ 238 Abs. 2** bedarf es nicht, weil der Mangel nicht in der unrichtigen Belehrung liegt, sondern darin, dass das Gericht die durch den Verfahrensverstoß gewonnene Aussage bei der Entscheidung berücksichtigt hat.[334] Das **Beruhen** des Urteils auf dem Fehler ist allerdings auszuschließen, wenn sich feststellen lässt, dass der Zeuge ohnehin ausgesagt hätte, oder wenn die Aussage das Urteil mit Sicherheit nicht zum Nachteil des Beschwerdeführers beeinflusst haben kann.[335] Zur Klärung der Frage, ob der Zeuge auch ohne Belehrung ausgesagt hätte und mithin das Urteil auf der fehlenden Belehrung nicht beruht, kann außer auf das angefochtene Urteil auch auf den Akteninhalt zurückgegriffen werden, der bis zur Urteilsverkündung entstanden ist.[336] Eine in die Hauptverhandlung eingeführte **Bewertung des Vorsitzenden** einer Strafkammer, eine Zeugin sei mit dem Angeklagten nicht verlobt, kann von diesem nur dann zur Grundlage einer Verfahrensrüge gemacht werden, wenn er eine Entscheidung des Gerichts gem. § 238 Abs. 2 herbeigeführt hat.[337]

60 **4. Unterlassene Einholung der nach § 52 Abs. 2 erforderlichen Zustimmung des gesetzlichen Vertreters.** Die Revision kann mit der Verfahrensrüge darauf gestützt werden, dass der Richter die Prüfung unterlassen hat, ob nach § 52 Abs. 2 die Zustimmung des gesetzlichen Vertreters erforderlich ist.[338] Die Rüge, der Vorsitzende habe die Verstandesreife des **minderjährigen Zeugen** nicht geprüft oder unzutreffend bejaht, setzt eine

---

328 BGH StV **1993** 235 m.w.N.; BGH HRRS **2013** Nr. 147; *Schmitt*/Köhler 35; MüKo/*Kreicker* 81; SK/*Rogall* 100; vgl. Erl. zu § 245.

329 BGH NStZ **1981** 93; KK/*Bader* 47.

330 BGH bei *Holtz* MDR **1979** 806; KK/*Bader* 47.

331 *Eb. Schmidt* 22.

332 LR/*Dahs*[25] 56; *Schmitt*/Köhler 35; SK/*Rogall* 98.

333 Vgl. BGH NStZ **2007** 230 zur unrichtigen Belehrung über das Auskunftsverweigerungsrecht nach § 55 (§ 55, 40).

334 BGHSt **42** 77; *Rilk* JW **1937** 886; **a.A.** RGSt **71** 21.

335 KK/*Bader* 47 unter Hinweis auf BGH Beschl. v. 19.7.2000 – 5 StR 274/00.

336 KK/*Bader* 47 unter Hinweis auf BGH Beschl. v. 19.7.2000 – 5 StR 274/00.

337 BGHSt **55** 65.

338 BGHSt **14** 161; BGH StV **1997** 169 ausführlich zu den Anforderungen an den Revisionsvortrag; KK/*Bader* 48; SK/*Rogall* 101; *Orlowsky* 180.

Anrufung des Gerichts nach **§ 238 Abs. 2** voraus.[339] Hat der Tatrichter die Prüfung vorgenommen, so prüft das Revisionsgericht sie nur auf Rechtsfehler.[340] Die Beurteilung der Frage, ob der Zeuge die erforderliche Verstandesreife oder -kraft hat, ist nur eingeschränkt nachprüfbar.[341]

5. Unterlassen der nach § 52 Abs. 3 gebotenen Belehrung. Ist die durch § 52 Abs. 3 Satz 1 vorgeschriebene Belehrung des Betroffenen oder seines gesetzlichen Vertreters[342] unterblieben, so begründet das die Revision, wenn der Zeuge ausgesagt hat und nicht ausgeschlossen werden kann, dass das Urteil auf seinen Bekundungen beruht.[343] Ob dem Gericht das Angehörigenverhältnis überhaupt bekannt war, spielt keine Rolle.[344] Die Aussage ist auch dann unverwertbar, wenn sich der Zeuge selbst als mit dem Angeklagten nicht verwandt oder verschwägert bezeichnet hat, denn es kommt allein auf die objektive Sachlage an.[345] Die Rüge ist jedoch nur dann zulässig erhoben, wenn die Tatsachen vorgetragen werden, aus denen sich das behauptete Angehörigenverhältnis ergibt.[346] Wurde die Belehrung nur deshalb unterlassen, weil der Zeuge auf Nachfrage ein bestehendes **Verlöbnis** mit dem Beschuldigten verneint hat, dann soll nach einem obiter dictum des BGH bereits das Bestehen des Zeugnisverweigerungsrechts an sich fraglich sein; auf eine Belehrung nach § 52 Abs. 3 käme es demnach nicht an (näher Rn. 7).[347] Das **Beruhen** des Urteils auf dem Unterlassen der Belehrung ist aber **ausgeschlossen**, wenn der Mangel noch in der Hauptverhandlung geheilt worden ist (Rn. 52), oder wenn der Zeuge oder der gesetzliche Vertreter sein Recht zur Verweigerung des Zeugnisses gekannt hat.[348] Am Beruhen soll es ferner fehlen, wenn das Revisionsgericht vor dem Hintergrund der in den Urteilsgründen getroffenen Feststellungen und Wertungen sicher ausschließen kann, dass das Instanzgericht bei einem Gebrauch des Zeugnisverweigerungsrechts nach ordnungsgemäßer Belehrung zu einer dem Angeklagten günstigeren Bewertung des Beweisergebnisses gekommen wäre.[349] Auf der unterlassenen Belehrung nach § 52 beruht das Urteil je nach Lage des Falles auch dann nicht, wenn der Zeuge nach § 55 belehrt worden ist und trotzdem ausgesagt hat.[350] 61

6. Sonstiges. Ein Verstoß gegen die **Grundsätze der Beweiswürdigung** bei vollständiger oder teilweiser Ausübung des Zeugnisverweigerungsrechts (Rn. 40 ff.) wird auf die Verfahrensrüge hin beachtet. Wird eine Feststellung auf die Aussage einer Zeugin vom Hörensagen – vernehmende Ermittlungsrichterin – gestützt, muss das Urteil neben den 62

339 BGH StV **2000** 185; SK/*Rogall* 101; KK/*Bader* 48.
340 BGHSt **22** 266.
341 BGH NStZ **2012** 578 m. Anm. *Eisenberg*; vgl. OLG Stuttgart NJW **1971** 2238; **a.A.** AK/*Kühne* 2 seinerseits mit unzutreffendem Verständnis von OLG Stuttgart NJW **1971** 2238.
342 Vgl. BGHSt **12** 243 – GrSSt; **14** 160; **a.A.** für den gesetzlichen Vertreter: *Orlowsky* 181.
343 BGH NStZ **2022** 126; BGH StraFo **2006** 492; BGHSt **6** 280; **9** 39; RGSt **2** 192; **9** 386; **18** 42; **20** 187; RGRspr. 2 217; RG JW **1936** 3009; **1938** 2270; DJ **1940** 940; DR **1939** 988; HRR **1940** 653; KK/*Bader* 46; MüKo/*Kreicker* 80; SSW/*Eschelbach* 72; *Gössel* § 25 II a 2; *Dahs/Dahs* 272; *Gossrau* MDR **1958** 470; *Amelung* 432.
344 BGH StV **1988** 89; RGRspr. 7 346; **9** 129; RG Recht **1920** Nr. 525; KK/*Bader* 46; *Eb. Schmidt* 21; *von Kries* 358; *Hamm* 831; **a.A.** RGSt **16** 214.
345 BGH NStZ **2006** 647; **2010** 452.
346 OLG Frankfurt NStZ-RR **2007** 241.
347 BGHSt **48** 294, 300 = NJW **2003** 2619 m. krit. Anm. *Eisenberg/Zötsch* NJW **2003** 3676.
348 BGH NStZ-RR **2004** 18; RG JW **1934** 2914; OLG Oldenburg MDR **1967** 607; KK/*Bader* 46; *Schmitt*/Köhler 34; **a.A.** *R. Hauser* 153.
349 BGH NStZ **2012** 340; vgl. BGH NStZ **2012** 221.
350 Vgl. BGH NStZ **1984** 464; vgl. BGH NStZ **2012** 221.

wiedergegebenen früheren Aussageinhalten auch eine Würdigung der **Glaubhaftigkeit** der sich auf § 52 StPO berufenden Person und der Glaubwürdigkeit ihrer Angaben enthalten.[351] Eine **unzulässige Verwertung** von Aussagen des Zeugen durch das Gericht bei vollständiger oder teilweiser (berechtigter) Ausübung des Zeugnisverweigerungsrechtes (Rn. 39) oder infolge unterlassener Belehrung (Rn. 53 ff.) begründet nach zutreffender Ansicht bereits die Sachrüge,[352] wenn sich der Fehler unmittelbar aus dem Urteil ergibt und das Urteil darauf beruht. Allerdings wird teilweise (auch) eine Verfahrensrüge für erforderlich gehalten,[353] so dass diese ebenfalls erhoben werden sollte. Einem Verwertungsverbot unterfallen auch Spontanäußerungen des Zeugen über seine **Gründe für die Zeugnisverweigerung**.[354]

63 7. **Weitere Fehler.** Eine **unzulässige Einwirkung** auf den Zeugen im Hinblick auf die Ausübung bzw. Nichtausübung des Zeugnisverweigerungsrechts (Rn. 23, 32) begründet die Besorgnis der **Befangenheit**, die insoweit fehlerhafte Ablehnung eines Befangenheitsgesuchs begründet die Verfahrensrüge gem. § 338 Nr. 3.[355] Ferner stellt eine solche unzulässige Einwirkung eine Verletzung des § 52 Abs. 3 Satz 1 dar.[356] Um einen Fall einer **fehlerhaften Belehrung** handelt es sich, wenn der Richter die Belehrung zu Unrecht einem Dritten überlässt (Rn. 46).[357] Auch eine **unzureichende Belehrung** (Rn. 48) kann als Verletzung des § 52 Abs. 3 Satz 1 gerügt werden.[358] Die **Aufklärungspflicht** nach § 244 Abs. 2 kann verletzt sein, wenn das Gericht z.B. die irrige Ansicht des Zeugen, die Zeugnisverweigerung schließe die Verwertung einer früheren Aussage völlig aus, nicht ausräumt oder es sonst unterlässt, den Zeugen über Rechtstatsachen zu unterrichten, die als Grundlage der gebotenen freien und unbeeinflussten Entschließung des Zeugen über die Ausübung seiner Zeugnisverweigerungsrechts von Bedeutung sein können (Rn. 48).[359] Die Aufklärungspflicht kann möglicherweise auch verletzt sein, wenn das Gericht es unterlässt, die Bestellung eines Ergänzungspflegers zu beantragen, um bei Interessenkonflikt des oder der gesetzlichen Vertreter/s die nach Absatz 2 erforderliche Zustimmung zu erwirken (Rn. 32).[360]

§ 53
Zeugnisverweigerungsrecht der Berufsgeheimnisträger

(1) [1]Zur Verweigerung des Zeugnisses sind ferner berechtigt
1. **Geistliche über das, was ihnen in ihrer Eigenschaft als Seelsorger anvertraut worden oder bekanntgeworden ist;**
2. **Verteidiger des Beschuldigten über das, was ihnen in dieser Eigenschaft anvertraut worden oder bekanntgeworden ist;**

351 BGH NStZ **2023** 697, Rn. 10.
352 BGH NStZ **1981** 70; StV **1987** 5; KK/*Bader* 50; MüKo/*Kreicker* 84; SK/*Rogall* 102; SSW/*Eschelbach* 70; vgl. *Eisenberg* (Beweisrecht) 911.
353 BGH NStZ **1992** 448; krit. *Dahs/Langkeit* NStZ **1993** 213, 215.
354 BGHSt **6** 279.
355 BGHSt **1** 34.
356 BGH NStZ **1989** 440.
357 BGHSt **9** 195.
358 BGH NStZ **1990** 188.
359 BGHSt **21** 12.
360 So wohl *Schweckendieck* NStZ **2008** 541.

3. Rechtsanwälte und Kammerrechtsbeistände, Patentanwälte, Notare, Wirtschaftsprüfer, vereidigte Buchprüfer, Steuerberater und Steuerbevollmächtigte, Ärzte, Zahnärzte, Psychotherapeuten, Psychologische Psychotherapeuten, Kinder- und Jugendlichenpsychotherapeuten, Apotheker und Hebammen über das, was ihnen in dieser Eigenschaft anvertraut worden oder bekanntgeworden ist; für Syndikusanwälte (§ 46 Absatz 2 der Bundesrechtsanwaltsordnung) und Syndikuspatentanwälte (§ 41a Absatz 2 der Patentanwaltsordnung) gilt dies vorbehaltlich des § 53a nicht hinsichtlich dessen, was ihnen in dieser Eigenschaft anvertraut worden oder bekanntgeworden ist;
3a. Mitglieder oder Beauftragte einer anerkannten Beratungsstelle nach den §§ 3 und 8 Absatz 1 des Schwangerschaftskonfliktgesetzes über das, was ihnen in dieser Eigenschaft anvertraut worden oder bekanntgeworden ist;
3b. Berater für Fragen der Betäubungsmittelabhängigkeit in einer Beratungsstelle, die eine Behörde oder eine Körperschaft, Anstalt oder Stiftung des öffentlichen Rechts anerkannt oder bei sich eingerichtet hat, über das, was ihnen in dieser Eigenschaft anvertraut worden oder bekanntgeworden ist;
4. Mitglieder des Deutschen Bundestages, der Bundesversammlung, des Europäischen Parlaments aus der Bundesrepublik Deutschland oder eines Landtages über Personen, die ihnen in ihrer Eigenschaft als Mitglieder dieser Organe oder denen sie in dieser Eigenschaft Tatsachen anvertraut haben, sowie über diese Tatsachen selbst;
5. Personen, die bei der Vorbereitung, Herstellung oder Verbreitung von Druckwerken, Rundfunksendungen, Filmberichten oder der Unterrichtung oder Meinungsbildung dienenden Informations- und Kommunikationsdiensten berufsmäßig mitwirken oder mitgewirkt haben.

[2]Die in Satz 1 Nr. 5 genannten Personen dürfen das Zeugnis verweigern über die Person des Verfassers oder Einsenders von Beiträgen und Unterlagen oder des sonstigen Informanten sowie über die ihnen im Hinblick auf ihre Tätigkeit gemachten Mitteilungen, über deren Inhalt sowie über den Inhalt selbst erarbeiteter Materialien und den Gegenstand berufsbezogener Wahrnehmungen. [3]Dies gilt nur, soweit es sich um Beiträge, Unterlagen, Mitteilungen und Materialien für den redaktionellen Teil oder redaktionell aufbereitete Informations- und Kommunikationsdienste handelt.

(2) [1]Die in Absatz 1 Satz 1 Nr. 2 bis 3b Genannten dürfen das Zeugnis nicht verweigern, wenn sie von der Verpflichtung zur Verschwiegenheit entbunden sind. [2]Die Berechtigung zur Zeugnisverweigerung der in Absatz 1 Satz 1 Nr. 5 Genannten über den Inhalt selbst erarbeiteter Materialien und den Gegenstand entsprechender Wahrnehmungen entfällt, wenn die Aussage zur Aufklärung eines Verbrechens beitragen soll oder wenn Gegenstand der Untersuchung

1. eine Straftat des Friedensverrats und der Gefährdung des demokratischen Rechtsstaats oder des Landesverrats und der Gefährdung der äußeren Sicherheit (§§ 80a, 85, 87, 88, 95, auch in Verbindung mit § 97b, §§ 97a, 98 bis 100a des Strafgesetzbuches),
2. eine Straftat gegen die sexuelle Selbstbestimmung nach den §§ 174 bis 174c, 176a, 176b, 177 Absatz 2 Nummer 1 des Strafgesetzbuches oder
3. eine Geldwäsche nach § 261 des Strafgesetzbuches, deren Vortat mit einer im Mindestmaß erhöhten Freiheitsstrafe bedroht ist,

ist und die Erforschung des Sachverhalts oder die Ermittlung des Aufenthaltsortes des Beschuldigten auf andere Weise aussichtslos oder wesentlich erschwert wäre. [3]Der Zeuge kann jedoch auch in diesen Fällen die Aussage verweigern, soweit sie zur Offenbarung der Person des Verfassers oder Einsenders von Beiträgen und Unterla-

gen oder des sonstigen Informanten oder der ihm im Hinblick auf seine Tätigkeit nach Absatz 1 Satz 1 Nr. 5 gemachten Mitteilungen oder deren Inhalts führen würde.

Schrifttum

Albrecht Der Umfang einer Schweigepflichtentbindung durch Attestvorlage bei Gericht, ZIS **2013** 181; *Amelung* Grenzen der Beschlagnahme notarieller Unterlagen, DNotZ **1984** 195; *Badewitz* Der Zeugniszwang gegen die Presse (1952); *Baier* Strafprozessuale Zeugnisverweigerungsrechte außerhalb der Strafprozeßordnung als Ergänzung der §§ 52ff. StPO, Diss. Erlangen 1995; *ders.* Verfassungsunmittelbare Zeugnisverweigerungsrechte bestimmter Berufsgruppen als Gebot des Persönlichkeitsschutzes? JR **1999** 495; *Bappert* Das Zeugnisverweigerungsrecht des Redakteurs, AfP **1961** 165; *Bartsch* Ärztliche Schweigepflicht und Zeugnisverweigerungsrecht im Strafprozeß – eine Darstellung der Verhältnisse der materiellen zu den prozessualen Vorschriften, Diss. München 1972; *Baumann* Die Auseinanderentwicklung des Prozeßrechts, dargestellt am Beispiel der Beachtung der Verschwiegenheitspflicht bei der Zeugenvernehmung, FS Baur (1981) 187; *ders.* Et respice finem – Ein Beitrag zum Zeugnisverweigerungsrecht von Geistlichen nach § 53 I Nr. 1 StPO – BGH NJW 1990, 3283, JuS **1991** 466; *Bauwens* Beschlagnahme von Buchführungsunterlagen beim Steuerberater, wistra **1985** 179; *Berg* Fahndung und Ermittlung mit Hilfe der Medien, AfP **1989** 445; *Bergmann* Anmerkung zu BVerfG 15.1.75 (Kein Zeugnisverweigerungsrecht für Tierärzte), DÖV **1975** 637; *Beulke* Ist die „Babyklappe" noch zu retten? FS Herzberg (2008) 605; *ders.* Zeugnisverweigerungsrechte im Zusammenhang mit der anonymen Kindesabgabe, FS Schünemann (2014) 859; *Blau* Schweigepflicht und Schweigerecht der Fachpsychologen, NJW **1973** 2234; *Bockelmann* Strafrecht des Arztes (1968); *Bosbach* Der Verteidiger als Zeuge, StraFo **2011** 172; *Bosch* Grundsatzfragen des Beweisrechts (1963); *Brauns* Strafverfahrensrecht – Umfang des Zeugnisverweigerungsrechts des Arzthelfers – Begleitumstände der Krankenhausaufnahme eines Patienten – geschützter Personenkreis – Revisionsrüge des Nicht-Patienten, JA **1985** 548; *Brenner* Die Bedeutung der Rechtsprechung für das steuerrechtliche Ermittlungsverfahren, StuW **1987** 57; *Bringewat* Zeugnisverweigerungsrecht und Beschlagnahmeprivileg des Verteidigers, NJW **1974** 1740; *Corbo* Strafprozessuales Zeugnisverweigerungsrecht für Insolvenzverwalter, Diss. Kiel 2020; *Cramer* Das Zeugnisverweigerungsrecht von Presse und Rundfunk (1968); *Dahs* Die Entbindung des Rechtsanwalts von der Schweigepflicht im Konkurs der Handelsgesellschaft, FS Kleinknecht (1985) 63; *Damir-Geilsdorf/Eckert/Klinkhammer/Knecht/Menzfeld/Schiffauer/Zillinger* Es braucht ein Zeugnisverweigerungsrecht für Wissenschaftler_Innen, VerfBlog **2020**/11/23; *Danzer* Das Recht der Zeugnisverweigerung im Strafprozeß, Diss. Würzburg 1930; *Delitz* Zeugnisverweigerungsrecht und Beschlagnahmeprivileg der Presse unter besonderer Berücksichtigung des angloamerikanischen Rechts, Diss. München 1976; *ders.* Zweifelsfragen zum neuen Zeugnisverweigerungsrecht der Presse, AfP **1976** 106; *Dencker* Bemerkung zu Geppert DAR 1981 301 (Beschlagnahme von Schadenakten privater Haftpflichtversicherer im Strafprozeß), NStZ **1982** 459; *ders.* Bemerkung zu Kühne in JZ 1981 467 (Die begrenzte Aussagepflicht des ärztlichen Sachverständigen vor Gericht nach § 53 I Nr. 3, § 203 I Nr. 1 StPO), NStZ **1982** 460; *Ebermayer* Arzt und Patient (1924); *Erkel* Strafrechtlicher Schutz der Informationsquellen in Presse und Rundfunk, München (1975); *Eser/Schumann/Gollner* (Hrsg.) Forschung im Konflikt mit Recht und Ethik. Zur Problematik des Zeugnisverweigerungsrechts – Strafrechtliche Immunität und freier Datenzugang des Forschers (1976); *Fassbach/Hülsberg/Stamer* Hinweisgeberschutz durch Vertrauensanwälte, CB **2022** 151; *Fezer* Grundfälle zum Verlesungs- und Verwertungsverbot im Strafprozeß, JuS **1978** 472; *Fischerdick* Die Zeugnisverweigerungsrecht von Geistlichen und kirchlichen Mitarbeitern (2006); *Foth* Zur Schweigepflicht der freien Sozialdienste im Strafprozeß, JR **1976** 7; *Freund* Verurteilung und Freispruch bei Verletzung der Schweigepflicht eines Zeugen, GA **1993** 49; *Frey* Zur Frage des ärztlichen Zeugnisverweigerungsrechtes, FS Pfenniger (1976) 41; *Frister* Entbindung von ärztlicher Schweigepflicht durch den gesetzlichen Vertreter, FS Rogall 473; *Fuss* Pressefreiheit und Geheimnisschutz, NJW **1962** 2225; *Gabrian* Das Zeugnisverweigerungsrecht der Abgeordneten, Diss. Köln 1953; *Gehrhardt* Das neue Zeugnisverweigerungsrecht der Publizisten, AfP **1975** 843; *ders.* Vermeintliche und wirkliche Mängel des neuen Zeugnisverweigerungsrechts, AfP **1975** 892; *ders.* Zur Unbeschränktheit des Zeugnisverweigerungsrechtes der Mitarbeiter von Presse und Rundfunk, MDR **1976** 461; *ders.* Einschränkung des Zeugnisverweigerungsrechts der Publizisten durch die Rechtsprechung, AfP **1979** 234; *ders.* Grundgesetz und publizistisches Zeugnisverweigerungsrecht – zum Problem des Ausschluß des Zeitungsartikels aus dem Zeugnisverweigerungsrecht, Film und Recht **1975** 154; *Geppert* Der Zeugenbeweis (Schluß), Jura **1991** 132; *ders.* Die ärztliche Schweigepflicht im Strafvollzug (1983); *Giesen* Der Zeugniszwang gegen die Presse (1906); *Glauben* Beschlagnahme von Filmmaterial für polizeiliche Ermittlungen, DRiZ **1988** 352; *Gollner* Aussageverweigerungsrecht und Immunität, in: Eser/Schumann/Gollner Forschung im Konflikt mit Recht und Ethik, 241; *Göppinger* Die Entbindung von der Schweigepflicht und die Herausgabe oder Beschlagnahme von Krankenblättern, NJW **1958** 241; *Gössel* Medienfreiheit und Strafverfolgung, Schriftenreihe des Instituts für Rundfunkrecht an der Universität Köln Band 38 (1985); *Greiner* Wohnortangabe von Polizeibeamten als Zeugen vor Gericht, Kriminalistik **1979** 522; *Grohmann/Schulz* Polizeibeamte als Zeugen vor Gericht, DAR **1980** 74; *K.-H. Groß* Verteidiger, Abgeordnete und Journalisten als verbotene unfreiwillige Medien zur strafprozessualen Aufklärung, StV **1996** 559; *R. Groß* Zum Zeugnisverweigerungsrecht der Mitarbeiter von Presse und Rundfunk, FS Schiedermair (1976) 223; *Gross* Zum journalistischen Zeugnisverweigerungsrecht, Kriminalistik **1964** 121; *ders.* Zeugnisverweigerungsrecht und Beschlagnahmeprivileg, AfP **1965** 542; *ders.* Neuregelung des journalistischen Zeugnisverweigerungsrechts, NJW **1975** 1763; *Grünwald* Beweisverbote und Verwertungsverbote im Strafverfahren, JZ **1966** 489; *Gülzow* Beschlagnahme von Unterlagen der Mandanten bei deren Rechtsanwälten, Wirtschaftsprüfern, Steuerberatern, NJW **1981** 265; *Haars* Das Verhältnis zwischen Gutachter und Beschuldigtem im Vergleich zum Arzt-Patient-Verhältnis, Diss. Kiel 1978; *Händel* Zeugnisverweigerungsrecht für Betriebsräte (Anm. zu BVerfG 19.1.79), DNP **1979** 224; *Haas* Zeugnisverweigerungsrecht des Geistlichen, NJW **1990** 3253; *Hackel* Drittgeheimnisse innerhalb der ärztlichen Schweigepflicht, NJW **1969** 2257; *Haffke* Schweigepflicht, Verfahrensrevision und Beweisverbot, GA **1973** 65; *Hamm* Vom Grundrecht der Medien auf das Fischen im Trüben, NJW **2001** 269; *Hass* Die Grenzen des anwaltlichen Zeugnisverweigerungsrechts gemäß § 53 Abs. 1 Nr. 3 StPO, NJW **1972** 1081; *ders.* Bemerkungen zum ärztlichen Zeugnisverweigerungsrecht nach der StPO, SchlHA **1973** 42; *ders.* Bemerkungen zum Zeugnisverweigerungsrecht des Geistlichen nach der StPO, SchlHA **1973** 164; *Hassemer* Rechtsprechungsübersicht – Zeugnisverweigerungsrecht der Journalisten, JuS **1990** 503; *ders.* Beschlagnahme selbstrecherchierten Materials beim Rundfunk, JuS **1988** 491; *ders.* Das Zeugnisverweigerungsrecht des Syndikusanwalts, wistra **1986** 1; *Hauber* Der Jugendgerichtshelfer als Sozialanwalt des jugendlichen Straftäters? ZBlJugR **1980** 509; *H. P. Hauser* Das Zeugnisverweigerungsrecht im Strafverfahren, Diss. Basel 1957; *Helgerth* Der „Verdächtige" als schweigeberechtigte Auskunftsperson und selbständiger Prozeßbeteiligter neben dem Beschuldigten und dem Zeugen, Diss. Erlangen/Nürnberg 1976; *Helm* Das strafprozessuale Zeugnisverweigerungsrecht von Journalisten im amerikanischen und deutschen Recht, Diss. Erlangen/Nürnberg 1980; *Hennemann* Pressefreiheit und Zeugnisverweigerungsrecht (1978); *Heublein* Das Zeugnisverweigerungsrecht für Suchtberater, Diss. Feiburg/Br. 1991; *Hiendl* Darf bei Alkoholverkehrsdelikten der die Blutprobe entnehmende Arzt vor dem Gericht die Aussage über den klinischen Befund verweigern? NJW **1958** 2100; *Holtmeier* Presse und Rundfunkfreiheit: Zeugnisverweigerungsrecht, Beschlagnahme- und Durchsuchungsfreiheit bei selbstrecherchiertem Material? Diss. Freiburg/Br. 1992; *Hörster* Die soziale Gerichtshilfe zur Persönlichkeitserforschung, JZ **1982** 92; *Huber-Lotterschmid* Verschwiegenheitspflichten, Zeugnisverweigerungsrechte und Beschlagnahmeverbote zugunsten juristischer Personen, Diss. Berlin 2006; *Huppertz* Zeugnisverweigerungsrecht, Beschlagnahme- und Durchsuchungsverbot zugunsten des Rundfunks im Strafprozeß (1971); *Ignor* Der rechtliche Schutz des Vertrauensverhältnisses zwischen Rechtsanwalt und Mandant im Visier des Gesetzgebers, NJW **2007** 3403; *Jarass* Konflikte zwischen Polizei und Demonstranten, JZ **1983** 280; *Jung* Umfang des ärztlichen Zeugnisverweigerungsrechts, JuS **1993** 698; *E. Kaiser* Zeugnisverweigerungsrecht der Diplompsychologen, NJW **1971** 491; *G. Kaiser* Gesellschaft, Jugend und Recht (1977); *Klose* Die richterliche Kontrolle des Zeugnisverweigerungsrechts der Berufsgeheimnisträger am Beispiel des Arztes, Diss. Marburg 1976; *Klug* Presseschutz im Strafprozeß (1965); *Kohlhaas* Das Zeugnisverweigerungsrecht der Journalisten, NJW **1958** 41; *ders.* Strafrechtliche Schweigepflicht und prozessuales Schweigerecht, GA **1958** 65; *ders.* Zeugnisverweigerungsrecht des Arztes nach Entnahme einer Blutprobe? DRiZ **1959** 246; *ders.* Zum Zeugnisverweigerungsrecht der Presse, AfP **1963** 395; *ders.* Zur Schweigepflicht der Psychologen, NJW **1969** 1566; *ders.* Das Zeugnisverweigerungsrecht des Journalisten, FS Löffler (1980) 143; *Kramer* Das gespaltene Zeugnisverweigerungsrecht der Medienangehörigen in der StPO und das darauf beruhende Beschlagnahmeverbot, Kriminalistik **2004**, 256; *Krämer* Das „Verteidigungsprivileg" der §§ 97, 53 StPO im Ermittlungsverfahren nach dem GWB aus verfassungsrechtlicher Sicht, BB **1975** 1225; *Krause* Die Befugnis zur Entbindung von der beruflichen Verschwiegenheitspflicht bei Mandatsverhältnissen juristischer Personen mit Wirtschaftsprüfern (§ 53 Abs. 1 Ziff. 3, Abs. 2 StPO), FS Dahs (2005) 349; *ders.* Befugnis zur Entbindung von der Schweigepflicht bei juristischen Personen nach personellen Wechseln in den Organen, NStZ **2012** 663; *Krauß* Schweigepflicht und Schweigerecht des ärztlichen Sachverständigen im Strafprozeß, ZStW **97** (1985) 81; *Kreuzer* Aids und Strafrecht, ZStW **100** (1988) 786; *ders.* Ist das Zeugnisverweigerungsrecht von Drogenberatern brüchig? Sucht **41** (1995) 293; *Kribs/Drees* Grenzen prozessualer Aussageverpflichtung des im Strafverfahren als Zeugen vernommenen, nach § 53 II StPO von der Schweigepflicht entbundenen Geheimnisträgers, DStZ **1978** 51; *Kube/Leineweber/Banscherus* Polizeibeamte als Zeugen und Sachverständige[2] (1980); *Kühne* Zeugnisverweigerungsrecht im Strafprozeß – neue Wege für die Anwendung von Grundrechten? JuS **1973** 685; *ders.* Die begrenzte Aussagepflicht des ärztlichen Sachverständigen vor Gericht nach §§ 53 I Nr. 3 StPO, 203 I Nr. 1 StGB, JZ **1981** 647; *ders.* Nochmals: Zeugnisverweigerungsrecht von nicht in § 53 StPO erwähnten Personengruppen, insbesondere von Diplompsychologen, NJW **1971** 1438; *Kunert* Das Gesetz über das Zeugnisverweigerungsrecht der Mitarbeiter von Presse und Rundfunk, MDR **1975** 885; *ders.* Erweitertes Zeugnisverweigerungsrecht der Medienmitarbeiter. Gesetz zur Änderung der Strafprozessordnung vom 15.2.2002, NStZ **2002** 169; *Kurth* Zeugnispflicht und Postgeheimnis, NStZ **1983** 541; *Lang* Das angestrebte Zeugnisverweigerungsrecht für staatlich anerkannte Sozialpädagogen aus strafrechtlicher und verfassungsrechtlicher Sicht, Nachrichtendienst des Deutschen Vereins für öffentliche und private Fürsorge **1981** 319; *Leineweber* Zeugnisverweigerungsrecht der Mitarbeiter von Presse und Rundfunk, Deutsche Polizei **1976** 24; *ders.* Nochmals: Das Zeugnisverweigerungsrecht der Presse, AfP **1964** 405; *Lenckner* Ärztliches Berufsgeheimnis, in: Arzt und Recht (1966) 159; *ders.* Aussagepflicht, Schweigepflicht und Zeugnisverweigerungsrecht, NJW **1965** 321; *Leonhard* Das Beichtgeheimnis, seine Stellung im Strafprozeß und Strafvollzug, ZStW **26** (1906) 405; *Lisken* Pressefreiheit und Strafprozeß, ZRP **1988** 193; *Löffler* Das neue Zeugnisverweigerungsrecht und Beschlagnahmerecht im Presse- und Rundfunkbereich, AfP **1978** 84; *ders.* Lücken und Mängel im neuen Zeugnisverweigerungsrecht und Beschlagnahmerecht von Presse und Rundfunk, NJW **1978** 913; *ders.* Das neue Zeugnisverweigerungsrecht und Beschlagnahmerecht im Presse- und Rundfunkbereich, NJW **1978** 1617; *ders.* Der Zeugniszwang gegen Presse und Rundfunk, NJW **1958** 1215; *Lohmeyer* Zeugnis- und Auskunftsverweigerungsrecht des Steuerberaters, Der Steuerberater **1975** 256; *ders.* Das Auskunftsverweigerungsrecht zum Schutz bestimmter Berufsgeheimnisse, DStZ **1979** 347; *ders.* Die steuerlichen Auskunfts- und Verschwiegenheitspflichten, RWP **1990** 1196; *Matt* Das verfassungsrechtlich autonome Recht des Verteidigers auf Zeugnisverweigerung und das entsprechende Beschlagnahmeverbot, FS Widmaier (2008) 851; *D. Meyer* Zeugnisverweigerung analog §§ 53, 53a StPO auch für private Haftpflichtversicherer? MDR **1973** 812; *ders.* Noch einmal: Zur Frage einer Ausdehnung des Zeugnisverweigerungsrechts der §§ 53, 53a StPO auf private Haftpflichtversicherer, MDR **1975** 896; *J. Meyer* Zur Beschlagnahme selbstrecherchierten Materials von Journalisten, FS Tröndle (1989) 837; *Mittenzwei/Benöhr/Muth* Babyklappe und anonyme Geburt, ZRP **2002** 452; *Möhl* Das Zeugnisverweigerungsrecht der Presse im Straf- und Disziplinarverfahren (1963); *Möllering* Schutz für den Forscher und sein Objekt – Zeugnisverweigerungsrecht für Soziologen, ZRP **1977** 7; *Momberg* Die Ermittlungstätigkeit der Jugendgerichtshilfe und ihr Einfluß auf die Entscheidung des Jugendrichters, Diss. Göttingen 1982; *Müller/Pieroth/Rottmann* Strafverfolgung und Rundfunkfreiheit (1973); *Müller-Dietz* Juristische Grundlagen und Dimensionen der Schweigepflicht des Arztes, Aktuelle Probleme und Perspektiven des Arztrechts (1989); *Noll* Geheimnisschutz und Zeugnispflicht, FS Gerwig (1960) 153; *Ollendorf* Der Schutz der Recherche im strafprozessualen Zeugnisverweigerungsrecht der Medienschaffenden in der BRep Deutschland, Diss. Freiburg/Br. 1991; *Passarge* Zur Entbindung der Berufsgeheimnisträger von Zeugnisverweigerungsrechten durch juristische Personen, BB **2010** 591; *Paulus* Dogmatik der Verteidigung, NStZ **1992** 305; *Peters* Seelsorge und Strafvollzug, JR **1975** 402; *Rebmann* Beschlagnahme von terroristischen „Bekennerschreiben" bei Presseunternehmen, FS Pfeiffer (1988) 230; *Rebmann/Ott/Storz* Das baden-württembergische Gesetz über die Presse (1964); *von Rechenberg* Die Aussagepflicht des Anwalts, Kriminalistik **1956** 105; *Rehbinder* Das Zeugnisverweigerungsrecht für Journalisten im Recht der Vereinigten Staaten, Gesetzgebung und richterliche Entscheidungen, Film und Recht **1976** 289; *ders.* Rechtspolitisches zum Quellenschutz der Medien durch Zeugnisverweigerungsrecht im Strafprozeß, FS Oehler (1985) 418; *Rengier* Die Zeugnisverweigerungsrechte im geltenden und künftigen Strafverfahrensrecht, Diss. Freiburg/Br. (1977–1978) (Zeugnisverweigerungsrechte); *ders.* Zum strafprozessualen Zeugnisverweigerungsrecht des Betriebs- und Personalrats, BB **1980** 231; *Riekenbrauck* Babyklappen und Zeugnisverweigerungsrecht: Besprechung des Beschlusses des Landgerichts Köln vom 9. November 2001, NStZ 2002, 332, ZfJ **2003** 136; *Rogall* Irrtümer und Missverständnisse beim strafprozessualen Recht der Zeugnisverweigerung, FS Eisenberg (2003) 583; *Roßnagel* Recht der Mediendienste (1999); *Rotsch* Der Schutz der journalistischen Recherche im Strafprozess, Diss. Passau 2000; *Roxin* Das Zeugnisverweigerungsrecht des Syndikusanwalts, NJW **1992** 1129; *Ruth* Das Zeugnisverweigerungsrecht der Ärzte nach der StPO und der ZPO, DJZ **1913** 1198; *Sauter* Das Berufsgeheimnis und sein strafrechtlicher Schutz (1910); *Schäfer* Bemerkungen zur ärztlichen Schweigepflicht, DStR **1937** 197; *Schäfer* Die Beschlagnahme von Handelsbüchern beim Steuerberater, wistra **1985** 210; *G. Schäfer* Zum Schutz der Verteidigung gegen Zugriffe der Strafverfolgungsorgane, FS Hanack (1999) 77; *Schalt* Auskunft und Zeugnisverweigerung im Strafverfahren Suchtkranker, Suchtgefahren **1989** 136; *Scheer* Deutsches Presserecht (1966); *Scheffler* Strafvereitelung und die Grenzen des Zeugnisverweigerungsrechtes des Verteidigers, StV **1992** 299; *Schilling* Strafprozessuales Zeugnisverweigerungsrecht für Sozialarbeiter, Sozialpädagogen und Psychologen? JZ **1976** 617; *Eb. Schmidt* Der Arzt im Strafrecht (1939); *P. Schmitt* Probleme des Zeugnisverweigerungsrechts bei Beratern juristischer Personen – zugleich ein Beitrag zu der Entbindungsbefugnis des Konkursverwalters, wistra **1993** 9; *dies.* Die Berücksichtigung der Zeugnisverweigerungsrechte nach §§ 52, 53 StPO bei den auf Beweisgewinnung gerichteten Zwangsmaßnahmen, Diss. Bonn 1993; *Schmitz* Erläuterte Entscheidungen – StPO – Zeugnisverweigerungsrecht von Journalisten, JA **1990** 95; *Schneider* Zeugnisverweigerungsrecht der Geistlichkeit, DR **1937** 332; *Schulenberg* Anmerkung zu BGH, Beschluß vom 20. November 1989 2 BGs 355/89 – Journalistisches Zeugnisverweigerungsrecht, ZUM **1990** 466; *Schwalb* Beichtgeheimnis und Zeugnispflicht (1896); *Selmer* Steuerrecht und Bankgeheimnis (1981); *Simonson* Das Berufsgeheimnis der Ärzte und deren Recht zur Zeugnisverweigerung, DJZ **1904** 1014; *Solbach* Kann der Arzt von seiner Schweigepflicht entbunden werden, wenn sein Patient verstorben oder willensunfähig ist? DRiZ **1978** 204; *Stascheit* Zeugnisverweigerungsrecht nur für die Sozialarbeiter der Reichen? KJ **1975** 176; *Stein* Das strafprozessuale Schweigerecht von Seelsorgehelfern, ZevKR **1976** 418; *Stromberg* Über das Zeugnisverweigerungsrecht und die Genehmigungsbedürftigkeit von Zeugenaussagen kirchlicher Bediensteter – mit einem Ausblick auf die zu erwartende Erweiterung des § 53 StPO, MDR **1974** 892; *Timm* Grenzen der ärztlichen Schweigepflicht (1988); *Tsambikakis* Das neue Zeugnisverweigerungsrecht für Medienmitarbeiter, StraFo **2002** 145; *Tully/Kirch-Heim* Zur Entbindung von Rechtsbeiständen juristischer Personen von der Verschwiegenheitspflicht, NStZ **2012** 657; *Vogel* Zeugnisverweigerung in der Psychotherapie, NJW **1972** 2209; *Wach* Das Recht der Zeugnisverweigerung, GerS **66** (1905) 1; *Walder* Zeugnisverweigerungsrecht und Aussagepflicht des Anwaltes, Kriminalistik **1958** 32, 220; *de Wall* Der Schutz des Seelsorgegeheimnisses (nicht nur) im Strafverfahren, NJW **2007** 1856; *Fr. Walter* Zur Auskunftspflicht der Sozialarbeiter und Arbeitsämter in Ermittlungs- und Strafverfahren, NJW **1978** 868; *M. Walter* Die ermittelnden, berichtenden und beratenden Aufgaben der Jugendgerichtshilfe, ZfJ **60** (1973) 485; *Weihrauch* Zur Entbindungsbefugnis des Konkursverwalters von der Schweigepflicht, JZ **1978** 300; *Weis* Die Ausnutzung der Beforschten und das Zeugnisverweigerungsrecht des Forschers, Forschung im Konflikt mit Recht und Ethik (1976) 220; *Welp* Die Geheimsphäre des Verteidigers in ihren strafprozessualen Funktionen, FS Gallas (1973) 391; *Wessing* Zeugnisverweigerungsrecht ausländischer Strafverteidiger, wistra **2007** 171; *Wex* Diskretionspflicht und Zeugnisverweigerungsrecht des Arztes, DJZ **1905** 310; *Widmaier* Zum Zeugnisverweigerungsrecht der Berufsgeheimnisträger. Grenzen und Grenzüberschreitungen, FS Dahs (2005) 543; *Wohlers* Die Entbindung des Beraters eines Unternehmens von der Pflicht zur Verschwiegenheit, JR **2021** 245; *Würtenberger* Der Schutz des Berufsgeheimnisses und das Zeugnisverweigerungsrecht des Sozialarbeiters, GedS H. Peters (1967) 923; *Zimmer/Bertheau* Betriebsrat ohne Zeugnisverweigerungsrecht BB **2019** 2807; *Zottmann* Das Zeugnisverweigerungsrecht in den deutschen Verfahrensgesetzen, Diss. Erlangen 1960.

Entstehungsgeschichte

Die ursprüngliche Fassung der Vorschrift enthielt nur die Verweigerungsgründe des Absatzes 1 Satz 1 Nr. 1 und 2 und die der Nummer 3 mit der Beschränkung auf Rechtsanwälte und Ärzte. Durch Abschnitt A Nr. 1 des Gesetzes zur Abänderung der Strafprozeßordnung vom 27.12.1926 (RGBl. I S. 529) wurde als Absatz 1 Nr. 4 das Zeugnisverweigerungsrecht für Redakteure, Verleger und Drucker eingefügt. Diese Vorschrift wurde durch Art. 3 Nr. 17 VereinhG (1950) geändert. Art. 4 Nr. 9 des 3. StRÄndG (1953) fasste § 53 völlig neu. Dabei wurde das Zeugnisverweigerungsrecht in Absatz 1 Nr. 3 auf andere Personen als Rechtsanwälte und Ärzte erweitert und das Zeugnisverweigerungsrecht für Abgeordnete (Absatz 1 Nr. 4) und Rundfunkangehörige (Absatz 1 Nr. 6, jetzt Nr. 5) eingeführt. Die bisherige Nummer 4 des Absatzes 1 wurde als Nummer 5 neu gefasst. Art. 10 Nr. 2 StPÄG (1964) erweiterte Absatz 1 Nr. 3 auf Steuerbevollmächtigte. Durch Art. 6 Nr. 1 des 5. StrRG (1974) wurde in Absatz 1 die Nummer 3a eingefügt und Absatz 2 entsprechend ergänzt. Art. 1 Nr. 1 des Gesetzes über das Zeugnisverweigerungsrecht der Mitarbeiter von Presse und Rundfunk vom 25.7.1975 (BGBl. I S. 1973) fasste in Absatz 1 die Nummer 5 neu und strich die Nummer 6. Nachdem das Bundesverfassungsgericht das 5. StrRG teilweise für nichtig erklärt hatte (BVerfGE **39** 1), wurden die §§ 218 ff. StGB durch das 15. StrÄndG (1976) neu gefasst. Dadurch wurde eine Änderung des § 53 Abs. 1 Nr. 3a erforderlich, die jedoch lediglich in einer Anpassung an den Gesetzeswortlaut des § 218b Abs. 2 Nr. 1 StGB und in der Streichung der Bezugnahme auf die nach § 219 StGB a.F. zuständige Stelle bestand. Mit Beitritt der DDR 1990 musste Absatz 1 Nr. 3a erneut geändert werden. Im Hinblick auf die verfassungswidrige Fristenregelung der Beitrittsländer wies der Einigungsvertrag den Gesetzgeber an, bis zum 31.12.1992 eine für Gesamtdeutschland geltende, den Lebensschutz verbessernde Neuregelung zu schaffen. Durch Art. 14 Nr. 1 des daraufhin beschlossenen Schwangeren- und Familienhilfegesetzes (SFHG) vom 27.7.1992 wurde in Absatz 1 Nr. 3a die Angabe „§ 218b Abs. 2 Nr. 1 des Strafgesetzbuches" durch den Verweis auf § 3 des Gesetzes über Aufklärung, Verhütung, Familienplanung und Beratung vom 27.7.1992 ersetzt. Da das BVerfG auch das SFHG teilweise für nichtig erklärte (BVerfGE **86** 396; **88** 203), wurde § 53 Abs. 1 Nr. 3a nochmals geändert durch Art. 9 Abs. 2 des SFHÄndG vom 21.8.1995. Die 1992 vorgenommene Ersetzung wurde gestrichen und stattdessen auf die §§ 3 und 8 des Schwangerschaftskonfliktgesetzes (SchKG = geändertes Gesetz über Aufklärung, Verhütung, Familienplanung und Beratung) verwiesen. Mit Einfügung des Absatz 1 Nr. 3b wurde der langjährigen Forderung Rechnung getragen – vgl. den von der Bundesregierung schon 1974 mit dieser Zielsetzung eingebrachten Gesetzesvorschlag (BRDrucks. **384** S. 74) –, ein Zeugnisverweigerungsrecht auch für Drogenberater gesetzlich zu normieren (Art. 1 des Gesetzes zur Einführung eines Zeugnisverweigerungsrechts für Beratung in Fragen der Betäubungsmittelabhängigkeit vom 23.7.1992). Durch Art. 5 Nr. 1 des Gesetzes über die Berufe des Psychologischen Psychotherapeuten und des Kinder- und Jugendlichenpsychotherapeuten, zur Änderung des Fünften Buches des Sozialgesetzbuches und anderer Gesetze vom 16.6.1998 (BGBl. I S. 1311) wurden diese Berufe in die Nr. 3 des § 53 Abs. 1 aufgenommen. Ferner wurde diese Bestimmung durch Art. 10 Nr. 1 des Gesetzes zur Änderung der Bundesnotarordnung und anderer Gesetze vom 31.8.1998 (BGBl. I S. 2585) durch die Einfügung des letzten Satzteils erweitert, durch den das Zeugnisverweigerungsrecht der Rechtsanwälte auf andere Mitglieder einer Rechtsanwaltskammer erstreckt wurde. Durch das Gesetz zur Änderung der Strafprozessordnung vom 15.2.2002 (BGBl. I S. 682) wurde der Personenkreis der zeugnisverweigerungsberechtigten Medienmitarbeiter erweitert (auch nicht periodische Druckwerke und Filmberichte) sowie das Zeugnisverweigerungsrecht dieser Personen auf selbstrecherchiertes Material und eigene berufsbezogene Wahrnehmungen ausgedehnt. Gleichzeitig wurde durch Anfügung der Sätze 2 und 3 sowohl in Absatz 1 als auch in Absatz 2 ein detailliertes Regelwerk der Grenzen des Zeugnisverweigerungsrechts des nach Absatz 1 Satz 1 Nr. 5 zeugnisverweigerungsberechtigten Personenkreises geschaffen. Absatz 1 Satz 1 Nr. 4 wurde mit Art. 1 Nr. 1 des Gesetzes zur Änderung der StPO vom 26.6.2009 (BGBl. I S. 1597) um die Mitglieder der Bundesversammlung und der deutschen Vertreter im Europäischen Parlament ergänzt. Zugleich wurde der ohnehin obsolete Passus „oder einer zweiten Kammer" gestrichen. Durch Art. 4 des Gesetzes zur Neuordnung des Rechts der Syndikusanwälte und zur Änderung der Finanzgerichtsordnung vom 21.12.2015 (BGBl. I S. 2517) wurde Absatz 1 Satz 1 Nr. 3 2. Hs. – Beschränkung des Zeugnisverweigerungsrechts für Syndikus(patent)anwälte – eingeführt. Durch Art. 2 Abs. 5 Nr. 1 des 50. Gesetz zur Änderung des Strafgesetzbuches vom 4.11.2016 (BGBl. I S. 2460) wurde der Verweis in Absatz 2 Satz 2 Nr. 2 auf § 179 StGB durch denjenigen auf § 177 Abs. 2 Nr. 1 StGB ersetzt. Durch Art. 2 des Gesetzes zur Neuregelung des Schutzes von Geheimnissen bei der Mitwirkung an der Berufsausübung schweigepflichtiger Personen vom 30.10.2017 wurden die Wörter „Sonstige Mitglieder einer Rechtsanwaltskammer" durch das Wort „Kammerrechtsbeistände" ersetzt (BGBl. I S. 3618). Durch Art. 10 des Gesetzes zur Reform der Psychotherapeutenausbildung vom 15.11.2019 (BGBl. I S. 1604) wurde das Wort „Psychotherapeuten" eingefügt. Art. 3 Nr. 1 des Gesetzes zur Verbesserung der strafrechtlichen Bekämpfung der Geldwäsche vom 9.3.2021 (BGBl. I S. 327) fasste Absatz 2 Satz 2 Nr. 3 neu. Art. 2 Nr. 4 des Gesetzes zur Bekämpfung sexualisierter Gewalt gegen Kinder vom 16.6.2021 (BGBl. I S. 1810) ersetzt in Abs. 2 Satz 2 Nr. 2 die Angabe „§§ 174 bis 176“ durch „§§ 174 bis 174c, 176a, 176b“. Bezeichnung bis 1924: § 52.

Übersicht

Alphabetische Übersicht

I. Allgemeines

1 **1. Zweck der Vorschrift.** § 53 hat **mehrere Schutzzwecke**.[1] Die Vorschrift gibt den Angehörigen der in Absatz 1 Satz 1 Nr. 1 bis 5 genannten Berufsgruppen (sog. **Berufsgeheimnisträger oder Berufsträger**) ein **Zeugnisverweigerungsrecht** über das, was ihnen

1 Vgl. *Rengier* (Zeugnisverweigerungsrechte) 25: „Dreiheit von Individual-, Sozial- und Berufsinteresse".

in dieser Eigenschaft anvertraut oder bekannt geworden ist, in erster Linie im Hinblick auf das **Vertrauensverhältnis** zwischen ihnen und denjenigen, die sich ihnen anvertraut haben (sog. **Geheimnisträger**).[2] Das Bundesverfassungsgericht hat hierzu grundsätzlich ausgeführt, dass es sich bei den in Absatz 1 Nr. 1 bis 3b bezeichneten Berufen um Beratungs- und Heilberufe handelt, denen typischerweise die Beratung in persönlichen, rechtlichen, finanziellen und wirtschaftlichen Angelegenheiten der Ratsuchenden gemeinsam ist. Sie berühren häufiger und stärker als andere Berufstätigkeiten Bereiche, in denen schutzwürdige Geheimhaltungsinteressen des Einzelnen Beachtung finden, und sind daher in besonderem Maße davon abhängig, dass sich der Rat- und Hilfesuchende dem Berufsträger rückhaltlos anvertrauen kann, ohne befürchten zu müssen, dass dieser ihm hierbei bekanntgewordene Tatsachen oder Umstände – z.B. als Zeuge – offenbart. Die Wahrung des Geheimhaltungsinteresses ist mithin eine notwendige Vorbedingung des Vertrauens, das der Rat- und Hilfesuchende um seiner selbst willen aufbringen muss.[3] Der Vertrauensschutz besteht nicht nur im Interesse des Geheimnisträgers und des Berufsgeheimnisträgers, sondern – als notwendiger Bestandteil der **Funktionstüchtigkeit der in Absatz 1 Satz 1 genannten Berufe**[4] – auch im **Allgemeininteresse**.[5] Der Bundesgerichtshof in Strafsachen hat demgegenüber bereits in einer frühen Entscheidung[6] den Schutzzweck des § 53 insbesondere in der **Befreiung des Zeugen aus der Zwangslage eines Pflichtenwiderstreits** erblickt, nämlich zwischen der Wahrung des Vertrauens einerseits und der Berücksichtigung des allgemeinen Interesses an der Strafverfolgung andererseits. Dieser Aspekt ist bei der Auslegung des § 53 gewiss mit zu bedenken, greift aber, für sich allein genommen, aus den vorstehend genannten Gründen zu kurz. Der Schutz des Vertrauensverhältnisses schließt ferner bereits begrifflich auch den **Schutz des Geheimnisträgers** ein, der sich dem Berufsträger anvertraut hat, sei er der Beschuldigte oder ein Dritter. Als Beschuldigter hat er zwar keinen verfahrensrechtlichen Anspruch darauf, dass der Zeuge von seiner Befugnis, zu schweigen, Gebrauch macht. Als Geheimnisträger hat er aber einen verfassungsrechtlichen Anspruch darauf, dass der Staat jedenfalls den der **Menschenwürde** zugehörigen **Kernbereich privater Lebensgestaltung** – wozu die Kommunikation mit dem Geistlichen, dem Verteidiger und dem Arzt (im Einzelfall) gehört[7] – nicht antastet und im Übrigen bestehende Vertrauensverhältnisse nicht prozessordnungswidrig beeinträchtigt oder in solche ohne spezielle Legitimation (z.B. § 97 Abs. 2 Satz 3) eingreift. Die Unterschiedlichkeit der Schutzzwecke in § 53 ist ein Grund dafür, dass die Anwendung der Norm im Einzelfall Schwierigkeiten bereitet und viele Fragen aufwirft. **Allgemein** handelt es sich bei dem Zeugnisverweigerungsrecht des § 53 – und dem damit zusammenhängenden des § 53a – wie auch in den Fällen der §§ 52, 55 um eine **Befreiung von der allgemeinen Zeugnispflicht** infolge legislatorischer Interessenabwägung.[8] Das Zeugnis-

---

2 BVerfGE **32** 373 – ärztl. Patientenkartei; **33** 367 – Sozialarbeiter; **38** 312 – Tierarzt; BGHSt **9** 59; OLG Hamburg DStR **1936** 438 mit Anm. *Henkel*; OLG Koblenz NStZ **1985** 426 ff.; OLG Oldenburg NJW **2004** 2176; LG Köln NJW **1959** 1598; AK/*Kühne* 1; HK/*Gercke* 1; KK/*Bader* 1; *Eb. Schmidt* 3; *Fezer* 15/13; *Rilk* JW **1937** 886; kritisch zu diesem Schutzzweck SK/*Rogall* Vor 48, 152, der einen einheitlichen Schutzzweck verneint und sich für drei Gruppen eines berufsbezogenen Zeugnisverweigerungsrechts – Angehörige der Beratungs- und Heilberufe, von Legislativorganen, der Presse – mit unterschiedlicher Zielrichtung ausspricht; vgl. auch SK/*Rogall* 5 ff.

3 BVerfGE **32** 373, 380.

4 Vgl. BVerfGE **32** 373, 380 für den Arztberuf; **110** 226 – Geldwäsche – für die anwaltliche Berufsausübung; **109** 279, 323 – sog. Großer Lauschangriff – für die Abgeordneten- und Pressetätigkeit; SK/*Rogall* 7.

5 Vgl. *Cramer* 31; *R. Hauser* 205; *Lenckner* NJW **1965** 322; *Schlüchter* 489.1; *Geppert* Jura **1991** 135.

6 BGHSt **9** 59; vgl. BGHSt **18** 146.

7 BVerfGE **109** 279, 322 f. – sog. Großer Lauschangriff.

8 Vgl. BVerfG NJW **1972** 2214, 2215.

verweigerungsrecht nach § 53 ist aber weniger umfassend als das der Angehörigen nach § 52. Es erstreckt sich in den Fällen des § 53 Abs. 1 Satz 1 Nr. 1 bis 3b nur auf Tatsachen, die dem Zeugen in seiner beruflichen Eigenschaft anvertraut oder bekanntgeworden sind; in den anderen Fällen ist es ebenfalls begrenzt. Die Vorschrift des § 53 Abs. 2 Satz 1 erlaubt dem Geheimnisträger, sei es der Beschuldigte, sei es eine andere Person, die Zeugnisverweigerungsberechtigten nach Absatz 1 Satz 1 Nr. 2 bis 3b von ihrer Verpflichtung zur Verschwiegenheit zu entbinden und sie dadurch zur Aussage zu verpflichten. Absatz 2 Satz 2 begrenzt das Zeugnisverweigerungsrecht der Medienangehörigen. Von der Zeugnispflicht des Geheimnisträgers ist das Zeugnisverweigerungsrecht nach § 53 nicht abhängig; es besteht daher auch, wenn derjenige, der von der Schweigepflicht entbinden könnte, als Zeuge vernommen wird und unbeschränkt aussagen muss.[9]

2 Die **Erscheinenspflicht des Zeugen** (§ 51, 1) wird durch § 53 **nicht berührt**.[10] Ein Antrag auf Ladung des Zeugen darf daher nicht unter Hinweis auf dessen Zeugnisverweigerungsrecht abgelehnt werden.[11] Die Vorschrift führt lediglich dazu, dass das Zeugnis nicht nach § 70 erzwungen werden darf. Das Recht, den Eid zu verweigern, sieht das Gesetz für den in § 53 bezeichneten Personenkreis nicht vor. Das Zeugnisverweigerungsrecht der Berufsträger dehnt § 53a auf ihre Gehilfen aus. § 53 gilt nach § 46 Abs. 1 OWiG auch im **Bußgeldverfahren**. Für das Beschlagnahmeverfahren wird die Vorschrift durch § 97 dahin ergänzt, dass die Schriftstücke und Gegenstände, auf die sich das Zeugnisverweigerungsrecht bezieht, grundsätzlich auch nicht beschlagnahmt werden dürfen (näher dazu Erl. zu § 97). Das Zeugnisverweigerungsrecht des § 53 wird des Weiteren „flankiert" von den § 95 Abs. 2 Satz 2, § 98a Abs. 5, § 100d Abs. 5 und § 160a (vgl. § 52, 2), die jedoch nicht zwangsläufig mit dem Zeugnisverweigerungsrecht des § 53 gleichlaufen.[12]

3 **2. Ausdehnung auf andere Berufe?** § 53 bestimmt, bei welchen Berufen nach dem Willen des Gesetzgebers der Schutz des Vertrauensverhältnisses das Allgemeininteresse an der Aufklärung von Straftaten überwiegt. Der Kreis der in Absatz 1 Satz 1 genannten Berufsträger ist nicht identisch mit den nach § 203 StGB zur Wahrung ihrer Berufsgeheimnisse verpflichteten Personen (Rn. 8 ff.). Bei denjenigen, die nicht von § 53 erfasst werden, ist die Zeugnispflicht eine gesetzliche Offenbarungspflicht mit der Folge, dass die Offenbarung des Geheimnisses nicht unbefugt erfolgt (Rn. 10). Sie sind deshalb verpflichtet auszusagen. Eine Ausdehnung des § 53 auf weitere Berufsgruppen oder auch nur im Einzelfall im Wege der Auslegung ist grundsätzlich ausgeschlossen, es sei denn, sie wäre von Verfassungs wegen unter Berücksichtigung der gesellschaftlichen Entwicklung geboten (vgl. § 52, 16).[13] Im Übrigen obliegt eine Erweiterung des Kreises der in § 53 Abs. 1 Satz 1 genannten Berufsgruppen dem Gesetzgeber, wie er dies bereits mehrfach getan hat (vgl. Entstehungsgeschichte); auch außerhalb des § 53 z.B. mit der Norm des § 6 Abs. 6 BDSG, die ein Zeugnisverweigerungsrecht für den **Bundesbeauftragten für Datenschutz** und dessen Mitarbeiter statuiert (vgl. auch § 54, 10). Allein die Tatsache, dass bestimmte Berufsgruppen auf eine vertrauensvolle Zusammenarbeit mit ihren Kunden und Auftraggebern angewiesen

---

9 BGH bei *Dallinger* MDR **1969** 723.

10 *Schmitt*/Köhler 1; MüKo/*Kreicker* 1; SSW/*Eschelbach* 2; *Eb. Schmidt* Nachtr. I Vor § 52, 13.

11 *Schmitt*/Köhler 1; MüKo/*Kreicker* 1; *Welp* FS Gallas 407.

12 S. exemplarisch BVerfG NJW **2018** 2385 – Jones Day – m.z.N.

13 Vgl. BVerfGE **33** 367, 374 ff. = JZ **1973** 780 mit Anm. *Würtenberger* (Sozialarbeiterentscheidung); BVerfG NStZ **1988** 418; vgl. auch BVerfGE **76** 363, 387; HK/*Gercke* 3; *Pfeiffer* 1; SK/*Rogall* Vor 48, 149, 159 ff. mit einer Dokumentation der dazu ergangenen BVerfG-Rspr.; krit. AK/*Kühne* 7; MüKo/*Kreicker* 4; *Rengier* (Zeugnisverweigerungsrechte) 107; LG Hamburg NStZ **1983** 182 mit Anm. *Dahs*; *Rüping* 56 mit Hinweis auf die Unpraktikabilität einer Ausweitung; vgl. auch *Geppert* Jura **1991** 135 ff. m.w.N. und Problemfällen.

sind, rechtfertigt eine Erweiterung der in § 53 bestimmten Zeugnisverweigerungsrechte mittels Auslegung nicht.[14]

Dementsprechend haben Rechtsprechung und Schrifttum die Ausdehnung des Zeugnisverweigerungsrechts des § 53 auf Angehörige anderer Berufe in der Regel **abgelehnt**,[15] so für: Bankangestellte,[16] zumal ein strafrechtlich wirkendes Bankgeheimnis im deutschen Strafprozess auch sonst grundsätzlich nicht anerkannt ist;[17] Betreuer einer „Babyklappe“;[18] Betriebsräte;[19] Diplom-Psychologen, soweit sie nicht unter Absatz 1 Satz 1 Nr. 3 fallen;[20] Eheberater;[21] Angehörige der Gerichtshilfe nach § 160 Abs. 3 Satz 2 und § 38 JGG,[22] der Jugendgerichtshilfe sowie Bewährungshelfer;[23] Krisenberater,[24] Mitarbeiter von privaten Haftpflichtversicherungen;[25] öffentlich-rechtlichen Versicherungen und Verrechnungsstellen;[26] Naturheilkundige;[27] Personalräte;[28] Schiedsmänner;[29] Sozialarbeiter;[30] Sozialpädagogen;[31] 4

14 Vgl. OLG Köln VRS **84** (1993) 101.

15 Ausnahmen: LG Hamburg NStZ **1983** 182 – für Drogenberater (anders aber BVerfG NStZ **1988**, 418), nunmehr § 53 Abs. 1 Satz 1 Nr. 3b; LG Freiburg NJW **1997** 813 – für eine Psychologin in einer Anlaufstelle für sexuell missbrauchte Frauen; vgl. auch *Baier* JR **1999** 495.

16 LG Hamburg NJW **1978** 958; LG Frankfurt NJW **1954** 690 mit Anm. *Sichtermann*; KK/*Bader* 2; *Schmitt*/Köhler 3; SSW/*Eschelbach* 11; *Schlüchter* 489.4; *Lohmeyer* JR **1970** 251; *R. Müller* NJW **1963** 836; *Selmer* 61; *Hass* SchlHA **1974** 197; vgl. aber auch BFH NJW **1993** 2831 mit Anm. *Marxen* EWiR **1993** 637, wonach Angestellte einer öffentlich-rechtlichen Sparkasse im finanzgerichtlichen Verfahren ein Zeugnisverweigerungsrecht haben.

17 LG Hamburg NJW **1978** 958; *G. Schäfer* § 65 III 3; krit. *Locher* WuB I B. 3 Bankgeheimnis 2.85.

18 LG Köln JR **2002** 171 m. zust. Anm. *Neuheuser*; SK/*Rogall* 129; *Schmitt*/Köhler 21; SSW/*Eschelbach* 25; **a.A.** *Beulke* FS Herzberg 622; *ders.* FS Schünemann 185 mit Blick auf das Interesse des Lebensschutzes des Säuglings; *Riekenbrauck* ZfJ **2003** 136.

19 BVerfG NJW **1979** 1286 mit Anm. *Rengier* BB **1980** 321; *Schmitt*/Köhler 3; KK/*Bader* 2; MüKo/*Kreicker* 5; *Schlüchter* 489.4; weitergehend *Peters* § 42 III 2bb a; kritisch *Zimmer*/*Bertheau* BB **2019** 2807.

20 KK/*Bader* 2; *Schmitt*/Köhler 3; SSW/*Eschelbach* 11; *Gössel* § 25 IIIa 2; *G. Schäfer* § 65 III 3; *Kaiser* NJW **1971** 491; *Lenckner* Arzt und Recht 167; *Blau* NJW **1973** 2234; *Vogel* NJW **1972** 2209; **a.A.** *Kohlhaas* NJW **1969** 1567; *Kühne* NJW **1971** 1438; *Schumacher* NJW **1970** 1949; *Schlüchter* 489.4.

21 BVerfGE **33** 367.

22 *Eisenberg* § 38, 30 JGG.

23 *Brunner*/*Dölling* § 38, 14 JGG; *Schmitt*/Köhler 3; *Hauber* ZBlJugR **1980** 513 f.; *Kaiser* 134 f.; *Momberg* 323/325; *Sontag* NJW **1976** 1436; *Schaffstein* 151 Fn. 4; *Walter* ZBlJugR **1973** 495; *Walter* GA **1985** 90; vgl. *Schenkel* NStZ **1995** 67.

24 Vgl. BGH NStZ **2013** 238 m. Anm. *Widmaier* (Verneinung des Zeugnisverweigerungsrechts eines Krisenberaters – Winnenden).

25 BVerfG NJW **1985** 640; MüKo/*Kreicker* 5; *Schlüchter* 489.4; *Gössel* § 25 D IIIa; *D. Meyer* MDR **1973** 812; *ders.* MDR **1975** 896; *Geppert* DAR **1981** 301; zust. *Dencker* NStZ **1982** 459; **a.A.** *Bruns* FS Maurach 484; *Meeger* VersR **1974** 945; mit Einschränkungen auch OLG Celle NStZ **1982** 393; *Rengier* (Zeugnisverweigerungsrechte) 181 will ein Zeugnisverweigerungsrecht mit Hilfe einer „großzügigen Auslegung des § 53a“ begründen.

26 *Rengier* (Zeugnisverweigerungsrechte) 181 ff.

27 KK/*Bader* 17.

28 LG Hannover NdsRpfl. **1962** 40.

29 BVerwGE **18** 58; KK/*Bader* 2; MüKo/*Kreicker* 5; SSW/*Eschelbach* 11; **a.A.** AG Werne MDR **1965** 599.

30 BVerfGE **33** 367 = JZ 1973 780 mit Anm. *Würtenberger*; *Roxin*/*Schünemann* § 26, 23; *Schlüchter* 489.4; weitergehend *Peters* § 42 III 2c bb; krit. *Kühne* JuS **1973** 685; *Foth* JR **1966** 7; *Würtenberger* GedS H. Peters 923; *Blau* NJW **1973** 2234; *Jung* MSchrKrim. **1974** 258; *Schilling* JZ **1976** 617; *Stascheit* KJ **1975** 176, s. aber zur aktuellen Diskussion Initiativstellungnahme des DAV Nr. 23/2026.

31 BVerfG NStZ **1988** 418; LG Hamburg NStZ **1983** 182 mit Anm. *Dahs*; KK/*Bader* 2; *Schlüchter* 489; *Schilling* JZ **1976** 617.

Insolvenzverwalter (vgl. Rn. 34);[32] Tierärzte.[33] Im Hinblick auf die vom Verfassungsgericht in Bezug genommene gesellschaftliche Entwicklung bedarf die Rechtsprechung im Einzelfall der Überprüfung. Eine Anwendung wurde hingegen **bejaht** für eine in einer Anlaufstelle für sexuell missbrauchte Frauen tätige Psychologin.[34]

5 **3. Ausländische Zeugnisverweigerungsrechte.** Lange Zeit war es einhellige Auffassung, dass auf Ausländer, die nach dem Recht ihres Staates ein berufliches Zeugnisverweigerungsrecht haben, § 53 generell keine analoge Anwendung findet.[35] Diese Auffassung hat im Hinblick auf die Zunahme internationaler Bezüge in Strafverfahren zutreffende Kritik[36] erfahren und bedarf insbesondere wegen der im Gebiet der EU geltenden grundsätzlichen Niederlassungsfreiheit bzw. der Erlaubnis, in anderen Staaten berufsbezogene Dienstleistungen zu erbringen, sowie im Hinblick auf Staaten, die ein „verwandtes" Rechtssystem haben, z.B. die Schweiz, der Differenzierung. Mit dem Gesetz zur Neuregelung des Schutzes von Geheimnissen bei der **Mitwirkung** Dritter an der Berufsausübung schweigepflichtiger Personen vom 30.10.20217[37] hat der Gesetzgeber partiell auf diese Entwicklungen reagiert (s. Rn. 29). Nach der hier vertretenen Auffassung ist bei ausländischen Berufsträgern die Zugehörigkeit zu den an Absatz 1 Satz 1 genannten Berufsgruppen in der Regel bereits dann gegeben, wenn sie nach ausländischem Recht vorliegt. Für den Schutz des Vertrauensverhältnisses (Rn. 1) kann es nicht darauf ankommen, dass der Berufsgeheimnisträger seinen Beruf in Deutschland ausübt und/oder hier über eine Zulassung verfügt. Freilich ist eine gewisse **Vergleichbarkeit der in- und ausländischen Berufe** erforderlich, die das Gericht ggf. freibeweislich zu überprüfen hat.[38] Im Übrigen ist aber **grundsätzlich** daran festzuhalten, dass auf ein Strafverfahren in Deutschland (nur)[39] deutsches Strafverfahrensrecht anzuwenden ist, demzufolge ein ausländischer Berufsgeheimnisträger seine Aussage **nur** verweigern darf, **wenn die Voraussetzungen des § 53 im Übrigen** vorliegen. Demnach entfällt beispielsweise das Weigerungsrecht bei den in Absatz 1 Satz 1 Nr. 2 bis 3b Genannten, wenn der Geheimnisträger sie von der Verpflichtung zur Verschwiegenheit entbindet, mag es sich auch nach ausländischem Recht anders verhalten. Anderenfalls würden Inhalt und Grenzen des Zeugnisverweigerungsrechts verwischen. Der Gesetzgeber hat ähnlich wie bei § 52 (vgl. § 52, 16) das Privileg der den Strafprozess notwendig hemmenden Verweigerung des Zeugnisses in § 53 an weitgehend formalisierte Voraussetzungen geknüpft, die von jedem Gericht leicht festgestellt werden können und keine Überzeugungsbildung, Abwägung und Bewertung erfordern (s. aber Rn. 21). Auch sollte nicht übersehen werden, dass die Vernehmung ausländischer Berufsgeheimnisträger in der Regel im Wege der Rechtshilfe durch das ausländische Gericht erfolgt, wo sie ihre berufsbedingten Rechte geltend machen können. Eine **Ausnahme** von dem vorgenannten Grundsatz ist aber dann geboten, wenn sich der nach ausländischem Recht Zeugnisverweigerungsberechtigte, bei dem die Voraussetzungen des § 53 nicht vorliegen (z.B. ein Bankmitarbeiter), durch sein Zeugnis vor dem deutschen Gericht nach ausländischem Recht strafbar machen würde (vgl. § 55, 13). Auch dies hat das Gericht im Einzelfall zu prüfen.

---

32 LG Ulm NJW **2007** 2056 mit Anm. *Schork*.

33 BVerfGE **38** 312 = DÖV **1975** 637 mit Anm. *Bergmann*; KK/*Bader* 2, 17; *Schmitt*/Köhler 3; *Rengier* (Zeugnisverweigerungsrechte) 175.

34 LG Freiburg NJW **1997** 813; krit. *Baier* JR **1999** 495.

35 Vgl. LR/*Dahs*[25] 1, 29, 31.

36 *Schubarth* ZStW **105** [1993] 367; zu ausländischen Strafverteidigern *Wessing* wistra **2007** 171.

37 BGBl. I 3618; s. auch BTDrucks. **18** 12940.

38 Vgl. hinsichtlich ausländischer Strafverteidiger *Wessing* wistra **2007** 172.

39 Zu denkbaren Einschränkungen durch das Europäische Recht vgl. LG Bonn wistra **2006** 396.

Es spricht nichts dagegen, die vorstehenden ebenso klaren wie praktikablen Maßgaben auch auf **Berufsgeheimnisträger aus dem Bereich der Europäischen Gemeinschaften** anzuwenden. Demzufolge findet § 53 grundsätzlich Anwendung, sofern sie vor einem deutschen Gericht über das aussagen sollen, was ihnen in ihrer beruflichen Eigenschaft bekannt geworden ist oder anvertraut wurde, unabhängig davon, ob dies bei ihrer beruflichen Tätigkeit innerhalb oder außerhalb Deutschlands der Fall war. Liegen die Voraussetzungen des § 53 nicht vor, entfällt die dann bestehende Zeugnispflicht nur, wenn sie sich nach ausländischem Recht durch die Aussage strafbar machen würden. 6

II. Entscheidungsbefugnis des Zeugen

1. Allgemeines. § 53 gewährt den dort bezeichneten Berufsgeheimnisträgern das Recht zur Zeugnisverweigerung unter den in der Vorschrift genannten Voraussetzungen. Damit ist ihnen die Entscheidung übertragen, ob sie davon Gebrauch machen oder nicht.[40] Das Gericht hat sich jeder (manipulativen) Einwirkung auf die **Entschließungsfreiheit** des Zeugen zu enthalten[41] (vgl. § 52, 23; zur Frage der Belehrung Rn. 76). Der Angeklagte hat keinen verfahrensrechtlichen Anspruch darauf, dass der Zeuge von seiner Befugnis zu schweigen, Gebrauch macht oder der Berufsgeheimnisträger seiner Hilfsperson die Genehmigung zur Aussage nicht erteilt (vgl. § 53a).[42] Allerdings ist der Geheimnisträger – sei es der Angeklagte oder ein anderer – stets berechtigt, den Berufsgeheimnisträger von seiner Pflicht zur Verschwiegenheit zu entbinden (näher Rn. 77). Bei **Entbindung von der Schweigepflicht** entfällt für die in Absatz 1 Satz 1 Nr. 2 bis 3b Genannten gemäß Absatz 2 Satz 1 das Zeugnisverweigerungsrecht, sie haben dann grundsätzlich eine **Aussagepflicht** (näher Rn. 82). 7

2. Verhältnis des § 53 zu § 203 StGB

a) Inkongruenz der Regelungen. Das Zeugnisverweigerungsrecht nach § 53 steht im Zusammenhang mit **Schweigepflichten**, deren Verletzung bei bestimmten Berufsangehörigen nach § 203 StGB bestraft wird. **Beide Vorschriften stimmen aber weder in ihren Voraussetzungen noch in ihren Wirkungen überein**. § 203 StGB droht Strafe für den Bruch eines dem Berufsausübenden anvertrauten oder bekanntgewordenen **Geheimnisses** an; § 53 ermächtigt zur Verweigerung des Zeugnisses über die dem Zeugen in seiner beruflichen Eigenschaft bekanntgewordenen Tatsachen ohne Rücksicht darauf, ob sie geheim, also höchstens einem beschränkten Personenkreis bekannt sind.[43] Unterschiedlich ist auch der betroffene Personenkreis. Es gibt Zeugnisverweigerungsrechte ohne strafrechtlich durchsetzbare Verschwiegenheitspflichten (Geistliche, Abgeordnete, Mitarbeiter von Presse und Rundfunk), und es gibt Schweigepflichten ohne Zeugnisverweigerungsrecht (z.B. Tierärzte, Angehörige von Versicherungsunternehmen). § 203 StGB fasst den Kreis der zur Verschwiegenheit verpflichteten Personen erheblich weiter als § 53 den der Zeugnisverweigerungsberechtigten, weil der Schutz vor Verletzung beruflicher Verschwiegenheitspflichten sachlich-rechtlich umfassender sein kann als das Recht 8

---

40 BGHSt **15** 202; **42** 76; BGH bei *Dallinger* MDR **1957** 527; NStZ **2018** 362; KK/*Bader* 7; *Eb. Schmidt* 24; *Henkel* 204 Fn. 4; *Grünwald* JZ **1966** 498; *Haffke* GA **1966** 75; *Fezer* JuS **1978** 472; *Kurth* NStZ **1983** 542.

41 BGHSt **18** 146, 147; **20** 298, 299; **42** 73, 76 = JR **1997** 33 m. Anm. *Welp*; KK/*Bader* 7; *Schmitt*/Köhler 6.

42 BGHSt **9** 59, 61; **15** 200, 202; LG Göttingen (Z) NJW-RR **2011** 140.

43 AK/*Kühne* 5; *Schmitt*/Köhler 4; MüKo/*Kreicker* 6; KK/*Bader* 3; *Welp* FS Gallas 399; **a.A.** *Lenckner* Arzt und Recht 190.

zur Zeugnisverweigerung, das zum Wegfall von wichtigen Beweismitteln für die Sachaufklärung und daher zu einer Beeinträchtigung der Strafverfolgung führen kann.[44] Die Ansicht, wonach aus der sachlich-rechtlichen Schweigepflicht ohne weiteres das Zeugnisverweigerungsrecht folgt,[45] kann sich auf das geltende Strafprozessrecht nicht stützen.[46]

9 Die Vorschrift des § 53 sieht kein Zeugnisverweigerungsrecht für diejenigen vor, die das **Geheimnis von einem später verstorbenen Berufsgeheimnisträger oder aus dessen Nachlass erlangt** und daher nach § 203 Abs. 4 Satz 2 Nr. 3 StGB eine Verschwiegenheitspflicht haben. Sofern der Wissensträger selbst Berufsgeheimnisträger ist und das Wissen in dieser Eigenschaft erlangt hat, gilt § 53 unmittelbar.[47] Darüber hinaus dürfte die Anwendung der Vorschrift nicht in Betracht kommen (vgl. Rn. 81).

10 **b) Befugte Offenbarung von Berufsgeheimnissen bei Zeugniszwang.** Ein Zeuge, der nach § 203 StGB zur Wahrung eines Berufsgeheimnisses verpflichtet, aber nicht nach § 53 zur Zeugnisverweigerung berechtigt ist, muss im Strafverfahren wie jeder andere Zeuge aussagen; der Gesetzgeber hat hier der Zeugnispflicht den Vorrang vor der Schweigepflicht gegeben.[48] Wenn er vor Gericht Geheimnisse offenbart, handelt er nicht unbefugt im Sinne des § 203 StGB.[49] Das Gleiche gilt ohne Einschränkung für die nach § 53 zur Verweigerung des Zeugnisses berechtigten Personen, wenn und soweit sie nach § 53 Abs. 2 Satz 1 von der Verpflichtung zur Verschwiegenheit entbunden sind (näher Rn. 77 ff.).[50]

11 **c) Keine Befugnis zur Offenbarung durch Zeugenaussage als solche.** Problematisch ist der Fall, wenn ein Zeuge aussagen will, der einer in § 203 StGB genannten Personengruppe angehört und ein Zeugnisverweigerungsrecht nach § 53 besitzt. Im älteren Schrifttum wurde angenommen, die Aussage vor Gericht sei stets eine im Sinne des § 203 StGB (früher § 300 StGB) befugte Offenbarung von Berufsgeheimnissen.[51] Dabei wurde das Verhältnis, in dem die Vorschriften der § 203 StGB und § 53 StPO zueinander stehen, aber verkannt. Der Zeugniszwang, der als Rechtfertigungsgrund für den Bruch der Schweigepflicht in Betracht kommt, ist durch das Zeugnisverweigerungsrecht des § 53 ausdrücklich aufgehoben worden. Der Geheimnisverrat verliert seine Rechtswidrigkeit daher nicht schon deshalb, weil er durch eine Zeugenaussage begangen wird. Wer nach § 53 Abs. 1 zur Zeugnisverweigerung berechtigt ist, darf ohne Verstoß gegen § 203 StGB vor Gericht nur dann als Zeuge aussagen, wenn er zur Offenbarung befugt ist, etwa aufgrund allgemeiner Rechtfertigungsgründe[52] oder durch besondere gesetzliche Regelungen (vgl. im Einzelnen Kommentierungen zu § 203 StGB). Die generelle Aussage, wonach der Verstoß gegen § 203 StGB durch eine Aussage vor Gericht schon immer dann

---

44 *Rengier* (Zeugnisverweigerungsrechte) 174; vgl. auch *Fezer* 15/21.

45 *Foth* JR **1976** 7.

46 Anders § 383 Abs. 1 Nr. 6 und Abs. 3 ZPO; vgl. dazu BGH (Z) NJW **2011** 1077.

47 Vgl. BVerfGE **32** 373 ff. = NJW **1972**, 1123 zur Problematik bei § 97 (Beschlagnahme von Karteikarten über Patienten beim Praxisnachfolger des behandelnden Arztes); KK/*Bader* 5; vgl. auch *Schmitt*/Köhler 4.

48 *Grünwald* Beweisrecht 30.

49 KK/*Bader* 4; MüKo/*Kreicker* 7; SSW/*Eschelbach* 3; *Lenckner* NJW **1965** 323; *Welp* FS Gallas 401 Fn. 35; TK-StGB/*Eisele* § 203 StGB, 43; *Fischer* § 203 StGB, 77.

50 RGSt **57** 64; *Bendix* GA **52** (1905) 13; *Lenckner* NJW **1965** 324.

51 *Frank* § 300, Anm. III 2c StGB; *Gerland* 544; *Sauter* 247 ff.; *Kahl* ZStW **29** (1909) 358; *Ruth* DJZ **1913** 1198; *Wach* GerS **66** (1905) 24; ebenso wohl auch RGSt **19** 364; offengelassen in RGSt **48** 270.

52 Wozu auch die Wahrnehmung eigener Interessen gehören kann; vgl. BGHSt **1** 366; *Schmitt*/Köhler 5; *Fezer* JuS **1978** 472.

gerechtfertigt sei, wenn das Interesse des Geheimnisträgers an der Geheimhaltung der Tatsachen geringer ist als das Allgemeininteresse an ihrer Offenbarung,[53] erscheint insofern problematisch.

d) Vernehmungs-/Verwertungsverbot bei unbefugter Offenbarung? Umstritten ist die Frage, ob das Gericht in den Fällen, in denen die Voraussetzungen eines Rechtfertigungsgrundes nicht vorliegen, den verweigerungsberechtigten, aber aussagebereiten Zeugen vernehmen darf. Der Bundesgerichtshof[54] bejaht die Zulässigkeit der Vernehmung und die Verwertbarkeit einer solchen Aussage auch dann, wenn sich der Zeuge nach § 203 StGB strafbar macht. Das strafrechtliche Verbot des Geheimnisbruchs hat danach auf die verfahrensrechtliche Behandlung der Offenbarung eines Berufsgeheimnisses durch einen zu dessen Verschweigen berechtigten Zeugen keinen Einfluss.[55] In der Literatur wird dagegen zum Teil ein Vernehmungs- und daran anknüpfend ein Verwertungsverbot für diese Fälle angenommen.[56] Diese Gegenansicht weist zur Begründung darauf hin, ein Strafprozess dürfe keine neuen Rechtsbrüche zulassen und auf diese aufbauen;[57] ein wirkliches Vertrauensverhältnis, das § 53 im Interesse aller Beteiligter schützen möchte, sei nur herstellbar, wenn sich der Betroffene darauf verlassen kann, dass ein „wortbrüchiger" Gesprächspartner vor staatlichen Gerichten kein Gehör finden wird.[58] Diesen an sich bedenkenswerten Einwänden steht jedoch entgegen, dass das Prozessrecht (nur) ein Recht zur Verweigerung des Zeugnisses gewährt, aber keine Pflicht dazu. Der Verstoß gegen das materielle Recht berührt als solcher nicht die Prozessordnungsgemäßheit einer Zeugenaussage. Insofern ist es dem Gericht nicht grundsätzlich verwehrt, die Aussage zu verwerten. 12

Von diesem Grundsatz sind aber zwei **Ausnahmen** zu machen. Zum einen darf das Gericht keine Aussagen über Gespräche verwerten, die zum **Kernbereich privater Lebensgestaltung** gehören und dem staatlichen Zugriff schlechthin verschlossen sind; dazu gehören zumindest das seelsorgerliche Gespräch mit dem Geistlichen, das Gespräch mit dem Strafverteidiger und, im Einzelfall, Arztgespräche (Rn. 1).[59] Zum anderen kommt eine Verwertung von Aussagen, die unter Verletzung materiell-rechtlicher Vorschriften zustande kommen, dann nicht in Betracht, wenn sich der (potenziell) Weigerungsberechtigte über das Vorliegen oder den Umfang eines Zeugnisverweigerungsrechtes **nicht im Klaren ist oder irrt.** In diesem Fall hat das Gericht die Rechtslage zu klären und den Zeugen darüber zu belehren.[60] Gewinnt es selbst keine Klarheit, hat es von der Vernehmung abzusehen (Rn. 76). Die Ausnutzung eines Rechtsirrtums bzw. einer Rechtsunsicherheit des Zeugen begründet nach dem Rechtsgedanken des § 136a zwangsläufig ein **Verwertungsverbot** der auf diese Weise zustande gekommenen Aussage. Ein solches besteht aber auch dann, wenn ein Irrtum des Zeugnisverweigerungsberechtigten unbeabsichtigt durch das Gericht hervorgerufen wird; die aus der sog. Rechtskreistheorie beim Verstoß gegen andere Verfahrensnormen, namentlich des § 55, hergeleiteten Erwägungen für eine Einschrän- 13

---

53 So LR/*Dahs*[25] 10 u.a. mit Hinweis auf BGHSt **9** 59, 61 und **18** 146, 147, die diese Aussage aber so nicht treffen.

54 BGH NStZ **2018** 362; BGHSt **9** 59; **15** 200; **18** 146 für einen Arzt als Zeugen; vgl. RGSt **57** 64.

55 Zust. z.B. SK/*Rogall* 20 ff.; *Schlüchter* 489.2; KK/*Bader* 9; SSW/*Eschelbach* 6; *Schmitt*/Köhler 6 m.w.N.; **a.A.** z.B. *Beulke* 194, 462.

56 Z.B. *Grünwald* Beweisrecht 30 ff., 34; *Lenckner* NJW **1965** 325 ff.; Anklänge auch bei *Roxin* § 26, 22, der sich auf die gerichtliche Fürsorgepflicht beruft.

57 *Lenckner* NJW **1965** 326 f.

58 *Beulke* 462.

59 BVerfGE **109** 279, 322 f. – sog. Großer Lauschangriff.

60 Vgl. BGHSt **42** 73, 76.

kung der prozessualen Befugnisse des Angeklagten (§ 55, 37 f.) sind auf den Regelungsbereich der §§ 53, 53a nicht übertragbar.[61]

III. Umfang des Zeugnisverweigerungsrechts

14 **1. Allgemeines.** Das Zeugnisverweigerungsrecht des Berufsgeheimnisträgers nach § 53 erstreckt sich nicht, wie das nach § 52, ohne weiteres auf alles, was der Zeuge über den Beschuldigten weiß, sondern nur auf Tatsachen, die ihm bei der Berufsausübung anvertraut oder bekanntgeworden sind. Es umfasst jedoch auch eigene Tätigkeiten oder Äußerungen des Zeugnisverweigerungsberechtigten, wenn Angaben darüber Rückschlüsse auf geschützte Tatsachen zulassen (näher Rn. 17). Anlass für die Erlangung des Wissens muss allerdings immer die berufliche Beziehung zu dem Geheimnisträger sein. Die Mitteilung an den Berufsträger bzw. dessen Kenntnisnahme muss in dessen Berufsausübung fallen oder wenigstens mit ihr zusammenhängen.[62] Dazu gehört auch die **Anbahnung** des Vertragsverhältnisses.[63] Wenn ein Rechtsanwalt oder Arzt die Praxis eines Kollegen übernommen hat, werden ihm die in den Akten oder Karteien seines Vorgängers festgehaltenen Tatsachen in seiner beruflichen Eigenschaft bekannt.[64] Das Zeugnisverweigerungsrecht erstreckt sich nicht auf das, was dem Zeugen nur gelegentlich seiner **Berufsausübung** bekanntgeworden ist, mit ihr also nur in mittelbarem Zusammenhang steht.[65] Das gilt insbesondere für ein Verhalten, das schlechterdings nicht mehr als – sei es auch unkorrekte oder gesetzwidrige – Berufsausübung angesehen werden kann.[66] Im Übrigen berührt die mögliche Einbindung eines Berufsgeheimnisträgers in **kriminelle Machenschaften** die Verschwiegenheitspflicht und das umfassende Zeugnisverweigerungsrecht im Grundsatz nicht; maßgebend hierfür ist allein der berufliche Bezug der Tätigkeit.[67] Die Berufsbezogenheit einer Geschäftstätigkeit kann weder durch Vereinbarung abbedungen werden noch dadurch entfallen, dass der Berufsangehörige sich bei der Geschäftsabwicklung unerlaubter Methoden bedient.[68] Der Zeuge braucht die Umstände, unter denen er seine Kenntnis erlangt hat, nur insoweit zu offenbaren, als er damit nicht indirekt den geschützten Bereich berührt. Im Zweifel wird auch insoweit – ggf. nach Anwendung des § 56 – von einem Zeugnisverweigerungsrecht auszugehen sein. Bei mehreren **Mitbeschuldigten** ist die Frage, ob der Zeuge die Aussage zu einem bestimmten Vernehmungsgegenstand verweigern kann, einheitlich zu entscheiden.[69]

15 **2. Anvertraute Tatsachen.** Das Zeugnisverweigerungsrecht bezieht sich auf alle Tatsachen, die dem Berufsausübenden anvertraut worden sind. Ob der Geheimnisträger selbst

---

61 BGHSt **42** 73, 77; **50** 64; vgl. BGHSt **33** 148, 153 f.

62 *Eb. Schmidt* 6.

63 BGHSt **33** 148, 150 f. = BGH NStZ **1985** 372 mit Anm. *Rogall* für den Arzt und sein Hilfspersonal; BGHSt **36** 301 sogar für den Personenkreis von Nr. 5; BGH NJW **2014** 1314 für ein telefonisches Anbahnungsgespräch über eine eventuelle Verteidigung.

64 BVerfGE **32** 382.

65 BGHSt **50** 64; BGH (Z) NJW **2011** 503; OLG Hamm NStZ **2010** 164; VG Köln Urt. 8.10.2010 – 18 K 3922/10; HK/*Gercke* 5; MüKo/*Kreicker* 11; TK-StGB/*Eisele* § 203 StGB, 15; LK/*Schünemann*, § 203, 38; **a.A.** LG Köln NJW **1959** 1598; SK/*Hoyer* § 203, 25.

66 Vgl. BGHSt **38** 7; *Widmaier* FS Dahs 543, 545 f.

67 BGHSt **50** 64 (Zeugnisverweigerungsrecht eines Notars und seines Gehilfen bei Amtspflicht- und gesetzeswidriger Umsetzung eines dem Notar erteilten Auftrags).

68 BGHSt **50** 64, 72 f.

69 BGHSt **33** 148, 152 = NStZ **1985** 379 mit zust. Anm. *Rogall* = JR **1986** 33 mit im Wesentl. zust. Anm. *Hanack*.

oder ein Dritter sie ihm anvertraut hat, ist ohne Bedeutung.[70] Dazu kann auch bereits die Person des Geheimnisträgers und das Ob und Wie des Kontakts gehören.[71] Regelmäßig wird eine Tatsache durch eine ausdrückliche schriftliche oder mündliche Mitteilung anvertraut. Notwendig ist das aber nicht. Es genügt, dass der Geheimnisträger die Tatsache auf irgendeine Weise bewusst preisgibt. Das kann auch dadurch geschehen, dass er dem Zeugen, etwa einem Arzt, Gelegenheit gibt, Beobachtungen zu machen oder Untersuchungen anzustellen.[72] Dabei kommt es nicht darauf an, dass die festzustellenden Tatsachen dem Geheimnisträger überhaupt bekannt sind; sie werden dem Zeugen auch anvertraut, wenn er sie nur aufgrund seiner besonderen Erfahrung und Sachkunde aufdecken kann.[73]

Das Anvertrauen erfordert den ausdrücklichen Wunsch oder ein stillschweigendes Verlangen nach **Geheimhaltung**,[74] das sich aus den Umständen oder aus der Natur der Sache ergibt. Dabei ist nicht erforderlich, dass der Geheimnisträger die Tragweite seines Verhaltens und die Tatsachen, die er preisgibt, selbst erkennt oder überhaupt erkennen kann (z.B. bei einer ärztlichen Untersuchung, deren Ergebnis der Patient weder voraussieht noch erfährt). Der verständigerweise zu vermutende Wille nach Geheimhaltung tritt gegebenenfalls an die Stelle des wirklichen Willens.[75] 16

3. Bekanntgewordene Tatsachen sind solche, die der Berufsträger in seiner beruflichen Eigenschaft erfährt, ohne dass sie ihm von dem Geheimnisträger oder einem Dritten anvertraut worden sind.[76] Der Beschuldigte oder Dritte muss nicht einmal wissen, dass sie dem Berufsträger bekannt geworden sind.[77] Von wem, zu welchem Zweck und aus welchem Anlass er die Tatsachen erfährt, spielt keine Rolle.[78] Auch der Inhalt beruflicher Gespräche,[79] Mitteilungen von Kollegen oder von den Berufskammern, Wahrnehmungen an einem Bewusstlosen, Beobachtungen anlässlich eines ärztlichen Hausbesuchs oder der Krankenhausaufnahme des Patienten können bekanntgewordene Tatsachen sein. Erforderlich ist nur, dass der Zeuge die Kenntnis in seiner beruflichen Eigenschaft erlangt. Unerheblich ist ferner, ob die Tatsachen Geheimnisse im Sinne des § 203 StGB sind.[80] Insgesamt ist der Begriff des Bekanntwerdens als Auffangbestimmung weit auszulegen (Näheres bei den einzelnen Berufsgruppen, insb. Rn. 34 und 37).[81] 17

4. Zeitliche Dauer. Das Zeugnisverweigerungsrecht dauert über die Beendigung des Auftrages hinaus.[82] Es besteht wie die Verschwiegenheitspflicht nach § 203 Abs. 4 StGB auch dann weiter, wenn derjenige, dessen Vertrauen zu dem Berufsträger geschützt wird, 18

---

70 RG JW **1912** 943; **1914** 435; RG GA **55** (1908) 325; RG LZ **1920** 929; *Schmitt*/Köhler 8; MüKo/*Kreicker* 14; SK/*Rogall* 62; *Eb. Schmidt* 7; *Fischer* § 203, 11; TK-StGB/*Eisele* § 203 StGB, 13; SK/*Hoyer* § 203, 23.

71 *Groß* StV **1996** 559, 562; *Schmitt*/Köhler 7.

72 RGSt **13** 62; **66** 274; *Eb. Schmidt* 6 und Arzt im Strafrecht 31 ff.; TK-StGB/*Eisele* § 203 StGB, 13.

73 *Eb. Schmidt* 6 und Arzt im Strafrecht 27; *Feisenberger* 2; TK-StGB/*Eisele* § 203 StGB, 13; vgl. SK/*Rogall* 62.

74 RGSt **13** 60; **66** 274; LG Köln NJW **1959** 1599; *Dalcke*/*Fuhrmann*/*Schäfer* 5.

75 SK/*Rogall* 62; LK/*Schünemann*, § 203, 24.

76 TK-StGB/*Eisele* § 203 StGB, 15; SK/*Rogall* 63; MüKo/*Kreicker* 15; *Schmitt*/Köhler 9; SSW/*Eschelbach* 9; *Lenckner* Arzt und Recht 174.

77 BGHSt **37** 139.

78 LK/*Schünemann*, § 203, 24.

79 BGH bei *Dallinger* MDR **1978** 281.

80 *Welp* FS Gallas 399; **a.A.** *Lenckner* Arzt und Recht 190.

81 BGHSt **50** 64; bei *Dallinger* MDR **1978** 281; vgl. aber auch BGH StV **1984** 499; OLG Köln NJW **2000** 3656, 3657; SK/*Rogall* 63; MüKo/*Kreicker* 15; *Schmitt*/Köhler 9.

82 LG Düsseldorf NJW **1958** 1152.

verstorben ist.[83] Es erlischt auch nicht dadurch, dass der Zeuge inzwischen aus seinem Beruf ausgeschieden ist; der Grundsatz des § 54 Abs. 4 gilt entsprechend.[84]

IV. Zur Zeugnisverweigerung berechtigte Personen (Absatz 1 Satz 1)

1. Geistliche (Absatz 1 Satz 1 Nr. 1)

19 **a) Allgemeines.** § 53 Absatz 1 Nr. 1 gewährt Geistlichen (Rn. 21) ein Zeugnisverweigerungsrecht hinsichtlich solcher Tatsachen, die ihnen in ihrer **Eigenschaft als Seelsorger** (Rn. 23 f.) anvertraut oder bekannt geworden sind. Das Zeugnisverweigerungsrecht für Geistliche war bereits bei Schaffung der StPO in Deutschland im Wesentlichen geltendes Recht.[85] Nach heutigem Grundrechtsverständnis zählt der Schutz der Beichte und der Gespräche mit Beichtcharakter zum verfassungsrechtlichen Menschenwürdegehalt der Religionsausübung.[86] Dementsprechend ist das Zeugnisverweigerungsrecht der Strafprozessordnung[87] nicht an die Voraussetzung geknüpft, dass im Einzelfall auch kirchenrechtlich eine Verschwiegenheitspflicht besteht.[88] Ob der Geistliche als Seelsorger innerhalb seiner örtlichen Zuständigkeit gehandelt hat, ist ohne Bedeutung.[89]

20 Der Geistliche hat allein zu entscheiden, ob er von dem Zeugnisverweigerungsrecht Gebrauch macht oder darauf verzichtet.[90] Wie auch im Verhältnis von § 53 und § 203 (Rn. 8) konstituiert § 53 Abs. 1 Satz 1 Nr. 1 das Zeugnisverweigerungsrecht unabhängig vom Umfang und Inhalt der Verschwiegenheitspflicht des Zeugen. Entschließt sich der Geistliche zur Aussage, so hat das Gericht nicht zu prüfen, ob er dadurch gegen die Verschwiegenheitspflicht verstößt, die das Recht seiner Kirche ihm auferlegt. Allerdings wird eine solche Aussage in der Regel nicht verwertbar sein, weil das seelsorgerliche Gespräch zum **Kernbereich privater Lebensgestaltung** gehört (Rn. 13). Umgekehrt ist der Geistliche zur Aussage nicht verpflichtet. Eine **Entbindung von der Schweigepflicht** mit der Folge, dass der Geistliche zur Aussage verpflichtet wäre, ist nicht möglich (Umkehrschluss aus § 53 Abs. 2 Satz 1). Der Geistliche muss also auch bei Einwilligung des Geheimnisträgers stets selbst entscheiden, ob er aussagt oder nicht.

21 **b) Personenkreis.** Bis zu einer Entscheidung des 4. Strafsenats im Jahre 2010[91] galt die Vorschrift nach h.L. **nur** für **Geistliche der staatlich anerkannten**, also mit dem Status einer öffentlich-rechtlichen Körperschaft versehenen **Religionsgemeinschaften**. Dies wurde insbesondere damit begründet, dass eine Beschränkung notwendig sei, um einen Missbrauch des Weigerungsrechts zu verhindern.[92] Demgegenüber betont der BGH

83 BVerfGE **32** 384; RGSt **71** 22; BayLSG NJW **1962** 1789; OLG Düsseldorf NJW **1959** 821; OLG München AnwBl. **1975** 159; LG Augsburg NJW **1964** 1187 mit Anm. *Lenckner*; KK/*Bader* 5; MüKo/*Kreicker* 16; *Schmitt*/Köhler 10; *Eb. Schmidt* 8, Nachtr. I 2 und NJW **1962** 1748; *Feisenberger* 12; *Bockelmann* 39; *Bosch* 83; *Erdsieck* NJW **1963** 632; *Habscheid* AnwBl. **1964** 303; *Solbach* DRiZ **1978** 205.

84 *Schmitt*/Köhler 10; MüKo/*Percic* 11; SSW/*Eschelbach* 10; *Eb. Schmidt* 8, Nachtr. I 2 und Arzt im Strafrecht 66.

85 *Hahn* I 106.

86 BVerfGE **109**, 279, 322 – sog. Großer Lauschangriff; BVerfG NJW **2007** 1865, 1867.

87 Für katholische Geistliche ergibt sich das Zeugnisverweigerungsrecht bereits aus Art. 9 des Reichskonkordats v. 20.7.1933 (RGBl. II S. 679), geltendes Recht gem. BVerfGE **6** 309.

88 *Dallinger* JZ **1953** 436; *Lenckner* NJW **1965** 322.

89 BayObLGSt **10** (1910) 241; *Eb. Schmidt* 11.

90 *Eb. Schmidt* 13; oben Rn. 13.

91 BGH NStZ **2010** 646.

92 SK/*Rogall* 69; *Kühne* Rn. 818.

nunmehr den Schutzzweck des § 53 Abs. 1 Satz 1 Nr. 1, der das Gespräch mit dem Seelsorger als Teil des Kernbereichs privater Lebensgestaltung sowie der Glaubens- und Religionsfreiheit des Geheimnisträgers und der Berufsfreiheit des Zeugen schützt, und erachtet nachvollziehbar eine Beschränkung auf die staatlich anerkannten Religionsgemeinschaften für unzulässig. Allerdings bleibt das Bedürfnis nach tragfähigen Abgrenzungskriterien bestehen. Die vom BGH im entschiedenen Fall vorgenommene Verneinung der seelsorgerischen Tätigkeit im Hinblick auf den Inhalt des Gesprächs relativiert dagegen das Zeugnisverweigerungsrecht des Geistlichen (s. Rn. 23).

Im Schrifttum ist umstritten, ob Geistliche i.S.d. Vorschrift auch **Seelsorger** sein können, 22 die nicht formell dem Stand eines Geistlichen angehören, weil sie z.B. keine Priesterweihe erhalten haben.[93] Nach Ansicht des BGH ist für den Seelsorger-Status i.S. des § 53 Abs. 1 Satz 1 Nr. 1 allein die seelsorgerische Tätigkeit ausreichend, wenn der Betreffende im Auftrag einer Kirche (Rn. 21) selbständig Aufgaben wahrnimmt, die zum unmittelbaren Bereich seelsorgerischer Tätigkeit gehören, wie dies z.B. bei einem hauptamtlich für die katholische Kirche tätigen Anstaltsseelsorger (auch ohne Weihe) der Fall ist.[94] Verfassungsrechtlich kommt es für die Zuerkennung des Zeugnisverweigerungsrechts nach § 53 Abs. 1 Satz 1 Nr. 1 vor allem darauf an, dass insoweit ein **hinreichend konkretes Berufsbild** besteht, was jedenfalls bei einer hauptamtlichen Beauftragung nach den durch das kirchliche Dienstrecht vorgesehenen Voraussetzungen der Fall ist. Diese bieten eine Gewähr dafür, dass von dem Zeugnisverweigerungsrecht nicht unangemessen Gebrauch gemacht wird.[95]

c) Umfang des Zeugnisverweigerungsrechts. Nach § 53 Abs. 1 Satz 1 Nr. 1 dürfen die 23 Geistlichen über das, was ihnen in ihrer **Eigenschaft als Seelsorger** (nicht, wie die Vorschrift bis 1953 lautete, „in Ausübung der Seelsorge“) anvertraut oder bekanntgeworden ist (Rn. 15 ff.), das Zeugnis verweigern. Seelsorge ist eine von religiösen Motiven und Zielsetzungen getragene Zuwendung, die der Fürsorge für das seelische Wohl des Beistandssuchenden, der Hilfe im Leben oder Glauben benötigt, dient.[96] Hierzu gehört z.B. nicht nur der Inhalt der Beichte, sondern schon die Tatsache des Beichtgangs.[97] Auch was dem Geistlichen bei Hausbesuchen in Ausübung seelsorgerischer Betreuung oder bei Sühneversuchen zwischen Eheleuten oder anderen Familienmitgliedern anvertraut oder bekanntgeworden ist, braucht er nicht zu offenbaren.[98]

Das Zeugnisverweigerungsrecht erstreckt sich jedoch **nicht** auf **Tatsachen, die dem** 24 **Geistlichen sonst**, auch in amtlicher Eigenschaft, z.B. als Vertreter seiner Kirchengemeinde bei Vermögenserwerb für die Kirche, aus karitativer, fürsorgerischer oder erzieherischer Tätigkeit oder beim Gang zur Ausübung der Seelsorge **bekanntgeworden sind**.[99] Das gilt z.B. für Kenntnisse, die der Geistliche bei einer Tätigkeit als Vermittler zwischen einem Erpresser und seinem Opfer oder sonst aufgrund des Ansinnens eines Rechtsbrechers, ihm bei der Erreichung und Sicherung des Verbrechenserfolges oder bei der Ab-

---

93 Dafür z.B. *Schmitt*/Köhler 11; KK/*Bader* 11; *Ling* GA **2001** 325; **a.A.** z.B. SK/*Rogall* 68 m.w.N.

94 BGHSt **51** 140; kritisch zur funktionalen Interpretation des Begriffs des Geistlichen *Rogall* FS Eisenberg 586 ff. m.w.N.

95 BVerfG NJW **2007** 1865 bestätigend BGHSt **51** 140; zu diesen beiden Entscheidungen *de Wall* NJW **2007** 1856.

96 SK/*Rogall* 66; vgl. BVerfG NJW **2007** 1865.

97 RG JW **1928** 2142 mit Anm. *Mezger.*

98 *Dalcke/Fuhrmann/Schäfer* 4; SK/*Rogall* 70; **a.A.** OLG Nürnberg FamRZ **1963** 261 mit abl. Anm. *Bosch*; dem Grunde nach auch BGH NStZ **2010** 646, Rn. 32 aber im konkreten Einzelfall verneint.

99 BVerfG NJW **2007** 1865; BGHSt **37** 138 = JuS **1991** 425 mit Anm. *Hassemer*; *Schmitt*/Köhler 11; SSW/*Eschelbach* 13; BGH NJW **2007** 307; KK/*Bader* 12; *Costa* MDR **1953** 578; *Dallinger* JZ **1953** 436; **a.A.** *Peters* § 42 III 2c bb, der nur die Vermögensverwaltung ausnehmen will; vgl. auch *Schneider* DR **1937** 332.

wehr der Strafverfolgung behilflich zu sein, erlangt hat.[100] Zulässig sind dementsprechend auch Fragen nach eigenen Recherchen des Seelsorgers nach Versicherungsadressen im Internet im Interesse des Beschuldigten.[101] Die seelsorgerische Tätigkeit kann gelegentlich mit anderen Aufgaben des Geistlichen zusammentreffen. So kann ein Hausbesuch gleichzeitig Krankenbesuch und seelsorgerische Betreuung sein. Wenn dann eine Trennung nicht möglich ist, darf der Geistliche das Zeugnis verweigern.

25 Die **Unterscheidung** kann im Einzelnen zweifelhaft sein. Der Geistliche hat sie nach pflichtgemäßem Ermessen zu treffen.[102] Allerdings ist seine Ansicht nicht entscheidend; es kommt auf die objektive Sach- und Rechtslage an.[103] Das Gericht wird im Allgemeinen aber keinen Anlass haben, der Entscheidung des Geistlichen nicht zu folgen.[104] Die Anwendung des § 56 wird nur ganz ausnahmsweise in Betracht kommen.

2. Verteidiger (Absatz 1 Satz 1 Nr. 2)

26 **a) Personenkreis.** Rechtsanwälte haben ein Zeugnisverweigerungsrecht sowohl nach § 53 Abs. 1 Satz 1 Nr. 3 als auch – wenn sie Verteidiger sind – nach Nr. 2. Der Anwendungsbereich des § 53 Abs. 1 Satz 1 Nr. 2 erstreckt sich aber auch auf Wahl- und Pflichtverteidiger, die keine Rechtsanwälte sind.[105] Außer den Hochschullehrern (§ 138 Abs. 1) erfasst die Vorschrift die nach § 138 Abs. 2 zur Verteidigung zugelassenen Personen, die Referendare, denen die Verteidigung nach § 139 übertragen worden ist, ferner auch die nach § 142 Abs. 2 bestellten Referendare[106] sowie Steuerberater im Rahmen des § 392 AO. Die Vorschrift gilt für die Verteidiger in Strafprozessen und allen anderen rechtlich geordneten Verfahren, z.B. OWi-Verfahren, Disziplinarverfahren, berufsgerichtlichen Verfahren. Gemeint ist nicht nur der gegenwärtige oder frühere Verteidiger des Beschuldigten, in dessen Strafverfahren die Vernehmung stattfinden soll, sondern auch der als Zeuge benannte Verteidiger eines anderen Beschuldigten. Die Worte „des Beschuldigten" in § 53 Abs. 1 Satz 1 Nr. 2 sind daher irreführend; sie besagen nur, dass Gegenstand der Zeugenaussage des Verteidigers Tatsachen sein müssen, die er bei der Verteidigung irgendeines Beschuldigten erfahren hat,[107] jedoch nicht in Zusammenhang mit verteidigungsfremdem (strafbarem) Verhalten,[108] was schwierige Abgrenzungsfragen aufwerfen kann. Die Befreiung von der Zeugenpflicht setzt nicht voraus, dass die Verteidigung tatsächlich geführt worden ist; die **Anbahnung** des Verteidigungsverhältnisses, auch wenn es nicht zum Verteidigungsmandat kommt,[109] die Wahl oder die Bestellung zum Verteidiger genügen.[110]

---

100 BGHSt **37** 138; *Schmitt*/Köhler 11; KK/*Bader* 12; MüKo/*Kreicker* 20; SK/*Rogall* 72; *Hass* SchlHA **1973** 164.
101 BVerfG NJW **2007** 1865; BGHSt **51** 140.
102 RGSt **54** 40.
103 Vgl. BVerfG NJW **2007** 1865.
104 BGHSt **37** 138; KK/*Bader* 12; *Bosch* 8; *Dallinger* JZ **1953** 436; ebenso *Schmitt*/Köhler 11; MüKo/*Kreicker* 20; SSW/*Eschelbach* 14 für Grenzfälle; vgl. aber auch *Baumann* JuS **1991** 466; ferner BVerfG NJW **2007** 1865; BGHSt **51** 140.
105 *Beulke* FS Lüderssen 696; SK/*Rogall* 78; MüKo/*Percic* 16; KK/*Bader* 13; **a.A.** *Eisenberg* (Beweisrecht) 1240, der den Verteidiger, der auch Rechtsanwalt ist, ausschließlich unter Nr. 3 subsumiert; im Hinblick auf den neu eingefügten § 160a dürfte dies nicht mehr vertretbar sein.
106 KK/*Bader* 13; MüKo/*Kreicker* 22; SK/*Rogall* 78; *Eb. Schmidt* 13; *Kohlhaas* GA **1958** 66; *Welp* FS Gallas 394 Fn. 15.
107 KK/*Bader* 14; *Schmitt*/Köhler 12; Eb. *Schmidt* 13; SK/*Rogall* 77; *Kohlhaas* GA **1958** 70; *Welp* FS Gallas 398.
108 BGHSt **38** 7.
109 Vgl. BGHSt **33** 148 = NStZ **1985** 372 m. Anm. *Rogall*; BGH NJW **2014** 1314; *Schmitt*/Köhlert 12; KK/*Bader* 13; SK/*Rogall* 79; SSW/*Eschelbach* 15.
110 *Schmitt*/Köhler 12; KK/*Bader* 13; *Eb. Schmidt* 13.

b) Umfang des Zeugnisverweigerungsrechts. Das Zeugnisverweigerungsrecht erstreckt sich auf alle Tatsachen, die dem Berechtigten in seiner **Eigenschaft als Verteidiger** zur Kenntnis gelangt sind, **nicht** aber auf das, was einem Rechtsanwalt **bei Gelegenheit einer Strafverteidigung** dadurch bekanntgeworden ist, dass er eine strafbare Handlung begangen hat, die ohne jeden sachlichen Zusammenhang mit denkbaren Verteidigungszielen ist (vgl. Rn. 14).[111] **Bekanntgeworden** ist dem Verteidiger auch das, was er bei eigenen Recherchen im Rahmen des Mandatsverhältnisses erfährt.[112] Ist der Beschuldigte, in dessen Verfahren der Verteidiger als Zeuge aussagen soll, der Mandant, so wird die Ausübung des Aussageverweigerungsrechts praktisch zur Pflicht.[113] Allerdings entfällt das Zeugnisverweigerungsrecht grundsätzlich, wenn der Mandant den Verteidiger von seiner Schweigepflicht entbindet (s. Rn. 77 ff.). Erwägenswert ist jedoch, von Verfassungs wegen eine Ausnahme zu machen, wenn der Kernbereich der Verteidigung berührt ist[114] (siehe aber auch Rn. 82). 27

c) Verwirkung. Die Konstruktion einer möglichen Verwirkung des Zeugnisverweigerungsrechts wegen Missbrauchs[115] ist nicht erforderlich. Der mögliche Anwendungsfall, in dem der Beschuldigte einen Belastungszeugen zu seinem Verteidiger wählt, lässt sich auch auf dem Boden des geltenden Rechts lösen: Das belastende Wissen, das der Zeuge erlangt hat, wird regelmäßig noch vor dem „Anbahnungsgespräch" zur Kenntnis des Zeugen gelangt sein, so dass ein Zusammenhang mit der Verteidigertätigkeit (noch) nicht besteht und ein Zeugnisverweigerungsrecht ausscheidet.[116] Zur Verwirkung der Beschlagnahmefreiheit nach § 97 siehe Erl. dort. Auch wenn diese gemäß § 97 Abs. 2 Satz 3 entfällt, berührt dies nicht den Bestand des Zeugnisverweigerungsrechts.[117] 28

3. Rechtsanwälte, Kammerrechtsbeistände, Patentanwälte, Notare, Wirtschaftsprüfer, vereidigte Buchprüfer, Steuerberater, Steuerbevollmächtigte (Absatz 1 Satz 1 Nr. 3)

a) Personenkreis

aa) Rechtsanwälte. Rechtsanwalt ist zunächst, wer nach § 12 BRAO als Rechtsanwalt bei einem deutschen Gericht zugelassen ist. Im Übrigen knüpfte das Gesetz bislang ein Zeugnisverweigerungsrecht an die Mitgliedschaft in einer **Rechtsanwaltskammer**. Ob und inwieweit **Rechtsanwälte aus einem EU-Staat und dem weiteren Ausland** ein Zeugnisverweigerungsrecht zustand, war umstritten.[118] Mit Gesetz vom 30.10.2017 strich der Gesetzgeber den Passus „sonstige Mitglieder einer Rechtsanwaltskammer". Damit stellte er 29

---

111 BGHSt **38** 7. SK/*Rogall* 84; SSW/*Eschelbach* 17; KK/*Bader* 14; *Eisenberg* (Beweisrecht) 1242; *Widmaier* FS Dahs 545 f. Dies gilt nicht, soweit es um eine mögliche Strafvereitelung, § 258 StGB, geht, weil die Abgrenzung zwischen zulässigem und strafrechtlich relevantem Verteidigerverhalten oft schwierig ist, BGHSt **38** 7; *Eisenberg* (Beweisrecht) 1242; *Scheffler* StV **1992** 300.

112 *Dahs* GedS Meyer 61.

113 So zutreffend *Welp* FS Gallas 404 ff., der dasselbe zu Unrecht auch für den Fall annimmt, dass es sich um den Verteidiger eines anderen Beschuldigten handelt.

114 Dafür *Matt* FS Widmaier 851, der insoweit ein selbständiges Verweigerungsrecht annimmt; vgl. *Schäfer* FS Hanack 89; BGH NStZ **2008** 115 (obiter dictum); **a.A.** BGH StV **2010** 287; *Bosbach* StraFo **2011** 172; *Beulke/Ruhmannseder* in StV **2008** 115 (= BGH NStZ **2008** 115*)*, wonach es dem Mandanten frei stehen muss, auf den *„besonders geschützten Freiraum"* zwischen ihm und seinem Verteidiger zu verzichten.

115 *Bringewat* NJW **1974** 1742.

116 *Scheffler* StV **1992** 300.

117 BGHSt **50** 64; *Widmaier* FS Dahs 543.

118 LR/*Ignor*/*Bertheau*[27] § 53, 29.

klar, dass das Zeugnisverweigerungsrecht auch für Rechtsanwälte aus EU-Mitgliedsstaaten und Nicht-EU-Staaten gilt.[119] Dem Rechtsanwalt stehen gleich der nach § 53 BRAO amtlich bestellte Vertreter, auch wenn er noch Referendar ist,[120] ferner der nach § 55 BRAO zum Abwickler der Kanzlei eines verstorbenen Rechtsanwalts Bestellte[121] sowie die **Kammerrechtsbeistände** nach § 1 Abs. 2 des EG zum Rechtsberatungsgesetz als rechtsanwaltsähnliche Mitglieder einer Rechtsanwaltskammer. Letzteres hat der Gesetzgeber durch die Aufnahme in den Gesetzestext klargestellt.[122] Nicht mehr § 53 Abs. 1 Satz 1 Nr. 3 unterfallen die nichtanwaltlichen Geschäftsführer einer Rechtsanwaltsgesellschaft, auch wenn sie kraft Gesetzes Mitglieder einer Rechtsanwaltskammer sind. Sie unterfallen nunmehr der Regelung des § 53a (s. dort). Rechtsanwalt ist nach dem Gesetz zur Neuordnung des Rechts der Syndikusanwälte und zur Änderung der Finanzgerichtsordnung, in Kraft getreten am 1.1.2016, auch der **Syndikus-** (§ 46 Abs. 2 BRAO) und der **Syndikuspatentanwalt** (§ 41a Abs. 2 PAO). Nach § 53 Abs. 1 Satz 1 Nr. 3 2. Hs. steht diesen jedoch ein Zeugnisverweigerungsrecht nicht hinsichtlich dessen zu, was ihnen in ihrer Eigenschaft als Syndikus (Angestellte des Unternehmens) anvertraut worden oder bekanntgeworden ist. Dies entspricht der bisherigen Auffassung, wonach dem Syndikusanwalt das Recht aus § 53 nur zukommt, soweit er mit typisch anwaltlichen Aufgaben befasst und im konkreten Einzelfall ein Vertrauensverhältnis zu dem Rechtsratsuchenden entstanden war.[123]

30 **bb) Sonstige. Patentanwälte** sind die nach § 19 PAO zur Patentanwaltschaft zugelassenen Personen sowie ausländische Berufsangehörige, die eine Tätigkeit ausüben, die derjenigen des Patentanwalts in Deutschland entspricht.[124] **Notar** ist, wer nach § 3 BNotO zur hauptberuflichen Amtsausübung oder als Anwaltsnotar bestellt ist; ihm steht der Notarassessor (§ 7 BNotO) gleich. Die öffentliche Bestellung zum **Wirtschaftsprüfer** erfolgt nach § 15 WPO;[125] zum **Vereidigten Buchprüfer** siehe § 13a i.V.m. § 1 Abs. 1 Satz 1, 15 WPO.[126] Für die Bestellung zum **Steuerberater** und **Steuerbevollmächtigten** sind die §§ 40, 42 StBerG maßgebend.

b) Umfang des Zeugnisverweigerungsrechts

31 **aa) Allgemeines/Rechtsanwälte.** Das Zeugnisverweigerungsrecht der Rechtsanwälte und der anderen in § 53 Abs. 1 Satz 1 Nr. 3 bezeichneten Personen erstreckt sich auf alles, was ihnen im Zusammenhang mit ihrer Berufsausübung („in dieser Eigenschaft"), nicht nur von ihren Mandanten, anvertraut und was ihnen bekanntgeworden ist (Rn. 15 ff.),[127] gleichgültig, ob sie es in einer Strafsache, Zivilsache oder in einer anderen Rechtsangelegenheit erfahren haben. Dazu gehören auch Erkenntnisse aus der Phase der **Anbahnung** des Mandats (Rn. 26).[128] Auch die mögliche Einbindung des Rechtsanwalts (oder Notars) in etwaige **kriminelle Machenschaften** des Mandanten berührt das Zeugnisverweigerungsrecht

119 BTDrucks. **18** 12940 S. 9 f.

120 *Eb. Schmidt* 14.

121 SK/*Rogall* 88; *Schmitt*/Köhler 13.

122 BTDrucks. **18** 12940 S. 10.

123 vgl. LG Berlin NStZ **2006** 470, 471.

124 BTDrucks. **18** 12940 S. 10.

125 Dazu LG Bonn StV **2002** 68 m. zust. Anm. *Wehnert*.

126 Ausführlich zu dieser Berufsgruppe SK/*Rogall* 97.

127 OLG Koblenz NStZ **1985** 426 ff.; KG StV **1991** 507; zur Rechtslage bei den Notaren vgl. *Amelung* DNotZ **1984** 195, 205.

128 BGH NStZ **2016** 740; BGHSt **33** 148 = BGH NStZ **1985** 372 mit Anm. *Rogall* betr. die Aussage einer Krankenschwester zur Anbahnung eines Patientenverhältnisses; BGHSt **36** 301.

grundsätzlich nicht (Rn. 14).[129] Das Bekanntwerden und damit das Bestehen des Zeugnisverweigerungsrecht des Rechtsanwalts hängt nicht davon ab, dass ein in Ausübung des Berufs als Rechtsanwalt geführtes Gespräch „inhaltlich-funktionalen Beratungscharakter" besitzt, eine „mandatsbezogene Beratung" zum Gegenstand hat oder dem Austausch von Informationen dient, „die eines besonderen Vertraulichkeitsschutzes bedürfen".[130] Aus der **Rechtsprechung** zum Zeugnisverweigerungsrecht von Rechtsanwälten seien folgende Beispiele genannt: Kein Zeugnisverweigerungsrecht bei bloßer abstrakter Rechtsauskunft,[131] bei Tätigkeit als Aufsichtsrat einer Firma,[132] bei bloßer Treuhänder-Tätigkeit,[133] bei Tätigkeit als Insolvenzverwalter,[134] bei gerichtlicher Bestellung als Verfahrenspfleger.[135] Zeugnisverweigerungsrecht dagegen bei Verhandlungen des Anwalts eines Erpressungsopfers mit dem Entführer.[136] Bleiben nach Ausschöpfung aller Erkenntnismöglichkeiten Zweifel, ob ein Vernehmungsthema von § 53 erfasst wird, so ist in entsprechender Anwendung des Zweifel-Grundsatzes das Weigerungsrecht anzuerkennen.

bb) Steuerberater, Steuerbevollmächtigte und Wirtschaftsprüfer. Die gesetzliche 32
Regelung für Steuerberater, Steuerbevollmächtigte und Wirtschaftsprüfer[137] entspricht der für Rechtsanwälte. Dementsprechend kommt es auch hier darauf an, ob die Tatsachen, die Gegenstand der Vernehmung sein sollen, nach ihrer Art und ihrem Aussagegehalt zum Bereich des geschützten Vertrauensverhältnisses gehören. Bei der Prüfung des Umfangs des Zeugnisverweigerungsrechts sind die Gesetzesbegriffe auch für diese Vertrauensberufe in Übereinstimmung mit dem gesetzgeberischen Ziel des Geheimnisschutzes weit auszulegen (vgl. Rn. 17). Seit längerem **umstritten** ist,[138] inwieweit Buchhaltungsunterlagen und die daraufhin gefertigten Aufzeichnungen bis zum Bilanzentwurf und zur Bilanz der mit dem Zeugnisverweigerungsrecht nach § 53 Abs. 1 Satz 1 Nr. 3 korrespondierenden Beschlagnahmefreiheit nach § 97 Abs. 1 unterliegen (näher dazu Erl. zu § 97). Ob das Weigerungsrecht davon abhängig gemacht werden kann, ob die Mitteilungen des Mandanten einer (handels-)rechtlichen Pflicht entsprechen und deshalb außerhalb des durch § 53 geschützten Bereiches liegen sollen, erscheint zweifelhaft. Auch die Fertigung und Abgabe einer Steuererklärung erfolgt in Erfüllung einer Rechtspflicht; gleichwohl unterliegen alle in diesem Zusammenhang dem steuerlichen Berater gemachten Mitteilungen (mündlicher und schriftlicher Art) dem geschützten Vertrauensbereich. Es erscheint auch nicht zwingend, dass Belege, die dem Steuerberater zur Prüfung ihrer steuerrechtlichen Relevanz übergeben werden, anders behandelt werden sollen als solche, die als Bestandteil der Buchhaltung etwa dem Wirtschaftsprüfer zur Vorbereitung der Bilanz zur Verfügung gestellt werden. Unter dem Aspekt des § 53 sollte als Kriterium für den geschützten Bereich das **berufsspezifische Beratungs- und Beistandsverhältnis** entscheidend sein. Diese Voraussetzungen sind jeweils für den Einzelfall zu prüfen und zu entscheiden. So mögen

---

129 BGHSt **50** 64; *Widmaier* FS Dahs 543.

130 BGH StRR **2014** 220 (Ls.); vgl. § 43a BRAO: von der dort normierten Pflicht zur Verschwiegenheit ist auch Zufallswissen umfasst, BGH (Z) AnwBl. **2011** 396.

131 KG StV **1991** 507.

132 OLG Celle NJW **1983** 1573.

133 OLG Frankfurt a.M. NJW **2002** 1135; vgl. Hess. VGH AnwBl. **2008** 790 (zu § 43a Abs. 2 Satz 2 BRAO bzw. § 2 Abs. 2 BORA); BGHZ **120** 157.

134 LG Ulm NJW **2007** 2056 mit zust. Anm. *Schork*.

135 OLG Frankfurt NStZ-RR **2017** 118.

136 BGH NJW **1986** 1185.

137 Auch wenn der Wirtschaftsprüfer nach § 183 AktG als Kapitalprüfer eingesetzt war, LG Bonn wistra **2000** 437.

138 Vgl. SK/*Rogall* 107 m.w.N.

einzelne Geschäftsvorgänge (mit Belegen) durchaus dem Wirtschaftsprüfer oder Steuerberater zur Prüfung ihrer bilanziellen oder steuerlichen Relevanz und Einordnung zugänglich gemacht und deshalb dem geschützten Bereich zuzuordnen sein. Für die generelle Übertragung der laufenden Buch- und Beleghaltung kann dies aber ohne weiteres nicht behauptet werden; allerdings ist in Einzelfällen eine hinreichend enge Verzahnung zwischen Buchführung und Steuerberatung denkbar. Auch in diesem wirtschaftlichen Bereich sollte im Zweifelsfalle zugunsten des Geheimnisschutzes entschieden werden.[139]

33 **cc) Geldwäscheverdacht.** Eine **Einschränkung** erfährt das Zeugnisverweigerungsrecht des § 53 Abs. 1 Satz 1 Nr. 3 allerdings durch das **Geldwäschegesetz,**[140] seit das Geldwäschebekämpfungsgesetz (2002) die Anzeigepflichten auf Angehörige bestimmter freier Berufe erstreckt hat.[141] Nach **§ 2 Abs. 1 Nr. 10 und 12 GwG** sind auch Rechtsanwälte, Patentanwälte und Notare unter näher benannten Voraussetzungen sowie Wirtschaftsprüfer und Steuerberater Verpflichtete i.S.d. Geldwäschegesetzes, mithin grundsätzlich in den Fällen des **§ 43 Abs. 1 GwG** verpflichtet, der Zentralstelle für Finanztransaktionsuntersuchungen die genannten Sachverhalte zu melden. Dem besonderen Vertrauensverhältnis zwischen Berufsgeheimnisträger und Mandant wird mit **§ 43 Abs. 2 Satz 1 GwG** Sorge getragen.[142] Danach sind Berufsgeheimnisträger abweichend von § 43 Abs. 1 GwG nicht zur Meldung verpflichtet, wenn sich der meldepflichtige Sachverhalt auf Informationen bezieht, die sie im Rahmen von Tätigkeiten der Rechtsberatung oder Prozessvertretung[143] erhalten haben. Das wiederum gilt nach der Rückausnahme des § 43 Abs. 2 Satz 2 GwG dann nicht, wenn der Berufsgeheimnisträger weiß, dass der Mandant die Rechtsberatung oder Prozessvertretung für den Zweck der Geldwäsche genutzt hat oder nutzt. Soweit eine Meldepflicht besteht, wird § 53 Abs. 1 Satz 1 Nr. 3 eingeschränkt, weshalb der Berufsgeheimnisträger wohl auch in einem sich hierauf beziehenden späteren Strafverfahren gegen seinen Klienten insoweit aussagepflichtig sein dürfte, unabhängig davon, ob er der Meldepflicht genügt hat oder nicht.[144] Freilich müssen die Voraussetzungen der Meldepflicht feststehen. Der bloße Verdacht, der Berufsgeheimnisträger könnte gewusst haben, dass der Mandant seine Rechtsberatung bewusst für den Zweck der Geldwäsche in Anspruch nimmt, reicht zur Einschränkung des Zeugnisverweigerungsrechts nicht.[145]

34 **dd) Interne Untersuchungen.** Werden Berufsgeheimnisträger mit **internen Untersuchungen** in Unternehmen oder sonstigen Verbänden beauftragt, so steht ihnen diesbezüglich grundsätzlich ein Zeugnisverweigerungsrecht zu. Dies ist insofern nicht selbstverständlich, als die entsprechenden Untersuchungen auch durch Unternehmensangehörige erfolgen könnten, denen kein Zeugnisverweigerungsrecht zustehen würde. In Frage steht damit, ob und was den Berufsgeheimnisträgern in dieser Eigenschaft anvertraut worden oder bekannt

---

139 Sehr str.: LG Berlin NJW **1977** 725; LG Braunschweig NJW **1978** 2108; LG Saarbrücken wistra **1984** 200; LG Hanau NStE Nr. 5 zu § 97 StPO; *Bauwens* wistra **1985** 179 ff.; **a.A.** LG Stuttgart NJW **1976** 2030; LG Aachen MDR **1981** 160; LG München NJW **1984** 1191; Rechtsprechungsübersicht bei *Brenner* StuW **1987** 57.

140 BGHSt 50 76 (noch mit Verweis auf die Regelung in § 11 GwG aF).

141 BGBl. I S. 3105; durch dieses Gesetz wurde die EU-Richtlinie 2001/1997 vom 4.12.2002 umgesetzt. S. dazu auch *Widmaier* FS Dahs 543, 548 ff.

142 BTDrucks. **14** 8739 S. 15; OK-GwG/*Pelz* § 43, 41.

143 Dieser Begriff ist in einem umfassenden Sinne zu verstehen. § 11 Abs. 3 Satz 1 GwG soll „dem rechtlich besonders geschützten und für eine effektive Rechtsberatung und Vertretung zentralen Vertrauensverhältnis zwischen Beratendem und Mandant hinreichend Rechnung tragen" (so die Gesetzesbegründung – BTDrucks. **14** 8739 S. 15).

144 BGHSt **50** 64, 76; *Widmaier* FS Dahs 549; MüKo/*Kreicker* 28.

145 *Widmaier* FS Dahs 549 f.; MüKo/*Kreicker* 28.

geworden ist. Praktisch wird der Gegenstand Interne Untersuchung von einer (auch) rechtlichen oder wirtschaftlichen Beratung nicht zu trennen sein, so dass zutreffend von einem durch § 53 geschützten Vertrauensverhältnis zu dem jeweiligen mandatierenden Verband auszugehen ist. Etwas anderes könnte allenfalls dann gelten, wenn die Untersuchung zwar von dem Verband in Auftrag gegeben wurde, tatsächlich aber nach den Vorgaben einer dritten Stelle und mit der Bedingung der Offenlegung dieser gegenüber erfolgt.[146] Hier scheint noch manches ungeklärt zu sein.[147] Vom Zeugnisverweigerungsrecht umfasst ist grundsätzlich alles, was dem Berufsgeheimnisträger im Rahmen der internen Untersuchung bekannt wird, also auch das, was befragte Personen, die ggf. als Beschuldigte infrage kommen oder bereits Beschuldigte sind, bei Anhörungen im Rahmen der Untersuchungen aussagen.[148] Zu beachten ist allerdings, dass das geschützte Vertrauensverhältnis nicht zu diesen, sondern zu dem mandatierenden Verband besteht. Ein Zeugnisverweigerungsrecht besteht demzufolge dann nicht, wenn der Berufsgeheimnisträger seitens des mandatierenden Verbandes gemäß Absatz 2 Satz 1 von der Verschwiegenheitspflicht entbunden wird.[149]

ee) Ombudspersonen. Kein Zeugnisverweigerungsrecht nach § 53 Abs. 1 Satz 1 Nr. 3 35 begründet nach verbreiteter Ansicht die Tätigkeit als **Ombudsperson** nach dem Hinweisgeberschutzgesetz.[150] Entscheidend ist auch hier die Frage, ob dem Berufsgeheimnisträger etwas „in dieser Eigenschaft" anvertraut wird.[151] Zur Ombudsperson kann grundsätzlich jedermann bestellt werden. Ein Mandatsverhältnis zum Hinweisgeber besteht nicht. Gleichwohl ist nicht zu verkennen, dass das Vertrauen in die Vertraulichkeit der anvertrauten Inhalte eine Grundbedingung dafür ist, das potentielle Hinweisgeber sich tatsächlich zur Offenbarung ihres Wissens entschließen. Auch wird bspw. eine anwaltliche Ombudsperson typischerweise die ihm zur Kenntnis gegebenen Sachverhalte auch rechtlich einordnen, (weiter) aufklären und Betroffene ggf. über ihre Rechte, etwa ein Auskunftsverweigerungsrecht nach § 55, belehren.[152] Dazu wird jedoch auch die Aufklärung über das „unvermeidbare Risiko der Offenlegung aller Umstände einschließlich der [...] Identität" des Hinweisgebers gehören müssen.[153]

4. Ärzte, Zahnärzte, Psychotherapeuten, psychologische Psychotherapeuten, Kinder- und Jugendlichenpsychotherapeuten, Apotheker und Hebammen (Absatz 1 Satz 1 Nr. 3)

a) Personenkreis. Arzt ist jeder, der im Inland als Arzt approbiert ist (§ 3 BÄO) oder 36 nach § 2 Abs. 2, 3 (i.V.m. § 10b — Ärzte aus EU-Staaten) oder § 4 BÄO zur vorübergehenden Ausübung des ärztlichen Berufs berechtigt ist. Nach der hier vertretenen Auffassung (Rn. 5) fallen grundsätzlich auch alle ausländischen Ärzte unter die Vorschrift.[154] Tierärzte sind nicht gemeint (Rn. 4). **Zahnarzt** ist, wer nach § 1 des Gesetzes über die Ausübung

---

146 S. Andeutungen in dieser Richtung in BVerfG NJW **2018** 2385 – Jones Day, Rn. 110.

147 Vgl. *Bertheau* Verlässlicher Schutz des Vertrauens auf ein rechtlich geschätztes Verhältnis zum Anwalt? ZRFC **2018** 276.

148 *Schmitt*/Köhler 15; KK/*Bader* 16.

149 *Schmitt*/Köhler 15; KK/*Bader* 16.

150 *Schmitt*/Köhler 15; MüKo/*Kreicker* 27.

151 *Sotelsek* NStZ **2016** 502, 503 f.

152 *Rudolph* Verschlüsselung von Daten in der Anwaltskanzlei, StraFo **2019** 57, 59.

153 *Michalke* Ist der Whistleblower noch zu retten? In FS Ignor, 663, 675.

154 Str.; **a.A.** LR/*Dahs*[25] 33; *Schmitt*/Köhler 16: kein Zeugnisverweigerungsrecht, soweit sie nicht unter § 2 Abs. 3 BÄO fallen; *Rothschild* GA **45** (1897) 418; vgl. *Schubarth* ZStW **105** (1993) 367; *Auerbach* JW **1902** 381.

der Zahnheilkunde als Zahnarzt approbiert ist oder die Erlaubnis zur vorübergehenden Ausübung der Zahnheilkunde besitzt; **Apotheker**, wer als Apotheker approbiert oder nach § 2 Abs. 2 der Bundes-Apothekerordnung zur vorübergehenden Ausübung des Apothekerberufs ermächtigt ist; **Hebamme bzw. Entbindungspfleger**, für den § 53 Abs. 1 Satz 1 Nr. 3 auch gilt, wer nach § 2 HebG als Hebamme oder Entbindungspfleger anerkannt ist. **Psychotherapeuten** müssen ebenfalls approbiert sein (§ 1 Abs. 1 Satz 1 PsychThG), was sie von bloßen Psychologen unterscheidet.[155] Für ausländische Berufsträger der vorgenannten Heilberufe gilt das Gleiche wie für Ärzte.

37 **b) Umfang des Zeugnisverweigerungsrechts.** Das Zeugnisverweigerungsrecht der Angehörigen der Heilberufe erstreckt sich auf alles, was ihnen bei der **Anbahnung** des Beratungs- und Behandlungsverhältnisses[156] sowie bei der Untersuchung oder Heilbehandlung unmittelbar oder mittelbar anvertraut oder bekanntgeworden ist (Rn. 15 ff.).[157] Dazu gehören auch der Name des Patienten,[158] die Frage, ob ein Angeklagter bei einem bestimmten Arzt in Behandlung war,[159] die Begleitumstände seiner Aufnahme[160] und alles, was der Arzt selbst im Rahmen der Behandlung erkannt oder ermittelt hat. Auf welche Weise der Arzt mit dem Patienten befasst worden ist, ob dieser ihn freiwillig aufgesucht hat, ob der Arzt zu ihm gerufen worden ist, ob ein anderer ihn herbeigerufen oder ob der Arzt ungerufen Hilfe geleistet hat, spielt keine Rolle.[161] Das Zeugnisverweigerungsrecht haben auch die **Truppenärzte**, wenn und soweit sich zwischen ihnen und den Soldaten ein persönlicher, durch das ärztliche Berufsgeheimnis abgeschirmter Vertrauenskreis gebildet hat,[162] und unter denselben Voraussetzungen die im Justizvollzug tätigen Ärzte.[163] **Amtsärzte** sind ebenfalls zur Verweigerung des Zeugnisses über die ihnen zwar nicht anvertrauten, aber in ihrer beruflichen Eigenschaft bekanntgewordenen Tatsachen berechtigt.[164] Ein Arzt, der die Leichenschau vornimmt, hat mangels Vertrauensverhältnisses kein Zeugnisverweigerungsrecht.[165] Wird die ärztliche Vertrauensperson zu Straftaten missbraucht, so ist der Arzt zum Schweigen nicht verpflichtet.[166]

38 **c) Ärztliche Sachverständige.** Ärzte, die von einer Strafverfolgungsbehörde oder einem Gericht zum **Sachverständigen** bestellt und mit Untersuchungen und der Erstattung

---

155 BGH StaFo **2024** 225, Rn. 21; SK/*Rogall* 124.

156 BGHSt **33** 148 = NStZ **1985** 372 mit Anm. *Rogall*; BGHSt **45** 366.

157 BGHSt **33** 148; OLG Hamm NStZ **2010** 164; *Michalowski* ZStW **109** 519.

158 BGH JZ **2000** 684; OLG Oldenburg NJW **1982** 2615; LG Köln NJW **1959** 1598; LG Karlsruhe StV **1983** 144 mit Anm. *Kreuzer*; *Schmitt*/Köhler 17; TK-StGB/*Eisele* § 203 StGB, 7; MüKo/*Kreicker* 30; SSW/*Eschelbach* 22; *Lenckner* (Arzt und Recht) 172; *Eb. Schmidt* (Arzt im Strafrecht) 28; *Laufs* Arztrecht (1988) 270, 283; *Becker* MDR **1974** 891.

159 BGH JZ **2000** 683 m. zust. Anm. *Kühne*.

160 BGHSt **33** 148; ebenso *Brauns* JA **1985** 548; vgl. auch OLG Oldenburg NJW **1982** 2615; LG Itzehoe SchlHA **1987** 188.

161 *Bockelmann* 37.

162 BDH NJW **1963** 409 = JR **1963** 413 mit Anm. *Eb. Schmidt*; ferner *Eb. Schmidt* Nachtr. I 3.

163 OLG Karlsruhe NStZ **1993** 405 m.w.N.; *Schmitt*/Köhler 18; MüKo/*Kreicker* 29; *Geppert* Die ärztliche Schweigepflicht im Strafvollzug 15; *Rengier* (Zeugnisverweigerungsrechte) 16 ff.; *Hass* SchlHA **1973** 42; *Marx* GA **1983** 160; *Zieger* StV **1981** 559.

164 BGHZ **40** 29; *Schmitt*/Köhler 18; *Fischer* § 203, 9; vgl. auch *C. Müller* NJW **1966** 1152; einschränkend *Jakobs* JR **1982** 361.

165 LG Berlin NJW **1999** 878.

166 LG Köln NJW **1959** 1598; umfassend zu Problematik und Grenzen ärztlicher Schweigepflicht *Timm*; *Müller-Dietz* 39 ff.

eines Gutachtens für die Zwecke der Strafverfolgung oder Strafvollstreckung (§ 454 Abs. 2) bzw. Maßregelvollstreckung (§ 463 Abs. 2) beauftragt werden, nehmen im Verhältnis zum Untersuchten eine **Sonderstellung** ein. Ziel ihrer Tätigkeit ist nicht die Entwicklung einer wie auch immer gearteten Therapie zum Zwecke der „Heilung" eines Patienten, sondern nur die Ermittlung einer Diagnose und ggf. einer Prognose als Hilfsmittel für eine strafrechtliche Entscheidung. Mit einer solchen Aufgabe erfüllen sie eine gegenständlich und zeitlich begrenzte Funktion innerhalb der Strafrechtspflege, ohne dass es darauf ankommt, ob die zu untersuchende Person (Beschuldigter, Verurteilter oder Zeuge) sich freiwillig mit der Untersuchung bzw. Begutachtung einverstanden erklärt oder diese aufgrund gesetzlicher Anordnung oder ihrer Vollstreckung (§§ 80, 81a, 81c) nur geduldet hat.[167] Gleiches gilt nach Auffassung des BGH für die Ärzte eines einstweilig in einem psychiatrischen Krankenhaus nach § 126a Untergebrachten, weil die Unterbringung zugleich der Beobachtung des Untergebrachten diene und deshalb eine zusätzliche Anordnung nach § 81 überflüssig mache.[168] **Befundtatsachen**, die der ärztliche Gutachter im Zusammenhang mit der Erfüllung des verfahrensrechtlichen Auftrages in Erfahrung bringt, können nicht vom Zeugnisverweigerungsrecht des § 53 Abs. 1 Satz 1 Nr. 3 umfasst sein.[169] Das gilt auch, wenn es sich bei dem Sachverständigen um einen privat praktizierenden Arzt handelt.[170] Eine weit verbreitete Ansicht verwehrt dem Sachverständigen ein Zeugnisverweigerungsrecht ebenfalls für **Zusatztatsachen**.[171] Dies ist jedoch unzutreffend. Der Auftrag des Sachverständigen erstreckt sich nur auf die Befundtatsachen, weil die Wahrnehmung der Zusatztatsachen – über die der Sachverständige als gewöhnlicher Zeuge vernommen wird – keiner besonderen Sachkunde bedarf. Die Zeugnispflicht des Sachverständigen, die mit dem Umfang des amtlichen Auftrags einhergeht, umfasst dann aber auch nur die Befundtatsachen. Im Übrigen besteht ein Zeugnisverweigerungsrecht.[172] Berichtet der Geheimnisträger dem Sachverständigen bei der Untersuchung weitergehende Zusatztatsachen, kann zwar hierin je nach Lage des Falles eine **stillschweigende Entbindung** des Sachverständigen von der Schweigepflicht liegen, wenn sich der Zeuge dessen bewusst ist, dass der Sachverständige vor Gericht auch als Zeuge vernommen werden kann. Jedoch ist diese Entbindung von der Schweigepflicht wie jede andere Entbindung nach § 53 Abs. 2 Satz 1 widerruflich.[173] Die Argumentation, dass im Falle eines im Auftrag des Gerichts oder der Ermittlungsbehörde erstatteten Gutachtens die sonst erforderliche Zustimmung des Angeklagten zur Preisgabe von Geheimnissen, durch die damit einhergehende Duldungspflicht ersetzt werde,[174] greift aus dem oben genannten Grunde nicht bei Zusatztatsachen.

---

167 BGHZ **40** 288, 293 = NJW **1964** 449, 451; LG Stuttgart MDR **1994** 715; *Bockelmann* 38 nimmt bei freiwilliger Duldung eine Entbindung von der Schweigepflicht an.

168 BGH NStZ **2025** 497; vgl. auch LR/*Krause*[28] § 81 Rn. 5.

169 Das entspricht fast einhelliger Ansicht: BGH StV **2002** 633 m. abl. Anm. *Bosch*; BGHZ **40** 294; RGSt **61** 384; **66** 274 = JW **1932** 3355 mit Anm. *Lehmann*; OGHSt **3** 63; OLG Hamm NJW **1968** 1202; OLG Schleswig SchlHA **1954** 25; KK/*Bader* 19; MüKo/*Kreicker* 31; SSW/*Eschelbach* 24; *Eb. Schmidt* 16 und Arzt im Strafrecht 33; *Jessnitzer* 156 ff.; *Dalcke/Fuhrmann/Schäfer* 16; *Fischer* § 203, 40; LK/*Schünemann* § 203, 125; TK-StGB/*Eisele* § 203 StGB, 16; *Henkel* 220 Fn. 3; *Bockelmann* 37; *Hass* SchlHA **1973** 43; *Kohlhaas* GA **1958** 73; *Kühne* JZ **1981** 647; *Rengier* (Zeugnisverweigerungsrechte) 270 f.; vgl. auch *Krauß* ZStW **97** (1985) 81 ff.; **a.A.** AK/*Kühne* 14; *Frey* FS Pfenninger 53 ff.; *Krauß* 110 für den Bereich außerhalb der Befundtatsachen.

170 *Kohlhaas* DRiZ **1959** 246; *ders.* DAR **1968** 74; **a.A.** *Hiendl* NJW **1958** 2101.

171 BGH NStZ-RR **2009** 15 (ohne Differenzierung von Befund- und Zusatztatsachen); BGHZ **40** 294 ff.; BGH StV **2002** 633 m. abl. Anm. *Bosch*; KK/*Bader* 19; MüKo/*Kreicker* 31; differenzierend *Schmitt*/Köhler 20.

172 *Rengier* (Zeugnisverweigerungsrechte) 269 ff.; *Krauß* ZStW **97** (1985) 103; dem Ansatz nach wohl auch SK/*Rogall* 122.

173 *Krauß* ZStW **97** (1985) 115; in dieser Frage anders SK/*Rogall* 122.

174 BGH NStZ **2002** 214; NStZ-RR **2009** 15.

39 Die Beziehung zwischen dem **Arzt als Hilfsperson der Strafrechtspflege** und dem Untersuchten ist rechtlich eine andere als das Verhältnis zwischen dem Geheimnisträger und einem von ihm in Anspruch genommenen Arzt seines Vertrauens.[175] So klar diese Situation aus rechtlicher Sicht ist, so schwierig kann sie in der Praxis werden, wenn die Position des ärztlichen Gutachters gegenüber dem Untersuchten nicht klargestellt worden ist und dieser auf eine Schweigepflicht des Arztes vertraut. Da mit dem Berufsbild des Arztes generell ein besonderes Vertrauensverhältnis verbunden wird,[176] muss der Sachverständige oder die ihn bestellende Behörde zuvor den Probanden darüber **aufklären**, dass eine Schweigepflicht und ein Zeugnisverweigerungsrecht nicht bestehen und alle Erkenntnisse, die der Gutachter im Rahmen der Ausführung seines Auftrages gewinnt, der beauftragenden Behörde übermittelt werden. Beruft sich ein Verfahrensbeteiligter darauf, dass Informationen nur wegen eines Irrtums über die Funktion des ärztlichen Sachverständigen erteilt worden seien, muss diese Frage in tatsächlicher Hinsicht vom Gericht aufgeklärt werden.[177] Ist das behauptete ärztliche Vertrauensverhältnis nicht widerlegbar, muss von Schweigepflicht (§ 203 Abs. 1 Nr. 1 StGB) und Zeugnisverweigerungsrecht (§ 53 Abs. 1 Satz 1 Nr. 3) ausgegangen werden. Das Zeugnisverweigerungsrecht gilt auch für Mitteilungen des Untersuchten gegenüber dem Sachverständigen aus früherer ärztlicher Behandlung[178] und solche, die mit dem Gutachtenauftrag in keinem Zusammenhang stehen und bei denen die Annahme geboten ist, dass sie unter der Voraussetzung der **Geheimhaltung** gemacht und empfangen worden sind.[179] Dem Arzt steht schließlich ein Zeugnisverweigerungsrecht zu über solche Tatsachen, die ihm als Sachverständigem in einem anderen Verfahren bekannt geworden sind.[180]

5. Mitglieder oder Beauftragte von Schwangerschaftsberatungsstellen (Absatz 1 Satz 1 Nr. 3a)

40 **a) Personenkreis.** Dieses Zeugnisverweigerungsrecht knüpft nicht an eine bestimmte Berufsgruppe an, sondern schützt das Vertrauensverhältnis in die Beratungsstelle als Institution.[181] Es muss sich jedoch um eine nach den §§ 3 und 8 des Schwangerschaftskonfliktgesetzes anerkannte Stelle handeln. Mitglieder dieser Stellen sind außer dem Leiter alle Personen, die zu ihnen in einem haupt- oder nebenamtlichen Dienstverhältnis stehen. Beauftragte sind alle anderen Personen, die mit der Wahrnehmung von Aufgaben der Stellen betraut sind (vgl. § 11 Abs. 1 Nr. 2c StGB). Ob es sich dabei um Einzelaufträge handelt oder ob die Mitarbeit regelmäßig, aber ohne Anstellung erfolgt, spielt keine Rolle. Das Zeugnisverweigerungsrecht haben aber nur die unmittelbar mit der Beratung von Schwangeren befassten Personen, in erster Hinsicht also Ärzte, Psychologen und Sozialarbeiter, daneben auch Seelsorger, Juristen und Fachkräfte anderer Disziplinen.[182] Für das sonstige Personal der Beratungsstelle gilt § 53a.

41 **b) Umfang des Zeugnisverweigerungsrechts.** Die in § 53 Abs. 1 Satz 1 Nr. 3a genannten Personen dürfen das Zeugnis über alle ihnen in ihrer Eigenschaft als Mitglieder oder Be-

---

175 Dazu *Eb. Schmidt* 16; *Hiendl* NJW **1958** 2101; *Lehmann* JW **1932** 3356; vgl. auch *Krauß* 81 ff.

176 So zutreffend *Kühne* JZ **1981** 648.

177 *Kühne* JZ **1981** 649 f.

178 *Bockelmann* 45.

179 BGHSt **38** 369 mit Verweis auf BGHZ **40** 288 ff. und krit. Anm. *Jung* JuS **1993** 698; RGSt **61** 384; KK/*Bader* 19; MüKo/*Kreicker* 32; SSW/*Eschelbach* 24; *Eb. Schmidt* 16; *Lenckner* (Arzt und Recht) 191.

180 BGHSt **38** 369 mit krit. Anm. *Jung* JuS **1993** 698; BGHZ **40** 289 ff.

181 Vgl. i.E. *Rengier* (Zeugnisverweigerungsrechte) 25 ff.

182 *Rengier* (Zeugnisverweigerungsrechte) 28.

auftragte der Beratungsstellen anvertrauten oder bekanntgewordenen Tatsachen (Rn. 15 ff.) verweigern. Um unmittelbar mit der Schwangerschaft zusammenhängende Tatsachen braucht es sich nicht zu handeln; denn die Tätigkeit der Beratungsstellen umfasst die Lebensumstände der Schwangeren in vollem Umfang.[183]

6. Berater für Fragen der Betäubungsmittelabhängigkeit in einer Beratungsstelle (Absatz 1 Satz 1 Nr. 3b)

a) Personenkreis. Zeugnisverweigerungsberechtigte der durch Gesetz vom 23.7.1992[184] eingefügten Nr. 3b sind **Drogenberater** in einer Beratungsstelle. Die Vorschrift gilt damit nur für Berater der im BtMG genannten Suchtformen und Suchtgefahren. Die Beratungsstelle muss von einer Behörde oder einer Körperschaft, Anstalt oder Stiftung des öffentlichen Rechts eingerichtet oder anerkannt worden sein. Die Vorschrift gilt also nicht für ehrenamtliche Berater in sog. Selbsthilfegruppen.[185] Die Festlegung der Anerkennungskriterien ist Sache der Länder.[186] 42

b) Umfang des Zeugnisverweigerungsrechts. Das Zeugnisverweigerungsrecht erstreckt sich auf die Informationen, die bei der Beratung oder Behandlung von Betäubungsmittelkonsumenten oder Betäubungsmittelabhängigen erlangt worden sind. Erfasst werden aber auch sämtliche Gespräche, die der Berater im Rahmen seiner Beratungstätigkeit z.B. mit Familienmitgliedern oder Freunden des Ratsuchenden führt.[187] 43

7. Abgeordnete/Mitglieder der Bundesversammlung (Absatz 1 Satz 1 Nr. 4)

a) Personenkreis. Das Zeugnisverweigerungsrecht der Abgeordneten dient der Erfüllung ihrer staatspolitischen Aufgaben, insbesondere der Kontrolle von Regierung und Verwaltung, durch die Gewährleistung eines ungehinderten Informationsaustauschs zwischen dem Abgeordneten und seinen Informanten.[188] Es wird um der Funktionstüchtigkeit des Parlaments willen geschützt.[189] Da schon Art. 47 Satz 1 GG die Mitglieder des Deutschen Bundestages zur Verweigerung des Zeugnisses berechtigt, hat § 53 Abs. 1 Satz 1 Nr. 4 insoweit nur deklaratorische Bedeutung.[190] Für die Abgeordneten der Länderparlamente vereinheitlicht die Vorschrift die entsprechenden Bestimmungen der Länderverfassungen.[191] Angehörige des Bundesrats sind keine Abgeordneten, sondern Vertreter der Landesregierungen, so dass § 53 Abs. 1 S. 1 Nr. 4 keine Anwendung findet. Neu in den Kreis der Zeugnisverweigerungsberechtigten aufgenommen wurden die Mitglieder der Bundesversammlung. Das Zeugnisverweigerungsrecht der Mitglieder des Europäischen Parlaments, das bisher schon nach § 6 EuAbgG bestand, ist nunmehr auch in § 53 Abs. 1 Satz 1 Nr. 4 ausdrücklich vorgesehen. Daraus folgt, dass deren Mitarbeiter zum Kreis der Hilfspersonen nach § 53a zählen. Abgeordnete, die Mitglieder einer durch das BVerfG für verfassungswid- 44

---

183 KK/*Bader* 21; *Schmitt*/Köhler 21; MüKo/*Kreicker* 33; SSW/*Eschelbach* 25; SK/*Rogall* 135.
184 BGBl. I S. 1366.
185 BVerfG StV **1998** 355 m. Anm. *Kühne*; LG Freiburg StraFo **1999** 136; KK/*Bader* 21b; *Schmitt*/Köhler 22; SK/*Rogall* 134; SSW/*Eschelbach* 26; MüKo/*Kreicker* 34.
186 BTDrucks. **12** 870 S. 7.
187 BTDrucks. **12** 2738 S. 5.
188 *Rengier* (Zeugnisverweigerungsrechte) 30 ff.; SK/*Rogall* 140; MüKo/*Kreicker* 35.
189 BVerfGE **109** 279, 323 – sog. Großer Lauschangriff.
190 KK/*Bader* 22; SK/*Rogall* 138; *Eb. Schmidt* 9; *Dallinger* JZ **1953** 436.
191 *Dallinger* JZ **1953** 436; *Heitzer* NJW **1952** 89.

rig erklärten Partei sind, haben mindestens von der Zeit an, ab welcher rückwirkend der Beginn verfassungswidriger Tätigkeit festgestellt wurde, kein Zeugnisverweigerungsrecht nach § 53 Abs. 1 Satz 1 Nr. 4.[192] Ferner steht **kommunalen Mandatsträgern** kein Zeugnisverweigerungsrecht nach § 53 Abs. 1 Satz 1 Nr. 4 zu.[193]

45 **b) Entscheidungsfreiheit des Abgeordneten.** Die Verletzung der Verschwiegenheit durch den Abgeordneten ist nur in engen Grenzen strafbewehrt (vgl. § 203 Abs. 2 Satz 1 Nr. 4 StGB). Er entscheidet selbst darüber, ob er aussagen oder von seinem Zeugnisverweigerungsrecht Gebrauch machen will; das Parlament ist nicht befugt, ihm hierüber Weisungen zu erteilen.[194] Wie sich aus dem Umkehrschluss aus § 53 Abs. 2 Satz 1 ergibt, kann der Abgeordnete nicht durch Befreiung von der Schweigepflicht zur Aussage gezwungen werden.[195] Auch § 54 ist insoweit nicht anwendbar.[196]

46 **c) Umfang des Zeugnisverweigerungsrechts.** Das Zeugnisverweigerungsrecht bezieht sich nicht nur auf Tatsachen, sondern auch auf Personen, d.h. auf die Namen der Gewährsleute des Abgeordneten und der Empfänger von Geheimnissen.[197] Über Tatsachen darf der Abgeordnete die Aussage aber nur verweigern, wenn sie ihm im Zusammenhang mit seiner Abgeordnetentätigkeit **anvertraut** worden sind. Was er als Privat- oder Geschäftsmann erfahren hat, muss er offenbaren. Von wem der Abgeordnete sein Wissen hat, ist für die Anwendung des § 53 Abs. 1 Satz 1 Nr. 4 gleichgültig. Sein Gewährsmann kann auch ein anderer Abgeordneter, ein Regierungsvertreter oder ein Beamter sein.[198] Das Zeugnisverweigerungsrecht der Abgeordneten bezieht sich nur auf „anvertraute", nicht auch auf „bekannt gewordene" Tatsachen. Eine Ausdehnung auf alles, was dem Abgeordneten bekannt geworden ist, wäre zu weitgehend.[199] Anvertraut sind die Tatsachen dem Abgeordneten auch dann, wenn sie später auf andere Weise öffentlich bekannt werden. Das Weigerungsrecht dauert über die Abgeordnetentätigkeit hinaus (Rn. 18), erstreckt sich aber nur auf das, was der Abgeordnete während der Mandatszeit erfahren hat.[200]

8. Medienangehörige (Absatz 1 Satz 1 Nr. 5)

47 **a) Entstehungsgeschichte und Schutzzweck.** Das im Jahre 1926 eingeführte und 1953 auf die Mitarbeiter des Rundfunks ausgedehnte Zeugnisverweigerungsrecht für Presseangehörige war in mehrfacher Hinsicht eingeschränkt.[201] Es erstreckte sich nur auf Veröffentlichungen strafbaren Inhalts (Presseinhaltsdelikte), konnte nur geltend gemacht werden, wenn der Redakteur oder ein für die Sendung Verantwortlicher wegen der Veröffentlichung bereits bestraft worden war oder wenn seiner Bestrafung keine Hindernisse entgegenstanden (Garantenhaftung), und berechtigte nur zur Verweigerung der Angaben über die Person des Verfassers, Einsenders oder Gewährsmanns, nicht jedoch über den Inhalt der von ihnen

---

192 *Eb. Schmidt* Anh. 10.
193 BGHSt **51** 44, 53.
194 Sachs/*Magiera* Art. 47, 3 GG.
195 *Schmitt*/Köhler 24; Sachs/*Magiera* Art. 47, 3 GG; SSW/*Eschelbach* 28.
196 *Schmitt*/Köhler 24; KK/*Bader* 25; MüKo/*Kreicker* 40.
197 KK/*Bader* 23; Sachs/*Magiera* Art. 47, 4 GG; SK/Rogall 147; *Eb. Schmidt* 11; *Rengier* (Zeugnisverweigerungsrechte) 33.
198 *Rengier* (Zeugnisverweigerungsrechte) 33.
199 SK/*Rogall* 147; KK/*Bader* 24; MüKo/*Kreicker* 38; **a.A.** LR/*Dahs*[25] 43.
200 KK/*Bader* 26; MüKo/*Kreicker* 39; *Kohlhaas* GA **1958** 71.
201 Zur Entstehungsgeschichte *R. Groß* FS Schiedermair 223 ff.

zur Verfügung gestellten Beiträge, Mitteilungen und Unterlagen. Da die Regelung der Strafprozessordnung allgemein als unbefriedigend empfunden wurde, wurde durch die Gesetzesänderung von 1975 das Zeugnisverweigerungsrecht für die Mitarbeiter von Presse und Rundfunk in Anlehnung an die Pressegesetze der Länder beträchtlich erweitert.[202] Die Mitarbeiter von Presse und Rundfunk, die bei der Vorbereitung, Herstellung oder Verbreitung von periodischen Druckwerken und Rundfunksendungen berufsmäßig mitwirken oder mitgewirkt haben, sind seither weitgehend zur Verweigerung des Zeugnisses berechtigt. Durch das Gesetz vom 15.2.2002[203] ist das (bisher allgemein so bezeichnete) Zeugnisverweigerungsrecht für Journalisten tiefgreifend umgestaltet und wesentlich erweitert worden.[204] Der dem Wortlaut nach auf Druckwerke und Rundfunksendungen begrenzte Anwendungsbereich wurde auf alle Informations- und Kommunikationsdienste erweitert. Die Beschränkung auf periodisch erscheinende Publikationen ist entfallen. Der Umfang des Zeugnisverweigerungsrechts ist grundsätzlich auf das sog. **selbstrecherchierte Material** und eigene Wahrnehmungen erweitert worden, jedoch enthält Absatz 2 Satz 2 und 3 hierbei Einschränkungen. **Unverändert** ist die Beschränkung auf eine berufsmäßige (auch nebenberufliche, Rn. 55) Tätigkeit und die Beschränkung auf den redaktionellen Teil (Rn. 70) solcher Publikationen. Die Erweiterung des Zeugnisverweigerungsrechts begründet zugleich infolge der Verweisungen in § 97 Abs. 5 Satz 1 eine entsprechende Erweiterung der Beschlagnahmefreiheit; eine über die Regelung in § 97 Abs. 2 Satz 3 hinausgehende Beschlagnahmeeinschränkung enthält der neue § 97 Abs. 5 Satz 2 (näher Erl. zu § 97). Die Gesetzesmaterialien vermitteln den Eindruck, dass die Erweiterung des Durchsuchungs- und Beschlagnahmeschutzes das vorrangige Motiv des Gesetzgebers für die Verwirklichung des lange Zeit erörterten[205] Änderungsvorhabens war.

Der **Schutz des Vertrauensverhältnisses** zwischen Presse und privaten Informanten 48
gehört zur verfassungsrechtlich (Art. 5 Abs. 1 Satz 2 GG) verbürgten Pressefreiheit.[206] Das Zeugnisverweigerungsrecht dient nicht in erster Hinsicht dem Schutz des Verfassers, Einsenders und Gewährsmanns, sondern der Funktionstüchtigkeit der im öffentlichen Interesse liegenden Tätigkeit von Presse und Rundfunk.[207] Der Schutz der Informationsquellen und des Vertrauensverhältnisses zwischen Presse bzw. Rundfunk und den Informanten ist unentbehrlich, weil die Presse auf private Mitteilungen nicht verzichten kann, diese Informationsquelle aber nur dann ergiebig fließt, wenn sich der Informant grundsätzlich auf die Wahrung des Redaktionsgeheimnisses verlassen kann.[208] Eine über § 53 Abs. 1 Satz 1 Nr. 5, Satz 2 und 3 hinausgehende Begrenzung des Aussagezwanges kann sich – wie stets (Rn. 3) – prinzipiell unmittelbar aus der Verfassung ergeben, hier vornehmlich Art. 5 Abs. 1 Satz 2 GG, wird aber angesichts der nunmehr sehr differenzierten gesetzlichen Regelung eher restriktiv zu handhaben sein. Allerdings zwingt der verfassungsrechtlich gebotene Informantenschutz grundsätzlich zu einer dem Risiko seiner Verletzung entgegenwirkenden **Auslegung** der strafprozessualen Normen.[209] Eine **Entbindung von der**

202 Allgemein dazu *Gross* NJW **1975** 1763; *Kunert* MDR **1975** 885; *Delitz* AfP **1976** 106; *Gehrhardt* MDR **1976** 461; *Löffler* NJW **1978** 913; *Rengier* (Zeugnisverweigerungsrecht) 37 ff.

203 **Materialien**: BTDrucks. **14** 1602 (Gesetzentwurf der FDP-Fraktion); **14** 5166 (Gesetzentwurf der Bundesregierung); **14** 6576 (Beschlussempfehlung und Bericht des Rechtsausschusses); **14** 7015 (Anrufung des Vermittlungsausschusses durch den Bundesrat); **14** 7776 (Beschlussempfehlung des Vermittlungsausschusses). Weitere Nachweise bei *Kunert* NStZ **2002** 169 ff.

204 Kritische Gesamtübersicht bei *Kunert* NStZ **2002** 169 ff.

205 *Kunert* NStZ **2002** 171.

206 BVerfGE **20** 162 – SPIEGEL; BVerfGE **117** 244 – CICERO, dort insb. Rn. 42 m.w.N.

207 BVerfGE **20** 176; **109** 279, 323 – sog. Großer Lauschangriff; KK/*Bader* 27; *Schmitt*/Köhler 25, 26; SSW/*Eschelbach* 29; *Rebmann/Ott/Storz* § 23 LPG, 18; *Möhl* 100 ff.

208 BVerfGE **117** 244, Rn. 42 – CICERO.

209 So für Durchsuchungen und Beschlagnahmen BVerfGE **117** 244, Rn. 62 – CICERO.

Schweigepflicht ist, wie sich aus § 53 Abs. 2 Satz 1 ergibt, rechtlich wirkungslos. Andererseits hat der Informant auch keinen Rechtsanspruch darauf, dass der Presse- oder Rundfunkmitarbeiter von seinem Zeugnisverweigerungsrecht Gebrauch macht.[210]

b) Personenkreis

49 **aa) Übersicht.** Geschützt sind alle Personen, die bei der Vorbereitung, Herstellung oder Verbreitung (Rn. 56) von Druckwerken (Rn. 50), Rundfunksendungen (Rn. 51), Filmberichten (Rn. 51) oder der Unterrichtung oder Meinungsbildung dienenden Informations- und Kommunikationsdiensten (Rn. 52) berufsmäßig (Rn. 53) mitwirken oder mitgewirkt haben.

50 **bb) Druckwerke.** Nach der neuen Gesetzeslage sind nicht mehr nur die periodischen (Zeitungen, Zeitschriften), sondern auch alle anderen Druckwerke vom Schutz des § 53 umfasst. Infolgedessen sind die mit der alten Gesetzeslage einhergehenden Abgrenzungsfragen zwischen periodischen und nicht periodischen Druckwerken[211] entfallen.[212] Zur Bestimmung des Begriffs der Druckwerke kann man sich an den Landespressegesetzen orientieren. Nach § 6 des BerlLPG etwa sind Druckwerke „alle mittels der Buchdruckerpresse oder eines sonstigen zur Massenherstellung geeigneten Vervielfältigungsverfahrens hergestellten und zur Verbreitung bestimmten Schriften, besprochenen Tonträger, bildlichen Darstellungen mit und ohne Schrift und Musikalien mit Text oder Erläuterungen". Danach erstreckt sich das Zeugnisverweigerungsrecht auch auf Autoren (und deren berufliche Mitarbeiter) von Publikationen in selbständigen Büchern oder Sammelwerken. Im Zusammenhang mit der Erstreckung auf selbstrecherchiertes Material und entsprechende Wahrnehmungen (Rn. 67) kann es damit auch als Ersatz für ein „Forschungsgeheimnis" wissenschaftlichen Forschungsvorhaben zugute kommen.[213] Dem wird jedoch entgegengehalten, dass die wissenschaftliche Arbeit von Transparenz, Dokumentation und Nachvollziehbarkeit der gefundenen Ergebnisse geprägt sei, was der Annahme des Geheimnisschutzes der einer Publikation zugrunde liegenden Erkenntnisse entgegenstehe.[214] In der Konsequenz bedeutet dies, dass wissenschaftliche Autoren ihren Probanden keine Vertraulichkeit zusichern können, was gerade in der empirischen Sozialforschung problematisch ist.[215] Die schon zu Beginn der 1970er Jahre geführte Diskussion um die Einführung eines forschungsspezifischen Zeugnisverweigerungsrechts und entsprechenden Beschlagnahmeverbots hat der Gesetzgeber bisher nicht explizit aufgegriffen.

51 **cc) Rundfunksendungen/Filmberichte.** Der Begriff der Rundfunksendung umfasst den Hör- und Bildfunk, so dass auch Mitarbeiter von **Fernsehsendungen** zur Zeugnisverweigerung berechtigt sind.[216] Nicht davon erfasst waren herkömmlicherweise reine **Film-**

---

210 HK/Gercke 23; *Schmitt*/Köhler 25, 26; MüKo/*Kreicker* 43; SSW/*Eschelbach* 29; *Rebmann*/*Ott*/*Storz* § 23, 19 LPG; *Scheer* § 23, A IV LPG.

211 Dazu LR/*Dahs*[25] 44.

212 Dazu *Kramer* Kriminalistik **2004** 758, 759; kritisch zur „uferlosen Ausdehnung" *Hamm* NJW **2001** 270; SK/*Rogall* 165.

213 *Schmitt*/Köhler 28a; näher *Greitemann* NStZ **2002** 572, dort auch m.w.N. zur geführten Diskussion.

214 OLG München NStZ **2021** 631 m. abl. Anm. **Gless**; s.a. *Walter*/*Nedelcu* DÖV **2021** 457, die die Entscheidung des OLG München für verfassungswidrig und eine gesetzgeberische Klarstellung für wünschenswert halten.

215 *Damir-Geilsdorf u.a.* VerfBlog **2020**/11/13.

216 *Schmitt*/Köhler 30; KK/*Bader* 29; MüKo/*Kreicker* 47; *R. Groß* FS Schiedermair 239; *Huppertz* 21; *Kunert* MDR **1975** 886.

berichte,[217] weshalb sie durch das Gesetz vom 15.2.2002 im Hinblick auf Art. 5 Abs. 1 Satz 2 GG in die Vorschrift aufgenommen wurden.[218]

dd) Informations- und Kommunikationsdienste. Hierbei handelt es sich um an Jedermann gerichtete Angebote in Text, Ton oder Bild, die unter Benutzung elektromagnetischer Schwingungen ohne Verbindungsleitung oder längs oder mittels eines Leiters verbreitet werden. Telemedien sind Verteilerdienste, die im Wege einer Übertragung von Daten ohne individuelle Anforderung gleichzeitig für eine unbegrenzte Zahl an Nutzern erbracht werden.[219] Sie müssen „der Unterrichtung oder Meinungsbildung dienen", was reine Unterhaltungsinhalte oder Informationen, die nur der Individualkommunikation dienen (wie etwa das Internet-Banking), ausschließt.[220] Was damit gemeint ist, dass ihr Inhalt „redaktionell aufbereitet" sein muss (Absatz 1 Satz 3) wird in den Gesetzesmaterialien nicht näher erläutert.[221] Im Wesentlichen werden hiervon die diversen im Internet zugänglichen „Online-Dienste" erfasst sein, sofern sie sich an eine mindestens beschränkte Allgemeinheit wenden und ein Mindestmaß an redaktioneller Gestaltung aufweisen. Dienste, die nach ihrer Gestaltung in erster Linie die Mitteilung von Leistungsangeboten des Betreibers enthalten und dem Anzeigenteil einer Zeitung vergleichbar sind, genießen diesen Schutz nicht.[222] Dasselbe dürfte in der Regel für privat eingerichtete „home-pages" gelten, vielfach wird es hier bereits an der weiteren Voraussetzung einer berufsmäßigen Mitwirkung (Rn. 53) fehlen. 52

ee) Berufsmäßige Mitwirkung. Das Zeugnisverweigerungsrecht setzt eine berufsmäßige Mitwirkung des Zeugen bei der Herstellung oder Verbreitung des Druckwerks, der Sendung oder des Films voraus. Die Gesetzesfassung („oder mitgewirkt haben") stellt klar, dass das Recht bestehen bleibt, wenn der Zeuge aus dem Beruf ausscheidet. Über die in § 53 Abs. 1 Satz 1 Nr. 5 aufgeführten Tatsachen, die er während seiner Berufstätigkeit erfahren hat, braucht er auch dann nicht auszusagen, wenn er nicht mehr Presse- oder Rundfunkmitarbeiter ist.[223] 53

Der in Betracht kommende **Personenkreis** ist in § 53 Abs. 1 Satz 1 Nr. 5 nicht im Einzelnen aufgeführt, sondern durch die Bezeichnung seiner Funktionen umschrieben. Danach haben das Zeugnisverweigerungsrecht nicht nur die in erster Hinsicht an der Herstellung und Verbreitung beteiligten Journalisten, Intendanten, Sendeleiter und Archivare. Es steht vielmehr allen Angehörigen des redaktionellen, kaufmännischen und technischen Personals zu, die aufgrund ihrer beruflichen oder dienstlichen Stellung bei der Herstellung oder Verbreitung des Medienerzeugnisses in die Lage kommen, von der Person des Verfassers, Einsenders oder Gewährsmanns oder von dem Inhalt der Mitteilung Kenntnis zu erlangen.[224] Ob sie in verantwortlicher oder untergeordneter Stellung tätig sind, spielt keine Rolle. Da demnach zu dem weigerungsberechtigten Personenkreis auch die **Hilfspersonen** (Sekretärinnen, Schreibkräfte, Boten, Aushilfen, Auszubildende, Praktikanten) gehören, ist § 53 Abs. 1 Satz 1 Nr. 5 in § 53a nicht besonders erwähnt.[225] Eine feste Anstel- 54

---

217 LR/*Dahs*[25] 47 m.w.N.
218 Vgl. BTDrucks. **14** 5166 S. 8.
219 Vgl. die Begriffsbestimmung in § 2 TMG.
220 SK/*Rogall* 168; KK/*Bader* 30; SSW/*Eschelbach* 31; *Kunert* NStZ **2002** 170.
221 Vgl. BTDrucks. **14** 5166 S. 7.
222 So auch *Kunert* NStZ **2002** 171.
223 *Schmitt*/Köhler 31; SSW/*Eschelbach* 32; *Löffler* § 23, 9 LPG.
224 *Schmitt*/Köhler 31; SSW/*Eschelbach* 32 *Rebmann*/*Ott*/*Storz* § 23, 11 LPG; *Dallinger* JZ **1953** 436; *Kohlhaas* NJW **1958** 41.
225 Vgl. *Löffler* I § 23, 38 LPG.

lung bei einem Pressebetrieb oder einer Rundfunkanstalt setzt das Zeugnisverweigerungsrecht nicht voraus. Es steht auch freiberuflich schaffenden Journalisten zu.[226] Auch diejenigen, die nur als Zeitungshändler, Zeitungsausträger, Betreiber von Lesezirkeln an der Verbreitung der periodischen Druckwerke mitwirken, haben ein Zeugnisverweigerungsrecht.[227] Allerdings werden ihnen bei dieser beruflichen Tätigkeit Pressegeheimnisse in der Regel nicht bekannt sein.

55 Ferner kommen Personen in Betracht, die nur **nebenberuflich** an Medien mitwirken. Sie handeln berufsmäßig, wenn ihre Tätigkeit in der Absicht geschieht, sie durch wiederholte Ausübung zu einer dauernden oder doch wiederkehrenden Beschäftigung zu machen.[228] Gewerbsmäßig, d.h. mit der Absicht der Gewinnerzielung, braucht die berufsmäßige Tätigkeit nicht ausgeübt zu werden.[229] Daher kann der durch das Zeugnisverweigerungsrecht nach § 53 Abs. 1 Satz 1 Nr. 5 geschützte Verfasser, Einsender oder Gewährsmann selbst weigerungsberechtigt sein, wenn er die Voraussetzungen einer berufsmäßigen Mitarbeit bei dem Pressebetrieb oder Rundfunksender erfüllt.[230] Wer aber nur gelegentlich eine Nachricht weitergibt oder ein Manuskript zur Veröffentlichung einsendet, handelt nicht berufsmäßig.

56 **ff) Vorbereitung, Herstellung oder Verbreitung.** Zur Herstellung eines Medienerzeugnisses gehört regelmäßig auch dessen Vorbereitung. Das Gesetz erwähnt trotzdem die Vorbereitung ausdrücklich, um klarzustellen, dass auch diejenigen Mitwirkenden zur Zeugnisverweigerung berechtigt sind, die an dem vorbereitenden Abschnitt des Herstellungsprozesses durch die Beschaffung von Informationen beteiligt sind.[231] Ferner wird dadurch deutlich, dass es auf eine spätere Veröffentlichung nicht ankommt.

57 Unter **Herstellung** ist die gesamte Tätigkeit des technischen, kaufmännischen und redaktionellen Personals des Presse- oder Medienbetriebs zu verstehen, die darauf abzielt, das Medienerzeugnis sprachlich und technisch zu gestalten.[232]

58 Das **Verbreiten** umfasst alle Handlungen, durch die das Medienerzeugnis veröffentlicht, also dem Publikum zugänglich gemacht wird.[233] Ein öffentliches Verbreiten setzt § 53 Abs. 1 Satz 1 Nr. 5 nicht voraus. Auch der Versand einer Druckschrift an Vereinsmitglieder oder an andere Mitglieder eines beschränkten Personenkreises ist daher ein Verbreiten im Sinne dieser Bestimmung.[234]

c) Umfang des Zeugnisverweigerungsrechts

59 **aa) Übersicht.** Der Umfang der durch das Zeugnisverweigerungsrecht geschützten Informationen wurde – als das Kernstück der Neuregelung im Jahre 2002[235] – erheblich erweitert. Was geschützt ist, ergibt sich nunmehr aus den neuen Sätzen 2 und 3 des Absatzes 1; die neuen Sätze 2 und 3 des Absatzes 2 schränken das Weigerungsrecht für einen Teilbereich ein.

---

226 *Schmitt*/Köhler 31; *Löffler* § 23, 46 LPG; *Kunert* MDR **1975** 886.

227 KK/*Senge* 33; *Löffler* § 23, 45 LPG; **a.A.** *Scheer* § 23 A III 6b LPG.

228 BGHSt **7** 129; RG DR **1943** 764; *Schmitt*/Köhler 31; KK/*Bader* 31; SSW/*Eschelbach* 33; krit. *Löffler* NJW **1978** 913.

229 *Rebmann/Ott/Storz* § 23 LPG, 3; *Scheer* § 23, A III 8 LPG.

230 *Rehmann/Ott/Storz* § 23, 11 LPG; *Kohlhaas* NJW **1958** 41; *Löffler* NJW **1958** 1216; *Delitz* AfP **1976** 106; *Löffler* § 23, 38 f. LPG.

231 BVerfGE **10** 118; OLG Bremen JZ **1977** 444; *Schmitt*/Köhler 32; KK/*Bader* 33; *Kunert* MDR **1975** 886; *Löffler* § 23, 31 LPG.

232 *Schmitt*/Köhler 32; KK/*Bader* 33; MüKo/*Kreicker* 51; *Löffler* § 23, 31 LPG.

233 BGHSt **13** 257; **19** 71; RGSt **16** 245; **36** 147; *Scheer* § 23, A V 3a LPG.

234 Vgl. BTDrucks. 7 2539 S. 10.

235 *Kunert* NStZ **2002** 171.

Entsprechend der bisherigen Rechtslage, die sich hierauf beschränkte, umfasst das Zeugnisverweigerungsrecht zunächst (Absatz 1 Satz 2 1. Hs.) **alle von dritter Seite erhaltenen Informationen einschließlich der Quellen** (Rn. 61 ff.). Die Auswechslung der bisherigen Bezeichnung „Gewährsmann“ durch „Informant“ hat keine sachliche Bedeutung. Bereits nach der alten Rechtslage hatte die Rechtsprechung durch eine weite Auslegung der das Weigerungsrecht begründenden Voraussetzungen auch Teile des sog. **selbstrecherchierten Materials** mit einbezogen.[236] Nunmehr erstreckt sich das Zeugnisverweigerungsrecht gemäß Absatz 1 Satz 2 2. Hs. grundsätzlich auch darauf (Rn. 67); Ausnahmen regelt Absatz 2 in den Sätzen 2 und 3 (Rn. 68). 60

bb) Herkunft und „ob“ der Information. Das Zeugnisverweigerungsrecht der Medienangehörigen erstreckt sich zunächst auf alle Fragen nach der **Person** des Informanten, deren wahrheitsgemäße Beantwortung zu dessen Ermittlung führen könnte, nicht nur auf Fragen nach dem Namen.[237] Folglich ist bereits die Beantwortung der Frage, ob überhaupt derartige Mitteilungen gemacht worden sind, vom Zeugniszwang ausgenommen.[238] Dazu gehören auch Fragen, die nicht unmittelbar die Person des Informanten betreffen, deren Beantwortung aber mittelbar zur Aufdeckung des Pressegeheimnisses führen kann.[239] Auf Fragen nach den **sonstigen Umständen** der Veröffentlichung[240] und auf solche, die nur auf die Feststellung des verantwortlichen Redakteurs hinauslaufen,[241] bezieht sich das Zeugnisverweigerungsrecht grundsätzlich nicht. Auch wenn der Name des Informanten den Ermittlungsbehörden bereits bekannt ist, insbesondere durch das Presseorgan selbst offenbart wurde, besteht nach **h.M.** das Zeugnisverweigerungsrecht in der Regel nicht.[242] Wenn es z.B. (nur) um die Aufklärung geht, ob die Information mit strafbaren Mitteln beschafft worden ist, soll der Zeuge – vorbehaltlich der Möglichkeit einer Berufung auf § 55 – aussagen müssen und Angaben darüber, welche Zahlungen an den Informanten geleistet worden sind, nicht verweigern dürfen,[243] es sei denn, dass sich dadurch der Zahlungsweg und damit die Person des Informanten ermitteln lassen.[244] Ausnahmen sollen nur in Betracht kommen, wenn das Bedürfnis nach Veröffentlichung und öffentlicher Erörterung eines Vorgangs das Interesse an der Durchsetzung eines staatlichen Strafanspruchs von geringem Gewicht deutlich überwiegt und darüber hinaus in seltenen Ausnahmefällen eines ganz besonderen, außerordentlichen Publizitätsinteresses.[245] **Gegen** die h.M. spricht jedoch die ratio des Zeugnisverweigerungsrechts für Medienangehörige, diese nicht in den Dienst der Ergreifung ihrer Informanten zu stellen.[246] Insbesondere nach der jüngsten Änderung des Gesetzes (2002) und der damit bezweckten Stärkung des Zeugnisverweigerungsrechts für Medienangehörige dürfte die Auffassung der h.M. überholt sein.[247] Eine allgemeine Beschränkung des Zeugnisverweigerungsrechts für den Fall, dass 61

236 Dazu LR/*Dahs*[25] 62.
237 BGHSt **28** 246; **36** 298; *Schmitt*/Köhler 34; KK/*Bader* 35; MüKo/*Kreicker* 56; SSW/*Eschelbach* 36.
238 BGHSt **28** 251.
239 BVerfG MDR **1982** 636; BGHSt **36** 298; *Löffler* § 23, 111 LPG; *Kohlhaas* NJW **1958** 42.
240 *Kohlhaas* NJW **1958** 42.
241 RG JR Rspr. **1927** Nr. 1795.
242 BGH NJW **1999** 2051, 2052; vgl. BVerfG NStZ **1982** 253, 254; BGHSt **28** 240, 243 ff.
243 BVerfGE **25** 296; BGHSt **28** 255 f.; *Schmitt*/Köhler 34; KK/*Bader* 44; MüKo/*Kreicker* 56; *Löffler* § 23, 45 LPG; *Rebmann*/*Ott*/*Storz* § 23, 17 LPG.
244 BGHSt **36** 304 f.
245 BGHSt **28** 240, 248 ff., 249: öffentliches Lossagen vom Terrorismus.
246 SK/*Rogall* 177 unter Hinweis auf *Rotsch* 58 ff.
247 SK/*Rogall* 177.

der Verdacht strafbarer Herkunft der Information besteht, sieht § 53 Abs. 1 Satz 1 Nr. 5 nicht vor.

62 § 53 Abs. 1 Satz 1 Nr. 5 enthält nicht mehr die Einschränkung des § 53 Abs. 1 Nr. 6 Hs. 2 in der bis 1975 geltenden Fassung, dass das Zeugnis über die Person des Verfassers, Einsenders oder Gewährsmanns nicht verweigert werden darf, der selbst im Rundfunk spricht. Im Hörfunk, im Fernsehen und im Film können daher akustische oder audiovisuelle Aufzeichnungen mit Aussagen anonymer Informanten gesendet werden, ohne dass über deren Namen Auskunft gegeben werden muss.[248]

63 **cc) Verfasser, Einsender, Informant.** Verfasser des Beitrags für eines der in § 53 Abs. 1 Satz 1 Nr. 5 genannten Medien ist dessen geistiger Urheber. Auf den journalistischen oder wissenschaftlichen Wert des Beitrags kommt es nicht an. Verfasser ist daher auch, wer Abhandlungen geringer Art, Berichte über Lokalereignisse und dgl. zur Verfügung stellt.[249] Der Verfasser muss dem Beitrag seinen geistigen Inhalt gegeben, ihn aber nicht selbst schriftlich abgefasst haben. Auch wenn ein anderer ihn nach seinem Konzept oder Diktat niedergeschrieben hat, ist er Verfasser.[250] Dass der Beitrag unverändert in die Druckschrift, die Sendung oder in den Film aufgenommen worden ist, wird nicht vorausgesetzt. Der Verfasser braucht daher auch dann nicht genannt zu werden, wenn der von ihm eingesandte Beitrag mehr oder weniger verändert worden ist.[251] Der Journalist, der ihn redigiert hat, ist dann der Mitverfasser.

64 **Einsender** ist, wer dem Medienbetrieb oder einem seiner Mitarbeiter Material für eine Veröffentlichung übergibt oder übersendet, dessen geistiger Urheber er selbst nicht ist. Es handelt sich also um Informanten, die die von anderen Personen verfassten Beiträge, Briefe, Aufzeichnungen, hinterlassenen Schriften oder andere Äußerungen und Stellungnahmen zur Verfügung stellen.[252] Ob die Einsendung den Zweck verfolgt, als Grundlage eines Beitrags in dem Druckwerk oder in dem Rundfunkprogramm zu dienen, oder ob sie nur als Hintergrundmaterial oder für Archivzwecke zur Verfügung gestellt wird, spielt keine Rolle.[253]

65 **Informant** ist eine Person, die die Anregung für einen Pressebericht oder eine Rundfunksendung gibt oder das Material dafür ganz oder teilweise schriftlich oder mündlich zur Verfügung stellt.[254] Insbesondere kommen Informanten in Betracht, die keine gestalteten Berichte, sondern nur das von der Redaktion erst zu bearbeitende Rohmaterial (Mitteilungen oder Auskünfte über bestimmte Ereignisse aus Gesellschaft, Politik, Wirtschaft, Kunst, Vereinsleben usw.) liefern. Informanten sind auch Personen, die nicht Informationen, sondern Gegenstände (Lichtbilder, Tonträger) zur Verfügung stellen.[255]

66 **dd) Inhalt der Information.** Das Zeugnisverweigerungsrecht erstreckt sich ferner auf die **Mitteilungen**, die den Medienangehörigen von Verfassern, Einsendern und sonstigen Informanten gemacht werden. Dazu gehört die Tatsache, dass überhaupt eine Mitteilung gemacht worden ist, und alles, was der Presse im Hinblick auf ihre Tätigkeit im

---

248 *Schmitt*/Köhler 35; KK/*Bader* 36; *Gross* NJW **1975** 1764.

249 **Anders** *Scheer* § 23, A V 2b LPG, der das unter den Begriff Einsender fasst.

250 *Schmitt*/Köhler 35; MüKo/*Kreicker* 58; *Dalcke/Fuhrmann/Schäfer* 28; *Löffler* § 23, 51 LPG; *Rehmann/Ott/Storz* § 23, 12 LPG; *Scheer* § 23, A V 2 LPG.

251 *Rebmann/Ott/Storz* § 23, 13 LPG halten den Urheber in diesem Fall nur für den Einsender.

252 *Löffler* § 23, 49 LPG; *Scheer* § 23, A V 2b LPG.

253 BGHSt **28** 251; *Schmitt*/Köhler 36; KK/*Bader* 38; MüKo/*Kreicker* 45; *Löffler* NJW **1978** 915; *Huppertz* 31.

254 *Schmitt*/Köhler 37; KK/*Bader* 39; *Löffler* § 23, 50 LPG; *Huppertz* 30.

255 *Schmitt*/Köhler 37; MüKo/*Kreicker* 58; KK/*Bader* 39.

Zusammenhang mit einer etwaigen Veröffentlichung im redaktionellen Teil des Medienerzeugnisses mitgeteilt wird.[256] Unerheblich ist, ob die Mitteilungen bereits zu einer Veröffentlichung oder Sendung geführt haben und ob überhaupt beabsichtigt ist, sie zu veröffentlichen.[257] Auch über den Inhalt des sog. **Hintergrundmaterials** und des von dem Pressebetrieb oder Rundfunksender angelegten **Archivs**[258] braucht deshalb keine Auskunft gegeben zu werden. Auf den publizistischen Wert des Beitrags oder der Mitteilung kommt es nicht an. Ob der Inhalt der Mitteilungen strafbar ist, spielt seit der Gesetzesänderung 1975 ebenfalls keine Rolle mehr. Das Recht, Angaben über den Inhalt der Informationen zu verweigern, besteht daher nicht nur bei Presseinhaltsdelikten, sondern auch, wenn es um die Aufklärung der strafbaren Beschaffung der Nachricht geht. Immer muss es sich aber um Mitteilungen handeln, die den Medienangehörigen im Hinblick auf diese Tätigkeit gemacht worden sind.[259]

ee) Selbstrecherchiertes Material. Über die alte Rechtslage hinausgehend[260] erstreckt sich das Zeugnisverweigerungsrecht für Medienangehörige nach **Absatz 1 Satz 2** grundsätzlich auch auf den „Inhalt selbst erarbeiteter Materialien und den Gegenstand berufsbezogener Wahrnehmungen", also auf das sog. selbst recherchierte Material. Damit hat der Gesetzgeber der Sache nach das Merkmal der (sonst) „bekannt gewordenen" Tatsachen in Absatz 1 Satz 1 Nr. 1 bis 3b auf Nr. 5 übertragen und im Ergebnis den gesamten beruflichen (auch nebenberuflichen) Tätigkeitsbereich der zeugnisverweigerungsberechtigten Medienangehörigen dem Zugriff der strafprozessualen Sachaufklärung entzogen, soweit nicht die Ausnahme des Absatzes 2 Satz 2 und 3 eingreift. Auch eigene **Wahrnehmungen** müssen aber, um vom Schutz des § 53 erfasst zu sein, **berufsbezogen** sein, was immer dann der Fall ist, wenn sie nicht privat oder bloß zufällig, sondern aus Anlass, wohl auch schon bei Gelegenheit der beruflichen Tätigkeit gemacht werden. Die Abgrenzung kann schwierig sein, insbesondere wird die Behauptung des Medienangehörigen, er habe einen Vorgang in seiner beruflichen Eigenschaft wahrgenommen, nur schwer zu entkräften sein.[261] Erforderlichenfalls muss der Medienangehörige die Voraussetzungen des Zeugnisverweigerungsrechts glaubhaft machen (§ 56). 67

Der Schutz des selbst recherchierten Materials erfährt durch **Absatz 2 Satz 2** eine **Einschränkung**, indem die Berechtigung zur Zeugnisverweigerung darüber grundsätzlich dann entfällt, wenn die Vernehmung zur **Aufklärung eines Verbrechens**[262] beitragen soll oder wenn Gegenstand der Untersuchung ein in dem **Katalog der Nr. 1–3 genanntes Vergehen** ist, sofern die Voraussetzungen einer dem § 100a nachgebildeten **Subsidiaritätsklausel**[263] gegeben sind. Ob insoweit der Unterschied, dass es im ersten Fall um die 68

256 BGHSt **28** 240, 255; *Schmitt*/Köhler 38.

257 BGHSt **28** 251; OLG Bremen JZ **1977** 444; *Löffler* § 23, 51 LPG; *Gross* NJW **1975** 1764.

258 *Scheer* § 23, A V 3d LPG.

259 *Schmitt*/Köhler 38.

260 Dazu BGHSt **28** 240, 251; **36** 298, 302; LR/*Dahs*[25] 62.

261 Kritisch *Kunert* NStZ **2002** 172; *Hamm* NJW **2001** 270, 271; SK/*Rogall* 183; MüKo/*Kreicker* 61; ferner *Tsambikakis* StraFo **2002** 145; *Kramer* Kriminalistik **2004** 460.

262 Zur Bedeutung dieses Merkmals RegE BTDrucks. **14** 5166 S. 8 (ausreichend auch, wenn etwa für die Sanktionsbemessung von Bedeutung).

263 Gegen diese hatte bereits der RegE (BTDrucks. **14** 5166 S. 9) begründete Bedenken erhoben. Kritisch auch *Schmitt*/Köhler 39b; KK/*Bader* 44b; SK/*Rogall* 190; zur Problematik der konkurrierenden und vielfachen Verwendung von solchen Subsidiaritätsklauseln in der Gesetzgebung *Rieß* GedS Meyer 377 ff. Insgesamt ist die Gesetzgebung Frucht des Vermittlungsverfahrens. Der RegE wollte (ohne Subsidiaritätsklausel) die Ausnahme lediglich auf Verbrechen beschränken; der Bundesrat strebte (von Anfang an mit Subsidiaritätsklausel) einen wesentlich weiteren Katalog an.

„Aufklärung" gehen muss, während im zweiten Fall eine Katalogtat „Gegenstand der Untersuchung" sein muss, sachliche Bedeutung hat, erscheint zweifelhaft und dürfte zu verneinen sein.[264] Jedenfalls genügt es in beiden Fällen, ist aber auch erforderlich, dass insoweit ein sog. Anfangsverdacht besteht, und zwar im Zeitpunkt der Vernehmung. Dies kann, bei einer Vernehmung etwa in der Hauptverhandlung, auch dann der Fall sein, wenn sich erst jetzt die Möglichkeit eines Verbrechens oder einer Katalogtat herausstellt; diese Voraussetzung kann, wenn das Verfahren ursprünglich eine solche Tat zum Gegenstand hatte, aber auch entfallen, wenn insoweit nicht einmal mehr ein Anfangsverdacht besteht.

69 Gemäß **Absatz 2 Satz 3** gilt die vorgenannte **Einschränkung nicht**, d.h. das Zeugnisverweigerungsrecht für selbstrecherchiertes Material und eigene Wahrnehmungen lebt wieder auf, wenn die Aussage zu Erkenntnissen führen würde, die zur Offenbarung von absolut geschützten Informationen (Person des Informanten, Inhalt der Mitteilungen) führen könnte. Dies knüpft an die bisherige Rechtsprechung zur Reichweite des Zeugnisverweigerungsrechts in „Gemengelagen" an.[265] Der Weigerungsberechtigte kann allerdings in der Regel, wie aus der Formulierung „soweit" folgt, die Aussage nicht insgesamt verweigern, sondern nur insoweit, als sich aus der Beantwortung Rückschlüsse hierauf ableiten lassen; anders kann es dann sein, wenn die Aussage insgesamt diesen Erfolg haben könnte. Soweit eine nur partielle Zeugnisverweigerung in Betracht kommt (Rn. 72), wird der Zeuge allerdings bei seiner Aussage, um dem Vorwurf einer nicht vollständigen Aussage zu entgegnen, deutlich machen müssen, dass er im Übrigen von seinem Zeugnisverweigerungsrecht Gebrauch macht.

70 **ff) Redaktioneller Teil.** Nach Absatz 1 Satz 3 gilt die Einschränkung, dass es sich um Beiträge, Unterlagen, Mitteilungen oder Materialien für den **redaktionellen Teil**[266] oder redaktionell aufbereitete Mitteilungen von Informations- und Kommunikationsdiensten handeln muss. Generell nicht zum redaktionellen Teil gehören Beiträge von Nutzern in einem online-Forum,[267] speziell nicht Bewertungen (z.B. von Kliniken), die von Nutzern eines Internetdienstes in das Internet eingestellt werden.[268] In diesen Fällen fehlt es schon an einer Aufbereitung.[269] Auf den Anzeigenteil erstreckt sich das Zeugnisverweigerungsrecht somit nicht,[270] jedoch kann in Sonderfällen ein Recht zur Zeugnisverweigerung unmittelbar aus dem Grundsatz der Pressefreiheit (Art. 5 Abs. 1 Satz 2 GG) hergeleitet werden[271] (Rn. 48).

V. Ausübung des Zeugnisverweigerungsrechts

71 **1. Allgemeines.** Die bei § 52, 22 ff. entwickelten Grundsätze gelten entsprechend. Zur Entscheidungsfreiheit des Zeugen (Rn. 7 ff.). Einen verfahrensrechtlichen Anspruch darauf, dass der Zeuge von seinem Weigerungsrecht Gebrauch macht, haben die Prozessbeteilig-

---

264 Str.; vgl. *Kunert* NStZ **2002** 172.
265 RegE BTDrucks. **14** 5166 S. 9; vgl. auch BGHSt **36** 298 ff.; LR/*Dahs*[25] 62.
266 Einschließl. Leserbriefe KG JR **1983** 382; zust. *Gössel* 57.
267 LG Augsburg NStZ **2013** 480.
268 LG Duisburg NStZ-RR **2013** 215.
269 BVerfG MMR 2013, 334.
270 *Schmitt*/Köhler 40; SSW/*Eschelbach* 37; *Kunert* MDR **1975** 887; krit. *Löffler* NJW **1978** 915; *Gössel* 58.
271 BVerfGE **25** 305; **36** 211; **64** 116 = JZ **1983** 795 mit abl. Anm. *Fezer*; *R. Groß* FS Schiedermair 242; *Jarass* AfP **1975** 215; *Löffler* AfP **1975** 730; *ders.* NJW **1978** 913; **a.A.** BGHSt **28** 254; *Rengier* (Zeugnisverweigerungsrechte) 107.

ten nicht;[272] er ist hierzu aber berufsrechtlich verpflichtet.[273] Die Bekanntgabe der Gründe für die Zeugnisverweigerung darf das Gericht nicht verlangen.[274] Es darf und muss[275] aber prüfen, ob das Zeugnisverweigerungsrecht nach der Sachlage überhaupt besteht; wenn es daran Zweifel hat, darf es die eidliche Versicherung des Zeugen nach § 56 verlangen. Ebenso wenig wie die Angehörigen (vgl. § 52, 22) dürfen die nach § 53 Weigerungsberechtigten ihr Wissen ableugnen oder verschweigen, ohne förmlich die Aussageverweigerung zu erklären; andernfalls sind sie nach den §§ 153 ff. StGB strafbar.[276]

2. Verzicht auf das Zeugnisverweigerungsrecht. Die nach § 53 zur Zeugnisverweigerung berechtigten Personen können auf dieses Recht ebenso wie die Angehörigen (§ 52, 33) verzichten.[277] Das setzt bei den nach § 203 StGB zur Verschwiegenheit verpflichteten Personen eine sorgfältige materiell-rechtliche Prüfung voraus (Rn. 8 ff.). Der Verzicht kann auch beschränkt werden, d.h. der Zeuge kann das Geheimnis auch teilweise preisgeben und teilweise schweigen.[278] Der Verzicht kann ausdrücklich oder stillschweigend erklärt werden, etwa dadurch, dass der Zeuge aussagt.[279] 72

3. Widerruf des Verzichts. Die Vorschrift des § 52 Abs. 3 Satz 2 gilt entsprechend (vgl. § 52, 34 f.). Der **Widerruf des Verzichts** ist noch während der Vernehmung bis zum Schluss der Vernehmung möglich. Das bisher in dieser Vernehmung Ausgesagte darf dann nicht verwertet werden, weil sonst das Recht des Zeugen zum jederzeitigen Widerruf der Aussagebereitschaft (vgl. § 52 Abs. 3 Satz 2) leerliefe.[280] 73

4. Protokoll. Die Frage an den Zeugen, ob er aussagen wolle,[281] und seine Antwort sind wesentliche Förmlichkeiten i.S. der § 168a Abs. 1, § 273 Abs. 1. Beides muss daher in die Vernehmungs- oder Sitzungsniederschrift aufgenommen werden. 74

5. Folgen der Zeugnisverweigerung. Es gelten die gleichen Grundsätze wie bei § 52. Der Zeuge, der die Aussageverweigerung erklärt, fällt als Beweismittel weg (§ 52, 38). Die Möglichkeit, seine vor der Hauptverhandlung gemachten Aussagen zu verwerten, bestimmt sich nach § 252 (vgl. § 52, 39). Die berechtigte Zeugnisverweigerung darf bei der Beweiswürdigung nicht berücksichtigt werden (vgl. § 52, 40 ff.). Ein Beweisantrag auf Vernehmung eines nach § 53 Abs. 1 Nr. 2 bis 3b zur Verweigerung des Zeugnisses Berechtigten, ist nach Ansicht des BGH nicht in jedem Fall schon dann auf eine unzulässige Beweiserhebung gerichtet, wenn keine Schweigepflichtsentbindung vorliegt.[282] Wegen des Beweisantragsrechts vgl. im Übrigen § 52, 38. 75

---

272 BVerfG NStZ **1982** 253; RGSt **48** 270; **71** 21; *Schmitt*/Köhler 25, 26; MüKo/*Kreicker* 67; SSW/*Eschelbach* 40; *Eb. Schmidt* Nachtr. I Vor § 52, 11.
273 *Schmitt*/Köhler 25, 26; *Löffler*/*Achenbach* 79 ff. zu § 23 LPG.
274 RGSt **57** 65; *Flor* JR **1953** 371; *Frey* FS Pfenninger 48.
275 BGHR StPO § 53 Abs. 1 Nr. 3 Verweigerung 3.
276 RGSt **48** 273; *Schwalb* 13; Wach GerS **66** (1905) 19.
277 *Schmitt*/Köhler 41; MüKo/*Kreicker* 67; KK/*Bader* 7.
278 RGSt **48** 269; KK/*Bader* 7; *Schmitt*/Köhler 41; MüKo/*Kreicker* 67; *Eb. Schmidt* Arzt im Strafrecht 64.
279 RGSt **48** 271.
280 Vgl. § 52, 36; **a.A.** (Verwertung, aber keine Beeidigung): KK/*Bader* 8; *Schmitt*/Köhler 42; vgl. auch Erl. zu § 252.
281 BGHSt **15** 202.
282 BGH NStZ **2018** 362; vgl. aber auch BGH Beschl. v. 3.8.2022 – 5 StR 47/22.

VI. Belehrung

76 Im Gegensatz zu § 52 Abs. 3 Satz 1 schreibt § 53 eine Belehrung des Zeugen über sein Zeugnisverweigerungsrecht nicht vor. Eine Belehrungspflicht besteht daher nach h.M. grundsätzlich nicht.[283] Das Gericht darf in der Regel davon ausgehen, dass dem Zeugen seine Rechte bekannt sind. Anders verhält es sich, wenn der Zeuge sein Weigerungsrecht nicht kennt, darüber offensichtlich irrt oder im Unklaren ist. Dann gebietet es die Fürsorgepflicht gegenüber dem Zeugen, dass das Gericht ihn angemessen belehrt,[284] ggf. nachdem es sich selbst darüber Kenntnis verschafft hat (Rn. 13). Angesichts der komplizierten Rechtsfragen im Bereich der Zeugnisverweigerungsrechte, die mitunter nicht einmal der Beurteilung des Zeugen unterliegen (vgl. die Subsidiaritätsklausel nach Absatz 2 Satz 2), versteht sich eine Rechtskenntnis des Zeugen nicht stets von selbst. Das Gericht muss aber jede Einwirkung auf die **Entschließungsfreiheit** des Zeugen vermeiden (Rn. 7). Es sollte es daher in der Regel unterlassen, auf Gesichtspunkte hinzuweisen, die für seine Entscheidung von Bedeutung sein können.[285] Unbedenklich ist ein Hinweis auf das Zeugnisverweigerungsrecht und die Möglichkeit der Entbindung von der Schweigepflicht in der Zeugenladung, wenn der Berechtigte bei der Vernehmung nicht anwesend ist. Es ist dann allein Sache des Zeugen, ob er sich um die Entbindung bemüht oder nicht. Die Fürsorgepflicht kann es auch gebieten, den Zeugen darauf aufmerksam zu machen, dass er sich durch seine Aussage nach § 203 StGB strafbar machen kann (vgl. Rn. 8 ff.).

VII. Entbindung von der Schweigepflicht

77 **1. Allgemeines.** Die in § 53 Abs. 1 Satz 1 Nr. 2 bis 3b genannten Personen dürfen nach **§ 53 Abs. 2 Satz 1** die Aussage grundsätzlich nicht verweigern, wenn sie von der Verpflichtung zur Verschwiegenheit entbunden sind (näher Rn. 27). Liegt eine Entbindung vor, kann das Zeugnis nicht mit Hinweis auf ein weiteres Vertrauensverhältnis und eine Gefahr der Vermengung der jeweiligen Erkenntnisse, verweigert werden.[286] In den übrigen Fällen des § 53 ist die Entbindung prozessrechtlich wirkungslos; sie kann aber Einfluss auf die Entscheidung des Zeugen haben, ob er auf sein Zeugnisverweigerungsrecht verzichtet.[287] In den Fällen des § 203 StGB beseitigt die Entbindung die Rechtswidrigkeit der Verletzung der Schweigepflicht.[288] Sie kann auch beschränkt werden (Rn. 82). Die vom Angeklagten verweigerte Entbindung von der Schweigepflicht ist keine der Beweiswürdigung unterliegende Teileinlassung; sie steht vielmehr dem völligen Schweigen gleich.[289] Anders kann es sein, wenn der Angeklagte durch die Verweigerung der Entbindung die Beantwortung einer von ihm selbst aufgeworfenen Beweisfrage vereitelt.[290] Zur

---

283 BGH GA **1969** 92; BGH VRS **41** (1971) 94; BGH bei *Dallinger* MDR **1957** 527; **1958** 14; bei *Holtz* MDR **1980** 815; BGH NJW **1991** 2846; RGSt **48** 271; **54** 39; **66** 275; OLG Zweibrücken NJW **1968** 2301; *Schmitt*/Köhler 44; KK/*Bader* 6; MüKo/*Kreicker* 66; SSW/*Eschelbach* 42; *Eb. Schmidt* 28; **a.A.** *Klug* 103 ff.

284 BGH bei *Holtz* MDR **1980** 815; vgl. BGHSt **42** 73, 76; *Schmitt*/Köhler 44; KK/*Bader* 6; MüKo/*Kreicker* 66; SSW/*Eschelbach* 42; *Welp* FS Gallas 407 Fn. 58; *Molketin* MDR **1982** 98.

285 *Eb. Schmidt* 26 und Arzt im Strafrecht 60 ff.; *Frey* FS Pfenninger 48; *Niese* 146; **a.A.** RGSt **54** 39; *Gössel* § 25 D III 2e, die Hinweise und Aufklärungen für zulässig erachten.

286 OLG Hamm, 26.4.2018, 4 Ws 56/18 – BeckRS **2018** 10111.

287 *Schmitt*/Köhler 45; MüKo/*Percic* 55; KK/*Bader* 45; SK/*Rogall* 199.

288 *Bockelmann* 40; *Frey* FS Pfenninger 42; *Göppinger* NJW **1958** 241; *Lenckner* Arzt und Recht 192.

289 OLG Frankfurt StV **1989** 385.

290 BGHSt **20** 298.

Frage des Erfordernisses einer Entbindung bei Gutachten des Gerichts oder der Ermittlungsbehörden s. Rn. 38.

2. Zur Entbindung berechtigte Personen. Von der Verschwiegenheitspflicht kann nur derjenige entbinden, zu dessen Gunsten diese Pflicht gesetzlich begründet ist.[291] Sind mehrere geschützt, so muss jeder von ihnen die Entbindungserklärung abgeben;[292] eine gemeinsame Abgabe ist aber nicht erforderlich.[293] Lange umstritten waren Fälle, bei denen der Geheimnisträger eine **juristische Person** ist und in der Zeit zwischen der Begründung eines Mandats zu einem Berufsgeheimnisträger und dem Zeitpunkt der Entscheidung über die Entbindung von der Verschwiegenheitspflicht ein **personeller Wechsel** in der Vertretung der juristischen Person stattgefunden hat, z.B. nach Eintritt der Insolvenz und Bestellung eines Insolvenzverwalters oder durch schlichte Änderung in der Geschäftsführung der juristischen Person.[294] Nunmehr hat der 3. Strafsenat in einer Grundsatzentscheidung klargestellt, dass in diesen Fällen, von besonderen Konstellationen eines Doppelmandats abgesehen,[295] allein die juristische Person Geheimnisträger ist. Diese wird bei der Erklärung über eine Entbindung von der Verschwiegenheitspflicht durch die zu diesem Zeitpunkt entscheidungsbefugten Organe vertreten. Ist ein Insolvenzverwalter bestellt, so geht, wenn sich das Vertrauensverhältnis auf Angelegenheiten der Insolvenzmasse bezieht, die Dispositionsbefugnis des Geheimnisherrn gemäß § 80 Abs. 1 InsO auf den Verwalter über. Einer zusätzlichen Entbindung durch frühere oder gegenwärtige Organe der juristischen Person bedarf es im Normalfall nicht.[296] 78

Schwierigkeiten können entstehen, wenn der **Geheimnisträger nicht zugleich derjenige** ist, **der** dem Zeugen die geheim zu haltenden Tatsachen **anvertraut hat**. Dabei ist zu unterscheiden: Hat der Zeuge die Tatsachen von Personen erfahren, die nicht selbst Geheimnisträger sind (die Ehefrau gibt Auskunft über Krankheiten ihres Mannes), muss der Geheimnisträger selbst (in dem Beispiel also der Ehemann) entbinden. Dessen Entbindungserklärung genügt aber; wer dem Zeugen die Tatsachen anvertraut hat, braucht nicht ebenfalls die Entbindung zu erklären.[297] Nach Ansicht von Teilen der Rechtsprechung und Literatur soll die Entbindung durch den Beschuldigten möglich sein, wenn dieser die Person ist, die das Drittgeheimnis anvertraut hat, weil dieser auch jederzeit selbst über das Drittgeheimnis aussagen könnte.[298] Dies überzeugt nicht. Auch ein Nichtbeschuldigter, der Drittgeheimnisse anvertraut, kann im Prozess vernommen werden. Nur weil jemand straflos fremde Geheimnisse ausplaudern kann, ist er nicht auch berechtigt, andere hierzu zu ermächtigen.[299] 79

---

291 OLG Hamburg NJW **1962** 691; HK/*Gercke* 38; *Schmitt*/Köhler 46; KK/*Bader* 46; MüKo/*Kreicker* 73; *Pfeiffer* 4; zur Frage der Entbindung nach Vollbeendigung einer juristischen Person *Mosiek* NStZ **2018** 505.

292 OLG Hamm GA **1969** 220; OLG Celle wistra **1986** 83; *Eb. Schmidt* 31.

293 *Schmitt*/Köhler 46; KK/*Bader* 47.

294 Ausführlich dazu *Huber-Lotterschmid*; siehe auch SK/*Rogall* 205 ff.; exemplarisch die strittigen Standpunkte von *Tully*/*Kirch-Heim* NStZ **2012** 657 einerseits und *Krause* NStZ **2012** 663 andererseits.

295 Vgl. grundlegend BGHZ **109** 260; OLG Hamm NZI **2018** 499 m. Anm. *Pauka*: Voraussetzungen einer Doppelmandatierung sind im Zweifel glaubhaft zu machen (§ 56).

296 BGHSt **65** 278 m.w.N. zum bisherigen Streitstand = BGH NJW **2021** 1022 m. Anm. *Trüg*; *Wohlers* JR **2021** 245.

297 *Schmitt*/Köhler 46; MüKo/*Kreicker* 73; *Eb. Schmidt* 31 und Arzt im Strafrecht 68; TK-StGB/*Eisele* § 203 StGB, 31; *Göppinger* NJW **1958** 243; *Hackel* NJW **1969** 2257; *Lenckner* (Arzt und Recht) 178; KK/*Bader* 46; **a.A.** OLG Karlsruhe NJW **1960** 1392.

298 OLG Köln NStZ **1983** 412 m. abl. Anm. *Rogall*; LR/*Dahs*[25] 72; **a.A.** OLG Hamburg NJW **1962** 691; SK/*Rogall* 203; *Schmitt*/Köhler 46; KK/*Bader* 46.

299 SK/*Rogall* 203.

80 **3. Erklärung.** Die **Entbindung** muss ausdrücklich oder durch schlüssiges Verhalten **erklärt** werden; die mutmaßliche Einwilligung in die Aussage genügt nicht.[300] Benennt aber der Angeklagte die Vertrauensperson als Zeugen, was auch konkludent möglich ist, z.B. durch Vorlage eines ärztlichen Attestes,[301] so liegt darin in der Regel die Erklärung, dass er sie auch von der Verschwiegenheitspflicht entbinde.[302] Die Entbindung gilt nur für die Person, auf die sie sich ausdrücklich bezieht[303] und für deren Gehilfen (§ 53a); sie wirkt nur in dem Strafverfahren, in dem sie abgegeben wird.[304] Die im Vorverfahren abgegebene Entbindungserklärung gilt aber auch für das Hauptverfahren.[305] Ob eine wirksame Entbindung vorliegt, ist eine Rechtsfrage, über die das Gericht, nicht der Zeuge entscheidet.[306] Sie kann, wenn der Geheimnisträger gestorben ist, in einer zu Lebzeiten abgegebenen Erklärung,[307] insbesondere in einem nachgelassenen Brief,[308] gesehen werden.

81 **4. Vertretung.** Das Recht, den Berufsträger von der Verpflichtung zur Verschwiegenheit zu entbinden, ist höchstpersönlich. Der Entbindende muss nicht geschäftsfähig sein; es genügt, dass er die natürliche Urteilsfähigkeit besitzt,[309] also willensfähig ist.[310] Die Entbindung kann selbst bei völliger Willensunfähigkeit des Geheimnisträgers nicht von einem Vertreter erklärt werden.[311] Das Recht kann nach dem Tod des Geheimnisträgers nach h.M. weder von den Erben noch von den nächsten Angehörigen ausgeübt werden; der Zeuge muss dann selbst entscheiden, ob er aussagen will.[312]

82 **5. Umfang und Wirkung.** Die Entbindungserklärung führt in dem Verfahren, in dem sie abgegeben wird, **grundsätzlich** zur **Aussagepflicht** des Zeugen **in vollem Umfang** (s.

---

300 BGHSt **42** 75 (zugleich für den Widerruf der Entbindungserklärung); KK/*Bader* 50; *Schmitt*/Köhler 47; MüKo/*Kreicker* 78; SSW/*Eschelbach* 47; *Lenckner* Arzt und Recht 193; *Solbach* DRiZ **1978** 205; vgl. jedoch TK-StGB/*Eisele* § 203 StGB, 40.

301 OLG Karlsruhe NStZ **1994** 141.

302 **H.M.** OLG Karlsruhe NStZ **1994** 141; weitere Nachweise bei *Albrecht* ZIS **2013** 141, die sich kritisch damit auseinandersetzt; *R. Hauser* 227.

303 Dazu *Kribs/Drees* DStZ **1978** 51.

304 *Schmitt*/Köhler 47; KK/*Bader* 53; SSW/*Eschelbach* 47; *Bockelmann* 40.

305 *Schmitt*/Köhler 47.

306 BDH NJW **1960** 550; *Schmitt*/Köhler 47; *Eb. Schmidt* Nachtr. I 6; *Dalcke/Fuhrmann/Schäfer* 16; *Bosch* 92; **a.A.** RGSt 57 64.

307 OLG München AnwBl. **1975** 159; *Solbach* DRiZ **1978** 205.

308 BDH NJW **1960** 550; *Eb. Schmidt* Nachtr. I 6; *Bosch* 93.

309 TK-StGB/*Eisele* § 203 StGB, 33; *Lenckner* NJW **1965** 323 Fn. 12.

310 *Bockelmann* 46 Anm. 36; *Göppinger* NJW **1958** 241.

311 KK/*Bader* 48; *Schmitt*/Köhler 48; SSW/*Eschelbach* 48; *Eisenberg* (Beweisrecht) 1256; *Göppinger* NJW **1958** 244; *Kohlhaas* GA **1958** 73; **a.A.** OLG München JW **1932** 2176; *Bosch* 95; *R. Hauser* 226; *Lenckner* Arzt und Recht 179; *Woesner* NJW **1957** 692; *Solbach* DRiZ **1978** 204, die den gesetzlichen Vertreter für befugt halten (§ 52 Abs. 2).

312 BGH bei *Holtz* MDR **1980** 815; BDH NJW **1960** 550; RGSt **71** 21 mit zust. Anm. *Rilk* JW **1937** 886; OLG Celle JR **1965** 107 mit Anm. *Kohlhaas*; OLG München AnwBl. **1975** 161; BayLSG NJW **1962** 1789 mit Stellungnahme *Eb. Schmidt* NJW **1962** 1745; OLG Stuttgart MDR **1983** 236; LG Augsburg NJW **1964** 1187 mit Anm. *Lenckner*; *Schmitt*/Köhler 48; KK/*Bader* 49; SSW/*Eschelbach* 48; SK/*Rogall* 208; MüKo/*Kreicker* 75; *Eb. Schmidt* Nachtr. II 2 und Arzt im Strafrecht 66; *Dalcke/Fuhrmann/Schäfer* 16; *Henkel* 208 Fn. 6; *Bosch* 92; *Erdsiek* NJW **1963** 632; *Frey* FS Pfenninger 42 Fn. 2; *Göppinger* NJW **1958** 244; *Kohlhaas* GA **1958** 73; *Lenckner* NJW **1965** 324 und Arzt und Recht 181; *Schäfer* DStR **1937** 197; **a.A.** LG Hildesheim NStZ **1982** 395; *Solbach* DRiZ **1978** 204: Angehörige i.S.d. § 77 Abs. 2 StGB; siehe auch SK/*Rogall* 201 m.w.N., der zwischen wirtschaftlichen Geheimnissen (dann Übergang des Entbindungsrechts auf die Erben) und persönlichen Geheimnissen (dann nicht) differenziert.

aber zum Verteidiger Rn. 27).[313] Jedoch ist eine **Beschränkung** in der Weise zulässig, dass der Zeuge nur ermächtigt wird, über bestimmte Tatsachenkomplexe (nicht aber über einzelne Tatsachen) auszusagen,[314] was z.B. bei Ärzten als Zeugen nicht selten ist. Auch eine partielle Entbindung darf weder hinterfragt noch zu Lasten des Beschuldigten gewürdigt werden, auch dann nicht, wenn sie seitens des Beschuldigten erfolgt, weil sonst das Zeugnisverweigerungsrecht als eine für den Berechtigten disponible Befugnis ausgehöhlt würde (vgl. Rn. 77). Ohne solche Beschränkungen ist der Zeuge verpflichtet, alles zu sagen, was er weiß. Ob der Geheimnisträger, der die Entbindung erklärt hat, diese Tatsachen sämtlich kennt, spielt grundsätzlich keine Rolle. Dies erscheint bedenklich, wenn und soweit der Geheimnisträger gar nicht weiß, dass es Geheimnisse gibt, von denen zu berichten wäre. Deshalb wird von Teilen der Literatur angenommen, dass Ergebnisse von Recherchen oder Diagnoseergebnisse, die auf eigenes Tätigwerden des Berufsgeheimnisträgers zurückgehen, nicht der Disposition des Geheimnisträgers unterliegen und deshalb diesbezüglich unabhängig von der Entbindung von der Schweigepflicht ein Zeugnisverweigerungsrecht des Berufsgeheimnisträgers bestehe.[315] In der Regel wird man jedoch erwarten können, dass der Berufsgeheimnisträger im Zusammenhang mit der Entbindung auf derartige Umstände hinweist, so dass der Geheimnisträger durch Versagung oder Beschränkung der Entbindung eben doch über diese Geheimnisse disponieren kann. Es genügt daher, wenn dem Geheimnisträger die Möglichkeit bewusst ist, dass Tatsachen dieser Art dem Zeugen bei dessen beruflicher Tätigkeit bekanntgeworden sind. Der Zeuge ist dann nicht berechtigt, mit seinem Wissen zurückzuhalten, weil er meint, die Rücksichtnahme auf den Geheimnisträger gebiete das.[316] Die Entbindung bezieht sich auch auf Tatsachen, die der Zeuge ohne Kenntnis des Geheimnisträgers von Dritten erfahren hat.[317]

6. Widerruf. Die Entbindungserklärung kann jederzeit in entsprechender Anwendung des § 52 Abs. 3 Satz 2 widerrufen werden.[318] Der Zeuge ist dann in seiner Entscheidung, ob er aussagen will, wieder frei und darf nur weiter vernommen werden, wenn er erklärt, dass er von seinem Zeugnisverweigerungsrecht keinen Gebrauch machen wolle. Verweigert er die Aussage, so können die Angaben, die er vor dem **Widerruf der Entbindungserklärung** gemacht hat, **verwertet** werden,[319] es sei denn, der ursprüngliche Verzicht beruhte auf einem **Irrtum** über das Vorliegen einer Entbindungserklärung, den das Gericht hervorgerufen hat[320] (Rn. 76). 83

---

313 BGHSt **18** 146; RGSt **57** 66; KK/*Bader* 51; *Eb. Schmidt* 30; *Bosch* 89; *Kohlhaas* JR **1958** 328; *Lenckner* NJW **1965** 323.

314 OLG Hamburg NJW **1962** 689; KK/*Bader* 52; *Schmitt*/Köhler 49; SSW/*Eschelbach* 50; *R. Hauser* 227; vgl. auch *Bockelmann* 46 Anm. 38.

315 *Eb. Schmidt* Nachtr. I 6: für Ärzte; *G. Schäfer* FS Hanack 88 ff.: für Verteidiger.

316 OLG Hamburg NJW **1962** 690; OLG Nürnberg NJW **1958** 274 mit abl. Anm. *Kaufmann*; KK/*Bader* 51; *Bockelmann* 46 Anm. 34 und 38; *Bosch* 90; *Göppinger* NJW **1958** 243; *Kohlhaas* DAR **1957** 345; *ders.* GA **1958** 73; *ders.* JR **1958** 328; *ders.* NJW **1964** 1164; **a.A.** *Eb. Schmidt* Nachtr. I 6; *Lenckner* Arzt und Recht 192.

317 Anders *Göppinger* NJW **1958** 243, dessen Ansicht aber dazu führt, dass der Zeuge, weil nur der Geheimnisträger selbst zur Entbindung berechtigt ist, insoweit überhaupt nicht von der Schweigepflicht entbunden werden kann; vorsichtig differenzierend (keine Aussagepflicht hinsichtlich „höchstpersönlicher Wahrnehmungen" des Berufsgeheimnisträgers und für „Hintergrundinformationen"): SK/*Rogall* 203.

318 BGHSt **18** 149; RGSt **57** 66; OLG Hamburg NJW **1962** 691; OLG Hamm GA **1969** 220; OLG Nürnberg NJW **1958** 274 mit Anm. *Kaufmann*; *Schmitt*/Köhler 49; KK/*Bader* 54; SSW/*Eschelbach* 50; Eb. *Schmidt* 30; *Bockelmann* 40; *Bosch* 90 Fn. 279; *R. Hauser* 227; *Haffke* GA **1973** 80.

319 BGH NStZ **2012** 281 mit krit. Anm. *Geppert* = JR **2012** 431 mit krit. Anm. *Mitsch*; BGHSt **18** 147; *Schmitt*/Köhler 49; KK/*Bader* 54; SSW/*Eschelbach* 50; **a.A.** OLG Hamburg NJW **1962** 691.

320 BGHSt **42** 77 im Gegensatz zu RGSt **57** 63, 65.

VIII. Revision

84 Verstöße gegen § 53 können ohne Rücksicht darauf gerügt werden, ob man den Angeklagten selbst zu dem durch das Zeugnisverweigerungsrecht unmittelbar geschützten Personenkreis rechnet oder nicht.[321] Da kein Prozessbeteiligter einen Anspruch darauf hat, dass der Zeuge sein Zeugnisverweigerungsrecht ausübt oder dass er darauf verzichtet (Rn. 7), kann die Revision zwar nicht damit begründet werden, dass der Zeuge sich falsch entschieden habe.[322] Mit der Revision kann aber gerügt werden, dass das Gericht einen Beweisantrag auf Vernehmung des Zeugen nach § 244 Abs. 3 Satz 2 wegen Unzulässigkeit der Beweiserhebung abgelehnt hat, weil ohne Schweigepflichtsentbindung ein Beweismittelverbot bestünde, ohne – freibeweislich – die Aussagebereitschaft des Zeugen zu klären.[323] Gerügt werden kann des Weiteren, dass das auf die **Entschließungsfreiheit** des Zeugen durch **unrichtige Belehrungen und Hinweise** (Rn. 7) eingewirkt hat. Dies ist z.B. der Fall, wenn der Zeuge irrtümlich dahin belehrt worden ist, er dürfe die Aussage nicht verweigern, weil eine Verschwiegenheitspflicht nach § 203 StGB nicht bestehe, insbesondere eine wirksame Entbindung von der Schweigepflicht erklärt worden sei, und der Zeuge daraufhin ausgesagt hat.[324] Das Reichsgericht vertrat die Ansicht, die falsche Belehrung sei kein Revisionsgrund, wenn dem Zeugen die Entschließungsfreiheit erhalten geblieben sei;[325] regelmäßig wird das aber nicht der Fall sein oder jedenfalls nicht festgestellt werden können[326] (vgl. Rn. 76). Auch die unrichtige Belehrung des Zeugen, er sei zur Zeugnisverweigerung berechtigt, sowie die Berücksichtigung eines in unsubstantiierter Weise geltend gemachten Zeugnisverweigerungsrechts[327] begründet die Revision, wenn er darauf die Aussage verweigert hat. Revisionsgrund ist dann die Verletzung des § 245 oder, wenn der Zeuge nicht in der Hauptverhandlung anwesend gewesen ist, des § 244 Abs. 2[328] (vgl. § 55, 40). Ein Revisionsgrund soll auch dann bestehen, wenn das Gericht den Zeugen nach der Erklärung des Beschuldigten, er entbinde ihn nicht von der Schweigepflicht, entlässt, ohne ihn zu fragen, ob er auf sein Zeugnisverweigerungsrecht verzichten wolle.[329] Das erscheint dann problematisch, wenn die Aussage eine Verletzung der Geheimnispflicht gemäß § 203 StGB darstellen würde (vgl. Rn. 12 f.). Hat der Vorsitzende die Belehrung ausgesprochen oder die Vernehmung für zulässig erklärt, so ist die Revision auch statthaft, wenn nicht nach § 238 Abs. 2 die Entscheidung des Gerichts eingeholt worden ist.[330]

---

321 BGHSt **33** 148 = NStZ **1985** 372 mit zust. Anm. *Rogall* = JR **1986** 33 mit im wesentl. zust. Anm. *Hanack*.

322 BGHSt **9** 59; KK/*Bader* 55; *Schmitt*/Köhler 50; SSW/*Eschelbach* 51.

323 BGH NStZ **2018** 362; vgl. aber auch BGH Beschl. v. 3.8.2022 – 5 StR 47/22.

324 BGHSt **42** 73; BGH StV **1985** 265; RGSt **71** 23 mit zust. Anm. *Rilk* JW **1937** 886; *Schmitt*/Köhler 50; *Eb. Schmidt* (Arzt im Strafrecht) 60; *Welp* FS Gallas 408; *Fezer* JuS **1978** 742; **a.A.** RGSt **48** 270; einschränkend auch *Grünwald* JZ **1966** 498, der den Verstoß für unschädlich hält, wenn der Zeuge nur über Geheimnisse Dritter Auskunft gegeben hat.

325 RGSt **57** 65; **66** 275; **71** 21; so auch OLG Köln OLGSt § 261, 99; vgl. ferner *Grünwald* JZ **1966**, 498: Nicht bei Preisgabe von Drittgeheimnissen.

326 So mit Recht *Eb. Schmidt* (Arzt im Strafrecht) 63.

327 BGH NStZ **1994** 94 mit Anm. *Marxen* EWiR **1994** 1023.

328 BGH NStZ **1994** 94 mit Anm. *Marxen* EWiR **1994** 1023; *Schmitt*/Köhler 50; *Welp* FS Gallas 408.

329 BGHSt **15** 200.

330 BGHSt **42** 73, 77; SK/*Rogall* 229; KK/*Bader* 56; **a.A.** RGSt **71** 23; beachte aber auch BGH NStZ **2007** 234 (vgl. § 55, 40).

§ 53a
Zeugnisverweigerungsrecht der mitwirkenden Personen

(1) [1]Den Berufsgeheimnisträgern nach § 53 Absatz 1 Satz 1 Nummer 1 bis 4 stehen die Personen gleich, die im Rahmen
1. eines Vertragsverhältnisses einschließlich der gemeinschaftlichen Berufsausübung,
2. einer berufsvorbereitenden Tätigkeit oder
3. einer sonstigen Hilfstätigkeit
an deren beruflicher Tätigkeit mitwirken. [2]Über die Ausübung des Rechtes dieser Personen, das Zeugnis zu verweigern, entscheiden die Berufsgeheimnisträger, es sei denn, dass diese Entscheidung in absehbarer Zeit nicht herbeigeführt werden kann.

(2) Die Entbindung von der Verpflichtung zur Verschwiegenheit (§ 53 Absatz 2 Satz 1) gilt auch für die nach Absatz 1 mitwirkenden Personen.

Schrifttum

Bertheau § 160a StPO neuer Fassung – doch offene Fragen bleiben, StV **2012** 303; *von Harenne* Das Zeugnisverweigerungsrecht der Berufshelfer nach § 53a StPO (2002); *Heinsen* die Zeugnisverweigerungsrechte von Mitarbeitern sozialer Beratungsstellen gemäß §§ 53, 53a, 54 StPO (2003); *Jungfer* Strafverteidiger und Detektiv, StV **1989** 495; *Kohlhaas* Die Schweigepflicht der in der Medizin technisch tätigen Personen, NJW **1972** 1502; *Krause* Der „Gehilfe" der Verteidigung und sein Schweigerecht, StraFo **1998** 1; *Krekeler/Schonard* Der Berufshelfer im Sinne des § 53a StPO, wistra **1998** 137; *Münchhalffen* Der „Gehilfe" der Verteidigung (§ 53a StPO) und das Beschlagnahmeverbot, FS Richter (2006) 407; *Peters* Seelsorge und Strafvollzug, JR **1975** 402; *Rengier* Die Zeugnisverweigerungsrechte im geltenden und künftigen Strafverfahrensrecht (1979); *Schliwienski* Das Zeugnisverweigerungsrecht des Berufshelfers und seine Bedeutung im Rahmen des § 203 StGB, NJW **1988** 1507; *Stahl* Beschlagnahme von Anderkonten von Berufsgeheimnisträgern bei Kreditinstituten, wistra **1990** 94; *Starke* Beschlagnahme von im Auftrag des Beschuldigten erstellten Sachverständigengutachten, Rudolphi-Symp. **1996** 81; *Stein* Das strafprozessuale Schweigerecht von Seelsorgehelfern, ZevKR **1976** 418; *Tsambikakis* Strafprozessuale Zeugnisverweigerungsrechte aus beruflichen Gründen (2011).

Entstehungsgeschichte

Die Vorschrift wurde durch Art. 4 Nr. 9 des 3. StRÄndG vom 4.8.1953 (BGBl. I S. 735) eingefügt. Da § 53 Abs. 1 und Abs. 2 durch das Gesetz zur Änderung der Strafprozessordnung vom 15.2.2002 (BGBl. I S. 682) mehrere Sätze erhielten, wurden durch Art. 1 Nr. 2 dieses Gesetzes in § 53a die Verweisungen auf § 53 angepasst. Mit Art. 2 Nr. 3 des Gesetzes zur Neuregelung des Schutzes von Geheimnissen bei der Mitwirkung Dritter an der Berufsausübung schweigepflichtiger Personen vom 30.10.2017 (BGBl. I S. 3618) wurde § 53a weitgehend neu gefasst und insbesondere auf externe Dritte (Absatz 1 Satz 1 Nr. 1: im Rahmen eines Vertragsverhältnisses)erstreckt. Die weiteren Änderungen tragen dem Rechnung. Mit Art. 15 des Gesetzes zur Neuregelung des Berufsrechts der anwaltlichen und steuerberatenden Berufsausübungsgemeinschaften sowie zur Änderung weiterer Vorschriften im Bereich der rechtsberatenden Berufe vom 7.7.2021 (BGBl. I S. 2363) wurde Absatz 1 Satz 1 Nr. 1 um die Wörter „einschließlich der gemeinschaftlichen Berufsausübung" ergänzt.

Übersicht

Alphabetische Übersicht

I. Allgemeines

1 § 53a dehnt das Zeugnisverweigerungsrecht der in § 53 Abs. 1 Satz 1 Nr. 1 bis 4 genannten Personen auf diejenigen aus, die an der berufsmäßigen Tätigkeit mitwirken. Nach alter Rechtslage war der Kreis, der von § 53a erfassten Hilfspersonen, insbesondere hinsichtlich hinzugezogener externer Dienstleister, umstritten. Mit der Neufassung bezweckte der Gesetzgeber eine Klarstellung und eine Erstreckung auf alle Personen, die an der beruflichen Tätigkeit des Berufsgeheimnisträgers mitwirken.[1] **Zweck der Vorschrift** war von Beginn[2] an und ist auch nach der Neufassung die **Verhinderung der Umgehung des Zeugnisverweigerungsrechts nach § 53 Abs. 1 Satz 1 Nr. 1 bis 4** auf dem Umweg über Dritte und damit der Schutz der von den Zeugnisverweigerungsrechten erfassten Vertrauensverhältnisse. Die Neufassung des § 53a hat ihre Entsprechung in einer Neufassung des § 203 StGB, der die Verschwiegenheitsverpflichtung nun ebenfalls auf die Personen erstreckt, denen ein fremdes Geheimnis bei der Ausübung oder bei Gelegenheit seiner Tätigkeit als mitwirkende Person bekannt geworden ist (§ 203 Abs. 4 Satz 2 StGB). Wie bei den Berufsträgern selbst ist bei den mitwirkenden Personen die prozessuale Norm des § 53a in ihrem Anwendungsbereich nicht vollständig deckungsgleich mit der materiellen Regelung (vgl.§ 53, 8). Besteht prozessual kein Zeugnisverweigerungsrecht, muss der Zeuge aussagen. Der Bruch seiner Verschwiegenheitspflicht ist in diesem Fall gerechtfertigt (gesetzliche Offenbarungspflicht).[3] Bei Berufsausübenden, die bereits nach § 53 zur Zeugnisverweigerung berechtigt sind, wie der Sozius des Rechtsanwalts und der von einem Arzt zugezogene Kollege, richtet

1 BTDrucks. **18** 12940 S. 10.

2 BTDrucks. **I** 3713 S. 48; KK/*Bader* 1; MüKo/*Kreicker* 1; SSW/*Eschelbach* 1; *Eb. Schmidt* 1; *Dallinger* JZ **1953** 436; näher zur Entstehungsgeschichte SK/*Rogall* 4.

3 *Fischer* § 203, 39.

sich das Recht auf Zeugnisverweigerung nach § 53, der dem § 53a vorgeht.[4] Für das Beschlagnahmerecht wird § 53a durch die Vorschriften der § 97 Abs. 3 und 4, § 100d Abs. 5 Satz 2 und § 160a Abs. 3 ergänzt.[5]

II. Mitwirkende Personen

1. Im Rahmen eines Vertragsverhältnisses mitwirkende Personen (Absatz 1 Satz 1 Nr. 1). Von Absatz 1 Satz 1 Nr. 1 werden alle Personen erfasst, die im Rahmen eines Vertragsverhältnisses an der Berufstätigkeit des Berufsgeheimnisträgers teilnehmen, unabhängig davon ob es sich um bloße Hilfstätigkeiten oder herausgehobene Tätigkeiten, insbesondere Geschäftsführungs- oder leitende Verwaltungstätigkeiten, handelt.[6] Vertragsverhältnisse i.S.d. Vorschrift sind nicht nur Anstellungs- oder Beschäftigungsverträge, sondern auch Dienst-, Werk- oder Geschäftsbesorgungsverträge mit **selbständigen externen Dienstleistern**.[7] Durch den Begriff der „mitwirkenden Personen" anstelle des bisherigen „Hilfspersonen" sowie durch den Hinweis auf eine Tätigkeit im Rahmen eines Vertragsverhältnisses wird klargestellt, dass unter § 53a alle Personen fallen, die sei es untergeordnet (z.B. angestellte IT-Mitarbeiter), sei es übergeordnet (z.B. Geschäftsführer von Zusammenschlüssen Angehöriger zeugnisverweigerungsberechtigter Berufe), sei es nebengeordnet (z.B. Mitgesellschafter) an der Tätigkeit des Berufsgeheimnisträgers teilnehmen.[8] Auch nach der Neufassung der Vorschrift im Jahr 2017 bleibt umstritten, inwieweit Mitglieder einer Berufsausübungsgemeinschaft von Absatz 1 Satz 1 Nr. 1 erfasst sind.[9] Der Gesetzgeber sah sich daher zu der weiteren Klarstellung veranlasst, dass sich der Begriff des Vertragsverhältnisses i.S.d. Vorschrift auch auf Vertragsverhältnisse zur gemeinsamen Berufsausübung bezieht.[10] 2

2. Berufsvorbereitende Tätigkeit (Absatz 1 Satz 1 Nr. 2). Absatz 1 Satz 1 Nr. 2 übernimmt den Personenkreis, dem bereits nach alter Rechtslage – dort Absatz 1 Satz 1 2. Alt. – ein Zeugnisverweigerungsrecht zu stand, in die Neufassung. Nr. 2 betrifft alle Personen, die eine berufsvorbereitende Tätigkeit ausüben, wie etwa Rechtsreferendare oder Praktikanten. Ein nennenswerter Anteil dieses Personenkreises dürfte allerdings bereits von Absatz 1 Satz 1 Nr. 1 erfasst sein. Insoweit hat die Nr. 2 Auffangcharakter. 3

3. Sonstige Hilfstätigkeit (Absatz 1 Satz 1 Nr. 3). Eine weitere Auffangvorschrift ist Absatz 1 Satz 1 Nr. 3, die das Zeugnisverweigerungsrecht auf Personen erstreckt, die im Rahmen sonstiger Hilfstätigkeit an der beruflichen Tätigkeit des Berufsgeheimnisträgers mitwirken. Damit werden Personen in die Regelung mit einbezogen, denen auch nach bisheriger Rechtslage eine Zeugnisverweigerungsrecht nach § 53a zustand, wie etwa gelegentlich mithelfende **Familienangehörige** oder Bekannte.[11] 4

---

4 SK/*Rogall* 13; im Ergebnis ebenso: SSW/*Eschelbach* 2; *Schmitt*/Köhler 1; KK/*Bader* 1; *Dalcke*/*Fuhrmann*/*Schäfer* 2; *Kohlhaas* GA **1958** 72.

5 Dazu *Münchhalffen* FS Richter 407.

6 BTDrucks. **18** 12940 S. 10.

7 BTDrucks. **18** 12940 S. 11.

8 BTDrucks. **18** 12940 S. 10 f.

9 BGH NJW **2020** 3170 m. Anm. *Korff*, EWiR **2020** 751; s.a. – wenn auch noch zur alten Rechtslage – BGH NJW **2018** 1095 m. Anm. *Hartung*.

10 BTDrucks. **19** 27670 S. 318.

11 BTDrucks. **18** 12940 S. 11.

III. Unmittelbarer Zusammenhang

5 **1. Grundsatz.** Die Anwendung des § 53a setzt aber stets einen **unmittelbaren Zusammenhang** zwischen der Tätigkeit der mitwirkenden Person und der Tätigkeit des Hauptberufsträgers voraus, die letzteren nach § 53 zur Zeugnisverweigerung berechtigt.[12] Die Abgrenzung ist im Einzelnen umstritten.[13] Herangezogen werden namentlich personenbezogene und tätigkeits- bzw. funktionsbezogene Kriterien, die je nach Fallgestaltung ihre Berechtigung haben. Entscheidend ist jedoch nach hiesiger Ansicht der Schutzzweck der Norm, die **Umgehung** des Zeugnisverweigerungsrechts nach § 53 zu verhindern. Mitwirkende Person i.S.d. § 53a ist damit derjenige, der aufgrund seiner Tätigkeit für den Hauptberufsträger über Kenntnisse aus dem geschützten **Vertrauensverhältnis** verfügt, die bei dem Hauptberufsträger in den Bereich des Zeugnisverweigerungsrechts fallen.[14]

6 **2. Unmittelbarer Zusammenhang liegt vor.** Beim **Rechtsanwalt** (entsprechend beim **Notar**) wirken diejenigen unmittelbar an der beruflichen Tätigkeit des Berufsgeheimnisträgers mit, die – sei es intern, sei es extern – unter Einbeziehung von Informationen aus dem geschützten Geheimbereich des Berufsgeheimnisträger-Mandant-Verhältnisses tätig geworden sind.[15] Dazu müssen auch Detektive,[16] Dolmetscher, ggf. PC-Techniker u.a. gehören. Im Rahmen der Führung von Anderkonten sind auch Kreditinstitute (Banken) bzw. deren Mitarbeiter als im unmittelbaren Zusammenhang mit der beruflichen Tätigkeit des Berufsgeheimnisträgers mitwirkende Personen von Rechtsanwälten und Notaren anzusehen.[17] Beim **Arzt** sind in unmittelbarem Zusammenhang mitwirkende Personen **die in die Untersuchung und Heilbehandlung** einbezogenen Personen wie Krankenpfleger, Krankenschwestern, medizinische Fachangestellte, medizinisch-technische Assistentinnen, Masseure, Bademeister, Krankengymnasten, Sprechstundenhilfen, aber auch technische Hilfskräfte wie Herzschrittmacherspezialisten und Personen, die nur mit Büroarbeiten beschäftigt sind, wie Sekretariatskräfte und Buchhalter,[18] ferner Ärzte im Praktikum und famulierende Studenten sowie Psychologen, soweit sie nicht selbst unter § 53 Abs. 1 Satz 1 Nr. 3 (Psychologische Psychotherapeuten), Nr. 3a oder Nr. 3b fallen.[19] Auch der Verwaltungsdirektor eines Krankenhauses ist mitwirkende Person und als solche zur Verweigerung des Zeugnisses (z.B. über die Namen von Patienten) berechtigt.[20] Die an der ärztlichen Tätigkeit mitwirkenden Personen können das Zeugnis auch verweigern über Erkenntnisse, die sie bei der Anbahnung des Behand-

---

12 BTDrucks. **18** 12940 S. 11; SK/*Rogall* 10; MüKo/*Kreicker* 2; SSW/*Eschelbach* 3; KK/*Bader* 2.

13 Vgl. ausführlich zum Streitstand *Tsambikakis* 58 ff.; SK/*Rogall* 6 ff.

14 *Kohlhaas* NJW **1972** 1502.

15 LG Hannover StraFo **2001** 167 m. zust. Anm. *Münchhalffen*; KK/*Bader* 2; *Schmitt*/Köhler 2; MüKo/*Kreicker* 2; *Krause* StraFo **1998** 1; *Krekeler*/*Schonard* wistra **1998** 137; **a.A.** LG Essen StraFo **1996** 91 mit abl. Anm. *Oster*; zur Abgrenzung anwaltlicher von nichtanwaltlichen Tätigkeiten vgl. LG Dresden NJW **2007** 2789.

16 *Jungfer* StV **1989** 495, 504; LG Frankfurt NJW **1959** 589 für den Fall, dass ausnahmsweise besonders enge Beziehungen zu der Berufstätigkeit des Anwalts bestehen; MüKo/*Kreicker* 4; SK/*Rogall* 15; KK/*Bader* 2a; *Schmitt*/Köhler 5.

17 LG Würzburg EWiR **1990** 289; wistra **1990** 118; LG Darmstadt DNotZ **1991** 560 mit zust. Anm. *Knoche*; LG Köln WM IV **1991** 589; LG Frankfurt WM IV **1994** 2279; SK/*Rogall* 15; *Meng* WuB I B. 3 Bankgeheimnis 3.91; *Feuerborn* EWiR **1990** 287; *Ranft* WuB VII D § 97 StPO 1.95; vgl. auch BVerfG wistra **1990** 97 mit Anm. *Stahl*; offen gelassen von OLG Frankfurt NJW **2002** 1135.

18 *Schmitt*/Köhler 4; MüKo/*Kreicker* 4; SSW/*Eschelbach* 8; SK/*Rogall* 19; *Eb. Schmidt* Der Arzt im Strafrecht (1939) 15; *Kleinewefers*/*Wilts* NJW **1964** 430; *Kohlhaas* NJW **1972** 1502.

19 *Schmitt*/Köhler 6; MüKo/*Kreicker* 5; SK/*Rogall* 20; *Hoffmann* NJW **1971** 1440.

20 OLG Oldenburg NStZ **1983** 39 mit abl. Anm. *Pelchen*; *Schmitt*/Köhler 6; SK/*Rogall* 21.

lungsverhältnisses gewonnen haben, z.B. bei der Ankunft des Patienten und seiner Aufnahme.[21]

7 **3. Unmittelbarer Zusammenhang umstritten.** Nach bisheriger Rechtslage sollten beim **Geistlichen** nur die selbst in der Seelsorge Tätigen zu den von § 53a erfassten Personenzählen[22] (vgl. aber Rn. 5). An dem notwendigen Zusammenhang soll es ferner beim Hauspersonal fehlen,[23] soweit es nicht ausnahmsweise unmittelbar bei der Berufsarbeit hilft, etwa Telefonanrufe entgegennimmt oder Patienten und Mandanten empfängt,[24] und beim technischen Personal, insbesondere bei Boten, Kraftfahrern, Gärtnern, Heizern und dem Reinigungspersonal.[25] Diese Differenzierung ist nicht überzeugend. Die Zeugnisverweigerungsrechte des § 53 und § 53a sollen das Beziehungsverhältnis[26] einer Person zu einem der bezeichneten Hauptberufsträger schützen (Rn. 1). Dieser Schutz ist nur wirksam, wenn Umstände dieses Verhältnisses, die der Hauptberufsträger nicht ohne Bruch seiner Verschwiegenheitsverpflichtung preisgeben darf (z.B. der Arzt im Krankenhaus die Frage, ob, wann und in wessen Begleitung eine bestimmte Person im Krankenhaus erschienen ist), auch von den sonstigen Personen, die aufgrund ihrer Tätigkeit für den Hauptberufsträger die entsprechenden Kenntnisse erlangt haben, nicht bezeugt werden dürfen, unabhängig davon, ob es sich um die diensttuende Krankenschwester[27] oder z.B. eine Reinigungskraft handelt. Deshalb dürfte auch die an sich weit gefasste Definition der Hilfsperson – jetzt mitwirkende Person – als Person, die auf Veranlassung des Berufsgeheimnisträgers mandatsbezogene Unterstützungsleistungen erbringt,[28] nicht alle denkbaren Fälle erfassen. Ebenso ist bei **selbständigen Gewerbetreibenden**, die für einen nach § 53 zur Zeugnisverweigerung berechtigten Berufsausübenden bestimmte Arten von Einzelaufträgen erledigen, zu prüfen, ob diese aufgrund ihrer Tätigkeit für den Hauptberufsträger Kenntnisse aus dem geschützten Vertrauensverhältnis erlangt haben, über die der Hauptberufsträger kein Zeugnis ablegen dürfte oder müsste.[29] Keine mitwirkenden Personen sind die Mitarbeiter von Banken, kassenärztlichen Vereinigungen, Krankenkassen, Datenbanken und Berufskammern, wenn zwischen ihren Aufgaben und der Berufstätigkeit des Arztes nur ein mittelbarer Zusammenhang besteht[30] (vgl. § 53, 4). Auch dies ist in dieser Allgemeinheit nicht überzeugend. Auch Abrechnungsstellen bspw., die Krankenunterlagen auswerten, verfügen aufgrund ihrer Tätigkeit über Informationen aus dem geschützten Vertrauensverhältnis, hinsichtlich derer dem Berufsgeheimnisträger das Zeugnisverweigerungsrecht zusteht.

8 **4. Abgeordnete.** Beim **Abgeordneten** sollen nur im Büro Mitarbeitende (z.B. Sekretariatskräfte, Referenten) als mitwirkende Personen in Betracht kommen, nicht Fahrer, Sicherheitskräfte und Wahlhelfer.[31] Diese Unterscheidung überzeugt nicht, vielmehr ist auch

21 BGH NStZ **1985** 372 mit Anm. *Rogall*; BGHSt **33** 148 = JR **1986** 33 mit Anm. *Hanack*.

22 KK/*Bader* 5; *Schmitt*/Köhler 8; MüKo/*Kreicker* 3; SSW/*Eschelbach* 6; *Dalcke*/*Fuhrmann*/*Schäfer* 2; *Stromberg* MDR **1974** 892; *Peters* JR **1975** 404.

23 So die Gesetzesbegründung BTDrucks. **I** 3713 S. 48.

24 LR/*Dahs*[25] 2; *Schmitt*/Köhler 2; MüKo/*Kreicker* 2; *Eb. Schmidt* 3.

25 LR/*Dahs*[25] 2; *Schmitt*/Köhler 2; *Bockelmann* Strafrecht des Arztes (1968) 37.

26 Zu diesem Begriff *Hanack* Anm. zu BGHSt **33** 148 in JR **1986** 35.

27 So im Fall BGHSt **33** 148.

28 So SK/*Rogall* 10.

29 Grundlegend zu den anzulegenden Maßstäben *Krause* StraFo **1998** 1; vgl. zur alten Rechtslage dazu OLG Frankfurt NJW **2002** 1136; *Münchhalffen* StraFo **2001** 167; *dies.* FS Richter 407.

30 Vgl. *Schmitt*/Köhler 2; *Lenckner* Arzt und Recht (1966) 167.

31 HK/*Gercke* 3; KK/*Bader* 5; *Schmitt*/Köhler 7; MüKo/*Kreicker* 7; SSW/*Eschelbach* 10.

hier derjenige Hilfsperson i.S.d. § 53a, dem aufgrund seiner Tätigkeit für den Abgeordneten Tatsachen bekannt geworden sind, über die der Abgeordnete selbst das Zeugnis verweigern dürfte[32] (vgl. Rn. 5). Zu beachten ist, dass durch die Ergänzung des § 53 Abs. 1 Satz 1 Nr. 4, wie vom Gesetzgeber beabsichtigt, nun auch die Mitarbeiter der **Abgeordneten des Europäischen Parlaments** zu den Hilfspersonen nach § 53a zählen[33] (s. § 53, 44).

IV. Zeugnisverweigerungsrecht

9 **1. Abgeleitetes Recht.** Das Schweigerecht der mitwirkenden Personen ist kein selbständiges, sondern ein von dem Zeugnisverweigerungsrecht des Hauptberufsträgers **abgeleitetes Recht.**[34] Nach § 53a Abs. 1 Satz 2 ist daher dem Hauptberufsträger die Entscheidung über die Ausübung des Zeugnisverweigerungsrechts seiner Gehilfen vorbehalten. Er ist dem Betroffenen gegenüber aus dem von § 53 geschützten Vertrauensverhältnis verantwortlich und nach Ausbildung und Berufserfahrung[35] bzw. aufgrund seiner Übersicht über das Gesamtgeschehen in der Lage, die Tragweite der Aussage richtig zu beurteilen. An seine Entscheidung ist der Gehilfe gebunden. Einen Anspruch darauf, dass der Hauptberufsträger seinem Gehilfen die Genehmigung zur Aussage verweigert, hat der Angeklagte nicht.[36] Hat der Hauptberufsträger entschieden, dass die Hilfsperson aussagen muss, so ist sie daher zur Aussage verpflichtet und kann hierzu nach § 70 gezwungen werden. Dies gilt auch dann, wenn das Geheimnis allein der mitwirkenden Person anvertraut worden ist und der Berufsträger nichts davon weiß.[37] Anderenfalls käme der mitwirkenden Person ein eigenständiges Zeugnisverweigerungsrecht zu, das aber nach der Systematik des Gesetzes gerade nicht vorgesehen ist. Allerdings ist zu beachten, dass Personen, denen ein eigenes Zeugnisverweigerungsrecht nach § 53 zusteht, auch wenn sie an der beruflichen Tätigkeit des Hauptberufsträgers lediglich mitwirken, eigenverantwortlich über die Ausübung ihres Zeugnisverweigerungsrechts entscheiden (vgl. Rn. 1). Wenn die Entscheidung des Hauptberufsträgers nicht oder nicht in absehbarer Zeit herbeigeführt werden kann, z.B. bei Tod, schwerer Erkrankung oder längerer Abwesenheit[38] entscheiden die mitwirkenden Personen selbst (§ 53a Abs. 1 Satz 2). Erlässt das Gericht einen **Beschluss nach § 70**, weil es das Zeugnisverweigerungsrecht nach § 53a nicht für gegeben hält, so ist auch der Hauptberufsträger, der nach § 53a Abs. 1 Satz 2 entschieden hat, dass die mitwirkende Person die Aussage verweigern soll, beschwerdeberechtigt.[39] Wegen der Folgen der Zeugnisverweigerung vgl. § 53, 75.

10 **2. Verwertbarkeit.** Nach verbreiteter Auffassung sind Aussagen, die eine mitwirkende Person ohne Genehmigung des Hauptberufsträgers macht, verwertbar.[40] Gegen eine Verwertbarkeit spricht jedoch, dass – anders als im Fall des § 53 – die Vernehmung der

---

32 So SK/*Rogall* 25 für den Wahlhelfer, der in einen Beratungs- oder Informationskontakt zu oder mit einem Bürger eingebunden war.

33 Vgl. BTDrucks. **16** 10572 S. 3.

34 BGHSt **9** 61; LG Köln NJW **1959** 1598; *Schmitt*/Köhler 11; MüKo/*Kreicker* 8; SSW/*Eschelbach* 11; SK/*Rogall* 5; *Eb. Schmidt* 5; *Dallinger* JZ **1953** 436; *Kohlhaas* GA **1958** 72.

35 BTDrucks. **I** 3713 S. 48; KK/*Bader* 6.

36 BGHSt **9** 61; *Dalcke/Fuhrmann/Schäfer* 4.

37 **A.A.** *Kohlhaas* NJW **1972** 1502.

38 *Schmitt*/Köhler 11; KK/*Bader* 6; MüKo/*Percic* 8; SK/*Rogall* 35.

39 OLG Köln StV **1991** 506 mit Anm. *Münchhalffen*.

40 AK/*Kühne* 6; KK/*Bader* 6; *Schmitt*/Köhler 11; MüKo/*Kreicker* 15.; **a.A.** *Eb. Schmidt* 12; *Rengier* 324 Fn. 48.

mitwirkenden Person prozessordnungswidrig ist. Das Gericht darf die Vernehmung nicht durchführen, wenn der Berufsträger dieser nicht zugestimmt hat.[41] Darüber ist die mitwirkende Person auch zu **belehren**. Anders als bei § 53, bei dem eine Belehrung nicht für erforderlich angesehen wird, weil davon ausgegangen wird, dass der Berufsträger seine beruflichen oder Standespflichten selbst kennt, kann davon bei den mitwirkenden Personen nicht ausgegangen werden.[42] Wird eine mitwirkende Person ohne Genehmigung des Berufsträgers vernommen, so dürfte die Aussage daher regelmäßig unverwertbar sein.[43] Etwas anderes gilt nur in den Fällen, in denen die mitwirkende Person aufgrund der Unerreichbarkeit des Berufsträgers die Entscheidung über das Zeugnisverweigerungsrecht selbst getroffen hat. Auch in diesen Fällen dürfte die **Fürsorgepflicht des Gerichts** eine Belehrung über eine mögliche Strafbarkeit der Aussage gebieten.

3. Entscheidung des Hauptberufsträgers. Die **Entscheidung des Hauptberufsträgers** muss nicht einheitlich sein. Auch wenn er selbst das Zeugnis verweigert, kann er seine Hilfspersonen anweisen, auf das Zeugnisverweigerungsrecht zu verzichten,[44] das Gleiche gilt im umgekehrten Fall.[45] Die von dem Hauptberufsträger vorzunehmende Abwägung, ob für die Offenbarung des Geheimnisses vor Gericht ein die Strafbarkeit nach § 203 StGB ausschließender Rechtfertigungsgrund vorliegt (§ 53, 11), kann insoweit zu durchaus unterschiedlichen Ergebnissen führen. Entsprechendes gilt, wenn mehrere Hilfspersonen als Zeugen vernommen werden sollen. Der Hauptberufsträger darf dann den einen Gehilfen anweisen, als Zeuge auszusagen, dem anderen aber die Aussagegenehmigung verweigern.[46] Der Hauptberufsträger kann seine Entscheidung **widerrufen**.[47] 11

4. Umfang und Dauer des Zeugnisverweigerungsrechts der mitwirkenden Person unterscheiden sich nicht von denen des Hauptberufsträgers. 12

5. Verfahren gegen den Hauptberufsträger. In einem **Verfahren gegen den Hauptberufsträger** kann das Zeugnisverweigerungsrecht der mitwirkenden Person nicht davon abhängen, ob der geschützte Dritte Mitbeschuldigter ist.[48] Die Verschwiegenheitspflicht des Hauptberufsträgers und dessen Zeugnisverweigerungsrecht nach § 53 bestehen unabhängig von der Verfahrensstellung des geschützten Dritten. Das Gleiche muss für das **abgeleitete Zeugnisverweigerungsrecht** der mitwirkenden Person gelten. Das Zeugnisverweigerungsrecht nach § 53a besteht deshalb immer dann, wenn der Vernehmungsgegenstand das geschützte Beziehungsverhältnis betrifft,[49] auch wenn der geschützte Dritte nicht Mitbeschuldigter ist.[50] 13

---

41 *Tsambikakis* 147.

42 SSW/*Eschelbach* 11.

43 SK/Rogall 42 f.; *Tsambikakis* 148 f.; in diese Richtung auch SSW/*Eschelbach* 15.

44 KK/*Bader* 7; *Schmitt*/Köhler 12; MüKo/*Kreicker* 13; *Eb. Schmidt* 6; *Kohlhaas* GA **1958** 72.

45 Anders LG Köln NJW **1959** 1598, das aber die Aussage des Hauptberufsträgers, er wisse von dem Beweisthema nichts, der Zeugnisverweigerung gleichstellt.

46 *Schmitt*/Köhler 12; SK/*Rogall* 33; SSW/*Eschelbach* 13; *Eb. Schmidt* 6.

47 KK/*Bader* 7.

48 So aber *Schmitt*/Köhler 13; diff. KK/*Bader* 9; wie hier SK/*Rogall* 36.

49 Berufsgericht für Heilberufe Münster Beschl. v. 2.9.2015 – 16 K 1399/14.T.

50 LG Hamburg StV **1989** 385; SK/*Rogall* 36; *Schliwienski* NJW **1988** 1507; vgl. auch insoweit mehrdeutig LBerufsG für Zahnärzte Stuttgart NJW **1975** 2255.

V. Entbindung von der Schweigepflicht

14 (Nur) soweit der Geheimnisträger den Hauptberufsträger nach § 53 Abs. 2 Satz 1 von der Schweigepflicht entbindet, erstreckt sich das nach § 53a Abs. 2 auch auf die mitwirkenden Personen (vgl. § 53, 80). Eine Entscheidungsbefugnis des Hauptberufsträgers besteht dann nicht. Die **Entbindung von der Schweigepflicht** ist **nicht teilbar** (vgl. aber § 53, 82). Da die mitwirkende Person kein selbständiges, sondern nur ein **abgeleitetes Zeugnisverweigerungsrecht** besitzt, können der Hauptberufsträger und an seiner beruflichen Tätigkeit mitwirkende Personen nur gemeinsam entbunden oder nicht entbunden werden.[51] Da sich § 53 Abs. 2 Satz 1 nur auf die in § 53 Abs. 1 Satz 1 Nr. 2 bis 3b Genannten bezieht, entfaltet eine Entbindung von der Schweigepflicht in den übrigen Fällen des § 53 Abs. 1 S. 1 diese Wirkungen nicht. **Geistlichen** und **Abgeordneten** obliegt es daher auch bei einer Entbindung durch den Geheimnisträger über das Zeugnisverweigerungsrecht der an ihrer beruflichen Tätigkeit mitwirkenden Personen nach Absatz 1 Satz 2 zu entscheiden.[52]

VI. Revision

15 Es gilt das zu § 53 Ausgeführte (§ 53, 84) entsprechend.

§ 54
Aussagegenehmigung für Angehörige des öffentlichen Dienstes

(1) Für die Vernehmung von Richtern, Beamten und anderen Personen des öffentlichen Dienstes als Zeugen über Umstände, auf die sich ihre Pflicht zur Amtsverschwiegenheit bezieht, und für die Genehmigung zur Aussage gelten die besonderen beamtenrechtlichen Vorschriften.

(2) Für die Mitglieder des Bundestages, eines Landtages, der Bundes- oder einer Landesregierung sowie für die Angestellten einer Fraktion des Bundestages und eines Landtages gelten die für sie maßgebenden besonderen Vorschriften.

(3) Der Bundespräsident kann das Zeugnis verweigern, wenn die Ablegung des Zeugnisses dem Wohl des Bundes oder eines deutschen Landes Nachteile bereiten würde.

(4) Diese Vorschriften gelten auch, wenn die vorgenannten Personen nicht mehr im öffentlichen Dienst oder Angestellte einer Fraktion sind oder ihre Mandate beendet sind, soweit es sich um Tatsachen handelt, die sich während ihrer Dienst-, Beschäftigungs- oder Mandatszeit ereignet haben oder ihnen während ihrer Dienst-, Beschäftigungs- oder Mandatszeit zur Kenntnis gelangt sind.

Schrifttum

Baring Die Ablehnung der Aussagegenehmigung, ZBR **1956** 37, 71; *Barrot/Faeser* Zeugenvernehmungen von V-Leuten in parlamentarischen Untersuchungsausschüssen, NVwZ **2016** 1205; *Barth* Zum Erfordernis einer Aussagegenehmigung nach §§ 376 ZPO, 54 StPO für kirchliche Mitarbeiter, ZevKR **37** (1992) 263; *Beukel-*

51 *Schmitt*/Köhler 14; KK/*Bader* 10; MüKo/*Kreicker* 19; SSW/*Eschelbach* 18; *Dalcke/Fuhrmann/Schäfer* 6; *Dallinger* JZ **1953** 436; *Schliwienski* NJW **1988** 1507.
52 SK/*Rogall* 37.

mann Beschränkte Aussagegenehmigung für Polizeibeamte, NJW-Spezial **2024** 760; *Böhm* Zum Erfordernis einer Genehmigung des Dienstherrn für Zeugenaussagen eines Polizeibeamten, NStZ **1983** 158; *Bohnert* Der beschuldigte Amtsträger zwischen Aussagefreiheit und Verschwiegenheitspflicht, NStZ **2004** 301; *van Calker* Die Amtsverschwiegenheitspflicht im deutschen Staatsrecht, FS Otto Mayer (1916) 119; *Düwel* Das Amtsgeheimnis (1965); *Eisenberg* Beschlagnahme von Akten der Jugendgerichtshilfe durch das Jugendgericht, NStZ **1986** 309; *Fauser* Die Pflicht zur Amtsverschwiegenheit nach deutschem Staatsrecht (1931); *Feller* Persönliche und gegenständliche Reichweite der Vorschriften über die Verpflichtung zur Aussagegenehmigung, JZ **1961** 628; *von Freeden* Rechtsschutz für Vertrauenspersonen, Polizei **1957** 155; *Friemel* Die Zeugnisverweigerungspflicht des Beamten im Strafprozeß, Diss. Tübingen 1952; *Geißer* Das Anklagemonopol der Staatsanwaltschaft, GA **1983** 384; *Gribbohm* Der Gewährsmann als Zeuge im Strafprozeß, NJW **1981** 305; *Haas* Die Pflicht des Richters zur Amtsverschwiegenheit, Diss. Göttingen 1912; *Hamm* Welche Pflichten hat das Gericht bez. der Vernehmung eines Beamten als Zeugen? DJZ **1911** 16; *Hans* Die Verschwiegenheitspflicht der Gemeinderäte, DV **1948/49** 544; *Hartmann* Schweigepflicht der Richter, JW **1929** 236; *Hedemann* Amtsverschwiegenheit, DJZ **1907** 218; *von Hessert* Ist § 53 StPO auf den Untersuchungsrichter anzuwenden? DJZ **1900** 228; *Hilger* Zum Rechtsweg gegen Sperrerklärung und Verweigerung der Aussagegenehmigung in V-Mann-Prozessen, NStZ **1984** 145; *Hinrichsen* Ist § 53 StPO auf den Untersuchungsrichter anzuwenden? DJZ **1900** 137; *Keller* Polizeiliche Observation und strafprozessuale Wahrheitserforschung, StV **1984** 521; *Köhler* Der Bruch des Amtsgeheimnisses, GerS **108** (1936) 126; *Krause/Nehring* Strafverfahrensrecht in der Polizeipraxis (1978); *Kube/Leineweber* Polizeibeamte als Zeugen (1980); *Leiss* Beschäftigte des öffentlichen Dienstes als Zeugen über dienstliche Vorgänge, DÖV **1956** 396; *Lüderssen* Zur „Unerreichbarkeit" des V-Mannes, FS Klug (1983) Bd. II 527; *Maetzel* Beweisverbote zwecks Geheimniswahrung, DVBl. **1966** 665; *Menzel* Die Aussagegenehmigung für Beamte und Soldaten vor Gericht, DÖV **1965** 1; *Merkl* Die Zeugenaussage nichtbeamteter Personen des öffentlichen Dienstes vor Zivil- und Strafgerichten – Aussagegenehmigung nach §§ 376 ZPO, 54 StPO, Diss. Regensburg 1973; *J. Meyer* Zur prozeßrechtlichen Problematik des V-Mannes, ZStW **95** (1983) 834; *H.E. Müller* Behördliche Geheimhaltung und Entlastungsvorbringen des Angeklagten, Diss. Berlin 1992; *Plonka* Zum Rechtsschutz für Vertrauenspersonen, Polizei **1975** 80; *Rein/Hilger* Rechtliche Bedeutung von Schweigepflichten ehemaliger Bediensteter der ehemaligen Staatsverwaltung der DDR, DtZ **1993** 261; *Richter* Die Verschwiegenheitspflicht der Beamten (1934); *Röhrich* Rechtsprobleme bei der Verwendung von V-Leuten für den Strafprozeß, Diss. Erlangen-Nürnberg 1975; *Rössler* Das Steuergeheimnis und die Stellung des Finanzbeamten als Zeuge vor Gericht, MDR **1969** 356; *K. H. Schmid* Der „gesperrte" V-Mann, DRiZ **1984** 474; *M. Schmid* Die Aussagegenehmigung für Beamte im Strafprozeß, JR **1978** 8; *Schweitzer* Die Versagung der Aussagegenehmigung, ZBR **1965** 201; *Sehrt* Müssen die Namen von Gewährsleuten auf Verlangen offenbart werden? Polizei **1966** 27; *Stegmann* Behördlich geheim gehaltene Zeugen als Beweismittel im Strafprozeß, Diss. Tübingen 1967; *Stromberg* Über das Zeugnisverweigerungsrecht und die Genehmigungsbedürftigkeit von Zeugenaussagen kirchlicher Bediensteter – mit einem Ausblick auf die zu erwartende Erweiterung des § 53 StPO, MDR **1974** 892; *Taschke* Die behördliche Zurückhaltung von Beweismitteln im Strafprozeß (1989); *Wetterich* Der Polizeibeamte als Zeuge (1970); *Wiesner* Rechtsstaatliches Verfahren in Staatsschutzsachen, NJW **1961** 533; *von Zezschwitz* Verfassungsrechtliche Problematik administrativer Aussagebeschränkungen im Strafprozeß, NJW **1972** 796; *Ziegler* Die gerichtliche Kontrolle der Geheimhaltungsmittel der Exekutive, ZRP **1988** 25; *dies.* Die Aussagegenehmigung im Beamtenrecht, Diss. Bremen 1988.

Entstehungsgeschichte

In ihrer ursprünglichen Fassung regelte die Vorschrift Notwendigkeit und Voraussetzungen der Aussagegenehmigung für Beamte ohne Verweisung auf die Beamtengesetze selbständig. Dabei blieb es auch nach den Änderungen der Vorschrift durch die Emminger Verordnung, Bekanntmachung vom 22.3.1924 (RGBl. I S. 299, 322), und durch § 27 Abs. 5 Nr. 2 des Gesetzes über die Rechtsverhältnisse des Reichskanzlers und der Reichsminister (Reichsministergesetz) vom 27.3.1930 (RGBl. I S. 96). Erst mit dem Inkrafttreten der §§ 8 und 9 des Deutschen Beamtengesetzes vom 26.1.1937 (RGBl. I S. 39) wurde § 54 (mit Ausnahme des Absatzes 3) zum Blankettgesetz. Ihre bis 1994 geltende Fassung erhielt die Vorschrift durch Art. 3 Nr. 18 VereinhG vom 12.9.1950 (BGBl. I S. 455). Die letzte Änderung datiert vom 4.11.1994

(BGBl. I S. 3346), als durch Art. 4 des siebzehnten Gesetzes zur Änderung des AbgG und des vierzehnten Gesetzes zur Änderung des EuAbgG die Absätze 2 und 4 hinsichtlich des Personenkreises konkretisiert und erweitert wurden. Bezeichnung bis 1924: § 53.

Übersicht

Alphabetische Übersicht

I. Allgemeines

1. Schutzzweck. Anders als die §§ 52, 53 und 53a schützt § 54 nicht verwandtschaftlich oder beruflich begründete persönliche Vertrauensverhältnisse, sondern **öffentliche Geheimhaltungsinteressen.** § 54 ist – weitgehend – eine **Blankettnorm** (s. aber Absatz 3 für den Bundespräsidenten). Zur Beurteilung der Frage, ob ein Zeuge aus dem Personenkreis der im weiteren Sinne öffentlich Beschäftigten zur Aussageverweigerung berechtigt ist, wird auf die jeweiligen **beamtenrechtlichen Vorschriften** verwiesen (Absatz 1). Entsprechendes gilt für **Abgeordnete**, ihre Mitarbeiter und Regierungsmitglieder (Absatz 2). Anders als bei § 53 (s. dort Rn. 8 ff.) folgt also bei § 54 das prozessuale Zeugnisverweigerungsrecht der materiellen **Verschwiegenheitspflicht**. Die Vorschrift schafft, wenn sachlich-rechtlich (ohne entsprechende Genehmigung) ein Aussageverbot besteht, ein verfahrensrechtliches Vernehmungsverbot. In den Grenzen der ihnen obliegenden Amtsverschwiegenheit besteht für die in § 54 genannten Personen keine Aussagebefugnis und damit entfällt die Aussagepflicht.[1] Das staatliche Interesse an der Verschwiegenheit der im öffentlichen Dienst tätigen Personen ist zum einen begründet im Interesse des Bürgers, der sensible persönliche Daten den Behörden offenbaren muss, zum anderen aber auch im Interesse einer reibungslosen öffentlichen Verwaltung.[2] Nicht nachvollziehbar ist daher die Auffassung, § 54 betreffe nicht amtlich bekannt gewordene Privatgeheimnisse[3] (s. auch Rn. 26, 34). Dem staatlichen Interesse an der Verschwiegenheit steht das ebenfalls öffentliche Interesse an der Wahrheitsfindung im Strafverfahren und damit an einer Zeugnispflicht auch für Beschäftigte des öffentlichen Dienstes gegenüber. Diesen Interessenwiderstreit im Einzelfall zu lösen, liegt in der Hand der Stelle, die über die Erteilung einer **Aussagegenehmigung** zu entscheiden hat. Eine Belehrung des Zeugen über sein Zeugnisverweigerungsrecht bei bestehender Amtsverschwiegenheitspflicht sieht das Gesetz nicht vor; sie ist daher grds. nicht erforderlich[4] (s. auch Rn. 14). Angesichts der auch in diesem Bereich mitunter komplizierten Rechtslage (s. insb. Rn. 9) kann im Einzelfall aus Fürsorgegesichtspunkten eine Belehrung geboten sein (vgl. auch § 53, 76). 1

2. Anwendungsbereich. § 54 betrifft nur die **Aussage** selbst. Die Pflicht des hier angesprochenen Personenkreises, vor Gericht zu erscheinen, hängt nicht von einer Genehmigung der Dienstbehörde ab (siehe aber §§ 49, 50). Sie müssen der Zeugenladung auch Folge leisten, wenn der Richter nach § 256 berechtigt wäre, sich mit einer schriftlichen Auskunft zu begnügen. Schließlich dürfen sie die Aussage nicht mit der Begründung verweigern, dass nicht sie selbst, sondern die Behörde, der sie angehören oder untergeordnet sind, die Auskunft zu erteilen hat. Für die Vereidigung gelten ebenfalls keine Besonderheiten. Eine Versicherung der Richtigkeit der Aussage unter Bezugnahme auf den Diensteid sieht das Gesetz für den als Zeugen vernommenen Beamten nicht vor (für den Sachverständigen vgl. Erl. zu § 79). 2

§ 54 gilt für **alle Zeugenvernehmungen**, also sowohl für richterliche als auch für staatsanwaltschaftliche (§ 161a Abs. 1 Satz 2) und polizeiliche Vernehmungen (§ 163 Abs. 1, 3 und 4). Auch bei Vernehmungen durch Untersuchungsausschüsse des Deutschen Bundestages und der Landesparlamente findet § 54 Anwendung (s. bspw. § 23 Abs. 1 PUAG). Für das Beschlagnahmerecht wird die Vorschrift durch § 96 ergänzt. Die Vorschrift betrifft **nicht** die Verschwiegenheitspflicht von **Beschuldigten**, die Angehörige des öffentlichen 3

---

1 BGH bei *Dallinger* MDR **1952** 659; OLG Hamburg NStZ **1994** 98; *Schmitt*/Köhler 2.
2 GKöD/*Fieberg* TVöD/TVL § 3, 23.
3 So aber *Schmitt*/Köhler 1; *Eisenberg* (Beweisrecht) 1259.
4 RGSt **13** 154; *Schmitt*/Köhler 2; MüKo/*Kreicker* 1; SK/*Rogall* 9; SSW/*Eschelbach* 4.

Dienstes sind.[5] Auch sie müssen sich aber eine **Aussagegenehmigung** beschaffen, wenn sie meinen, durch ihre Einlassung anderenfalls gegen die Verschwiegenheitspflichten zu verstoßen. Die Beamtengesetze sehen jedoch für diesen Fall Aussagegenehmigungen unter erleichterten Voraussetzungen vor (vgl. Rn. 7). Gegebenenfalls besteht ein Verfahrenshindernis.[6]

4 Nach § 54 Abs. 4 gelten die Vorschriften der Absätze 1 bis 3 auch dann, wenn die Beamten, Abgeordneten (und die Angestellten der Fraktionen),[7] Regierungsmitglieder oder der Bundespräsident **nicht mehr im Amt** sind und über Tatsachen aussagen sollen, die sich während ihrer Dienstzeit ereignet haben oder ihnen während dieser Zeit zur Kenntnis gelangt sind. Absatz 4 dient lediglich der Klarstellung, weil Entsprechendes auch in den in Bezug genommenen Vorschriften geregelt ist (vgl. z.B. § 67 Abs. 1 Satz 2 BBG: „sowie nach Beendigung des Beamtenverhältnisses").

II. Angehörige des öffentlichen Dienstes (Absatz 1)

1. Personenkreis

5 **a) Richter.** Für die Pflicht der Richter aller Gerichtsbarkeiten zur Verschwiegenheit gelten neben der Wahrung des Beratungsgeheimnisses (§ 43 DRiG) nach §§ 46, 71 DRiG und entsprechenden Verweisungen in landesrechtlichen Bestimmungen die beamtenrechtlichen Vorschriften des Bundes, also §§ 67, 68 BBG, bzw. die landesrechtlichen Vorschriften für die Richter der Länder (§ 37 BeamtStG). Die Vorschriften gelten auch, wenn ein Ermittlungsrichter in demselben Verfahren, in dem er tätig war, als Zeuge vernommen werden soll.[8] Für **ehrenamtliche Richter** besteht keine Verschwiegenheitspflicht,[9] sie müssen aber selbstverständlich das Beratungsgeheimnis wahren (§ 45 Abs. 1 Satz 2 DRiG). Die Frage, ob Berufsrichter und ehrenamtliche Richter über Vorgänge bei der Beratung und Abstimmung als Zeugen aussagen dürfen, steht mit § 54 in keinem unmittelbaren Zusammenhang; weil das Beratungsgeheimnis auch gegenüber dem Dienstvorgesetzten zu wahren ist, ist die Erteilung einer Aussagegenehmigung ausgeschlossen (vgl. Erl. zu § 193 GVG). Für die **Richter des Bundesverfassungsgerichts** ist umstritten, ob sie einer Aussagegenehmigung bedürfen und wer hierfür ggf. zuständig ist. Da es an einer gesetzlichen Regelung fehlt[10] und für eine analoge Anwendung anderer Vorschriften keine Basis vorhanden ist, dürfte es jedem Richter dieses Gerichts obliegen, die Entscheidung selbst zu treffen.[11] Die maßgeblichen Vorschriften lauten:

§ 46 DRiG Geltung des Bundesbeamtenrechts
Soweit dieses Gesetz nichts anderes bestimmt, gelten für die Rechtsverhältnisse der Richter im Bundesdienst bis zu einer besonderen Regelung die Vorschriften für Bundesbeamte entsprechend.

---

5 Hierzu ausführlich *Bohnert* NStZ **2004** 301.

6 Vgl. BGHSt **36** 44.

7 Für die Abgeordneten und ihre Mitarbeiter s. aber auch § 53 Abs. 1 Satz 1 Nr. 4 und § 53a.

8 RG bei *Hüfner* LZ **1929** 756; *Schmitt*/Köhler 8; KK/*Bader* 4; MüKo/*Kreicker* 5; SK/*Rogall* 14; **a.A.** *Goldschmidt* JW **1929** 2996; *von Hessert* DJZ **1900** 228; *Hinrichsen* DJZ **1900** 137; vgl. auch *Röhrich* 39 ff.; *Stegmann* 143 ff.

9 Ausnahme: Landwirtschaftssachen vgl. *Schmitt*/Köhler 8; MüKo/*Kreicker* 5; SK/*Rogall* 14.

10 KK/*Bader* 5: BBG auch über § 46 DRiG nicht anwendbar.

11 **A.A.** *Eb. Schmidt* Nachtr. I 5: Senat; SK/*Rogall* 15 und MüKo/*Kreicker* 7: der Präsident des BVerfG nach § 9 GO BVerfG.

§ 69 DRiG Beschränkte Geltung dieses Gesetzes

Für die Richter des Bundesverfassungsgerichts gelten die Vorschriften dieses Gesetzes nur, soweit sie mit der besonderen Rechtsstellung dieser Richter nach dem Grundgesetz und nach dem Gesetz über das Bundesverfassungsgericht vereinbar sind.

§ 71 DRiG Geltung des Beamtenstatusgesetzes

Soweit dieses Gesetz nichts anderes bestimmt, gelten für das Statusrecht der Richter im Landesdienst bis zu einer besonderen Regelung die Vorschriften des Beamtenstatusgesetzes entsprechend.

b) Beamte. Maßgebend ist der **staatsrechtliche Beamtenbegriff**. Danach ist Beamter, wer unter Berufung in das Beamtenverhältnis in einem öffentlichen Dienst- und Treueverhältnis zum Bund, einem Land, einer Gemeinde oder einer Körperschaft, Anstalt oder Stiftung des öffentlichen Rechts steht (vgl. § 4 BBG, § 3 Abs. 1 BeamtStG). Der Begriff umfasst unmittelbare und mittelbare Bundes- und Landesbeamte, Berufsbeamte (auch Beamte auf Zeit) und Ehrenbeamte.[12] Erforderlich ist stets, dass der Beamte unter Aushändigung einer Ernennungsurkunde zum Beamten ernannt ist (vgl. § 10 BBG). Beamte auf Zeit sind die Datenschutzbeauftragten einzelner Länder (vgl. Rn. 10). 6

Die beamtenrechtliche Verschwiegenheitspflicht ist in den Beamtengesetzen ausdrücklich bestimmt und gilt umfassend für alle dem Beamten bei seiner **amtlichen Tätigkeit** bekannt gewordenen Angelegenheiten. Zur dienstrechtlichen Amtsverschwiegenheitspflicht soll nicht die personalvertretungsrechtliche Verschwiegenheitspflicht zählen.[13] Was darunter fällt, entscheidet der Beamte selbst. Ist er der Auffassung, dass eine zu bekundende Tatsache unter seine Verschwiegenheitspflicht fällt, so darf er ohne Genehmigung nicht aussagen. Für Bundesbeamte sind die §§ 67–69 BBG maßgebend, für Landesbeamte § 37 BeamtStG. Die Vorschriften lauten: 7

§ 67 BBG Verschwiegenheitspflicht

(1) [1]Beamtinnen und Beamte haben über die ihnen bei oder bei Gelegenheit ihrer amtlichen Tätigkeit bekannt gewordenen dienstlichen Angelegenheiten Verschwiegenheit zu bewahren. [2]Dies gilt auch über den Bereich eines Dienstherrn hinaus sowie nach Beendigung des Beamtenverhältnisses.

(2) [1]Absatz 1 gilt nicht, soweit

1. Mitteilungen im dienstlichen Verkehr geboten sind,
2. Tatsachen mitgeteilt werden, die offenkundig sind oder ihrer Bedeutung nach keiner Geheimhaltung bedürfen,
3. gegenüber der zuständigen obersten Dienstbehörde, einer Strafverfolgungsbehörde oder einer von der obersten Dienstbehörde bestimmten weiteren Behörde oder außerdienstlichen Stelle ein durch Tatsachen begründeter Verdacht einer Korruptionsstraftat nach den §§ 331 bis 337 des Strafgesetzbuches angezeigt wird oder
4. Informationen unter den Voraussetzungen des Hinweisgeberschutzgesetzes an eine zuständige Meldestelle weitergegeben oder offengelegt werden.

[2]Im Übrigen bleiben die gesetzlich begründeten Pflichten, geplante Straftaten anzuzeigen und für die Erhaltung der freiheitlichen demokratischen Grundordnung einzutreten, von Absatz 1 unberührt.

(3) [1]Beamtinnen und Beamte dürfen ohne Genehmigung über Angelegenheiten nach Absatz 1 weder vor Gericht noch außergerichtlich aussagen oder Erklärungen abgeben. [2]Die Genehmigung erteilt die oder der Dienstvorgesetzte oder, wenn das Beamtenverhältnis beendet ist, die oder der letzte Dienstvorgesetzte. [3]Hat sich der Vorgang, der den Gegenstand der Äußerung bildet, bei einem früheren Dienstherrn ereignet, darf die Genehmigung nur mit dessen Zustimmung erteilt werden.

---

12 KK/*Bader* 6; *Schmitt*/Köhler 3, 4; MüKo/*Kreicker* 8; SSW/*Eschelbach* 7; *Düwel* 50; *Feller* JZ **1961** 628.

13 BVerwG NZWehrr **2013** 82; **a.A.** LG Hannover NdsRpfl. **1962** 40; LG München PersV **1986** 63.

(4) [1]Beamtinnen und Beamte haben, auch nach Beendigung des Beamtenverhältnisses, auf Verlangen der oder des Dienstvorgesetzten oder der oder des letzten Dienstvorgesetzten amtliche Schriftstücke, Zeichnungen, bildliche Darstellungen sowie Aufzeichnungen jeder Art über dienstliche Vorgänge, auch soweit es sich um Wiedergaben handelt, herauszugeben. [2]Entsprechendes gilt für ihre Hinterbliebenen und Erben.

§ 68 BBG Versagung der Aussagegenehmigung
(1) Die Genehmigung, als Zeugin oder Zeuge auszusagen, darf nur versagt werden, wenn die Aussage dem Wohle des Bundes oder eines deutschen Landes Nachteile bereiten oder die Erfüllung öffentlicher Aufgaben ernstlich gefährden oder erheblich erschweren würde.
(2) [1]Sind Beamtinnen oder Beamte Partei oder Beschuldigte in einem gerichtlichen Verfahren oder soll ihr Vorbringen der Wahrnehmung ihrer berechtigten Interessen dienen, darf die Genehmigung auch dann, wenn die Voraussetzungen des Absatzes 1 erfüllt sind, nur versagt werden, wenn die dienstlichen Rücksichten dies unabweisbar erfordern. [2]Wird die Genehmigung versagt, haben die oder der Dienstvorgesetzte der Beamtin oder dem Beamten den Schutz zu gewähren, den die dienstlichen Rücksichten zulassen.
(3) [1]Über die Versagung der Genehmigung entscheidet die oberste Dienstbehörde. [2]Sie kann diese Befugnis auf andere Behörden übertragen.

§ 69 BBG Gutachtenerstattung
[1]Die Genehmigung, ein Gutachten zu erstatten, kann versagt werden, wenn die Erstattung den dienstlichen Interessen Nachteile bereiten würde. [2]§ 68 Abs. 3 gilt entsprechend.

§ 37 BeamtStG Verschwiegenheitspflicht
(1) [1]Beamtinnen und Beamte haben über die ihnen bei oder bei Gelegenheit ihrer amtlichen Tätigkeit bekannt gewordenen dienstlichen Angelegenheiten Verschwiegenheit zu bewahren. [2]Dies gilt auch über den Bereich eines Dienstherrn hinaus sowie nach Beendigung des Beamtenverhältnisses.
(2) [1]Absatz 1 gilt nicht, soweit
1. Mitteilungen im dienstlichen Verkehr geboten sind,
2. Tatsachen mitgeteilt werden, die offenkundig sind oder ihrer Bedeutung nach keiner Geheimhaltung bedürfen,
3. gegenüber der zuständigen obersten Dienstbehörde, einer Strafverfolgungsbehörde oder einer durch Landesrecht bestimmten weiteren Behörde oder außerdienstlichen Stelle ein durch Tatsachen begründeter Verdacht einer Korruptionsstraftat nach den §§ 331 bis 337 des Strafgesetzbuches angezeigt wird oder
4. Informationen unter den Voraussetzungen des Hinweisgeberschutzgesetzes an eine zuständige Meldestelle weitergegeben oder offengelegt werden.

[2]Im Übrigen bleiben die gesetzlich begründeten Pflichten, geplante Straftaten anzuzeigen und für die Erhaltung der freiheitlichen demokratischen Grundordnung einzutreten, von Absatz 1 unberührt.
(3) [1]Beamtinnen und Beamte dürfen ohne Genehmigung über Angelegenheiten, für die Absatz 1 gilt, weder vor Gericht noch außergerichtlich aussagen oder Erklärungen abgeben. [2]Die Genehmigung erteilt der Dienstherr oder, wenn das Beamtenverhältnis beendet ist, der letzte Dienstherr. [3]Hat sich der Vorgang, der den Gegenstand der Äußerung bildet, bei einem früheren Dienstherrn ereignet, darf die Genehmigung nur mit dessen Zustimmung erteilt werden. [4]Durch Landesrecht kann bestimmt werden, dass an die Stelle des in den Sätzen 2 und 3 genannten jeweiligen Dienstherrn eine andere Stelle tritt.
(4) [1]Die Genehmigung, als Zeugin oder Zeuge auszusagen, darf nur versagt werden, wenn die Aussage dem Wohl des Bundes oder eines deutschen Landes erhebliche Nachteile bereiten oder die Erfüllung öffentlicher Aufgaben ernstlich gefährden oder erheblich erschweren würde. [2]Durch Landesrecht kann bestimmt werden, dass die Verweigerung der Genehmigung zur Aussage vor Untersuchungsausschüssen des Deutschen Bundestages oder der Volksvertretung eines Landes einer Nachprüfung unterzogen werden kann. [3]Die Genehmigung, ein Gutachten zu erstatten, kann versagt werden, wenn die Erstattung den dienstlichen Interessen Nachteile bereiten würde.

(5) [1]Sind Beamtinnen oder Beamte Partei oder Beschuldigte in einem gerichtlichen Verfahren oder soll ihr Vorbringen der Wahrnehmung ihrer berechtigten Interessen dienen, darf die Genehmigung auch dann, wenn die Voraussetzungen des Absatzes 4 Satz 1 erfüllt sind, nur versagt werden, wenn die dienstlichen Rücksichten dies unabweisbar erfordern. [2]Wird sie versagt, ist Beamtinnen oder Beamten der Schutz zu gewähren, den die dienstlichen Rücksichten zulassen.

(6) [1]Beamtinnen und Beamte haben, auch nach Beendigung des Beamtenverhältnisses, auf Verlangen des Dienstherrn oder des letzten Dienstherrn amtliche Schriftstücke, Zeichnungen, bildliche Darstellungen sowie Aufzeichnungen jeder Art über dienstliche Vorgänge, auch soweit es sich um Wiedergaben handelt, herauszugeben. [2]Die gleiche Verpflichtung trifft ihre Hinterbliebenen und Erben.

c) Andere Personen des öffentlichen Dienstes

aa) Beschäftigte des öffentlichen Dienstes. Andere Personen des öffentlichen Dienstes sind die nicht verbeamteten Beschäftigten des öffentlichen Dienstes. Entgegen dem missverständlichen Wortlaut des § 54 Abs. 1 richtet sich die **Verschwiegenheitspflicht** dieses Personenkreises nicht nach den entsprechenden beamtenrechtlichen Vorschriften, sondern nach tarifvertraglichen Regelungen. Welche Norm Anwendung findet, ist im Einzelfall zu prüfen. Für die Beschäftigten des Bundes und der Kommunen gilt insoweit in der Regel **§ 3 Abs. 1** des zum 1.10.2005 in Kraft getretenen **Tarifvertrages für den öffentlichen Dienst (TVöD)** vom 13.9.2005 (s. aber auch die zahlreichen Ausnahmen nach § 1 Abs. 2 TVöD). Für die Angestellten der Länder ist § 3 Abs. 2 **Tarifvertrag öffentlicher Dienst-Länderbereich (TV-L)** einschlägig (s. ebenfalls zahlreihe Ausnahmen nach § 1 Abs. 2 TV-L). Hessen ist aus der Tarifgemeinschaft deutscher Länder (TdL) ausgetreten, hier gilt seit dem 1.1.2010 der Tarifvertrag für den öffentlichen Dienst des Landes Hessen (TV-H). Durch § 3 Abs. 1 TVöD/§ 3 Abs. 2 TV-L ist die Pflicht zur Amtsverschwiegenheit des § 9 Abs. 1 und 4 BAT inhaltlich unverändert übernommen worden.[14] Nach diesen Vorschriften besteht, anders als im Beamtenrecht, eine **Schweigepflicht** für die Beschäftigten des öffentlichen Dienstes nur in den durch das Gesetz vorgesehenen (z.B. das Steuergeheimnis nach §§ 30, 31 AO oder das Sozialgeheimnis nach § 130 SGB IX) oder vom Arbeitgeber angeordneten Fällen. Die Prüfung, ob eine Tatsache ihrer Natur nach geheimhaltungsbedürftig ist, soll dem Angestellten erspart bleiben. Das muss auch gelten, wenn er vor Gericht als Zeuge vernommen wird. Dagegen gelten nach h.M. die **beamtenrechtlichen Bestimmungen** über die Voraussetzungen, unter denen eine **Aussagegenehmigung** zu erteilen ist (§ 68 BBG, § 37 Abs. 4 BeamtStG), auch für die Beschäftigten des öffentlichen Dienstes.[15] § 3 Abs. 1 TVöD hat folgenden Wortlaut: 8

§ 3 Abs. 1 TVöD

(1) Die Beschäftigten haben über Angelegenheiten, deren Geheimhaltung durch gesetzliche Vorschriften vorgesehen oder vom Arbeitgeber angeordnet ist, Verschwiegenheit zu wahren; dies gilt auch über die Beendigung des Arbeitsverhältnisses hinaus.

bb) Sonstige andere Personen des öffentlichen Dienstes. Seit langem ist anerkannt, dass zur Amtsverschwiegenheit auch Personen verpflichtet sein können, die weder Beamte noch Beschäftigte des öffentlichen Dienstes sind, deren Amtsfunktion aber 9

14 GKöD/*Fieberg* TVöD/TVL § 3, 24.

15 *Schmitt*/Köhler 9; KK/*Bader* 7; MüKo/*Kreicker* 11; SK/*Rogall* 23; GKöD/*Fieberg* TVöD/TVL § 3, 29; *Röhrich* 103; **a.A.** SK/*Rogall* 23.

mit der einer Behörde im weitesten Sinne im Zusammenhang steht.[16] Der BGH hat dazu festgestellt, dass der Anwendungsbereich des § 54, der eine rein statusrechtliche Betrachtung der Dienststellung des Zeugen nahe zu legen scheine, nach dem reinen Wortlaut nicht zuverlässig bestimmt werden könne.[17] So sehr über das Bedürfnis einer erweiternden Auslegung Einigkeit besteht, so umstritten ist die Reichweite der Regelung im Einzelfall. Doch erscheint es notwendig, der Regelung klare dogmatische Konturen zu verleihen und eine ausufernde Auslegung zu verhindern. Dies ist nicht allein aus allgemeinen Gründen der Rechtssicherheit erforderlich, sondern insbesondere im staatlichen Aufklärungsinteresse und ggf. zum Schutz der Verfahrensrechte des Beschuldigten unumgänglich. Aus diesen Gründen scheidet auch eine analoge Anwendung des § 54 aus.[18] In der genannten Entscheidung hat der BGH für die seiner Ansicht nach gebotene **funktionale Betrachtung** folgende Kriterien herangezogen: der Zeuge müsse Aufgaben des öffentlichen Dienstes wahrnehmen, in diesem Zusammenhang mit geheimhaltungsbedürftigen Tatsachen in Kontakt kommen und ihm müsse aufgrund eingegangener Verpflichtung obliegen, über diese Tatsachen Verschwiegenheit zu bewahren.[19] Diese Voraussetzungen liegen bei den gemäß § 3 Satz 1 ZSHG zur Verschwiegenheit verpflichteten Zeugen im Zeugenschutzprogramm nicht vor.[20] **V-Personen** der Polizei und der Nachrichtendienste sind Personen des öffentlichen Dienstes, wenn sie hauptberuflich mit festen Bezügen angestellt sind[21] oder regelmäßig für solche Behörden tätig und nach dem Verpflichtungsgesetz vom 2.3.1974[22] besonders zur Verschwiegenheit verpflichtet sind.[23] In Betracht kommen des Weiteren die Mitglieder der Gemeinderäte,[24] Schiedsmänner,[25] Geschäftsführer einer Kreishandwerkerschaft.[26] Umstritten ist dies hinsichtlich der Mitarbeiter öffentlich-rechtlicher Kreditinstitute.[27] Nach den vom BGH aufgestellten Kriterien dürfte es auf die im Einzelfall wahrgenommene Aufgabe ankommen. Problematisch ist, ob auch Geistliche, soweit sie nicht schon nach § 53 Abs. 1 Satz 1 Nr. 1 zur Zeugnisverweigerung berechtigt sind (§ 53, 19 ff.), und sonstige kirchliche Mitarbeiter andere Personen des öffentlichen Dienstes i.S. des § 54 Abs. 1 sind, bzw. im Einzelfall sein können.[28] Der Umstand, dass es sich bei Kirchen um Körperschaften des öffentlichen Rechts handelt, ist nach der funktionalen Betrachtung kein Kriterium dafür, kirchliche Bediens-

---

16 *Schmitt*/Köhler 10; KK/*Bader* 8; MüKo/*Kreicker* 12; SK/*Rogall* 25; SSW/*Eschelbach* 9; *Stromberg* MDR **1974** 893.

17 BGHSt **50** 318, 326.

18 BGHSt **50** 318, 328 f.

19 BGHSt **50** 318, 327.

20 BGHSt **50** 318, 327.

21 BGH NStZ **1981** 70; KK/*Bader* 9; *Schmitt*/Köhler 11;SSW/*Eschelbach* 9; *Krause*/*Nehring* 237; *von Freeden* Polizei **1958** 71.

22 BGBl. I S. 1942.

23 BGH NJW **1980** 570; NStZ **1981** 70; OLG Celle NStZ **1983** 570; OLG Hamburg NStZ **1994** 98; vgl. BGHSt **40** 211, 213 f.; **41** 36, 39; KK/*Bader* 9; *Schmitt*/Köhler 11; SK/*Rogall* 27; MüKo/*Kreicker* 11; *Woesner* NJW **1961** 533; *Röhrich* 52; wohl auch *Geißer* GA **1983** 48; BVerfGE **57** 250 und BGHSt GrSSt – **32** 115, 123; **a.A.** SK/*Rogall* 27; *Barrot*/*Faeser* NVwZ **2016** 1205.

24 OVG Münster MDR **1955** 61.

25 BVerwGE **18** 58; AG Werne MDR **1965** 599; KK/*Bader* 8; *Schmitt*/Köhler 10; MüKo/*Kreicker* 16; SK/*Rogall* 24 f.; SSW/*Eschelbach* 9.

26 LG Aachen NJW **1954** 1213; KK/*Bader* 8; *Schmitt*/Köhler 10.

27 Personen des öffentlichen Dienstes i.S. des § 54: *Eisenberg* (Beweisrecht) 1262a; SSW/*Eschelbach* 9; **a.A.** KK/*Bader* 8; SK/*Rogall* 25; *Schmitt*/Köhler 10.

28 Nach BVerfGE **33** 367 steht Sozialarbeitern kein Zeugnisverweigerungsrecht nach § 53 Abs. 1 Nr. 3 zu.

tete zum Personenkreis des § 54 Abs. 1 zu zählen.[29] Anders soll es jedoch sein, wenn kirchliche Mitarbeiter im Bereich der Sozialfürsorge tätig sind und damit öffentliche Aufgaben wahrnehmen.[30] Nach den Kriterien des BGH müsste dies folgerichtig auch für Mitarbeiter privater Träger gelten, denen zunehmend Aufgaben der Sozialfürsorge übertragen werden. Ob sich eine derart weite Auslegung noch mit dem Wortlaut und Schutzzweck des § 54 vereinbaren ließe, erscheint fraglich. Kein Zeugnisverweigerungsrecht haben **Sozialarbeiter** eines Fußball-Fanprojekts in Trägerschaft eines privaten Vereins. Verweigern diese die Aussage, können sie sich wegen (versuchter) Strafvereitelung strafbar machen.[31] Es darf jedoch nicht verkannt werden, dass die zunehmende Privatisierung staatlicher Aufgaben, z.B. im Bereich der **Daseinsvorsorge**,[32] zu neuen Überlegungen zwingt, wie gleichwohl staatliche Geheimhaltungsinteressen, die auch dem Schutz amtlich bekannt gewordener Privatinteressen dienen können (vgl. Rn. 1), geschützt werden können.[33] Zumindest bei Personen, die nach § 11 Abs. 1 Nr. 2 und 4 StGB Amtsträger oder sonst für den öffentlichen Dienst besonders Verpflichtete sind, ist deshalb sorgfältig zu prüfen, ob sie nicht auch als andere Personen des öffentlichen Dienstes i.S. des § 54 zu betrachten sind.[34]

d) Wehr-, Bürger- und Datenschutzbeauftragte. In einem öffentlichrechtlichen Amts- 10
verhältnis steht auch der **Wehrbeauftragte** des Deutschen Bundestages (§ 15 Abs. 1 WbeauftrG); seine Verschwiegenheitspflicht ist in § 10 WbeauftrG geregelt. Gleiches gilt für die **Bürgerbeauftragten** der Länder Baden-Württemberg (§§ 8 und 10 Abs. 1 des Gesetzes über die Bürgerbeauftragte oder den Bürgerbeauftragten vom 17.2.2016, GBl. 2016 S. 151), Berlin (§§ 3 Abs. 1, 4 des Berliner Bürger- und Polizeibeauftragtengesetzes vom 2.12.2020, GVBl. S. 1435), Mecklenburg-Vorpommern (§ 5 Abs. 1 und 11 des Petitions- und Bürgerbeauftragten-Gesetzes vom 5.4.1995, GVOBl. S. 190); Rheinland-Pfalz (§§ 8, 10 Abs. 1 des Bürgerbeauftragten-Gesetzes vom 3.5.1974, GVOBl. S. 187, zuletzt geändert am 8.7.2014, GVBl. S. 116); Schleswig-Holstein (§§ 7, 18 des Bürger- und Polizeibeauftragtengesetzes vom 15.1.1992, GVOBl. S. 42, zuletzt geändert am 1.9.2016, GVOBl. S. 682); Thüringen (§§ 6, 10 Abs. 1 des Thüringer Bürgerbeauftragtengesetzes vom 15.5.2007, GVBl. S. 54). Bei den **Datenschutzbeauftragten** des Bundes, der Länder und der öffentlichrechtlichen Rundfunkanstalten ist die Verschwiegenheitspflicht teilweise ausdrücklich normiert, teilweise gelten die beamtenrechtlichen Vorschriften, im Übrigen folgt sie aus der Natur der Aufgabe. Der Datenschutzbeauftragte des Bundes steht in einem öffentlichrechtlichen Amtsverhältnis (§ 12 Abs. 1 BDSG) und ist zur Verschwiegenheit verpflichtet (§ 13 Abs. 4BDSG).Während früher für die Erteilung der Aussagegenehmigung der Bundesminister des Innern zuständig war, entscheidet der Bundesbeauftragte nunmehr selbst nach pflichtgemäßem Ermessen, ob und inwieweit er aussagt. Ihm steht einerseits nach § 13 Abs. 3 BDSG ein Zeugnisverweigerungsrecht zu; andererseits hat er nach § 13 Abs. 5 BDSG zu prüfen, ob die Voraussetzungen für eine Aussage

---

29 Vgl. auch *Hiebl* StraFo **1999** 86; KK/*Bader* 8; **a.A.** *Stromberg* MDR **1974** 893, der die Anwendbarkeit des § 54 davon abhängig macht, dass der Zeuge in einem behördenähnlich strukturierten Anstellungsverband des öffentlichen Rechts tätig ist; vgl. auch *Barth* ZevKR **37** (1992) 263 ff.; *Feller* JZ **1961** 629; *Rengier* 44.

30 OLG Köln StraFo **1999** 91; LG Hamburg zit. bei *Stromberg* MDR **1974** 893; *Schmitt*/Köhler 10; KK/*Bader* 8; *Eb. Schmidt* Nachtrag I 4; *Stromberg* MDR **1974** 893; *Hiebl* StraFo **1999** 86; offen gelassen in BGH StraFo **1999** 85.

31 AG Karlsruhe SpuRt **2025** 73 m. zust. Anm. *Hecker* JuS **2025** 367; abl. *Schneider* ZJS 2025, 362.

32 Vgl. bspw. BVerfGE **130** 76 = NJW **2012** 1563 zur Verfassungsgemäßheit der Übertragung von Aufgaben des Maßregelvollzugs auf formell privatisierte Träger.

33 Für ein Zeugnisverweigerungsrecht für Sozialarbeiter nach § 53 de lege ferenda DAV Stellungnahme 23/2026.

34 Angedeutet in BGHSt **50** 318, 327; siehe auch SK/*Rogall* 22.

vorliegen (beachte aber auch § 13 Abs. 5 Satz 2 BDSG). Nach Beendigung des Amtsverhältnisses ist die Genehmigung des amtierenden Datenschutzbeauftragten erforderlich (§ 13 Abs. 4 Satz 3 BDSG). Für die Datenschutzbeauftragten der Länder sind die jeweiligen Landesgesetze einschlägig, die mit Blick auf die Datenschutzgrundverordnung neu gefasst oder neu erlassen wurden. Sie weisen im Einzelnen hinsichtlich der Rechtsstellung der Landesbeauftragten (Beamte auf Zeit/öffentlich-rechtliches Amtsverhältnis) und hinsichtlich der Frage, wer zuständig ist, die **Aussagegenehmigung** zu erteilen, erhebliche Unterschiede auf. Baden-Württemberg: §§ 23, 24 Abs. 3 LDSG v. 12.6.2018 (GBl. S. 173), zuletzt geändert am 6.12.2022 (GBl. S. 622, 631); Bayern: Art. 15 Abs. 1 Satz 2 BayDSG v. 15.5.2018 (GVBl. S. 230) zuletzt geändert am 24.7.2023 (GVBl. S. 374); Berlin: §§ 10 Abs. 1, 3 BlnDSG v. 13.6.2018 (GVBl. S. 418) zuletzt geändert am 27.9.2021 (GVBl. S. 1121); Brandenburg: §§ 16 Abs. 2, 17 Abs. 3, 4 BbgDSG v. 8.5.2018 (GVBl. I Nr. 7), zuletzt geändert am 19.6.2019 (GVBl. I Nr. 43); Bremen: §§ 19 Abs. 1, 20 Abs. 3 BremDSGVOAG v. 8.5.2018 (Brem.GBl. S. 131), Hamburg: § 21, 22 Abs. 2 HmbDSG v. 18.5.2018 (HmbGVBl. S. 145) zuletzt geändert am 24.1.2023 (HmbGVBl. S. 67); Hessen: §§ 11 Abs. 1, 12 HDSIG v. 3.5.2018 (GVBl. S. 82); Mecklenburg-Vorpommern: §§ 15, 18 Abs. 3 DSG MV v. 22.5.2018 (GVBl. S. 193; Niedersachsen: § 18 NDSG v. 16.5.2018 (Nds.GVBl. S. 66); Nordrhein-Westfalen: § 25 DSG NRW v. 17.5.2018 (GV.NRW. S. 244, 278, 404); Rheinland-Pfalz: § 14 LDSG v. 8.5.2018 (GVBl. S. 93); Saarland: § 16, 18 Abs. 2 SDSG v. 16.5.2018 (ABl. I S. 254) zuletzt geändert am 8.12.2021 (ABl. I S. 2629); Sachsen: § 25 Abs. 6, 7, 27 SächsDSG v. 25.8.2003 (SächsGVBl. S. 330) zuletzt geändert am 22.8.2019 (SächsGVBl. S. 663); Sachsen-Anhalt: §§ 20, 21 DSG-LSA v. 18.2.2020 (GVBl. S. 25); Schleswig-Holstein: § 17 LDSG v. 2.5.2018(GVOBl. S. 162); Thüringen: §§ 3 Abs. 3, 4 Abs. 3, 4 ThürDSG v. 6.6.2018 (GVBl. S. 229).

11 **e) Soldaten** sind keine Personen des öffentlichen Dienstes im Sinne des § 54. Sie sind aber nach § 14 Abs. 1 und 2 SG i.d.F. vom 30.5.2005 (BGBl. I S. 1482)[35] zur Verschwiegenheit verpflichtet. § 54 ist auf sie entsprechend anzuwenden.[36] Die für ihre **Schweigepflicht** maßgebenden Vorschriften lauten:

§ 14 Abs. 1 und 2 SG Verschwiegenheit

(1) [1]Der Soldat hat, auch nach seinem Ausscheiden aus dem Wehrdienst, über die ihm bei oder bei Gelegenheit seiner dienstlichen Tätigkeit bekannt gewordenen Angelegenheiten Verschwiegenheit zu bewahren. [2]Dies gilt nicht, soweit

1. Mitteilungen im dienstlichen Verkehr geboten sind,
2. Tatsachen mitgeteilt werden, die offenkundig sind oder ihrer Bedeutung nach keiner Geheimhaltung bedürfen,
3. gegenüber der zuständigen obersten Dienstbehörde, einer Strafverfolgungsbehörde oder einer von der obersten Dienstbehörde bestimmten weiteren Behörde oder außerdienstlichen Stelle ein durch Tatsachen begründeter Verdacht einer Korruptionsstraftat nach den §§ 331 bis 337 des Strafgesetzbuches angezeigt wird oder
4. Informationen unter den Voraussetzungen des Hinweisgeberschutzgesetzes an eine zuständige Meldestelle weitergegeben oder offengelegt werden.

[3]Im Übrigen bleiben die gesetzlich begründeten Pflichten, geplante Straftaten anzuzeigen und für die Erhaltung der freiheitlichen demokratischen Grundordnung einzutreten, von Satz 1 unberührt.

(2) [1]Der Soldat darf ohne Genehmigung über solche Angelegenheiten weder vor Gericht noch außergerichtlich aussagen oder Erklärungen abgeben. [2]Die Genehmigung erteilt der Disziplinarvorgesetzte, nach dem Ausscheiden aus dem Wehrdienst der letzte Disziplinarvorgesetzte. Die §§ 68 und 69 des Bundesbeamtengesetzes gelten entsprechend.

---

35 Zuletzt geändert am 29.3.2017 (BGBl. I S. 626).

36 *Schmitt*/Köhler 12; KK/*Bader* 10; MüKo/*Kreicker* 17; SK/*Rogall* 29; SSW/*Eschelbach* 10.

f) Bedienstete der Europäischen Union. Für sie gelten ähnliche Beschränkungen bei Zeugenaussagen. Die Einzelheiten sind geregelt in Art. 17 des Statuts der Beamten der Europäischen Gemeinschaften und in Art. 11 und 54 der Beschäftigungsbedingungen für die sonstigen Bediensteten dieser Gemeinschaften, festgelegt durch Art. 2 und 3 der Verordnung Nr. 259/68 vom 29.2.1968 (ABlEG Nr. L 56 vom 4.3.1968) in der jeweils gültigen Fassung. 12

g) Ehemalige Staatsbedienstete der DDR. Den früheren Mitarbeitern des Ministeriums für Staatssicherheit bzw. des Amtes für Nationale Sicherheit steht ein Aussageverweigerungsrecht nach dem Beschluss des damaligen Ministerrats der DDR vom 16.5.1990 nicht zu.[37] Die Aufhebung der Schweigepflicht gilt nicht nur für Aussagen gegenüber der Staatsanwaltschaft und der Kriminalpolizei, sondern auch für Aussagen vor den Strafgerichten und parlamentarischen Untersuchungsausschüssen. Noch zu DDR-Zeiten geltende amtsbezogene Verschwiegenheitspflichten haben mit der Wiedervereinigung ihre Geltung verloren.[38] 13

2. Zeugnisverweigerung. Die gesetzlichen Vorschriften über die Amtsverschwiegenheit begründen **keine unbeschränkte Schweigepflicht**. Über Mitteilungen, die im dienstlichen Verkehr geboten sind, und über Tatsachen, die offenkundig oder ihrer Bedeutung nach nicht geheimhaltungsbedürftig sind, darf der Zeuge ohne weiteres aussagen (vgl. § 67 Abs. 2 Satz 1 BBG, § 37 Abs. 2 Satz 1 BeamtStG). Dies gilt auch im Fall der Anzeige eines durch Tatsachen begründeten Verdachts einer Korruptionsstraftat (§§ 331 bis 337 Strafgesetzbuch) gegenüber der obersten Dienstbehörde, einer Strafverfolgungsbehörde oder von der obersten Dienstbehörde bestimmten weiteren Behörde bzw. außerdienstlichen Stelle (vgl. § 67 Abs. 2 Satz 1 Nr. 3 BBG) sowie für Informationen, die unter den Voraussetzungen des Hinweisgeberschutzgesetzes an eine zuständige Meldestelle weitergegeben oder offengelegt werden (vgl. § 67 Abs. 2 Satz 1 Br, 4 BBG). Ob der Angehörige des öffentlichen Dienstes nach den für ihn bindenden Vorschriften zur Aussage berechtigt ist, entscheidet zunächst er selbst.[39] Wenn er meint, dass er zur Verschwiegenheit verpflichtet ist, oder wenn er hieran auch nur **Zweifel** hat, ist er berechtigt und verpflichtet, das Zeugnis zu verweigern.[40] Das Gericht hat nicht die Aufgabe, den Zeugen auf seine Verschwiegenheitspflicht besonders hinzuweisen. Es darf aber den Zeugen über Umstände, auf die sich dessen Schweigepflicht bezieht, nicht vernehmen, auch nicht, wenn der Zeuge bereit ist, hierüber ohne Genehmigung seiner Behörde auszusagen.[41] Etwas anderes gilt für **Ermittlungspersonen der Staatsanwaltschaft**[42] sowie für **Vertreter der Gerichtshilfe**.[43] Es kann davon ausgegangen werden, dass ihnen allgemein die Genehmigung erteilt ist, vor Gericht und Staatsanwaltschaft als Zeugen auszusagen,[44] ausnahmsweise kann die zuständige Behörde (Rn. 17) die Genehmigung einschränken.[45] Das Gericht darf das Zeugnisverweigerungsrecht nicht dadurch umgehen, dass es den Zeugen nicht über die dienstlichen Angelegenheiten selbst, sondern über Äußerungen befragt, die er 14

37 KG NStZ **1993** 450 unter Aufgabe seiner bisherigen Rechtsprechung, zuletzt in NStZ **1992** 144; vgl. auch BGH NStZ **1993** 91 m. Anm. *Reiter.*

38 BGHR StPO § 70 Weigerungsgrund 6; *Rein/Hilger* DtZ **1993** 261.

39 RGSt **13** 154; RGRspr. **9** 142; RG GA **48** (1901) 296; Recht **1911** Nr. 3882; KK/*Bader* 12; *Schmitt*/Köhler 15; MüKo/*Kreicker* 23; *Eb. Schmidt* Nachtr. I 7.

40 RGSt **48** 38; RG GA **49** (1902) 133; Recht **1918** Nr. 1639; Göhler/*Bauer* § 59, 39; *Welp* FS Gallas 422; *Schmitt*/Köhler 15; KK/*Bader* 12.

41 KK/*Bader* 12; *Schmitt*/Köhler 15; SSW/*Eschelbach* 13; *Welp* FS Gallas 422.

42 *Böhm* NStZ **1983** 158: **a.A.** *Kube/Leineweber* 116, die eine Genehmigung stets für notwendig erachten; vgl. zur Aussagegenehmigung für Polizeibeamte auch Beukelmann NJW-Spezial **2024** 760.

43 *Schmitt*/Köhler 15; *Eisenberg* NStZ **1986** 309; **a.A.** *Brunner/Dölling* § 38, 14 JGG.

44 *Krause/Nehring* § 54, 4; *Böhm* NStZ **1983** 158; **a.A.** *Kube/Leineweber* 116.

45 *Röhrich* 35 ff.

hierüber in Privatgesprächen gemacht hat.[46] Verweigert der Zeuge erst in der Hauptverhandlung die Aussage, so gilt wegen der im Vorverfahren gemachten Angaben der § 252 (vgl. Erl. zu § 252).

III. Aussagegenehmigung

15 **1. Pflicht zur Einholung.** Eine Aussagegenehmigung der zuständigen Behörde (Rn. 17) ist **von Amts wegen** einzuholen, wenn der Zeuge die Aussage mit Rücksicht auf seine Schweigepflicht verweigert.[47] Die vernehmende Stelle wird es hierauf aber nicht ankommen lassen, sondern die Genehmigung schon vor der Vernehmung des Zeugen einholen, wenn von vornherein absehbar ist, dass er über Tatsachen aussagen soll, auf die sich seine Verschwiegenheitspflicht beziehen kann (vgl. Nr. 66 Abs. 1 Satz 1 RiStBV). Zweifel, ob sich die Vernehmung auf Umstände erstreckt, die der Amtsverschwiegenheit unterliegen, sind durch eine Anfrage bei dem **Dienstvorgesetzten** zu klären (Nr. 66 Abs. 1 Satz 2 RiStBV). Auch der **Angeklagte** und der **Nebenkläger**[48] sind **berechtigt, die Aussagegenehmigung zu beantragen**, weil ihnen das Selbstladungsrecht nach § 220 zusteht und das Gericht die Vernehmung der von ihnen geladenen und erschienenen Zeugen nach § 245 nur unter engen Voraussetzungen ablehnen darf.[49] Anders ist es beim Privatkläger, dem zwar ebenfalls das Ladungsrecht zusteht (§ 386 Abs. 2), der jedoch die Zeugenvernehmung nicht gegen den Willen des Gerichts durchsetzen kann (§ 384 Abs. 3).[50] Es ist nicht zulässig, dem Zeugen aufzugeben, sich die Genehmigung selbst zu beschaffen. Ebenso wenig ist es zulässig, von einer Zeugenvernehmung wegen fehlender Aussagegenehmigung abzusehen, ohne deren Einholung auch nur zu versuchen.[51] Auch Fragen an den Zeugen dürfen nicht mit der Begründung abgelehnt werden, es liege keine Aussagegenehmigung vor.[52] Ferner darf ein Beweisantrag auf Vernehmung des Zeugen nicht mit der Begründung zurückgewiesen werden, die Dienstbehörde des Zeugen pflege Genehmigungen zu verweigern.[53] Das setzt natürlich voraus, dass die Fragen oder der Beweisantrag sich auf für die Entscheidung wesentliche Tatsachen beziehen.[54] Falls erforderlich, muss für die Einholung der Genehmigung die Verhandlung unterbrochen oder ausgesetzt werden.[55] Einen Rechtsanspruch darauf hat der Angeklagte aber nur, wenn die Aufklärungspflicht (§ 244 Abs. 2) die Vernehmung des Zeugen gebietet.

16 In dem **Antrag auf Erteilung** der **Aussagegenehmigung** hat das Gericht die Vorgänge, über die der Zeuge vernommen werden soll, kurz, aber erschöpfend, anzugeben (Nr. 66 Abs. 3 Satz 1 RiStBV). Das kann dadurch geschehen, dass die an den Zeugen zu richtenden Fragen mitgeteilt werden. In der Regel empfiehlt es sich aber, das Beweisthema allgemein zu bezeichnen.[56] Erforderlich ist jedenfalls, dass der Dienstvorgesetzte aufgrund des Inhalts des Antrags auf Erteilung der Aussagegenehmigung beurteilen kann, ob Versagungs-

---

46 RG Recht **1929** Nr. 934.
47 *Schmitt*/Köhler 16, 17; KK/*Bader* 13; SSW/*Eschelbach* 15; SK/*Rogall* 45; *Pfeiffer* 3; *Eb. Schmidt* Nachtr. I 8; Nr. 66 RiStBV.
48 VG Berlin Beschl. v. 1.6.2018 – 28 L 267.18.
49 BVerwGE **34** 252; *Schmitt*/Köhler 16, 17; MüKo/*Kreicker* 28; KK/*Bader* 13.
50 BVerwGE **34** 252; *Schmitt*/Köhler 16, 17; **a.A.** SK/*Rogall* 46 m.w.N.
51 BGHSt **29** 392.
52 RG JW **1935** 2378; RG GA **48** (1901) 296.
53 KG JW **1930** 2591; Alsberg/*Güntge* 853.
54 RG JA **1935** 2378.
55 Implizit Alsberg/*Güntge* 853: „Die Erlangung der Genehmigung muss unter allen Umständen versucht werden".
56 *Schmitt*/Köhler 18.

gründe vorliegen.[57] Erkennt das Gericht, dass möglicherweise ein Staatsgeheimnis in Frage steht, so muss es die vorgesetzte Behörde darauf hinweisen.

2. Zuständige Behörde. Zuständig für die Erteilung der Aussagegenehmigung ist grundsätzlich der **Dienstherr** des Beamten (§§ 2, 67 Abs. 3 BBG; §§ 2, 37 Abs. 3 Satz 2 BeamtStG). Sie wird in der Regel erteilt vom gegenwärtigen bzw., wenn das Beamtenverhältnis beendet ist, vom letzten **Dienstvorgesetzten** (§ 67 Abs. 3 Satz 2 BBG sowie die entsprechenden Regelungen der Länder; § 37 Abs. 3 Satz 2 BeamtStG). Dies gilt auch, wenn der Beamte fachlich zwei verschiedenen staatlichen Stellen untersteht. Soweit für **Ermittlungspersonen der Staatsanwaltschaft** eine Aussagegenehmigung erforderlich ist, ist daher nicht der Leiter der Staatsanwaltschaft, sondern der polizeiliche Dienstvorgesetzte zuständig für die Entscheidung.[58] Spezialgesetzliche Ausnahmen gelten z.B. für den Bundesdatenschutzbeauftragten und einzelne Landesdatenschutzbeauftragte, die über die Aussagegenehmigung für sich und ihre Mitarbeiter selbst zu entscheiden haben (vgl. die Nachweise bei Rn. 10). Hat der Zeuge früher einer anderen Behörde angehört und soll er über Umstände aussagen, die sich auf seine damalige Tätigkeit beziehen, so ist die Aussagegenehmigung zwar bei dem gegenwärtigen Dienstvorgesetzten zu beantragen; dieser darf aber die Genehmigung nur mit Zustimmung der anderen Behörde erteilen (§ 37 Abs. 3 Satz 3 BeamtStG; § 67 Abs. 3 Satz 3 BBG). Falls die andere Behörde nicht mehr besteht, hat der jetzige Dienstvorgesetzte nach pflichtgemäßem Ermessen zu entscheiden.[59] Soll der Zeuge über Steuergeheimnisse aussagen, so sind die Bestimmungen des § 30 AO zu beachten.[60] So ist hier auch die Genehmigung des Steuerpflichtigen erforderlich, um dessen Geheimnisse es sich handelt (§ 30 Abs. 4 Nr. 3 AO), es sei denn, die Offenbarung ist aus anderen in § 30 Abs. 4 AO genannten Gründen zulässig, etwa weil sich das Verfahren auf ein Steuerdelikt des Beschuldigten bezieht (§ 30 Abs. 4 Nr. 1 AO). Andernfalls darf der Dienstvorgesetzte die Aussagegenehmigung nicht erteilen. Einzelheiten zur Tragweite des § 30 AO können hier nicht erörtert werden; siehe daher die Kommentare zu dieser Vorschrift. Zur strafbewehrten Pflicht der Wahrung des Sozialgeheimnisses (§ 35 Abs. 1 SGB I, §§ 67 – 85a SGB X)[61] und zur Genehmigung der Offenbarung personenbezogener Daten durch Zeugen, z.B. Angehörige der gesetzlichen Kranken-, Unfall- und Rentenversicherung im Strafverfahren siehe die Kommentierungen zu den einschlägigen Vorschriften. 17

3. Erteilung der Genehmigung

a) Form. Für die Genehmigung ist keine besondere Form vorgeschrieben;[62] im Allgemeinen wird sie schriftlich erteilt, sofern nicht wegen besonderer Eilbedürftigkeit eine mündliche oder fernmündliche Genehmigung erforderlich erscheint.[63] 18

b) Bindungswirkung. Mit der Genehmigung wird der Zeuge zu einem zulässigen Beweismittel. Er muss auch dann vernommen werden, wenn das Gericht – oder die andere vernehmende Behörde – Bedenken gegen die Offenbarung der in sein Wissen gestellten Tatsachen hat. Die **Strafverfolgungsorgane** sind an die Entscheidung der zuständigen Dienst- 19

---

57 KK/*Bader* 13; Nr. 66 Abs. 3 RiStBV.
58 SK/*Rogall* 49; *Schmitt*/Köhler 19; siehe ferner OLG Hamm JMBlNRW **1956** 36; *Kohlhaas* JR **1957** 43.
59 KK/*Bader* 14; MüKo/*Kreicker* 30.
60 Vgl. BGH Beschl. v. 3.8.2022 – 5 StR 47/22.
61 Dazu *Rengier* 48 ff.
62 *Leiss* DÖV **1956** 398.
63 *Schmitt*/Köhler 19.

behörde – wie auch im Fall der Versagung – gebunden.[64] Mangels eigener Rechtsverletzung können sie ein anderes Gericht nicht zur Überprüfung anrufen. Anders verhält es sich in Bezug auf den **Beschuldigten** und weitere **Verfahrensbeteiligte**[65] (näher Rn. 15, 23).

20 **c) Widerruf.** Die Dienstbehörde kann die Aussagegenehmigung jederzeit widerrufen.[66] Die Vernehmung des Zeugen ist dann unzulässig. Hat er bereits im Vorverfahren ausgesagt, so darf seine Aussage in die Hauptverhandlung auch nicht durch Vernehmung der **Verhörsperson** eingeführt werden. Hat der Zeuge aber bereits in der Hauptverhandlung ausgesagt, bevor der Widerruf bei Gericht eingegangen ist, so ist die Aussage bei der **Beweiswürdigung** verwertbar.

4. Versagung der Genehmigung

21 **a) Versagungsgründe.** Die Dienstbehörde darf die Genehmigung nach den Vorschriften über die beamtenrechtliche Schweigepflicht (§ 68 Abs. 1 BBG, § 37 Abs. 4 Satz 1 BeamtStG) nur versagen, wenn die Aussage (1. Fall) dem Wohl der Bundesrepublik oder eines ihrer Länder Nachteile bereiten oder (2. Fall) die Erfüllung der öffentlichen Aufgaben ernstlich gefährden oder (3. Fall) erheblich erschweren würde.[67] Sofern die Aussageverweigerung verfassungsrechtlich geschützte Rechtsgüter berührt, nämlich im Strafprozess das Gebot der Wahrheitsermittlung und der fairen Verfahrensgestaltung, bedarf es stets einer zusätzlichen **Abwägung der widerstreitenden Interessen.**[68] Hierbei hat sich die Behörde am Gebot einer rechtsstaatlichen Verfahrensgestaltung zu orientieren. Sie darf nicht nur die von ihr wahrzunehmenden Aufgaben zur Grundlage ihrer Entscheidung machen und sie – auch wenn es sich dabei um noch so bedeutsame Anliegen handelt – als genügende Rechtfertigung dafür betrachten, sich ihrer dem Gericht gegenüber grundsätzlich bestehenden Auskunftspflicht, wie sie in Art. 35 GG vorausgesetzt wird, zu entziehen. Die Bedeutung der gerichtlichen Wahrheitsfindung für die Sicherung der Gerechtigkeit und das Gewicht des Freiheitsanspruchs des Beschuldigten gebieten es vielmehr, dass die Exekutive in Anerkennung des Gewaltenteilungsgrundsatzes diese Belange bei ihrer Entscheidung mitberücksichtigt und ihnen genügendes Gewicht beimisst.[69] Daraus resultieren auch die **Anforderungen an die Begründung der Entscheidung**. In der Entscheidung, mit der die Aussagegenehmigung versagt oder nur beschränkt erteilt wird, müssen die Versagungsgründe genannt und jedenfalls insoweit mit Tatsachen belegt sein,

---

64 BVerfGE **57** 282; BGH NStZ **1984** 38 m. Anm. *Frenzel*; BGHSt **17** 384; BGH bei *Dallinger* MDR **1952** 659; BGH NStZ **1994** 98; RGSt 7 74; **44** 291; **48** 38; RG DRiZ **1926** Nr. 223; OLG Celle MDR **1959** 414; OLG Hamm NJW **1970** 821; *Schmitt*/Köhler 24; MüKo/*Kreicker* 39; KK/*Bader* 19; *Eb. Schmidt* Nachtr. I 7; *Düwel* 197; *Feller* JZ **1961** 361; *Grünwald* JZ **1966** 498.

65 *Schmitt*/Köhler 28; SK/*Rogall* 72.

66 Schmitt/*Köhler* 23; KK/*Bader* 18; MüKo/*Kreicker* 54.

67 Hierzu näher SK/*Rogall* 61 ff. m.w.N. Vgl. auch VG Düsseldorf StraFo **2015** 416: Für eine Versagung der Aussagegenehmigung nach § 37 Abs. 4 Satz 1 BeamtStG reicht es nicht aus, dass eine Staatsanwältin im Fall ihrer zeugenschaftlichen Vernehmung die Aufgaben der Sitzungsvertretung in dem betreffenden Verfahren nicht mehr wahrnehmen darf, wenn die Sitzungsvertretung noch durch einen zweiten, eingearbeiteten Staatsanwalt wahrgenommen wird und somit der Fortgang des Strafverfahrens bzw. die Handlungsfähigkeit der Staatsanwaltschaft nicht in Frage steht.

68 So zutreffend SK/*Rogall* 63 unter Hinweis u.a. auf BVerfGE **57** 285; BGHSt **32** 115, 124 – GrSSt; ausführlich zur Abwägung der Interessen, hier im Hinblick auf die Aufgaben von Untersuchungsausschüssen, BVerfGE **146** 1 m. Anm. *Mayer* Kriminalistik **2019** 232 und BVerfGE **156** 270 m. Anm. *Peters* DÖV **2021** 949; *Singer* NVwZ **2021** 635.

69 BGHSt **32** 115, 124 – GrSSt unter Hinweis auf BVerfGE **57** 250, 283 ff.; BGHSt **29** 109, 112.

dass sie von der ersuchenden Stelle oder Person nachvollzogen und bei Anfechtung vom Verwaltungsgericht (Rn. 24) auf Rechtsfehler überprüft werden können.[70] Zu den Untersuchungsausschüssen vgl. § 23 Abs. 2 PUAG i.V.m. § 18 Abs. 1 bis 3 erster Hs. PUAG sowie die Landesgesetze.

b) Amtsaufklärungspflicht des Gerichts. Ist die Aussagegenehmigung verweigert worden, so ist das Gericht nicht verpflichtet, das Ersuchen um ihre Erteilung zu wiederholen.[71] Das Gericht darf sich aber mit einer behördlichen Sperrerklärung nicht ohne weiteres abfinden. Es muss vielmehr alle nach den Umständen des Falles gebotenen **Bemühungen entfalten**, um das der Vernehmung des Informanten entgegenstehende Hindernis aus dem Wege zu räumen.[72] Dazu gehört, dass es sich nicht mit der Sperrerklärung einer untergeordneten Behörde begnügt, sondern eine Entscheidung der obersten Dienstbehörde herbeiführt,[73] welche die für die Weigerung maßgeblichen Gründe im Einzelnen darlegt.[74] Das Gericht verstößt gegen seine Amtsaufklärungspflicht nach § 244 Abs. 2, wenn es diese Bemühungen unterlässt.[75] Das Gericht und jeder Verfahrensbeteiligte kann ferner bei der Behörde, die die Aussagegenehmigung versagt hat, Gegenvorstellungen erheben.[76] 22

Wenn die zur Entscheidung befugte Behörde eine Aufsichtsbehörde hat, kann bzw. muss diese Behörde mit einer **Dienstaufsichtsbeschwerde** angerufen werden, damit sie die Genehmigung selbst erteilt oder die nachgeordnete Behörde zu ihrer Erteilung anweist.[77] Zur Erhebung der Beschwerde ist das Gericht, aber auch jeder Verfahrensbeteiligte befugt, der ein Interesse an der Vernehmung des Zeugen hat.[78] 23

c) Verwaltungsrechtsweg. Die Erteilung, Versagung oder Beschränkung der Aussagegenehmigung ist ein Verwaltungsakt mit unmittelbarer rechtlicher Wirkung nach außen.[79] Auf die Erteilung der Aussagegenehmigung besteht ein Rechtsanspruch, wenn die gesetzlichen Voraussetzungen für ihre Versagung nach § 68 Abs. 1 BBG, § 37 Abs. 4 Satz 1 BeamtStG nicht vorliegen. Die (teilweise) versagende Entscheidung der Dienstbehörde kann daher 24

---

70 Vgl. BVerfGE **57** 250; BVerwG NJW **1983** 639; BGHSt **29** 112; OVG Berlin StV **1984** 279; VG Freiburg, Beschl. v. 28.2.2019 – 3 K 614/19; *Schmitt*/Köhler 21; *Fezer* JuS **1987** 360; **a.A.** *Leiss* DÖV **1956** 398.

71 RGSt **44** 292.

72 Sehr deutlich: BGHSt **36** 161; schon früher: **29** 112; **29** 390 f.; **31** 295; **32** 126; StV **1981** 109 f.; BGH NStZ-RR **2018** 21; vgl. auch BVerfGE **57** 250, 288.

73 St. Rspr.; BGHSt **29** 393; **35** 85; **42** 175; StV **1987** 284; **1988** 45; vgl. auch BVerfGE **57** 250, 289.

74 BGHSt **32** 126; **36** 161; BGH StV **1982** 206 f.; vgl. auch BVerfGE **57** 250, 288.

75 BVerfGE **57** 288; BGHSt **29** 112; BVerwG NJW **1983** 639; OLG Hamm NJW **1970** 821; *Schmitt*/Köhler 27; KK/*Bader* 19. Vgl. auch BGH StV **2012** 5: Eine gebotene Beweiserhebung darf nicht deshalb abgelehnt werden, weil Staatsanwaltschaft oder Polizei die Identität eines Informanten geheim halten wollen. Eine Zusicherung der Vertraulichkeit bindet zwar – mit Einschränkungen – die Staatsanwaltschaft und die Polizei. Für das gerichtliche Verfahren hat sie aber keine Bedeutung. Solange eine Sperrerklärung nicht vorliegt, darf der Gewährsmann insbesondere nicht als unerreichbares Beweismittel i.S.v. § 244 Abs. 3 Satz 2 angesehen werden. Vgl. auch § 68, 16 f.

76 BGH NStZ **1981** 70; OLG Hamburg NStZ **1994** 98 f.; KK/*Bader* 19; *Schmitt*/Köhler 27; SK/*Rogall* 67.

77 RGSt **44** 292; SK/*Rogall* 67; *Schmitt*/Köhler 27.

78 RGSt **44** 291; RGRspr. **9** 123; VG Wiesbaden NJW **1950** 799 m. Anm. *Werner*; *Schmitt*/Köhler 27; KK/*Bader* 19; *von Kries* 360; *Tiedemann* JuS **1965** 16.

79 BVerwGE **18** 58; **34** 254; BVerwG NJW **1983** 638; StV **1984** 278; OLG Hamm NJW **1968** 1440; OVG Berlin NJW **1955** 1940; OVG Münster MDR **1963** 250; KK/*Bader* 20; *Eb. Schmidt* Nachtr. I 8; *Düwel* 211; *Feller* JZ **1961** 631; *Hilger* NStZ **1984** 145; *Schmid* JR **1978** 8; einschränkend *Leiss* DÖV **1956** 398.

im Verwaltungsrechtsweg angefochten werden.[80] Ob die Versagung im Einzelfall rechtmäßig ist, unterliegt der vollen gerichtlichen Kontrolle.[81] Anfechtungsberechtigt ist der Verfahrensbeteiligte, der ein rechtliches Interesse an der Aussage hat,[82] nicht aber das Gericht und auch nicht die Staatsanwaltschaft; sie sind nicht in ihren Rechten verletzt.[83] Die Verwaltungsgerichte sind auch zuständig, wenn die Erteilung der Aussagegenehmigung für einen Richter oder Justizbeamten von der Justizverwaltung verweigert worden ist; es handelt sich dabei nicht um einen Justizverwaltungsakt im Sinne des § 23 EGGVG.[84] Zur Frage des Rechtsweges bei der Anfechtbarkeit von Sperrerklärungen nach § 96 siehe Erl. zu § 96. Zur Frage der Anfechtbarkeit von Versagungserklärungen durch die Bundesregierung im Rahmen von Bundestagsuntersuchungsausschüssen siehe § 23 Abs. 2 PUAG i.V.m. § 18 Abs. 3 erster Hs. PUAG: Entscheidung durch das Bundesverfassungsgericht.

25 Einen unbedingten **Anspruch auf Aussetzung des Strafverfahrens** bis zur Entscheidung der Behörde über Gegenvorstellungen und Dienstaufsichtsbeschwerde oder bis zur Entscheidung des Verwaltungsgerichts über die Klage haben die Prozessbeteiligten nach h.M. nicht. Das Gesetz enthält hierfür kein zwingendes Aussetzungsgebot.[85] Die Aufklärungspflicht nach § 244 Abs. 2 kann aber die Aussetzung gebieten.[86] Das ist dann der Fall, wenn die Klage nicht von vornherein aussichtslos erscheint.[87]

26 **d) Folgen der Versagung der Genehmigung.** Mit der Versagung der Aussagegenehmigung durch die zuständige Behörde fällt der Zeuge als Beweismittel weg; er wird gesperrt (Beweiserhebungsverbot). Seine **Vernehmung** ist **unzulässig,**[88] selbst wenn das Gericht die Versagungsgründe für gesetzwidrig hält.[89] Beweisanträge können nach § 244 Abs. 3 Satz 2 mit der Begründung abgelehnt werden, dass der Zeuge ein unerreichbares Beweismittel ist.[90] Fragen an den Zeugen, zu deren Beantwortung er keine Genehmigung hat, müssen als unzulässig zurückgewiesen werden.[91] Wird der Zeuge dennoch gehört, soll die Verwertung der Aussage zulässig sein,[92] weil die Norm allein das staatliche Interes-

80 BVerwGE **18** 58; **34** 254; BVerwG NJW **1983** 638; OVG Berlin NJW **1955** 1940; OVG Münster MDR **1959** 1041; NJW **1960** 2116 m. Anm. *Finkelnburg* NJW **1961** 476; MDR **1963** 250; VGH München NJW **1980** 198; VG Freiburg NJW **1956** 1941; VG Wiesbaden NJW **1950** 799 m. Anm. *Werner*; *Schmitt*/Köhler 28; KK/*Bader* 20; *Roxin*/*Schünemann* § 26, 31; *Düwel* 210; *Leiss* DÖV **1956** 399; *Woesner* NJW **1961** 536; *Tiedemann* JuS **1965** 16; *Hilger* NStZ **1984** 145.

81 HessVGH Beschl. v. 23.9.2024 -1 B1621/24, Rn. 30 m.w.N.

82 BVerwGE **34** 252; StV **1982** 463; *Schmitt*/Köhler 28; SSW/*Eschelbach* 35.

83 *Schmitt*/Köhler 28; KK/*Bader* 20; *Düwel* 199; *Tiedemann* JuS **1965** 16; *Fezer* JuS **1978** 474 Fn. 34; **1987** 360; *J. Meyer* ZStW **95** (1983) 842; für Klagerecht des Beamten bei Verletzung der Fürsorgepflicht des Dienstherrn *M. J. Schmid* JR **1978** 8.

84 OLG Hamm NJW **1968** 1440; KK/*Bader* 20; *Schmitt*/Köhler 28; MüKo/*Kreicker* 44; SSW/*Eschelbach* 35; *Düwel* 202.

85 RG GA **49** (1903) 133; RG Recht **1911** Nr. 953; KK/*Bader* 21; *Schmitt*/Köhler 29; SK/*Rogall* 73; *Woesner* NJW **1961** 536; **a.A.** *Düwel* 198; *M. J. Schmid* JR **1978** 8.

86 RG GA **49** (1903) 269; RG JW **1925** 372; vgl. auch RGRspr. **9** 123; KK/*Bader* 21; *Schmitt*/Köhler 29; MüKo/*Kreicker* 51; Alsberg/*Güntge* 854; *Fezer* JuS **1978** 474; anders jedoch in JuS **1987** 362: Aussetzungsverpflichtung aus Art. 19 Abs. 4 GG; *M. J. Schmid* JR **1978** 9.

87 Vgl. BGH NJW **1981** 770; NStZ **1985** 466; StraFo **2007** 25; *Schmitt*/Köhler 29; SK/*Rogall* 73.

88 RG GA **49** (1903) 133; *Schmitt*/Köhler 25; SSW/*Eschelbach* 26; *Feller* JZ **1961** 630.

89 RGSt **44** 292; vgl. BGHSt **36** 159, 162; *Schmitt*/Köhler 24; *Eb. Schmidt* Nachtr. I 7; *Düwel* 203.

90 Wie hier: BVerfG NStZ **1981** 357; BGHSt **30** 34; BGH bei *Holtz* MDR **1980** 987; NStZ **1989** 380; OLG Hamm NJW **1970** 821; KK/*Bader* 20; MüKo/*Kreicker* 46; vgl. auch *Tiedemann* JuS **1965** 17.

91 OLG Celle HESt **2** 79 = NdsRpfl. **1948** 252; *Schmitt*/Köhler 25; SSW/*Eschelbach* 26; MüKo/*Kreicker* 46; *Fezer* JuS **1978** 474.

92 *Schmitt*/Köhler 2.

se an der Wahrung des Amtsgeheimnisses schütze, nicht jedoch das rechtliche Interesse des Beschuldigten.[93] Dies erscheint in dieser Allgemeinheit zweifelhaft, weil zur Wahrnehmung staatlicher Aufgaben auch das Vertrauen in den Schutz von Privatgeheimnissen erforderlich sein kann, so dass deren Schutz ebenfalls im staatlichen Interesse liegen kann (vgl. Rn. 1 und 34).

Fraglich ist, ob bei Unerreichbarkeit des gesperrten Zeugen **Verhörspersonen** über frühere Angaben des Zeugen vernommen werden dürfen. Das ist jedenfalls dann nicht der Fall, wenn die früheren Angaben unbefugterweise ohne Genehmigung erfolgten (vgl. Rn. 20).[94] Im Übrigen ist Folgendes zu beachten: In seinem Urteil vom 31.3.1989[95] hat der BGH – in ausdrücklicher Abkehr von seiner früheren Rechtsansicht[96] – grundsätzlich entschieden, dass die Vernehmung von Verhörspersonen über die Angaben eines anonymen Informanten selbst dann, wenn dieser zu Unrecht gesperrt worden ist, die Sperrerklärung also durch die zu ihrer Begründung angeführten Umstände und deren Bewertung nicht gerechtfertigt wird, keinem Beweiserhebungsverbot (und folglich das Ergebnis einer solchen Vernehmung auch keinem Beweisverwertungsverbot) unterliege. Das gelte jedenfalls dann, wenn die Sperrerklärung nicht willkürlich oder offensichtlich rechtsfehlerhaft sei.[97] Soweit danach eine Vernehmung von Verhörpersonen in Betracht kommt, ist aber der **Beweiswert** ihrer Bekundungen besonders **kritisch zu überprüfen**. Mittelbar in das Verfahren eingeführte Angaben von Gewährsleuten bedürfen wegen ihrer **begrenzten Zuverlässigkeit** und auch deswegen, weil bei der Art der Beweisführung das **Fragerecht der Verteidigung Einbußen** erleidet,[98] sorgfältiger Überprüfung.[99] Feststellungen dürfen darauf regelmäßig nur dann gestützt werden, wenn sie durch andere wichtige Beweisanzeichen bestätigt werden.[100] Es darf nicht übersehen werden, dass die Exekutive eine erschöpfende Sachaufklärung verhindert.[101] 27

Die Versagung der Aussagegenehmigung kann also beträchtliche Folgen für die **Beweiswürdigung** haben. Generell gilt, dass sich **Geheimhaltungsinteressen** des Staates im Strafprozess nicht nachteilig für den Angeklagten auswirken dürfen.[102] Dem Gericht ist es daher nicht nur erlaubt, Schlussfolgerungen daraus zu ziehen, dass die Aussagegenehmigung nicht oder nur beschränkt erteilt worden ist.[103] Es ist darüber hinaus verpflichtet, immer dann, wenn ein Beweis, der potenziell zur Entlastung des Angeklagten hätte beitragen können, auf Grund von Maßnahmen der Exekutive nicht in die Hauptverhandlung eingeführt werden kann, obwohl seine Erhebung ein Gebot der Aufklärungspflicht gewesen wäre, die hierdurch bedingte Verkürzung der Beweisgrundlage und der Verteidigungsmöglichkeiten des Angeklagten zur Sicherung einer fairen Verfahrensgestaltung durch eine **besonders vorsichtige Beweiswürdigung** (Rn. 27) und ggf. die **Anwendung des Zweifelssatzes** auszugleichen.[104] Hingegen kommt eine Wahrunterstellung des Entlas- 28

---

93 VG Meiningen Urt. v. 29.9.2022 – 6 D 459/20.

94 OLG Celle MDR **1959** 414; *Schmitt*/Köhler 25; *Eb. Schmidt* Nachtr. I 7.

95 BGHSt **36** 159.

96 Vgl. BGHSt **31**, 148, 154 ff.; **33** 83, 92.

97 BGHSt **36** 159, 162 f.

98 BGHSt **39** 141, 145 f.

99 BGHSt **17** 382, 386; **34** 15, 18; **46** 93, 105 f.; **49** 112, 119.

100 BGH NStZ-RR **2018** 21; BGHSt **36** 159, 166; **45** 321, 340.

101 BGHSt **49** 112, 120 – Fall El Motassadeq.

102 BGHSt **49** 112 – Fall El Motassadeq.

103 BVerfG NStZ **1981** 360; BGH NStZ **1981** 70; *Schmitt*/Köhler 26; KK/*Bader* 22; *Düwel* 198; **a.A.** SK/*Rogall* 69.

104 BGHSt **49** 112 – Fall El Motassadeq.

tungsvorbringens des Angeklagten[105] nach h.M. nicht in Betracht.[106] Vgl. auch Erl. zu § 96 und zu § 252. Eine Einstellung des Verfahrens gem. **§ 260 Abs. 3** wird nur in Betracht kommen, wenn das Recht auf Verteidigung nicht nur in seinem Randbereich, sondern in seinem Kern dadurch tangiert wird, dass dem **Beschuldigten** selbst keine oder nur eine beschränkte Aussagegenehmigung erteilt wird.[107]

29 **5. Beschränkung der Genehmigung.** Die Genehmigung kann in vollem Umfang erteilt (Rn. 18 ff.) oder versagt (Sperrung des Zeugen, Rn. 21 ff.), aber auch in der Weise beschränkt werden, dass bestimmte Fragen oder Tatsachen ausgeschlossen werden.[108] So kann insbesondere die Person des Anzeigeerstatters oder die Angabe der **Gewährs-** oder **V-Person** der Polizei oder eines Nachrichtendienstes von der Genehmigung ausgenommen werden.[109] Die Verwaltungsbehörde kann die Freigabe des Zeugen auch mit Bedingungen in Bezug auf die Modalitäten der Vernehmung verbinden, z.B. an besonders gesichertem Ort, unter Ausschluss der Öffentlichkeit u.a.[110] Zur Frage, ob und mit welchen Modalitäten dann eine Verhörsperson als Zeuge vom Hörensagen vernommen werden darf, Rn. 27 f. Die Genehmigung zur Angabe von Namen und Ladungsanschrift eines Zeugen, der vom Gericht vernommen werden soll, darf nur in besonders gelagerten Fällen und unter den Voraussetzungen des § 96 verweigert werden[111] (§ 68, 15 ff.). Auch insoweit gilt, dass das Recht auf Verteidigung durch staatliche Geheimhaltungsinteressen nicht in seinem Kerngehalt tangiert werden darf (Rn. 28).

IV. Abgeordnete, Angestellte der Fraktionen und Regierungsmitglieder (Absatz 2)

30 **1. Abgeordnete.** Neben dem Zeugnisverweigerungsrecht nach § 53 Abs. 1 Satz 1 Nr. 4 steht die Vernehmung von Bundes- und Landesabgeordneten unter dem Vorbehalt möglicher Genehmigungspflichten. Die Vorschrift lautet:

§ 44d AbgG Verschwiegenheitspflicht und Aussagegenehmigung

(1) Die Abgeordneten des Deutschen Bundestages dürfen, auch nach Beendigung ihres Mandats, ohne Genehmigung weder vor Gericht noch außergerichtlich Aussagen oder Erklärungen abgeben über

105 *Müller* 80 ff.

106 BGHSt **49** 112, 122 – Fall El Motassadeq; *Schmitt*/Köhler 26; SK/*Rogall* 69.

107 BGHSt **36** 44, 48; BGH JR **2008** 124 m. Anm. *Wohlers*.

108 BGHSt **17** 384; **32** 126; BGH bei *Dallinger* MDR **1952** 659; RGSt 7 74; RG JW **1935** 2378; GA **49** (1903) 270; DRiZ **1926** Nr. 223; OLG Celle HESt **2** 79 = NdsRpfl. **1948** 252; *Schmitt*/Köhler 22; SSW/*Eschelbach* 22; *Eb. Schmidt* Nachtr. I 9; *Röhrich* 92 ff.; *Kohlhaas* JR **1957** 43; *Leiss* DÖV **1956** 398; *Fezer* JuS **1978** 474; **a.A.** *von Zezschwitz* NJW **1972** 796.

109 BGHSt **17** 384; **30** 34; **32** 115 – GrSSt = NStZ **1984** 36 m. Anm. *Frenzel*; BGH bei *Holtz* MDR **1981** 101; bei *Dallinger* MDR **1952** 659; RG GA **72** (1928) 345; OLG Celle HESt **2** 79 = NdsRpfl. **1948** 252; OLG Hamm NJW **1970** 821; OLG Stuttgart NJW **1972** 67; OVG Berlin NJW **1955** 1940; OVG Köln GA **1957** 251 m. Anm. *Linke*; OVG Münster MDR **1959** 1041; HK/*Gercke* 18; *Schmitt*/Köhler 22; KK/*Bader* 17; *Kohlhaas* JR **1957** 41; *Tiedemann* MDR **1963** 459 und JuS **1965** 17; ausführlich zur Ermessensausübung: *Röhrich* 120 ff.; einschränkend VG Freiburg NJW **1956** 1941; **a.A.** BGH JR **1969** 305 mit Anm. *Koffka*; *Meilicke* NJW **1963** 425; vgl. auch *Arndt* NJW **1963** 433; *Schulz* GA **1958** 264; näher dazu *Ranft* 480, 529.

110 BGHSt **32** 125; vgl. auch die Erl. zu § 247.

111 BVerfGE **57** 282; BGHSt **32** 115 – GrSSt = NStZ **1984** 36 m. Anm. *Frenzel*; BGH NStZ **1984** 32 m. Anm. *Günther*; BGH StV **1981** 110.

Angelegenheiten, die auf Grund eines Gesetzes oder nach den Bestimmungen der Geschäftsordnung des Deutschen Bundestages der Verschwiegenheit unterliegen.

(2) Die Genehmigung erteilt der Präsident des Deutschen Bundestages. Sind Stellen außerhalb des Deutschen Bundestages an der Entstehung der geheimzuhaltenden Angelegenheiten beteiligt gewesen, kann die Genehmigung nur im Einvernehmen mit ihnen erteilt werden.

(3) Die Genehmigung darf nur versagt werden, wenn die Aussage oder Erklärung dem Wohl des Bundes oder eine Landes Nachteile bereiten oder die Erfüllung öffentlicher Aufgaben ernstlich gefährden oder erheblich erschweren würde.

2. Regierungsmitglieder. Für die Mitglieder der Bundesregierung (vgl. § 50, 4) gelten die §§ 6, 7 des Gesetzes über die Rechtsverhältnisse der Mitglieder der Bundesregierung (Bundesministergesetz) i.d.F. vom 27.7.1971 (BGBl. I S. 1166), zuletzt geändert am 22.12.2023 (BGBl. I Nr. 414). Die Vorschriften lauten: 31

§ 6 BMinG

(1) [1]Die Mitglieder der Bundesregierung sind, auch nach Beendigung ihres Amtsverhältnisses, verpflichtet, über die ihnen amtlich bekannt gewordenen Angelegenheiten Verschwiegenheit zu bewahren. [2]Dies gilt nicht für Mitteilungen im dienstlichen Verkehr oder über Tatsachen, die offenkundig sind oder ihrer Bedeutung nach keiner Geheimhaltung bedürfen.

(2) Die Mitglieder der Bundesregierung dürfen, auch wenn sie nicht mehr im Amt sind, über solche Angelegenheiten ohne Genehmigung der Bundesregierung weder vor Gericht noch außergerichtlich aussagen oder Erklärungen abgeben.

(3) Unberührt bleibt die gesetzlich begründete Pflicht, Straftaten anzuzeigen und bei Gefährdung der freiheitlichen demokratischen Grundordnung für deren Erhaltung einzutreten.

§ 7 BMinG

(1) Die Genehmigung, als Zeuge auszusagen, soll nur versagt werden, wenn die Aussage dem Wohle des Bundes oder eines deutschen Landes Nachteile bereiten oder die Erfüllung öffentlicher Aufgaben ernstlich gefährden oder erheblich erschweren würde.

(2) Die Genehmigung, ein Gutachten zu erstatten, kann versagt werden, wenn die Erstattung den dienstlichen Interessen Nachteile bereiten würde.

(3) § 28 des Gesetzes über das Bundesverfassungsgericht in der Fassung der Bekanntmachung vom 3. Februar 1971 (Bundesgesetzbl. I S. 105) bleibt unberührt.

Nach § 28 Abs. 2 Satz 2 BVerfGG kann das Bundesverfassungsgericht die Verweigerung der Aussagegenehmigung mit Zweidrittelmehrheit für unbegründet erklären. Für die Mitglieder der Landesregierungen (vgl. § 50, 4) gelten die entsprechenden Vorschriften der Länder. 32

3. Fraktionsangestellte. Auch die Angestellten der Fraktionen des Bundestages und der Landesparlamente unterliegen einer Geheimhaltungspflicht und dürfen ohne Genehmigung nicht aussagen (zu unterscheiden von dem Auskunftsverweigerungsrecht der Mitarbeiter der Abgeordneten nach § 53a). § 57 AbgG lautet: 33

§ 57 AbgG Geheimhaltungspflicht der Fraktionsangestellten

(1) [1]Angestellte der Fraktionen sind, auch nach Beendigung ihres Beschäftigungsverhältnisses, verpflichtet, über die ihnen bei ihrer Tätigkeit bekanntgewordenen Angelegenheiten Verschwiegenheit zu bewahren. [2]Dies gilt nicht für Tatsachen, die offenkundig sind, oder ihrer Bedeutung nach keiner Geheimhaltung bedürfen.

(2) [1]Angestellte der Fraktionen dürfen, auch nach Beendigung ihres Beschäftigungsverhältnisses, ohne Genehmigung über solche Angelegenheiten weder vor Gericht noch außergerichtlich aussagen oder Erklärungen abgeben. [2]Die Genehmigung erteilt der jeweilige Fraktionsvorsitzende.

(3) Unberührt bleibt die gesetzlich begründete Pflicht, Straftaten anzuzeigen und bei Gefährdung der freiheitlichen demokratischen Grundordnung für deren Erhaltung einzutreten.

V. Der Bundespräsident (Absatz 3)

34 Nach § 54 Abs. 3 entscheidet der **Bundespräsident** selbst, ob er aussagen will oder nicht. Er kann das Zeugnis verweigern, wenn andernfalls dem Wohl des Bundes oder eines Landes Nachteile entstehen würden. Der Bundespräsident entscheidet darüber nach freiem, vom Gericht nicht nachprüfbarem Ermessen.[112] Das Gericht darf nicht verlangen, dass er seine Entscheidung begründet oder gar nach § 56 glaubhaft macht.[113] Das Gleiche gilt für den Präsidenten des Bundesrats, wenn er nach Art. 57 GG die Befugnisse des Bundespräsidenten wahrgenommen hat und hierüber vernommen werden soll.[114]

VI. Revision

35 Die in § 54 enthaltene Einschränkung der Zeugnispflicht soll nur im Interesse des Bundes und der Länder, nicht aber des **Beschuldigten** geschaffen sein.[115] Dessen Rechtskreis soll deshalb nicht dadurch berührt sein, dass den öffentlichen Interessen zuwidergehandelt wird. Er kann daher nach h.M. die Revision nicht darauf stützen, dass die in § 54 angeordneten Vorbedingungen der Vernehmung nicht erfüllt sind,[116] obwohl in diesem Fall ein Erhebungsverbot besteht (Rn. 20, 27). Ob dies in dieser Allgemeinheit zutreffend ist, erscheint zweifelhaft. Der Angeklagte hat stets einen Anspruch auf ein prozessordnungsmäßiges Verfahren. Wenn davon zu seinen Lasten abgewichen wird, muss er dies rügen können.[117] Die Pflicht zur Amtsverschwiegenheit hat darüber hinaus ihren Grund nicht zuletzt darin, dass den staatlichen Bediensteten zur Erfüllung ihrer Aufgaben Privatgeheimnisse anvertraut werden (Rn. 1).[118] Insoweit kann § 54 dem Schutz dieser Privatgeheimnisse ggf. auch der des Beschuldigten dienen. Davon ist ersichtlich auch der Gesetzgeber ausgegangen, wenn er es u.a. im Hinblick auf § 54 unterlassen hat, **Sozialarbeiter** in den Katalog des § 53 Abs. 1 Satz 1 mit aufzunehmen.[119] Dem Betroffenen muss hier ein Rügerecht, das ihm nach § 53 zustünde, auch im Rahmen des § 54 zustehen. Ferner kommt eine **Aufklärungsrüge** (§§ 337, 244 Abs. 2) in Betracht, wenn das Gericht die nach Lage der Sache gebotenen Maßnahmen unterlassen hat, um die

---

112 *Schmitt*/Köhler 31; *Eb. Schmidt* 12; SK/*Rogall* 77; MüKo/*Kreicker* 22; KK/*Bader* 24.

113 KK/*Bader* 24; MüKo/*Kreicker* 22; *Eb. Schmidt* 12; SK/*Rogall* 77; *Feisenberger* 9.

114 KK/*Bader* 24; *Schmitt*/Köhler 31; MüKo/*Kreicker* 24.

115 Krit. *Rengier* 47 ff.

116 BGH NJW **1952** 151; BGH bei *Dallinger* MDR **1951** 275; RGSt 7 74; **44** 292; **48** 38; RG JW **1894** 500; **1930** 3404; RG LZ **1917** 127; OLG Celle HESt **2** 79 = NdsRpfl. **1948** 252; MDR **1959** 414; *Schmitt*/Köhler 32; KK/*Bader* 26; *Kleinknecht* NJW **1966** 1539; *Dahs*/*Dahs* 272; *Kohlhaas* JR **1957** 43; im Ergebnis ebenso *Grünwald* JZ **1966** 498; **a.A.** *Eb. Schmidt* 10; *Henkel* 206 Fn. 4; *Peters* § 42 III 2c dd; *Schlüchter* 492; *Niese* 148; *Welp* FS Gallas 423.

117 *Eb. Schmidt* 10.

118 *Hiebl* StraFo **1999** 88.

119 Prot. der 244. Sitzung des Bundestagsausschusses für Rechtswesen und Verfassungsrecht am 11.3.1953, S. 30 ff., zit. nach *Hiebl* StraFo **1999** 89; s. dazu DAV-Stellungnahme 23/2026.

(vollständige) Aussagegenehmigung herbeizuführen.[120] Je nach Fallgestaltung kann die Revision auch auf die Verletzung von **Rechtsfehlern bei der Verwertung bzw. Nichtverwertung von Surrogaten für die Aussage eines gesperrten Zeugen** gestützt werden; z.B. wenn das Gericht unrichtigerweise ein Verwertungsverbot angenommen hat;[121] oder wenn es die ohne Verteidiger durchgeführte kommissarische Vernehmung eines für die Hauptverhandlung gesperrten Zeugen verwertet;[122] oder wenn es die erhöhten Anforderungen an die **Beweiswürdigung** von mittelbar eingeführten Angaben nicht beachtet[123] (Rn. 27) und es u.U. unrichtigerweise unterlässt, den **Zweifelssatz** anzuwenden[124] (Rn. 28) oder das Verfahren einzustellen[125] (Rn. 28). Die Staatsanwaltschaft kann aus der Verletzung des § 54 keine Rechte herleiten;[126] Gleiches gilt grundsätzlich auch für den Nebenkläger und Privatkläger,[127] wenngleich insoweit je nach Fallgestaltung die erwähnten Rügen in Betracht kommen können.

§ 55
Auskunftsverweigerungsrecht

(1) Jeder Zeuge kann die Auskunft auf solche Fragen verweigern, deren Beantwortung ihm selbst oder einem der in § 52 Abs. 1 bezeichneten Angehörigen die Gefahr zuziehen würde, wegen einer Straftat oder einer Ordnungswidrigkeit verfolgt zu werden.

(2) Der Zeuge ist über sein Recht zur Verweigerung der Auskunft zu belehren.

Schrifttum

Baier Strafprozessuale Zeugnisverweigerungsrechte außerhalb der Strafprozeßordnung als Ergänzung der §§ 52 ff. StPO, Diss. Erlangen 1995; *Baumann* Kein Aussageverweigerungsrecht bei Gefahr disziplinarrechtlicher Verfolgung? FS Kleinknecht (1985) 19; *Bernsmann* Verwertungsverbot bei fehlender und mangelhafter Belehrung, StraFo **1998** 73; *Bosch* Beschuldigter und verdächtiger Zeuge – Rollenzuweisung durch die Strafverfolgungsbehörden, JA **2020** 36; *von Brevern/Hack* Die „Nichtverfolgungszusage" des Bundeskartellamtes, WuW **2013** 936; *Bruns* Der Verdächtige als schweigeberechtigte Auskunftsperson und als selbständiger Prozeßbeteiligter neben dem Beschuldigten und Zeugen? FS Schmidt-Leichner (1975) 1; *Dahs* Das Auskunftsverweigerungsrecht des § 55 StPO – immer wieder ein Problem, NStZ **1999** 38; *ders./Langkeit* Das Schweigerecht des Beschuldigten und seine Auskunftsverweigerung als „verdächtiger" Zeuge, NStZ **1993** 213; *Deringer* Können nach deutschem Recht Unternehmen gegenüber Kartellbehörden Auskünfte verweigern, wenn sie sich dadurch der Gefahr einer Verfolgung nach dem Strafrecht oder dem Recht der Ordnungswidrigkeiten aussetzen? WuW **1988**, 933; *Dölling* Verlesbarkeit schriftlicher Erklärungen und Auskunftverweigerung nach § 55 StPO, NStZ **1988** 6; *Eser* Der Schutz vor Selbstbezichtigung im deutschen Strafprozeßrecht, in: Deutsche strafrechtliche Landesreferate zum IX. Internationalen Kongreß für Rechtsvergleichung, Beiheft zur ZStW **86** (1974) 136; *Geerds* Auskunftsverweigerungsrecht oder Schweigebefugnis? FS Stock (1966) 171; *Geppert* Der Zeugenbeweis (Schluß), Jura **1991** 132; *Gössel* Die Beweisverbote im Strafverfahrensrecht der Bundesrepublik Deutschland, GA **1991** 483; *Gossrau* Unterlassen der Zeugenbe-

---

120 BGHSt **29** 112; **31** 155; BGH NStZ **1984** 38; KK/*Bader* 26; *Schmitt*/Köhler 32; MüKo/*Kreicker* 56; SSW/*Eschelbach* 39.
121 BGHSt **29** 109.
122 BGHSt **32** 115, 127.
123 BGHSt **49** 112, 119 f. m.w.N. – Fall El Motassadeq.
124 BGHSt **49** 112, 121 ff. – Fall El Motassadeq.
125 BGHSt **36** 44, 48.
126 *Schmitt*/Köhler 32; KK/*Bader* 26; SK/*Rogall* 80.
127 KK/*Bader* 26.

lehrung als Revisionsgrund, MDR **1958** 468; *Greco/Caracas* Internal investigations und Selbstbelastungsfreiheit, NStZ **2015** 7; *Grünwald* Die Verfahrensrechte des Mitbeschuldigten, FS Klug (1982) 483; *Günther* Die Schweigebefugnis des Tatverdächtigen im Straf- und Bußgeldverfahren aus verfassungsrechtlicher Sicht, GA **1978** 193; *Hammerstein* Der Anwalt als Beistand „gefährdeter" Zeugen, NStZ **1981** 125; *Hauf* Ist die „Rechtskreistheorie" noch zu halten? NStZ **1993** 457; *H. P. Hauser* Das Zeugnisverweigerungsrecht im Strafverfahren, Diss. Basel 1957; *Hecker* (Anmerkung zu BGH JR 2008, 119), JR **2008** 121; *Heymann* StPO – Keine nachteiligen Schlüsse aus Schweigen des Angeklagten, JA **1993** 32; *Hiéramente/Gänswein* Die neue Auskunftspflicht für Unternehmensleiter in Kartellverfahren nach der 10. GWB-Novelle, BB **2021** 392; *Ignor* Rechtsstaatliche Standards für interne Erhebungen in Unternehmen, CCZ **2011** 143; *G. Jansen* Zeuge und Aussagepsychologie[3] (2022); *K. Jansen* Das Zeugnisverweigerungsrecht nach § 52 StPO für besondere persönliche Nähe- und Vertrauensverhältnisse, Diss. Köln 2002; *Jugl* Fair trial als Grundlage der Beweiserhebung und Beweisverwertung im Strafverfahren, 2017; *Kasiske* Mitarbeiterbefragungen im Rahmen interner Ermittlungen – Auskunftspflichten und Verwertbarkeit im Strafverfahren, NZWiSt **2014** 262; *Kehr* Dilemma des Zeugen bei wahrer, aber unglaubhafter Aussage, NStZ **1997** 160; *Knauer/Buhlmann* Unternehmensinterne (Vor-)Ermittlungen – was bleibt von nemo-tenetur und fair-trial? AnwBl. **2010** 387; *Krekeler* Der Rechtsanwalt als Beistand des Zeugen und die Sitzungspolizei, NJW **1980** 980; *Langkeit/Cramer* Vorrang des Personalbeweises bei gemäß § 55 StPO schweigenden Zeugen, StV **1996** 230; *Lenckner* Mitbeschuldigter und Zeuge, FS Peters (1974) 333; *Lenk/Glöckle* Das Auskunftsverweigerungsrecht gemäß § 55 StPO bei der Gefahr ausländischer Strafverfolgung, StV **2020** 484; *A. Mayer* Zum tatverdächtigen Zeugen und seinem Schweigerecht, StV **1989** 376; *D. Meyer* Die Zulässigkeit der Ersetzung einer Aussage des nach § 55 StPO die Aussage verweigernden Zeugen durch Verlesung eines nichtrichterlichen Protokolls gem. § 251 Abs. 2 StPO, MDR **1977** 543; *Mitsch* Protokollverlesung nach berechtigter Auskunftsverweigerung (§ 55 StPO) in der Hauptverhandlung, JZ **1992** 174; *Momsen* Internal Investigations zwischen arbeitsrechtlicher Mitwirkungspflicht und strafprozessualer Selbstbelastungsfreiheit, ZIS **2011** 508; *Montenbruck* „Entlassung aus der Zeugenrolle" – Versuch einer Fortentwicklung der materiellen Beschuldigtentheorie, ZStW **89** (1977) 883; *Neuhaus* Fehlerquellen im Ermittlungsverfahren aus Sicht der Strafverteidigung, StV **2015** 185; *Odenthal* Auskunftsverweigerungsrecht nach § 55 StPO bei Gefahr ausländischer Strafverfolgung, NStZ **1985** 117; *ders.* (Anm. zu BGH NStZ 1992, 454), NStZ **1993** 52; *Orlowsky* Die Weigerungsrechte der minderjährigen Beweisperson im Strafprozeß, Diss. Tübingen 1973; *Pickuth* Zum Auskunftsverweigerungsrecht eines Beamten bei Gefahr disziplinarer Verfolgung, PersV **1990** 517; *Ransiek* (Anmerkung zu KG StV 2015, 480), StV **2015** 481; *ders./Winsel* Die Selbstbelastung im Sinne des „nemo tenetur se ipsum accusare"-Grundsatzes, GA **2015** 620; *Rengier* Die Zeugnisverweigerungsrechte im geltenden und künftigen Strafverfahrensrecht, Diss. Freiburg/Br. 1977–1978; *Richter II* Aussageverweigerungsrechte von Zeugen als Bestandteil der Verteidigungsstrategie, StraFo **1990** 87; *ders.* Auskunft über die Verweigerung, StV **1996** 457; *Rinio* Das Auskunftsverweigerungsrecht des § 55 StPO, JuS **2008** 60; *Rogall* Der Beschuldigte als Beweismittel gegen sich selbst (1977); *Rudolphi* Die Revisibilität von Verfahrensmängeln, MDR **1970** 93; *K. Schäfer* Einige Bemerkungen zu dem Satz „nemo tenetur se ipsum accusare", FS Dünnebier (1982) 11; *Eb. Schmidt* Die Verletzung der Belehrungspflicht gemäß § 55 Abs. II StPO als Revisionsgrund, JZ **1958** 596; *T. Schmidt* Rechtsprechungsübersicht – Voraussetzungen des Auskunftsverweigerungsrechts, JuS **1995** 82; *Schöneborn* Die Beweisverbotsproblematik der §§ 52 Abs. 2, 55 Abs. 2 StPO im Lichte des § 68 Abs. 2 StPO, MDR **1974** 457; *Schütz* Die Verletzung des § 55 StPO als Revisionsgrund, Diss. Erlangen 1960; *Sieg* Zeugnisverweigerungsrecht über Inhalt eines Beratungsgesprächs mit Rechtsanwalt? MDR **1992** 1027; *Sommer* Auskunftsverweigerungsrecht des gefährdeten Zeugen, StraFo **1998** 8; *Spehl/Momsen/Grützner* Unternehmensinterne Ermittlungen – Ein internationaler Überblick, CCZ **2014** 2; *Steinke* Das Recht des Zeugen auf Rechtsbeistand, Kriminalistik **1975** 250; *Stern* Zeugnis- und Eidespflicht in Betreff eigener strafbarer Handlungen, GerS **63** (1904) 205; *Thomas* Der Zeugenbeistand im Strafprozeß, NStZ **1982** 489; *Vetter* Zur Auskunftspflicht eines Beamten vor einem parlamentarischen Untersuchungsausschuß bei drohender disziplinarischer Verfolgung, ZBR **1991** 225; *Widmaier* (Anmerkung zu BGH NStZ 2007, 230), NStZ **2007** 234; *Wilhelm/Barth* Die neue „Pflicht zur Bezichtigung des eigenen Arbeitgebers"? – Ein Diskurs zu § 59 GWB n.F. und sich ergebenden Rechtsfragen, CCZ **2021** 139; *Wolter* Nicht Verdächtige und Zufallsfunde im modernen Strafverfahren (1995).

Entstehungsgeschichte

Die Vorschrift des Absatzes 1 besteht seit Kodifizierung der RStPO (1877). Absatz 2 wurde durch Art. 3 Nr. 19 VereinhG (1950) eingefügt. Durch Art. 2 Nr. 3 EGOWiG (1968) wurde Absatz 1 dahin ergänzt, dass auch die Gefahr, wegen einer Ordnungswidrigkeit verfolgt zu werden, zur Verweigerung der Auskunft berechtigt. Bezeichnung bis 1924: § 54.

Übersicht

Alphabetische Übersicht

I. Allgemeines

1 **1. Zweck der Norm.** Die Vorschrift des § 55 ist, indem sie den Zeugen davon befreit, bei einer Aussage sich selbst zu belasten, „das nothwendige Korrelat des Grundsatzes, daß ein Beschuldigter nicht zu einer Aussage wider sich selbst gezwungen werden dürfe“,[1] und hat damit verfassungsrechtliche Bedeutung.[2] Dass der Zeuge ferner auch keinen Angehörigen belasten muss, ist „ebenso ein Gebot der Gerechtigkeit wie der Folgerichtigkeit“.[3] Umstritten ist, ob die Vorschrift ferner dem Interesse an der **Wahrheitsermittlung** und damit auch dem

1 *Hahn* Bd. I 107.

2 BVerfGE **38** 105, 113; BVerfG NJW **2002** 1411, 1412; wistra **2010** 299; BGHSt **38** 302, 305; SK/*Rogall* Vor § 48, 154; MüKo/*Maier* 1; näher zur Entstehungsgeschichte der Vorschrift SK/*Rogall* 6 ff.; zum Grundsatz, dass niemand gezwungen werden darf, gegen sich selbst auszusagen („nemo tenetur se ipsum accusare“) allgemein siehe Einl. J, 87; Einl. L, 88 ff.; *Rogall* (Beschuldigte als Beweismittel); zu den Quellen im kanonischen Recht: *Liebs* Lateinische Rechtsregeln und Rechtssprichwörter, 5. Aufl. 1991, S. 134.

3 *Hahn* Bd. I 107.

Schutz des Angeklagten und der anderen Verfahrensbeteiligten dient. Nach h.M. schützt die Norm nur den Zeugen, dem die seelische Zwangslage erspart bleiben soll, die sich für ihn ergeben würde, wenn er unter dem Druck der Aussagepflicht eine Straftat oder Ordnungswidrigkeit offenbaren müsste, die er selbst oder ein Angehöriger begangen hat (sog. Rechtskreistheorie).[4] Hingegen solle die Vorschrift nicht, auch nicht mittelbar, falschen Aussagen des Zeugen vorbeugen;[5] dass das Auskunftsverweigerungsrecht auf die Wahrheitsfindung ausstrahle, sei nur ein „Rechtsreflex".[6] Diese Auffassung, die in mehrfacher Hinsicht große praktische Bedeutung hat,[7] ist problematisch (ausführlich Rn. 37 f.). Die Vorschrift dient auch nicht dem Schutz vor Gefährdungen von Leib und Leben des Zeugen oder seiner Angehörigen für den Fall seiner Aussage (s. dazu Erl. zu § 68).[8]

2. Anwendungsbereich. § 55 gilt auch bei Vernehmungen durch **Staatsanwaltschaft** 2
(§ 161a Abs. 1 Satz 2) und **Polizei** (§ 163 Abs. 3 Satz 2). Die Vorschrift ist nach § 46 Abs. 1 OWiG im **Bußgeldverfahren** entsprechend anzuwenden, für Zeugen vor **Untersuchungsausschüssen** gilt Art. 44 Abs. 2 Satz 1 GG i.V.m. § 22 Abs. 2 PUAG bzw. die entsprechenden Vorschriften der Landesgesetze.[9] Die Vorschrift findet ebenfalls im **Disziplinarverfahren,**[10] **Aufsichtsverfahren** und **berufsgerichtlichen Verfahren** Anwendung, in denen die Vorschriften der StPO entsprechend gelten (z.B. § 25 Abs. 1 Satz 2, Abs. 2 Satz 1 BDG, § 116 Abs. 1 Satz 2 BRAO), mit der Folge, dass der als Zeuge aussagende Beamte, Rechtsanwalt o.ä. die Auskunft auf solche Fragen verweigern darf, deren Beantwortung ihn entweder der Gefahr einer Verfolgung wegen einer Straftat oder einer Ordnungswidrigkeit oder der Gefahr einer disziplinarrechtlichen[11] oder berufsgerichtlichen[12] Verfolgung aussetzen könnte. Anderenfalls würde das Schutzrecht des § 55 weitgehend zu einer Leerformel und der auf die jeweilige Verfahrensart auszurichtende Schutzzweck wäre nicht erreichbar.[13] Daher ist die Norm auch im Strafverfahren bei Gefahr einer disziplinarrechtlichen oder berufsgerichtlichen Verfolgung entsprechend anzuwenden.[14] Umstritten ist die Anwendung von § 55 im Fall der äußerst praxisrelevanten **unternehmensinternen Ermittlungen**. Eine herrschende Mei-

---

4 BGHSt **9** 36; **17** 247; RGSt **36** 114, 116; OLG Schleswig SchlHA **1991** 121; KK/*Bader* 1; SK/*Rogall* Vor § 48, 147 unter Hinweis auf das nemo-tenetur-Prinzip; *Dahs/Langkeit* NStZ **1993** 214; grundsätzlich kritisch zur Rechtskreistheorie in jüngerer Zeit SSW/*Eschelbach* 30 ff.; *Jahn* Gutachten zum 67. DJT 2008 C 41; *Eisenberg* (Beweisrecht) 1113.

5 BGHSt **1** 39; **9** 36; **11** 213, 215 ff.; **17** 246; BGH VRS **34** (1968) 218; **36** (1969) 23; BGH bei *Pfeiffer/Miebach* NStZ **1983** 354; BayObLGSt **1953** 92 = JZ **1953** 703 mit abl. Anm. *Busch*; BayObLGSt **1967** 184 = JR **1968** 29 mit Anm. *Koffka*; OLG Koblenz VRS **46** (1974) 451; OLG Düsseldorf NStZ **1982** 257 = StV **1982** 344 mit Anm. *Prittwitz*; OLG Zweibrücken NJW **1995** 1301; *Schmitt*/Köhler 1; KK/*Bader* 1; SK/*Rogall* 5; *Alsberg/Güntge* 932; *Kleinknecht* NJW **1966** 1539; *G. Schäfer* § 65 V 4; *Dahs/Langkeit* NStZ **1993** 214; *Eisenberg* (Beweisrecht) 1113; **a.A.** OLG Frankfurt NJW **1951** 614; *Geerds* FS Stock 173; *Gössel* § 25 V; *ders.* GA **1991** 489; *Geppert* Jura **1991** 139; *Hauf* NStZ **1993** 458 f.; *Niese* JZ **1953** 223; *Orlowsky* 135; *Peters* § 42 III 2c cc; *Petry* Beweisverbote im Strafprozeß (1971) 105; *Rudolphi* MDR **1970** 98; *Eb. Schmidt* JZ **1958** 596.

6 SK/*Rogall* 5; *Eisenberg* (Beweisrecht) 1113; SSW/*Eschelbach* 1; **a.A.** *Rengier* 56 ff.; *Sarstedt/Hamm* 252 f.; *Fezer* 15/31.

7 Vgl. BGH **38** 302, 304.

8 OLG Köln jurisPR extra **2009** 231.

9 S. dazu OLG Düsseldorf Ermittlungsrichter Beschl. v. 14.1.2010 – III-4 OGs 1/09.

10 LG Detmold StV **2018** 649; Berufsgericht für Heilberufe Berlin MedR **2022** 257.

11 BDHE **4** 59; OVG Münster JZ **1960** 99; OLG Köln NJW **1988** 2485; *Vetter* ZBR **1991** 225; *Pickuth* PersV **1990** 517; **a.A.** OLG Hamburg MDR **1984** 335.

12 BGH NJW **1979** 324 f.

13 Vgl. aber OVG Koblenz NJW **1982** 1414 zum Auskunftsverweigerungsrecht nach § 4 Fahrpersonalgesetz.

14 Str., näher Rn. 9.

nung ist kaum auszumachen.[15] Hauptargument gegen das Bestehen eines Aussageverweigerungsrechts nach § 55 und dahingehende Belehrungspflichten ist der private Charakter der Untersuchungen, weshalb die auf die besondere Struktur des Strafverfahrens mit der strukturell überlegenen Position der staatlichen Ermittlungsbehörden zugeschnittenen schützenden Vorschriften der StPO, die unmittelbar nur den Staat und nicht Private binden, nicht anwendbar seien.[16] Indes dürften sich sog. **Internal Investigations** in den meisten Fällen als nicht rein arbeitsrechtlich, also privat motiviert darstellen, sondern auch strafrechtliche Zwecke verfolgen. Wann immer aber die Verwendung der Ergebnisse unternehmensinterner Erhebungen im Rahmen eines Strafverfahrens in Betracht kommt, stellt sich die Frage, inwiefern diese strafprozessualen Anforderungen genügen müssen.[17] Aufgrund des auf die betroffenen Mitarbeiter oft massiv einwirkenden Kooperationsdrucks bei der Erfüllung der umfassenden arbeitsvertraglichen Auskunftspflicht verzichten diese faktisch auf anerkannte Beschuldigtenrechte, obwohl die Ermittlungsmaßnahmen und selbstbelastenden Aussagen nach einer eventuellen Weitergabe oder Beschlagnahme durch die Staatsanwaltschaft von staatlicher Seite auf sie zurückfallen könnten.[18] Daher kommt eine Unverwertbarkeit oder Minderung der Beweisqualität immer schon dann in Betracht, wenn gesetzliche oder rechtsstaatliche Standards bei Befragungen nicht eingehalten wurden – obwohl sich die strafprozessualen Erhebungs- und Verwertungsverbote grds. nicht an den Unternehmensanwalt richten.[19] Verwaltungsrechtliche Mitwirkungspflichten können nicht mit Verweis auf § 55 verweigert werden. Auch in diesem Fall kommt ggf. ein Verwertungsverbot in in einem nachfolgenden Strafverfahren in Betracht.[20] Vorrangig gegenüber § 55 ist § 136, wenn es sich bei dem zu Vernehmenden um einen Beschuldigten handelt.[21]

3 **3. Verhältnis zu § 52.** Nach § 55 darf der Zeuge nicht nur Auskünfte verweigern, die ihn selbst belasten können, sondern auch solche, die einen seiner in § 52 Abs. 1 bezeichneten **Angehörigen** (vgl. § 52, 4 ff.) der Gefahr aussetzen, wegen Straftaten oder Ordnungswidrigkeiten verfolgt zu werden. Das Auskunftsverweigerungsrecht nach § 55 besteht auch, wenn der Angehörige, zu dessen Vorteil die Auskunft verweigert werden kann, nicht zugleich der Beschuldigte ist, in dessen Verfahren der Zeuge vernommen wird.[22] Nur in

---

15 Eine ausführliche Darstellung verschiedener Ansätze findet sich bei *Greco/Caracas* NStZ **2015**, 7, die die Auffassung, dass die Ergebnisse interner Ermittlungen in einem späteren Strafverfahren ohne Weiteres verwertet werden dürfen, als h.M. bezeichnen.

16 Vgl. *Kasiske* NZWiSt **2014** 262, der § 55 (und insbesondere §§ 136, 136a) dann für entsprechend anwendbar hält, wenn die Strafverfolgungsbehörden Einfluss auf Umfang und Ablauf der unternehmensinternen Untersuchung genommen haben, die Mitarbeiterbefragungen mit selbstbelastendem Inhalt also der Staatsanwaltschaft zuzurechnen sind. *Knauer/Buhlmann* AnwBl. **2010** 387, *Momsen* ZIS **2011** 508 und *Spehl/Momsen/Grützner* CCZ **2014** 2, 5 sehen den Arbeitnehmer in einem nachfolgenden Strafverfahren nicht durch § 55 geschützt und lehnen die Anwendung des nemo-tenetur-Grundsatzes mangels staatlich veranlasster Zwangslage ab, befürworten aufgrund der überbordenden Gesamtzwangslage bei Verwertung der Untersuchungsergebnisse u.U. jedoch einen Verstoß gegen den Fair-trial-Grundsatz.

17 *Ignor* CCZ **2011** 143.

18 Vgl. *Knauer/Buhlmann* AnwBl. **2010** 387, 388.

19 Umstr.; so wie hier der Strafrechtsausschuss der Bundesrechtsanwaltskammer in seinen 2010 formulierten „Thesen zum Unternehmensanwalt im Strafrecht", BRAK-Stellungnahme 2010/35; *Ignor* CCZ **2011** 143, 146. Krit. *Momsen* ZIS **2011** 508, 514.

20 Sächs. OVG ZfWG **2018** 276.

21 Vgl. z.B. BGH NStZ **1997** 399 m. Anm. *Rogall*; zur Abgrenzung von tatverdächtigem Zeuge und Beschuldigtem durch die Ermittler und zur Frage eines Verwertungsverbots im Falle des rechtswidrigen Überschreitens des diesbezüglich eingeräumten Beurteilungsspielraumes *Neuhaus* StV **2015** 185, 187.

22 RGSt **40** 46; RG LZ **1929** 954.

diesem Fall hat § 55 hinsichtlich der Angehörigen selbständige Bedeutung. Wenn der Angehörige der Beschuldigte ist, kann der Zeuge die Aussage schon nach § 52 verweigern; er kann das auch teilweise tun (§ 52, 33) und dadurch denselben Erfolg herbeiführen wie mit der Auskunftsverweigerung nach § 55. Ob der Zeuge ein **(Wahl-)Recht** hat, zwischen den durch §§ 52 und 55 gegebenen Möglichkeiten zu wählen, ist streitig, wobei die jeweiligen Fallkonstellationen nicht immer eindeutig beschrieben werden können.[23] Die Frage ist nicht nur deshalb von Bedeutung, weil von ihrer Beantwortung abhängt, ob der Zeuge sowohl nach § 52 Abs. 2 als auch nach § 55 Abs. 2 zu belehren ist. Von ihr hängt auch die Bewertung der Aussageverweigerung desjenigen Zeugen ab, dem sowohl ein **Zeugnisverweigerungsrecht** nach § 52 als auch ein **Auskunftsverweigerungsrecht** nach § 55 zusteht.[24] Während nämlich die Ausübung des Zeugnisverweigerungsrechts nach § 52 nicht zu Lasten des Angeklagten verwertet werden darf,[25] dürfen aus der Ausübung des Auskunftsverweigerungsrechts nach h.M. Schlüsse gezogen werden sowohl zu Gunsten als auch zu Lasten des Angeklagten (Rn. 27). Ein **Wahlrecht** wird dem Zeugen jedenfalls dann zustehen, wenn die Möglichkeit der Ausübung des Zeugnisverweigerungsrechts nach § 52 einerseits und des Auskunftsverweigerungsrechts nach § 55 andererseits auf unterschiedlichen Sachverhalten beruhen, also einerseits auf der Angehörigenstellung zu dem Beschuldigten und andererseits wegen der Gefahr, sich selbst oder einen weiteren Angehörigen zu belasten. Nach den Motiven für seine Zeugnisverweigerung darf der Zeuge allerdings nicht gefragt werden.[26]

4. Rechtsbeistand. Der Zeuge ist im Hinblick auf die Gewährleistung eines fairen 4
Verfahrens allen Verfahrensbeteiligten gegenüber grundsätzlich berechtigt, vor und zu seiner Vernehmung einen **anwaltlichen Rechtsbeistand** heranzuziehen, der ihn auch über die Ausübung des Auskunftsverweigerungsrechts nach § 55 berät[27] (Vor § 48, 25 sowie die Erl. zu § 68b). Ggf. ist gerade im Hinblick auf § 55 eine **Beiordnung** vorzunehmen (Rn. 34 sowie § 68b).[28] Macht der Zeuge von dieser Befugnis Gebrauch, steht ihm ein Auskunftsverweigerungsrecht hinsichtlich solcher Fragen zu, die sich auf den Inhalt der mit dem Anwalt geführten Beratungsgespräche beziehen. Davon sind auch Fragen zum Bestehen einer Honorarvereinbarung und zur Höhe des Honorars für den Beistand erfasst[29] (vgl. auch § 68b, 13).

II. Auskunftsverweigerungsrecht (Absatz 1)

1. Allgemeines. § 55 gibt dem Zeugen das Recht, die Auskunft auf **einzelne Fragen** zu 5
verweigern, unabhängig davon, ob der Zeuge zuvor – z.B. im Ermittlungsverfahren – sich oder einen Angehörigen belastende Angaben gemacht hat.[30] Insofern ist das Auskunftsver-

---

23 Ein Wahlrecht nehmen an BGH NJW **1984** 136; SK/*Rogall* 17 ff.; *Schmitt*/Köhler 1; *Eisenberg* (Beweisrecht) 1114; MüKo/*Maier* 10; KK/*Bader* 11 mit Verw. auf BGH NStZ **1988** 561, 562; *Eb. Schmidt* Nachtr. II 11; *Orlowsky* 141; *Schlüchter* 494.1; **a.A.** LR/*Dahs*[25] 3; SSW/*Eschelbach* 3; KMR/*Neubeck* 1; *Geerds* FS Stock 177 Fn. 30.

24 BGH StV **1983** 353.

25 *Schmitt*/Köhler § 261, 20.

26 Vgl. BGH NJW **1984** 136.

27 BVerfGE **38** 105, 112; LG Darmstadt StV **1986** 147.

28 S. dazu BVerfG StraFo **2010** 243.

29 OLG Düsseldorf StV **1991** 150; LG Berlin StV **1994** 533; LG Lübeck StV **1993** 516; vgl. aber auch *Sieg* MDR **1992** 1027.

30 *Mitsch* JZ **1992** 174.

weigerungsrecht „themenbezogen".[31] Maßgebend für die Berechtigung zur Auskunftsverweigerung ist die an den Zeugen gestellte Frage, nicht die (unbekannte) wahrheitsgemäße Antwort (Rn. 7).[32] Das bedeutet aber nicht, dass das Aussageverweigerungsrecht erst bei der Befragung nach § 69 Abs. 2 Bedeutung gewinnt.[33] Der Zeuge kann schon bei seinem zusammenhängenden Bericht zum Gegenstand des Verfahrens nach § 69 Abs. 1 Satz 1 die Auskunft über einzelne Tatsachen oder Sachverhaltskomplexe verweigern.[34]

6 Zur **umfassenden Verweigerung** der Aussage ist der Zeuge grds. nicht berechtigt.[35] Dies ergibt sich bereits aus dem Wortlaut der Vorschrift („auf solche Fragen"). § 55 berechtigt aber dann zur umfassenden Verweigerung der Aussage, wenn die gesamte in Betracht kommende Aussage eines Zeugen mit einem möglicherweise strafbaren oder ordnungswidrigen Verhalten in so engem Zusammenhang steht, dass nichts übrig bleibt, was er ohne die Gefahr der Verfolgung wegen einer Straftat oder Ordnungswidrigkeit aussagen könnte.[36] Verbleiben Zweifel, so kommt nur die Verweigerung einzelner Auskünfte in Betracht. Zu Vernehmungsgegenständen, bei denen die Gefahr der Strafverfolgung ausgeschlossen ist, muss der Zeuge aussagen; er darf sie nicht beliebig mit anderen, bei denen diese Gefahr besteht, verknüpfen.[37] Die Berufung auf ein umfassendes Zeugnisverweigerungsrecht entbindet nicht von der **Erscheinenspflicht** (§ 51 Rn. 11).

7 Für die Anwendung des § 55 ist es gleichgültig, ob die Auskunft der Entlastung oder Belastung des Beschuldigten dienen soll.[38] Es kommt ebenfalls nicht darauf an, ob der Zeuge sich oder seinen Angehörigen bei wahrheitsgemäßer Beantwortung der Frage be- oder entlasten würde.[39] Die **Möglichkeit der Belastung**, die allein entscheidend ist, kann nur nach dem **Inhalt der Frage** bestimmt werden (Rn. 2). Die Gegenmeinung,[40] wonach der Zeuge die Auskunft nicht verweigern dürfen soll, wenn die wahrheitsgemäße Beantwortung der Frage ihn oder seinen Angehörigen nicht belastet, verlangt von dem Zeugen, dass er mit der Auskunftsverweigerung notwendig einen Verdachtsgrund schafft, was dem Schutzzweck der Vorschrift zuwiderliefe. Zudem können zu der Frage, ob eine Aussage Anlass zu einer Verfolgung geben kann, unterschiedliche Auffassungen bestehen (s. auch Rn. 10).

2. Gefahr der Verfolgung

8 **a) Grundsatz.** Nach dem Wortlaut der Vorschrift ist die Gefahr, wegen einer **Straftat oder Ordnungswidrigkeit** verfolgt zu werden, der einzige Grund, der zur Auskunftsver-

31 BGHSt **38** 302, 303.
32 RGSt **36** 114, 116 f.; BGHR StPO § 55 Abs. 1 Auskunftsverweigerung 3 – Berechtigung; zum Ganzen *Richter II* StV **1996** 457; *Geerds* FS Stock 179 Fn. 44; *Grünwald* 501; KK/*Bader* 8; **a.A.** OLG Celle NJW **1958** 72, 74; *Eb. Schmidt* 8; Nachtrag II 13.
33 *Schmitt*/Köhler 2.
34 Bereits RGRspr. **5** 372; KK/*Bader* 3; *Schmitt*/Köhler 2; *Schlüchter* 493; *Geerds* FS Stock 174.
35 OLG Düsseldorf Beschl. v. 21.8.2020 – ErmRi Gs 49/20; OLG Stuttgart NJW **1950** 760; *Dalcke*/*Fuhrmann*/*Schäfer* 2; *G. Schäfer* § 65 V 2.
36 BGHSt **10** 105; **17** 247; BGH bei *Dallinger* MDR **1953** 402; NStZ **1986** 181; StV **1987** 328; wistra **1988** 358; BGHR StPO § 55 Abs. 1 Auskunftsverweigerung 3;BGH StV **2002** 604, 605; NStZ-RR **2010** 246; RGSt **44** 44, 45; RGRspr. **2** 263, 305; RG GA **39** (1891) 214, 215; **62** (1915/16) 319; RG LZ **1917** 142; RG Recht **1914** Nr. 2954; **1930** Nr. 1387; KK/*Bader* 2; MüKo/*Maier* 55; SSW/*Eschelbach* 17; *Gössel* § 25 D V; *Peters* § 42 III 2c cc; *G. Schäfer* § 65 V 2; *Eisenberg* (Beweisrecht) 1115; *Schlüchter* 493; *Schütz* 72; *Thomas* NStZ **1982** 493; *Geppert* Jura **1991** 137.
37 OLG Hamburg Beschl. v. 10.2.2015 – 2 Ws 27/15 – 1 OBL 18/15.
38 KK/*Bader* 8; *Schmitt*/Köhler 2; SSW/*Eschelbach* 4; *Eb. Schmidt* Nachtr. II 12; *Hammerstein* NStZ **1981** 126.
39 BGH bei *Holtz* MDR **1993** 722; RGSt **36** 112, 117; KK/*Bader* 8; *Schmitt*/Köhler 2; MüKo/*Maier* 52; *Geerds* FS Stock 179 Fn. 44; *Grünwald* 501.
40 OLG Celle NJW **1958** 74; RGSt **40** 46, 48; *Eb. Schmidt* Nachtr. II 13; vgl. auch BGHSt **38** 302, 305.

weigerung berechtigt. Ob die Verfolgung wegen der Straftat zur Verhängung einer Strafe führen kann, ist gleichgültig. Auch wenn im **Jugendstrafverfahren** aus verfahrensrechtlichen Gründen nur noch Jugendarrest verhängt werden kann, ist § 55 anwendbar.[41]

Seit jeher werden von diesem Grundsatz – Auskunftsverweigerung nur bei Verfol- 9
gungsgefahr wegen einer Straftat oder einer Ordnungswidrigkeit – **Ausnahmen** gemacht. So soll die Gefahr einer **Präsidentenanklage** nach Art. 61 GG,[42] einer **Abgeordneten-** oder **Ministeranklage,**[43] einer Richteranklage nach Art. 98 Abs. 2 GG[44] und eines Verfahrens vor dem Bundesverfassungsgericht wegen **Verwirkung von Grundrechten** nach Art. 18 GG[45] ein Auskunftsverweigerungsrecht nach § 55 begründen. Andererseits soll die Gefahr, dass die Aussage zu **disziplinarrechtlicher**[46] oder **berufsgerichtlicher Verfolgung** führen[47] könnte, nicht zur Auskunftsverweigerung im Strafverfahren berechtigen, obwohl die disziplinar- oder berufsrechtlichen Folgen einer wahrheitsgemäßen Aussage für den Zeugen weitaus einschneidender sein können als etwa die Verfolgungsgefahr wegen einer Ordnungswidrigkeit (vgl. Rn. 2). Auch die Gefahr, dass die Aussage dem Zeugen oder seinen Angehörigen zur **Unehre** gereichen könnte[48] (vgl. auch § 68a, 6), drohende Vermögensnachteile oder die Notwendigkeit, **Kunst- oder Betriebsgeheimnisse** zu offenbaren,[49] werden nicht als Gründe anerkannt, die zur Auskunftsverweigerung berechtigen; § 172 Nr. 2 GVG lässt in letzteren Fällen allenfalls den Ausschluss der Öffentlichkeit zu.[50] Die vorgenannte Kasuistik bedarf schon wegen ihrer Uneinheitlichkeit der Überprüfung. Hierbei ist zu beachten, dass Ausnahmen vom geltenden Recht – sprich: eine Erweiterung des Anwendungsbereichs des § 55 über die Gefahr der Verfolgung wegen einer Straftat oder Ordnungswidrigkeit hinaus – wegen des **Gesetzlichkeitsprinzips** nur aus zwingenden verfassungsrechtlichen Gründen erfolgen kann bzw. muss. Das ist allerdings immer dann der Fall, wenn der Zwang zur Aussage dem Nemo-tenetur-Grundsatz (Rn. 1) zuwider liefe.[51] § 55 findet auch bei **Gefahr ausländischer Strafverfolgung** Anwendung.[52] Der Konflikt, vor dem § 55 schützen will (Rn. 1), ist im Falle drohender Verfolgung im Ausland kein prinzipiell anderer (vgl. Rn. 13 und 15).

b) Gefahr

aa) Begriff. Eine Gefahr i.S. des § 55 ist dann anzunehmen, wenn eine Ermittlungsbe- 10
hörde aus der wahrheitsgemäßen Aussage Tatsachen entnehmen könnte (nicht müsste),

---

41 BGHSt **9** 35; *Schmitt*/Köhler 6; *Eb. Schmidt* Nachtr. II 5.
42 KK/*Bader* 6; *Eb. Schmidt* Nachtr. II 6.
43 BGHSt **17** 136; KK/*Bader* 6; *Schmitt*/Köhler 4; *Eb. Schmidt* Nachtr. II 6.
44 KK/*Bader* 6; *Eb. Schmidt* Nachtr. II 8.
45 KK/*Bader* 6; *von Weber* JZ **1953** 297; *Eb. Schmidt* Nachtr. II 7.
46 OLG Hamburg JZ **1984** 104; KK/*Bader* 7; *Schmitt*/Köhler 5; *Eb. Schmidt* Nachtr. II 4; **a.A.** OLG Köln NJW **1988** 2485, 2487; *Rogall* 165; *Roxin*/*Schünemann* § 26 Rn. 30; *Baumann* 19 ff.
47 *Henkel* 209; **a.A.** KK/*Bader* 7.
48 RG GA **43** (1895) 242, 243; KK/*Bader* 7; *Rogall* 166; *Eb. Schmidt* Nachtr. II 4.
49 KK/*Bader* 7; *Eb. Schmidt* Nachtr. II 4.
50 Dazu *Dahs* NJW **1984** 1921.
51 Vgl. zur Problematik der Erweiterung von Zeugnisverweigerungsrechten in Bezug auf § 52 oben § 52, 16; in Bezug auf § 53 oben § 53, 3; ferner BVerfGE **33** 367, 374 = JZ **1973** 780 mit Anm. *Würtenberger*; **38** 312 = DÖV **1975** 637 mit Anm. *Bergmann*; BVerfG NJW **1979** 1286; vgl. auch BayObLGSt **1978** 152 = JR **1980** 432 mit Anm. *Hanack*.
52 BGH NStZ **2019** 539; LG Freiburg NJW **1986** 3036; *Schmitt*/Köhler 7b; SSW/*Eschelbach* 6; MüKo/*Maier* 25; SK/*Rogall* 39; *Ahlbrecht*/*Börgers* ZIS **2008** 218; **a.A.** AG Köln NStZ **2014** 119 – ohne nachvollziehbare Begründung.

die sie zur Einleitung eines **Ermittlungsverfahrens** (§ 152), oder auch zur Aufrechterhaltung oder Verstärkung eines Verdachts veranlassen könnten.[53] Insofern ist § 55 insbesondere auch bereits in Vorprüfungsverfahren (AR-Sachen) zu berücksichtigen. Dem Zeugen wird durch § 55 nicht schlechthin erlassen, zu einer von ihm selbst oder einem nahen Angehörigen begangenen Straftat oder Ordnungswidrigkeit auszusagen. Er wird von der Zeugnispflicht nur befreit, wenn und soweit die Gefahr besteht, dass er oder seine Angehörigen wegen der Tat verfolgt werden, wobei § 55 auch dann Anwendung findet, wenn der Tatverdacht gegenüber dem Zeugen und der Anklagevorwurf dieselbe Tat betreffen.[54] Die sichere Erwartung eines Straf- oder Bußgeldverfahrens ist nicht erforderlich, es genügt ein prozessual ausreichender **Anfangsverdacht** i.S. des § 152 Abs. 2, d.h. die (konkrete) Gefahr der Einleitung eines Ermittlungsverfahrens;[55] bloße Vermutungen oder rein theoretische Möglichkeiten sind nicht ausreichend.[56] Da jedoch die Schwelle des Anfangsverdachts niedrig liegt,[57] ist das Bestehen einer entsprechenden Gefahr weit im Vorfeld einer direkten Belastung zu bejahen. Der bisweilen verwendete Begriff der „konkreten Gefahr" findet im Gesetzeswortlaut keine Stütze und ist irreführend; ausreichend ist, dass bei Aussage des Zeugen eine straf- oder bußgeldrechtliche Verfolgung seiner Person oder seiner Angehörigen nicht völlig auszuschließen ist (vgl. Rn. 14 ff.).[58] Die Gefahr besteht auch dann, wenn die Einleitung des Ermittlungsverfahrens gegen den Zeugen zu Unrecht erfolgen würde.[59] Für einen Angehörigen besteht die Gefahr der Verfolgung wegen einer Straftat schon dann, wenn der Zeuge dessen beschworener Aussage widersprechen müsste.[60]

11 **bb) Mittelbare Gefahr.** Eine Gefahr i.S. des § 55 ist nicht nur gegeben, wenn der Zeuge unmittelbar über die Straftat oder Ordnungswidrigkeit aussagen müsste; es genügt, wenn er bestimmte Tatsachen angeben müsste, die mittelbar den Verdacht einer solchen Tat begründen.[61] Dies ist z.B. der Fall, wenn die wahrheitsgemäße Beantwortung einer Frage zwar allein eine Strafverfolgung nicht auslösen könnte, jedoch „ein Teilstück in einem mosaikartigen Beweisgebäude" wäre und so zu einer Belastung des Zeugen oder seines Angehörigen beitragen könnte (sog. **Mosaiktheorie**).[62] Danach können insbesondere detaillierte Angaben zu früheren bereits rechtskräftig abgeurteilten Straftaten des Zeugen bzw. zu Tatvorwürfen nach einem rechtskräftigen Freispruch aufgrund des so engen Zusammenhangs mit möglichen weiteren, vergleichbaren Straftaten die Gefahr der Selbstbelastung auslösen, weil die Aussage zu dem früheren Geschehen von indiziell belastender

---

53 BVerfG wistra **2010** 299; vgl. auch *Marlie* Zu den Voraussetzungen des Auskunftsverweigerungsrechts gemäß § 55. Zugleich eine Anmerkung zu BVerfG, Beschl. v. 21.4.2010 – 2 BvR 504/08, 2 BvR 1193/08, ZIS **2017** 230.

54 **A.A.** *Fezer* 15/32; *Lenckner* FS Peters 336; *Dünnebier* JR **1975** 3.

55 BGHR StPO § 55 Abs. 1 Verfolgung 4; BGHR StPO § 55 Abs. 1 Auskunftsverweigerung 6; BGH NStZ **1994** 499, 500; **2010** 463; OLG Hamm StraFo **1998** 119; KK/*Bader* 4; MüKo/*Maier* 14; SK/*Rogall* 37; *Schmitt*/Köhler 7; *Geerds* FS Stock 174; *Hauser* 173; **a.A.** *Peters* § 42 III 2c cc, der nur die Gefahr eines gerichtlichen Strafverfahrens für ausreichend hält.

56 BVerfG wistra **2010** 299; BGH NStZ **1994** 499 = JuS **1995** 82 mit Anm. *T. Schmidt*; BGHR StPO § 55 Abs. 1 Auskunftsverweigerung 4; BGHR StPO § 55 Abs. 1 Verfolgung 2; NStZ **1999** 415, 416; **2010** 287; LG Hamburg VRS **74** (1988) 442; LG Trier NJW **1987** 2826; vgl. auch BGH bei *Pfeiffer* NStZ **1981** 93; BGH NJW **1989** 2703.

57 BVerfG NJW **2002** 1411, 1412.

58 So auch SK/*Rogall* 26 m.w.N.

59 **A.A.** BGH NStZ-RR **2005** 316, 317.

60 RG LZ **1929** 954.

61 BVerfG NJW **2002** 1411; KK/*Bader* 10; SK/*Rogall* 27; SSW/*Eschelbach* 8.

62 BVerfG NJW **2002** 1411, 1412; wistra **2010** 299; BGH StV **1987** 328, 329; BGHR StPO § 55 Abs. 1 Verfolgung 1; BGHR StPO § 55 Abs. 1 Auskunftsverweigerung 4; BGH NStZ **2006** 509, 510; **2010** 463; **2013** 241; OLG Celle StV **1988** 99; *Sommer* StraFo **1998** 8.

Bedeutung sein kann.[63] Dasselbe gilt dann, wenn ein Zeuge während eines einheitlichen Gesamtgeschehens sowohl Geschädigter als auch möglicher Gehilfe eines Haupttäters war.[64] Auch die Gefahr, dass sich die Aussage in einem anderen gegen den Zeugen anhängigen Strafverfahren nur im Strafmaß ungünstig auswirken könnte, genügt.[65] Eine Gefahr i.S. des § 55 ist daher auch gegeben, wenn dem Zeugen eine beweisqualitative Verschlechterung seiner Verfahrensposition droht. Dies kommt (auch) bei allen Verfahrenskonstellationen in Betracht, in denen sich Angaben über strafrechtlich abgeschlossene Vorgänge als Indizien in einem anderen anhängigen Verfahren auswirken können (näher Rn. 16).

cc) Grundsatz der früheren Tat. Die Vorschrift des § 55 dient (primär) dem Zweck, dem Zeugen, der eine strafbare Handlung begangen hat, die seelische Zwangslage zu ersparen, die sich für ihn ergeben würde, wenn er unter dem Druck der Aussagepflicht seine Verfehlung offenbaren und sich selbst damit der Gefahr einer nachträglichen Verfolgung durch den Strafrichter aussetzen müsste;[66] hieraus leitet die h.M. den sog. Grundsatz der früheren Tat[67] ab. Danach besteht ein Aussageverweigerungsrecht nur bei der Verfolgungsgefahr wegen einer zeitlich vor der Aussage liegenden Tat. Die h.M. hat bei diesem Grundsatz vor allem die **Aussagedelikte** im Blick; die Pflicht des Zeugen zur wahrheitsgemäßen Aussage würde leer laufen, wenn der Zeuge nicht damit rechnen müsste, dass der Wahrheitsgehalt seiner Aussage unter dem Gesichtspunkt der §§ 153 ff. StGB in einem strafrechtlichen Ermittlungsverfahren überprüft würde. Der Grundsatz der früheren Tat ist indes kein Selbstzweck. Die Begründung der h.M. trifft nicht diejenigen Fallkonstellationen, bei denen die Gefahr strafrechtlicher Verfolgung des Zeugen bei wahrheitsgemäßer Aussage und gerade nicht unter dem Gesichtspunkt einer möglichen Falschaussage besteht; vor dieser Gefahr will § 55 schützen[68] (dazu sogleich Rn. 13). Die Verfolgungsgefahr wegen einer früheren Tat besteht sowohl dann, wenn die früheren Erklärungen bei früherem Zeugenstatus strafrechtlich relevant sind (etwa nach §§ 153 ff. StGB), als auch dann, wenn das bei früherem Beschuldigtenstatus der Fall ist (z.B. nach §§ 145d, 164, 257, 258 StGB).[69] 12

dd) Ausnahmen. Der sog. Grundsatz der früheren Tat bedarf der Einschränkung. Der Zeuge darf dann nicht zur Aussage verpflichtet sein, wenn er sich gerade durch eine wahrheitsgemäße Aussage der Gefahr der Strafverfolgung aussetzen würde (Rn. 12). Deshalb erscheint die Auffassung bedenklich, wonach eine Ausnahme vom Grundsatz der früheren Tat selbst dann nicht in Betracht kommen soll, wenn sich der Zeuge durch die Wiederholung einer in einem anderen Verfahren als Beschuldigter gemachten und von dem Gericht seinerzeit als widerlegt angesehenen Aussage mit den **Feststellungen eines rechtskräftigen Urteils** in Widerspruch setzen und deshalb zwangsläufig mit einer strafrechtlichen Verfolgung rechnen müsste.[70] In diesem Fall droht dem Zeugen nicht wie jedem anderen Zeugen das Risiko eines Verfahrens unter dem Gesichtspunkt der §§ 153 ff. StGB.[71] Er muss nur wegen 13

63 KG NStZ-RR **2010** 16 m.w.N.
64 KG NStZ-RR **2010** 16.
65 LG Darmstadt StV **1988** 101.
66 BGHSt **9** 34, 36; vgl. oben Rn. 1.
67 BGH bei *Dallinger* MDR **1958** 14; OLG Düsseldorf StV **1982** 344 m. Anm. *Prittwitz*; BGHSt **50** 318, 322; BGH NStZ **2013** 283 mit Anm. *Widmaier* (Winnenden); *Schmitt*/Köhler 4; KK/*Bader* 9; MüKo/*Maier* 22; SK/*Rogall* 28; *Schlüchter* 493 Fn. 302a; vgl. auch BVerfG NStZ **1985** 277.
68 Vgl. LG Freiburg NJW **1986** 3036.
69 LG Berlin StV **1991** 297; vgl. auch OLG Schleswig SchlHA **1991** 121; SK/*Rogall* 31 m.w.N.
70 BVerfG NStZ **1985** 277; vgl. auch OLG Düsseldorf StV **1982** 344 mit abl. Anm. *Prittwitz*.
71 So aber BVerfG NStZ **1985** 277.

des von ihm nicht zu beeinflussenden Wechsels von der Beschuldigten- in die Zeugenrolle mit einem Strafverfahren allein wegen der künftigen (und nicht auch wegen der inhaltsgleichen vergangenen) Aussage rechnen.[72] Ihm wird zugemutet, unter dem Druck der Strafdrohung der §§ 153 ff. StGB evt. wahrheitswidrig seine Aussage aus Gründen des Selbstschutzes an der gerichtlich festgestellten „Wahrheit" zu orientieren. Dem staatlichen Interesse an der Wahrheitsfindung dient dies nicht.[73] Keiner Ausnahme bei wahrheitsgemäßer Aussage bedarf es grundsätzlich, wenn eine Strafbarkeit aus materiell-rechtlichen Gründen ausscheidet, so im Falle des § 203 StGB; denn eine Aussage, zu der der Zeuge von Strafprozessrechts wegen verpflichtet ist (vgl. § 53, 10 ff.), ist nicht unbefugt.[74] Anders verhält es sich dort, wo möglicherweise eine **Verletzung ausländischer Strafvorschriften** durch die Zeugenaussage droht. Werden durch eine andere Rechtsordnung Geheimhaltungspflichten strafrechtlich geschützt (z.B. Art. 273 SchweizStGB), die mit keinem der Zeugnisverweigerungsrechte des deutschen Rechts korrespondieren, befindet sich der Zeuge in einem unlösbaren Konflikt, vor dem ihn § 55 gerade schützen soll. Die Anwendung des § 55 ist dann von seinem Schutzzweck her aufgrund der Pflicht zu fairer Verfahrensgestaltung geboten.[75] Missbräuche können durch eine genaue Prüfung der konkreten Verfolgungsgefahr mit den Mitteln des **Freibeweises** vermieden werden.

14 **ee) Zweifellos ausgeschlossene Gefahr.** Die Gefahr der Verfolgung droht nicht, wenn die Strafverfolgung gegen den Zeugen aus rechtlichen Gründen zweifellos ausgeschlossen ist.[76] Das ist insbesondere der Fall bei **nicht zu beseitigenden Prozesshindernissen**, insbesondere wenn **Verjährung**[77] oder **Straffreiheit** eingetreten ist;[78] wenn der Zeuge bereits rechtskräftig verurteilt wurde[79] (näher Rn. 16), wenn Teile im Zusammenhang mit einer verfahrensbeendenden Absprache gemäß § 154a Abs. 2 ausgeschieden wurden,[80] auch wenn die Strafe oder Geldbuße noch nicht vollstreckt ist, es sei denn, dass nach Versäumung der Rechtsmittelfrist mit einer **Wiedereinsetzung** gerechnet werden muss;[81] wenn bei Antragsdelikten die Antragsfrist abgelaufen ist;[82] wenn der Angehörige, dem die Verfolgungsgefahr gedroht hat, inzwischen verstorben ist;[83] wenn der Zeuge oder der

---

72 Anders, wenn der Zeuge auch im früheren Verfahren Zeuge und nicht Beschuldigter war: BGH MDR **1953** 402; OLG Zweibrücken NJW **1995 1301**.

73 Vgl. auch *Prittwitz* StV **1982** 344, 346.

74 Insoweit unverständlich BGHSt **50** 318, 322, wonach eine Strafbarkeit nach § 353b Abs. 2 Nr. 2 StGB (der Tatbestand enthält ebenso wie § 203 StGB das Merkmal „unbefugt") bei pflichtgemäßer Zeugenaussage nicht mit Bestimmtheit ausgeschlossen sein soll.

75 LG Freiburg NJW **1986** 3036; *Odenthal* NStZ **1985** 117; *ders.* **1993** 52; **a.A.** LG Stuttgart NStZ **1992** 454 m. abl. Anm. *Odenthal* NStZ **1993** 52 f.: Funktionsfähigkeit der inländischen Rechtspflege geht vor; KK/*Bader* 9; anscheinend widersprüchlich *Schmitt/Köhler* 5, 7b.

76 BGHSt **9** 34, 35; *Eisenberg* (Beweisrecht) 1118; SK/*Rogall* 40; *Schmitt*/Köhler 8; KK/*Bader* 4; MüKo/*Maier* 34.

77 BVerfG DB **1975** 1936; BGH bei *Dallinger* MDR **1958** 141; OLG Oldenburg NJW **1961** 1225; KK/*Bader* 4; *Schmitt*/Köhler 8; MüKo/*Maier* 35; vgl. aber auch BGH StV **1991** 145 mit Anm. *Wächtler*; *Eisenberg* (Beweisrecht) 1118 a.E.

78 BGHSt **4** 131; **9** 35; BGH bei *Dallinger* MDR **1953** 402; BayObLG VRS **78** (1990) 49 für eine endgültige Einstellung nach § 153a; *Eb. Schmidt* Nachtr II 10; vgl. auch LG Traunstein StV **1989** 474.

79 BVerfG NStZ **1985** 277; BGH NStZ **2017** 546 m. Anm. *Ventzke*; vgl. auch OLG Celle NJW **1962** 2315; NStZ **1983** 377; vgl. auch EGMR Entscheidung vom 23.10.2018 – 26892/12; KK/*Bader* 4; *Schmitt*/Köhler 8; SSW/*Eschelbach* 11; MüKo/*Maier* 37.

80 BGH NStZ-RR **2010** 264.

81 OLG Celle NStZ **1983** 377.

82 *Eisenberg* (Beweisrecht) 1118.

83 KK/*Bader* 4; *Schmitt*/Köhler 8; MüKo/*Maier* 50; SSW/*Eschelbach* 10; *Eb. Schmidt* Nachtr. II 10.

Angehörige bei Begehung der Tat strafunmündig war;[84] wenn die Rechtsfolge der Tat im Gnadenweg endgültig erlassen ist.[85] Die Gefahr der Strafverfolgung kann auch aus materiell-rechtlichen Gründen zweifellos ausgeschlossen sein,[86] wenn etwa die subjektiven Tatbestandsvoraussetzungen nicht vorliegen[87] oder wenn **Rechtfertigungs-** oder **Entschuldigungsgründe** gegeben sind,[88] die einer Verfolgung entgegenstehen. Zur Frage der Verfolgungsgefahr im Fall einer möglichen „Rückbelastung" s. Rn. 15.

ff) Keine zweifellos ausgeschlossene Gefahr. Nicht zweifellos ausgeschlossen kann insbesondere die **Gefahr ausländischer Strafverfolgung** sein, jedenfalls, wenn mit einer solchen konkret zu rechnen ist.[89] Dies dürfte auch anzunehmen sein, wenn der Zeuge mit seiner Aussage im Ausland strafbewehrte Geheimnisschutzvorschriften verletzt.[90] Deren Voraussetzungen sind in rechtlicher und tatsächlicher Hinsicht zu untersuchen. Wenn nach der Rechtslage des ausländischen Staates die Gefahr der Verfolgung besteht, kommt es darauf an, ob faktisch die Möglichkeit ausgeschlossen werden kann, dass der Zeuge in den Machtbereich der ausländischen Strafverfolgungsbehörden gelangen könnte (z.B. durch Auslieferung oder Reisen). Dabei ist das Recht des Zeugen auf Freiheit und das Grundrecht auf räumliche Bewegungsfreiheit (Art. 2 Abs. 1, Abs. 2 Satz 2 GG) zu beachten. Bei rechtskräftiger Ablehnung der Eröffnung des Hauptverfahrens[91] und rechtskräftigem Freispruch[92] ist Verfolgungsgefahr anzunehmen, wenn die **Möglichkeit der Wiederaufnahme** des Verfahrens nach den §§ 211, 362 gegeben ist.[93] Ebenso bleibt die Gefahr der Strafverfolgung bestehen, wenn die Staatsanwaltschaft zwar nach **§ 45 JGG** von der Verfolgung abgesehen hat, aber durch die wahrheitsgemäße Aussage des Zeugen neue belastende Tatsachen offenbart würden, die die Weiterführung des Verfahrens veranlassen können.[94] Die Gefahr der Strafverfolgung besteht ferner, wenn die Staatsanwaltschaft das Verfahren nach § 170 Abs. 2, § 153 Abs. 1, § 154 Abs. 1, § 154a Abs. 1 eingestellt hat und es daher (jederzeit) wieder aufgreifen kann.[95] Abzulehnen ist die Ansicht,[96] wonach der Vorsitzende oder bei Beanstandung das Gericht im Einzelfall zu entscheiden habe, ob im Falle der rechtlichen Möglichkeit einer weiteren Strafverfolgung eine solche Gefahr auch tatsächlich besteht. Der Beurteilung des Gerichts unterliegt allein die Frage, ob die zu bekundenden Tatsachen einen Bezug zu einer potentiellen (weiteren) Strafverfolgung haben können.[97] Ein Ermessen darüber, ob die Staatsanwaltschaft eine weitere Strafverfolgung tatsächlich nicht veranlassen wird, mit der Folge, dass dem Zeugen gestützt darauf ein Auskunftsverweigerungsrecht nach § 55 verweigert werden könnte, steht dem Gericht hinge- 15

---

84 KK/*Bader* 4; MüKo/*Maier* 35; *Eb. Schmidt* Nachtr. II 1 0.
85 *Schmitt*/Köhler 8; *Eb. Schmidt* Nachtr. II 10.
86 BGHSt **9** 35; BGH bei *Dallinger* MDR **1974** 16; bei *Holtz* MDR **1981** 632; bei *Pfeiffer/Miebach* NStZ **1981** 93; KK/*Bader* 4.
87 LG Köln NJW **2002** 909, 910.
88 KK/*Bader* 4; *Schmitt*/Köhler 8; SSW/*Eschelbach* 10; MüKo/*Maier* 35; *Geerds* FS Stock 176.
89 BGH NStZ **2019** 539.
90 *Lenk/Glöckle* StV **2020** 484.
91 BGH bei *Dallinger* MDR **1953** 402; KK/*Bader* 4; *Schmitt*/Köhler 9.
92 BGH StV **1984** 408; KK/*Bader* 4; *Schmitt*/Köhler 9; *Eb. Schmidt* Nachtr. II 10; G. *Schäfer* § 65 V I; *Stern* GerS **63** (1904) 210.
93 BGH StV **1991** 145 bei Einstellung mangels Beweises und Verjährung; BGH NStZ-RR **2005** 316; OLG Karlsruhe StraFo **2016** 69 für den Fall der Wiederaufnahme nach § 373a Abs. 1; SK/*Rogall* 41.
94 BGHSt **10** 104; KK/*Bader* 4; *Eb. Schmidt* Nachtr. II 5; SK/*Rogall* 41.
95 *G. Schäfer* § 65 V 1; **a.A.** im Einzelfall KK/*Bader* 4; zu den Voraussetzungen für eine Wiederaufnahme im Falle einer Einstellung gem. § 153 beachte BGH NJW **2004** 375.
96 KK/*Bader* 4.
97 I.d.S. dürfte auch die von KK/*Bader* 4 zit. Entscheidung BGHSt **1** 39 f. zu verstehen sein.

gen nicht zu. Die Staatsanwaltschaft, die noch nicht einmal an ihre eigenen „Zusagen" gebunden ist,[98] wäre an die Auffassung des Gerichts nicht gebunden. Dem Gericht ist es deshalb in diesen Fällen aus Rechtsgründen nicht möglich, durch seine Entscheidung eine Situation zu schaffen, die für den Zeugen die Gefahr einer Strafverfolgung zweifellos ausschließt. Dies gilt erst recht für die „Zusage" des Sitzungsvertreters der Staatsanwaltschaft, der Zeuge habe mit weiterer Strafverfolgung nicht zu rechnen, selbst wenn er sich belasten müsste, weil die Staatsanwaltschaft insoweit von der Möglichkeit des § 154 Gebrauch machen werde. Auch eine solche „Zusage" entfaltet keine rechtliche Bindungswirkung. Abgesehen davon ist sie – unabhängig von der Frage, ob sie einen gesetzlich nicht vorgesehenen Vorteil im Sinne des § 136a darstellt[99] – jedenfalls dann nicht mit dem Legalitätsprinzip und dem Aufklärungsgrundsatz vereinbar, wenn die Staatsanwaltschaft über keine näheren Informationen über die mögliche Straftat verfügt. Als unzulässig – auch i.S.d. § 136a – wird man eine solche „Zusage" ferner dann anzusehen haben, wenn sie geeignet ist, die Aussage des Zeugen in wahrheitsgefährdender Weise zu beeinflussen. Das kann etwa der Fall sein, wenn dem Zeugen im Falle der Selbstbelastung § 154 Abs. 1 in Aussicht gestellt wird, die Strafverfolgungsorgane dem Zeugen aber Anlass zu der Annahme gegeben haben, bei gegenteiliger Aussage mit einer Strafverfolgung wegen Meineides oder falscher uneidlicher Aussage rechnen zu müssen (s. dazu auch Rn. 13). Bei Einstellung des Verfahrens nach **§ 153a** ist das Auskunftsverweigerungsrecht gegeben, wenn durch die Aussage die Gefahr einer Verfolgung der Tat als Verbrechen möglich ist.[100] Das Recht auf Auskunftsverweigerung geht auch nicht dadurch verloren, dass das Strafverfahren wegen **dauernder Verhandlungsunfähigkeit** eingestellt worden ist, wenn die Möglichkeit der Einleitung eines neuen Verfahrens besteht.[101] Bei einem Verfahren, das **mehrere Tatkomplexe und Täter** betrifft, besteht ein teilweises Auskunftsverweigerungsrecht hinsichtlich der Tatkomplexe, derentwegen der Zeuge selbst nicht verurteilt worden ist.[102] Ebenso besteht ein Weigerungsrecht, wenn der Zeuge wegen Beteiligung an der Tat, die Gegenstand seiner Vernehmung sein soll, zwar rechtskräftig verurteilt, diese aber mit anderen Straftaten, deretwegen der Zeuge noch verfolgt werden könnte, in einem so engen Zusammenhang steht, dass die Beantwortung von Fragen zu der abgeurteilten Tat die Gefahr der Verfolgung dieser anderen Taten mit sich bringt.[103] Dies gilt etwa, wenn die abgeurteilte Tat nach Maßgabe der Anklage Teil einer Serie von – noch nicht abgeurteilten – Delikten ist.[104] Eine Verfolgungsgefahr ist bei rechtskräftiger Verurteilung auch dann gegeben, wenn der Zeuge bei wahrheitsgemäßer Aussage von seinen früheren Angaben abweichen und sich damit dem Vorwurf aussetzen müsste, den Angeklagten seinerzeit falsch verdächtigt zu haben (mittelbare Selbstbelastung, vgl. Rn. 11). Freilich bedarf es hierfür tatsächlicher Anhaltspunkte.[105] Eine Gefahr dürfte ferner anzunehmen sein, wenn die wahrheitsgemäßen Angaben des Zeugen zu eigenen Straftaten dazu führen könnten, dass von ihm erst zu benennende Beteiligte ihrerseits Angaben über Taten des Zeugen machen, die bislang nicht Gegenstand von Strafverfahren gegen den Zeugen waren (sog. **Rückbelastung**); dies gilt wegen § 31 Nr. 1

98 Vgl. BGHSt **39** 10.

99 Verneinend BGH bei *Pfeiffer/Miebach* NStZ **1982** 188; **1987** 217; KK/*Diemer* § 136a, 33; siehe aber auch OLG Hamm StV **1984** 456.

100 S. zum Spezialfall, dass der Beschluss nach § 153a von einem sachlich unzuständigen Gericht gefasst wurde, *Trüg/Ruppert* Zeugenaussagen ehemaliger Beschuldigter nach Verfahrenseinstellung gem. § 153a StPO durch das sachlich unzuständige Gericht, NZWiSt **2022** 366.

101 BGH NStZ **1986** 181.

102 BVerfG NStZ **2003** 666.

103 BGH NStZ **2013** 241 m.w.N.; NStZ-RR **2009** 178; LG Koblenz StV **2013** 18.

104 BGH StraFo **2008** 423; OLG Köln NStZ-RR **2005** 269, 270; *Schmitt*/Köhler 8.

105 OLG Hamm Beschl. v. 28.10.2014 – III-5 Ws 375/14; KG NStZ **2011** 652; OLG Köln NStZ **2009** 586.

BtMG insbesondere für Betäubungsmittelverfahren.[106] Davon abzugrenzen sind die Fälle, in denen eine vom Zeugen belastete Person sich entschließen könnte, ihrerseits den Zeugen zu belasten. Diese Gefahr begründet kein Auskunftsverweigerungsrecht.[107] In der Lit. umstritten und von der Rspr. nicht thematisiert war, welche Auswirkungen eine vom Bundeskartellamt im Rahmen eines kartellrechtlichen Bußgeldverfahrens gegenüber einem Unternehmensmitarbeiter abgegebene **Nichtverfolgungszusage** auf das Auskunftsverweigerungsrecht nach § 55 hat.[108] Durch die zum 19.1.2021 in Kraft getretene 10. GWB-Novelle[109] ist die Nichtverfolgungszusage nunmehr in § 59 Abs. 4 Satz 2 GWB gesetzlich vorgesehen. Gleichwohl bleiben die Konsequenzen im Hinblick auf § 55 unklar, zum einen, weil das Kartellamt eine Nichtverfolgungszusage nur für kartellrechtliche Ordnungswidrigkeiten geben kann, und zum anderen, weil die Behörde bei Ermessensfehlgebrauch von der Nichtverfolgungszusage abweichen kann.[110]

gg) Strafklageverbrauch. Fraglich ist häufig der Umfang des Strafklageverbrauchs im Falle **rechtskräftiger Verurteilung**. Die Gefahr der Strafverfolgung droht nur dann nicht, wenn endgültig feststeht, dass Strafklageverbrauch eingetreten ist. Wenn und solange die Frage des Strafklageverbrauchs mit vertretbarer Argumentation verneint werden kann, steht dem Zeugen ein Auskunftsverweigerungsrecht zu.[111] Die Reichweite des Strafklageverbrauchs richtet sich nach dem **prozessualen Tatbegriff des § 264,**[112] der grundsätzlich der gleiche ist wie in Art. 103 Abs. 3 GG.[113] Dabei wird in der Regel ein durch den Rechtsbegriff der **Tateinheit** (§ 52 StGB) zusammengefasster Sachverhalt auch verfassungsrechtlich eine einheitliche prozessuale Tat darstellen. **Ausnahmen** sind aber möglich, insbesondere wenn das materielle Recht rechtliche Handlungseinheiten bildet, die mehrere ihrer Natur nach selbständige Sachverhalte in sich aufnehmen.[114] **Bei Verletzung höchstpersönlicher Rechtsgüter** kann selbst bei Vorliegen eines engen örtlichen, zeitlichen und situativen Zusammenhangs Tatmehrheit i.S. von § 53 StGB anzunehmen sein.[115] Mehrere selbständige Handlungen, die materiellrechtlich im Verhältnis der **Tatmehrheit** i.S. von § 53 StGB stehen, bilden nur dann eine einheitliche prozessuale Tat i.S. von § 264, wenn die einzelnen Handlungen nicht nur äußerlich ineinander übergehen, sondern wegen der ihnen zugrunde liegenden Vorkommnisse unter Berücksichtigung ihrer strafrechtlichen Bedeutung auch innerlich derart miteinander verknüpft sind, dass der Unrechts- und Schuldgehalt der einen Handlung nicht ohne die Umstände, die zu der anderen Handlung geführt haben, richtig gewürdigt werden kann und ihre getrennte Würdigung und Aburteilung als unnatürliche Aufspaltung eines einheitlichen Lebensvorgangs empfunden würde;[116] nur in diesen Fällen ist 16

---

106 BVerfG NJW **2002** 1411; LG Koblenz StV **2013** 18; **a.A.** KG NStZ **2011** 652 mit der formalen Begründung, dass sich die Strafverfolgungsgefahr nicht unmittelbar aus der Aussage des Zeugen ergeben würde; StV **2015** 480 mit Anm. *Ransiek*; vgl. ferner BVerfG NJW **2003** 3045; BGH NStZ **2007** 278; *Schmitt*/Köhler 8.

107 BVerfG NJW **2003** 3045; BGH NStZ **2017** 546; BGH StraFo **2024** 377.

108 Ausf. *Von Brevern/Hack* WuW **2013**, 936, auch zu den umstr. Voraussetzungen für eine zulässige Nichtverfolgungszusage.

109 BGBl. I 2021 S. 2.

110 Vgl. ausführlich *Hiéramente/Gänswein* BB **2021** 392; *Wilhelm/Barth* CCZ **2021** 139.

111 BGH NStZ-RR **2011** 316; NJW **1999** 1413; zu dieser Entscheidung und der bei im Wesentlichen gleichgelagertem Sachverhalt im Ergebnis widersprechenden Entscheidung BGH NStZ **1999** 415 siehe *Dahs* NStZ **1999** 386.

112 BGH NJW **1999** 1413, 1414.

113 BVerfGE **45** 434; BGHSt **32** 146, 150.

114 BVerfGE **56** 22, 32 f.; BVerfGK **5** 7.

115 BGH NJW **1999** 1413, 1414.

116 BGH NJW **2005** 836, 837.

das aus der materiellrechtlichen Realkonkurrenz folgende Indiz für die Annahme unterschiedlicher prozessualer Taten widerlegt.[117] Grundlegende Besonderheiten gelten im Bereich der **Organisationsdelikte**. Nach früherer Rechtsprechung wurden im Vergleich zu den §§ 129, 129a, 129b StGB schwerere Straftaten, die mit der mitgliedschaftlichen Beteiligung an der Vereinigung in Tateinheit stehen, dann nicht von der Rechtskraft eines allein wegen dieser Beteiligung ergangenen Urteils erfasst, wenn sie in den früheren Verfahren tatsächlich nicht – auch nicht als mitgliedschaftlicher Beteiligungsakt – Gegenstand der Anklage und der Urteilsfindung waren.[118] Zwischenzeitlich hat der 3. Strafsenat entschieden, die Verletzung eines Individualrechtsguts könne gegenüber dessen bloßer Gefährdung, der § 129 Abs. 1 StGB entgegenwirken wolle, nicht untergeordnet sein. Deshalb unterfalle die diesbezügliche Tätigkeit nicht der tatbestandlichen Handlungseinheit, sondern trete – mit entsprechenden prozessualen Folgen – in Tatmehrheit zu dieser.[119] Diese Rechtsprechung hat der 3. Strafsenat nun wieder aufgegeben:[120] Der Tatbestand der mitgliedschaftlichen Beteiligung gemäß § 129a Abs. 1 Alt. 2 StGB (oder § 129 Abs. 1 Satz 1 Alt. 2 StGB) verklammere alle Handlungen, die das Mitglied im Interesse der terroristischen (oder kriminellen) Vereinigung ausgeführt habe, zu einer einzigen Tat im sachlich-rechtlichen Sinne. Nur wenn in Anwendung der allgemein geltenden Regeln der Klammerwirkung mindestens zwei weitere, durch verschiedene Einzelakte begangene Gesetzesverstöße ein – mehr als unwesentlich – höheres Gewicht als das Vereinigungsdelikt hätten, könne der Täter trotz der tateinheitlichen Tatbestandsverwirklichung wegen dieses das andere Strafgesetz verletzenden Beteiligungsakts verfolgt und betraft werden, wenn der zugrundliegende Sachverhalt nicht tatsächlich Gegenstand der früheren Anklage oder Urteilsfindung war. Insoweit seien der prozessuale und materiell-rechtliche Tatbegriff nicht deckungsgleich. Die Frage, ob ein Strafverfahren gegen den Zeugen noch möglich ist, kann oftmals erst nach abschließender **Klärung des Sachverhalts in einem anderen Verfahren** entschieden werden, so dass bis dahin ein Aussageverweigerungsrecht besteht.[121]

17 Wenn zwar der Schuldspruch rechtskräftig ist, über den **Straf- bzw. sonstigen Rechtsfolgenausspruch** aber noch nicht entschieden wurde, besteht ein Auskunftsverweigerungsrecht, sofern der Zeuge durch die Beantwortung der Fragen strafzumessungsrelevante oder für den sonstigen Rechtsfolgenausspruch bedeutsame Umstände offenbaren müsste; jedoch ist dabei zu beachten, dass sog. doppelrelevante Tatsachen, die sowohl für den Schuld- wie für den Rechtsfolgenausspruch bedeutsam sind, durch die Rechtskraft des Schuldspruchs und der ihm zugrunde liegenden Feststellungen für das weitere Verfahren gegen den Zeugen bindend werden.[122]

3. Ausübung des Auskunftsverweigerungsrechts

18 **a) Erklärung.** Der Zeuge selbst trifft die Entscheidung, ob er Auskunft erteilen will (vgl. § 52, 22). Er kann sich insoweit eines **anwaltlichen Rechtsbeistandes** bedienen[123] (vgl. Rn. 4, Vor § 48, 25 sowie die Erl. zu § 68b). Bei Zeugen, die **verstandesunreif** oder **verstandesschwach** sind, findet § 52 Abs. 2 entsprechende Anwendung, wenn Angehörige belastet werden könnten.[124] Außerdem kann ihnen ein Beistand beigeordnet werden (vgl.

---

117 BGH NJW **2005** 836, 837.

118 BGH NStZ **2013** 241; vgl. BGHSt **29** 288; BGH NStZ **2010** 287; NStZ-RR **2011** 316.

119 BGHSt **60** 308 = BGH JZ **2016** 473 m. Anm. *Puppe*; BGH StV **2020** 303 Ls.; BGH StV **2021** 575.

120 BGHSt **69** 48 juris, Rn. 11.

121 BGH NJW **1999** 1413, 1414.

122 BGH StV **2005** 649, 650; LG Darmstadt StV **1988** 101.

123 BVerfGE **38** 105, 112 f.

124 *Schmitt*/Köhler 11; KK/*Bader* 12; MüKo/*Maier* 74; SSW/*Eschelbach* 18; SK/*Rogall* 53; *Orlowsky* 129 ff.

§ 68b). Nichts anderes kann im Hinblick auf den Grundsatz des fairen Verfahrens gelten, wenn es um die Gefahr der eigenen Belastung geht, weil auch insoweit eine Schutzbedürftigkeit des Zeugen besteht. Solange der Zeuge die **Auskunftsverweigerung nicht erklärt** hat, steht er als **Beweismittel** zur Verfügung. Das Gericht darf daher mit der Begründung, der Zeuge könnte sich der Gefahr der Verfolgung aussetzen, weder einen **Beweisantrag** ablehnen,[125] noch eine Frage an den Zeugen nach § 241 Abs. 2 zurückweisen.[126]

Der Zeuge muss die Auskunftsverweigerung **ausdrücklich** erklären. Der Zeuge darf, 19
wenn er sich nicht nach §§ 153 ff. StGB strafbar machen will, die Tatsachen, hinsichtlich derer (möglicherweise) die Gefahr der Verfolgung droht, nicht einfach bei seiner Vernehmung verschweigen.[127] Das **Nichterscheinen** des geladenen Zeugen allein darf nicht als Verweigerung jeder Auskunft gewertet werden.[128] Das Gericht kann von der **Ladung** eines Zeugen aber von vornherein absehen, wenn der Zeuge dem Gericht das ihm zustehende umfassende Auskunftsverweigerungsrecht bzw. die Gründe hierfür vorab mitgeteilt hat.[129] Vor Geltendmachung eines umfassenden Aussageverweigerungsrechts (Rn. 6) muss der Zeuge zwar grds. abwarten, welche Fragen an ihn gestellt werden, weil sich erst dann zeigt, ob ein solcher Ausnahmefall gegeben ist.[130] Je nach Lage des Falles wird aber schon angesichts des Prozessgegenstandes und der Aktenlage die Berechtigung zur vollständigen Auskunftsverweigerung auf der Hand liegen. **Ob** die Beantwortung einer Frage die **Gefahr** einer Belastung mit sich bringen kann, **hat (zunächst) der Zeuge** auf der Grundlage seines Wissens über sein eigenes früheres Verhalten oder andere Tatsachen, die mit ihm in Verbindung gebracht werden können, **zu beurteilen,**[131] auch wenn dies (sodann) der Beurteilung durch das Gericht unterliegt (Rn. 20). Ist der Zeuge insoweit unsicher, gebieten richterliche Fürsorgepflicht und Fairness des Verfahrens die Beiziehung eines **anwaltlichen Rechtsbeistandes,**[132] ggf. unter Anwendung des § 68b (§ 68b, 17). § 56 greift nicht hinsichtlich der Frage, ob ein Rechtsbeistand beizuordnen ist. Die Auskunftsverweigerung ist **bis zum Abschluss der Vernehmung** zulässig.[133] Eine wahrheitswidrige Aussage kann der Zeuge bis zum Abschluss seiner Vernehmung widerrufen und von seinem Auskunftsverweigerungsrecht nach § 55 Gebrauch machen.[134] Beharrt der Zeuge vor Beendigung seiner Vernehmung nicht auf bestimmten falschen Angaben, sondern macht er insoweit nunmehr von seinem Weigerungsrecht Gebrauch, so ist zu prüfen, ob er damit nicht konkludent diese falschen Angaben widerrufen hat;[135] die bisherige Aussage kann dann nicht gegen den Zeugen oder seine Angehörigen verwertet werden (vgl. Rn. 28 f.).[136] Der **Verzicht auf das Weigerungsrecht** ist jederzeit möglich (vgl. § 52, 33). Sowohl die Auskunftsverweigerung als auch der Verzicht darauf können **widerrufen** werden (vgl. § 52, 34 ff.).

---

125 RG JW **1931** 3560 mit Anm. *Bohne*; KK/*Bader* 12; SK/*Rogall* 52; MüKo/*Maier* 103; vgl. *Alsberg/Güntge* 849.

126 RGSt **9** 426, 429; KK/*Bader* 12; SK/*Rogall* 52.

127 BVerfGE **38** 105, 113; BGHSt 7 127; RGSt **57** 152, 153; RGRspr. **5** 372; KK/*Bader* 12; SK/*Rogall* 33; MüKo/*Maier* 70; *Schmitt*/Köhler 11; *Eb. Schmidt* Nachtr. II 3; vgl. auch § 52, 22.

128 BGH StV **1989** 140.

129 BGH NStZ **1986** 181; BGH Beschl. v. 9.9.2025 – 5 StR 478/24.

130 BGH wistra **1988** 358.

131 BGH StV **1986** 282.

132 LG Zweibrücken NJW **1999** 3792.

133 BGH NStZ **1982** 431; OLG Celle NJW **1958** 74; OLG Schleswig SchlHA **1991** 121; *Schmitt*/Köhler 11; KK/*Bader* 14; SK/*Rogall* 55; MüKo/*Maier* 80; SSW/*Eschelbach* 18; **a.A.** offenbar BGHSt **11** 213, 217.

134 RGSt **44** 44; GA **62** (1915/16) 319; *Schmitt*/Köhler 11; KK/*Bader* 14.

135 BGH NStZ **1982** 431.

136 RGSt **44** 44, 45; RG GA **62** (1915/16) 319, 320.

20 **b) Entscheidungsbefugnis des Gerichts.** Ob es für die vom Zeugen geltend gemachte Gefahr der strafrechtlichen Verfolgung tatsächliche Anhaltspunkte gibt und der Zeuge sich auf § 55 berufen kann, unterliegt der tatsächlichen **Beurteilung** und rechtlichen **Würdigung** durch den Tatrichter (bzw. sonstigen Vernehmungsperson).[137] Dabei sind der Akteninhalt, die anderweitigen Ergebnisse der Beweisaufnahme in Verbindung mit den Fragen der vorgesehenen Vernehmung **freibeweislich** auszuwerten. Dies schließt es aus, dass sich ein Zeuge allein durch (unberechtigte) Berufung auf § 55 wegen (versuchter) Strafvereitelung strafbar macht (siehe auch Rn. 30).[138] Im Beschwerdeverfahren überprüft das Beschwerdegericht lediglich, ob sich der Tatrichter innerhalb des ihm eröffneten Beurteilungsspielraums gehalten, den richtigen Entscheidungsmaßstab zugrunde gelegt oder seine Entscheidung auf fehlerhafte Erwägungen gestützt hat.[139] Es liegt im freien Ermessen des Gerichts, ob es eine **Glaubhaftmachung** nach § 56 verlangt.[140] Das Gericht hat nur von der an den Zeugen gerichteten Frage auszugehen (Rn. 5, 7),[141] wobei die Möglichkeit ihrer Bejahung und ihrer Verneinung in gleicher Weise in Betracht zu ziehen sind. Bringt auch nur eine dieser Möglichkeiten den Zeugen oder dessen Angehörigen in die Gefahr einer Strafverfolgung, wird das Gericht ein Recht auf Auskunftsverweigerung anerkennen müssen.[142] In der Hauptverhandlung entscheidet zunächst der Vorsitzende, das Gericht, wenn die Entscheidung nach § 238 Abs. 2 beanstandet wird (s. auch Rn. 40).[143] Der Zeuge braucht die Tatsachen, die sein Auskunftsverweigerungsrecht begründen, nicht anzugeben, wenn er schon damit in Gefahr gerät. Dass solche Tatsachen vorliegen, ist dann ggf. Gegenstand der Glaubhaftmachung gem. § 56 (§ 56, 5).[144]

4. Folgen der Auskunftsverweigerung

21 **a) Allgemeines.** Macht der Zeuge von seinem Auskunftsverweigerungsrecht Gebrauch, so darf er über die in Betracht kommenden Punkte nicht weiter befragt werden. Dennoch gestellte Fragen können nach § 241 Abs. 2 als ungeeignet zurückgewiesen werden.[145] **Beweisanträge** auf Vernehmung eines Zeugen, der sich auf sein (umfassendes) Auskunftsverweigerungsrecht nach § 55 beruft, können nach § 244 Abs. 3 Satz 3 Nr. 4 zurückgewiesen werden, weil es sich beim verweigernden Zeugen insoweit um ein **ungeeignetes Beweismittel** handelt;[146] dies setzt jedoch voraus, dass dem Zeugen eindeutig ein umfassendes Auskunftsverweigerungsrecht zusteht und der Zeuge ebenso eindeutig von einem umfassenden Auskunftsverweigerungsrecht Gebrauch macht. Im Zweifelsfall, insbe-

---

137 Vgl. BVerfG NJW **1999** 779; BGHR StPO § 55 Abs. 1 Auskunftsverweigerung 2; Auskunftsverweigerung 5; OLG Oldenburg NJW **1961** 1295; OLG Stuttgart Justiz **1972** 123; OLG Celle NStZ-RR **2011** 377; OLG Hamm Beschl. v. 28.10.2014 – III-5 Ws 375/14; *Schmitt*/Köhler 10; KK/*Bader* 13.

138 **A.A.** aber offenbar LG Ravensburg NStZ-RR **2008** 177.

139 OLG Hamm Beschl. v. 28.10.2014 – III-5 Ws 375/14.

140 BGH bei *Dallinger* MDR **1971** 188; BGHR StPO § 70 Weigerungsgrund 1; RGRspr. **2** 305; RG Recht **1928** Nr. 213; LG Hamburg VRS **74** (1988) 442; KK/*Bader* 13; MüKo/*Maier* 32; *Schmitt*/Köhler 10; *Dahs* NStZ **1999** 386; vgl. § 56, 2 ff.

141 KK/*Bader* 8.

142 RGSt **36** 114, 117; BGHR StPO § 55 Abs. 1 Auskunftsverweigerung 3; BVerfG NJW **1999** 779; KK/*Senge* 8; *Richter II* StV **1996** 458.

143 BGH NJW **2007** 384, 386; *Schmitt*/Köhler 10; KK/*Bader* 4; MüKo/*Maier* 32; SSW/*Eschelbach* 15.

144 BGH StV **1987** 328, 329; LG Berlin StV **1991** 297; *Richter II* StV **1996** 461.

145 BGH NJW **2006** 786; *Schmitt*/Köhler 12; SK/*Rogall* 56; SSW/*Eschelbach* 19.

146 Str.: wie hier BGHSt **21** 12 mit Anm. *Seydel* NJW **1966** 742; BGH NStZ **1982** 126; StV **1983** 353; NJW **1984** 136; NStZ **1986** 181; *Hanack* JZ **1972** 1215; wohl auch MüKo/*Maier* 102; **a.A.** *Schmitt*/Köhler 12: unzulässig nach § 244 Abs. 3 Satz 2; so wohl auch SSW/*Eschelbach* 19; SK/*Rogall* 56; *Alsberg*/*Nüse*/*Meyer* 253 ff., 456, 825.

sondere wenn sich der Zeuge schon einmal umentschieden hat, ist er zu **laden**. Auch wenn der Zeuge die Auskunft berechtigt verweigert, sollen sein äußeres Erscheinungsbild, Mimik, Gestik, Auftreten und Sprachverhalten als Teil des Zeugenbeweises verwertbar sein.[147] Hat der Zeuge in einem früheren inzwischen eingestellten Verfahren die Auskunft verweigert, darf ein entsprechender Beweisantrag in dem laufenden Verfahren nicht ohne vorherige Aufklärung abgelehnt werden.[148]

b) Beweisrechtliche Behandlung früherer Zeugenaussagen oder -erklärungen. 22
Bei der Frage, wie im Falle einer Auskunftsverweigerung des Zeugen gem. § 55 frühere Aussagen oder Erklärungen des Zeugen **im weiteren Verfahren gegen den Angeklagten** (zu etwaigen Verfahren gegen den Zeugen oder einen Angehörigen des Zeugen Rn. 28 f.) zu behandeln sind, ist zu differenzieren:[149]

aa) Bekundungen aus derselben Vernehmung. Was der Zeuge bis zur Auskunftsver- 23
weigerung ausgesagt hat, ist nach h.M. ebenso zugunsten wie zulasten des Angeklagten beweisrechtlich verwertbar,[150] auch wenn der Zeuge die Auskunftsverweigerung ausdrücklich auf seine bisherigen Angaben bezogen wissen will.[151] Allerdings ist der Tatrichter verpflichtet, ein solches Aussageverhalten im Rahmen der **Beweiswürdigung** bei der Beurteilung der Aussage des betreffenden Zeugen kritisch zu bewerten.[152]

bb) Bekundungen aus früheren Vernehmungen. Nach **h.M.** ist es ebenfalls grund- 24
sätzlich zulässig, Angaben des Zeugen aus der Zeit vor der Hauptverhandlung zu verwerten.[153] Insbesondere wird es für zulässig erachtet, die **Verhörsperson** über den Inhalt früherer Vernehmungen zu befragen[154] und dem Angeklagten aus den Vernehmungsprotokollen **Vorhalte** zu machen.[155] § 252 soll nicht anwendbar sein,[156] weil die Verweigerung der Auskunft gem. § 55 der Zeugnisverweigerung nach §§ 52, 53 nicht gleichzusetzen sei[157] und den **Rechtskreis** des Angeklagten nicht unmittelbar berühre.[158]

---

147 BGH Beschl. v. 18.8.2020 – 5 StR 175/20.

148 BayObLG VRS **78** (1990) 49.

149 Vgl. SK/*Rogall* 58 ff.

150 BGHR StPO § 55 Auskunftsverweigerung 8; BGHSt **47** 220, 223; *Schmitt*/Köhler 12; KK/*Bader* 14; MüKo/*Maier* 82; SSW/*Eschelbach* 20; **a.A.** *Schütz* 92 unter unzutreffender Bezugnahme auf RGSt **44** 44.

151 BGH NStZ **1998** 46 m. Anm. *Rengier.*

152 BGHSt **47** 220, 223 f.; bestätigt BGH Urt. v. 26.4.2023 – 5 StR 457/22.

153 BGHSt **6** 209, 211; **17** 245, 247; **17** 350; BGH MDR **1951** 180; BGH bei *Dallinger* MDR **1968** 202; BayObLG NJW **1984** 1246; *Schmitt*/Köhler 12; **a.A.** SK/*Rogall* 63 für den Fall der Auskunftsverweigerung zu Gunsten eines Angehörigen; *Gössel* § 25 D V c; *Eb. Schmidt* Nachtr. I Vor §§ 52–56, 9; *Dalcke*/*Fuhrmann*/*Schäfer* 3; *Geerds* FS Stock 179; *Hanack* JZ **1972** 238; *ders.* FS Schmidt-Leichner 92; *Rogall* NJW **1978** 2538; *Schütz* 93; *Rengier* 236; weit. Nachw. bei § 252.

154 BGHSt **6** 209, 211; **17** 245, 247; BGH MDR **1951** 180; BGH bei *Dallinger* MDR **1973** 19; BGH StV **1982** 405; OLG Celle NJW **1957** 194 Ls.; KK/*Bader* 15; *Schmitt*/Köhler 12; MüKo/*Maier* 88; SSW/*Eschelbach* 21; *Beulke* Rn. 466; *Sarstedt*/*Hamm* 236; *Dölling* NStZ **1988** 9; *Paulus* JuS **1988** 877 Fn. 54; **a.A.** *Rengier* 236; zur Gegenansicht vgl. auch *Mitsch* JZ **1992** 174 Fn. 1.

155 KK/*Bader* 15; *Schmitt*/Köhler 12.

156 BGHSt **6** 209; **17** 245; **38** 304 (obiter dictum); *Schmitt*/Köhler 12; MüKo/*Maier* 88; SSW/*Eschelbach* 20; wohl auch KK/*Diemer* § 252, 7.

157 BGHSt **6** 211.

158 BGHSt **17** 247.

25 Diese Auffassung ist **bedenklich.**[159] Zum einen ist der Rechtskreis des Angeklagten jedenfalls dann betroffen, wenn sich der Zeuge in Bezug auf die Belastung eines Angehörigen zur nachträglichen Auskunftsverweigerung entschließt.[160] Zum anderen berücksichtigt die h.M. nicht hinreichend, dass es sich bei später von § 55 Gebrauch machenden Zeugen häufig um ehemalige oder potentielle **Mitbeschuldigte** des Angeklagten handelt, bei denen der Wahrheitsgehalt ihrer Aussagen häufig fragwürdig ist (vgl. Rn. 38). Zutreffend hat aber der 5. Strafsenat des BGH ausgeführt,[161] dass bei geständigen ehemaligen Mitbeschuldigten, bei denen die Gefahr nicht fernliegt, dass sie durch ihre Aussage den Nichtgeständigen zwecks eigener Vorteile belastet haben, besondere Anforderungen an die **Beweiswürdigung** durch den Tatrichter zu stellen sind. Das gilt insbesondere dann, wenn er durch Zubilligung eines verdichteten Auskunftsverweigerungsrechts nach § 55 seine Überzeugung nicht auf eigene Angaben des ehemaligen Mitbeschuldigten stützen und der Angeklagte sein durch **Art. 6 Abs. 3 *lit.* d EMRK** garantiertes Recht, Fragen an den Belastungszeugen zu stellen oder stellen zu lassen, nicht ausüben kann.[162] Weitergehend sollte in solchen Fällen, in denen die durch das Auskunftsverweigerungsrecht des Zeugen bedingte Verwertung der früheren Aussage faktisch zu einem **Ausschluss des Konfrontationsrechts** des Angeklagten führt, weil bereits vorher keine Möglichkeit zur Befragung bestand – womit dann sehr wohl der Rechtskreis des Angeklagten berührt ist –, ein **Verwertungsverbot** der früheren Aussage des Zeugen **gem. § 252** erwogen werden. Gegen die Anwendung der Norm spricht nicht bereits der Wortlaut („das Zeugnis zu verweigern"), weil der Sprachgebrauch der StPO in dieser Hinsicht uneinheitlich ist (vgl. § 56 Abs. 1).[163] Die Vorschrift statuiert ein selbstständiges, d.h. von der Verletzung eines Beweiserhebungsverbots unabhängiges Beweisverwertungsverbot.[164] Wenigstens ist in solchen Fällen grds. von einem **geminderten Beweiswert** der Aussage auszugehen, dem das Gericht bei der Beweiswürdigung Rechnung zu tragen hat.[165] Auf die Angaben der Vernehmungsperson allein kann eine Verurteilung nicht gestützt werden.[166]

26 Auch nach h.M. ist es wegen § 250 Satz 2 grds. **nicht zulässig**, frühere **schriftliche Erklärungen** des Zeugen oder Protokolle über frühere Vernehmungen gem. § 251 zu **verlesen**, wenn der Zeuge in der Hauptverhandlung erscheint und von seinem Auskunftsverweigerungsrecht gem. § 55 umfassend Gebrauch macht. Die Verweigerung der Aussage führt nämlich nicht dazu, dass der Zeuge im Sinne des § 251 Abs. 1 Nr. 3 „in absehbarer Zeit gerichtlich nicht vernommen werden kann", weil die Weigerung zu einer – von dieser Vorschrift nicht erfassten – rechtlichen Hinderung führt.[167] Das gilt auch dann, wenn sich der Zeuge bereits vor der Hauptverhandlung auf ein umfassendes Auskunftsverweigerungsrecht gem. § 55 beruft.[168] Lediglich im Falle einer **Teilaussage** (bzw. **Teilverweigerung**) soll die **ergänzende Verlesung** einer schriftlichen Erklärung des Zeugen zu Beweis-

---

159 Ausführliche Darstellung des Streitstandes bei SK/*Rogall* 63.

160 SK/*Rogall* 63; vgl. *Rengier* NStZ **1998** 48.

161 BGH NStZ **2004** 691, 692; vgl. auch OLG Brandenburg NStZ **2002** 611.

162 Zum Recht auf konfrontative Befragung insbesondere BGHSt **46** 93; BGH NJW **2007** 237; s. auch BGH NStZ **2022** 496 m. Anm. *Esser.*

163 SK/*Rogall* 63; *Eb. Schmidt* Nachtr. I Vor §§ 52–56, 9.

164 Zum Gesichtspunkt des Verschuldens der Justiz für die Begründung eines umfassenden Verwertungsverbotes i.d. Zusammenhang siehe BVerfG NJW **2007** 204.

165 So BGH NStZ-RR **2005** 322; bestätigt durch BVerfG NJW **2007** 204.

166 BGH Beschl. v. 31.8.2021 – 5 StR 223/21; BGHSt **46** 93; BGH NStZ-RR **2005** 322; NJW **2007** 237 jeweils m.w.N. auch auf die Rspr. des EGMR; vgl. auch die Kommentierung zu § 168c.

167 Vgl. BGH NJW **1984** 136; BGH bei *Pfeiffer/Miebach* NStZ **1984** 211; *Schmitt*/Köhler § 251, 11; *Dölling* NStZ **1988** 6; **a.A.** *Meyer* JR **1987** 524.

168 BGH JR **2008** 119 m. abl. Anm. *Hecker.*

zwecken gem. § 249 Abs. 1 zulässig sein.[169] Im Übrigen ist nach bislang h.M. eine Verlesung selbst dann unzulässig, wenn alle Verfahrensbeteiligten eingewilligt haben (vgl. § 251 Abs. 1 Nr. 1, Abs. 2 Nr. 3), weil ein „Ersetzen" i.S.d. § 251 grundsätzlich nicht in Betracht kommt, wenn sich der Zeuge in der Hauptverhandlung lediglich auf sein Auskunftsverweigerungsrecht beruft und nicht zur Sache aussagt.[170] Gegen diese Auffassung hat der 2. Strafsenat in einem obiter dictum Bedenken im Hinblick auf den auch § 250 Satz 2 zugrundeliegenden Gedanken bestmöglicher **Sachaufklärung** erhoben.[171]

c) Beweiswürdigung der Ausübung des Auskunftsverweigerungsrechts oder des Widerrufs des Verzichts

aa) Verfahren gegen den Angeklagten. Die Tatsache, dass der Zeuge über bestimmte 27
Fragen keine Auskunft gegeben hat, unterliegt der freien Beweiswürdigung (§ 261). Sie kann daher – grundsätzlich – zu Gunsten oder zu Lasten des Angeklagten[172] verwertet werden. Unzulässig ist jedoch die Berücksichtigung des Auskunftsverweigerungsrechts in einem anderen Strafverfahren.[173] Ferner ist zu beachten, dass das Gericht – von Ausnahmefällen abgesehen – nicht feststellen kann, welche Motive den Zeugen zur Auskunftsverweigerung veranlasst haben.[174] Sichere Schlüsse zu Gunsten oder zu Lasten des Angeklagten werden sich selten ziehen lassen.[175] Die **Rechtskreistheorie** hat in diesem Zusammenhang keine Relevanz. Ist es dem Angeklagten wegen der zulässigen Auskunftsverweigerung des Zeugen nicht möglich, sein **Konfrontationsrecht** nach **Art. 6 Abs. 3 *lit.* d EMRK** auszuüben, so soll dies nicht zur Unverwertbarkeit einer früheren belastenden Aussage führen, wenn das Verfahren in seiner Gesamtheit den Geboten der Verfahrensfairness entspricht.[176] Die fehlende Möglichkeit zur Konfrontation sei in diesem Fall der Justiz nicht zuzurechnen. Allerdings müsse das Gericht im Rahmen der **Beweiswürdigung** die fehlende Befragungsmöglichkeit hinreichend berücksichtigen.[177] Indes ist ein Beweisverwertungsverbot für belastende Aussagen des Zeugen im Ermittlungsverfahren anzunehmen, die unter Verletzung des § 55 Abs. 2 zustande gekommen sind, wenn der Zeuge in der Hauptverhandlung von seinem Auskunftsverweigerungsrecht Gebrauch macht (näher Rn. 41). Macht ein früherer Mitangeklagter, der den Angeklagten zunächst belastet, in einer späteren Zeugenvernehmung von seinem Auskunftsverweigerungsrecht Gebrauch, so muss sich das Urteil damit auseinandersetzen, inwieweit aus dieser Auskunftsverweigerung Schlüsse zugunsten des Angeklagten gezogen werden können.[178]

---

169 BGH NStZ **1988** 36; m. Anm. *Dölling* NStZ **1988** 6; vgl. BGHSt **20** 160, 161 ff.

170 BGH NStZ **1982** 342 (in Bezug auf § 251 Abs. 1 Nr. 4 a.F.); StV **1983** 353; NStZ **1996** 96; *Schmitt*/Köhler 12; KK/*Bader* 15; differenzierend SK/*Rogall* 65 f.; *Dölling* NStZ **1988** 10; *Paulus* JuS **1988** 877 Fn. 54; *Langkeit*/*Cramer* StV **1996** 230 ff.

171 BGH NJW **2002** 309; zustimmend: SK/*Rogall* 65; *Beulke* 466; zu weit allerdings *Mitsch* JZ **1992** 179, 180 ff.; vgl. zu dem obiter dictum auch die Entscheidung desselben Senats JR **2008** 119 m. abl. Anm. *Hecker*.

172 BGH StV **1984** 233; BGHSt **38** 302, 304; **47** 220, 223 ff.; *Schmitt*/Köhler § 261, 20; SK/*Rogall* 69; KK/*Bader* 16; MüKo/*Maier* 84; SSW/*Eschelbach* 23; *Rengier* NStZ **1998** 48; zurückhaltend LR/*Dahs*[25] 21; **a.A.** *Eisenberg* (Beweisrecht) 1130.

173 OLG Brandenburg StRR **2009** 3 (Ls.).

174 *Geerds* FS Stock 180; insbesondere *Richter II* StV **1996** 457, 461.

175 vgl. LG Augsburg Urt. v. 10.5.2010 – 1 KLs 601/09; SK/*Rogall* 69.

176 BGH NStZ-RR **2014** 246 mit Hinweis auf BVerfG NJW **2010** 925 und BGHSt **55** 70, 74; vgl. auch EGMR JR **2013** 170 sowie die Anm. *Küppers* ZWH **2014** 396 zu BGH NStZ-RR **2014** 246 = ZWH **2014** 394.

177 *Jahn* JuS **2014** 950.

178 BGH NStZ **2021** 183; BGH NStZ-RR **2020** 286; BGH StV **2009** 174.

28 **bb) Verfahren gegen den Zeugen.** Weil die durch § 55 geschützte Entschließungsfreiheit des Zeugen bedroht wäre, wenn er bei Ausübung dieses Rechts damit rechnen müsste, dass dieses Verhalten später negativ gewürdigt wird, dürfen daraus in einem anderen den gleichen Tatkomplex betreffenden Strafverfahren gegen ihn (als Beschuldigtem) keine Schlüsse zu seinem Nachteil gezogen werden.[179] Die Auskunftsverweigerung allein darf nicht zum Anlass eines **Ermittlungsverfahrens** genommen werden.[180] Auch kann die Ausübung des Auskunftsverweigerungsrechts nicht durch die Auferlegung von **Kosten** sanktioniert werden.[181] Ferner dürfen die bisherigen Aussagen jedenfalls dann nicht gegen ihn verwendet werden, wenn die Auskunftsverweigerung als **konkludenter Widerruf** des bisher Gesagten zu verstehen ist (Rn. 19).

29 **cc) Verfahren gegen einen Angehörigen des Zeugen.** Richtet sich das spätere Strafverfahren gegen einen Angehörigen des Zeugen, so ist eine Verwertung des Aussageverhaltens des Zeugen im Ausgangsverfahren im Hinblick auf den Schutzzweck des § 55 ebenfalls unzulässig.[182]

30 **5. Unberechtigte Auskunftsverweigerung.** Beruft sich der Zeuge nicht auf sein Auskunftsverweigerungsrecht oder entscheidet das Gericht, dass der Zeuge die Auskunft ohne rechtlichen Grund verweigert, können in jedem Stadium des Verfahrens **Ordnungs- und Zwangsmittel** (§ 70) gegen ihn angeordnet werden.[183] Abzulehnen ist es, stattdessen oder darüber hinaus aus der strafprozessualen Zeugnispflicht eine Garantenstellung i.S.d. § 13 StGB abzuleiten mit der Folge, dass sich ein Zeuge bei unberechtigter Weigerung wegen (versuchter) Strafvereitelung durch Unterlassen strafbar machen kann.[184] Die allgemeine staatsrechtlich begründete Pflicht (Vor § 48, 21) führt nicht zu einer besonderen Pflichtenstellung i.S.d. § 13 StGB. Zudem haben die **Ordnungsmittel** des § 70 ebenfalls Sanktionscharakter (vgl. Anh. zu § 51, 2), so dass es zu einer unzulässigen Doppelverfolgung kommen könnte. Die Anordnung von Ordnungs- und Zwangsmitteln darf nicht erfolgen, ohne dem Zeugen zunächst Gelegenheit zu geben, die Tatsachen, auf die er seine Auskunftsverweigerung stützt, gem. § 56 **glaubhaft** zu machen (beachte aber § 56, 5).

31 **6. Eidesleistung.** Der Zeuge ist, auch wenn er von dem Auskunftsverweigerungsrecht Gebrauch gemacht hat, zur Eidesleistung unter den Voraussetzungen des § 59 Abs. 1 und bei Nichtvorliegen eines Vereidigungsverbotes (§ 60) verpflichtet.[185] Auch eine Teilvereidigung ist möglich (vgl. § 59, 31). Häufig wird aber von der Vereidigung nach § 60 Nr. 2 abzusehen sein. Die Vereidigung scheidet aus, wenn der Zeuge zur umfassenden Auskunftsverweigerung berechtigt ist (Rn. 6).

---

179 Vgl. OLG Stuttgart NJW **1981** 1223; BGHSt **38** 302; SK/*Rogall* 70; MüKo/*Maier* 85; *Dahs*/*Langkeit* NStZ **1993** 215; *Rengier* NStZ **1998** 48.

180 *Peters* § 42 III 2c cc; vgl. aber OLG Stuttgart Justiz **1972** 122.

181 LG Braunschweig AnwBl. **1979** 41.

182 SK/*Rogall* 71; SSW/*Eschelbach* 23.

183 BGHR StPO § 70 Erzwingungshaft 4; BGHR StPO § 70 Erzwingungshaft 1; BGHSt **36** 155; BGHR StPO § 70 Weigerungsgrund 1 und 4; Näheres bei § 70.

184 MüKo-StGB/*Cramer* § 258, 22; **a.A.** LG Ravensburg NStZ-RR **2008**, 177; AG Karlsruhe StV **2025** 410; TK-StGB/*Bosch* § 13 StGB, 31; TK-StGB/*Hecker* § 258 StGB, 17.

185 BGHSt **6** 383; RGSt **12** 190, 193; **17** 116, 118; **29** 23, 33; **50** 162, 166; RG JW **1902** 576; *Schmitt*/Köhler 13.

III. Belehrung (Absatz 2)

1. Allgemeines. Die Belehrung des Zeugen über sein Auskunftsverweigerungsrecht ist in Absatz 2 **zwingend** vorgeschrieben.[186] Das Unterlassen der Belehrung hat Folgen für ein mögliches Verfahren gegen den Zeugen wegen eventuell verwirklichter Aussagedelikte (Rn. 36).[187] Zur Belehrung verpflichtet sind auch **Staatsanwaltschaft** (§ 161a Abs. 1 Satz 2) und **Polizei** (§ 163 Abs. 3 Satz 2). 32

2. Zeitpunkt. Die Belehrungspflicht entsteht erst, wenn der Richter oder eine andere Verhörsperson Grund zu der Annahme hat, der Zeuge könne sich oder einen Angehörigen der Gefahr aussetzen, wegen einer Straftat oder Ordnungswidrigkeit verfolgt zu werden.[188] Es ist Pflicht des Vernehmenden, die Möglichkeit solcher Anhaltspunkte ins Auge zu fassen.[189] Eine bloß theoretische Möglichkeit genügt nicht (Rn. 10).[190] Die Verfahrensbeteiligten können die Belehrung anregen, einen Anspruch auf ihre Durchführung haben sie nicht. Es muss nicht etwa jeder Zeuge vor seiner Vernehmung nach § 55 Abs. 2 belehrt und ihm dadurch zu verstehen gegeben werden, dass man ihm oder seinen Angehörigen die Begehung von Straftaten und Ordnungswidrigkeiten zutraut.[191] Unzulässig ist das aber nicht,[192] denn die Belehrung ist nie gesetzwidrig.[193] Die Belehrung wird, wenn schon zu diesem Zeitpunkt die Annahme begründet ist, dass die Voraussetzungen des § 55 Abs. 1 vorliegen, vor der Vernehmung, sonst erst dann erteilt, wenn der Zeuge erkennbar beginnt, über Tatsachen zu sprechen, bei denen nach der Auffassung des Vernehmenden die Gefahr der Selbstbelastung oder der Belastung naher Angehöriger bestehen könnte,[194] oder wenn ihm Fragen gestellt werden, die diese Gefahr in sich bergen. 33

3. Form und Inhalt. Die Belehrung muss allgemein unter Hinweis auf § 55 oder in der Weise erfolgen, dass der Vernehmende dem Zeugen sagt, auf welche Fragen er die Auskunft verweigern kann.[195] In der **Praxis** erfolgt die Belehrung **häufig fehlerhaft**, nämlich nicht rechtzeitig oder in einer für den Zeugen nicht verständlichen Form oder sogar falsch.[196] Den Zeugen wird z.B. gesagt, dass sie die Aussage dann verweigern können, wenn sie sich mit der Beantwortung der Frage selbst belasten müssten. Das bedeutet, dass sich der Zeuge immer dann, wenn er nicht antwortet, durch die Antwort selbst belastet hätte. Dies kann beim Zeugen aus Angst vor Verfolgung falsche Antworten provozieren.[197] Es ist aber Aufgabe der Vernehmungsperson, die Rechte des Zeugen umsichtig und für 34

---

186 Vgl. auch KK/*Bader* 17; *Schmitt*/Köhler 14; MüKo/*Maier* 95; SK/*Rogall* 72; *Pfeiffer* 3; *Sarstedt*/*Hamm* 236; *Schütz* 57.

187 BGHSt **8** 186, 190; BGH StV **1986** 341; **1988** 427; **1995** 249; OLG Karlsruhe StV **2003** 505 m. Anm. *H. E. Müller*.

188 Für eine frühzeitige Belehrung *Eser* ZStW **86** (1974) Beih. 165; *Montenbruck* ZStW **89** (1977) 883; *Rogall* 189; *ders.* NJW **1978** 2537.

189 *Eb. Schmidt* 9.

190 BGH bei *Dallinger* MDR **1953** 402; BGH NStZ **1999** 415, 416; OLG Frankfurt NJW **1951** 614; *Peters* § 42 III 2c cc; *Schütz* 87; wohl auch *Eb. Schmidt* Nachtr. II 14.

191 *Koffka* JR **1968** 30; **a.A.** *Geerds* FS Stock 188.

192 KK/*Bader* 17; MüKo/*Maier* 95; SK/*Rogall* 74; *Schütz* 88.

193 BGH bei *Dallinger* MDR **1953** 402; OLG Oldenburg NJW **1961** 1225; *Schmitt*/Köhler 14; SK/*Rogall* 74.

194 *Schmitt*/Köhler 14; *Dalcke*/*Fuhrmann*/*Schäfer* 5.

195 BGH bei *Dallinger* MDR **1953** 402; *Schmitt*/Köhler 14; SK/*Rogall* 75; SSW/*Eschelbach* 26.

196 Dazu anschaulich *Richter II* StV **1996** 457, 461.

197 *G. Jansen* 72 ff.

diesen verständlich zu wahren.[198] In besonderen Fällen kann es deshalb zudem geboten sein, für einen **anwaltlichen Rechtsbeistand** des Zeugen Sorge zu tragen[199] (Vor § 48, 25 sowie § 68b, 17; Rn. 4). Ggf. ist der Zeuge dahin zu belehren, dass er berechtigt ist, die ganze Aussage zu verweigern (Rn. 6).[200] Steht dem Zeugen sowohl ein Zeugnisverweigerungsrecht nach § 52 Abs. 2 als auch das Auskunftsverweigerungsrecht zu, muss das Gericht ihn grundsätzlich über beide Verweigerungsrechte belehren (vgl. § 52, 44);[201] fraglich ist, ob die Belehrung kumulativ zu erfolgen hat (zur Frage eines möglichen Wahlrechts des Zeugen Rn. 3) oder ob zunächst nach § 52 zu belehren ist. In besonderen Fällen kann Letzteres geboten sein.[202] Als wesentliche Förmlichkeit bedarf die Belehrung der **Protokollierung** (§ 168a Abs. 1, § 273 Abs. 1).[203]

35 **4. Entscheidung.** Die Entscheidung über die Belehrungspflicht und die Art ihrer Durchführung trifft der Vorsitzende; erst im Fall der Beanstandung nach § 238 Abs. 2 obliegt sie dem Gericht (vgl. Rn. 20).[204] Mit der Belehrung darf nicht ein Dritter beauftragt werden (vgl. § 52, 46).

5. Auswirkungen von Belehrungsfehlern

36 **a) Verfahren gegen den Zeugen.** Ein Verstoß gegen die Belehrungspflicht des § 55 Abs. 2 kann die **Unverwertbarkeit** der Aussage in einem späteren Verfahren zur Folge haben, das gegen den früheren, nicht belehrten Zeugen als nunmehr Beschuldigten geführt wird,[205] wenn dieser Fehler für das Zustandekommen der Zeugenaussage ursächlich geworden ist.[206] Dies gilt jedenfalls dann, wenn er die Vorstellung hatte, seine Äußerungen seien Gegenstand einer – dem Schutzbereich der Belehrung unterliegenden – Vernehmung oder informatischen Befragung, nicht jedoch, wenn diese Äußerungen davon unabhängig auf seine Initiative erfolgten.[207] Nach der ratio des § 55 müssen diese Grundsätze auch gelten, wenn sich das spätere Verfahren gegen einen Angehörigen des Zeugen richtet.[208] Umstritten ist, ob gegen die Verwertung der früheren Aussage in der späteren Hauptverhandlung bis zu dem in § 257 genannten Zeitpunkt **Widerspruch** erfolgen muss.[209] Fraglich ist, welche **Folgen** Verfahrensfehler bei der Zeugenvernehmung **für die Strafbarkeit von Aussagedelikten gem. §§ 153, 154 StGB** haben. Nach h.M. ist ein solcher Fehler allenfalls als Strafmilderungsgrund zu berücksichtigen.[210] Nach einer starken Minderansicht im Schrifttum ist die Strafbarkeit grundsätzlich von der Verwertbarkeit der Aussage ab-

---

198 BGH bei *Dallinger* MDR **1953**, 402.

199 OLG Stuttgart NStZ **1992** 340; **1993** 201 OLG Düsseldorf GA **1993** 460; vgl. auch BVerfGE **38** 105, 111 ff.

200 BGH bei *Dallinger* MDR **1953** 402; RG GA **62** (1915/16) 319; RG Recht **1914** Nr. 2954; OLG Stuttgart NJW **1950** 760; *Schmitt*/Köhler 14; KK/*Bader* 18; SK/*Rogall* 75; SSW/*Eschelbach* 27.

201 BGH NStZ **1988** 561, 562.

202 BGH NStZ **1988** 561, 562.

203 *Schmitt*/Köhler 15; SK/*Rogall* 76; SSW/*Eschelbach* 28.

204 BGH NJW **2007** 384, 386; *Schmitt*/Köhler 15; KK/*Bader* 17; *Dalcke/Fuhrmann/Schäfer* 5; *Schütz* 87.

205 BayObLG StV **2002** 405; **2002** 179, 180; OLG Karlsruhe StV **2003** 505.

206 OLG Celle NStZ **2002** 386.

207 BayObLG StV **2002** 405.

208 SK/*Rogall* 79.

209 So BayObLG StV **2002** 179, 180; *Schmitt*/Köhler 17; MüKo/*Maier* 112; **a.A.** wohl AG Köln StraFo **2013** 281; s.a. SK/*Rogall* 79.

210 BGHSt **8** 186, 190; **10** 142; **17** 128, 136; OLG Karlsruhe StV **2003** 505 m.w.N.; OLG Thüringen NStZ-RR **2011** 279; TK-StGB/*Bosch/Schittenhelm* Vor zu §§ 153 ff. StGB, 24; Lackner/Kühl/*Heger* Vor Zu § 153, 6.

hängig.[211] Vorzugswürdig ist die Ansicht, die zunächst nach dem Schutzzweck der Norm differenziert, gegen die verstoßen wurde.[212] Der Normzweck des § 55 besteht (primär) darin, den Zeugen vor einer Selbstbelastung zu schützen. Wenn der Zeuge infolge fehlerhafter Belehrung zur Aussage gezwungen wird und infolgedessen falsch aussagt, widerspricht es dem Nemo-tenetur-Grundsatz, dieses Aussageverhalten zum Gegenstand einer strafrechtlichen Verurteilung zu machen, denn eine Pflicht, wahr auszusagen, besteht für diesen Zeugen gerade nicht.

b) Verfahren gegen den Angeklagten

aa) Sog. Rechtskreistheorie/Kritik. Die Frage, ob und ggf. in welchem Umfang Beleh- 37
rungsfehler im Verfahren gegen den Angeklagten prozessual relevant sind, ist seit langem heftig umstritten[213] und steht im Zentrum der vom BGH in einer Grundsatzentscheidung[214] entwickelten sog. **Rechtskreistheorie**. Nach dieser Auffassung, der die wohl noch **h.M.** folgt,[215] ist ein allgemeines Recht der Verfahrensbeteiligten, jedes prozessordnungswidrige Verhalten mit der Revision zu rügen, grds. nicht anzuerkennen, weil die Vorschriften des Strafverfahrensrechts nach ihrer Bedeutung und Tragweite für die Verfahrensbeteiligten sehr verschieden zu bewerten seien und nicht alle den Rechtskreis des Angeklagten in gleichem Maße berühren. Das Auskunftsverweigerungsrecht nach § 55 sei ebenso wenig wie das Zeugnisverweigerungsrecht des § 52 zum Schutz der **Wahrheitsfindung** bestimmt. Vielmehr beruhe das Auskunftsverweigerungsrecht nach § 55 ausschließlich auf der Achtung vor der Persönlichkeit des Zeugen, dem die Demütigung einer Selbstbezichtigung oder Beschuldigung seiner Angehörigen nicht zugemutet werden solle, während das Zeugnisverweigerungsrecht gem. § 52 zugleich der schonenden Rücksicht auf die Familienbande mit den Beschuldigten entspringe. Deshalb werde nur im letzteren Falle der Rechtskreis des Angeklagten unmittelbar berührt, wenn sich der Zeuge infolge Rechtsunkenntnis nicht frei zur Aussage entscheiden könne. Von einer unterbliebenen Belehrung gem. § 55 Abs. 2 werde dagegen der Rechtskreis des Angeklagten nicht berührt, so dass ihm insoweit kein Revisionsrügerecht zugestanden werden könne. Die **Kritik** an dieser Auffassung beruht demgegenüber auf der Überzeugung, dass der Angeklagte als Prozesssubjekt ein Recht darauf habe, dass das Verfahren insgesamt rechtsförmig, insbesondere nicht unter Verletzung von Grundrechten erfolge,[216] und dass die Vorschrift des § 55 durchaus auch dem Interesse des Angeklagten diene, indem sie den Beschuldigten ggf. belastende Falschaussagen des Zeugen aus Gründen des Selbst- oder Angehörigenschutzes verhindern solle.[217]

---

211 Etwa SK-StGB/*Rudolphi* Vor § 153 StGB, 34 m.w.N.

212 *H. E. Müller* Anm. zu OLG Karlsruhe, Urt. v. 20.6.2002 – 3 Ss 120/01, StV **2003** 506 m.w.N.

213 Vgl. aus der älteren Literatur *Eb. Schmidt* JZ **1958** 596 m.w.N.

214 BGHSt **11** 213 – GrSSt.

215 BGHSt **38** 302, 304; BGH NJW **1955** 1146; VRS **15** (1958) 113; **34** (1968) 218; **36** (1969) 23; bei *Pfeiffer/Miebach* NStZ **1983** 354; **1985** 493; BayObLGSt **1966** 184 = JR **1968** 29 mit Anm. *Koffka*; OLG Koblenz VRS **46** (1974) 451; OLGSt § 55, 11; OLG Oldenburg NdsRpfl. **1954** 176; AK/*Kühne* 7; KK/*Bader* 19; *Schmitt*/Köhler 17; MüKo/*Maier* 110; *Alsberg/Güntge* 896; *Beulke* 464; *Dalcke/Fuhrmann/Schäfer* 5; *Kleinknecht* NJW **1966** 1537; *Dencker* Verwertungsverbote im Strafprozeß (1977) 94; *G. Schäfer* § 65 V 4; *Grünwald* JZ **1966** 499; *Bauer* NJW **1994** 2531; vgl. auch Einl. L 131 ff.; siehe auch bereits RG JW **1931** 1596 mit Anm. *Alsberg*.

216 Vgl. dazu *Eb. Schmidt* § 54, 10: „das prozessrechtliche Interesse an einem prozeßordnungsmäßigen Verfahren hat er [scil. der Angeklagte] stets".

217 Grundsätzlich kritisch zur Rechtskreistheorie SSW/*Eschelbach* 30 ff.; *Jahn* Gutachten zum 67. DJT 2008 C 41; Eisenberg (Beweisrecht) 365, 1131; s. ferner OLG Frankfurt NJW **1951** 614; *Eb. Schmidt* Nachtr. II 14 und JZ **1958** 596; *Bernsmann* StraFo **1998** 74; *Eisenberg* (Beweisrecht) 1113; *Henkel* 211; *Gössel* § 25 DV c; *Roxin*/

38 **bb) Stellungnahme.** Der h.M. ist im Ausgangspunkt darin zuzustimmen, dass den einzelnen Vorschriften der StPO durchaus unterschiedliche Bedeutung – namentlich im Hinblick auf die Wahrheitserforschung – zukommt und sowohl bei § 52 als auch bei § 55 der Schutz des Zeugen vor persönlichen Konfliktlagen – nicht zuletzt nach dem Willen des Gesetzgebers (Rn. 1) – im Vordergrund steht. Andererseits darf nicht übersehen werden, dass sowohl nach historischer Erfahrung als auch neueren empirischen Erkenntnissen der Zwang zur Belastung der eigenen Person oder naher Angehöriger den Wahrheitsgehalt einer Aussage erheblich beeinträchtigen kann. Bewusst falsche Aussagen resultieren i.d.R. aus von Zeugen subjektiv als Zwangslage empfundenen Situationen, in denen sie sich vor die Entscheidung zwischen Einhaltung ihrer Wahrheitspflicht und der Wahrung (unmittelbarer oder mittelbarer) Eigeninteressen gestellt sehen.[218] Freilich muss nicht jede Aussage eines „interessierten" Zeugen falsch sein. Aber auch an potentiell unwahren Aussagen besteht kein legitimes Interesse. Im Hinblick darauf ist eine differenzierte dogmatische Betrachtung geboten, zumal mit der Abschaffung der Regelvereidigung in § 59 n.F. durch das 1. JuMoG (2004) die Warnfunktion des § 60 (§ 59, 4) weitgehend preisgegeben wurde. In der Grundsatzentscheidung zur Rechtskreistheorie ging der BGH ausdrücklich davon aus, dass die Bestimmungen über die Nichtvereidigung (§§ 60, 61) der Gefahr von falschen Aussagen verdächtiger Zeugen für die Wahrheitsfindung (ausreichend) begegnen.[219] Mit anderen Worten: Dem Wegfall des bisherigen „Beweiswertgefälles" zwischen den Aussagen (regel-)vereidigter und nach §§ 60, 61 unvereidigter Zeugen ist jetzt in anderer Weise dogmatisch Rechnung zu tragen (dazu Rn. 41 ff.).

IV. Revision

39 **1. Unzulässige Verwertung früherer Aussagen des Zeugen bei Auskunftsverweigerung nach zutreffender Belehrung.** Verweigert der Zeuge nach zutreffender Belehrung gem. § 55 Abs. 2 die Aussage, dann dürfen frühere **schriftliche Erklärungen** des Zeugen oder Protokolle über frühere Vernehmungen grds. nicht verlesen werden, andernfalls ist die Rüge der Verletzung der §§ 250, 251 begründet (Rn. 26). In den Fällen, in denen die Ausübung des Zeugnisverweigerungsrechts zu einem Ausschluss des **Konfrontationsrechts** des Angeklagten gem. **Art. 6 Abs. 3 *lit.* d EMRK** führt, besteht nach der hier vertretenen Ansicht (Rn. 25) darüber hinaus ein Verwertungsverbot gem. § 252 auch ohne Widerspruch des Angeklagten. Wenigstens ist in solchen Fällen von einem geminderten Beweiswert der früheren Aussage auszugehen mit der Folge, dass auf die Angaben der Vernehmungsperson darüber allein eine Verurteilung nicht gestützt werden kann (Rn. 25).

40 **2. Unterlassene Vernehmung nach unrichtiger Belehrung.** Der Angeklagte kann die Revision grds. nicht darauf stützen, dass der Zeuge von seinem Auskunftsverweigerungsrecht Gebrauch gemacht hat,[220] auch nicht mit der Begründung, der Zeuge habe sein Recht nach § 55 Abs. 1 überhaupt nicht begriffen. Auf die Behauptung, der **Zeuge** sei **nicht zur Auskunftsverweigerung berechtigt** gewesen, kann die Revision gestützt werden, wenn geltend

Schünemann § 24, 24; 36; *Rengier* 314 ff.; *Peters* § 42 III 2c cc; *Busch* JZ **1953** 703; *Geerds* FS Stock 188; *Niese* JZ **1953** 223; *Petry*, Beweisverbote im Strafprozeß (1971) 105, 191; *Hauf* NStZ **1993** 458; *Rudolphi* MDR **1970** 98; *Sarstedt/Hamm* 252 ff.; *Schütz* 76 ff.; ähnlich *Schlüchter* 494.2.

218 *K. Jansen* 89 unter Hinweis auf *Büttikofer* Die falsche Zeugenaussage aus kriminologischer Sicht, Diss. Zürich 1975, 39, 178; ferner *K. Jansen* 127 m.w.N.; vgl. *Eisenberg* (Beweisrecht) 1113.

219 BGHSt **11** 213, 216 – GrSSt.

220 RGSt **38** 320; **48** 269, 270; *Schmitt*/Köhler 17; SSW/*Eschelbach* 33; *Pfeiffer* 4.

gemacht wird, das Gericht habe aus **Rechtsirrtum**, etwa weil es den Begriff des Angehörigen oder der Gefahr der Strafverfolgung[221] verkannt hat, die Verweigerung hingenommen und dadurch gegen seine Aufklärungspflicht (§ 244 Abs. 2),[222] ggf. gegen § 245 Abs. 1,[223] verstoßen. Nach Auffassung des BGH[224, 225] ist der Einwand, der Zeuge sei nicht zur Auskunftsverweigerung berechtigt gewesen, sowohl im Fall des § 245 Abs. 1 als auch im Fall des § 244 Abs. 2 präkludiert, wenn die (falsche) Entscheidung des Vorsitzenden nicht bereits in der Hauptverhandlung gem. § 238 Abs. 2 beanstandet wurde. Auch wenn dies nicht überzeugt, weil die richterliche Pflicht zur Aufklärung (§ 244 Abs. 2) schlechthin nicht präkludiert werden kann,[226] ist in diesen Fällen die Entscheidung des Vorsitzenden vorsorglich zu beanstanden. Die falsche **rechtliche** Annahme der Voraussetzungen des § 55 durch das Gericht kann des Weiteren die Rüge der fehlerhaften **Ablehnung von Beweisanträgen**, gerichtet auf die Vernehmung des Zeugen, begründen (Rn. 21).[227] Die (fehlerhafte) **tatsächliche** Beurteilung durch den Tatrichter kann dagegen grundsätzlich nicht angegriffen werden; an sie ist das Revisionsgericht gebunden[228] (Rn. 19), es sei denn, die Verfolgungsgefahr war zweifelsfrei ausgeschlossen,[229] was aber i.d.R. ohnehin eine Rechtsfrage ist (Rn. 14). Bedenklich erscheint die Auffassung des 3. Strafsenats des BGH,[230] der Tatrichter müsse den Rechtsgrund für Berufung auf ein Auskunftsverweigerungsrecht im Urteil nicht mitteilen. Ist dieser nicht offenkundig, ist dem Revisionsgericht auch die Prüfung der Rechtsfrage, ob eine Verfolgungsgefahr bestand, verschlossen. Die unrichtige Belehrung, dass der Zeuge ein Auskunftsverweigerungsrecht habe, kann nicht gerügt werden, wenn der Zeuge die Aussage nicht verweigert, also aussagt, weil die unrichtige Belehrung sich dann nicht auswirkt.[231]

3. Unzulässige Verwertung von Aussagen nach unterlassener Belehrung. Nach 41
h.M. kann der Angeklagte die Revision nicht auf das fehlerhafte Unterlassen der Belehrung des Zeugen stützen, weil § 55 nicht seinem Schutze diene (Rechtskreistheorie, vgl. Rn. 37). Das ist in dieser Rigorosität aus den oben ausgeführten Gründen (Rn. 38) abzulehnen. Vielmehr sollte differenziert werden: Unterbleibt die Belehrung in der **Hauptverhandlung** und sagt der Zeuge aus, dann ist das Urteil fehlerhaft, wenn die **Beweiswürdigung** nicht dem geminderten Beweiswert Rechnung trägt (vgl. Rn. 38). Ein Beweisverwertungsverbot wird grds. nicht anzunehmen sein, weil der Angeklagte Gelegenheit hatte, an den Zeugen Fragen und Vorhalte zu richten; anders kann es sich bei besonderen Umständen des Einzelfalls verhalten (vgl. Rn. 42). Ist eine Aussage dagegen bereits im **Ermittlungsverfahren** unter Verstoß gegen § 55 Abs. 2 zustande gekommen, macht der Zeuge in der

221 RG JW **1902** 575.

222 RG Recht **1909** Nr. 2761; BGH bei *Dallinger* MDR **1953** 402; OLG Zweibrücken NJW **1995** 1302; KK/*Bader* 19; SK/*Rogall* 80; MüKo/*Maier* 110; *Eisenberg* (Beweisrecht) 1132.

223 BGH bei *Dallinger* MDR **1974** 16; OLG Celle NJW **1962** 2315; OLG Zweibrücken NJW **1995** 1302; *Schmitt*/Köhler 18; KK/*Bader* 20; SK/*Rogall* 80; SSW/*Eschelbach* 35; *Eisenberg* (Beweisrecht) 1132.

224 BGHSt **51** 144 = BGH NStZ **2007** 230 m. Anm. *Widmaier* = JR **2007**, 382 m. Anm. *Mosbacher*; KK/*Bader* 20 f.; *Schmitt*/Köhler 18.

225 BGH Beschl. v. 12.9.2023 – 4 StR 179/23; BGHSt **51** 144, 146 ff.

226 *Widmaier* NStZ **2007** 234.

227 Vgl. zur besonderen Situation bei Beweisanträgen auf Vernehmung von Auslandszeugen BGH NStZ **2022** 634; **2023** 368; NStZ **2023** 371.

228 BGHSt **10** 105; BGH MDR **1981** 632; BGH bei *Holtz* MDR **1986** 978; BGH StV **1986** 515; NStZ **2006** 178; RG Recht **1928** Nr. 213; **1930** Nr. 1387; OLG Oldenburg NJW **1961** 1225; KK/*Bader* 21; MüKo/*Maier* 105; SSW/*Eschelbach* 33; *Alsberg*/*Güntge* 1613.

229 SK/*Rogall* 80 m.w.N.

230 BGH NStZ **2022** 496 m. abl. Anm. *Esser*.

231 BGH bei *Pfeiffer* NStZ **1981** 93; *Schmitt*/Köhler 18; SK/*Rogall* 80.

Hauptverhandlung von seinem Aussageverweigerungsrecht Gebrauch und führt dies zum Ausschluss des **Konfrontationsrechts** des Angeklagten gem. **Art. 6 Abs. 3 *lit.* d EMRK**, dann wird dies wegen der Kumulation von Verfahrensverstoß und Konfrontationsausschluss bei einem „verdächtigen" Zeugen (Rn. 38) i.d.R. zu einem Verwertungsverbot führen müssen. Eine „Kompensation" dieser Beweiswertdefizite durch etwaige andere Beweismittel, auf die allein eine Verurteilung ebenfalls nicht gestützt werden könnte, erscheint kaum vorstellbar. Selbst wenn man ein Beweisverwertungsverbot ablehnt, darf die frühere Aussage allenfalls durch die **Vernehmungsperson** in die Hauptverhandlung eingeführt, aber **nicht verlesen** werden (vgl. Rn. 26). Verstöße hiergegen begründen die Revision. Macht der Zeuge in der Hauptverhandlung von seinem Aussageverweigerungsrecht keinen Gebrauch, dann darf und muss ihm die frühere Aussage ggf. vorgehalten werden. Zum Gegenstand des Urteils darf nur seine Aussage in der Hauptverhandlung gemacht werden.

42 **4. Unzulässige Verwertung von Aussagen nach unrichtiger Belehrung oder sonstiger unzulässiger Herbeiführung der Zeugenaussage.** Wird der Zeuge fälschlich belehrt, dass er nicht zur Auskunftsverweigerung berechtigt sei, gilt das Vorstehende (Rn. 41), denn die unrichtige Belehrung, der Zeuge sei zur Auskunft verpflichtet, mit der Folge, dass der Zeuge aussagt, steht der unterlassenen Belehrung gleich. Im Übrigen ist anerkannt, dass die Revision begründet sein kann, wenn zu besorgen ist, dass die unrichtige Belehrung zu unrichtigen Vorstellungen über seine Zeugenpflichten geführt und ihn zu einer unwahren Aussage veranlasst haben könnte.[232] Eine solche Kausalität kommt verstärkt in Betracht, wenn der Zeuge (zusätzlich) unter Verletzung von § 136a zu einer Aussage veranlasst wurde (vgl. Rn. 15).

43 **5. Fehlerhafte Beweiswürdigung.** Die **Beweiswürdigung** kann im Einzelfall **fehlerhaft** sein, wenn sich das Gericht nicht damit auseinandersetzt, inwieweit aus der Aussageverweigerung eines ehemaligen Mitangeklagten, der den Angeklagten in einer früheren Aussage belastet hat, Schlüsse zugunsten des Angeklagten gezogen werden können[233] (Rn. 27). Fehlerhaft kann ferner die Berücksichtigung der Wahrnehmung des Zeugnisverweigerungsrechtes in einem anderen Verfahren sein[234] (Rn. 27).

44 **6. Aufklärungspflicht bei Bedingungen des Zeugen.** Die Aufklärungspflicht gebietet es dem Tatgericht nicht, einen zur Auskunftsverweigerung berechtigten Zeugen durch Erfüllung von Bedingungen, die dieser stellt, zu einer Aussage zu bewegen. Der Ablauf der Hauptverhandlung unterliegt nicht der Disposition des Zeugen.[235]

45 **7. Verletzung der Aufklärungspflicht durch unterlassene Aussetzung.** In Betracht kommt die Rüge der fehlerhaften Ablehnung eines Antrages auf Aussetzung bis zur Rechtskraft einer Entscheidung in einem gegen einen potentiellen Zeugen geführten Verfahren. Die Darlegungserfordernisse einer solchen Rüge sind im Hinblick auf den gegenläufigen Beschleunigungsgrundsatz sowie auf den Umstand, dass nach Rechtskraft ein Auskunftsverweigerungsrecht nicht mehr besteht, hoch.[236]

---

232 RG Recht **1909** Nr. 2761; KK/*Bader* 19; SK/*Rogall* 80.

233 BGH StV **2009** 174.

234 OLG Brandenburg StRR **2009** 3 (Ls.).

235 BGH NStZ **2020** 431.

236 BGH StV 2016 774; BGH Beschl. v. 28.6.2023 – 4 StR 212/22.

§ 56
Glaubhaftmachung des Verweigerungsgrundes

[1]Die Tatsache, auf die der Zeuge die Verweigerung des Zeugnisses in den Fällen der §§ 52, 53 und 55 stützt, ist auf Verlangen glaubhaft zu machen. [2]Es genügt die eidliche Versicherung des Zeugen.

Entstehungsgeschichte

Die in Satz 1 ursprünglich enthaltenen Paragraphenbezeichnungen wurden durch die Bek. 1924 geändert. Bezeichnung bis 1924: § 55.

Übersicht

1. Allgemeines. Die Vorschrift ergänzt die §§ 52, 53, 53a und 55. Sie regelt den Fall, 1
dass ein Zeuge ein Aussageverweigerungsrecht geltend macht und die Tatsachen, worauf er dieses Recht gründet, dem Gericht nicht ohnehin bekannt sind. Hierfür sieht die Vorschrift bei Bedarf das Mittel der Glaubhaftmachung vor. Die Glaubhaftmachung soll den **Richter** in die Lage versetzen, ohne den Fortgang des Verfahrens verzögernde weitere Ermittlungen über den Antrag zu entscheiden, d.h., auch ohne förmliche Beweiserhebung die behaupteten Tatsachen für wahr zu halten (vgl. § 45, 16 ff.). Auf § 54 bezieht sie sich nicht; denn im Fall der Aussageverweigerung nach dieser Bestimmung kann und muss das Gericht selbst beurteilen, ob der Zeuge zur Verschwiegenheit verpflichtet ist. § 56 Satz 1 gilt auch bei Vernehmungen durch die **Staatsanwaltschaft** (§ 161a Abs. 1 Satz 2); die eidliche Versicherung nach § 56 Satz 2 darf der Staatsanwalt jedoch nicht entgegennehmen (§ 161a Abs. 1 Satz 3). Gleiches gilt seit der Neufassung des § 163 auch für die Polizei, soweit der Ladung zur Vernehmung ein Auftrag der Staatsanwaltschaft zugrunde liegt (§ 163 Abs. 3). Zum Verfahren vor parlamentarischen Untersuchungsausschüssen siehe § 22 Abs. 4 PUAG sowie die entsprechenden Ländergesetze.

2. Verlangen der Glaubhaftmachung. Wenn ein Zeuge die Aussage unter Berufung 2
auf § 52 oder § 53 – dem § 53a gleichsteht[1] – verweigert, kann der Richter seiner Erklärung, dass die tatsächlichen Voraussetzungen dieser Vorschriften vorliegen, **ohne weiteres glauben**, insbesondere wenn niemand widerspricht.[2] Häufig werden Anhaltspunkte sich auch aus den Akten ergeben. Im Urteil braucht darüber nichts ausgeführt zu werden.[3] Das Gleiche gilt für die Auskunftsverweigerung des Zeugen nach § 55. Auch hier liegt es im Ermessen des Gerichts, ob es sich mit der Behauptung des Zeugen begnügt, er werde,

---

1 *Schmitt*/Köhler 1; SK/*Rogall* 10; KK/*Bader* 1; SSW/*Eschelbach* 2; MüKo/*Maier* 2.

2 BGH NJW **1972** 1334; bei *Dallinger* MDR **1971** 188; RGSt **54** 39, 40; RGRspr. **2** 156; RG JW **1928** 414 mit Anm. *Mamroth*; **1929** 861 mit Anm. *Alsberg*; HRR **1930** 1076; OGHSt **2** 173; KK/*Bader* 4; MüKo/*Maier* 15; *Eb. Schmidt* 4; *Dalcke*/*Fuhrmann*/*Schäfer* 1.

3 OGHSt **2** 174.

wenn er aussagen müsste, sich oder einen Angehörigen der Gefahr aussetzen, wegen einer Straftat oder Ordnungswidrigkeit verfolgt zu werden (vgl. § 55, 20; unten Rn. 5).

3 Nach § 56 Satz 1 kann aber verlangt werden, dass der Zeuge die **Tatsachen glaubhaft** macht, auf die er in den Fällen der §§ 52, 53, 53a und 55 die Zeugnis- oder Auskunftsverweigerung stützt. Da es im Ermessen des Gerichts steht, das Zeugnisverweigerungsrecht auch ohne Glaubhaftmachung anzuerkennen, kann mit dem **„Verlangen"** nach Glaubhaftmachung in § 56 Satz 1 nur das Verlangen des Gerichts gemeint sein.[4] Hierbei handelt es sich um eine Maßnahme der Sachleitung nach § 238 Abs. 1; es entscheidet daher zunächst der Vorsitzende, ob eine Glaubhaftmachung erforderlich ist.[5] Beanstandungen führen zu einem Gerichtsbeschluss nach § 238 Abs. 2. Die Prozessbeteiligten haben keinen Anspruch darauf, dass der Zeuge seine Behauptungen glaubhaft macht,[6] darauf gerichtete Beweisanträge darf das Gericht ohne Bindung an die gesetzlichen Ablehnungsgründe ablehnen.[7] Die Ablehnung ist aber stets zu begründen (§ 34).[8] Bezweifelt der Richter die Angaben, auf die der Zeuge die Verweigerung des Zeugnisses stützt, ist er in aller Regel gehalten, den Zeugen die Richtigkeit der Tatsachen eidlich versichern zu lassen, bevor er Ordnungs- und Zwangsmittel verhängt (§ 70). Eine **Ausnahme** gilt, wenn die Unrichtigkeit der für die Zeugnisverweigerung vorgebrachten Gründe bereits erwiesen ist.[9]

4 **3. Gegenstand der Glaubhaftmachung** ist die Tatsache, auf die der Zeuge die Verweigerung des Zeugnisses stützt (§ 56 Satz 1). In den Fällen des **§ 52** handelt es sich um die Tatsache, die das **Angehörigenverhältnis** begründet. Die Frage, ob der Zeuge der Ehegatte oder ob er mit dem Beschuldigten verwandt oder verschwägert ist, wird im Allgemeinen zu Zweifeln keinen Anlass geben. Wenn die Frage, ob der Zeuge mit dem Beschuldigten verwandt ist, gerade Gegenstand der Vernehmung zur Sache ist, darf der Zeuge, der sich auf sein Weigerungsrecht nach § 52 beruft, nicht veranlasst werden, das Verwandtschaftsverhältnis näher glaubhaft zu machen.[10] Bezeichnet sich der Zeuge als Verlobter des Beschuldigten, so wird das Gericht die Richtigkeit dieser Erklärung ggf. von vornherein aufgrund bereits feststehender Tatsachen für widerlegt halten dürfen. Häufig kann es aber die allein von der inneren Willensrichtung der Verlobten abhängige Ernsthaftigkeit ihres Heiratsversprechens nur beurteilen, wenn die tatsächlichen Grundlagen genügend glaubhaft gemacht sind.[11] In den Fällen des **§ 53** ist glaubhaft zu machen, dass dem Zeugen die Tatsachen, über die er aussagen soll, bei der **Ausübung seines Berufs** anvertraut oder bekanntgeworden sind[12] und dass er von ihnen nicht auch auf andere Weise Kenntnis erlangt hat. In den Fällen des **§ 55** darf der Richter nur dann ohne weiteres auf Auskunft bestehen, wenn die Beantwortung der Frage offensichtlich nicht geeignet sein kann, die **Gefahr der Verfolgung** wegen einer Straftat oder Ordnungswidrigkeit herbeizuführen (dazu näher § 55, 8, 10, 14). Vielfach wird aber aus dem Zweck und Inhalt der Frage und aus den bereits bekannten Umständen klar hervorgehen, dass der Zeuge die Auskunft nicht geben kann, ohne sich oder einen nahen Angehörigen einer solchen Gefahr auszusetzen.

---

4 BGH bei *Dallinger* MDR **1971** 188.

5 BGH bei *Dallinger* MDR **1971** 188; *Schmitt*/Köhler 1; KK/*Bader* 5; SK/*Rogall* 6; SSW/*Eschelbach* 6.

6 KK/*Bader* 4; *Eb. Schmidt* 4.

7 Alsberg/*Dallmeyer* 257.

8 Vgl. Alsberg/*Dallmeyer* 291; **a.A.** *Schmitt*/Köhler 1; SK/*Rogall.*

9 BGH NJW **1972** 1334.

10 RG HRR **1928** 494; KK/*Bader* 4; MüKo/*Maier* 18.

11 BGH NJW **1972** 1334; zur eidesstattlichen Versicherung als Mittel der Glaubhaftmachung eines Verlöbnisses OLG Köln StraFo **2002** 131; vgl. zur Frage der Ernsthaftigkeit auch: KG StV **2024** 87.

12 OLG Hamm NZI **2018** 499.

4. Grenzen der Pflicht zur Glaubhaftmachung. Die Pflicht des Zeugen, auf Verlangen des Gerichts die Tatsachen glaubhaft zu machen, auf die er sein Auskunftsverweigerungsrecht stützt, findet dort ihre Grenze, wo er sich schon durch die **Angabe der Tatsachen** der **Verfolgungsgefahr** aussetzen kann.[13] Von dem Zeugen darf nicht verlangt werden, dass er Tatsachen glaubhaft macht, die auf eine Offenbarung einer eigenen Straftat oder darauf hinauslaufen, dass er Beweismittel gegen sich selbst schafft, nur um die in § 70 vorgesehenen Zwangsmittel von sich abzuwenden.[14] Dadurch würde er die Gefahr herbeiführen, vor der ihn das Gesetz schützen will.[15] In diesen Fällen darf das Gericht nicht nähere tatsächliche Angaben fordern, sondern muss sich damit begnügen, dass der Zeuge nach Unterrichtung über den Gegenstand des Verfahrens und seiner Vernehmung allein glaubhaft macht, er nehme nach bestem Wissen an, dass durch die Auskunft er selbst oder einer der in § 52 Abs. 1 bezeichneten nahen Angehörigen der Verfolgungsgefahr wegen einer Straftat oder Ordnungswidrigkeit ausgesetzt würde.[16] Eine Glaubhaftmachung weiterer Tatsachen i.S. des § 56 ist dann entbehrlich.[17] Es ist nicht zu verkennen, dass die Interessen der Strafverfolgungsbehörden, die der Auskunftsverweigerung zugrundeliegenden Tatsachen zu erfahren, einerseits und die Interessen des Zeugen, sich nicht durch eine Mitteilung der Gefahr der Verfolgung auszusetzen, andererseits in einem Spannungsverhältnis stehen. Fraglich erscheint es allerdings, ob dieser Konflikt durch ein selbständiges Verwertungsverbot der zur Glaubhaftmachung mitgeteilten Tatsachen gelöst werden könnte.[18] Es bliebe problematisch, den Zeugen zu verpflichten, über eine Glaubhaftmachung nach § 56 zum Zeugen gegen sich selbst zu werden. 5

5. Art der Glaubhaftmachung

a) Allgemeines. Da es sich um die Entscheidung über eine verfahrensrechtliche Frage handelt, bedarf es für den Nachweis des Zeugnisverweigerungsrechts keiner an die strengen Formen gebundenen Beweisaufnahme, wie sie für die Schuld- und Rechtsfolgenfrage vorgeschrieben sind. Es gelten vielmehr die **Grundsätze des Freibeweises.**[19] Darüber hinaus lässt § 56 Satz 1 die Glaubhaftmachung genügen. Ein Nachweis zur vollen Überzeugung des Gerichts ist daher nicht erforderlich. Es reicht aus, dass dem Gericht die **Richtigkeit der behaupteten Tatsachen** in einem Maße **wahrscheinlich gemacht** wird, das nach Lage der Dinge vernünftigerweise als hinreichend anzusehen ist.[20] Das Gericht braucht dem Zeugen keinen Glauben zu schenken, wenn andere Tatsachen die Unrichtigkeit seiner eidlichen oder an Eides Statt versicherten Angaben klar erweisen.[21] Bei der 6

13 BGH StV **1986** 282; **1987** 328, 329; OLG Düsseldorf OLGSt StPO § 55 Nr. 5 zur Aussage vor einem Untersuchungsausschuss.
14 BGH StV **1986** 282.
15 So schon *Mamroth* JW **1928** 414.
16 BGH StV **1986** 282; LG Hamburg VRS **74** (1988) 442; RGRspr. **2** 305, RG JW **1929** 414; *Schmitt*/Köhler 2 (für § 55); KK/*Bader* 4; SSW/*Eschelbach* 7; *Eb. Schmidt* 3; *Hammerstein* NStZ **1981** 125; *Geerds* FS Stock 193 hält die Regelung des § 56 für den Fall des § 55 für rechtspolitisch absolut unbefriedigend; BGH StV **1987** 328 scheint die Ansicht zu vertreten, dass es in solchen Fällen keiner Glaubhaftmachung bedarf bzw. hierfür die Erklärung des Zeugen als solche ausreicht.
17 BGH StV **1987** 328.
18 So der Vorschlag von *Bosch* JA **2020** 36.
19 Alsberg/*Dallmeyer* 230 ff.; *Schmitt*/Köhler 3; MüKo/*Maier* 10; SSW/*Eschelbach* 8.
20 BGHSt **21** 350; RGSt **28** 8, 10; OLG Düsseldorf, 21.8.2020 – ErmRi Gs 49/20; vgl. auch *W. Schmid* SchlHA **1981** 73; § 45, 16.
21 BGH NJW **1972** 1334; *Ditzen* Dreierlei Beweis im Strafverfahren (1926) 10; *Alsberg* JW **1929** 861.

Entscheidung, ob die ein Zeugnisverweigerungsrecht begründenden Tatsachen glaubhaft gemacht sind, gilt der Grundsatz in dubio pro reo nicht.[22]

7 **b) Mittel der Glaubhaftmachung.** Die Mittel der Glaubhaftmachung sind **vielfältig** (vgl. § 45, 17 ff.). Während in anderen Vorschriften der Eid als Mittel der Glaubhaftmachung ausgeschlossen ist (§ 26 Abs. 2 Satz 2, § 74 Abs. 3 Halbsatz 2), ist er in § 56 Satz 2 ausdrücklich zugelassen. Mehr als diese eidliche Versicherung (Rn. 8) darf das Gericht nicht verlangen.[23] Es kann sich auch mit der Glaubhaftmachung durch eine eidesstattliche Versicherung begnügen.[24] Im Einzelfall kann die schriftliche Erklärung des Zeugen ausreichen[25] (vgl. § 45, 18, 21). Versucht der Zeuge die Glaubhaftmachung durch andere Mittel als den Eid oder eine eidesstattliche Versicherung, so hat der Richter über deren Wert nach freiem Ermessen zu entscheiden.[26]

8 **c) Eidliche Versicherung.** Unter der eidlichen Versicherung nach § 56 Satz 2 ist nicht eine eidesstattliche Versicherung im Sinne des § 156 StGB, sondern die Ableistung des körperlichen Eides (§ 64) oder die Bekräftigung nach § 65 zu verstehen.[27] An die Stelle der Norm des Zeugeneides oder der Bekräftigung tritt die Tatsache, die glaubhaft gemacht werden soll (z.B.: „Sie schwören bei Gott dem Allmächtigen und Allwissenden, dass Sie und der Angeklagte einander ernsthaft die Ehe versprochen haben."). Im Fall des § 67 kann die eidliche Versicherung unter Berufung auf den geleisteten Eid abgegeben werden. Wird die Aussage nur teilweise verweigert, im Übrigen aber von dem Zeugen beeidet, so kann der Zeugeneid zugleich auf die Erklärung bezogen werden, die den Weigerungsgrund des Zeugen betrifft.[28] Hierüber ist der Zeuge zu belehren; sowohl die Tatsache der Belehrung als auch die Ausdehnung des Eides auf den Grund der Zeugnisverweigerung sollten in das Protokoll aufgenommen werden.

9 Die in § 56 Satz 2 vorgesehene eidliche Versicherung des Zeugen kann in jedem Abschnitt des Verfahrens gefordert werden. Die Beschränkungen des § 62 gelten nicht.[29] Fehlt dem Zeugen die Eidesmündigkeit (§ 60 Nr. 1), so ist auch die eidliche Versicherung nach § 56 Satz 2 unzulässig.[30] Das Vereidigungsverbot des § 60 Nr. 2 besteht aber nicht; andernfalls wäre die Glaubhaftmachung, die § 56 gestattet, im Fall des § 55 praktisch unmöglich.[31]

10 **6. Revision.** Hat zunächst der Vorsitzende ausdrücklich oder stillschweigend darüber entschieden, dass eine Glaubhaftmachung nicht verlangt wird (Rn. 3), so kann eine Revisionsrüge nur erhoben werden, wenn die Entscheidung des Gerichts nach § 238 Abs. 2 her-

---

22 BGH bei *Pfeiffer/Miebach* NStZ **1983** 354; Alsberg/*Dallmeyer* 297; vgl. § 45, 16; *Schmitt*/Köhler 3; SSW/*Eschelbach* 3.

23 *Schmitt*/Köhler 3; *Eb. Schmidt* 2.

24 RGSt **28** 8, 10; **58** 147, 148; RG Recht **1928** Nr. 214; OLG Köln StraFo **2002** 131; *Schmitt*/Köhler 3; KK/*Bader* 6; SK/*Rogall* 13; SSW/*Eschelbach* 10; **a.A.** *Dalcke/Fuhrmann/Schäfer* 3.

25 BVerfGE **41** 340; BGH StV **1987** 328.

26 Dies verkennt das OLG Hamm NStZ **2018** 421, wenn es davon ausgeht, im Falle des § 56 habe der Zeuge die zur Zeugnisverweigerung berechtigenden Tatsachen eidlich zu versichern.

27 KK/*Bader* 6; MüKo/*Maier* 13; *Eb. Schmidt* 1.

28 *Eb. Schmidt* 1; vgl. *Schmitt*/Köhler § 59, 6: unter der Voraussetzung einer entsprechenden Anordnung des Gerichts.

29 *Schmitt*/Köhler 3; KK/*Bader* 6; in Bezug auf § 65 a.F.: *Eb. Schmidt* 5.

30 KK/*Bader* 6; MüKo/*Maier* 13; SK/*Rogall* 15; *Eb. Schmidt* 6.

31 KK/*Bader* 6;MüKo/*Maier* 13; SK/*Rogall* 15; *Eb. Schmidt* 6.

beigeführt worden ist.[32] Wenn das Gericht der Erklärung des Zeugen über das Bestehen eines Zeugnisverweigerungsrechts glaubt, kann die Revision gegen das Urteil nicht auf die Behauptung gestützt werden, das Gericht habe zu Unrecht angenommen, dass das Zeugnisverweigerungsrecht genügend glaubhaft gemacht worden sei. Auch die Behauptung der Revision, die Erklärung des Zeugen sei unwahr, kann das Revisionsgericht nicht beachten. Auf die Anerkennung des Zeugnisverweigerungsrechts kann die Revision vielmehr nur gestützt werden, wenn die Entscheidung auf einem Rechtsirrtum beruht (vgl. Rn. 55, 40).[33] Denkbar erscheint auch eine Aufklärungsrüge (§ 244 Abs. 2), wenn das Gericht trotz Fehlens jeglicher tatsächlicher Anhaltspunkte für § 55 (ohne Begründung) keine Glaubhaftmachung verlangt.

§ 57
Belehrung

[1]Vor der Vernehmung werden die Zeugen zur Wahrheit ermahnt und über die strafrechtlichen Folgen einer unrichtigen oder unvollständigen Aussage belehrt. [2]Auf die Möglichkeit der Vereidigung werden sie hingewiesen. [3]Im Fall der Vereidigung sind sie über die Bedeutung des Eides und darüber zu belehren, dass der Eid mit oder ohne religiöse Beteuerung geleistet werden kann.

Entstehungsgeschichte

Ursprünglich bestimmte § 59 (nach der Neubekanntmachung von 1924: § 60), dass der Richter den Zeugen vor der Leistung des Eides „in angemessener Weise auf die Bedeutung des Eides hinzuweisen" hat. Art. 1 des Gesetzes zur Einschränkung der Eide im Strafverfahren vom 24.11.1933 (RGBl. I S. 1008) fügte stattdessen den § 57 ein; der bisherige § 57 wurde § 60. Art. 4 Nr. 1 der Verordnung zur Durchführung der Verordnung zur Angleichung des Strafrechts des Altreichs und der Alpen- und Donau-Reichsgaue vom 29.5.1943 (RGBl. I S. 341) passte die Vorschrift der gleichzeitigen Änderung des § 59 an. Art. 3 Nr. 20 VereinhG (1950) stellt im Wesentlichen die Fassung von 1933 wieder her. Art. 1 Nr. 1 des 1. StVRErgG (1974) führte mit Satz 2 die Belehrungspflicht über die Möglichkeit der Wahl zwischen dem Eid mit religiöser Beteuerung oder ohne religiöse Beteuerung ein. Durch Art. 3 des 1. JuMoG vom 30.8.2004 (BGBl. I S. 2198) wurde die Vorschrift im Zuge der Abschaffung der Regelvereidigung (§ 59 Abs. 1) entsprechend angepasst. Mit der Neufassung durch Art. 1 Nr. 2 des 2. OpferRRG vom 29.7.2009 (BGBl. I S. 2280) wurde der bisherige Satz 1 auf die Sätze 1 und 2 aufgeteilt. Satz 3 wurde inhaltlich unverändert sprachlich neu gefasst.

Übersicht

32 RG JW **1929** 861 m. Anm. *Alsberg*; *Schmitt*/Köhler 4; HK/*Gercke* 4; KK/*Bader* 7; SSW/*Eschelbach* 13; MüKo/*Maier* 22.

33 RG JW **1928** 414 m. Anm. *Mamroth*; **1929** 861 m. Anm. *Alsberg*; HRR **1928** 494; **1930** 1076; OGHSt **2** 174; *Schmitt*/Köhler 4; *Pfeiffer* 2; KK/*Bader* 7; MüKo/*Maier* 22; *W. Schmid* SchlHA **1981** 74.

1 **1. Allgemeines.** Die Vorschrift regelt den **Kernbestand der richterlichen Belehrungspflichten** im Strafverfahren, zu denen ggf. weitere und im Einzelfall gewichtigere Belehrungspflichten hinzutreten[1] (vgl. § 52 Abs. 3 Satz 1, § 55 Abs. 2, § 61; siehe ggf. auch § 53, § 53a, § 76; sowie § 53 Abs. 2, § 64 Abs. 2 BZRG). Sie sieht die Ermahnung des Zeugen zur Wahrheit, den Hinweis auf die Möglichkeit der Vereidigung und die Belehrung über die strafrechtlichen Folgen einer Falschaussage vor (vgl. auch Nr. 130 RiStBV); nur im Falle der Vereidigung erfolgt die weitere Belehrung über die Bedeutung des Eides und die möglichen Formen der Eidesleistung. Das Gesetz erwähnt nicht ausdrücklich, dass die Belehrung mündlich erteilt werden muss. Das versteht sich jedoch von selbst. Eine schriftliche Belehrung, etwa in dem Ladungsvordruck, ist zwar nicht unzulässig (sondern wünschenswert), macht aber die mündliche Belehrung vor der Vernehmung nicht entbehrlich.[2]

2 Bei einer **Vernehmung durch die Staatsanwaltschaft** und die Polizei im Auftrag der Staatsanwaltschaft ist § 57 entsprechend anzuwenden (§ 161a Abs. 1 Satz 2/§ 163 Abs. 3 Satz 2). Weil aber Staatsanwalt und Polizei den Zeugen nicht vereidigen dürfen (§ 161a Abs. 1 Satz 3/§ 163 Abs. 3 Satz 3) und weil die uneidliche Falschaussage vor der Staatsanwaltschaft und der Polizei, wie sich aus § 153 StGB ergibt, nicht strafbar ist, kommt insoweit nur eine Belehrung nach Satz 1 in Betracht, dass sich der Zeuge durch eine falsche Aussage nach § 145d, § 164, § 257, § 258 StGB strafbar machen kann. § 57 Sätze 2 und 3 finden nach dem ausdrücklichen Willen des Gesetzgebers keine Anwendung, was durch die Aufteilung des ehemaligen Satzes 1 in die Sätze 1 und 2 klargestellt werden sollte.[3] § 57 findet ferner Anwendung bei Vernehmungen vor parlamentarischen Untersuchungsausschüssen des Bundes und der Länder.

2. Belehrung

3 **a) Zeitpunkt.** Die in § 57 Satz 1 vorgesehene Ermahnung, der Hinweis und die Belehrung müssen **vor der Vernehmung** des Zeugen erfolgen. Die Vorschrift verlangt aber nicht, dass sich die Vernehmung unmittelbar an die Belehrung anschließt. Es ist daher zulässig, alle erschienenen Zeugen gemeinsam vor der Vernehmung des ersten Zeugen zu belehren.[4] In der Praxis ist dieses Verfahren allgemein üblich. Unzulässig ist es dagegen, den Zeugen zunächst „informatorisch" über sein Wissen zu befragen und die Belehrung erst vorzunehmen, wenn sich abzeichnet, dass er förmlich als Zeuge vernommen werden muss.[5] Sog. informatorische Befragungen[6] kommen ohnehin nur in einem frühen Stadium polizeilicher Ermittlungen in Betracht. Soll der Zeuge vereidigt werden, ist er zuvor zusätzlich nach § 57 Satz 3 zu belehren.

4 **b) Inhalt.** Der Zeuge muss **stets** zunächst zur Wahrheit ermahnt (Satz 1) und auf die Möglichkeit der Vereidigung (Satz 2) hingewiesen werden. Einer Darlegung der Voraussetzungen des § 59 bedarf es dabei nicht. Der Zeuge ist darüber zu belehren, dass er sich durch eine unrichtige oder unvollständige Aussage nach den § 145d, § 153, § 164, § 257 und § 258 StGB strafbar machen kann. Nur **für den Fall der Vereidigung** ist der Zeuge über die Bedeutung des Eides und über die Möglichkeit der Wahl zwischen der Eidesleistung

1 OLG Düsseldorf StV **1983** 446.
2 KK/*Bader* 3; SSW/*Güntge* 2; MüKo/*Maier* 20; SK/*Rogall* 10; *Lorenz* DRiZ **1965** 158.
3 BTDrucks. **16** 12098 S. 12.
4 RG JW **1900** 709; *Schmitt*/Köhler 1; KK/*Bader* 3; SK/*Rogall* 11; MüKo/*Maier* 8; *Eb. Schmidt*. 5.
5 RGSt **67** 287, 288; KK/*Bader* 3; SSW/*Güntge* 2; vgl. *Schmitt*/Köhler 6: „Informatorische Befragungen ohne Belehrung sieht das G[esetz] nicht vor".
6 Siehe dazu etwa BGHSt **38** 214, 227 ff.

in religiöser Form und ohne religiöse Beteuerungsformel zu belehren. Dazu gehört die Belehrung, dass auch die Angaben zur Person wahrheitsgemäß sein müssen und von dem Eid umfasst werden[7] und sowohl die mit dem Eid bekräftigte vorsätzliche Falschaussage (§ 154 StGB) als auch der fahrlässige Falscheid (§ 163 StGB) unter Strafandrohung stehen. Eine Belehrung darüber, dass der Zeuge dem Eid nach § 64 Abs. 3 eine Beteuerungsformel anfügen kann, ist nicht vorgeschrieben. § 57 sieht auch keine Belehrung darüber vor, dass ein Zeuge, der aus Glaubens- oder Gewissensgründen keinen Eid leisten will, nach § 65 die Wahrheit der Aussage ohne Eidesleistung bekräftigen kann bzw. muss. Das Gesetz geht davon aus, dass ein Zeuge, dem sein Glaube oder Gewissen den Eid verbietet, das auch ohne äußeren Anstoß erklären wird.[8]

Die Belehrung muss den **Besonderheiten des Verfahrens** und den **besonderen Eigenschaften des Zeugen** angepasst werden. Bei der Vernehmung eidesunmündiger Zeugen (§ 60 Nr. 1) und von Zeugen, deren Vereidigung nach § 60 Nr. 2 ausgeschlossen ist, hat sich der Richter auf die Ermahnung zur Wahrheit und die Belehrung über die Strafbarkeit einer uneidlichen Falschaussage zu beschränken.[9] Das gilt ebenso bei Vernehmungen vor parlamentarischen Untersuchungsausschüssen, soweit diese – wie das PUAG – die Möglichkeit einer Vereidigung nicht vorsehen. Umstritten ist, wie die Belehrung zu erfolgen hat, wenn das Landesgesetz – wie § 18 Satz 1 des Sächsischen UAG – die Vereidigung grundsätzlich als möglich erachtet. Da nach § 162 Abs. 2 StGB eine Bestrafung wegen Meineids im Falle einer falschen Aussage vor einem Untersuchungsausschuss nicht in Betracht kommt, stellt sich die Frage, welche Bedeutung eine Vereidigung überhaupt haben kann (vgl. zur Bedeutung des Eides grundsätzlich § 59, 2 ff.). Wird der Zeuge (oder Sachverständige) vereidigt, darf er jedenfalls nicht in dem (unzutreffenden) Glauben gelassen werden, dies könne über die uneidliche Aussage hinaus strafrechtliche Konsequenzen haben.[10] Die in § 57 vorgesehenen Ermahnungen, Hinweise und Belehrungen sind grundsätzlich auch bei rechtskundigen Zeugen wie Richtern, Staatsanwälten und Rechtsanwälten vorzunehmen.[11] Das Gesetz macht insofern keinen Unterschied. 5

c) Form. Die Gestaltung der Ermahnung, des Hinweises und der Belehrung steht im Ermessen des Richters. Sie müssen **angemessen und wirkungsvoll** sein[12] (vgl. RiStBV Nr. 130); es entspricht nicht der Würde und der Fürsorgepflicht des Gerichts, sie in überhastetem oder gleichgültigem Ton herunterzusprechen.[13] Durch den Hinweis auf die Wahrheitspflicht darf auch nicht der Eindruck erweckt werden, das Gericht traue dem Zeugen von vornherein eine unwahre Aussage zu. Es empfiehlt sich daher die einleitende Bemerkung, dass das Gericht bei der Wahrheitsfindung auf die Unterstützung des Zeugen angewiesen ist, zu einem gerechten Urteil aber nur gelangen kann, wenn der Zeuge wahrheitsgemäß aussagt und nichts Wesentliches verschweigt. Die Belehrung über die Eidespflicht und die strafrechtlichen Folgen einer Falschaussage sollte nicht so erteilt werden, dass sie ehrkränkend oder einschüchternd wirkt; unter Umständen ist es ratsam, sie mit dem Hinweis darauf zu erteilen, dass sie erfolgt, weil das Gesetz sie vorschreibt. 6

7 RGSt **60** 407, 408; KK/*Bader* 4; SSW/*Güntge* 3.

8 Vgl. BTDrucks. 7 2526 S. 19.

9 HK/*Gercke* 3; SK/*Rogall* 6; KK/*Bader* 4.

10 VerfGH Sachsen NStZ **2021** 564 m. Anm. *Peters*.

11 SK/*Rogall* 10; **a.A.** *Schmitt*/Köhler 4, MüKo/*Maier* 17 und KK/*Bader* 5, die einen kurzen Hinweis genügen lassen.

12 *Peters* § 42 V 2.

13 Vgl. *Hülle* DRiZ **1953** 89.

7 **d) Wiederholung.** Ergeben sich während der Zeugenvernehmung Zweifel an der Richtigkeit der Aussage, so dürfen die Ermahnung und die Belehrung wiederholt und mit eindringlichen Vorhalten verbunden werden. Der Richter ist zur Erforschung der Wahrheit verpflichtet (§ 244 Abs. 2) und muss daher einer unrichtigen Zeugenaussage mit allen erlaubten Mitteln, zu denen insbesondere Hinweise, Ermahnungen und Warnungen gehören, entgegenwirken.[14] Der Zeuge darf auf seine früheren Aussagen und auf die Aussage anderer bereits vernommener Zeugen hingewiesen und darauf aufmerksam gemacht werden, dass seine Bekundungen zu ihnen in unüberbrückbarem Gegensatz stehen.[15] Zulässig sind auch die Anordnung der vollständigen Niederschrift der Aussage nach § 273 Abs. 3 und der Hinweis an den Zeugen, dass die Niederschrift zur Grundlage eines Ermittlungsverfahrens gegen ihn wegen vorsätzlicher oder fahrlässiger Falschaussage gemacht werden kann.[16] In Betracht kommt schließlich die Belehrung des Zeugen über die Strafbarkeit der Begünstigung und Strafvereitelung nach den §§ 257, 258 StGB. Bei alldem muss der Vorsitzende aber darauf bedacht sein, dass seine Vorhaltungen, Belehrungen und Hinweise den Zeugen nicht zu einer bestimmten, womöglich sogar unwahren Aussage drängen.[17]

8 **e) Protokoll.** Die Vorschrift des § 57 – die ersichtlich zur Erforschung der Wahrheit (§ 244 Abs. 2) beitragen soll (vgl. Rn. 9)[18] – erfüllt in signifikanter Weise die Kriterien der wesentlichen Förmlichkeit im Sinne der § 168a Abs. 1, § 273 Abs. 1, worunter sinnvollerweise diejenigen gesetzlich vorgeschriebenen Verlaufsstrukturen der Hauptverhandlung eines Strafprozesses zu verstehen sind, die deren Fortgang eine den Grundsätzen eines rechtsstaatlichen Strafverfahrens entsprechende Form geben und es dem Angeklagten so ermöglichen, diesem Gang bei verständiger Beurteilung zuzustimmen.[19] Die Belehrung nach § 57 ist daher entgegen der h.M.[20] als **wesentliche Förmlichkeit** in die Vernehmungs- oder Sitzungsniederschrift aufzunehmen (vgl. auch Nr. 130 Satz 2 RiStBV).

9 **3. Revision.** Nach überwiegender Meinung soll es sich bei § 57 um eine bloße Ordnungsvorschrift handeln, die nur im Interesse des Zeugen, nicht des Angeklagten, erlassen sei und daher dessen Rechtskreis nicht berühre.[21] Ihre Verletzung begründe daher nicht die Revision.[22] Dies ist kritikwürdig.[23] Abgesehen von grundsätzlichen Einwendungen gegen die Klassifizierung einzelner Verfahrensnormen als „bloße Ordnungsvorschriften",[24] widerspricht eine solche Einordnung des § 57 dessen prozessualer Bedeutung. Die Norm hat eine wahrheitsschützende Funktion;[25] sie dient der Erforschung der Wahrheit (vgl. § 244 Abs. 2), indem sie dem Zeugen dessen Wahrheitspflicht vor Augen führt, und liegt

---

14 BGHSt **3** 199; RGSt **54** 297, 298; siehe auch SK/*Rogall* 12.

15 BGHSt **3** 199; RGSt **54** 297, 298; *Schmitt*/Köhler 3; *Dalcke/Fuhrmann/Schäfer* 1.

16 *Schmitt*/Köhler 3; SK/*Rogall* 12; KK/*Bader* 6.

17 SK/*Rogall* 12.

18 Vgl. SK/*Rogall* 2.

19 *Kahlo* FS Meyer-Goßner 466; *Schmitt*/Köhler § 273, 6.

20 BGH bei *Martin* DAR **1958** 99; RGSt **56** 66, 67; *Schmitt*/Köhler 5; KK/*Bader* 7; **a.A.** MüKo/*Maier* 21; so wohl auch SK/*Rogall* 13.

21 Generell zur Rechtskreistheorie § 55, 37 f.

22 BGH NStZ-RR **2022** 40 m.w.N.; BGH Beschl. v. 5.7.2023, 4 StR 33/23; bei *Pfeiffer/Miebach* NStZ **1983** 354; RGSt **6** 267; **40** 158, 159; **56** 66, 67; RG JW **1903** 216; **1937** 2423 L; HRR **1934** 1644; *Schmitt*/Köhler 7; *Eb. Schmidt* 4; *Dalcke/Fuhrmann/Schäfer* 2; *Henkel* 210 Fn. 2; *Dahs/Dahs* 272; ebenso für den Fall der Belehrung unter Ausschluss der Öffentlichkeit unter Verstoß gegen § 169 Abs. 1 Satz 1 GVG: BGH NStZ **2023** 700.

23 Vgl. auch: MüKo/*Maier* 23, 24.

24 *Hamm* 249–252; siehe auch *Roxin/Schünemann* § 55 Rn. 36; *Rudolphi* MDR **1970** 99.

25 SK/*Rogall* 2; MüKo/*Maier* 1 f.; HK/*Gercke* 5.

damit auch im Interesse des Angeklagten. Das Unterlassen der Belehrung begründet daher zumindest dann die Revision, wenn mittels der Aufklärungsrüge geltend gemacht werden kann, dass der Belehrungsfehler eine Verletzung der richterlichen Aufklärungspflicht bedeutet und die Wahrheitsfindung durch den Belehrungsfehler beeinträchtigt worden ist.[26]

§ 58
Vernehmung; Gegenüberstellung

(1) Die Zeugen sind einzeln und in Abwesenheit der später zu hörenden Zeugen zu vernehmen.

(2) [1]Eine Gegenüberstellung mit anderen Zeugen oder mit dem Beschuldigten im Vorverfahren ist zulässig, wenn es für das weitere Verfahren geboten erscheint. [2]Bei einer Gegenüberstellung mit dem Beschuldigten ist dem Verteidiger die Anwesenheit gestattet. [3]Von dem Termin ist der Verteidiger vorher zu benachrichtigen. [4]Auf die Verlegung eines Termins wegen Verhinderung hat er keinen Anspruch. [5]Hat der Beschuldigte keinen Verteidiger, so ist er darauf hinzuweisen, dass er in den Fällen des § 140 die Bestellung eines Pflichtverteidigers nach Maßgabe des § 141 Absatz 1 und des § 142 Absatz 1 beantragen kann.

Schrifttum

Ackemann Rechtmäßigkeit und Verwertbarkeit heimlicher Stimmvergleiche im Strafverfahren, Diss. Passau 1996; *Artkämper* Gegenüberstellungen – Erkenntnisquelle mit Kautelen, Kriminalistik **1995** 645; *Bremer/Bruder/Ebert/Engel/Schiff/Wolf/Hermanutz/Schröder* Wahllichtbildvorlagen bei Kindern, Erwachsenen und Senioren – Empirische Untersuchungen des Wiedererkennungsvermögens – Teil 1, Kriminalistik **2018** 365, Teil 2, Kriminalistik **2018** 455; *Bung* Zweites Opferrechtsreformgesetz: Vom Opferschutz zur Opferermächtigung, StV **2009** 430; *Burgdorf/Ehrentraut/Lesch* Die Identifizierungsgegenüberstellung gegen den Willen des Beschuldigten – Eine unzulässige Ermittlungsmaßnahme? GA **1987** 106; *Dahs* Zum Persönlichkeitsschutz des „Verletzten" als Zeuge im Strafprozeß, NJW **1984** 1921; *Burghard* Gegenüberstellungen im Ermittlungsverfahren, Taschenbuch für Kriminalisten XXVI 87; *Dahs* „Informationelle Vorbereitung" von Zeugenaussagen durch den anwaltlichen Rechtsbeistand, NStZ **2011** 200; *Eisenberg* Visuelle und auditive Gegenüberstellung im Strafverfahren, Kriminalistik **1995** 458; *ders./Zötsch* Elternverantwortung für jugendliche Angeklagte – Zugleich Besprechung von BVerfG, Urteil vom 16.1.2003, GA **2003** 226; *Engelhardt* Konfrontationen, ArchKrim. **105** (1939) 140; *Fahl* Anm. zum Beschl. des BGH v. 7.11.2000 – 5 StR 150/00, JA **2001** 455; *Ferber* Das Opferrechtsreformgesetz, NJW **2004** 2562; *Freund* Zulässigkeit, Verwertbarkeit und Beweiswert eines heimlichen Stimmenvergleichs – BGHSt 40, 66, JuS **1995** 394; *Frings/Kersting* Wahllichtbildvorlagen – Ein Forschungsvorhaben zur Validität, Kriminalistik **2020** 100; *Geerds* Strafprozessuale Personenidentifizierung – Juristische und kriminalistische Probleme der §§ 81b, 163b, 163c StPO, Jura **1986** 7; *Geppert* Zum strafrechtlichen „Rechtmäßigkeits"-Begriff (§ 113 StGB) und zur strafprozessualen Gegenüberstellung, Jura **1989** 274; *Gniech/Stadler* Die Wahlgegenüberstellung – Methodische Probleme des kriminalistischen Wiedererkennungsexperiments, StV **1981** 565; *Goldkamp* Wahllichtbildvorlage und Wahlgegenüberstellung im Verkehrsrecht, NZV **2019** 217; *Görling* Täteridentifizierung per Video-Gegenüberstellung, Kriminalistik **1985** 58; *Grünwald* Probleme der Gegenüberstellung zum Zwecke der Wiedererkennung, JZ **1981** 423; *Hammelmann/Williams* Wiedererkennen eines Verdächtigen aus einem gegenübergestellten Personenkreis, ZStW **78** (1966) 737; *Heindl/Gerphe* Wie bei der Anfertigung von Steckbriefen und bei Gegenüberstellungen zum Zwecke der Identifizierung zu verfahren ist, ArchKrim. **89** (1931) 60; *Hellwig* Über die Technik von Gegenüberstellungen zur Feststellung der Personengleichheit, Zeitschrift für angewandte Psychologie **34** (1930) 213; *Hellwig* Psychologie und Vernehmungstechnik bei Tatbestandsermittlungen[4] (1951); *Hirschberg* Das Fehlurteil im Strafverfahren (1960); *Hofmann* Personenidentifizierung durch Zeugen im Strafverfahren (2013); *Hollinger* Pro-

26 SK/*Rogall* 14; *Bernsmann* StraFo **1998** 73, 75; *Beulke* 196.

zessbeobachtung durch die Polizei im Strafverfahren, NZWiSt **2018** 81; *Ignor* Geschichte des Strafprozesses in Deutschland 1532–1846 (2002); *Kalleicher/Grimm* Die Gegenüberstellung als kriminalistische Maßnahme, Grundlagen der Kriminalistik **11** 327; *Kehrer* Prozessbeobachtung als Werkzeug effektiver Strafverteidigung, NStZ **2023** 139; *Krause* Einzelfragen zum Anwesenheitsrecht des Verteidigers im Strafverfahren, StV **1984** 169; *Kuhn* Die Wahllichtbildvorlage, JA **2005** 141; *Lieb* Die Gegenüberstellung, Kriminalistik **1951** 19; *Neuhaus* Das Opferrechtsreformgesetz 2004, StV **2004** 620; *ders.* Fehlerquellen im Ermittlungsverfahren, StV **2015** 185; *Nöldeke* Zum Wiedererkennen des Tatverdächtigen bei Gegenüberstellung und Bildvorlage, NStZ **1982** 193; *Odenthal* Die Gegenüberstellung im Strafverfahren³ (1999); *ders.* Die Gegenüberstellung zum Zwecke des Wiedererkennens, NStZ **1985** 433; *ders.* Sequentielle Video-Wiedererkennungsverfahren, NStZ **2001** 580; *ders.* Identifizierung von Verdächtigen, Gegenüberstellung und Wahllichtbildvorlage, StraFo **2013**, 62; *Pauly* Das Wiedererkennen im Straf- und Bußgeldverfahren – Verteidigungsfehler und Revision, StraFo **1998** 41; *Peters* Fehlerquellen im Strafprozeß, Band 2 (1972); *Philipp* Die Gegenüberstellung (1981); *Rauer* Die Wahllichtbildvorlage, Praktische Notwendigkeit und verfassungsrechtliche Problematik, Kriminalistik **2003** 670; *Reichert* Anm. zum Beschl. des BGH v. 7.11.2000 – 5 StR 150/00, StV **2002** 6; *Rieder* Die Gegenüberstellung zur Identifizierung des Beschuldigten, Kriminalistik **1977** 111; *Schenk* Gegenüberstellung im Strafverfahren unter besonderer Berücksichtigung der psychologischen Forschung und des englischen Strafprozesses (2002); *G. Schmidt* Zeugenbeweis mit all seinen Schwächen – Täteridentifizierung per Video-Gegenüberstellung, Kriminalistik **1985** 239; *Schork/König* Das Opferrechtsreformgesetz, NJ **2004** 537; *Schroth* Die Wahlgegenüberstellung im englischen Strafverfahren, ZStW **89** (1977) 849; *Schwarz* Die sequentielle Video-Wahlgegenüberstellung – Plädoyer für ein besseres Wiedererkennungsverfahren, Kriminalistik **1999** 397; *Schweling* Das Wiedererkennen des Täters; Beweiswert und Revisibilität, MDR **1969** 177; *Steinke* Die Problematik der Wahlgegenüberstellung, Kriminalistik **1978** 505; *Venn* Prozessbeobachtung und Coaching, StraFo **2018** 50; *Wagner* Anm. zum Beschl. des LG Heilbronn v. 3.2.2003 – 3 Ks 17 Js 23416/01, NStZ **2004** 102; *Welp* Anm. zum Beschl. des BGH v. 4.1.1993 – 1 BJs 193/84-5, JR **1994**, 37; *Wieczorek* Oft genug von nur geringem Beweiswert – Anforderungen an eine Wahlgegenüberstellung, Kriminalistik **1984** 545; *Wiegmann* Das Wiedererkennen im Straf- und Bußgeldverfahren. Die strafrechtliche Problematik des Wiedererkennens – Vortrag anlässlich des Strafverteidiger-Kolloquiums im November 1997 in Düsseldorf, StraFo **1998** 37; *Wolfslast* Beweisführung durch heimliche Tonbandaufnahmen – Besprechung des BGH-Urteils vom 9.4.1986 – 3 StR 551/85 (NStZ 1987 133), NStZ **1987** 103.

Entstehungsgeschichte

Die Vorschrift, ursprünglich § 58 RStPO (1877), erhielt durch die Bekanntmachung im Jahre 1924 die Bezeichnung § 59. Durch Art. 1 des Gesetzes zur Einschränkung der Eide im Strafverfahren vom 24.11.1933 (RGBl. I S. 1008) wurde sie in veränderter Fassung, aber ohne sachliche Änderungen wieder als § 58 eingefügt; der bisherige § 58 Abs. 1 wurde in § 61 aufgenommen (heute entfallen), § 58 Abs. 2 wurde § 63 (heute § 61). Durch das OpferRRG vom 24.6.2004 (BGBl. I S. 1354) wurde § 58 Abs. 1 Satz 2 eingefügt. Durch Art. 1 Nr. 3 des 2. OpferRRG vom 29.7.2009 (BGBl. I S. 2280) wurde der Absatz 1 Satz 2 „§ 406g Abs. 1 Satz 1 bleibt unberührt" gestrichen. Im Gegenzug wurde § 406g (jetzt § 406h) Absatz 1 Satz 2 eingefügt (s. dort). Durch das 2. Gesetz zur Stärkung der Verfahrensrechte von Beschuldigten im Strafverfahren und zur Änderung des Schöffenrechts vom 27.8.2017 (BGBl. I S. 3295) wurden Absatz 2 die Sätze 2 bis 4 angefügt. Durch das Gesetz zur Neuregelung des Rechts der notwendigen Verteidigung vom 10.12.2019 (BGBl. I S. 2128) wurde Absatz 2 Satz 5 angefügt.

Übersicht

Alphabetische Übersicht

I. Einzelvernehmung (Absatz 1)

1. Allgemeines. Die Vorschrift verlangt, dass von mehreren Zeugen, die zum selben 1
Zeitpunkt erschienen sind, nach erfolgter Belehrung (§ 57) alle bis auf denjenigen, der

zuerst vernommen werden soll, den Sitzungssaal verlassen müssen. Damit die **Unbefangenheit der Zeugen** und die **Selbständigkeit ihrer Darstellung** gewahrt bleiben, sollen sie ihre Aussage ohne Kenntnis dessen machen, was der Angeklagte und die anderen Zeugen aussagen.[1] In besonderen Ausnahmefällen, z.B. wenn bei der Vernehmung eines **Kleinkindes** die Anwesenheit seiner noch nicht als Zeugin vernommenen Mutter zweckdienlich erscheint, kann hiervon abgewichen werden. Dass sich der noch nicht vernommene Zeuge während einer Verhandlungspause mit dem Angeklagten oder mit den bereits vernommenen Zeugen unterhält, kann und soll durch § 58 nicht verhindert werden.[2] § 58 Abs. 1 gilt für alle Verfahrensabschnitte, also auch bei Vernehmungen durch die **Staatsanwaltschaft** (§ 161a Abs. 1 Satz 2) und entsprechend bei Vernehmungen durch die **Polizei** (§ 163 Abs. 3 Satz 2[3]).[4] Damit ist es nicht zu vereinbaren, dass in der Praxis zunehmend gemeinsame Vernehmungen bspw. von Ehepaaren – incl. gemeinsamer Wahllichtbildvorlage – durchgeführt werden (s. Rn. 13). Problematisch im Hinblick auf die Funktion der Einzelvernehmung können **Vorgespräche** mit dem Zeugen zwecks einer sogenannten Qualitätskontrolle einer Zeugenaussage sein. Generell besteht bei Vorgesprächen die Gefahr, dass der Zeuge dann das aussagt, was zuvor besprochen oder geübt wurde, bzw. dass er bestrebt ist, den ihm im Vorgespräch vermittelten inhaltlichen Erwartungen gerecht zu werden. Dergestalt beeinflusste Aussagen können ggf. erheblich von dem Wahrgenommenen abweichen.[5] Als problematisch werden deshalb auch Prozessbeobachtungen von Dritten, insbesondere durch einen anwaltlichen Zeugenbeistand, zwecks Information und Beratung eines noch zu vernehmenden Zeugen angesehen (Rn. 7).[6]

2. Anwendungsbereich

2 **a) Zeugen.** § 58 Abs. 1 findet grundsätzlich bei allen Zeugen Anwendung, auch bei dem **sachverständigen Zeugen.**[7] Es ist nach Sinn und Zweck der Norm unerheblich, ob der **Zuhörer** einer Verhandlung bereits **als Zeuge** zu der Hauptverhandlung **geladen** worden ist oder ob er später tatsächlich gehört wird; maßgebend ist die vorläufige tatrichterliche Auffassung, wobei dem Gericht, zunächst dem Vorsitzenden, ein **Beurteilungsspielraum** zusteht.[8] Dieser Beurteilungsspielraum wird überschritten, wenn der Ausschluss auf sachwidrigen Erwägungen beruht, namentlich dann, wenn dem Gericht keine tatsächlichen Anhaltspunkte dafür vorliegen, dass der ausgeschlossene Zuhörer als Zeuge in Betracht kommen kann (hierzu näher Rn. 5).[9]

3 **b) Nebenklageberechtigte.** Nach § 406h Abs. 1 Satz 2 sind **nebenklageberechtigte Personen** zur Anwesenheit in der Hauptverhandlung berechtigt, auch wenn sie als Zeugen vernommen werden sollen. Daran hat sich durch die Aufhebung des bisherigen § 58 Abs. 1 Satz 2 nichts geändert, weil zugleich in § 406h Abs. 1 Satz 2 das Anwesenheitsrecht

---

1 Vgl. BGHSt **3** 388; BGH bei *Dallinger* MDR **1955** 396; RGSt **22** 434; **52** 161; BayObLGSt **1951** 50; *Schmitt*/Köhler 2; KK/*Bader* 1; MüKo/*Maier* 1; SK/*Rogall* 7; *Eb. Schmidt* 2.

2 BGH NJW **1962** 260.

3 BTDrucks. **18** 12785 S. 25 f. vgl. die Erl. zu § 48, Rn. 2.

4 *Schmitt*/Köhler 1; MüKo/*Maier* 3; SSW/*Güntge* 1.

5 *Eisenberg* Praxiskommentar zu BGH Beschluss vom 23.11.2020 – 5 StR 172/20, NStZ **2021** 486.

6 Für Prozessbeobachtungen durch die Polizei *Hollinger* NZWiSt **2018** 81.

7 BGH NJW **1987** 3088; KK/*Bader* 2; *Schmitt*/Köhler 3; MüKo/*Maier* 5; SSW/*Güntge* 3; vgl. auch § 243, 25; **a.A.** *Häger* GedS Meyer 182.

8 BGH NStZ **2001** 163 m. Anm. *Fahl* JA **2001** 455.

9 BGH NStZ **2004** 453.

ergänzt wurde. Sie können auch dann einer Zeugenvernehmung beiwohnen, wenn sie sich der Anklage (noch) nicht als **Nebenkläger** angeschlossen haben, aber nach § 395 anschlussbefugt sind. Damit soll erreicht werden, dass ein Verletzter, der trotz des Ausschlusses der Öffentlichkeit als bloßer Zuhörer einer Zeugenvernehmung teilnehmen will, nicht „pro forma" Nebenkläger werden muss. Zudem wollte der Gesetzgeber klarstellen, dass die Revision des Angeklagten nicht darauf gestützt werden kann, dass dem nebenklageberechtigten Verletzten die Anwesenheit gestattet wurde.[10] Das Anwesenheitsrecht der Nebenkläger und Nebenklageberechtigten, bevor sie selbst als Zeugen vernommen sind, steht in einem Spannungsverhältnis zu der Intention des § 58 Abs. 1, die Zeugen möglichst unbefangen zu vernehmen. Die gleiche Problematik besteht bei der Frage, ob und wenn ja, in welchem Umfang dem anwaltlichen Zeugenbeistand Akteneinsicht zu gewähren ist. Die Ausrichtung der Aussage am Akteninhalt oder – in der Hauptverhandlung – an der Aussage zuvor vernommener Zeugen, kann die Aussage verfälschen, aber auch den **Beweiswert** der Aussage ggf. entscheidend mindern. Dies kann den Interessen der Nebenklageberechtigten oder Nebenkläger im Ergebnis zuwiderlaufen.[11] Während zum Recht auf Akteneinsicht unter dem Aspekt der Gefährdung des Untersuchungszwecks nach § 406e Abs. 2 Satz 2 in Rechtsprechung und Literatur unterschiedliche Auffassungen vertreten werden,[12] hat der Gesetzgeber das Anwesenheitsrecht des Nebenklageberechtigten bei Vernehmungen von Zeugen explizit geregelt. Die durch § 406h Abs. 1 auch auf die Nebenklageberechtigten ausgeweiteten Informationsrechte sind gleichwohl zu Recht als nicht sinnvoll kritisiert worden. Mit dem Entschluss, dem Verfahren nicht beitreten zu wollen, verzichtet der Verletzte gerade auf die Wahrnehmung einer aktiven prozessgestaltenden Rolle.[13] Sofern er später selbst als Zeuge aussagen soll, wird die Anwesenheit in der Hauptverhandlung in der Regel dem Zweck dienen, Kenntnisse über andere Zeugenaussagen zu erlangen.

c) Sonstige. Ebenfalls abweichend von § 58 Abs. 1 haben das **Recht zur Anwesenheit** 4
während der ganzen Hauptverhandlung überdies, auch wenn sie als Zeugen vernommen werden sollen, der Einziehungsbeteiligte, § 427 Abs. 1 Satz 1, und der Antragsteller im **Adhäsionsverfahren** nach § 404 Abs. 3 Satz 2 (vgl. Erl. zu § 404). **Anwesenheitsberechtigt** ist nach § 406g Abs. 1 Satz 2 ferner der psychosoziale Prozessbegleiter (s. Rn. 7). Die nach § 67 JGG beteiligten **Erziehungsberechtigten** und **gesetzlichen Vertreter** sind anwesenheitsberechtigt, sofern nicht erzieherische Nachteile drohen, die Personen der Beteiligung an der Verfehlung des Angeklagten verdächtig sind, Leib, Leben oder die Freiheit des Angeklagten gefährdet erscheinen, zu befürchten ist, dass durch ihre Gegenwart die Wahrheitsfindung beeinträchtigt wird oder Umstände aus dem persönlichen Lebensbereich eines Verfahrensbeteiligten, Zeugen oder durch eine rechtswidrige Tat Verletzten zur Sprache kommen, deren Erörterung schutzwürdige Interessen verletzen würde, vgl. § 51 Abs. 2 JGG.[14] Zum Anwesenheitsrecht des **Sachverständigen** vgl. Erl. zu § 80.

---

10 BTDrucks. **15** 2536 S. 6; vgl. auch *Ferber* NJW **2004** 2565.

11 Vgl. auch *Neuhaus* StV **2004** 626.

12 OLG Hamburg NStZ **2015** 108 m. Anm. *Radtke*; OLG Braunschweig NStZ **2016** 629 m. Anm. *Schöch*; OLG Hamburg StraFo **2016** 210; OLG Schleswig StraFo **2025** 327.

13 *Schork/König* NJ **2004** 538.

14 Die Vorschrift wurde durch Art. 23 des 2. JuMoG vom 22.12.2006 (BGBl. I S. 3416) geändert, nachdem die frühere Fassung der Norm durch das Bundesverfassungsgericht (BVerfGE **107** 104 ff.; hierzu *Eisenberg/Zötsch* GA **2003** 226) wegen Unbestimmtheit als mit dem elterlichen Erziehungsrecht aus Art. 6 Abs. 2 Satz 1 GG für unvereinbar und damit nichtig erklärt worden war.

5 **d) Abwesenheit vor der Vernehmung.** Der erschienene Zeuge untersteht bis zu seiner Entlassung der **Ordnungsbefugnis** des Gerichts und seines Vorsitzenden (vgl. § 248). Folgt er nicht der Bitte des Vorsitzenden, bis zu seiner Vernehmung den Sitzungssaal zu verlassen, so kann er aus dem Sitzungssaal gewiesen werden.[15] Auch ein **Zuhörer** kann durch eine **sitzungspolizeiliche Anordnung** des Vorsitzenden nach §§ 176, 177 GVG aus dem Zuhörerraum entfernt werden, wenn einer der Prozessbeteiligten beantragt, ihn als Zeugen zu vernehmen, oder einen solchen Antrag ankündigt oder wenn er nach vorläufiger tatrichterlicher Auffassung als Zeuge in Betracht kommt.[16] Eine unzulässige Beschränkung der **Öffentlichkeit** liegt darin nicht,[17] sofern das Gericht tatsächliche Anhaltspunkte dafür hat, dass der von der Maßnahme Betroffene sachdienlich zu Aufklärung beitragen kann. Hierfür genügt es aber nicht, dass das Gericht seiner Entscheidung lediglich ein Gruppenmerkmal, bspw. die Volkszugehörigkeit, zugrunde legt, das auf weitere in Betracht kommende Zeugen zutrifft.[18] Aus § 58 Abs. 1 folgt nicht, dass ein Zeuge, der aus irgendwelchen Gründen der Vernehmung anderer Zeugen beigewohnt hat, ein **ungeeignetes Beweismittel** ist und daher als Zeuge nicht vernommen werden darf. Es ist insbesondere zulässig, jemanden, der vorher als Zuhörer im Sitzungssaal anwesend war, als Zeugen zu vernehmen.[19] Ein **Beweisantrag** auf Zeugenvernehmung darf daher nicht mit der Begründung abgelehnt werden, der Zeuge sei vorher Zuhörer gewesen.[20] Dass der Zeuge vor seiner Vernehmung an der Hauptverhandlung teilgenommen hat, kann sich aber bei der **Beweiswürdigung** auswirken (s. Rn. 25).

6 **e) Anwesenheit nach der Vernehmung.** Nach der Vernehmung hat sich der Zeuge bis zu seiner Entlassung zur Verfügung des Gerichts zu halten (§ 248; vgl. auch Nr. 135 Abs. 2 RiStBV). Ob er der Vernehmung der weiteren Zeugen beiwohnen darf, ist gesetzlich nicht bestimmt. § 58 Abs. 1 ist nicht dahin zu verstehen, dass die Vernehmung eines Zeugen in Anwesenheit der bereits gehörten Zeugen erfolgen muss.[21] Das Gericht entscheidet daher nach pflichtgemäßem **Ermessen.**[22] Regelmäßig werden keine Bedenken dagegen bestehen, dem vernommenen Zeugen die Anwesenheit im Sitzungssaal zu gestatten. Anders ist es, wenn beabsichtigt ist, ihn noch einmal ergänzend zu hören oder anderen Zeugen gegenüberzustellen, oder wenn zu besorgen ist, dass der Angeklagte oder ein anderer Zeuge in seiner Gegenwart nicht wahrheitsgemäß aussagen.[23] In diesen Fällen kann der Vorsitzende anordnen, dass der Zeuge den Sitzungssaal verlassen muss.[24] Einen Anspruch darauf hat der Angeklagte aber nicht.[25]

---

15 Vgl. BGH NStZ **2001** 163.

16 BGH NStZ **2001** 163; im Rahmen eines Parlamentarischen Untersuchungsausschusses: VG Schwerin Beschl. v. 11.10.2024 – 3 B 2698/24 SN.

17 BGHSt **3** 388; BGH NStZ **2001** 163 m. Anm. Fahl JA **2001** 455 = BGH StV **2002** 6 m. abl. Anm. *Reichert*; *Schmitt*/Köhler 5; MüKo/*Maier* 11; *Eb. Schmidt* Nachtr. I 1; *Dalcke*/*Fuhrmann*/*Schäfer* 1; *Hilger* NStZ **1983** 343.

18 BGH NStZ **2004** 453.

19 RGSt **2** 53, 54; RG JW **1934** 3286 Ls.; OGHSt **2** 21; OLG Dresden JW **1931** 88 m. Anm. *Alsberg*; KK/*Bader* 4; *Schmitt*/Köhler 5; SK/*Rogall* 16; SSW/*Güntge* 5; *Dalcke*/*Fuhrmann*/*Schäfer* 1; *Schorn* GA 77 (1933) 252; vgl. auch § 243, 27.

20 RGSt **1** 366, 367; RGRspr. **3** 295; KG VRS **38** (1970) 56; KK/*Bader* 4; *Schmitt*/Köhler 5; MüKo/*Maier* 12; SSW/*Güntge* 5; *Eb. Schmidt* 2.

21 BGH bei *Dallinger* MDR **1955** 396; RGSt **48** 211; *Eb. Schmidt* 3; *Schmitt*/Köhler 6; SK/*Rogall* 17.

22 BGH NJW **1962** 260; BGH bei *Dallinger* MDR **1955** 396; RGSt **48** 211; RG LZ **1915** 631; *Schmitt*/Köhler 6; SK/*Rogall* 17; KK/*Bader* 5.

23 KK/*Bader* 5; *Schmitt*/Köhler 6; MüKo/*Maier* 15; **a.A.** *Schneiders* StV **1990** 91.

24 RG Recht **1910** Nr. 252; KK/*Bader* 5; *Schmitt*/Köhler 6; vgl. auch § 243, 32.

25 RGSt **48** 211; RG GA **43** (1895) 51; *Eb. Schmidt* 3.

3. Beistände. § 58 Abs. 1 findet Anwendung auf den als Zeugen zu vernehmenden Beistand nach § 149,[26] nicht aber auf den anwaltlichen Zeugenbeistand. Für den Rechtsanwalt des **nebenklageberechtigten (Opfer-)Zeugen** ergibt sich das Anwesenheitsrecht unmittelbar aus § 406h Abs. 2 Satz 1. Umstritten ist, ob der sonstige **anwaltliche Zeugenbeistand**, insbesondere derjenige des gefährdeten Zeugen (§ 55) – ungeachtet einer möglichen Einvernahme als Zeuge – während der gesamten Dauer des Verfahrens oder nur während der Vernehmung seines Mandanten **anwesenheitsberechtigt** ist.[27] Die Stellung des anwaltlichen Zeugenbeistandes ist nicht rein akzessorisch zu den Rechten des Zeugen. Als sachkundiger Berater des Zeugen hat der anwaltliche Beistand bei dessen Vernehmung eine besondere Stellung, die der eines Verfahrensbeteiligten zumindest ähnlich ist[28] und dazu dient, den Zeugen in den Stand zu versetzen, von seinen prozessualen Befugnissen selbständig und seinen Interessen entsprechend Gebrauch zu machen zu können.[29] Eine effektive Beratung, insbesondere über die etwaige Ausübung eines Aussageverweigerungsrechts, erfordert es in der Regel, dass sich der Rechtsbeistand über den Stand des Verfahrens im Hinblick auf die Interessen seines Mandanten in Kenntnis setzt. Aus der Grundsatzentscheidung des Bundesverfassungsgerichtes zum Zeugenbeistand[30] lässt sich eine Einschränkung des Anwesenheitsrechts des anwaltlichen Zeugenbeistandes nicht herleiten, weil es sich im zugrunde liegenden Fall um eine nichtöffentliche Sitzung im Rahmen eines Disziplinarverfahrens gehandelt hat.[31] Die Befürchtung der Gefahr einer unlauteren Einwirkung des anwaltlichen Beistands auf den Zeugen verbietet sich aufgrund der besonderen Rechtsstellung des Rechtsanwalts als Organ der Rechtspflege.[32] Doch geht es weniger um die Frage der Lauterkeit. Entscheidend ist vielmehr, dass der anwaltliche Zeugenbeistand seinem Mandanten relevante Informationen nicht verschweigen darf.[33] Dies kann der Intention des § 58 Abs. 1 zuwiderlaufen und sich auf die Beweiswürdigung der späteren Aussage des Zeugen – möglicherweise sogar entgegen den Interessen des Zeugen – auswirken. Diese ggf. gegenläufigen Interessen des Zeugen mit einander abzuwägen, gehört jedoch zu den Aufgaben des Zeugenbeistands und nicht zu denjenigen der Strafverfolgungsbehörden (vgl. auch § 68b). Schließlich besteht keine Rechtsgrundlage, die den Eingriff in die Rechtsposition des anwaltlichen Zeugenbeistandes rechtfertigen könnte. Dem Verteidiger des Beschuldigten bleibt es unbenommen, die Anwesenheit des Zeugenbeistandes zu thematisieren, insbesondere im Hinblick auf den **Beweiswert** der Aussage des später vernommenen Zeugen. Ein Anwesenheitsrecht hat nach § 406g Abs. 1 Satz 2 ferner der **psychosoziale Prozessbegleiter** des Verletzten während der Vernehmungen des Verletzten und in der Hauptverhandlung gemeinsam mit dem Verletzten. 7

26 BGHSt **4** 205; RGSt **22** 198, 199; **59** 353, 354; KK/*Bader* 2; *Schmitt*/Köhler 3; MüKo/*Maier* 6.

27 *Kehrer* NStZ 2023 139; dafür AG Neuss StraFo **1999** 139; LG Heilbronn NStZ **2004** 100 m. abl. Anm. *Wagner*; weitere Nachweise bei *Venn* StraFo **2018** 50; **a.A.** für Prozessbeobachtungen durch die Polizei im Strafverfahren *Hollinger* NZWiSt **2018** 81; SK/*Rogall* 10: aber Anwesenheitsrecht als Zuschauer in öffentlicher Hauptverhandlung; diff. MüKo/*Maier* 14.

28 BVerfGE **38** 105.

29 BVerfGE **38** 105.

30 BVerfGE **38** 105.

31 LG Heilbronn NStZ **2004** 100, 101 m. abl. Anm. *Wagner*. So auch OVG Berlin NJW **2002** 313, 315: die Entscheidung befasst sich mit dem vorbeugenden Rechtsschutz eines anwaltlichen Zeugenbeistands gegen den drohenden Ausschluss der Öffentlichkeit bei der Beweisaufnahme vor einem Untersuchungsausschuss.

32 Vgl. bereits RGSt **37** 321, 323 f.

33 Nicht praktikabel erscheint insoweit der Vorschlag des OLG Braunschweig NStZ **2016** 629, der Nebenklagevertreter könne dem Gericht zusichern, dem Nebenkläger bestimmte Akteninhalte nicht zur Kenntnis zu geben.

8 **4. Reihenfolge der Vernehmungen.** Grundsätzlich steht es im **Ermessen** des Gerichts, in welcher Reihenfolge es die Zeugen vernimmt und ergänzend hört.[34] **Fürsorge-** und **Aufklärungspflicht** können aber eine bestimmte Reihenfolge erforderlich machen. So sollten **Kinder** und **Jugendliche** möglichst vor den erwachsenen Zeugen vernommen und dann entlassen werden (vgl. Nr. 135 Abs. 3 Satz 1 RiStBV).[35] Der **Beistand nach § 149** hat zwar keinen Rechtsanspruch darauf, als erster Zeuge vernommen zu werden;[36] damit er seine Rechte umfassend wahrnehmen kann, wird es jedoch regelmäßig geboten sein, dass der Vorsitzende ihn nicht erst am Schluss der Beweisaufnahme vernimmt.[37] Auch **Nebenkläger, Nebenklageberechtigte, Erziehungsberechtigte** und **gesetzliche Vertreter** sollten, weil sie vor ihrer Vernehmung zur Anwesenheit berechtigt sind (Rn. 4), als erste Zeugen vernommen werden. **Verhörspersonen**, die einen nach § 52 zur Aussageverweigerung berechtigten Zeugen vernommen haben, dürfen über die von ihnen entgegengenommenen früheren Bekundungen des Zeugen erst gehört werden, nachdem sich das Gericht vergewissert hat, dass dieser auf sein Aussageverweigerungsrecht verzichten werde.[38] Vor diesem Zeitpunkt steht einer Vernehmung der Verhörsperson grundsätzlich § 252 entgegen.[39] Bei Zeugen, die nach § 55 aussageverweigerungsberechtigt sind (zur Frage der Zulässigkeit der Vernehmung von Verhörspersonen in diesem Fall § 55, 24, 39), kann nichts anderes gelten.

II. Gegenüberstellungen (Absatz 2)

9 **1. Allgemeines.** § 58 Abs. 2 ist eine Sondervorschrift für das Vorverfahren. Sie ermöglicht die Gegenüberstellung des Zeugen mit anderen Zeugen oder mit dem Beschuldigten in diesem Verfahrensabschnitt, wenn sie für das weitere Verfahren geboten erscheint. Das ist immer dann der Fall, wenn sie der **Sachaufklärung** dienen kann,[40] wofür sie aber nicht das einzige oder das nächstliegende Mittel zu sein braucht. Auch in der **Hauptverhandlung**, die grundsätzlich in Anwesenheit des Angeklagten stattfindet (§ 230), kann eine Gegenüberstellung aus Gründen der gerichtlichen **Aufklärungspflicht** (§ 244 Abs. 2) geboten sein. Ein Rechtsanspruch des Angeklagten darauf wird nicht anerkannt.[41] Der Gesetzgeber hatte bei Schaffung des § 58 Abs. 2 nur die sog. **Vernehmungsgegenüberstellung** im Blick (Rn. 10),[42] die im alten Recht eine große Rolle spielte.[43] Die seit alters gleichfalls bedeutsame[44] **Identifizierungsgegenüberstellung** (Rn. 11 ff.) wurde als ohnehin in jedem Stadium des Verfahrens zulässig erachtet. Seither hat sich das Spektrum der Gegenüberstellungen um viele Facetten erweitert (Rn. 18 ff.). Nach heutigem **Grundrechtsverständnis** und wegen der häufig mit einer Gegenüberstellung verbundenen Eingriffe in die Grundrechte des Beschuldigten ist hierfür als Rechtsgrundlage § 58 Abs. 2 allein i.d.R. nicht

---

34 BGHSt **2** 111; **4** 206; BGH NJW **1962** 260; Beschl. v. 9.10.2024 – 2 StR 182/24; KK/*Bader* 3; *Schmitt*/Köhler 4; MüKo/*Maier* 19; SSW/*Güntge* 4; SK/*Rogall* 18.
35 KK/*Bader* 3; *Schmitt*/Köhler 4; SSW/*Güntge* 4.
36 BGHSt **4** 205; KK/*Bader* 3; *Schmitt*/Köhler 4.
37 BGHSt **4** 205.
38 BGHSt **2** 110; OGHSt **1** 303; KK/*Bader* 3; *Schmitt*/Köhler 4; SK/*Rogall* 18; SSW/*Güntge* 4.
39 SK/*Rogall* 18.
40 KK/*Bader* 6; SSW/*Güntge* 7.
41 *Schmitt*/Köhler 7, 8 m.w.N.; SSW/*Güntge* 7; KK/*Bader* 6; **a.A.** MüKo/*Maier* 32.
42 *Hahn* Bd. I 592.
43 *Ignor* 99.
44 Vgl. *Ignor* 134.

ausreichend[45] (Rn. 15, 18). Zu beachten ist ferner, dass die Beweisaufnahme über bzw. mittels Gegenüberstellungen in der Hauptverhandlung häufig zusätzliche **Augenscheinseinnahmen** erfordert.[46] Das Verfahren der Gegenüberstellung im Einzelnen ist in Nr. 18 RiStBV nur rudimentär geregelt. Weiteres ist in Verwaltungsvorschriften festgeschrieben, die nur ausnahmsweise öffentlich bekannt und deshalb auch nur schwer überprüfbar sind.[47] In **Satz 2** und **Satz 3** hat der Gesetzgeber klargestellt, dass bei einer Gegenüberstellung mit dem Beschuldigten – nicht bei einer Wahllichtbildvorlage – die Anwesenheit von dessen **Verteidiger** gestattet ist und sichergestellt, dass der Verteidiger von dem Termin benachrichtigt wird, um von seinem **Anwesenheitsrecht** Gebrauch machen zu können. Ein Anspruch auf Verlegung eines Termins bei Verhinderung besteht entsprechend der Regelung in § 168c Abs. 5 Satz 3 nicht (**Satz 4**).[48] **Satz 5** schreibt vor, dass der Beschuldigte – grundsätzlich vor jeder Gegenüberstellung – über das Recht, die **Beiordnung eines Pflichtverteidigers** zu beantragen, zu belehren ist. Die **Belehrung** soll sich, wie sich aus der Verweisung auf § 142 Abs. 1 ergibt, auch darauf erstrecken, bei welchen Stellen der Antrag gestellt werden kann.[49]

2. Vernehmungsgegenüberstellungen (Konfrontationen[50]). Hierbei handelt es sich um eine heutzutage – möglicherweise zu Unrecht – wohl eher seltene Art der Vernehmung, bei welcher der Beschuldigte und/oder Zeugen einander gegenübergestellt werden, um durch unmittelbare Fragen und Vorhalte, Rede und Gegenrede Widersprüche zwischen der Aussage des Zeugen und den Angaben des Beschuldigten oder anderer Zeugen aufzuklären.[51] Einen Anspruch, dass mehrere Zeugen einander gegenübergestellt werden, hat der Angeklagte nicht.[52] Soweit der Angeklagte aber sein Ziel dadurch erreichen kann, dass er einem Zeugen in Gegenwart eines anderen Zeugen Fragen stellt oder ihm die Aussage des bereits gehörten Zeugen vorhält, hat er durch sein Fragerecht die Möglichkeit, die Gegenüberstellung herbeizuführen.[53] Im Übrigen muss das Gericht von Amts wegen oder auf Antrag prüfen, ob eine (Vernehmungs-)Gegenüberstellung zur Erforschung des Sachverhalts erforderlich ist.[54] Für den Zeugen sind Gegenüberstellungen Teil seiner Vernehmung. Insoweit gelten die allgemeinen Regeln, insbesondere auch die §§ 52 ff. 10

3. Identifizierungsgegenüberstellungen (Rekognitionen)

a) Übersicht. Von großer praktischer Bedeutung sind die sog. Identifizierungsgegenüberstellungen, die dem Wiedererkennen einer oder mehrerer Personen durch einen Zeugen dienen sollen. Man unterscheidet sog. Wahlgegenüberstellungen (Rn. 15 ff.), Lichtbildvorlagen (Rn. 18 f.) und Stimmenvergleiche (Rn. 20 f.). Sämtliche Maßnahmen dieser Art sind in hohem Maße anfällig für Fehler, die den **Beweiswert** von Wiedererkennungsakten 11

45 So aber *Schmitt*/Köhler 9.
46 Vgl. SK/*Rogall* 30: „zusammengesetzter Augenschein".
47 S. z.B. Runderlass des Innenministeriums NRW vom 12.3.2006, JMBlNRW 2006, 283, geändert durch Runderlass vom 5.11.2012, JMBlNRW 2012, 690.
48 BTDrucks. **18** 9534 S. 22.
49 BTDrucks. **19** 13829 S. 30.
50 *Hahn* Bd. I 592.
51 RG JW **1931** 2818; GA **50** (1903) 274, 275; KG NJW **1979** 1668; *Schmitt*/Köhler 10.
52 BGH v. 2.6.1955 – 4 StR 162/55; BGH bei *Dallinger* MDR **1974** 724; **1976** 17; bei *Spiegel* **1979** 190; bei *Pfeiffer* NStZ **1981** 96; KK/*Bader* 6; *Schmitt*/Köhler 7, 8.
53 Alsberg/*Dallmeyer* 221.
54 BGH NJW **1960** 2156; RG JW **1903** 92; RG GA **60** (1903) 93; OLG Hamm NJW **1957** 921; KK/*Bader* 6; Alsberg/*Dallmeyer* 221.

beeinträchtigen können.[55] An die Durchführung solcher Gegenüberstellungen sind deshalb von Rechts wegen hohe Anforderungen zu stellen, insbesondere auch an die Rekonstruktion von Gegenüberstellungen aus dem Ermittlungsverfahren in der Hauptverhandlung. Grundsätzlich gilt, dass die erste Gegenüberstellung von entscheidender Bedeutung ist. Jeder weiteren Gegenüberstellung kommt so gut wie kein Beweiswert mehr zu, weil nicht ausgeschlossen werden kann, dass der Zeuge lediglich die ihm bereits gegenüberstellte Person bzw. das vorgelegte Lichtbild wiedererkennt. Fehler, die bei der ersten Gegenüberstellung erfolgen, sind deshalb nicht wiedergutzumachen und beeinträchtigen den Wert des Wiedererkennens ggf. in entscheidungserheblicher Weise für das gesamte Verfahren (vgl. Rn. 24, 27 f.).[56]

12 **b) Grundsatz.** Die Gegenüberstellung hat nur dann einen **Beweiswert** für das Verfahren, wenn davon ausgegangen werden kann, dass die Identifizierung eines Täters durch einen Zeugen tatsächlich auf einem Wiedererkennen beruht und nicht aufgrund sonstiger Faktoren fälschlicherweise angenommen wird. Dabei ist nicht nur die Überführung eines Täters Ziel einer Identifizierungsgegenüberstellung, sondern ebenso die Befreiung eines Unschuldigen von einem unbegründeten Verdacht.[57] Es gilt bei der Gegenüberstellung den Einfluss außerhalb des Wiedererkennens liegender Faktoren nach Möglichkeit auszuschließen. Dazu haben sich durch Rechtsprechung und Literatur Grundregeln herausgebildet, die jedoch nicht abschließend sind.[58] Werden diese Regeln nicht beachtet, führt dies nicht per se zur **Unverwertbarkeit** der Ergebnisse. Es ist jedoch im Rahmen der **Beweiswürdigung** zu berücksichtigen (Rn. 27 f.).[59] Ferner ist der Ablauf der Gegenüberstellung in einer Form zu dokumentieren (ggf. per **Videoaufzeichnung**), die es in der Hauptverhandlung erlaubt, deren Ablauf zu rekonstruieren und sich ein Bild über den Beweiswert zu machen (s. Nr. 18 Abs. 2 Satz 3 RiStBV).

13 **c) Anerkannte Kriterien.** Die Gegenüberstellungen sollten mit jedem Zeugen **einzeln** erfolgen, damit ein Zeuge nicht durch das Wiedererkennen oder Nichterkennen eines anderen Zeugen beeinflusst wird.[60] Vor einer Gegenüberstellung sollte der Zeuge über seine Erinnerung zum **äußeren Erscheinungsbild** des Wiederzuerkennenden, aber auch zur **Wahrnehmungssituation** (bspw. Entfernung, Lichtverhältnisse) – bei längerem Zeitablauf ggf. auch wiederholt[61] – befragt werden. Zum einen ermöglicht dies eine Plausibilitätskontrolle eines späteren Wiedererkennens, zum anderen sollte die Auswahl der Vergleichspersonen anhand der von dem Zeugen benannten Merkmale erfolgen, um auszuschließen, dass das vermeintliche Wiedererkennen darauf beruht, dass allein der Identifizierte das vom Zeugen als markant in Erinnerung behaltene Merkmal aufweist.[62] Des Weiteren muss geklärt werden, ob der Beschuldigte dem Zeugen aus einem anderen Zusammenhang bekannt sein

---

55 S. dazu *Goldkamp* NZV **2019** 217; *Bremer* et al. Kriminalistik **2018** 365, 455.

56 OLG Karlsruhe NStZ **1983** 377.

57 *Neuhaus* StV **2015** 193.

58 Ausführlich *Goldkamp* NZV **2019** 217, 219.

59 BGHSt **40** 66 f.; BGH bei *Spiegel* DAR **1976** 94; OLG Schleswig bei *Ernesti/Jürgensen* SchlHA **1971** 216; KG NStZ **1982** 215; AG Unna StV **1982** 110 m. Anm. *Budde*; KK/*Bader* 9; *Pfeiffer* 2; *Odenthal* NStZ **1984** 137; vgl. auch BGHSt **16** 207; **28** 311; eingehend zu Problemen bei der Identifizierung von Personen bzw. Personenmerkmalen *Eisenberg* (Beweismittel) 1383 ff.; *Odenthal* (Gegenüberstellung im Strafverfahren) 22 und *Schenk* 25 ff.

60 OLG Koblenz StV **2007** 348; *Odenthal* StV **2013** 67.

61 *Odenthal* StraFo **2013** 66.

62 *Odenthal* StraFo **2013** 66.

könnte, etwa durch Lichtbildvorlagen im Ermittlungsverfahren,[63] aus früheren Begegnungen, aber etwa auch durch Recherchen über die Tat in den Medien/im Internet.[64] In aller Regel genügt eine **Einzelgegenüberstellung** oder die Vorlage eines einzelnen Lichtbildes nicht. Vielmehr sind mehrere Vergleichspersonen/-lichtbilder vorzustellen (Nr. 18 Abs. 1 Satz 1 RiStBV). Nach Nr. 18 Abs. 3 RiStBV sollen dem Zeugen bei einer Wahllichtbildvorlage mindestens acht Personen gezeigt werden.[65] Es dürfen dem Zeugen nicht ausschließlich Verdächtige vorgestellt werden. Auch muss der Zeuge auf die Möglichkeit hingewiesen werden, dass der Beschuldigte sich nicht unter den vorgestellten Personen befindet. Dabei ist darauf zu achten, dass nicht schon die Art der Präsentation auf den Beschuldigten hinweist. Dies kann etwa dadurch passieren, dass die Vergleichspersonen nicht über ausreichende Ähnlichkeit mit dem Beschuldigten verfügen, aber auch dadurch, dass alle Vergleichsbilder ein bestimmtes Bildformat ausweisen und einzig das Bild des Beschuldigten davon abweicht.[66] Auch sollte darauf geachtet werden, dass ein Ermittlungsbeamter die Gegenüberstellung vornimmt, der selbst die Sache und auch den Beschuldigten nicht kennt, um eine auch unbewusste Beeinflussung durch dessen Verhalten auszuschließen.[67] Schließlich ist anerkannt, dass die **sequentielle Gegenüberstellung** der Gegenüberstellung aller Vergleichspersonen oder -lichtbilder in einem vorzuziehen ist (Nr. 18 Abs. 2 Satz 1 RiStBV). Umstritten ist allerdings, ob es den Beweiswert erhöht, die Gegenüberstellung nach einem Wiedererkennen fortzusetzen,[68] oder ob vielmehr in diesem Fall – auch bei einer Falschidentifizierung – die Gegenüberstellung abgebrochen werden sollte, um einen (bloßen) Binnenvergleich unmöglich zu machen.[69] In jedem Fall sollte der Zeuge dazu befragt werden, an welchen Merkmalen er das Wiedererkennen festmacht. Ohne Aussagewert ist dagegen die allerdings übliche Angabe des Zeugen über den Prozentsatz der **Sicherheit des Wiedererkennens**.[70]

d) Einzelfälle. Die genannten, nicht abschließend aufgeführten Kriterien entbinden nicht von der Aufgabe, Besonderheiten des Einzelfalls zu berücksichtigen. So dürfte es problematisch sein, einem Fußballfan ausschließlich Bilder bereits als gewaltbereit bekannter gegnerischer Fans vorzulegen, weil diese zum einen potentiell alle verdächtig sind und sie zum anderen dem Zeugen möglicherweise unabhängig von der Tat jedenfalls optisch bereits bekannt waren und ein Wiedererkennen darauf beruhen könnte.[71] Die Gefahr einer suggestiven Wirkung besteht auch dann, wenn zwei Bilder des Beschuldigten vorgelegt werden, von den Vergleichspersonen aber jeweils nur eines.[72] 14

4. Wahlgegenüberstellung

a) Rechtsgrundlage. Bei der Wahlgegenüberstellung (vgl. Nr. 18 Abs. 1 Satz 1 RiStBV) 15
werden dem Zeugen zum Zwecke der Täteridentifikation mehrere Personen, darunter der Beschuldigte, gegenübergestellt. Für den Zeugen ist die Identifizierungsgegenüberstellung

---

63 Vgl. OLG Düsseldorf DAR **2016** 215.
64 *Odenthal* StraFo **2013** 65.
65 S. auch BGH NJW **2012** 791.
66 BGH StPO § 261 Identifizierung 13.
67 Odenthal StraFo **2013** 68.
68 Vgl. Nr. 18 Abs. 2 Satz 2 RiStBV; BGH NJW **2012** 791 m.w.N.
69 *Neuhaus* StV **2015** 184, 192.
70 *Neuhaus* StV **2015** 194; **a.A.** BGH StV **2008** 622.
71 S. allerdings ohne Problematisierung dieser Fragen OLG Koblenz StraFo **2015** 286; zur Bekanntschaft zwischen Zeugen und Beschuldigtem s. auch *Odenthal* StraFo **2013** 52, 65.
72 S. allerdings ohne Problematisierung dieser Frage LG Osnabrück v. 17.4.2014 – 10 KLs 31/13.

Teil seiner Vernehmung. Folglich ist er grundsätzlich zur Mitwirkung verpflichtet und kann sie nur unter den Voraussetzungen der §§ 52 ff. verweigern.[73] Rechtsgrundlage für die Pflicht des **Beschuldigten**, sich einem Zeugen gegenüberstellen zu lassen, ist nach wohl zutreffender Ansicht[74] **§ 81a**. Hierfür spricht ein Erst-recht-Schluss dahin gehend, dass die Pflicht zur Duldung einer **körperlichen Untersuchung** erst recht das bloße Dulden der Betrachtung der äußeren Erscheinung erfasst.[75] Nach anderer Ansicht[76] ist § 81b heranzuziehen und die Gegenüberstellung als „ähnliche Maßnahme" i.S.d. Norm anzusehen. Dagegen spricht jedoch die im Vergleich zur Duldung der Erstellung eines Lichtbildes höhere Intensität des Grundrechtseingriffs bei der Gegenüberstellung. § 58 Abs. 2 (allein) kann die **zwangsweise** Wahlgegenüberstellung des Beschuldigten wegen des damit verbundenen Grundrechtseingriffs nicht rechtfertigen,[77] weil die Vorschrift keine Eingriffsermächtigung hierfür enthält.[78] Die Frage der Rechtsgrundlage ist nicht lediglich ein theoretisches Problem, sondern wegen der unterschiedlichen Anordnungskompetenz bei § 58 Abs. 2 und § 81b einerseits und § 81a andererseits von praktischer Bedeutung.[79] Da die Wahlgegenüberstellung wie andere Zwangsmaßnahmen auch für den Beschuldigten keine Pflicht zu einer aktiven Mitwirkung statuiert, ist das **Selbstbelastungsverbot** hierdurch nicht verletzt. Der Beschuldigte ist lediglich zur **passiven Mitwirkung** verpflichtet, sich vom Zeugen in Augenschein nehmen zu lassen, unabhängig davon, ob er sich zur Sache einlassen will.[80] Er kann deshalb selbst **gegen seinen Willen** durch die Anwendung von Zwang anderen Personen zum Zwecke des Wiedererkennens gegenübergestellt werden.[81] Aus demselben Grund ist schließlich auch die Zulässigkeit **heimlicher Gegenüberstellungen** zu bejahen, bei denen der Zeuge aus dem Verborgenen (etwa hinter einem sogenannten venezianischen Spiegel, hinter einer halb verschlossenen Tür etc.) die Möglichkeit zur sinnlichen Wahrnehmung erhält.[82] Hierbei ist jedoch zu beachten, dass dieser faktischen **Einzelgegenüberstellung** angesichts fehlender Vergleichspersonen allenfalls ein **geminderter Beweiswert** zukommen kann. **Zwangsweise Veränderungen des Äußeren des Beschuldigten** (Veränderung des Haarschnitts, Verpflichtung eine bestimmte Kleidung oder Maske zu tragen) sind, entgegen der Auffassung des Bundesverfassungsgerichts,[83]

---

73 BGH NJW **1960** 2156; HK/*Gercke* 7 f.; KK/*Bader* 8; *Rogall* MDR **1975** 814; SK/*Rogall* 32 ff.; SSW/*Güntge* 7, 8.

74 LR/*Krause* § 81a, 44; *Eisenberg* Kriminalistik **1995** 462; *Kratsch* JA **1981** 617; *Odenthal* (Gegenüberstellung im Strafverfahren) 64 ff.; *ders.* NStZ **1985** 434; *Pauly* StraFo **1998** 42; vgl. auch OLG Bremen MDR **1970** 165; OLG Düsseldorf VRS **80** (1991) 458; vgl. auch SSW/*Güntge* 8: § 81a oder 81b.

75 Im Ergebnis ebenso *Odenthal* (Gegenüberstellung im Strafverfahren) 85, der jede Form der Besichtigung des Körpers dem Begriff der Untersuchung subsumiert.

76 SK/*Rogall* 35; *Geerds* Jura **1986** 9; *Geppert* Jura **1989** 278; *Oehm* MDR **1986** 100; *Reitberger* Kriminalistik **1968** 349; *Roxin/Schünemann* § 33, 16; *Schlüchter* 185.

77 So aber BGHSt **34** 49; BGH Urteil v. 20.7.1970 – 1 StR 653/70; KG JR **1979** 348; *Schmitt*/Köhler 9; ablehnend *Welp* JR **1994** 37, der eine Gesetzeslücke annimmt.

78 *Hahn* I 592; *von Hippel* 406; *Grünwald* JZ **1981** 425; ausführlich dazu *Odenthal* (Gegenüberstellung im Strafverfahren) 65 f. und *Schenk* 174 ff.

79 Näher dazu die Erl. bei § 81a sowie *Odenthal* (Gegenüberstellung im Strafverfahren) 88 ff.

80 Vgl. BGHSt **34** 39, 49; OLG Bremen MDR **1970** 165; KG NJW **1979** 1668; JR **1979** 347, 348; *Schmitt*/Köhler 9; SK/*Rogall* 40; MüKo/*Maier* 42; **a.A.** *Welp* JR **1993** 38.

81 BGHSt **34** 39; **39**, 96, 98; KG NJW **1979** 1669; JR **1979** 348; SK/*Rogall* 39; MüKo/*Maier* 42; **a.A.** *Grünwald* JZ **1981** 426; *Burgdorf/Ehrentraut/Lesch* GA **1987** 106 ff.

82 KG NJW **1979** 1669; LR/*Krause* § 81a, 46; **a.A.** mit beachtlichen Gegenargumenten *Eisenberg* Kriminalistik **1995** 463. Vgl. zur verdeckten Gegenüberstellung auch *Odenthal* (Gegenüberstellung im Strafverfahren) 52.

83 BVerfGE **47** 239.

mit Blick auf die bloße Duldungsverpflichtung des Beschuldigten und wegen der Gefahr einer suggestiven Einwirkung auf den Zeugen abzulehnen.[84]

b) Durchführung. Die Wahlgegenüberstellung zum Zwecke des Wiedererkennens erfolgt regelmäßig schon im Vorverfahren. Zu den wesentlichen Kriterien s.o. Rn. 12 ff. Zusätzlich ist bei der Wahlgegenüberstellung darauf zu achten, dass der Zeuge nicht aus den Umständen der Vorführung schlussfolgern kann, wen die Strafverfolgungsbehörden beschuldigen, etwa indem allein der Beschuldigte gefesselt oder in Anstaltskleidung vorgeführt wird. 16

c) Anwesenheitsrecht des Verteidigers. Die Gegenüberstellung ist stets Teil der Vernehmung des Zeugen (Rn. 15). Absatz 2 Satz 1 statuiert das Recht des Verteidigers des Beschuldigten auf Anwesenheit bei allen Gegenüberstellungen seines Mandanten, Satz 2 die Pflicht zur Benachrichtigung des Verteidigers von diesbezüglichen Terminen. Ein Anspruch auf Verlegung eines Termins bei Verhinderung besteht entsprechend der Regelung in § 168c Abs. 5 Satz 3 nicht. Hat der Beschuldigte keinen Verteidiger, so ist er gemäß Satz 5 darauf hinzuweisen, dass er in den Fällen des § 140 die Bestellung eines Pflichtverteidigers nach Maßgabe des § 141 Abs. 1 und des § 142 Abs. 1 beantragen kann. Aus der Verweisung auf § 142 Abs. 1 folgt, dass sich die **Belehrung** auch darauf zu erstrecken hat, bei welchen Stellen der Antrag gestellt werden kann. Die Belehrung muss sinnvollerweise rechtzeitig vor der Gegenüberstellung erfolgen. Die Pflicht zur Dokumentation der Belehrung ergibt sich für richterliche Gegenüberstellungen aus § 168a Abs. 1, für ermittlungsbehördliche Maßnahmen explizit aus § 168b Abs. 3 Satz 1.[85] Die Regelungen tragen dem Umstand Rechnung, dass es sich insbesondere bei der Wahlgegenüberstellung um eine sehr fehleranfällige, nur einmal durchführbare Ermittlungsmaßnahme[86] und faktisch um einen vorweggenommenen Teil der Beweisaufnahme handelt,[87] deren Ergebnis für die Verurteilung des Angeklagten entscheidend sein kann. Sie bedarf daher der kritischen Beobachtung. Wurde dem Verteidiger des Beschuldigten die Anwesenheit hierbei verweigert, so folgt daraus ein **Beweisverwertungsverbot** jedenfalls dann, wenn die näheren Umstände der Gegenüberstellung (z.B. mangels Videoaufzeichnung) nicht mehr rekonstruiert werden können. Auf die Verwertung des Ergebnisses einer potentiell fehlerhaft durchgeführten Gegenüberstellung kann eine Verurteilung nicht gestützt werden. 17

5. Lichtbildvorlage

a) Rechtsgrundlage. Die Zulässigkeit der Vorlage von Lichtbildern des Verdächtigen und anderer Personen zur Ermittlung eines noch unbekannten Tatverdächtigen ist umstritten;[88] Nr. 18 Abs. 3RiStBV geht von der Zulässigkeit aus. Richtigerweise kann die Lichtbildvorlage wie auch die Wahlgegenüberstellung in Bezug auf den **Verdächtigen** (nur) auf **§ 81a** gestützt werden (vgl. Rn. 15).[89] Für den Zeugen ist sie Teil seiner Vernehmung. Sofern zu Vergleichszwecken Fotografien von Personen verwendet werden, die zu einem früheren Zeitpunkt Beschuldigte eines Strafverfahrens waren, kann in Bezug auf diese die Maß- 18

---

84 Ebenso *Odenthal* (Gegenüberstellung im Strafverfahren) 95; *Schenk* 187 f.; **a.A.** LR/*Krause* § 81a, 46 f.; *Pfeiffer* 2; KK/*Bader* 8; SK/*Rogall* 39; MüKo/*Maier* 45 f.

85 Vgl. BTDrucks. **19** 13829 S. 30.

86 Hierzu ausführlich *Odenthal* (Gegenüberstellung im Strafverfahren) 22 ff.

87 OLG Karlsruhe NStZ **1983** 377.

88 Näher dazu *Kuhn* JA **2005** 142 m.w.N.; *Rauer* Kriminalistik **2003** 673.

89 *Odenthal* (Gegenüberstellung im Strafverfahren) 57.

nahme auf § 81b gestützt werden.[90] Ein Anspruch auf die Anwesenheit des Verteidigers bei Lichtbildvorlagen besteht nicht, weil sich Absatz 2 Satz 2 ausdrücklich nur auf Gegenüberstellungen bezieht (Rn. 9).

19 **b) Durchführung.** Zu den Kriterien vgl. Rn. 12 ff. Dem Zeugen sind insbesondere **mehrere** ähnliche **Fotografien** zur Auswahl vorzulegen.[91] Die Vorlage nur eines Lichtbildes hat in aller Regel keinen ausreichenden Beweiswert.[92] Trotz dieser Vorgaben kommt es im Bereich der Bagatell- und mittleren Kriminalität immer wieder zu Einzelbildvorlagen ohne vorherige Vernehmung über die Erinnerung des Zeugen an das **Erscheinungsbild** des Täters.[93] Da es sich um Bestandteile der Vernehmungsprotokolle handelt, sind die vorgelegten Lichtbilder stets zu den **Ermittlungsakten** zu nehmen (vgl. Nr. 18 Abs. 2 Satz 3 RiStBV), damit das mit der Sache befasste Gericht den Beweiswert der Lichtbildidentifizierung beurteilen kann.[94] Auch die erfolglose Lichtbildvorlage ist als Beweisergebnis in den Akten zu dokumentieren, weil der Zeuge nach einer vorangegangenen Lichtbildvorlage bei einer darauffolgenden persönlichen Gegenüberstellung nicht mehr unvoreingenommen ist (Rn. 24).[95] Dies muss das Gericht bei der Beweiswürdigung berücksichtigen, wie es überhaupt allen Widersprüchen zwischen der Aussage des Zeugen bei der Lichtbildvorlage und bei der persönlichen Gegenüberstellung nachgehen muss.[96] Dabei hat der Richter anhand objektiver Kriterien die Beweisqualität des Wiedererkennens zu überprüfen und sich hiermit auch im Urteil auseinanderzusetzen (Rn. 24).[97] Ein besonderes Problem – bislang ohne zureichende Erkenntnisgrundlage – stellt die zunehmend anzutreffende Vorlage computergenerierter Vergleichsbilder dar. Auf den ersten Blick ermöglicht dies die wünschenswerte Vorlage alle relevanten Merkmale aufweisender Vergleichsbilder. Unbekannt ist jedoch, inwieweit die menschliche Wahrnehmung auch unbewusst in der Lage ist, „echte" Menschen von lediglich künstlich geschaffenen Bildern zu unterscheiden. Ein „Wiedererkennen" könnte dann möglicherweise darauf beruhen, dass es sich allein bei dem Bild des Beschuldigten um das Bild eines Menschen handelt.[98]

6. Stimmenvergleich

20 **a) Allgemeines.** In manchen Fällen kann für die Identifizierung eines Tatverdächtigen ein Stimmenvergleich hilfreich sein.[99] Ein solcher kann zum einen in der Weise durchgeführt werden, dass ein „Ohrenzeuge" des Tatgeschehens die Stimme des Beschuldigten unmittelbar anhört, zum anderen kommt aber auch das Vorspielen einer auf **Tonband** aufgenommenen Stimme (z.B. im Zusammenhang mit einer Erpressung oder Entführung) in Betracht.

---

90 SK/*Rogall* 36.

91 Vgl. AG Bremen StV **1992** 414.

92 OLG Köln StV **1992** 412; LG Köln NStZ **1991** 202; *Burghard* 106; *Kalleicher/Grimm* 332; *Kuhn* JA **2005** 142; *Nöldeke* NStZ **1982** 194; *Philipp* 39.

93 OLG Koblenz StV **2007** 348, dort Rn. 15 ff., Rn. 19.

94 OLG Karlsruhe NStZ **1983** 377 m. Anm. *Odenthal* NStZ **1984** 137; OLG Köln StV **1992** 412; *Nöldeke* NStZ **1982** 194; *Philipp* 40; vgl. auch LG Frankfurt StV **1986** 291 zum Beweiswert fehlerhafter Lichtbildvorlagen.

95 Vgl. BGH NStZ **1987** 288; LG Köln NStZ **1991** 202; *Odenthal* (Gegenüberstellung im Strafverfahren) 63.

96 BGH StV **1981** 55; **1981** 114; OLG Frankfurt **1988** 10; LG Bremen StV **1994** 647 zur Überzeugungsbildung bei Wiedererkennung nach mehrfach vergeblichen Identifizierungsversuchen; KG NStZ **1982** 215.

97 OLG Düsseldorf StV **2001** 445; OLG Koblenz StV **2001** 444, 445; jeweils m.w.N.

98 *Odenthal* StraFo **2013** 69 f.

99 Dazu ausführlich *Ackemann*.

b) Rechtsgrundlage. In Bezug auf den Zeugen ist der Stimmenvergleich Teil seiner Vernehmung. Hinsichtlich des Beschuldigten ist die Maßnahme unproblematisch zulässig, wenn der Beschuldigte freiwillig an ihr teilnimmt. Sofern die Strafverfolgungsbehörden durch andere strafprozessual zulässige Maßnahmen (z.B. durch eine Telekommunikationsüberwachung nach § 100a) einen **Mitschnitt** der Stimme des Beschuldigten erlangt haben, kann dieser nachträglich ebenfalls zum Zwecke der Durchführung eines Stimmenvergleichs verwendet werden.[100] Gleiches gilt, wenn der Beschuldigte bei einer mit seinem Wissen auf Tonband aufgezeichneten Vernehmung nach **Belehrung** gemäß § 136 Abs. 1 Satz 2 Angaben gemacht hat. Das Verbot des Zwangs zur Selbstbelastung steht dem nicht entgegen, weil der Beschuldigte im Falle freiwilliger Angaben kein Recht zur Disposition über die Verwendung der erlangten Beweismittel hat.[101] Gegen seinen Willen kann der Beschuldigte jedoch nicht zur Abgabe einer Stimmprobe gezwungen werden; insbesondere kann eine derartige Maßnahme wegen des Verbots des Zwangs zur Selbstbelastung nicht auf § 81a gestützt werden, weil im Gegensatz zur körperlichen Untersuchung und zur visuellen Wahlgegenüberstellung (Rn. 15) dem Beschuldigten beim Stimmenvergleich nicht lediglich das passive Dulden, sondern eine aktive Mitwirkung abverlangt wird.[102] 21

Fraglich ist, ob der durch ein **heimliches Abhören** von Gesprächen des Tatverdächtigen durch den Zeugen unmittelbar bzw. der durch das heimliche Erstellen von Tonbändern ermöglichte Stimmenvergleich (sog. **Stimmenfalle**) zulässig ist.[103] Ein derartiges Vorgehen der Strafverfolgungsorgane ist nach Ansicht des BGH nicht in jedem Fall ausgeschlossen.[104] Vielmehr sei wie folgt zu differenzieren:[105] Werde dem Zeugen im Rahmen einer Vernehmung des Beschuldigten ein heimliches Mithören gestattet, so sei das Verbot des Zwangs zur Selbstbelastung dann nicht verletzt, wenn der Beschuldigte ordnungsgemäß über sein **Schweigerecht** belehrt wurde (vgl. Rn. 21). Auch im Falle sonstiger Gespräche zwischen dem Beschuldigten und den Strafverfolgungsorganen tangiere das heimliche Mithören des Zeugen das Verbot des Selbstbelastungszwangs grds. nicht, weil der Beschuldige nicht grds. darauf vertrauen könne, dass die Strafverfolgungsorgane keine heimlichen Ermittlungsmaßnahmen vornehmen. Die bloße Ausnutzung eines Irrtums, das Gespräch mit einem Vernehmungsbeamten werde nicht von einem Zeugen mitgehört, sei keine Täuschung, es sei denn, der Beschuldigte lehne eine freiwillige Beteiligung an einer Stimmprobe ausdrücklich ab oder werde hinsichtlich des ihm mitgeteilten Gesprächszwecks gezielt in die Irre geleitet.[106] Die Abgrenzung ist nicht überzeugend. Die Zulässigkeit der Stimmenfalle wird man kaum davon abhängig machen können, ob aus sonstigen Gründen Anlass besteht, mit dem Beschuldigten zu sprechen oder nicht. Stets unzulässig ist die Stimmenfalle dann, wenn der **Kernbereich seiner privaten Lebensgestaltung** berührt ist[107] – wozu Gespräche mit Strafverfolgungsorganen nicht gehören – oder in Fällen des § 136a Abs. 1 Satz 1, namentlich bei einer ausdrücklichen oder konkludenten **Täuschung**. Auch darf der Beschuldigte nicht zu einer Mitwirkung gezwungen werden. 22

100 **A.A.** LR/*Dahs*[25] 15; Vgl. auch SK/*Rogall* 43, der zutreffend auf die Vergleichbarkeit der Stimmprobe mit einer Haar- oder Blutprobe hinweist.

101 SK/*Rogall* 45.

102 Vgl. BGHSt **34** 39, 45 m.w.N.; vgl. auch die im Ergebnis zustimmende Anm. von *Wolfslast* NStZ **1987** 103.

103 Vgl. hierzu *Ackemann* 27 ff. m.w.N.

104 BGHSt **40** 66, 71 f. m. z.T. krit. Anm. *Freund* JuS **1995** 394; **a.A.** LR/*Dahs*[25] 15; AG Freiburg StV **1988** 383; *Eisenberg* Kriminalistik **1995** 462.

105 Vgl. BGHSt **40** 66, 72.

106 BGHSt **40** 66, 72.

107 Vgl. BVerfGE **109** 279.

Das Gleiche gilt, wenn Strafverfolgungsorgane den Beschuldigten zu ganz bestimmten stimmlichen oder sprachlichen Ausdrucksweisen animieren,[108] weil sie dann nicht nur eine Fehlvorstellung des Beschuldigten ausnutzen, sondern ihn gezielt zu einem bestimmten ihm ungünstigen Verhalten verleiten.

23 **c) Durchführung.** Die für die Wahlgegenüberstellung mit einem Augenzeugen anerkannten Grundsätze gelten entsprechend.[109] Dabei ist darauf zu achten, dass das Wiedererkennen von Stimmen als noch weniger zuverlässig als das von Gesichtern gilt.[110] Es muss sichergestellt werden, dass der Zeuge die Stimme des Tatverdächtigen nicht isoliert, sondern mit mehreren anderen Stimmen vorgespielt bekommt. Die Vergleichsstimmen müssen eine gewisse Klangähnlichkeit – Stimmlage, Dialekt, fremdländischer Akzent – aufweisen.[111] Fehler beim Stimmenvergleich führen zwar nicht notwendig dazu, dass die Identifizierung durch den Zeugen jeden Beweiswert verliert. Der Tatrichter muss sich jedoch des eingeschränkten **Beweiswertes** einer solchen Identifizierung bewusst sein.[112] Das gilt insbesondere für das unmittelbare Mithören (Rn. 22), von dessen Umständen eine hohe Suggestionswirkung ausgehen kann und bei dem Vergleichsstimmen gerade nicht herangezogen werden können. Ein Anspruch auf Anwesenheit des Verteidigers besteht wie im Falle der Lichtbildvorlage nicht.

24 7. **Rekonstruktion der Gegenüberstellung in der Hauptverhandlung.** Für das **wiederholte Wiedererkennen**, auch in der Hauptverhandlung, gilt grundsätzlich, dass ihm kein, allenfalls ein begrenzter Beweiswert zukommt, weil es i.d.R. durch das vorangegangene Erkennen beeinflusst ist.[113] Deshalb muss die im Ermittlungsverfahren vorgenommene Gegenüberstellung in der **Beweisaufnahme der Hauptverhandlung** im Einzelnen nachvollzogen werden.[114] Hierfür müssen sämtliche Umstände, die für die Beurteilung des Wiedererkennungsaktes des Zeugen durch das erkennende Gericht maßgeblich sind, in möglichst umfassender Weise festgehalten, insbesondere Lichtbilder oder ein **Videofilm**[115] über den Hergang der Gegenüberstellung aufgenommen werden. Entscheidend für die Würdigung einer Identifizierung sind Wahrnehmungsfähigkeit und -möglichkeit des Zeugen, auch die Sorgfalt und die Zuverlässigkeit des Zeugen. Hierüber muss sich das Gericht aufgrund seiner in der Hauptverhandlung gewonnenen persönlichen Eindrücke von dem Zeugen ein Urteil bilden.[116] Insbesondere in den Fällen, in denen sich das Wiedererkennen nicht mit einem glaubhaften Geständnis oder einer überzeugenden Beweiskette verbindet,

---

108 SK/*Rogall* 55.

109 BGHSt **40** 66, 68 m.N. zur kriminalistischen Literatur; BGH NStZ **1982** 342; **1994** 598 m. Anm. *Eisenberg*; StV **1993** 627; OLG Karlsruhe NStZ **1983** 377.

110 *Eisenberg* Kriminalistik **1995** 458; *Odenthal* (Gegenüberstellung im Strafverfahren) 65.

111 BGHSt **40** 66, 69.

112 BGH NStZ **1994** 598 m. Anm. *Eisenberg*; LG Berlin Urteil vom 22.2.2002 – 503 KLs 42/01, dort Rn. 46 ff.

113 BGH Beschl. v. 22.11.2017 – 4 StR 468/17 m.w.N. aus der neueren Rspr.; zur älteren Rspr. s. BGHSt **16** 204 m. Anm. *Kohlhaas* LM § 261 StPO Nr. 36; OLG Schleswig bei *Ernesti/Jürgensen* SchlHA **1971** 216; OLG Celle StV **1987** 429; OLG Düsseldorf NStZ **1990** 506; StV **1991** 509; OLG Frankfurt NStZ **1988** 41; StV **1988** 10; OLG Köln StV **1986** 12; **1992** 412; **1994** 67; LG Köln NStZ **1991** 202; AG Unna StV **1982** 110; *Schweling* MDR **1965** 177; *Nöldeke* NStZ **1982** 194; *Wiegmann* StraFo **1998** 39; ausführlich zur Problematik des wiederholten Wiedererkennens *Odenthal* (Gegenüberstellung im Strafverfahren) 27.

114 OLG Karlsruhe NStZ **1983** 377 m. Anm. *Odenthal* NStZ **1984** 137; OLG Koblenz StV **2001** 444, 445; LG Köln NStZ **1991** 202; *Nöldeke* NStZ **1982** 194; *Peters* (Fehlerquellen II) 91; *Schweling* MDR **1969** 179.

115 BVerfG NStZ **1983** 84; zur Verwendung von Videotechnik in der kriminalpolizeilichen Fahndung vgl. auch *G. Schmidt* Kriminalistik **1985** 239; *Görling* Kriminalistik **1985** 58 ff.

116 LG Köln NStZ **1991** 202.

bedarf es einer Untersuchung der Verhältnisse, unter denen die Personenbeobachtung gemacht wurde.[117] Das **Nicht-Wiedererkennen** des Angeklagten in der Hauptverhandlung ist ein Umstand, der gegen die Zuverlässigkeit der früheren Identifizierung sprechen kann.[118] Wenn Zweifel an der Wiedererkennungsfähigkeit des Zeugen bestehen oder wenn zwischenzeitlich dem Angeklagten ähnlich sehende Verdächtige ermittelt worden sind, kann durch ein **Wiedererkennungsexperiment** die Beeinflussbarkeit des Zeugen getestet werden.[119] Einen Anspruch darauf hat der Angeklagte nicht,[120] es sei denn, durch eine erstmalige Gegenüberstellung soll eine Personenverwechslung geklärt werden.[121]

III. Revision

1. Verletzung des § 58 Absatz 1. § 58 Abs. 1 ist trotz seines scheinbar entgegenstehenden 25
Wortlauts nach **h.M.** lediglich eine **Ordnungsvorschrift.**[122] Die Revision kann nur auf Fälle der Verletzung des **Beurteilungsspielraums** (Rn. 2) oder auf die Verletzung der **Fürsorgepflicht** gestützt werden. In beiden Fällen muss sie einen Verstoß gegen die **Pflicht zur Sachaufklärung (§ 244 Abs. 2)** rügen.[123] Ebenso ist es, allerdings nicht unmittelbar ein Fall des § 58 Abs. 1, wenn das Gericht die Entfernung eines bereits vernommenen Zeugen bei der Vernehmung eines anderen Zeugen zu Unrecht für unzulässig hielt und die Möglichkeit besteht, dass der andere Zeuge in Abwesenheit des ersten Zeugen eine andere Aussage gemacht hätte.[124] Die fehlende Berücksichtigung der Anwesenheit von Zeugen bei der Vernehmung anderer Zeugen kann u.U. eine **unzureichende Beweiswürdigung** darstellen (Rn. 5). Ist der Ausschluss von **Zuhörern** von der weiteren Teilnahme an der Hauptverhandlung mit der Begründung, sie könnten Tatzeugen sein, mangels tatsächlicher Anhaltspunkte unzulässig (Rn. 2, 5), so begründet das die Rüge der **Verletzung der Vorschriften über die Öffentlichkeit des Verfahrens, § 338 Nr. 6** (ebd.).[125] Die Rüge setzt eine entsprechende Beanstandung nach § 238 Abs. 2 voraus.[126]

2. Verletzung des § 58 Absatz 2

a) Unterlassen einer Gegenüberstellung. Das Unterlassen einer Gegenüberstellung 26
nach § 58 Abs. 2 rechtfertigt die Revision wegen des fehlenden Anspruchs des Beschuldigten auf die Durchführung einer Gegenüberstellung grds. nur, wenn dadurch gegen die Aufklärungspflicht nach **§ 244 Abs. 2** verstoßen worden ist.[127]

---

117 *Hirschberg* 45; *Peters* (Fehlerquellen II) 99.

118 BGH StV **1997** 454; NStZ **2009** 283; OLG Koblenz StV **2004** 444.

119 RG JW **1896** 555; RG DR **1907** 2844; vgl. RGSt **60** 179 = JW **1926** 2194 m. Anm. *Beling*; *Nöldeke* NStZ **1982** 194.

120 RGSt **48** 201, 202; Alsberg/*Dallmeyer* 221.

121 RG DR **1917** 1198; vgl. RGSt **58** 80; einschränkend RG JW **1916** 1027 m. Anm. *Alsberg*; GA **71** (1927) 131 m. Anm. *Alsberg*.

122 BGH NJW **1962** 260; BGH bei *Pfeiffer* NStZ **1981** 93; RGSt **1** 366, 367; **40** 157, 158; **54** 297, 298; RG JW **1931** 2818; **1934** 3286; **1935** 541; GA **67** (1919) 437; BayObLGSt **1951** 50; KG VRS **38** (1970) 56; HK/*Gercke* 12; KK/*Bader* 11; *Schmitt*/Köhler 17; SSW/*Güntge* 14; *Eb. Schmidt* 1; *Dalcke/Fuhrmann/Schäfer* 1; *Dahs/Dahs* 272; *Pfeiffer* 3; **a.A.** *Peters* § 42 V I und in FS v. Weber 381 Fn. 18; *Rudolphi* MDR **1970** 99.

123 BGH NJW **1987** 3088, 3090; *Dahs/Dahs* 272.

124 BGH bei *Dallinger* MDR **1955** 396.

125 BGH NStZ **2004** 453; vgl. BGH NStZ **2004** 163.

126 BGH NStZ **2004** 163.

127 BGH bei *Dallinger* MDR **1974** 724; KK/*Bader* 12; *Schmitt*/Köhler 17; SK/*Rogall* 64; SSW/*Güntge* 14.

27 **b) Unzureichende Darstellung.** Jedenfalls dann, wenn eine Lichtbildvorlage von ausschlaggebender Bedeutung für die Beweiswürdigung ist, muss das Urteil in revisionsrechtlich überprüfbarer Weise erkennen lassen, ob diese ordnungsgemäß durchgeführt wurde und welcher **Beweiswert** ihr zukommt.[128] Diesbezügliche Darstellungsmängel begründen die Sachrüge. Zu den Anforderungen an die Darstellung der Lichtbildvorlage gehört, wie diese im Einzelnen durchgeführt worden ist und anhand welcher Merkmale der Zeuge den Angeklagten als den Täter wiedererkannt hat.

28 **c) Unzureichende Beweiswürdigung.** Fehler bei der Durchführung von Gegenüberstellungen i.S. des § 58 Abs. 2 begründen zwar grds. nicht als solche die Revision; sie können jedoch dann zu einer sachlich-rechtlich angreifbaren fehlerhaften Beweiswürdigung führen, wenn das Urteil nicht erkennen lässt, dass sich das Gericht des daraus resultierenden eingeschränkten **Beweiswerts** der Gegenüberstellung bewusst war und diesem Umstand ausreichend Rechnung getragen hat;[129] so in Fällen einer fehlerhaften **Einzelgegenüberstellung** (Rn. 15 f.),[130] einer fehlerhaften Lichtbildvorlage (Rn. 18 f.)[131] oder eines fehlerhaften Stimmenvergleichs (Rn. 21 f.).[132] Zu berücksichtigen ist insbesondere auch der allenfalls begrenzte Wert wiederholten Wiedererkennens (Rn. 24). Beachtet das Gericht die Anforderungen an die Rekonstruktion der Gegenüberstellung in der Hauptverhandlung nicht (Rn. 24), so kann seine Beweiswürdigung ebenfalls unzureichend sein. Der Bedarf an Erörterung hängt vom Einzelfall ab.[133]

29 **d) Beweisverwertungsverbot.** Ein **Beweisverwertungsverbot** kommt in Betracht bzw. liegt vor, wenn dem Verteidiger des Beschuldigten bei der Identifizierungsgegenüberstellung seines Mandanten kein **Anwesenheitsrecht** gewährt wurde[134] (Rn. 17), bei der unzulässigen Anwendung von **Zwang** (Rn. 15, 21) oder sonstigen verbotenen Vernehmungsmethoden i.S.d. § 136a gegen den Beschuldigten wie insbesondere einer **Täuschung** (Rn. 22).[135] Vorsorglich sollte eine Entscheidung nach § 238 Abs. 2 eingeholt werden.

§ 58a
Aufzeichnung der Vernehmung in Bild und Ton

(1) [1]Die Vernehmung eines Zeugen kann in Bild und Ton aufgezeichnet werden. [2]Sie soll nach Würdigung der dafür jeweils maßgeblichen Umstände aufgezeichnet werden und als richterliche Vernehmung erfolgen, wenn

1. **damit die schutzwürdigen Interessen von Personen unter 18 Jahren sowie von Personen, die als Kinder oder Jugendliche durch eine der in § 255a Absatz 2 genannten Straftaten verletzt worden sind, besser gewahrt werden können oder**

---

128 OLG Zweibrücken Beschl. v. 31.8.2018 – 1 OLG 2 Ss 29/18; BGH Beschl. v. 22.11.2017 – 4 StR 468/17.

129 Vgl. BGHSt **16** 204; BGH v. 21.2.1979 – 2 StR 749/78, insoweit in BGHSt **28** 310 nicht abgedruckt; BGH StV **1981** 55; **1981** 114; **1981** 165; NStZ **1982** 342; BGH v. 30.3.2016 – 4 StR 102/16; OLG Schleswig bei *Ernesti/Jürgensen* SchlHA **1971** 216; KG StV **1983** 95; *Schweling* MDR **1969** 179; § 337, 125; vgl. auch die Erl. zu § 261. Zur verfassungsrechtlichen Bedeutung vgl. BVerfG StV **2003** 595 ff.

130 Vgl. OLG Karlsruhe NStZ **1983** 377.

131 Vgl. LG Köln NStZ **1991** 202; OLG Koblenz StV **2001** 444; OLG Düsseldorf StV **2001** 445.

132 Vgl. BGHSt **40** 66, 72.

133 Vgl. BGH StV **1997** 454 f.

134 *Schmitt*/Köhler 17.

135 Vgl. BGHSt **40** 66, 72.

2. zu besorgen ist, dass der Zeuge in der Hauptverhandlung nicht vernommen werden kann und die Aufzeichnung zur Erforschung der Wahrheit erforderlich ist.
[3]Die Vernehmung muss nach Würdigung der dafür jeweils maßgeblichen Umstände aufgezeichnet werden und als richterliche Vernehmung erfolgen, wenn damit die schutzwürdigen Interessen von Personen, die durch Straftaten gegen die sexuelle Selbstbestimmung (§§ 174 bis 184j des Strafgesetzbuches) verletzt worden sind, besser gewahrt werden können und der Zeuge der Bild-Ton-Aufzeichnung vor der Vernehmung zugestimmt hat.

(2) [1]Die Verwendung der Bild-Ton-Aufzeichnung ist nur für Zwecke der Strafverfolgung und nur insoweit zulässig, als dies zur Erforschung der Wahrheit erforderlich ist. [2]§ 101 Abs. 8 gilt entsprechend. [3]Die §§ 147, 406e sind entsprechend anzuwenden, mit der Maßgabe, dass den zur Akteneinsicht Berechtigten Kopien der Aufzeichnung überlassen werden können. [4]Die Kopien dürfen weder vervielfältigt noch weitergegeben werden. [5]Sie sind an die Staatsanwaltschaft herauszugeben, sobald kein berechtigtes Interesse an der weiteren Verwendung besteht. [6]Die Überlassung der Aufzeichnung oder die Herausgabe von Kopien an andere als die vorbezeichneten Stellen bedarf der Einwilligung des Zeugen.

(3) [1]Widerspricht der Zeuge der Überlassung einer Kopie der Aufzeichnung seiner Vernehmung nach Absatz 2 Satz 3, so tritt an deren Stelle die Überlassung des Protokolls an die zur Akteneinsicht Berechtigten nach Maßgabe der §§ 147, 406e. [2]Das Recht zur Besichtigung der Aufzeichnung nach Maßgabe der §§ 147, 406e bleibt unberührt. [3]Der Zeuge ist auf sein Widerspruchsrecht nach Satz 1 hinzuweisen.

Schrifttum

Beulke Empirische und normative Probleme der Verwendung neuer Medien in der Hauptverhandlung, ZStW **113** (2001) 709; *Bohlander* Der Einsatz von Videotechnologie bei der Vernehmung kindlicher Zeugen im Strafverfahren, ZStW **107** (1985) 82; *Burhoff* Handbuch für das strafrechtliche Ermittlungsverfahren[4], Stichwort Video-Vernehmung (Rn. 1955 ff.); *Caesar* Noch stärkerer Schutz für Zeugen und andere nicht beschuldigte Personen im Strafprozeß? NJW **1998** 2313; *Diemer* Zur Bedeutung der Videoaufzeichnung im Revisionsverfahren, NStZ **2002** 16; *Ferber* Das Opferrechtsreformgesetz, NJW **2004** 2562; *Griesbaum* Der gefährdete Zeuge, NStZ **1998** 433; *Hilger* Über das Opferrechtsreformgesetz, GA **2004** 478; *Janovsky* Zeugenvernehmung mit Video, Kriminalistik **1999** 453; *Jung* Zeugenschutz, GA **1998** 313; *Keiser* Das Kindeswohl im Strafverfahren, Diss. Hannover 1997; *Krapf* Audiovisuelle Zeugenvernehmung, Kriminalistik **2002** 309; *Kretschmer* Einige Eckpunkte in der Entwicklung der Videoaufzeichnung von strafprozessualen Zeugenvernehmungen, JR **2006** 453; *Leitner* Rechtliche Probleme von Video-Aufzeichnungen und praktische Konsequenzen für die Verteidigung, StraFo **1999** 45; *Mildenberger* Schutz kindlicher Zeugen durch audiovisuelle Medien, Diss. Passau 1995; *Mosbacher* Ermittlungsrichterliche Videovernehmung von Kindern und Transfer in die Hauptverhandlung, NStZ **2024** 263; *Nack/Park/Brauneisen* Gesetzesvorschlag der Bundesrechtsanwaltskammer zur Verbesserung der Wahrheitsfindung im Strafverfahren durch den verstärkten Einsatz von Bild- und Tontechnik, NStZ **2011** 310; *Neuhaus* Das Opferrechtsreformgesetz 2004, StV **2004** 620; *Norouzi* Die audiovisuelle Vernehmung von Auslandszeugen – Ein Beitrag zum transnationalen Beweisrecht im deutschen Strafprozess (2010); *Rieß* Das neue Zeugenschutzgesetz, insbesondere Video-Aufzeichnungen von Aussagen im Ermittlungsverfahren und in der Hauptverhandlung, StraFo **1999** 1; *ders.* Zeugenschutz bei Vernehmungen im Strafverfahren, NJW **1998** 3240; *Schlothauer* Video-Vernehmung und Zeugenschutz, StV **1999** 47; *ders./Greff* Zeugenschutz durch das Zeugenschutzgesetz? Kriminalistik **1998** 530; *Schlüchter* Zeugenschutz im Strafprozeß, FS Schneider (1998) 445; *Schmoll* Videovernehmung kindlicher Opfer im Strafprozeß – Verfahrens- und verfassungsrechtliche Lösungen auf der Grundlage des Zeugenschutzgesetzes, Diss. Mannheim 1999; *Schöch* Erfahrungen mit der Video-Vernehmung nach dem Zeugenschutzgesetz, FS Meyer-Goßner (2001) 365; *Seitz* Das Zeugenschutzgesetz, JR **1998** 309; *Swoboda* Videotechnik im Strafverfahren, Diss. Passau 2002; *Trück* Herausgabe von Bändern einer Videovernehmung an den Verteidiger im Wege der Akteneinsicht? NStZ **2004** 129; *Weider/Staechelin* Das Zeugenschutzgesetz und der gesperrte V-Mann, StV **1999** 51; *Weigend* Schutzbedürftige Zeugen im Strafverfahren, FS Kaiser (1998) 1481; weiteres Schrifttum bei den §§ 168e, 247a.

Entstehungsgeschichte

Die Vorschrift wurde durch Art. 1 Nr. 1 ZSchG vom 30.4.1998 (BGBl. I S. 820) eingefügt. Sie wurde durch das OpferRRG vom 24.6.2004 (BGBl. I S. 1354) neu gefasst und um Absatz 3 ergänzt. Der Verweis auf § 101 Absatz 8 (vorher § 100b Abs. 6) in Absatz 2 Satz 2 wurde durch Art. 1 des Gesetzes zur Neuregelung der Telekommunikationsüberwachung vom 21.12.2007 (BGBl. I S. 3198) angepasst. Durch Art. 1 Nr. 4 des 2. OpferRRG wurde neben redaktionellen Änderungen Absatz 1 Satz 2 Nr. 1 ergänzt um den Passus „dies [...] zur Wahrung ihrer schutzwürdigen Interessen geboten ist". Außerdem wurde die Altersgrenze von sechzehn auf achtzehn Jahre angehoben. Mit Art. 1 Nr. 1 des StORMG vom 26.6.2013 (BGBl. I S. 1805) wurde Absatz 1 Satz 2 dahingehend ergänzt, dass die Vernehmung „nach Würdigung der dafür maßgeblichen Umstände" und als „richterliche" erfolgen soll, wenn die Voraussetzungen der Nr. 1 oder 2 vorliegen. In die Nr. 1 wurden die Personen mit aufgenommen, die als Kinder oder Jugendliche durch eine der in § 255a Abs. 2 genannten Straftaten verletzt worden sind. Durch Art. 1 Nr. 5 des Gesetzes zur Modernisierung des Strafverfahrens vom 10.12.2019 (BGBl. I S. 2121) wurde Absatz 1 Satz 3 eingefügt; durch das Gesetz zur Fortentwicklung der Strafprozessordnung und zur Änderung weiterer Vorschriften vom 25.6.2021 wurde Absatz 3 geändert (BGBl. I S. 2099, 2100).

Übersicht

Alphabetische Übersicht

I. Allgemeines

1. Regelungszwecke. Die Vorschrift des § 58a regelt die Bild-Ton-Aufzeichnungen von Zeugenvernehmungen im Strafverfahren (näher zum Anwendungsbereich Rn. 5 ff.).[1] Sie wurde durch das **Zeugenschutzgesetz** (1998) in die StPO eingefügt, das auf der Grundlage eines umfassenden Regelungskonzepts zugleich u.a. die Einführung der §§ 168e, 247a und 255a sowie des § 68b bestimmte.[2] Die Neuregelungen betrafen einerseits (in den §§ 168e, 247a) die Möglichkeit einer räumlich getrennten Vernehmung von Zeugen bei gleichzeitiger Bild-Ton-Übertragung für sonstige Prozessbeteiligte, andererseits die Zulässigkeit einer Aufzeichnung von Zeugenvernehmungen auf Bild-Ton-Träger (Videoaufzeichnung) und ihre Verwertbarkeit in einer späteren Hauptverhandlung (§§ 58a, 255a). Im Laufe des Gesetzgebungsverfahrens (Rn. 3 ff.) erweiterte sich die Zielrichtung der Regelung von Maßnahmen zum Schutz kindlicher Opferzeugen auf eine Verbesserung der Situation bei der Vernehmung aller Zeugen[3] mit der Folge, dass als Normzweck der schließlich Gesetz gewordenen Fassung neben dem **Zeugenschutz** auch der Schutz vor **Beweisverlusten** sowie erweiterte Möglichkeiten der Beweisführung und Beweiswürdigung und damit eine **Verbesserung der Wahrheitsfindung** eine Rolle spielen.[4] Das **OpferRRG** (2004) griff das vom Bundesrat in einem Gesetzentwurf zur Stärkung der Verletztenrechte[5] verfolgte Anliegen einer verstärkten Berücksichtigung der Interessen des Opfers im Strafverfahren u.a. im Hinblick auf die Gefahren missbräuchlicher Verwendung von Bild-Ton-Aufzeichnungen auf. Vgl. auch Nr. 19, 19a, 19b RiStBV. Mit der Mussvorschrift des § 58a Abs. 1 Satz 3 bezweckte das **Gesetz zur Modernisierung des Strafverfahrens** (2019) eine **weitere Stärkung des Opferschutzes** dahingehend, bei der Ermittlung von Sexualstraftaten sämtlichen Opferzeugen belastende Mehrfachvernehmungen zu ersparen.[6] 1

---

1 Zu Videoaufzeichnungen von informatorischen Befragungen und Vorgesprächen s. Rn. 30.

2 Ausführlich dazu die Monographien von *Schmoll* und *Swoboda* (letztere auch rechtsvergleichend, S. 90 ff.); ferner SK/*Wohlers/Albrecht* § 168e, 1 ff.; *Rieß* StraFo **1999** 1; sowie die Erl. zu § 168e, § 247a und § 255a. Erkenntnisse über die Normpraxis bei *Schöch* FS Meyer-Goßner 365 f. und *Swoboda* 133 f.

3 Insoweit kritisch *Schmoll* (durchgehend).

4 Zu den verschiedenen Normzwecken des § 58a auch SK/*Rogall* 2.

5 BTDrucks. **14** 4661.

6 BTDrucks. **19** 14747 S. 27.

2 Den vom Gesetzgeber verfolgten Regelungszwecken kommt für die Anwendung der Vorschriften maßgebliche Bedeutung zu. Es geht bei der Regelung des § 58a nicht darum, eine Vernehmung ersetzend in die Hauptverhandlung einzuführen, ohne dass die eigentlich damit verfolgten Gesetzeszwecke erreicht werden.[7]

3 **2. Entstehungsgeschichte.** Die Entstehungsgeschichte des **Zeugenschutzgesetzes** (1989) insgesamt und auch des § 58a ist wenig übersichtlich,[8] weil in der Gesetz gewordenen Fassung verschiedene Gesetzentwürfe mit unterschiedlicher Zielrichtung zu einem der Klarheit der Regelungen nicht immer dienlichen Kompromiss zusammengeführt wurden. Das betrifft namentlich die Erweiterung des Regelungszwecks und des Einsatzes der Video-Technik über den Bereich kindlicher Opferzeugen von vorwiegend sexuellen Gewalttaten[9] hinaus. Der im ursprünglichen Gesetzentwurf des Bundesrates[10] vorgeschlagene § 168e[11] sah, an einen Deliktskatalog anknüpfend, als Soll-Vorschrift die Zulässigkeit von Video-Vernehmungen nur für durch die Straftat verletzte jugendliche Zeugen vor und schrieb vor, dass die wesentlichen Teile der Vernehmung unverzüglich schriftlich festzuhalten seien.[12] Der danach eingebrachte, im Bundesministerium der Justiz erarbeitete Gesetzentwurf der damaligen Koalitionsfraktionen[13] schlug erstmals als Standort § 58a vor; sein Absatz 1 gestattete als Kann-Regelung die Videoaufzeichnung, wenn zu besorgen sei, dass der Zeuge in der Hauptverhandlung nicht vernommen werden könne und die Aufzeichnung zur Erforschung der Wahrheit unerlässlich sei. Sein Absatz 2 entsprach weitgehend der Gesetz gewordenen Regelung. Der Vorschlag erfuhr in den parlamentarischen Beratungen keine Änderung.[14] Nachdem der Bundesrat mit dem Ziel der Übernahme seines Entwurfs den Vermittlungsausschuss angerufen hatte,[15] wurde durch dessen Vermittlungsvorschlag[16] § 58a a.F. geschaffen.[17]

---

7 LG Saarbrücken NStZ **2024** 189.

8 Einzelheiten und Nachweise bei *Caesar* NJW **1998** 2313; *Rieß* NJW **1998** 3240 und StraFo **1999** 1; *Seitz* JR **1998** 309; *Schmoll* 48 ff.; *Swoboda* 56 ff.; SK/*Rogall* 6 ff. Synoptische Darstellung verschiedener Entwürfe (auch unter Einbeziehung privater) bei *Keiser* 412 ff.

9 Zu der dazu geführten Diskussion und zur Stellung kindlicher Zeugen insgesamt m.w.N. etwa *Schmoll* 45 ff.; ferner umfassend *Keiser*, zur Video-Vernehmung etwa 349 ff.

10 Entwurf eines Gesetzes zur Änderung der Strafprozeßordnung (Gesetz zum Schutz kindlicher Zeugen), BTDrucks. **13** 4983 vom 19.6.1996. Der diesem vorausgegangene Gesetzentwurf der SPD-Fraktion für ein Gesetz zur Verbesserung der Rechtsstellung von Deliktsopfern und zum Einsatz von Video-Geräten bei Zeugenvernehmungen in der Hauptverhandlung, BTDrucks. **13** 3128 vom 28.11.1995, enthielt insoweit keine Vorschläge.

11 Die jetzt in § 168e geregelte Materie war dort durch eine Änderung des § 168c angesprochen (siehe Erl. zu § 168e).

12 Mit einer Ergänzung des § 147 wurde vorgeschlagen, § 147 Abs. 4 für die Aufzeichnungen für unanwendbar zu erklären und die Herstellung von Kopien zu untersagen.

13 Gesetzentwurf der Fraktionen der CDU/CSU und FDP für ein Gesetz zur Änderung der Strafprozeßordnung (Gesetz zum Schutz von Zeugen bei Vernehmungen im Strafverfahren – Zeugenschutzgesetz), BTDrucks. **13** 7165 vom 11.3.1997.

14 Vgl. Beschlussempfehlung und schriftl. Bericht des RAussch., BTDrucks. **13** 8990 und **13** 9093.

15 BRDrucks. 933/97 (Beschluss) vom 19.12.1997.

16 Vgl. BRDrucks. 212/98 vom 5.3.1998 und 212/98 (Beschluss) vom 6.3.1998.

17 Ausgangspunkt für die im Vermittlungsverfahren getroffene Regelung, für die keine Materialien zur Verfügung stehen, dürfte eine in ähnliche Richtung zielende Empfehlung des Bundesratsausschusses für Frauen und Jugend (BRDrucks. 933/1/97 vom 5.12.1997 unter 2) gewesen sein, die sich im Bundesratsbeschluss über die Anrufung des Vermittlungsausschusses nicht niedergeschlagen hat.

Mit dem im November 2003 in den Bundesrat eingebrachten Regierungsentwurf für ein **Opferrechtsreformgesetz**[18] beabsichtigte die Bundesregierung, die **Persönlichkeitsrechte des Zeugen** zu schützen, ohne die Möglichkeiten der Verteidigung oder anderer Verfahrensbeteiligter unangemessen zu beeinträchtigten. Eine Neufassung des Absatzes 2 sah die Überlassung von Kopien der Bild-Ton-Aufzeichnung an Akteneinsichtsberechtigte vor. Die Bundesregierung ging davon aus, dass diese einen Bestandteil der Akten darstellen, und meinte, Missbräuche durch ein Verbot der Weitergabe und der Vervielfältigung gewährleisten zu können.[19] Demgegenüber befürchtete der Bundesrat nicht unerhebliche Beeinträchtigungen der Verletztenrechte sowie Missbrauchsgefahren und vertrat in seiner Stellungnahme die Auffassung, dem Opferschutz werde am besten gedient, wenn überhaupt keine Kopien von Aufzeichnungen herausgegeben werden dürften.[20] Die Rechte der Akteneinsichtsberechtigten würden hinreichend gewahrt, wenn die Aufzeichnungen als Beweisstücke bei Gericht oder der Staatsanwaltschaft vorgespielt würden. Lediglich im Falle der Zustimmung des Zeugen sollten die Aufzeichnungen wie Akten behandelt werden können. Zwar sagte die Bundesregierung daraufhin eine Prüfung zu,[21] indes blieb der Rechtsausschuss bei der Fassung des Regierungsentwurfs.[22] Der daraufhin vom Bundesrat angerufene Vermittlungsausschuss[23] gelangte schließlich zu dem Gesetz gewordenen Kompromiss.[24] 4

Die Erweiterung des Anwendungsbereichs der Bild-Ton-Aufzeichnung in Verfahren wegen Sexualstraftaten auf alle Opferzeugen hat der Gesetzgeber des **Strafverfahrensmodernisierungsgesetzes** für geboten erachtet, weil das Schutzbedürfnis erwachsener Opfer von Straftaten mit demjenigen von Opfern, die zur Zeit des Strafverfahrens ebenfalls erwachsen, jedoch zur Tatzeit minderjährig waren, vergleichbar sei.[25] 5

Die Änderung des Absatzes 3 durch das **Gesetz zur Fortentwicklung der Strafprozessordnung und zur Änderung weiterer Vorschriften** ist eine Folgeänderung zur gleichzeitigen Änderung und Ergänzung des § 168a infolge des Übergangs auf die elektronische Aktenführung.[26] 6

3. Struktur der Vorschrift. Die Vorschrift gestattet in **Absatz 1 Satz 1** generell die Videoaufzeichnung von Zeugenvernehmungen unter bestimmten Voraussetzungen und enthält damit eine **Eingriffsermächtigung** für den darin liegenden Eingriff in das grundrechtlich geschützte **Persönlichkeitsrecht des Zeugen.**[27] **Absatz 1 Satz 2** statuiert darüber hinaus in den dort bezeichneten Fällen ein (beschränktes) **Aufzeichnungsgebot** als Sollvorschrift. **Absatz 1 Satz 3** schreibt unter den dort genannten Voraussetzungen (schutzwürdige Interessen, Zustimmung) als Mussvorschrift generell die Aufzeichnung von Vernehmungen von Opferzeugen in Verfahren wegen Sexualstraftaten vor. **Absatz 2 Satz 1** begrenzt die Verwendungsmöglichkeiten von Videoaufzeichnungen auf Zwecke der Strafverfolgung. Absatz 2 **Satz 2** schreibt durch Verweis auf § 101 Abs. 8 ein Löschungsgebot nach Maßgabe dieser Vorschrift vor. Die **Sätze 3 bis 6 des Absatzes 2** regeln Art und Umfang der Überlassung von 7

18 BTDrucks. **15** 2536 i.V.m. BTDrucks. **15** 1976. Hierzu *Ferber* NJW **2004** 2562; *Hilger* GA **2004** 78. Zur Entstehungsgeschichte des OpferRRG vgl. SK/*Rogall* 6 ff.

19 BTDrucks. **15** 1976 S. 10.

20 BTDrucks. **15** 2536 S. 6 f.; ähnlich kritisch *Ferber* NJW **2004** 2564.

21 BTDrucks. **15** 2536 S. 14.

22 SK/*Rogall* 6.

23 BTDrucks. **15** 3062.

24 Kritisch zum Gang der Gesetzgebung SK/*Rogall* 6 („Streit um Worte").

25 BTDrucks. **19** 14747 S. 25.

26 BTDrucks. **19** 27654 S. 58.

27 Vgl. SK/*Rogall* 1 m.w.N.

Videoaufzeichnungen. **Absatz 3** normiert ein **Widerspruchsrecht** des Zeugen (**Sätze 1 und 3**) und dessen Folgen (**Satz 2**).

4. Sachlicher Anwendungsbereich

8 **a) Richterliche Zeugenvernehmungen.** § 58a gilt **grundsätzlich** für **alle** richterlichen Zeugenvernehmungen, gleichviel, in welchem Verfahrensstadium sie vorgenommen werden.[28] Erfasst sind damit alle ermittlungsrichterlichen Vernehmungen im Ermittlungsverfahren, auch solche, bei denen nach § 168e verfahren wird,[29] ferner im gerichtlichen Verfahren kommissarische Vernehmungen nach den §§ 223, 224 sowie im Wiederaufnahmeverfahren solche nach § 369. Nach Anklageerhebung kann allerdings eine ermittlungsrichterliche Vernehmung gemäß § 58a mangels Zuständigkeit nicht mehr erfolgen (§ 162 Abs. 3); doch kann das zuständige Gericht eine richterliche Vernehmung anordnen, wenn ersichtlich ist, dass der Zeuge in der Hauptverhandlung nicht zur Verfügung stehen wird.[30]

9 Fraglich ist, ob § 58a Abs. 1 auch für Zeugenvernehmungen in der **Hauptverhandlung** gilt.[31] Nach h.M. geht die in **§ 247a Abs. 1 Satz 4, 5** getroffene Regelung, die die Zulässigkeit an engere Voraussetzungen knüpft, als **lex specialis** vor.[32] Dem kann nur dann gefolgt werden, wenn § 247a Abs. 1 Satz 4, 5 grundsätzlich auf alle Aussagen in der Hauptverhandlung bezogen wird und nicht nur auf solche, die nach § 247a Abs. 1 Sätze 1 bis 3 in das Sitzungszimmer übertragen werden.[33] Auch bei einer in der Hauptverhandlung vorgenommenen Videoaufzeichnung finden gemäß § 247a Abs. 1 Satz 5 die Verfahrensvorschriften des § 58a Abs. 2 Anwendung.

10 **b) Staatsanwaltschaftliche Zeugenvernehmungen.** Für staatsanwaltschaftliche Zeugenvernehmungen im Ermittlungsverfahren gelten gemäß § 161a Abs. 1 Satz 2 die allgemeinen Vorschriften über richterliche Vernehmungen entsprechend, so dass auch insoweit § 58a uneingeschränkt anwendbar ist.[34] Das Gleiche gilt für Zeugenvernehmungen, die die Staatsanwaltschaft im Wiederaufnahmeverfahren durchführt.[35]

11 **c) Polizeiliche Zeugenvernehmungen.** § 58a Abs. 1 ist aufgrund der Verweisung des § 163 Abs. 3 Satz 1 auch auf polizeiliche Vernehmungen anwendbar. Fraglich ist, ob die Polizei eine Videoaufzeichnung nur mit Einverständnis des Betroffenen vornehmen kann.[36] Insoweit ist zu berücksichtigen, dass der Zeuge inzwischen[37] in bestimmten Fällen

---

28 Das Schrifttum erwähnt vielfach nur das Ermittlungsverfahren (so etwa KK/*Bader* 3; *Schmitt*/Köhler 4; SK/*Rogall* 3), ist aber wohl nicht dahingehend zu verstehen, dass andere Verfahrensabschnitte ausgenommen sein sollen.

29 Dass nach § 168e Satz 4 § 58a nur entsprechend anzuwenden ist, ist gesetzestechnisch verfehlt; LR/*Erb* § 168e, 24 f.

30 Vgl. LG Saarbrücken NStZ **2024** 189; *Mosbacher* NStZ **2024** 263.

31 *Rieß* NJW **1998** 3241.

32 KK/*Bader* 3; *Schmitt*/Köhler 2a; *Pfeiffer* 1; SK/*Rogall* 3; MüKo/*Maier* 22; *Swoboda* 397; wohl auch *Beulke* 430 f.; *Volk* Strafprozeßrecht § 26, 6; **a.A.** *Schmoll* 112.

33 Dazu *Rieß* StraFo **1999** 3.

34 Ebenso KK/*Bader* 3; *Schmitt*/Köhler 2; SK/*Rogall* 3; MüKo/*Maier* 19; *Eisenberg* (Beweisrecht) 1311; *Seitz* JR **1998** 312.

35 Siehe dazu LR/*Erb* § 161a, 7.

36 SK/*Rogall* 3; *Rieß* StraFo **1999** 3.

37 Das Gesetz zur effektiveren und praxistauglicheren Ausgestaltung des Strafverfahrens sieht in § 163 Abs. 3 Satz 1 StPO vor, dass Zeugen auch bei der Polizei zur Aussage verpflichtet sind, wenn der Ladung ein Auftrag der Staatsanwaltschaft zugrunde liegt – BTDrucks. **18** 12785 S. 25 f.

auch bei der Polizei erscheinen und aussagen muss. **Umstritten** war allerdings nach der bisherigen Rechtslage, ob die Polizei, die grundsätzlich wohl nicht verpflichtet war, den Zeugen auf die Freiwilligkeit seiner Aussage hinzuweisen, bei einem vernehmungsbereit erscheinenden Zeugen zu einem Hinweis darauf verpflichtet war, dass er die Videoaufzeichnung nicht zu dulden brauche.[38] Diese Frage stellt sich weiterhin in den Fällen, bei denen eine Aussagepflicht von der Polizei nicht besteht.[39] Dies ist zu bejahen, weil der mit der Videoaufzeichnung verbundene Eingriff in das **Persönlichkeitsrecht des Zeugen** (Rn. 7) anderenfalls nicht gerechtfertigt ist.

Soweit hiernach bei einer polizeilichen Vernehmung eine Videoaufzeichnung in Betracht kommt, sind die sich aus **§ 58a Abs. 1** ergebenden Maßstäbe als **Anwendungsrichtlinien** zugrunde zu legen.[40] Angesichts der deutlich geringeren Verwertungsmöglichkeiten polizeilicher Videoaufzeichnungen in der Hauptverhandlung gegenüber richterlichen dürfte es sich in relevanten Fällen allerdings empfehlen, unabhängig von einem etwaigen Einverständnis des zu Vernehmenden eine richterliche Vernehmung durchzuführen.[41] Auf jeden Fall gelten für eine Videoaufzeichnung bei einer polizeilichen Vernehmung die Verfahrensvorschriften des **Absatzes 2**, also namentlich die **Verwendungsbeschränkung** auf Zwecke der Strafverfolgung, die Löschungspflicht und das (modifizierte) Akteneinsichtsrecht.[42] 12

d) Zeugenvernehmungen im Bußgeldverfahren. Die Videoaufzeichnung einer Zeugenvernehmung dürfte im **Bußgeldverfahren**, auch wenn § 46 OWiG eine entsprechende Ausnahme nicht vorsieht, grundsätzlich nicht in Betracht kommen, weil Absatz 2 Satz 1 die Verwendung der Aufzeichnung auf Zwecke der Strafverfolgung beschränkt (Rn. 4). 13

5. Persönlicher Geltungsbereich. Auf § 58a kann die Aufzeichnung der Vernehmung auf Bild-Tonträger nur bei der Vernehmung von **Zeugen** gestützt werden. Die mündliche Vernehmung von **Sachverständigen** außerhalb der Hauptverhandlung, auf die die Vorschrift über die Verweisung in § 72 möglicherweise anwendbar wäre, spielt praktisch keine Rolle; auch scheidet das Aufzeichnungsgebot des Absatzes 1 Satz 2 aus tatsächlichen Gründen aus. Ob und wieweit eine Videoaufzeichnung bei einer **Exploration** durch einen Sachverständigen vorgenommen werden kann, beurteilt sich nicht nach § 58a, weil diese keine Vernehmung darstellt.[43] Auch für die Videoaufzeichnung einer **Beschuldigtenvernehmung** bietet § 58a keine Rechtsgrundlage (s. dazu § 136 Abs. 4). 14

II. Zulässigkeit und Durchführung der Bild-Ton-Aufzeichnung

1. Allgemeines. Absatz 1 bestimmt die Voraussetzungen für die Bild-Ton-Aufzeichnung der Vernehmung eines Zeugen im Strafverfahren. **Satz 1** eröffnet den Ermittlungsbehörden hierfür grundsätzlich ein weites Ermessen („kann"). Ein Zustimmungserfordernis des Zeugen ist nicht vorgesehen. **Satz 2** schreibt im Wege einer Sollvorschrift die Aufzeich- 15

---

38 Siehe dazu SK/*Rogall* 10 (der eine entsprechende Nachfrage „empfiehlt"); *Rieß* StraFo **1999** 3 Fn. 45 (der eine Belehrungspflicht für „kaum begründbar" hält); *Swoboda* 375 Fn. 26 (die dies verneint).

39 Zu den Belehrungspflichten allgemein vgl. § 48.

40 *Beulke* ZStW **113** (2001) 710 f.; *Krapf* Kriminalistik **2002** 309; *Rieß* StraFo **1999** 3.

41 Vgl. auch BGH Beschl. v. 9.9.2025 – 5 StR 394/25: Einfluss Therapie der Verletzten auf Beweiswürdigung, Möglichkeit der frühzeitigen unbeeinflussten ermittlungsrichterlichen Videovernehmung.

42 *Rieß* StraFo **1999** 3; *Schmoll* 114 f.

43 SK/*Rogall* 10; *Burhoff* 1959; *Schlothauer* StV **1999** 48; *Schmoll* 115.

nung einer Zeugenvernehmung als richterliche grundsätzlich immer dann vor, wenn dadurch in Verfahren wegen der in § 255a genannten Straftaten die „schutzwürdigen Interessen" von Personen unter achtzehn Jahren besser gewahrt werden oder zu besorgen ist, dass der Zeuge in der Hauptverhandlung nicht vernommen werden kann und die Aufzeichnung zur Erforschung der Wahrheit erforderlich ist. **Satz 3** bestimmt als Mussvorschrift zwingend die Aufzeichnung einer Zeugenvernehmung als richterliche in allen Verfahren wegen Sexualstraftaten (§§ 174 bis 184j StGB), wenn damit die „schutzwürdigen Interessen" der Verletzten (Opferzeugen) besser gewahrt werden können und der Zeuge der Bild-Ton-Aufzeichnung zustimmt.

16 Die Eingriffstatbestände bedürfen teilweise einer einschränkenden Interpretation. Es ist nicht der Sinn der Regelung, Video-Vernehmungen im Ermittlungsverfahren ohne Rücksicht auf ihren Eingriffscharakter und dem damit verbundenen finanziellen und organisatorischen Aufwand als allgemeinen Standard zu ermöglichen oder gar vorzuschreiben (vgl. Rn. 2).[44] Mit Blick auf § 255a Abs. 2 ist zu bedenken, dass diese Vorschrift die Ersetzung der persönlichen Vernehmung eines Zeugen in der Hauptverhandlung durch eine aufgezeichnete richterliche Vernehmung ermöglicht und damit eine – nicht unproblematische[45] – Durchbrechung des **Unmittelbarkeitsgrundsatzes** ist, die einer Begründung bedarf.[46] Auch insofern ist eine strikte Beachtung der Aufzeichnungsvoraussetzungen des § 58a geboten.

2. Fakultative Aufzeichnung gemäß Absatz 1 Satz 1 (kann)

17 **a) Umfang der Anwendung.** Die **Kann-Regelung** in Satz 1 ist nach dem Wortlaut der Vorschrift auch ohne Einverständnis des Zeugen (Rn. 18) uneingeschränkt zulässig,[47] so dass ihr jede richterliche, staatsanwaltschaftliche und polizeiliche Vernehmung außerhalb der Hauptverhandlung unterfallen würde. Diese weitgespannte Möglichkeit bedarf wegen des mit ihr verbundenen Eingriffs in die **Persönlichkeitsrechte** des Vernommenen schon aus Gründen des verfassungsrechtlich fundierten Verhältnismäßigkeitsgrundsatzes der **Einschränkung**; eine routinemäßige Anwendung rechtfertigt sie nicht.[48] Da § 58a seit dem 2. OpferRRG über § 163 Abs. 3 Satz 2 auch bei polizeilichen Vernehmungen anwendbar ist, kommt der verfassungsrechtlich gebotenen einschränkenden Auslegung verstärkt Bedeutung zu. Dem hat der Gesetzgeber dadurch Rechnung getragen, dass nach Absatz 1 Satz 2 Nr. 1 und Satz 3 in die Prüfung mit einbezogen werden muss, ob eine Bild-Ton-Aufzeichnung die schutzwürdigen Interessen des Zeugen besser wahrt.[49] Ist die Aussage von eher untergeordneter Bedeutung, wenig umfangreich und ihr Wahrheitsgehalt nicht besonders zweifelhaft, so wird die Bild-Ton-Aufzeichnung regelmäßig nicht im Betracht kommen. Umgekehrt liegt sie nahe, wenn Erfordernisse der Beweiswürdigung auch außerhalb einer Reproduktion in der Hauptverhandlung sie als wünschenswert erscheinen lassen.[50] Unver-

44 Vgl. auch HK/*Gercke* 5; KK/*Bader* 3; *Schmitt*/Köhler 4a.
45 Vgl. *Schmitt*/Köhler 2; MüKo/*Maier* 13.
46 Vgl. zu § 255a BGH NStZ **2024** 56.
47 Der Hinweis in der Gesetzesbegründung zur ursprünglich vorgeschlagenen Fassung (BTDrucks. **13** 7165 S. 6), dass dem als Korrektiv weitere einschränkende Voraussetzungen entgegenstünden, ist durch die weitere Entwicklung gegenstandslos geworden.
48 Ebenso etwa *Schmitt*/Köhler 4a; SK/*Rogall* 14; *Burhoff* 1960; *Eisenberg* (Beweisrecht) 1311 (sehr weitgehend, Beschränkung auf ein Mindestmaß); *Rieß* StraFo **1999** 2; *Swoboda* 376; vgl. auch *Schmoll* 116 ff., die dies allerdings dogmatisch mit der Frage einer Einwilligung verbindet; **a.A.** SSW/*Tsambikakis*/*Gierok* 7.
49 BTDrucks. **16** 12098 S. 12.
50 Dazu näher SK/*Rogall* 14.

hältnismäßig und damit unzulässig ist eine Bild-Ton-Aufzeichnung, wenn absehbar ist, dass ihre spätere Verwendung zur Erforschung der Wahrheit (Absatz 2 Satz 1) nicht erforderlich ist.

b) Duldung. Ein **Einverständnis des Zeugen** mit der Bild-Ton-Aufzeichnung sieht die Regelung nicht vor; man wird daher, soweit die Voraussetzungen des § 58a Abs. 1 vorliegen, ein Einverständnis des Zeugen als rechtlich entbehrlich und den Zeugen zur **Duldung der Bild-Ton-Aufzeichnung** verpflichtet ansehen müssen.[51] Dies ist zumindest dann bedenklich, wenn die Videoaufzeichnung gerade aus Gründen des Zeugen- bzw. Opferschutzes erfolgen soll.[52] In der Regel wird es sachgerecht sein, dass sich der Vernehmende um die Bereitschaft des Zeugen bemüht, eine solche Aufzeichnung zu akzeptieren.[53] Ein solches ohne rechtliche Notwendigkeit eingeholtes Einverständnis kann spätere rechtliche Auseinandersetzungen über die Zulässigkeit der Aufzeichnung verhindern. Es sollte daher auch stets protokolliert werden, selbst wenn zweifelhaft erscheint, ob es als wesentliche Förmlichkeit i.S. des § 168a Abs. 1 Satz 1 anzusehen ist. 18

c) Zwangsmittel. Ob Zwangsmittel nach § 70 zur Durchsetzung der Duldung der Bild-Ton-Aufzeichnung eingesetzt werden können, ist **umstritten.**[54] Man wird insoweit unterscheiden müssen: Weigert sich ein zur Aussage bereiter und zu ihr verpflichteter Zeuge wegen der beabsichtigten Bild-Ton-Aufzeichnung auszusagen (oder auch nur zu erscheinen), so verweigert er damit „ohne gesetzlichen Grund" das Zeugnis, weil die nach § 58a Abs. 1 zulässige Bild-Ton-Aufzeichnung nur eine besondere Form der Zeugenvernehmung darstellt, an welcher der Zeuge grundsätzlich mitzuwirken hat; damit ist § 70 anwendbar (§ 70, 8). Freilich wird, wenn die Zeugnisverweigerung allein damit motiviert wird, die Anordnung und Vollstreckung einer Erzwingungshaft (§ 70 Abs. 2) meist unverhältnismäßig sein. Auch sonst kann es sich, namentlich bei zweifelhafter Anwendung des § 58a, vielfach empfehlen, mit einer eher symbolischen Zwangsmaßnahme dem Zeugen Gelegenheit zu geben, die Anordnung im Rechtsmittelweg überprüfen zu lassen (Rn. 51 f.). Weigert sich ein Zeuge unter 14 Jahren, also ein Kind, aus diesem Grunde auszusagen oder verhindern seine gesetzlichen Vertreter dies, so scheidet die Anwendung des § 70 schon aus allgemeinen Gründen aus (§ 70, 9). Macht ein zeugnisverweigerungsberechtigter Zeuge (§§ 52, 53) von seinem Weigerungsrecht Gebrauch, so sind Zwangsmaßnahmen auch dann nicht zulässig, wenn er dies allein mit der bevorstehenden Videoaufzeichnung motiviert, weil der Grund für die Geltendmachung nicht bewertet oder hinterfragt werden darf (§ 52, 23; § 53, 71). 19

3. Gebotene Aufzeichnung gemäß Absatz 1 Satz 2 (soll)

a) Soll-Vorschrift. Für beide Fallgruppen dieser Bestimmung enthält das Gesetz nicht nur eine nach Ermessen zu handhabende Befugnis (Ermächtigung) zur Durchführung ei- 20

51 Ebenso KK/*Bader* 8; *Schmitt*/Köhler 7a; *Pfeiffer* 3; SK/*Rogall* 10; MüKo/*Maier* 33; *Burhoff* 1960; *Eisenberg* (Beweisrecht) 1311; **a.A.** teilw. und differenzierend *Schmoll* 116 ff.

52 AnwK/*v.Schlieffen* 1.

53 So auch die Entwurfsbegr. BTDrucks. **13** 7165 S. 6, deren Hinweis, eine brauchbare Aussage sei anders nicht zu erwarten, freilich zu kurz greift; siehe dazu *Schmoll* 117. Ähnlich KK/*Bader* 8; *Schmitt*/Köhler 7a; MüKo/*Maier* 34; SK/*Rogall* 10.

54 Grundsätzlich bejahend *Schmitt*/Köhler 7a (der einen zurückhaltenden Gebrauch empfiehlt); SK/*Rogall* 10; SSW/*Tsambikakis*/*Gierok* 1; zurückhaltend und differenzierend *Swoboda* 382; **a.A.** *Burhoff* 1963; zweifelnd (bezogen auf die Durchsetzung der Duldungspflicht als solche) *Rieß* StraFo **1999** 2 Fn. 34.

ner Video-Vernehmung, sondern als Soll-Vorschrift eine **grundsätzliche Verpflichtung**, so zu verfahren. Solche Vernehmungen sind daher nach dem Gesetzeswortlaut regelmäßig auf Bild-Ton-Träger aufzuzeichnen, wenn nicht besondere Umstände vorliegen, die einen Verzicht nahelegen oder gestatten.[55] Angesichts des weit gefassten Wortlauts ist aber bei der Auslegung eine **teleologische Reduktion** angezeigt, die bereits den Anwendungsbereich der Vorschrift einschränkt. Folgt man dem nicht, so gewinnen die über die Soll-Vorschrift zu bewältigenden Ausnahmen erhöhte Bedeutung. Die Anwendung des Aufzeichnungsgebots wird darüber hinaus, wenn der Zeuge nicht einverstanden ist, durch die Grenzen der Aufzeichnungsermächtigung (Rn. 17) beschränkt. Es gilt also auch hier der verfassungsmäßige **Verhältnismäßigkeitsgrundsatz**. Andererseits begründet das Aufzeichnungsgebot weder eine Befugnis des Zeugen noch des Beschuldigten, eine Videoaufzeichnung mit verpflichtender Wirkung zu verlangen,[56] sie können eine solche allenfalls anregen.

21 **b) Absatz 1 Satz 2 Nr. 1** hat seit der Reform durch das StORMG zwei Personengruppen im Blick, zum einen Personen, die zum Zeitpunkt der Vernehmung[57] unter 18 Jahre alt sind, zum anderen Personen, die als **Kinder oder Jugendliche** durch eine der in § 255a Abs. 2 genannten Straftaten (§§ 174 bis 184k, 211 bis 222, 225, 232 bis 233a StGB) verletzt worden sind. Zur Begründung für die Anhebung der Altersgrenze von 16 auf 18 Jahren, die zugleich auch in den § 60 Nr. 1, § 241a Abs. 1, §§ 247, 255 Abs. 2 sowie in § 172 Nr. 4 GVG erfolgte, verwies der Gesetzgeber auf nicht näher genannte Erfahrungsberichte aus der Praxis, denen zu Folge die Altersgrenze von 16 Jahren nicht ausreichend erscheine.[58] Des Weiteren wird auf internationale Abkommen Bezug genommen, denen die Bundesrepublik Deutschland beigetreten sei und denen mit der Anhebung der Altersgrenze besser Rechnung getragen werden könne.[59] Allerdings geht die Regelung des § 58a Abs. 1 Satz 2 Nr. 1 über diese internationalen Vorgaben teilweise hinaus. Grundsätzlich ist der **Persönlichkeitsschutz** des Zeugen das Kernanliegen der Vorschrift. Gerade die in Nr. 1 benannten Zeugen können durch mehrfache Vernehmungen im Strafverfahren, bei denen es auch zu einer Konfrontation mit dem Angeklagten kommen kann, schweren Belastungen ausgesetzt sein; eine frühe, möglichst richterliche Vernehmung des Zeugen, die den Anforderungen des § 255a Abs. 2 genügt (vgl. Nr. 19 Abs. 2 RiStBV, dazu Rn. 23, 29) ist geeignet, diesen Belastungen entgegenzuwirken.[60] Nach dem Gesetzeswortlaut kommt es bei Personen unter 18 Jahren nicht (mehr[61]) darauf an, ob sie als Verletzte einer Straftat anzusehen sind. Nach h.M. soll dies aber weiter mitzulesen sein. Praktische Relevanz hat diese Frage jedoch kaum, weil die Möglichkeit der Bild-Ton-Aufzeichnung nicht auf die Fälle des Absatzes 1 Satz 2 Nr. 1 beschränkt ist.

22 Schon in ihrer a.F. wurde die Soll-Vorschrift des Absatzes 1 Satz 2 restriktiv angewendet. Der Gesetzgeber hat diese Praxis durch die als Klarstellung verstandene Ergänzung,

---

55 Vgl. (mit unterschiedlichen Akzenten) SK/*Rogall* 13 ff.; *Burhoff* 1961.

56 SK/*Rogall* 13.

57 KK/*Bader* 5; *Schmitt*/Köhler 6; SK/*Rogall* 14.

58 BTDrucks. **16** 12098 S. 40 f.

59 BTDrucks. **16** 12098 S. 41 mit Hinweis u.a. auf UN-Kinderrechtskonvention vom 20.11.1990, UN-Resolution für eine Richtlinie für den Schutz kindlicher Opfer und Zeugen im Strafverfahren – Resolution 2205/20, Charta der Grundrechte der Europäischen Union vom 18.12.2000 – ABl. C 364 vom 18.12.2000 S. 13, Rahmenbeschluss 2002/629/JI des Rates vom 19.7.2002 zur Bekämpfung des Menschenhandels, Rahmenbeschluss 2004/68/JI des Rates vom 22.12.2003 zur Bekämpfung der sexuellen Ausbeutung von Kindern und der Kinderpornographie, Übereinkommen zur Bekämpfung des Menschenhandels vom 16.5.2005.

60 SK/*Rogall* 18; KK/*Bader* 6; MüKo/*Maier* 41.

61 Der Passus „die durch die Straftat verletzt worden sind" ist bei der Reform entfallen.

der zu Folge die Videoaufzeichnung erfolgen soll, wenn damit **die schutzwürdigen Interessen** des Betroffenen besser gewahrt werden, bestätigt. Nach der Rechtsprechung des Bundesgerichtshofs begründet die Soll-Vorschrift des § 58a Abs. 1 Satz 2 jedenfalls dann eine grundsätzliche Verpflichtung der Ermittlungsbehörden, die Aussage eines Kindes aufzunehmen, wenn wegen des Verdachts ermittelt wird, das Kind sei Opfer einer schweren Straftat geworden.[62]

c) Mutmaßlich keine Vernehmungsmöglichkeit in der Hauptverhandlung. Das 23
Aufzeichnungsgebot besteht nach **Absatz 1 Satz 2 Nr. 2** ferner dann, wenn zu besorgen ist, dass der Zeuge in der Hauptverhandlung nicht vernommen werden kann. Als weitere Voraussetzung verlangt das Gesetz die Erwartung, dass die **Aufzeichnung zur Erforschung der Wahrheit erforderlich** ist[63] (Rn. 26). Normzweck dieser Bestimmung ist also weniger der Zeugenschutz als die **Beweissicherung**.[64] Die nie auszuschließende abstrakte Möglichkeit, dass eine Zeugenvernehmung in der Hauptverhandlung nicht möglich sein werde, reicht, wie aus der Verwendung des Begriffs „zu besorgen ist" folgt, nicht aus. Vielmehr müssen insoweit bei einer prognostischen Beurteilung **konkrete Anhaltspunkte** vorliegen.[65] Allgemein geht es um Fälle des **§ 251 Abs. 1 Nr. 2** sowie des **§ 251 Abs. 2 Nr. 1 und Nr. 2**, bei denen die Ersetzung der Zeugenvernehmung durch die Verlesung der Niederschrift – der nach **§ 255a Abs. 1** die Videoaufzeichnung gleichsteht – möglich ist.[66] In Betracht kommen insoweit in erster Linie Zeugenaussagen aus Kriminalitätsbereichen, bei denen regelmäßig damit gerechnet werden muss, dass Belastungszeugen nicht mehr erreichbar sein werden, so etwa bei Zeugenaussagen aus dem Prostitutionsmilieu (vgl. Nr. 248 Abs. 1 RiStBV) und aus dem Bereich Menschen- oder Drogenhandel.[67] Ferner ist an Fälle lebensgefährlich erkrankter und gebrechlicher Zeugen zu denken.[68] Die Weigerung des gesetzlichen Vertreters oder Erziehungsberechtigten, dem kindlichen oder jugendlichen Zeugen die Aussage in der Hauptverhandlung zu gestatten, kann ein tatsächliches Hindernis i.S.d. § 251 Abs. 1 Nr. 2, Abs. 2 Nr. 1 begründen.[69] Die Voraussetzung des § 58a Abs. 1 Satz 2 Nr. 2 1. Hs. kann deshalb auch anzunehmen sein, wenn zu erwarten ist, dass die gesetzlichen Vertreter oder Erziehungsberechtigten eines jugendlichen Zeugen die Aussage in der Hauptverhandlung nicht gestatten werden.[70] Ergibt sich erst im Laufe des Verfahrens, dass ein bisher lediglich „normal" vernommener Zeuge voraussichtlich nicht vernommen werden kann, so kann, falls der sonst drohende Beweisverlust erheblich wäre, erwogen werden, eine nochmalige Vernehmung mit Bild-Ton-Aufzeichnung herbeizuführen.[71] Dies wird namentlich dann zu prüfen sein, wenn das erkennende Gericht ohnehin eine kommissarische Vernehmung nach den §§ 223, 224 für erforderlich hält.

Die **Besorgnis** i.S.d. § 58a Abs. 1 Satz 2 Nr. 2 kann sich **nicht** daraus ergeben, dass sich 24
der Zeuge auf ein **Auskunftsverweigerungsrecht** nach § 55 berufen könnte,[72] weil in

---

62 BGH vom 8.7.2004 – 1 StR 273/04; BGH NStZ-RR **2004** 336; bei *Becker* NStZ-RR **2006** 2.
63 Insoweit von der ursprünglich vorgeschlagenen engeren Formulierung (BTDrucks. **13** 7165), die auf die „Unerlässlichkeit" abstellte, abweichend.
64 *Schmitt*/Köhler 7; SK/*Rogall* 20.
65 KK/*Bader* 7; *Schmitt*/Köhler 7; MüKo/*Maier* 49.
66 Näher Erl. zu § 251.
67 Vgl. *Swoboda* 380 f.
68 Weitere Beispiele bei KK/*Bader* 7; SK/*Rogall* 20; MüKo/*Maier* 50 ff.; *Swoboda* 380 f.
69 *Schmitt*/Köhler § 251, 21.
70 *Schmitt*/Köhler 7; MüKo/*Maier* 53.
71 HK/*Gercke* 9; SK/*Rogall* 20.
72 SK/*Rogall* 20; SSW/*Tsambikakis*/*Gierok* 11; **a.A.** LR/*Rieß*[25] § 58a Nachtrag, 20; *Schmitt*/Köhler 7; diff. MüKo/*Maier* 62.

einem solchen Fall eine Verlesung gemäß § 251 – und damit die Vorführung einer Videoaufzeichnung (§ 255a Abs. 1) – grundsätzlich ausscheidet (§ 55, 26). Nr. 2 ist ferner regelmäßig nicht anwendbar, wenn zu besorgen ist, der Zeuge werde in der Hauptverhandlung von einem **Zeugnisverweigerungsrecht** (§§ 52, 53) Gebrauch machen.[73] In diesem Fall sperrt § 252 die urkundenbeweisliche Verwertung früherer Niederschriften und damit auch die Vorführung der Videoaufzeichnung zu Beweiszwecken (vgl. § 52, 39).[74] Zulässig ist allein die Zeugenvernehmung des Richters, und es besteht kein anerkennenswertes Bedürfnis, hierbei die Video-Vernehmung zum Zwecke des insoweit möglichen Vorhalts zu verwenden (vgl. Erl. zu § 252). Ebenso wenig kann die Bild-Ton-Aufzeichnung einer Vernehmung auf Satz 2 Nr. 2 gestützt werden, wenn lediglich zu besorgen ist, dass eine **Protokollverlesung zur Gedächtnisunterstützung nach § 253** in Betracht kommt, weil der Zeuge in diesem Fall in der Hauptverhandlung vernommen wird; ist eine solche Situation zu erwarten, so kann eine Videoaufzeichnung aber nach der Kann-Vorschrift des Satzes 1 angezeigt sein. Die Voraussetzungen der Nr. 2 liegen schließlich auch dann nicht vor, wenn lediglich zu erwarten ist, dass eine urkundenbeweisliche **Verwertung im Einverständnis** aller Beteiligter (§ 251 Abs. 1 Nr. 1, Abs. 2 Nr. 3) möglich sein wird. Hier fehlt es an der Voraussetzung, dass der Zeuge nicht vernommen werden kann.

25 Nach verbreiteter Meinung soll die Bild-Ton-Aufzeichnung nach Satz 2 Nr. 2 auch für Fälle besondere Bedeutung erlangen, bei denen **gefährdete oder** für die Hauptverhandlung **gesperrte Zeugen** zu vernehmen sind.[75] Es ist jedoch nicht ersichtlich, welche Vorteile die Bild-Ton-Aufzeichnung in diesen Fällen gegenüber einer normalen Vernehmung bieten soll, zumal sie dazu führt, dass die Gefahren einer optischen oder akustischen Identifizierung eher gesteigert werden. Soweit der schutzbedürftige Zeuge durch sein Erscheinen oder seine Anwesenheit in der Hauptverhandlung gefährdet wird, bietet die Anwendung des § 247a vorzugswürdige Möglichkeiten (näher Erl. zu § 247a).

26 Die Aufzeichnung muss ferner **zur Erforschung der Wahrheit erforderlich** sein; dass sie hierfür „unerlässlich" ist, verlangt das Gesetz, entgegen früheren Vorschlägen, nicht. Die Formulierung ist kein bloßer, an sich selbstverständlicher Verweis auf die Aufklärungspflicht,[76] sondern erfordert einen Vergleich zwischen dem zu erwartenden und für die Sachaufklärung bedeutsamen Erkenntniswert einer bloßen Verlesung der Niederschrift und dem durch ein Abspielen der Bild-Ton-Aufzeichnung erreichbaren.[77] Praktische Bedeutung kommt dem freilich kaum zu. Falls es sich nicht um (erwartbar) sehr einfache Sachverhaltsschilderungen handelt oder erkennbar ist, dass es auf den Zeugen nicht wesentlich ankommt, wird in aller Regel der Videoaufzeichnung ein höherer Erkenntniswert zukommen. Auch wenn dies fraglich erscheint, bleibt eine Videoaufzeichnung nach Absatz 1 Satz 1 zulässig.

27 **4. Gebotene Aufzeichnung gemäß Absatz 1 Satz 3 (muss).** Der durch das Gesetz zur Modernisierung des Strafverfahrens (2019) dem Satz 2 angefügte Satz 3 schreibt die Bild-

---

73 MüKo/*Maier* 60; SSW/*Tsambikakis*/*Gierok* 11; **a.A.** HK/*Gercke* 8 (mit unzutreffender Verweisung auf *Seitz* JR **1998** 312, wo die Frage nicht behandelt wird).

74 Nach Auffassung des BGH soll § 252 aber nicht die vernehmungsersetzende Vorführung nach § 255a Abs. 2 hindern, vgl. BGHSt **49** 72, 83; NStZ **2020** 181.

75 Siehe dazu etwa HK/*Gercke* 9; *Schmitt*/Köhler 1a; SK/*Rogall* 20; *Burhoff* 1961; *Griesbaum* NStZ **1998** 439; *Schlüchter*/*Greff* Kriminalistik **1999** 530 ff.; *Swoboda* 380; *Weider*/*Staechelin* StV **1999** 51; kritisch *Schmoll* 110; diff. MüKo/*Maier* 55: ggf. mit akustischer und optischer Verzerrung; vgl. auch Erl. zu § 168e.

76 So aber *Schmoll* 111; wohl auch HK/*Gercke* 10; KK/*Bader* 7; für überflüssig hält diesen Halbsatz auch *Seitz* JR **1998** 312.

77 *Schmitt*/Köhler 7; KK/*Bader* 7; MüKo/*Maier* 63.

Ton-Aufzeichnung von richterlichen Zeugenvernehmungen zwingend bei allen Straftaten gegen die sexuelle Selbstbestimmung (§§ 174 bis 184j StGB) vor, also unabhängig vom Alter der verletzten Person, wenn damit die schutzwürdigen Interessen des Zeugen besser gewahrt werden können und der Zeuge der Bild-Ton-Aufzeichnung vor der Vernehmung zustimmt. Der Gesetzgeber wollte damit **erwachsene Opfer** von Sexualstraftaten mit den Zeugen gemäß Absatz 1 Satz 2 Nr. 1 gleichstellen, die zur Tatzeit minderjährig aber zur Zeit des Strafverfahrens erwachsen sind, weil das Schutzbedürfnis vergleichbar sei. Opferzeugen seien in der Vernehmung verpflichtet, über ihre Wahrnehmungen auszusagen, was häufig mit gravierenden seelischen Belastungen verbunden sein könne. Diese besondere Situation rechtfertige es, die zusätzlich belastenden Mehrfachvernehmungen den erwachsenen Opfern von Sexualdelikten in gleicher Weise zu ersparen wie den zur Tatzeit minderjährigen Zeugen.[78]

Mit der Ausgestaltung des Satzes 3 als **Mussvorschrift** bezweckte der Gesetzgeber, 28
das Vollzugsdefizit der Sollvorschrift des Satzes 2 zu beheben, weil zu den Personen gemäß Satz 3 neben den neu erfassten erwachsenen Zeugen auch Personen unter achtzehn Jahren fallen. Die Regelung soll sicherstellen, dass von der Bild-Ton-Aufzeichnung bei der Ermittlung von Sexualstraftaten umfassend Gebrauch gemacht wird.[79] Insoweit hat sich der Gesetzgeber dafür entschieden, den Belangen des Opferschutzes gegenüber dem Prozessgrundsatz der **Unmittelbarkeit** (vgl. Rn. 16) besonderes Gewicht beizumessen.[80] Andererseits soll durch das Erfordernis, dass die Aufzeichnung zur Wahrung **schutzwürdiger Interessen** der Opferzeugen geboten sein muss, sichergestellt werden, dass die Vorschrift auch künftig regelmäßig keine Anwendung in Alltagsfällen findet. Anders als Satz 2 schreibt Satz 3 für die Zulassung der Bild-Ton-Aufzeichnung die **Zustimmung** des Zeugen mit der Aufzeichnung vor.[81] Der Gesetzgeber wollte damit Vorsorge dafür treffen, dass mit der Aufzeichnung kein Eingriff in das Persönlichkeitsrecht des Zeugen verbunden ist. Damit korrespondiert das **Widerspruchsrecht** des § 255a Abs. 2 Satz 1 unmittelbar nach der Vernehmung.[82] Über beides hat der vernehmende Richter den Zeugen zu belehren.[83] Allerdings ist die Zustimmung des Zeugen vor der Vernehmung nur für deren Aufzeichnung und wiederum deren Vorführung in der Hauptverhandlung erforderlich, nicht für dessen Aussage und deren Verwertbarkeit.[84] Das Gleiche gilt für den sofortigen Widerspruch nach der Aufzeichnung nach § 255a Abs. 2 Satz 1 a.E. Fehlt die Zustimmung und damit die Bild-Ton-Aufzeichnung oder hat er der Vorführung unmittelbar nach der aufgezeichneten Vernehmung widersprochen, kann die Aussage nicht nach § 255a Abs. 2 ersetzt werden, und der Zeuge ist grundsätzlich verpflichtet, in der Hauptverhandlung auszusagen. Dies hat der Ermittlungsrichter dem Zeugen zu verdeutlichen.[85]

5. Technik der Aufzeichnung. Das Gesetz regelt keine Einzelheiten. Für die Verneh- 29
mung von **Kindern und Jugendlichen** ist nach Nr. 19 Abs. 2 Satz 2 der RiStBV zu beachten, dass die vernehmende Person und der Zeuge gemeinsam und zeitgleich in Bild und Ton aufgenommen und im Fall des § 52 auch die Belehrung und die Bereitschaft des Zeugen zur Aussage dokumentiert werden. Darüber hinaus muss bei der Videoaufzeichnung je-

78 BTDrucks. **19** 14747 S. 25; vgl. LG Bremen Beschl. v. 13.8.2020 – 1 Qs 174/20 Rn. 14.
79 BTDrucks. **19** 14747 S. 25.
80 LG Bremen Beschl. v. 13.8.2020 – 1 Qs 174/20.
81 Kritisch zu der Ungleichbehandlung: *Schmitt*/Köhler 8c; *Claus* NStZ **2020** 58, 63.
82 BTDrucks. **19** 14747 S. 26.
83 Vgl. *Mosbacher* NStZ **2024** 263, 268.
84 MüKo/*Maier* 73.
85 BTDrucks. **19** 14747 S. 26.

denfalls sichergestellt sein, dass der Vernehmungsverlauf optisch und akustisch vollständig wiedergegeben wird, so dass bei der Verwendung der Aufzeichnung ein zuverlässiges und vollständiges Bild zu gewinnen ist.[86]

30 **6. Umfang der Aufzeichnung.** Über die Frage, welchen Umfang die Aufzeichnung haben muss, bestehen unterschiedliche Ansichten. Regelmäßig muss die Aufzeichnung den gesamten Verlauf der eigentlichen Vernehmung,[87] also die Äußerungen des Zeugen, die ihm gestellten Fragen und Vorhalte[88] sowie sonstige damit in Zusammenhang stehende Reaktionen umfassen. Bei einer Vernehmungsgegenüberstellung (Konfrontation; § 58, 10) ist der gesamte Vorgang aufzuzeichnen; bei einer Identifizierungsgegenüberstellung (§ 58, 11 ff.) muss der Ablauf vollständig erkennbar sein. Bei richterlichen Vernehmungen sind auch die Verhandlung über die Vereidigung (§ 59) und diese selbst festzuhalten. Werden Augenscheinsobjekte verwendet und mit dem Zeugen erörtert, so muss dies erkennbar sein. Zweifelhaft ist die Zulässigkeit einer (als solcher zu dokumentierenden) **Teilaufzeichnung**;[89] insoweit erscheint jedenfalls Zurückhaltung angebracht. Werden allerdings mehrere Zeugen nacheinander vernommen, so ist für jede Vernehmung gesondert zu entscheiden, ob eine Videoaufzeichnung erforderlich ist. Gleiches dürfte auch dann gelten, wenn ein Zeuge zu völlig verschiedenen Tatvorwürfen vernommen werden soll.[90] Ob die Aufzeichnung sogenannter **informatorischer Vorgespräche**, soweit man diese überhaupt für zulässig hält (§ 68, 1), geboten ist – zulässig und auch empfehlenswert ist sie allemal[91] – ist ebenfalls ungeklärt.[92] Dagegen ließe sich einwenden, dass sie im strengen Sinne keine „Vernehmung" und damit auch nicht protokollierungspflichtig sind. Um aber den damit verbundenen Gefahren unzulässiger Einflussnahme auf den Zeugen vorzubeugen, sollte jedenfalls aus der Aufzeichnung oder dem Protokoll erkennbar sein, dass Vorgespräche stattgefunden haben. Ereignisse oder sonstige Umstände im Zusammenhang mit der aufgezeichneten Vernehmung, die sich aus der Aufzeichnung nicht ergeben, aber für ihre spätere Würdigung bedeutsam sein können, müssen entweder, etwa durch einen Hinweis der Vernehmungsperson, in die Aufzeichnung integriert oder in das schriftliche Protokoll aufgenommen werden.

31 Kommen **Zeugnis- und Untersuchungsverweigerungsrechte** (z.B. §§ 52, 81c Abs. 3) in Betracht, die eine Belehrung erfordern, so soll nach einer verbreiteten Meinung die Videoaufzeichnung erst zulässig sein, nachdem diese Belehrung erfolgt und von dem Weigerungsrecht kein Gebrauch gemacht worden ist, weil andernfalls Beweismittel entstehen könnten, die diese Weigerungsrechte verhindern wollen (etwa Tatspuren am Zeugen).[93] Demgegenüber sieht Nr. 19 Abs. 2 Satz 2 der RiStBV die Aufzeichnung auch der Belehrung über das Zeugnisverweigerungsrecht des § 52 vor. Dafür spricht u.a., dass Unzuträglichkeiten nicht ersichtlich sind. Macht der Zeuge nach der Belehrung von seinem Zeugnisverwei-

---

86 MüKo/*Maier* 80; zu weiteren Einzelheiten hierüber siehe etwa SK/*Rogall* 12; *Burhoff* 1969; beide m.w.N.; ferner *Janovsky* Kriminalistik **1999** 453; *Schlothauer* StV **1999** 48.

87 Siehe auch *Schmitt*/Köhler 4a; SK/*Rogall* 11.

88 Nach *Burhoff* 1969 auch ein „Vernehmungsgespräch" zwischen den einzelnen Fragen und Antworten; das erscheint zutreffend.

89 Nach SK/*Rogall* 11; MüKo/*Maier* 81 (es sei denn unterschiedliche Sachverhalte); *Leitner* StraFo **1999** 47 unzulässig; SSW/*Tsambikakis*/*Gierok* 7; KK/*Bader* 4 zulässig, aber unzweckmäßig; zweifelnd *Rieß* StraFo **1999** 3 und NJW **1998** 3241 Fn. 22.

90 MüKo/*Maier* 81.

91 MüKo/*Maier* 80; *Swoboda* 378.

92 Verneinend *Burhoff* 1969; SK/*Rogall* 11 (aber Aufzeichnung empfehlenswert); bejahend *Leitner* StraFo **1999** 47; vgl. auch KK/*Bader* 5.

93 *Burhoff* 1962; *Eisenberg* (Beweisrecht) 1311; MüKo/*Maier* 35; **a.A.** *Schmitt*/Köhler 7a; SK/*Rogall* 11; *Leitner* StraFo **1999** 47; *Swoboda* 378; offengelassen: KK/*Bader* 8.

gerungsrecht Gebrauch, so kommt eine im weiteren Verfahren verwertbare Aufzeichnung seiner Aussage nicht zustande.[94] Selbst wenn man davon ausgehen sollte, dass die vorher entstandene Videoaufzeichnung als Augenscheinsobjekt für etwaige körperliche Befunde dienen könnte, würde seiner Verwertung insoweit wegen der Ausübung des Untersuchungsverweigerungsrechts (§ 81c Abs. 3 Satz 1) ein Verwertungsverbot entgegenstehen.[95]

7. Entscheidungskompetenz. Über die Notwendigkeit einer Videoaufzeichnung entscheidet grundsätzlich der Vernehmende,[96] bei einer staatsanwaltschaftlichen Vernehmung also die **Staatsanwaltschaft**, bei einer polizeilichen die **Polizei**, die allerdings wegen der Leitungsbefugnis der Staatsanwaltschaft an etwaige Weisungen gebunden ist. Die Entscheidung ist von Amts wegen zu treffen. Anträge der Verfahrensbeteiligten haben keine Bindungswirkung. 32

Bei **richterlichen Vernehmungen** ist der **Richter** ohne Bindung an Anträge zuständig, soweit er im Ermittlungsverfahren nach § 165 als sog. Notstaatsanwalt, als erkennender Richter außerhalb der Hauptverhandlung oder im Wiederaufnahmeverfahren tätig wird. Wird er im Ermittlungsverfahren als Ermittlungsrichter (§§ 162, 169) tätig, so ist er grundsätzlich an den Antrag der Staatsanwaltschaft gebunden.[97] Beantragt die Staatsanwaltschaft die Bild-Ton-Aufzeichnung der Vernehmung, so hat der Ermittlungsrichter lediglich zu prüfen (§ 162 Abs. 2), ob die gesetzlichen Voraussetzungen vorliegen.[98] Dies schließt die Prüfung der Verhältnismäßigkeit mit ein. Verneint er sie, bedeutet dies nicht, dass er berechtigt ist, ohne Zustimmung der Staatsanwaltschaft die Vernehmung ohne Videoaufzeichnung durchzuführen, weil ermittlungstaktische Gründe eine Rolle spielen können, deren Prüfung und Entscheidung ihm nicht zusteht. Gleiches gilt auch umgekehrt: Beantragt die Staatsanwaltschaft eine richterliche Zeugenvernehmung, ohne dies mit dem Antrag auf Bild-Ton-Aufzeichnung zu verbinden, so dürfte der Ermittlungsrichter nicht befugt sein, sie ohne ggf. nachträglich einzuholende Zustimmung der Staatsanwaltschaft mit einer solchen zu verbinden, weil auch dies die Verfahrensherrschaft der Staatsanwaltschaft in diesem Verfahrensabschnitt beeinträchtigen könnte. Vergleichbare Bindungen dürften auch im Verhältnis des beauftragten/ersuchten Richters zum beauftragenden oder ersuchenden Gericht gelten (zu den Beschwerdemöglichkeiten s. Rn. 51 f.). 33

Die **örtliche Zuständigkeit** des Ermittlungsrichters richtet sich nach § 162 Abs. 1 Satz 1, also nach dem Sitz der den Antrag stellenden Staatsanwaltschaft. Zur Beschleunigung des Verfahrens oder zur Vermeidung von Belastungen der Betroffenen kann die Staatsanwaltschaft den Antrag auf richterliche Vernehmung gem. § 162 Abs. 1 Satz 3 auch am Gericht des Wohnsitzes oder gewöhnlichen Aufenthalts des Zeugen stellen. Unzulässig ist es, die Zuständigkeit eines Gerichts darauf zu stützen, dass dieses über ein entsprechendes Video-Vernehmungszimmer verfügt, weil dies zu einer gesetzlich nicht vorgesehenen Möglichkeit der Wahl des Ermittlungsrichters durch die Staatsanwaltschaft führen würde.[99] 34

8. Anwesenheitsrecht. Erfolgt die Bild-Ton-Aufzeichnung einer Vernehmung im Rahmen einer richterlichen Vernehmung ist der Staatsanwaltschaft, dem Beschuldigten und dem Verteidiger unter den Voraussetzungen des § 168c die Anwesenheit gestattet.[100] 35

---

94 KK/*Bader* 8; MüKo/*Maier* 35.
95 *Schmitt*/Köhler § 81c, 22, 23.
96 Allg. M.; siehe etwa *Schmitt*/Köhler 9; SK/*Rogall* 21; MüKo/*Maier* 76; SSW/*Tsambikakis*/*Gierok* 15.
97 Zum Umfang der Bindungswirkung näher Erl. zu § 162.
98 *Schmitt*/Köhler 9; SK/*Rogall* 21.
99 OLG München NStZ **2004** 642; **a.A.** LG München NStZ-RR **2005** 317.
100 *Schmitt*/Köhler 9.

36 **9. Protokollierung.** Die Video-Vernehmung ist trotz der Videoaufzeichnung nach den §§ 168 ff. zu **protokollieren.**[101] Für die richterliche Vernehmung folgt dies bereits aus § 168 Satz 1. Entsprechende Untersuchungshandlungen durch die Staatsanwaltschaft sollen nach § 168b Abs. 2 ebenfalls protokolliert werden. Die Norm ist entsprechend auf polizeiliche Vernehmungen anzuwenden.[102] Die Videoaufzeichnung selbst ist kein Protokoll, sondern wie die Tonaufnahme i.S.d. Protokollierungsvorschriften lediglich eine vorläufige Protokollierung (zur sog. **Verschriftung** der Bild-Ton-Aufzeichnung s. Rn. 45).

III. Verwendung der Aufzeichnung (Absatz 2 Satz 1)

37 **1. Allgemeines.** Absatz 2 Satz 1 enthält eine **Verwendungsbeschränkung**. Die Verwendung der Videoaufzeichnung ist nur für Zwecke der Strafverfolgung (Rn. 38) und nur insoweit zulässig, als dies zur Erforschung der Wahrheit erforderlich ist (Rn. 39). Die Vorschrift dient dem Schutz des betroffenen Zeugen und steht deshalb zu seiner Disposition. Mit seinem **Einverständnis** ist daher die Verwendung auch in anderen Verfahren, etwa vor dem Familiengericht, zulässig;[103] vgl. § 58a Abs. 2 Satz 6 (dazu näher Rn. 48). In der bloßen Einwilligung in die Bild-Ton-Aufzeichnung liegt dieses Einverständnis nicht. Die Verwendungsbeschränkung gilt daher auch für Video-Aufnahmen einer polizeilichen Vernehmung, die eine solche Einwilligung erfordern (Rn. 11).[104] Weitere Voraussetzung für die Verwendung der Aufzeichnung ist stets, dass sie nach den jeweils in Betracht kommenden konkreten Verfahrensvorschriften zulässig ist. Für die Beweisaufnahme in der **Hauptverhandlung** müssen daher die Voraussetzungen des **§ 255a** vorliegen.[105] Dies ist z.B. nicht der Fall, wenn der Zeuge in der Hauptverhandlung von seinem **Zeugnisverweigerungsrecht nach § 52** Gebrauch macht.[106] Nicht nach § 58a Abs. 2 Satz 1 richtet es sich, ob und in wie weit Privatpersonen, die in den Besitz einer **Kopie der Aufzeichnung** gelangt sind, diese verwenden dürfen.[107] Dies bestimmt sich nach § 58a Abs. 2 Satz 3, 4 und 5 (Rn. 48).

38 **2. Zwecke der Strafverfolgung** gestatten über das konkrete Verfahren hinaus, in dem die aufgezeichnete Vernehmung erfolgt ist, regelmäßig die Verwendung, unabhängig davon, gegen wen sie sich richtet und worauf sich der Verfahrensgegenstand bezieht. Zulässig ist daher auch eine Verwendung gegen den Zeugen selbst, etwa zur Aufklärung einer Falschaussage.[108] Ebenso wenig ist es erforderlich, dass das in Betracht kommende Strafverfahren im Zeitpunkt der Vernehmung bereits anhängig ist. Es kann auch gerade auf Grund der Vernehmung eingeleitet werden, wenn sich aus dieser ein Anfangsverdacht für weitere Straftaten ergibt, oder aus anderen Gründen anhängig werden. Freilich setzt die Verwendung des Materials voraus, dass es noch vorhanden ist. Insoweit ist zu beachten, dass das Gesetz eine **längerfristige** Speicherung oder **Aufbewahrung** der Aufzeichnung „auf Vorrat" **nicht gestattet**, wie sich bereits aus dem Verweis auf § 101 Abs. 8 in

---

101 KK/*Bader* 9; *Schmitt*/Köhler 9; MüKo/*Maier* 82.

102 BGH StV **1997** 511; NStZ **1995** 353.

103 KK/*Bader* 11; *Schmitt*/Köhler 10; SK/*Rogall* 24; ebenso Entwurfsbegr. BRDrucks. **13** 7165 S. 7.

104 SK/*Rogall* 24; zweifelnd *Seitz* JR **1998** 312.

105 *Schmitt*/Köhler 10; zu diesen ausf. auch *Swoboda* 399 ff.

106 BGHSt **49** 72 zu § 255a Abs. 1; die vernehmungsersetzende Vorführung nach § 255a Abs. 2 hindert § 252 nach Auffassung des BGH hingegen nicht: BGHR StPO § 252 Verwertungsverbot 28.

107 SK/*Rogall* 24.

108 KK/*Bader* 10; *Schmitt*/Köhler 10; SK/*Rogall* 25; MüKo/*Maier* 83.

Absatz 2 Satz 2 ergibt.[109] Die Verfolgung von **Ordnungswidrigkeiten** dürfte keine Strafverfolgung sein[110] (vgl. Rn. 13).

3. Erforschung der Wahrheit. Die Notwendigkeit, dass die Verwendung zur Erforschung der Wahrheit erforderlich sein müsse, entspricht der in Absatz 1 Satz 2 Nr. 2 verwendeten Formulierung (Rn. 23). Sie gilt hier aber allgemein, also auch dann, wenn die Aufzeichnung im Einverständnis mit dem Zeugen oder auf Grund der Kann-Vorschrift des Absatz 1 Satz 1 zustande gekommen ist. Maßgebend hierfür ist, anders als im Falle des Absatzes 1 Satz 2 Nr. 2, bei dem es auf eine Prognose für die künftige Verwendung ankommt,[111] die konkrete Situation, in der über die Verwendung zu entscheiden ist. Dennoch dürfte auch hier der Einschränkung keine erhebliche Bedeutung zukommen,[112] zumal ein etwaiger Verstoß regelmäßig nicht revisibel ist (Rn. 53). 39

IV. Akteneinsicht (Absatz 2 Satz 3 bis 5, Absatz 3)

1. Übersicht. Mit dem OpferRRG wurde in Absatz 2, Satz 3–6, Absatz 3 das Akteneinsichtsrecht bezüglich der nach § 58a Abs. 1 gefertigten Videoaufzeichnungen detailliert, aber nicht uneingeschränkt überzeugend geregelt. Danach bestehen, sofern die allgemeinen Voraussetzungen für die Gewährung der Akteneinsicht vorliegen, grundsätzlich drei Möglichkeiten der Akteneinsicht. Die Aufzeichnung selbst kann den nach §§ 147, 406e Berechtigten zur Akteneinsicht überlassen werden. Diesen Akteneinsichtsberechtigten können Kopien der Aufzeichnung übergeben werden (Rn. 42). Dies gilt jedoch nur dann, wenn der Zeuge der Überlassung nicht widerspricht. Über die Möglichkeit des Widerspruchs ist er zu belehren (Rn. 44). In diesem Fall muss den Akteneinsichtsberechtigten eine Übertragung der Aufzeichnung in ein schriftliches Protokoll überlassen werden (Rn. 44). Dabei bleibt das Recht, das Original der Aufzeichnung zu besichtigen, unberührt (Rn. 47). 40

2. Zur Akteneinsicht Berechtigte. Zur Akteneinsicht berechtigt sind der Verteidiger (§ 147), der Nebenklägervertreter (§ 395 i.V.m. § 406e, insbesondere dessen Absatz 1 Satz 2) sowie in den Grenzen des § 406e Abs. 1 und 2 der Rechtsanwalt, der den Verletzten vertritt, und in den Grenzen des § 147 Abs. 7 der Beschuldigte selbst.[113] Zu den nach den §§ 474 ff. zur Akteneinsicht Berechtigten Rn. 42. 41

3. Überlassung der Aufzeichnung oder einer Kopie. Nach § 58a Abs. 2 Satz 3 kann den nach §§ 147, 406e zur Akteneinsicht Berechtigten die Einsicht in die Videovernehmung durch **Mitgabe der Aufzeichnung** oder einer Kopie derselben in die Räume des Verteidigers oder Rechtsanwalts gewährt werden. Die Mitgabe des Originals ist nicht unzulässig,[114] wie sich aus Absatz 2 Satz 6 ergibt, der die Überlassung der Aufzeichnung neben die Herausgabe von Kopien stellt. Doch folgt aus Absatz 2 Satz 3, dass ein Anspruch auf Überlassung der Originalaufzeichnung jedenfalls im Regelfall nicht besteht, sondern stattdessen Kopien überlassen werden können. Dass bereits die Überlassung von Kopien der Videoauf- 42

109 KK/*Bader* 10; SK/*Rogall* 25; **a.A.** *Swoboda* 383.
110 KK/*Bader* 10; für eine Verwertbarkeit in Bußgeldverfahren: MüKo/*Maier* 83.
111 KK/*Bader* 7.
112 Ebenso SK/*Rogall* 27; *Seitz* JR **1998** 312; siehe auch *Burhoff* 1975.
113 Vgl. SK/*Rogall* 30 ff.
114 Anders die Voraufl. Rn. 36.

zeichnung zu einer Beeinträchtigung der Verteidigung führen könnte, ist nicht ersichtlich, weil die Kopie sich von der Originalaufzeichnung nicht unterscheiden dürfte.

43 **4. Vervielfältigung und Weitergabe.** Nach Absatz 2 Satz 4 dürfen die Kopien, die dem Verteidiger/Rechtsanwalt überlassen werden, weder vervielfältigt noch weitergegeben werden. Dies soll angesichts des mit der Videoaufzeichnung verbundenen erheblichen Eingriffs in das Persönlichkeitsrecht des Zeugen sicherstellen, dass stets nachvollzogen werden kann, wer über eine Kopie der Aufzeichnung verfügt. Nur auf diese Weise könne auch das **Löschungsgebot** nach Absatz 2 Satz 2 sowie das **Herausgabegebot** nach Absatz 2 Satz 5 wirksam durchgesetzt werden. Eine Überlassung der Aufzeichnung durch den Anwalt an seinen Mandanten, sei er Beschuldigter, sei er Zeuge, ist damit ausgeschlossen.

44 **5. Widerspruchsrecht des Zeugen.** Der Zeuge, dessen Vernehmung in Ton und Bild aufgezeichnet ist, hat nach Absatz 3 Satz 1 das Recht der Überlassung von Kopien der Aufzeichnung an die nach §§ 147, 406e zur Akteneinsicht Berechtigten zu widersprechen. Über dieses Recht ist er mit einer angemessenen Frist vor der beabsichtigten Übergabe hinzuweisen (Absatz 3 Satz 4). Auch diese Vorschrift dient dem Schutz des Zeugen. Absatz 3 Satz 1 gewährt dem Zeugen das Widerspruchsrecht dem Wortlaut nach nur im Hinblick auf die Überlassung einer Kopie der Aufzeichnung, nicht hingegen hinsichtlich der Überlassung der Originalaufzeichnung. Daraus kann jedoch nicht geschlossen werden, dass der Zeuge der Überlassung der Aufzeichnung selbst nicht widersprechen kann. Dies liefe dem Schutzzweck der Regelung zuwider. Insofern dürfte von einem Redaktionsversehen des Gesetzgebers auszugehen sein, das allerdings korrigiert und damit klargestellt werden sollte. Übt der Zeuge sein **Widerspruchsrecht** aus, so hat die Überlassung zu unterbleiben. In diesem Fall können die nach §§ 147, 406e zur Akteneinsicht Berechtigten gemäß Absatz 3 Satz 1 eine **Übertragung** der Aufzeichnung in ein schriftliches Protokoll und dessen Überlassung an Stelle der Kopie verlangen (sog. **Verschriftung**).

45 **6. Verschriftung der Aufzeichnung.** Widerspricht der Zeuge der Überlassung der (Kopie der) Videoaufzeichnung, so tritt an deren Stelle die Überlassung des nach den allgemeinen Grundsätzen des § 168a zu errichtenden Protokolls (Absatz 3 Satz 1). Eine gesonderte Verschriftung der Videoaufzeichnung findet daneben nicht statt.

46 **7. Herausgabepflicht (Absatz 2 Satz 5).** Absatz 2 Satz 5 bestimmt hinsichtlich der überlassenen Kopien eine **Herausgabepflicht**, sobald kein berechtigtes Interesse mehr an der weiteren Verwendung besteht. Dies ist dann der Fall, wenn die Verfügungsgewalt über die Kopie unter keinem Gesichtspunkt mehr der Wahrnehmung der Interessen des Beschuldigten bzw. des Verletzten dienen kann.[115] Die Norm hat vorrangig klarstellenden Charakter[116] und soll die Löschung (Rn. 50) (auch) der Kopien sicherstellen. Ein Wegfall des berechtigten Interesses und damit eine Herausgabepflicht können aber bereits vor dem Zeitpunkt, an dem die Vernichtung angezeigt ist, vorliegen.[117]

47 **Recht zur Besichtigung der Aufzeichnung (Absatz 3 Satz 2).** Wie sich aus der (klarstellenden) Regelung des § 58a Abs. 3 Satz 2 eindeutig ergibt, haben die zur Akteneinsicht Berechtigten stets das Recht zur Besichtigung der Videoaufzeichnung.[118] Der Einsichtsberechtigte kann sich die Aufzeichnung auf der Geschäftsstelle (oder in einem anderen, die

115 SK/*Rogall* 42.
116 Vgl. zur früheren (streitigen) Rechtslage LR/*Rieß*[25] § 58a Nachtrag 36; *Janovsky* Kriminalistik **1999** 453.
117 SK/*Rogall* 42.
118 Vgl. SK/*Rogall* 29; KK/*Bader* 9; MüKo/*Maier* 92.

amtliche Verwahrung nicht aufhebenden Raum) vorspielen lassen.[119] Es unterliegt in den Fällen des **§ 147** lediglich den allgemeinen Beschränkungen des § 147 Abs. 2, besteht also stets dann uneingeschränkt, wenn die Ermittlungen abgeschlossen sind oder ein Fall des § 147 Abs. 3 vorliegt, insbesondere bei richterlichen Vernehmungen. In den Fällen des **§ 406e** kommen die weiteren dort genannten Versagungsgründe in Betracht (siehe Erl. zu § 406e). Dabei kann auch das Schutzinteresse des vernommenen Zeugen als ein überwiegendes entgegenstehendes Interesse einer anderen Person (§ 406e Abs. 2 Satz 1) dem Vorspielen des Videos entgegenstehen; umgekehrt wird es stets ausscheiden, wenn es sich um eine Vernehmung des Verletzten selbst handelt.[120]

V. Überlassung an andere Stellen (Absatz 2 Satz 6)

1. Aktenbestandteil. Die Bild-Ton-Aufzeichnung ist Bestandteil der **Sachakten.**[121] Daraus wird freilich nur vereinzelt der Schluss gezogen, das Recht auf Akteneinsicht beinhalte das Recht auf Überlassung der Aufzeichnung. Vielmehr werden die Regelungen des § 58a Abs. 2 Sätze 3–6 und Abs. 3 als die allgemeinen Vorschriften ergänzende bzw. modifizierende Spezialvorschriften behandelt, die das Recht auf Akteneinsicht beschränken.[122] Das ist angesichts der hohen Bedeutung, die dem Recht auf Akteneinsicht für die Ausgestaltung eines den Ansprüchen des **Fair-Trial-Grundsatzes** genügenden Verfahrens zukommt, alles andere als unproblematisch. Die grundsätzlichen Bedenken, die *Neuhaus* gegen diese Regelungen erhoben hat,[123] sind weiter aktuell. Insbesondere vermag das Recht zur Besichtigung der Aufzeichnung in amtlichen Räumen die Defizite, die durch eine Versagung der Überlassung der Aufzeichnung oder einer Kopie entstehen, nicht in allen Fällen auszugleichen. 48

2. Andere Stellen i.S.d. Absatzes 2 Satz 6. Absatz 2 Satz 6 bestimmt, dass die Überlassung der Aufzeichnung oder die Herausgabe von Kopien an andere als die vorbezeichneten Stellen der Einwilligung des Zeugen bedarf. Die Bedeutung dieses erst im Vermittlungsausschuss zustande gekommenen Satzes ist unklar.[124] Der Begriff „andere Stellen" erfasst alle öffentlichen Stellen und privaten Personen (vgl. § 475 Abs. 1) außerhalb der nach §§ 147, 406e zur Akteneinsicht Berechtigten (Rn. 34). Dass diese – anders als die zur Akteneinsicht berechtigten Organe der Rechtspflege – tatsächlich die Original-Aufzeichnung überlassen erhalten sollen, erscheint zweifelhaft. Auch für diese Stellen dürfte nur eine Besichtigung (in den Räumen der Staatsanwaltschaft) in Betracht kommen,[125] weil nur dadurch die Durchführung der Löschungsverpflichtung (Absatz 2 Satz 2 i.V.m. § 101 Abs. 8) sichergestellt wird. Ebenso wenig dürfte schon im Hinblick auf die Löschungsverpflichtung mit „Herausgabe" der Kopien eine endgültige Überlassung gemeint sein, sondern nur – wie bei den zur Akteneinsicht Berechtigten – eine zeitweise Überlassung nach Maßgabe des Absatzes 2 Satz 4. Freilich unterliegt die (zeitweise) Überlassung von Kopien an „andere Stellen" nicht den **Verwendungsbeschränkungen** des Absatzes 2 Satz 1.[126] 49

---

119 *Schmitt*/Köhler § 147, 19a; SK/*Rogall* 22.
120 Vgl. insoweit auch (noch weitergehend) die Entwurfsbegründung BTDrucks. **13** 7165 S. 8.
121 *Schmitt*/Köhler 12, 13; KK/*Bader* 9; MüKo/*Maier* 88; SSW/*Tsambikakis*/*Gierok* 23.
122 So explizit SK/*Rogall* 6.
123 StV **2004** 620, 623 f.
124 SK/*Rogall* 43.
125 Vgl. SK/*Rogall* 43.
126 SK/*Rogall* 43 m.w.N.

VI. Löschungsgebot (Absatz 2 Satz 2)

50 Die Verweisung auf § 101 Abs. 8 in Absatz 2 Satz 2 begründet eine Verpflichtung zur unverzüglichen **Löschung** der Videoaufzeichnung, soweit sie zur Strafverfolgung nicht mehr erforderlich ist (§ 101 Abs. 8 Satz 1), sowie die Verpflichtung zur Erstellung einer Niederschrift über die Vernichtung (§ 101 Abs. 8 Satz 2). Sie erscheint gesetzestechnisch nicht besonders geglückt, weil die Sachverhalte nicht ganz vergleichbar sind,[127] ist aber der Sache nach aus Gründen des Persönlichkeitsschutzes angebracht.[128] Regelmäßig sind die Bild-Ton-Aufzeichnungen dann nicht mehr zur Strafverfolgung erforderlich, wenn das Strafverfahren **rechtskräftig abgeschlossen ist** und konkrete Anhaltspunkte dafür, dass das Material für ein weiteres Verfahren benötigt werden kann (z.B. Wiederaufnahme, Verfahren gegen Mittäter) nicht bestehen.[129] Die rein theoretische Möglichkeit, dass es noch einmal gebraucht werden könnte, reicht für eine **Aufbewahrung** nicht aus.[130] Das gilt insbesondere für Verfahrenseinstellungen, soweit sie keine Rechtskraft entfalten. Eine frühere Löschung kann in Betracht kommen, wenn der Verfahrensverlauf die Bedeutungslosigkeit der Videoaufzeichnung ergibt. Zu berücksichtigen ist hierbei, dass, anders als in den Fällen des § 101 Abs. 8, der wesentliche Informationsgehalt der Vernehmung erhalten bleibt, weil das Löschungsgebot nur für die Bild-Ton-Aufzeichnung gilt, nicht aber für das daneben nach §§ 168, 168b, 168c zu erstellende Vernehmungsprotokoll (Rn. 36).[131]

VII. Beschwerde

51 **1. Richterliche Vernehmungen.** Besondere Regelungen über den Ausschluss der Anfechtbarkeit enthält § 58a, anders als etwa die §§ 68b, 168e und 247a, nicht. Die Anfechtungsbefugnis richtet sich also nach den allgemeinen Vorschriften. Grundsätzlich beschwerdebefugt ist der betroffene **Zeuge** (§ 304 Abs. 2). Nach verbreiteter Auffassung soll diesem die (einfache) Beschwerde gegen die Anordnung des vernehmenden Richters zustehen, die Vernehmung in Bild und Ton aufzuzeichnen.[132] Das erscheint an sich zutreffend. Indes ist zu berücksichtigen, dass das Gesetz eine selbständige und damit selbständig anfechtbare Entscheidung über die Videoaufzeichnung der Vernehmung nicht vorschreibt, und, selbst wenn eine solche erfolgen würde, die Beschwerde keine aufschiebende Wirkung hätte (§ 307 Abs. 1). Eine isolierte Beschwerde gegen die Anordnung der Aufzeichnung zum Zwecke ihrer Vermeidung kommt daher nur dann in Betracht, wenn der vernehmende Richter sich entschließt, auf Grund der Einwendungen des Zeugen den Vernehmungstermin zu verschieben, oder wenn er die Absicht, eine Videoaufzeichnung vorzunehmen, so rechtzeitig vor dem Vernehmungstermin ankündigt, dass der Zeuge noch Gelegenheit hat, hiergegen vorzugehen; in der Praxis werden solche Fälle selten sein. Im Übrigen bleibt dem Zeugen, der die Videoaufzeichnung nicht dulden will, nichts anderes übrig, als das Zeugnis zu verweigern und gegen die dann zu erwartende Anordnung von **Zwangsmitteln nach § 70** Beschwerde zu erheben. Sieht der Richter von einer Videoauf-

---

127 Zur Anwendung des § 101 Abs. 8 siehe die Erl. dort. Ausführlich zur Löschungspflicht in den Fällen der Video-Aufzeichnung SK/*Rogall* 27 f.; ferner *Schmoll* 124 f.

128 Vgl. SK/*Rogall* 28.

129 HK/*Gercke* 13; KK/*Bader* 12; MüKo/*Maier* 95; *Eisenberg* (Beweisrecht) 1313.

130 SK/*Rogall* 28; MüKo/*Maier* 96.

131 Zur Frage der Löschungskonkurrenz, wenn die Video-Aufzeichnung zugleich als vorläufige Protokollaufzeichnung nach § 168a Abs. 2 dienen soll, SK/*Rogall* 28; Erl. zu § 168a.

132 *Schmitt*/Köhler 15; SK/*Rogall* 48; SSW/*Tsambikakis*/*Gierok* 27; MüKo/*Maier* 97; *Burhoff* 1964.

zeichnung ab, so soll dem Zeugen, der sie wünscht, nach h.M. mangels Beschwer kein Rechtsmittel zur Verfügung stehen.[133] Dies steht in einem Widerspruch dazu, dass die Videoaufzeichnung maßgeblich dem Schutz des Zeugen dienen und diesen vor mehrfacher Vernehmung schützen soll (vgl. Rn. 1). Der **Angeklagte** kann **Verletzungen des Rechts auf Akteneinsicht bzw. auf Besichtigung** (Rn. 42) in laufender Hauptverhandlung nach überwiegender Ansicht wegen § 305 Satz 1 nicht mit der Beschwerde anfechten;[134] insoweit kommt aber eine auf § 338 Nr. 8 gestützte Verfahrensrüge in Betracht (Rn. 55). Im **Ermittlungsverfahren** kann er insoweit gerichtliche Entscheidung nach Maßgabe der § 147 Abs. 5 Satz 2, § 161a Abs. 3 Satz 2 bis 4 beantragen.

2. Staatsanwaltschaftliche Vernehmungen. Bei staatsanwaltschaftlichen Vernehmungen gelten die gleichen Grundsätze. Statt der Beschwerde ist dem Zeugen hier der Antrag auf gerichtliche Entscheidung nach § 161a Abs. 3 eröffnet.[135] Bei polizeilichen Vernehmungen kann sich die Anfechtungsfrage nicht stellen, soweit die Videoaufzeichnung das Einverständnis des Zeugen voraussetzt und dieser sanktionslos die Aussage verweigern kann (Rn. 11). Wenn alle Beteiligten eine Klärung der Frage vor der Vernehmung für erforderlich halten, wäre die Herbeiführung einer Entscheidung der Staatsanwaltschaft in Erwägung zu ziehen. 52

VIII. Revision

Verstöße allein gegen **§ 58a Abs. 1**, die angesichts der Weite der Ermächtigungsgrundlage ohnehin selten sein werden, betreffen nicht den Rechtskreis des Beschuldigten und sind schon deshalb der Revision entzogen.[136] Im Übrigen ist zu bedenken, dass § 58a nur für Vernehmungen außerhalb der Hauptverhandlung gilt (Rn. 8 ff.). Die Zulässigkeit einer Videoaufzeichnung in der Hauptverhandlung bestimmt sich nach **§ 247a**. Eine Frage der richtigen Anwendung dieser Vorschrift ist daher auch die Rüge, dass sich das erkennende Gericht mit der Verlesung einer Niederschrift begnügt hat, statt eine (noch mögliche) Video-Vernehmung anzuordnen (siehe Erl. zu § 247a). Die Frage, unter welchen Voraussetzungen außerhalb der Hauptverhandlung aufgezeichnete Bild-Ton-Aufzeichnungen in der Hauptverhandlung verwendet werden dürfen, richtet sich nach **§ 255a**; zu insoweit revisiblen Rechtsfehlern siehe Erl. zu § 255a. Ggf. kann mit der **Aufklärungsrüge** gerügt werden, dass sich das Gericht mit der Verlesung der Niederschrift begnügt hat, statt die Videoaufzeichnung zu verwenden.[137] Zur Revisionsbegründung nach § 344 Abs. 2 Satz 2 gehört in solchen Fällen die Mitteilung der Umstände, aus denen sich ergibt, welche zusätzlichen aufklärungsrelevanten Umstände die Verwendung der Aufzeichnung ergeben hätte.[138] Denkbar ist auch eine Inbegriffsrüge (§ 261) dahingehend, dass die nach § 58a aufgezeichnete und in die Hauptverhandlung eingeführte Vernehmung nicht mit den Feststellungen vereinbar ist.[139] Die Rüge der unzulässigen Verwendung bzw. Verwertung einer Videoauf- 53

---

133 *Schmitt*/Köhler 15; SK/*Rogall* 48.

134 OLG Koblenz StV **2003** 608; OLG Frankfurt a.M. NStZ-RR **2001** 374; StV **2004** 362; SK/*Rogall* 48; **a.A.** OLG Brandenburg NJW **1996** 68, das die Entscheidung über die Akteneinsicht nicht als eine solche i.S.d. § 305 Abs. 1 Satz 1 ansieht.

135 Siehe auch LR/*Erb* § 161a, 47 ff.; **a.A.** SK/*Rogall* 49; SSW/*Tsambikakis*/*Gierok* 28; MüKo/*Maier* 97 (alle für analoge Anwendung des § 98 Abs. 2).

136 MüKo/*Maier* 100.

137 *Schmitt*/Köhler 15; SK/*Rogall* 52; MüKo/*Maier* 104; SSW/*Tsambikakis*/*Gierok* 30.

138 Siehe dazu näher LR/*Becker* § 244, 366 ff. mit Nachw.

139 BGH NStZ-RR **2025** 339.

zeichnung entgegen der **Verwendungsbeschränkung** des **§ 58a Abs. 2 Satz 1** erscheint möglich,[140] dürfte aber schon angesichts der geringen Begrenzungswirkung dieser Einschränkung in der Rechtspraxis wenig Bedeutung haben.

54 Ist bei einer gemäß § 58a aufgezeichneten richterlichen Vernehmung versehentlich die gebotene Zeugenbelehrung nach § 52 Abs. 3 Satz 1 unterblieben, so darf – wie auch sonst im Falle einer versehentlich unterbliebenen Zeugenbelehrung oder Einholung einer Zustimmung nach § 52 Abs. 2 bei einer Vernehmung durch den Ermittlungsrichter (§ 162) – in der Hauptverhandlung die aufgezeichnete Vernehmung weder verlesen noch verwertet werden. Eine Ersetzung der Zeugenvernehmung über § 255a Abs. 2 ist unzulässig, weil es wegen des Belehrungsmangels an einer wirksamen Disposition des Zeugen im Rahmen der richterlichen Vernehmung und mithin an einem ordnungsgemäß vorausgegangenen Verfahren fehlt. Allerdings kann der Zeuge die Vorführung nachträglich gestatten.[141]

55 Mit der Verfahrensrüge nach **§ 338 Nr. 8** kann gerügt werden:[142] die Verweigerung der Überlassung der **Kopie einer Videoaufzeichnung**, ohne dass der über sein **Widerspruchsrecht** informierte Zeuge widersprochen hat (Verstoß gegen § 58a Abs. 2 Satz 3), die Verweigerung der Überlassung des Protokolls im Fall des § 58 Abs. 3 Satz 1 und die Verweigerung der Besichtigung der Aufzeichnung (Verstoß gegen § 58 Abs. 3 Satz 2).

§ 58b
Vernehmung im Wege der Bild- und Tonübertragung

Die Vernehmung eines Zeugen außerhalb der Hauptverhandlung kann in der Weise erfolgen, dass dieser sich an einem anderen Ort als die vernehmende Person aufhält und die Vernehmung zeitgleich in Bild und Ton an den Ort, an dem sich der Zeuge aufhält, und in das Vernehmungszimmer übertragen wird.

Schrifttum

Gerst Der Zeuge auf Skype – Verteidigung mit Videotechnik, StraFo **2013** 103; *Roth* Die strafprozessuale Videovernehmung, GSZ **2018** 62; *ders.* Die grenzüberschreitende Videovernehmung von Zeugen und Beschuldigten, NStZ **2024** 329; *Schlothauer* Die audio-visuelle Haftprüfung, StV **2014** 55; *Sommerer* Virtuelle Unmittelbarkeit? Videokonferenzen im Strafverfahren während und jenseits einer epidemischen Lage von nationaler Tragweite, ZStW **133** (2021) 403.

Einführung

§ 58b wurde mit Art. 6 Nr. 1 des Videokonferenz-Intensivierungsgesetzes (VidVerfG) vom 25.4.2013 (BGBl. I S. 935) in die StPO eingeführt.

Übersicht

140 SK/*Rogall* 51.
141 BGH NStZ **2024** 56.
142 Vgl. OLG Koblenz StV **2003** 608; MüKo/*Maier* 109.

1 **1. Normzweck.** Mit dem VidVerfG hat der Gesetzgeber Möglichkeiten des verstärkten Einsatzes von Videokonferenztechnik quer durch die Verfahrensordnungen geregelt. Die Bundesregierung erhob dabei den Anspruch, die Verfahrensordnungen umfassend auf die qualitativ hochwertigen technischen Möglichkeiten der Gegenwart auszurichten und zugleich normativ die Weichen für die Zukunft zu stellen. Es gehe um ein „Serviceangebot im Sinne einer kundenorientierten Justiz". Um den Justizbehörden Gelegenheit zu geben, die notwendige Infrastruktur aufzubauen, trat das Gesetz erst zum 1.11.2013 in Kraft.[1] Für die Nutzung von Videokonferenztechnik bei der Vernehmung von **Zeugen** im Strafverfahren war von Anfang an nur ein enger Anwendungsbereich vorgesehen, nämlich das **Ermittlungsverfahren**, insbesondere dann, wenn die Bild-Ton-Übertragung dem Opferschutz oder der Abwehr der Gefahr des Beweismittelverlustes dient oder der zeitraubende Versand von Verfahrensakten mit Vernehmungsersuchen an ferne Gerichte oder Polizeidienststellen vermieden werden kann.[2] Für die erweiterte Nutzung von Videokonferenztechnik bei der Vernehmung des Beschuldigten wurden spezielle Regelungen geschaffen (z.B. § 118a Abs. 2 Satz 2 neu). Nach dem Willen des Gesetzgebers werden die Vorschriften über die Hauptverhandlung von § 58b nicht berührt, so dass der Grundsatz der Unmittelbarkeit der Beweisaufnahme in der Hauptverhandlung gewahrt bleibt.[3]

2 **2. Inhalt der Vorschrift.** Die gesetzliche Regelung ermöglicht eine Zeugenvernehmung in Form einer **Videokonferenz**, wenn sich der Vernehmende sowie Anwesenheitsberechtigte und ein zu vernehmender Zeuge nicht an demselben Ort befinden. Für die Art und Weise der Videovernehmung gelten die allgemeinen Vorschriften (§§ 48 ff.), namentlich auch die speziellen Protokollierungs-, Anwesenheits- und Benachrichtigungspflichten der §§ 168 ff. bei richterlichen Vernehmungen im Ermittlungsverfahren sowie die Anforderungen des § 224 bei kommissarischen Vernehmungen durch beauftragte oder ersuchte Richter i.S.d. § 223 (Rn. 3). Problematisch erscheint insbesondere – in Anbetracht der Gefahren einer Videovernehmung für die Wahrheitsfindung (Rn. 5). – der erhöhte Beweiswert des Protokolls einer richterlichen Vernehmung gem. § 251 Abs. 2, wenn der Richter dem Zeugen physisch nie begegnet ist.[4] Dieselbe Problematik besteht im Falle der Videoaufzeichnung einer Videovernehmung mit Blick auf § 255a.[5] Die Problematik der Videovernehmung im Hinblick auf die Wahrheitsfindung ist durch besondere Anforderungen an die Beweiswürdigung auszugleichen. Ob dem Zeugen im Falle der Videovernehmung die Verfremdung von Stimme oder Erscheinungsbild zu dessen Schutz zu gestatten ist, richtet sich nach den allgemein dazu von der Rechtsprechung entwickelten Grundsätzen[6] (vgl. auch § 68, 17). Einheitliche und verbindliche Videokonferenzstandards existieren bislang (2025) nicht.[7] Das *Generalsekretariat des Rates der EU* hat im Jahr 2013 einen Leitfaden für Videokonferenzen in grenzüberschreitenden Gerichtsverfahren vorgelegt.[8] Die

---

1 BTDrucks. **17** 1224 S. 12; von der in Art. 9 VidVerfG den Landesregierungen eingeräumten Möglichkeit, die Norm bis längstens zum 31.12.2017 nicht anzuwenden, hat Mecklenburg-Vorpommern Gebrauch gemacht (GVBl. 2013 S. 641).

2 BTDrucks. **17** 1224 S. 11, 13.

3 BTDrucks. **17** 1224 S. 11.

4 Vgl. MüKo/*Maier* 21.

5 Vgl. SSW/*Tsambikakis* 5.

6 SK/*Rogall* 10.

7 S. *Sommerer* ZStW **133** (2021) 403, 440.

8 Abrufbar unter https://www.consilium.europa.eu, zuletzt abgerufen am 3.7.2025. S. dazu *Sommerer* ZStW **133** (2021) 403, 440 ff.

Möglichkeit einer gleichzeitigen **Bild-Ton-Aufzeichnung** der Zeugenvernehmung sieht § 58b selbst nicht vor, sie richtet sich nach § **58a**.[9]

3 Die Videovernehmung von Zeugen in der Hauptverhandlung richtet sich nach § 247a. Die Vorschrift des § 58b gilt nur für Zeugenvernehmungen **außerhalb der Hauptverhandlung**, also insbesondere für Vernehmungen im Ermittlungs- und Zwischenverfahren. Auch die kommissarische Vernehmung gem. § 223 zählt dazu.[10] Zwar würde insoweit dem Unmittelbarkeitsgrundsatz durch eine zeitgleiche Vernehmung und Übertragung in die Hauptverhandlung eher Rechnung getragen, doch handelte es sich dann nicht mehr um eine Vernehmung außerhalb der Hauptverhandlung mit der Folge, dass sich die Zulässigkeit einer solchen Vernehmung nicht nach § 58b, sondern nach § 247a richten würde. Wie bisher auch,[11] ist die Bild-Ton-Übertragung in die Hauptverhandlung über § 247a hinaus nicht zulässig.

4 Über § 72 kommt auch die Vernehmung eines **Sachverständigen** außerhalb der Hauptverhandlung im Wege der Bild-Ton-Übertragung in Betracht.[12]

5 **3. Entscheidung der Vernehmungsperson.** Die Entscheidung darüber, ob eine Vernehmung per Bild-Ton-Übertragung durchgeführt werden soll, trifft die jeweilige Vernehmungsperson nach **pflichtgemäßem Ermessen**.[13] Der Vernommene muss mit der Videovernehmung weder einverstanden sein, noch hat er einen Anspruch auf eine Vernehmung per Bild-Ton-Übertragung.[14] Nach dem Willen des Gesetzgebers muss der Einsatz von Videokonferenztechnik immer dann ausscheiden, wenn es für die **Wahrheitsfindung** auch auf den unmittelbaren persönlichen Eindruck des Vernehmenden oder Anhörenden von der Person des Vernommenen oder Angehörten ankommt.[15] Insoweit ist zu bedenken, dass die Wahrnehmung von Personen in einer Videokonferenz entscheidend von einer direkten Kommunikation abweicht[16] und mit (möglichen) Qualitätseinbußen im Verhältnis zur höchstpersönlichen Anhörung verbunden ist.[17] Nach der Rspr. des BGH kann ein Tatgericht aufgrund der ihm obliegenden Abwägung zu dem Ergebnis kommen, dass eine audiovisuelle Vernehmung gem. § 247a Abs. 1 wegen gewisser Defizite gegenüber einem präsenten Zeugen im Einzelfall für die Wahrheitsfindung wertlos, der Zeuge mithin auch unter Beachtung der Möglichkeiten des § 247a ein ungeeignetes Beweismittel ist.[18] Die Vorwegbewertung einer audiovisuellen Vernehmung als ungeeignet erscheint indes fragwürdig, zumal dann, wenn eine *„unmittelbare"* (BGH) Zeugenvernehmung nicht möglich ist. Es lässt sich nicht von vornherein ausschließen, dass audiovisuellen Vernehmungen ein Beweiswert zukommt.[19]

6 Die Entscheidung der Vernehmungsperson ist nicht anfechtbar. Die Revision soll ebenfalls nicht begründet sein, weil das Urteil auf der Anordnung nicht beruhen könne.[20] Zur Frage der Anfechtbarkeit der Entscheidung der Vernehmungsperson Rn. 8.

---

9 BTDrucks. **17** 12418 S. 16.

10 SSW/*Tsambikakis* 5; MüKo/*Maier* 11; **a.A.** wohl *Roth* GSZ **2018** 62, 65.

11 LR/*Jäger*[27] § 223, 8 m.w.N.

12 Meyer-Goßner/*Schmitt* 1; SK/*Rogall* 4.

13 Meyer-Goßner/*Schmitt* 2; SSW/*Tsambikakis* 8.

14 Vgl. BTDrucks. **17** 12418 S. 15.

15 BTDrucks. **17** 12418.

16 *Sommerer* ZStW 133 (2021/ 403, 418 ff. mit einer ausführlichen Darstellung technologieimmanenter Gefahren für die Qualität des Strafverfahrens.

17 Vgl. *Schlothauer* StV 2014, 55 mit Blick auf die audiovisuelle Beschuldigtenvernehmung.

18 BGHSt **67** 177 Rn. 14. Im zugrunde liegenden Fall existierten Protokolle über die Vernehmung von Zeugen, die vom Tatgericht gem. § 251 Abs. 1 Nr. 3 verlesen worden waren.

19 Vgl. BVerfG, Beschl. v. 24.8.2025 – 2 BvR 64/25, Rn. 70 ff., 72.

20 *Schmitt*/Köhler 4.

4. Grenzüberschreitende Vernehmungen. Besondere und wachsende Bedeutung haben Videovernehmungen in grenzüberschreitenden Fällen. Diese können grundsätzlich in zwei Richtungen erfolgen: Zum einen können inländische Gerichte oder Strafverfolgungsorgane Videovernehmungen von im Ausland befindlichen Zeugen vornehmen, zum anderen können ausländische Gerichte und Strafverfolgungsorgane in Deutschland befindliche Zeugen audiovisuell vernehmen. Die rechtlichen Voraussetzungen finden sich in entsprechenden Verträgen, Abkommen bzw. deren Umsetzungen in nationales Recht, namentlich in der EUStA-VO[21] (Art. 31), in der EEA-Richtlinie[22] (in Deutschland umgesetzt durch die §§ 91a bis 91j IRG), im EuRhÜbk und im 2. ZP-EuRhÜbk.[23] Hierbei stellen sich auch Fragen der möglichen Folgen des Nichterscheinens bzw. der Verweigerung der Aussage ohne Zeugnis- oder Auskunftsverweigerungsrecht. 7

5. Rechtsbehelfe. Die Anordnung der Videovernehmung von Zeugen gem. § 58a ist seitens des Beschuldigten schon deswegen nicht anfechtbar, weil sie nicht in dessen Rechte eingreift. Die richterliche Anordnung gem. § 168e Satz 1 ist der Anfechtung gem. § 168e Satz 5 entzogen. Die Anordnung der kommissarischen Vernehmung ist gem. § 223 ist nach § 305 Satz 1 ausgeschlossen. Eine **Revision** wegen Verletzung des § 58b scheidet aus, weil die Vorschrift nicht für die Hauptverhandlung gilt (Rn. 3). In Betracht kommt aber eine Verletzung des § 261 wegen fehlerhafter Berücksichtigung des minderen Beweiswerts der Angaben eines per Videotechnik vernommenen Zeugen. 8

§ 59
Vereidigung

(1) [1]Zeugen werden nur vereidigt, wenn es das Gericht wegen der ausschlaggebenden Bedeutung der Aussage oder zur Herbeiführung einer wahren Aussage nach seinem Ermessen für notwendig hält. [2]Der Grund dafür, dass der Zeuge vereidigt wird, braucht im Protokoll nicht angegeben zu werden, es sei denn, der Zeuge wird außerhalb der Hauptverhandlung vernommen.

(2) [1]Die Vereidigung der Zeugen erfolgt einzeln und nach ihrer Vernehmung. [2]Soweit nichts anderes bestimmt ist, findet sie in der Hauptverhandlung statt.

Schrifttum

Boehringer Die Eidesreform im Strafprozeß und Strafrecht (1939); *Dahs* Der Eid – noch ein zeitgemäßes Instrument zur Wahrheitsermittlung im Strafprozeß? FS Rebmann (1989) 161; *Diehm* Die Entscheidung über die (Nicht-)Vereidigung im Strafprozess, StV **2007** 444; *Grünwald* Zur Problematik des Zeugeneides, FS Schmitt (1992) 311; *Günter* Die zur Regel werdende Ausnahmevorschrift des § 61 Nr. 5 StPO, DRiZ **1978** 273; *Hegler* Die Eidesreform (1930); *Heimann-Trosien* Zur Beibehaltung und Fassung des Eides, JZ **1973** 609; *R. von Hippel* Zeugeneid, Beweismittel, Beweisrecht, Festgabe für Ernst von Hippel (1965) 117; *Hirsch* Über die Gesellschaftsbezogenheit des Eides, FS Heinitz (1972) 139; *Hirzel* Der Eid. Ein Beitrag zu seiner Geschichte (1902); *Huber* Erstes Gesetz zur Modernisierung der Justiz – Änderungen der Strafprozessordnung, JuS **2004** 970; *Hülle* Die Vereidigung des Zeugen in der Hauptverhandlung, DRiZ **1954** 118; *Klemke* Das Vereidigungsrecht nach dem sog. „Justizmodernisierungsgesetz“ – eine Herausforderung für die Verteidigung, StV **2006** 158; *Knauer/Wolf* Zivilprozessuale und strafprozessuale Änderungen durch das Erste Justizmodernisierungsgesetz – Teil 2: Änderungen der StPO, NJW **2004**

---

21 VO (EU) 2017/1939 zur Durchführung einer verstärkten Zusammenarbeit zur Errichtung der Europäischen Staatsanwaltschaft, ABl. EU 2017/L, 283/01.

22 Richtlinie 2014/41 EU v. 3.4.2014 über die Europäische Ermittlungsanordnung.

23 Einzelheiten bei *Roth* NStZ **2024** 329.

2932; *Kuckuk* Fragen der Vereidigung von Zeugen im Bußgeldverfahren, MDR **1976** 723; *Lange* Zur Problematik der Eidesverweigerung, FS Gallas (1973) 427; *Lehmann* Der Eid im Strafprozeß, DJ **1933** 372; *Neuhaus* Die Änderungen der StPO durch das Erste Justizmodernisierungsgesetz vom 24.8.2004, StV **2005** 47; *Peglau/Wilke* Änderungen im strafprozessualen Vereidigungsrecht durch das Justizmodernisierungsgesetz, NStZ **2005** 186; *Schellenberg* Zum Regeleid der Zeugen im Strafprozeß, NStZ **1993** 372; *Schiller* Der „neue" Umgang mit dem Eid, FS Volk (2009) 689; *Schorn* Vereidigung und Nichtvereidigung der Zeugen im Strafprozeß, NJW **1966** 1014; *Schröder* Der Eid als Beweismittel, ZZP **1951** 216; *Schünemann* Zeugenbeweis auf dünnem Eis – Von seinen tatsächlichen Schwächen, seinen rechtlichen Gebrechen und seiner notwendigen Reform – FS Meyer-Goßner (2001) 385; *Schuster* Das neue Vereidigungsrecht nach dem Justizmodernisierungsgesetz aus revisionsrechtlicher Sicht, StV **2005** 628; *Schwan* Der Eid im Strafrecht, ZRP **1970** 79; *Seibert* Der Eid der kleinen Leute, JZ **1952** 475; *Sommer* Moderne Strafverteidigung. Strafprozessuale Änderungen des Ersten Justizmodernisierungsgesetzes, AnwBl. **2004** 506; *Strate* Der Verzicht auf die Vereidigung – eine schädliche Unsitte! StV **1984** 42; *Strathmann* Ist der gesetzliche Eid noch haltbar? FS von Zahn (1928) 55; *Woesner* Der Gerichtseid als Fremdkörper in der verfassungsmäßigen Ordnung, NJW **1973** 169; *Ziegert* Verlust der Rüge oder Lüge? StV **1999** 171.

Entstehungsgeschichte

Ursprünglich bestimmte § 60 (nach der Bek. 1924: § 61):

„Jeder Zeuge ist einzeln und vor seiner Vernehmung zu beeidigen. Die Beeidigung kann jedoch aus besonderen Gründen, namentlich wenn Bedenken gegen ihre Zulässigkeit obwalten, bis nach Abschluß der Vernehmung ausgesetzt werden."

Die Vorschrift, dass die Zeugen grundsätzlich erst in der Hauptverhandlung zu vereidigen sind, befand sich zuerst in § 65 Abs. 1 (nach der Bek. 1924: § 66 Abs. 1). Art. 1 des Gesetzes zur Einschränkung der Eide im Strafverfahren vom 24.11.1933 (RGBl. I S. 1008) fügte statt dieser Vorschriften den § 59 ein; der bisherige § 59 wurde § 58. Art. 4 Nr. 2 der Verordnung zur Durchführung der Verordnung zur Angleichung des Strafrechts des Altreichs und der Alpen- und Donau-Reichsgaue vom 29.5.1943 (RGBl. I S. 341) änderte die Vorschrift dahin, dass das Gericht in allen Fällen nach pflichtgemäßem Ermessen darüber entscheidet, ob ein Zeuge zu vereidigen ist. Art. 3 Nr. 21 VereinhG (1950) stellte den Text von 1933 wieder her. § 59 a.F. lautete:

„Die Zeugen sind einzeln und nach ihrer Vernehmung zu vereidigen. Die Vereidigung erfolgt, soweit nichts anderes bestimmt ist, in der Hauptverhandlung."

Das 1. Justizmodernisierungsgesetz (JuMoG) vom 24.8.2004 (BGBl. I S. 2198), in Kraft getreten am 1.9.2004, hat die Vorschrift des § 59 Abs. 1 völlig neu gefasst, die bis dahin nur noch im Strafprozess geltende Regelvereidigung abgeschafft und § 61 a.F. gestrichen. § 61 a.F. lautete:

„Von der Vereidigung kann nach dem Ermessen des Gerichts abgesehen werden

1. bei Personen, die zur Zeit der Vernehmung das sechzehnte, aber noch nicht das achtzehnte Lebensjahr vollendet haben;
2. beim Verletzten sowie bei Personen, die im Sinne des § 52 Abs. 1 Angehörige des Verletzten oder des Beschuldigten sind;
3. wenn das Gericht der Aussage keine wesentliche Bedeutung beimisst und nach seiner Überzeugung auch unter Eid keine wesentliche Aussage zu erwarten ist;
4. bei Personen, die wegen Meineids (§§ 154, 155 des Strafgesetzbuches) verurteilt worden sind;
5. wenn die Staatsanwaltschaft, der Verteidiger und der Angeklagte auf die Vereidigung verzichten."

Der neue Absatz 2 des § 59 hat den Regelungsgehalt des § 59 a.F. erhalten. Der Wortlaut des neuen Absatzes 1 entspricht weitgehend dem früheren § 48 Abs. 1 OWiG, der durch das 1. JuMoG aufgehoben wurde, sowie in Satz 1 dem § 62 a.F. § 48 Abs. 1 OWiG a.F. lautete:

„Zeugen werden nur vereidigt, wenn es das Gericht wegen der ausschlaggebenden Bedeutung der Aussage oder zur Herbeiführung einer wahren Aussage für notwendig hält. Der Grund dafür, daß der Zeuge vereidigt oder nicht vereidigt wird, braucht im Protokoll nicht angegeben zu werden."

§ 62 a.F. lautete:

„Im Privatklageverfahren werden Zeugen nur vereidigt, wenn es das Gericht wegen der ausschlaggebenden Bedeutung der Aussage oder zur Herbeiführung einer wahren Aussage für notwendig hält."

Die Vorschrift des § 62 a.F. war ursprünglich durch Art. 1 des Gesetzes zur Einschränkung der Eide im Strafverfahren vom 24.11.1933 (RGBl. I S. 1008) eingefügt worden. Durch Art. 4 Nr. 4 der Verordnung zur Durchführung der Verordnung zur Angleichung des Strafrechts des Altreichs und der Alpen- und Donau-Reichsgaue vom 29.5.1943 (RGBl. I S. 341) wurde § 62 aufgehoben, weil ihn die gleichzeitige Umgestaltung des damaligen § 59 zu einer Ermessensvorschrift überflüssig machte. Art. 3 Nr. 22 VereinhG (1950) fügte § 62 in veränderter Fassung (statt „Bedeutung": „ausschlaggebende Bedeutung") wieder ein. Durch Art. 21 Nr. 8 EGStGB wurde wegen des Wegfalls der Übertretungen der Anwendungsbereich der Vorschrift auf das Privatklageverfahren beschränkt. Durch die Neuregelung des § 59 wurde § 62 a.F. obsolet und neu gefasst.

Übersicht

Alphabetische Übersicht

1 **1. Grundsatz der Nichtvereidigung.** Nach der durch das 1. JuMoG vom 24.8.2004 geschaffenen Neuregelung des § 59 Abs. 1 Satz 1 stellt die Nichtvereidigung der Zeugen den Regelfall dar. Zeugen werden – sofern nicht ohnehin ein Vereidigungsverbot eingreift (§ 60) oder der Zeuge von einem Verweigerungsrecht Gebrauch macht – nur ausnahmsweise vereidigt, wenn es das Gericht wegen der ausschlaggebenden Bedeutung der Aussage oder zur Herbeiführung einer wahren Aussage nach seinem **Ermessen** für notwendig hält. Damit wollte der Gesetzgeber die StPO sowohl der Rechtswirklichkeit, in der die Vereidigung insbesondere wegen § 61 Nr. 5 a.F. die Ausnahme darstellte,[1] als auch den anderen Verfahrensordnungen (vgl. § 58 Abs. 2 Satz 1, § 106 Abs. 2 Satz 2 ArbGG; § 391 ZPO; § 98 VwGO) anpassen. Durch den Rückgriff auf den bisherigen § 48 Abs. 1 OWiG sollte die Möglichkeit, die in Bußgeldsachen ergangene Rechtsprechung fruchtbar zu machen, eröffnet werden.[2] Zugleich konnte § 48 a.F. OWiG aufgehoben werden; § 59 findet über § 46 OWiG im Ordnungswidrigkeitenverfahren Anwendung. Ebenso wurde § 49 JGG aufgehoben; im Jugendstrafverfahren gilt § 59 über § 2 JGG.

2 Nach dem erklärten Willen des Gesetzgebers ist der Eid ein ggf. anzuwendendes **„Mittel der Wahrheitsfindung“**.[3] Das bedeutet zunächst, dass dem Eid – genau: dem Zwang zur Beeidigung der Aussage – funktionale Bedeutung bei der **Beweiserhebung** zukommt. Entsprechend der Dogmatik zu § 62 a.F. und zum früheren § 48 OWiG hat eine (be- oder entlastende) Aussage „ausschlaggebende Bedeutung“, wenn sie für eine entscheidungserhebliche Tatsache das alleinige Beweismittel ist oder bei der Beweiswürdigung das „Zünglein an der Waage“ darstellt, das Gericht also die fragliche Feststellung ohne diese Aussage nicht treffen könnte (Rn. 6 f.). Eine Vereidigung „zur Herbeiführung einer wahren Aussage“ kommt in Betracht, wenn das Gericht die bisherige Aussage für unwahr oder unvollständig hält und der Überzeugung ist, dass der Zeuge unter Eideszwang die Wahrheit sagen oder Erhebliches bekunden wird, was er bisher verschwiegen hat (Rn. 8). Ob dem Eid darüber hinaus auch Bedeutung für die **Beweiswürdigung** zukommt,[4] eine beschworene Aussage also als gewichtiger anzusehen ist als eine unbeeidigte, hängt nicht zuletzt davon ab, welche grundsätzliche Bedeutung man dem Eid beimisst.

---

1 Dazu kritisch *Strate* StV **1984** 42 ff.; *Neuhaus* StV **2005** 47.
2 BTDrucks. **15** 1508 S. 23; BTDrucks. **15** 3482 S. 21; *Peglau/Wilke* NStZ **2005** 186, 187.
3 BTDrucks. **15** 1508 S. 23.
4 BGHSt **4** 255, 257; BGH NStZ-RR **2002** 77; krit. BGH bei *Becker* NStZ-RR **2003** 97.

In der neueren Literatur wird zunehmend bezweifelt, ob die Eidespflicht ein taugliches Mittel zur Wahrheitsfindung ist.[5] Man müsse sich fragen, ob sich ein Zeuge heute noch durch religiöse Erwägungen oder Furcht vor Strafe von einer Falschaussage abhalten lasse oder ob nicht vielmehr das Bewusstsein um den gesteigerten Beweiswert einer vereidigten Aussage ihn geradezu in einen Meineid treibe.[6] Der Eid als ein zeitgemäßes Instrument zur Wahrheitsermittlung sei unter diesen Gesichtspunkten zweifelhaft.[7] Im Allgemeinen werde die Wahrheitsfindung von der sachlichen Durchführung der Vernehmung mehr abhängen als von der Eidespflicht.[8] Ein „schlimmerer Anachronismus im Strafprozess" sei kaum vorstellbar; die über Art. 140 GG verfassungsrechtlich abgesicherte Eidespflicht laufe auf die in einem säkularisierten Staat unstatthafte Indienstnahme einer zumeist religiös motivierten Gewissensnot für staatliche Zwecke hinaus.[9] Dementsprechend wird im neueren Schrifttum bedauert, dass die Änderung der Vorschriften über die Vereidigung nicht dazu genutzt wurde, den überkommenen Eid gänzlich abzuschaffen und etwa durch ein abgestuftes System der Zeugenbelehrung (evt. mit einer neutralen Wahrheitsbekräftigung) zu ersetzen.[10] Auch die neuere Rechtsprechung relativiert die traditionelle Bedeutung des Eides, indem sie bei der Beurteilung der Frage, ob ein Zeuge subjektiv die Wahrheit sagt, entscheidend auf die Glaubhaftigkeit der konkreten Aussage abstellt und als geeignetes Instrumentarium hierfür die Aussageanalyse heranzieht.[11] 3

Der Gesetzgeber ist der Forderung nach Abschaffung des Eides zu Recht nicht gefolgt.[12] Selbst wenn man einen grundlegenden kulturellen Wandel der „Ersetzung der wahren Rede durch die instrumentelle Rede"[13] zu diagnostizieren hätte, ist unbestreitbar, dass auch die heutige Gesellschaft, zumal als Rechtsgemeinschaft, auf den **Wert der Wahrhaftigkeit** angewiesen ist. Das gilt insbesondere für die (Straf-)Rechtspflege, die ungeachtet der Problematik des Zeugenbeweises (Vor § 48, 13 ff.) auf wahre, zumindest um Wahrheit bemühte Zeugenaussagen angewiesen ist. Gerade wenn mit dem Zerfall der metaphysischen Bindungen für das Individuum jede innere Verbindlichkeit, die Wahrheit zu sagen, fortfallen sollte,[14] ist der Staat veranlasst, gegenüber dem Zeugen Wahrheit und Wahrhaftigkeit als Rechtspflicht nachdrücklich einzufordern. Dass der Eid als genuin rechtsförmliche Zeremonie heutzutage nicht mehr in der Lage sei, einem Zeugen dessen Pflicht zur Bekundung der Wahrheit nachdrücklich vor Augen zu führen,[15] ist nicht belegt. Im Gegenteil waren und sind in der Praxis immer wieder Fälle zu beobachten, in denen der zum Eid aufgerufene Zeuge seine bisherigen Bekundungen in für die Wahrheitsfindung entscheidenden Aspekten relativiert oder gar widerruft.[16] Dem Eid kommt somit eine wichtige **Warnfunktion** gegenüber dem Zeugen zu. Wenn nunmehr von Gesetzes wegen die 4

5 Exemplarisch *Knauer/Wolf* NJW **2004** 2932.

6 *Dahs* FS Rebmann 177 f.; *Grünwald* FS Schmitt 318 ff.; *Roxin/Schünemann* § 26, 41; SK/*Rogall* Vor § 48, 137.

7 Näher dazu *Dahs* FS Rebmann 173 ff.; vgl. auch AK/*Wassermann* Vor § 59, 3 ff., 6; SK/*Rogall* Vor § 48, 137; *Eisenberg* (Beweisrecht) 1133; *Grünwald* FS Schmitt 311 ff. (auch zur Entwicklungsgeschichte der förmlichen Bekräftigung); vgl. auch BGH StV **1997** 398.

8 *Eisenberg* (Beweisrecht) 1133.

9 *Schünemann* FS Meyer-Goßner 393 m.w.N.

10 *Knauer/Wolf* NJW **2004** 2932.

11 BGHSt **45** 164; BGH NStZ-RR **2003** 97 m.w.N.

12 So auch *H. E. Müller* JR **2005** 79; MüKo/*Maier* 4.

13 *Schünemann* FS Meyer-Goßner 386.

14 *Schünemann* FS Meyer-Goßner 386 f.

15 Zweifelnd *Eisenberg* (Beweisrecht) 1133.

16 *Neuhaus* StV **2005**, 47; ähnlich *H. E. Müller* JR **2005** 79; ferner der Strafrechtsausschuss der BRAK in seiner Stellungnahme zu dem strafprozessualen Teil (unter anderem) des Gesetzentwurfs der Bundesregierung zur Modernisierung der Justiz (JuMoG) v. 2.9.2003, BTDrucks. **15** 1508 S. 9; abrufbar unter www.brak.de.

Nichtvereidigung die Regel bildet, hebt gerade dies die Bedeutung des Eides hervor. Die Rechtsprechung ist gefordert, der Bedeutung des Eides Rechnung zu tragen und nicht etwa, wie einige seither ergangene Entscheidungen besorgen lassen,[17] zu marginalisieren. Der Gefahr, dass ein Zeuge ggf. schon bei einer unerheblichen Aussage oder eben solchen Aussagebestandteilen in einen Meineid getrieben wird, wird durch die Tatbestandsvoraussetzungen des § 59 vorgebeugt. Das Gericht muss die Vereidigung wegen der ausschlaggebenden Bedeutung der Aussage oder zur Herbeiführung einer wahren Aussage nach seinem Ermessen für notwendig halten. Diese beiden Ausnahmetatbestände bilden, wie der BGH bereits zu § 62 a.F. entschieden hat, keine Gegensätze.[18] Hat ein Gericht Zweifel an der Wahrheit und Vollständigkeit einer Aussage, hält sie aber nicht für ausschlaggebend – oder auch nicht einmal für erheblich –, so ist es nicht veranlasst, die Vereidigung anzuordnen (Rn. 8). Das Gesetz sinnt dem Richter nicht etwa an, eine Aussage, die er für falsch hält, als ausschlaggebend anzusehen und deshalb zu beeidigen und damit möglicherweise die Zahl der Meineide oder jedenfalls der Strafanzeigen wegen Meineids zu vermehren.[19] Insgesamt bleibt somit festzuhalten, dass dem Eid sowohl für die **Beweiserhebung** wie für die **Beweiswürdigung** auch nach der Neufassung eine hohe, wenn nicht sogar gesteigerte Bedeutung zukommt. Nur ein solches Verständnis wird auch der Bedeutung des im Kern unverändert gebliebenen § 60 – insbesondere seiner **Warnfunktion** für das **Gericht** (§ 60, 6) – gerecht.

5 Unverändert kommt eine Vereidigung nur im **Strengbeweisverfahren** in Betracht, also für die Beweisaufnahme zur Schuld- und Rechtsfolgenfrage, **nicht** für Ermittlungen im **Freibeweis**, die sich auf verfahrensrechtliche Maßnahmen, insbesondere auf die Prozessvoraussetzungen beziehen (siehe aber § 56, 8).[20] Zur Vereidigung im vorbereitenden Verfahren siehe § 62, zur Vereidigung durch einen beauftragten oder ersuchten Richter § 63. Einen Sonderfall bildet die Vereidigungsmöglichkeit von Zeugen (und Sachverständigen) vor parlamentarischen Untersuchungsausschüssen, die zwar nicht im PUAG, aber in einzelnen Ländergesetzen vorgesehen ist. Da eine Bestrafung wegen Meineides nach § 162 Abs. 2 StGB nicht in Betracht kommt, stellt sich die Frage, ob einer Vereidigung mangels Warnfunktion überhaupt eine Bedeutung für den Wert der Aussage zukommen kann.[21]

2. Ausnahmefälle

6 **a) Ausschlaggebende Bedeutung.** Die Auslegung der Ausnahmetatbestände in der Dogmatik zum früheren § 48 OWiG und zu § 62 a.F. hat sich insbesondere an der Entscheidung BGHSt **16** 99 zu § 62 a.F. orientiert, die auch weiterhin Gültigkeit beanspruchen kann. Danach lässt sich nicht allgemein begrifflich, sondern nur von Fall zu Fall im Hinblick auf die jeweilige Sachlage entscheiden, ob einer Aussage **ausschlaggebende Bedeutung** zukommt.[22] Zunächst kommt es auf den objektiven Inhalt der Aussage an. Beachtet das Gericht die Aussage schon ihrem Inhalt nach nicht für ausschlaggebend – „weil sie nicht das Zünglein an der Waage bilden könnte" –, so scheidet der erste Ausnahmefall ohne weiteres aus.[23] Bei der Beurteilung der Bedeutung hat das Gericht den Beweiswert der

17 BGHSt **50** 282; **51** 81.
18 BGHSt **16** 104.
19 BGHSt **16** 103, 104 m.w.N. zu § 62 a.F.
20 Str., wie hier: LR/*Dahs*[25] 5 m.w.N.; **a.A.** *Schmitt*/Köhler 6; SK/*Rogall* 10; näher dazu Rn. 12.
21 VerfGH Sachsen NStZ **2021** 564 m. Anm. *Peters*.
22 BGHSt **16** 103.
23 BGHSt **16** 103 unter Hinweis auf *Eb. Schmidt* § 62 Anm. II 1.

Aussage[24] unter Berücksichtigung der bisherigen Beweislage zu beurteilen, wobei es nicht darauf ankommt, ob sie be- oder entlastend ist.[25] Hierbei ist der Richter zwar nicht zu einer Vorwegnahme der Beweiswürdigung gezwungen, wohl aber zu einer durch die Verfahrenslage gebotenen vorläufigen Würdigung bereits erhobener Beweise.[26]

Ausschlaggebend ist eine Aussage, wenn der Richter die fragliche Feststellung nicht 7
treffen könnte, ohne sich gerade auf diese Aussage zu stützen. Das wird insbesondere dann der Fall sein, wenn die Aussage des Zeugen das einzige Beweismittel ist.[27] Dass sie im Widerspruch zu der eines anderen Zeugen steht, der wegen der ausschlaggebenden Bedeutung seiner Aussage vereidigt worden ist, genügt allein nicht, denn es kann nur eine dieser Aussagen wahr und daher ausschlaggebend sein.[28] Wenn die Aussage des später vernommenen Zeugen aber geeignet ist, die des anderen Zeugen zu erschüttern oder wenn das Gericht nunmehr diese Aussage für ausschlaggebend hält, darf der Zeuge vereidigt werden.[29] Keine ausschlaggebende Bedeutung hat eine Aussage, die ersichtlich unwahr ist.[30] Ohne ausschlaggebende Bedeutung ist auch die Aussage eines Zeugen, der behauptet, er erinnere sich an nichts.[31]

b) Herbeiführung einer wahren Aussage. Die Vereidigung ist nicht schon dann zu- 8
lässig, wenn der Zeuge nach Auffassung des Gerichts die Unwahrheit sagt oder mit der Wahrheit zurückhält; es muss auch zu erwarten sein, dass er unter Eid die Wahrheit sagen und dass die Tatsachen, die er dann bekunden wird, für die Entscheidung erheblich sein werden.[32] Für die Annahme, dass der Zeuge im Falle der Vereidigung die Wahrheit sagen würde, werden tatsächliche Anhaltspunkte gefordert.[33] Dass die Aussage wenigstens erheblich sein muss, folgt schon wie bei § 62 a.F. aus dem Sinn des neuen § 59, der darin besteht, Eide einzuschränken.[34]

c) Pflichtgemäßes Ermessen. Nach dem Wortlaut von § 59 Abs. 1 Satz 1 ist das Ge- 9
richt nicht schon bei Vorliegen eines der vorgenannten Ausnahmetatbestände verpflichtet, eine Vereidigung vorzunehmen, sondern erst dann, wenn es eine solche unter diesen Umständen „nach seinem Ermessen für notwendig hält“. Bereits hinsichtlich des früheren § 48 OWiG und des § 62 a.F. – die dem Wortlaut von § 59 ohne die Formulierung „nach seinem Ermessen“ entsprachen – war unbestritten, dass die Vereidigung in das **Ermessen des Gerichts** gestellt war, weil es eine solche nur vornehmen durfte, wenn es sie für notwendig hielt. Dementsprechend war anerkannt, dass das Gericht selbst bei ausschlaggebender Bedeutung der Aussage von der Vereidigung absehen konnte.[35] Mit der zusätzli-

24 OLG Schleswig SchlHA **1957** 313; SK/*Rogall* 6.

25 KK/*Slawik* 1b; *Peglau/Wilke* NStZ **2005** 187; SK/*Rogall* 6.

26 BGHSt **16** 104; SK/*Rogall* 6; MüKo/*Maier* 11.

27 SK/*Rogall* 6; KK/*Slawik* 1b; SSW/*Güntge* 2; *Schmitt*/Köhler 3; **a.A.** MüKo/*Maier* 13.

28 *Schmitt*/Köhler 3; SK/*Rogall* 6; MüKo/*Maier* 14; **a.A.** OLG Köln NJW **1954** 750; OLG Neustadt NJW **1959** 783; KK/*Slawik* 1b.

29 *Eisenberg* (Beweisrecht) 1134; *Schmitt*/Köhler 3; MüKo/*Maier* 13.

30 BGHSt **16** 99, 104; BayObLG bei DAR **1964** 242; KG VRS **26** (1964) 287; *Schmitt*/Köhler 3; SK/*Rogall* 6; MüKo/*Maier* 14; **a.A.** OLG Neustadt NJW **1959** 783 m. abl. Anm. *Kohlhaas* NJW **1959** 1190 und Anm. *O. H. Schmitt* NJW **1959** 1454.

31 OLG Schleswig SchlHA **1957** 313.

32 Vgl. BGHSt **16**, 99, 103; OLG Hamm NJW **1993** 1940; OLG Schleswig SchlHA **1957** 313; *Schmitt*/Köhler 4; MüKo/*Maier* 15; KK/*Slawik* 1c; *Peglau/Wilke* NStZ **2005** 187, 188.

33 SK/*Rogall* 8; SSW/*Güntge* 3; KK/*Slawik* 1c; *Peglau/Wilke* NStZ **2005** 188 m.w.N.

34 Vgl. BGHSt **16** 104; KK/*Slawik* 1.

35 BGHSt **10** 112; **16** 104.

chen Formulierung wollte der Gesetzgeber dies noch einmal ausdrücklich klarstellen, wie sich aus der Beschlussempfehlung und dem Bericht des Rechtsausschusses des Bundestages ergibt, worin es heißt: „In die Vereidigungsregelung soll die Klarstellung eingefügt werden, dass die Entscheidung über die Vereidigung eine Ermessenentscheidung des Gerichts ist – wenn die sonstigen Voraussetzungen, unter denen ein Zeuge vereidigt werden darf, vorliegen. Dies entspricht der bisherigen Rechtsprechung und der Kommentierung zu dem gleichlautenden § 62 StPO und zu § 48 OWiG und soll den Gerichten die fehlerfreie Anwendung der Vereidigungsregelung erleichtern".[36] Entgegen der Absicht des Gesetzgebers hat die Vorschrift mit der Einführung der Formulierung „nach seinem Ermessen" allerdings nicht ohne weiteres an Klarheit gewonnen, denn es fragt sich, was darunter zu verstehen ist.

10 Der Begriff des Ermessens beschreibt typischerweise die Möglichkeit der Auswahl zwischen verschiedenen Rechtsfolgen, vorliegend zwischen der Vereidigung und der Nichtvereidigung. Des Weiteren impliziert der Begriff, dass die Entscheidung nicht nur nicht willkürlich erfolgen darf (das gebietet bereits Art. 3 GG), sondern in einem engeren Sinne pflichtgemäß („pflichtgemäßes Ermessen") zu treffen ist. Im Hinblick darauf, dass die Vereidigung ein „Mittel der Wahrheitsfindung" darstellt (Rn. 2), kommt als Maßstab hierfür sinnvollerweise nur die gerichtliche **Aufklärungspflicht i.S. des § 244 Abs. 2** in Betracht.[37] Demgemäß hat das Gericht bei Vorliegen der Ausnahmevoraussetzungen zwar einen Entscheidungsspielraum, ob es die Vereidigung vornimmt oder nicht; es kann trotz ausschlaggebender Bedeutung der Aussage eines Zeugen von einer Vereidigung absehen, wenn es sich um den einzigen Tatzeugen handelt, gegen dessen Wahrhaftigkeit keine Bedenken bestehen, wenn weitere sachliche Beweismittel fehlen und das Gericht dem Zeugen auch ohne Eid glauben will.[38] Das Gericht wird aber – entsprechend der Rechtsprechung zur gerichtlichen Aufklärungspflicht – eine Vereidigung anzuordnen haben, wenn besondere Umstände dazu drängen oder die Vereidigung nahe legen.[39] Gleiches gilt entsprechend für den Ausnahmefall der Herbeiführung einer wahren Aussage.

11 Bei den Ausnahmetatbeständen selbst handelt es sich um unbestimmte Rechtsbegriffe, hinsichtlich derer dem Gericht streng genommen kein Ermessen, sondern nur ein gewisser **Beurteilungsspielraum** zukommen kann.[40] Ein solcher ist im Hinblick auf den ausdrücklichen Willen des Gesetzgebers (Rn. 9) und auch deswegen anzunehmen, weil die Prüfung der Beeidigungsfrage eine durch die Verfahrenslage gebotene vorläufige Würdigung bereits erhobener Beweise erfordert.[41] Die Verneinung jeglichen Beurteilungsspielraums[42] geht daher zu weit. Auch im Falle eines Beurteilungsspielraums hat das Gericht eine pflichtgemäße Prüfung vorzunehmen, der BGH spricht in anderem Zusammenhang von „pflichtgemäßer Beurteilung",[43] die sich hier ebenfalls an der Aufklärungspflicht zu orientieren hat. Die pflichtwidrige Ermessensausübung bzw. Beurteilung kann mit der Revision gerügt werden[44] (Rn. 37).

---

36 BTDrucks. **15** 3482 S. 21.
37 So (ohne nähere Begründung) auch *Peglau/Wilke* NStZ **2005** 188 m. Hinweisen auf *Rieß* NJW **1975** 84 zu § 61 Nr. 5 a.F.; SK/*Rogall* 4; *Eisenberg* (Beweisrecht) 1136.
38 BGHSt **10** 113; **16** 104.
39 Vgl. Erl. zu § 244 Abs. 2.
40 BGH NStZ **2009** 343; vgl. auch *Neuhaus* StV **2005** 48; *Schuster* StV **2005** 629.
41 BGHSt **16** 104.
42 So wohl *Klemke* StV **2006** 158.
43 BGHSt **37** 51 zum Übergang von der Zeugen- zur Beschuldigtenvernehmung.
44 BGH NStZ **2009** 343; **a.A.** bspw. *Schmitt*/Köhler 13.

3. Umfang des Eides/Teilvereidigung. Der Zeugeneid umfasst alle Angaben des Zeugen, auch die zur Person nach § 68 und zu den Generalfragen nach § 68a Abs. 2 (vormals § 68 Abs. 4).[45] Hat der Zeuge die Aussage teilweise verweigert, so erstreckt sich der Eid jedoch nicht ohne weiteres auf die Angaben, die er zur Erläuterung seines **Zeugnisverweigerungsrechts** gemacht hat. **Umstritten** ist, ob sich der Eid ohne besondere Anordnung des Gerichts auf Angaben zu Fragen erstreckt, die dem Bereich des **Freibeweises** angehören (Rn. 5).[46] Infolge der Neuregelung wird eine Vereidigung für bloß **informatorische Auskünfte** schon deswegen nicht mehr in Betracht kommen, weil die Ausnahmevoraussetzungen des § 59 insoweit nicht vorliegen werden. Im Übrigen kam bereits unter der alten Rechtslage eine Vereidigung mangels „Vernehmung" nicht in Frage bei bloßen Anhörungen einer als Zeuge in Betracht kommenden Person darüber, ob sie Angaben zur Sache machen könne, oder über Tatsachen, die für die Identität oder das Zeugnisverweigerungsrecht des Zeugen von Bedeutung sind, oder für eine Auskunft gelegentlich der Vernehmung, z.B. nach dem Aufenthalt eines anderen Zeugen.[47] 12

Teilvereidigung ist zulässig, wenn der Zeuge über mehrere **prozessuale Taten i.S. des § 264** aussagt (Rn. 14) und wenn er hinsichtlich der Aussage über eine oder mehrere dieser Taten unvereidigt bleiben muss oder darf. So kommt die Teilvereidigung in Betracht, wenn der Zeuge hinsichtlich eines Teils der Vorgänge, über die er aussagt, in einer Beziehung zu der Tat steht, die seine Vereidigung nach § 60 Nr. 2 ausschließt[48] (§ 60, 31), hinsichtlich eines anderen Teils aber nicht. Wegen des Inhalts der Sitzungsniederschrift in diesen Fällen siehe Rn. 30. 13

Eine Teilvereidigung setzt immer voraus, dass sich die Aussage auf **mehrere prozessuale Taten** im Sinne des § 264 bezieht; dass mehrere in materiell-rechtlichem Sinne (§ 53 StGB) selbständige Straftaten Gegenstand der Aussage sind, reicht bei einem nicht oder nur schwer trennbaren Gesamtgeschehen nicht aus.[49] Insoweit ist es unzulässig, die Aussage in zeitlich verschiedene Tatsachenkomplexe aufzuteilen und die Vereidigung auf einzelne von ihnen oder auf die Bekundungen zu Tatsachen zu beschränken, die sich bis zu einem bestimmten Zeitpunkt ereignet haben.[50] Widerruft ein Zeuge während der Vernehmung zu demselben Tatgeschehen den Verzicht auf sein **Zeugnisverweigerungsrecht**, darf der Zeuge auf seine zuvor gemachte Teilaussage nicht vereidigt werden.[51] 14

4. Zeitpunkt der Vereidigung. Nach § 59 Abs. 2 Satz 2 erfolgt die Vereidigung, wenn nichts anderes bestimmt ist, in der Hauptverhandlung. Ausnahmen regeln § 62 (Vereidigung im vorbereitenden Verfahren) und § 63 (Vereidigung durch beauftragten oder ersuchten Richter). 15

Die Zeugen sind nach § 59 Abs. 2 Satz 1 einzeln **nach ihrer Vernehmung** zu vereidigen. Das bedeutet nicht, dass die Eidesleistung sich unmittelbar an die Vernehmung anschließen muss; das Gericht kann die Entscheidung darüber bis zum Ende der Beweisaufnahme treffen.[52] Wird ein Zeuge vereidigt und in einem späteren Abschnitt einer Hauptverhandlung 16

---

45 RGSt **6** 267; **60** 407; *Schmitt*/Köhler 6; SK/*Rogall* 10; SSW/*Güntge* 7; MüKo/*Maier* 48.

46 Explizit für die Möglichkeit der Vereidung: *Schmitt*/Köhler 6; SK/*Rogall* 10; diff. MüKo/*Maier* 48; KK/*Slawik* 6, 7.

47 LR/*Dahs*[25] 5.

48 BGH NStZ **1987** 516 m. Anm. *Dahs*; StV **1997** 114; SK/*Rogall* 11.

49 BGH StV **2011** 454; NStZ **1984**, 15; StV **1986** 283; **1997** 114; KK/*Slawik* 4; SK/*Rogall* 11; SSW/*Güntge* 6.

50 BGH bei *Dallinger* MDR **1958** 141; GA **1968** 149; NJW **1967** 454; RG GA **54** (1907) 81; KK/*Slawik* 4; SK/*Rogall* 11.

51 BGH NStZ **1988** 35.

52 BGHSt **1** 348; *Schmitt*/Köhler 8; MüKo/*Maier* 47; KK/*Slawik* 9.

noch einmal vernommen, bedarf es einer neuen Entscheidung über die Vereidigung; diese umfasst grundsätzlich die gesamte bisherige Aussage des Zeugen (näher Rn. 19).[53]

17 **5. Einzelvereidigung.** Das Gebot des § 59 Abs. 2 Satz 1, dass die Zeugen einzeln zu vereidigen sind, bedeutet nicht, dass sie einzeln vor den Richter treten müssen.[54] Es ist zulässig, mit der Zeugenvereidigung bis zum Schluss der Beweisaufnahme zu warten und die Zeugen, die vereidigt werden sollen, dann gemeinsam vorzurufen und zu vereidigen. Dabei darf der Richter die die Eidesnorm enthaltenden Worte an alle Zeugen gemeinsam richten, die diese dann allerdings einzeln nachsprechen müssen.[55] Praktische Relevanz hat dies aufgrund des Ausnahmecharakters der Vereidigung und bei Hauptverhandlungen, die sich über mehrere Hauptverhandlungstage erstrecken, nicht. Wegen der Einzelheiten vgl. § 64, 3.

6. Entscheidung

18 **a) Erfordernis einer Entscheidung.** Nach alter Rechtslage war unstreitig, dass das Gericht von Amts wegen stets zu entscheiden hatte, ob der Zeuge vereidigt wird oder nach den §§ 60, 61 a.F. unvereidigt bleibt.[56] Auch im Falle des § 62 a.F. wurde stets eine Entscheidung verlangt.[57] Nach neuer Rechtslage ist dies **streitig**. Im Hinblick darauf, dass mit der Neuregelung das frühere gesetzliche Regel-Ausnahme-Verhältnis umgekehrt wurde, vertreten der 1. und der 2. Strafsenat die Ansicht, eine **ausdrückliche Entscheidung über die Vereidigung** sei nur noch dann zu treffen und in das Hauptverhandlungsprotokoll aufzunehmen, wenn entweder einer der Verfahrensbeteiligten einen Antrag auf Vereidigung des Zeugen stellt oder – wenn kein solcher Antrag gestellt wird – das Gericht aus den in § 59 Abs. 1 Satz 1 aufgeführten Ausnahmegründen eine Vereidigung für notwendig hält.[58] Demgegenüber verlangt § 59 Abs. 1 nach Auffassung des 3. Strafsenats sowie der meisten Stimmen in der Literatur regelmäßig auch dann eine Entscheidung über die Vereidigung eines Zeugen, wenn die Vereidigung nicht für notwendig erachtet wird.[59] Diese Auffassung überzeugt. Sie entspricht dem ausdrücklichen Willen des Gesetzgebers, der insoweit auf die zu § 48 OWiG ergangene Rechtsprechung verwiesen hat[60] (vgl. auch Rn. 1). Einer Entscheidung des Tatgerichts über die Vereidigung bedarf es auch deswegen, weil nur so erkennbar wird, ob das Tatgericht das ihm insoweit nach § 59 Abs. 1 zustehende

---

53 BGHSt **1** 348; **4** 140; **48** 221 m. Anm. *Maier* NStZ **2003** 674; RGSt **19** 84; RG JW **1930** 3416; BayObLGSt **1956** 245 = GA **1958** 113; KG JR **1965** 267; OLG Saarbrücken VRS **23** (1962) 53; OLG Koblenz VRS **44** (1973) 444; KK/*Slawik* 3; *Schmitt*/Köhler 8; SK/*Rogall* 14; *Eb. Schmidt* Nachtr. I 2; *Dahs* 283.

54 KK/*Slawik* 2; SK/*Rogall* 13; **a.A.** *Eb. Schmidt* 2.

55 *Schmitt*/Köhler § 64, 2.

56 LR/*Dahs*[25] 12 m.w.N.

57 LR/*Dahs*[25] § 62 a.F., 10, 11.

58 Zunächst der 2. Strafsenat in BGHSt **50** 282; ihm folgend der 1. Strafsenat NStZ **2009** 647, der zunächst – nicht tragend – anderer Ansicht war: BGH (1. Strafsenat) BGHR StPO § 59 Abs. 1 (n.F.) Entscheidung 1; so wohl auch *Sommer* StraFo **2004** 296; vgl. auch die Entscheidung des 2. Strafsenats BGHR StPO § 59 Abs. 1 (n.F.) Entscheidung 2, in welcher der Senat die Frage noch offen gelassen hatte.

59 BGH (3. Strafsenat) StV **2005** 200 m. Anm. *Schlothauer*; ebenso OLG Celle StraFo **2005** 506; *Schmitt*/Köhler 8, 12; SK/*Rogall* 17; *Huber* JuS **2004** 970; *H. E. Müller* JR **2005** 80; *Peglau*/*Wilke* NStZ **2005** 188; *Schuster* StV **2005** 628; *Schlothauer* a.a.O.; **a.A.** MüKo/*Maier* 29.

60 BTDrucks. **15** 1508 S. 23; BRDrucks. 378/03 S. 52: „Der Tatrichter muss eine Entscheidung über die Vereidigung treffen und diese als wesentliche Förmlichkeit des Verfahrens im Protokoll festhalten; insoweit gilt nichts anderes als bisher (vgl. für das Bußgeldverfahren: OLG Düsseldorf NStE Nr. 1 zu § 48 OWiG)."

Ermessen überhaupt ausgeübt hat.[61] Die Auffassung des 2. Senats, einer im Hauptverhandlungsprotokoll vermerkten Entlassungsverfügung sei zu entnehmen, das Gericht bzw. der Vorsitzende habe die Voraussetzungen, vom regelmäßigen Verfahrensgang abzuweichen, nicht als gegeben angesehen, wird der Verpflichtung des Gerichts, eine mögliche Vereidigung als „Mittel der Wahrheitsfindung“ zu prüfen, nicht gerecht, und ist geeignet, in der Praxis das Unterlassen der Prüfung zu befördern.

b) Zeitpunkt. Über die Frage der Vereidigung oder Nichtvereidigung hat das Gericht 19 von Amts wegen in der Hauptverhandlung (Ausnahmen: §§ 62, 63) zu entscheiden.[62] Es kann darüber sofort nach der Vernehmung des Zeugen entscheiden oder erst die weitere Beweisaufnahme abwarten, was sich häufig empfehlen wird, um Klarheit über das Vorliegen der Ausnahmetatbestände (ausschlaggebende Bedeutung; zur Herbeiführung einer wahren Aussage) oder etwaiger Vereidigungsverbote (§ 60) zu gewinnen. Die Entscheidung muss spätestens zum Schluss der Beweisaufnahme erfolgen.[63] Hinsichtlich der Vereidigung eines **mehrfach vernommenen Zeugen** ist zu beachten, dass der Tatrichter frühestens nach dem Abschluss der gesamten Aussage alle diejenigen Umstände überblicken kann, die für die Ausübung seines Ermessens von Bedeutung sein können. Daher bindet ihn die Vorentscheidung nicht, vielmehr kann der zunächst unvereidigt gebliebene Zeuge nach einer erneuten Verhandlung wiederum unvereidigt bleiben oder vereidigt werden,[64] wobei die Möglichkeit der **Teilvereidigung** zu beachten ist.[65] Bleibt ein zunächst vereidigter Zeuge nach einer weiteren Vernehmung unvereidigt, so ist die Aussage insgesamt als uneidlich zu werten, es sei denn es liegt ein Fall einer zulässigen Teilvereidigung vor[66] (s. Rn. 13 f.; zur Protokollierung vgl. Rn. 30).

Die Verhandlung und die Entscheidung über die Vereidigung eines Zeugen gehören 20 nicht zur Vernehmung i.S. des § 247.[67] Ob bzw. wann sie ein **wesentlicher Teil der Hauptverhandlung** ist, ist **umstritten**. Bedeutung hat dies insbesondere für das **Anwesenheitsrecht des Angeklagten**. Nach früherer ständiger Rechtsprechung war die Entfernung des Angeklagten nach § 247 nur für die Vernehmung eines Zeugen zulässig, nicht jedoch für die Verhandlung und Entscheidung über dessen Vereidigung.[68] Diese wurden ebenso wie die Vereidigung selbst als wesentlicher Teil der Hauptverhandlung angesehen; die Abwesenheit des Angeklagten hierbei stellte i.d.R. einen absoluten Revisionsgrund dar.[69] Angesichts der geänderten Rechtslage kann nach Auffassung des 3. Strafsenats jedenfalls die Entscheidung des Vorsitzenden, es beim gesetzlichen Regelfall der Nichtvereidigung zu belassen, nicht mehr als wesentlicher Teil der Hauptverhandlung angesehen werden, wenn diese Frage weder kontrovers erörtert, noch zum Gegenstand einer gerichtlichen Entscheidung gemacht wird.[70] Diese Auffassung, die sich unter anderem darauf beruft, dass nach der ausdrücklichen Regelung in § 59 die Nichtvereidigung als Regelfall keiner Begründung bedürfe, überzeugt nicht. § 59 Abs. 1 sieht nur vor, dass bei Vereidigung in der Hauptverhandlung der

---

61 OLG Celle StraFo **2005** 506.

62 RGSt **56** 95; OGHSt **2** 156; OLG Köln NJW **1954** 1820; MDR **1955** 311; *Schmitt*/Köhler 8; SK/*Rogall* 16.

63 BGHSt **1** 348; *Schmitt*/Köhler 8.

64 Vgl. BGHSt **48** 221, 231.

65 Vgl. BGHSt **48** 221, 233.

66 BGH StV **2011** 454.

67 BGHSt **48** 221, 231; BGHR StPO § 338 Nr. 5 Angeklagter 23 m.w.N.

68 BGHSt **22** 289, 297; **26** 218, 220.

69 BGH NStZ **1999** 522; **2000** 440; BGHSt **48** 221, 231; krit. *Basdorf* FS Salger 206 ff.

70 BGHSt **51** 81; **a.A.** der 4. Strafsenat im Grundsatz, aber nicht in dem der Entscheidung BGH StV **2007** 20 zugrunde liegenden Fall.

Grund für die Vereidigung im Protokoll nicht angegeben zu werden braucht; dies besagt nichts über das Erfordernis einer Begründung überhaupt (Rn. 25 f.). Im Übrigen gelten auch insoweit die o.g. Bedenken gegen die Auffassung, wonach es einer **ausdrücklichen Entscheidung über die Vereidigung** nur in Ausnahmefällen bedürfe (Rn. 18). Die Degradierung der Entscheidung über die Vereidigung zur unwesentlichen Förmlichkeit wird der Bedeutung dieser Entscheidung für die Wahrheitsfindung (Rn. 4) nicht gerecht (vgl. auch Rn. 22).

21 **c) Vorabentscheidung des Vorsitzenden.** Der Wortlaut des § 59 Abs. 1 Satz 1 weist dem Gericht, also dem gesamten Spruchkörper, die Entscheidung über die Frage der Vereidigung zu. Demgegenüber war nach der alten Rechtslage unstreitig, dass zunächst der Vorsitzende die Entscheidung treffen durfte, sowohl bei den Ausschlussgründen des § 60 als auch bei den Ermessengründen der §§ 61, 62 a.F.; dadurch meinte man, überflüssige Beratungen zu vermeiden.[71] Nach Auffassung des BGH hat die Neufassung der Vorschriften über die Vereidigung durch das 1. JuMoG daran nichts geändert. Weiterhin folge aus der Prozessleitungsbefugnis des Vorsitzenden, dass dieser zunächst allein im Wege einer Anordnung, zu der ihn § 238 Abs. 1 ermächtigt, darüber entscheidet, ob ein Zeuge nach seiner Vernehmung vereidigt wird oder unvereidigt bleibt.[72]

22 Nach Ansicht des 1. Strafsenats ist der Entlassungsverfügung des Vorsitzenden **konkludent** zu entnehmen, er habe die Voraussetzungen für eine Vereidigung nicht als gegeben angesehen.[73] Allerdings ist der Entlassungsverfügung nicht zu entnehmen, ob der Vorsitzende (vgl. Rn. 18) tatsächlich eine Entscheidung über die Vereidigung getroffen hat. Die erforderliche Klarheit darüber, was das Gericht in der Frage der Vereidigung beabsichtigt, erhalten alle Verfahrensbeteiligten nur durch eine **ausdrückliche Entscheidung**. Es muss ihnen – auch dem unverteidigten Angeklagten – Gelegenheit gegeben werden, zu der Absicht des Vorsitzenden Stellung zu nehmen, etwaige Einwendungen zu erheben und das Gericht anzurufen. Eine eindeutige Willensbekundung ist auch im Hinblick auf die Bedeutung der Entscheidung für den Zeugen, der seine Aussage jetzt noch korrigieren kann, sowie für den Bestand des Urteils geboten. Die Entscheidung über die Vereidigung ist daher weiterhin eine **wesentliche Förmlichkeit** des Verfahrens, die im Protokoll niederzulegen ist (Rn. 26). Das Schweigen des Protokolls ist daher auch nach der neuen Rechtslage als hinreichender Beweis der rechtsfehlerhaft unterlassenen Entscheidung anzusehen.[74] Zwar kann die Anordnung der Vereidigung auch ohne eine ausdrückliche Entscheidung und deren Protokollierung **konkludent** in der Abnahme des Zeugeneides zum Ausdruck kommen. Aus Gründen der Rechtsklarheit abzulehnen ist jedoch die zur alten Rechtslage vertretene Auffassung,[75] die Entlassung des Zeugen (§ 248) im allseitigen Einverständnis könne jedenfalls dann als konkludente Entscheidung der Nichtvereidigung zu werten sein, wenn dies für alle Verfahrensbeteiligten offenkundig war. Nachdem der Gesetzgeber die Entscheidung über die Vereidigung ausschließlich dem Gericht übertragen und auf ein konsensuales Element wie in § 61 Nr. 5 a.F. verzichtet hat, ist für die Annahme eines konkludenten Verzichts auf Vereidigung

---

71 LR/*Dahs*[25] 13.

72 BGH StV **2005** 200 – m. Anm. *Schlothauer* – unter Hinweis auf BGHSt **1** 218 und 7 282; *Huber* JuS **2004** 970; **a.A.** SK/*Rogall* 20.

73 BGH NStZ **2009** 647; vgl. auch KK/*Slawik* 10; differenziert: MüKo/*Maier* 25 ff.

74 So zur alten Rechtslage: BGH NStZ **1981** 71; **1984** 371; StV **1988** 472; bei *Miebach* NStZ **1990** 226; s. auch abwägend SK/*Rogall* 17.

75 BGH bei *Pfeiffer/Miebach* NStZ **1988** 18; StV **1988** 472; bei *Miebach* NStZ **1990** 226; OLG Braunschweig NdsRpfl. **1957** 249; OLG Hamburg MDR **1979** 74 m. Anm. *Strate;* **a.A.** BGHR StPO § 59 Entscheidung, fehlende 5; KG JR **1965** 267; OLG Hamm NJW **1972** 1531.

bzw. auf eine Entscheidung über die Vereidigung kein Raum mehr, weil eine Entscheidung über die Vereidigung schlicht unterblieben sein kann.

23 Hat der Vorsitzende eine Vorabentscheidung über die Vereidigung getroffen, wird eine **Entscheidung des Gerichts** nur erforderlich, wenn ein Mitglied des Gerichts oder ein Verfahrensbeteiligter sie beantragt. Dabei handelt es sich entgegen der wohl h.M. nicht um eine Anrufung des Gerichts nach § 238 Abs. 2.[76] Bei der Verhandlungsleitung nimmt der Vorsitzende eine ihm gesetzlich (§ 238 Abs. 1) übertragene Aufgabe wahr; die Anrufung des Gerichts nach § 238 Abs. 2 ist dann eine Art Zwischenrechtsbehelf. Bei der Vorabentscheidung über die Vereidigung handelt der Vorsitzende hingegen ohne ausdrückliche gesetzliche Ermächtigung anstelle des an sich zuständigen Gerichts.[77] Die Anrufung des Gerichts bedeutet daher nur, dass die Entscheidung des nach dem Gesetz zuständigen Spruchkörpers verlangt wird, und setzt (richtigerweise) nicht voraus, dass die Vorabentscheidung des Vorsitzenden als unzulässig beanstandet wird.[78] Angesichts der entgegenstehenden Rechtsprechung des BGH auch zur neuen Rechtslage empfiehlt es sich freilich im Hinblick auf eine mögliche Revision für einen Verfahrensbeteiligten, die Vorabentscheidung des Vorsitzenden ausdrücklich zu beanstanden und gemäß **§ 238 Abs. 2** einen **Gerichtsbeschluss** herbeizuführen.[79]

24 **d) Anträge der Prozessbeteiligten.** Ungeachtet des Umstandes, dass das Gericht von Amts wegen zur Entscheidung der Vereidigungsfrage verpflichtet ist (Rn. 18), steht es den Prozessbeteiligten frei, einen Antrag auf Vereidigung zu stellen. Bei einem Kollegialgericht liegt in dem Antrag, den Zeugen zu vereidigen, das Verlangen nach Entscheidung des ganzen Gerichts. Hierüber muss das Gericht nach Anhörung der Prozessbeteiligten (§ 33 Abs. 1) alsbald, jedenfalls rechtzeitig vor der Urteilsberatung entscheiden, damit der Antragsteller seine weitere Prozessführung auf die Entscheidung ausrichten kann.[80] Das gilt jedoch nicht, wenn der Antrag nur hilfsweise gestellt ist; denn ebenso wie bei einem Beweisantrag liegt in der nur hilfsweisen Stellung eines Antrags zur Vereidigungsfrage der Verzicht auf die Entscheidung vor der Urteilsberatung.[81]

7. Protokoll

25 **a) Protokollierung der Entscheidung über die (Nicht-)Vereidigung.** Die Entscheidung des Gerichts, den Zeugen zu vereidigen, ist gemäß § 273 Abs. 1 als **wesentliche Förmlichkeit**[82] (Rn. 20) in das Protokoll über die Hauptverhandlung aufzunehmen. Umstritten ist, ob auch die Entscheidung, den Zeugen nicht zu vereidigen, als wesentliche Förmlich-

---

76 *Peters* 333; *Fuhrmann* JR **1962** 324 Fn. 39; *ders.* GA **1963** 78; *ders.* NJW **1963** 1235; **a.A.** BGH StV **2005** 200; NJW **1952** 233; bei *Dallinger* MDR **1958** 14; RGSt **3** 370; **57** 263; **68** 396.

77 Vgl. RGSt **44** 65; *Schmitt*/Köhler 10; *Fuhrmann* GA **1963** 78; *Peters* 333, der daraus die Folgerung zieht, dass die Revision nicht die vorherige Anrufung des Gerichts voraussetzt; **a.A.** BGH StV **2005** 200; BGHSt **1** 218; RGSt **3** 46; **19** 355, die auch darin einen Akt der Verhandlungsleitung nach § 238 Abs. 1 sehen.

78 RGSt **44** 67; *Fuhrmann* GA **1963** 78.

79 Vgl. BGH StV **2005** 200 (Zulässigkeitsvoraussetzung) unter Hinweis auf BGHR StPO § 59 Satz 1 Entscheidung, fehlende 2; BGHR StPO § 238 Abs. 2 Vereidigung m.w.N.; vgl. auch BGH StV **2005** 7 und NStZ **2009** 647 (Zulässigkeitsvoraussetzung). Einschränkend hingegen BGH NStZ **2009** 343.

80 BGHSt **15** 253; RGSt **57** 263; RG Recht **1929** Nr. 2534; KG HRR **1931** 1498; *Eb. Schmidt* Nachtr. I § 60, 1.

81 RGSt **58** 372 = JW **1926** 594 m. Anm. *Themel*; RG JW **1930** 1066 m. Anm. *Alsberg*; RG LZ **1919** 907; **a.A.** RGSt **57** 263; RG JW **1926** 1225 m. abl. Anm. *Beling* für den Fall des § 60 Nr. 2.

82 BGH (1. Strafsenat) BGHR StPO § 59 Abs. 1 (n.F.) Entscheidung 1; (3. Strafsenat) StV **2005** 200; (4. Strafsenat) StV **2007** 20 (i.d.R.); OLG Celle StraFo **2005** 506; SK/*Rogall* 17; MüKo/*Maier* 39; *Pfeiffer* § 60, 9; **a.A.** BGHSt **50** 282 (2. Strafsenat), sofern nicht ein Verfahrensbeteiligter einen Antrag stellt oder das Gericht von sich

keit zu protokollieren ist. Entgegen der jüngsten Rechtsprechung des BGH[83] hält die Literatur aus guten Gründen überwiegend an einer Protokollierungspflicht der Entscheidung der Nichtvereidigung fest.[84] Diese ergibt sich bereits aus dem Wortlaut des § 59 Abs. 1 Satz 2, der zufolge unter näher bezeichneten Voraussetzungen der Grund für die Nichtvereidigung nicht angegeben werden muss (vgl. Rn. 26), und entspricht im Übrigen dem Willen des Gesetzgebers.[85]

26 **b) Protokollierung der Begründung der Entscheidung.** Gemäß § 59 Abs. 1 Satz 2 braucht der *Grund* dafür, dass der Zeuge *vereidigt* wird, im Protokoll nicht angegeben zu werden, es sei denn der Zeuge wird **außerhalb der Hauptverhandlung** vernommen. Dem Wortlaut nach enthält die Bestimmung also lediglich den Verzicht auf eine Protokollierung der Begründung, sagt hingegen nicht, dass eine solche Begründung insgesamt entbehrlich ist.[86] Demgegenüber heißt es in den Gesetzesmaterialien weitergehend, dass eine Begründung der Entscheidung des Tatrichters über die Vereidigung nicht mehr gefordert werde. Soweit die Vereidigung angeordnet werde, ergebe sich dies aus dem neuen Absatz 1 Satz 2. Für den gesetzlichen Fall der Nichtvereidigung verstehe sich das von selbst. Eine ausdrückliche Regelung wie im früheren § 48 Abs. 1 Satz 2 OWiG erscheine insoweit entbehrlich. Nach der Rechtsprechung des BGH ist eine Protokollierung der Gründe grundsätzlich nicht erforderlich.[87] In der Literatur ist umstritten, ob in bestimmten Fällen entgegen dem Wortlaut der Vorschrift eine Begründungspflicht besteht (Rn. 27).

27 Maßgeblich ist der Wortlaut: § 59 Abs. 1 Satz 2 sieht lediglich den möglichen Verzicht auf eine Protokollierung der Begründung vor und dies auch nur für den Fall der Vereidigung. Im Umkehrschluss folgt daraus, dass das Gericht seine Entscheidung bzw. der Vorsitzende seine Vorabentscheidung für oder gegen eine Vereidigung **stets mündlich** zu begründen hat.[88] Zudem entspricht ein solches Normverständnis dem Gebot einer möglichst transparenten Verfahrensführung, die es den Verfahrensbeteiligten ermöglicht, die Prozessführung durch das Gericht nachzuvollziehen und sich darauf einzurichten.[89] Schließlich trägt eine Begründungspflicht dazu bei, dass sich das Gericht mit der Frage der Vereidigung angemessen befasst. Aus diesen Gründen ist es **sinnvoll**, die Begründung stets auch in das **Protokoll** aufzunehmen. Freilich dürfen an die Begründung keine überzogenen Anforderungen gestellt werden. Für den Fall der Nichtvereidigung sollte i.d.R. der Hinweis genügen, dass nach Auffassung des Gerichts bzw. des Vorsitzenden keine Veranlassung für eine Vereidigung besteht; für den Fall der Vereidigung ist i.d.R. der Hinweis auf die für einschlägig erachtete Alternative des § 59 Abs. 1 Satz 1 ausreichend. Dies ist insbesondere sachgerecht, um für alle Verfahrensbeteiligten klar zu stellen, dass die Nichtvereidigung nach § 59 und nicht aufgrund eines **Vereidigungsverbots** nach § 60 unterbleibt. Insbeson-

---

aus eine Vereidigung für notwendig hält; BGHSt **51** 81 (3. Strafsenat), sofern die Frage weder kontrovers erörtert, noch zum Gegenstand einer gerichtlichen Entscheidung gem. § 238 Abs. 2 gemacht wird.

83 (eingeschränkte Protokollierungspflicht) BGHSt **50** 282 (2. Strafsenat); BGHSt **51** 81 (3. Strafsenat); BGH (1. Strafsenat) NStZ **2009** 647 (hält nicht an BGHR StPO § 59 Abs. 1 (n.F.) Entscheidung 1 fest); siehe auch KK/*Slawik* 13.

84 *Schmitt*/Köhler 12; SK/*Rogall* 21; MüKo/*Maier* 40; *Pfeiffer* § 60, 9; *Diehm* StV **2007** 444 m. ausführlicher Begründung; vgl. auch noch BGH (3. Strafsenat) StV **2005** 200; auch OLG Celle StraFo **2005** 506.

85 BRDrucks. 378/03 S. 52: „Der Tatrichter muss eine Entscheidung über die Vereidigung treffen und diese als wesentliche Förmlichkeit des Verfahrens im Protokoll festhalten; insoweit gilt nichts anderes als bisher (vgl. für das Bußgeldverfahren: OLG Düsseldorf NStE Nr. 1 zu § 48 OWiG)."

86 *E. H. Müller* JR **2005** 80; **a.A.** LR/*Graalmann-Scheerer* § 34, 7.

87 BGH StV **2005** 200; StraFo **2006** 244.

88 So schon BGHSt **10** 112 zu § 62 a.F.; **a.A.** SK/*Rogall* 23 f.

89 Dazu allgemein *Ignor*/*Matt* StV **2002** 102; vgl. BGHSt **10** 111 f. zu § 62 a.F.

dere wenn Vereidigungsverbote in Betracht kommen oder vom Gericht angenommen werden, kann **im Einzelfall** auch eine ausführliche Begründung im Protokoll **geboten** sein (§ 60, 33).

28 In der Literatur ist umstritten, ob bei einer **Entscheidung des (Kollegial-)Gerichts** das Erfordernis einer (protokollierungspflichtigen) Begründung besteht.[90] Hält man mit der h.M. die Entscheidung des Gerichts nach Vorabentscheidung des Vorsitzenden für eine solche nach § 238 Abs. 2 (Rn. 23), so muss – entsprechend der h.M. zu § 238 und im Hinblick auf § 34 – der Gerichtsbeschluss jedenfalls dann mit einer **Begründung schriftlich zu Protokoll** genommen werden, wenn er den Antrag auf Vereidigung als unzulässig oder unbegründet ablehnt.[91] Im Übrigen gilt das Vorstehende (Rn. 27).

29 Wird die Eidesleistung **außerhalb der Hauptverhandlung** verlangt, so ist eine Begründung erforderlich, weil die Gründe, die den vernehmenden Richter ausnahmsweise zur Vereidigung des Zeugen bewogen haben, bei einer späteren Würdigung der Aussage von Bedeutung sein können.[92]

30 Im Übrigen gilt für die Protokollierung Folgendes: Sind **mehrere Zeugen** vernommen worden, so muss aus dem Protokoll klar hervorgehen, welche von ihnen vereidigt worden sind. Dabei ist die Vereidigung jedes Zeugen einzeln zu beurkunden.[93] Wenn ein Zeuge nur **teilweise vereidigt** wird (Rn. 13 f.), muss die Sitzungsniederschrift eindeutig ergeben, welcher Teil der Aussage beschworen worden ist und welcher nicht.[94]

8. Revision

31 **a) Allgemeines.** Schon nach alter Rechtslage zeichnete sich in jüngeren Entscheidungen des BGH die Tendenz ab, die Revisibilität möglicher Verfahrensfehler im Zusammenhang mit den Vorschriften über die Vereidigung einzuschränken.[95] Die Neufassung von § 59 eröffnet dem Gericht nun einen Ermessens- bzw. Beurteilungsspielraum, dessen revisionsrechtliche Überprüfbarkeit in der Literatur überwiegend abgelehnt wird.[96] Nach Auffassung des 3. Strafsenats kann jedoch mit der Revision wie in sonstigen Fällen geltend gemacht werden, der Tatrichter habe den ihm zustehenden **Beurteilungsspielraum** überschritten oder sein **Ermessen** rechtsfehlerhaft ausgeübt.[97] Es ist zu betonen, dass der Verzicht auf die Regelvereidigung dem Eid nicht seine Bedeutung für die Wahrheitserforschung genommen, sondern diese unterstrichen hat (Rn. 4). Im Einzelfall kann der Vereidigung eine besondere Bedeutung zukommen. Ob ein solcher Fall gegeben ist, ist vom Gericht stets sorgfältig zu prüfen, wobei die Normen, die diese Prüfung sicherstellen sollen, einzuhalten sind.

32 Allerdings stellt sich unter der neuen Rechtslage die Frage des **Beruhens** des Urteils auf einem Verstoß gegen § 59 neu.[98] Nach der alten Rechtslage, die die Regelvereidigung vorsah, beruhte ein Urteil nur dann nicht auf dem fehlerhaften Unterlassen einer Vereidi-

---

90 Ausführlich *H. E. Müller* JR **2005** 80; *Peglau/Wilke* NStZ **2005** 189.

91 Vgl. *Peglau/Wilke* NStZ **2005** 189; *H. E. Müller* JR **2005** 80, der allerdings der Auffassung ist, dass der in § 59 geregelte Verzicht auf eine Begründung als Spezialregelung vorgeht; so auch *Schmitt*/Köhler 11; Zu § 238: SK/*Rogall* 2 § 238, 24; *Schmitt*/Köhler § 238, 19 m.w.N.

92 BTDrucks. **15** 1508 S. 23; BRDrucks. 378/03 S. 52; SK/*Rogall* 26; SSW/*Güntge* 9.

93 RGRspr. **1** 814; BayObLGSt **1953** 137 = NJW **1953** 1524; OLG Koblenz OLGSt § 59 S. 3; *Schmitt*/Köhler 12; SK/*Rogall* 21; **a.A.** KK/*Slawik* 13.

94 RG JW **1935** 2436; KK/*Slawik* 13; *Schmitt*/Köhler 12; SK/*Rogall* 21; MüKo/*Maier* 40.

95 Z.B. BGH NStZ **2000** 546; bei *Becker* NStZ-RR **2003** 97; vgl. *Ziegert* StV **1999** 171.

96 Bspw. *Schmitt*/Köhler 13; SK/*Rogall* 29; KK/*Slawik* 14; *Knauer*/*Wolf* NJW **2004** 2933.

97 BGH NStZ **2009** 343; **2009** 397.

98 Vgl. BGH StV **2005** 591.

gung, wenn der Vereidigung des Zeugen ein Verbot entgegenstand[99] oder sich ausschließen ließ, dass der Zeuge im Falle seiner Vereidigung andere Angaben gemacht hätte und dass ggf. eine andere Angabe des Zeugen zu einer dem Beschwerdeführer günstigen Entscheidung geführt hätte. Das wurde nur in wenigen Fällen angenommen, beispielsweise wenn die Beweisfrage, zu der sich der zu Unrecht nicht vereidigte Zeuge geäußert hatte, von geringer Bedeutung für die Entscheidung oder wenn das übrige Beweisergebnis bereits eindeutig war.[100] Nachdem die Vereidigung der Aussage eines Zeugen jetzt nur noch dann geboten ist, wenn das Gericht die Vereidigung bei pflichtgemäßer Prüfung nach Maßgabe der ihm obliegenden **Aufklärungspflicht** wegen der ausschlaggebenden Bedeutung der Aussage oder zur Herbeiführung einer wahren Aussage für notwendig hält, kann das Urteil nur dann auf dem fehlerhaften Unterlassen einer Vereidigung beruhen, wenn sich dem Gericht die **Notwendigkeit einer Vereidigung** aufdrängte (Rn. 10) und wenn sodann nicht auszuschließen ist, dass der Zeuge in diesem Falle eine andere, wesentliche Angabe gemacht hätte oder das Gericht der Aussage ein größeres Gewicht zugemessen hätte.[101] Für das Beruhen reicht es also nicht, dass eine Vereidigung nicht erfolgt ist, es muss auch vorgetragen werden, dass sie bei pflichtgemäßer Prüfung hätte erfolgen müssen. Dieses spezifische Begründungserfordernis ist auch bei weiteren Rechtsfehlern im Zusammenhang mit einer Nichtvereidigung gem. § 59 Abs. 1 Satz 1 zu beachten. Im Einzelnen:

33 **b) Unterlassene Entscheidung über die (Nicht-)Vereidigung.** Wie oben (Rn. 18) ausgeführt, muss der Vorsitzende bzw. das Gericht stets eine Entscheidung darüber treffen, ob der Zeuge vereidigt wird oder nicht. Unterbleibt eine solche Entscheidung, so kann dies mit der Revision gerügt werden. Das Fehlen einer Entscheidung wird durch das **Protokoll** der Hauptverhandlung nachgewiesen, das hierfür (anders als die Vernehmungsniederschrift nach §§ 168, 168a)[102] ausschließliche Beweiskraft hat, sofern es ordnungsgemäß abgefasst ist.[103] Die zur alten Rechtslage vom 1. Strafsenat vertretene Auffassung, die Beweiskraft des Protokolls entfalle wegen offensichtlicher Mangelhaftigkeit, wenn es Erscheinen und Aussage des Zeugen dokumentiert, zur Frage seiner Vernehmung und Entlassung aber schweigt – weshalb das Revisionsgericht in diesem Falle im **Freibeweis** die Frage klären könne, ob der Zeuge vereidigt worden ist[104] – kann unter der neuen Rechtslage keinen Bestand haben, weil nunmehr die Nichtvereidigung die Regel ist. Das gilt nach hiesiger Auffassung auch für den Fall, dass das Protokoll zwar nichts über die Frage der Vereidigung, aber immerhin einen Entlassungsvermerk enthält. Anders ist es, wenn mit dem BGH angenommen wird, dass der Entlassungsvermerk **konkludent** die **Entscheidung über die Nichtvereidigung** enthalten könne[105] (vgl. oben Rn. 22 und 25). Das Unterlassen eines Antrags auf Vereidigung lässt die Rügemöglichkeit nicht entfallen, weil die Entscheidung über die Vereidigung stets von Amts wegen zu ergehen hat[106] (str., Rn. 23).

34 Allerdings kann das Urteil auf einer fehlenden Entscheidung über die Frage der Vereidigung einer Zeugenaussage nur dann **beruhen**, wenn die Aussage des Zeugen bei der

99 Vgl. BGH NStZ **2004** 57.
100 Vgl. BGH Beschl. v. 6.7.2004 – 4 StR 193/04; BGH NStZ **1997** 302 m.w.N.
101 BGH StV **2005** 591; NStZ-RR **2013** 348.
102 Dazu BGHSt **26** 281.
103 KK/*Slawik* 13 m.w.N.
104 BGH NStZ **2000** 546.
105 BGH NStZ **2009** 647.
106 **A.A.** (Antrag auf Vereidigung erforderlich) BGHSt **50** 282; einschränkend aber BGH NStZ **2009** 343.

Beweiswürdigung überhaupt herangezogen wurde,[107] sich dem Gericht nach Maßgabe der Aufklärungspflicht (§ 244 Abs. 2) die Vereidigung aufdrängte[108] (Rn. 10 ff.) und das Revisionsgericht nicht ausschließen kann, dass der Zeuge unter Eid andere wesentliche Angaben gemacht hätte, die ggf. zu einer anderen Entscheidung geführt hätten. Während sich die Möglichkeit, dass der Zeuge im Falle einer Vereidigung eine andere Aussage gemacht und diese zu einer anderen Entscheidung geführt hätte, i.d.R. nicht ausschließen lässt,[109] bedarf **das Erfordernis einer Vereidigung bei pflichtgemäßer Entscheidung** einer gesonderten Darlegung[110] (vgl. Rn. 37). Die Umstände hierfür können sich aus dem Urteil, aus der Sitzungsniederschrift und sonst aus den Akten ergeben. Entsprechendes gilt, wenn zwar die Entscheidung über die Vereidigung, nicht aber die **Durchführung der Vereidigung** in der Sitzungsniederschrift protokolliert ist.

c) Unterlassen einer protokollierungspflichtigen Begründung. Die Begründung 35
der Entscheidung des Gerichts bzw. des Vorsitzenden über die Vereidigung oder Nichtvereidigung bedarf nach der hier vertretenen Auffassung stets einer Protokollierung (Rn. 27). Jedenfalls ist sie erforderlich, wenn der Vorsitzende einen Antrag auf Vereidigung als unzulässig oder unbegründet ablehnt und das Gericht nach einer Beanstandung diese Entscheidung bestätigt (Rn. 28). Ferner kann sich eine Begründungspflicht aus den Umständen des Falles insbesondere im Hinblick auf § 60 ergeben (Rn. 27). Das Fehlen einer erforderlichen Begründung stellt einen revisiblen Verfahrensfehler dar. Allerdings gilt für das **Beruhen** das vorstehende Ausgeführte (Rn. 34) entsprechend. Ist auszuschließen, dass der Zeuge vereidigt worden wäre und unter Eid andere, für das Urteil wesentliche Angaben gemacht hätte, kann das Urteil nicht auf der fehlenden Begründung einer Nichtvereidigungsentscheidung beruhen.[111]

d) Negative Entscheidung über die Vereidigung. Mit der Revision kann gerügt wer- 36
den, dass der Vorsitzende oder das Gericht eine negative Entscheidung über die Frage der Vereidigung getroffen haben, die Entscheidung des Vorsitzenden nach h.M. allerdings nur dann, wenn sie in der Hauptverhandlung beanstandet und eine Entscheidung des Gerichts herbeigeführt wurde (Rn. 23). Die Rüge erfordert den Vortrag, dass sich dem Vorsitzenden bzw. dem Gericht bei pflichtgemäßer Beurteilung das Vorliegen eines Ausnahmetatbestandes und bei pflichtgemäßer Ermessensausübung die **Notwendigkeit einer Vereidigung** aufgedrängt hätte; den Maßstab hierfür bildet jeweils die gerichtliche Aufklärungspflicht, § 244 Abs. 2 (Rn. 10). Die Rüge stellt sich als ein Spezialfall der Aufklärungsrüge dar. Tatsachen, aus denen sich die Verletzung der Aufklärungspflicht ergibt, können dem Urteil sowie den Akten entnommen werden. Besteht der Vortrag darin, dass das Gericht pflichtwidrig keine Vereidigung vorgenommen hat, ist eine gesonderte Prüfung des **Beruhens** insoweit entbehrlich. Es reicht der Vortrag, dass nicht auszuschließen ist, dass der Zeuge unter Eid eine andere wesentliche Angabe gemacht hätte, die zu einer anderen Entscheidung geführt hätte (Rn. 35).

Die Ablehnung einer beantragten Vereidigung bzw. einer beanstandeten Nichtvereidi- 37
gung, kann pflichtwidrig sein, wenn sie mit der Begründung erfolgt, der Aussage komme

---

107 Vgl. BGHSt **1** 274; **8** 158; OLG Köln MDR **1955** 311; OLG Koblenz VRS **44 (1973)** 445; SK/*Rogall* 36; *Eisenberg* (Beweisrecht) 1142.

108 Vgl. BGH StV **2005** 591: wenn es bei einer ordnungsgemäßen Entscheidung zu einer Vereidigung gekommen wäre.

109 S. aber BGH NStZ **2021** 690 m. Anm. *Habetha*.

110 Vgl. *Diehm* StV **2007** 447.

111 BGH NStZ **2006** 463.

keine **ausschlaggebende Bedeutung** zu, im späteren Urteil aber die Verurteilung maßgeblich auf die betreffende Aussage des Zeugen gestützt wird.[112] Zwar kann das Gericht seine Auffassung darüber, ob eine Aussage ausschlaggebend ist, im Laufe des Prozesses ändern (Rn. 19), es muss dann aber auch in eine erneute Prüfung darüber eintreten, ob eine Vereidigung notwendig ist. Unterbleibt eine diesbezügliche Entscheidung, spricht das Urteil, in dem die Aussage als ausschlaggebend angesehen wird, dafür, dass sich das Gericht insoweit keine Gedanken über das Erfordernis einer Vereidigung gemacht hat. Lag eine Vereidigung nahe, was in der beschriebenen Situation regelmäßig der Fall sein dürfte, begründet deren Unterlassen die Revision.

38 **e) Positive Entscheidung über die Vereidigung.** Ordnet der Vorsitzende bzw. das Gericht eine Vereidigung entgegen § 60 an, so betrifft dies nur diese Vorschrift, nicht den § 59.[113] Eine Verletzung des § 59 kommt zwar grundsätzlich in Betracht, wenn das Gericht zu Unrecht vom Vorliegen eines Ausnahmetatbestandes ausgegangen ist und pflichtwidrig eine Vereidigung vorgenommen hat.[114] Das Urteil wird jedoch nur dann auf diesen Fehlern beruhen, wenn das Gericht im Urteil seine diesbezüglichen Einschätzungen gerade im Hinblick auf die erfolgte Vereidigung ohne nähere Begründung wiederholt. Legt hingegen das Gericht im Urteil insoweit eine eigene Begründung vor, handelt es sich um einen Fall der Beweiswürdigung, die nur nach den insoweit geltenden Maßstäben angreifbar ist. Selbstverständlich ist das Gericht nicht an seine bis zur Urteilsfällung ja nur vorläufige Einschätzung gebunden, eine Zeugenaussage habe ausschlaggebende Bedeutung oder sei (ohne Eid) nicht glaubhaft. Die Revisionsrüge, das Gericht habe die Zeugenaussage im Urteil entgegen vorheriger Einschätzung nicht als ausschlaggebend behandelt, wird kaum erfolgsträchtig sein, weil die freie Beweiswürdigung, wie auch bisher, nicht durch die Vereidigungsregeln beeinträchtigt werden soll.[115] Allerdings löst die vorläufige Einschätzung, die Aussage sei so bedeutsam, dass das Gericht den Zeugen vereidigt, eine Pflicht dahingehend aus, darauf in der Urteilsbegründung auch einzugehen und nicht etwa die beeidete Zeugenaussage völlig unbeachtet zu lassen.[116]

39 Zur Frage, ob und wann die Revision rügen kann, die Verteidigung habe im Vertrauen auf die Beeidigung des Zeugen von weiteren Beweisanträgen abgesehen § 60, 45.

40 Wird eine uneidliche **entlastende Aussage** im Urteil **irrtümlich** als eidliche gewertet, so wird das Urteil hierauf i.d.R. nicht zum Nachteil des Angeklagten beruhen.[117]

41 **f) Mehrfache Vernehmung eines Zeugen.** Wird ein bereits vereidigter Zeuge in einem späteren Abschnitt der Hauptverhandlung nochmals vernommen, so bedarf es einer neuen Entscheidung über die Vereidigung (Rn. 19).[118] Unterbleibt die Vereidigung, ohne dass die Nichtvereidigung angeordnet oder nach § 67 verfahren wurde, so ist § 59 ver-

---

112 Vgl. OLG Stuttgart NStZ **1981** 486 m. Anm. *Göhler*; SK/*Rogall* 32; *Schuster* StV **2005** 630.

113 *Schmitt*/Köhler 13.

114 Beachte im Hinblick auf eine etwaige Sachrüge BGH NStZ **2012** 567: Wird ein Zeuge wegen Meineids verurteilt, obwohl die Voraussetzungen für eine Vereidigung nicht vorlagen, weil absehbar war, dass der Aussage keine ausschlaggebende Bedeutung zukommt, und lassen die Urteilsfeststellungen nicht erkennen, dass die Vereidigung zur Herbeiführung einer wahren Aussage notwendig war, stellt die objektiv verfahrensfehlerhafte Vereidigung einen bei der Strafrahmenprüfung zu berücksichtigenden Strafmilderungsgrund dar.

115 *H. E. Müller* JR **2005** 80.

116 *H. E. Müller* ebda.

117 OLG Hamm NJW **1972** 1531; *Schmitt*/Köhler 14; SK/*Rogall* 36; MüKo/*Maier* 71; **a.A.** BayObLG StV **1988** 145.

118 BGH StV **2011** 454.

letzt.[119] Das Urteil wird auf diesem Fehler allerdings nur beruhen, wenn sich dem Gericht die **Notwendigkeit einer neuen Vereidigung** aufdrängte (vgl. Rn. 34).

g) Sonstiges. Die Abwesenheit des Angeklagten bei der Verhandlung über die Vereidigung und bei der Vereidigung selbst begründet nach der hier vertretenen Auffassung (Rn. 20) i.d.R. den absoluten Revisionsgrund des § 338 Nr. 5, weil es sich hierbei – auch nach der Gesetzesänderung – um einen wesentlichen Teil der Hauptverhandlung handelt (näher Erl. zu §§ 247, 338 Nr. 5). 42

§ 60
Vereidigungsverbote

Von der Vereidigung ist abzusehen
1. bei Personen, die zur Zeit der Vernehmung das 18. Lebensjahr noch nicht vollendet haben oder die wegen mangelnder Verstandesreife oder wegen einer psychischen Krankheit oder einer geistigen oder seelischen Behinderung vom Wesen und der Bedeutung des Eides keine genügende Vorstellung haben;
2. bei Personen, die der Tat, welche den Gegenstand der Untersuchung bildet, oder der Beteiligung an ihr oder der Datenhehlerei, Begünstigung, Strafvereitelung oder Hehlerei verdächtig oder deswegen bereits verurteilt sind.

Schrifttum

Bendix Nichtbeeidigung von Zeugen wegen Verdachts der Beteiligung, Recht **1916** 623; *Delventhal* Die strafprozessualen Vereidigungsverbote unter besonderer Berücksichtigung des offensichtlich falsch aussagenden Zeugen (1990); *Eckert* Vereidigung eines in der Hauptverhandlung offensichtlich falsch aussagenden Zeugen? NJW **1963** 846; *Esskandari* Beruht das Urteil auf dem Verstoß gegen das Vereidigungsverbot des § 60 Nr. 2 StPO, wenn das Gericht der Aussage des Zeugen keinen Glauben schenkt? StV **2002** 51; *Fraeb* Das Problem der Vereinigung von Partei- und Zeugenstellung und der Entwurf einer Strafprozeßordnung, GerS **80** (1913) 88; *Hülle* Die Vereidigung des Zeugen in der Hauptverhandlung, DRiZ **1954** 118; *Krekeler* Das Vereidigungsverbot beim tatverdächtigen Zeugen (§ 60 Nr. 2 StPO), ZAP Fach 22, 1–6; *Lenckner* Begünstigung, Strafvereitelung und Vereidigungsverbot nach § 60 Nr. 2 StPO, NStZ **1982** 401; *M. Müller* Sinn und Wirkung der strafprozessualen Vereidigungsverbote, Diss. Köln 1961; *Niethammer* Das unbeeidigte Zeugnis, JR **1935** 13; *Rotsch/Sahan* § 3 StPO und die materiell-rechtlichen Regelungen von Täterschaft und Teilnahme oder: Gibt es einen strafprozessualen „Beteiligtenbegriff"? ZIS **2007** 142; *Schläger* Nichtbeeidigung eines Zeugen wegen Teilnahme an der Straftat, JR **1932** 28; *W. Schmid* Zur Korrektur von Vereidigungsfehlern im Strafprozeß, FS Maurach (1972) 535; *Schorn* Vereidigung und Nichtvereidigung der Zeugen im Strafprozeß, NJW **1966** 1014; *Seibert* Verdächtige Zeugen (§ 60 Ziff. 3 StPO), NJW **1963** 142; *Strate* Der Verzicht auf die Vereidigung – eine schädliche Unsitte! StV **1984** 42; *Theuerkauf* Darf der in der Hauptverhandlung offensichtlich falsch aussagende Zeuge unvereidigt bleiben? MDR **1964** 204; *Wutscher* Der Verdacht der Beteiligung an der Tat in § 57 Ziffer 3 RStPO, Diss. Breslau 1932; *Ziegert* § 60 Nr. 2 StPO – Verlust der Rüge oder Lüge? StV **1991** 171.

Entstehungsgeschichte

Die Vorschrift trug ursprünglich die Bezeichnung § 56; durch die Bek. 1924 wurde sie § 57. Art. 1 des Gesetzes zur Einschränkung der Eide im Strafverfahren (1933) stellte sie als § 60 ein mit der Änderung, dass in Nr. 3 (jetzt Nr. 2) der Verdacht der Tatbegehung aus-

119 BGHSt **1** 348; *Schmitt*/Köhler 14.

drücklich neben dem der Beteiligung aufgeführt wurde; der bisherige § 60 wurde § 57. Durch Art. 9 Nr. 1 des 1. StrRG (1974) wurde die Nr. 2 der Vorschrift („bei Personen, die nach den Bestimmungen der Strafgesetze unfähig sind, als Zeugen eidlich vernommen zu werden") gestrichen; die bisherige Nr. 3 wurde Nr. 2. Art. 21 Nr. 6 EGStGB (1974) fügte in Nr. 2 hinter dem Wort „Begünstigung" das Wort „Strafvereitelung" ein. § 60 Nr. 1 musste im Hinblick auf Art. 7 § 19 des Gesetzes zur Reform des Rechts der Vormundschaft und Pflegschaft (Betreuungsgesetz – BtG) vom 12.9.1990 geändert werden, wobei der Begriff „Verstandesschwäche" durch „psychische Krankheit" oder „geistige oder seelische Behinderung" ersetzt wurde. Mit Art. 1 Nr. 5 des 2. OpferRRG vom 29.7.2009 (BGBl. I S. 2280) wurde die Altersgrenze in Nr. 1 der Vorschrift vom vollendeten sechzehnten auf das vollendete achtzehnte Lebensjahr angehoben. Mit Art. 1 Nr. 9 des Gesetzes zur Einführung einer Speicherpflicht und einer Höchstspeicherfrist für Verkehrsdaten vom 10.12.2015 (BGBl. I S. 2218) wurde in Nr. 2 der mit dem Gesetz ebenfalls geschaffene Tatbestand der Datenhehlerei des § 202d StGB aufgenommen.

Übersicht

Alphabetische Übersicht

I. Allgemeines

Im Zuge der Abschaffung der Regelvereidigung ist § 60 unverändert geblieben. Er sieht ein Vereidigungsverbot vor für den Fall, dass der Zeuge wegen seines jugendlichen Alters oder wegen seiner geringen geistigen Fähigkeiten keine genügende Vorstellung von der Bedeutung des Eides hat oder dass er an der verfahrensgegenständlichen Tat beteiligt gewesen ist. Das Vereidigungsverbot ist zwingend. Der Grundsatz der freien **Beweiswürdigung** (§ 261) wird durch das Vereidigungsverbot nicht berührt.[1] 1

II. Eidesunmündige Zeugen (Nr. 1 Fallgruppe 1)

1. Personen unter 18 Jahren sind nach der Entscheidung des Gesetzgebers nicht eidesmündig. Sie dürfen daher nicht vereidigt werden. Das Lebensalter wird nach § 187 Abs. 2 BGB berechnet. Die Eidesunmündigkeit besteht mithin bis zu dem Beginn des Tages, an dem der Zeuge 18 Jahre alt wird.[2] Feststellungen darüber, ob der Zeuge eidesunmündig ist, werden nach den Regeln des Freibeweises (vgl. Erl. zu § 244) getroffen.[3] Die Altersgrenze wurde in einem Zuge mit der Änderung der Schutzaltersgrenze weiterer Vorschriften der StPO mit dem 2. OpferRRG, die dem Schutz kindlicher Opfer und Zeugen insbesondere auf der Grundlage internationaler Abkommen verstärkt Rechnung tragen sollen,[4] von 16 auf 18 Jahre angehoben. Allerdings steht bei § 60 Nr. 1 nicht der Schutz des Zeugen im Vordergrund, sondern die Frage der Verstandesreife und Vorstellung, die der Zeuge vom 2

1 BGHSt **17** 128; BGH bei *Dallinger* MDR **1971** 17; bei *Pfeiffer/Miebach* NStZ **1983** 354; RGSt **6** 156; **53** 136; 57 189; KK/*Slawik* 2; SK/*Rogall* 3; *Schmitt*/Köhler 1; SSW/*Güntge* 1.

2 Vgl. RGSt **22** 29; **35** 37; KK/*Slawik* 4; SK/*Rogall* 15; *Schmitt*/Köhler 2; *Schlüchter* 518.1 Fn. 391.

3 RGSt **56** 102; *Schmitt*/Köhler 1; SK/*Rogall* 4; KK/*Slawik* 3; Alsberg/*Dallmeyer* 259.

4 BTDrucks. **16** 12098 S. 12, 40 f.

Wesen und der Bedeutung des Eides hat. Ein Gleichlauf der Altersgrenze des § 60 Nr. 1 mit der Schutzaltersgrenze sonstiger Vorschriften ist insofern nicht zwangsläufig. Aufgrund des eindeutigen Wortlauts des Gesetzes ist die Vereidigung von Zeugen vor Vollendung des 18. Lebensjahres jedoch nunmehr verboten.

3 **2. Maßgebender Zeitpunkt** ist der Tag, an dem der Zeuge vernommen wird, nicht der Zeitpunkt der Wahrnehmungen, über die er aussagen soll. Dauert die Hauptverhandlung länger an und wird der Zeuge in der Zeit zwischen seiner Vernehmung und dem Erlass des Urteils eidesmündig, so kann die Vereidigung nachgeholt werden.[5] Aus demselben Grund muss erneut eine Entscheidung über die Vereidigung getroffen werden, wenn die Niederschrift über die Aussage des bei der Vernehmung eidesunmündigen Zeugen nach § 251[6] oder nach § 325[7] zu einem Zeitpunkt **verlesen** wird, in dem der Zeuge eidesmündig geworden ist.

III. Eidesunfähige Zeugen (Nr. 1 Fallgruppe 2)

4 **1. Mangelnde Verstandesreife und -kraft.** Mangelnde Verstandesreife, psychische Krankheit oder eine geistige oder seelische Behinderung[8] führen nur dann zu einem Vereidigungsverbot, wenn der Zeuge keine genügende Vorstellung vom Wesen und von der Bedeutung des Eides besitzt. Wegen mangelnder Vorstellung von der Bedeutung des Eides, die auf anderen Gründen, insbesondere auf Unwissenheit oder **Unglauben**, beruht, darf die Vereidigung nicht unterbleiben.[9] Eine Geistesschwäche schließt die Vereidigung nicht aus, wenn die Vorstellung des Zeugen vom Wesen des Eides nicht wesentlich beeinträchtigt ist.[10] Daher zwingt auch die Tatsache, dass der Zeuge wegen geistiger Gebrechen i.S. des BtG betreut oder als früherer Mitangeklagter nach § 20 StGB wegen Intelligenzminderung freigesprochen worden ist,[11] für sich allein nicht dazu, ihn unvereidigt zu lassen.

5 **2. Vorübergehende Beeinträchtigungen** der Geistestätigkeit, insbesondere infolge von **Alkohol**- oder **Drogenkonsum**, führen zur Verschiebung der Vereidigung (in aller Regel auch der Vernehmung) bis zu dem Zeitpunkt, in dem der Zeuge wieder nüchtern ist, rechtfertigen aber nicht das Absehen von der Vereidigung.[12]

IV. Tat- und teilnahmeverdächtige Zeugen (Nr. 2)

6 **1. Grundsatz.** § 60 Nr. 2 verbietet die Vereidigung eines Zeugen, der der Begehung der Tat, die dem Beschuldigten vorgeworfen wird, oder der Beteiligung an ihr verdächtig

5 *Eisenberg* (Beweisrecht) 1146; KK/*Slawik* 4; *Schmitt*/Köhler 2; SSW/*Güntge* 2; **a.A.** SK/*Rogall* 15.

6 RG JW **1910** 203; SK/*Rogall* 15; *Schmitt*/Köhler 2.

7 RG JW **1930** 937 m. Anm. *Mamroth*; SK/*Rogall* 15; *Schmitt*/Köhler 2.

8 Die Begriffe entsprachen den im früheren § 1896 Abs. 1 BGB zu den Voraussetzungen der Einrichtung einer Betreuung verwandten Begriffen. Sie finden sich im neuen § 1814 Abs. 1 BGB nicht mehr, ohne dass sich der in Betracht kommende Personenkreis ändern sollte, vgl. Grüneberg/*Götz* § 1814 BGB, 5 ff.

9 RGSt **28** 89; RG DJZ **1903** 550; RG JZ **1916** 469; *Schmitt*/Köhler 4; SK/*Rogall* 16; *Eb. Schmidt* 11; **a.A.** *Peters* § 42 III 3b aa, der auch andere als intellektuelle Mängel als Grund für die Nichtvereidigung anerkennen will.

10 BGHSt **22** 266; RGSt **20** 60; **33** 393; **58** 396; KK/*Slawik* 5; SK/*Rogall* 16; *Schmitt*/Köhler 4; *Eb. Schmidt* 11.

11 Vgl. OLG Hamm GA **1969** 316; SSW/*Güntge* 3.

12 RGSt **34** 283; **53** 136; KK/*Slawik* 5; *Schmitt*/Köhler 4; SK/*Rogall* 16; *Eb. Schmidt* 11.

oder deswegen bereits verurteilt worden ist. Hintergrund hierfür ist die Erfahrung, dass die (mögliche) Verstrickung in den zu klärenden Sachverhalt den Zeugen befangen machen kann. Der Zeuge empfindet seine Stellung dann eher als die eines Beschuldigten.[13] Von seiner Aussage kann eine **Gefahr für die Wahrheitsfindung** ausgehen.[14] Er kann Gründe haben „mit der Wahrheit zurückzuhalten"[15] oder es besteht „dringende Veranlassung, zwecks eigener Entlastung, entgegen dem öffentlichen Interesse oder zum Nachteil des Angeklagten von der Wahrheit abzurücken".[16] Diese Befangenheit kann die Warnfunktion des Eides überlagern und letzteren damit wirkungslos machen. Im Einzelfall wird die Befangenheit durch den Eideszwang sogar eher verstärkt.[17] Das Vereidigungsverbot des § 60 Nr. 2 hat darüber hinaus eine **Warnfunktion** auch **für den Vernehmenden**, indem es ihn darauf hinweist, dass er die Aussagen strafrechtlich involvierter Zeugen unter Berücksichtigung dieser Verstrickung würdigen muss: „Die sorgfältige und gewissenhafte Beobachtung von Beeidigungsverboten durch den Vernehmenden liefert also regelmäßig wichtige Bewertungsgrundlagen für die Beweiswürdigung".[18] Diese Warnfunktion behält § 60 Nr. 2 auch nach der Abschaffung der Regelvereidigung in § 59.[19] Ihr haben die Anforderungen an die Entscheidung über die (Nicht-)Vereidigung sowie an die jeweilige Begründung und deren **Protokollierung** Rechnung zu tragen (vgl. Rn. 32 ff., 37 sowie § 59, 18, 20, 25 ff.). Ein Verbot, dem Zeugen zu glauben, besteht jedoch nicht;[20] andernfalls stünde das Vereidigungsverbot in seiner Wirkung einem Vernehmungsverbot gleich.[21]

2. Reichweite des Verbots. Liegen die Voraussetzungen des § 60 Nr. 2 vor, so ist die 7
Vereidigung des Zeugen **schlechthin unzulässig**, also auch dann, wenn er nicht über seine eigene Beteiligung an der Tat, sondern über Tatsachen vernommen wird, bei denen für ihn kein Grund besteht, mit der Wahrheit zurückzuhalten (zur Möglichkeit einer Teilvereidigung vgl. Rn. 31). Es ist insbesondere unzulässig, dem Zeugen Gelegenheit zu geben, den Tat- oder Teilnahmeverdacht dadurch auszuräumen, dass er unter Eid seine Unschuld bekundet.[22] Ein Verstoß gegen das Vereidigungsverbot ist bei einer Bestrafung des Zeugen wegen Meineids strafmildernd zu berücksichtigen[23] (vgl. § 55, 36). Das gilt auch dann, wenn dem vereidigenden Richter entsprechende Verdachtsmomente im Zeitpunkt der Vereidigung nicht bekannt waren.[24]

13 *Schmitt*/Köhler 7, 8.
14 Vgl. BGHSt **11** 213, 216 – GrSSt.
15 BGHSt **4** 257.
16 BGHSt **10** 67.
17 BGHR StPO § 60 Nr. 2 Tatbeteiligung 10.
18 BGHSt **17** 134 f.; *Schlothauer* StV **1986** 90; SSW/*Güntge* 1; KK/*Slawik* 1.
19 **A.A.** SK/*Rogall* 3 (vgl. aber auch ebda. Rn. 22: ggf. verminderter Beweiswert der Aussagen von Zeugen, die nach § 60 Nr. 2 nicht vereidigt werden dürfen, ist bei der Beweiswürdigung zu berücksichtigen).
20 BGHSt **10** 70; BGH bei *Pfeiffer/Miebach* NStZ **1983** 354; KK/*Slawik* 8; SK/*Rogall* 3; *Schmitt*/Köhler 7, 8; SSW/*Güntge* 5; *Seibert* NJW **1963** 144.
21 BGH bei *Dallinger* MDR **1971** 17.
22 BGH VRS **14** (1958) 58; RG Recht **1915** Nr. 154; KG VRS **27** (1964) 207; OLG Celle VRS **19** (1960) 50; OLG Hamburg VRS **31** (1966) 204; OLG Hamm JMBlNRW **1974** 20; MDR **1953** 55; **1965** 505; OLG Köln VRS **5** (1953) 622; KK/*Slawik* 31; *Schmitt*/Köhler 23; SK/*Rogall* 22; SSW/*Güntge* 9; *Eb. Schmidt* Nachtr. I 6; *Dalcke/Fuhrmann/Schäfer* 8.
23 St. Rspr. BGHSt **8** 187; **27** 75; BGH **1995** 250; *Fischer* § 154, 20; TK-StGB/*Bosch/Schittenhelm* Vor §§ 153 ff. 24 m.w.N.
24 BGHSt **23** 30; BGH StV **1995** 249; **2004** 482.

8 **3. Tat.** Den Begriff der Tat verwendet § 60 Nr. 2 nicht in materiell-rechtlichem Sinne. Ob Tateinheit (§ 52 StGB) oder Tatmehrheit (§ 53 StGB) vorliegt, ist daher nicht entscheidend.[25] Maßgebend ist vielmehr der verfahrensrechtliche (§ 264) Tatbegriff. Er umschließt den gesamten **geschichtlichen Vorgang**, innerhalb dessen der Tatbestand verwirklicht worden ist.[26] Welche Tat den Gegenstand des Verfahrens bildet, richtet sich nicht nach der zugelassenen Anklage, sondern nach dem Ergebnis der Hauptverhandlung.[27]

9 **4. Verdacht der Täterschaft.** Bei der Gesetzesänderung von 1933 wurde § 60 Nr. 2 dahin ergänzt, dass nicht nur der Verdacht der Tatbeteiligung, sondern auch der Verdacht der Tatbegehung die Vereidigung ausschließt. Die Rechtsprechung hatte diese Auffassung schon vorher einhellig vertreten. Der den Gegenstand der Untersuchung bildenden Tat ist der Zeuge verdächtig, wenn Anhaltspunkte dafür bestehen, dass er die Tat begangen hat, die dem Angeklagten zur Last gelegt wird, wenn also seine Täterschaft die des Angeklagten ausschließt[28] **(„Alternativtäter")**.

5. Beteiligung

10 **a) Begriff.** Auch der Begriff der Beteiligung ist **weit auszulegen**. Auf die Teilnahmeformen der §§ 25 ff. StGB ist er nicht beschränkt.[29] Als Tatbeteiligter im Sinne des § 60 Nr. 2 ist daher jeder anzusehen, der bei dem zur Aburteilung stehenden Vorgang in strafbarer Weise mitgewirkt hat[30] bzw. dessen verdächtig ist.[31] Allerdings verlangt die Rechtsprechung seit reichsgerichtlichen Zeiten,[32] dass der Zeuge **in derselben Richtung** wie der Beschuldigte an der Tat mitgewirkt haben müsse.[33] Dieses Kriterium dient dazu, dem Anwendungsbereich des § 60 Nr. 2, der gemessen am Wortlaut der Norm ausgesprochen weit gezogen wird, einen gewissen Rahmen zu geben. Es bleibt jedoch unklar, was unter „in derselben Richtung" im Einzelfall zu verstehen ist. In einem unmittelbar wörtlichen Verständnis passt der Begriff nicht in allen Fällen. Im Zweifelsfall muss deshalb der **Normzweck** als Auslegungshilfe herangezogen werden, wonach ein Zeuge nicht vereidigt werden darf, wenn der Eideszwang aufgrund der (möglichen) strafrechtlichen Verstrickung

---

25 BGHSt **4** 371; **6** 382 = JZ **1955** 343 m. Anm. *Henkel*; RGSt **36** 310; RGRspr. **1** 523; *Schmitt*/Köhler 9; KK/*Slawik* 9; SK/*Rogall* 24; MüKo/*Maier* 19.

26 BGHSt **1** 363; **4** 255, 368; **6** 382 = JZ **1955** 343 m. Anm. *Henkel*; BGHSt **21** 148; BGH VRS **14** (1958) 60; **25** (1963) 40; BGH bei *Dallinger* MDR **1951** 538; **1975** 725; bei *Holtz* MDR **1980** 630; bei *Pfeiffer* NStZ **1981** 93; BGH StV **1984** 105; OLG Hamm StV **1984** 105; SSW/*Güntge* 6; KK/*Slawik* 9; SK/*Rogall* 24; *Schmitt*/Köhler 9; MüKo/*Maier* 19.

27 BGH VRS **14** (1958) 60; BGHSt **13** 321; KK/*Slawik* 10; *Schmitt*/Köhler 9; SK/*Rogall* 24; MüKo/*Maier* 19.

28 BGH MDR **1961** 1031; RGSt **5** 362; **8** 300; **11** 302; **31** 220; **50** 163; RGRspr. **4** 237; RG JW **1930** 927; Recht **1915** Nr. 154; **1928** Nr. 1208; **1929** Nr. 935; BayObLG JW **1931** 1972; OLG Celle VRS **19** (1960) 52; *Eb. Schmidt* Nachtr. I 8; SSW/*Güntge* 6; SK/*Rogall* 25; MüKo/*Maier* 25; *Schläger* JR **1932** 30.

29 BGHSt **10** 67; BGH LM Nr. 2 zu § 68a; BGH NJW **1951** 324; BGH bei *Holtz* MDR **1975** 725; **1980** 630; StV **1982** 342; NStZ **1983** 516; HK/*Gercke* 11; KK/*Slawik* 13; *Schmitt*/Köhler 12; SK/*Rogall* 26; MüKo/*Maier* 28; *Schlüchter* 518.1; *Pfeiffer* 3; *Gössel* § 25 IVa 2; *Eb. Schmidt* 23; **a.A.** *Rotsch/Sahan* ZIS **2007** 148.

30 BGHSt **9** 73; RGSt **19** 391; **22** 100; **31** 220; **44** 174; **57** 186, **57** 417; RGRspr. **9** 312; KG VRS **31** (1966) 273; KK/*Slawik* 13; *Schmitt*/Köhler 13; SSW/*Güntge* 7; KMR/*Neubeck* 11; *Eb. Schmidt* 19; *Dalcke/Fuhrmann/Schäfer* 6; **a.A.** OLG Dresden JW **1928** 808 m. abl. Anm. *Honig*.

31 BGHSt **4** 368, 371; **6** 382 = JZ **1955** 343 mit Anm. *Henkel*; BGH NJW **1951** 324; **1952** 1103; GA **1962** 370; bei *Dallinger* MDR **1951** 538; bei *Holtz* **1975** 725; **1982** 626; StV **1983** 354; BayObLG StV **1983** 142; *Schmitt*/Köhler 23; KK/*Slawik* 30; SSW/*Güntge* 9.

32 RGSt **44** 174; BGHSt **2** 255; **2** 368.

33 *Schmitt*/Köhler 15; SK/*Rogall* 26; KK/*Slawik* 21; SSW/*Güntge* 7; MüKo/*Maier* 28.

des Zeugen der Ermittlung der Wahrheit nicht dient. Dazu hat sich eine reichhaltige Kasuistik entwickelt, die die Kriterien verdeutlicht.

b) Generelle Kriterien

aa) Verfahrenshindernisse lassen das Strafwürdige des Verhaltens des Zeugen unberührt und schließen daher die Anwendung des § 60 Nr. 2 nicht aus.[34] Der Zeuge darf daher auch dann nicht vereidigt werden, wenn er der Tatbeteiligung verdächtig, seine Bestrafung aber gehindert ist durch das Fehlen der deutschen Gerichtsbarkeit[35] oder des **Strafantrags,**[36] durch die Niederschlagung des Verfahrens aufgrund eines **Straffreiheitsgesetzes**[37] oder durch die **Verjährung** der Strafverfolgung.[38] 11

bb) Rechtfertigungsgründe. Ist die Tatbeteiligung des Zeugen nach §§ 32ff. StGB oder aus anderen Gründen nicht rechtswidrig, entfällt die Strafbarkeit, so dass **kein Vereidigungsverbot** besteht.[39] Das ist z.B. der Fall bei Handeln in **Notwehr**[40] oder in berechtigter Erfüllung von Dienstpflichten[41] (s. Rn. 22 zu § 202d Abs. 3 StGB). 12

cc) Schuldausschließungsgründe wie das Fehlen der Schuldfähigkeit nach § 20 StGB[42] oder die Notwehrüberschreitung nach § 33 StGB schließen die Strafbarkeit aus, weshalb auch in diesen Fällen **kein Vereidigungsverbot** besteht.[43] 13

dd) Persönliche Strafausschließungs- und Strafaufhebungsgründe hingegen lassen die Strafbarkeit der Beteiligung und damit auch das Vereidigungsverbot bestehen.[44] Die Vereidigung ist insbesondere unzulässig, wenn der Zeuge wegen **Rücktritts vom Versuch** nach § 24 StGB[45] oder nach § 31 StGB,[46] wegen jugendlichen Alters nach § 173 Abs. 3 StGB,[47] wegen eines (möglichen) Absehens von Strafe nach § 31 BtMG,[48] wegen Strafverei- 14

---

34 BGHSt **4** 130, 131; **43** 321; RG HRR **1940** 966; *Schmitt*/Köhler 14; SSW/*Güntge* 7; KK/*Slawik* 19; SK/*Rogall* 30; MüKo/*Maier* 37; *Eb. Schmidt* 22.

35 RGSt **48** 84, 86; KK/*Slawik* 19; MüKo/*Maier* 37.

36 BGH bei *Dallinger* MDR **1968** 896; RGSt **64** 377; RG Recht **1920** Nr. 2729; Bay ObLGSt **1957** 240 = NJW **1958** 231; vgl. auch OLG Hamburg NStZ **1983** 426; SSW/*Güntge* 7; KK/*Slawik* 19; MüKo/*Maier* 37.

37 BGHSt **4** 130, 131; RGSt **55** 233; RG JW **1937** 3024 Ls.; SSW/*Güntge* 7; KK/*Slawik* 19; MüKo/*Maier* 37.

38 BGH NJW **1952** 1146; VRS **14** (1958) 60; RGSt **22** 100; **64** 378; 77 206; RGRspr. **8** 34; KK/*Slawik* 19; SSW/*Güntge* 7; MüKo/*Maier* 37.

39 KK/*Slawik* 18; *Schmitt*/Köhler 14; SSW/*Güntge* 7; SK/*Rogall* 28; MüKo/*Maier* 39; *Eb. Schmidt* 17.

40 RGSt **31** 219.

41 RGSt **37** 218.

42 OLG Hamm GA **1969** 316.

43 HK/*Gercke* 15; KK/*Slawik* 18; *Schmitt*/Köhler 14; SSW/*Güntge* 7; SK/*Rogall* 28; MüKo/*Maier* 39; *Eb. Schmidt* 18.

44 BGH NStZ **1982** 78; **1983** 516; RGSt **22** 99; **64** 378; RG Recht **1920** Nr. 2729; KK/*Slawik* 20; SSW/*Güntge* 7; *Schmitt*/Köhler 14; SK/*Rogall* 29; MüKo/*Maier* 40.

45 BGH bei *Pfeiffer* NStZ **1982** 188; BGH NStZ **1982** 78; **1992** 105; JR **1991** 246 mit zust. Anm. *Dahs*; NStZ-RR **1998** 335; BGHR StPO § 60 Nr. 2 Strafvereitelung, versuchte 8; RGSt **14** 25; **22** 100; **56** 150; *Eb. Schmidt* 20; **a.A.** BayObLG NStZ **1991** 203; vgl. auch BGH JZ **1982** 434.

46 BGH GA **1962** 370; bei *Dallinger* MDR **1973** 191.

47 RGSt **19** 391.

48 BGH NStZ **1983** 516.

telung gegenüber einem Angehörigen nach § 258 Abs. 6 StGB[49] oder wegen Einstellung des Verfahrens nach § 153a Abs. 2[50] oder § 154 Abs. 2[51] nicht bestraft werden kann.

c) Beteiligungsformen

15 **aa) Notwendige Teilnahme.** Wenn ein gesetzlicher Straftatbestand begrifflich nur dadurch verwirklicht werden kann, dass mehrere Personen beteiligt sind, so sind diejenigen, denen das Gesetz keine Strafe androht, grundsätzlich straflos.[52] Für den notwendigen Teilnehmer besteht daher **grds. kein Vereidigungsverbot**, es sei denn, er hat über den notwendigen Beitrag hinaus in strafbarer Weise Anstiftung oder Beihilfe geleistet.[53] Ist der Beitrag des notwendigen Teilnehmers selbständig unter Strafe gestellt, so besteht ein **Vereidigungsverbot** unabhängig davon, ob es sich um die gleiche oder eine andere Strafnorm handelt. So gilt das Vereidigungsverbot des § 60 Nr. 2 für den aktiv Bestechenden in dem Verfahren gegen den Bestochenen nach §§ 331 ff. StGB.[54] Das Gleiche gilt für den Bestochenen in dem Verfahren gegen den Bestecher. Am Erwerb von Betäubungsmitteln ist der die Betäubungsmittel Abgebende beteiligt,[55] ebenso der Erwerber an der Abgabe.[56]

16 **bb) Geschützte Personen.** Die durch die Strafvorschrift geschützten Personen (Unterfall der notwendigen Teilnahme) können selbst dann nicht bestraft werden, wenn sie zu der Tat angestiftet oder Beihilfe geleistet haben; für sie besteht daher **grds. kein Vereidigungsverbot**. Wer als geschützte Person i.S. einer Strafnorm angesehen wird, kann, wie sich exemplarisch an den geänderten Vorstellungen zu den §§ 180 ff. StGB zeigt, dem Wandel der Zeit unterliegen. Der Grundsatz aber, dass die durch die Strafnorm **geschützte Person** sich nicht strafbar gemacht haben kann und ein Vereidigungsverbot deshalb in diesem Falle nicht besteht, gilt fort. Dies gilt insbesondere für den durch die Tat verletzten Zeugen, so, wenn der Zeuge das Opfer der von dem Angeklagten begangenen Nötigung ist.[57] Das Vereidigungsverbot des § 60 Nr. 2 soll aber auch dann nicht bestehen, wenn der Angeklagte den Zeugen zu erpressen versucht hat, auch wenn sich diese Erpressung auf einen von dem Zeugen begangenen Diebstahl bezieht,[58] wenn der Zeuge von dem Angeklagten beleidigt worden ist, auch wenn er die Beleidigung auf der Stelle erwidert hat,[59] und wenn er durch die Körperverletzung des Angeklagten geschädigt ist, selbst wenn er bei demselben Vorgang den Angeklagten seinerseits misshandelt hat.[60] Diese betagte, aber von der Literatur weitgehend übernommene Rechtsprechung erscheint im Hinblick auf den Gesetzeszweck, insbesondere die Warnfunktion für das Gericht (vgl. Rn. 6) zweifelhaft. Die eigene (strafrechtliche) Verstrickung des Zeugen mit den tatsächlichen Umständen,

---

49 BGHR StPO § 59 Satz 1 Entscheidung, fehlende 7; BGHSt **9**, 73; RGSt **28** 112; BayObLGSt **1951** 78 = HESt **3** 14; *Eb. Schmidt* 20.

50 BGH bei *Holtz* MDR **1994** 1072.

51 BGHR StPO § 60 Nr. 2 Tatbeteiligung 10.

52 Vgl. *Fischer* Vor § 25, 7.

53 BGHSt **9** 71, 72 f.; **19** 107; KK/*Slawik* 15; *Schmitt*/Köhler 13; SK/*Rogall* 27.

54 BGH bei *Dallinger* MDR **1969** 194; RGSt **17** 120; **64** 298; RGRspr. **8** 34; RG GA **68** 353; Recht **1913** Nr. 3211; **1920** Nr. 2728; **1929** Nr. 2535; *Schmitt*/Köhler 12; MüKo/*Maier* 32; *Eb. Schmidt* 24.

55 BayObLG StV **1983** 142.

56 OLG Düsseldorf StraFo **2001** 413.

57 RGSt **11** 300; vgl. auch BGH NStZ **1999** 470.

58 RGSt **12** 192; **17** 121; KK/*Slawik* 22; SK/*Rogall* 33.

59 RGSt **17** 121; RG JW **1892** 261; KK/*Slawik* 22; SK/*Rogall* 33; MüKo/*Maier* 31; SSW/*Güntge* 7; *Eb. Schmidt* 25.

60 RGSt **17** 121; **27** 267; RGRspr. **9** 234; JW **1922** 1032; DStrZ **1920** 375; GA **43** (1895) 129; Recht **1911** Nr. 1682; **1929** Nr. 1731; so auch SK/*Rogall* 33; MüKo/*Maier* 31; KK/*Slawik* 22; **a.A.** RGSt 7 331.

über die er aussagen soll, ist offensichtlich, so dass in diesen Fällen von einem **untrennbaren Gesamtgeschehen** (weiter Tatbegriff) auszugehen ist, mit der Folge, dass hinsichtlich des Zeugen ein Vereidigungsverbot besteht. Auch nach der Rechtsprechung ist die Vorschrift des § 60 Nr. 2 anzuwenden, wenn der Zeuge bei der dem Angeklagten vorgeworfenen Schlägerei nach § 231 StGB, auch auf der Gegenseite, mitgewirkt hat.[61] Unvereidigt muss auch der durch den Unfall verletzte Fahrzeuginsasse bleiben, wenn er dem führerscheinlosen Angeklagten das Kraftfahrzeug, dessen Halter er war, zur Verfügung gestellt hatte.[62]

cc) Anstiftung. Versuch der Beteiligung. Unzulässig ist die Vereidigung des Angestif- 17
teten in dem Verfahren gegen den Anstifter.[63] Hatte die Anstiftung keinen Erfolg (§ 30 StGB), so kann der vergeblich zur Begehung einer Straftat motivierte Zeuge vereidigt werden.[64] Anders ist es, wenn er sich zur Begehung der Straftat bereit erklärt hat (§ 30 Abs. 2 StGB)[65] oder wenn der Verdacht besteht, dass die Verleitung erfolgreich gewesen, dies aber nicht nachweisbar ist.[66]

dd) Keine Notwendigkeit der Gleichartigkeit. Der Annahme eines Vereidigungsver- 18
botes steht nicht entgegen, dass die von dem Beschuldigten und dem Zeugen begangenen Straftaten nicht gleichartig sind. Es ist daher unerheblich, ob das Verhalten des Zeugen ein anderes Strafgesetz verletzt als das des Angeklagten.[67] So besteht eine die Vereidigung ausschließende Mitwirkung des Zeugen darin, dass er die von dem Angeklagten **geplante Straftat** entgegen § 138 StGB **nicht angezeigt**,[68] dass er sich als Beifahrer des Unfallverursachers der unterlassenen Hilfeleistung nach § 323c StGB schuldig gemacht,[69] oder dass er die Tat in anderer Weise durch pflichtwidriges Unterlassen unterstützt hat.[70] Die Beteiligung muss sich nicht einmal auf die den Gegenstand des Verfahrens bildende Tat, sondern kann sich auf deren Vortat beziehen, z.B. bei (Daten)Hehlerei, Begünstigung und Strafvereitelung.[71] Der Verdacht der Beihilfe zu einer strafbaren Vorbereitungshandlung begründet ebenfalls ein Vereidigungsverbot.[72]

ee) Bloßer Zusammenhang mit der Tat des Beschuldigten. Das **Vereidigungsver-** 19
bot besteht **nicht**, wenn der Zeuge an einer ähnlichen oder gleichartigen Tat des Beschul-

61 RGSt **17** 121; RGRspr. **9** 234; RG GA **55** (1908) 329; DStrZ **1920** 375; KK/*Slawik* 22; vgl. auch RGSt **9** 380.
62 KG VRS **14** (1958) 288.
63 BGH bei *Pfeiffer* NStZ **1981** 93; RGSt **70** 390; OLG Köln NJW **1957** 1373; KK/*Slawik* 13.
64 RGSt **44** 172.
65 RG JW **1936** 512; RG HRR **1939** 1388.
66 RGSt **32** 31; **56** 150; RG Recht **1914** Nr. 1030; *Henkel* 214; **a.A.** RG GA **48** (1901) 444 für den Fall des früheren § 159 StGB.
67 BGH VRS **14** (1958) 60; RGSt **11** 302; **17** 119; **64** 379; RG DJ **1935** 1462; KG VRS **10** (1956) 299; SK/*Rogall* 31; MüKo/*Maier* 30; *Eisenberg* (Beweisrecht) 1151.
68 BGHSt **6** 384; BGH LM Nr. 2 zu § 68a; BGH JZ **1976** 35; bei *Dallinger* MDR **1969** 535; RGSt **53** 169 = JW **1919** 386 m. Anm. *Kleinfeller*; KK/*Slawik* 13; *Schmitt*/Köhler 15; MüKo/*Maier* 35; *Eb. Schmidt* 24; einschränkend RGSt **77** 203; *Dalcke*/*Fuhrmann*/*Schäfer* 6; *Rasch* GA **68** (1920) 253.
69 RG DR **1940** 689; *Schmitt*/Köhler 15; KK/*Slawik* 13; MüKo/*Maier* 34; SK/*Rogall* 31.
70 BGH bei *Holtz* MDR **1982** 626.
71 BGHSt **1** 360 = MDR **1951** 564 m. Anm. *Dallinger*; BGHSt **6** 382 = JZ **1955** 343 m. Anm. *Henkel*; BGHSt **21** 147; RGSt **2** 217; **42** 248; **58** 373; OLG Hamm NJW **1969** 2297; SSW/*Güntge* 8; SK/*Rogall* 31.
72 BGH bei *Holtz* MDR **1983** 201.

digten beteiligt war, die nicht Gegenstand des Verfahrens ist,[73] oder wenn er unabhängig von dem Angeklagten eine gleichartige, insbesondere gegen denselben Verletzten[74] oder gegen den Angeklagten[75] gerichtete Tat verübt hat. Der Zeuge kann daher vereidigt werden, wenn er zwar verdächtig ist, an derselben kriminellen Vereinigung beteiligt gewesen zu sein wie der deswegen nach § 129 StGB Angeklagte, aber aus der Vereinigung ausgeschieden ist, bevor der Angeklagte sich an ihr beteiligte,[76] anders bei gleichzeitiger Mitgliedschaft. Ebenso wenig ist § 60 Nr. 2 anwendbar, wenn der Zeuge nur bei Gelegenheit der Tat des Angeklagten, wenn auch im Zusammenhang mit ihr, eine andere selbständige Tat begangen hat,[77] z.B. **unterlassene Hilfeleistung** (§ 323c StGB) bei einem Unglücksfall, an dem er nicht beteiligt war.[78] Anderes gilt jedoch, wenn der Zeuge an der lediglich aus Gründen der Gesetzeskonkurrenz im Hinblick auf die Vortat nicht zu verurteilenden unterlassenen Hilfeleistung des Angeklagten beteiligt war.[79] Ferner hindert es die Vereidigung nicht, dass zwischen dem Verhalten des Zeugen und der zur Untersuchung stehenden Tat ein tatsächlicher Zusammenhang derart besteht, dass für die Feststellung beider Taten dieselben Beweismittel von Bedeutung sind.[80] Die objektive Förderung der Tat ohne Gehilfenvorsatz begründet kein Vereidigungsverbot.[81]

20 **ff) Mitwirkung bei Fahrlässigkeitstaten.** Eine Beteiligung im Sinne des § 60 Nr. 2 kommt auch bei Fahrlässigkeitstaten in Betracht.[82] Die Vereidigung des Zeugen ist schon dann wegen Beteiligungsverdachts ausgeschlossen, wenn er durch seine Fahrlässigkeit, mag die Art der Tatbegehung und die Beteiligung auch anders gestaltet sein als bei dem Beschuldigten, zur Herbeiführung desselben rechtswidrigen Erfolges beigetragen hat, der nicht notwendigerweise in der Verletzung eines Dritten liegen muss, sondern bspw. auch in dem Verstoß gegen Verkehrsvorschriften bestehen kann.[83] Der als Zeuge vernommene Verkehrsteilnehmer kann aber vereidigt werden, wenn er nach dem Ergebnis der Hauptverhandlung an der durch den Zusammenstoß bewirkten Verkehrsbeeinträchtigung offensichtlich oder nachweisbar in keiner Weise schuldhaft beteiligt war.[84]

---

73 BGH bei *Dallinger* MDR **1969** 535; RGSt **59** 166 = JW **1925** 1510 m. Anm. *Mamroth*; OLG Hamm NJW **1957** 1411; SK/*Rogall* 32.

74 BGH bei *Dallinger* MDR **1969** 535; RGSt **5** 362; **59** 166; KK/*Slawik* 21; MüKo/*Maier* 31; *Schmitt*/Köhler 16; *Schläger* JR **1932** 30.

75 RG JW **1892** 261; **1922** 1032.

76 BGH v. 28.2.1973 – 3 StR 2/72; KK/*Slawik* 21; SK/*Rogall* 31; MüKo/*Maier* 33.

77 BGHSt **6** 383 = JZ **1955** 343 m. Anm. *Henkel*; RGSt **6** 286; **11** 302; **12** 190; **17** 120; **50** 165; **57** 186; 77 205; RGRspr. **3** 686; **9** 234; RG JW **1928** 2142; RG DStrZ **1920** 375; RG GA **48** (1901) 444; Recht **1928** Nr. 1208; BayObLG GA **74** (1930) 164; KG VRS **10** (1956) 299; OLG Hamm NJW **1957** 1411; KK/*Slawik* 21; SK/*Rogall* 32; *Schläger* JR **1932** 30.

78 BGH VRS **24** (1963) 420.

79 BGH StV **1992** 547; SSW/*Güntge* 7.

80 RGSt **29** 32; OLG Hamm NJW **1957** 1411.

81 BGH bei *Holtz* MDR **1980** 630.

82 BGH NJW **1952** 1103; VRS **10** (1956) 141; RGSt **8** 299; RGRspr. **9** 414; RG DJZ **1925** 259; **1926** 596; RG DRiZ **1932** Nr. 219; RG DStR **1938** 323; JR Rspr. **1925** Nr. 1476; Recht **1906** Nr. 2047; **1928** Nr. 1208; **1929** Nr. 935; BayObLG JW **1931** 1972; GA **74** (1930) 164; KG DJZ **1929** 924; KK/*Slawik* 23; SK/*Rogall* 34; *Schmitt*/Köhler 18; SSW/*Güntge* 7; MüKo/*Maier* 41; *Eb. Schmidt* 24; *Fincke* GA **1975** 176; *Schläger* JR **1932** 29.

83 BGHSt **10** 65, 68 f.; BGH VRS **10** (1956) 141; **14** (1958) 60; **28** (1965) 421; RGSt **64** 377; KG VRS **10** (1956) 299; OLG Celle NdsRpfl. **1960** 164 = VRS **19** (1960) 52; OLG Hamm JMBlNRW **1974** 20; MDR **1982** 690; OLG Köln VRS **5** (1953) 622; OLG Stuttgart Justiz **1972** 122; KK/*Slawik* 23; SSW/*Güntge* 7; SK/*Rogall* 34.

84 BGHSt **10** 65, 70; BGH bei *Martin* DAR **1958** 99; OLG Hamburg VRS **31** (1966) 204; KK/*Senge* 23; SK/*Rogall* 34; missverständlich, aber im Ergebnis nicht abweichend OLG Celle VRS **19** (1960) 50, wo von „vorwerfbarem" Verhalten die Rede ist.

d) Falschaussage. Unvereidigt bleiben muss im Verfahren wegen falscher Aussage (§§ 153 ff. StGB) der Teilnehmer an einer früheren Straftat, über die der Angeklagte als Zeuge unmittelbar[85] oder mittelbar falsch ausgesagt haben soll. § 60 Nr. 2 findet hingegen **keine Anwendung** auf denjenigen, der als Zeuge in demselben **Zivilprozess** wie der deswegen Angeklagte einen Meineid geleistet hat[86] oder der nunmehr als Zeuge über denselben Vorgang aussagt wie der wegen Meineids Angeklagte, aber von der Aussage des Angeklagten abweichende Angaben macht, so dass eine der beiden Aussagen falsch sein muss.[87] 21

e) Datenhehlerei. Ein Vereidigungsverbot nach § 60 Nr. 2 besteht, wenn der Zeuge der Datenhehlerei nach dem neu geschaffenen § 202d StGB verdächtig ist. Im Rahmen einer Entscheidung über ein Vereidigungsverbot ist zu beachten, dass die Datenhehlerei eine rechtswidrige Tat des Vortäters voraussetzt.[88] Dies setzt die Verwirklichung des Tatbestandes eines Strafgesetzes voraus (§ 11 Abs. 1 Nr. 5 StGB). Das ist nicht der Fall, wenn der Vortäter Daten durch eine Vertragsverletzung, ein Disziplinarvergehen oder eine Ordnungswidrigkeit erlangt.[89] Außerdem ist der **Tatbestandsausschluss** nach § 202d Abs. 3 StGB zu beachten. Danach macht sich nicht strafbar, wer ausschließlich zum Zwecke der Erfüllung rechtmäßiger oder beruflicher Pflichten handelt. Bedeutung dürfte dies vornehmlich für die Fälle des Ankaufs sog. Steuer-CDs haben.[90] Durch § 202d StGB ist klargestellt, auch wenn dies rechtspolitisch zweifelhaft sein mag, dass diese Ankäufe nicht vom Tatbestand der Datenhehlerei erfasst werden. Bei den Käufern kommt ein Vereidigungsverbot deshalb nicht in Betracht. 22

f) Begünstigung. Strafvereitelung. Das Vereidigungsverbot des § 60 Nr. 2 gilt auch für diejenigen, die verdächtig sind, sich nach Beendigung der Tat der Begünstigung (§ 257 StGB) oder der Strafvereitelung nach §§ 258, 258a StGB schuldig gemacht zu haben. Bei der Strafvereitelung ist zu berücksichtigen, dass auch der Versuch der Strafvereitelung strafbar ist (§ 258 Abs. 4 StGB). Straflos hingegen ist die Selbstbegünstigung nach § 257 Abs. 1 StGB und die Strafvereitelung zugunsten der eigenen Person nach § 258 Abs. 5 StGB. In diesen Fällen gilt das Vereidigungsverbot des § 60 Nr. 2 nicht, selbst wenn der Zeuge zugleich in der Absicht handelt, auch den Beschuldigten der Strafverfolgung zu entziehen.[91] Ebenso wenig wie der Begünstiger in dem Verfahren gegen den Begünstigten darf in dem umgekehrten Fall der Begünstigte vereidigt werden.[92] In dem Verfahren gegen den Begünstiger sind Teilnehmer an der die Untersuchung bildenden Tat ferner die Mittäter und Gehilfen des Begünstigten[93] sowie der Hehler. Die **Vortat** braucht nicht erwiesen zu sein, denn die Vernehmung des Zeugen dient gerade dem Zweck, sie aufzuklären. Es genügt daher, dass hinsichtlich der Vortat Tatverdacht besteht.[94] Weichen die Vorstellungen des Zeugen von der Vortat in tatsächlicher oder rechtlicher Hinsicht von der Wirklichkeit völlig ab (Wirtschaftsstraftat statt Mord), so soll der Begünstiger nicht „in derselben Rich- 23

---

85 BGHSt **6** 382 = JZ **1955** 343 m. Anm. *Henkel*; *Schmitt*/Köhler 10; MüKo/*Maier* 22; *Seibert* NJW **1963** 143.

86 RG JW **1928** 2142.

87 RG JW **1930** 92; zur Mitwirkung beim fahrlässigen Falscheid vgl. auch RG DJZ **1925** 259; vgl. auch RG Recht **1906** Nr. 2047.

88 *Stuckenberg* Der missratene Tatbestand der neuen Datenhehlerei (§ 202d StGB), ZIS **2016** 426.

89 BTDrucks. **18** 5088 S. 46.

90 BTDrucks. **18** 5088 S. 48.

91 BGHSt **9** 71, 73; KK/*Slawik* 28; SK/*Rogall* 38; SSW/*Güntge* 8.

92 BGHSt **6** 382, 383 = JZ **1955** 343 m. Anm. *Henkel*; RGSt **29** 35; RG GA **47** (1900) 438; OLG Hamm NJW **1954** 1659.

93 BGHSt **4** 255; RG Recht **1920** Nr. 238a; *Schmitt*/Köhler 12; KK/*Slawik* 13; *Eb. Schmidt* 24.

94 OLG Celle MDR **1966** 605; SK/*Rogall* 38.

tung“ an der Tat mitgewirkt haben, so dass das Vereidigungsverbot nicht besteht.[95] Das überzeugt nicht, denn auch in diesem Fall ist der Zeuge durch seine eigene Tat der Begünstigung mit der Sache verstrickt, so dass ihm die erforderliche Unbefangenheit fehlt. Die Vortat muss nicht unbedingt die Tat sein, die dem Beschuldigten zur Last gelegt wird; auch eine gemeinsame Vortat schließt die Vereidigung aus. Im Verfahren gegen den Hehler darf daher auch der Begünstiger des Diebes nicht vereidigt werden.[96]

24 Das Vereidigungsverbot besteht nur, wenn der Zeuge verdächtig ist, sich unabhängig von der zu beeidenden Vernehmung wegen Begünstigung oder Strafvereitelung strafbar gemacht zu haben. Dies ist **i.d.R.** der Fall, wenn er unter Verdacht steht, **vor der Hauptverhandlung**, in der er vernommen wird, eine nach § 257, § 258 oder § 258a StGB strafbare Tat begangen zu haben.[97] Das Vereidigungsverbot aber besteht auch, wenn der Zeuge einer versuchten Strafvereitelung durch eine bereits abgeschlossene Aussage in derselben Verhandlung verdächtig ist[98] oder wenn der Zeuge vor Abschluss seiner Vernehmung außerhalb der Hauptverhandlung als Beschuldigter vernommen worden ist.[99] Keine Rolle spielt es, ob seine jetzige Aussage glaubhaft ist[100] oder ob er nunmehr den Angeklagten sogar belastet.[101] Der Zeuge darf jedoch nicht wegen des Vereidigungsverbots nach § 60 Nr. 2 unvereidigt bleiben, wenn nur der Verdacht besteht, dass er in der Absicht der Strafvereitelung oder Begünstigung bei seiner gegenwärtigen Vernehmung falsch ausgesagt hat.[102] Unerheblich ist auch, ob der Zeuge die Aussage nunmehr richtigstellt.[103] Das gilt auch dann, wenn der Zeuge seine unwahre Aussage noch vor der Entscheidung über die Vereidigungsfrage berichtigt hat.[104]

25 Eine dem Angeklagten vor der Hauptverhandlung **gegebene Zusage oder eine Vereinbarung der Falschaussage** begründet im Hinblick auf eine Strafvereitelung nach § 258 StGB stets nur eine straflose Vorbereitungshandlung zu dieser Tat und damit kein Vereidigungsverbot nach § 60 Nr. 2.[105] Die Schwelle zum Versuch wird erst durch den Beginn der Falschaussage überschritten.[106] Die vom Bundesgerichthof im Anschluss an die Rechtspre-

---

95 BGHSt **4** 368; SK/*Rogall* 38; MüKo/*Maier* 52; *Schmitt*/Köhler 19; *Dalcke/Fuhrmann/Schäfer* 7.

96 BGHSt **6** 382, 383 = JZ **1955** 343 m. Anm. *Henkel*; OLG Hamm NJW **1969** 2297; SK/*Rogall* 38; *Schmitt*/Köhler 19; MüKo/*Maier* 62.

97 BGHSt **1** 360 = MDR **1951** 564 m. Anm. *Dallinger*; KK/*Slawik* 24; *Schmitt*/Köhler 20; SK/*Rogall* 38; SSW/*Güntge* 8.

98 BGHSt **34** 68, 70; KK/*Slawik* 24; SK/*Rogall* 38; MüKo/*Maier* 54; *Schmitt*/Köhler 20.

99 BGH NStZ **1989** 583 f.; SK/*Rogall* 38; KK/*Slawik* 24; MüKo/*Maier* 56.

100 OLG Hamm VRS **27** (1964) 133; MüKo/*Maier* 55.

101 BGH bei *Dallinger* MDR **1970** 383; KK/*Slawik* 24; *Schmitt*/Köhler 20; SK/*Rogall* 38; MüKo/*Maier* 55.

102 Ständige Rspr.; grundsätzlich BGHSt **1** 360 = MDR **1951** 564 m. Anm. *Dallinger*; **19** 114; BGH NJW **1952** 1386; VRS **23** (1962) 369; bei *Dallinger* MDR **1969** 724; bei *Holtz* MDR **1979** 108; NStZ **1981** 268; **1981** 309; **1982** 430; BGH StV **1982** 342; bei *Pfeiffer/Miebach* NStZ **1983** 354; BGHSt **34** 68, 70 m.w.N.; StV **1983** 1; KK/*Slawik* 24; *Schmitt*/Köhler 20; *Eb. Schmidt* 13; *Peters* § 42 III 3b aa; *G. Schäfer* § 66 II 1; *Schlüchter* 518.1; *Lenckner* NStZ **1982** 402; *Niethammer* JR **1935** 13; *Theuerkauf* MDR **1964** 204; **a.A.** RGSt **68** 321; OGHSt **1** 97; *Eckert* NJW **1963** 846; zweifelnd auch *Seibert* NJW **1963** 143.

103 BGH bei *Pfeiffer* NStZ **1981** 94; **1982** 78; bei *Pfeiffer* NStZ **1982** 118; KK/*Slawik* 24; *Schmitt*/Köhler 20; MüKo/*Maier* 55; SK/*Rogall* 38.

104 RG HRR **1932** 1902; KK/*Senge* 26; MüKo/*Maier* 55.

105 BGHSt **31** 10 = NStZ **1982** 329 mit abl. Anm. *Beulke;* **34** 68; BGH NJW **1992** 1636;NStZ **2013** 238 mit Anm. Widmaier; BayObLG JR **1987** 37 m. Anm. *Krümpelmann/Heusel* = JuS **1986** 409 mit Anm. *Hassemer*; OLG Bremen NJW **1981** 2711; OLG Düsseldorf NJW **1988** 84; OLG Hamburg StV **1983** 325; OLG Karlsruhe MDR **1993** 368; OLG Koblenz NJW **1984** 1246; SSW/*Güntge* 8; KK/*Slawik* 25; SK/*Rogall* 39; *Schmitt*/Köhler 21; **a.A.** BGH NStZ **1981** 268; bei *Holtz* MDR **1979** 108; OLG Hamburg NJW **1981** 771 = JR **1981** 158 m. Anm. *Rudolphi*; HK/*Gercke* 24.

106 OLG Karlsruhe MDR **1993** 368.

chung zu § 257 StGB a.F.[107] zunächst vertretene Ansicht, dass bereits die Absprache zwischen Angeklagtem und Zeugen über eine von diesem zu machende Falschaussage eine das Vereidigungsverbot auslösende Strafvereitelung sei,[108] ist überwiegend auf Ablehnung gestoßen.[109] In späteren Entscheidungen hat der Bundesgerichtshof dann auch zu erkennen gegeben, an dieser Rechtsprechung nicht festzuhalten.[110]

Etwas anderes gilt für die sachliche Begünstigung nach § 257 StGB. Hier kann die 26 Zusage der Falschaussage vor der Hauptverhandlung bei einem Vermögensdelikt den Verdacht der Begünstigung und damit ein Vereidigungsverbot begründen.[111] Dagegen schließt der Umstand, dass sich der Zeuge durch seine Aussage nach § 30 Abs. 2, § 154 StGB der Verabredung oder des Sichbereiterklärens zum Verbrechen des Meineides strafbar gemacht haben kann, die Vereidigung nicht aus. Die von § 60 Nr. 2 vorausgesetzte Konfliktlage besteht in diesem Fall nicht, weil der Zeuge durch die in einer wahrheitsgemäßen Aussage liegende Aufgabe des Vorhabens Straffreiheit nach § 31 Abs. 1 Nr. 2 StGB erlangt.[112] Gerade in diesem Fall kann die Eidespflicht ein geeignetes Mittel zur Erzwingung einer wahrheitsgemäßen Aussage sein.

g) Hehlerei. Das Vereidigungsverbot nach § 60 Nr. 2 besteht, wenn der Zeuge verdäch- 27 tig ist, im Zusammenhang mit der verfahrensrelevanten Tat eine Sache hehlerisch erworben oder dazu angestiftet, bzw. Beihilfe geleistet[113] zu haben. Soweit als eine gegen fremdes Vermögen gerichtete rechtswidrige Tat i.S. des § 259 Abs. 1 StGB wiederum Hehlerei selbst in Betracht kommt,[114] besteht folgerichtig auch ein Vereidigungsverbot nach § 60 Nr. 2, wenn der Verdacht besteht, dass der Zeuge die Sache von demjenigen erworben hat, der sie seinerseits durch Hehlerei an sich gebracht hat.[115] Ferner ist die Vereidigung nach § 60 Nr. 2 unzulässig, wenn der der Hehlerei verdächtige Zeuge in dem Verfahren gegen den zweiten Hehler vernommen werden soll, dem er die gehehlte Sache weiterverkauft hat.[116] Ebenso wenig wie der Hehler im Verfahren gegen den Dieb darf der Dieb in dem Verfahren gegen den Hehler vereidigt werden.[117] Da es genügt, dass die Tat, deren der Zeuge verdächtig ist, mit der dem Beschuldigten zur Last gelegten eine gemeinsame Vortat hat, ist die Vereidigung des Hehlers auch dann ausgeschlossen, wenn er in dem Verfahren

---

107 BGHSt **19** 114; **27** 74; BGH LM Nr. 5 zu § 60 Nr. 3; BGH bei *Dallinger* MDR **1969** 724; RG JW **1929** 2730 m. Anm. *Heimberger*; RG JW **1936** 2806; OLG Hamm GA **1973** 211; *Eckert* NJW **1963** 847; *Seibert* NJW **1963** 142; vgl. auch RGSt **20** 233; MüKo/*Maier* 57.

108 BGH bei *Holtz* MDR **1979** 108; BGH NStZ **1981** 268; **1981** 309; MüKo/*Maier* 57; *G. Schäfer* § 66 II 1.

109 OLG Bremen NJW **1981** 2711; KG NStZ **1981** 449; OLG Hamburg JR **1981** 158 mit Anm. *Rudolphi*; OLG Hamburg StV **1983** 325; KK/*Slawik* 25; TK-StGB/*Hecker* § 258, 16; *Lenckner* JR **1977** 75; *ders.* NStZ **1982** 401; *Roxin/Schünemann* § 26, 44.

110 BGHSt **31** 10 = NStZ **1982** 330 m. abl. Anm. *Beulke;* BGH NStZ **1982** 430; NJW **1988** 84; StV **1982** 355; bei *Pfeiffer/Miebach* NStZ **1983** 43; BGH NStZ **2013** 238 m. Anm. Widmaier.

111 BGHSt **27** 74; BGH bei *Holtz* MDR **1979** 108; BGH NStZ **1981** 268; *Schmitt*/Köhler 21; MüKo/*Maier* 57; SSW/*Güntge* 8; *Strate* StV **1984** 43; krit. *Lenckner* NStZ **1982** 402 ff.

112 BGHSt **30** 332; KG NStZ **1981** 449; OLG Düsseldorf NJW **1988** 84; MüKo/*Maier* 59; *Lenckner* NStZ **1982** 403 *Schlüchter* 518.1 Fn. 393; *Roxin/Schünemann* § 26, 44; **a.A.** OLG Hamburg JR **1981** 158 m. Anm. *Rudolphi.*

113 BGH StV **1990** 484; *Schmitt*/Köhler 22; KK/*Slawik* 29; SSW/*Güntge* 8; MüKo/*Maier* 61.

114 Vgl. *Fischer* § 259, 3.

115 SK/*Rogall* 40; MüKo/*Maier* 62; SSW/*Güntge* 8; KK/*Slawik* 29.

116 BGH bei *Miebach/Kusch* NStZ **1991** 27; RGSt **42** 248; RG JZ **1919** 439; KK/*Senge* 29; *Eb. Schmidt* 24.

117 BGHSt **1** 363 = MDR **1951** 564 m. Anm. *Dallinger*; BGHSt **6** 383 = JZ **1955** 343 m. Anm. *Henkel*; RGSt **2** 217; **17** 119; **19** 356; **22** 99; **42** 248; **58** 373; RGRspr. **3** 589; 7 627; RG JZ **1919** 439; OLG Hamm NJW **1954** 1659; **1969** 2297; *Schmitt*/Köhler 12; KK/*Slawik* 29; MüKo/*Maier* 62; SK/*Rogall* 40; *Eb. Schmidt* 24; *Seibert* NJW **1963** 143.

gegen denjenigen vernommen wird, der angeklagt ist, den Vortäter begünstigt zu haben.[118] Da der Versuch der Hehlerei ebenfalls strafbar ist (§ 259 Abs. 3 StGB), führt ein entsprechender Verdacht auch zu einem Vereidigungsverbot.

28 **6. Maßgeblicher Zeitpunkt.** Das Vereidigungsverbot setzt einen Verdacht **zur Zeit der Urteilsberatung**, nicht der Vernehmung voraus. Die vor diesem Zeitpunkt getroffene Entscheidung über die Vereidigung hat immer nur vorläufige Bedeutung.[119] Die Tatsache, dass der Zeuge nach § 55 belehrt worden ist, beweist daher nicht, dass das Gericht ihn bei Urteilserlass für tat- oder teilnahmeverdächtig gehalten hat.[120] Es kommt nicht darauf an, ob der Zeuge früher einmal im Ermittlungsverfahren im Verdacht der Tatbegehung oder -beteiligung gestanden hat.[121]

29 **7. Grad des Verdachts.** Es muss kein hinreichender und erst recht kein dringender Tat- oder Beteiligungsverdacht vorliegen; ein **entfernter Verdacht** reicht aus.[122] Jedoch muss der Verdacht tatsächlich bestehen; es genügt nicht, dass er nur theoretisch möglich erscheint.[123] Der Verdacht der Teilnahme kann **fortbestehen,** auch wenn der Angeklagte freigesprochen wird[124] oder das Ermittlungsverfahren gegen ihn oder gegen den Zeugen eingestellt[125] oder der Zeuge wegen nicht erwiesener Schuld freigesprochen worden ist.[126] Dasselbe gilt für den Fall, dass das Verfahren nach § 154a auf eine Gesetzesverletzung beschränkt wird und der Verdacht der Beteiligung sich auf die ausgeschiedene Gesetzesverletzung bezieht.[127] Andererseits steht der Umstand, dass der Zeuge sich selbst der Täterschaft oder Teilnahme bezichtigt oder dass gegen ihn ein Ermittlungsverfahren anhängig ist, der Vereidigung nicht entgegen, wenn das Gericht überzeugt ist, dass ein Verdacht gleichwohl nicht besteht.[128]

30 **8. Bereits wegen Tatbeteiligung verurteilte Zeugen.** Wenn der Zeuge bereits wegen der Mitwirkung an der dem Angeklagten vorgeworfenen Tat verurteilt worden ist (auch durch Strafbefehl), ist nach dem eindeutigen Wortlaut des Gesetzes kein Raum für Erwä-

---

118 RGSt **58** 373; KK/*Slawik* 29; MüKo/*Maier* 62.

119 *Schmitt*/Köhler 23, 29 f.; KK/*Slawik* 33; SK/*Rogall* 37.

120 RG Recht **1929** Nr. 1731.

121 BGH bei *Dallinger* MDR **1951** 538.

122 BGHSt **4** 256; **17** 134; **39** 199; BGH LM Nr. 2 zu § 68a; NJW **1952** 1103; JZ **1976** 35; VRS **25** (1963) 30; BGH bei *Dallinger* MDR **1975** 725; BGH GA **1980** 256; NStZ **1983** 516; **1985** 183; RGSt **44** 385; RG JW **1937** 2706; KG VRS **10** (1956) 299; **14** (1958) 289; OLG Celle VRS **19** (1960) 52; MDR **1966** 605; OLG Hamburg VRS **31** (1966) 204; OLG Hamm NJW **1969** 2297; JMBlNRW **1974** 20; StV **1984** 105; OLG Köln VRS **5** (1953) 622; OLG Neustadt NJW **1953** 1198; OLG Saarbrücken OLGSt § 60 S. 7; OLG Stuttgart Justiz **1972** 122; KK/*Slawik* 30; *Schmitt*/Köhler 23; MüKo/*Maier* 43; SSW/*Güntge* 9; *Dahs* JR **1991** 246.

123 BGH NJW **1952** 273; BGH NStZ **1985** 183; **1992** 594; RGSt **44** 385; **47** 297; **59** 167; **77** 204; RG JW **1925** 795 m. Anm. *Löwenstein*; RG GA **51** (1904) 49; OLG Hamburg JZ **1928** 429; OLG Düsseldorf GA **1985** 511; *Schmitt*/Köhler 23; KK/*Slawik* 30; SK/*Rogall* 35; SSW/*Güntge* 9.

124 RG Recht **1907** Nr. 3605; **1912** Nr. 2617; SK/*Rogall* 36; SSW/*Güntge* 9; KK/*Slawik* 31.

125 BGH NJW **1955** 1488; GA **1968** 149; RGSt **8** 382; **14** 26; 77 206; OLG Köln NJW **1957** 1373; KK/*Slawik* 31; SK/*Rogall* 36; SSW/*Güntge* 9; *Schmitt*/Köhler 24; *Dalcke*/*Fuhrmann*/*Schäfer* 8.

126 BGH StV **1994** 412; RGSt **8** 382; RGRspr. **3** 589; **5** 469; **8** 35; RG JW **1925** 998 m. Anm. *Beling*; RG JZ **1932** 967; RG Recht **1903** Nr. 284; OLG Saarbrücken OLGSt § 60 S. 5; OLG Stuttgart MDR **1970** 163; KK/*Slawik* 31; *Fraeb* GerS **80** (1913) 123.

127 BGH StV **1990** 145.

128 BGH NStZ **1989** 583 f.; RGSt **16** 209; KK/*Slawik* 31; *Schmitt*/Köhler 24; SSW/*Güntge* 9; *Dalcke*/*Fuhrmann*/*Schäfer* 8.

gungen über den Tat- oder Teilnahmeverdacht: Der Zeuge darf dann nicht vereidigt werden.[129] Das gilt auch dann, wenn das Gericht bei der Verurteilung wegen Meineids von der Milderungsmöglichkeit nach § 157 Abs. 1, § 158 Abs. 1 StGB Gebrauch gemacht hat. Rechtskräftig muss das Urteil nicht sein.[130] Dem Gericht soll die Prüfung des Teilnahmeverdachts stets erspart werden, wenn und solange der Zeuge verurteilt ist. Die Verurteilung entfällt bei Einspruch gegen einen Strafbefehl und bei Aufhebung der Verurteilung durch das Rechtsmittelgericht oder im Wiederaufnahmeverfahren. Der Erlass der Strafe im **Gnadenweg**[131] oder aufgrund eines **Straffreiheitsgesetzes**[132] spielt für die Vereidigungsfrage keine Rolle.

9. Teilvereidigung. Wenn dem Angeklagten mehrere rechtlich selbständige Taten zur Last gelegt werden, ist § 60 Nr. 2 nicht auf Zeugen anzuwenden, die nur wegen der einen Tat einer Beteiligung verdächtig sind, ihr Zeugnis aber ausschließlich über die anderen ablegen sollen.[133] Wird in einem solchen Fall die Aussage über beide Straffälle erforderlich, so kann dies dementsprechend zu einer Teilvereidigung führen.[134] Dies gilt jedoch nicht, wenn die Taten ein nicht oder nur schwer zu trennendes Gesamtgeschehen bilden[135] (vgl. § 59, 14). Ein nur partiell bestehendes Vereidigungsverbot führt jedoch nach § 59 nicht zu einem Vereidigungsgebot[136] hinsichtlich des anderen Teils der Aussage. 31

V. Entscheidung und Begründung

1. Entscheidung. Über die Frage, ob ein Vereidigungsverbot vorliegt, ist von Amts wegen nach pflichtgemäßem Ermessen – besser: pflichtgemäßer Beurteilung – zu entscheiden.[137] Es entscheidet zunächst der Vorsitzende (§ 59, 21 f.). Gegen seine Entscheidung kann von einem Prozessbeteiligten oder einem Mitglied des Gerichts die **Entscheidung des Gerichts** herbeigeführt werden[138] (§ 59, 23). Nach der Abschaffung der Regelvereidigung lässt der Wortlaut des Gesetzes offen, ob das Vorliegen eines Vereidigungsverbots nach § 60 Nr. 1 oder Nr. 2 stets oder nur dann zu prüfen ist, wenn nicht bereits nach § 59 32

---

129 *Schmitt*/Köhler 25; SK/*Rogall* 41.

130 HK/*Gercke* 29; KK/*Slawik* 32; *Schmitt*/Köhler 25; SSW/*Güntge* 9; **a.A.** *Lenckner* FS Peters, 342 Fn. 37, der diese einschränkende Auslegung des § 60 Nr. 2 zur Stütze seiner Ansicht benötigt, Mitbeschuldigte könnten auch bei fehlender Verfahrensverbindung keine Zeugen sein.

131 RGSt **50** 158.

132 BGHSt **4** 130, 131; s. auch Rn. 11.

133 BGH NStZ **1987** 516 m. Anm. *Dahs*.

134 BGHSt **19** 108/109; BGH NJW **1954** 1655; bei *Dallinger* MDR **1953** 21; bei *Holtz* MDR **1983** 987; StV **1987** 90; bei *Miebach* NStZ **1989** 218; RGSt **11** 1; **49** 359; RGRspr. **7** 98; RG GA **54** (1907) 81; JZ **1919** 386; **1931** 1335; OLG Düsseldorf JMBlNRW **1962** 36; KK/*Slawik* § 59, 4; *Schmitt*/Köhler 26; SK/*Rogall* 42; MüKo/*Maier* 78; *Dalcke*/*Fuhrmann*/*Schäfer* 5.

135 BGH StV **1983** 401; NStZ **1987** 516 m. Anm. *Dahs*; **1991** 143 m.w.N.; RGSt **49** 359; BGHR StPO § 60 Nr. 2 Teilvereidigung 5; *Schmitt*/Köhler 26; MüKo/*Maier* 79; SSW/*Güntge* 10.

136 **A.A.** zu § 59 a.F. BGH NStZ **1987** 516 mit Anm. *Dahs*.

137 BGHSt **4** 255, 369; **9** 72; BGH VRS **4** (1952) 598; **15** (1958) 113; **16** (1959) 211; **25** (1963) 40; StV **1982** 251; **1982** 342; NJW **1983** 2336; RGSt **44** 173; **44** 384; **56** 150; **57** 187; **59** 186; RG JW **1922** 35 mit Anm. *Löwenstein*; **1922** 1031 m. Anm. *Mamroth*; DR **1940** 689; OGHSt **2** 100; BayObLGSt **1951** 77 = HESt **3** 13; BayObLGSt **1953** 151 = JR **1954** 113 m. Anm. *Sarstedt* = MDR **1954** 121 m. Anm. *Mittelbach*; BayObLGSt **1960** 281 = NJW **1961** 616; OLG Celle VRS **19** (1960) 51; OLG Hamburg VRS **31** (1966) 204; OLG Hamm MDR **1953** 55; **1965** 505; OLG Koblenz VRS **45** (1973) 188; KK/*Slawik* 33; *Schmitt*/Köhler 5; SK/*Rogall* 44.

138 KK/*Slawik* 6, 33; *Schmitt*/Köhler 27; MüKo/*Maier* 63.

von der Vereidigung abgesehen wird.[139] Nach der hier vertretenen Auffassung muss das Gericht stets, also auch dann, wenn es nach § 59 von der Vereidigung absieht, eine Entscheidung darüber treffen, ob ein Vereidigungsverbot nach § 60 vorliegt,[140] weil die Vorschrift nur dann ihre **Warnfunktion** (Rn. 6) entfalten kann.[141] Besteht über die Voraussetzungen des § 60 Unklarheit, so ermittelt das Gericht die Fakten im Freibeweis.[142] Da die Prüfung und die Entscheidung über die Eidesfähigkeit des Zeugen immer nur der vernehmende Richter vornehmen kann, obliegt sie auch dem ersuchten Richter; auf dessen Feststellungen kann sich das erkennende Gericht stützen, wenn die Niederschrift über die Vernehmung nach § 251 verlesen wird.[143]

33 **2. Begründung.** Nach der hier zu § 59 vertretenen Auffassung bedarf die Entscheidung des Gerichts bzw. des Vorsitzenden über die Vereidigung generell zumindest einer mündlichen Begründung. Zudem sollte die Begründung protokolliert werden, wobei i.d.R. eine knappe Begründung ausreicht (§ 59, 27). Nach h.M. dagegen ist eine Begründung nicht grundsätzlich geboten.[144] Jedenfalls ist eine – auch zu protokollierende – Begründung **geboten**, wenn ein **Vereidigungsverbot** im Raum steht. Entscheidet sich das Gericht nach § 59 für eine Vereidigung und sieht es sich daran wegen § 60 gehindert, so hat es die Gründe für die Nichtvereidigung anzugeben.[145] Wird der Zeuge nach § 59 Abs. 1 Satz 1 vereidigt, obwohl der Fall Anlass gibt, an ein Vereidigungsverbot zu denken, so muss das Gericht – wie nach der alten Rechtslage – zum Ausdruck bringen, dass es dies geprüft hat. Wenn der Zeuge nach § 59 unvereidigt bleiben soll, aber auch ein Vereidigungsverbot nach § 60 vorliegt, muss die Entscheidung der Nichtvereidigung mit dem Hinweis auf § 60 begründet werden, weil dies kein Regelfall der Nichtvereidigung nach § 59 ist. Es handelt sich deshalb um eine **wesentliche Förmlichkeit** des Verfahrens,[146] die als solche und damit notwendigerweise auch unter **Hinweis auf § 60** zu protokollieren ist, denn als protokollierungspflichtige wesentliche Förmlichkeit ist sie nur zu erkennen, wenn der Hinweis auf § 60 ebenfalls protokolliert wird. Insofern handelt es sich bei dem Hinweis auf § 60 genau genommen wohl auch nicht um einen Teil der Begründung, sondern um einen Bestandteil der Entscheidung selbst.

34 Eine andere Frage ist, ob begründet werden muss, welches der Vereidigungsverbote vorliegt. Im Hinblick auf die Abschaffung des § 64 a.F. wird man eine solche Begründung zumindest für die Vorabentscheidung des Vorsitzenden nicht für erforderlich halten können. Anders ist es, wenn diesbezüglich dann gerichtliche Entscheidung beantragt wird (dazu § 59, 28).

35 Bei einem Vereidigungsverbot wegen Eidesunmündigkeit nach **§ 60 Nr. 1** genügt als Begründung die Anführung der Gesetzesstelle; denn das Alter des Zeugen ergibt sich aus seinen Antworten auf die Personalfragen, die üblicherweise in die **Sitzungsniederschrift**

---

139 So *Schmitt*/Köhler 28; KK/*Slawik* 35; SSW/*Güntge* 12.

140 Vgl. zum entsprechenden Verhältnis zwischen § 60 Nr. 3 a.F. (jetzt § 60 Nr. 2) und § 62 a.F. (Vereidigung in Privatklagesachen wegen ausschlaggebender Bedeutung der Aussage oder zur Herbeiführung einer wahren Aussage, also entsprechend den Vereidigungsgründen des § 59 Abs. 1 Satz 1) BGHSt **10** 66: „Der § 60 Nr. 3 StPO geht dem § 62 StPO vor".

141 **A.A.** SK/*Rogall* 45; *Schmitt*/Köhler 28.

142 Vgl. auch RGSt **51** 70; **56** 103.

143 RGSt **26** 97.

144 KK/*Slawik* 35; *Schmitt*/Köhler 28.

145 *Schmitt*/Köhler 28; SK/*Rogall* 45; KK/*Slawik* 35; SSW/*Güntge* 12.

146 Die Problematik ist angedeutet, aber offen gelassen in BGHSt **51** 81, 84 im Hinblick auf die Frage, ob die Entscheidung über die Nichtvereidigung nach § 60 auch nach der neuen Rechtslage ein wesentlicher Teil der Hauptverhandlung ist.

aufgenommen werden.[147] Wenn Anhaltspunkte für mangelnde Verstandesreife oder -kraft des Zeugen bestehen, muss das Gericht darlegen, ob die Vereidigung nach § 60 Nr. 1 wegen Eidesunfähigkeit unzulässig ist oder nicht. Dies ist insbesondere bei einem i.S. des BtG Betreuten[148] und bei einem in demselben Verfahren nach § 20 StGB freigesprochenen Zeugen unerlässlich.[149] Dies umfasst die Angabe, ob der Zeuge wegen fehlender Verstandesreife oder wegen Verstandesschwäche nicht vereidigt werden darf. Die allgemeine Angabe, dass der Zeuge von der Bedeutung des Eides keine genügende Vorstellung hat und der allgemeine Hinweis auf den Gesundheitszustand des Zeugen reichen nicht aus.[150] Die Tatsachen, aus denen das Gericht auf diesen Mangel schließt, brauchen aber nicht mitgeteilt zu werden.

Sieht das Gericht nach **§ 60 Nr. 2** von der Vereidigung ab, muss erkennbar gemacht werden, welcher Art das Verhältnis des Zeugen zu der dem Angeklagten vorgeworfenen Tat ist.[151] Dazu genügt die Angabe, dass der Zeuge der Tat oder der Beteiligung an ihr,[152] der Datenhehlerei, der Begünstigung,[153] Strafvereitelung oder Hehlerei[154] verdächtig ist. Nur wenn der Grund der Nichtvereidigung für alle Beteiligten offenkundig ist, etwa weil der Zeuge im ersten Rechtszug rechtskräftig als Mittäter verurteilt worden war, kann die Angabe der Teilnahmeform ganz entfallen.[155] Die tatsächlichen Erwägungen, aus denen das Gericht den Zeugen für tat- oder teilnahmeverdächtig hält, brauchen zwar weder in der Beschlussbegründung[156] noch in den Urteilsgründen[157] dargelegt zu werden. Das Fehlen einer näheren Begründung ist jedoch dann von Bedeutung, wenn sich aus der Sachlage ergibt, dass die Entscheidung über die Vereidigung durch Rechtsirrtum beeinflusst sein kann,[158] insbesondere wenn die Urteilsfeststellungen darauf hindeuten, dass der Zeuge teilnahmeverdächtig ist.[159] Das Gericht ist **nicht verpflichtet**, die Verfahrensbeteiligten darüber zu unterrichten, ob es dem Zeugen, der nach § 60 Nr. 2 unvereidigt bleibt, glauben will oder nicht.[160] **36**

---

147 BGH VRS **22** (1962) 148; **41** (1971)186; KK/*Slawik* 7; SK/*Rogall* 46; MüKo/*Maier* 68; *Eb. Schmidt* 7; *Schorn* NJW **1966** 1014.

148 Noch für „Entmündigte": BGHSt **22** 266; RG GA **50** (1903) 398.

149 OLG Hamm GA **1969** 316.

150 RG GA **50** (1903) 398; JZ **1916** 469; Recht **1919** Nr. 840; OLG Marienwerder HRR **1928** 2243; KK/*Slawik* 7; SK/*Rogall* 46; *Schmitt*/Köhler 6; MüKo/*Maier* 69; *Schorn* NJW **1966** 1014.

151 RGSt **4** 324; **24** 130; RG JW **1893** 290; **1899** 474; GA **36** (1888) 325; **48** (1901) 444; OLG Köln MDR **1974** 861; KK/*Slawik* 35; *Schmitt*/Köhler 28; SK/*Rogall* 47; MüKo/*Maier* 70; *Dahs/Dahs* 273; *Schorn* NJW **1966** 1015; *Seibert* NJW **1963** 143.

152 BGHSt **1** 177; BGH NJW **1952** 273; **1953** 232; RGSt **4** 324; **12** 123; **19** 356; **24** 130; RGRspr. **5** 468; **10** 36; RG HRR **1934** 1498.

153 BGH VRS **25** (1963) 40; BayObLGSt **1951** 78 = HESt **3** 14; BayObLG JW **1931** 225.

154 RGSt **25** 44; OLG Koblenz VRS **45** (1973) 188.

155 BGH NJW **1953** 232; VRS **22** (1962) 147; RGSt **24** 130; RGRspr. **4** 237; RG JW **1925** 998 m. Anm. *Beling*; GA **36** (1888) 324; **69** (1925) 182; KK/*Slawik* 35; *Schmitt*/Köhler 28; SK/*Rogall* 47; MüKo/*Maier* 64.

156 BGH NJW **1952** 273; VRS **11** (1956) 50; **25** (1963) 40; RGSt **24** 130; **28** 113; **44** 384; RGRspr. 7 98; **10** 36; RG DJ **1935** 1462; OGHSt **2** 100; BayObLGSt **1951** 78 = HESt **3** 14; BayObLG HRR **1930** 84; KG VRS **6** (1954) 292; OLG Koblenz VRS **45** (1973) 188; KK/*Slawik* 35; *Schmitt*/Köhler 28; *Bendix* Recht **1916** 623; *Schorn* NJW **1966** 1014; *Seibert* NJW **1963** 143.

157 RG Recht **1913** Nr. 1952; BayObLGSt **1953** 151 = JR **1954** 113 mit Anm. *Sarstedt* = MDR **1954** 121 mit Anm. *Mittelbach*; *Schmitt*/Köhler 28; MüKo/*Maier* 70; KK/*Slawik* 35.

158 BGH NJW **1953** 1402; VRS **11** (1956) 50; **25** (1963) 40; GA **1980** 257; NStZ **1985** 183; RGSt **28** 113; RG DJ **1935** 1462; KK/*Slawik* 40 *Schmitt*/Köhler 34.

159 RG Recht **1913** Nr. 1952; BGH GA **1980** 57; *Schmitt*/Köhler 34.

160 BGH bei *Dallinger* MDR **1951** 275; vgl. auch BGHR StPO § 60 Nr. 2 Vereidigung 3 m.w.N.

VI. Heilung des Verstoßes gegen § 60

37 Wenn sich bei der Urteilsberatung ergibt, dass ein Zeuge entgegen dem Verbot des § 60 Nr. 1 oder 2 vereidigt worden ist, muss das Gericht den Verfahrensmangel heilen. Der Verfahrensverstoß muss in der Weise geheilt werden, dass die Aussage bei der Beweiswürdigung als uneidliche gewertet wird.[161] Das darf jedoch nicht stillschweigend geschehen. Die Verfahrensbeteiligten müssen sich auf die veränderte Beweislage einrichten und gegebenenfalls weitere **Beweisanträge** stellen können. Das Gericht muss daher, notfalls nach Wiedereintritt in die Verhandlung, durch **ausdrücklichen Hinweis** den Verfahrensbeteiligten **bekanntgeben**, dass es die Aussage nur als uneidliche würdigen werde.[162] Es genügt also nicht, dass das Gericht in dem Urteil ausführt, es hätte dem Zeugen auch ohne Eid geglaubt.[163] Die Beweislage kann sich auch dann ändern, wenn das Gericht den Zeugen zunächst nach § 59 Abs. 1 Satz 1 unbeeidigt gelassen hat, später aber ein Vereidigungsverbot annimmt oder umgekehrt (Warnfunktion des § 60, vgl. Rn. 6). Auch hier kann der Verstoß nur durch einen ausdrücklichen Hinweis geheilt werden, dass das Gericht nunmehr davon ausgeht, dass der Zeuge gar nicht vereidigt werden dürfe, bzw. dass ein Vereidigungsverbot nicht (mehr) besteht. Die Unterrichtung der Verfahrensbeteiligten ist in der Sitzungsniederschrift zu vermerken.[164]

VII. Revision

38 **1. Grundsatz.** Eine generelle Aussage über die Revisionsmöglichkeiten bei einer Verletzung des § 60 lässt sich nicht treffen. Grundsätzlich ist von Folgendem auszugehen:

39 **a) Nichtvereidigung.** Wird der Zeuge nicht vereidigt, so ist § 60 verletzt, wenn ein Vereidigungsverbot besteht oder Anhaltspunkte dafür vorliegen, dass ein solches bestehen könnte, die Vereidigung aber nach § 59 Abs. 1 Satz 1 unterblieben ist, weil sich das Gericht dann i.d.R. der Frage eines Vereidigungsverbotes nicht bewusst gewesen ist oder dessen Vorliegen verkannt hat (näher dazu Rn. 44). Des Weiteren ist § 60 verletzt, wenn das Gericht zu Unrecht einen Tat- oder Teilnahmeverdacht annimmt und deshalb die Vereidigung unterlässt (näher dazu Rn. 45). Ob die Rüge voraussetzt, dass ein **Gerichtsbeschluss** nach § 238 Abs. 2 herbeigeführt wurde, war nach alter Rechtslage umstritten;[165] die Rechtspre-

---

161 BGHSt **4** 130; BGH NJW **1952** 1103, 1146; bei *Dallinger* MDR **1970** 383; **1975** 725; **1986** 158; bei *Holtz* MDR **1979** 108; NStZ **1981** 309; RGSt **6** 155; **36** 310; **56** 94; **72** 219; RGRspr. **5** 122; **6** 370; 7 89; RG JW **1891** 323; **1892** 141; **1925** 795 mit Anm. *Löwenstein*; RG JW **1927** 391 mit Anm. *Stern*; **1931** 1599 m. Anm. *Alsberg*; RG JW **1933** 2838; **1939** 88; Recht **1919** Nr. 842; **1920** Nr. 2733; **1921** Nr. 2288; OLG Braunschweig NJW **1957** 513; OLG Düsseldorf SJZ **1950** 59 mit Anm. *Niethammer*; KK/*Slawik* 34; *Schmitt*/Köhler 30; SK/*Rogall* 49; *Dalcke*/*Fuhrmann*/*Schäfer* 8; *W. Schmid* FS Maurach 542; kritisch dazu *Hamm* 839.

162 BGHSt **4** 130; BGH NJW **1954** 1656; bei *Dallinger* MDR **1975** 725; BGH NStZ **1986** 230; RGSt **72** 219; bei *Pfeiffer* NStZ **1981** 94; **1981** 309; OLG Schleswig bei *Ernesti*/*Lorenzen* SchlHA **1983** 109; OLG Bremen StV **1984** 369; RG JW **1892** 141; KK/*Slawik* 34; *Schmitt*/Köhler 30; SK/*Rogall* 49; *Eb. Schmidt* 9; *Hamm* 839; *Dahs*/*Dahs* 273; *Schlüchter* 519; *Seibert* NJW **1963** 143; *Schlothauer* StV **1986** 226; vgl. aber auch RG JW **1927** 391 m. Anm. *Stern*.

163 BGH NJW **1954** 1655; *Seibert* NJW **1963** 143; SK/*Rogall* 49.

164 BGHSt **4** 130; RGSt **72** 219; KK/*Slawik* 43; *Schmitt*/Köhler 30; SK/*Rogall* 49; *W. Schmid* JZ **1969** 758 und FS Maurach 547.

165 Grds. dafür z.B. BGH NStZ **1991** 227; NJW **1996**, 2242, 2243; vgl. *Schmitt*/Köhler 31 m.w.N.; **a.A.** *Widmaier* NStZ **1992** 522; *Ziegert* StV **1999** 171.

chung hält auch nach der neuen Rechtslage grds. daran fest.[166] Ein Gerichtsbeschluss ist jedoch dann nicht erforderlich, wenn der Vorsitzende **pflichtwidrig** überhaupt keine Entscheidung über die Vereidigung des Zeugen getroffen hat,[167] was immer dann der Fall ist, wenn ein Vereidigungsverbot im Raum stand (§ 59, 27). Ferner bedarf es eines Gerichtsbeschlusses dann nicht, wenn sich aus dem Urteil ergibt, dass das Gericht nach der Entscheidung über die Vereidigungsfrage zu einer abweichenden Auffassung gelangt ist und die Verfahrensbeteiligten über diesen Wechsel nicht informiert hat (vgl. Rn. 37).

b) Vereidigung. Wird der Zeuge vereidigt, so ist § 60 verletzt, wenn ein Vereidigungs- **40**
verbot vorlag. Diese Verletzung kann auch ohne vorherigen Gerichtsbeschluss gerügt werden, denn der Rechtsfehler liegt nicht nur in der unzulässigen Vereidigung, sondern vor allem darin, dass das Gericht die Aussage bei der Beweiswürdigung als eidliche gewertet hat, obwohl der Zeuge nicht hätte vereidigt werden dürfen.[168]

c) Beruhen. Für die Frage, ob das Urteil auf einer Verletzung des § 60 beruhen kann, **41**
kommt es grds. darauf an, ob ein unter Einhaltung der Vorschrift geführtes Verfahren zu demselben Ergebnis geführt hätte. Im Regelfall wird sich nicht ausschließen lassen, dass einem vereidigten Zeugen größere **Glaubwürdigkeit** beigemessen wird und ein unvereidigter Zeuge unter Eid etwas anderes ausgesagt hätte; doch kann es im Einzelfall anders liegen.[169] Näher Rn. 44 ff.

2. Verstoß gegen § 60 Nr. 1 Unterfall 1. Ist ein Eidesunmündiger vereidigt worden, **42**
so kann das auch dann die Revision begründen, wenn das Gericht sich über das Alter des Zeugen geirrt hat.[170]

3. Verstoß gegen § 60 Nr. 1 Unterfall 2. Ein Revisionsgrund kann darin liegen, dass **43**
das Gericht die Voraussetzungen des § 60 Nr. 1 nicht geprüft hat, obwohl dazu nach der Sachlage Anlass bestand.[171] Ob das Gericht diese Umstände gekannt hat, spielt keine Rolle.[172] Hat das Gericht die Frage erörtert, so kann das Revisionsgericht das aber nur auf Rechtsfehler prüfen.[173] Eine Begründung, die nicht klar erkennen lässt, ob der Zeuge wegen Verstandesunreife oder wegen Verstandesschwäche unvereidigt geblieben ist, ist angreifbar, wenn die Sachlage einen Anhalt dafür bietet, dass der Tatrichter irrig ein auf anderen Gründen beruhendes Fehlen der genügenden Vorstellung vom Wesen und der Bedeutung des Eides für ausreichend gehalten hat, um die Nichtvereidigung zu rechtfertigen.[174]

---

166 BGHSt **50** 282.

167 BGH NJW **1996** 2242, 2243.

168 BGHSt **20** 98, 99; BGH GA **1962** 370; **1969** 348; BGH bei *Dallinger* MDR **1958** 14; BGH bei *Seibert* NJW **1963** 144; OLG Braunschweig NJW **1957** 513; OLG Köln NJW **1957** 1373; OLG Schleswig OLGSt § 61 S. 3; KK/*Slawik* 38; *Schmitt*/Köhler 31; SK/*Rogall* 51; MüKo/*Maier* 83; SSW/*Güntge* 13; *Schlüchter* 519; *Dalcke*/*Fuhrmann*/*Schäfer* 1; *Strate* StV **1984** 45; **a.A.** *Eb. Schmidt* Nachtr. I 1.

169 BGHR StPO § 60 Nr. 2 Vereidigung 7 m.w.N.; SK/*Rogall* 54; MüKo/*Maier* 96.

170 RGSt **20** 163; KK/*Slawik* 39; *Schmitt*/Köhler 32; MüKo/*Maier* 85; *Schlüchter* 519; *Eb. Schmidt* Nachtr. I 3a; vgl. auch BGHSt **20** 98.

171 BGHSt **22** 266; OLG Hamm GA **1969** 316; *Schmitt*/Köhler 33; KK/*Slawik* 39; SSW/*Güntge* 13.

172 BGHSt **22** 266.

173 BGHSt **22** 267; RGSt **26** 99; BGH GA **1980** 257; StV **1982** 251 f.; **1982** 342; RG HRR **1934** 225; *Schmitt*/Köhler 33; MüKo/*Maier* 86; *Dahs*/*Dahs* 274; *Schlüchter* 520.

174 RGSt **53** 136; RG JZ **1916** 469.

4. Verstoß gegen § 60 Nr. 2

44 **a) Unterlassene Prüfung des Tat- oder Teilnahmeverdachts.** Ergeben sich aus dem Urteil tatsächliche Anhaltspunkte dafür, dass gegen den Zeugen ein Tat- oder Teilnahmeverdacht bestehen könnte, so ist es rechtsfehlerhaft, wenn das Gericht die Frage nicht geprüft hat. Dies kann mit der Revision gerügt werden.[175] Der Umstand, dass weder die Sitzungsniederschrift noch die Urteilsgründe erkennen lassen, warum § 60 Nr. 2 nicht angewandt worden ist, begründet zwar für sich genommen noch keinen Rechtsfehler.[176] Im Zusammenhang mit naheliegenden Anhaltspunkten kann aus dem Fehlen jeglicher Begründung aber geschlossen werden, dass der Tatrichter die Frage eines Vereidigungsverbots nach § 60 Nr. 2 nicht erwogen hat.[177] Davon geht die Literatur auch nach Abschaffung der Regelvereidigung aus,[178] obwohl im Falle der Nichtverteidigung nach § 59 eine Begründung entbehrlich sein soll (vgl. Rn. 32). Das Nichterwägen eines Vereidigungsverbots kann Auswirkungen auf die Beweiswürdigung haben. Insofern kommt auch die Rüge der Verletzung des § 261 in Betracht. Die Anforderungen des § 344 Abs. 2 Satz 2 sind bei der Rüge eines Verstoßes gegen § 60 Nr. 2 nur erfüllt, wenn zugleich mit der Rüge vorgetragen wird, wer die Entscheidung über die Nichtvereidigung getroffen hat.[179] Zur Frage des Erfordernisses eines Gerichtsbeschlusses Rn. 39.

45 **b) Unzulässige Nichtvereidigung infolge unrichtiger Annahme eines Tat- oder Teilnahmeverdachts.** Die Beurteilung des Tatrichters, ob Tat- oder Teilnahmeverdacht besteht, kann nur darauf überprüft werden, ob sie auf Rechtsfehlern beruht, insbesondere ob die Rechtsbegriffe der Beteiligung und des Verdachts verkannt worden sind.[180] Das kann sich aus dem Urteil ergeben, dessen Gründe zu dem die Nichtvereidigung begründenden Beschluss nicht in Widerspruch stehen dürfen.[181] Das Urteil **beruht** i.d.R. auf dem Verstoß, wenn das Gericht die Aussage bei der Beweiswürdigung berücksichtigt hat[182] oder wenn nicht ausgeschlossen werden kann, dass die Verteidigung durch die unterbliebene Nachholung der Vereidigung eines Belastungszeugen „irregeführt" worden ist und deshalb weiteres Vorbringen und **weitere Anträge** unterlassen hat.[183] Anders kann es sich verhal-

---

175 BGHSt **4** 255; **21** 148; **39** 199; **42** 86, 87; BGH NJW **1952** 1103; StV **1994** 356 für eine versuchte Strafvereitelung; VRS **15** (1958) 113; JR **1991** 246 m. zust. Anm. *Dahs*; GA **1980** 256; bei *Holtz* MDR **1983** 281; bei *Holtz* MDR **1991** 107; NStZ **1985** 183; OGHSt **2** 153; OLG Celle VRS **19** (1960) 51; OLG Hamburg VRS **31** (1960) 203; OLG Hamm NJW **1969** 2297; StV **1984** 105; OLG Köln StV **2004** 308; KK/*Slawik* 40; *Schmitt*/Köhler 34; SSW/*Güntge* 13.

176 BGH JR **1991** 246 m. Anm. *Dahs*.

177 BGHSt **39** 199; BGH StV **1988** 510; BGH JR **1991** 246 m. zust. Anm. *Dahs*; NStZ **1992** 184; SK/*Rogall* 50; MüKo/*Maier* 90.

178 KK/*Slawik* 40; MüKo/*Maier* 90; SK/*Rogall* 50.

179 BGH StV **1988** 325.

180 BGHSt **4** 255; **4** 369; **9** 72; **21** 148; **39** 199 f.; BGH NJW **1952** 273; **1983** 356; **1985** 638; **1991** 2844; VRS **15** (1958) 112; GA **1980** 256; BGH StV **1982** 251; **1982** 342; **1983** 138; **1994** 356; bei *Miebach/Kusch* NStZ **1991** 227; RGSt **57** 187; **59** 168; RG JW **1922** 35 m. Anm. *Löwenstein*; RG DJ **1935** 1462; DR **1940** 689; OGHSt **2** 100, 156; BayObLGSt **1951** 77 = HESt **3** 13; BayObLGSt **1953** 151 = JR **1954** 113 m. Anm. *Sarstedt* = MDR **1954** 121 m. Anm. *Mittelbach*; KG VRS **10** (1956) 299; **31** (1966) 274; OLG Celle VRS **19** (1960) 50; OLG Dresden JW **1929** 1808 m. Anm. *Honig*; OLG Hamburg VRS **31** (1966) 204; OLG Hamm MDR **1953** 55; NJW **1969** 2297; OLG Koblenz VRS **45** (1973) 188; OLG Saarbrücken OLGSt § 60 S. 5; OLG Düsseldorf GA **1985** 511; KK/*Slawik* 40; *Schmitt*/Köhler 34; MüKo/*Maier* 89; *Dahs*/*Dahs* 274; **a.A.** *Eb. Schmidt* 337, 11 ff.

181 RG JW **1922** 1031 m. Anm. *Mamroth*; RG JW **1939** 88; BayObLG JW **1931** 225.

182 BGHSt **8** 158; BGH StV **1990** 193.

183 Vgl. BGH StV **1991** 196.

ten, wenn das Gericht die Aussage auch im Fall der Beeidigung nicht anders gewürdigt hätte.[184] Das wird indes nicht ohne weiteres angenommen werden dürfen. Zur Frage des Erfordernisses eines Gerichtsbeschlusses Rn. 39.

c) Unzulässige Vereidigung infolge unrichtiger Verneinung eines Tat- oder Teilnahmeverdachts. Verstößt die Vereidigung gegen § 60 Nr. 2, so ist ein revisibler Verfahrensfehler gegeben, sofern nicht das Gericht die Aussage im Urteil als uneidliche gewürdigt hat.[185] Der Verstoß wirkt jedoch grds. auch dann fort, wenn das Gericht es unterlassen hat, die Verfahrensbeteiligten darauf **hinzuweisen**, dass es die rechtsfehlerhaft beeidete Aussage als uneidliche würdigen werde[186] (Rn. 37), es sei denn, das Gericht ist trotz Vereidigung im weiteren für alle Prozessbeteiligten erkennbar vom Vorliegen des § 60 Nr. 2 ausgegangen und die Verteidigung daher nicht „irregeführt"; dann soll es keines entsprechenden Hinweises seitens des Gerichts bedürfen.[187] Für das **Beruhen** ist entscheidend, ob das Urteil anders gelautet hätte, wenn das Gericht nicht gegen § 60 Nr. 2 verstoßen hätte. Ein Beruhen kann ausgeschlossen sein, wenn die unter Verstoß gegen § 60 Nr. 2 beeidete Aussage durch weitere Beweismittel bestätigt wurde.[188] Ein Beruhen ist daher grundsätzlich anzunehmen, wenn nicht ausgeschlossen werden kann, dass das Gericht dem Zeugen im Hinblick auf die (fehlerhafte) Beeidigung größere **Glaubwürdigkeit** beigemessen hat, als es sonst getan hätte,[189] was i.d.R. der Fall sein wird.[190] Anders kann es sich verhalten, wenn das Gericht dem Zeugen nicht geglaubt hat oder auch dann nicht geglaubt hätte, wenn er zu Recht vereidigt worden wäre.[191] **Umstritten** ist, ob das Urteil auch in diesen Fällen nicht gleichwohl auf dem Verstoß gegen § 60 Nr. 2 beruht, wenn nicht ausgeschlossen werden kann, dass die Verteidigung wegen des unterlassenen Hinweises (s.o.) von **(Beweis-)Anträgen** zugunsten des Angeklagten abgesehen hat.[192] Dies ist zu bejahen. Ob durch die (fehlerhafte) Nichtvereidigung ein verfahrensrechtlich relevanter „Rechtsschein" oder ein „Vertrauenstatbestand" begründet wird, kann dahinstehen. Solange sich das Gericht nicht eindeutig verhält, ist davon auszugehen, dass die Verfahrensbeteiligten aus der Vereidigung den Schluss ziehen, die Glaubhaftigkeit beeinträchtigende Gründe i.S. des § 60 Nr. 2 lägen nicht vor, und sich darauf einstellen. Eine Abweichung vom Inhalt der richterlichen Entscheidung zu §§ 59, 60 Nr. 2 entspricht der Prozesssituation, in der nach § 265 Hinweise zur Änderung der Rechts- oder Sachlage erforderlich sind,[193] um dem Angeklagten bzw. der Verteidigung zu ermöglichen, sich auf 46

---

184 *Schmitt*/Köhler 34.

185 BGHSt **4** 130; BGH NJW **1952** 1103, 1146; RGSt **6** 155; **28** 111; **31** 221; **36** 310; **44** 256; **72** 219; RGRspr. **6** 370; 7 89; OGHSt **2** 156; *Schmitt*/Köhler 34; SK/*Rogall* 53; MüKo/*Maier* 92.

186 BGHSt **4** 132; BGH bei *Dallinger* MDR **1975** 725; bei *Pfeiffer* NStZ **1981** 94; StV **1981** 329; OLG Hamm VRS **27** (1964) 133; OLG Bremen StV **1984** 369; vgl. auch RGSt **72** 219; KK/*Slawik* 42; *Schmitt*/Köhler 34; SK/*Rogall* 53; MüKo/*Maier* 99; *Hamm* 842; *Strate* StV **1984** 44; einschränkend BGH StV **1986** 89 m. abl. Anm. *Schlothauer*.

187 BGH StV **1986** 89 m. abl. Anm. *Schlothauer*, der den Hauptzweck des § 60 Nr. 2 in dessen Warnfunktion (Hinweis auf eine besonders sorgfältige Beweiswürdigung) sieht; *ders.* StV **1986** 213, 226 f.

188 BGHR StPO § 60 Nr. 2 Vereidigung 7; SSW/*Güntge* 13; MüKo/*Maier* 101.

189 Vgl. BGHSt **4** 257; BGH bei *Holtz* MDR **1983** 281; RGSt **6** 155; **56** 94; **72** 219; OLG Hamm VRS **27** (1964) 133; KK/*Slawik* 42; *Schmitt*/Köhler 34; MüKo/*Maier* 96; *Eb. Schmidt* 9; *Strate* StV **1984** 44; ein Ausnahmefall i.d.S. ist BGHR StPO § 60 Nr. 2 Vereidigung 3.

190 BGH NStZ-RR **2002** 77; SK/*Rogall* 54; SSW/*Güntge* 13.

191 BGHR StPO § 60 Nr. 2 Rügevoraussetzungen 1; OLG Frankfurt NStZ-RR **2003** 141; *Schmitt*/Köhler 34.

192 Bejahend BGH NJW **1982** 1602 m.w.N.; StV **1988** 325; NStE 14 zu § 60; BGH StV **1991** 196 m.w.N.; OLG Frankfurt NStZ-RR **2003** 141; *Schlothauer* StV **1996** 226; *Esskandari* StV **2002** 52; **a.A.** BGH NStZ **1986** 130; bei *Kusch* NStZ **1994** 227.

193 Vgl. nur *Schmitt*/Köhler § 265, 22, 23 m.w.N.

die geänderte Prozesslage einzurichten und gegebenenfalls weitere Anträge zu stellen, die das Urteil zugunsten des Angeklagten beeinflussen können.[194] Der Hinweis ist auch ein Gebot **fairer Verfahrensgestaltung** (Art. 20 Abs. 3 GG, Art. 6 Abs. 1, 3 *lit.*b EMRK). Eine Darlegung, welche **Anträge** bei rechtzeitigem Hinweis noch gestellt worden wären, wird für die Revision nicht verlangt.[195] Die Rechtsprechung, wonach ein möglicher Verstoß gegen § 60 Nr. 2 dann irrelevant ist, wenn der Tatrichter die Zuverlässigkeit der Aussage nach den Maßstäben der **Aussageanalyse** geprüft und sie danach für glaubhaft gehalten hat, ohne der Tatsache der Vereidigung Gewicht beizumessen,[196] dürfte nach der neuen Rechtslage keinen Bestand haben, weil eine Vereidigung gem. § 59 Abs. 1 Satz 1 nunmehr gerade voraussetzt, dass das Gericht sie für notwendig hält.

§ 61
Recht zur Eidesverweigerung

Die in § 52 Abs. 1 bezeichneten Angehörigen des Beschuldigten haben das Recht, die Beeidigung des Zeugnisses zu verweigern; darüber sind sie zu belehren.

Entstehungsgeschichte

Das Eidesverweigerungsrecht der Angehörigen des Beschuldigten und die Belehrungspflicht waren ursprünglich in § 57 Abs. 2 (nach der Bek. von 1924: § 58 Abs. 2) geregelt. Der jetzige § 61 wurde durch Art. 1 des Gesetzes zur Einschränkung der Eide im Strafverfahren vom 24.11.1933 (RGBl. I S. 1008) als § 63 eingefügt. Durch Art. 3 Nr. 23 VereinhG (1950) wurde § 63 ohne sachliche Änderungen neu gefasst. Durch das 1. JuMoG (2004) wurde der bisherige § 61 (Absehen von der Vereidigung) ersatzlos gestrichen. Der bisherige § 63 wurde unverändert als § 61 übernommen.

Übersicht

1. Recht zur Eidesverweigerung

1 **a) Grundsatz.** Die Personen, die aufgrund ihres persönlichen Näheverhältnisses zum Beschuldigten ein Zeugnisverweigerungsrecht haben, sollen, wenn sie auf ihr Zeugnisverweigerungsrecht verzichten und aussagen, nicht gezwungen werden, ihre Aussage zu beeiden. Das Recht, nach § 61 die Beeidigung des Zeugnisses zu verweigern, folgt deshalb

194 Für § 60 Nr. 2 BGH NJW **1982** 1601 m.w.N.; vgl. auch BGHSt **4** 130; BGHR StPO § 60 Nr. 2 Strafvereitelung, versuchte 3; BGHR StPO § 60 Nr. 2 Teilvereidigung 5; BGH StV **1988** 325; BGHR StPO § 60 Nr. 2 Strafvereitelung 1; BGH NStE 14 zu § 60; SK/*Rogall* 54; SSW/*Güntge* 13; MüKo/*Maier* 97.

195 BGH bei *Pfeiffer* NStZ **1981** 94; StV **1981** 329; OLG Frankfurt NStZ-RR **2003** 141.

196 BGHR StPO § 60 Nr. 2 Vereidigung 5; BGH NStZ-RR **2003** 98.

persönlich wie sachlich dem **Zeugnisverweigerungsrecht nach § 52**. Wer Angehöriger ist, bestimmt § 52 Abs. 1 im Zusammenhang mit den bürgerlich-rechtlichen Vorschriften (vgl. § 52, 3 ff.). Hat der Zeuge nur **teilweise** ein Aussageverweigerungsrecht (§ 52, 19 ff.), so darf er auch nur teilweise den Eid verweigern.[1] Der Umfang des geleisteten Eides ist dann in der Sitzungsniederschrift zu beurkunden (vgl. § 59, 30 ff.).

b) Voraussetzungen. Die Frage, ob einem Zeugen das Recht, den Eid zu verweigern, zusteht und ob er davon Gebrauch macht, stellt sich nur dann, **wenn** eine **Vereidigung** erfolgen soll, also wenn kein Vereidigungsverbot vorliegt (§ 60) und das Gericht die Vereidigung für notwendig hält (§ 59 Abs. 1 Satz 1). 2

c) Folge der Eidesverweigerung. Wenn der Zeuge erklärt, dass er von seinem Weigerungsrecht Gebrauch machen wolle, unterbleibt die Vereidigung ohne weiteres; ein Gerichtsbeschluss über die Nichtvereidigung ist nicht erforderlich.[2] Die Weigerung ist ebenso wie der Verzicht auf das Weigerungsrecht im Sitzungsprotokoll zu beurkunden (§ 273 Abs. 1).[3] Nach überwiegender Auffassung der Literatur dürfen bei der Beweiswürdigung aus der Eidesverweigerung des Angehörigen ebenso wenig wie aus der Zeugnisverweigerung (§ 52, 40) Schlüsse zum Nachteil des Angeklagten gezogen werden.[4] Anders als in dem Fall, in dem der Angehörige bereits von seinem Zeugnisverweigerungsrecht Gebrauch macht und mithin keine Aussage vorliegt, die gewürdigt werden könnte, hat der Zeuge im Falle des § 61 Angaben gemacht. Es muss dem Gericht möglich sein, diese zu würdigen. Dazu tragen unter anderem die Vorschriften über die Vereidigung bei. Eine Würdigung der Eidesverweigerung zu Lasten des Angeklagten auszuschließen, ist im Ergebnis ein Eingriff in die freie Beweiswürdigung des Gerichts. Nach der Rechtsprechung des BGH besteht eine solche Beschränkung nicht.[5] 3

d) Widerruf der Erklärung. Der Zeuge, der zunächst erklärt hat, dass er von seinem Weigerungsrecht nach § 61 keinen Gebrauch machen wolle, kann diese Erklärung ebenso wie den Verzicht auf das Zeugnisverweigerungsrecht (§ 52 Abs. 3 Satz 2) vor seiner Vereidigung widerrufen.[6] Umgekehrt kann der Zeuge, der sich zunächst geweigert hatte, den Eid zu leisten, später erklären, dass er auf sein Weigerungsrecht verzichten wolle.[7] Ggf. muss dann (erneut) eine Entscheidung nach § 59 Abs. 1 Satz 1 getroffen werden.[8] 4

2. Belehrung

a) Allgemeines. Die Belehrung des Angehörigen über sein Recht zur Verweigerung des Eides schreibt § 61 **zwingend** vor. Sie ist nicht schon in der Belehrung über das Zeugnisverweigerungsrecht nach § 52 Abs. 3 Satz 1 enthalten.[9] Von der Belehrung darf nicht 5

1 RGSt **16** 154, 156; KK/*Slawik* 1; *Schmitt*/Köhler 1; SK/*Rogall* 1; MüKo/*Maier* 5.
2 KK/*Slawik* 2; *Schmitt*/Köhler 1; SSW/*Güntge* 1; SK/*Rogall* 2; MüKo/*Maier* 9; *Eb. Schmidt* § 63 a.F., 2.
3 MüKo/*Maier* 10; KK/*Slawik* 2; SSW/*Güntge* 1; *Schmitt*/Köhler 1.
4 *Schmitt*/Köhler 1; SSW/*Güntge* 1; SK/*Rogall* 4 teils unter Bezugnahme auf OLG Düsseldorf NStZ **1984** 182, das jedoch seinerseits lediglich die Literatur referiert.
5 BGHR StPO § 63 Verletzung 2; BGH NStZ **2001** 604; so auch KK/*Slawik* 4; MüKo/*Maier* 11.
6 RGSt **62** 142, 144; KK/*Slawik* 3; *Schmitt*/Köhler 1; SK/*Rogall* 3; MüKo/*Maier* 8; *Eb. Schmidt* § 63 a.F., 5.
7 BayObLGSt **1951** 74 = HESt **3** 14; KK/*Slawik* 3; *Schmitt*/Köhler 1; MüKo/*Maier* 8; *Eb. Schmidt* § 63 a.F., 5.
8 SK/*Rogall* 3; KK/*Slawik* 3.
9 BGHSt **4** 217; BGH bei *Dallinger* MDR **1969** 194; KK/*Slawik* 5; *Schmitt*/Köhler 2; MüKo/*Maier* 14; SSW/*Güntge* 2; *Eb. Schmidt* § 63 a.F., 3; *Dalcke*/*Fuhrmann*/*Schäfer* 2; *Dahs*/*Dahs* 275.

deshalb abgesehen werden, weil sich der Zeuge zur Eidesleistung bereit erklärt.[10] Nur wenn er darauf hinweist, dass ihm das Weigerungsrecht bekannt ist, er aber dennoch den Eid leisten wolle, darf die Belehrung, die dann überflüssig ist, unterbleiben.[11] Die Erklärung des Zeugen muss aber in die Sitzungsniederschrift aufgenommen werden.

6 **b) Zeitpunkt.** § 61 schreibt nicht vor, dass die Belehrung über das Recht, den Eid zu verweigern, schon vor der Aussage des Zeugen, also zugleich mit der Belehrung nach § 52 Abs. 3 Satz 1 über sein Zeugnisverweigerungsrecht erteilt werden muss. Die Belehrung ist erst notwendig, wenn das Gericht beschließt, den Zeugen zu vereidigen.[12] Irreführend und damit unzulässig dürfte im Falle eines Eidesverweigerungsrechts nach § 61 jedoch der allgemeine Hinweis vor der Vernehmung sein, der Zeuge müsse damit rechnen, ggf. vereidigt zu werden.

7 **c) Wiederholung.** Der Zeuge ist **bei jeder Vernehmung** erneut über sein Eidesverweigerungsrecht zu belehren,[13] auch wenn nach einer bereits abgeschlossenen Vernehmung bei einer weiteren Vernehmung der Eid durch die Versicherung nach § 67 ersetzt werden soll.[14]

8 **d) Protokoll.** Die Belehrung ist eine **wesentliche Förmlichkeit** im Sinne der § 168a Abs. 1, § 273 Abs. 1. Sie muss daher protokolliert werden.[15]

9 **e) Heilung des Unterlassens.** Bemerkt das Gericht nach der Vereidigung, dass der Zeuge über sein Recht zur Eidesverweigerung nicht belehrt worden ist, so muss es diesen Mangel noch in der Hauptverhandlung heilen (vgl. auch § 52, 52). Wenn der Zeuge noch anwesend ist, muss er zu der Erklärung aufgefordert werden, ob er den Eid auch geleistet hätte, wenn er ordnungsmäßig darüber belehrt worden wäre, dass er ihn verweigern könne. Bejaht der Zeuge das, so kann die Eidesleistung berücksichtigt werden.[16] Verneint er die Frage oder kann er nicht mehr angehört werden, dann muss das Gericht die Aussage als uneidliche werten.[17] Darüber muss es die Prozessbeteiligten vor Erlass des Urteils unterrichten.[18]

3. Revision

10 **a) Unterlassene Belehrung.** Das Unterlassen der Belehrung nach § 61 ist ein Verfahrensmangel, der von dem Angeklagten,[19] der Staatsanwaltschaft, einem Mitangeklagten[20] oder dem Nebenkläger[21] gerügt werden kann. Ob das Gericht überhaupt gewusst hat, dass

---

10 RGRspr. **5** 576; *Schmitt*/Köhler 2; SK/*Rogall* 5.
11 MüKo/*Maier* 14.
12 BGH bei *Dallinger* MDR **1969** 194; KK/*Slawik* 5; *Schmitt*/Köhler 2; MüKo/*Maier* 13; *Eb. Schmidt* § 63 a.F., 4.
13 KK/*Slawik* 6; *Schmitt*/Köhler 2; MüKo/*Maier* 12; SK/*Rogall* 6.
14 RGRspr. **5** 600; OLG Dresden DRiZ **1931** Nr. 703; MüKo/*Maier* 12.
15 KK/*Slawik* 8; *Schmitt*/Köhler 2; MüKo/*Maier* 16; SSW/*Güntge* 2.
16 KK/*Slawik* 7; SK/*Rogall* 7; *Schmitt*/Köhler 2; SSW/*Güntge* 2; MüKo/*Maier* 15.
17 KK/*Slawik* 7; SK/*Rogall* 7; *Henkel* 215 Fn. 10; *Dahs*/*Dahs* 275.
18 KK/*Slawik* 7.
19 BGHSt **4** 217; RGSt **9** 384, 386; **42** 321; RG JW **1928** 2142 m. Anm. *Mezger*; KK/*Slawik* 9; *Schmitt*/Köhler 3; MüKo/*Maier* 17; *Eb. Schmidt* Nachtr. I § 63 a.F.; *Henkel* 215 Fn. 10; *Dahs*/*Dahs* 275.
20 BGHSt **4** 218; KK/*Slawik* 9; *Schmitt*/Köhler 3; SK/*Rogall* 9; MüKo/*Maier* 17.
21 BGH NStZ **2001** 604; OLG Düsseldorf NStZ **1984** 182 m. Anm. *Krekeler*; *Schmitt*/Köhler 3; KK/*Slawik* 9; MüKo/*Maier* 17; **a.A.** SK/*Rogall* 9.

der Zeuge ein Angehöriger des Angeklagten ist, spielt keine Rolle.[22] Der Verfahrensverstoß ist aber kein absoluter Revisionsgrund; er führt nur dann zur Aufhebung des Urteils, wenn dieses auf ihm **beruht**.[23] Dies ist insbesondere der Fall, wenn das Gericht die Aussage als beeidete gewürdigt hat und nicht ausgeschlossen werden kann, dass das Gericht die Glaubwürdigkeit des Zeugen anders beurteilt hätte, wenn dieser nach Belehrung erklärt hätte, er wolle seine Aussage nicht beschwören.[24] Das Gleiche gilt, wenn der Zeuge nur teilweise vereidigt wurde und das Urteil nicht erkennen lässt, ob es sich auf beeidete oder unbeeidete Teile der Aussage stützt.[25] Zu beachten ist, dass – abgesehen von der Staatsanwaltschaft – immer nur derjenige den Verfahrensmangel rügen kann, zu dessen Lasten die dieser Art fehlerhaft vereidigte Aussage gewürdigt wurde. Das angefochtene Urteil beruht auf dem Verfahrensverstoß, wenn angesichts der (sonstigen) Beweislage nicht ausgeschlossen werden kann, dass aufgrund einer Eidesverweigerung des Zeugen den tragenden Erwägungen der Beweiswürdigung des Gerichts der Boden entzogen worden wäre.[26] Das wird immer dann der Fall sein, wenn das Gericht die Vereidigung des Zeugen wegen der ausschlaggebenden Bedeutung der Aussage nach § 59 Abs. 1 Satz 1 1. Alt. für notwendig hielt. Dem gegenüber hat der 5. Strafsenats des BGH entschieden,[27] auch wenn nicht ausgeschlossen werden könne, dass das Tatgericht die Glaubwürdigkeit des nach Belehrung den Eid verweigernden Zeugen anders beurteilt hätte, könne ein Beruhen des Urteils auf dem Belehrungsmangel gleichwohl ausgeschlossen werden, wenn mit Sicherheit davon auszugehen sei, dass der Zeuge auch nach Belehrung über sein Eidesverweigerungsrecht den Eid geleistet hätte. Die Entscheidung ist in mehrfacher Hinsicht problematisch.[28] Die Entscheidungsgründe lassen vermuten, dass der BGH die Voraussetzungen für eine Vereidigung nach § 59 Abs. 1 Satz 1 für nicht gegeben hielt. Dies zu beurteilen, ist jedoch Aufgabe des Tatrichters. Insbesondere aber kann das Revisionsgericht keine Aussage dazu treffen, ob der Zeuge nach Belehrung den Eid geleistet hätte; dies ist ausschließlich der Entscheidung des Zeugen überlassen. Es handelt sich dabei auch nicht um eine Frage des Beruhens, also um die Frage, ob bei anderer Entscheidungsgrundlage die gleiche Entscheidung getroffen worden wäre, sondern um eine – dem Gericht verwehrte – Mutmaßung über die dem Gericht bei ordnungsgemäßem Verfahren vorliegende Entscheidungsgrundlage. Hat im Fall des § 59 Abs. 1 Satz 1 2. Alt. der Zeuge im Hinblick auf die Vereidigung seine Aussage verändert, so wird das Urteil auch regelmäßig auf der fehlerhaft unterbliebenen Belehrung beruhen. Hält das Gericht die Aussage für falsch und ändert der Zeuge sie auch unter Eid nicht, so wird das Urteil nicht auf der fehlerhaften Belehrung beruhen. Würdigt das Gericht die Aussage trotz Vereidigung als uneidliche Aussage, ohne die Verfahrensbeteiligten vorab darüber zu unterrichten, so kann dies – wie bei § 60 – zur Aufhebung des Urteils führen, wenn nicht ausgeschlossen werden kann, dass die Beteiligten bei gebotener Unterrichtung weitere Anträge gestellt hätten (vgl. § 60, 46).

---

22 RGRspr. 7 346; **9** 129.

23 BGH NStZ **2008** 171; BGHSt **4** 218; bei *Dallinger* MDR **1969** 194; RGSt **9** 384, 387; *Schmitt*/Köhler 3; KK/*Slawik* 9; SK/*Rogall* 9; MüKo/*Maier* 20; Dahs/*Dahs* 275.

24 BGH NStZ **1989** 84; **1987** 84; StV **1987** 513; **1991** 498; bei *Kusch* NStZ **1992** 224; StV **2002** 465 m. Anm. *Ahlbrecht*.

25 BGH StV **1991** 49.

26 BGHR StPO § 63 Verletzung 2.

27 NStZ **2008** 171.

28 **A.A.** *Schmitt*/Köhler 3; diff. SSW/*Güntge* 3.

11 **b) Fehlerhafte Belehrung.** Hält das Gericht die Vereidigung nach § 59 Abs. 1 Satz 1 für notwendig, belehrt den Zeugen aber fälschlicherweise nach § 61, mit der Folge, dass dieser den Eid verweigert, so kann dies zu einer Aufklärungsrüge (§ 244 Abs. 2) führen, weil das Gericht die in der Vereidigung liegende Möglichkeit der Wahrheitsfindung nicht ausgeschöpft hat.

§ 62
Vereidigung im vorbereitenden Verfahren

Im vorbereitenden Verfahren ist die Vereidigung zulässig, wenn
1. **Gefahr im Verzug ist oder**
2. **der Zeuge voraussichtlich am Erscheinen in der Hauptverhandlung verhindert sein wird**

und die Voraussetzungen des § 59 Abs. 1 vorliegen.

Schrifttum

Busch Die unzulässige Vereidigung außerhalb der Hauptverhandlung, MDR **1963** 894; *Schellenberg* Zum Regeleid der Zeugen im Strafverfahren, NStZ **1993** 372; *Schmarje* Zur Anwendung des § 66 Absatz 3 StPO, DJZ **1926** 370.

Entstehungsgeschichte

§ 62 a.F. (Vereidigung in Privatklageverfahren) ist durch das 1. JuMoG (2004) obsolet geworden (vgl. Entstehungsgeschichte zu § 59). An seine Stelle ist die Regelung des bisherigen § 65 getreten. Die Vereidigung von Zeugen im vorbereitenden Verfahren regelte ursprünglich § 65 Abs. 3 (nach der Bek. von 1924: § 66 Abs. 3). Bei der Neuregelung des Eidesrechts durch Art. 1 des Gesetzes zur Einschränkung der Eide (1933) wurde der bisherige § 65 eingefügt, dessen Absatz 2, der die Vereidigung wegen einer Übertretung verbot, durch Art. 21 Nr. 9 EGStGB (1974) gestrichen wurde. Art. 1 Nr. 15 des StVRG (1974) fasste die Vorschrift neu und führte Nr. 3 (jetzige Nr. 2) ein. Durch Art. 3 Nr. 3 des 1. JuMoG wurde die Vorschrift neu gefasst, die bisherige Nr. 2 gestrichen und hinzugefügt, dass die Voraussetzungen des § 59 Abs. 1 auch für eine Vereidigung im vorbereitenden Verfahren gegeben sein müssen.

Übersicht

1 **1. Anwendungsbereich.** Der Zeuge wird, wenn überhaupt (§ 59 Abs. 1 Satz 1), nach § 59 Abs. 2 Satz 2 regelmäßig in der Hauptverhandlung vereidigt. Nach § 62 ist die Vereidigung nur **ausnahmsweise** durch das die Vernehmung durchführende Gericht **im vorbereitenden Verfahren** zulässig. Dem liegt die Intention des Gesetzgebers zugrunde, dass

das Vorverfahren die Hauptverhandlung nur vorbereiten soll und deshalb im Vorverfahren keine eigentlichen Beweiserhebungen, sondern nur Handlungen zur vorläufigen Aufklärung vorgenommen werden sollen. Wesentliche Bestandteile des Verfahrens – wie die Vereidigung – müssen grundsätzlich vor den Richtern, die das Urteil zu fällen haben, und in Gegenwart des Anklägers sowie des Angeklagten erfolgen.[1] Zum vorbereitenden Verfahren gehören das Ermittlungsverfahren (§§ 158 ff.), das Zwischenverfahren (§§ 199 ff.) und auch das Klageerzwingungsverfahren (§§ 172 ff.); § 62 gilt daher auch für Vernehmungen nach § 202 Satz 1, nach § 205 Satz 2 und nach § 173 Abs. 3.[2] Eine Vereidigung nach § 62 setzt voraus, dass kein Vereidigungsverbot nach § 60 besteht und dass der Zeuge nicht von seinem Eidesverweigerungsrecht nach § 61 Gebrauch macht.[3] Der Vereidigung steht die Bekräftigung nach § 65 gleich.

2. Zulässigkeit der Vereidigung

a) Voraussetzungen des § 59 Abs. 1 Satz 1. Auch im vorbereitenden Verfahren ist eine Vereidigung nur dann zulässig, wenn die Voraussetzungen des § 59 Abs. 1 S. 1 vorliegen (siehe Erl. zu § 59). Zusätzlich muss zumindest einer der beiden in § 62 genannten Gründe für die Vereidigung gegeben sein. Durch dieses **kumulative Begründungserfordernis** wurde die Zulässigkeit von Vereidigungen im vorbereitenden Verfahren – vom Gesetzgeber beabsichtigt[4] – eingeschränkt. 2

b) Gefahr im Verzug (Nr. 1). Gefahr im Verzug i.S. dieser Vorschrift liegt vor, wenn der gänzliche **Verlust einer als beeidet verwertbaren Aussage** droht.[5] Das ist z.B. der Fall, wenn der alsbaldige Tod des Zeugen oder zumindest der Eintritt seiner Vernehmungsunfähigkeit (Demenz) zu befürchten ist oder wenn damit gerechnet werden muss, dass der Zeuge später nicht mehr aufzufinden sein wird (also auch eine kommissarische Vernehmung voraussichtlich nicht mehr möglich sein wird). Die Möglichkeit der Verlesung der Niederschrift über die Vernehmung nach § 251 Abs. 1 oder 2 in der Hauptverhandlung auch im Falle einer uneidlichen Vernehmung (vgl. Erl. zu § 251) schließt eine Vereidigung im vorbereitenden Verfahren nicht aus, weil sich die Erforderlichkeit der Vereidigung nach § 59 Abs. 1 Satz 1 richtet. 3

c) Voraussichtliche Verhinderung des Zeugen (Nr. 2). Diese 1974 eingefügte Vorschrift erweitert die Möglichkeiten der Vereidigung von Zeugen im Vorverfahren im Interesse der Verfahrensbeschleunigung. Der Zeuge darf auch dann vereidigt werden, wenn er **voraussichtlich** am Erscheinen in der Hauptverhandlung **verhindert** sein wird, z.B. infolge einer langen Auslandsreise, wegen Krankheit, Gebrechlichkeit oder hohen Alters[6] (vgl. § 251 Abs. 2 Nr. 1). Durch eine Vereidigung im vorbereitenden Verfahren wird eine eidliche **kommissarische Vernehmung** während der Hauptverhandlung nach § 223, die oft zu erheblichen Verfahrensverzögerungen führt, **entbehrlich** (vgl. auch § 63, 3). Die Niederschrift über die richterliche Vernehmung im vorbereitenden Verfahren kann i.d.R. nach § 251 Abs. 2 Nr. 1 in der Hauptverhandlung verlesen werden. Eine endgültige Ent- 4

1 *Hahn* Bd. I 111 ff.
2 KK/*Slawik* 1; *Schmitt*/Köhler 1; MüKo/*Maier* 2; SK/*Rogall* 2; *Eb. Schmidt* § 205, 24; *Busch* MDR **1963** 894.
3 SK/*Rogall* 3; MüKo/*Maier* 3.
4 Vgl. BTDrucks. **15** 1508 S. 23.
5 Vgl. RGSt **43** 337; KK/*Slawik* 2; SK/*Rogall* 4; MüKo/*Maier* 4; *Eb. Schmidt* § 65 a.F., 7; *Kronecker* GA **26** (1878) 326.
6 *Schmitt*/Köhler 5; MüKo/*Maier* 5; SK/*Rogall* 5.

scheidung darüber, ob und ggf. nach welcher Variante des § 251 die Vernehmung verlesen werden kann, kann allerdings erst in der Hauptverhandlung getroffen werden. Dass dem Zeugen das Erscheinen in der Hauptverhandlung wegen großer Entfernung voraussichtlich nicht zugemutet werden kann (vgl. § 251 Abs. 2 Nr. 2), macht eine Vereidigung im vorbereitenden Verfahren nicht nach § 62 Nr. 2 zulässig.[7] Abgesehen davon, dass der Wortlaut des § 62 Nr. 2 dafür nichts hergibt und Gründe, die eine erweiternde Auslegung notwendig erscheinen lassen, nicht zu erkennen sind, setzt § 251 Abs. 2 Nr. 2 zusätzlich voraus, dass dem Zeugen das Erscheinen in der Hauptverhandlung unter Berücksichtigung der Bedeutung seiner Aussage nicht zugemutet werden kann. Diese Voraussetzung wird regelmäßig nicht gegeben sein, wenn das Gericht die Vereidigung nach § 59 Abs. 1 Satz 1 für notwendig hält.

5 **3. Entscheidung über die Vereidigung.** Die Entscheidung über die Vereidigung eines Zeugen im vorbereitenden Verfahren nach § 62 trifft das **Gericht**, das den Zeugen vernimmt (§§ 162, 202, 173 Abs. 3; bei Vernehmung durch einen beauftragten oder ersuchten Richter gem. §§ 202, 173 Abs. 3 i.V.m. §§ 223 ff. beachte § 63). An Anträge der Verfahrensbeteiligten (auch an einen Vereidigungsantrag der Staatsanwaltschaft) ist es nicht gebunden, weil allein dem Gericht die inzidente Ermessensentscheidung über die Notwendigkeit einer Vereidigung nach § 59 Abs. 1 Satz 1 zugewiesen ist.[8] Die Entscheidung des Gerichts kann aber von der Staatsanwaltschaft mit der Beschwerde (§ 304 Abs. 1) angegriffen werden. Ob auch den sonstigen Verfahrensbeteiligten ein **Beschwerderecht** zusteht, hängt davon ab, ob sie durch die Entscheidung beschwert sind. Das wird nur in Betracht kommen, wenn sie die Vereidigung beantragt haben, der Zeuge unter Verkennung der gesetzlichen Voraussetzungen der §§ 59–62 nicht vereidigt wurde und es zumindest möglich erscheint, dass ein späteres Urteil davon zu Lasten des Beschwerdeführers beeinflusst sein könnte.

6 **4. Protokoll.** Die Eidesleistung ist eine **wesentliche Förmlichkeit** des Verfahrens und muss deshalb nach § 168a protokolliert werden. Das Gleiche gilt für die Entscheidung über die Vereidigung bzw. Nichtvereidigung (vgl. § 59, 25). Wird der Zeuge nach § 62 im vorbereitenden Verfahren vereidigt, so geschieht dies außerhalb der Hauptverhandlung, so dass nach § 59 Abs. 1 Satz 2 auch der Grund für die Vereidigung stets protokollierungspflichtig ist. Unterbleibt die Vereidigung, soll dies als Regelfall wie die Nichtvereidigung in der Hauptverhandlung nicht begründungspflichtig und der Grund der Nichtvereidigung nicht protokollierungspflichtig sein.[9] Dies ist nach der hier zu § 59 vertretenen Auffassung abzulehnen (vgl. § 59, 26 f.).

7 **5. Weiteres Verfahren.** § 62 erfordert eine **Prognoseentscheidung**. Auch eine nach § 62 vereidigte Vernehmung hindert eine erneute Vernehmung in oder während (§ 223) der Hauptverhandlung nicht. Ob eine solche **erneute Vernehmung** erforderlich ist, ist zum gegebenen Zeitpunkt nach den allgemeinen Vorschriften zu prüfen. Nach der erneuten Vernehmung ist ebenfalls eine erneute Entscheidung über die Vereidigung zu treffen. Ob im Falle einer Entscheidung für eine Vereidigung eine Berufung auf einen früher geleisteten

---

7 KK/*Slawik* 3; SK/*Rogall* 5; MüKo/*Maier* 5; *Schmitt*/Köhler 5; SSW/*Güntge* 1.

8 *Schmitt*/Köhler 1; SK/*Rogall* 6; **a.A.** MüKo/*Maier* 7; KK/*Slawik* 4. Anders war es nach h.M. bei § 65 a.F. im Falle eines Antrags auf Vereidigung seitens der Staatsanwaltschaft, weil das Gericht nur nach § 162 Abs. 3 die gesetzliche Zulässigkeit der beantragten Handlung zu überprüfen hatte (vgl. die Nachweise bei SK/*Rogall* 6).

9 *Schmitt*/Köhler 6 und § 59, 11 m.w.N.

Eid in Frage kommt, richtet sich nach § 67.[10] Hier ist zu beachten, dass eine kommissarische Vernehmung im Zwischenverfahren einerseits i.S. des § 62 (Rn. 1) zum vorbereitenden Verfahren aber andererseits i.S. des § 67 (vgl. § 67, 5) zum Hauptverfahren zu rechnen ist. In diesem Fall kommt demnach eine Berufung auf den früher geleisteten Eid in Betracht.

6. Revision. Die Vereidigung eines Zeugen im vorbereitenden Verfahren unter **Verstoß gegen** die speziellen Zulässigkeitsvoraussetzungen des **§ 62 Nr. 1 oder 2** ist für das weitere Verfahren und das Urteil **unschädlich**.[11] Die Revision kann nicht darauf gestützt werden, dass in der Hauptverhandlung nach § 251 die Niederschrift einer Aussage verlesen worden ist, deren Beeidigung im Vorverfahren nach § 62 nicht statthaft war,[12] weil davon nicht die Beweiswürdigung betroffen ist. Verstieß die Vereidigung aber gegen §§ 59, 60, 61, so ist die Revision bei einer Verlesung als eidliche Vernehmung (§ 251 Abs. 4 Satz 3) nach § 251 unter den gleichen Voraussetzungen begründet wie bei einer unzulässigen Vereidigung in der Hauptverhandlung (vgl. Erl. bei den jeweiligen Vorschriften).[13] 8

§ 63
Vereidigung bei Vernehmung durch den beauftragten oder ersuchten Richter

Wird ein Zeuge durch einen beauftragten oder ersuchten Richter vernommen, muss die Vereidigung, soweit sie zulässig ist, erfolgen, wenn es in dem Auftrag oder in dem Ersuchen des Gerichts verlangt wird.

Entstehungsgeschichte

Der frühere § 66b wurde durch Art. 1 des Gesetzes zur Einschränkung der Eide im Strafverfahren (1933) eingefügt. Durch Art. 4 Nr. 3 der Verordnung zur Angleichung des Strafrechts des Altreichs und der Alpen- und Donau-Reichsgaue (1943) wurde Absatz 2 Satz 2 geändert. Art. 3 Nr. 2 VereinhG (1950) stellte die ursprüngliche Fassung im Wesentlichen wieder her. Durch Art. 3 Nr. 3 des 1. JuMoG (2004) wurde die Bestimmung grundlegend vereinfacht. Aufgrund der Umgestaltung des sechsten Abschnitts durch das 1. JuMoG wurde der bisherige § 63 (Eidesverweigerungsrecht der Angehörigen) zu § 61.

Übersicht

1. Anwendungsbereich der Vorschrift. § 63 betrifft Vernehmungen, die ein von einem Gericht beauftragter oder ersuchter Richter im Strafverfahren vornimmt, gleichviel, 1

10 **A.A.** SK/*Rogall* 7.

11 KK/*Slawik* 5; SSW/*Güntge* 2; MüKo/*Maier* 12; *Eb. Schmidt* § 65 a.F., 9.

12 RGSt **10** 156, 157 f.; *Eb. Schmidt* § 65 a.F., 9; kritisch *Busch* MDR **1963** 894.

13 *Schmitt*/Köhler 8; KK/*Slawik* 5; SSW/*Güntge* 2; *Eb. Schmidt* § 65 a.F., 9.

in welchem Verfahrensabschnitt das geschieht. In Betracht kommen Vernehmungen nach § 173 Abs. 3, § 202 Satz 1, § 205 Satz 2 i.V.m. § 223 oder nach § 223 Abs. 1 direkt.

2 **2. Ersuchen um eidliche Vernehmung.** Die Besonderheit besteht in den Fällen des § 63 darin, dass grundsätzlich sowohl das beauftragende/ersuchende Gericht als auch der beauftragte/ersuchte Richter berufen sind, die (Ermessens-)Entscheidung über die Vereidigung oder Nichtvereidigung eines Zeugen zu treffen. § 63 schließt diese Ermessensausübung durch den beauftragten/ersuchten Richter in den Fällen aus, in denen das beauftragende/ersuchende Gericht die Vereidigung für notwendig (§ 59 Abs. 1 Satz 1) und ggf. für zulässig (§ 62) hält. Verlangt das beauftragende/ersuchende Gericht die Vereidigung, muss der beauftragte/ersuchte Richter dem Folge leisten, sofern eine Vereidigung nicht nach den §§ 60, 61 ausgeschlossen ist. Ein **Vereidigungsverbot** nach § 60 und das **Eidesverweigerungsrecht** eines Angehörigen gemäß § 61 hat der beauftragte/ersuchte Richter ggf. auch entgegen dem Vereidigungsverlangen des beauftragenden/ersuchenden Gerichts stets zu beachten.

3 **3. Außerhalb der Hauptverhandlung.** Die Vernehmung durch den beauftragten/ersuchten Richter ist stets eine Vernehmung außerhalb der Hauptverhandlung, wie sich bereits daran zeigt, dass ein entsprechendes Vernehmungsprotokoll nach § 251 in die Hauptverhandlung eingeführt werden muss. Nach § 59 Abs. 2 Satz 2 ist eine Vereidigung außerhalb der Hauptverhandlung nur zulässig, soweit dies ausdrücklich bestimmt ist. § 63 regelt jedoch nicht, wann eine Vereidigung zulässig ist,[1] sondern nur, wer entscheidet, ob sie erfolgen soll. Die Zulässigkeit einer Vereidigung im vorbereitenden Verfahren ist in § 62 ausdrücklich bestimmt. Nicht geregelt ist die Zulässigkeit einer Vereidigung durch den beauftragten/ersuchten Richter, der **während der Hauptverhandlung** nach § 223 tätig wird. § 223 Abs. 3 a.F., der nach allgemeiner Auffassung eine Ausnahmebestimmung i.S. des § 59 Satz 2 a.F. (inhaltlich § 59 Abs. 2 Satz 2 entsprechend) darstellte,[2] wurde ersatzlos gestrichen. Streng genommen ist danach eine Vereidigung durch den beauftragten/ersuchten Richter, soweit er nicht im vorbereitenden Verfahren i.S. des § 62 tätig wird, mangels gesetzlicher Grundlage i.S.d. § 59 Abs. 2 Satz 2 unzulässig. Es handelt sich insoweit wohl um ein **Redaktionsversehen**. Die Streichung des § 223 Abs. 3 a.F. bezweckte im Zuge der Abschaffung der Regelvereidigung in § 59 auch die Abschaffung der Pflicht zur Vereidigung durch den beauftragten/ersuchten Richter.[3] Übersehen wurde dabei, dass es erforderlich gewesen wäre, gleichwohl eine Vereidigung durch den beauftragten/ersuchten Richter dem Grunde nach für zulässig zu erklären. Im Hinblick darauf, dass der Gesetzgeber offensichtlich die Zulässigkeit der Vereidigung durch den kommissarischen Richter auch während der Hauptverhandlung annimmt und hierfür ein praktisches Bedürfnis besteht, ist von der Zulässigkeit auszugehen.

4 **4. Vernehmungsersuchen ohne Bestimmung über die Vereidigung.** Hat das beauftragende/ersuchende Gericht die Vereidigung nicht verlangt, so hat der beauftragte/ersuchte Richter die Entscheidung über die Vereidigung bzw. Nichtvereidigung **nach eigenem Ermessen** zu treffen.[4] Das beauftragende/ersuchende Gericht ist an die Entscheidung ebenso wenig gebunden wie an seine eigene Entscheidung vor Abschluss der Hauptverhandlung.[5]

---

1 SK/*Rogall* 3; MüKo/*Maier* 1.
2 LR/*Dahs*[25] § 59 a.F., 8.
3 BTDrucks. **15** 1508 S. 24.
4 *Knauer/Wolf* NJW **2004** 2933; SSW/*Güntge* 1; *Schmitt*/Köhler 2; MüKo/*Maier* 7.
5 *Schmitt*/Köhler 2; SK/*Rogall* 5; SSW/*Güntge* 1.

Es gilt das zu den §§ 59 bis 61 Gesagte entsprechend. Das Ausgangsgericht kann bei Nichtvereidigung die Vereidigung nachträglich verlangen oder bei erfolgter Vereidigung die Aussage als uneidliche würdigen. Hält es die Vereidigung nach den §§ 60, 61 für unzulässig, muss es die Vernehmung als uneidliche würdigen. Das ist den Verfahrensbeteiligten jeweils bekannt zu geben. Erkennt das regelmäßig sachnähere beauftragende/ersuchende Gericht, dass aus Gründen der §§ 60, 61 eine Vereidigung unzulässig sein könnte, so ist es sachdienlich, wenn es dies dem beauftragten/ersuchten Richter bereits mit dem Ersuchen mitteilt, damit es nicht überflüssigerweise zu unzulässigen Vereidigungen kommt.[6]

5. Ersuchen um uneidliche Vernehmung. An ein Ersuchen um uneidliche Vernehmung ist der beauftragte/ersuchte Richter – anders als nach der alten Rechtslage (vgl. § 66b Abs. 3 a.F.) – **nicht gebunden**, weil das Bedürfnis nach einer Vereidigung erst bei der Vernehmung hervortreten kann.[7] 5

6. Protokoll. Zur Protokollierung siehe grds. § 62, 6. Erfolgt die Vereidigung auf Verlangen des beauftragenden/ersuchenden Gerichts, so ergibt sich dies bereits aus dem Ersuchen. Die Entscheidung zur Vereidigung durch den beauftragten/ersuchten Richter reduziert sich dann auf die Entscheidung darüber, ob Gründe der §§ 60, 61 der Vereidigung entgegenstehen. Auch dies ist ggf. nach den allgemeinen Grundsätzen begründungs- und protokollierungspflichtig (vgl. § 59, 20, 27; § 60, 32 f.). 6

7. Revision. Ein Verstoß gegen § 63 kann für sich genommen die Revision nicht begründen. Sonstige Fehler bei der Vereidigung bzw. Nichtvereidigung eines Zeugen im Zusammenhang mit einer Vernehmung durch einen beauftragten/ersuchten Richter sind nach den allgemeinen Grundsätzen revisibel (siehe Erl. zu §§ 59, 60). 7

§ 64
Eidesformel

(1) Der Eid mit religiöser Beteuerung wird in der Weise geleistet, dass der Richter an den Zeugen die Worte richtet:
„Sie schwören bei Gott dem Allmächtigen und Allwissenden, dass Sie nach bestem Wissen die reine Wahrheit gesagt und nichts verschwiegen haben“
und der Zeuge hierauf die Worte spricht:
„Ich schwöre es, so wahr mir Gott helfe“.

(2) Der Eid ohne religiöse Beteuerung wird in der Weise geleistet, dass der Richter an den Zeugen die Worte richtet:
„Sie schwören, dass Sie nach bestem Wissen die reine Wahrheit gesagt und nichts verschwiegen haben“
und der Zeuge hierauf die Worte spricht:
„Ich schwöre es“.

(3) Gibt ein Zeuge an, dass er als Mitglied einer Religions- oder Bekenntnisgemeinschaft eine Beteuerungsformel dieser Gemeinschaft verwenden wolle, so kann er diese dem Eid anfügen.

(4) Der Schwörende soll bei der Eidesleistung die rechte Hand erheben.

---

6 Vgl. auch BTDrucks. **15** 1508 S. 23.
7 BTDrucks. **15** 1508 S. 23; *Schmitt*/Köhler 4; SK/*Rogall* 6; SSW/*Güntge* 1; MüKo/*Maier* 6; KK/*Slawik* 4.

Schrifttum

Grunau Die Schwurfinger, DRiZ **1958** 347; *Heimann-Trosien* Zur Beibehaltung und Fassung des Eides, JZ **1973** 609; *Knoche* Die religiöse Beteuerungsformel und Wahrheitsfindung, ZRP **1970** 119; *Leisten* Probleme bei der Beeidigung von Mohammedanern, MDR **1980** 636; *H. Maier* Grundgesetz und Vereidigungsvermerk, DRiZ **1988** 179; *Salzl* Schwurfinger – Symbole christlichen Bekenntnisses, DRiZ **1959** 281.

Entstehungsgeschichte

Form und Inhalt des Eides waren ursprünglich in den §§ 61 bis 63 Abs. 1 (nach der Bek. 1924: §§ 62 bis 64 Abs. 1) geregelt. An deren Stelle setzte Art. 1 des Gesetzes zur Einschränkung der Eide im Strafverfahren vom 24.11.1933 (RGBl. I S. 1008) den § 66c. Durch Art. 3 Nr. 27 VereinhG (1950) wurde der Absatz 2 („Der Eid kann auch ohne religiöse Beteuerung geleistet werden") eingefügt. Art. 1 Nr. 2 des 1. StVRErgG vom 20.12.1974 (BGBl. I S. 3686) fasste die Vorschrift neu; sie wurde durch Absatz 3 ergänzt, sonst aber sachlich nicht geändert. Durch das 1. JuMoG (2004) wurde aus § 66c § 64. § 64 a.F. (Protokollvermerk über den Grund der Nichtvereidigung) wurde ersatzlos gestrichen.

Übersicht

1 **1. Allgemeines.** § 64 bestimmt, in welcher Form der Eid geleistet wird und welchen Inhalt er hat. Die Strafprozessordnung sah ursprünglich (§ 62 in der Fassung von 1877) nur den Eid in religiöser Form vor. Der Zwang zur Benutzung der religiösen Eidesformel wurde durch Art. 136 Abs. 4 WRV verboten. Dem wurde durch Einführung des Absatzes 2 im Jahre 1950 auch einfachgesetzlich Rechnung getragen. Der durch das 1. StVRErgG (1974) eingefügte Absatz 3 der Vorschrift lässt die Anfügung einer anderen oder weiteren religiösen **Beteuerungsformel** an den Eid zu. Im Übrigen wird § 64 ergänzt durch § 65, der die Ersetzung des Eides durch die uneidliche Bekräftigung der Wahrheit der Aussage gestattet, und durch § 66, der die Eidesleistung von hör- oder sprachbehinderten Personen regelt. Bedeutung hat die Vorschrift nach Abschaffung der Regelvereidigung der Zeugen namentlich für die Vereidigung von Dolmetschern[1] (s. die Erl. zu § 189 GVG).

2 Eine **Belehrung** des Zeugen über die Möglichkeit der Wahl zwischen dem Eid mit (Absatz 1) oder ohne (Absatz 2) religiöse Beteuerung ist nach § 57 Satz 3 vorgeschrieben, nicht jedoch eine solche über § 64 Abs. 3 (Anfügen einer sonstigen religiösen Beteuerungsformel) und § 65 (Ersatz des Eides durch Bekräftigung der Wahrheit der Aussage).[2] Eine Pflicht zur Belehrung kann jedoch im Einzelfall aus der Fürsorgepflicht des Gerichts resultieren.[3] Nach § 70 ist die Erzwingung der Eidesleistung oder der Bekräftigung zulässig. Die Strafbarkeit des vorsätzlichen und fahrlässigen Falscheids bestimmen die §§ 154, 163 StGB.[4]

1 S. etwa BGH NStZ-RR **2022** 124; NStZ **2025** 118 m. Anm. *Ventzke*.
2 Vgl. § 57 Rn. 4.
3 KK/*Slawik* 1; SK/*Rogall* 2; MüKo/*Maier* 2.
4 Zu den ethischen Problemen der Anrufung Gottes im Gerichtssaal *Peters* § 42 III 3.

2. Form der Vereidigung

a) Eidesnorm und Eidesformel. Der Eid besteht aus der **Eidesnorm** („Sie schwören ...") und der **Eidesformel** („Ich schwöre es ...") je nach der Wahl des Zeugen in religiöser Form (Absatz 1) oder nicht (Absatz 2). Die Eidesnorm spricht nicht der Zeuge selbst; vielmehr richtet der Richter an ihn die diese Norm enthaltenden Worte. Die Eidesformel muss der Zeuge selbst sprechen, und zwar grundsätzlich ohne Änderungen und Einschaltungen (vgl. Rn. 5). Keine Bedenken bestehen aber, wenn etwa ein Muslim nicht unter der Anrufung Gottes, sondern Allahs schwören will.[5] Der Richter spricht dem Zeugen die Eidesformel vor und fordert ihn sodann auf, sie nachzusprechen. Sind **mehrere Zeugen** zu vereidigen, so dürfen die die Eidesnorm und die Eidesformel enthaltenden Worte – vorbehaltlich ihres Wahlrechts – an alle gemeinsam gerichtet werden; die Eidesformel muss aber von jedem einzeln nachgesprochen werden.[6] Für die Verständigung mit einem hör- oder sprachbehinderten Zeugen gilt auch im Rahmen der Vereidigung § 186 GVG und für die Eidesleistung des Zeugen selbst der inhaltlich mit § 186 GVG übereinstimmende § 66 (vgl. § 66, 1). 3

b) Personen, die der deutschen Sprache nicht mächtig sind, leisten den Eid in der ihnen geläufigen Sprache (§ 188 GVG). Es ist zulässig, dass der Richter, wenn er die fremde Sprache beherrscht, dem Zeugen die Eidesnorm und die Eidesformel in dessen Sprache vorspricht.[7] Die von dem Zeugen in fremder Sprache gesprochene Eidesformel muss jedoch immer von einem Dolmetscher übertragen werden.[8] 4

c) Anfügen von Beteuerungsformeln (Absatz 3). Seit jeher wurde in Rechtsprechung und Schrifttum angenommen, dass der Zeuge dem Eid **religiöse Zusätze** anfügen darf, sofern sie der Verstärkung der in dem Eid enthaltenen Beteuerungen dienen und nicht mit ihnen im Widerspruch stehen oder sie sogar aufheben.[9] Durch die Gesetzesänderung von 1974 ist dieses Recht des Zeugen ausdrücklich anerkannt worden. Die Anfügung einer Beteuerungsformel setzt voraus, dass der Zeuge Mitglied einer Religions- oder Bekenntnisgemeinschaft ist, in der bestimmte Beteuerungsformeln üblicherweise verwendet werden. Für die Anwendung der Vorschrift reicht die Erklärung des Zeugen aus, dass er als Mitglied einer solchen Gemeinschaft eine zusätzliche Beteuerungsformel benutzen wolle. Ob er tatsächlich Mitglied der Religions- oder Bekenntnisgemeinschaft ist, prüft das Gericht nicht nach.[10] 5

d) Erheben der Hand (Absatz 4). Aus dem Wortlaut des § 64 Abs. 4 („soll") ergibt sich, dass das Erheben der Hand kein wesentlicher Bestandteil der Eidesleistung ist.[11] Ein ohne Erheben der Hand geleisteter Eid ist daher wirksam.[12] Ein Zeuge, der sich weigert, die Schwurhand zu erheben, **darf hierzu nicht gezwungen werden**. Die Vornahme anderer symbolischer Handlungen neben dem Erheben der Hand ist grundsätz- 6

5 *Jünemann* MDR **1970** 725.
6 OLG Frankfurt NJW **1962** 1834; KK/*Slawik* 2; **a.A.** *Schmitt*/Köhler 2; SK/*Rogall* 5.
7 *Schmitt*/Köhler § 188 GVG 1; *Dalcke*/*Fuhrmann*/*Schäfer* 2.
8 KK/*Slawik* 3; MüKo/*Maier* 7; **a.A.** *Schmitt*/Köhler § 188 GVG 1: Rückübertragung nicht erforderlich; SK/*Rogall* 10.
9 RGSt **10** 181, 182 f.; OLG Köln MDR **1969** 501; *Eb. Schmidt* § 66c a.F., 3; vgl. auch bereits LR[14] (1914) § 62, 2.
10 KK/*Slawik* 4; *Schmitt*/Köhler 3; MüKo/*Maier* 10; SK/*Rogall* 8; *Schlüchter* 517; vgl. auch BTDrucks. 7 2526 S. 19.
11 SK/*Rogall* 9; SSW/*Güntge* 1; KK/*Slawik* 5; *Schmitt*/Köhler 4; MüKo/*Maier* 8.
12 SK/*Rogall* 9; *Peters* § 42 III 3c.

lich zulässig, jedoch der eigenen Entschließung des Zeugen zu überlassen. Infrage kommt etwa ein Niederknien oder das Handauflegen auf den Koran.[13] Der Zulässigkeit mögen im Einzelfall aus Gründen der **Praktikabilität** Grenzen gezogen werden können bzw. müssen.[14]

7 **e) Protokoll.** In dem Protokoll ist zu beurkunden, dass der Zeuge vereidigt worden ist. Angaben darüber, ob er den Eid in religiöser oder weltlicher Form geleistet oder gem. Absatz 3 eine Beteuerungsformel angefügt hat, sollen überflüssig[15] sein (s. aber Rn. 9), sie sind aber rechtlich unschädlich.

8 **3. Umfang des Eides.** Der Zeugeneid deckt die **gesamten Aussagen** des Zeugen; er umfasst also auch die Angaben zur Person nach § 68 Abs. 1[16] und zu den Generalfragen nach § 68a.[17] Nicht vom Eid umfasst werden zusätzliche Angaben des Zeugen, die im Wege des Freibeweises erfolgen (str., vgl. § 59, 5, 12). Wird der Zeuge auf seine Aussage nur teilweise vereidigt (§ 59, 13 f.), so bleibt es bei der in § 64 vorgeschriebenen Eidesnorm. Die Aufnahme eines Vorbehalts in die Eidesnorm ist nicht zulässig. Der Richter hat in diesem Fall aber den Zeugen über die Tragweite des Eides zu belehren und darüber einen Vermerk in die Sitzungsniederschrift aufzunehmen. Bei berechtigter **teilweiser Zeugnis- oder Auskunftsverweigerung** ist das nicht erforderlich; denn die Beteuerung des Zeugen, nichts zu verschweigen, bezieht sich nur auf die Aussage, die er gemacht hat, nicht auf den Teil, den er berechtigt unterlassen hat.[18] Im Übrigen richtet sich der Umfang der Eidespflicht nach dem Gegenstand des Verfahrens und dem Umfang der Frage.[19] Näheres ist den Kommentaren zu § 154 StGB zu entnehmen.

9 **4. Revision.** Ein mit der Revision angreifbarer Verfahrensverstoß kann vorliegen, wenn bei der Formulierung der Eidesnorm oder -formel nicht die in § 64 Abs. 1 und 2 vorgeschriebenen Worte verwendet werden. Der Eid wird dadurch jedoch nicht zwangsläufig unwirksam.[20] Auch wird das Urteil hierauf regelmäßig nicht beruhen.[21] Der Eid soll auch nicht dadurch unwirksam werden, dass ein Zeuge auf den **„falschen" Gott** vereidigt wird. Nach Ansicht des BGH bleibt, auch wenn die religiöse Beteuerung in diesem Fall keine Wirkung entfaltet, ein Eid ohne religiöse Beteuerung nach Absatz 2 bestehen.[22] Diese abstrakte Betrachtungsweise greift zu kurz. Gerade in der Wirkung des Eides auf den Zeugen liegt die Berechtigung für die möglichen Unterschiede bei der Wertung von eidlichen und uneidlichen Aussagen. Für einen religiös geprägten Zeugen kann mit der Wirkungslosigkeit der religiösen Beteuerung der Eid insgesamt bedeutungslos werden. Eine solche Aussage gleichwohl als eidliche zu werten, erscheint zumindest bedenklich.

---

13 SK/*Rogall* 9; *Schmitt*/Köhler 4; MüKo/Maier 11.

14 SK/*Rogall* 9; KK/*Slawik* 4.

15 BGH NStZ **1999** 399; vgl. RGSt **57** 342, 343; *Schmitt*/Köhler 3; SSW/*Güntge* 1; KK/*Slawik* 6; MüKo/*Maier* 13; *Maier* DRiZ **1988** 179.

16 RGSt **6** 267 f.; **60** 407, 408; SK/*Rogall* 12; MüKo/*Maier* 14.

17 *Schlund* NJW **1972** 1035; SK/*Rogall* 12; MüKo/*Maier* 14.

18 *Eb. Schmidt* § 66c a.F., 5; SK/*Rogall* 12.

19 OLG Kiel SchlHA **1948** 115.

20 BGHSt **3** 312.

21 KK/*Slawik* 6; *Schmitt*/Köhler 5; SSW/*Güntge* 2.

22 BGH NStZ **1999** 399; KK/*Slawik* 6; SK/*Rogall* 14; MüKo/*Maier* 17.

§ 65
Eidesgleiche Bekräftigung der Wahrheit von Aussagen

(1) [1]Gibt ein Zeuge an, dass er aus Glaubens- oder Gewissensgründen keinen Eid leisten wolle, so hat er die Wahrheit der Aussage zu bekräftigen. [2]Die Bekräftigung steht dem Eid gleich; hierauf ist der Zeuge hinzuweisen.

(2) Die Wahrheit der Aussage wird in der Weise bekräftigt, dass der Richter an den Zeugen die Worte richtet:
„Sie bekräftigen im Bewusstsein Ihrer Verantwortung vor Gericht, dass Sie nach bestem Wissen die reine Wahrheit gesagt und nichts verschwiegen haben"
und der Zeuge hierauf spricht:
„Ja".

(3) § 64 Abs. 3 gilt entsprechend.

Entstehungsgeschichte

Die Vorschrift wurde durch Art. 1 Nr. 3 des 1. StVRErgG vom 20.12.1974 (BGBl. I 3686) als § 66d eingefügt. Durch das 1. JuMoG (2004) wurde daraus – inhaltlich unverändert – § 65. § 65 a.F. ist nun in veränderter Form § 62.

Übersicht

1. Allgemeines. Dem Umstand, dass die Mitglieder bestimmter Religionsgesellschaften (Zeugen Jehovas, Mennoniten, Philipponen, Herrnhuter u.a.) die Eidesleistung mit ihrem Glauben nicht vereinbaren können, haben seit alters her landesrechtliche Vorschriften Rechnung getragen, die diesen Zeugen den Gebrauch anderer Beteuerungsformeln anstelle des Eides gestatteten. Auch die Strafprozessordnung befreite sie von der Eidespflicht, soweit das Gesetz den Mitgliedern dieser Religionsgesellschaften den Gebrauch gewisser Beteuerungsformeln anstelle des Eides gestattete. Dieses **„Sektenprivileg"** lässt sich nach der Auffassung des Bundesverfassungsgerichts unter der Herrschaft des Grundgesetzes nicht mehr als von hoher Hand einer Religionsgesellschaft gewährte Vergünstigung rechtfertigen; vielmehr müssen, weil das Grundrecht der Glaubensfreiheit nach Art. 4 Abs. 1 GG weder von der Mitgliedschaft in Religionsgesellschaften noch von gesetzlicher Anerkennung abhängig ist, alle Bürger, die sich aus einer **individuell getroffenen Glaubensentscheidung** zur Eidesleistung außerstande sehen, von der Eidespflicht freigestellt werden.[1] Die Entscheidung des Bundesverfassungsgerichts musste zu einer gesetzlichen Regelung der Möglichkeit führen, die Wahrheit der Aussage eidesgleich, aber nicht in Eidesform, sondern sprachlich neutral zu bekräftigen. Diese Möglichkeit schafft § 65. 1

1 BVerfGE **33** 23 = JZ **1972** 515 m. Anm. *Peters*; dazu kritisch *Ebert* JR **1972** 397; *Engelmann* MDR **1973** 365; *Knoche* DRiZ **1973** 55; *Lange* FS Gallas 427; *Nagel* JR **1972** 413; *Stolleis* JuS **1974** 770; vgl. auch OLG Düsseldorf NJW **1966** 1933; *Jünemann* MDR **1970** 725; *Renschert* DRiZ **1961** 50.

2 **2. Voraussetzungen der Bekräftigung.** Die Bekräftigung ist zulässig, wenn der Zeuge angibt, dass er aus Glaubens- oder Gewissensgründen keinen Eid leisten wolle. Das Gericht ist nicht verpflichtet, den Zeugen über diese Möglichkeit zu belehren; denn von einem Zeugen, der aus Glaubens- oder Gewissensgründen keinen Eid leisten will, kann erwartet werden, dass er dies ohne äußeren Anstoß erklärt (§ 57, 4). Ob der Eidesleistung tatsächlich die behaupteten Gründe entgegenstehen, **hat das Gericht nicht zu prüfen.**[2] Die schlichte Erklärung des Zeugen genügt für die Anwendung des § 65; er braucht weder eine besondere Versicherung abzugeben, noch muss er seine Angaben glaubhaft machen.[3] Jedoch darf die Vorschrift nicht erweiternd dahin ausgelegt werden, dass der bloße Wunsch des Zeugen, anstelle des Eides eine Beteuerungsformel zu verwenden, die Bekräftigung zulässig macht. Der Zeuge kann auch nicht anstelle des Eides eine Beteuerungsformel seiner Wahl (bspw. „seines Landes") sprechen, sondern wird bei Verweigerung des Eides aus Glaubens- oder Gewissensgründen auf die Bekräftigung des § 65 verwiesen[4] (vgl. aber Rn. 4).

3. Form der Bekräftigung

3 **a) Bekräftigungsnorm und Bekräftigungsformel.** Entsprechend der in § 64 für den Eid getroffenen Regelung (§ 64, 3) bestimmt § 65 Abs. 2, dass nicht der Zeuge die Bekräftigungsnorm spricht, sondern dass der Richter an ihn die diese Norm („Sie bekräftigen ...") enthaltenden Worte richtet. Die Bekräftigungsformel besteht aus dem Wort „Ja", das der Zeuge auf Aufforderung des Richters sprechen muss. Im Übrigen gelten die Ausführungen zu § 64 (siehe dort Rn. 3) entsprechend.

4 **b) Anfügen von Beteuerungsformeln.** Nach § 65 Abs. 3 ist bei der Bekräftigung der § 64 Abs. 3 entsprechend anzuwenden. **Der Zeuge darf** daher dem Wort „Ja" eine **Beteuerungsformel anfügen**, wenn er erklärt, dass er Mitglied einer Religions- oder Bekenntnisgemeinschaft sei und die Beteuerungsformel verwenden wolle. In Betracht kommen auch symbolische Handlungen, vor allem die Bekräftigung durch Handschlag, wie sie bei den Mitgliedern bestimmter Religionsgemeinschaften (Mennoniteneid) üblich ist.[5] Auch wenn solche Handlungen nach den Vorschriften der Religionsgemeinschaft, der der Zeuge angehört, zur Bekräftigung der Wahrheit einer Aussage erforderlich sind, darf der Richter den Zeugen jedoch nicht zwingen, sie vorzunehmen. Für die Bekräftigung nach § 65 genügt stets die Beachtung der in Absatz 2 der Bestimmung vorgeschriebenen Form.[6]

5 **4. Protokoll.** In dem Protokoll ist zu beurkunden, dass der Zeuge die Wahrheit seiner Aussage bekräftigt hat. Die Verwendung zusätzlicher Beteuerungsformeln muss nicht vermerkt werden.

6 **5. Gleichstellung mit Eidesleistung.** Nach § 65 Abs. 1 Satz 2 Hs. 1 steht die Bekräftigung dem Eid gleich. Verfahrensrechtlich bedeutet dies, dass alle Vorschriften über den Zeugeneid im Strafverfahren anzuwenden sind. Dazu gehört § 67; bei einer nochmaligen Vernehmung ist daher die **Bezugnahme** auf die Bekräftigung zulässig. Ferner kann

2 KK/*Slawik* 2; *Schmitt*/Köhler 1; MüKo/*Maier* 5; SK/*Rogall* 2; SSW/*Güntge* 1.
3 Vgl. BTDrucks. 7 2526 S. 19; SK/*Rogall* 2; MüKo/*Maier* 2; KK/*Slawik* 2.
4 Vgl. den Fall OLG Köln MDR **1969** 501.
5 Vgl. RGSt **52** 63; **57** 342.
6 Vgl. BGH bei *Dallinger* MDR **1972** 18.

die Bekräftigung nach § 65 von dem Zeugen, der die Eidesleistung aus Glaubens- oder Gewissensgründen verweigert, durch die **Zwangs- und Beugemittel** des § 70 erzwungen werden.[7] Dass die Bekräftigung auch materiell-rechtlich bei der **Bestrafung** von Falschaussagen nach §§ 154, 163 StGB dem Eid gleichsteht, ist in § 155 Nr. 1 StGB besonders bestimmt.

Der Richter muss den Zeugen ausdrücklich darauf **hinweisen**, dass die Bekräftigung dem Eid gleichsteht (§ 65 Abs. 1 Satz 2 Hs. 2). Der Hinweis ist vor der Bekräftigung zu erteilen, damit er dem Irrtum des Zeugen vorbeugen kann, die Unwahrheit der nicht beeideten, aber auf ihre Richtigkeit bekräftigten Aussage habe weniger schwerwiegende Folgen als die einer beeideten Aussage. 7

6. Revision. Die Revision kann nur darauf gestützt werden, dass das Gericht sich mit der Bekräftigung begnügt hat, obwohl der Zeuge selbst nicht behauptet hat, dass er den Eid aus Glaubens- oder Gewissensgründen nicht leisten wolle. Sind in diesem Fall das Gericht und der Zeuge davon ausgegangen, dass eine wirksame Bekräftigung vorliegt, so wird das Urteil auf dem Verfahrensverstoß regelmäßig nicht beruhen (§ 67, 16).[8] 8

§ 66
Eidesleistung bei Hör- und Sprachbehinderung

(1) [1]Eine hör- oder sprachbehinderte Person leistet den Eid nach ihrer Wahl mittels Nachsprechens der Eidesformel, mittels Abschreibens und Unterschreibens der Eidesformel oder mit Hilfe einer die Verständigung ermöglichenden Person, die vom Gericht hinzuzuziehen ist. [2]Das Gericht hat die geeigneten technischen Hilfsmittel bereitzustellen. [3]Die hör- oder sprachbehinderte Person ist auf ihr Wahlrecht hinzuweisen.

(2) Das Gericht kann eine schriftliche Eidesleistung verlangen oder die Hinzuziehung einer die Verständigung ermöglichenden Person anordnen, wenn die hör- oder sprachbehinderte Person von ihrem Wahlrecht nach Absatz 1 keinen Gebrauch gemacht hat oder eine Eidesleistung in der nach Absatz 1 gewählten Form nicht oder nur mit unverhältnismäßigem Aufwand möglich ist.

(3) Die §§ 64 und 65 gelten entsprechend.

Entstehungsgeschichte

Die Art der Eidesleistung stummer Personen war ursprünglich in § 63 Abs. 2 und 3 (nach der Bek. 1924: § 64 Abs. 2 und 3) geregelt. Durch Art. 1 des Gesetzes zur Einschränkung der Eide im Strafverfahren (1933) wurde diese Vorschrift inhaltlich als § 66d eingefügt. Art. 3 Nr. 28 VereinhG (1950) fügte den Absatz 2 (jetzt Absatz 3) an. Durch Art. 1 Nr. 4 des 1. StVRErgG (1974) erhielt die Vorschrift unter Neufassung des Absatzes 2 die Bezeichnung § 66e. Der frühere § 66e (Zulässigkeit von Beteuerungsformeln anstelle des Eides) wurde aufgehoben. Durch Art. 16 Nr. 1 des OLGVertrÄndG (2002) ist die Vorschrift in Absatz 1 und 2 vollständig neu gefasst worden, und zwar in wörtlicher Übereinstimmung mit der Neufassung des § 483 ZPO und inhaltlich übereinstimmend mit

7 Vgl. BTDrucks. 7 2526 S. 19; KK/*Slawik* 4; *Schmitt*/Köhler 2; SK/*Rogall* 4; SSW/*Güntge* 1.
8 *Schmitt*/Köhler 4; KK/*Slawik* 5; SK/*Rogall* 7; SSW/*Güntge* 2; MüKo/*Maier* 8.

der die Verständigung mit hör- und sprachbehinderten Personen generell regelnden Neufassung des § 186 GVG. Durch Art. 3 Nr. 3 des 1. JuMoG (2004) erhielt die Vorschrift ihren Standort als § 66 (vorher unbesetzt), wobei die Verweise in Absatz 3 redaktionell angepasst wurden.

Übersicht

1 **1. Anwendungsbereich.** § 66 regelt die Art und Weise der Eidesleistung hör- und/oder sprachbehinderter Personen. Für die Verständigung mit diesen Zeugen im Übrigen, insbesondere im Rahmen ihrer Aussage, gilt **§ 186 GVG**. Die Hör- und/oder Sprechfähigkeit des Zeugen muss zeitweise[1] oder dauernd aufgehoben oder eingeschränkt sein. Dem Gesetz lässt sich nicht entnehmen, welchen Grad eine Behinderung haben muss, damit § 66 zur Anwendung kommt. Die Neufassung des § 66, mit der der Anwendungsbereich von zuvor ausschließlich stummen Personen auf hör- und sprachbehinderte Personen ausgedehnt wurde, soll die **Integration behinderter Menschen** fördern.[2] Zweifelhaft erscheint es deshalb, den Anwendungsbereich des § 66 auf die Fälle zu beschränken, in denen eine Verständigung mit dem Zeugen durch Sprechen oder Hören nicht möglich ist.[3] Angesichts der dem Zeugen in § 66 eingeräumten Wahlmöglichkeiten erscheint es ebenfalls zu eng, die Vorschrift lediglich dann zur Anwendung kommen zu lassen, wenn anderenfalls Zweifel bestehen, ob der Zeuge den Eid leisten wollte oder nicht.[4] Es dürfte wohl ausreichen, dass eine Verfahrensweise nach § 66 dem behinderten Zeugen das Procedere erleichtert. In der Praxis wird die Verfahrensweise bei der Eidesleistung der bereits für die Vernehmung gewählten Verfahrensweise nachfolgen. Über Art und Umfang der Behinderung muss sich das Gericht – im Zweifel im Wege des Freibeweises – Klarheit verschaffen.[5] § 66 betrifft allein Zeugen mit Hör- oder Sprachbehinderung, er findet keine Anwendung bei Menschen mit kognitiver (geistiger) Behinderung.[6] Die Zeugenvernehmung und die Vereidigung richten sich in diesen Fällen vielmehr nach den allgemeinen Vorschriften (vgl. § 60, 4), wobei sich insbesondere die Frage nach einem Vereidigungsverbot nach § 60 Nr. 1 stellen wird.

2 **2. Wahlrecht.** Nach § 66 Abs. 1 Satz 1 steht dem Zeugen das Recht zu, unter drei möglichen Arten, den Eid zu leisten, frei zu wählen. Dieses Wahlrecht kann der Zeuge nur ausüben, wenn ggf. die erforderlichen technischen Hilfsmittel zur Verfügung gestellt werden und er sein Recht kennt. Das Gericht hat deshalb die geeigneten technischen Hilfsmittel bereitzustellen (Absatz 1 Satz 2) und den Zeugen auf sein Wahlrecht hinzuweisen (Absatz 1 Satz 3). Da § 66 allein die Eidesleistung seitens des Zeugen betrifft, erscheint es überflüssig,

1 BGHSt **13** 367.
2 BTDrucks. **14** 9266 S. 35; SSW/*Güntge* 1; MüKo/*Maier* 1.
3 So aber KK/*Diemer* § 186, 1 GVG.
4 So SK/*Rogall* 4.
5 KK/*Slawik* 1; *Schmitt*/Köhler 1; SSW/*Güntge* 1; MüKo/*Maier* 4.
6 BTDrucks. **14** 9266 S. 40; SK/*Rogall* 4; KK/*Slawik* 1; MüKo/*Maier* 3.

dem allein hörbehinderten Zeugen insoweit ein Wahlrecht einzuräumen. Allerdings ist der Gesetzestext, auch wenn es sich um ein Versehen handeln sollte,[7] eindeutig.[8]

3. Entscheidung des Gerichts. Das Gericht kann nach Absatz 2 nur dann eine Entscheidung über die Art und Weise der Eidesleistung treffen, wenn der Zeuge sein Wahlrecht nicht ausübt oder aber die Eidesleistung in der gewählten Form nicht oder nur mit unverhältnismäßigem Aufwand möglich ist. Ein unverhältnismäßiger Aufwand dürfte nur in Ausnahmefällen anzunehmen sein.[9] Das Gericht hat dann nur die Möglichkeit, eine schriftliche Eidesleistung zu verlangen oder die Hinzuziehung einer die Verständigung ermöglichenden Person anzuordnen. 3

4. Die Verständigung ermöglichende Person. Die Eidesleistung durch den Zeugen kann mit Hilfe einer die Verständigung ermöglichenden Person (Sprachmittler) erfolgen. In Betracht kommen hierfür Gebärden-, Schrift- oder Oraldolmetscher oder sonstige Personen, auch aus dem persönlichen Umfeld des Zeugen, die besondere Formen der Kommunikation beherrschen wie etwa das Lormen (eine spezielle Form der Kommunikation mit Taubblinden). Schwierig kann im Einzelfall die Abgrenzung werden, ob die Hilfestellung allein die Kommunikationsdefizite aufgrund der Hör- und/oder Sprachbehinderung ausgleicht oder ob die Hilfestellung nicht durch andere Behinderungen verursachte Kommunikationsdefizite betrifft, die § 66 nicht erfasst (vgl. Rn. 1). So sollen z.B. auch Personen, die die Methode der „gestützten Kommunikation" beherrschen, als Sprachmittler i.S. des § 66 in Betracht kommen.[10] Dies erscheint fragwürdig. Zum einen ist diese Methode wissenschaftlich höchst umstritten.[11] Zum anderen wird sie bei Behinderungen eingesetzt, die nicht auf einer rein organischen Beeinträchtigung der äußeren Sinnes- und Sprechorgane, sondern auf einer sonstigen körperlichen oder psychischen Behinderung beruhen (z.B. Autismus, Down-Syndrom). Diese Fälle fallen jedoch gerade nicht unter § 66. 4

5. Vereidigung des Sprachmittlers. Nicht geregelt wird in § 66 die Frage, ob die tätig werdenden Sprachmittler ihrerseits zu vereidigen sind. In Betracht kommt in diesen Fällen die Anwendung des § 189 GVG. Dieser sieht für Dolmetscher die Vorabvereidigung zwingend vor. Allerdings soll § 189 GVG nur für Personen mit formeller Dolmetscherfunktion gelten.[12] Bei Personen mit dolmetscherähnlicher Funktion soll es im Ermessen des Gerichts stehen, ob sie entsprechend § 189 GVG vereidigt werden oder nicht.[13] Offen ist, was mit einer formellen Dolmetscherfunktion gemeint ist. Man wird darunter wohl ein entsprechendes staatliches Zeugnis verstehen müssen. Im Übrigen sind sachliche Gründe für eine solche Differenzierung nicht zu erkennen. 5

7 SK/*Rogall* 1.

8 **A.A.** KK/*Slawik* 1; MüKo/*Maier* 3.

9 Vgl. BTDrucks. **14** 9266 S. 41.

10 BTDrucks. **14** 9266 S. 40; KK/*Slawik* 2; SK/*Rogall* 8.

11 Vgl. *Probst, Paul* Gestützte Kommunikation – eine unerfüllbare Verheißung, Internet-Artikel vom 2.9.2003 m.w.N., der u.a. darauf verweist, dass es in den USA nachweisbar durch gestützte Zeugenaussagen zu einer Reihe von Falschbeschuldigungen und -verurteilungen wegen sexuellen Missbrauchs gekommen ist (http://www1.uni-hamburg.de/Paul.Probst/pp-orginalarbeiten-autismus/gk-verheissung-1.pdf, S. 5/6).

12 BGHSt **43** 65; BTDrucks. **14** 9266 S. 40; KK/*Slawik* 2; KK/*Diemer* § 186, 4 GVG.

13 BGHSt **43** 65; BTDrucks. **14** 9266 S. 40; KK/*Slawik* 2; KK/*Diemer* § 186, 4 GVG.

6 **6. Absatz 3.** § 66 Abs. 3 stellt klar, dass auch hör- und sprachbehinderte Zeugen die Möglichkeit haben, die Eidesform nach § 64 zu wählen oder unter den Voraussetzungen des § 65 statt einen Eid zu leisten die Wahrheit der Aussage bekräftigen zu können.

7 **7. Revision.** Leistet der Zeuge in einer der in § 66 Abs. 1 vorgesehenen Formen den Eid, so ist die Revision nicht deshalb begründet, weil der Zeuge nicht über sein Wahlrecht belehrt wurde.[14] Unterbleibt eine Vereidigung lediglich wegen der mit der Behinderung des Zeugen verbundenen Schwierigkeiten, so könnte dies mit der Aufklärungsrüge (§ 244 Abs. 2) angegriffen werden. Praktische Relevanz wird dies nicht haben. Im Zweifel wird das Gericht entgegen seiner Aufklärungspflicht bereits auf die Vernehmung des Zeugen bzw. die Hinzuziehung von Hilfen persönlicher oder sachlicher Art bei der Vernehmung verzichtet haben, so dass bereits dies, sofern das Urteil auf dem Fehler beruht, mit der Aufklärungsrüge angegriffen werden kann.[15]

§§ 66a bis 66e
(weggefallen)

§ 67
Berufung auf einen früheren Eid

Wird der Zeuge, nachdem er eidlich vernommen worden ist, in demselben Vorverfahren oder in demselben Hauptverfahren nochmals vernommen, so kann der Richter statt der nochmaligen Vereidigung den Zeugen die Richtigkeit seiner Aussage unter Berufung auf den früher geleisteten Eid versichern lassen.

Schrifttum

Von Schowingen Zur Berufung auf den früher geleisteten Eid, JZ **1955** 267.

Bezeichnung bis 1924: § 66.

Übersicht

---

14 SK/*Rogall* 15; MüKo/*Maier* 12; SSW/*Güntge* 4.
15 BGHSt **43** 64.

I. Allgemeines

Für den Fall, dass ein Zeuge im Strafverfahren mehrmals als Zeuge (nicht, wenn er zuvor als Sachverständiger gehört wurde[1]) vernommen wird, sieht § 67 vor, dass er nicht stets erneut den Eid leisten muss, sondern in demselben Vorverfahren oder in demselben Hauptverfahren die Richtigkeit seiner nochmaligen Aussage unter Berufung auf den früher geleisteten Eid versichern kann. Voraussetzung ist, dass bereits eine beeidigte oder nach § 65 bekräftigte Zeugenaussage vorliegt.[2] Hintergrund dieser Vorschrift ist die Ansicht des Gesetzgebers, „daß eine Häufung der Eide dahin führt, den Werth des Eides und den Glauben an seine Heiligkeit zu schwächen".[3] Angesichts des Umstandes, dass Zeugen im Strafverfahren ohnehin nur noch im Ausnahmefall vereidigt werden (vgl. § 59, 1), hat die Vorschrift des § 67 heute so gut wie keine praktische Bedeutung mehr. 1

II. Voraussetzungen der Berufung auf den Eid

1. Nochmalige Vernehmung. Um eine nochmalige Vernehmung handelt es sich immer dann, wenn der Zeuge seine Aussage bereits beschworen hat und danach erneut zur Sache vernommen wird, auch wenn die erneute Vernehmung an demselben Verhandlungstag stattfindet wie die erste und der Zeuge noch nicht entlassen worden ist.[4] Der Begriff „nochmals" bezieht sich allein auf den Umstand, dass eine **weitere Vernehmung** stattfindet. Auf den Inhalt der Aussage kommt es in keiner Hinsicht an. Der Zeuge kann seine frühere Aussage wiederholen, ergänzen oder das Gegenteil behaupten oder aber er kann zu einem anderen Sachverhaltsaspekt befragt werden.[5] 2

2. Dasselbe Verfahren. Nach § 67 muss es sich um eine Vernehmung entweder in demselben Vorverfahren oder in demselben Hauptverfahren handeln. Wird der Zeuge außerhalb desselben Verfahrens nochmals vernommen, so ist die Berufung auf den früher geleisteten Eid, auch wenn es sich grundsätzlich um dieselbe Angelegenheit handelt, unzulässig.[6] 3

a) Vorverfahren. Das Vorverfahren endet, sofern das Verfahren nicht eingestellt wird, mit der Erhebung der Anklage nach § 170 Abs. 1 und den ihr gleichstehenden Anträgen der Staatsanwaltschaft (vgl. Erl. zu § 151). Nur bei einer nochmaligen Vernehmung bis zu diesem Verfahrenseinschnitt ist § 67 im Vorverfahren anwendbar. Dabei kommt es nicht darauf an, ob die frühere Vereidigung nach § 62 zulässig war.[7] 4

b) Hauptverfahren. Dasselbe Hauptverfahren im Sinne des § 67 umfasst nach allgemeinem Verständnis das Verfahren von der Erhebung der Anklage bis zur Rechtskraft des Urteils, also auch das Zwischenverfahren.[8] Dies ist sachlich dadurch gerechtfertigt, dass das Zwischenverfahren, anders als früher die Voruntersuchung, die dem Vorverfahren 5

---

1 MüKo/*Maier* 1; SSW/*Güntge* 2; *Schmitt*/Köhler 1; SK/*Rogall* 6.
2 SSW/*Güntge* 2; MüKo/*Maier* 10; SK/*Rogall* 3.
3 *Hahn* Bd. I 112.
4 BGHSt **4** 142; KK/*Slawik* 1; *Schmitt*/Köhler 1; SK/*Rogall* 5; MüKo/*Maier* 3.
5 KK/*Slawik* 1; *Schmitt*/Köhler 1; SK/*Rogall* 5; MüKo/*Maier* 4.
6 BGH bei *Dallinger* MDR **1953** 722; KK/*Slawik* 3; *Schmitt*/Köhler 2.
7 RG GA **48** (1894) 136, 137.
8 SK/*Rogall* 9; KK/*Slawik* 4; *Schmitt*/Köhler 5; SSW/*Güntge* 3.

zuzurechnen war, bereits in den Händen des im Hauptverfahren erkennenden Gerichts liegt. Zu demselben Hauptverfahren gehört nicht nur eine Vernehmung in derselben Hauptverhandlung, sondern auch in einer erneuten Hauptverhandlung nach § 229 Abs. 4,[9] bei Neubeginn nach Aussetzung[10] sowie hinsichtlich einer kommissarischen Vernehmung unter Eid.[11] Um dasselbe Hauptverfahren handelt es sich ferner, wenn sich das Verfahren in der Berufungs- oder Revisionsinstanz befindet[12] bzw. wenn ein mit Berufung oder Revision angefochtenes Urteil aufgehoben und die Sache an den ersten Richter oder das zuständige Gericht zurückverwiesen worden ist.[13] Schließlich handelt es sich um dasselbe Hauptverfahren, wenn das untere Gericht nach § 270 seine sachliche Unzuständigkeit ausgesprochen hat und die Hauptverhandlung nunmehr vor dem Gericht höherer Ordnung stattfindet.[14]

6 **c) Trennung und Verbindung von Verfahren.** Um dasselbe Verfahren kann es sich grundsätzlich auch dann handeln, wenn das Verfahren seit der eidlichen Vernehmung abgetrennt bzw. mit anderen Verfahren verbunden worden ist. Dabei ist jedoch darauf zu achten, dass das stets nur in Bezug auf den Beschuldigten gilt, der auch am Ausgangsverfahren bereits als Beschuldigter beteiligt war.[15] Die Anwendung des § 67 ist daher unzulässig, wenn die Sache, in der der Zeuge eidlich vernommen worden ist, später mit einer anderen Strafsache verbunden wird und bei der nochmaligen Vernehmung des Zeugen neue Mitbeschuldigte beteiligt sind, die ebenfalls von der Aussage betroffen sind.[16]

7 **d) Wiederaufnahme.** Nicht um dasselbe, sondern um ein neues Hauptverfahren handelt es sich bei der Wiederaufnahme des durch rechtskräftiges Urteil abgeschlossenen Verfahrens. Daher ist die Berufung auf den in dem früheren Hauptverfahren geleisteten Eid nicht statthaft.[17]

8 **3. Eidlich vernommen.** Die Versicherung nach § 67 ist zulässig, wenn der Zeuge auf die frühere Aussage nach **§ 64 Abs. 1 oder 2** vereidigt worden ist. Darüber hinaus ist anerkannt, dass eine Versicherung nach § 67 auch unter Berufung auf eine dem Eid gleichstehende Bekräftigung nach **§ 65** zulässig ist (vgl. § 155 Nr. 2 StGB).[18]

III. Entscheidung

9 Bevor eine Entscheidung nach § 67 getroffen werden kann, ist zunächst zu entscheiden, ob der Zeuge unter Berücksichtigung der neuen Aussage überhaupt vereidigt werden

9 BGH bei *Dallinger* MDR **1953** 723.

10 RGRspr. **6** 29; KK/*Slawik* 5; MüKo/*Maier* 8; SSW/*Güntge* 3.

11 RGSt **4** 437, 438; RG JW **1930** 3416; KK/*Slawik* 5.

12 RG GA **53** (1906) 78; OLG Dresden LZ **1930** 136; *von Schowingen* JZ **1955** 267; KK/*Slawik* 5; MüKo/*Maier* 7; SSW/*Güntge* 3.

13 RGSt **2** 234 f.; RGRspr. **6** 29; RG Recht **4** Nr. 1606; *Schmitt*/Köhler 5; *Eb. Schmidt* 4; *von Kries* 371.

14 *Eb. Schmidt* Nachtr. I § 270, 22; KK/*Slawik* 5; *Schmitt*/Köhler 5; SSW/*Güntge* 3; MüKo/*Maier* 8; **a.A.** SK/*Rogall* 11, weil dem Verweisungsbeschluss dieselbe Wirkung wie dem Beschluss zur Eröffnung des Hauptverfahrens zukommt und somit ein neues Hauptverfahren beginnt.

15 KK/*Slawik* 2; SK/*Rogall* 8; *Schmitt*/Köhler 3; MüKo/*Maier* 5.

16 RGSt **49** 251, 252; RG Recht **1915** Nr. 1686.

17 RGSt **18** 417, 418; RG Recht **1915** Nr. 377; **1930** Nr. 2140; KK/*Slawik* 6; SK/*Rogall* 12; *Schmitt*/Köhler 5; SSW/*Güntge* 3; MüKo/*Maier* 9.

18 SK/*Rogall* 3; KK/*Slawik* 1; MüKo/*Maier* 10.

soll oder darf.[19] Die endgültige Entscheidung über die Nichtvereidigung oder Vereidigung eines Zeugen trifft das Gericht nach Abschluss aller Vernehmungen des Zeugen. Diese Entscheidung gilt dann grundsätzlich für die gesamte Aussage des Zeugen, die alle Vernehmungen umfasst (§ 59, 19). Eine unterschiedliche Entscheidung über die Vereidigung kommt nur in Betracht, soweit verschiedene Taten betroffen sind (§ 59, 13f.; § 60, 31).[20] Aus dem Wortlaut des § 67 darf nicht geschlossen werden, dass ein einmal vereidigter Zeuge auch die weitere Aussage zu beeidigen bzw. deren Richtigkeit nach § 67 zu versichern hat. Eine Entscheidung nach § 67 trifft das Gericht nur, wenn **kein Vereidigungsverbot** nach § 60 besteht**und** das Gericht die **Vereidigung** auch unter Berücksichtigung der neuen Aussage **nach § 59 Abs. 1 Satz 1** für **erforderlich** hält. Diesbezüglich muss nach Maßgabe des § 59 Abs. 1 Satz 1 eine Entscheidung getroffen und protokolliert werden. Auch kann ein Vereidigungsverbot erst neu aufgetreten oder bekannt geworden sein (vgl. § 59, 18ff.; 25ff.).

Soll und kann der Zeuge erneut vereidigt werden, so steht die Entscheidung nach 10
§ 67 im **Ermessen** des Gerichts, wobei wie bei § 59 Abs. 1 Satz 1 der Vorsitzende vorab entscheidet.[21] Wird diese Entscheidung beanstandet, entscheidet nach § 238 Abs. 2 das Gericht.[22] Das Gesetz selbst benennt keine Kriterien, die bei der Ermessensentscheidung zu berücksichtigen wären. § 67 soll auch anwendbar sein, wenn sich der Zeuge an die frühere Eidesleistung nicht erinnert.[23] Die erneute Vereidigung ist vorzuziehen, wenn der Zeuge offensichtlich außerstande ist, die Bedeutung der Versicherung zu begreifen.[24] Auch langer Zeitablauf nach der ersten Vernehmung[25] und ein wesentlich anderer Inhalt der neuen Aussage können Anlass geben, den Zeugen erneut zu vereidigen.[26] Der Zeuge selbst hat kein Wahlrecht.[27]

IV. Versicherung unter Berufung auf den Eid

1. Form. Für die Versicherung nach § 67 schreibt das Gesetz keine besondere Form 11
vor. Erforderlich ist aber stets, dass der Zeuge selbst die Erklärung abgibt, er versichere die Richtigkeit seiner Aussage unter Berufung auf den früheren Eid. Es genügt nicht, dass der Richter ihn auf den früheren Eid hinweist.[28] Die Versicherung muss nicht unbedingt mit den Worten des Gesetzes abgegeben werden.[29] Wesentlich ist nur, dass sich die Erklärung als unter Berufung auf den geleisteten Zeugeneid abgegebene Versicherung des Zeugen darstellt, er habe bei seiner nochmaligen Aussage die Wahrheit gesagt.[30] Ausreichend dazu ist eine „Bezugnahme" auf den früheren Eid.[31] Es genügt auch, dass der Zeuge die

---

19 BGHSt **48** 221, 232.

20 BGHSt **48** 221, 232f.

21 *Schmitt*/Köhler 6; SK/*Rogall* 15; KK/*Slawik* 7; SSW/*Güntge* 4.

22 SK/*Rogall* 16; KK/*Slawik* 7.

23 *Schmitt*/Köhler 6; SSW/*Güntge* 4; KK/*Slawik* 7; kritisch: MüKo/*Maier* 12.

24 SSW/*Güntge* 4; *Schmitt*/Köhler 6; SK/*Rogall* 17.

25 *Schmitt*/Köhler 6.

26 SK/*Rogall* 17; MüKo/*Maier* 12.

27 KK/*S* 7; *Eb. Schmidt* 9.

28 BGHSt **4** 140; RGSt **19** 27, 28; **58** 302; KK/*Slawik* 8; *Schmitt*/Köhler 7; SK/*Rogall* 21; MüKo/*Maier* 14; SSW/*Güntge* 5; *von Schowingen* JZ **1955** 267.

29 BGH bei *Dallinger* MDR **1972** 198; KK/*Slawik* 8; *Schmitt*/Köhler 7; SK/*Rogall* 22; MüKo/*Maier* 14; SSW/*Güntge* 5.

30 RGRspr. **2** 704.

31 BGH bei *Dallinger* MDR **1972** 198; *Schmitt*/Köhler 7.

Frage des Richters, ob er die Wahrheit seiner Aussage auf seinen früheren Eid nehme, mit „Ja“ beantwortet. Das Erheben der rechten Hand (§ 64 Abs. 4) findet bei der Abgabe der Versicherung nicht statt.

12 **2. Zeitpunkt.** Ebenso wie der Eid (§ 59 Abs. 2 Satz 1) ist auch die Versicherung nach § 67 nach der Vernehmung abzugeben. Andernfalls handelt es sich um einen unzulässigen Voreid.[32]

13 **3. Belehrung.** Der Zeuge ist in entsprechender Anwendung des § 57 Satz 2 über die Bedeutung der Versicherung nach § 67 zu belehren.[33] Hat der Zeuge ein Eidesverweigerungsrecht nach § 61, so muss er belehrt werden, dass er auch die Versicherung nach § 67 nicht abzugeben braucht.[34]

14 **4. Protokoll.** Die Versicherung nach § 67 ist eine **wesentliche Förmlichkeit** im Sinne der § 168a Abs. 1, § 273 Abs. 1 und muss daher in das Protokoll aufgenommen werden.[35] Wann und wo der Zeuge den früheren Eid geleistet oder die Bekräftigung abgegeben hat, muss das Protokoll nicht feststellen.[36] Der Protokollvermerk muss aber ersichtlich machen, dass der Zeuge selbst die Richtigkeit seiner Aussage unter Berufung auf den Eid oder die Bekräftigung versichert hat.[37] Der richtige Protokollvermerk lautet: „Der Zeuge versichert die Richtigkeit seiner Aussage unter Berufung auf den früher geleisteten Eid“ (bzw. „die früher erklärte Bekräftigung“).[38] Lautet die Eintragung anders, so muss die Auslegung ergeben, ob die Versicherung nach § 67 ordnungsgemäß abgegeben worden ist.[39]

V. Revision

15 **1. Grundsatz.** Die Ermessensentscheidung des Gerichts, statt einer nochmaligen Vereidigung des Zeugen eine Versicherung nach § 67 zu verlangen, kann mit der Revision nicht angegriffen werden.[40] Liegen jedoch die gesetzlichen Voraussetzungen für eine Versicherung nach § 67 nicht vor (z.B. bei einer Versicherung vor der Vernehmung oder bei fehlender Belehrung nach § 57 Satz 2, § 61), kann dies gerügt werden (vgl. § 61, 10), und zwar auch dann, wenn gegen die Vorabentscheidung des Vorsitzenden nicht das Gericht angerufen worden ist.[41]

16 **2. Unzulässige oder unwirksame Berufung auf den Eid.** Wenn der Zeuge die Richtigkeit seiner Aussage unter Berufung auf einen Eid versichert, den er gar nicht oder jedenfalls nicht in demselben Verfahren geleistet hat, liegt ein Verfahrensfehler vor. Das Urteil beruht aber nicht auf dem Verfahrensfehler, wenn das Gericht die Aussage irrtüm-

---

32 BGH bei *Dallinger* MDR **1972** 198; KK/*Slawik* 8; *Schmitt*/Köhler 7; SK/*Rogall* 23; *von Schowingen* JZ **1955** 267.
33 SK/*Rogall* 24; *Schmitt*/Köhler 7; MüKo/*Maier* 13.
34 SK/*Rogall* 24; MüKo/*Maier* 13.
35 KK/*Slawik* 9; *Schmitt*/Köhler 8; SK/*Rogall* 27; MüKo/*Maier* 15; SSW/*Güntge* 6.
36 *Schmitt*/Köhler 8; SSW/*Güntge* 6; MüKo/*Maier* 15; SK/*Rogall* 27.
37 KK/*Slawik* 8; SK/*Rogall* 27.
38 Vgl. *Schmitt*/Köhler 8; SSW/*Güntge* 6.
39 BGHSt **4** 142.
40 KK/*Slawik* 10; *Schmitt*/Köhler 9; MüKo/*Maier* 16; SK/*Rogall* 28.
41 BGH bei *Dallinger* MDR **1972** 199; *Schmitt*/Köhler 9.

lich als beeidigt angesehen und gewürdigt und der Zeuge seine Vernehmung ebenfalls als eidliche betrachtet hat.[42] Die Vorstellungen des Zeugen über die Frage, ob er seine Aussage als eidliche angesehen hat, sind im Wege des Freibeweises zu ermitteln;[43] bringt dies keine Klärung, ist das Urteil aufzuheben.[44]

3. Fehlende oder unterbliebene Versicherung. Ist das Gericht von einer Versiche- 17
rung nach § 67 ausgegangen und hat es die Aussage des Zeugen dementsprechend als eidliche Aussage gewürdigt, so kann dies mit der Revision gerügt werden, wenn das Gericht eine erneute Vereidigung für notwendig hielt, eine Versicherung aber tatsächlich unterblieben ist oder jedenfalls in einer nicht dem Gesetz entsprechenden Form abgegeben worden ist.[45] In diesem Fall kann das Urteil auf dem Fehler beruhen, wenn nicht ausgeschlossen werden kann, dass das Gericht die Glaubwürdigkeit des Zeugen anders beurteilt hätte, wenn es die Aussage als uneidliche gewürdigt hätte (vgl. § 60, 46).

§ 68
Vernehmung zur Person; Beschränkung von Angaben, Zeugenschutz

(1) [1]Die Vernehmung beginnt damit, dass der Zeuge über Vornamen, Nachnamen, Geburtsnamen, Alter, Beruf und vollständige Anschrift befragt wird. [2]In richterlichen Vernehmungen in Anwesenheit des Beschuldigten und in der Hauptverhandlung wird außer bei Zweifeln über die Identität des Zeugen nicht die vollständige Anschrift, sondern nur dessen Wohn- oder Aufenthaltsort abgefragt. [3]Ein Zeuge, der Wahrnehmungen in amtlicher Eigenschaft gemacht hat, kann statt der vollständigen Anschrift den Dienstort angeben.

(2) [1]Einem Zeugen soll zudem gestattet werden, statt der vollständigen Anschrift seinen Geschäfts- oder Dienstort oder eine andere ladungsfähige Anschrift anzugeben, wenn ein begründeter Anlass zu der Besorgnis besteht, dass durch die Angabe der vollständigen Anschrift Rechtsgüter des Zeugen oder einer anderen Person gefährdet werden oder dass auf Zeugen oder eine andere Person in unlauterer Weise eingewirkt werden wird. [2]In richterlichen Vernehmungen in Anwesenheit des Beschuldigten und in der Hauptverhandlung soll dem Zeugen gestattet werden, seinen Wohn- oder Aufenthaltsort nicht anzugeben, wenn die Voraussetzungen des Satzes 1 bei dessen Angabe vorliegen.

(3) [1]Besteht ein begründeter Anlass zu der Besorgnis, dass durch die Offenbarung der Identität oder des Wohn- und Aufenthaltsortes des Zeugen Leben, Leib oder Freiheit des Zeugen oder einer anderen Person gefährdet wird, so kann ihm gestattet werden, Angaben zur Person nicht oder nur über eine frühere Identität zu machen. [2]Er hat jedoch in der Hauptverhandlung auf Befragen anzugeben, in welcher Eigenschaft ihm die Tatsachen, die er bekundet, bekannt geworden sind. [3]Ist dem Zeugen unter den Voraussetzungen des Satzes 1 gestattet worden, Angaben zur Person nicht oder nur über eine frühere Identität zu machen, darf er sein Gesicht entgegen § 176 Absatz 2 Satz 1 des Gerichtsverfassungsgesetzes ganz oder teilweise verhüllen.

---

42 BGH bei *Dallinger* MDR **1953** 722; NStZ **1984** 328; RGSt **64** 379, 380 = JW **1931** 212 m. Anm. *Mezger*; KK/*Slawik* 10; *Schmitt*/Köhler 9; MüKo/*Maier* 18; **a.A.** SK/*Rogall* 29.

43 SSW/*Güntge* 7.

44 OLG Köln NJW **1963** 2334; KG NJW **1968** 808; SK/*Rogall* 30.

45 BGHSt **4** 140; KK/*Slawik* 10.

(4) [1]Liegen Anhaltspunkte dafür vor, dass die Voraussetzungen der Absätze 2 oder 3 vorliegen, ist der Zeuge auf die dort vorgesehenen Befugnisse hinzuweisen. [2]Im Fall des Absatzes 2 soll der Zeuge bei der Benennung einer ladungsfähigen Anschrift unterstützt werden. [3]Die Unterlagen, die die Feststellung des Wohn- oder Aufenthaltsortes, der vollständigen Anschrift oder der Identität des Zeugen gewährleisten, werden bei der Staatsanwaltschaft verwahrt. [4]Zu den Akten sind sie erst zu nehmen, wenn die Besorgnis der Gefährdung entfällt. [5]Wurde dem Zeugen eine Beschränkung seiner Angaben nach Absatz 2 Satz 1 gestattet, veranlasst die Staatsanwaltschaft von Amts wegen bei der Meldebehörde eine Auskunftssperre nach § 51 Absatz 1 des Bundesmeldegesetzes, wenn der Zeuge zustimmt.

(5) [1]Die Absätze 2 bis 4 gelten auch nach Abschluss der Zeugenvernehmung. [2]Soweit dem Zeugen gestattet wurde, Daten nicht anzugeben, ist bei Auskünften aus und Einsichtnahmen in Akten sicherzustellen, dass diese Daten anderen Personen nicht bekannt werden, es sei denn, dass eine Gefährdung im Sinne der Absätze 2 und 3 ausgeschlossen erscheint.

Schrifttum

Bittmann Perspektiven zum Opferschutz – Reform der Reform, ZRP **2009** 212; *Böttcher* Der gefährdete Zeuge im Strafverfahren, FS Schüler-Springorum (1993) 541; *Dahs* Zum Persönlichkeitsschutz des „Verletzten“ als Zeuge im Strafprozeß, NJW **1984** 1921; *Eisenberg* Straf(verfahrens-)rechtliche Maßnahmen gegenüber „Organisiertem Verbrechen“, NJW **1993** 1033; *Füllkrug* Hand in Hand, Polizeiliche Zeugenvernehmung nach staatsanwaltschaftlicher Ladung, Kriminalistik **1986** 186; *Geppert* Der Zeugenbeweis (Schluß), Jura **1991** 132; *Greiner* Wohnortangaben von Polizeibeamten als Zeugen vor Gericht, Kriminalistik **1979** 522; *Herdegen* Bemerkungen zum Beweisantragsrecht, NStZ **1984** 200; *Herminghausen* Zur Altersangabe von Zeugen, DRiZ **1951** 225; *Hilger* Neues Strafverfahrensrecht durch das OrgKG, NStZ **1992** 523; *Humborg* Die Rechte des Zeugen in der Hauptverhandlung, JR **1966** 448; *K. Jansen* Das Zeugnisverweigerungsrecht aus § 52 für besondere persönliche Nähe- und Vertrauensverhältnisse, Diss. Köln 2002; *Krausbeck* Konfrontative Zeugenbefragung – Vorgaben des Art. 6 Abs. 3 lit. d EMRK für das deutsche Strafverfahren (2010); *Krey* Kriminalitätsbekämpfung um jeden Preis? – Zur kontinuierlichen Ausweitung des Bereichs verdeckter Ermittlungen, FS Kohlmann (2003) 627; *ders.* Probleme des Zeugenschutzes im Strafverfahrensrecht, GedS Meyer (1990) 239; *ders./Haubrich* Zeugenschutz, Rasterfahndung, Lauschangriff, Verdeckte Ermittler, JR **1992** 309; *Leineweber* Die Wohnortangabe nach dem Strafverfahrensänderungsgesetz 1979, Kriminalistik **1979** 38; *ders.* Die Entbindung von der Wohnortangabe bei der Vernehmung eines Zeugen zur Person gem. § 68 S. 2 StPO, MDR **1985** 635; *ders.* Verweigerung der Wohnortangabe durch Kriminalbeamte, MDR **1990** 109; *Lesch* V-Mann und Hauptverhandlung – die drei Stufen-Theorie nach Einführung der §§ 68 III, 110b III StPO und 172 Nr. 1a GVG, StV **1995** 542; *Loddenkemper* Revisibilität tatrichterlicher Zeugenbeurteilung, Diss. Berlin 2002; *Miebach* Der Ausschluß des anonymen Zeugen aus dem Strafprozeß, ZRP **1984** 81; *Möhrenschlager* Das OrgKG – eine Übersicht nach amtlichen Materialien, wistra **1992** 281; *Molketin* § 68 Satz 2 StPO – ein Hemmnis effektiver Verteidigung des Angeklagten? MDR **1981** 466; *Rebmann/Schnarr* Der Schutz des gefährdeten Zeugen im Strafverfahren, NJW **1989** 1192; *Rieß* Das Strafverfahrensänderungsgesetz 1979, NJW **1978** 2265; *ders.* Neue Gesetze zur Bekämpfung der Organisierten Kriminalität, NJ **1992** 491; *Schlund* Was bedeutet Wohnort i.S. von § 68 StPO? NJW **1972** 1035; *Schöneborn* Die Beweisverbotsproblematik der §§ 52 Abs. 2, 55 Abs. 2 StPO im Lichte des § 68 Satz 2 StPO, MDR **1974** 457; *Seelmann* Der anonyme Zeuge – ein erstrebenswertes Ziel der Gesetzgebung? StV **1984** 477; *Soiné/Soukup* „Identitätsänderung“, Anfertigung und Verwendung von „Tarnpapieren“, ZRP **1994** 466; *Tiedemann/Sieber* Die Verwertung des Wissens von V-Leuten im Strafprozeß, NJW **1984** 753; *Walter* Vermummte Gesichter, verzerrte Stimmen – audiovisuell verfremdete Aussagen von V-Leuten, StraFo **2004** 224; *Wattenberg* Anmerkung zu BGH StV **2004** 241, ebda. 243; *Zaczyk* Prozeßsubjekte oder Störer? Die Strafprozessordnung nach dem OrgKG – dargestellt an der Regelung des Verdeckten Ermittlers, StV **1993** 490.

Entstehungsgeschichte

In seiner ursprünglichen Fassung (§ 67 RStPO 1877) enthielt § 68 als Satz 1 den heutigen Absatz 1 Satz 1 und als Satz 2 den heutigen § 68a Abs. 2 Satz 1 in sprachlich veränderter Form. Satz 1 schrieb auch die Befragung des Zeugen über das Religionsbekenntnis vor. In die Neubekanntmachung der Strafprozessordnung vom 22.3.1924 (RGBl. I S. 299, 322) wurde dies mit Rücksicht auf Art. 136 WRV nicht mehr aufgenommen. Durch Art. 1 Nr. 10 StVÄG (1978) wurde der heutige Absatz 2 als Satz 2 eingefügt; der bisherige Satz 2 wurde Satz 3. Durch Art. 3 des OrgKG (1992) wurde § 68 insgesamt neu strukturiert und von einem auf vier Absätze erweitert. Inhaltlich wurde § 68 a.F. vollständig übernommen und fand sich in § 68 Abs. 1 Satz 1 (vorher Satz 1), Abs. 2 Satz 2 (vorher Satz 2) und Abs. 4 (vorher Satz 3) wieder. Neu hinzugekommen ist in § 68 Abs. 1 Satz 2 die Möglichkeit der Angabe des Dienstortes an Stelle des Wohnortes für Zeugen, die Wahrnehmungen in amtlicher Eigenschaft gemacht haben, sowie die Möglichkeit der Einschränkung der Wohnort- und Personalangaben je nach Gefährdungslage bis hin zu deren Nichtangabe (Absatz 2 für leichte Zeugengefährdung, Absatz 3 für schwere Zeugengefährdung). § 68 wurde durch Art. 1 Nr. 6 des 2. OpferRRG vom 29.7.2009 (BGBl. I S. 2280) neu gefasst. Neben redaktionellen Änderungen wurde in Absatz 2 Satz 1 der Passus „oder dass auf Zeugen oder eine andere Person in unlauterer Weise eingewirkt werden wird" ergänzt. Der bisherige Absatz 4 wurde neu gefasst als Absatz 2 Satz 1 in § 68a übernommen. Absatz 4 Sätze 1 und 2 wurden neu aufgenommen. Die Sätze 3 und 4 aus dem bisherigen Absatz 3 wurde als Sätze 3 und 4 in den Absatz 4 übernommen. Absatz 5 wurde neu eingefügt. Durch das Gesetz zur Modernisierung des Strafverfahrens vom 10.12.2019 (BGBl. I S. 2121) wurde dem Absatz 3 Satz 3 angefügt. Durch das Gesetz zur Fortentwicklung der Strafprozessordnung und zur Änderung weiterer Vorschriften vom 25.6.2021 (BGBl. I S. 2099) wurden in Absatz 1 Satz 1 das Wort „Wohnort" durch die Wörter „vollständige Anschrift" ersetzt und nach Satz 1 Satz 2 eingefügt. Der bisherige Satz 2 wurde Satz 3, in dem die Wörter „des Wohnortes" durch die Wörter „der vollständigen Anschrift" ersetzt wurden. In Absatz 2 wurden in Satz 1 jeweils die Wörter „des Wohnortes" durch die Wörter „der vollständigen Anschrift" ersetzt. Ferner wurde Satz 2 neu gefasst. In Absatz 4 Satz 3 wurde das Wort „Wohnortes" durch die Wörter „Wohn- oder Aufenthaltsortes, der vollständigen Anschrift" ersetzt und Satz 5 angefügt. Bezeichnung bis 1924: § 67.

Übersicht

Alphabetische Übersicht

I. Allgemeines

1 Die §§ 68, 68a und 69 regeln Gang (siehe hierzu auch §§ 58, 58a) und Inhalt der Zeugenvernehmung. § 68 bestimmt als Beginn und Bestandteil der Vernehmung die Befragung zur Person. Zum Begriff der **Vernehmung** gehört, dass der Vernehmende dem Zeugen in amtlicher Funktion gegenübertritt und in dieser Eigenschaft von ihm Auskunft (eine „Aussage") verlangt.[1] Von der förmlichen Vernehmung abzugrenzen sind sog. informatorische Befragungen bzw. indifferente Informationssammlungen z.B. von Polizeibeamten, die am Tatort oder in seiner Umgebung Personen befragen, ob sie ein bestimmtes Geschehen beobachtet haben.[2] Solche Befragungen lösen noch keine Belehrungspflichten aus.[3] Hingegen beinhalten inhaltlich darüber hinausgehende „Vorgespräche", wie sie in der Praxis häufig insbesondere zu Beginn polizeilicher Vernehmungen geführt werden,[4] Fragen zur Person und/oder Sache und stellen damit Vernehmungen dar, die ohne Belehrung unzulässig sind. Im Rahmen der **Befragung zur Person** sind die Zeugen **verpflichtet**, ihren Vornamen und Nachnamen (Rn. 3), ihr Alter (Rn. 4) und ihren Beruf (Rn. 5) anzugeben sowie grundsätzlich auch ihre vollständige Anschrift (Rn. 6), es sei denn es besteht eine der Ausnahmen nach Absatz 1 **Satz 2** (in richterlichen Vernehmungen in Anwesenheit des Be-

---

1 BGHSt **40** 208, 213; **42** 139, 146.
2 BGHSt **38** 214, 227.
3 BGHSt **38** 214, 227.
4 *Nack* StV **1994** 561; *K. Jansen* 164 ff.

schuldigten und in der Hauptverhandlung), nach Absatz 1 **Satz 3** (bei Wahrnehmungen in amtlicher Eigenschaft) oder nach **Absatz 2** oder **Absatz 3** (bei begründetem Anlass zu der Besorgnis einer Gefahr für den Zeugen oder eine andere Person oder der Gefahr einer unlauteren Einwirkung auf diese Personen). Die Ausnahmeregelungen wurden durch eine Reihe von Gesetzesänderungen im Hinblick auf den Schutz von Zeugen geschaffen (s. Entstehungsgeschichte) und hierbei beständig ausdifferenziert. **Absatz 4** und **Absatz 5** enthalten Verpflichtungen für die Justiz bzw. Strafverfolgungsbehörden, die mit den Ausnahmen von der Verpflichtung, vollständige Personalangaben zu machen, einhergehen. Zuwiderhandlungen gegen die Angabepflichten können nach § 111 OWiG geahndet werden. § 70 ist hier nicht einschlägig (umstr., vgl. Rn. 22 und § 70 Rn. 3). Die Vorschrift gilt auch bei kommissarischen,[5] staatsanwaltschaftlichen und – über den Verweis in § 163 Abs. 3 Satz 2 – polizeilichen Zeugenvernehmungen. In der Folge des durch das OrgKG (1992) neu gefassten § 68 wurden die § 168a Abs. 1 Satz 2 (Protokollierung), § 200 Abs. 1 Satz 3 und 4 (Inhalt der Anklageschrift) und § 222 Abs. 1 Satz 3 (Namhaftmachung von Zeugen und Sachverständigen) an die Angabepflichten angepasst.

II. Fragen und Angaben zur Person (Absatz 1)

1. Zweck der Befragung. § 68 gilt weithin als (bloße) **Ordnungsvorschrift**[6] und damit als verfahrensrechtliche Sollvorschrift.[7] Welche Konsequenzen dies hat, ist insbesondere im Hinblick auf die Möglichkeit einer Revision theoretisch umstritten (vgl. hierzu Rn. 24). Die Befragung des Zeugen zur Person dient **mehreren Zwecken**, insbesondere der Feststellung der erforderten Angaben, auch wenn diese in der Regel den Verfahrensbeteiligten vor der Vernehmung zumindest teilweise (vgl. § 222 Abs. 1 und 2) bereits bekannt sein werden. Sie soll darüber hinaus Personenverwechslungen verhindern und es den Prozessbeteiligten ermöglichen, **Erkundigungen** über den Zeugen einzuziehen (vgl. § 246 Abs. 2 und 3). Die Personalienangabe kann auch für die Beurteilung der Glaubwürdigkeit des Zeugen Bedeutung haben.[8] Ausnahmsweise, wenn die Feststellung der **Identität** des Zeugen der einzige Zweck seiner Vernehmung ist, können die Personalfragen zugleich die **Vernehmung zur Sache** sein. 2

2. Fragen zur Person

a) Name. Die Frage nach dem Namen des Zeugen ist nur entbehrlich, wenn er dem Gericht und allen Prozessbeteiligten bekannt ist.[9] Ist das nicht der Fall, so muss der Zeuge zwingend nach seinem Namen gefragt werden. Zum Namen gehören der Vorname (ausreichend ist der Rufname, auf Nachfrage aber Angabe sämtlicher Vornamen), der Nachname (Ehename bzw. Familienname incl. des Begleitnamens nach § 1355a BGB) und der **Geburtsname.**[10] § 68 schließt nicht aus, den Zeugen zu fragen, ob er einen **Decknamen** benutzt.[11] 3

---

5 BGHSt **32** 115 – GrSSt.

6 *Herdegen* NStZ **1984** 202; KK/*Slawik* 1 m.w.N.

7 Vgl. KK/*Gericke* § 337, 13.

8 BGHSt **23** 244, 245; GrSSt – **32** 115, 128 = NStZ **1984** 36 m. Anm. *Frenzel*; BGH NStZ **1985** 278; KK/*Slawik* 1; *Schmitt*/Köhler 1; MüKo/*Maier* 16; vgl. auch *Herdegen* NStZ **1984** 201; *K.-H. Schmid* DRiZ **1983** 475; *Tiedemann/Sieber* NJW **1984** 753; krit. *Humborg* JR **1966** 449.

9 RGSt **40** 157, 158.

10 *Schmitt*/Köhler 3, 4; Göhler/*Thoma* § 111, 11; KK-OWiG/*Rogall* § 111, 40 ff.

11 BGH NStZ **1981** 72.

Nur ausnahmsweise kann dem Zeugen die **Geheimhaltung** des Namens vom Gericht nach **Absatz 3** unter den dort genannten Voraussetzungen gestattet werden (Rn. 14 ff.).

4 **b) Alter.** Das Alter des Zeugen ist insbesondere wegen der **Vereidigungsbestimmung** des § 60 Nr. 1 von Bedeutung.[12] Die Frage nach dem Lebensalter ist aber auch dann zulässig, wenn der Zeuge offensichtlich älter als 18 Jahre ist. Auf das Lebensalter des Zeugen kann es in materiellrechtlicher Hinsicht (vgl. etwa § 176 StGB) oder aus sachlichen Gründen ankommen, wenn etwa die Lebenserfahrung o.ä. von Bedeutung ist. Der Zeuge hat sein Alter aber auch anzugeben, wenn dies in der Sache ohne Bedeutung ist. Nach dem Alter kann auch in der Weise gefragt werden, dass der Zeuge aufgefordert wird, Geburtstag und -jahr zu nennen.[13]

5 **c) Beruf.** Die Frage nach dem Beruf meint die gegenwärtige Stellung bzw. Art des Erwerbs, nicht die Ausbildung. Die Angabe der Berufsbezeichnung als solche ist deshalb ggf. allein nicht ausreichend. Fragen nach einer früheren Erwerbstätigkeit gehören nicht zu den Fragen nach § 68 Abs. 1 Satz 1,[14] ggf. aber zur Sachvernehmung.

6 **d) Vollständige Anschrift.** Mit der Ersetzung des Begriffs „Wohnort" durch „vollständige Anschrift" hat der Gesetzgeber im Jahre 2021 die bis dahin bestehende Uneinigkeit darüber, was als Wohnort anzugeben war, beendet.[15] Absatz 1 Satz 1 und 2 stellen klar, dass bei der Vernehmung eines Zeugen im Ermittlungsverfahren grundsätzlich die **vollständige Anschrift** festzustellen ist, insbesondere um die Erreichbarkeit des sicherzustellen, während in richterlichen Vernehmungen in Anwesenheit des Beschuldigten und in der Hauptverhandlung nur der Wohn- oder Aufenthaltsort abgefragt wird. Dadurch soll insbesondere etwaigen Hemmungen der Aussagebereitschaft von Zeugen entgegen gewirkt werden, wenn sie Bedenken haben müssen, dass anwesende Beschuldigte sich die Zeugenanschrift merken, an Dritte weitergeben oder über das Internet publik machen können. Generell soll der Schutz des Zeugen und seiner Persönlichkeitsrechte gewährleistet werden. Sofern jedoch Zweifel über die Identität des Zeugen auch bei Befragungen in richterlichen Vernehmungen in Anwesenheit des Beschuldigten oder in der Hauptverhandlung bestehen, ist auch hierbei die vollständige Anschrift zu erfragen. Das ist z.B. dann der Fall, wenn es bei Namensgleichheiten und damit verbundener Verwechslungsgefahr für die exakte Identifizierung des Zeugen in der Vernehmung auf dessen vollständige Anschrift ankommt. Auch bei bisher unbekannten, bspw. erstmals in der Hauptverhandlung auftretenden präsenten Zeugen, ist es zur Feststellung von deren Identität erforderlich, die vollständige Anschrift zu erfragen.[16] Die Möglichkeit der Überprüfung der Glaubwürdigkeit des Zeugen mithilfe der Personalienangaben (Rn. 2) bleibt nach Ansicht des Gesetzgebers durch das Akteneinsichtsrecht des Verteidigers bzw. Auskunftsrecht des Beschuldigten (§ 147 StPO) gewahrt. Ein Zeuge, der keinen festen Wohnsitz hat, wird nach dem **Aufenthaltsort** gefragt (vgl. § 222 Abs. 1).

7 **e) Dienstort. Alternativ** zur vollständigen Anschrift kann der Zeuge, der seine Wahrnehmung in amtlicher Eigenschaft gemacht hat, seinen **Dienstort** angeben (§ 68 Abs. 1 Satz 3). Im Rahmen eines umfassenden **Zeugenschutzes** sollen dadurch Zeugen, die infol-

---

12 RGSt **40** 157, 158.

13 *Schmitt*/Köhler 5; SK/*Rogall* 12; SSW/*Schmitt* 5.

14 BGH bei *Dallinger* MDR **1966** 383; KK/*Slawik* 4; *Schmitt*/Köhler 6.

15 BTDrucks. **19** 27654 S. 58. Zum seinerzeitigen Streitstand s. LR/*Ignor*/*Bertheau*[27] § 68, 6.

16 BTDrucks. **19** 27654 S. 59.

ge ihrer amtlichen Tätigkeit des Öfteren gefährdenden oder zumindest **belästigenden Angriffen** ausgesetzt sind, besser geschützt werden.[17] In Betracht kommen typischerweise **Polizeibeamte, Staatsanwälte, Ermittlungsrichter**, aber auch sonstige Mitarbeiter von Behörden hinsichtlich solcher Wahrnehmungen, die sie in amtlicher Eigenschaft gemacht haben, z.B. Mitarbeiter öffentlich-rechtlicher Nahverkehrssysteme oder Krankenhäuser. Dienstort ist der Sitz der Behörde, der der Zeuge angehört, nicht die Außen- oder Nebenstelle, wenn der Zeuge dort nur zeitweise tätig ist.[18] Der Zeuge muss die Wahrnehmungen während oder im Zusammenhang mit seiner **dienstlichen Tätigkeit** gemacht haben (der Polizeibeamte während eines Einsatzes, der Richter während einer Verhandlung oder bei seiner sonstigen richterlichen Tätigkeit).[19] Wahrnehmungen geschäftlicher Art oder nur gelegentlich des Dienstes werden von § 68 nicht erfasst;[20] hier kann aber § 68 Abs. 2 Satz 1 bei bestehender Gefährdungslage Anwendung finden. Ausnahmsweise kann es in Betracht kommen, den Zeugen entgegen § 68 Abs. 1 Satz 3 nach seiner vollständigen Anschrift zu befragen, wenn dies nach § 68a Abs. 2 Satz 1 oder nach § 69 aufgrund der Umstände des Einzelfalls erforderlich erscheint. Es dürfte sich aber dann um einen Bestandteil der Vernehmung zur Sache handeln.

f) Religionszugehörigkeit. Im Rahmen der Befragung zur Person nach § 68 Abs. 1 8
Satz 1 sind Fragen nach der Religionszugehörigkeit wegen Art. 136 Abs. 3 Satz 1 WRV i.V.m. Art. 140 GG unzulässig und auch nicht mehr vorgesehen. Sie können jedoch aus anderen Gründen, wenn Rechte oder Pflichten davon abhängen, zulässig oder erforderlich sein, etwa im Zusammenhang mit einer Vereidigung (§§ 64, 65) oder zur Aufklärung des Sachverhalts, dann jedoch als Teil der Vernehmung zur Sache.[21]

III. Ausnahmen für Angaben der vollständigen Anschrift bzw. des Wohn- oder Aufenthaltsortes nach Absatz 2

1. Allgemeines. Weitere Einschränkungen von der Verpflichtung, die vollständige An- 9
schrift bzw. den Wohn- oder Aufenthaltsort zu benennen, enthält **Absatz 2** für den Fall, dass dadurch die **Gefährdung des Zeugen oder einer anderen Person** oder ein **unlauteres Einwirken** auf diese zu befürchten sind. Unter diesen Voraussetzungen soll es dem Zeugen nach Satz 1 generell gestattet sein, statt der vollständigen Anschrift seinen Geschäfts- oder Dienstort oder eine andere **ladungsfähige Anschrift** anzugeben (Ersatzangabe; vgl. Rn. 11). Im Falle richterlicher Vernehmungen in Anwesenheit des Beschuldigten und in der Hauptverhandlung soll ihm nach **Satz 2** unter den Voraussetzungen des Satzes 1 gestattet werden, seinen Wohn- und Aufenthaltsort nicht anzugeben (sog. Nichtangabe; vgl. Rn. 12).

2. Anlass zur Besorgnis der Gefährdung oder der unlauteren Einwirkung. Ge- 10
schützt werden der Zeuge, aber auch andere Personen, insbesondere **Angehörige**, Freunde, Bekannte, an die ein potentieller Angreifer mit Hilfe der vollständigen Anschrift bzw. der Wohn- und Aufenthaltsortangabe herankommen könnte.[22] In jedem Fall muss ein begründe-

17 *Hilger* NStZ **1992** 458; *Krey/Haubich* JR **1992** 310.
18 KK/*Slawik* 6; SK/*Rogall* 19; MüKo/*Maier* 30.
19 *Hilger* NStZ **1992** 458; *Rieß* NJ **1992** 494.
20 *Hilger* NStZ **1992** 458; *Rieß* NJ **1992** 494.
21 *Schmitt*/Köhler 9; MüKo/*Maier* 33; SSW/*Schmitt* 9; *Kiesow* DJZ **1919** 873.
22 KK/*Slawik* 7; *Schmitt*/Köhler 12; SSW/*Schmitt* 10.

ter, d.h. tatsachenbasierter Anlass zur Besorgnis bestehen. Das ist in Bezug auf eine **Gefährdung** des Zeugen oder anderer Personen insbesondere dann der Fall, wenn der Zeuge, einer seiner Angehörigen oder ein Dritter schon das Opfer von Anschlägen gewesen oder mit Anschlägen bedroht worden ist und wenn dies im Zusammenhang mit der Tätigkeit oder mit den Bekundungen des Zeugen in dem Strafverfahren steht, in dem er nunmehr aussagen soll. Sonst kann sich die Besorgnis aus kriminalistischen Anhaltspunkten und kriminologischer Erfahrung[23] ergeben. So können **Richter**, **Staatsanwälte**, **Polizeibeamte** und **Belastungszeugen** in Verfahren gegen bestimmte Personen oder Personengruppen, insbesondere aus dem Bereich der **organisierten Kriminalität**, sowie gegen Mitglieder oder Unterstützer **krimineller** (§ 129 StGB) oder **terroristischer Vereinigungen** (§§ 129a, 129b StGB), durch auf freiem Fuß befindliche Mitglieder der Vereinigung oder durch Personen und Personengruppen gefährdet werden, die mit den Tätern sympathisieren.[24] Eine unmittelbar bevorstehende Rechtsgutverletzung ist nicht Voraussetzung.[25] Die Gefährdung muss im Gegensatz zu Absatz 3 nicht Leben, Leib oder Freiheit der zu schützenden Personen betreffen. Ausreichend ist auch die Gefährdung anderer zivil- und strafrechtlich geschützter Rechtsgüter wie Eigentum, Besitz, und Hausfrieden, solange es sich nicht lediglich um bloße **Belästigungen** handelt, die die Schwelle nach § 238 StGB relevanter Handlungen noch nicht erreichen.[26] Die Ersatzangabe kann auch dann gestattet werden, wenn begründeter Anlass zu der Besorgnis besteht, dass auf Zeugen oder eine andere Person in unlauterer Weise eingewirkt wird. Damit sind Fälle angesprochen, in denen Zeugen bspw. im Internet als Denunzianten angeprangert werden oder die Gefahr der Nachstellung (§ 238 StGB) besteht. Beeinflussungsversuche und ggf. die Ausübung von Druck können sehr belastend sein und auch die Aussage beeinflussen (Manipulationsgefahr).[27]

11 **3. Ersatzangabe (Absatz 2 Satz 1).** Absatz 2 Satz 1 gilt für **alle Vernehmungen.** Auch bei kommissarischen Vernehmungen (§ 223) sowie sonstigen richterlichen, staatsanwaltlichen oder polizeilichen Vernehmungen im Vorverfahren muss der Zeuge bei entsprechender Besorgnis der Gefährdung (Rn. 10) seinen Dienst- oder Geschäftsort oder eine andere ladungsfähige Anschrift angeben dürfen.[28] Als **Geschäftsort** ist dabei jeder Ort anzusehen, an dem der Zeuge eine nach außen erkennbare wirtschaftliche, d.h. auf Gewinn gerichtete Tätigkeit von gewisser Dauer ausübt.[29] Zum Dienstort siehe oben Rn. 7. Die **andere ladungsfähige Anschrift** ist eine solche, an der sich der Zeuge nicht (dauernd) aufhält, über die ihn eine Ladung aber erreicht, z.B. die **Zeugenschutzstelle** der Polizei oder die Anschrift einer (amtlichen) **Vertrauensperson**. Das **Fragerecht** der Prozessbeteiligten nach § 240 ist insoweit eingeschränkt.[30]

12 **4. Nichtangabe (Absatz 2 Satz 2).** In richterlichen Vernehmungen in Anwesenheit des Beschuldigten und in der **Hauptverhandlung** soll dem Zeugen nach § 68 Abs. 2 Satz 2 unter den in Satz 1 genannten Voraussetzungen (Rn. 10) gestattet werden, auch ohne Angabe des Geschäfts- oder Dienstortes (anstelle der vollständigen Anschrift) den Wohn- oder

23 KK/*Slawik* 7; *Schmitt*/Köhler 12; MüKo/*Maier* 43.

24 Vgl. *Leineweber* Kriminalistik **1979** 39/40.

25 OLG Koblenz **1992** 95 m. zust. Anm. *Hund*; *Schmitt*/Köhler 12.

26 SSW/*Schmitt* 10; vgl. auch LG Stuttgart Justiz **1989** 203; **a.A.** MüKo/*Maier* 48 f.; *Schmitt*/Köhler 12: Belästigungen, die aufgrund ihrer Intensität eine Beeinflussung des Aussageverhaltens besorgen lassen.

27 BTDrucks. **16** 12098 S. 13.

28 *Schmitt*/Köhler 10; MüKo/*Maier* 34.

29 KK/*Slawik* 7.

30 *Schmitt*/Köhler 13a; SK/*Rogall* 20.

Aufenthaltsort nicht anzugeben. Dies gilt auch dann, wenn die Hauptverhandlung aufgrund einer Gefährdung des Lebens, des Leibes oder der Freiheit des Zeugen oder einer anderen Person **nichtöffentlich** ist (§ 172 Nr. 1a GVG). Denn die § 222 Abs. 1 Satz 3, § 200 Abs. 1 Satz 4 eröffnen dem Zeugen die Möglichkeit, den Wohnort auch gegenüber dem Angeklagten geheim zu halten.[31] Ist dem Zeugen die Nichtangabe des Wohn- oder Aufenthaltsortes gestattet, so darf er Angaben hierüber nicht nur bei der Vernehmung zur Person nach § 68, sondern während der ganzen Hauptverhandlung verweigern.[32] Auch hier ist das **Fragerecht** der Prozessbeteiligten insoweit eingeschränkt.[33] Auch besteht in diesen Fällen kein Anspruch auf **Aussetzung** nach § 246 Abs. 2.[34] § 68 Abs. 2 Satz 2 muss entsprechend gelten, wenn eine im Vorverfahren gemachte Aussage in der Hauptverhandlung **verlesen** werden soll.[35]

5. Entscheidung. Ob § 68 Abs. 2 Anwendung findet, entscheidet in der Hauptverhand- 13
lung der Vorsitzende von Amts wegen oder auf Antrag eines Prozessbeteiligten (für die staatsanwaltschaftliche Vernehmung vgl. Nr. 130a Abs. 2 RiStBV), auch des Zeugen,[36] nach **pflichtgemäßem Ermessen**, das Gericht nur auf Beanstandung nach § 238 Abs. 2 hin (vgl. Rn. 21).[37] Findet die Vernehmung im Fall des § 68 Abs. 2 Satz 1 außerhalb der Hauptverhandlung statt, so liegt die Entscheidungsbefugnis bei dem die Vernehmung leitenden Beamten der Staatsanwaltschaft oder Polizei bzw. Richter. Bei der Ermessensentscheidung sind die Belange des **Persönlichkeitsschutzes** und das Bedürfnis nach Information und **Aufklärung** sowie ggf. das Interesse der Verteidigung gegeneinander abzuwägen.[38] Zu prüfen ist bei einer Entscheidung gemäß § 68 Abs. 2 Satz 1 oder 2, ob sich die Gefährdungslage (Rn. 10) seit einer früheren Vernehmung geändert hat.[39]

IV. Geheimhaltung der Personalien und Verhüllung nach Absatz 3

1. Allgemeines. Einen noch weitergehenden Zeugenschutz für **besonders gefährdete** 14
Personen gewährt § 68 Abs. 3. Nach Satz 1 dürfen die Identität des Zeugen, ggf. sämtliche Angaben zur Person[40] des Zeugen, und/oder Wohn- oder Aufenthaltsort des Zeugen geheim gehalten werden, wenn durch ihre Bekanntgabe eine Gefährdung von Leib, Leben oder Freiheit des Zeugen oder einer anderen Person zu befürchten ist **(Satz 1)**; der Zeuge muss jedoch in der Hauptverhandlung auf Befragen angeben, in welcher Eigenschaft er Kenntnis von den bekundeten Tatsachen erhalten hat **(Satz 2)**. Die Erwähnung der Geheimhaltung des Wohn- oder Aufenthaltsortes hat im Hinblick auf Absatz 2 Satz 2 lediglich klarstellende Bedeutung. Eine besonders hohe Wahrscheinlichkeit der Gefährdung verlangt der Gesetzeswortlaut nicht; es genügt, wenn wie bei Absatz 2 eine **noch nicht konkretisierte Gefährdungslage** gegeben ist.[41] Voraussetzung ist aber, dass die in Absatz 2 genannten Maßnahmen für einen

---

31 MüKo/*Maier* 35; *Eisenberg* NJW **1993** 1036; *Ranft* 475.
32 *Schmitt*/Köhler 13a; SSW/*Schmitt* 13; *Leineweber* MDR **1985** 637; *Rieß* NJW **1978** 2268.
33 *Schmitt*/Köhler 13a; MüKo/*Maier* 35; SSW/*Schmitt* 13.
34 *Hilger* NStZ **1992** 459.
35 *Schmitt*/Köhler 11; *Hilger* NStZ **1992** 459 Fn. 35.
36 *Schmitt*/Köhler 13.
37 KK/*Slawik* 9; *Schmitt*/Köhler 13; vgl. BGH NJW **1989** 1230.
38 *Schmitt*/Köhler 13; SK/*Rogall* 27; *Hilger* NStZ **1992** 459; vgl. auch BGH NJW **1989** 1231; OLG Stuttgart NStZ **1991** 297; OLG Koblenz NStZ **1992** 95 m. Anm. *Hund*; *Leineweber* MDR **1990** 109.
39 *Hilger* NStZ **1992** 459.
40 Krit. *Eisenberg* NJW **1993** 1036.
41 Vgl. *Rieß* NJ **1992** 494; *Hilger* NStZ **1992** 459.

Schutz des Zeugen oder anderer Personen (dazu Rn. 9 ff.) hinsichtlich der in Absatz 3 genannten Rechtsgüter nicht ausreichen.[42] § 68 Abs. 3 Satz 1 gilt für **alle Vernehmungen** vor, außerhalb und in der Hauptverhandlung. Im Falle einer polizeilichen Vernehmung im Auftrag der Staatsanwaltschaft bleibt die Entscheidung über Maßnahmen nach Absatz 3 Satz 1 jedoch der Staatsanwaltschaft vorbehalten (§ 163 Abs. 4 Satz 1 Nr. 2). Etwas anderes gilt für die Befragung nach § 68 Abs. 3 Satz 2 (dazu Rn. 16).

15 **2. Identität (Absatz 3 Satz 1).** Zur Identität einer Person gehören alle Angaben, die nach § 68 Abs. 1 zu erfragen sind, wobei § 68 Abs. 3 Satz 1 zusätzlich ggf. zwischen gegenwärtiger und früherer Identität unterscheidet. Hat ein Zeuge im Rahmen einer **Identitätsänderung** eine „neue Identität" erhalten, so kann es ausreichen, nur die neue Identität geheim zu halten. Die Geheimhaltung der neuen Identität dient insbesondere dem Schutz von **V-Leuten** (nicht zur Polizei gehörende Informanten) bei **Betäubungsmittel- und organisierter Kriminalität.**[43] Die Geheimhaltung der Identität eines **Verdeckten Ermittlers** (Beamte des Polizeidienstes, § 110a) ist zusätzlich in § 110b Abs. 3 geregelt, der seinerseits auf § 96 verweist. Ob von § 68 Abs. 3 oder § 110b Abs. 3 Satz 3 Gebrauch zu machen ist, muss im Rahmen einer umfassenden Interessenabwägung ermittelt werden.[44]

16 **3. Befragung (Absatz 3 Satz 2).** Vornehmlich auf die Vernehmung von **V-Leuten** und **Verdeckten Ermittlern** in der Hauptverhandlung bezieht sich Absatz 3 Satz 2.[45] Danach haben Zeugen, die ihre (jetzige) Identität geheim halten dürfen, in der Hauptverhandlung auf Befragen anzugeben, in welcher **Eigenschaft** (Verdeckter Ermittler, V-Mann etc.) sie die von ihnen bekundeten Tatsachen erfahren haben. Durch diese Verpflichtung soll der Verteidigung ermöglicht werden, sich auf diesen Sonderfall einzustellen, um entsprechend reagieren zu können (z.B. Anträge auf Vornahme weiterer Ermittlungen).[46] Da dies eine (Teil-)Enttarnung des Zeugen bedeutet, soll insoweit eine Aussagegenehmigung nach § 54 erforderlich sein.[47] Ob zur Vermeidung der Offenbarung der Eigenschaft die **Sperrung des Zeugen** gem. § 96 i.V.m. § 110b Abs. 3 Satz 3 (Verdeckter Ermittler) bzw. § 110b Abs. 3 Satz 3 analog (V-Mann) zulässig ist, ist umstritten.[48] Absatz 3 Satz 2 gilt nur, wenn sich die Aussagen auf **einsatzbezogene Feststellungen** beziehen und es sich nicht lediglich um Beobachtungen gelegentlich des Einsatzes handelt.[49] Die Verpflichtung gilt auch für **kommissarische Vernehmungen** (§§ 223, 224), soweit diese anstelle einer Vernehmung in der Hauptverhandlung erfolgen, nicht aber für Vernehmungen im vorbereitenden Verfahren. Damit soll eine Enttarnung der zu schützenden Person während eines Einsatzes vermieden werden.[50]

---

42 *Hilger* NStZ **1992** 459; HK/*Gercke* 18.

43 BTDrucks. **12** 989 S. 35.

44 VG Darmstadt NVwZ **1996** 92 ff.; zur Identitätsänderung, Anfertigung und Verwendung von „Tarnpapieren" *Soiné*/*Soukup* ZRP **1994** 466.

45 Vgl. *Böttcher* FS Schüler-Springorum 549; **a.A.** VG Darmstadt NVwZ **1996** 92 ff.; ferner BGH (1. Senat) NStZ **2005** 43; **2006** 648; skeptisch BGH (3. Strafsenat) StV **2004** 241 m. krit. Anm. *Wattenberg*.

46 Vgl. *Hilger* NStZ **1992** 459.

47 SK/*Rogall* 43; MüKo/*Maier* 61.

48 Für die Geheimhaltung der Identität des Verdeckten Ermittlers gem. § 110b Abs. 2 Satz 3: *Schmitt*/Köhler 14, 15; SK/*Rogall* 43; *Krey* FS Kohlmann 643 (auch grds. für die analoge Anwendung des § 110b Abs. 2 Satz 3 bei V-Leuten); **a.A.** *Lesch* StV **1995** 542 ff.; *Zaczyk* StV **1993** 490 ff.

49 KK/*Slawik* 8; MüKo/*Maier* 62; SSW/*Schmitt* 16; *Hilger* NStZ **1992** 459; *Möhrenschläger* wistra **1992** 332.

50 *Rieß* NJ **1992** 494 Fn. 59; *Hilger* NStZ **1992** 459.

4. Verhüllung (Absatz 3 Satz 3). Der durch das Gesetz zur Modernisierung des Strafverfahrens im Jahr 2019 neu geschaffene Satz 3 des Absatzes 3 sieht vor, dass der Zeuge, dem unter den Voraussetzungen des Satzes 1 gestattet worden ist, Angaben zur Person nicht oder nur über seine frühere Identität zu machen, sein Gesicht entgegen § 176 Abs. 2 Satz 1 GVG, der ebenfalls mit dem Modernisierungsgesetz geschaffen wurde, ganz oder teilweise verhüllen darf. Durch den neuen Satz 3 soll der umfassende Zeugenschutz für den in Absatz 3 angesprochenen besonders gefährdeten Personenkreis ungeachtet des generellen Verhüllungsverbots erhalten bleiben. Der Gesetzgeber hat sich hierbei von der Rechtsprechung des BGH leiten lassen, wonach die audiovisuelle Vernehmung eines Verdeckten Ermittlers unter optischer und akustischer Abschirmung durchgeführt werden darf, wenn der Zeugenschutz nach § 110b Abs. 3 StPO dies gebietet und anderenfalls der Zeuge gerichtlich nicht vernommen werden könnte (s. Rn. 18). Die Regelung gilt für alle Personen, denen nach Absatz 3 Satz 1 gestattet worden ist, keine oder nur beschränkte Angaben zur Person zu machen, weshalb der Gesetzgeber eine Regelung etwa speziell auf Verdeckte Ermittler für nicht erforderlich angesehen hat.[51] 17

5. Andere Schutzmaßnahmen als die Geheimhaltung der Identität und die gänzliche oder teilweise Verhüllung sieht § 68 nicht vor. Sie können sich aber aus anderen Vorschriften ergeben. So ermöglicht **§ 247a** die audiovisuelle Vernehmung eines gefährdeten Zeugen. Fraglich ist, ob in diesem Fall eine **optische oder akustische Abschirmung** des Zeugen zulässig ist. Die frühere Rechtsprechung verneinte die Zulässigkeit.[52] Der 1. Strafsenat des BGH vertrat sodann in einem Anfragebeschluss die Auffassung, bei audiovisuellen Vernehmungen seien solche Abschirmungen möglich, insb. im Hinblick auf die neuen Wertentscheidungen des Gesetzgebers, wie sie in § 68 Abs. 3 und § 247a zum Ausdruck kommen, sowie auf geänderte Einschätzungen dessen, was die Glaubwürdigkeit eines Zeugen ausmacht.[53] Mittlerweile hält die Rechtsprechung die Vernehmung unter optischer und akustischer Abschirmung grundsätzlich für zulässig[54] und wurde vom Gesetzgeber bestätigt (vgl. Rn. 17). Es kann auch im Interesse des Angeklagten liegen, dass der gefährdete Zeuge überhaupt vernommen werden kann (mithin nicht vollständig gesperrt wird) und nicht auf Beweissurrogate zurückgegriffen werden muss.[55] Ist zu besorgen, dass die Schutzvorkehrungen nicht ausreichen, die Enttarnung des Zeugen zu verhindern, so kann er gleichwohl vollständig gesperrt werden.[56] 18

6. Ergänzende Vorschriften (Absätze 4 und 5). Die Absätze 4 und 5 treffen weitere Bestimmungen für den Fall, dass die Voraussetzungen der Absätze 2 und 3 vorliegen. Nach Absatz 4 **Satz 1 und 2** ist der Zeuge auf die Befugnisse nach Absatz 2 und 3 hinzuweisen und ggf. bei der Benennung einer ladungsfähigen Anschrift (Ersatzangabe) zu unterstützen. Dies gilt für alle Vernehmungen, insb. über § 163 Abs. 3 auch für polizeiliche Vernehmungen (beachte aber § 163 Abs. 4 Satz 1 Nr. 2).[57] 19

---

51 BTDrucks. **19** 14747 S. 26; *Schmitt*/Köhler 17a.

52 BGHSt **32** 115, 124 – GrSSt.

53 BGH NJW **2003** 74: Anfragebeschluss im Hinblick auf BGHSt **32** 115; obsolet wegen Rücknahme der Revision, vgl. StV **2003** 5; bestätigt in BGH NStZ **2005** 43.

54 BVerfG NJW **2010** 925 Rn. 12; BGH NStZ **2006** 648; s. auch Hess. VGH NJW **2014** 240: unzulässige Sperrerklärung nach § 96 StPO m. Anm. *Fr. Mahler* HRRS **2013** 333; so auch MüKo/*Maier* 63; *Schmitt*/Köhler 17; *Walter* NStZ **2004** 224.

55 Vgl. zu dieser Problematik ausführlich *Wattenberg* StV **2004** 243; BGH (1. Strafsenat) NStZ **2005** 43.

56 BVerfG NJW **2010** 925 Rn. 23 f.; BGH StV **2004** 241 m. krit. Anm. *Wattenberg*.

57 BTDrucks. **16** 12098 S. 14.

20 Nach Absatz 4 **Satz 3** sind die die Identität des Zeugen betreffenden Unterlagen bei der Staatsanwaltschaft zu verwahren; sie dürfen weder dem Gericht vorgelegt werden noch darf die **Verteidigung** sie einsehen, weil sie nicht Aktenbestandteil sind und daher von § 147 nicht erfasst werden.[58] Wird in der **Anklageschrift** ein Zeuge benannt, dessen Identität ganz oder teilweise nicht offenbart werden soll, so ist dies anzugeben (§ 200 Abs. 1 Satz 5). Nach **Satz 4** sind die Unterlagen erst dann zu den Akten zu nehmen, wenn die Besorgnis der Gefährdung entfallen ist. Erst damit werden sie vom Akteneinsichtsrecht nach § 147 erfasst.[59] **Satz 5** sieht die Veranlassung der Eintragung einer **Auskunftssperre** durch die Staatsanwaltschaft bei Zeugen vor, denen gestattet wurde, die Angaben zu ihrer Person nach Absatz 2 Satz 1 zu beschränken (Ersatzangabe; Rn. 11), wenn der Zeuge zustimmt. Damit soll verhindert werden, dass die Daten zur Wohnanschrift über eine Einwohnermeldeauskunft erlangt werden können.[60] Adressat der Verpflichtung zur separaten Verwahrung sensibler Daten außerhalb der Ermittlungsakte ist nicht nur die zuständige Staatsanwaltschaft; auch die Polizei als Ermittlungsorgan der Staatsanwaltschaft hat dafür Sorge zu tragen, dass entsprechende Unterlagen nicht zur Ermittlungsakte gelangten und gefährdete Zeuginnen und Zeugen so geschützt werden.[61]

21 Absatz 5 **Satz 1** stellt klar, dass die Absätze 2 bis 4 auch nach Abschluss der Zeugenvernehmung gelten. Die entsprechenden Schutzmaßnahmen sind also auch dann zu ergreifen, wenn sich erst nach der Vernehmung die Gefährdung des Zeugen oder einer anderen Person herausstellt.[62] Nach Absatz 5 **Satz 2** soll sichergestellt werden, dass dann, wenn dem Zeugen gestattet wurde, Daten nicht anzugeben, diese Daten anderen Personen nicht bekannt werden, solange nicht eine Gefährdung im Sinne der Absätze 2 und 3 ausgeschlossen ist. Das betrifft namentlich solche Daten, die bereits in den Akten enthalten waren, bevor zugunsten des Zeugen von den Schutzmaßnahmen nach den Absätzen 2 und 3 Gebrauch gemacht wurde, oder die Gefährdung, die die schützenden Maßnahmen ermöglicht, erst nach Abschluss der Vernehmung bekannt wird. Satz 2 bewirkt faktisch eine **Beschränkung der Akteneinsicht**. Im Rahmen des Ermittlungsverfahrens mag es im Einzelfall noch möglich sein, die Beschränkung der Akteneinsicht gem. § 147 Abs. 2 mit einer Gefährdung des Untersuchungszwecks zu begründen, wenn der Schutz des Zeugen seiner unbefangenen Aussage und damit der Ermittlung der Wahrheit dienen soll. Spätestens nach Abschluss der Ermittlungen aber kollidiert eine Beschränkung der Akteneinsicht mit dem Recht auf vollständige Akteneinsicht nach § 147.[63] Als Ausnahme von dem Grundsatz der Aktenvollständigkeit sind dort grundsätzlich lediglich nach § 96 gesperrte Aktenteile anerkannt.[64]

V. Fragerecht

22 Die Befragung steht zunächst dem Vorsitzenden zu. Die Fragen sind von Amts wegen zu stellen; Anträge der Prozessbeteiligten sind aber zu berücksichtigen. Der Verfahrensbe-

---

58 *Lehmann* StraFo **2016** 326, 328.
59 *Schmitt*/Köhler 19.
60 BTDrucks. **19** 27654 S. 60 f.
61 Vgl. BTDrucks. **19** 30517 S. 17.
62 *Schmitt*/Köhler 20.
63 S. auch die Kritik des Deutschen Richterbundes, Stellungnahme des Deutschen Richterbundes zum Regierungsentwurf eines Gesetzes zur Stärkung der Rechte von Verletzten und Zeugen im Strafverfahren, 4/09 – www.drb.de.
64 Vgl. zu der Problematik auch Schmitt/*Köhler* § 158, 17 f.; SSW/*Eschelbach* § 96, 3 f.

teiligte, der eine Frage für unzulässig hält, kann die Entscheidung des Gerichts nach **§ 238 Abs. 2** herbeiführen.[65] Auch dem Zeugen, der nicht Verfahrensbeteiligter ist, steht das förmliche Beanstandungsrecht zu, wie sich mittelbar aus § 304 Abs. 2 ergibt.[66] Gegen die Entscheidung des Gerichts steht dem **Zeugen**, nicht den Prozessbeteiligten (§ 305 Satz 1), das Recht der **Beschwerde** zu.[67] Des Weiteren besteht das **Fragerecht** der Gerichtsmitglieder und der Prozessbeteiligten **nach § 240** auch hinsichtlich der Personalfragen. Wird von der **Verpflichtung** zur Angabe der vollständigen Anschrift bzw. der Wohn- oder Aufenthaltsortangabe nach Absatz 1 Satz 2 oder Absatz 2 oder zur Angabe der Personalien bzw. Identität nach Absatz 3 abgesehen, so ist das Fragerecht für die gesamte Vernehmung (inkl. Generalfragen und Vernehmung zur Sache) entsprechend eingeschränkt.[68]

VI. Auskunftspflicht

Der Zeuge muss die **Fragen zur Person** auch dann beantworten, wenn er ein **Zeugnisverweigerungsrecht** hat, es sei denn, die Angabe der Personalien kommt einer Aussage zur Sache gleich.[69] Liegen die Voraussetzungen der Absätze 2 und 3 nicht vor, ist die Verweigerung der Personalangaben eine Ordnungswidrigkeit nach **§ 111 OWiG**. § 70 findet insoweit keine Anwendung (vgl. Rn. 1 und § 70 Rn. 4). 23

VII. Protokoll

Die Vernehmung des Zeugen zur Person (§ 68 Abs. 1 Satz 1) ist eine **wesentliche Förmlichkeit** im Sinne der § 168a Abs. 2, § 273 Abs. 1. Sie muss daher im Protokoll beurkundet werden.[70] Enthält das Hauptverhandlungsprotokoll keine Eintragung, so gilt § 274. Üblicherweise werden nicht die Fragen, sondern nur die Angaben des Zeugen protokolliert („Der Zeuge erklärte zur Person ..."). Die **Beanstandung** von Maßnahmen des Vorsitzenden und Entscheidungen nach § 238 Abs. 2, ggf. auch der Begründung, bedürfen wie stets der Protokollierung. 24

VIII. Revision

Ob § 68, wie das Reichsgericht annahm, eine **Ordnungsvorschrift** ist, auf deren Verletzung die Revision grundsätzlich nicht gestützt werden kann,[71] hatte der BGH lange offen gelassen,[72] hat dies später aber bestätigt.[73] Tatsächlich ist eine solche Klassifizierung 25

---

65 KK/*Slawik* 9, 10; SK/*Rogall* 53; *Eb. Schmidt* 6.
66 KK/*Slawik* 9; SK/*Rogall* 53; *Dahs* NJW **1984** 1923; *Leineweber* Kriminalistik **1979** 39.
67 *Leineweber* Kriminalistik **1978** 39.
68 *Schmitt*/Köhler 13a; KK/*Slawik* 9; *Rieß* NJW **1978** 2268.
69 *Geppert* Jura **1991** 133; vgl. auch RG HRR **1928** 494.
70 RGSt **1** 199, 200; **3** 100, 102; KK/*Slawik* 12; *Schmitt*/Köhler 22; SK/*Rogall* 52; SSW/*Schmitt* 19; *Eb. Schmidt* 8.
71 So RGSt **40** 157, 158; **55** 22; KG JR **1977** 295; OLG Schleswig bei *Ernesti/Jürgensen* SchlHA **1973** 186; OLG Saarbrücken VRS **21** (1961) 202; KK/*Slawik* 13; *Schmitt*/Köhler 23; *Hamm* 820; krit. *Schlüchter* 483; *Frenzel* NStZ **1984** 39.
72 BGHSt **23** 244, 245.
73 BGH NStZ **2012** 168.

weitgehend irrelevant[74] und auch nicht überzeugend.[75] Ist nicht ausgeschlossen, dass die Entscheidung auf der **Verletzung des § 68** beruht, so eröffnet dies die Revision. Dies wird allerdings selten der Fall sein.[76] Angesichts der Rechtsprechung des BGH zu § 238 Abs. 2 (vgl. die Kommentierung zu § 238) sollte im Zweifel ein Gerichtsbeschluss beantragt werden.[77] Zur Revision können auch Verletzungen des § 68 **im Zusammenhang mit weiteren Vorschriften** führen, so, wenn die Voraussetzungen der Absätze 1 Satz 2, 2 oder 3 tatsächlich nicht vorlagen und der Angeklagte dadurch in seiner **Verteidigung** beschränkt worden ist **(§ 338 Nr. 8)**[78] oder das Gericht gegen seine **Aufklärungspflicht** verstoßen hat **(§ 244 Abs. 2)**.[79]

§ 68a
Beschränkung des Fragerechts aus Gründen des Persönlichkeitsschutzes

(1) Fragen nach Tatsachen, die dem Zeugen oder einer Person, die im Sinne des § 52 Abs. 1 sein Angehöriger ist, zur Unehre gereichen können oder deren persönlichen Lebensbereich betreffen, sollen nur gestellt werden, wenn es unerläßlich ist.

(2) [1]Fragen nach Umständen, die die Glaubwürdigkeit des Zeugen in der vorliegenden Sache betreffen, insbesondere nach seinen Beziehungen zu dem Beschuldigten oder der verletzten Person, sind zu stellen, soweit dies erforderlich ist. [2]Der Zeuge soll nach Vorstrafen nur gefragt werden, wenn ihre Feststellung notwendig ist, um über das Vorliegen der Voraussetzungen des § 60 Nr. 2 zu entscheiden oder um seine Glaubwürdigkeit zu beurteilen.

Schrifttum

Böttcher Der Schutz der Persönlichkeit des Zeugen im Strafprozeß, FS Kleinknecht (1986) 25; *ders.* Das neue Opferschutzgesetz, JR **1987** 133; *Dähn* Der Schutz des Zeugen im Strafprozeß vor bloßstellenden Fragen, JR **1979** 138; *Dahs* Zum Persönlichkeitsschutz des „Verletzten" als Zeuge im Strafprozeß, NJW **1984** 1921; *Deutscher* Die Erörterung der Vorstrafen von Zeugen, NStZ **2012** 359; *Händel* Vernehmung über Intimgeheimnisse, DNP **1980** 97; *Helmken* Zur Zulässigkeit von Fragen zur sexuellen Vergangenheit von Vergewaltigungsopfern, StV **1983** 81; *Herminghausen* Zur Altersangabe von Zeugen, DRiZ **1951** 225; *Hülle* Wie kann der Richter einer falschen Aussage in einem Rechtsstreit oder der Verdächtigung einer solchen vorbeugen? DRiZ **1953** 89; *Humborg* Die Rechte des Zeugen in der Hauptverhandlung, JR **1966** 448; *Ignor* Der Straftatbestand der Beleidigung, Diss. Würzburg 1995; *Jung* Die Stellung des Verletzten im Strafprozeß, ZStW **93** (1981) 1147; *Krauss* Der Schutz der Intimsphäre im Strafprozeß, FS Gallas (1973) 365; *Rieß* Zeugenschutz durch Änderung des § 338 Nr. 6 StPO? FS Wassermann (1985) 969; *ders./Hilger* Das neue Strafverfahrensrecht – Opferschutzgesetz und Strafverfahrensänderungsgesetz 1987 –, NStZ **1987** 145; *Weimann* Revisibilität der Entscheidungen gemäß § 68a Abs. 2 StPO, JR **1953** 20; *Wolters* Zur Anwendung von § 68a Abs. 1 StPO in der Hauptverhandlung des Vergewaltigungsprozesses, Diss. Osnabrück 1987; *Wulf* Opferschutz im Strafprozeß, DRiZ **1981** 374.

74 *Hamm* 820.
75 SK/*Rogall* 54.
76 SK/*Rogall* 54.
77 Unklar insoweit BGH NStZ **2012** 168: dort lag ein Gerichtsbeschluss vor, der BGH lässt aber offen, ob dieser erforderlich war.
78 BGHSt **23** 244; SK/*Rogall* 54; MüKo/*Maier* 86; SSW/*Schmitt* 20; *Hamm* 820.
79 KK/*Slawik* 13; SK/*Rogall* 54; *Schmitt*/Köhler 23; MüKo/*Maier* 89; SSW/*Schmitt* 20; *Hamm* 820.

Entstehungsgeschichte

Die Vorschrift wurde durch Art. 11 Nr. 1 des Gesetzes zur Einschränkung der Eide im Strafverfahren vom 24.11.1933 (RGBl. I S. 1008) eingefügt. Art. 3 Nr. 29 VereinhG fasste sie ohne sachliche Änderungen neu. Durch Art. 9 Nr. 3 des 1. StrRG wurde in Absatz 2 die Angabe „oder 3“ durch die Angabe „oder des § 61 Nr. 4“ (Absehen von der Vereidigung bei Vorverurteilung wegen Meineids) ersetzt. Mit Verkündung des Opferschutzgesetzes vom 18.12.1986 (BGBl. I S. 2496) wurde der Schutzbereich des § 68a Abs. 1 auch auf Fragen nach dem „persönlichen Lebensbereich“ erweitert (Art. 1 OpferschutzG). Durch das 1. JuMoG (2004) wurde in § 68a Abs. 2 die Angabe „oder des § 61 Nr. 4“ wegen der Aufhebung des § 61 a.F. gestrichen. Durch Art. 1 Nr. 7 des 2. OpferRRG vom 29.7.2009 (BGBl. I S. 2280) wurde der Regelungsgegenstand des bisherigen § 68 Abs. 4 sprachlich neu gefasst als Absatz 2 Satz 1 in die Vorschrift des § 68a eingefügt. Der bisherige Absatz 2 wurde dadurch Absatz 2 Satz 2.

Übersicht

1. Allgemeines

a) Normzweck. Die ursprünglich durch das Gesetz zur Einschränkung der Eide im Strafverfahren (1933) in die StPO eingefügte und durch das Opferschutzgesetz (1986) erweiterte Vorschrift des § 68a[1] ist nach heutigem Verständnis Ausdruck des Gebots eines fairen Verfahrens, des – allseitig – zu respektierenden Persönlichkeitsrechts des Zeugen (auch) im Strafverfahren und des Verhältnismäßigkeitsgrundsatzes; sie dient somit dem **Persönlichkeitsschutz des Zeugen**.[2] Insoweit ist es folgerichtig, dass die Vorlegung sog. **Generalfragen**, die den Persönlichkeitsbereich des Zeugen zentral betreffen, als Absatz 2 Satz 1 in den § 68a übernommen wurde (vorher § 68 Abs. 4 a.F.). Ob die Vorschrift auch der Wahrheitsfindung dienlich ist, weil sie vermeiden helfen soll, dass sich der Zeuge aus Selbst- oder Drittschutzerwägungen zu Verletzungen der Wahrheitspflicht hinreißen lässt,[3] erscheint fraglich, weil der Zeuge bei Unerlässlichkeit der von § 68a erfassten Fragen für die Wahrheitsfindung solche eben doch beantworten muss.[4] 1

b) Anwendungsbereich. Die Vorschrift gilt für alle richterlichen Vernehmungen unmittelbar und für staatsanwaltschaftliche (§ 161a Abs. 1 Satz 2) und polizeiliche (§ 163 Abs. 3 Satz 2) Vernehmungen entsprechend. Sie findet Anwendung auf die von den Pro- 2

1 Zur Entstehungsgeschichte ausführlich SK/*Rogall* 7 ff.
2 Vgl. BVerfGE **38** 105 ff.; SK/*Rogall* 1.
3 Vgl. *Wolters* 8, 11 f.
4 Vgl. SK/*Rogall* 1.

zessbeteiligten unmittelbar geladenen Zeugen nicht anders als auf diejenigen, die vom Gericht geladen worden sind. Jeder Zeuge steht unter dem Schutz des Gerichts.

3 **c) Bedeutung.** Die Bedeutung der weitgehend als Soll-Vorschrift ausgestalteten Norm ist fraglich. Die Klassifizierung als (bloße) Ordnungsvorschrift[5] ist – wie auch sonst – wenig dienlich. Einen schonenden Umgang mit den Zeugen gebieten bereits das Fairnessprinzip, die prozessuale Fürsorgepflicht und der Anstand. Deren Verletzung ist bedauerlich, aber strafprozessual i.d.R. irrelevant. Kommt es auf die Beantwortung von Fragen nach „sensiblen Tatsachen"[6] i.S. des Absatzes 1 für die Wahrheitsfindung (§ 244 Abs. 2) an, dann sind sie „unerlässlich" (Rn. 6) und das Interesse des Zeugen, davon verschont zu bleiben, muss zurücktreten. Seinen Belangen kann in gewissem Umfang ggf. durch andere Maßnahmen (§ 247a, § 171b GVG) Rechnung getragen werden. Kommt es hingegen auf solche Fragen nicht an, dann werden sie i.d.R. ungeeignet sein oder i.S. des § 241 Abs. 2 nicht zur Sache gehören. Gleiches gilt für Fragen i.S. des Absatzes 2, wie bereits der Wortlaut der Vorschrift – erforderlich/notwendig – zeigt. Als eigener Anwendungsbereich des § 68a dürften daher nur **für die Wahrheitsfindung nicht ganz bedeutungslose Fragen** verbleiben, die an sich keine Zurückweisung nach § 241 Abs. 2 rechtfertigen, aber die Voraussetzungen des § 68a erfüllen.[7] Solche Fragen dürfen dann gemäß § 241 Abs. 2 i.V.m. § 68a zurückgewiesen werden.[8] Insofern statuiert § 68a eine Einschränkung des Fragerechts.[9] Im Übrigen hat die Vorschrift eher appellativen Charakter.[10]

2. Fragen nach entehrenden Tatsachen (Absatz 1)

4 **a) Entehrende Tatsachen.** Als entehrende Tatsachen werden solche angesehen, die zwar nicht die Gefahr strafgerichtlicher Verfolgung (dann gilt § 55), aber eine Gefahr für den guten Ruf[11] bzw. die sittlich-moralische Bewertung[12] des Zeugen oder seiner Angehörigen in der Umwelt bilden. Diese Definitionen orientieren sich am Begriff der Ehre i.S.d. §§ 185 ff. StGB, d.h. an den insoweit konkurrierenden Ehrbegriffen.[13] Dies impliziert die damit verbundenen Unsicherheiten über die Reichweite des Rechtsguts und die diesbezüglichen Auslegungsprobleme.[14] Für die Praxis dürfte die „Faustformel" des BGH genügen, wonach ehrenrührig solche Tatsachen sind, die, wenn sie vorlägen, den Geltungswert des Betroffenen mindern würden.[15] Dies ist anerkanntermaßen nach objektiven Maßstäben zu beurteilen; die besondere Empfindlichkeit des Zeugen ist nicht maßgebend.[16] Fragen nach ehrindifferenten Tatsachen aus dem persönlichen Lebens- und Intimbereich fallen nicht unter den Begriff der Unehre.[17]

5 OLG Celle NdsRpfl. **1951** 18; *Schmitt*/Köhler 9.
6 SK/*Rogall* 15.
7 So wohl auch BGHSt **13** 252, 254; **21** 334, 360; SK/*Rogall* 6 m.w.N.
8 BGHSt **13** 252, 254; *Schmitt*/Köhler 8.
9 SK/*Rogall* 6.
10 Vgl. *Rieß*/*Hilger* NStZ **1987** 150.
11 BGHSt **13** 252, 254; SK/*Rogall* 24.
12 OLG Hamm NJW **1965** 1495; *Schmitt*/Köhler 3; *Eb. Schmidt* Nachtr. I 1; kritisch zu dem Begriff der Unehre *Dähn* JR **1979** 138; vgl. auch § 384 Nr. 2 ZPO.
13 Dazu etwa *Fischer* Vor §§ 185–200, 2 f.; ausführlich *Ignor* 31 ff.
14 Vgl. SK/*Rogall* 23 ff.
15 BGHSt **36** 145, 148; dazu *Ignor* 65.
16 KK/*Slawik* 1; *Schmitt*/Köhler 3; SK/*Rogall* 23; SSW/*Schmitt* 2; *Eb. Schmidt* Nachtr. I 1.
17 *Dähn* JR **1979** 139.

b) Persönlicher Lebensbereich. Durch das OpferschutzG vom 18.12.1986 wurde der Schutzbereich des § 68a Abs. 1 auf solche Fragen erweitert, die den persönlichen Lebensbereich des Zeugen oder eines Angehörigen betreffen. Damit wird dem Bedürfnis des Zeugen Rechnung getragen, dass nicht ohne zwingenden Grund in seine Intimsphäre eingegriffen wird. Insbesondere durch Straftaten gegen die sexuelle Selbstbestimmung Verletzte sollen vor detaillierten, möglicherweise sie entwürdigenden Fragen ohne erkennbaren Zusammenhang mit der Straftat geschützt werden.[18] Eine weitergehende Einschränkung der Aussagepflicht wurde mit dem Hinweis auf die Einschränkung der Verteidigungsinteressen und der Möglichkeiten der Wahrheitserforschung abgelehnt.[19] Begrifflich ist § 68a Abs. 1 durch die Einfügung „persönlicher Lebensbereich" dem Gesetzeswortlaut des § 171b Abs. 1 GVG (Ausschluss der Öffentlichkeit zum Schutz von Persönlichkeitsrechten) angeglichen worden.[20] Erfasst wird nicht nur der letzte unantastbare Kernbereich privater Lebensgestaltung i.S. der Rechtsprechung des Bundesverfassungsgerichts,[21] sondern der in einem weiteren Sinn gewöhnlich als Privatsphäre bezeichnete Bereich, der jedem Bürger zur Verwirklichung seiner Menschenwürde und zur Entfaltung seiner Individualität gewährleistet sein muss.[22] Dazu gehören u.a. das Familienleben, persönliche Eigenheiten und Neigungen ohne Außenwirkung, der Gesundheitszustand, die Intim- und Sexualsphäre sowie politische und religiöse Einstellungen.[23] Nicht zum persönlichen Lebensbereich gehören Angelegenheiten des äußeren Wirkungskreises wie z.B. das Berufs- oder Erwerbsleben.[24] 5

c) Unerlässlich. Entehrende oder den persönlichen Lebensbereich berührende Fragen dürfen nach § 68a Abs. 1 nur gestellt werden, wenn sie unerlässlich sind. Das ist immer dann der Fall, wenn ohne sie die Wahrheit nicht erforscht werden kann.[25] Die Sachaufklärung geht der Rücksicht auf den Zeugen vor, gleichviel wie groß die Bedeutung des Strafverfahrens für den Angeklagten ist.[26] Dabei spielt es keine Rolle, ob die Aufklärung der Tatsache unmittelbar für die Entscheidung von Bedeutung ist oder ob es sich um eine Hilfstatsache handelt, die zur Beurteilung der Glaubwürdigkeit des Zeugen dienen kann, obwohl sie im Übrigen mit der abzuurteilenden Tat nicht zusammenhängt.[27] Wenn die entehrende Frage dagegen für die Entscheidung des Gerichts ohne Bedeutung ist, darf sie nicht gestellt werden (Rn. 3).[28] Ohne Bedeutung für die Glaubwürdigkeit eines Zeugen mittleren Alters sind regelmäßig Ereignisse in seiner Jugend, wie der damalige psychische Zustand,[29] Fürsorgeerziehung o.ä. 6

---

18 Ausführlich dazu *Wolters*.

19 BTDrucks. **10** 5305 S. 10.

20 Dazu *Wolters* m.w.N.

21 Z.B. BVerfGE **6** 32, 41; **109** 279, 313; dazu SK/*Rogall* 5.

22 KK/*Diemer* § 171b GVG, 3; *Schmitt*/Köhler 4; siehe Erl. zu § 171b GVG.

23 *Schmitt*/Köhler 4; SSW/*Schmitt* 3; Erl. zu § 171b GVG, 3; KK/*Diemer* § 171b GVG, 3; KK/*Slawik* 1a.

24 KK/*Diemer* § 171b GVG, 3; eingehend zur Begriffsbestimmung *Wolters* 73 ff.

25 BGHSt **13** 254; **21** 360; BGH NStZ **1982** 170; BGH bei *Pfeiffer* NStZ **1982** 188; BayObLG NJW **1979** 2624; OLG Hamm NJW **1965** 1495; VRS **31** (1966) 50; KK/*Slawik* 2; *Schmitt*/Köhler 5; *Eb. Schmidt* Nachtr. I 1; *Dalcke/Fuhrmann/Schäfer* 2.

26 *Schmitt*/Köhler 5; *Eb. Schmidt* Nachtr. I 2; *Krauss* FS Gallas 387; *Weimann* JR **1953** 20; vgl. auch BGH LM Nr. 9 zu § 244 Abs. 2; *Dähn* JR **1979** 141.

27 BGHSt **13** 255; BGH NStZ **1982** 170; OLG Hamm VRS **31** (1966) 50; OLG Saarbrücken VRS **21** (1961) 48; KK/*Slawik* 2; *Schmitt*/Köhler 6; *Eb. Schmidt* Nachtr. I 2.

28 BGHSt **13** 254; OLG Hamm VRS **31** (1966) 50.

29 BGH Beschl. v. 4.3.2021 – 5 StR 581/20.

7 **3. Generalfragen (Absatz 2 Satz 1).** Die Vorlegung sog. **Generalfragen**, d.h. von Fragen, die die Glaubwürdigkeit des Zeugen in der vorliegenden Sache betreffen (Absatz 2 Satz 1), steht grundsätzlich im Ermessen des Gerichts. Häufig wird sie sich erst bei der Vernehmung zur Sache (§ 69) anbieten (vgl. Rn. 8 f.).

8 **a) Glaubwürdigkeit.** Die Würdigung einer Zeugenaussage umfasst auch die Beurteilung der Glaubwürdigkeit eines Zeugen. Anders als bei den Mitteln des Sachbeweises und weitaus stärker als beim Sachverständigenbeweis, so der Große Senat des BGH im Anschluss an das RG, hängt die Bedeutung des Zeugenbeweises von Umständen ab, die in diesem Beweismittel selbst begründet sind, namentlich seine Persönlichkeit, sein Lebenslauf, sein Charakter und seine Beweggründe. Im Zusammenhang mit der Glaub-würdigkeit stehen das Auffassungsvermögen des Zeugen, sein Urteil und seine Gedächtnisstärke sowie seine Fähigkeit, streng sachlich zu berichten, und seine persönliche Zuverlässigkeit.[30] Hält es das Gericht nach seinem Ermessen für erforderlich, so hat es dem Zeugen nach § 68a Abs. 2 Satz 1 gezielte Fragen im Hinblick auf seine Glaubwürdigkeit zu stellen.[31] Es entscheidet zunächst der Vorsitzende, ggf. das Gericht (§ 238 Abs. 2).[32] Selbstverständlich können Generalfragen (und Personalfragen) – im Rahmen des Zulässigen – auch von allen übrigen Frageberechtigten gestellt werden (Rn. 9). Auch diesbezüglich hat der Zeuge eine Zeugnispflicht.[33] Er kann daher über sein Vorleben, über seine körperlichen Eigenschaften (körperliche Mängel und Krankheiten, besondere Fachkunde und Geschicklichkeiten) befragt werden. Hierbei ist allerdings zu beachten, dass der BGH seit einer Entscheidung aus dem Jahr 1993[34] zwischen **genereller und spezieller Glaubwürdigkeit** differenziert[35] und seit der Grundsatzentscheidung zu aussagepsychologischen Gutachten[36] der allgemeinen Glaubwürdigkeit im Sinne einer dauerhaften personalen Eigenschaft gegenüber der Analyse der Glaubhaftigkeit der Aussage selbst i.d.R. nur geringe Bedeutung beimisst, weil die Klärung der allgemeinen Glaubwürdigkeit nicht ohne weiteres generelle Schlüsse auf die spezielle Glaubwürdigkeit zulasse.[37] Letztere wird i.d.R. Gegenstand der Vernehmung zur Sache (§ 69) sein. Generalfragen können **nicht beliebig** gestellt werden. Sie müssen, auch wenn es sich um allgemeine Fragen handelt, für die vorliegende Sache eine Bedeutung haben und dürfen nicht aus anderen Gründen erforderliche Schutzmaßnahmen (§ 68 Abs. 1 Satz 2, Abs. 2 und 3) unterlaufen.[38] Andere Möglichkeiten, die Glaubwürdigkeit von Zeugen zu beurteilen, bleiben von § 68a Abs. 2 Satz 1 unberührt. In Betracht kommen (bei Einverständnis des Zeugen)[39] eine Untersuchung durch einen Sachverständigen gem. § 81c oder, auch ohne Einverständnis des Zeugen, die Hinzuziehung eines Sachverständigen zur Vernehmung.[40]

---

30 BGHSt **32** 115, 127 f. – GrSSt; RGSt **47** 100, 104 f.
31 KK/*Slawik* 3; *Schmitt*/Köhler 6a; MüKo/*Maier* 24; SK/*Rogall* 34 f.
32 KK/*Slawik* 3; *Schmitt*/Köhler 6a.
33 BGHSt **23** 1.
34 BGH StV **1994** 64.
35 Dazu *Loddenkemper* 6 ff., 63.
36 BGHSt **45** 164.
37 Bspw. BGH StV **1994** 64; hierzu m.w.N. auch aus der aussagepsychologischen Fachliteratur *K. Jansen* 24 ff.; ferner *Eisenberg* (Beweisrecht) 1426 ff.
38 KK/*Slawik* 3;MüKo/*Maier* 19; *Schmitt*/Köhler 6a; SSW/*Schmitt* 5.
39 BGH NStZ **2013** 552.
40 BGHSt **23** 1; zur Begutachtung durch einen Sachverständigen auf dem Gebiet der Aussagepsychologie siehe insbesondere die Grundsatzentscheidung BGHSt **45** 164 sowie die sich daran anschließenden Entscheidungen, ausführlich dargestellt bei *Jansen* 25 ff.; näher dazu die Kommentierung zu § 261.

b) Beziehungen zu dem Beschuldigten oder dem Verletzten. Die Klärung der Frage, in welchen Beziehungen der Zeuge zu dem Beschuldigten oder dem Verletzten steht, soll das Gericht (aber auch die weiteren Verfahrensbeteiligten) in die Lage versetzen, die **Interessenlage des Zeugen** einschätzen zu können.[41] Es geht dabei ggf. um die Entscheidung über Zeugnis- oder Eidesverweigerungsrechte, aber auch allgemein um die Beurteilung seiner **Glaubwürdigkeit** bzw. der **Glaubhaftigkeit** seiner Aussage (vgl. Rn. 8). Das Gericht darf zwar aus dem Verhältnis des Zeugen zu dem Beschuldigten oder dem Verletzten für sich genommen keine Schlüsse ziehen.[42] Wenn jedoch erkennbare oder nahe liegende Eigeninteressen nicht berücksichtigt werden, ist die Beweiswürdigung fehlerhaft und angreifbar.[43] Je nach Lage des Falles handelt es sich bei der diesbezüglichen Befragung bereits um die Vernehmung zur Sache.[44] Die Befragung darf unterbleiben, wenn bekannt oder ohne weiteres anzunehmen ist, dass Beziehungen der hierbei bedeutsamen Art nicht bestehen.[45] Es ist jedoch sinnvoll und in der **Praxis** üblich, jeden Zeugen – schon mit Blick auf etwaige Zeugnis- oder Auskunftsverweigerungsrechte – zumindest über etwaige verwandtschaftliche Beziehungen zu dem Beschuldigten zu befragen.[46] Meist wird auch die Erklärung des Zeugen, dass er mit dem Angeklagten nicht verwandt oder verschwägert sei, in das Protokoll aufgenommen. Notwendig ist das nicht; denn die Beantwortung der Generalfragen gehört zur Sachvernehmung und wird im Protokoll vermerkt, wenn die Voraussetzungen des § 273 Abs. 2 oder 3 vorliegen.[47] 9

Die Verweigerung einer Antwort auf **Generalfragen** ist zulässig, wenn die Voraussetzungen des § 55 Abs. 1 vorliegen.[48] Der Zeuge ist aber nicht berechtigt, die Antwort auf Generalfragen deshalb zu verweigern, weil es seiner Ansicht nach darauf für die Entscheidung des Gerichts nicht ankommt. 10

4. Fragen nach Vorstrafen (Absatz 2 Satz 2). § 68a Abs. 2 Satz 2 bestimmt, dass der Zeuge nach Vorstrafen nur gefragt werden soll, wenn die Voraussetzungen des **§ 60 Nr. 2 (Tatbeteiligung)** (näher Erl. zu § 60) vorliegen oder wenn die Vorstrafen zur Beurteilung der **Glaubwürdigkeit des Zeugen** (Rn. 8 f.) festgestellt werden sollen. Damit soll dem Übelstand vorgebeugt werden, dass der Zeuge durch unerhebliche (Rn. 3) Erörterungen seiner Vorstrafen vor der Öffentlichkeit unnötig bloßgestellt wird. Fragen nach Vorstrafen können aber in Betracht kommen, wenn dies unmittelbar für die Aufklärung des Tatvorwurfs von Bedeutung ist (Kenntnis von einer Vorstrafe war Gegenstand einer Erpressung).[49] Sofern es **notwendig** ist,[50] darf im Rahmen des § 68a Abs. 2 Satz 2 auch nach Verurteilungen gefragt werden, die noch nicht rechtskräftig sind.[51] Als „Vorstrafe" gilt auch eine Sanktion wegen einer Ordnungswidrigkeit,[52] jedenfalls soweit diese ebenfalls in ein Register eingetragen werden, wie beispielsweise Verkehrsverstöße nach § 28 StVG. Wenn die Voraussetzungen der § 53 Abs. 1, § 64 Abs. 1 BZRG vorliegen, darf sich der Zeuge ohne 11

41 SK/*Rogall* 35; SSW/*Schmitt* 6.
42 Vgl. BGH StV **1985** 356.
43 Vgl. BGH StV **1983** 490; **1991** 101; **1996** 649; **1998** 363; *Eisenberg* (Beweisrecht) 1485.
44 SK/*Rogall* 35.
45 KG JR **1977** 295; *Schmitt*/Köhler 6c; SK/*Rogall* 35.
46 *Schmitt*/Köhler 6c; kritisch dazu *Sabarth* DJZ **1921** 423.
47 Zur polizeilichen Vernehmung von V-Leuten und der Frage der Notwendigkeit ihrer Protokollierung siehe *Füllkrug* Kriminalistik **1986** 186 f.
48 OLG Düsseldorf – Ermittlungsrichter OLGSt StPO § 55 Nr. 5.
49 *Schmitt*/Köhler 7.
50 Dazu etwa BGH NStZ **2001** 418.
51 KK/*Slawik* 4; *Schmitt*/Köhler 7; MüKo/*Maier* 23; SK/*Rogall* 38; SSW/*Schmitt* 7; *Dähn* JR **1979** 141.
52 LG Mannheim NJW **1981** 1795; *Schmitt*/Köhler 7; SK/*Rogall* 38.

Verstoß gegen seine Wahrheitspflicht als unbestraft bezeichnen.[53] Gleiches dürfte nach Tilgung einer Ordnungswidrigkeit aus einem entsprechenden Register (vgl. § 29 StVG) sowie bei der Entfernung bzw. Entfernungsreife von Disziplinarvorgängen aus Disziplinarakten (vgl. § 16 BDG und die entsprechenden Landesgesetze) gelten. Der Zeuge braucht seine Vorstrafen nicht in weiterem Umfang zu offenbaren als der Beschuldigte. Das Gericht darf daher nicht anordnen, dass er über Vorstrafen Auskunft zu geben hat, die im Zentralregister getilgt sind.[54] Im Übrigen darf nicht etwa jeder Zeuge, damit die Frage der Vereidigung nach § 60 Nr. 2 entschieden werden kann, nach seinen Vorstrafen gefragt werden, ohne dass hierzu besonderer Anlass besteht.[55]

12 Wird die Glaubwürdigkeit des Zeugen bezweifelt, so ist es zulässig, die **Vorstrafenakten** beizuziehen und das Urteil zu verlesen, vor allem, wenn der Zeuge behauptet, unschuldig verurteilt worden zu sein.[56] Bedenken gegen die Glaubwürdigkeit des Zeugen lassen sich herleiten aus Aussagedelikten nach den §§ 153 ff. StGB, aus Vortäuschung einer Straftat (§ 145d StGB), falscher Verdächtigung nach § 164 StGB,[57] unter Umständen aus Eigentums- oder Vermögensdelikten nach den §§ 242, 246, 263 StGB, insbesondere aber aus allen Taten, die einer täuschungsbereiten und rechtsfeindlichen Gesinnung entsprungen sind. Die Glaubwürdigkeit eines Zeugen wird oft auch in Frage gestellt sein, wenn er wegen einer Straftat derselben Art verurteilt worden ist, wie sie dem Beschuldigten vorgeworfen wird. In Verkehrsstrafsachen kann die Einholung einer Auskunft aus dem Fahreignungsregister (FAER), vormals Verkehrszentralregister (VZR), erforderlich sein.[58]

13 Über ihren Wortlaut hinaus verbietet § 68a Abs. 2 Satz 2 nicht nur die Befragung des Zeugen nach Vorstrafen, sondern auch deren Feststellung **ohne besondere Befragung**, z.B. durch Herbeiziehung bzw. Verlesung eines Strafregisterauszugs oder von Strafakten. Hierauf gerichtete Anträge der Prozessbeteiligten dürfen daher als unzulässig abgelehnt werden, wenn nicht dargetan ist, dass die Voraussetzungen des § 68a Abs. 2 vorliegen.

14 **5. Entscheidung über das Fragerecht.** § 68a Abs. 2 Satz 2 begrenzt das Fragerecht für alle Beteiligten; auch die Prozessbeteiligten dürfen die Fragen nur stellen, wenn die Voraussetzungen der Vorschrift vorliegen.[59] Ob die Frage unerlässlich ist, entscheidet zunächst der **Vorsitzende** (§ 238 Abs. 1).[60] Das **Gericht** entscheidet, wenn die Anordnung nach **§ 238 Abs. 2** von einem an der Verhandlung Beteiligten, zu denen auch der befragte Zeuge gehört,[61] beanstandet wird.[62] Bei der Entscheidung handelt es sich entgegen der Rechtsprechung nicht um eine Ermessensentscheidung, bei der der Grundsatz der freien Beweiswürdigung nach § 261 gilt,[63] sondern um eine Frage **pflichtgemäßer Beurteilung**;[64] denn wenn die Frage bzw. ihre Beantwortung „unerlässlich“ (Absatz 1) bzw. „notwendig“ (Absatz 2) ist, darf sie nicht zurückgewiesen werden. Ist das nicht der Fall, so

53 KK/*Slawik* 4; *Schmitt*/Köhler 7; MüKo/*Maier* 23; *Eb. Schmidt* Nachtr. I 12.
54 *Götz* § 51, 15 BZRG a.F.
55 Vgl. RGSt **45** 405.
56 BGHSt **1** 341; KK/*Slawik* 4; *Eb. Schmidt* Nachtr. I 9.
57 Vgl. BGHSt **1** 341.
58 Vgl. LG Mannheim NJW **1981** 1795.
59 BGHSt **13** 254; KK/*Slawik* 6; *Schmitt*/Köhler 8; *Eb. Schmidt* Nachtr. I 4.
60 *Schmitt*/Köhler 8; *Böttcher* JR **1987** 139.
61 *Schmitt*/Köhler 8; *Dähn* JR **1979** 141; *Rieß* Gutachten zum 55. DJT C 109; KK/*Slawik* 5.
62 KK/*Slawik* 5; *Schmitt*/Köhler 8; MüKo/*Maier* 25; *Peters* § 42 IV 3.
63 So BGHSt **13** 255.
64 So auch SK/*Rogall* 46.

darf das Gericht die Frage nach § 241 Abs. 2 als ungeeignet zurückweisen.[65] Hierbei finden die Grundsätze zu § 241 entsprechende Anwendung. Insbesondere bedarf der Gerichtsbeschluss, mit dem eine Frage i.S. des § 68a zurückgewiesen wird, i.d.R. der **Begründung**, sofern sich diese nicht von selbst versteht.[66] Nach der Rechtsprechung zu Recht zurückgewiesen werden darf eine Frage, die das ihr zugrunde liegende Vorbringen in eine kränkende Form kleidet,[67] die ohne ersichtlichen Grund vom Befragten eine Auskunft über eine politische Belastung oder die seiner Angehörigen verlangt,[68] die einer Verfehlung des Befragten, seinen sexuellen Neigungen oder ehebrecherischen Beziehungen nachspürt oder die eine Aussage über seine Vorstrafen oder gegen ihn anhängige Ermittlungsverfahren fordert, obwohl jeder verständige Grund fehlt, solche zu vermuten oder aufzudecken.[69]

6. Auskunftspflicht des Zeugen. Der Zeuge ist verpflichtet, die Fragen, die das Gericht oder die ein Verfahrensbeteiligter ohne Beanstandung durch das Gericht stellt, zu beantworten, es sei denn, er hat ein Auskunftsverweigerungsrecht gem. § 55 Abs. 1.[70] Die Auskunft über Tatsachen, die nur entehrend sind oder den persönlichen Lebensbereich betreffen, aber nicht die Gefahr der Verfolgung wegen einer Straftat oder einer Ordnungswidrigkeit herbeiführen, darf nicht nach § 55 Abs. 1 verweigert werden (vgl. § 55, 9). Wenn der Zeuge meint, dass eine Frage nach § 68a unzulässig ist, kann er oder der von ihm herangezogene oder ihm beigeordnete anwaltliche Beistand (vgl. Erl. zu § 68b) in der **Hauptverhandlung** einen Gerichtsbeschluss gem. § 238 Abs. 2 bzw. § 242 herbeiführen. Hiergegen hat der Zeuge das Beschwerderecht (§ 305 Satz 2).[71] Die Beschwerdeentscheidung bindet das erkennende Gericht (nicht das Revisionsgericht)[72] und ist dann auch für den Zeugen verbindlich. Im **Ermittlungsverfahren** hat der Zeuge bei einer ermittlungsrichterlichen Vernehmung (§§ 162, 168c, 169) ebenfalls das Beschwerderecht, bei staatsanwaltschaftlichen Vernehmungen (§ 161a Abs. 1 Satz 2) bzw. polizeilichen Vernehmungen (§ 163 Abs. 3 Satz 1) Rechtsschutz nach Maßgabe des § 161a Abs. 2 und 3[73] bzw. § 163 Abs. 5. 15

7. Revision. Die Vorschrift des § 68a soll eine bloße Ordnungsvorschrift sein, deren Verletzung die Revision nicht begründet.[74] Die Dinge liegen aber komplizierter.[75] Lässt das Gericht unter falscher Anwendung von § 68a eine Frage nicht zu – weil sie, obwohl entehrend, zur Wahrheitsfindung unerlässlich bzw. notwendig ist – und ist darüber nach § 238 Abs. 2 ein Gerichtsbeschluss herbeigeführt worden, so kann dies nach **§ 338 Nr. 8** gerügt werden; die Rüge ist begründet, wenn ein Beruhen des Urteils auf diesem Verfahrensfehler nicht auszuschließen ist.[76] Unterlässt es das Gericht, eine solche Frage zu stellen, so kann dies eine **Verletzung der Aufklärungspflicht** darstellen, was freilich im Einzelnen vorge- 16

65 BGHSt **13** 254; **21** 360; Beschl. v. 4.3.2021 – 5 StR 581/20; OLG Celle NdsRpfl. **1951** 18; OLG Hamm VRS **31** (1966) 50.
66 BGH NStZ **2001** 418; vgl. auch BGH NStZ-RR **2001** 138.
67 RG GA **56** (1909) 324; DJZ **1911** 1093; JW **1923** 236; HRR **1925** Nr. 239; OLG Schleswig SchlHA **1948** 113.
68 BGHSt **21** 335; dazu *Hanack* JZ **1972** 82.
69 RG GA **53** (1906) 171; JW **1931** 1822.
70 *Dähn* JR **1979** 141; *Schmitt*/Köhler 8.
71 SK/*Rogall* 43; vgl. *Schmitt*/Köhler § 241, 22.
72 *Schmitt*/Köhler § 241, 22.
73 SK/*Rogall* 43.
74 OLG Celle NdsRpfl. **1951** 18; KK/*Slawik* 7; *Schmitt*/Köhler 9; MüKo/*Maier* 26; *Roxin*/*Schünemann* § 26, 58; **a.A.** SK/*Rogall* 46.
75 *Eb. Schmidt* Nachtrag I, 13.
76 BGH NStZ **1982** 170; **1990** 400; **2001** 418; vgl. BGH NStZ-RR **2001** 138; OLG Celle NdsRpfl. **1951** 18; KK/*Slawik* 7; *Schmitt*/Köhler 9; MüKo/*Maier* 27; *Dahs* 282; *Schlüchter* 483 Fn. 240b; HK/*Gercke* 8.

tragen werden muss (§ 344 Abs. 2 Satz 2). Die Rüge kann nicht allein darauf gestützt werden, das Gericht habe nicht nach Vorstrafen gefragt, denn nicht jede Vorstrafe ist für die Beurteilung der Glaubwürdigkeit indiziell (Rn. 11).[77] Das Unterlassen der Generalfragen kann mit der Aufklärungsrüge i.d.R. nicht mit der Behauptung beanstandet werden, der Richter habe ein benutztes Beweismittel nicht ausgeschöpft,[78] zumal dann nicht, wenn die Prozessbeteiligten die Fragen nicht selbst gestellt haben.[79] Anders kann es sein, wenn ihre diesbezüglichen **Fragen** rechtsfehlerhaft durch das Gericht zurückgewiesen worden sind (§ 241 Abs. 2)[80] oder wenn diesbezüglich festgestellte **Umstände** im Urteil fehlen. Ist eine Frage unter Verstoß gegen § 68a gestellt und nicht beanstandet bzw. zugelassen worden, so dürfte es i.d.R. an der Beschwer fehlen, weil dadurch die Wahrheitsfindung nicht beeinträchtigt wird.[81]

§ 68b
Zeugenbeistand

(1) [1]Zeugen können sich eines anwaltlichen Beistands bedienen. [2]Einem zur Vernehmung des Zeugen erschienenen anwaltlichen Beistand ist die Anwesenheit gestattet. [3]Er kann von der Vernehmung ausgeschlossen werden, wenn bestimmte Tatsachen die Annahme rechtfertigen, dass seine Anwesenheit die geordnete Beweiserhebung nicht nur unwesentlich beeinträchtigen würde. [4]Dies wird in der Regel der Fall sein, wenn aufgrund bestimmter Tatsachen anzunehmen ist, dass
1. **der Beistand an der zu untersuchenden Tat oder an einer mit ihr im Zusammenhang stehenden Datenhehlerei, Begünstigung, Strafvereitelung oder Hehlerei beteiligt ist,**
2. **das Aussageverhalten des Zeugen dadurch beeinflusst wird, dass der Beistand nicht nur den Interessen des Zeugen verpflichtet erscheint, oder**
3. **der Beistand die bei der Vernehmung erlangten Erkenntnisse für Verdunkelungshandlungen im Sinne des § 112 Absatz 2 Nummer 3 nutzt oder in einer den Untersuchungszweck gefährdenden Weise weitergibt.**

(2) [1]Einem Zeugen, der bei seiner Vernehmung keinen anwaltlichen Beistand hat und dessen schutzwürdigen Interessen nicht auf andere Weise Rechnung getragen werden kann, ist für deren Dauer ein solcher beizuordnen, wenn besondere Umstände vorliegen, aus denen sich ergibt, dass der Zeuge seine Befugnisse bei seiner Vernehmung nicht selbst wahrnehmen kann. [2]§ 142 Absatz 5 Satz 1 und 3 gilt entsprechend.

(3) [1]Entscheidungen nach Absatz 1 Satz 3 und Absatz 2 Satz 1 sind unanfechtbar. [2]Ihre Gründe sind aktenkundig zu machen, soweit dies den Untersuchungszweck nicht gefährdet.

Entstehungsgeschichte

Absatz 2 der Vorschrift ist durch Art. 1 Nr. 2 des ZSchG vom 30.4.1998 (BGBl. I S. 820) als § 68b in die StPO eingefügt worden. Die Nr. 2 des mittlerweile entfallenen Satzes 2 des

77 KK/*Slawik* 7.
78 KK/*Slawik* 7; vgl. auch BGH LM § 244 Nr. 2.
79 MüKo/*Maier* 28; sowie die Erl. zu § 241.
80 SK/*Rogall* 49; ferner die Erl. zu § 241.
81 SK/*Rogall* 47; **a.A.** *Eb. Schmidt* Nachtrag I, 13.

§ 68b a.F. wurde sowohl durch das Gesetz zur Änderung der Vorschriften über die Straftaten gegen die sexuelle Selbstbestimmung und zur Änderung anderer Vorschriften vom 27.12.2003 (BGBl. I S. 3007) als auch durch das 37. StRÄndG vom 11.2.2005 (BGBl. I S. 239) geändert. Durch Art. 1 Nr. 8 des 2. OpferRRG (2009) wurde § 68b neu gefasst. Der bisherige § 68b ist nun unter Wegfall des Straftatenkataloges des bisherigen Satzes 2 Absatz 2. Die entsprechende Anwendung von § 141 Abs. 4 auf die Beiordnung entfällt. Der bisherige Satz 4 wurde Absatz 3 ergänzt um einen Satz 2, demzufolge die Gründe für eine Entscheidung nach Absatz 1 Satz 3 oder Absatz 2 Satz 1 aktenkundig zu machen sind, wenn dies den Untersuchungszweck nicht gefährdet. Durch das Gesetz zur Einführung einer Speicherpflicht und einer Höchstspeicherpflicht für Verkehrsdaten vom 10.12.2015 (BGBl. I S. 2218) wurde in Absatz 1 Satz 4 Nr. 1 der Straftatbestand der Datenhehlerei nach § 202d StGB aufgenommen. Durch Art. 1 Nr. 3 des Gesetzes zur Neuregelung des Rechts der notwendigen Verteidigung vom 10.12.2019 (BGBl. I S. 2128), wurde in Absatz 2 Satz 2 die Angabe „§ 142 Absatz 1" durch „§ 142 Absatz 5 Satz 1 und 3" ersetzt.

Schrifttum

Baumhöfener Aktenkenntnis des Nebenklägers – Gefährdung des Untersuchungszwecks bei der Konstellation Aussage-gegen-Aussage, NStZ **2014** 135; *Bittmann* Das 2. Opferrechtsreformgesetz, JuS **2010** 219; *Bott* Der anwaltliche Zeugenbeistand, StraFo **2018** 410; *Brune/Vollmer* Der Zeugenbeistand im Kartellordnungswidrigkeitenverfahren, wistra **2019** 175; *Burhoff* Neuregelung in der StPO durch das 2. OpferRRG, ZAP **2010** 483; *Dahs* „Informationelle Vorbereitung" von Zeugenaussagen durch den anwaltlichen Rechtsbeistand, NStZ **2011** 200; *ders.* Zeugenbeistand zwischen Strafvereitelung und Parteiverrat, FS Puppe (2001) 1545; *Gillmeister* Beistand für den Zeugen – ein Mandat ohne Schutz? NStZ **2018** 561; *Klengel/Müller* Der anwaltliche Zeugenbeistand im Strafverfahren, NJW **2011** 23; *König* Der Anwalt als Zeugenbeistand – Gegner oder Gehilfe der Verteidigung? FS Rieß (2002) 243; *Lohberger* Zur Rechtsstellung des Zeugenbeistands, FS Strauda (2006) 149; *Matt/Dierlamm/Schmidt* Das (neue) Recht vom Zeugenbeistand und seine verfassungswidrigen Einschränkungen, StV **2009** 715; *Mehle/Linz* Mitschrift einer Zeugenvernehmung durch den Zeugenbeistand, NJW **2014** 1160; *Park* Der Zeugenbeistand im Strafverfahren, FS Dencker (2012) 233; *Schefer* Überlegungen zum Akteneinsichtsrecht des Zeugenbeistands, NStZ **2023**, 193; *Thomas* Der Zeugenbeistand im Strafprozeß, NStZ **1982** 489; *Weigend* Das Opfer als Prozesspartei? – Bemerkungen zum 2. Opferrechtsreformgesetz 2009, FS Schöch (2010) 947; *Wessing/Ahlbrecht* Der Zeugenbeistand (2013).

Übersicht

Alphabetische Übersicht

1 **1. Aufbau der Norm.** § 68b übernimmt in **Absatz 1** das allgemein geltende Recht auf Beiziehung eines anwaltlichen Zeugenbeistands ausdrücklich in das Strafverfahrensrecht, regelt aber insb. die Voraussetzungen, unter denen ein Rechtsbeistand vom Verfahren ausgeschlossen werden kann. Nach der Begründung des Gesetzesentwurfs sollte damit entsprechend den Vorgaben des BVerfG[1] die „Thematik insgesamt" – Zeugenbeistand sowie die Voraussetzungen seines Ausschlusses – geregelt und im Übrigen ein „Gleichklang" zwischen dem Zeugenbeistand und dem Beistand des Verletzten, bzw. Nebenklagebefugten gem. den §§ 406f und 406h hergestellt werden[2] (vgl. zu Letzterem aber Rn. 24). **Absatz 2** regelt, unter welchen Voraussetzungen dem Zeugen ein anwaltlicher Beistand beizuordnen ist. **Absatz 3** schließlich enthält Regelungen zum Verfahren. Die Regelungen des Absatzes 1 sind sowohl für sich, als auch im Zusammenspiel mit den verfahrensrechtlichen Vorschriften des Absatzes 3 in einem derartigen Ausmaß (verfassungs)rechtlich problematisch, dass die **Vorschrift des § 68b** in seiner derzeitigen Form als **missglückt** anzusehen ist.[3]

2 **2. Recht auf Zeugenbeistand (Absatz 1 Satz 1).** Absatz 1 Satz 1 fügt den allgemein geltenden und vom BVerfG in seiner Entscheidung vom 4.10.1974[4] ausdrücklich auch für den Zeugenbeistand im Strafverfahren festgestellten Grundsatz des § 3 Abs. 3 BRAO, demzufolge jedermann sich in allen Rechtsangelegenheiten durch einen Rechtsanwalt beraten lassen kann, explizit für den Zeugen in das Strafverfahrensrecht ein. Absatz 1 Satz 1 beschreibt die allgemeine Befugnis, sich eines anwaltlichen Beistands zu bedienen, ist also nicht allein auf die Vernehmungssituation bezogen.[5] Nach § 138 Abs. 3 kann ein Zeuge auch diejenigen als Rechtsbeistand beiziehen, die nach § 138 Abs. 1 und 2 auch als Verteidiger gewählt werden können, obwohl sie nicht Rechtsanwälte sind (bspw. Hochschullehrer oder – mit Einschrän-

1 BVerfGE **38** 105 ff.
2 BTDrucks. **16** 12098 S. 15.
3 *Klengel/Müller* NJW **2011** 28.
4 BVerfGE **38** 105.
5 So aber *Burhoff* ZAP **2010** 483.

kungen – Angehörige steuerberatender Berufe[6]), so dass der Personenkreis gegenüber dem vom § 3 Abs. 3 BRAO erfassten Kreis der Rechtsanwälte erweitert ist.[7]

3. Anwendungsbereich. § 68b gilt in sämtlichen Stadien des strafrechtlichen Verfahrens, aber auch in Bußgeldverfahren, in berufsrechtlichen Verfahren sowie in Verfahren parlamentarischer Untersuchungsausschüsse.[8] Nach bisher nahezu einhelliger Auffassung soll § 68b auf **Sachverständige**, obwohl in den §§ 72 ff. keine ausdrücklich abweichende Regelung getroffen ist, keine Anwendung finden.[9] Nach § 68b a.F., der allein die Beiordnung eines anwaltlichen Beistandes regelte, kam mangels einer entsprechenden Interessenlage beim Sachverständigen (Bedürfnis der Beiordnung) eine Anwendung der Vorschrift tatsächlich kaum in Betracht. Jedoch hat auch der Sachverständige (§ 3 Abs. 3 BRAO „jedermann") im Rahmen der gesetzlichen Vorschriften das Recht, sich eines anwaltlichen Beistandes zu bedienen.[10] Eine entsprechende Anwendung des § 68b Abs. 1 und 3 dürfte in diesem Falle nicht ausgeschlossen sein. 3

4. Rechte des Zeugenbeistands

a) Anwesenheitsrecht (Absatz 1 Satz 2). Dass der Rechtsbeistand des Zeugen bei dessen Vernehmung anwesend sein darf, ergibt sich grundsätzlich bereits aus Absatz 1 Satz 1, der die Vernehmungssituation mit umfasst. Dies gilt aufgrund der Verweisung in § 163 Abs. 3 Satz 2 auch für polizeiliche Vernehmungen, bei denen jedoch zu beachten ist, dass bestimmte Entscheidungen, wie insbesondere das Vorliegen von Zeugnis- oder Auskunftsverweigerungsrechten in Zweifelsfällen und über eine Beiordnung eines Zeugenbeistands, nach § 163 Abs. 4 Satz 1 der Staatsanwaltschaft vorbehalten sind. Absatz 1 Satz 2 hat die Funktion, klar zu stellen, dass es grundsätzlich Sache des Zeugen selbst ist, die Anwesenheit seines Rechtsanwalts zu bewirken.[11] Eine Benachrichtigung des Zeugenbeistands von den Vernehmungsterminen ist nicht vorgeschrieben,[12] in der Praxis aber üblich.[13] Die Strafverfolgungsbehörden seien auch gehalten, Vernehmungen so zu terminieren, dass ein Zeuge von einem von ihm gewünschten anwaltlichen Beistand Gebrauch machen könne.[14] Der Zeuge darf jedoch dem Termin nicht fernbleiben oder die Aussage verweigern mit der Begründung, sein Beistand sei verhindert.[15] Bei schwieriger Sach- und Rechtslage sollten die Strafverfolgungsbehörden den Zeugen auf die Möglichkeit der Beiziehung eines Beistandes hinweisen,[16] soweit in diesen Fällen nicht ohnehin eine Beiordnung nach Absatz 2 im Raume steht. Zu der Beistandsfunktion gehört die umfassende Beratung, insb. zu §§ 52 und 55, aber auch das Rederecht, das Recht, Fragen zu stellen, Maßnahmen zum Schutz des Zeugen zu beantragen, Beanstandungen zu erheben und darüber Gerichtsbeschlüsse herbeizuführen.[17] Bei polizeilichen Vernehmungen obliegt nach § 163 Abs. 4 Satz 1 4

6 Näher *Schmitt*/Köhler § 138, 5.
7 **A.A.** HK/*Gercke* 3; Radtke/Hohmann/*Otte* 3; *Klengel*/*Müller* NJW **2011** 25.
8 SK/*Rogall* 4.
9 LR/*Krause* § 72, 22; SSW/*Bosch* § 72, 2; MüKo/*Trück* § 72, 27.
10 LR/*Krause* § 72, 22; **a.A.** SK/*Rogall* 7.
11 *Schmitt*/Köhler 3.
12 Anders bei § 397 Abs. 2 Satz 3.
13 *Bott* StraFo **2018** 410.
14 BTDrucks. **16** 12098 S. 15.
15 BGH NStZ **1989** 484.
16 *Schmitt*/Köhler 3.
17 SK/*Rogall* 9; eine sehr genaue Auflistung der einzelnen Befugnisse des Zeugenbeistandes findet sich bei MüKo/*Maier* 14 ff.

Nr. 1 in Zweifelsfragen der Staatsanwaltschaft die – unanfechtbare, s. § 163 Abs. 5 Satz 1 – Entscheidung über das Vorliegen von Zeugnis- und Auskunftsverweigerungsrechten. Eine gerichtliche Entscheidung kann in diesem Fall ggf. über die Inkaufnahme von Ordnungsmitteln nach den §§ 51 und 70 und deren Anfechtung herbeigeführt werden.[18] Ein Recht auf Aushändigung eines Vernehmungsprotokolls besteht nicht. Daraus folgt jedoch nicht, dass es dem Zeugen und seinem Beistand untersagt ist, die Vernehmungsinhalte selbst zu protokollieren.[19] Dies dürfte vielmehr naheliegen.[20]

5 **b) Sonstige Rechte des Zeugenbeistandes.** § 68b Abs. 1 regelt nicht, ob und ggf. welche weiteren und eigenständigen Rechte der Zeugenbeistand darüber hinaus hat.[21] Insbesondere soll dem Zeugenbeistand unmittelbar aus § 68b auch weiterhin kein Recht auf Akteneinsicht zustehen.[22] Dies wird damit begründet, dass durch eine Akteneinsicht die Unbefangenheit des Zeugen beeinträchtigt werden könnte[23] (vgl. auch § 58 Abs. 1). Sofern der Zeuge nicht Verletzter ist – vgl. § 406e – steht ihm ein **Akteneinsichtsrecht** nach § 475 zu.[24] Erforderlich ist danach nicht nur die Darlegung eines berechtigten Interesses, sondern insbesondere auch eine Abwägung mit den schutzwürdigen Interessen des Beschuldigten nach § 475 Abs. 1 Satz 2 sowie die Prüfung einer möglichen Gefährdung des Untersuchungszwecks nach § 479 Abs. 1.[25] Kein berechtigtes Interesse wird in der bloßen Zeugeneigenschaft gesehen.[26] Ohne Aktenkenntnis kann jedoch die Beratung des Zeugen über seine Rechte erschwert sein.[27] Gerade bei Zeugen, denen ein Beistand beigeordnet wird – in der Regel kommt in diesen Fällen ein Auskunftsverweigerungsrecht nach § 55 in Betracht –, kann der Zeugenbeistand seiner Beistandsfunktion häufig nur gerecht werden, wenn er die Akten kennt. Ein Akteneinsichtsrecht muss dann bestehen, wenn anderenfalls das Recht, sich eines Zeugenbeistands zu bedienen, leer liefe.[28] Das Akteneinsichtsrecht nach § 475 StPO steht grundsätzlich dem Zeugen zu, der es lediglich über den Beistand ausübt. Damit ist es grundsätzlich nicht vereinbar, dass der Beistand Informationen aus der Akte dem Zeugen vorenthält oder dazu gar je nach Fallgestaltung verpflichtet zu sein.[29] Erhält der Zeugenbeistand keine Akteneinsicht, so muss er sorgfältig prüfen, ob er von anderen Verfahrensbeteiligten die Akten oder Aktenbestandteile zulässigerweise erhalten kann.[30] Umstritten ist weiterhin, ob der Zeugenbeistand außerhalb, insbesondere vor der Vernehmung **anwesenheitsberechtigt** ist.[31] Sowohl hinsichtlich einer Akteneinsicht als auch hinsichtlich der Anwesenheit des Zeugenbeistandes in der Hauptverhandlung vor Vernehmung des Zeugen ist jenseits der rechtlichen Möglichkeit zu prüfen, ob

18 *Burhoff* Effektiveres und praxistauglicheres Strafverfahren – Teil 1: Ermittlungsverfahren, ZAP **2017** 1079, 1092.

19 So aber *Brune/Vollmer* wistra **2019** 175; **a.A.** *Wessing/Ahlbrecht*, Rn. 75; *Mehle/Linz* NJW **2014** 1160.

20 *Bott* StraFo **2018** 410.

21 HK/*Gercke* 5.

22 KG NJW **2015** 3255; *Schmitt*/Köhler 4.

23 OLG Düsseldorf NJW **2002** 2806.

24 BGH StraFo **2010** 253 f.; KG StV **2010** 298 mit abl. Anm. *Koch;* SK/*Rogall* 10.

25 LG Hamburg StraFo **2019** 335 m. Anm. *Rieckhoff*; *Schmitt*/Köhler 4; SK/*Rogall* 10 m.w.N.

26 LR/*Tillich*[27] § 475, 5 m.w.N.

27 *Bott* StraFo **2018** 410; *Schefer* NStZ **2023** 193; s. aber ablehnend KG NJW **2015** 3255; zurückhaltend auch OLG Celle Beschl. v. 5.8.2025 – 2 Ws 203/25 – juris.

28 *Lohberger* FS Strauda, 149, 157; *Klengel/Müller* NJW **2011** 24 f.; vgl. im Einzelnen § 58, 3 m.w.N.

29 So aber wohl *Schefer* NStZ **2023** 193; s. zu dieser Frage.

30 Informativ *Dahs* NStZ **2011** 200.

31 Dagegen Graf/*Monka* 7; *Schmitt*/Köhler 5; dafür *Klengel/Müller* NJW **2011** 23 f.; *Bott* StraFo **2018** 410; differenzierend HK/*Gercke* § 58, 2 m.w.N.

dies im Interesse des Zeugen erstrebenswert ist, weil die Kenntnis des Zeugen von dem sonstigen Verfahrensgeschehen je nach Fallgestaltung den Beweiswert der Aussage beeinflussen kann (vgl. auch § 58, 3).

5. Ausschluss des Zeugenbeistands (Absatz 1 Satz 3 und Satz 4)

a) Systematik. Absatz 1 Satz 3 ist die **zentrale Regelung** des § 68b n.F. Das BVerfG hat in ständiger Rechtsprechung seit seiner Entscheidung aus dem Jahr 1974 darauf hingewiesen, dass der Ausschluss eines Zeugenbeistandes aufgrund der **Grundrechtsrelevanz** (sowohl hinsichtlich des Zeugen als auch hinsichtlich des Anwalts) nur auf der Grundlage entsprechender gesetzlicher Regelungen möglich sei.[32] Da der Gesetzgeber offenbar ein – nicht näher begründetes – Bedürfnis für die Möglichkeit des **Ausschlusses eines Zeugenbeistandes** sah, hat er sich veranlasst gesehen, nunmehr entsprechende Ausschlussregelungen zu schaffen. Dabei hat er in Absatz 1 Satz 3 eine Ausschlussgeneralklausel geschaffen, die in Satz 4 durch drei Regelbeispiele ergänzt bzw. konkretisiert wird. Mit dieser Systematik bringt der Gesetzgeber zum Ausdruck, dass er auch weitere nicht explizit benannte Ausschlussgründe für möglich hält.[33] Dies wird den verfassungsrechtlichen und vom BVerfG explizit formulierten Anforderungen an Klarheit, Bestimmtheit und Vollständigkeit der Ausschlussgründe nicht gerecht.[34] 6

b) Ausschluss nach Absatz 1 Satz 3. Nach Absatz 1 Satz 3 kann ein Zeugenbeistand von der Vernehmung ausgeschlossen werden, wenn bestimmte Tatsachen die Annahme rechtfertigen, dass seine Anwesenheit die **geordnete Beweiserhebung** nicht nur unwesentlich beeinträchtigen würde. Diese Regelung soll ersichtlich die Rechtsprechung des BVerfG aufgreifen, derzufolge der Ausschluss eines Zeugenbeistands auch bisher in Betracht kam, wenn seine Beteiligung geeignet war, die geordnete und effektive Beweiserhebung zu erschweren oder zu verhindern.[35] Gleichwohl ist sie aus sich heraus ohne Hinzuziehung der Gesetzesbegründung sowie einer vergleichenden Betrachtung der Regelbeispiele des Satzes 4 nicht verständlich. Allein deshalb ist sie als zu unbestimmt verfassungsrechtlich nicht haltbar. Dies zeigt (ungewollt) die Gesetzesbegründung, wenn dort „lediglich klarstellend" ausgeführt wird, dass die Beratung zur Wahrnehmung von Zeugnis- und Auskunftsverweigerungsrechten sowie die Beanstandung unzulässiger Fragen keine Beeinträchtigung der geordneten Beweiserhebung i.S. der Vorschrift darstellen. Das soll „in aller Regel" selbst dann gelten, wenn der Beistand „das Maß des Zulässigen" überschreitet.[36] Die Grenzen sind freilich fließend, z.B. wenn Streit darüber besteht, ob bestimmte Fragen zulässig sind oder nicht.[37] Fragen zum Mandatsverhältnis müssen nicht beantwortet werden[38] (s.a. Rn. 13). 7

Nach der Gesetzesbegründung geht das Erfordernis „bestimmte Tatsachen" über Spekulationen und vage Verdachtsmomente hinaus. „Anders als beim Ausschluss des Verteidigers nach § 138a Absatz 1 StPO wird jedoch kein dringender Verdacht oder eine überwie- 8

---

32 BVerfGE **38** 105, 120; BVerfG NStZ **2000** 434 f.

33 S. auch Gesetzesbegründung BTDrucks. **16** 12098 S. 16.

34 *Matt/Dierlamm/Schmidt* StV **2009** 715, 716 f.; *Klengel/Müller* NJW **2011** 26; HK/*Gercke* 1 und 9; **a.A.** Graf/*Monka* 4: „Damit [scil. den Regelbeispielen] bringt – wie vom BVerfG gefordert – bereits der Gesetzgeber zum Ausdruck, welche Fallkonstellationen typischerweise einen Ausschluss des Zeugenanwalts rechtfertigen sollen."; differenzierend *Brune/Vollmer* wistra **2019** 175.

35 BVerfG StraFo **2010** 243.

36 BTDrucks. **16** 12098 S. 16.

37 Krit. auch *Matt/Dierlamm/Schmidt* StV **2009** 715, 716.

38 *Bott* StraFo **2018** 413 m.w.N.; differenzierend *Gillmeister* NStZ **2018** 561.

gende Wahrscheinlichkeit vorausgesetzt." Diese **niedrigere Verdachtsschwelle** wird zum einen damit begründet, dass der Ausschluss des Zeugenbeistandes nur für eine Vernehmung und nicht für das gesamte Verfahren gelte. Zum anderen wird auf die grundlegende Entscheidung des BVerfG aus dem Jahr 1974 verwiesen, der zu Folge die Hinzuziehung eines anwaltlichen Zeugenbeistandes stets einer besonderen rechtsstaatlichen Legitimation bedürfe.[39]

9 Der vom Gesetzgeber herangezogene Vergleich mit der **Verdachtsschwelle** des § 138a Abs. 1 hinkt schon deshalb, weil die Zielrichtungen des jeweiligen Verdachts nicht miteinander vergleichbar sind. Während sich der Verdacht des § 138a Abs. 1 auf eine Straftat oder Tatbeteiligung des (potentiell auszuschließenden) Verteidigers richtet und damit auf außerhalb des Verfahrens liegende strafrechtlich relevante Umstände (dem entspricht im Rahmen des § 68b allenfalls das Regelbeispiel des Absatz 1 Satz 4 Nr. 1), betrifft der Verdacht des Absatzes 1 Satz 3 die Beeinträchtigung der geordneten Beweiserhebung des Verfahrens, in dem der Zeugenbeistand auftritt. Mit einem strafrechtlich relevanten Verhalten hat dies nicht notwendigerweise etwas zu tun. Insofern ist die Verwendung strafrechtlich definierter Begriffe wie Anfangs-, dringender Verdacht oder Verdachtsschwelle von vorne herein missverständlich und verdeckt, dass mit der Ausschlussregelung des Absatzes 1 Satz 3 eine von § 138a grundverschiedene Regelung getroffen wurde. Im Übrigen kann der Ausschluss, auch wenn er nur für die Vernehmung gilt, faktisch dann weitreichendere Auswirkungen haben, wenn die Tätigkeit als Zeugenbeistand nur ein Aspekt der Vertretung des Zeugen ist. Der Zeuge muss in diesem Fall entscheiden, ob er entweder allein wegen des Ausschlusses von der Vernehmung seinen Anwalt insgesamt wechselt oder aber für die Vernehmung einen weiteren Beistand hinzuzieht. Dies kann einen Eingriff in das Recht des Zeugen auf freie Anwaltswahl bedeuten und darüber hinaus je nach Umfang und Bedeutung der Angelegenheit mit hohen Kosten verbunden sein.

10 Der Hinweis auf das Bedürfnis einer besonderen rechtsstaatlichen Legitimation geht ebenfalls fehl. Das BVerfG hatte in seiner Entscheidung vom 8.10.1974 noch entschieden, dass ein Anspruch des Zeugen auf Hinzuziehung eines Rechtsbeistandes nicht in jedem Fall bestehe, sondern einer **besonderen rechtsstaatlichen Legitimation** bedürfe. Daraus wird der Schluss gezogen, dass die Zuziehung eines anwaltlichen Zeugenbeistandes nicht grenzenlos möglich sei.[40] Diese im Hinblick auf § 3 Abs. 3 BRAO problematische und gegenüber der Entscheidung im Übrigen nicht konsequente Einschränkung ist spätestens durch die Entscheidung des Gesetzgebers, das Recht auf einen anwaltlichen Zeugenbeistand in § 68b Abs. 1 Satz 1 zu normieren, überholt.[41] Das vermeintliche Erfordernis einer besonderen rechtsstaatlichen Legitimation kann nun nicht herangezogen werden, um einen einmal gewählten Zeugenbeistand unter erleichterten Voraussetzungen wieder auszuschließen.

11 Zu Recht weisen *Matt/Dierlamm/Schmidt*[42] darauf hin, dass die Vorgaben des Bundesverfassungsgerichts für eine gesetzliche Regelung des Ausschlusses eines Zeugenbeistandes nicht beachtet wurden.[43] Laut Gesetzesbegründung haben das Gericht bzw. der Vernehmungsbeamte eine **Ermessensentscheidung** zu treffen.[44] Wäre dies zutreffend, könnte der um Beistand ersuchte Anwalt dem Zeugen keine zuverlässige Auskunft darüber geben, ob er als Zeugenbeistand tätig sein kann oder nicht. Tatsächlich wird den

39 BTDrucks. **16** 12098 S. 16 mit Hinweis auf BVerfGE **38** 105, 118.
40 *Klengel/Müller* NJW **2011** 25.
41 *Eisenberg* (Beweisrecht) 1298 Fn. 182.
42 StV **2009** 715 ff.
43 So auch *Klengel/Müller* NJW **2011** 26.
44 BTDrucks. **16** 12098 S. 16; so auch MüKo/*Maier* 53; *Schmitt*/Köhler 7.

Entscheidungsträgern wohl ein Beurteilungsspielraum eingeräumt. Da es sich nicht um eine der anerkannten Fallgruppen handelt, in denen der Behörde der Beurteilungsspielraum zusteht,[45] ist die Entscheidung von Polizei und Staatsanwaltschaft in vollem Umfang gerichtlich überprüfbar (vgl. auch Rn. 23). Davon abgesehen ist aufgrund des Umstandes, dass der Ausschluss des Zeugenbeistandes in die Grundrechte sowohl des Zeugen als auch des Beistandes eingreift, auch ein Beurteilungsspielraum der Vernehmungsperson abzulehnen. Das BVerfG hat in seiner Entscheidung zum Verteidigerausschluss vom 14.2.1973, auf die es im Anschluss in seiner Entscheidung zum Zeugenbeistand vom 8.10.1974 explizit Bezug genommen hat,[46] insbesondere mit Blick auf den Grundsatz der freien Advokatur im Interesse der Rechtspflege insgesamt betont, dass „Beschränkungen der Rechte des Anwalts und Eingriffe in seine Stellung als Verteidiger einer gesetzlichen Legitimation [bedürfen], die sich klar erkennen und zweifelsfrei feststellen läßt."[47] Auch der Zeugenbeistand darf nur ausgeschlossen werden, wenn die Voraussetzungen eines Ausschlusses bereits im Gesetz so präzise definiert sind, dass sich ihre gesetzliche Legitimation klar erkennen und zweifelsfrei feststellen lässt.

c) Regelbeispiele (Absatz 1 Satz 4)

aa) Beteiligungsverdacht (Absatz 1 Satz 4 Nr. 1). Das Regelbeispiel nach Satz 4 Nr. 1 12
eines möglichen Ausschlusses des Zeugenbeistandes bei Verdacht seiner Tatbeteiligung oder sonstigen strafrechtlich relevanten Verstrickung orientiert sich an den Ausschlussgründen des § 138a Abs. 1 Nr. 1 und 3.[48] Nach dem Wortlaut des Gesetzes kann jedoch der Ausschluss nach § 68b Abs. 1 Satz 4 Nr. 1 anders als der Verteidigerausschluss nach § 138a Abs. 1 Nr. 1 und 3 bereits auf einen **Anfangsverdacht** gestützt werden. Insofern kann auf die zu § 138a Abs. 1 Nr. 1 und 3 ergangene Rechtsprechung nicht ohne weiteres zurückgegriffen werden.[49] Es ist allerdings mit *Matt/Dierlamm/Schmidt* davon auszugehen, dass eine verfassungskonforme Auslegung auch bei § 68b Abs. 1 Satz 4 Nr. 1 einen **dringenden Verdacht** erfordert.[50]

bb) Nicht nur den Interessen des Zeugen verpflichtet (Absatz 1 Satz 4 Nr. 2). Der 13
Ausschluss des Zeugenbeistandes soll in der Regel in Betracht kommen, wenn der Beistand nicht nur den Interessen des Zeugen verpflichtet erscheint. Nach der Gesetzesbegründung soll diese Regelung insbesondere dafür Sorge tragen, dass die freie Willensentscheidung des Zeugen nicht dadurch gefährdet wird, dass der Beistand auch für andere Personen tätig ist, bzw. von Dritten, etwa dem Arbeitgeber, gestellt und/oder bezahlt wird.[51] Es sind dies demnach grundsätzlich Fälle der (vermuteten) **Interessenkollision** in der Person des Beistands.[52] Allerdings setzt eine Interessenkollision voraus, dass sich die jeweiligen Interessen nicht vereinbaren lassen. Demgegenüber verlangt Absatz 1 Satz 4 Nr. 2 lediglich,

45 Vgl. dazu *Hufen* Ermessen und unbestimmter Rechtsbegriff, ZJS **2010** 603, 607.
46 BVerfGE **38** 105, 120.
47 BVerfGE **34** 293, 302.
48 BTDrucks. **16** 12098 S. 16.
49 So aber Radtke/Hohmann/*Otte* 6; *Eisenberg* (Beweisrecht) 1298, Fn. 183.
50 StV **2009** 715, 717; so auch *Klengel/Müller* NJW **2011** 26; HK/*Gercke* 10; **a.A.** MüKo/*Maier* 47, der eine weite Auslegung für erforderlich hält, um die Neutralität des Beistandes zu wahren; s. auch Graf/*Monka* 3; *Schmitt*/Köhler 7; nicht eindeutig SK/*Rogall* 19, der eine dem § 138a Abs. 1 Nr. 1 und 3 entsprechende Auslegung fordert.
51 BTDrucks. **16** 12098 S. 17.
52 Graf/*Monka* 4.

dass der Beistand auch Interessen Dritter verpflichtet ist, ohne dass diese mit den Interessen des vertretenen Zeugen kollidieren müssen. Zu Recht kritisieren *Matt/Dierlamm/Schmidt* den Begriff des Interesses als uferlos weit. Das Interesse lasse sich mangels Kenntnis von Mandatsinterna durch den Vernehmungsbeamten nahezu nie objektiv bestimmen.[53] Allerdings ist ebenfalls umstritten, ob nicht der Zeuge (der Beistand unterliegt der Verschwiegenheitspflicht) zu Mandatsinterna Auskunft erteilen muss. Der Zweck der anwaltlichen Beratung ist jedoch nur zu erreichen, wenn die Beratungsgespräche vertraulich geführt werden können.[54] Dann muss dem Zeugen hinsichtlich Fragen, die den Inhalt der Beratungsgespräche betreffen, ein Auskunftsverweigerungsrecht zustehen.[55] Allerdings hält es das BVerfG grundsätzlich für zulässig, durch entsprechende Fragen an den Zeugen sowie dessen Beistand die Umstände der Hinzuziehung des Zeugenbeistands aufzuklären, um etwaige Ausschlussgründe prüfen zu können.[56] Das ist abzulehnen, weil eine Grenze zwischen den Umständen der Hinzuziehung und dem Inhalt der Beratungsgespräche tatsächlich nicht gezogen werden kann. Auch darf die Weigerung, Fragen zum Mandatsverhältnis zu beantworten, für sich genommen ebenso wenig als Begründung eines Ausschlusses herangezogen werden wie eine dahingehende Beratung durch den Zeugenbeistand.[57] Ein Verbot, Fragen zum Mandatsverhältnis zu beantworten, besteht jedoch nicht. Der Ausschluss des Zeugenbeistandes ist nach dem Wortlaut des Absatzes 1 Satz 4 Nr. 2 bereits dann möglich, wenn weder die Schwelle des berufsrechtlichen Verbots der Vertretung widerstreitender Interessen (§ 43a Abs. 4 BRAO) noch gar eine strafrechtliche Grenze (§ 356 StGB – Parteiverrat) erreicht ist. Es kann durchaus im (berechtigten) Interesse des Zeugen liegen, auch den Interessen eines Dritten gerecht zu werden.[58] Dies ist nicht zu beanstanden, solange die Vertretung der Interessen des Dritten durch den Zeugenbeistand seinen eigenen Interessen nicht widerstreitet. So kann bspw. der nach § 52 Abs. 1 Zeugnisverweigerungsberechtigte aussagen oder nicht. Ob seine Entscheidung nur in seinem oder auch im Interesse eines anderen liegt, ist unerheblich. Er darf zu seinen Motiven nicht einmal befragt werden (§ 52, 23). Es ist nicht per se zu beanstanden, wenn die Kosten für den Zeugenbeistand von einem Dritten übernommen werden.[59] Aus guten Gründen besteht das Verbot der Mehrfachverteidigung nach § 146 aufgrund objektiver Kriterien. Der Gesetzgeber hat Fallgestaltungen normiert, bei denen die Gefahr einer Interessenkollision derart naheliegt, dass eine Zurückweisung des Verteidigers zur vorbeugenden Verfahrenssicherung angemessen erscheint. Die Anknüpfung an den konkreten Interessenkonflikt und dessen Ausgestaltung als Ausschließungsgrund wurde u.a. im Hinblick auf die geschützten Interna der Verteidigung und die Unabhängigkeit des Verteidigers abgelehnt.[60] Dies sollte im Falle des Zeugenbeistandes nicht anders sein. Erst recht abzulehnen ist es, einen Zeugenbeistand allein deshalb auszuschließen, weil ein Sozietätskollege den

---

53 StV **2009** 715, 717; für eine enge Auslegung auch *Klengel/Müller* NJW **2011** 26; HK/*Gercke* 11; HK-GS/*Habetha* 5.

54 OLG Düsseldorf NStZ **1991** 504.

55 OLG Düsseldorf NStZ **1991** 504, SK/*Rogall* 14; *Schmitt*/Köhler 4; *Thomas* NStZ **1982** 493; *Park* 242; **a.A.** MüKo/*Maier* 22.

56 BVerfG StraFo **2010** 243.

57 So aber anscheinend LG Hanau StV **2016** 153 m. Anm. *Ahlbrecht* StV **2017** 169, wobei sich der genaue Hergang den veröffentlichten Entscheidungsgründen nicht entnehmen lässt, und *Brune/Vollmer* wistra **2019** 175.

58 *Klengel/Müller* NJW **2011** 27.

59 SK/*Rogall* 20; HK-GS/*Habetha* 5; *Klengel/Müller* NJW **2011** 27.

60 BTDrucks. **10** 1313 S. 22.

Beschuldigten vertritt, der seinerseits ein Interesse an einer bestimmten Aussage des Zeugen hat.[61]

cc) Verdunkelungshandlungen/Weitergabe von Erkenntnissen in einer den Untersuchungszweck gefährdenden Weise (Absatz 1 Satz 4 Nr. 3). Absatz 1 Satz 4 Nr. 3 soll Fälle erfassen, in denen die Gefahr besteht, dass der Beistand die von ihm bei der Vernehmung erlangten Erkenntnisse im Eigen- oder Fremdinteresse in einer den Untersuchungserfolg gefährdenden Weise verwenden wird, etwa zur Vernichtung der Beweismittel oder zur Warnung der gesuchten Person.[62] Der Wortlaut der Vorschrift geht weiter. Der Zeugenbeistand kann ausgeschlossen werden, wenn er Erkenntnisse in einer den Untersuchungszweck gefährdenden Weise weitergibt. Danach kommt ein Ausschluss des Zeugenbeistands selbst dann in Betracht, wenn die Weitergabe der Erkenntnisse – ggf. auch durch den Zeugen selbst – zulässig ist.[63] Ein Ausschluss des Zeugenbeistands ist in diesen Fällen verfassungsrechtlich nicht haltbar. Verstößt der Zeugenbeistand durch die Weitergabe von Erkenntnissen gegen seine **Verschwiegenheitspflicht** aus dem Mandatsverhältnis oder liegt der Verdacht der **Strafvereitelung** vor, greifen die Regelbeispiele der Verstrickung – Nr. 1 – und/oder der Interessenkollision – Nr. 2 – ein.[64] Ein berechtigter eigenständiger Regelungsgehalt des Regelbeispiels Nr. 3 ist nicht zu erkennen. Absatz 1 Satz 4 Nr. 3 soll als spezielle Regelung dem § 164 vorgehen[65] (§ 177 GVG findet auf den anwaltlichen Zeugenbeistand keine Anwendung[66]). 14

d) Verhältnis von § 68b Abs. 1 Satz 3 und 4 zu § 406f. Unklar ist das Verhältnis von § 406f zu § 68b Abs. 1 Sätze 3 und 4. § 406f regelt das Recht auf Beistand für den nicht nebenklageberechtigten Verletzten. Insbesondere ist dem Gesetz und auch der Gesetzesbegründung[67] nicht zu entnehmen, ob auch ein Ausschluss des **Verletztenbeistands** gem. § 406f nach § 68b Abs. 1 Satz 3 in Betracht kommt. Anzunehmen ist, dass der Gesetzgeber eine Regelung schon deshalb nicht für erforderlich gehalten hat, weil er kein rechtspolitisches Bedürfnis für die Möglichkeit des Ausschlusses eines Verletztenbeistandes gesehen hat.[68] Die Ansichten in der Literatur sind unterschiedlich.[69] Für eine entsprechende Anwendung spricht, dass der Verletzte im Strafverfahren seiner Funktion nach Zeuge ist wie jeder andere Zeuge auch. Es ist auch nicht ersichtlich, warum bspw. eine Verstrickung oder eine Interessenkollision bei einem Verletztenbeistand nicht ebenso möglich sein sollte wie bei einem sonstigen Zeugenbeistand. Gegen eine Anwendung spricht, dass bei einer entsprechenden Anwendung des § 68b im Rahmen des § 406f auch eine Beiordnung in 15

---

61 So AG Rudolstadt StraFo **2012** 181 mit abl. Anm. *Fromm*.

62 BTDrucks. **16** 12098 S. 17.

63 *Matt/Dierlamm/Schmidt* StV **2009** 715, 717.

64 *Matt/Dierlamm/Schmidt* StV **2009** 715, 717; *von Schlieffen*, Stellungnahme der Strafverteidigervereinigungen zum Entwurf eines Gesetzes zur Stärkung der Rechte von Verletzten und Zeugen im Strafverfahren (s. Opferrechtsreformgesetz) vom 11.5.2009, III. 2. b) unter http://www.strafverteidigertag.de/Material/Stellungnahmen/2.Opferrechtsreformgesetz_5_09.htm.

65 SSW/*Schmitt* 10.

66 *Schmitt*/Köhler § 177, 4 GVG.

67 BTDrucks. **16** 12098 S. 36.

68 Zu Recht kritisch diesbezüglich *von Schlieffen*, Stellungnahme der Strafverteidigervereinigungen zum Entwurf eines Gesetzes zur Stärkung der Rechte von Verletzten und Zeugen im Strafverfahren (s. Opferrechtsreformgesetz) vom 11.5.2009, III. 7. unter www.strafverteidigervereinigungen.org/ Material/Stellungnahmen/2.Opferrechtsreformgesetz.

69 Für eine entsprechende Anwendung *Schmitt*/Köhler § 406f, 3 a.E.; MüKo/*Maier* 4; dagegen wohl Graf/*Weiner* § 406f, 2.

entsprechender Anwendung des § 68b Abs. 2 in Betracht kommen müsste. Eine Beiordnung eines Beistandes für den nicht nebenklageberechtigten Zeugen hat der Gesetzgeber aber gerade nicht gewollt, wie sich aus der expliziten Regelung der Beiordnung eines Beistandes für den nebenklageberechtigten Verletzten in § 406h Abs. 4 ergibt. Auch spricht gegen eine entsprechende Anwendung des § 68b Abs. 1 Satz 3 im Rahmen des § 406f, dass der Verletztenbeistand dem Verletzten während des (gesamten) Strafverfahrens zur Seite steht.[70] Da ein Ausschluss somit (jedenfalls faktisch) über einen bloßen Ausschluss von der Vernehmung hinausgehen würde (anderenfalls müsste der Verletzte allein für die Vernehmung einen zusätzlichen Anwalt mandatieren), ist der Ausschluss des Verletztenbeistandes eher mit dem Ausschluss eines Verteidigers nach §§ 138a ff. vergleichbar.

6. Beiordnung zur Vernehmung (Absatz 2)

16 **a) Grundsatz.** § 68b Abs. 2 regelt die Beiordnung eines Zeugenbeistandes. Anders als nach § 68b a.F. ist die Zustimmung der Staatsanwaltschaft nicht mehr Voraussetzung einer Beiordnung. Entfallen ist außerdem der Straftatenkatalog nach § 68b Satz 2 a.F. und damit auch die Unterscheidung in fakultative („kann") und zwingende („ist") Beiordnung. Dem Zeugen ist nun stets – von Amts wegen oder auf Antrag des Zeugen oder der Staatsanwaltschaft – für die Dauer der Vernehmung ein Zeugenbeistand beizuordnen, wenn – unabhängig von der Schwere des Delikts – besondere Umstände vorliegen, aus denen sich ergibt, dass der Zeuge seine Befugnisse nicht selbst wahrnehmen kann. Die Vernehmung endet mit der Entlassung des Zeugen. Damit endet auch die Beiordnung. Soll der Zeuge danach erneut gehört werden, muss auch erneut entschieden werden, ob die Voraussetzungen für eine Beiordnung weiterhin vorliegen.[71] Die Beiordnung muss insbesondere einen Zeitraum vor der Vernehmung umfassen, der eine angemessene Beratung erlaubt[72] (s.a. Rn. 18)

17 **b) Besondere Umstände.** Wann besondere Umstände i.S.d. Absatzes 2 Satz 1 vorliegen, aus denen sich ergibt, dass der Zeuge seine **Befugnisse nicht selbst wahrnehmen** kann, beurteilt sich nach der jeweiligen konkreten Situation des Einzelfalles. Dem zur Beiordnung Befugten ist ein **Beurteilungsspielraum** eröffnet, der es auch gestattet, die Gewährleistung aller Zeugeninteressen, nicht nur der gesetzlichen Befugnisse, zu berücksichtigen.[73] Ins Gewicht fallen zum einen die **persönlichen Umstände** und Befindlichkeiten des Zeugen,[74] zum anderen die Einzelheiten der **Vernehmungssituation** und schließlich besondere **rechtliche Schwierigkeiten**. Bei kindlichen und jugendlichen Zeugen, namentlich wenn sie als Verletzte einer erheblichen Straftat zu vernehmen sind, wird die Unfähigkeit zur eigenen Interessenwahrnehmung oft anzunehmen sein. In Betracht kommen ferner ängstliche, unerfahrene und auch sonst im Sozialleben wenig durchsetzungsfähige Zeugen. Zielgruppe der Vorschrift[75] sind zudem gefährdete Zeugen, denen bei einer Aussage Repressalien drohen. Rechtliche Schwierigkeiten, die einen Zeugenbeistand erfordern können, können etwa dann vorliegen, wenn ein Auskunftsverweigerungsrecht nach

70 *Schmitt*/Köhler § 406f, 1.
71 LG Bad Kreuznach Beschl. v. 16.10.2013 – 1042 Js 2656/13 KLs.
72 SK/*Rogall* 25; KK/*Slawik* 5.
73 SK/*Rogall* 11.
74 LG München II Beschl. v. 18.2.2021 – 2 KLs 44 Js 27524/19.
75 Entwurfsbegründung BTDrucks. **13** 7165, S. 8; HK/*Lemke* 12; KK/*Slawik* 5; SK/*Rogall* 13.

§ 55 in Betracht kommt (§ 55, 19),[76] wenn es um die Anwendung des § 68 Abs. 2, 3 geht, wenn nach der Sachlage zu erwarten ist, dass die Zulässigkeit von Fragen beanstandet werden muss oder wenn ein Ausschluss der Öffentlichkeit nach §§ 171b, 172 Nr. 1a bis Nr. 3 GVG zu beantragen sein kann. Das darf allerdings nicht schematisch zur Anwendung des § 68b führen. Entscheidend wird regelmäßig sein, ob die Kombination der unterschiedlichen Indikatoren es rechtfertigt, die als Ausnahmeregelung konzipierte Vorschrift heranzuziehen.

c) Doppelte Subsidiarität. Wie schon nach § 68b a.F. erfolgt die Beiordnung allerdings in doppelter Weise nur **subsidiär.** Das Gericht ordnet trotz Vorliegen der genannten Voraussetzungen keinen Zeugenbeistand bei, wenn der Zeuge bereits einen Beistand hat.[77] Folgerichtig soll auch eine rückwirkende Beiordnung unzulässig sein.[78] Diese zunächst im Hinblick auf die Parallele Wahlverteidiger – Pflichtverteidiger einleuchtende Regelung soll ihren Grund allerdings in Kostenerwägungen haben. Die Kosten des beigeordneten Zeugenbeistands seien letztlich von der Allgemeinheit (bzw. dem Verurteilten) zu tragen.[79] Das ist nicht überzeugend. Wenn die sonstigen Voraussetzungen einer Beiordnung vorliegen, liegt es nach Auffassung des Gesetzgebers offensichtlich im Allgemeininteresse, dass der Zeuge einen Beistand hat. Dann müssen die Kosten dafür übernommen werden, unabhängig davon, ob der Zeuge selbst bereits einen Beistand gewählt hat oder nicht. Dies sollte durch eine entsprechende Regelung bei den Kostenvorschriften geklärt werden. Nicht überzeugend ist es des Weiteren, eine Beiordnung auf Antrag des Zeugenbeistands für unzulässig zu erklären, wenn die Beratung im Vorfeld der Vernehmung dazu führt, dass der Zeuge ankündigt, von seinem Auskunftsverweigerungsrecht Gebrauch zu machen und daraufhin abgeladen wird.[80] Dies verkennt, dass eine wesentliche Tätigkeit eines Zeugenbeistandes darin besteht, die Rechte des Zeugen im Vorfeld der Vernehmung zu klären und mit dem Mandanten zu erörtern. Auch sollte die Entscheidung, ob ein Zeuge seine Auskunftsverweigerung vor der Vernehmung bereits ankündigt und ob er trotz Auskunftsverweigerungsrecht geladen wird, sowohl vom Zeugenbeistand als auch vom Gericht nach sachlichen Gesichtspunkten und nicht mit Blick auf eine Beiordnung des Zeugenbeistandes und deren Kostenfolgen getroffen werden.[81] Eine Beiordnung unterbleibt des Weiteren dann, wenn schutzwürdigen Interessen des Zeugen auf andere Weise Rechnung getragen werden kann.[82] Dabei soll eine Beiordnung nur in Ausnahmefällen („besondere Umstände“) notwendig sein. Grundsätzlich sei davon auszugehen, dass ein Zeuge bei sachgerechter Belehrung durch die vernehmende Person in der Lage ist, seine Befugnisse eigenverantwortlich wahrzunehmen.[83] Wiederum ist eine Betrachtung der Umstände des jeweiligen Einzelfalls erforderlich.[84] In Betracht kommen insoweit bei gefährdeten Zeugen oder solchen, denen die persönliche Konfrontation mit dem Beschuldigten nicht zuzumuten ist, bspw. die Anwendung des § 58a, des § 68 Abs. 2 und 3, der §§ 168e, 247a oder der 18

---

76 *König* FS Rieß 250; LG Lüneburg StraFo **1998** 304 (Möglichkeit einer Wiederaufnahme zu Ungunsten nach § 362 Nr. 4 StPO).

77 KG Beschl. v. 6.12.2013 – (5) 3 StE 5/13 – 1 (2/13); *Schmitt*/Köhler 11.

78 OLG Celle Beschl. v. 21.5.2019 – 4 StE 1/17 -2 StE 13/17 – 3 m.w.N.

79 SSW/*Schmitt* 11.

80 So aber OLG Celle Beschl. v. 21.5.2019 – 4 StE 1/17 – 2 StE 13/17 -3 m. abl. Anm. *Burhoff* StRR **2019**, Nr. 12, Sonderausgabe, 2.

81 S. aber *Burhoff* StRR **2019**, Nr. 12, Sonderausgabe, 2, der empfiehlt, das Auskunftsverweigerungsrecht erst in der Hauptverhandlung geltend zu machen.

82 *Schmitt*/Köhler 11; SK/*Rogall* 31.

83 BTDrucks. **16** 12098 S. 17.

84 Einzelbeispiele etwa bei KK/*Slawik* 6; SK/*Rogall* 14; *Seitz* JR **1998** 310.

Ausschluss der Öffentlichkeit, wobei hierfür ein Gerichtsbeschluss erforderlich ist, der bei der Frage der Anwendung des § 68b oft noch nicht sicher prognostiziert werden kann. Rechtliche Schwierigkeiten können ggf. durch gerichtliche Belehrungen kompensiert werden, wobei allerdings Zurückhaltung angebracht ist.[85] Das Gericht sollte sich nicht zum Beistand des Zeugen machen, wenn eine Bestellung nach § 68b naheliegt. Ob dem Zeugen empfohlen werden sollte, sich mit der Anwesenheit einer Vertrauensperson nach § 406f Abs. 2 statt der Beistandsbestellung zu begnügen (falls er sie von sich aus beizieht, kann schon die Unfähigkeit zur eigenen Interessenwahrnehmung entfallen), ist zweifelhaft. Neue Abgrenzungsfragen stellen sich im Hinblick auf die zum 1.1.2017 in Kraft getretene Möglichkeit der psychosozialen Prozessbegleitung nach § 406g. Auch dort ist eine Beiordnung möglich. Grundsätzlich soll diese die Nebenklagevertretung durch einen Anwalt ergänzen.[86] Der Verletzte kann sich jedoch auch des Beistands eines psychosozialen Prozessbegleiters bedienen, ohne zusätzlich einen Anwalt zu beauftragen. Es stellt sich dann die Frage, ob die Beiordnung eines Zeugenbeistands unter Hinweis auf die Unterstützung des selbst gewählten Prozessbegleiters unterbleiben darf. Die Möglichkeit, dass sich ein wohlhabender Zeuge einen Zeugenbeistand wählen könnte, rechtfertigt die Anwendung der Subsidiaritätsvorschrift nicht.[87]

19 **d) Verfahren.** Die Entscheidung über die Beiordnung trifft, da der Verweis auf § 141 Abs. 4 entfallen ist, das für die **Vernehmung zuständige Gericht**. Bei staatsanwaltschaftlichen (§ 161a Abs. 1 Satz 2), aber auch bei polizeilichen Vernehmungen (§ 163 Abs. 4 Satz 1 Nr. 3) entscheidet die Staatsanwaltschaft über die Beiordnung.[88]

20 **aa) Rechtliches Gehör.** Erweist sich das Bedürfnis, einen Beistand zu bestellen, erst während der **Hauptverhandlung** oder ist darüber aus anderen Gründen erst dann zu entscheiden, so sind nach **§ 33 Abs. 1** alle (anwesenden) Beteiligten vorher zu hören.[89] Soll die Entscheidung **außerhalb der Hauptverhandlung** getroffen werden, so ist gemäß § 33 Abs. 2 die Staatsanwaltschaft ebenfalls zu hören; ferner ist grundsätzlich § 33 Abs. 3 anwendbar. Insofern könnte zweifelhaft sein, ob die Entscheidung, durch die der Beistand bestellt wird, die Anhörung des Zeugen erfordert, weil sie nicht zu seinem „Nachteil" erfolgt. Doch ergibt sich die Notwendigkeit der Anhörung hier daraus, dass die Beiordnung in der Regel nicht gegen den Willen des Zeugen erfolgen darf (Rn. 6). Eine **Anhörung des Beschuldigten** vor der Beiordnung des Beistandes ist regelmäßig nach **§ 33 Abs. 3** erforderlich, weil der Beschuldigte im Falle seiner Verurteilung mit den Kosten der Beiordnung (Nachteil) belastet ist.[90] Würde die Anhörung den Untersuchungszweck gefährden, weil der Beschuldigte dadurch von der beabsichtigten Vernehmung erfährt (vgl. § 168c Abs. 5 Satz 2), so kann nach dem Rechtsgedanken des § 33 Abs. 4 Satz 1 die Anhörung unterbleiben. Sie ist auch dann nicht erforderlich, wenn ein Beiordnungsantrag abgelehnt wird.

21 **bb) Wahl des Beistands.** Nach § 68b Abs. 2 Satz 2 i.V.m. § 142 Abs. 5 Satz 1 und 3 muss dem Zeugen vor der Beiordnung Gelegenheit gegeben werden, einen **Beistand seiner Wahl** zu bezeichnen, der zu bestellen ist, wenn kein wichtiger Grund entgegensteht. Auch in diesem

85 KK/*Slawik* 6; *Schmitt*/Köhler 4.
86 Vgl. dazu im Einzelnen die Kommentierungen zu § 406g.
87 Dies erwägt *Seitz* JR **1998** 310; wie hier *Schmitt*/Köhler 11; SK/*Rogall* 14; HK-GS/*Habetha* 10.
88 SK/*Rogall*. 32 ff.; HK-GS/*Habetha* 11; HK/*Gercke* 18.
89 SK/*Rogall* 38; HK-GS/*Habetha* 11.
90 SK/*Rogall* 38.

Zusammenhang ist § 138 Abs. 3 zu beachten. Ebenso wie ein Verteidiger aus dem **Personenkreis des § 138 Abs. 1** zum Pflichtverteidiger bestellt werden kann, kann eine Person aus diesem Kreis als Zeugenbeistand beigeordnet werden, wenn sie der Beiordnung zustimmt.[91] **Ausländische Rechtsanwälte** können beigeordnet werden, soweit sie nach den hierfür bestehenden Regelungen im Inland tätig werden dürfen, eine Möglichkeit, die bei der Vernehmung ausländischer Zeugen auch praktische Bedeutung erlangen kann (näher Erl. zu § 138). Ein Verweis auf die weiteren Regelungen des § 142, namentlich dessen Absätze 3, 4 und 6, enthält Absatz 2 Satz 2 nicht. Der Gesetzgeber hielt es ausdrücklich nicht für erforderlich, den Kreis der durch das Gericht bestellbaren Personen – s. § 142 Abs. 6 – auch im Falle der Beiordnung eines Zeugenbeistandes zu beschränken.

Aufhebung der Beiordnung. § 68b regelt nicht, unter welchen Voraussetzungen eine 22
Beiordnung wieder aufzuheben ist. Nach *Rogall* soll eine Aufhebung dann erfolgen, wenn der Zeuge einen anderen Beistand wählt (Rechtsgedanke des § 143), wenn bei der Person des beigeordneten Beistands Ausschlussgründe nach Absatz 1 Satz 3 und 4 ersichtlich werden oder wenn das Vertrauensverhältnis nachhaltig gestört ist.[92] Im zweiten und dritten Fall dürfte jedoch, wenn die ohnehin restriktiven Voraussetzungen einer Beiordnung vorliegen, die Beiordnung eines anderen Beistands erfolgen müssen.

7. Anfechtung (Absatz 3 Satz 1)

a) Gesetzliche Regelung. Absatz 3 Satz 1 bestimmt (wie § 68b Satz 4 a.F.), dass die nach 23
§ 68b getroffenen Entscheidungen unanfechtbar sind. Sonstige Regelungen zum Verfahren enthält § 68b nicht. Mangels einer anderweitigen Regelung werden die Entscheidungen nach § 68b Abs. 1 Satz 3 und Abs. 2 Satz 1 von dem vernehmenden Gericht selbst getroffen. Wird der Zeuge durch die Staatsanwaltschaft oder die Polizei vernommen, trifft der vernehmende Beamte die Entscheidungen nach § 68b Abs. 1 Satz 3, die Staatsanwaltschaft jedoch die Entscheidung nach Absatz 2 Satz 1 (s. § 161a Abs. 1 Satz 2 für die Staatsanwaltschaft und § 163 Abs. 4 Satz 1 Nr. 3 und Satz 2 für die Polizei). Während die gerichtlichen Entscheidungen unanfechtbar sind, kann gegen die Entscheidungen von Staatsanwaltschaft und Polizei eine gerichtliche Entscheidung des nach § 162 zuständigen Gerichts – je nach Verfahrensstand also des Ermittlungsrichters oder des mit der Hauptsache befassten Gerichts – beantragt werden (§ 161a Abs. 3 Satz 2 und 4, § 163 Abs. 5), das die Entscheidung von Staatsanwaltschaft oder Polizei in vollem Umfang überprüfen muss (vgl. Rn. 11 und 25). Durch den Antrag auf gerichtliche Entscheidung wird der **Vollzug der Entscheidung** nicht gehemmt (§ 163 Abs. 5 Satz 2, § 161a Abs. 3 Satz 3 i.V.m. § 307 Abs. 1), solange die Vollzugsbeamten dies nicht explizit anordnen (§ 307 Abs. 2). Der Zeugenbeistand ist also bis zu einer gegenteiligen Entscheidung des Gerichts von der Vernehmung ausgeschlossen (zu den Konsequenzen vgl. Rn. 26).

b) Kritik. Gegen diese Verfahrensregelung bestehen, soweit sie auch die Entscheidung 24
über den Ausschluss eines Zeugenbeistands betreffen, grundsätzliche Bedenken, die sich zum einen auf die Verfahrensgestaltung selbst beziehen (Rn. 25) und die zum anderen die fehlende Regelung der Folgen insb. eines Ausschlusses des Zeugenbeistandes nach Absatz 1 Satz 3 in den Blick nehmen (Rn. 26).

aa) Zuständigkeit. Die Regelung, der zu Folge (gerichtliche) Entscheidungen nach § 68b 25
unanfechtbar sind, wurde aus § 68b Satz 4 a.F. übernommen. Dieser bezog sich allerdings aus-

91 *Schmitt*/Köhler 13 verweist für die Auswahl auf § 142 Abs. 5 Satz 1 und 3 und hält dort die Beiordnung eines Steuerberaters nicht für zulässig, § 142, 39.
92 SK/*Rogall* 13.

schließlich auf den damaligen Regelungsgehalt des § 68b, also die Frage der Beiordnung eines Zeugenbeistandes (§ 68b Abs. 2 Satz 1 n.F.). Diese Regelung wurde unter Hinweis auf die Vermeidung von Verzögerungen[93] auch auf die Entscheidung über den Ausschluss eines Zeugenbeistandes übertragen. Ob die Regelung einer verfassungsgerichtlichen Prüfung standhalten wird, bleibt abzuwarten. Der Ausschluss eines vom Zeugen gewählten Beistandes hat eine weitaus größere Tragweite als die Beiordnung eines Zeugenbeistandes durch das Gericht bzw. deren Ablehnung. Bedenklich ist, dass die Ausschlussentscheidung auch von Polizei und Staatsanwaltschaft getroffen werden kann, also nicht grundsätzlich unter einem **Richtervorbehalt** steht.[94] Das BVerfG hatte bereits in seiner grundlegenden Entscheidung vom 8.10.1974 darauf hingewiesen, dass der Gesetzgeber aufgerufen sei, „entsprechende Regelungen unter Berücksichtigung der vom BVerfG zur Entziehung der Verteidigungsbefugnis ausgesprochenen Grundsätze zu treffen."[95] Diese Vorgabe hat der Gesetzgeber nicht beachtet. Zu den genannten Grundsätzen gehören auch die **Verfahrensfragen.** Das Verfahren zur Ausschließung eines Verteidigers ist in den §§ 138c, 138d geregelt. Die Entscheidung trifft – in der Regel – das Oberlandesgericht in einem eigenen Verfahren. Nicht ohne Grund ist die Entscheidung über den Verteidigerausschluss einem anderen als dem in der Sache zuständigen Gericht übertragen. Die Entscheidung ist des Weiteren mit der sofortigen Beschwerde angreifbar. Damit wird auch verfahrensrechtlich gesichert, dass der mit der Entziehung der Verteidigerbefugnis notwendigerweise einhergehende Eingriff in die Grundrechte des Anwalts einer strengen Kontrolle unterliegt. Wie bereits dargelegt, ist auch der Ausschluss eines Zeugenbeistands ein verfassungsrechtlich relevanter schwerwiegender Eingriff in die Rechte gleichermaßen des Zeugen wie des Beistands, in der Regel des Rechtsanwalts. Dass über diesen Ausschluss ausschließlich und abschließend das Gericht entscheidet, dass seine Arbeit durch die Tätigkeit des Beistandes möglicherweise gerade beeinträchtigt sieht, ist nicht hinnehmbar.

26 **bb) Folgen des Ausschlusses.** Unklar bleiben die Folgen einer (ggf. noch nicht rechtskräftigen) Ausschlussentscheidung. Festzuhalten ist zunächst, dass die Entscheidung, einen bestimmten Beistand von der Vernehmung auszuschließen, das Recht des Zeugen, sich eines Beistands zu bedienen unberührt lässt. Insoweit kann aus dem Verweis auf § 307 in § 161a Abs. 3 Satz 3 nicht geschlossen werden, dass die Vernehmung nach erfolgtem Ausschluss ohne weiteres fortgesetzt werden kann.[96] Dieser Verweis besagt lediglich, dass der ausgeschlossene Beistand, wenn nichts Gegenteiliges angeordnet ist, bis zur gerichtlichen Entscheidung nicht tätig sein darf. Dem Zeugen, der sich unversehens ohne Beistand sieht, wird zumindest die Möglichkeit einzuräumen sein, sich in angemessener Zeit einen anderen Beistand zu suchen.[97] Die Vernehmung ist, jedenfalls, wenn sich der Zeuge nicht ausdrücklich und nach entsprechender Belehrung mit einer **Fortsetzung ohne Beistand** einverstanden erklärt, zu unterbrechen. Ist die Entscheidung über den Ausschluss noch nicht rechtskräftig, kann jedenfalls in umfangreichen Fällen, in denen der Beistand den Zeugen möglicherweise auch anderweitig vertritt und über entsprechende Sachkenntnis verfügt, auch zur Vermeidung von Kosten, die durch die Tätigkeit eines anderen Zeugenbeistands zusätzlich entstehen würden, eine Unterbrechung der Vernehmung bis zur gerichtlichen Entscheidung angezeigt sein. Schließlich wird bei entsprechender Sachlage nach dem Ausschluss des Zeugenbeistands eine Beiordnung nach Absatz 2 in Erwägung zu ziehen sein.

93 BTDrucks. **16** 12098 S. 18.

94 *Matt/Dierlamm/Schmidt* StV **2009** 715, 718; *Klengel/Müller* NJW **2011** 27.

95 BVerfGE **38** 105, 120.

96 So aber *Matt/Dierlamm/Schmidt* StV **2009** 715, 718.

97 *Matt/Dierlamm/Schmidt* StV **2009** 715, 718; *Klengel/Müller* NJW **2011** 27; zurückhaltender in gleicher Richtung SK/*Rogall* 41.

Betrifft der Ausschluss einen beigeordneten Beistand, so dürfte die Beiordnung eines anderen Beistands nahe liegen. Wird die Vernehmung gleichwohl gegen den Willen des Zeugen ohne Beistand fortgesetzt, ziehen *Klengel/Müller* ein Verwertungsverbot in Erwägung[98] (s. Rn. 28). Verweigert der Zeuge bei Fortsetzung der Vernehmung ohne Zeugenbeistand das Zeugnis, riskiert er ordnungsrechtliche Sanktionen nach § 70, die mit der Beschwerde angegriffen werden können.[99] War der Ausschluss des Zeugenbeistands unzulässig, könnte die Verweigerung des Zeugnisses i.S.d. § 70 Abs. 1 nicht ohne gesetzlichen Grund (Recht auf einen Zeugenbeistand) erfolgt sein.

c) Aktenkundigkeit der Entscheidungsgründe (Absatz 3 Satz 2). Die Gründe für eine Entscheidung nach Absatz 1 Satz 3 oder Absatz 2 Satz 1 sind aktenkundig zu machen. Dies soll jedoch nicht gelten, soweit dies den Untersuchungszweck gefährdet, was insbesondere in Fällen des Absatzes 1 Satz 4 Nr. 1 und 3 in Frage kommen soll.[100] Diese Ausnahmevorschrift kann aus verfassungsrechtlichen Gründen allenfalls bei der (abschließenden) gerichtlichen Entscheidung Anwendung finden. Würden die Gründe für eine Entscheidung von Staatsanwaltschaft und Polizei nicht aktenkundig gemacht, könnte eine gerichtliche Überprüfung nicht in gebotenem Maße stattfinden. Der Rechtsschutz liefe leer.[101] 27

8. Revision. Da die Entscheidungen über den Ausschluss und die Beiordnung nach § 68b Abs. 3 Satz 1 unanfechtbar sind, kann die Revision auf eine Verletzung dieser Vorschrift grundsätzlich nicht gestützt werden (§ 336 S. 2).[102] Ist jedoch zu besorgen, dass die fehlerhafte Entscheidung Einfluss auf das Aussageverhalten des Zeugen hatte (Beiordnung unter der Bedingung, dass der Zeuge von seinem Zeugnisverweigerungsrecht keinen Gebrauch macht), so kann dies mit der Revision angegriffen werden, wenn nicht auszuschließen ist, dass das Urteil auf der Verwertung der dieser Art erlangten Aussage beruht.[103] *Klengel/Müller* erwägen darüber hinaus ein Verwertungsverbot für diejenigen Angaben, die der Zeuge ohne Beisein eines von ihm geforderten Zeugenbeistands gemacht hat.[104] Dies dürfte in einem Verfahren gegen den Zeugen selbst in Betracht kommen. Der Angeklagte des Verfahrens, in dem der Zeuge aussagt, wird dartun müssen, dass die Zeugenaussage fehlerhaft zustande gekommen ist, der Zeuge bei entsprechender Beratung von einem Zeugnis- oder Auskunftsverweigerungsrecht Gebrauch gemacht hätte und das Urteil auf der Aussage des Zeugen beruht. Zu beachten sind dabei die zu den §§ 52 und 55 entwickelten Grundsätze. 28

9. Gebühren/Kostentragungspflicht. Der gewählte oder beigeordnete Zeugenbeistand wird, soweit er Rechtsanwalt ist und sofern keine Vergütungsvereinbarung (§ 4 RVG) getroffen wird, aus der Staatskasse nach den Regelungen des RVG vergütet. Bei dem beigeordneten Zeugenbeistand ist zudem zu beachten, dass die Beiordnung lediglich für die Vernehmung erfolgt. Sie soll deshalb die Einlegung einer Beschwerde gegen die angeordnete Beugehaft nicht mehr umfassen.[105] Werden die notwendigen Auslagen des Zeugen 29

98 NJW **2011** 27.

99 *Matt/Dierlamm/Schmidt* StV **2009** 715, 718.

100 BTDrucks. **16** 12098 S. 18.

101 *Matt/Dierlamm/Schmidt* StV **2009** 715, 718; kritisch insoweit auch Radtke/Hohmann/*Otte* 17; **a.A.** SK/*Rogall* 42.

102 *Schmitt*/Köhler 14; SK/*Rogall* 43; MüKo/*Maier* 76.

103 BGH StraFo **2016** 105.

104 *Klengel/Müller* NJW **2011** 27; **a.A.** SK/*Rogall* 41.

105 *Schmitt*/Köhler 12.

für das Beschwerdeverfahren der Staatskasse auferlegt, kann die Vergütung nach den allgemeinen Regelungen geltend gemacht werden.[106] Nach Anlage 1 zu § 2 Abs. 2 RVG, Teil 4: Strafsachen, Vorbemerkung 4 sind die Vorschriften über die Gebühren des Verteidigers entsprechend anzuwenden. Streitig ist, was dies bedeutet,[107] insbesondere, ob der Zeugenbeistand lediglich eine Einzeltätigkeit im Strafverfahren i.S.d. Nr. 4301 Ziffer 4 VV RVG ausübt oder wie ein Verteidiger Grund- und Terminsgebühr[108] oder auch die Verfahrensgebühr beanspruchen kann.[109] Nach mittlerweile überwiegender Meinung der Oberlandesgerichte steht dem Zeugenbeistand nach § 68b grundsätzlich nur eine Gebühr wegen einer Einzeltätigkeit zu.[110] Dies ist nicht unproblematisch, weil eine angemessene Beratung zumeist im Vorfeld der Zeugenvernehmung erfolgt und einen erheblichen Aufwand verursachen kann,[111] auch wenn die Vernehmung – etwa aufgrund eines Auskunftsverweigerungsrechts – kurz ausfällt. Im Einzelfall kann die Vergütung wegen Unzumutbarkeit der gesetzlichen Gebühr gemäß § 51 Abs. 1 Satz 1 RVG durch Bewilligung einer Pauschgebühr erhöht werden.[112] Das Bundesverfassungsgericht hat allerdings eine Verfassungsbeschwerde eines Zeugenbeistands nicht zur Entscheidung angenommen, dem für seine Tätigkeit als Zeugenbeistand an drei Hauptverhandlungstagen mit einer Vernehmungszeit seines Mandanten von insgesamt mehr als neun Stunden, Vorbereitungs- und Wegezeit nicht eingerechnet, lediglich die Einzeltätigkeitsgebühr in Höhe von 200 Euro gewährt worden war und der daraufhin die Festsetzung einer Pauschgebühr beantragt hatte. Das Bundesverfassungsgericht sieht in der Beiordnung als Zeugenbeistand eine besondere Form der Indienstnahme Privater zu öffentlichen Zwecken, die aus verfassungsrechtlicher Sicht zumutbar sei, wenn sie die wirtschaftliche Existenz des Rechtsanwalts nicht gefährde.[113] Das Kriterium der drohenden Existenzvernichtung leuchtet nicht ein. In der Konsequenz bedeutet dies, dass die Bezahlung des Zeugenbeistands von seinem sonstigen Vermögen abhängig gemacht wird. Ebenso wenig leuchtet es ein, dass es unzumutbar sein soll, den Zeugenbeistand für seine Arbeit auskömmlich zu bezahlen. Gleichwohl ist nicht zu erwarten, dass der Gesetzgeber hier Handlungsbedarf sieht.[114] Wird der Angeklagte verurteilt, so gehören die von der Staatskasse gezahlten Beträge zu den vom Angeklagten zu tragenden Kosten des Verfahrens (vgl. Erl. zu § 464a).

§ 69
Vernehmung zur Sache

(1) [1]Der Zeuge ist zu veranlassen, das, was ihm von dem Gegenstand seiner Vernehmung bekannt ist, im Zusammenhang anzugeben. [2]Vor seiner Vernehmung ist

106 KG NStZ-RR **2009** 327.

107 Ausführlich zum Streitstand KG StraFo **2007** 41.

108 KG StraFo **2007** 41.

109 OLG Schleswig NStZ-RR **2007** 126; OLG Köln NStZ **2006** 410; einschränkend OLG Stuttgart NStZ **2007** 343: je nach Umfang der entfalteten Tätigkeit im Einzelfall.

110 OLG Stuttgart Beschl. v. 24.3.2022 – 5-2 StE 7/20; OLG Dresden StraFo **2022** 42; KG Beschl. v. 12.1.2021 – 1 Ws 67/20; OLG Naumburg JurBüro **2021** 80 m.w.N.; **a.A.** noch OLG Dresden NJW **2009** 455: Grundgebühr und Terminsgebühr.

111 Nach Ansicht des KG Beschl. v. 11.3.2021 – 1 ARs 5/21, findet die Tätigkeit im Vorfeld der Vernehmung bei der Festsetzung der Gebühren auch mit Blick auf eine etwaige Pauschgebühr keine Berücksichtigung.

112 OLG Stuttgart Beschl. v. 24.3.2022 –5–2 StE 7/20; OLG Naumburg JurBüro **2021** 80.

113 BVerfG NJW **2019** 3370.

114 S. BTDrucks. **19** 23484 S. 87.

dem Zeugen der Gegenstand der Untersuchung und die Person des Beschuldigten, sofern ein solcher vorhanden ist, zu bezeichnen.

(2) [1]Zur Aufklärung und zur Vervollständigung der Aussage sowie zur Erforschung des Grundes, auf dem das Wissen des Zeugen beruht, sind nötigenfalls weitere Fragen zu stellen. [2]Zeugen, die durch die Straftat verletzt sind, ist insbesondere Gelegenheit zu geben, sich zu den Auswirkungen, die die Tat auf sie hatte, zu äußern.

(3) Die Vorschrift des § 136a gilt für die Vernehmung des Zeugen entsprechend.

Schrifttum

Anders Straftheoretische Anmerkungen zur Verletztenorientierung im Strafverfahren, ZStW **124** (2012) 374; *Bender/Nack/Treuer* Tatsachenfeststellung vor Gericht[14] (2014); *Eisenberg* Referentenentwurf des BMJ „Gesetz zur Stärkung der Rechte von Opfern sexuellen Missbrauchs (StORMG)" (2010), HRRS **2011** 64; *Geerds* Über Vorhalt und Urkundenbeweis mit Vernehmungsprotokollen, FS Blau (1985) 77; *Hanloser* Das Recht des Opfers auf Gehör im Strafverfahren (2010); *Hof* Polizeizeugen – Zeugen im Sinne der StPO? HRRS **2015** 277; *G. Jansen* Zeuge und Aussagepsychologie[2] (2011); *Kassebohm* Zeugen richtig befragen, NJW **2009** 200; *Kölbel* Opfergenugtuung oder rehabilitative Idee? StV **2014** 698; *Krehl* Die Erkundigungspflicht des Zeugen bei fehlender oder beeinträchtigter Erinnerung und mögliche Folgen ihrer Verletzung, NStZ **1991** 416; *Lemke-Küch* Die Vorbereitungspflicht für den als Zeugen aussagenden Polizeibeamten – eine scheinbare Gewissheit, StraFo **2020** 134; *Pollähne* Zu viel geopfert!? – Eine Kritik der Viktimisierung von Kriminalpolitik und Strafjustiz, StV **2016** 671; *Prüfer* Der Zeugenbericht (§ 69 Abs. 1 Satz 1 StPO), DRiZ **1975** 334; *Salditt* Grundlagen des Zeugenbeweises im Strafrecht, StraFo **1990** 54; *Schlothauer* Darf, sollte, muß sich ein Zeuge auf seine Vernehmung in der Hauptverhandlung vorbereiten? FS Dahs (2005) 457; *Schünemann* „Dienstliche Äußerungen" von Polizeibeamten im Strafverfahren, DRiZ **1979** 101; *Sommer* Fragen an den Zeugen – Vorhalte an das Recht, StraFo **2010** 102.

Entstehungsgeschichte

Absatz 3 wurde durch Art. 3 Nr. 30 VereinhG eingefügt. Durch Art. 1 Nr. 2 des StORMG vom 26.6.2013 (BGBl. I S. 1805) wurde § 69 Abs. 2 Satz 2 angefügt. Bezeichnung bis 1924: § 68.

Übersicht

1. Allgemeines. Auf die Vernehmung des Zeugen zur Person (§ 68 Satz 1) folgt die 1
Vernehmung zur Sache. Der Zeuge ist vor deren Beginn über den Untersuchungsgegenstand zu unterrichten (§ 69 Abs. 1 Satz 2) und erforderlichenfalls insbesondere nach § 52 Abs. 3 Satz 1 oder nach § 55 Abs. 2 zu belehren (vgl. aber auch § 53, 76). Hat der Zeuge kein Zeugnisverweigerungsrecht oder verzichtet er auf dieses Recht beginnt die eigentliche Zeugenvernehmung. Diese unterteilt sich in die Entgegennahme des zusammenhängenden

Berichts des Zeugen (§ 69 Abs. 1 Satz 1) und das Verhör (§ 69 Abs. 2 Satz 1). Diese **traditionelle Zweiteilung** entspricht auch heutigen Grundforderungen der **Aussagepsychologie**.[1] Die Frage, was Gegenstand der Zeugenvernehmung sein kann, ist Vor 48, 8 ff. erörtert. Zum Begriff der **Vernehmung** § 68, 1.

2 **2. Anwendungsbereich der Vorschrift.** § 69 gilt für alle richterlichen Vernehmungen von Zeugen in und außerhalb der Hauptverhandlung, auch für Vernehmungen durch den beauftragten oder ersuchten **Richter**.[2] Für Zeugenvernehmungen durch den **Staatsanwalt** bestimmt § 161a Abs. 1 Satz 2 die entsprechende Anwendung der Vorschrift. Ihre Grundregeln sind – nach Einführung des § 163 Abs. 3 – auch bei **polizeilichen Vernehmungen** zu beachten; sie bezeichnen die zweckmäßigste (Rn. 1), jedenfalls die vom Gesetzgeber gewollte Art der Vernehmung von Zeugen.[3] Die Vorschrift gilt auch beim Kreuzverhör (§ 239) sowie dann, wenn der Vorsitzende den Verfahrensbeteiligten die Vernehmung überlässt, was z.B. bei präsenten Zeugen (§ 245) nicht selten geschieht. Die Vorschrift gilt nicht für Vernehmungen durch Konsulate und ausländische Gerichte, denen regelmäßig ein eingehender Fragenkatalog zugrunde liegt.[4]

3 **3. Unterrichtung über den Untersuchungsgegenstand (Absatz 1 Satz 2).** Nach § 69 Abs. 1 Satz 2, der Satz 1 vorgeht, müssen dem Zeugen vor seiner Vernehmung der Gegenstand der Untersuchung und die Person des Beschuldigten bekanntgegeben werden. Die Vorschrift soll zwar eine bloße Ordnungsvorschrift sein (Rn. 19), ist aber für eine nachvollziehbare und faire Sachaufklärung von hoher Bedeutung. Die Unterrichtung kann entfallen, wenn dem Zeugen der Untersuchungsgegenstand und der Beschuldigte bereits bekannt sind.[5] Die Vernehmungsperson sollte sich aber davon überzeugen, dass dies tatsächlich der Fall ist. Die Kenntnis des Untersuchungsgegenstandes schon bei Beginn der Vernehmung ist erforderlich, weil der Zeuge von Anfang an wissen muss, worüber er vernommen werden soll. Über die Person des Beschuldigten muss er unterrichtet werden, wenn ein Beschuldigter namentlich bezeichnet werden kann, also nicht schon, wenn sich das Verfahren zwar bereits gegen eine bestimmte Person richtet, diese aber noch nicht identifiziert ist. Ein bloßer Verdacht macht die Benennung des Verdächtigen nicht erforderlich.[6] Wenn sich aber das Verfahren gegen eine bestimmte Person richtet, muss sie dem Zeugen ohne Rücksicht darauf benannt werden, ob der Beschuldigte bereits vernommen worden ist. Bei mehreren Beschuldigten kann eine exakte Umschreibung des Personenkreises ggf. ausreichen, z.B. die drei Geschäftsführer der GmbH.

4. Vernehmung zur Sache

4 **a) Mündliche Vernehmung.** Der Zeuge ist, wenn nicht der Ausnahmefall des § 186 GVG (Vernehmung von hör- oder sprachbehinderten Personen) vorliegt, mündlich zu vernehmen (vgl. aber Rn. 5). Keine mündliche Zeugenvernehmung ist die Entgegennahme

1 *Eisenberg* (Beweisrecht) 1356 m.w.N.; ausführlich zur Psychologie der Zeugenvernehmung mit praktischen Hinweisen *Bender/Nack/Treuer* 185 ff.; *Jansen* 148 ff.

2 BGH NJW **1953** 231; RGSt **74** 35; OLG Braunschweig NJW **1952** 119; KK/*Slawik* 1; *Schmitt*/Köhler 1; SK/*Rogall* 4; SSW/*Schmitt* 1; *Dalcke/Fuhrmann/Schäfer* 1.

3 *Schmitt*/Köhler 1; KK/*Slawik* 1.

4 BGH GA **1982** 40; bei *Holtz* MDR **1981** 632, bei *Dallinger* MDR **1971** 897; KK/*Slawik* 2; *Schmitt*/Köhler 1; SK/*Rogall* 4.

5 *Schmitt*/Köhler 2; SK/*Rogall* 7; **a.A.** SSW/*Schmitt* 3.

6 Anders offenbar *Eb. Schmidt* 8.

oder die Verlesung schriftlicher Erklärungen[7] oder die Entgegennahme der mündlichen Erklärung, der Zeuge nehme Bezug auf eine bereits bei den Akten befindliche schriftliche Äußerung[8] oder auf eine von einem anderen als dem Vernehmenden, z.B. von ihm selbst oder dem anwaltlichen Rechtsbeistand, vorbereitete Niederschrift.[9] Wenn der Zeuge mehrmals vernommen wird, gilt das **Verbot der Verlesung** für jede Vernehmung. Es ist daher unzulässig, dem Zeugen bei der späteren Vernehmung vor seiner Aussage die Niederschrift über seine frühere Aussage vorzulesen und ihn nur deren Richtigkeit bestätigen zu lassen.[10] Anders ist es, wenn außerhalb oder in der Hauptverhandlung nur die Vereidigung nachgeholt werden soll; in diesem Fall genügt die Verlesung der früheren Aussage des Zeugen.[11] Wegen der Erleichterung der Protokollaufnahme in dem Fall, dass der Zeuge seine frühere Aussage im Wesentlichen wiederholt, Rn. 14.

b) Schriftliche Auskünfte. Das grundsätzliche Gebot, Zeugen mündlich zu vernehmen, schließt nicht aus, im **Vorverfahren** einen Zeugen aufzufordern, bzw. ihm auf seinen Wunsch hin zu ermöglichen, **schriftliche Angaben** zu Beweisfragen zu machen. Davon wird bei Ermittlungen weniger schwerer Straftaten regelmäßig Gebrauch gemacht. Dies soll sich, wenn der Zeuge glaubwürdig erscheint, empfehlen, wenn der Zeuge weit entfernt oder im Ausland wohnt oder wenn für die Aussage Akten, Geschäftsbücher oder andere umfangreichen Schriftstücke benötigt werden (Nr. 67 RiStBV). Ob angesichts heutiger Möglichkeiten von Videovernehmungen die Tatsache allein, dass ein Zeuge weit entfernt oder im Ausland wohnt, eine Ausnahme von der mündlichen Vernehmung begründen kann, erscheint fraglich. Feststellungen, die im Wege des Freibeweises (siehe Erl. zu § 244) getroffen werden dürfen, können auch in anderen Verfahrensabschnitten auf schriftlicher Grundlage getroffen werden. Zur **Hauptverhandlung** Rn. 4. 5

c) Veranlassung zum zusammenhängenden Bericht (Absatz 1 Satz 1). § 69 Abs. 1 Satz 1 schreibt zwingend und unverzichtbar vor (Rn. 18), dass der Zeuge zu veranlassen ist, seine **Aussage im Zusammenhang** zu machen. Der Bericht ist nicht nur Pflicht, sondern auch Recht des Zeugen, der seine Aussage nur verantworten kann, wenn er vollständig gehört worden ist.[12] Das gilt nicht nur für die erste, sondern auch für alle weiteren Vernehmungen eines Zeugen in derselben Strafsache.[13] Bei seiner Vernehmung muss erkennbar sein, was er aus lebendiger Erinnerung zu berichten weiß und was er erst mit Nachhilfe durch das Gericht bekunden kann.[14] Nur dann können die Zuverlässigkeit des Zeugen und der Beweiswert seiner Aussage richtig beurteilt werden. Der Zeuge soll sein Wissen über den Gegenstand der Vernehmung daher **unbeeinflusst durch Fragen, Vorhalte oder frühere Aussagen** selbständig und zusammenhängend wiedergeben.[15] Das 6

---

7 RGSt **37** 330; KK/*Slawik* 3; *Schmitt*/Köhler 4; *Hauser* 290.

8 OLG Rostock Alsb.E **1** Nr. 189.

9 RGSt **65** 273; RG JW **1933** 1729 m. Anm. *Lang*.

10 BGH JZ **1953** 121 m. Anm. *Lay*; bei *Holtz* MDR **1981** 632; RGSt **62** 147 = JW **1928** 2144 m. Anm. *Mezger*; RGSt **74** 35 = DR **1940** 444 m. Anm. *Fraeb*; RGRspr.**10** 280; RG JW **1916** 602; **1934** 173; **1938** 658 m. Anm. *Rilk*; OLG Braunschweig NJW **1952** 119; OLG Colmar Alsb.E **1** Nr. 188; OLG Hamm JMBlNRW **1953** 44; OLG Köln DAR **1953** 218; OLG Stuttgart DAR **1955** 68; *Schmitt*/Köhler 4; KK/*Slawik* 4; *Eb. Schmidt* 3; MüKo/*Maier* 5; *Henkel* 211 Fn. 8.

11 BGH NJW **1953** 231.

12 BVerfGE **38** 105; RGSt **74** 35; *Gössel* § 25c IIb; *Schlüchter* 483; *Peters* § 42 IV 1; *Roxin*/*Schünemann* § 26, 57; *Humborg* JR **1966** 448.

13 RGSt **62** 147 = JW **1928** 2144 m. Anm. *Mezger*.

14 BGHSt **3** 284.

15 RGSt **74** 35 = DR **1940** 444 m. Anm. *Fraeb*; *Schmitt*/Köhler 5.

schließt es auch aus, den Zeugen sogleich anderen Personen zum Zwecke der Vernehmung gegenüberzustellen. Die bloße Bestätigung der Richtigkeit früherer Aussagen, die ihm vorgelesen werden, genügt ebenfalls nicht (Rn. 4).

7 In dieser Weise lässt sich die Zeugenvernehmung aber nicht immer[16] durchführen. Viele Zeugen sind wegen Befangenheit oder Gedächtnisschwäche, aus Mangel an Intelligenz, verbaler Ausdrucksfähigkeit oder aus Altersgründen zu einer zusammenhängenden Schilderung ihrer Wahrnehmung zunächst nicht imstande. Dann ist dem Gesetz genügt, wenn z.B. durch einzelne Fragen, die ihm den Einstieg in die Aussage erleichtern,[17] wenigstens der **Versuch** gemacht wird, den Zeugen zu einer zusammenhängenden Darstellung zu veranlassen.[18] Die Vernehmung muss nicht etwa daran scheitern, dass es unmöglich ist, dem Gebot des § 69 Abs. 1 Satz 1 zu entsprechen.[19] Im Übrigen ist aber die Auffassung bedenklich, wonach der Zeuge während seiner Schilderung durch Zwischenfragen, Vorhalte von früheren Aussagen, Angaben anderer Personen, Urkunden, Erfahrungstatsachen oder allgemeinkundigen Tatsachen und durch lenkende Hinweise unterbrochen werden dürfe.[20] Dies sollte grds. erst nach dem Bericht des Zeugen und ggf. – worauf sich die Verfahrensbeteiligten verständigen können – nach der Ausübung des „neutralen" Fragerechts gemäß § 69 Abs. 2 erfolgen.[21] Problematisch ist auch die Auffassung, dass der Richter generell Weitschweifigkeiten, Nebensächlichkeiten, Ungereimtheiten und offenbare Unwahrheiten in der Darstellung des Zeugen nicht unwidersprochen hinnehmen müsse, den Zeugen insoweit also bereits in seinem Bericht nach Absatz 1 Satz 1 unterbrechen dürfe.[22] Gerade „abschweifende" Berichte können wichtige Anhaltspunkte für die Glaubwürdigkeit oder Unglaubwürdigkeit des Zeugen ergeben.[23] Das schließt spätere Nachfragen zu Ungereimtheiten und Unwahrheiten nicht aus (s. zur ggf. erneuten Ermahnung zur Wahrheit § 57, 7). Grundsätzlich zulässig ist die punktweise Vernehmung des Zeugen zu einzelnen Geschehensabschnitten.[24] Dies kann insbesondere geboten sein, wenn der Zeuge zu unterschiedlichen Anklagepunkten vernommen wird.[25] Unzulässig ist es aber, die Vernehmung von vornherein nur in Frage-Antwort-Form zu führen.

8 **d) Zusätzliches Verhör (Absatz 2 Satz 1).** Nach § 69 Abs. 2 Satz 1 ist der Vernehmende stets berechtigt, **nötigenfalls weitere Fragen** an den Zeugen zu stellen, sei es, dass dies zur Vervollständigung der Aussage oder zur Beseitigung von Unklarheiten und Widersprüchen erforderlich ist, sei es, dass die Gründe erforscht werden sollen, auf denen das Wissen des Zeugen beruht. Diese Gründe sind etwa von Bedeutung, um zu verhindern, dass Tatsachen, von denen der Zeuge nur durch Mitteilungen anderer Personen Kenntnis erlangt hat, irrtümlich als von ihm selbst wahrgenommen behandelt werden.[26] Es muss auch verhindert werden, dass der Zeuge Schlüsse und Folgerungen, die er aus bestimmten Tatsachen gezogen hat, mit den Wahrnehmungen selbst verwechselt.

---

16 *Hauser* 288 meint sogar: nur in seltenen Ausnahmefällen.

17 *G. Jansen* 181.

18 BGH bei *Dallinger* MDR **1966** 25; RGSt **74** 35; RG Recht **1912** Nr. 348; OLG Hamm JMBlNRW **1953** 44; *Dalcke/Fuhrmann/Schäfer* 2.

19 *Eb. Schmidt* 6.

20 BGH bei *Dallinger* MDR **1966** 25; LR/*Dahs*[25] 7; KK/*Slawik* 4; *Schmitt*/Köhler 5; KMR/*Neubeck* 6.

21 *Salditt* StraFo **1990** 57.

22 LR/*Dahs*[25] 7; *Schmitt*/Köhler 5.

23 *Prüfer* DRiZ **1975** 334.

24 BGH bei *Dallinger* MDR **1966** 25; KK/*Slawik* 4; *Schmitt*/Köhler 5.

25 BGH NStZ **2011** 422; SSW/*Schmitt* 2; *Eb. Schmidt* 4.

26 KK/*Slawik* 5; *Schmitt*/Köhler 6; MüKo/*Maier* 16; SK/*Rogall* 19; *Eb. Schmidt* 9; *Döhring* 109.

e) Vernehmungshilfen. Der Zeuge ist stets verpflichtet, wahrheitsgemäß auszusagen, ohne etwas hinzuzufügen oder zu verschweigen. Eine für ihn erkennbar zum Gegenstand der Untersuchung gehörige, für die Entscheidung erhebliche Tatsache muss der Zeuge mitteilen, auch wenn er nicht danach gefragt wird.[27] Kann er dieser Forderung allein mit Hilfe seines Gedächtnisses nicht nachkommen, hat er das Recht, sich bei seiner Vernehmung Hilfsmittel (z.B. schriftlicher, ggf. umfangreicher Unterlagen, eigener Aufzeichnungen) zu bedienen, um damit sein Erinnerungsbild aufzufrischen und gegebenenfalls zu berichtigen.[28] Ob darüber hinaus eine **allgemeine Nachforschungs- und Vergewisserungspflicht** besteht, ist sowohl dem Grunde nach als auch hinsichtlich der Reichweite umstritten. Bedenklich erscheint es, eine solche Pflicht materiell-rechtlich auf eine mögliche Verletzung der §§ 153 ff. StGB zu stützen.[29] Eine Strafbarkeit wegen eines Aussagedelikts muss an der Aussage selbst ansetzen.[30] Macht der Zeuge deutlich, dass er sich nicht in besonderer Weise vorbereitet hat und stellt er seine Aussage unter einen entsprechenden Vorbehalt, dürfte eine Strafbarkeit ausscheiden. Eine prozessuale Pflicht zu einer derartigen Vorbereitung der Vernehmung besteht (anders als z.B. im Zivilprozess, vgl. § 378 ZPO) ebenfalls nicht. Für „gewöhnliche" Zeugen besteht deshalb zumindest nicht schon vor der Vernehmung eine Nachforschungs- und Vergewisserungspflicht, sondern allenfalls mit ihrem Beginn.[31] Sie wird sich auch nur auf solche Hilfsmittel beziehen können, die während der Vernehmung zur Verfügung stehen.[32] Etwas anderes soll nach weit verbreiteter Ansicht im Schrifttum[33] für Zeugen gelten, die ihre Wahrnehmungen **in amtlicher Eigenschaft** gemacht haben (§ 68, 7); sie sollen eine sog. **Vorbereitungspflicht** haben.[34] Dies ist problematisch, denn der Rückgriff auf Vermerke und sonstige Aufzeichnungen schon vor Beginn der Vernehmung kann zu einer erheblichen Beeinflussung der Aussage führen und letztlich eine Entscheidung darüber, was der Zeuge tatsächlich aus eigener Erinnerung bekundet, unmöglich machen.[35] Jedenfalls muss sich das Gericht dieser Problematik bewusst sein und den ggf. eingeschränkten Beweiswert bei der Beweiswürdigung berücksichtigen. Offen gelassen hat der BGH bislang, ob eine Vorbereitungspflicht auch für Zeugen gilt, die von der Polizei im Ermittlungsverfahren als sachverständige Hilfspersonen, z.B. Übersetzer, hinzugezogen worden sind.[36] Die Reichweite der Nachforschungs- und Vergewisserungspflicht entscheidet auch über die Zulässigkeit von Ordnungsmaßnahmen nach § 70 bei unterlassener Vorbereitung. Der Zeuge darf die Unterlagen nur unterstützend heranziehen, nicht aber seine Aussage verlesen.[37] Problematisch scheint es, dass Aufzeichnungen, die ein Zeuge in seiner amtlichen Funktion angefertigt hat und die er zur Vorbereitung seiner Aussage heranzieht, nicht notwendigerweise Bestandteil der Akten sind und deshalb vom Akteneinsichtsrecht des Angeklagten nicht umfasst sein sollen.[38] Problematisch kann es auch sein, wenn der Zeuge nicht auf eigene Aufzeichnungen, sondern auf 9

27 BGHR StGB § 153 Wahrheitspflicht 2; *Schmitt*/Köhler 6.

28 BGHSt **1** 8; RGSt **8** 110; **35** 7; **36** 53; RGRspr. **10** 15; KK/*Slawik* 3; *Schmitt*/Köhler 8; SSW/*Schmitt* 4; *Hanack* FS Schmidt-Leichner 93; *Eb. Schmidt* 11; eingehend zum Problemkreis *Krehl* NStZ **1991** 417.

29 So SK/*Rogall* 15.

30 *Schlothauer* FS Dahs 466 f.

31 *Krehl* NStZ **1991** 417.

32 *Schlothauer* Dahs FS 464 f.

33 Zu den Grundlagen dieser Auffassung ausführlich *Lemke-Küch* StraFo 2020 134.

34 BGH NStZ **2012** 521 Rn. 15; *Schmitt*/Köhler 8; SK/*Rogall* 15; MüKo/*Maier* 15; *Geerds* FS Blau 77 ff.; **a.A.** *Schlothauer* FS Dahs 467 Fn. 48, der eine Vorbereitungspflicht grundsätzlich ablehnt.

35 Ausführlich zu diesen Gefahren *Hof* HRRS **2015** 277; kritisch auch *Lemke-Küch* StraFo **2020** 134.

36 BGH StV **2016** 771 Rn. 4.

37 *Schlüchter* 483; *Gössel* § 25c IIb.

38 So aber OLG Düsseldorf StraFo **2007** 338.

solche von Kollegen zurückgreift, in die möglicherwiese die Wahrnehmungen mehrerer Personen, etwa am Einsatz beteiligter Polizeibeamter, eingeflossen sind. Es besteht dann die Gefahr, dass der Zeuge nicht lediglich seine eigene Erinnerung auffrischt, sondern diese mit den Wahrnehmungen anderer Personen vermischt.[39] **Aufgabe des Gerichts** ist es generell, **den Zeugen** bei der wahrheitsgemäßen und vollständigen Wiedergabe seines Wissens **in geeigneter Weise zu unterstützen.**[40] Befinden sich die Unterlagen in den Händen des Gerichts, so ist es daher verpflichtet, sie dem Zeugen vorzuhalten, vorzulesen oder zur Einsicht vorzulegen, wenn andernfalls eine ordnungsmäßige, insbesondere eindeutige Aussage nicht zu erreichen ist.[41] Auch eigenes Wissen und offenkundige Tatsachen sollen dem Zeugen vorgehalten werden können.[42] Allerdings können Vorhalte nicht nur Erinnerungshilfen sein, sondern den Zeugen auch beeinflussen und das Beweisergebnis damit verzerren.[43] Es ist statthaft, einen als Zeugen gehörten Vernehmungsbeamten zur Auffrischung seines Gedächtnisses Einsicht in Protokolle nehmen zu lassen, die er selbst aufgenommen hat, oder ihm diese Protokolle vorzuhalten oder vorzulesen.[44] Eine ausdrückliche Erklärung des Zeugen, dass er sich der Tatsachen nicht mehr erinnere, ist dazu nicht erforderlich.[45] Allerdings ist darauf zu achten, dass nur die Aussagen des Zeugen zum Gegenstand der **Beweiswürdigung** gemacht werden (§ 250), also das, was originär in der Erinnerung der (vormals) vernehmenden Person gegenwärtig ist oder auf den Vorhalt hin in deren Erinnerung zurückkehrt.[46] Ferner darf dem Zeugen die Einsicht in amtliche Berichte und dienstliche Äußerungen[47] gestattet werden, die er selbst erstellt hat.[48] Erinnert sich der Zeuge auch nach Benutzung solcher Vernehmungshilfen bestimmter Tatsachen nicht mehr oder lassen sich Widersprüche mit seinen früheren Aussagen anders nicht beheben, so verfährt das Gericht nach § 253. Auch dann gilt hinsichtlich der Beweiswürdigung das Vorstehende. Bei der bloßen Bekundung eines Polizeibeamten z.B., dass er die Angaben des Angeklagten getreulich aufgenommen habe, wird der Inhalt des von ihm aufgenommenen Protokolls nicht Bestandteil seiner Bekundung.[49] Zur Frage, ob und wieweit dem Zeugen **Akteneinsicht** gewährt werden darf, vgl. Erl. zu §§ 475, 406e, 397; ferner § 68b, 5.

10 Ebenso wie dem Zeugen zur Herbeiführung einer wahrheitsgemäßen und vollständigen Aussage Schriftstücke und Protokolle vorgehalten und vorgelesen werden dürfen, ist auch die Verwendung von **Lichtbildern, Skizzen,** und **Zeichnungen**[50] als Vernehmungshilfen zulässig. Auch Tonbänder dürfen abgespielt werden, wenn die Wiedergabe des dort

39 AG Frankfurt StV **2014** 728 Rn. 40; detailliert *Hof* HRRS **2015** 277.

40 RGSt **35** 7; BGHSt **43** 62 zu der daraus resultierenden Verpflichtung des Gerichts, bei einem schwer hörgeschädigten und geistig beeinträchtigten Zeugen zum Zwecke der Verständigung eine dem Zeugen vertraute Person als Hilfsperson hinzuziehen.

41 BGHSt **1** 8; LG Essen StV **1991** 104; KK/*Slawik* 3; *Schmitt*/Köhler 8.

42 *Schmitt*/Köhler 7.

43 *Sommer* StraFo **2010** 102, 110.

44 BGHSt **1** 339; **3** 283; **14** 340; RGSt **36** 53; RGRspr. **8** 722; **9** 475; RG JW **1922** 1036; GA **37** (1889) 185; **42** (1894) 240; Recht **1910** Nr. 4223; **1925** Nr. 2363; *Schmitt*/Köhler 8; MüKo/*Maier* 23; *Eb. Schmidt* 12; *Dalcke*/*Fuhrmann*/*Schäfer* 2; *Hanack* FS Schmidt-Leichner 93; **a.A.** RG Recht **1917** Nr. 2113; **1918** Nr. 1643; bedenklich ist die Entscheidung RGSt **20** 105, wo die bloße Erklärung des Zeugen, die Verlesung sei seine Aussage, für zulässig gehalten wird.

45 BGHSt **3** 284.

46 *Eisenberg* (Beweisrecht) 883; vgl. BGHSt **14** 312; **21** 150.

47 *Schmitt*/Köhler 8; einschränkend *Schünemann* DRiZ **1979** 106.

48 RGRspr. **9** 379.

49 BGHSt **14** 312 f.; **21** 150.

50 BGHSt **18** 51; RGRspr. **9** 89; BayObLG JZ **1965** 771; *Schmitt*/Köhler 9; MüKo/*Maier* 22.

Aufgezeichneten erforderlich und geeignet ist, das Gedächtnis des Zeugen zu stützen. Nach Ansicht des Bundesgerichtshofs wird der Inhalt des Tonbands dann sogar Bestandteil der Zeugenaussage.[51]

Wenn es sich um Aussagen über den **Inhalt eigener Notizen** handelt, der im Gedächtnis schwer festzuhalten ist, etwa weil er aus umfangreichem Zahlenmaterial besteht, darf der Zeuge seine Aufzeichnungen verlesen und, soweit nötig, erläutern. Dem steht § 250 nicht entgegen. Der Grundsatz, den diese Vorschrift für die Hauptverhandlung aufstellt, verbietet nur, die mündliche Vernehmung eines Zeugen durch Verlesung des über seine Vernehmung aufgenommenen Protokolls oder einer schriftlichen Erklärung zu ersetzen. Dagegen besteht kein gesetzliches Verbot, die mündliche Vernehmung durch Verlesung früherer Erklärungen oder Aufzeichnungen des Zeugen zu ergänzen.[52] 11

f) Erklärung zu Auswirkungen der Tat (Absatz 2 Satz 2). Nach Absatz 2 Satz 2 ist Zeugen, die durch die Straftat verletzt sind, Gelegenheit zu geben, sich zu den Auswirkungen der Tat zu äußern. Der Gesetzgeber sah sich aufgrund der Richtlinie 2012/29/EU vom 25.10.2012, die den Anspruch des durch ein Verbrechen Verletzten auf Anerkennung und Gehör regelte, zu dieser Ergänzung veranlasst. Laut Begründung des Regierungsentwurfs soll es sich um eine Klarstellung handeln.[53] Dies ist insoweit zutreffend, als – worauf *Eisenberg* zu Recht hinweist – „wegen der Relevanz für die Rechtsfolgenbemessung (...) die Ermittlung ohnehin auf verschuldete Auswirkungen der Tat zu erstrecken" ist.[54] Nur als Klarstellung kann die Ergänzung des Absatzes 2 jedoch gleichwohl nicht verstanden werden. Es handelt sich vielmehr, ohne dass dies in der Regierungsbegründung benannt würde, um eine Annäherung an das **Victim Impact Statement** (VIS) nach anglo-amerikanischem Recht, das auch in einigen anderen europäischen Ländern umgesetzt wird.[55] Nach US-amerikanischem Verständnis beschränkt sich das VIS jedoch nicht auf das konkrete Strafverfahren fördernde Zwecke, sondern geht weit darüber hinaus. Je nach Ausgestaltung soll das VIS etwa auch dem Interesse des Verletzten an der Bestrafung des Angeklagten, der persönlichen Aufarbeitung des Geschehens sowie dem Interesse an der Vermeidung einer Sekundärviktimisierung dienen.[56] 12

Die Interessen des/der Verletzten zu stärken, ist auch **gesetzgeberisches Anliegen** im Rahmen der Opferrechtsreformgesetzgebung. Zu den grundsätzlichen Bedenken hinsichtlich der Möglichkeit, diese Anliegen in das System der StPO zu integrieren, wird auf die Vorbemerkung zu § 48 verwiesen (Vor § 48, 3 ff.). Am Beispiel des Absatzes 2 Satz 2 zeigt sich darüber hinaus in besonderer Weise, wie problematisch es sein kann, einzelne Elemente unterschiedlicher, jeweils für sich gewachsener Verfahrensordnungen miteinander zu verbinden. Nach den US-amerikanischen Verfahrensordnungen findet das VIS erst nach der Schuldfeststellung statt,[57] einem Verfahrensschritt, den die StPO in dieser Form nicht kennt. Die von *Eisenberg* zu Recht beschriebene Gefahr, dass durch die Anregung oder Aufforderung zu einer Aussage i.S.d. Absatzes 2 Satz 2 „eine suggestive Wirkung hinsichtlich der Unterstellung des Erwiesenseins der angeblichen Tat ausgelöst" wird, resultiert aus dem Umstand, dass nach dem Verfahrensrecht der StPO die Aussage des/der Verletzten anders als nach den US-amerikanischen Verfahrensordnungen vor der Schuldfeststellung 13

51 BGHSt **14** 340; hiergegen *Roxin/Schünemann* § 28, 9.
52 RGRspr. **9** 379; **10** 15; HK/*Lemke* 4; vgl. auch *Wömpner* NStZ **1983** 293 ff.
53 BTDrucks. **17** 6261 S. 11.
54 *Eisenberg* HRRS **2011** 66; in diesem Sinne SSW/*Schmitt* 4: „Selbstverständliches geregelt".
55 Vgl. den Überblick bei *Anders* ZStW **124** (2012) 385 f.; vgl. auch *Kölbel* StV **2014** 698, 701 f.
56 *Anders* ZStW **124** (2012) 386.
57 *Anders* ZStW **124** (2012) 386.

erfolgt.[58] Zu diesem Zeitpunkt steht noch nicht fest, ob der Zeuge tatsächlich Verletzter ist.[59] Absatz 2 Satz 2 verstößt deshalb gegen die Unschuldsvermutung.[60]

14 **5. Unzulässige Vernehmungsmethoden (Absatz 3).** Nach § 69 Abs. 3 gilt § 136a für die Vernehmung von Zeugen entsprechend. Das Verbot dieser Vorschrift, eine durch unerlaubte Mittel herbeigeführte Aussage zu verwerten, gilt daher auch beim Zeugen und für alle Vernehmungen, also auch im Ermittlungsverfahren.[61] Der Verzicht des Zeugen auf die Einhaltung dieser Vorschrift ist ohne Bedeutung. Eine unzutreffende Belehrung über ein vermeintlich nicht bestehendes Zeugnisverweigerungsrecht ist jedenfalls dann keine unzulässige Vernehmungsmethode i.S.d. Absatzes 3, wenn sie versehentlich erfolgte.[62] Anders kann es jedoch sein, wenn bei bestehendem Zeugnis- oder Auskunftsverweigerungsrecht die Aussage durch Ordnungs- oder Zwangsmaßnahmen nach § 70 erzwungen wurde (s. § 70, 31). Eine unzulässige Vernehmungsmethode kann es ferner sein, bei Verdacht einer falschen Aussage Ordnungs- oder Zwangsmaßnahmen nach § 70 zu ergreifen (s. § 70, 6). Vgl. im Übrigen die Erl. zu § 136a.

15 **6. Protokoll.** Bei richterlichen Vernehmungen im **Vorverfahren** ist ein Urkundsbeamter zuzuziehen (§ 168) und ein Protokoll herzustellen, in das die Angaben des Zeugen aufgenommen werden (§ 168a). Bei staatsanwaltschaftlichen und polizeilichen Vernehmungen gilt seit 2021 nach § 168b Abs. 2 Satz 1, dass über Vernehmungen ein Protokoll nach § 168a aufgenommen werden soll, soweit dies ohne erhebliche Verzögerungen der Ermittlungen geschehen kann. Üblicherweise werden alle Vernehmungen im Vorverfahren protokolliert und die Vernehmungsprotokolle dem Zeugen zum Unterschreiben vorgelegt, so dass § 168a zu beachten ist. Ist der Zeuge dazu in der Lage, kann ihm gestattet werden, seine Aussagen selbst in das Protokoll zu diktieren. Mit dem Einverständnis des Zeugen darf seine Aussage auch auf Tonband aufgenommen werden. Zur Zulässigkeit von Video-Aufzeichnungen (Aufzeichnung auf Bild-Ton-Träger) siehe § 58a. Die Niederschrift der Tonaufnahme ist von dem Zeugen zu unterzeichnen; zu diesem Zwecke – und zu evt. Korrekturen – kann sie ihm auch übersandt werden. In der **Hauptverhandlung** gilt § 273 Abs. 2 und 3. Einen Rechtsanspruch auf eine Kopie des Protokolls über seine Vernehmung hat der Zeuge nicht.

16 **Der Niederschrift über die Vernehmung** des Zeugen (§ 168a) muss in jedem Fall zunächst zu entnehmen sein, dass der Zeuge vor dem Richter (oder der sonstigen Vernehmungsperson; siehe Rn. 15) eine eigene zusammenhängende Darstellung seines Wissens gegeben hat oder dass ihm hierzu Gelegenheit gegeben worden ist. Wenn sich bei dieser zusammenhängenden Äußerung ergibt, dass der Zeuge ganz oder teilweise dasselbe aussagt wie früher, dürfen ihm zur Erleichterung der Niederschrift die früheren Protokolle vorgelesen und darf in der Niederschrift auf sie Bezug genommen und ihre Richtigkeit bestätigt werden.[63] Dies muss sich im Einzelnen aus der Niederschrift ergeben.

---

58 *Kölbel* StV **2014** 698, 702 f.

59 *Pollähne* StV **2016** 671, 675.

60 *Eisenberg* HRRS **2011** 66.

61 *Peters* § 41 II 2a.

62 BGH NStZ-RR **2021** 142.

63 BGH JZ **1953** 121 m. Anm. *Lay*; RGSt **74** 35; RG DJ **1934** 1244; OLG Stuttgart DAR **1955** 68; *Schmitt*/Köhler 11; SK/*Rogall* 42; *Eb. Schmidt* 5; vgl. auch BGH GA **1964** 275 und § 136, 37.

7. Revision

a) Allgemeines. Als Rechtssätze, deren Verletzung mit der Revision gerügt werden kann, gelten nach allg. M. grds. nicht die allgemeinen Erfahrungsregeln über die zweckmäßige Gestaltung der Zeugenvernehmung.[64] In Betracht kommen nur Verstöße gegen § 69. Allerdings können im Einzelfall **Verstöße gegen Grundsätze der Aussage- und Vernehmungspsychologie** – die Vorschrift des § 69 Abs. 1 Satz 1 selbst entspricht einer Grundforderung der Aussagepsychologie (Rn. 1) – revisible Verletzungen insbesondere des sachlichen Rechts darstellen.[65] Ob mit der zunehmenden Bedeutung der sog. Aussageanalyse in der Rechtsprechung des BGH (§ 68a, 8) insoweit auch die ihr zugrundeliegenden aussagepsychologischen Erkenntnisse an rechtlicher und damit revisibler Bedeutung gewinnen, bleibt abzuwarten. 17

b) Verletzung des § 69 Abs. 1 Satz 1. Die Vorschrift ist zwingendes Recht.[66] Ihre Verletzung kann daher gerügt werden, auch wenn gegen die unzulässige Vernehmung in der Hauptverhandlung kein Widerspruch erhoben worden ist.[67] Allerdings verlangt die Rechtsprechung, im Falle der Rüge einer unzulässigen Vernehmung von (Mit-)Angeklagten in der **Hauptverhandlung** eine Beanstandung gemäß **§ 238 Abs. 2**,[68] was entsprechend beachtet werden sollte.[69] Auch die Aufforderung an einen Zeugen, sich in näher bezeichneter Form auf die Vernehmung vorzubereiten, ist eine Anordnung der Sachleitung, die nach § 238 Abs. 2 beanstandet werden muss, wenn die Revision auf die Unzulässigkeit der Aufforderung gestützt werden soll.[70] Ferner ist zu beachten, dass nach der Rechtsprechung die Rüge der Verletzung des § 69 Abs. 1 Satz 1 zum Nachteil des Beschwerdeführers in der Hauptverhandlung nur begründet ist, wenn zugleich ein Verstoß gegen § 244 Abs. 2 gerügt wird.[71] Anders ist es unstreitig, wenn der Zeuge im **Vorverfahren** oder kommissarisch unter Verletzung des § 69 Abs. 1 Satz 1 vernommen und die Niederschrift darüber in der Hauptverhandlung nach § 251 verlesen worden ist. Der Verfahrensfehler begründet dann die Revision, sofern das Urteil auf ihm **beruhen** kann.[72] Ein Verzicht auf die Einhaltung des § 69 Abs. 1 Satz 1 ist unzulässig und unbeachtlich.[73] 18

c) Verletzung des § 69 Abs. 1 Satz 2. Die Vorschrift soll nach **h.M.** nur eine **Ordnungsvorschrift** sein, deren Verletzung daher i.d.R. nicht die Revision begründet,[74] es sei 19

---

64 BGH bei *Dallinger* MDR **1966** 25; BayObLG bei *Bär* DAR **1989** 368; KK/*Slawik* 8; *Schmitt*/Köhler 12.

65 Näher *Eisenberg* (Beweisrecht) 1359.

66 BGH JZ **1953** 121 m. Anm. *Lay*; NJW **1953** 231; StV **1981** 269; bei *Pfeiffer/Miebach* NStZ **1983** 212; RGSt **62** 147; **74** 35; RGRspr. **10** 280; RG JW **1934** 173; OLG Braunschweig NJW **1952** 119; OLG Hamm JMBlNRW **1953** 44; OLG Köln DAR **1953** 218; KK/*Slawik* 8; *Schmitt*/Köhler 13; SK/*Rogall* 43; SSW/*Schmitt* 7; *Eb. Schmidt* 2; *Dalcke/Fuhrmann/Schäfer* 2; *G. Schäfer* § 21 III 3; *Schlüchter* 483; *Roxin/Schünemann* § 26, 60; *Pfeiffer* 4; **a.A.** offenbar RGSt **6** 267.

67 KK/*Slawik* 8; *Dahs/Dahs* 267; *Eisenberg* (Beweisrecht) 1356.

68 BGH NStZ **1997** 198; **2000** 549.

69 Vgl. auch BGHSt **43** 62.

70 BGH StV **2016** 771 Rn. 4.

71 BGH bei *Dallinger* MDR **1951** 658; *Schmitt*/Köhler 13; **a.A.** HK/*Gercke* 10; KK/*Slawik* 8; SK/*Rogall* 42; zuletzt vom BGH offengelassen: NStZ-RR **2022** 379.

72 BGH JZ **1953** 121 m. Anm. *Lay*; bei *Holtz* MDR **1981** 632; RGSt **37** 330; RG JW **1916** 602; **1933** 1729 m. Anm. *Lang*; *Schmitt*/Köhler 13; **a.A.** KK/*Slawik* 8.

73 RG JW **1934** 175; **1938** 658 m. Anm. *Rilk*; OLG Braunschweig NJW **1952** 119; *Schmitt*/Köhler 13: zwingendes, unverzichtbares Recht.

74 Ohne Einschränkung RGSt **6** 267; KK/*Slawik* 9; *Schmitt*/Köhler 14; **a.A.** *Eb. Schmidt* 7; *Peters* § 42 V I; *Schlüchter* 483; HK/*Gercke* 11.

denn, es liegt eine Verletzung des § 244 Abs. 2 vor.[75] Dieser Auffassung widersprechen sowohl der Wortlaut als auch die ratio der Norm. Was logische Voraussetzung für eine dem zwingenden Satz 1 entsprechende prozessuale Verhaltensweise des Gerichts und des Zeugen ist (Rn. 3), kann unmöglich selbst nur instruktionelle Bedeutung haben.[76] Fraglich kann nur sein, ob ein Urteil auf der Verletzung der Vorschrift **beruht**.

20 **d) Verletzung des § 69 Abs. 2.** Da das Revisionsgericht nicht feststellen kann, welche Fragen an den Zeugen gestellt worden sind, kann die Revision i.d.R. nicht darauf gestützt werden, dass der Zeuge nicht nach § 69 Abs. 2 Satz 1 befragt worden ist.[77] Jedoch kann ein Verstoß gegen § 69 Abs. 2 Satz 1 zumindest im Einzelfall unter dem Gesichtspunkt der Aufklärungspflicht gerügt werden.[78] Gleiches gilt bei einer Verletzung des Absatzes 2 Satz 2.[79] Ob insoweit der Vortrag des Beschwerdeführers erforderlich ist, selbst nicht in der Lage gewesen zu sein, die erforderlichen Fragen zu stellen, ist umstritten.[80]

21 **e) Verletzung des § 69 Abs. 3.** Mit der Revision kann die Vernehmung eines Zeugen, der versehentlich falsch über ein Nichtbestehen eines Zeugnisverweigerungsrechts belehrt worden war, nicht als Verstoß gegen § 69 Abs. 3 i.V.m. § 136a gerügt werden. Es gelten vielmehr die zum Verstoß gegen Belehrungspflichten entwickelten Grundsätze.[81] Vgl. im Übrigen Erl. zu § 136a.

§ 70
Folgen unberechtigter Zeugnis- oder Eidesverweigerung

(1) [1]Wird das Zeugnis oder die Eidesleistung ohne gesetzlichen Grund verweigert, so werden dem Zeugen die durch die Weigerung verursachten Kosten auferlegt. [2]Zugleich wird gegen ihn ein Ordnungsgeld und für den Fall, daß dieses nicht beigetrieben werden kann, Ordnungshaft festgesetzt.

(2) Auch kann zur Erzwingung des Zeugnisses die Haft angeordnet werden, jedoch nicht über die Zeit der Beendigung des Verfahrens in dem Rechtszug, auch nicht über die Zeit von sechs Monaten hinaus.

(3) Die Befugnis zu diesen Maßregeln steht auch dem Richter im Vorverfahren sowie dem beauftragten und ersuchten Richter zu.

(4) Sind die Maßregeln erschöpft, so können sie in demselben oder in einem anderen Verfahren, das dieselbe Tat zum Gegenstand hat, nicht wiederholt werden.

Schrifttum

Elobied Verfassungsrechtliche Grenzen des Zeugniszwangs, StraFo **2024** 90; *Hettich* Aussagepflicht von ausländischen Zeugen, NStZ **2019** 646; *Krehl* Die Erkundigungspflicht des Zeugen bei fehlender oder beeinträchtigter Erinnerung und mögliche Folgen ihrer Verletzung, NStZ **1991** 417; *Krey* Probleme des Zeugenschutzes im Strafverfahrensrecht, GedS Meyer (1990) 258; *Lenk* Die materiell-strafrechtliche Aussageerzwingung gem. §§ 258 Abs. 1, 13 Abs. 1 StGB – Zu Grund und Grenzen einer Garantenstellung des Zeugen im

75 LR/*Dahs*[25] 17.
76 *Eb. Schmidt* 7; SK/*Rogall* 43; *Eisenberg* (Beweisrecht) 1357.
77 BGHSt **17** 351; OGHSt **3** 59; KK/*Slawik* 10; *Schmitt*/Köhler 15; SSW/*Schmitt* 7; *Schlüchter* 483; *Pfeiffer* 4.
78 *Eisenberg* (Beweisrecht) 1357; vgl. KK/*Slawik* 10; HK/*Gercke* 12; MüKo/*Maier* 39.
79 SK/*Rogall* 45.
80 Dafür KK/*Slawik* 10; MüKo/*Maier* 39; **a.A.** *Eisenberg* (Beweisrecht) 1357 m.w.N.
81 BGH NStZ-RR **2021** 142.

Strafprozess, NStZ **2019** 638, *Michel* Zweifelsfragen bei einer Beendigung der Beugehaft, MDR **1995** 784; *Schlothauer* Darf, sollte, muß sich ein Zeuge auf seine Vernehmung in der Hauptverhandlung vorbereiten? FS Dahs (2005) 457; *Sommermeyer* Bereitschaftserklärung als Beendigungsgrund für die Beugehaft? NStZ **1992** 222; *Welp* Zwangsbefugnisse für die Staatsanwaltschaft (1976).

Entstehungsgeschichte

In ihrer ursprünglichen Fassung sah die Vorschrift in Absatz 1 Geldstrafe bis 300 RM und Haft bis zu sechs Wochen vor. Absatz 5 regelte die Festsetzung und Vollstreckung der Strafe gegen Militärpersonen; dieser Absatz wurde durch § 14 des Gesetzes betreffend die Aufhebung der Militärgerichtsbarkeit (1920) aufgehoben. Bei der Bek. 1924 wurde Absatz 1 dem Art II der Verordnung über Vermögensstrafen und Bußen (1924) angepasst. Durch Art. 21 Nr. 10 EGStGB (1974) wurde Absatz 1 der Vorschrift redaktionell geändert und der neuen Terminologie angepasst („Ordnungsgeld" und „Ordnungshaft" statt „Ordnungsstrafe" und „Strafe der Haft"; vgl. § 51 Anh. 3). In Absatz 2 wurden die Worte „und bei Übertretungen nicht über die Zeit von sechs Wochen" gestrichen (vgl. § 46 Abs. 5 Satz 2 OWiG). Art. 1 Nr. 17 des 1. StVRG (1974) strich in Absatz 3 die Worte „auch dem Untersuchungsrichter" und ersetzte das Wort „Amtsrichter" durch das Wort „Richter". Bezeichnung bis 1924: § 69.

Übersicht

Alphabetische Übersicht

I. Allgemeines

1 Die Vorschrift gilt für alle **richterlichen Vernehmungen**, auch im **Vorverfahren**, unmittelbar. Für **staatsanwaltschaftliche** und **polizeiliche Vernehmungen** sind die differenzierten Verweisungen nach § 161a Abs. 1 Satz 2 und Abs. 2, § 163 Abs. 4 Satz 1 Nr. 4 zu beachten. Ferner verweist § 95 Abs. 2 für den Fall, dass ein Gewahrsamsinhaber einem Herausgabeverlangen nach § 95 Abs. 1 nicht nachkommt, auf § 70 (s. auch die Verweisung auf § 95 Abs. 2 in § 110a Abs. 4 Satz 3).[1] Die Vorschrift ergänzt § 51 für den Fall, dass der Zeuge zwar erscheint, aber die Aussage oder die Eidesleistung ohne gesetzlichen Grund verweigert. § 70 Abs. 1 gestattet die Ahndung dieses Ungehorsams durch die Festsetzung von Ordnungsgeld, § 70 Abs. 2 die Erzwingung der Aussage oder des Eides durch die Anordnung und Vollziehung der Beugehaft. Die Ordnungsmittel des § 70 dürfen aber nur verhängt werden, wenn der Zeuge zuvor vom Vorsitzenden umfassend und verständlich über Inhalt und Anwendungsbereich der Zeugnisverweigerungs-, Auskunftsverweigerungs- und Eidesverweigerungsrechte **belehrt** worden ist.[2] Beruft sich ein Zeuge auf eines dieser Rechte, so muss ihm vor Anwendung der Ordnungs- und Zwangsmittel des § 70 Gelegenheit gegeben werden, die Tatsachen, die sein Weigerungsrecht begründen, gem. § 56 **glaubhaft zu machen** (§ 56, 4). Auch auf mögliche Nachforschungspflichten (siehe dazu § 69, 9) sowie auf die Möglichkeit, Maßnahmen nach § 70 auf deren Verletzung zu stützen, ist der Zeuge ggf. zu belehren (vgl. § 378 Abs. 2 ZPO). Von den nach § 51 vorgesehenen Maßregeln sind diejenigen nach § 70 nicht abhängig. Eine **Anrechnung** der nach § 51 festgesetzten Ordnungsmittel auf das nach § 70 verhängte Ordnungsgeld oder auf die Erzwingungshaft (Beugehaft) ist daher nicht zulässig,[3] und zwar selbst dann nicht, wenn der Zeuge gerade wegen der vermeintlichen Berechtigung zur Verweigerung des Zeugnisses ausgeblieben war. Für Verfahren vor den **Untersuchungsausschüssen** des Bundestages und der Länderparlamente gelten die abweichenden Vorschriften des § 27 PUAG bzw. der entsprechenden Ländergesetze. Zu beachten ist, dass das PUAG und einzelne der entsprechenden Landesgesetze die Möglichkeit der Abnahme des Eides nicht vorsehen. So-

1 BVerfG NJW **2019** 584.
2 OLG Düsseldorf NStZ-RR **1996** 169.
3 KK/*Slawik* 1; *Schmitt*/Köhler 1; MüKo/*Maier* 3; *Eb. Schmidt* 10.

weit die Landesgesetze eine solche Möglichkeit enthalten, stellt sich angesichts dessen, dass eine Strafbarkeit wegen Meineids vor einem parlamentarischen Untersuchungsausschuss nach § 162 Abs. 2 StGB ausgeschlossen ist, gleichwohl die Frage, ob die Abnahme eines Eides zulässig ist.[4]

Gegen **Ausländer**, die im Ausland leben und deren Erscheinen nicht erzwungen werden darf, dürfen nach OLG Stuttgart auch keine Ordnungs- oder Zwangsmittel nach § 70 angeordnet werden, wenn sie zwar erscheinen, aber nicht aussagen.[5] Diese Auffassung lässt sich schwer damit vereinbaren, dass nach allgemeiner Meinung Ausländer, die im Inland wohnen oder auch nur aufhalten, wie deutsche Staatsangehörige mit Ordnungs- und Zwangsmitteln belegt werden können. Andererseits ist es problematisch, einen Zeugen, der grundsätzlich gar nicht erscheinen müsste, zu sanktionieren, wenn er es gleichwohl tut, aber dann nicht aussagt. Nach Nr. 116 Abs. 1 Satz 3 RiVASt dürfen bei der Zustellung von Ladungen Ordnungs- und Zwangsmaßnahmen nicht angedroht werden. Der Grund für diese Verwaltungsvorschrift dürfte darin liegen, dass nur Maßnahmen angedroht werden dürfen, die im Zweifel auch verhängt werden können. Aus der Regelung in Nr. 116 Abs. 1 Satz 3 RiVASt lässt sich daher der Umkehrschluss ziehen, dass Ordnungs- und Zwangsmittel gegen Zeugen, die keine Erscheinenspflicht haben, weder nach § 51[6] noch nach § 70 in Betracht kommen. Zu bedenken ist zudem, dass die Bereitschaft von ausländischen Zeugen, die nicht erscheinen müssen, freiwillig zur Vernehmung zu kommen, sinken dürfte, wenn sie wissen, dass sie mit nachteiligen Folgen bis hin zur Beugehaft rechnen müssen.[7] 2

Weigert sich ein Zeuge ohne gesetzlichen Grund, auszusagen oder den Eid zu leisten, so darf das bei der **Beweiswürdigung** berücksichtigt werden,[8] ohne dass zunächst die Mittel des § 70 benutzt werden müssen (§ 52, 43; vgl. aber auch Rn. 31). Dem steht nicht entgegen, dass aus der berechtigten Zeugnisverweigerung grundsätzlich keine dem Angeklagten nachteiligen Schlüsse gezogen werden dürfen (§ 52, 40 ff.). Zudem kann sich der Zeuge bei unberechtigter Weigerung wegen (versuchter) Strafvereitelung strafbar machen. Dies gilt insbesondere dann, wenn er trotz gerichtlich bestätigter Verhängung eines Ordnungsgeldes bei seiner Weigerung bleibt[9] (zur Teilverweigerung s. Rn. 5). 3

II. Voraussetzungen der Maßnahmen des § 70

1. Verweigerung des Zeugnisses

a) Verweigerung. Die Anwendung der Maßnahmen des § 70 kommt in Frage, wenn der Zeuge zwar anwesend ist, aber das Zeugnis verweigert. Ob die Verweigerung ausdrücklich oder stillschweigend erklärt wird, ist für die Anwendung des § 70 ohne Bedeutung. Die offensichtlich wahrheitswidrige Erklärung des Zeugen, er wisse von dem Sachverhalt nichts, über den er vernommen werden soll, ist eine Verweigerung der Aussage (Rn. 5). Jeder Zeuge ist verpflichtet, das Zeugnis so oft abzulegen, wie der Richter es ver- 4

---

4 Ausführlich zum Sachstand VerfGH Sachsen NStZ **2021** 564 m. Anm. *Peters*.

5 OLG Stuttgart StraFo **2012** 12 m. abl. Anm. *Staudinger*; zust. SSW/*Güntge* 10; gegen OLG Stuttgart auch *Schmitt*/Köhler 1, s. aber auch *Schmitt*/Köhler 15a.

6 Maßnahmen nach § 51 scheiden schon aufgrund fehlender Hoheitsgewalt im Aufenthaltsstaat des Zeugen aus.

7 *Hettich* NStZ **2019** 646.

8 BGH NJW **1966** 211 m. Anm. *Meyer* JR **1966** 351; *Schmitt*/Köhler § 261, 19.

9 AG Karlsruhe SpuRt **2025** 73.

langt. Zeugnis gibt der Zeuge über seine **Wahrnehmung von Tatsachen** (vgl. Vor § 48, 8). Die **Angaben** des Zeugen **zur Person** nach § 68 Abs. 1 fallen deshalb grundsätzlich nicht unter den Begriff des Zeugnisses. Werden diese Angaben verweigert, ist § 70 deshalb nicht anwendbar,[10] wohl aber § 111 OWiG.[11] Dies gilt jedenfalls solange, wie die Angaben zur Person nach § 68 Abs. 1 nicht zugleich als Angaben zur Sache von Bedeutung sind.[12] Angaben zu **Fragen nach § 68a** sind Angaben zur Sache. Bei Verweigerung der Beantwortung dieser Fragen ist § 70 deshalb grundsätzlich anwendbar.

5 **b) Teilverweigerung.** Die Maßnahmen des § 70 sind in ihrem ganzen Umfang anwendbar, wenn der Zeuge die Erfüllung seiner Zeugenpflicht auch nur teilweise verweigert, z.B. wenn er nicht die Aussage überhaupt, sondern nur die Beantwortung einzelner Fragen ohne gesetzlichen Grund ablehnt.[13] Sie müssen daher auch angeordnet werden, wenn der Zeuge es ablehnt, die von einem Beisitzer oder einem anderen Frageberechtigten gestellte und von dem Gericht nach § 242 zugelassene Frage zu beantworten. Eine Teilverweigerung kann auch darin liegen, dass der Zeuge sich weigert, Nachforschungs- und Vergewisserungspflichten nachzukommen, insb. ihm vom Gericht als Erinnerungshilfe zur Verfügung gestellte Hilfsmittel einzusehen, die ihm eine umfassendere Aussage ermöglichen würden (zum Umfang derartiger Pflichten siehe § 69, 9).[14] Keine Teilverweigerung ist es, wenn er den Verzicht auf das Zeugnisverweigerungsrecht nachträglich widerruft. Die **bewusst lückenhafte Beantwortung** von Fragen ist keine teilweise Verweigerung des Zeugnisses, sondern eine **unwahre Aussage.**[15] Die Abgrenzung zwischen Teilverweigerung und unwahrer Aussage kann allerdings im Einzelfall schwierig sein. Die Nichtbeantwortung einzelner Fragen kann eine Strafbarkeit wegen Strafvereitelung durch Unterlassen begründen. Eines vorherigen Versuchs, die Aussage durch die Ordnungs-/Zwangsmittel des § 70 herbeizuführen, bedarf es nicht.[16] Im Gegenteil dürfte deren Verhängung in diesem Fall unzulässig sein (Rn. 6).

6 **c) Unwahre Aussage.** Zur Erzwingung einer wahrheitsgemäßen Aussage bei unwahren oder lückenhaften Aussagen ist § 70 nicht anwendbar; körperliche Zwangsmittel sind der Erforschung der Wahrheit niemals dienlich, im Übrigen unzulässig.[17] Eine wahrheitsgemäße Aussage kann nur mittelbar über Belehrung der möglichen Folgen einer falschen Aussage und durch Vereidigung gem. § 59 Abs. 1 Satz 1 unter der Androhung einer Bestrafung nach § 154 StGB erzwungen werden. Wenn stattdessen Maßnahmen nach § 70 getroffen oder auch nur angedroht werden, wird die Aussage des Zeugen regelmäßig nach § 69 Abs. 3, § 136a Abs. 3 Satz 2 unverwertbar sein.[18]

---

10 KG JR **1977** 295; *Schmitt*/Köhler 1; diff. MüKo/*Maier* 14; **a.A.** OLG Koblenz OLGSt StPO 3, § 70 Nr. 1; LG Stuttgart Justiz **1989** 203; *Schlüchter* 524 Fn. 423a.

11 Göhler/*Bauer* § 59, 10; KK-OWiG/*Rogall* § 111, 34; KK-OWiG/*Lutz* § 59, 12.

12 OLG Hamburg NStZ **2002** 386.

13 BGHSt **9** 362; RGSt **73** 33; RG HRR **1935** 706; OLG Celle NJW **1958** 73; KK/*Slawik* 3; *Schmitt*/Köhler 5; SSW/*Güntge* 1; MüKo/Maier 12; *Eb. Schmidt* 12; **a.A.** *Welp* 32.

14 *Schlothauer* FS Dahs 464.

15 BGH StraFo **2021** 486; BGHSt **9** 364; *Schmitt/Köhler 5;* KK/*Slawik* 3; SSW/*Güntge* 1; MüKo/*Maier* 13; *Schlüchter* 524 Fn. 423a; *Krehl* NStZ **1991** 418.

16 OLG Hamm OLGSt StGB § 13 Nr. 6; kritisch *Lenk* NStZ **2019** 638.

17 BGHSt **9** 362; RGSt **73** 33; OLG Koblenz VRS **49** (1975) 188; SK/*Rogall* 10; *Eb. Schmidt* 4; *Dalcke/Fuhrmann/Schäfer* 1; *Peters* § 42 III 2a; *Schlüchter* 524; *Henkel* 203; *Krehl* NStZ **1991** 417; *Ranft* 460; vgl. auch BVerfG – 2 BvR 761/90 – vom 19.10.1990: Verstoß gegen Art. 2 Abs. 2 GG und das Willkürverbot.

18 SK/*Rogall* 10.

2. Verweigerung der Eidesleistung. § 70 ist auch anwendbar, wenn der Zeuge zwar ausgesagt hat, dann aber den Eid oder, falls der Zeuge aus Glaubens- oder Gewissensgründen keinen Eid leisten will, die dann vorgeschriebene Bekräftigung nach § 65 verweigert. Auch die Erzwingungshaft soll über den Wortlaut hinaus nach § 70 Abs. 2 zulässig sein.[19] Dass in Absatz 2 nur von dem Zeugnis und nicht auch von dem Eid die Rede ist, beruhe auf einem Fassungsversehen, das der Gesetzgeber unerklärlicherweise trotz mehrfacher Änderungen des § 70 bis heute nicht berichtigt habe.[20] Ein Bedürfnis für eine solche erweiternde Auslegung ist nicht zu erkennen. Die Streitfrage ist aufgrund der gesunkenen Bedeutung des Eides aber wenig praxisrelevant. Auch gegen den Zeugen, der bei einer nochmaligen Vernehmung die wiederholte Eidesleistung oder die Abgabe einer Versicherung nach § 67 ohne gesetzlichen Grund verweigert, können daher die Maßregeln des § 70 angewendet werden. 7

3. Ohne gesetzlichen Grund. Die Anwendung der Maßregeln des § 70 setzt voraus, dass der Zeuge das Zeugnis oder den Eid ohne gesetzlichen Grund verweigert. Ein nach § 69 Abs. 1 Satz 2 über den Gegenstand der Untersuchung und die Person des Beschuldigten unterrichteter Zeuge[21] verweigert die **Aussage** ohne gesetzlichen Grund in der Regel dann, wenn ihm kein Zeugnis- oder Auskunftsverweigerungsrecht nach den **§§ 52 bis 55** zusteht. Das ist auch der Fall, wenn sich der Zeuge nicht auf ein ihm zustehendes Zeugnis- oder Auskunftsverweigerungsrecht beruft.[22] Als gesetzliche Gründe für die Verweigerung der Aussage kommen auch von **§ 168a Abs. 2 Satz 1** nicht gedeckte Aufzeichnungen oder Verstöße gegen **§ 169 Satz 2 GVG** und rechtfertigender **Notstand** nach **§ 34 StGB** in Betracht.[23] Eine Begrenzung des Zeugniszwangs kann sich auch ausnahmsweise aus dem die **Intimsphäre** schützenden Grundrecht auf **freie Entfaltung der Persönlichkeit** (Art. 2 Abs. 1 GG) ergeben.[24] Das kann z.B. im Einzelfall bei einer beabsichtigten Video-Vernehmung der Fall sein (§ 58a, 14, 44). Die in § 70 bestimmten Maßnahmen dürfen auch gegen einen Zeugen angewendet werden, der zwar bei einer früheren Vernehmung die Zeugnispflicht erfüllt hat, bei einer späteren Vernehmung aber das Zeugnis verweigert. Die **Eidesleistung** oder die Bekräftigung werden ohne gesetzlichen Grund verweigert, wenn kein Vereidigungsverbot nach § 60 besteht, die gesetzlichen Voraussetzungen für eine Vereidigung nach den §§ 59 bzw. 62 vorliegen und auch kein Eidesverweigerungsrecht nach § 61 besteht.[25] 8

4. Verschulden. Voraussetzung einer Ordnungsmaßnahme nach § 70 Abs. 1 (zu Abs. 2 siehe Rn. 15ff.) ist stets ein schuldhafter Verstoß gegen die Pflicht, Zeugnis abzulegen oder den Eid zu leisten bzw. die Aussage zu bekräftigen.[26] Ein Rechtsirrtum des Zeugen über sein Weigerungsrecht ist nach den Grundsätzen des **Verbotsirrtums** (§ 17 StGB, § 11 Abs. 2 OWiG) zu beurteilen.[27] Unvermeidbar wird er regelmäßig nicht sein; wenn das Gericht 9

---

19 *Schmitt*/Köhler 12; KK/*Slawik* 5; MüKo/*Maier* 19; SSW/*Güntge* 5.

20 So schon RGSt **25** 136; **57** 29 = JW **1922** 1393 m. Anm. *Alsberg*; OLG Breslau GA **59** (1912) 203; *Eb. Schmidt* 3; *Dalcke/Fuhrmann/Schäfer* 7; *Feisenberger* 3; *von Hippel* 398 Fn. 2; *Eisenberg* (Beweisrecht) 1216.

21 *Eb. Schmidt* 12.

22 KG StV **2023** 582.

23 BGH NStZ **1984** 31; KK/*Slawik* 2; *Schmitt*/Köhler 6; SSW/*Güntge* 3; MüKo/*Maier* 16; *Krey* GedS Meyer 258; vgl. zu letzterem auch *Elobied* StraFo **2024** 90.

24 BayObLG NJW **1979** 2624.

25 KK/*Slawik* 2.

26 BVerfGE **20** 323; BGHSt **28** 259; KK/*Slawik* 4; SSW/*Güntge* 2; MüKo/*Maier* 10.

27 *Schmitt*/Köhler 4; MüKo/*Maier* 11; *Eb. Schmidt* Nachtr. I 3; wohl auch BGHSt **28** 259.

dem Zeugen bekannt gibt, dass die Maßnahmen nach § 70 in Erwägung gezogen werden, weil er die Aussage oder den Eid ohne gesetzlichen Grund verweigert, handelt der Zeuge, der seinen besseren Kenntnissen der gesetzlichen Gründe vertraut, auf eigenes Risiko.[28] Anders kann es sein, wenn die Zeugnisverweigerung auf der Beratung durch den **anwaltlichen Rechtsbeistand** nach sorgfältiger Prüfung und vertretbarer Begründung beruht,[29] etwa wenn dargelegt werden kann, dass zu der entscheidenden Rechtsfrage divergierende Rechtsprechung vorliegt und bei einer Aussage unter Verstoß auf ein Verschwiegenheitspflicht eine Strafbarkeit nach § 203 StGB im Raume steht.[30] Das gilt auch, wenn ein jugendlicher Zeuge die Aussage aufgrund von Weisungen seines Arbeitgebers verweigert.[31] Aus denselben Gründen wie im Fall des Nichterscheinens (§ 51, 16) dürfen die Ordnungsmittel des § 70 (Ordnungsgeld und Ordnungshaft) gegen **Kinder** nicht festgesetzt werden.[32] Die Aussage des Kindes (seine Vereidigung ist nach § 60 Nr. 1 ohnehin unzulässig) darf auch nicht durch die Beugehaft nach § 70 Abs. 2 erzwungen werden;[33] das Einsperren von Kindern sieht die Rechtsordnung auch sonst nirgends vor. Wenn das Kind das Zeugnis verweigert, darf das auch nicht zum Anlass genommen werden, die Maßregeln des § 70 gegen **Eltern** oder **Erziehungsberechtigte** anzuwenden (§ 51, 3).

III. Folgen der grundlosen Verweigerung

10 **1. Auferlegung der Kosten (Absatz 1 Satz 1).** Dem Zeugen müssen die durch seine schuldhafte grundlose Weigerung entstehenden Kosten in jedem einzelnen Fall auferlegt werden.[34] Dies steht **nicht im Ermessen des Gerichts**.[35] § 70 Abs. 4, der eine Wiederholung der Maßregeln verbietet, wenn sie ausgeschöpft sind, bezieht sich nicht auf die Pflicht zur Tragung der Kosten.[36] Für die Auferlegung der Kosten gelten im Übrigen die Erl. zu § 51, 17 f. entsprechend. Zu den Kosten gehören auch diejenigen, die durch die Vollstreckung der Maßnahmen nach § 70 entstehen.

2. Festsetzung von Ordnungsgeld (Absatz 1 Satz 2)

11 **a) Festsetzung.** Wenn die Voraussetzungen des § 70 Abs. 1 vorliegen, ist der Richter **verpflichtet**, das Ordnungsgeld festzusetzen.[37] Er darf hiervon nicht nach seinem Ermessen absehen.[38] Das schließt aber nicht aus, dass er sich zunächst auf die **Androhung** der Maßregel beschränkt und den Erfolg dieser Androhung abwartet.[39] Wegen der Wiederholung der Maßnahme vgl. Rn. 20 ff.

---

28 OLG Köln StV **2016** 8 m. abl. Anm. *Gatzweiler/Wölky* StV **2016** 10; KK/*Slawik* 4; *Schmitt*/Köhler 4.

29 *Gatzweiler/Wölky* StV **2016** 13.

30 BGHSt **65** 278.

31 Anders LG Köln NJW **1959** 1598; zur Anordnung von Ordnungsgeld gegen einen ärztlichen Gehilfen vgl. BGH NJW **1982** 2615.

32 *Schmitt*/Köhler 2, 3; KK/*Slawik* 4; MüKo/*Maier* 10; SSW/*Güntge* 2; **a.A.** *Dalcke/Fuhrmann/Schäfer* 4.

33 BGH NStZ **2010** 53; KK/*Slawik* 4.

34 Vgl. auch BGH NStE Nr. 5 zu § 70 StPO; OLG Stuttgart v. 12.1.2015 6 – 2 StE 3/13 – juris.

35 KK/*Slawik* 4; *Schmitt*/Köhler 8; SSW/*Güntge* 4; MüKo/*Maier* 20; *Eb. Schmidt* 5.

36 *Schmitt*/Köhler 8.

37 LG Mainz NJW **1988** 1744.

38 KK/*Slawik* 4; *Schmitt*/Köhler 9, 10; *Eb. Schmidt* 5.

39 *Alsberg* JW **1922** 1393.

b) Bemessung. Das Ordnungsgeld beträgt nach Art. 6 Abs. 1 EGStGB mindestens **5 Euro**, höchstens **1.000 Euro** (die Art. 5 ff. EGStGB sind im Anhang zu § 51 abgedruckt und erläutert).[40] Bei der Bemessung (§ 51 Anh. 4) ist auf die Schwere und Bedeutung der den Gegenstand des Verfahrens bildenden Straftat, die (mutmaßliche) Bedeutung der Aussage, auf den erklärten oder mutmaßlichen Grund des Ungehorsams des Zeugen und auf dessen wirtschaftliche Verhältnisse Rücksicht zu nehmen.[41] Ungebührliches Verhalten im Zusammenhang mit der Aussageverweigerung ist kein Grund, das Ordnungsgeld höher zu bemessen, sondern gibt Anlass zur Festsetzung von weiteren Ordnungsmitteln nach § 178 GVG. Das Ob und Wie von Zahlungserleichterungen regelt Art. 7 EGStGB (§ 51 Anh. 7 ff.). 12

c) Aufhebung. Grundsätzlich wird der Ordnungsgeldbeschluss auch dann nicht aufgehoben, wenn der Zeuge später doch aussagt und/oder seine Aussage beeidet. Dies folgt daraus, dass es sich bei der Festsetzung von Ordnungsgeld um eine Maßnahme mit Sanktionscharakter handelt (§ 51 Anh. 2). Zur Möglichkeit einer Abänderung Rn. 28. 13

3. Ordnungshaft (Absatz 1 Satz 2) ist nicht neben oder anstelle des Ordnungsgeldes, sondern nur für den Fall zulässig, dass letzteres nicht beigetrieben werden kann. Das Mindestmaß beträgt **einen Tag**, das Höchstmaß **sechs Wochen** (Art. 6 Abs. 2 Satz 1 EGStGB). Die sofortige Festsetzung der ersatzweisen Ordnungshaft sieht § 70 Abs. 1 **zwingend** vor; wird sie unterlassen, so muss das Ordnungsgeld, wenn es nicht beigetrieben werden kann, nachträglich nach Art. 8 EGStGB in Ordnungshaft umgewandelt werden (§ 51 Anh. 16 f.). Die Notwendigkeit, die ersatzweise Ordnungshaft festzusetzen, entfällt nicht deshalb, weil Beugehaft nach § 70 Abs. 2 verhängt wird.[42] Die Vollstreckung der Ordnungshaft hat bei zeitlichem Zusammentreffen Vorrang vor der Beugehaft (Rn. 15). Vgl. im Übrigen § 51 Anh. 5 f. und wegen der **Verjährung** § 51 Anh. 18 ff. 14

4. Erzwingungshaft (Beugehaft) (Absatz 2)

a) Verhältnis zu den Ordnungsmitteln der § 51 Abs. 1, § 70 Abs. 1. Anders als die Weigerungsfolgen nach den § 51 Abs. 1, § 70 Abs. 1, die eine Sanktion für Zeugenpflichtverletzungen darstellen, ist die Erzwingungshaft (Beugehaft) ein reines **Zwangsmittel** zur Erzwingung der Aussage oder des Eides bzw. der Bekräftigung, die **kein Verschulden** voraussetzt. Voraussetzung für die Anordnung der Beugehaft ist (gleichwohl) die vorherige oder zumindest gleichzeitige Verhängung von Ordnungsgeld,[43] weil Absatz 1 diese Maßnahme zwingend vorsieht, während es sich bei Absatz 2 um eine Ermessensvorschrift handelt. Nicht erforderlich ist es dagegen, die Beitreibung des Ordnungsgeldes oder den Vollzug der Ordnungshaft abzuwarten.[44] Der Grundsatz der **Verhältnismäßigkeit** gebietet es jedoch in der Regel, die Beugehaft erst dann zu vollziehen, wenn die Festsetzung des Ordnungsgeldes wirkungslos geblieben ist. Dies kommt in Betracht, wenn der Zeuge von vornherein fest entschlossen ist, nicht auszusagen, der Zeuge völlig mittellos und ohne Vollstreckungsmasse ist, aber auch dann wenn im Hinblick auf die wirtschaftliche Lage des Zeugen ein Ordnungsgeld von höchs- 15

---

40 Beachte aber abweichende Höchstbeträge nach den Gesetzen über parlamentarische Untersuchungsausschüsse.

41 Vgl. BGH NJW **1960** 550; KG NStZ **1989** 192; LG Hamburg NStZ **2008** 588; *Schmitt*/Köhler 9, 10; SSW/*Güntge* 4; MüKo/*Maier* 22; *Dalcke/Fuhrmann/Schäfer* 4.

42 SSW/*Güntge* 4.

43 OLG Koblenz MDR **1995** 1057; AG Mainz StV **1988** 521 m. Anm. *Michalke*; *Schmitt*/Köhler 12; vgl. auch BVerfGE **76** 363 (Fall Lappas); **a.A.** AG Bonn JR **1994** 171 m. zust. Anm. *Derksen*; *Eb. Schmidt* 17.

44 *Schmitt*/Köhler 12; KK/*Slawik* 6; MüKo/*Maier* 29.

tens 1.000 Euro kein Druckmittel darstellt.[45] Letzteres ist angesichts des erheblichen Eingriffs in das Freiheitsgrundrecht des Zeugen verfassungsrechtlich bedenklich. Der Gesetzgeber sollte eher über eine Änderung des Ordnungsgeldrahmens nachdenken.[46] Die Anordnung und sofortige Vollstreckung der Erzwingungshaft muss als erforderliches und angemessenes Druckmittel unerlässlich sein, um die Weigerung des Zeugen alsbald zu überwinden und eine Aussetzung der Hauptverhandlung zu vermeiden. Auch im Vorverfahren kann deshalb die sofortige Anwendung des Zwangsmittels notwendig sein, um den schnellen Fortgang der Ermittlungen zu sichern oder die Einwirkung Dritter auf den Zeugen vor dessen Aussage auszuschließen. Sind jedoch die Voraussetzungen für die Vollstreckung der Ordnungshaft eingetreten, so muss die Erzwingungshaft unterbrochen werden, damit zunächst die Ordnungshaft vollstreckt werden kann (Rn. 14).

16 **b) Ermessensentscheidung.** Die Anordnung der Erzwingungshaft nach § 70 Abs. 2 steht im **Ermessen** des Gerichts,[47] das seine Entscheidung begründen muss.[48] Veranlassung kann u.a. die Weigerung des Zeugen sein, trotz vorhandener Mittel das Ordnungsgeld zu zahlen oder seine Verweigerungshaltung zu überdenken.[49] Der **Verhältnismäßigkeitsgrundsatz** ist zu beachten. Erzwingungshaft darf nur verhängt werden, wenn sie nach den Umständen des Falles unerlässlich ist und in angemessenem Verhältnis zur Bedeutung der Strafsache und der Wichtigkeit der Aussage oder ihrer Beeidigung steht.[50] Hier kann z.B. zu berücksichtigen sein, dass sonstige tatrelevante Erkenntnisse aufgrund einer Sperrerklärung nach § 96 nicht zur Verfügung stehen.[51] Eine etwaige **Haftunfähigkeit** des Zeugen ist ebenfalls bereits bei der Frage der Anordnung von Erzwingungshaft und nicht erst im Rahmen des Vollzugs in die Verhältnismäßigkeitsprüfung einzubeziehen.[52] Nach Auffassung des Bundesverfassungsgerichts muss bei Mitarbeitern von **Presse und Rundfunk** besonders geprüft werden, ob die Erzwingungshaft auch unter Berücksichtigung der als Grundrecht gewährten **Pressefreiheit** als Zwangsmittel angemessen ist.[53] Insoweit ist jedoch vorrangig zu prüfen, ob aus verfassungsrechtlichen Gründen ein Zeugnisverweigerungsrecht nach § 53 Abs. 1 Satz 1 Nr. 5 besteht, mit der Folge dass Zwangsmittel von vornherein nicht in Betracht kommen. In allen Fällen kann der Richter von der Verhängung der Erzwingungshaft überhaupt oder einstweilen absehen, wenn er glaubt, ohne die Aussage auskommen zu können, oder wenn er es aus einem anderen Grunde für geboten hält, den Zeugen (zunächst) von der Haft zu **verschonen**, etwa um ihm Bedenkzeit oder (bei schwieriger Fallgestaltung) Gelegenheit zur Einholung von Rechtsrat zu geben, insbesondere wenn die Hauptverhandlung ohnehin unterbrochen oder ausgesetzt werden muss.[54] Gleiches gilt, wenn der Zeuge nachvollziehbarer Weise zunächst

---

45 BVerfGE **76** 363; BGHR StPO § 70 Erzwingungshaft 1; OLG Zweibrücken MDR **1996** 89.

46 Nach Art. 6 Abs. 1 EGStGB gilt das dort festgelegte Höchstmaß nur, wenn das Gesetz, das auf die Vorschrift verweist, kein Höchstmaß bestimmt. Von dieser Möglichkeit wird in den Gesetzen über die parlamentarischen Untersuchungsausschüsse Gebrauch gemacht.

47 BGH NJW **1966** 211; BGH GA **1968** 305; RGSt **25** 136; **36** 92; **57** 30 = JW **1922** 1393 m. Anm. *Alsberg*; **59** 250; **73** 34; RG JW **1890** 270; **1910** 202; **1923** 994; OLG Koblenz NJW **1952** 278; *Schmitt*/Köhler 13; SSW/*Güntge* 5; *Eb. Schmidt* 5; *Peters* § 42 III 2a; nicht eindeutig *G. Schäfer* § 65 I.

48 BVerfG NJW **2007** 1865; SSW/*Güntge* 5.

49 BVerfG NJW **1988** 898; **1999** 779; **2000** 3775; BGHSt **51** 140.

50 BGHR StPO § 70 Erzwingungshaft 4 und 5; KG NStZ **2011** 625; KK/*Slawik* 5; *Schmitt*/Köhler 13; MüKo/*Maier* 33.

51 Offen gelassen in BGHR StPO § 55 Abs. 1 Auskunftsverweigerung 14.

52 BGHR StPO § 70 Erzwingungshaft 8; *Schmitt*/Köhler 13; **a.A.** MüKo/*Maier* 39.

53 BVerfGE **15** 223; KK/*Slawik* 5; kritisch dazu *Eb. Schmidt* Nachtr. I 3; vgl. auch BVerfG JZ **1983** 795 m. Anm. *Fezer*.

54 OLG Zweibrücken MDR **1996** 89.

eine obergerichtliche Klärung über die Frage anstrebt, ob und in welchem Umfang ihm ein Auskunftsverweigerungsrecht zusteht.[55]

c) Dauer. Die Erzwingungshaft darf insgesamt nicht länger als **sechs Monate** dauern (für das Bußgeldverfahren vgl. § 46 Abs. 5 Satz 2 OWiG: nicht länger als sechs Wochen). Die Ordnungshaft nach § 70 Abs. 1 Satz 2 wird darauf nicht angerechnet. Es ist dem Ermessen des Richters überlassen, auf welche Dauer er die Erzwingungshaft im einzelnen Fall verhängt und ob er insbesondere das höchste zulässige Maß ausschöpft.[56] Bei der Anordnung der Erzwingungshaft braucht er noch nicht endgültig darüber zu entscheiden, wie lange sie dauern soll; seine Entschließung hierüber ist vom weiteren Verhalten des Zeugen und von dem späteren Verlauf des Verfahrens abhängig. Der Richter ist daher immer befugt, die Haft zunächst auf die gesetzliche Höchstdauer festzusetzen. Das ist sogar empfehlenswert.[57] Bestimmt er zunächst nur eine geringere Dauer, so versetzt er den Zeugen möglicherweise in den Irrtum, dass die gegen ihn zulässige Maßregel schon nach Ablauf dieses Zeitraums erschöpft sei. Die Anordnung ergeht daher zweckmäßigerweise in Anlehnung an den Wortlaut des § 70 Abs. 2 dahin, dass gegen den Zeugen die Haft angeordnet wird, jedoch nicht über die Zeit der Beendigung des Verfahrens in dem Rechtszug und nicht über die Zeit von sechs Monaten hinaus. Ist die Verhängung von Erzwingungshaft nach Lage des Einzelfalls in Höhe der gesetzlich zulässigen Höchstdauer von vornherein **unverhältnismäßig**, so darf sie auch nicht in voller Höhe angeordnet werden, um auch insoweit den Zeugen nicht in einen Irrtum zu versetzen. Im Übrigen gelten die für die Höhe des Ordnungsgeldes maßgebenden Gesichtspunkte (Rn. 12) auch für die Erzwingungshaft. In Betracht zu ziehen sind vor allem die Bedeutung der Sache und die mutmaßliche Bedeutung des Zeugnisses[58] oder, falls die Eidesleistung verweigert wird, die Einschätzung, ob daraus auf die Unwahrheit oder Unvollständigkeit der Aussage zu schließen ist. 17

d) Aufhebung. Als reines Zwangsmittel muss die Erzwingungshaft aufgehoben bzw. geändert werden, **wenn die Voraussetzungen für ihre Verhängung nicht mehr vorliegen**. Dies ist z.B. der Fall, wenn sich die Zeugnis- oder Eidesverweigerung nachträglich (teilweise oder in vollem Umfang) als berechtigt erweisen,[59] wenn ein Zeugnis-[60] oder Eidesverweigerungsrecht nachträglich entsteht (z.B. nach Verlobung der Zeugin mit dem Angeklagten), wenn der Zeuge seiner Zeugnis- oder Eidespflicht genügt (wobei in den meisten Fällen schon die glaubhaft erscheinende Erklärung, der Zeugnis- oder Eidespflicht nachkommen zu wollen, zur Aufhebung der Erzwingungshaft führen muss),[61] wenn das Zeugnis oder der Eid für die Entscheidung in der Sache nicht mehr erforderlich sind, etwa weil andere Beweismittel herangezogen werden konnten[62] oder die Beantwortung der Frage nach der Beurteilung des erkennenden Gerichts den Ausgang des Strafverfahrens nicht mehr beeinflussen kann,[63] wenn der die Eidesleistung verweigernde Zeuge nachträglich die **Eidesfähigkeit** verliert oder ein sonstiger Grund eintritt, der die Vereidigung nach 18

---

55 KG NStZ **2011** 652.
56 BGH bei *Martin* DAR **1970** 124; RGSt **25** 136; KK/*Slawik* 7; *Schmitt*/Köhler 14; MüKo/*Maier* 46.
57 KK/*Slawik* 7; *Schmitt*/Köhler 14; MüKo/*Maier* 45; **a.A.** SK/*Rogall* 27; SSW/*Güntge* 5.
58 BGH NStZ-RR **2005** 316, 317.
59 *Schmitt*/Köhler 15; MüKo/*Maier* 47; KK/*Slawik* 8; LG Hamburg NStZ **1983** 182 m. Anm. *Dahs*.
60 LG Hamburg NStZ **1983** 182 m. Anm. *Dahs*; *Schmitt*/Köhler *15*.
61 *Schmitt*/Köhler 15; diff. MüKo/*Maier* 49; vgl. auch *Sommermeyer* NStZ **1992** 222; *Michel* MDR **1995** 784.
62 KK/*Slawik* 8; *Schmitt*/Köhler 15; *Eb. Schmidt* 19; HK/*Gercke* 11.
63 BGH NStZ **2010** 44; KK/*Slawik* 5.

§ 60 ausschließt, insbesondere wenn der Zeuge selbst Beschuldigter wird.[64] Die Erzwingungshaft muss auch aufgehoben werden, wenn ihre Dauer nicht mehr in angemessenem Verhältnis zur Bedeutung der Sache, der Aussage oder der Eidesleistung steht,[65] oder wenn die in § 70 Abs. 2 zugelassene Höchstdauer ausgeschöpft ist. Die Erzwingungshaft ist auch aufzuheben, wenn das **Verfahren** in dem **Rechtszug**, d.h. der Instanz, in der sie verhängt wurde, **beendet** ist. Im ersten Rechtszug, der hier das Vorverfahren einschließt, dauert das Verfahren bis zur Einstellung nach § 170 Abs. 2 Satz 1 oder gemäß §§ 153 ff., bis zur Ablehnung der Eröffnung des Hauptverfahrens nach § 204 Abs. 1, bis zur Einstellung wegen Abwesenheit nach § 205, längstens aber bis zum Urteil[66] oder zu einem ihm gleichstehenden Beschluss (§§ 206a, 206b, 434 Abs. 2), im Wiederaufnahmeverfahren bis zur Verwerfung des Wiederaufnahmeantrags nach § 370 Abs. 1, zu einem Beschluss nach § 371 Abs. 1 oder 2, längstens bis zu dem Urteil nach § 373 Abs. 1.

19 **e) Aussetzung des Verfahrens.** Die Verhängung der Erzwingungshaft kann die Aussetzung des Verfahrens zur Folge haben; sie kann insbesondere, wenn sie in der Hauptverhandlung angeordnet wird, deren Vertagung nötig machen und rechtfertigen. Wäre eine solche Vertagung unstatthaft, so würde der Zeugniszwang im Hauptverfahren meist zwecklos sein. Weil eine Hauptverhandlung meist an demselben Tag begonnen und beendet wird und ferner die Erzwingungshaft aufgehoben werden muss, sobald das Urteil erlassen ist, würde sie regelmäßig sogleich oder doch nach wenigen Stunden ihr Ende erreichen und daher kaum geeignet sein, den Zeugen zur Erfüllung seiner Pflicht zu veranlassen. Ob die Vertagung angebracht oder ob es nicht vorzuziehen ist, insbesondere, wenn sich der Angeklagte in Haft befindet, unter Verzicht auf das verweigerte Zeugnis das Urteil zu erlassen, muss nach den Umständen des Einzelfalls unter Berücksichtigung der Schwere der Tat und der mutmaßlichen Bedeutung des verweigerten Zeugnisses oder Eides bzw. der Bekräftigung beurteilt werden. Die Frage steht in keiner unmittelbaren Beziehung zu dem lediglich die rechtliche Stellung des Zeugen behandelnden § 70; für den Angeklagten liegt die Sache im Fall der Zeugnisverweigerung grundsätzlich nicht anders, als wenn die Benutzung eines bestimmten Zeugnisses aus einem anderen Grunde, etwa weil der Zeuge unerreichbar ist, zurzeit unmöglich ist.

5. Wiederholung der Maßnahmen (Absatz 4)

20 **a) Allgemeines.** Die Wiederholung der Maßregeln des § 70 ist nicht mehr zulässig, wenn sie ausgeschöpft sind. Das gilt für das Ordnungsgeld ebenso wie für die Beugehaft, führt aber bei beiden zu unterschiedlichen Folgen. Die Kosten zählen nicht zu den Maßregeln i.S.d. Absatzes 4.[67]

21 **b) Ordnungsgeld, Ordnungshaft.** Ordnungsgeld darf, da in § 70 eine dem § 51 Abs. 1 Satz 4 entsprechende Vorschrift fehlt, in derselben Strafsache oder in einer anderen, die dieselbe Tat (Rn. 23) zum Gegenstand hat, stets **nur ein einziges Mal** angeordnet werden.[68] Das Gericht darf die Anordnung auch dann nicht wiederholen, wenn die erste Anordnung nach § 161a Abs. 2 Satz 1 von der **Staatsanwaltschaft** getroffen worden ist.

64 KK/*Slawik* 8; *Schmitt*/Köhler 15; *Eb. Schmidt* 19.
65 KK/*Slawik* 8; *Schmitt*/Köhler 15; *Dalcke/Fuhrmann/Schäfer* 8; HK/*Gercke* 11.
66 KK/*Slawik* 9; MüKo/*Maier* 48; *Eb. Schmidt* 19.
67 KK/*Slawik* 12; *Schmitt*/Köhler 8.
68 OLG Köln NStZ-RR **2007** 242; KK/*Slawik* 12; *Schmitt*/Köhler 16; *Eb. Schmidt* 15; *Peters* § 42 III 2; *Feisenberger* 6.

Dabei spielt es keine Rolle, ob schon der zulässige Höchstbetrag von 1.000 Euro festgesetzt worden ist.[69] Das Berufungsgericht darf ein Ordnungsgeld daher nur festsetzen, wenn der Zeuge die Aussage oder den Eid nicht bereits im ersten Rechtszug verweigert hatte und mit einem Ordnungsgeld belegt worden war. Das Gleiche gilt für die ersatzweise Ordnungshaft.

c) Erzwingungshaft. Erzwingungshaft darf **wiederholt** angeordnet werden; § 70 22
Abs. 2 verbietet nur, Erzwingungshaft von **insgesamt** mehr als **sechs Monaten** Dauer zu verhängen.[70] Ob die bisherige Haft wegen einer Verweigerung der Aussage vor der Staatsanwaltschaft nach § 161a Abs. 2 Satz 2 oder wegen Verweigerung einer richterlichen Vernehmung angeordnet worden war, spielt keine Rolle. Ist die Höchstdauer von sechs Monaten ausgeschöpft, so ist eine abermalige Verhängung der Zwangsmaßregel, auch in einem höheren Rechtszug oder in einem anderen Verfahren wegen derselben Tat (Rn. 23), schlechthin unzulässig.[71] Das gilt auch, wenn das Verfahren mehrere selbständige Taten zum Gegenstand hat und der Zeuge über jede von ihnen die Aussage verweigert. Ist dagegen die Erzwingungshaft vor Ausschöpfung der zulässigen Höchstdauer, z.B. nach vier Monaten, aufgehoben worden, so ist die erneute Verhängung auf den übrigen Teil, also auf zwei Monate, in jedem Abschnitt des Verfahrens statthaft, wenn der Richter es für geboten hält, die Zwangsmaßnahme erneut anzuwenden. Das kann er auch, wenn die Aufhebung der Erzwingungshaft als Folge der Beendigung des Rechtszugs eingetreten ist. Auch der Berufungsrichter ist daher zur Verhängung der weiteren Erzwingungshaft befugt, solange die Höchstdauer nicht erreicht ist.[72] Das Gleiche gilt, wenn nach Aufhebung eines Urteils im Berufungs- oder Revisionsrechtszug die Sache zu neuer Verhandlung und Entscheidung an den ersten Richter zurückverwiesen worden ist (§ 328 Abs. 2, § 354 Abs. 2) und das nunmehr von neuem verhandelnde Gericht die Erzwingung des Zeugnisses oder Eides für erforderlich hält. Auch bei Wiederaufnahme eines durch eine rechtskräftige Entscheidung abgeschlossenen Verfahrens (§§ 211, 359 ff.) ist die erneute Verhängung der Erzwingungshaft zulässig.

d) Identität der Tat. Die Zeugnispflicht besteht immer in Bezug auf eine bestimmte 23
Tat. Daher macht es, wenn der Zeuge die Pflicht wiederholt verletzt, für den Umfang der gegen ihn zulässigen Maßnahmen keinen Unterschied, ob die spätere Weigerung in demselben oder in einem anderen Verfahren, das dieselbe Tat betrifft, erklärt wird (§ 70 Abs. 4). Die Zeugnis- oder Eidesverweigerung wegen derselben Tat gilt immer als ein einziger Ungehorsamsfall ohne Rücksicht darauf, wie viele Verfahren wegen dieser Tat anhängig sind.[73] Der Begriff „dieselbe Tat" ist nicht in sachlich-rechtlichem (§ 52 StGB), sondern wie in § 264 **im verfahrensrechtlichen Sinn** zu verstehen.[74] Es muss sich um denselben Straffall handeln (vgl. die Erl. zu § 264). Auf die strafrechtliche Bezeichnung der Handlung, auf die Unterscheidung zwischen Täterschaft und Teilnahme und auf die Person des Beschuldigten kommt es nicht an. Auch in einem neuen Verfahren, das denselben Straffall betrifft, aber gegen einen anderen Beschuldigten gerichtet ist, gilt daher das Wiederholungsverbot. Solange die Maßnahme jedoch nicht erschöpft ist, kann auch bei bereits

---

69 OLG Köln NStZ-RR **2007** 242; OLG Breslau GA **69** (1925) 201; *Eb. Schmidt* 15; KK/*Slawik* 12; *Schmitt*/Köhler 16; *Siehr* DStrZ **1919** 374.

70 KK/*Slawik* 13; *Schmitt*/Köhler 16; SSW/*Güntge* 6; *Peters* § 42 III 2; *Eb. Schmidt* 18.

71 *Schmitt*/Köhler 16.

72 *Eb. Schmidt* 18.

73 KK/*Slawik* 12.

74 KK/*Slawik* 14; *Schmitt*/Köhler 16; SSW/*Güntge* 6.

laufender Erzwingungshaft in einem weiteren Verfahren wegen derselben Tat Erzwingungshaft angeordnet werden.[75] Denn der Umfang der gegen den Zeugen gerichteten Maßnahmen kann nicht davon abhängen, ob die mehreren Tatbeteiligten in einem oder in mehreren Verfahren verfolgt werden. Bei einer späteren **Trennung** ursprünglich verbundener Sachen, ist für die Anwendung des § 70 Abs. 4 maßgebend, ob die Maßregeln wegen der in Frage stehenden Straftat bereits angewendet gewesen sind. Die Trennung darf nicht etwa dazu benutzt werden, die Vorschrift des § 70 Abs. 4 zu umgehen. Bei alldem ist es ohne Bedeutung, ob die Beweisfrage, zu der der Zeuge gehört werden soll, in dem neuen Verfahren eine andere ist als in dem früheren Verfahren und ob der Zeuge nunmehr zwar aussagt, aber den Eid verweigert.

IV. Verfahren

24 **1. Zuständigkeit.** Den Beschluss über die Ordnungsmittel und die Erzwingungshaft erlässt der **Richter**, vor dem der Zeuge die Aussage oder den Eid verweigert hat. Im Ermittlungsverfahren stehen die Maßregeln des § 70 mit Ausnahme der Haftanordnung auch der **Staatsanwaltschaft** zu (§ 161a Abs. 2, vgl. auch Rn. 1), nicht aber der Polizei (§ 163 Abs. 4 Satz 1 Nr. 4). In der Hauptverhandlung wirken die Schöffen mit (§ 30 Abs. 1, § 77 Abs. 1 GVG). Die Zuständigkeit geht, wenn das Verfahren nach Abschluss eines Verfahrensabschnitts in einen anderen tritt, von dem Richter des früheren auf den des späteren Abschnitts über. Zuständig ist auch der Richter im Vorverfahren und, nach Erhebung der Anklage, der beauftragte oder ersuchte Richter (§ 70 Abs. 3). Hierfür gelten folgende Besonderheiten:

25 Im **Vorverfahren** ist es Sache der **Staatsanwaltschaft**, die Bedeutung der Aussage für die Ermittlungen zu beurteilen; denn sie führt die Ermittlungen und hat deren ordnungsmäßige Durchführung zu verantworten (vgl. § 161a Abs. 2, § 162 Abs. 1 Satz 3, § 163 Abs. 3, Abs. 4 Satz 1 Nr. 4). Der **Ermittlungsrichter** hat daher die Staatsanwaltschaft zu hören, bevor er wegen Verweigerung des Zeugnisses Maßnahmen des § 70 verhängt. Die Entscheidung über Maßnahmen nach § 70 in Folge unberechtigter Eides-/Bekräftigungsverweigerung dürfte dagegen dem Gericht/Richter vorbehalten sein, weil diesem auch die Entscheidung über die Notwendigkeit einer Vereidigung zugewiesen ist (vgl. § 62, 5). Die Erzwingungshaft muss aufgehoben werden, wenn die Staatsanwaltschaft den Antrag auf Vernehmung des Zeugen zurücknimmt.

26 Nach Absatz 3 ist der **ersuchte oder beauftragte Richter** befugt, aber ohne besondere Weisung des ersuchenden/beauftragenden Gerichts nicht verpflichtet, gegen den Zeugen sogleich nach § 70 Abs. 1 und 2 zu verfahren.[76] Er kann auch die Entscheidung des ersuchenden/beauftragenden Gerichts über die Berechtigung des Verweigerungsgrundes einholen und die etwa zu ergreifenden Maßnahmen diesem Gericht überlassen. Die Entscheidung des ersuchten/beauftragten Richters ist immer nur vorläufig.[77] Er hat das ersuchende/beauftragende Gericht über die Sachlage in Kenntnis zu setzen, und dieses muss über die Berechtigung der Weigerung endgültig entscheiden. Es kann gegebenenfalls wegen der zu verhängenden Maßregel ein weiteres Ersuchen stellen (vgl. im Übrigen § 158 GVG).

27 **2. Gerichtsbeschluss.** Die Entscheidung ergeht durch Beschluss. Ein Antrag ist nicht erforderlich. Vor der Entscheidung ist die Staatsanwaltschaft zu hören, sofern ihr Vertreter

75 OLG Nürnberg NStZ **2013** 614.
76 *Schmitt*/Köhler 17.
77 SSW/*Güntge* 7; *Eb. Schmidt* 21.

bei der Vernehmung anwesend ist.[78] Auch dem Zeugen muss **rechtliches Gehör** gewährt werden. Ggf. muss ihm Gelegenheit gegeben werden, einen Rechtsanwalt zu Rate zu ziehen.[79] Wenn die schutzwürdigen Interessen des Zeugen dies nahelegen, ist ihm ein Zeugenbeistand beizuordnen (§ 68b Abs. 2 Satz 1). Der Zeuge muss auf die Grundlosigkeit seiner Weigerung und auf die nach § 70 möglichen Folgen hingewiesen, und es muss ihm nochmals Gelegenheit gegeben werden, sich zu äußern.[80] Bei Anordnung der Erzwingungshaft durch das **Beschwerdegericht** nach erfolgreicher Beschwerde der Staatsanwaltschaft sind die Anforderungen an die **Begründung** des die Erzwingungshaft anordnenden Beschlusses erhöht, wenn das vorinstanzliche Gericht das Vorliegen der Voraussetzungen der Erzwingungshaft verneint hat und das die Haft anordnende Gericht davon abweichen möchte.[81] Folgt darauf eine Entscheidung im Nachverfahren gem. § 311a, weil der Zeuge vor der Beschwerdeentscheidung über die Beschwerde der Staatsanwaltschaft nicht gehört wurde, ist die Entscheidung zu begründen.[82]

3. Abänderung. Der Ordnungsgeldbeschluss wird nicht deshalb wieder aufgehoben, weil der Zeuge nachträglich aussagt oder schwört oder weil seine Aussage entbehrlich wird, etwa weil alle Prozessbeteiligten auf sie verzichten (Rn. 13).[83] Ebenso wenig ist eine nachträgliche Entschuldigung seines Ungehorsams von Bedeutung.[84] Ist das **Verschulden als gering anzusehen**, kommt eine Einstellung entsprechend § 153 oder § 47 OWiG in Betracht[85] (vgl. auch § 51, 22). Stellt das Gericht nachträglich fest, dass die Weigerung berechtigt war, so hat es den Ordnungsgeldbeschluss von Amts wegen wieder aufzuheben.[86] Zur Aufhebung der Erzwingungshaft Rn. 18 ff. 28

V. Vollstreckung

Nach § 36 Abs. 2 Satz 1 ist es Aufgabe der **Staatsanwaltschaft**, den Beschluss über die **Ordnungsmittel** zu vollstrecken.[87] Die Geschäfte sind nach § 31 Abs. 2 und 3 RPflG dem **Rechtspfleger** übertragen (§ 51 Anh. 12). Die Vollstreckung der **Erzwingungshaft** ist Sache des Gerichts (§ 36, 29). Dies gilt jedoch nicht, wenn die Erzwingungshaft im Hinblick auf eine Vernehmung angeordnet wird, die durch die Staatsanwaltschaft erfolgen soll. Hier bleibt es bei der Zuständigkeit der Staatsanwaltschaft.[88] Einzelheiten regelt § 88 StVollstrO. Die Erzwingungshaft wird unter denselben Beschränkungen vollzogen, die für die **Untersuchungshaft** gelten.[89] Wird sie in Unterbrechung von Untersuchungshaft vollstreckt, so bleiben die Beschränkungen bestehen, die der Haftrichter angeordnet hatte. Die Kosten der Vollstreckung hat der Zeuge zu tragen.[90] 29

---

78 *Schmitt*/Köhler 17.
79 KK/*Slawik* 15; LG Zweibrücken NJW **1999** 3792.
80 BGHSt **28** 259; KK/*Slawik* 15; *Schmitt*/Köhler 17; SSW/*Güntge* 7; MüKo/*Maier* 51; *Dalcke*/*Fuhrmann*/*Schäfer* 6.
81 BVerfG NJW **2000** 3775, 3776.
82 BVerfG NJW **2000** 3775, 3776.
83 *Schmitt*/Köhler 18; *Eb. Schmidt* 15.
84 *Schmitt*/Köhler 18.
85 *Dahs* NStZ **1983** 184.
86 *Schmitt*/Köhler 18; SSW/*Güntge* 7; *Dalcke*/*Fuhrmann*/*Schäfer* 2; *Kurth* NStZ **1983** 328.
87 Vgl. BGHSt **36** 155; *Schmitt*/Köhler 19.
88 BGHSt **36** 155, 157.
89 *Eb. Schmidt* 16.
90 *Schmitt*/Köhler 19; SSW/*Güntge* 8.

VI. Anfechtung

30 Die **Staatsanwaltschaft** und der **Zeuge** können den Gerichtsbeschluss mit der einfachen **Beschwerde** nach § 304 Abs. 1 und 2 anfechten. Bei **Beschlüssen eines Ermittlungsrichters des Bundesgerichtshofs oder eines Oberlandesgerichts** (§ 169 Abs. 1) ist jedoch zu unterscheiden: Nicht zulässig ist die Beschwerde gegen die Anordnung eines Ordnungsgeldes, weil nach § 304 Abs. 5 die Beschwerde nur zulässig ist, wenn sie eine Verhaftung, einstweilige Unterbringung, Beschlagnahme oder Durchsuchung zum Gegenstand hat.[91] Auch die Ersatzordnungshaft nach § 70 Abs. 1 Satz 2 soll von § 304 Abs. 5 nicht erfasst sein, weil sie keine Verhaftung zum Inhalt habe, sondern nur eine an die Bedingung der Nichtbeitreibbarkeit geknüpfte Folge der das Ordnungsgeld betreffenden Entscheidung sei.[92] Dies erscheint angesichts der Tatsache, dass es sich bei der Ordnungshaft zweifellos um eine freiheitsentziehende Maßnahme handelt, verfassungsrechtlich bedenklich (§ 51, 30). Jedenfalls ist die Anordnung der Erzwingungshaft nach § 70 Abs. 2 als Verhaftung i.S.d. § 304 Abs. 5 anzusehen.[93] Die Beschwerde gegen die **Anordnung von Erzwingungshaft** darf vom Beschwerdegericht auch nach Aufhebung der Erzwingungshaft nicht wegen Erledigung als unzulässig verworfen werden, weil wegen des **schwerwiegenden Grundrechtseingriffs**, des Rehabilitationsinteresses des Zeugen und einer möglichen Wiederholungsgefahr für den Zeugen ein fortgesetztes Rechtsschutzbedürfnis besteht.[94] **Andere Prozessbeteiligte** könnten den Gerichtsbeschluss selbst dann nicht anfechten, wenn er Ordnungsmittel oder Erzwingungshaft ablehnt oder den Beschluss hierüber wieder aufhebt, weil dies ihre Rechte nicht berührt. Anfechtungsberechtigt ist aber der **Angeklagte**, wenn die Auferlegung der **Kosten** abgelehnt oder der Beschluss insoweit aufgehoben wird.[95] Ist der Ordnungsgeldbeschluss von dem ersuchten Richter aufgrund eines Ersuchens des ersuchenden Gerichts erlassen worden, so entscheidet über die Beschwerde das ersuchende Gericht.[96] Die Beschwerde hat keine aufschiebende Wirkung (§ 307 Abs. 1). Eine **weitere Beschwerde** nach § 310 ist grds. unzulässig;[97] anders verhält es sich im Fall der Anordnung der Erzwingungshaft, weil wie bei § 304 Abs. 5[98] auch bei § 310 Abs. 1 die Erzwingungshaft nach § 70 Abs. 2 als Verhaftung i.S.d. Vorschrift anzusehen ist.[99] Die Entscheidung über eine Beschwerde nach § 304 Abs. 5 oder eine weitere Beschwerde nach § 310 kann, auch wenn eine isolierte Anfechtung unzulässig wäre, auf die Anordnung von Ordnungsgeld oder -haft erstreckt werden, wenn sie mit der Erzwingungshaft in einem untrennbaren Zusammenhang stehen.[100] Vgl. im Übrigen § 51, 30 ff.

---

91 BGH NStZ **1994** 198 m.w.N.

92 BGH StraFo **2017** 17; NStZ **1994** 198; NStZ **2010** 44; KG v. 30.11.2012 – 4 Ws 130/12.

93 BGHSt **36** 192 m. Anm. *Wedel* MDR **1990** 786 unter Aufgabe von BGHSt **30** 52; vgl. auch BGH NStZ **1994** 198; BGH StraFo **2008** 423.

94 BVerfG NJW **2006** 40; OLG Hamm Beschl. v. 4.6.2024 – III-5 Ws 163/24; vgl. auch BVerfG StraFo **2006** 20 zur Rechtswegerschöpfung durch weitere Beschwerde bei einem bereits aufgehobenen Haftbefehl.

95 *Schmitt*/Köhler 20.

96 BayObLG DJZ **1934** 82.

97 BayObLGSt 7 297; *Dalcke/Fuhrmann/Schäfer* 6; zur Geltung des Verbots der reformatio in peius vgl. *Gössel* § 36 B II.

98 BGHSt **36** 192; BGH v. 7.8.2008 – StB 9 bis 11/08.

99 Mittlerweile **h.M.**: KG StraFo **2008** 199; OLG Hamburg NStZ **2010** 716; OLG Hamm Beschl. v. 17.12.1991 – 3 Ws 539/91 zu § 96 OWiG; vgl. auch BGH NStZ **1994** 198 m.w.N.; OLG Frankfurt NStZ-RR **2000** 26, 382; KK/*Slawik* 16; *Schmitt*/Köhler 20.

100 BGH StraFo **2008** 423; BGH NStZ-RR **2011** 316.

VII. Revision

Die Verhängung der Ordnungsmittel und die Anordnung der Erzwingungshaft berühren nur das Verhältnis des Gerichts zu dem Zeugen, nicht die Rechte der Beteiligten. Insbesondere hat der Angeklagte kein Recht darauf, dass die Maßnahmen des § 70 angewendet werden.[101] Die Revision kann daher allein weder darauf gestützt werden, dass Ordnungsmittel und Erzwingungshaft angeordnet worden,[102] noch darauf, dass diese Maßnahmen unterblieben sind.[103] Allenfalls kann die **Aufklärungsrüge** (§ 244 Abs. 2) erhoben und geltend gemacht werden, dass die Möglichkeiten des § 70 nicht ausgeschöpft worden sind.[104] Das Gericht kann jedoch von der Anordnung der Erzwingungshaft rechtsfehlerfrei absehen, wenn der Zeuge glaubhaft erklärt, er werde unter gar keinen Umständen, auch nicht unter Eindruck der Erzwingungshaft, aussagen.[105] Ein Revisionsgrund besteht dagegen, wenn der Zeuge nach § 70 zur Aussage oder zum Eid gezwungen worden ist, obwohl das **unzulässig** war. Die Aussage ist in diesem Fall nach § 69 Abs. 3, § 136a Abs. 3 Satz 2 unverwertbar.[106] Die Revision ist aber nur begründet, wenn das Urteil auf der Aussage oder auf dem Umstand, dass sie beeidet oder bekräftigt worden ist, beruht.[107] 31

VIII. Abgeordnete

Der Schutz des Art. 46 Abs. 2 und 3 GG steht dem Abgeordneten nicht gegen die Verhängung des Ordnungsgeldes, der Ordnungshaft und der Erzwingungshaft zu, sondern nur gegen die Vollstreckung der freiheitsentziehenden Maßnahmen.[108] 32

IX. Entschädigung

Hat der Zeuge zu Unrecht Erzwingungshaft (§ 70 Abs. 2) erlitten, so finden die Vorschriften des StrEG vom 8.3.1971 (BGBl. I S. 157) auf Entschädigungsansprüche des Zeugen weder unmittelbar noch mittelbar Anwendung. Möglich ist jedoch eine Entschädigung entweder nach Art. 5 Abs. 5 EMRK oder nach Maßgabe des allgemeinen Aufopferungsanspruchs.[109] 33

---

101 BGH NJW **1966** 211; RGSt **57** 29 = JW **1922** 1393 m. Anm. *Alsberg*; **59** 250; OLG Dresden JW **1931** 238 m. Anm. *Mannheim*.

102 RGSt **73** 34.

103 BGH GA **1968** 307; BGH Beschl. v. 26.7.1983 – 5 StR 310/83; BGH Beschl. v. 10.4.1984 – 5 StR 165/84; RGSt **25** 134; **36** 92; 57 29 = JW **1922** 1393 m. Anm. *Alsberg*; RGSt **73** 34; RG JW **1890** 270; **1910** 202; HRR **1935** 706; OLG Dresden JW **1931** 238 m. Anm. *Mannheim*; OLG Koblenz NJW **1952** 278; KK/*Slawik* 17; *Schmitt*/Köhler 21; SSW/*Güntge* 11; *Eb. Schmidt* 8; *Dalcke*/*Fuhrmann*/*Schäfer* 6; *Dahs*/*Dahs* 272.

104 BGH NStZ **2012** 142; BGH GA **1968** 307; bei Martin DAR **1970** 124; BGH StV **1983** 495; BGH v. 10.4.1984 – 5 StR 165/84 – Wolters Kluwer Online; KK/*Slawik* 18; *Schmitt*/Köhler 21; MüKo/*Maier* 63.

105 BGH NStZ **1999** 46: Der Zeuge ist dann „völlig ungeeignet" i.S.d. § 244 Abs. 3 Satz 2, ein auf seine Vernehmung gerichteter Beweisantrag kann somit abgelehnt werden.

106 KK/*Slawik* 19; SSW/*Güntge* 11; *Eb. Schmidt* 9.

107 OLG Koblenz OLGSt § 70 S. 2.

108 Vgl. auch Anlage 6 Abschnitt A Nr. 14 d zur GO des Bundestages; *Schmitt*/Köhler 15a; *Eb. Schmidt* § 49, 5.

109 BGHSt **36** 236.

§ 71
Zeugenentschädigung

Der Zeuge wird nach dem Justizvergütungs- und -entschädigungsgesetz entschädigt.

Schrifttum

Meyer/Höver/Bach Gesetz über die Entschädigung von Sachverständigen, Zeugen, Dritten und ehrenamtlichen Richtern nach dem JVEG[27] (2017); *Toussaint* Kostenrecht[55] (2025); *Schneider* Justizvergütungs- und -entschädigungsgesetz[5] (2025).

Entstehungsgeschichte

Die Vorschrift lautete ursprünglich: „Jeder von dem Richter oder der Staatsanwaltschaft geladene Zeuge hat nach Maßgabe der Gebührenordnung Anspruch auf Entschädigung aus der Staatskasse für Zeitversäumnis und, wenn sein Erscheinen eine Reise erforderlich macht, auf Erstattung der Kosten, welche durch die Reise und den Aufenthalt am Ort der Vernehmung verursacht werden." Die geltende Fassung beruht auf Art. 4 Abs. 22 Nr. 1 des Gesetzes zur Modernisierung des Kostenrechts (KostRMG) vom 5.5.2004 (BGBl. I S. 718).

1 Die Vorschrift verweist wegen Art und Umfang der Zeugenentschädigung auf das **Justizvergütungs- und -entschädigungsgesetz** (JVEG) vom 5.5.2004 (verkündet als Art. 2 des KostRMG, zuletzt geändert durch Art. 10 des Gesetzes v. 7.4.2025, BGBl. 2025 I Nr. 109)), das am 1.7.2004 in Kraft und damit an die Stelle des Gesetzes über die Entschädigung von Zeugen und Sachverständigen (ZSEG) getreten ist. Das JVEG regelt Art und Umfang der Entschädigung von **Zeugen**, die vom Gericht, der Staatsanwaltschaft oder der Finanzbehörde in den Fällen, in denen diese das Ermittlungsverfahren selbständig durchführt, herangezogen werden (§ 1 Abs. 1 Nr. 3 JVEG). Unter Umständen kann auch ein Vorschuss zu gewähren sein (§ 3 JVEG). Dem steht eine Heranziehung durch die Polizei oder eine andere Strafverfolgungsbehörde gleich, wenn diese im Auftrag oder mit vorheriger Billigung der Staatsanwaltschaft bzw. der Finanzbehörde erfolgt (§ 1 Abs. 3 JVEG). Andernfalls richten sich Art und Umfang der Entschädigung nach den Polizeigesetzen bzw. Verwaltungsvorschriften der Länder[1] sowie nach § 405 AO, die ihrerseits wiederum auf das JVEG verweisen. Auch für den unmittelbar durch den Angeklagten geladenen Zeugen (§ 220 Abs. 1) bestimmen sich Art und Umfang der Entschädigung nach dem JVEG (vgl. § 220 Abs. 2: „gesetzliche Entschädigung").

2 Ebenso wie Zeugen werden auch **Dritte** entschädigt, die aufgrund eines Beweiszwecken dienenden Ersuchens der Strafverfolgungsbehörden Gegenstände herausgeben (§ 95 Abs. 1) bzw. die Pflicht zur Herausgabe etwa durch das Heraussuchen und Ablichten von Unterlagen abwenden oder die – z.B. durch das Erstellen von Listen oder die Auswertung von Buchungsunterlagen – den Strafverfolgungsbehörden Auskunft erteilen (§ 23 Abs. 2 Nr. 1 u. Nr. 2 JVEG). Damit ist der langjährige Streit[2] über die Erstattungsfähigkeit von

1 Z.B. § 28 Abs. 4 PolG BW; § 20 Abs. 4 ASOG Bln.; § 30 Abs. 4 BremPolG; § 50 Abs. 6 SOG MV; § 10 Abs. 5 PolG NRW; weitere Nachw. bei *Schneider* § 1.

2 Dazu LR/*Dahs*[25] 1.

Personal- und Sachkosten, die insbesondere Kreditinstitute[3] zur Abwendung einer Beschlagnahme aufwenden, endgültig[4] obsolet geworden.

3 § 71 i.V.m. dem JVEG gilt nach § 50 Abs. 2 Satz 2 JGG entsprechend für Erziehungsberechtigte und gesetzliche Vertreter, die zur Hauptverhandlung geladen sind. Kein Zeuge dagegen ist der Berufsbetreuer, der in seiner Funktion als gesetzlicher Vertreter geladen wird, selbst wenn er im Termin angehört wird. Da eine dem § 50 Abs. 2 Satz 2 JGG entsprechende Verweisungsnorm fehlt, findet § 71 in diesen Fällen keine Anwendung. Dafür soll auch kein Bedürfnis bestehen, weil der Betreuer bereits „für jede nach § 5 VBV Ganzusetzende Stunde eine entsprechende Vergütung"[5] erhalte. Das AG Köln verkennt dabei, dass § 5 VBVG a.F. (ebenso § 8 VBVG n.F.[6]) unabhängig vom konkreten Zeitaufwand eine pauschale monatliche Vergütung auf der Grundlage eines fiktiv angenommenen Zeitaufwandes festlegt. Es erscheint fraglich, ob mit dieser pauschalen Vergütung der durch die Teilnahme am Termin entstehende gesonderte Aufwand tatsächlich als abgegolten angesehen werden kann.

4 Der Zeuge kann, wenn er seinen Zeugenpflichten nachgekommen ist, auf seinen Antrag hin Ersatz für seine Fahrtkosten (§ 5 JVEG), ein Tages- und Übernachtungsgeld (§ 6 JVEG), Ersatz für seine sonstigen notwendigen Aufwendungen, insbesondere für die Kosten notwendiger Vertreter oder notwendiger Begleitpersonen (§ 7 JVEG), eine Entschädigung für seinen Verdienstausfall (§ 22 JVEG), für Nachteile bei der Haushaltsführung (§ 21 JVEG) sowie für seine Zeitversäumnis (§ 20 JVEG) erhalten. Dem Zeugen ist ein angemessener Vorschuss zu bewilligen, wenn ihm erhebliche Fahrtkosten oder sonstige Aufwendungen entstanden sind oder voraussichtlich entstehen werden (§ 3 JVEG). Der Anspruch auf Entschädigung erlischt, wenn er vom Zeugen nicht innerhalb dreier Monate nach Beendigung der Vernehmung geltend gemacht wird (§ 2 Abs. 1 JVEG).

5 Die Zuständigkeiten für die Festsetzung der Entschädigung sind in § 4 Abs. 1 JVEG geregelt. Gegen den Beschluss kann nach § 4 Abs. 3 JVEG Beschwerde erhoben werden, wenn der Beschwerdegegenstand 200 Euro übersteigt oder die Beschwerde wegen der Bedeutung der Sache zugelassen wurde. Wegen der Einzelheiten der Zeugenentschädigung und des Festsetzungsverfahrens (§ 4 JVEG) wird auf die eingangs genannten Kommentare verwiesen.

---

3 Ausführlich *Schneider*[2] § 23, 21 ff.

4 Der Streit war bereits mit der Einfügung des § 17a ZSEG durch Art. 6 Nr. 9 des KostenrechtsänderungsG vom 24.6.1994 (BGBl. I S. 1325) gegenstandslos geworden.

5 AG Köln Beschl. vom 11.9.2013 – 707 Ds 16/13; s. auch bereits OLG Dresden NStZ **2002** 164.

6 Jetzt: Vormünder- und Betreuervergütungsgesetz vom 4.5.2021 (BGBl. I S. 882), in der Fassung vom 7.4.2025 (BGBl. I Nr. 109).

Sachregister

 | https://doi.org/10.1515/9783110741261-038